五四时期
社会改造思潮研究

An Investigation of Ideologies of
Social Transformation during the May Fourth Period

李永春 著

中国社会科学出版社

图书在版编目（CIP）数据

五四时期社会改造思潮研究/李永春著．—北京：中国社会科学出版社，2017.9

ISBN 978-7-5203-0877-9

Ⅰ．①五… Ⅱ．①李… Ⅲ．①社会思潮—研究—中国—现代 Ⅳ．①D092.7

中国版本图书馆 CIP 数据核字（2017）第 210417 号

出 版 人	赵剑英
责任编辑	郑 彤
责任校对	闫 萃
责任印制	李寡寡

出　版	中国社会科学出版社
社　址	北京鼓楼西大街甲 158 号
邮　编	100720
网　址	http://www.csspw.cn
发行部	010-84083685
门市部	010-84029450
经　销	新华书店及其他书店

印刷装订	北京君升印刷有限公司
版　次	2017 年 9 月第 1 版
印　次	2017 年 9 月第 1 次印刷

开　本	710×1000　1/16
印　张	44.5
字　数	828 千字
定　价	180.00 元

凡购买中国社会科学出版社图书，如有质量问题请与本社营销中心联系调换
电话：010-84083683
版权所有　侵权必究

国家社科基金后期资助项目

出版说明

后期资助项目是国家社科基金设立的一类重要项目，旨在鼓励广大社科研究者潜心治学，支持基础研究多出优秀成果。它是经过严格评审，从接近完成的科研成果中遴选立项的。为扩大后期资助项目的影响，更好地推动学术发展，促进成果转化，全国哲学社会科学规划办公室按照"统一设计、统一标识、统一版式、形成系列"的总体要求，组织出版国家社科基金后期资助项目成果。

全国哲学社会科学规划办公室

序

郭汉民

上个月我回湘潭大学，永春同志兴奋地告诉我，他的国家社科基金后期资助项目《五四时期社会改造思潮研究》已经顺利结项，一部80万字的同名著作也顺利通过中国社会科学出版社的评审，很快可以出版了。这使我极为高兴。虽然自己已经退休返乡多年，没有再从事学术研究，但仍为他取得这一重要学术成果而兴奋不已。他还告诉我，这是十多年前我要他研究的课题，他一直没有停止过。在我的脑海中，一下子就涌现出了"十年磨一剑"和"天道酬勤"两个词汇。

永春同志潜心学问，勤于探索，心无旁骛，上天也会酬劳他的。"十年磨一剑"更表明他在治学上扎扎实实，厚积薄发，完全摆脱了时下急功近利的浮躁学风，这是特别值得提倡的。所以，当他向我索取书序时，我稍加思索便愉快地答应了。

从20世纪90年代开始，我襄助吴雁南、冯祖贻、苏中立等先生从事于中国近代社会思潮的研究，合作主编四卷本《中国近代社会思潮（1840—1919）》，1998年由湖南教育出版社出版。该书出版之后，学术界好评如潮，迄今仍是不少高校和科研院所招收博士研究生的必读书目。然而，任何著作都不可能穷尽对于真理的认识，其错误和疏漏均属难免。这部200多万字的著作，具体分析和论述了中国近代史上100多种社会思潮，但对五四时期声势浩大、影响深远的社会改造思潮竟然付之阙如。对这一思潮有所察觉并且试图加以研究，却是在该书出版数年之后。

我在仔细阅读《五四时期期刊介绍》和《五四时期的社团》时，发现风起云涌的报纸杂志和比肩而起的社会团体大都在鼓吹社会改造，五四时期存在着这样一种社会改造思潮是毋庸置疑的，也是很值得研究的。永春同志是我指导的博士，曾以研究五四时期影响最大的社团"少年中国学会"为研究对象，并以"《少年中国》与五四时期社会思潮"作为学位论文,并且做得相当出色,具有研究社会改造思潮的充分条件。所以我曾建议他,对这一课题予以充分关注。

如前所述,永春同志对这一课题潜心研究,锲而不舍,历时十多年,写出这部创获甚多的学术著作,填补了中国近代社会思潮研究的重要空白,我怎能不由衷地喜悦呢?所以,我花了一段时间,重操旧业,认真阅读了他这部80万字的书稿,自感获益匪浅。该书可谓亮点纷呈。

首先,作者对五四时期标举"社会改造"的64个社团作了初步考察。其中能够确定成立时间的49个社团的分布中,1917年2个,1918年6个,1919年16个,1920年15个,1921年1个,1922年2个,1923年6个,1924年1个。同时对宣传社会改造的162种报纸杂志作了具体研究,其中能够确定发刊时间的152种报刊中,1915年1种,1916年2种,1917年5种,1918年8种,1919年和1920年各43种,1921年20种,1922年18种,1923年11种,1924年1种。通过对1915年后十年间社会团体和报纸杂志的全面考察,发现五四时期社会舆论关注的中心问题就是如何改造社会,许多社团和出版物都围绕着社会改造问题进行讨论。大多数进步社团表现出改造社会的愿望和要求,不少社团在宗旨中还写明了"改造社会"的信条或规约。特别是五四运动以后,许多进步社团转向直接的社会改造,有的提出对当时社会"根本改造",有的趋向政治改造,甚至发展为政党组织。当时最流行的最要紧的一件东西,可以说就是"改造"(Reconstruction)了。政治要改造,经济要改造,社会要改造,教育要改造,竟可以说样样东西都要改造。至于改造的形式,或是从根柢上完全改造,或是从枝叶上部分改造,各有各的特殊情形。但总结一句话,这个时代完全可以叫作"改造时代"。不仅如此,社会改造思想在政治、经济、社会各方面也得到进一步的体现,由学潮而工潮、而商潮、而农潮,都次第发生。社会改造延伸到工农商学诸领域,演变为一种社会运动。

其次,作者将五四时期社会改造思潮与第一次世界大战后出现的世界性社会改造思潮联系起来,揭示出五四时期社会改造思潮的宏大背景。1914年爆发的第一次世界大战,使欧洲大陆的自由秩序陷于崩溃。1918年斯宾格勒的《西方的没落》,成为欧洲文化危机的重要思想表征。第一次世界大战严重破坏了资本主义世界的政治经济组织,使世界经济秩序紊乱,各国工业恐慌,工人失业,农业破产,金融破产,各种社会问题接连发生。不仅各资本主义国家内农民阶级和中等阶级及资产阶级要求社会革命,而且,全世界殖民地和半殖民地的国民革命与之呼应。苏俄社会主义革命更是彻底改变了整个世界历史的发展方向。由于第一次世界大战残酷的现实及其后出现的日益严重的社会问题，人们对文艺复兴以来的资本主义展开全面反思。有识之士纷纷提出各种救世思想和主张。"人人不满于现状，而求所以改革之"，成为普遍心理，形成了一股社会改造的潮流。诚如时人所说："改造的声音，好像放了一个地球大似的爆竹，几几乎把人类的耳目都弄昏了。"第一次世界大战后的大变局，改变了中国人对资本主义的认识和态度。如长沙《大公报》称："自从欧战终了，社会上面的各项制度，都摆出破绽不安稳的样子，于是一般灵秀的分子，知道非改造不可。近两年来，改造社会的运动，好象风起云涌，有一日千里的样子。这个潮流，一直从欧洲送到中国。中国一般头脑清楚的青年，感受这个潮流，才知道从前的社会，是万恶的社会，是坑陷青年的社会，于是都想摩拳擦掌，去改造一个新的社会。"由此可见欧战后世界改造对中国社会改造思潮的深刻影响。世界改造思潮直接促成了中国社会改造思潮的兴起，中国社会改造思潮成了世界改造思潮的一部分。

第三，也是更重要的，第一次世界大战促使中国人觉悟起来，进一步探索中国社会改造的问题。社会主义成为进步知识分子改造中国的首选目标。苏俄革命作为世界大战后社会革命和改造的成功范例，直接影响到中国人对于社会改造问题的思考。毛泽东在1919年发表的《民众的大联合》一文说得很明白："自去年俄罗斯以民众的大联合，和贵族的大联合资本家的大联合相抗，收了'社会的改革'的胜利以来，各国如匈，如奥，如捷，如德，亦随之而起了许多的社会改革。虽其胜利尚未至于完满的程度，要必可以完满，并且可以普及于世界，是想得到的。"表示要"起而仿效"。正如本书作者所说，欧战使西方资本主义制度千疮百孔，使原本满心期望通过模仿西方来改造中国的先进之士，产生了中国是继续学习西方的资本主义还是仿效苏俄的社会主义的疑问，正是在这种不得已的选择中，中国社会改造的道路问题凸显出来。国际局势的急剧变化，改变了中国人对于西方乃至中西关系的认识，也引起对于中国改造前途和道路的深刻认识。这表明，近代中国选择社会主义前途绝不是偶然的。

第四，作者把五四后各种政治势力及各种主义之争都纳入社会改造思潮的历史大背景之中加以考察和论列。此期，孙中山和国民党致力于用三民主义指导社会革命来改造中国，而早期共产主义者主张以马克思主义改造中国社会。与此同时，在"根本改造""社会革命"的口号下，无政府主义、工读互助主义、新村主义、泛劳动主义、合作主义等主张得到广泛宣传，并且开展各种社会改造的试验，尤其是工读互助团运动、勤工俭学运动、合作社运动、新村试验等，喧嚣一时，影响很大。这种温和的改造手段，虽经实践证明是行不通的，但反映出变革时代的一种平和的群众心理，无疑是中国思想界大分化、大动荡、大改组的时代写照。以地方自治为理想目标的联省自治运动，也被人视为辛亥革命以来改造中国的最佳方案之一。

作者进一步指出，五四运动后社会改造思潮发生分化，在关于社会改造的手段、道路和依靠力量等方面，都出现了严重分歧。而在如何实行政治改造的探索中，这种分化尤为明显，其影响更为深远。陈独秀1919年12月为《新青年》写的《本志宣言》，被誉为"'五四'后社会改造新思潮的纲领"。陈独秀与李汉俊、李达、陈望道、施存统等以《新青年》杂志为据点，经常集会讨论社会改造问题，逐步形成了一个具有初步共产主义觉悟的知识分子群体，在此基础上开始筹建中国共产党组织。这是他们经常讨论中国改造问题的一个结果，也是五四时期社会改造转向政治改造的表征。

第五，作者还揭示了五四时期的社会改造思潮的丰富内涵和面貌，指出五四时期社会改造思潮包括政治改造、经济改造、思想改造、教育改造、个人改造等诸多领域，涉及从中国乡村到都市到各省区乃至世界等不同范围，也关系到改造的方法、手段和理论等不同层面。因此，在不同时期、不同历史背景或政治立场上提出社会改造的路径有别，在不同场合下社会改造的重心不同，从而构成了社会改造思潮的丰富内涵和庞杂面貌。其中地方改造、国际改造、农村改造、联合改造等重要问题，作者将其作为社会改造舆论的热点和重点加以论述。不仅如此，作者还对五四时期社会改造思潮与同时期其他社会思潮的复杂关系作了深入探讨，指出社会改造思潮是一种庞杂的思想潮流，其中既有顺应历史发展的主流思潮，也有违背历史发展趋势、与主流社会思潮相反的思想逆流，还有依违其间的支流思潮。而无政府主义、民主主义、国家主义和马克思主义，都是社会改造思潮的重要理论来源，而且先后成为中国社会改造的主流思想，它们在一定程度上、一定时期内的离合与嬗递，又左右或影响社会改造运动的发展进程，与社会改造思潮呈现出极其复杂的关系。显然，作者的这种努力是值得赞赏的。

除上述之外，作者还对有代表性的社会团体"共进社"、有代表性的人物王光祈的社会改造思想作了深入细致的个案研究，并揭示了五四时期社会改造思潮对社会思想、社会运动和现实政治的深刻影响，这也是应当肯定的。

永春同志的这部著作就要出版了,这是值得祝贺的。上述几点认识,只是我有缘先睹为快写下来的,相信李著出版之后,一定会受到读者的欢迎和好评。仅以此为序。

2017 年 5 月 18 日
于河南平顶山白龟湖滨农家小屋

目　　录

绪论 ………………………………………………………… (1)

第一章　五四时期社会改造思潮兴起的历史条件 ……… (24)
第一节　社会改造思潮兴起的历史背景 ………………… (24)
第二节　社会改造思潮的思想来源 ……………………… (42)

第二章　五四时期社会改造思潮的发展演变 …………… (75)
第一节　五四运动以前的社会改造思想 ………………… (75)
第二节　五四运动以后的社会改造潮流 ………………… (81)

第三章　五四时期社会改造思潮的基本内容（一） …… (106)
第一节　社会改造的必要性 ……………………………… (106)
第二节　社会改造的目标 ………………………………… (118)

第四章　五四时期社会改造思潮的基本内容（二） …… (143)
第一节　社会改造的手段 ………………………………… (143)
第二节　社会改造的理论 ………………………………… (198)

第五章　五四时期社会改造思潮的基本内容（三） …… (236)
第一节　社会改造的力量 ………………………………… (236)
第二节　社会改造如何着手 ……………………………… (282)

第六章　五四时期社会改造思潮中的几个重要问题 …… (303)
第一节　农村改造问题 …………………………………… (303)
第二节　地方改造问题 …………………………………… (320)
第三节　世界改造问题 …………………………………… (348)

第四节　联合改造问题 …………………………………………（367）

第七章　五四时期社会改造思潮中的争论 ………………………（382）
　　第一节　零碎解决与总解决 ……………………………………（382）
　　第二节　社会革命与政治革命 …………………………………（390）
　　第三节　个人改造与社会改造 …………………………………（410）
　　第四节　"问题与主义" …………………………………………（421）

第八章　五四时期社会改造思潮的个案研究 ……………………（439）
　　第一节　共进社的社会改造思想 ………………………………（439）
　　第二节　王光祈的社会改造思想 ………………………………（470）

第九章　五四时期社会改造思潮与其他社会思潮的关系 ………（496）
　　第一节　社会改造思潮与无政府主义的关系 …………………（496）
　　第二节　社会改造思潮与三民主义的关系 ……………………（515）
　　第三节　社会改造思潮与国家主义的关系 ……………………（532）
　　第四节　社会改造思潮与马克思主义的关系 …………………（554）

第十章　五四时期社会改造思潮的影响 …………………………（569）
　　第一节　社会改造思潮对社会思想的影响 ……………………（569）
　　第二节　社会改造思潮对社会运动的影响 ……………………（585）
　　第三节　社会改造思潮对现实政治的影响 ……………………（596）

结语 …………………………………………………………………（636）

附录 …………………………………………………………………（643）
　　表一　五四时期主张社会改造的社团组织 ……………………（643）
　　表二　五四时期宣传社会改造的报纸杂志 ……………………（650）
　　表三　五四时期北京政府查禁的书报传单目录 ………………（674）

主要参考文献 ………………………………………………………（684）

后记 …………………………………………………………………（701）

绪　　论

一　"五四时期""社会改造"和"社会改造思潮"释义

"五四时期"是五四运动时期的简称，对于其起始时间，至今尚无一个相对明确且得到普遍认同的界定。归结起来，一种主流的观点是指1915—1921年，即从1915年9月《青年杂志》（后改名《新青年》）创刊，到1921年7月中国共产党成立这一时段，如蔡尚思主编的《中国现代思想史资料简编》[①]。第二种观点是1915—1923年，即从1915年《青年杂志》创刊，到1923年"科玄论战"兴起，如张艳国主编的《破与立的文化激流：五四时期孔子及其学说的历史命运》，刘军、严正的《五四时期陈独秀基督教观述论》，等等。[②] 第三种观点是1917年至1927年大革命失败，如美国学者林毓生《中国意识的危机——"五四"时期激烈的反传统主义》[③]，等等。此外，还有一种笼统的说法是"五四前后"，如陈崧编辑的《五四前后东西文化问题论战文选》[④]，将时间界定在1917—1927年。可见，关于"五四时期"的时限，研究者大多根据研究的需要自行界定，因此出现各种分期观点。

笔者认为，从近代中国社会的发展演变来看，"五四时期"应当界定为1915年到1925年，因为反帝反封建是近代中国发展的主题。1915年日本向袁世凯政府提出"二十一条"要求，立即引起中国人民的反帝爱国运动，新文化运动的发起，唤醒和促进了中国人民反帝反封建的斗争意识。从1919年五四运动全面爆发，到1924年国共两党合作和国民革命运动发

[①] 蔡尚思主编：《中国现代思想史资料简编》，浙江人民出版社1982—1983年版。
[②] 张艳国：《破与立的文化激流：五四时期孔子及其学说的历史命运》，花城出版社2003年版；刘军、严正：《五四时期陈独秀基督教观述论》，《燕山大学学报》2009年第4期。
[③] 〔美〕林毓生：《中国意识的危机——"五四"时期激烈的反传统主义》，穆善培译，贵州人民出版社1986年版。
[④] 陈崧编：《五四前后东西文化问题论战文选》（增订本），中国社会科学出版社1989年版。

展，反帝反封建斗争也由思想文化层面转入政治层面。五卅运动"证实中国的民族解放运动已经形成了伟大的群众运动"①，掀起了反帝爱国运动的高潮，标志着国民革命高潮的到来。就社会改造思想而言，反帝反封建始终是中国近代革命或社会改造的主题，争取民族独立和国家富强是其核心内容和主要目标。因此，本书讨论社会改造思潮，将"五四时期"界定在1915—1925年。

"社"指古代祭神之所，最早出自《孝经·纬》："社，土地之主也。土地阔不可尽敬，故封土为社，以报功也。""会"指聚集、聚会。"社会"一词由"社"与"会"二字合成，意为村民集会，最早见诸《旧唐书·玄宗上》（本纪第八）："辛卯，礼部奏请千秋节休假三日，及村间社会。"宋人《近思录》中的《治法》亦言："乡民为社会，为立科条，旌别善恶，使有劝有耻。"其中"社会"指乡村学塾在春秋祀社日或其他节日的集会。《辞源》将"社会"解释为：（1）古时社日，里社举行的赛会。后泛指节日演艺集会。（2）志趣相同者结合的团体。②《近代汉语大词典》则释为：（1）古有春秋二社。春祭神，以祈丰收；秋收后，迎神赛会，作为对神的报谢。总称为社会。（2）意趣相同所结合的一伙。（3）集市。③《国际标准汉字词典》释为：（1）由共同的经济基础和上层建筑构成的整体，即社会形态。（2）泛指各阶级、阶层的人群。④在西方世界，英文 Society、法文 Societes 均源于拉丁文 Socius，意为伙伴。1875年，日本学者福地樱痴将 Society 译为"社会"，从此逐渐流行于日本，并传入中国。1887年，黄遵宪在《日本国志》中指出："社会者，合众人之才力，众人之名望，众人之技艺，众人之声气，以期遂其志者也。"⑤此为西方"社会"一词转道日本传入中国的最早记载之一，意指特定土地上人的集合或人群。

"改造"一词，最早见诸《诗经》："缁衣缁衣之宜兮，敝予又改为兮。适子之馆兮，还予授子之粲兮。缁衣之好兮，敝予又改造兮。适子之馆兮，还予授子之粲兮。"《说文》解释说："改，更也。"⑥《辞源》释

---

① 《中国共产党第五次全国代表大会宣言》，中共武汉市委党史研究室等编著《中国共产党第五次全国代表大会》，中共党史出版社2007年版，第99页。
② 《辞源》（修订版），商务印书馆1980年版，第2263页。
③ 《近代汉语大词典》，中华书局2008年版，第1653页。
④ 汪耀楠主编：《国际标准汉字词典》，外语教学与研究出版社2005年版，第1008页。
⑤ 黄遵宪：《日本国志》第37卷，上海古籍出版社2001年版，第22页。
⑥ 《毛诗正义》卷四，郑玄笺，孔颖达疏，阮元校刻本。

"改造"为：（1）重新制作。（2）重新选择。①《现代汉语规范词典》则释为：（1）对原有的事物进行局部修改或彻底更新，使适合新的需要。（2）特指用某种方式改变人的思想。② 综而观之，"改造"即改变，或修改或变更原事物，使适合新的需要；或从根本上改变旧的，建立新的。

"社会改造"由"社会"与"改造"组合而成，意为修复和变革现存社会结构及其制度，使之成为理想的社会。在近代中国，社会改造有狭义与广义之分，前者指以政治、经济制度为核心的社会制度的改变。后者还包括人的改造，即作为社会主体的人的思想观念、思维方式、生活态度和风俗习惯从封建蒙昧状态向自由理性状态的转变。③

社会改造为什么成为五四时期的一种社会思潮？

首先，社会改造符合思潮的一般要件。学术界公认关于"思潮"最为经典的概述，是梁启超1902年在《论时代思潮》一文中所说："今之恒言，曰'时代思潮'。此其语最妙于形容。凡文化发展之国，其国民于一时期中，因环境之变迁与夫心理之感召，不期而思想之进路，同趋于一方向，于是相与呼应汹涌如潮然。……凡'思'非皆能成'潮'，能成'潮'者，则其思必有相当之价值，而又适合于其时代之要求者也。"④ 这一论断既揭示了思潮产生的条件，也指出了思潮形成的特点，说明思潮与时代变革、社会变迁的密切关系，即社会思潮是适应时代要求而且有价值的思想潮流。

其次，社会改造接近五四时期关于社会思潮的认同。1919年4月创刊的《教育潮》在"发刊词"中，点明了"潮"的两种含义：一是它有"迁流递嬗之时间性，变化密移之空间性……故能刷新改进，永久持续其生命于不替"；二是它有"扫腐摧坚之势力，除旧布新之功用"。⑤ 同年5月，杨适夷撰文探讨"社会思潮"的界定问题，指出：要说明"社会思潮"，先要弄清楚四个问题，并且一定要指明"现代思潮"的范围，方不致犯"名词含糊"的毛病。第一要明了"社会"与"个人"的关系；第二要知道"社会"是"实在的""常存的"，不是"假设的"；第三要认识

---

① 《辞源》（修订版），商务印书馆1980年版，第1335页。
② 李行健主编：《现代汉语规范词典》，外语教学与研究出版社、语文出版社2010年版，第420页。
③ 参见田玉才《制度改造与人的改造——张申府社会改造论研究》，吉林大学2009年博士学位论文，第14页。
④ 梁启超：《中国近三百年学术史》，复旦大学出版社2008年版，第12页。
⑤ 转引自中共中央马克思、恩格斯、列宁、斯大林著作编译局研究室编《五四时期期刊介绍》第二集，生活·读书·新知三联书店1979年版，第431页。

"社会的意识"是社会学者说的"社会心理",并非虚拟之词;第四是"社会心理",若因"时代不同"有其特别表现的时候,就是"时代精神",也可呼为"时代思潮"。① 这是五四运动前后的社会思潮观,"社会改造"思潮是完全符合这些基本要件的。

最后,社会改造符合当代学界关于社会思潮的要求。概括地说,社会思潮是在一定的社会心理基础上形成的具有一定的理论形态并且具有一定影响的思想潮流。具体地说,社会思潮是某些个人、群体、阶层、阶级围绕着一些社会问题提出的有一定社会影响的思想、主张、观点的总和,是理论形态与心理形态的统一。②

具体到社会改造思潮,在五四时期出现了一大批主张社会改造的团体,以北京的解放与改造社、新社会、少年中国学会、共进社和天津的社会改造社、南昌的江西改造社等为代表。同时出现了为数众多的以社会改造为宗旨或宣传社会改造主张的报纸杂志,以《少年中国》《解放与改造》(后改名《改造》)、《共进》和《新江西》为代表。主张和宣传社会改造的代表性人物,有各政党、社团的首领,如中国共产党方面的陈独秀、李大钊,中国国民党方面的戴季陶、胡汉民,国家主义派的曾琦、李璜、左舜生,研究系的张东荪、张君劢,等等;也有各种进步社团的代表,如少年中国学会的王光祈、新民学会的毛泽东、利群书社的恽代英、江西改造社的袁玉冰,等等。此外,还有专题研究社会改造思想(潮)的成果,如朱镜宙著《民国政治改造论》、东方杂志社编《中国改造问题》和《近代文学与社会改造》,等等。这些主张社会改造的报纸杂志和社团组织,共同孕育了社会改造思潮和运动,对中国社会改造产生了深刻的影响。

诚如梁启超所说,思潮与思想的不同之处,"于同一运动之下,往往分无数小支派,甚至相嫉视相排击。虽然,其中必有一种或数种之共通观念焉。"③ 社会改造思潮既有主流思想也有支流派别,其中既有主张政治改

---

① 适夷:《社会改造论》,《学艺杂志》第1卷第4期,1919年5月1日,第8、10页。
② 徐永祥、贺善侃主编:《现代西方社会思潮》,中国纺织大学出版社1994年版,第1—2页;吴雁南等主编:《中国近代社会思潮(1840—1949)》,湖南教育出版社1998年版,第2页;郭汉民:《晚清社会思潮研究》,中国社会科学出版社2003年版,第9—10页;李永春:《简评〈晚清社会思潮研究〉》,《湘潭大学学报》(哲学社会科学版)2004年第1期;邓卓明、步德胜:《社会思潮内涵的再认识》,《重庆邮电学院学报》(社会科学版)2006年第5期。
③ 梁启超:《清代学术概论》,《饮冰室合集·专集》之三十四,中华书局1989年版,第1页。

造、经济改造、文化运动、教育改造等手段的差异，也有主张社会革命或社会改良等方式的不同，更有坚持社会主义或民主主义等理论和道路的分别。但是，其"共通观念"是改造现社会，建立理想的新社会。可见，社会改造在五四时期形成一种以批判和揭露、改造旧社会，建设一个理想的新社会为核心内容的社会思潮。

二 五四时期社会改造思潮研究述评

关于社会改造思潮的研究，五四运动前后就已出现，迄今为止已取得了不少研究成果。有学者对五四后期社会改造思潮研究作了比较全面的评述[①]，以下对五四时期社会改造思潮作一全面的学术史回顾。

（一）有关五四时期社会改造思潮的论著

1. 国外社会改造方面著述的翻译与介绍

关于社会改造的理论和方法，首先要提到英国罗素1916年撰写的《社会改造原理》，1920年由余家菊翻译。罗素主要论述，在形成人的生活方面冲动比有意识的目标有更大影响。他强调，国家、战争和婚姻应该体现创造性的解放，创造性的解放应成为政治和经济改革的原则。他运用这一原则勾画出了理想社会，即能够产生最大可能的创造性和最少的适合于保全自己的占有性的那种制度。在此基础上，构想了一个具有相当自治权的世界国家。[②] 美国尼布尔（R. Niebuhr）著《个人道德与社会改造》，1935年杨缤译述。书中详细分析了个人道德与社会改造的关系，包括人与社会——共同生活的艺术；个人应对社会生活的理性资源；个人应对社会生活的宗教资源；国家的道德；特权阶级的伦理态度；无产阶级的伦理态度；从革命而来的公理；从政治势力而来的公理；政治中道德价值之保存；个人与社会道德的冲突；等等。[③]

关于社会改造家的思想，主要有日本生田长江、本间久雄著《社会改造之八大思想家》，毛棠、林本、李宗武译。主要介绍马克思、克鲁泡特金、罗素、托尔斯泰、莫里斯、卡彭特、易卜生、爱伦凯等社会改造大家的生平与思想。[④]

---

① 刘长林：《五四后期社会改造思潮研究状况述评》，《现代上海研究论丛》第3辑，上海书店出版社2006年版。
② 〔英〕伯特兰·罗素：《社会改造原理》，余家菊译，华丰印书局1920年版。
③ 〔美〕雷茵霍尔德·尼布尔：《个人道德与社会改造》，杨缤译，青年协会书局1935年版。
④ 〔日〕生田长江、本间久雄：《社会改造之八大思想家》，毛棠、林本、李宗武译，商务印书馆1921年版。

英国传教士霍德进著《基督与社会改造》，曾约农译。作者主张社会改造，建立"耶稣理想中之社会"。① 关于第一次世界大战后欧美各国社会改造，有日本植原悦三郎著《欧美各国改造问题》，陈谪生译。主要介绍英国、法国、德国等在第一次世界大战后的社会改造情况。②

肖治北著《大同主义下之世界改造问题》，1929年10月出版。原名《世界改造》，版权页题名《世界改造问题》，主要涉及政治思想及纲领等，还有政治、经济、军事、教育、法律、交通等各项制度。③ 这些译著是研究国外社会改造思想的重要成果，也是进一步研究五四时期中国和世界改造思潮的珍贵资料，更具有思想史的意义。

2. 中国社会改造问题的研究

朱镜宙著《民国政治改造论》，广州编译公司1918年12月初版。作者认为，民国政治改造应从政治体制入手，分别论述废督军制、裁兵、禁止武人组阁、确立地方制度、划分税制、确立议会政治、改良司法制度、非军区、非不党等问题。吴景濂为该书作的"序"评论说：朱氏"因之有民国政制改造论之作，殆以遏乱源而固国本欤，所论废督、裁兵，以及议会政治、地方制度诸大端，又悉与吾人促进民治之精神相吻合，贾谊伤时，鳌齿裁正，诚有价值之文字也"④。这也是迄今所见最早系统地研究民初政治改造的著作，也是国内系统研究中国近代社会改造问题的开山之作。

东方杂志社编纂《中国改造问题》，收录了杨端六的《中国改造的方法》、孙几伊的《改造中国的途径》、陈启修的《我理想中之中国国宪及省宪》3篇文章，主要论述了中国社会改造的方法和途径等问题。⑤ 东方杂志社编《近代文学与社会改造》，收录《社会改造运动与文艺》（谢六逸译）、《俄罗斯文学和社会改造运动》（日本昇曙梦著，馥泉译）、《近代文学与儿童问题》（夏丏尊著）等文章，着重论述了近代文学对社会改造的作用。⑥ 范锜著《世界改造之原理》，后改名为《中国国民革命之使命》，分国家平等、种族平等、人类平等三编，分析了国民革命对于世界

---

① 〔英〕霍德进：《基督与社会改造》，曾约农译，青年协会书报社1925年版。
② 〔日〕植原悦三郎：《欧美各国改造问题》，陈谪生译，公民书局1920年版。
③ 肖治北：《大同主义下之世界改造问题》，出版地点不详，1929年10月。
④ 朱镜宙：《民国政治改造论》，文海出版社1977年版，"序"第5页。
⑤ 东方杂志社编：《中国改造问题》，商务印书馆1923年版。
⑥ 东方杂志社编：《近代文学与社会改造》，商务印书馆1924年版。

改造的问题。① 这些著作是五四时期较早研究中国改造问题的成果，也是进一步研究此期社会改造思潮与运动的重要资料。

杨明斋著《中国社会改造原理》，1929年出版。全书分中国政治的起源与变迁、秦政与中国政治全部的关系、一般的政治改造原理、现在的政治问题等十一章。强调要从中国社会实际出发，以科学社会主义的原理为指导，改造中国社会。该书以马克思主义历史唯物论为指导来探讨中国发展史，也是较早的全面研究中国社会改造问题的著作。②

诸青来著《社会改造问题》，1932年出版。全书分"何谓资本主义""国家资本主义与私人资本主义孰得孰失""共产主义与共产党""苏联共产党沿革评述""社会主义批评"等专题，讨论社会改造的方法。③

《中国问题的各派思潮》是中国基督教学生运动社会改造问题研究委员会主编的《基督教与社会改造问题》丛书之一，主要介绍中国国民党及法西斯蓝衣社、中国共产党、社会民主党、中国青年党及新月派、村治派等改造社会的言论与活动，梳理了各派关于中国社会改造问题的思想主张。④ 祝世康著《民生主义与世界改造》，1943年1月出版。作者阐述了民生主义的思想渊源、哲学基础、经济学说、经济制度，分析和比较民生主义和社会主义的内容和性质，并指出，民生主义即"大同主义"，由人类互相合作改造世界，实现世界大同。⑤

除了这些专著外，孟世杰主编《中国近百年史》，专章讨论"现代社会改造思想及其问题"，评论近今的社会改造思想，并且讨论社会改造问题中的贫穷问题、劳动问题、妇女问题、家族问题。他指出，中国社会改造思想"皆为列强侵略中国之反响"，中国近今社会思想"几全为中西文化接触之产物"⑥。这些著述都涉及五四时期的社会改造思潮，对深入研究社会改造思潮与运动具有重要的参考价值。

1949年以后，有关五四时期社会改造思潮的研究，重要的成果有：王亚南著《中国社会经济改造思想研究》，中华书局1950年出版。本书是对中国社会经济改造之路的摸索——有关资产者与小资产者的改良主义的总

---

① 范锜：《世界改造之原理》，民智书局1928年版。
② 杨明斋：《中国社会改造原理》，东方书店1929年版。
③ 诸青来：《社会改造问题》，启智书局1932年版。
④ 中国基督教学生运动社会改造问题研究委员会主编：《中国问题的各派思潮》，中国基督教学生运动临时全国总会1934年版。
⑤ 祝世康：《民生主义与世界改造》，正谊书店1943年版。
⑥ 孟世杰主编：《中国近百年史》（下），天津百城书局1932年版，第275—278页。

考察，从自然、技术、思想、人口、土地、生产力与生产关系等方面，批判中国社会经济的改造思想。书中还研究中国社会经济改造之路，即新民主主义经济理论。徐行著《近代中国社会主义思潮与社会改造》，由天津社会科学院出版社1999年出版。作者系统地论述了中国近代三次社会主义传播高潮的背景、特点、影响及发展趋势，揭示了社会主义思想对改造中国社会的理论价值、实践价值和现实意义。2001年社会科学文献出版社出版的《胡绳论"从五四运动到人民共和国成立"》，是研究五四时期社会改造思潮最全面而且颇具新意的著作之一。第一章"一场新型思想运动的兴起"，集中讨论了社会改造思潮的勃兴以及改造社会的分歧问题。第二章"中国的出路在哪里？"涉及中国改造的出路问题及其论争。① 这些都是研究中国社会改造的专题论著。

此外，还有一些著述涉及社会改造问题。如徐大同主编《20世纪西方政治思潮》，评述了罗素的社会改造理论，指出他积极主张在政治上、经济上对资本主义制度进行改造，并倡导以基尔特社会主义建立工业民主制度，他的社会改造理论表现了一位激进民主主义者的立场。尽管罗素的社会改造蓝图有着极大的空想虚幻色彩，但他对人类社会现象的许多分析却是发人深省的。② 李新、陈铁健主编《中国新民主主义革命史 伟大的开端》第一章第七节"改造社会的探索"，列举了改造社会的各种呼声和改造社会的各种方案，如"工读互助""新村主义""教育万能""科学救国""儿童公育""工人储金""批评至上""改造人种"等。③ 杨慧清著《五四时期的抉择》，在"空前的社会主义思潮"一章中谈到"社会改造"和"新思潮"，涉及当时社团和刊物关于"改造社会"的呼声及其方法。④ 胡伟希、高瑞泉、张利民合著《十字街头与塔——中国近代自由主义思潮研究》，谈到社会改造道路中"渐进主义"与"根本解决"的分歧。⑤ 许纪霖、陈达凯主编《中国现代化史》第一卷第十三章，也谈及"社会改造思潮的勃兴"⑥。总之，这些研究成果对于深入研究五四时期社会改造思

---

① "从五四运动到人民共和国成立"课题组：《胡绳论"从五四运动到人民共和国成立"》，社会科学文献出版社2001年版，第55—81、95—110页。
② 徐大同主编：《20世纪西方政治思潮》，天津人民出版社1991年版，第352—354页。
③ 李新、陈铁健主编：《中国新民主主义革命史 伟大的开端》，中国社会科学出版社1983年版，第174—244页。
④ 杨慧清：《五四时期的抉择》，江西人民出版社1996年版，第3页。
⑤ 胡伟希、高瑞泉、张利民：《十字街头与塔——中国近代自由主义思潮研究》，上海人民出版社1991年版，第187—191页。
⑥ 许纪霖、陈达凯主编：《中国现代化史》第一卷，学林出版社2006年版，第304—308页。

潮，具有一定的参考价值。

3. 一些代表人物的社会改造思想研究

郭学旺著《毛泽东与中国社会的变迁》，深入讨论了青年毛泽东"改造中国"思想的形成，指出："改造中国与世界"是毛泽东青年时代逐渐形成并不断明确的伟大抱负，是其成长过程中的一个鲜明主题。毛泽东在确立马克思主义信仰后，就有了"改造中国与世界"思想，并提高到革命的终极目标。他不仅确认马克思主义为"改造中国与世界"的"一面旗子"，而且确认人民群众为"改造中国与世界"的决定力量，俄式革命为"改造中国与世界"的"一条新路"[①]。李伟著《毛泽东与中国社会改造》，全面探讨了毛泽东与中国社会改造的关系。作者认为：毛泽东运用马克思主义理论，结合中国的实际，创造了一系列改造中国社会的方法、手段，形成了他的社会改造思想。毛泽东思想开辟了改造中国和世界的道路，为中国共产党和中国人民不断完善和创造新的改造社会的工具，提供和奠定了最基本的经验和方法。[②]

善峰探析了梁漱溟关于社会改造的构想，指出，梁漱溟把社会改造归结为文化重建，强调农村和农业在社会现代化中的重要性，同时重视知识分子在社会改造中的作用。但是梁漱溟过分强调政治、经济、文化问题的紧密联系，强调社会改造必须从根基、从文化改造入手，而忽视政治制度改造问题。从根本上说，这种社会改造方案不能把中国带上现代化的大道，但在具体问题上提出了一些合理的、有价值的观点。[③]

吴擎华著《陶行知与民国社会改造》，是在其博士学位论文基础上修改而成的。作者详细解读了陶行知对乡村建设之路、现代化之路、民族解放之路和民主宪政之路的探索和实践，深入分析了陶行知的社会改造活动及其在社会改造实践中自身角色的转换，进而再现了近代自由主义知识分子探索中国社会改造的心路历程。[④]

曹天忠著《教育与社会改造：雷沛鸿与近代广西教育及社会》，是在其博士学位论文《雷沛鸿与民国广西教育、社会双改造研究》基础上修改而成的。雷沛鸿把教育置于整个社会的大视角下进行改造和重构，把教育放在抗日救亡的大环境下进行国民教育新体系的实践，可见，他是以爱国教育为灵魂、生产教育为内容，有计划地将广西的教育改造和社会改造结

---

① 郭学旺：《毛泽东与中国社会的变迁》，中国言实出版社1997年版，第24—40页。
② 李伟：《毛泽东与中国社会改造》，中央文献出版社2006年版。
③ 善峰：《梁漱溟社会改造构想研究》，山东大学出版社1996年版。
④ 吴擎华：《陶行知与民国社会改造》，安徽教育出版社2011年版。

合起来。① 胡德海著《雷沛鸿与中国现代教育》由甘肃教育出版社2001年出版。作者分析了雷沛鸿的社会理想和政治道路、雷沛鸿教育思想的文化学术渊源、雷沛鸿教育实践的思想准则与哲学特征等。指出，他形成和确定其大众化教育思想的主旨，在于通过改造教育来改造社会，教育改造与社会改造相辅相成。②

（二）有关五四时期社会改造思潮研究的论文

据初步统计，从1949年至今，以"社会改造"为关键词的学位论文有40多篇。其中与五四时期社会改造思潮有关的约30篇，代表性人物的社会改造思想研究又有12篇，社团或群体组织或刊物的社会改造思想研究7篇，区域性的社会改造思想研究4篇，宏观研究社会改造思潮的有6篇。关于社会改造思想（潮）的学术论文，据中国知网查寻和初步统计，1979—1993年，关键词或篇名为"社会改造"的论文，尚未见之；1994—2014年，篇名为"社会改造"的历史类论文有20多篇，以"社会改造"为关键词的历史和哲学类论文有90多篇。上述论文对五四时期社会改造思潮的研究，大致可以归纳为以下几个方面。

1. 关于社会改造思潮兴起的原因与发展变化

刘长林归纳社会改造思潮兴起的原因如下：世界范围社会改造思想的影响，新文化运动仅仅提倡个性解放不能解决中国的根本问题，新旧文化交替时期的产物，社会改造思潮与社会转型密切相关。③ 田玉才指出，近代中国的社会改造思想萌芽后，经历了从以政治制度变革为中心到主要注重人的改造，再到以政治制度变革带动社会经济制度变革的发展历程。历史表明，只有人的改造与制度改造相互平衡、相互协调，才能最终实现近代中国的社会改造。④

五四时期社会改造思想经历了由分散到联合到再分离的发展趋向，李永春著文指出：1920年，少年中国学会与觉悟社、人道社、曙光社和青年互助团等进步团体在北京组织"改造联合"，提出了"到民间去"的改造目标与方向，成为五四运动之后进步团体走向联合的一个重要标志。少年中国学会在"改造联合"会议中发挥了重要的组织作用，而且，李大钊关

---

① 曹天忠：《教育与社会改造：雷沛鸿与近代广西教育及社会》，天津古籍出版社2004年版。
② 胡德海：《雷沛鸿与中国现代教育》，甘肃教育出版社2001年版。
③ 刘长林：《五四后期社会改造思潮研究状况述评》，《现代上海研究论丛》第3辑，上海书店出版社2006年版，第210—234页。
④ 田玉才：《论近代中国社会改造思想的变迁》，《云南行政学院学报》2010年第6期。

于各团体标明社会主义的提议，对这次改造联合产生了重要影响。① 日本学者石川祯浩所著《中国共产党成立史》认为，"改造联合"就是"社会主义青年团"，而且是与"社会主义青年同盟""社会主义者同盟"等为同一个中共早期组织。究其实，"改造联合"与后三个组织存在成员重叠的情况，但显然属于不同性质的组织，并非同一个中共早期组织。②

2. 关于社会改造思潮的复杂性

刘长林认为，社会改造的思想分歧，反映了西洋工业资本社会思想与中国固有的农业宗法封建思想的对抗，也反映了马克思主义与资产阶级改良主义的斗争，五四运动后社会思潮的转型，就是自由主义、马克思主义、保守主义三方分立的结果。③ 王先俊指出，围绕着中国社会改造的方法、出路等重大问题，不同的思想政治派别各自阐发自己的"主义"，构成了社会改造思潮纷繁复杂的图景。马克思主义以其严谨而科学的理论，在众多的社会改造理论中脱颖而出，成为社会改造思潮的主流和方向。④ 曾田认为，以张东荪、梁启超为代表的社会改良主义者与陈独秀、李大钊、李达等马克思主义者的论战，是五四时期知识分子对社会改造道路的又一次探索，实质上是社会改造的两种手段之争，论战的中心是如何对待中国资本主义的问题。⑤

3. 关于社会改造思想的理论来源

曾传国认为，平民主义是五四时期知识分子吸取各种学说中的民主成分而形成的改造中国的新主张、新思路。民初政治建设的失败，促使五四知识分子重新认识、研究和改造民主思想；第一次世界大战、十月革命和五四运动等重大事件，为平民主义的产生创造了有利条件；互助论、实验主义和马克思主义等新思潮，提供了重新认识、研究和改造民主思想的新资源；中国传统的大同、平均思想，则是平民主义产生的思想土壤。⑥ 王先俊指出，早期马克思主义者积极参与社会改造问题的讨论，而且初步运

---

① 李永春：《少年中国学会与1920年"改造联合"》，《北京社会科学》2007年第6期。
② 李永春、张海燕：《"改造联合"与"社会主义青年团"并非"同一个中共早期组织"——兼与石川祯浩先生商榷》，《中共党史研究》2008年第5期。
③ 刘长林：《五四后期社会改造思潮研究状况述评》，《现代上海研究论丛》第3辑，上海书店出版社2006年版，第211—214页。
④ 王先俊：《论"五四"后的社会改造思潮》，《安徽师范大学学报》2009年第2期。
⑤ 曾田：《改良与革命：社会改造的手段之争：1920年代初的社会主义论战研究》，厦门大学2014年硕士学位论文。
⑥ 曾传国：《平民主义——五四时期中国知识分子社会改造的新思路》，复旦大学2008年硕士学位论文。

用马克思主义基本原理分析中国社会改造问题,探讨中国社会改造的方法、目的和依靠力量等具体问题,形成了较完整的社会改造理论,影响和改变了中国历史的进程和命运。[①] 许志英讨论了人的文学与社会改造思潮的关系,指出,一些优秀知识分子试图通过思想文化意识的启蒙来解决中国社会问题,他们把个性的发展与社会的前途联系在一起,使社会改造思潮沿着争取"人的解放"的轨道前进,顺应了彻底改造旧中国,重建一个光明的中国的时代要求。[②] 此外,田彤讨论了宗教与社会改造的关系,认为,一些进步人士从宗教中寻找思想资源,在观念形态上对宗教作出富有创造性的诠释和运用,使宗教也成为社会改造的理论基础和内容。[③] 吴星云分析了乡村建设思潮与民国社会改造问题,指出,乡村建设思潮试图从解决乡村问题出发,解决自晚清以来近一个世纪的中国问题,因此,该思潮的产生有深刻的历史渊源,从发生发展到最后高涨,都包含了一大批知识分子的理论思索和积极实践。[④]

4. 一些重要社团组织及其刊物的社会改造思想研究

进步社团及其刊物是五四新思潮的产物,也是宣传和实验社会改造思想的重要载体,颇受学术界的关注。梁晓云探讨了共进社的社会改造思想,指出,共进社依靠知识分子、农民阶级、商业阶级和工人阶级等阶级力量,采取宣传、联合同盟者和群众运动等改造方式,对陕西的教育、文化、风俗、政治、经济等进行全面改造,社会改造的目标是建立一个民主主义的陕西,进而建立民主主义的新中国。[⑤]

田小波探讨了研究系及其代表人物的社会改造思想。在思想文化方面,主要以介绍新知和办学、讲学来启迪民智,培植民众意识,改造中华民族的精神;在社会政治方面,主张自由、平等的民主政治,通过立法制宪建立法治社会;在经济层面,则倾心于基尔特社会主义,主张用资本主义发展实业和教育,走"实业兴国与绅商改造"的发展道路。[⑥] 洪峻峰认为,研究系主张采用社会主义来改造精神生活,与李大钊、陈独秀等人开

[①] 王先俊:《论五四后马克思主义者的社会改造理论》,《北方论丛》2009年第2期。
[②] 许志英:《"五四"社会改造思潮与人的文学》,《中国现代、当代文学研究》1989年第8期。
[③] 田彤:《宗教:社会改造的理论基础和内容——宗教在近代中国意识形态层面上的一次升华》,《江汉论坛》2000年第2期。
[④] 吴星云:《乡村建设思潮与民国社会改造》,南开大学2004年博士学位论文。
[⑤] 梁晓云:《论共进社的社会改造思想》,湘潭大学2008年硕士学位论文。
[⑥] 田小波:《五四时期研究系社会改造思想述论:以梁启超、张君劢、张东荪为重点》,湖南大学2009年硕士学位论文。

展的思想启蒙运动是大体一致的，与当时主张回复传统社会、以农立国等文化保守主义者迥异其趣。①

彭立红探讨了中国基督教青年会与中国社会改造的关系，指出，基督教青年会提出了建立基督化新道德、培养基督化人格及人格救国等主张，注重德智体群的全面发展，并开展了一系列社会改良活动，在当时产生了很大影响。②

曹小娟分析了《新社会》同人改造社会方案的思想来源及其社会改造的特色，指出，他们希冀以思想文化解决紧迫的社会问题，对科学的过度崇拜激发了他们的理想主义。他们后来对集体民主主义的确认以及对劳动的问题的关注，显露出他们走向马克思主义的端倪。③杜翠叶归纳分析了《新潮》的社会改造思想，即宣传科学精神和民主思想，倡导"学术救国"，热情推进文学革命事业，努力探讨妇女解放问题、劳工问题、教育改造问题，在社会改造方面具有不可忽视的影响。④《星期评论》是国民党人创办的理论刊物，在五四新文化运动中，与《每周评论》并称为"舆论界中最亮的两颗明星"。其社会改造思想可归纳为：一是研究劳工运动，探讨解决中国的劳工问题的途径；二是关注女子解放问题，致力于女子解放；三是宣传马克思主义，提出了马克思主义要与各国国情相结合的命题；四是宣传孙中山及其三民主义，探讨如何发展中国的实业，实现民生主义的问题。总之，《星期评论》也是五四时期探索社会改造的重要刊物。⑤

5. 一些代表性人物的社会改造思想的研究

这方面的研究成果很多，兹分类介绍如下。

（1）毛泽东的社会改造思想研究。毛泽东是中国近代以来社会革命的杰出代表人物之一，其社会改造思想也成了研究的热点。孟毅辉、彭继红认为，"湖南人的精神"造就了青年毛泽东的社会改造意识，中西哲学交汇促成了他的社会改造思想的形成，"精神个人主义"助益了他的社会改造主体的确立，"大本大源"成为社会改造指导思想的探求，朴素辩证法

---

① 洪峻峰：《五四时期研究系的"社会主义研究"评析》，《厦门大学学报》（哲学社会科学版）1990年第1期。
② 彭立红：《中华基督教青年会与近代中国社会改造（1920—1928）》，暨南大学2000年硕士学位论文。
③ 曹小娟：《昙花一现："五四"时期知识分子的社会改造运动——以〈新社会〉旬刊为中心》，《社会科学家》2009年第8期。
④ 杜翠叶：《〈新潮〉月刊的社会改造思想研究》，复旦大学2010年博士学位论文。
⑤ 肖妮：《〈星期评论〉与五四时期社会改造思潮》，复旦大学2010年硕士学位论文。

也促进了他对社会改造动力的认识。①

李艳珍认为，毛泽东早期的社会改造思想源自孔孟儒家哲学思想、康有为的"大同思想"以及无政府主义、工读互助主义和"新村"主义等方面。其社会改造思想的内容主要包括三点：第一，以思想改造作为社会改造的基础，主要体现为对人类"大本大源"的探索和由以学校为基础的三位一体的改良教育方法。第二，以教育救国作为社会改造的基本方法，体现为重视全然农村的"工读互助"的形式和强调体育的"心身并完"的教育方法。第三，以"贤人"引导为社会改造的重要内涵，强调"精神个人主义"的生命意义以及其中隐含的"君子""小人"观。②

赖亦明、曾芳莲具体考察了毛泽东"改造中国与世界"思想的历史演进，指出，青年毛泽东信奉世界主义和社会主义，主张改造中国与改造世界联系起来。在改造实践方面，先是尝试建立"新村"，后努力建立"湖南共和国"，最后走俄国革命的道路。从提出"改造中国与世界"的口号到具体实施，反映了毛泽东认识和改造社会的不断深入。③龙雪飞探析了五四运动前后毛泽东社会改造思想的转变问题。毛泽东的社会改造出发点从"精神领域"转到"物质领域"，社会改造目标从"人心风俗的改良"转到"中国与世界的改造"，社会改造力量从"品学兼优的圣贤"转到"联合的民众"，社会改造方法从"大本大源""呼声革命"转到"俄式革命"，社会改造指导思想从"平民主义"转到"唯物史观"。毛泽东社会改造思想的转变，给中国社会带来了巨大的影响。④

东方溯揭示了毛泽东社会改造思想发展的内在规律：伦理觉悟、启蒙救国成为他社会改造思想的逻辑起点，觉醒了的人民成为左右社会变革的现实要素，社会改造思想的逻辑指向是理想社会的憧憬和设置。其中，新村是其理想世界的遁世追求；湖南共和国则是其对理想社会的直接追求；之后告别社会改良主义，选择了俄国式道路来改造中国与世界。⑤古仲兵将青年毛泽东社会改造思想的形成发展划分为四个阶段：①主张教育新民，以教育来达到新民强国的目标。②倡导民众大联合，以民众大联合的

---

① 孟毅辉、彭继红：《青年毛泽东社会改造思想论要》，《湖湘论坛》2003年第6期。
② 李艳珍：《毛泽东早期社会改造思想研究——以"新村"设想为切入点》，湖南师范大学2012年硕士学位论文。
③ 赖亦明、曾芳莲：《青年毛泽东"改造中国与世界"思想的历史演进》，《湖北社会科学》2006年第12期。
④ 龙雪飞：《五四前后毛泽东社会改造思想的转变》，湖南师范大学2006年硕士学位论文。
⑤ 东方溯：《毛泽东早期社会改造思想的逻辑发展》，《齐鲁学刊》1995年第4期。

力量改造中国社会。③谋求建设"湖南共和国",以湖南变革为未来中国的根本改造为之先导。④信仰马克思主义,以马克思主义为改造中国的理论和方法。①

(2) 李大钊的社会改造思想研究。李大钊是中国最早的马克思主义者之一,也是以马克思主义改造中国的最早探索者之一。王先俊认为,在十月革命的影响和马克思主义的指导下,李大钊紧紧围绕着中国社会改造的问题,发表了一系列观点,形成了比较科学和切合中国实际的社会改造思想。这一思想指明了中国社会改造的正确方向,也明确了社会改造的方法和基本力量,因此对当时中国的先进分子产生了积极的影响。②史习基具体分析了李大钊关于社会改造问题的探索,指出,通过阶级斗争对中国社会经济组织进行"根本改造",是李大钊改造社会的基本途径;建设社会主义的经济制度和政治制度,是社会改造的前途和方向;以劳工阶级为基础势力、联合各界民众为主体的实际运动,是社会改造的依靠力量;推翻帝国主义对中国的压迫,争取全世界被压迫民族和人民的支持,是实现社会改造的国际条件。总之,李大钊既坚持以"主义"指导社会改造,又重视对社会实际的研究,在中国社会改造的探索中,率进步思想界主流之先。③

(3) 陈独秀的社会改造思想研究。陈独秀是近代以来著名的社会改造理论家和实践家。他对社会改造路径的探索,大体经历了"民众运动,社会改造""取消帝政,改建共和""打破阶级的制度""实行平民社会主义""由共和而社会主义"几个发展阶段。每个阶段经历的时间都不长,其观点具有相对独立、前后渗透、交替发展、逐步提升的特点。④在陈独秀的社会改造思想中,社会改造的实现途径是"由共和而社会主义"两步走。1919年12月,陈独秀首倡"民众运动,社会改造"。1920年,他果断提出"取消帝政,改建共和"的鲜明主张,确立社会理想是"实行平民社会主义"。1920年9月,他预示"由共和而社会主义"是实现中国"社会改造"的必由之路。⑤此外,陈独秀通过积极推动建党、创办《新青年》等传播媒介、积极领导工农群众运动等一系列革命实践活动,把马克

---

① 古仲兵:《青年毛泽东的社会改造思想》,中共中央党校2011年硕士学位论文。
② 王先俊:《五四时期李大钊的社会改造思想》,《学习与探索》2009年第3期。
③ 史习基:《论李大钊对中国社会改造问题的探索》,《中共福建省委党校学报》1999年第10期。
④ 马连儒:《中共"一大"前陈独秀对"社会改造"实现途径的初步探索》,《党史研究资料》2003年第6期。
⑤ 马连儒:《陈独秀思想论稿》,人民出版社2010年版,第7—23页。

思主义由学术思想转变为社会改造指导思想，对中国革命的进程起了重要的推动作用。①

（4）王光祈的社会改造思想研究。王光祈是五四时期著名的社会活动家，在五四时期形成了其独特的社会改造思想。具体说来，少年中国学会是王光祈改造社会的依托力量，工读互助团是他改造社会的最初尝试。在社会改造方法上，王光祈反对以政治运动的方式来改造社会，冀图以改造民族生活、复兴民族文化、音乐育民和民族革命等手段来改造社会。在社会改造的步骤上，王光祈坚持在政治改革之前应先下一番预备工夫；先改造个人，再改造团体，进而改造全社会。② 因此，王光祈的社会改造思想既体现出鲜明的民族主义特点，又不乏空想主义色彩，同时具有无政府主义倾向。③ 陈先初指出，王光祈的社会改造思想以新文化运动为背景，以少年中国学会为依托，具有鲜明的个性特征，但也存在着排斥"主义"和"政治活动"等偏向。④

（5）恽代英的社会改造思想研究。恽代英是五四时期社会改造的实干家和宣传家。他的社会改造思想随着客观环境的不断变化和自身实践的不断深入而发展变化。恽代英早期相信改造社会的根本在于品格修养，崇尚"立品救国""教育救国"，后来提倡"互助救国"，强调团体对于社会改造的作用。在接受了阶级斗争和革命的理论后，他强调彻底进行社会改造，呼吁"革命救国"。他提出的理想社会框架是苏维埃的政权、公有制的经济制度和独立的民族文化。要实现这些理想，政治上必须以中国共产党为领导、以工农学联盟为动力；经济上必须实现工业化，达到建立公有制为主的经济制度；文化改造方面，必须培养有民族灵性的文化；家庭改造方面，强调婚姻自由，主张男女平等。恽代英的社会改造思想是在救国热情和唯物主义历史观指导下探索社会改造的结果，具有开拓性、实践性和开放性的特点。⑤

（6）陶行知的社会改造思想研究。陶行知被誉为五四前后中国教育改造的旗手。⑥ 吴擎华通过研究陶行知对社会改造的探索与实践，揭示了自

---

① 翟艳玲：《陈独秀在马克思主义由学术思想转变为社会改造指导思想中的推动作用》，《西江月》2013年第35期。
② 黄民文：《王光祈的社会改造思想研究》，湘潭大学2007年硕士学位论文。
③ 黄民文：《论王光祈社会改造思想之特征》，《湖南人文科技学院学报》2009年第1期。
④ 陈先初：《五四时期王光祈社会改造思想之考察》，《湖南师范大学社会科学学报》2014年第2期。
⑤ 杜翠叶：《试论恽代英的社会改造思想》，复旦大学2007年硕士学位论文。
⑥ 参见陶行知的《中国教育改造》"重版序"，东方出版社1996年版，第1页。

由知识分子的命运以及近代中国社会的历史演进轨迹。[①] 涂雪峰从文化、教育、政治、经济、科学五个方面分析了陶行知的社会改造思想：社会改造思想的基础是知识结构、知行观、培植社会创造力；社会改造的出发点在改造乡村教育，探索乡村教育的出路，规划乡村教育改造的步骤；社会改造的政治目标在建立民主政治；社会改造的经济目标是"创造富的社会"；社会改造的科学理想是"创造二十世纪科学的中国"，建成一个科学的中国。他主张辩证地认识科学，既要发挥科学的积极作用，又要注重培养科学伦，解决由科学引发的道德问题。他提倡科学大众化，注重培养科学幼苗，以提高全民族的科学素质。[②] 沈丹概括了陶行知社会改造思想：以"人"为逻辑起点，以培养"创造"道德"真人"为基本内容；最终"经由教育创造一民主国家"，即建立自由、平等、共和之中华。[③]

（7）柳亚子的社会改造思想研究。柳亚子在早期革命活动中致力于改造社会。他的民众社会改造思想主要表现在三个方面。一是对家庭生活进行改造。包括倡导女权，呼吁女子走出家庭进行社会革命；提出革新婚姻制度，倡导文明婚礼；主张"非孝"，根除"伪道德"。二是对民间社会文化的改造，包括提倡改良戏剧艺术形式，提出新的理论以宣传反清思想，利用地方报纸向民众传播新的主义观念。三是致力于改变劳动者群众的地位，唤醒劳动人民的权利意识，激励民众的革命意识。[④]

（8）罗家伦、傅斯年的社会改造思想研究。罗家伦、傅斯年都是五四时期学生运动领袖，也是社会改造运动的健将。罗家伦在中国社会改造的探索中，主张以思想革命为社会改造之首，主张问题与主义并重、文化运动与群众运动并举，从而表现出一种渐进改革的思想趋向。[⑤] 傅斯年认为，中国有"群众"而无"社会"，因此，社会改造的关键在"无中生有地造社会"，"造有组织的社会"。傅斯年注重个性与社会责任心统一，注重理想类型的社会组织建设。这种"造社会"论，对于社会建设问题具有借鉴意义。[⑥]

---

① 吴擎华：《陶行知与民国社会改造》，山东大学 2008 年博士学位论文。
② 涂雪峰：《陶行知社会改造思想初探》，湖南师范大学 2002 年硕士学位论文。
③ 沈丹：《陶行知社会改造思想研究：兼论当代中国社会公共精神》，复旦大学 2010 年硕士学位论文。
④ 徐娟：《早期柳亚子与民众社会改造》，苏州科技学院 2010 年硕士学位论文。
⑤ 冯夏根、李瑞：《五四时期罗家伦对社会改造问题的探索》，《西南师范大学学报》2004 年第 4 期。
⑥ 刘集林：《"造社会"与社会改造：以五四前后傅斯年的思想为中心》，《广东社会科学》2010 年第 6 期。

（9）丁文江的社会改造思想研究。丁文江是近代以来中国社会改造的积极探索者之一。其社会改造思想形成的背景包括传统主义的熏陶、西方文明的洗礼、空前变革的时代。其社会改造思想的主要内容是：重建社会改造的价值——信仰体系；变革中国社会的模式——好政府主义的提倡与实践；应对国难问题的政治主张；改造中国社会的现代化方案。可见，丁文江的社会改造思想带有浓厚的科学理性色彩。[1]

（10）张申府的社会改造思想研究。张申府是现代著名哲学家，其社会改造思想在中国现代史上具有重要影响。田玉才分析指出，张申府的社会改造思想源自罗素所代表的西方资产阶级优秀文化、孔子所代表的中国传统优秀文化和列宁所代表的马克思主义，也批判继承19世纪以来中国社会改造思想。他认为，中国的社会改造应从人的改造与制度改造两个方面同时着手，相互配合，才能获得成功。他以实的哲学与辩证理性观作为社会改造的基础，以反思的或超越的科学主义与综合民主论作为社会改造的精神武器，通过新启蒙运动和国民革命，实现人与社会的共同改造，最终达到理想的大同社会。[2] 张前帅指出，张申府强调，社会改造要把制度变革与思想变革结合起来；革命的目的是改善人的生活，满足人"生之欲望"；变革人的思想目的在于"遂生、大生、美生"，达到圆满的人生境界。通过经济、政治、文化、人生等领域的改造，达到全人类的民主平等，最终达到全世界的大同。这种社会改造思想充满了理性、科学与求实的色彩。[3]

（11）胡汉民的社会改造思想研究。胡汉民是中国国民党的重要理论家，他的社会改造思想也颇具特色。其思想源于对辛亥革命失败教训的总结，也受到李大钊等人的思想影响。他主张，社会"改造要全部改造"，赞成"根本解决"中国社会问题。具体内容包括推翻恶势力、改革旧的制度法律、清除旧观念、变更社会经济组织四个方面，这实际上构成了其社会改造思想的由浅入深、逐层递进的四个层次。[4]

（12）雷沛鸿的社会改造思想研究。曹天忠的博士学位论文《雷沛鸿与民国广西教育、社会双改造研究》，分析了雷沛鸿的教育改造与社会改

---

[1] 冯夏根：《丁文江对近代中国社会改造问题的探索》，湖南师范大学2001年硕士学位论文。
[2] 田玉才：《制度改造与人的改造——张申府社会改造论研究》，吉林大学2009年博士学位论文。
[3] 张前帅：《张申府社会改造思想研究》，河北师范大学2012年硕士学位论文。
[4] 左双文：《胡汉民的中国社会改造思想》，《广州研究》1987年第9期。

造相结合的思想，已如前述。曹又文、谭群玉著文指出，雷沛鸿的社会改造理论以社会学为基础。社会改造运动是新中华文明的建设，使社会现代化。教育改造运动以建立民族教育体系为目的，以社会教育和学校教育合流为设施，以人民大众为对象，以切合民众生活需要为内容，以互教共学和集体主义的自我教育为方法，以重视学术研究和教育立法为教育行政内容。这种以社会改造运动为目的的教育改造运动，和以教育改造运动为工具的社会改造运动的理论模式，内涵丰富，自成一体，颇具特色。①

（13）张闻天的社会改造思想研究。周有健指出，20世纪初中国的社会现实及各种学说、主义和思潮的传播，加上积极投身社会实践，是张闻天早期社会改造思想形成的条件。釜底抽薪法、无抵抗主义和社会主义是张闻天早期的社会改造方法，农村改造、国民改造是其社会改造思想的重要内容。他的早期社会改造思想，蕴含着新民主主义革命理论和马克思主义中国化思想的因子。②

（14）罗素的社会改造思想研究。英国学者罗素被誉为社会改造的大思想家和世界社会改造的指导者。他在《社会改造原理》《政治理想》等著作中，提出了系统的社会改造思想。胡剑指出，随着1920年10月罗素来华讲学，他关于中国社会改造的思想引起国人的广泛关注。罗素提出，中国改造应该从建立一个有秩序的政府、在国人自主支配下发展工业、普及教育三方面同时着手，走俄国式的"国家社会主义"道路。这种改造中国的主张，在当时的思想舆论界产生了巨大反响，对五四时期社会改造思潮亦有重要影响。③ 孙家祥指出，罗素的社会改造思想由"创而不有"主义、方法论、批判态度与怀疑精神三部分构成，他来华后，并没有提供实际的中国社会改造方案，而是着重社会改造方法的指导，提倡中国走俄国式的国家社会主义道路。④ 郑师渠指出，罗素以数学的见解作为其社会观的基础，用科学的客观的态度去研究社会问题。他通过《社会改造原理》《政治理想》《到自由之路》等著作，形成了颇具特色的社会改造原理。尤其是提出著名的人性"冲动"与"占有"的思想，并与社会改造的原理

---

① 曹又文、谭群玉：《略论雷沛鸿教育、社会"双改造"的现代化模式》，《教育史研究》1996年第1期。
② 周有健：《张闻天早期社会改造思想略论》，《江苏科技大学学报》（社会科学版）2013年第1期。
③ 胡剑：《罗素与五四时期社会改造思潮》，湘潭大学2012年硕士学位论文。
④ 孙家祥：《前言：一个历史的误读——罗素改造中国思想的重新审视》，袁刚、孙家祥、任丙强编《中国到自由之路——罗素在华讲演集》，北京大学出版社2004年版。

结合起来，成一家之言，很有积极意义。①

（15）杜威的社会改造思想研究。美国哲学家杜威是著名的社会改造论者，他长期在中国讲学，对中国社会产生了重要影响。刘焱、陈建平分析了杜威的教育社会改造思想。杜威以教育为改造社会的手段，教育是社会改造的基本方法；社会的改造需要教育的改造；教育的改造能给社会生活带来明显而深远的影响。作者指出，杜威的教育社会改造思想在中国五四时期产生了重大影响，在平民教育运动与乡村教育运动中得到充分体现。②

此外，一些重要人物的社会改造思想的比较研究，也值得注意。王光祈与瞿秋白都是五四时期社会改造的激进分子，但两人的社会改造思想截然不同。王光祈以无政府主义为思想基础，主张通过非暴力、非政治的改良手段改造社会；瞿秋白也曾受到无政府主义思想的影响，但很快就转变为主张暴力革命的马克思主义者。导致两人社会改造思想的差异，除了不同的家庭背景以及个人经历外，对五四时期各种思潮的认识不同是最根本的原因。他们社会改造思想的演变，反映出五四知识分子文化改良和政治革命的思想分流。政治革命成为改造中国的主流思想，是五四知识分子集体取舍的结果。③

有人比较了王光祈与毛泽东的社会改造思想，指出，王光祈受空想社会主义和无政府主义的影响，始终坚持文化运动，反对政治运动，最终没有转化为马克思主义者。青年毛泽东虽然受到无政府主义等思想影响，但很快转变为马克思主义者。而王光祈是彻底的无政府主义者，始终坚持反对一切强权，反对一切政府，从而反对一切政治。王光祈对政治改革路径的疑问，反映了其改良主义的折中路线。④

也有人比较了毛泽东和梁漱溟的社会改造思想，认为，毛泽东主张社会革命，用阶级斗争的手段来改造社会，其思想来源于中国几千年来的农民战争，其理论来源是马克思主义的阶级斗争学说。梁漱溟主张用"文化改造，民族自救"的方式来拯救中国，其思想来源于中国几千年来的传统

---

① 郑师渠：《五四前后外国名哲来华与中国思想界的变动》，《近代史研究》2012 年第 2 期。
② 刘焱、陈建平：《试论教育与社会改造——读杜威〈民主主义与教育〉所感》，《当代教育论坛》2005 年第 23 期。
③ 董波、覃世艳、李晓燕：《"五四"时期王光祈与瞿秋白社会改造思想比较研究》，《西南交通大学学报》（社会科学版）2014 年第 2 期。
④ 董波：《王光祈社会改造思想析评：与青年毛泽东的社会改造思想比较》，《德州学院学报》2013 年第 3 期。

文化，其理论就是他自己的"乡村建设"。因此，毛泽东的主张体现了一个"破坏与建设"的辩证关系（即破坏一个旧世界，建立一个新世界）。梁漱溟的主张则体现了一个"改良与渐进"的发展模式（即从改变"文化失调"来寻找中国社会的出路）。两种理论和主张都是改造中国社会，但是具体的方法和道路根本不同。[①]

（三）五四时期社会改造思潮研究简评

由上可见，近百年来关于五四时期社会改造思潮的研究已经取得了可观的成果，主要探讨了社会改造思潮的来源、主要内容、特点及其影响。其次是关于该思潮的代表性人物的研究越来越多，主要集中于陈独秀、毛泽东、梁漱溟、陶行知、恽代英、王光祈等。一些有重要影响的社团组织及其刊物的社会改造思想也引起研究者的关注，主要涉及《新青年》《新潮》《少年中国》《新社会》《星期评论》等。最后是关于社会改造与其他社会思潮如平民主义、马克思主义、基尔特社会主义等的关系。从方法论来看，现有研究大多从历史与一般思想史的角度研究社会改造思潮，而运用社会学理论与方法开展研究的成果并不多见，将对社会问题的讨论与社会改造思潮联系起来进行研究更是少见。一些研究者运用比较研究的方法，对一些代表人物的社会改造思想尝试作了比较研究。

可以说，学术界对于五四时期社会改造思潮的研究，虽然取得了不少成果，但相对于其在五四时期乃至中国近现代史上的影响来说，无论是在广度还是深度上均显不够。就广度而言，这一时期许多重要的思想流派及其代表性人物以及他们的社会改造思想被忽略或遗漏。也由于对社会改造思想（潮）的重视不够，至今尚无关于该思潮的相对全面的贯通性的研究资料问世，更不用说研究专著。已出版的各种中国近现代思潮研究著作，均无涉社会改造思潮。吴雁南等主编的《中国近代社会思潮（1840—1949)》[②]，是目前所见全面系统研究中国近代社会思潮的皇皇巨著，以200余万字的篇幅研究了100多种社会思潮，也没有涉及社会改造思潮。就深度而言，学术界对于该思潮的来龙去脉、基本主张、理论基础或思想来源、社会影响、与其他社会思潮的关系等问题，均鲜有深入研究。许多具体问题尚限于粗线条的考察或泛泛而论，没有展开讨论。析其原因是全面系统研究社会改造思潮确实难度很大，一方面需要探明它的学术渊源或

---

① 时广东：《毛泽东与梁漱溟在中国社会改造道路问题上的根本分歧》，《重庆师院学报》1994年第3期；时广东：《梁漱溟、毛泽东关于中国社会改造思想的趋同和差异》，《社会科学研究》1996年第6期。

② 吴雁南等主编：《中国近代社会思潮（1840—1949)》，湖南教育出版社1998年版。

思想源头，另一方面需要弄清楚近代以来社会改造思潮和它的各种流派在各个历史阶段的发展状况，这不仅要深入研读各种社会改造思想的代表人物的著作，还要考察各相关团体或政治组织的思想主张及其活动。更主要的是，社会改造本身是一个激进的思想主张，带有一定的政治敏感性，自然留下了许多研究空白。

三　五四时期社会改造思潮的研究方法与思路

本书立足于近代中国社会转型这一宏大的历史背景，对五四社会改造思潮试图作深入的、历史的考察，全面检讨其中各种改造主张与中国社会转型的互动关系。在研究内容上，主要依据五四时期的报纸杂志以及社团、政党组织的思想主张来考察社会改造问题，并将一些代表性人物的观点主张还原到所在刊物、社团的时空环境中，从个人与群体、与社会的互动中，全方位观察当时的社会改造思潮。

在研究方法上，本课题坚持以历史唯物主义为基本原则，运用历史学、历史统计材料分析法、文献资料分析法、比较研究法，并辅以社会学、社会心理学的一些理论和方法，对五四时期社会思潮进行综合研究。为了深化社会改造思潮的研究，本课题拟采用社会文化史的研究方法（即从思想文化、社会与政治三方面的互动展开全面研究），把各种思想主张置于五四社会转型的历史背景下作科学的研究，主要以是否有利于社会进步、社会民主、国家独立富强为评价参照体系，彰显社会改造的复杂多样性和进步性。笔者试图突破以往用阶级分析方法评论各种主张及其代表人物的局限，力图解释他们在各个领域对中国社会改造事业的实际贡献及其影响。此外，通过深入全面地研究社会改造思潮，历史地描述五四时期社会转型与变迁大势，为今天的和谐社会建设提供借鉴。

本书的主要研究内容为：（1）深入考察社会改造思潮由萌芽、兴起到蜕分的历史发展过程，解释中国社会改造由思想文化革命到社会革命、政治革命的发展轨迹。（2）厘清社会改造思潮与五四时期各种社会改良思潮（如国家主义、好政府主义、联省自治等）和社会主义思潮（如无政府主义、新村主义、工读互助主义等）的关系，着重揭示其与民主主义思潮与马克思主义思潮的复杂关系，以允分展示社会思潮的相互渗透与相互冲突的多面性。（3）重点剖析社会改造思潮的基本内容，包括思想来源、目标、方法、手段、理论根据、依托力量以及改造的下手处、突破口，等等，通过排比分析该思潮内部的诸多争论（如根本改造还是局部改造，社会革命还是政治革命，零碎解决还是总解决），来说明各种社会改造主张在对立统一关系中共同推动中国改造的发展进程。（4）鉴于社团组织是五四时期进步知识分子改造个人与改造社会的重要形式，拟选择有代表性的社团组织（如少年中国学会、共进社）作个案考察，在个人与社团、与社会的多维视角中，揭示知识分子群体改造社会思想的变化趋向。（5）考察社会改造思潮中地方（如省、县、乡）改造与中国改造乃至世界改造的互动关系。（6）揭示政府当局对社会改造思潮的回应及态度，说明社会改造思想的影响程度。

　　本书基本的研究思路是：首先，以五四时期报纸杂志为文本，全面检索新文化运动以前的各种社会改造主张，对比研究五四前后社会改造思想的变迁及其发展方向。在此基础上，深入研究社会改造思潮，对其基本主张、主要流派、内在矛盾与共性等进行具体的考察。然后选择有代表性的社团组织或群体，作社会改造思想的个案研究。最后，对社会改造思潮作一个科学的、整体的评价。因此，本书将在厘清社会改造思潮渊源的基础上，全面系统地考察社会改造思潮在不同时期的不同特征及其演变状况，阐明它们之间的内在联系与区别，揭示出中国近代社会改造的历史进程。

　　应当说明的是，社会改造思潮是五四时期一种内容庞杂的社会思潮，本书试图对此作一些研究尝试和探索，错讹之处，恳请各位同人和读者批评指正。

第一章　五四时期社会改造思潮兴起的历史条件

社会改造思潮出现于近代中国从传统向现代社会转型的时代。正如美国学者张灏所指出："1895年以后，不仅外患内乱均有显著的升高，威胁着国家的存亡，同时，中国传统的基本政治社会结构也开始解体。"[①] 因此，五四时期，中国面临着社会危机和民族危机，互相纠结，互相影响，同时也蕴含着社会改造和发展的机运。如果说中国内部的社会危机是社会改造的根本原因，那么，来自外部的民族危机就是中国社会改造的外来刺激因素。这种内外因素的交织，孕育了蓬勃发展的社会改造思潮。

第一节　社会改造思潮兴起的历史背景

任何社会思潮的发生，都有其特定的历史条件。如蒋梦麟所说："凡天下有大力的运动，都是一种潮，这种潮澎湃起来，方才能使一般社会觉悟。""凡一个大潮来，终逃脱不了两个大原因，一个是学术的影响，一个是时代的要求。换言之，一个是思想的变迁，一个是环境的变迁。"[②] 辛亥革命结束了在中国延续数千年的封建专制制度，开启了一个民主共和的新时代。民初政治变革与经济发展提出了社会改造的要求；新文化运动兴起与新知识分子群体对社会改造的探索，继续和发展了中国近代以来的社会改造思想；第一次世界大战之后世界改造潮流的兴起，更深刻地影响了中国社会改造思潮的形成和发展。

[①] 张灏：《幽暗意识与民主传统》，新星出版社2006年版，第140页。
[②] 蒋梦麟：《新文化的怒潮》，《新教育》第2卷第1期，1919年9月。

一 民初政治变革与经济发展提出社会改造的要求

辛亥革命旋起旋败，西式民主在中国的试验如昙花一现，中国先进知识分子希望用政治手段来改造中国的实验也无果而终，不得不重新探索社会改造的问题。民初以来民族资本主义经济的发展，提供了社会改造的物质基础和现实要求，并且提出了社会经济组织乃至社会制度改造的任务。

1. 民初政治变革孕育了社会改造要求

辛亥革命推翻了在中国延续两千多年的封建专制，建立了中华民国。但是，"执政的人物依然是专制时代的旧人物，执政的思想，依然是专制时代的旧脑筋，政治的制度，依然是专制时代的旧样式"[1]。革命的结果令人大失所望，所谓民主政治尤其是现实中的军阀政治，更令人不满。据梁漱溟观察：当时法律破坏，统一破坏，兵火刱刈，营业损失，金融窘迫，闾阎骚扰，水旱灾害，风俗败坏，学术不讲。"累年以来，社会道德之败坏，无人不痛疾矣。社会之万恶，众口腾说，无论何地何时嘲骂忿诋之声充盈两耳。"[2] 无疑，民初是新旧社会更替，旧秩序被打破、新秩序尚未建立的过渡时期，这也"是国家多难的时代，是思想改革的时代，是一个行为制度没有标准的时代，总说一句，是黑暗的时代，是新陈不接的时代"[3]。因此，民初的中国尚不具备实行西方民主政治的基础，自然也不具备以政治解决社会问题的时空条件。

适逢俄国十月革命胜利的消息传来，受到强烈震撼的中国先进之士开始比较中国革命与俄国革命的得失，思考中国改革的良策。亲历辛亥革命的董必武在《十月革命与中国革命》一文中谈道：俄国十月革命是世界被压迫民众自由解放的先声，也是世界民众势力表现发展的起点。中国从事革命工作的人经了这番的教训，认识到民众的势力，才晓得要得自由解放、和平统一，必须唤起全国被压迫的民众共同努力奋斗。所以十月革命在方向上、在方法上都予中国革命以深厚的影响[4]。

中国社会改造问题的提出，也是辛亥革命政治改造不成功的痛苦经验与深刻反思所致。民初以来战事连连，继辛亥革命而来的二次革命、袁世

---

[1] 陶履恭：《我们政治的生命》，《新青年》第5卷第6号，1918年12月15日。
[2] 梁漱溟：《梁漱溟全集》第4卷，山东人民出版社1989年版，第536—537页。
[3] 中共中央马克思、恩格斯、列宁、斯大林著作编译局研究室编：《五四时期期刊介绍》第三集，生活·读书·新知三联书店1979年版，第451页。
[4] 《董必武选集》，人民出版社1985年版，第2页。

凯称帝、张勋复辟、段祺瑞定国之战,使民生凋敝和失望到了极点,因此社会改造思想也发生变化。如罗家伦所说:"到了山穷水尽的时候,大家于是觉得以政治去改造政治,是没有用的;于是想到以社会的力量,去改革政治。大战的影响,是以外力促醒社会的观念;内乱的结果,是以内力促醒社会的观念。有这两种社会的发现,于是'五四''六三'两个运动,勃然而兴起:算是以民众的力量,罢免三个国贼;以民众的力量,拒签和会的德约;以民众的力量,拒绝日本直接交涉的要求,——这都是中国历史从来没有的事实。民众既然发现了这个社会了!而中国的社会,是非改造不可的;大家同社会的接触愈多,便愈觉得社会的腐败;愈觉得社会的腐败,则愈觉得改造的事业难于着手。热心社会事业的人一方面感受自己的思想不够用,一方面觉得社会上普通的思想不改革,社会是不会改革的;于是从改造社会的问题,进而为思想革命的问题。"① 先进之士对国内政治普遍失望,进而从政治运动失败中反思这种改造方式的缺憾,觉悟到思想文化革命的重要性,于是关注社会问题,致力于社会改造。

到五四运动以前,改造中国的道路也从民主主义转向社会主义。第一次世界大战之后,巴黎和会成为世界改造的重要环节。胡愈之这样分析和会与世界改造的关系:1919年世界大事之最关重要者,当然属于改造世界之巴黎和会。战败国之惩罚,被压民族之独立,此乃具体的改造方针。此外,和会尚有根本改造世界之方针,则国际同盟是也。国际同盟之产出,为1919年内最重大之一事。② 中国人原本期望在世界改造中改造中国,但是巴黎和会上的不幸遭遇,彻底击破了中国人"公理战胜强权"的美梦,从中认识到,在帝国主义时代就是强权战胜公理。于是先进分子对美国总统威尔逊大失所望,从相信美国的民主主义转向俄国的社会主义。按照瞿秋白的分析,这次中国的失败,就在于没有坚定的志向和明敏的智能,不能组织一个良好的社会去迎合世界的潮流,建设一个巩固的国家去迎合世界的现势。"和会里面只有中国没有签字,所受教训总格外比别国人要深切一点,所以中国人尤其应该觉悟得快一点。"③ 可以说,巴黎和会给中国人强烈的刺激,进一步改变了国人的世界社会观,从而推动了社会改造运动的发展。随着新文化运动在五四以后的转向,尤其是惊天动地的五四运动,促进了社会改造思潮的迅速发展。

---

① 罗家伦:《近代中国文学思想的变迁》,《新潮》第2卷第5号,1920年9月1日。
② 罗罗:《美国风之导入》,《胡愈之文集》第一卷,生活·读书·新知三联书店1996年版,第45—47页。
③ 瞿秋白:《欧洲大战与国民自解》,《新社会》第1号,1919年11月1日。

2. 民初社会经济发展提出了社会改造要求

社会经济发展是思想变化的重要基础。如李大钊所说："凡一时代，经济上若发生了变动，思想上也必发生变动。""新思想是应经济的新状态、社会的新要求发生的。"[①] 社会改造是一种以民主主义为主体的进步思潮，也是中国资本主义发展中社会矛盾和社会问题的反映。民初资本主义经济的发展，成为社会改造思潮兴起和发展的物质基础。

历史地看，中国近代资本主义的发展主要经历了三个阶段：1895—1913年的初步发展时期；1914—1920年的进一步发展时期；1920—1936年的资本主义化时期。[②] 其中，甲午战争后民族危机的严重加深和救亡思潮的高涨，导致了1895—1898年的投资小高潮；1905—1908年的爱国运动，催生了工矿交通业的发展高峰；辛亥革命胜利，也促进了1912—1913年成立工商公司的经济热潮。具体而言，中华民国临时政府成立后，大力提倡发展实业，采取保护和发展民族工商业的政策，加上世界大战的爆发为中国民族资本主义发展提供了一个相对有利的外部环境，所以，民族资本主义发展出现了一个所谓"黄金"时期。表现为：现代经济水平的提升，经济面貌的改观，民族资产阶级的成长壮大，社会团体的勃兴，市民阶层的发展，工人阶级的觉醒和工人运动的发展。特别是"实业团体如雨后春笋般勃兴，经由振兴实业而振兴国家的主张被广为提倡及接受"[③]。因此，在民族资本主义发展过程中，有识之士提出了社会改造的要求。但是，第一次世界大战后的全面经济萧条，尤其是西方各国的经济侵略卷土重来，使中国民族资本主义重新回到"恐慌时代"。据杨铨《五十年来中国之工业》分析："欧战既终，险象既生，九、十年（指1920年、1921年——引者注）实为中国工业恐慌时代。铁厂积货如山，无人过问，至于闭炉停机；纱厂结账大都无利；上海数十年之三大油厂竟同年倒闭；其他工业亦皆消沉。因欧战致富之实业家，营业失败重入漩涡者，乃时有所闻，吾国工业因参战所得之利能永久存在不为昙花一现者，窃恐甚少也。"[④] 中国民族工商业又陷入缓慢甚至停滞发展时期，也因此孕育了改造中国政治经济的要求。从经济思想的发展演变来看，从甲午战争到辛亥革

[①] 李大钊：《由经济上解释中国近代思想变动的原因》，《新青年》第7卷第2号，1920年1月1日。

[②] 参见吴承明《中国资本主义与国内市场》，中国社会科学出版社1985年版，第129页。

[③] 汪朝光：《中国近代通史》第六卷《民国的初建》，凤凰出版传媒集团、江苏人民出版社2007年版，第489页。

[④] 申报馆编：《最近之五十年：申报馆五十周年纪念》，上海申报馆，1923年，第332页。

命时期的思想,可称为中国农业宗法封建社会的思想。从民国成立到北伐成功则为工业资本社会的思想,一方面要"破坏中国农业社会旧有思想",另一方面要"输入西洋工业资本社会之新思想",表现为传统与反传统的激烈冲突,形成了中国现代思想启蒙运动——五四新文化运动。①

中国农业经济的发展也出现了严重的问题,农村和农业改造问题随之发生。中国近代以来,主要受外国资本主义侵略的影响,中国农业经济开始解体,商品化趋势不断加大。一方面是农产品的商品化程度不断提高,农业经营日益商品化;另一方面是农村经济对商品市场的依赖程度加大。第一次世界大战期间中国民族工商业的发展,加速了传统经济的解体和农业经济的市场化,也使中国农业的商品化更大程度地受到世界市场的支配。此外,封建土地占有制度、沉重的地租、各种苛捐杂税、军阀的横征暴敛与混战、水旱灾荒等,导致农业经济发展不畅,农民的贫困化,农村经济凋敝、农业中的资本主义发展远远落后于工业中的资本主义发展。

陈独秀在1922年11月起草的《中国共产党对于目前实际问题之计划》,分析了农民遭受痛苦的原因:一是战乱及灾荒使农民流离失所,二是水旱灾荒使所有农民都受苦,三是外货输入,一般物价的增高率远远超过农产品价格的增高率。许多自耕农被迫出卖耕地降为佃农,佃农则降为雇工或流为兵匪,因而造成了贫农仇恨外国侵略势力和兵匪充斥增长了军阀的势力等后果。② 在半殖民地半封建社会的历史条件下,农业资本主义畸形发展给中国人民带来诸多的痛苦。

当时有分析指出,资本主义经济势力已扩展到全世界,东方各国古老的农业生产无法与资本主义大生产相抗衡,中国的民族工业也无法在国际市场上与资本主义相竞争,因此,中国无产阶级所受的经济压迫比西方国家无产阶级更重,中国兴起的资产阶级也只是外国资本的附庸,大量的中小资产阶级在外国资本的压迫下,最终成为无产阶级的候补者。③ 因此在半殖民地半封建社会,中国民族资本主义是不可能充分发展的。

但是,民族资本主义经过艰难而曲折的发展,毕竟带来了中国社会经济的一些变迁。"经济的发展深刻地颠覆了传统中国的社会秩序和城乡一体化结构,造成了都市与乡村、沿海与内地的严重的二元结构。随着资本原始积累的增加,财富和收入的巨大不平等也出现了,而且以 种传统中

---

① 郭湛波:《近五十年中国思想史》,山东人民出版社1997年版,第148—149页。
② 中央档案馆编:《中共中央文件选集》第1册,中共中央党校出版社1989年版,第124—125页。
③ 和森:《中国劳动运动应取的方针》,《先驱》第7期,1922年5月1日。

国从未有过的尖锐方式出现。"① 近代资本主义发展也导致了生产社会化程度的加深。一方面，传统的农业社会开始向工业化和城镇化社会转变，社会结构面临着重大的调整；另一方面，新文化运动以来，知识界把批判的锋芒直指国内腐朽的政治，特别是在五四运动"外抗强权，内除国贼"，救亡图存，捍卫国家主权的感召下，"社会改造"成为人们解决中国问题的根本出路。② 这种诉求体现在资本主义发展的思想层面，就是实业救国、工业救国等思潮的再度兴起，工业立国与农业立国的争论，资本主义还是社会主义的发展社会生产力的道路探索与思考，等等。"所以谈改革社会的人，固然不能不先谋经济改革，即退一步说，不谈改革社会的人也不能不重视经济"③，这开始成为中国社会改造论者的共识。

此外，第一次世界大战后，劳动问题日益严重，罢工风潮已成为一种世界潮流。④ 对此，1918年《劳动》发表的一篇文章指出："方今'劳动问题'日萦绕于欧美政治家头脑，日喧聒于社会世界人士之耳膜，问题者何？阶级战争也。"由此提出"明社会问题之真相，促进我国劳动者与世界劳动者一致解决社会问题。"⑤

中国的劳动问题是与世界劳动问题联系在一起的，中国社会改造也涉及贫穷问题、劳动问题、妇女问题、家族问题诸多方面。具体就贫穷问题而言，中国贫穷是不善利用环境，生产能力太弱所致。因此中国之急务，首先在发展各种实业，使无业游民有职业；其次在培植创办事业人才，增多群众工作机会。就劳动问题而言，中国近代受欧洲产业革命影响甚微，但经济的和政治的罢工已能运用，五四以来尤为显著。"是劳动问题，在中国亦已成为社会问题。不过今日中国所大患，尤在于工人无工可作，将来所受产业革命影响加大，此种情形当更剧烈。"故社会政策论者主张，一方面维持现在社会制度，以政府力量抑强扶弱，使劳动者不致受资本家的压迫；另一方面要使产业归中央政府或公共团体经营，借以减杀资本主义的横暴。⑥

总之，中国的社会问题是与世界的政治经济发展紧密联系的，中国的

---

① 许纪霖：《二十世纪中国思想史论·序》，东方出版中心2000年版，第8页。
② 侯云灏：《"社会改造"思潮的兴起与20世纪的中国历史学》，《史学理论研究》2002年第2期。
③ 陈佑魁：《货币革命观》，《新时代》第1卷第3号，1923年6月15日。
④ 唐文权、桑兵：《戴季陶集（1909—1920）》，华中师范大学出版社1990年版，第1098页。
⑤ 劳动：《劳动者言》，《劳动》第1卷第8号，1918年3月20日。
⑥ 孟世杰主编：《中国近百年史》（下），天津百城书局1932年版，第277页。

社会改造也是与世界社会改造联系在一起的。但是，欧美的社会问题根源于本国资本家组织的机器生产；中国的社会问题则根源于外国输入的资本家组织的机器生产。如果说欧美发生的社会现象是"农民的工人化"，是"直接生产的工人的奴隶化"，是"中流阶级的平民化"；那么，中国发生的社会现象是极少数的，"顶重要的事实，就是从前家庭工业、徒弟工业和农业的生产者，受外来机器制造品的压迫，多数变了失业者"。可见，中国过去及现在种种变象，均由欧美、日本的压迫所诱发。现在各国的缺陷都暴露出来，所以，国家改造和社会改造"已经成了全世界一致的声浪"①。因此，社会改造思潮是社会矛盾和社会问题凸显的反映，或者说，社会矛盾决定了社会改造的必要性。

在半殖民地半封建社会的历史条件下，中国社会经济的发展也面临着重大的改革任务。早在辛亥革命以前，资产阶级革命派就看到了经济制度变革的重要作用，认为要彻底根除专制统治，必须从经济上铲除地主土地占有制。因此，中国要实行民主革命，"当取欧洲尚未经历之经济革命，以为政治革命之引药线"②。在第一次世界大战后，特别是五四运动发生以后，这种政治改造的认识在中国更加普及，尤其是早期马克思主义者提出了改造经济制度的问题。蔡和森就明确指出，中国劳动运动问题"只有根本改造社会制度才能解决"③。要解决中国经济问题，只有早日将政治问题解决，采用国家资本主义，与俄、德缔结经济同盟，才能是中国国民经济兴盛，真正得到政治经济的独立与自由。④ 李大钊运用马克思主义理论分析了中国根本改造的必要性，提出，社会改造必须从"道德革命"转向"社会革命"。⑤ 他指出，依据马克思的唯物史观，法律、政治、伦理等都是表面的社会构造。经济问题的解决是根本解决，"必须有一个根本解决，才有把一个一个的具体问题都解决了的希望"⑥。也就是，经济组织的改变是一切社会问题解决的前提，也是社会改造的基础。

进而言之，经济发展是一切改造运动的基础之一。历史上许多改造运动因为有经济基础而告成功，也有许多改造运动因为没有经济基础而归于

---

① 戴季陶：《从经济上观察中国的乱源》，《建设》第1卷第2号，1919年9月。
② 壮游：《国民新灵魂》，《江苏》第5期。转引自田玉才《制度改造与人的改造——张申府社会改造论研究》，吉林大学2009年博士学位论文，第26页。
③ 和森：《中国劳动运动应取的方针》，《先驱》第7期，1922年5月1日。
④ 参见李永春《孙中山中德俄联盟泄密后的各方反应》，《吉首大学学报》2012年第3期。
⑤ 李大钊：《我的马克思主义观》，《新青年》第6卷第5、6号，1919年5月、11月。
⑥ 李大钊：《再论问题与主义》，《每周评论》第35号，1919年8月17日。

失败，欧洲各国的实例可资证明。中国的历次改造运动均不成功，没有经济的基础是重要原因之一。有分析指出："中国各种改造运动中稍睹成效的，唯有白话文学运动；然而推其所以能够稍收成效，我想大半因其带有经济的基础——因为白话文易懂，易学，易读，易写，合于现今中国经济生活困难之实况。"中国现今经济状况较前进步，国民的经济欲望已由低级而到了较高级，经济状况已达于国民经济时代，生计单位已由大家族而转小家族，资本集中的倾向已开始发生。但是，随着经济的变动，出现了诸如"道德观念之颓废""某种阶级的妇女贞操之丧失""青年志趣之不坚""贪污官吏之增加""议员之腐败"。这些都是中国的怪现状，各种社会改造主张均与此相关。① 正如陈望道所强调："经济是一切社会问题底总枢纽；无论婚姻问题、教育问题以及其他各种问题，追本穷源，都和经济有关系；这些问题底解决，都须等着经济问题解决，才有解决底可能或实施。"②

总之，从20世纪初中国资本主义发展与社会改造思潮兴起的关系来看，一方面近代资本主义发展，封建主义经济衰败，社会矛盾和社会问题凸显；另一方面社会发展离不开人类对社会的自觉改造。中国民族资本主义的发展，是社会改造思潮兴起和发展的基础，同时，也助益社会改造思潮的发展。

二 新知识分子对社会改造的新探索

新文化运动兴起，实现了民初以来政治改造向思想文化改造的转变，新文化运动本身也成为一场社会改造运动，推动了五四时期社会改造思想和运动的发展。

1. 新知识分子的社会改造探索

在近代中国，新知识分子是随着1901年中国近代工业的发展和科举制度的停废、新式学堂的创办、留学生的派遣而形成的群体。陈独秀在1922年界定知识阶级为"旧时所谓士大夫，现在的职业是议员、律师、新闻记者、教员、官员、军人等"③。蒋梦麟在1924年指出，现在所谓知识阶级，主要是投身教育事业者、出版界的著作者和编辑者、其他以高等学术为基础的职业者、散于各界中之对于学术有兴味者。教育界及著作界以

---

① 陈启修：《中国改造和他底经济的背景》，《社会科学季刊》第1卷第2号，1923年2月。
② 陈望道：《反抗与同情》，上海《民国日报》副刊《觉悟》1920年11月18日。
③ 只眼：《国民党是什么》，《向导》第2期，1922年9月20日。

知识为终身职业，故为知识阶级之本位，余者只可谓与知识阶级接近者。若以全国之人口、区域论，此种人在中国实居少数。更进一步，知识界是否能成一阶级，在今日中国亦属一疑问。因既成一阶级必须具备两个条件：第一，在社会上必占有一种相当的势力；第二，必有一种团结和组织。现在中国的知识界不能谓在社会上无相当的势力，亦不能谓无一种比较的薄弱的团结。但组织两字实在还谈不到。①

当时的知识界人数少，而且没有组织，尚未成为一个阶级。有人统计，五四时期，知识分子阶层包括曾在科举制度下受过旧教育的人、在各类新式学校中接受过教育的人、归国留学人员、高等学校专门学校和中学在读生，总数在140万—150万人，占全国人口的0.3%—0.4%。他们大多分布在教育界、政界、军界、农工商实业界，小部分人从事新闻、出版，或是自由职业者和革命者。因此，新文化运动时期是中国近代史上文化思想极为活跃的时期，也是新式知识分子相对活跃的时期。② 新知识阶层失去了传统士人以科举制度进入中央和地方权力机构的途径，其政治社会地位被边缘化。但是，他们通过创办报章杂志、学校、学会和社团等方式，以群体的力量参加社会运动，参与国家政治变革，引领社会思潮，因此，在思想文化上的地位和影响力比传统士人更大。

新知识分子对社会改造问题的关注，与传统士人治国平天下的使命感有着历史的联系。对于社会改造的道路和方法不懈的探索，并且敢于付诸实践，也是他们从坐而论道转向"起而行之"的表现。他们在改造自身的同时，将社会改造与个人改造结合起来，积极投身社会改造，直接影响到社会改造思潮与运动的发展。

新知识分子最初注重个人思想道德的改造，是思想革命、道德革命的主体，也是宣传教育下层劳苦群众的桥梁。民初以来，中国的种种社会问题，使知识界对"民主""立宪""共和"进行深入的反思。五四运动以后，各派知识分子更是期望通过解决社会问题来重建新社会。他们从不同的立场和观念出发，探索中国乃至世界的改造问题，不仅涉及社会改造的主体力量、方法、途径等理论问题，而且涉及劳工运动、平民教育、婚姻家庭、女子解放、个人改造、农村、风俗等具体问题。按照瞿秋白在《饿乡纪程》中的描述："我们处于社会生活之中，还只知道社会中了无名毒

---

① 蒋梦麟：《知识阶级的责任问题》，原载《北京晨报六周增刊》，晨报社编辑处，1924年11月。
② 参见朱志敏《五四时期知识阶层的人数与分布》，《党史研究与教学》2010年第3期。

症，不知道怎么样医治，——学生运动的意义是如此，——单由自己的体验，那不安的感觉再也藏不住了。有'变'的要求，就突然暴发，暂且先与社会以一震惊的激刺，——克鲁扑德金说：一次暴动胜于数千百万册书报。同时经八九年中国社会现象的反动，《新青年》《新潮》所表现的思潮变动，趁着学生运动中社会心理的倾向，起翻天的巨浪，摇荡全中国。……况且家庭农业经济破产，旧社会组织失了他的根据地，于是社会问题更复杂了。从孔教问题，妇女问题一直到劳动问题，社会改造问题；从文字上的文学问题一直到人生观的哲学问题；都在这一时期兴起，萦绕着新时代的中国社会思想。"① 青年学生抱着极大的热情参加学生运动，致力于社会改造。有评论说："改造社会的问题在思想界被提到如此突出的地位，成为先进青年集中关注的焦点，在中国近代史上还是第一次。这表明人们对问题的认识正从表面向更深层次挖掘，是当时先进青年中产生新的觉悟的表现。"②

2. 社会改造方式的变化

新文化运动兴起后，知识分子改造社会的方式发生了明显的变化。"二次革命"后，从政治改造为"惟一之希望"，转向以社会改造为"惟一之鹄的"。从政治改造转向社会改造，是中国思想界的一个重要转变。③ 著名记者黄远庸1915年致信章士钊，讨论社会改造的问题。他说："至根本救济，远（黄自称——引者注）意当从提倡新文学入手。总之当使吾辈思潮，如何能与现代思潮接触，而促其猛省；而其要义，须与一般之人生出交涉；然须从浅近文艺普遍四周。"他希望《甲寅》发动一场中国的文艺复兴运动。不过，当时章士钊还是坚持以政治改革为先。④ 陈独秀对政治革命的反思，与黄远庸大体一致。他认为，"在中国进行政治革命没有意义，要从思想革命开始，要革中国人思想的命"⑤。黄远庸、陈独秀与章士钊分别主张文学革命与政治革命，可以说代表了当时的两种社会改造的思路，也表明知识精英对民初政治的怀疑甚至厌恶的心情。

---

① 《瞿秋白文集（文学编）》第1卷，人民文学出版社1989年版，第25—26页。
② 沙健孙、龚书铎主编：《五四运动与二十世纪中国的历史道路》，人民出版社2001年版，第11页。
③ 邹小站：《章士钊社会政治思想研究（1903—1927年）》，湖南教育出版社2001年版，第130页。
④ 黄远庸：《致甲寅杂志社记者函》，《甲寅》第1卷第10号，1915年10月10日；章士钊：《答黄远庸君》，《甲寅》第1卷第10号，1915年10月10日。
⑤ 中国社会科学院现代史研究室编：《"一大"前后》（二），人民出版社1980年版，第214页。

到五四前后，社会改造的讨论转向根本改造的话题。毛泽东与黎锦熙、王季范等师生一起"久谈改造社会事"[①]。他认为，时人虽有一些变革主张，但对救国之道未能找到一个根本解决办法。他在1917年8月给黎锦熙的信中明确提出，改造中国要从改造哲学、伦理学入手，根本变换全国的思想，这就是救国救民的根本道路。[②] 1919年，毛泽东在著名的《民众的大联合》中，则提出民众大联合是改造中国的根本方法。[③] 张君劢在1921年10月喊出"方今纷纷扰扰之局，其尚有解决之一日乎？欲解决之，计将安出？此解决方法进行之中，吾侪可以自救于国家者何在？"表达了一种忧国忧民的急迫心情。[④] 1920年12月，王尽美在《励新》半月刊的《发刊词》中写道："新思潮发生以来，各处都有树起极显明的旗帜来，而倡文化运动，思想界受到这种影响，发生了空前的大变动，凡少有觉悟的人，都照着这条路上走了。"这是因为，他们"对于从前一切的制度、学说、风俗……等等都发生不满意，都从根本上怀疑起来"。"对于种种问题，都想着一个一个的，给他讨论一个解决的方法，好去和黑暗环境奋斗，得到结果"[⑤]。可以说，基于对现社会的深刻感悟，许多青年学生走上了用社会主义改造中国的道路。张君劢在五四运动以前，便感觉到"社会主义"必将是中国未来社会的改造方向。"吾以为种种学说，故应同时输入。即以同一学说言之，不仅正面之言应输入，即负面（即反对者）之言，亦应输入，惟如是方能启人怀疑之心，令思想发达。"[⑥]

1919年夏秋之间，张东荪给在欧洲的张君劢、蒋百里等四人的信中提出："又世界大势已趋于稳健的社会主义，公等于此种情形请特别调查，并搜集书籍，以便归国之用。"[⑦] 虽然张君劢、张东荪等人趋重于基尔特社会主义的宣传，但以社会主义为中国改造的方向，这是值得肯定的。就社会改造思想的变化，胡愈之指出："自西洋文明输入以来，国中先觉之士虽渐知合群互助之必要，然皆致力于政治改革，鲜有从事社会改良者。夫

---

① 中共中央文献研究室编：《毛泽东年谱（1893—1949）》上卷，人民出版社、中央文献出版社1993年版，第17页。
② 中共中央文献研究室编：《毛泽东年谱（1893—1949）》上卷，人民出版社、中央文献出版社1993年版，第27页。
③ 中共中央文献研究室编：《毛泽东年谱（1893—1949）》上卷，人民出版社、中央文献出版社1993年版，第42页。
④ 张君劢：《国民政治品格之提高》，《改造》第4卷第2号，1921年10月。
⑤ 《我们为什么要发行这种半月刊》，《励新》第1卷第1期，1920年12月15日。
⑥ 张君劢：《学术方法上之管见》，《改造》第4卷第5号，1922年1月。
⑦ 丁文江、赵丰田编：《梁启超年谱长编》，上海人民出版社1983年版，第893页。

社会势力,为政治势力之基础,不健全社会之上,殆难望有良好之政治。我国之改革事业,正惟不从社会入手,故政治虽经改革,仍陷于纷扰之境。所可庆者,今日国人已渐有此觉悟。近来热心之青年,颇多厌弃政治界,而献身于社会改革。社会事业今已广播种了,将来之发展,不难逆睹。此吾国改革以来之好气象也。"① 从政治改造转向社会改造,大致代表了当时中国改造的发展趋向。

罗家伦在1920年5月总结了学生运动的成败得失,指出,五四运动失败是文化运动基础太薄弱所致,现在最重要的根本问题是文化运动,因为思想的来源是一切运动的原动力,没有思想未曾改变而行动可以改变的,所以,文化运动的目的是"以思想革命为一切改造的基础"。从中国革命与各国革命的比较可知,历来各国的革命都愈革愈好,而中国辛亥以来的革命愈革愈糟,"乃是因为他国的革命,是大家为主张而战的;而中国的革命,除了几个领袖人物而外,其余的人都是被金钱收买得来的,权位引诱得来的。他们原来就没有民主、共和的观念,如何可以盼望他们实行民主、共和的政体呢?所以各国的学者,认为改造政治社会,都非先从改造思想下手不可"②。这是对此前社会改造运动的总结,同时借鉴世界改造的趋势,来确定中国社会改造的发展方向。

随着新文化运动的发展,出现了从思想改造向社会改造转变的趋势。《新潮》的一篇文章指出:"近两年来,我们中国谈改造的事业,可算是热闹极了。平日所谓新文化运动潮流中的期刊杂志,大日报,小日报,甚至丛书专著,论其数目,何止数千?其间性质派别,虽有多少不同,如有偏于文学的,思想的,有偏于科学的,有偏于各种社会问题,社会主义的……然而他们的目的,总朝着这一个共同的方向走——求破坏旧的,建设新的;换句话说,就说改造现在固有的社会。"③ 进步知识分子改造社会的途径,主要是成立社团,创办报刊,宣传新思想新文化。在批评者看来,"现在什么改造,解放,各处都说的很热闹。可是他们都是纸上的文章"④。这种社会改造被批评为"纸上谈兵",充其量只能改造知识阶级。因此,有人提出,知识阶级既有改造社会的决心,自然想打破摧毁旧势力

---

① 罗罗:《美国风之导入》,《胡愈之文集》第一卷,生活·读书·新知三联书店1996年版,第45页。
② 罗家伦:《一年来我们学生运动底成功失败和将来应取的方针》,《新潮》第2卷第4号,1920年5月1日。
③ 吴康:《从思想改造到社会改造》,《新潮》第3卷第1号,1920年10月1日。
④ 郑振铎:《纸上的改造事业》,《新社会》第8号,1920年1月11日。

而代之以光明的势力。他们在中国的使命是：（1）代民众呼号出他们的社会上、文化上、政治上、经济上所受之压迫的痛苦；（2）摧毁廓清一切恶浊思想、腐败道德与不良制度的冲锋陷阵的急先锋；（3）具有创造的眼光，对于改革中国的现状能提出具体的方案，向民众呼诉，并且在中国各地撒下光明的种子。三者是互相关联的，中国的知识者能实践此三种使命的，方可说对于中国的改造有所贡献，而且可称为革命的知识阶级。①

总之，自新文化运动兴起以来，"社会改造""建设新社会"的呼声日益高涨。但对于社会应该如何改造，建设一个怎样的新社会，尚在探索之中。俄国十月革命开阔了正在苦苦探求中国改造道路的先进分子的视野，"以俄为师"便是他们的结论。巴黎和会以及五四运动引发人们对于民主主义和社会主义的比较和思考，进一步明确了社会主义的改造方向。正如傅斯年所说："近两年里，为着昏乱政治的反响，种下了一个根本大改造的萌芽。现在仿佛像前清末年革命运动、立宪运动的时代一个样，酝酿些时，中国或又有一种的平民运动。"② 周佛海也指出："社会改造！社会改造！这种思想，这种呼声，这种运动，最近就是在暮气沉沉的中国，也如旭日东升一天天地高起来了。因为处在这现在这样恶劣，残忍，恐怖，烦闷的社会状态，社会组织之下，设若还不知道起来革命，改造，那真是感觉麻木，差不多和木石一样了。中国人既然也是人类，也有感觉，也有理知，当然也就忍不住现存社会底压迫……运动，乃是时代底要求，现存社会底产物，不但不是甚么洪水猛兽，反是救人济世的福音！"③ 因此，新知识分子成为社会改造思想的主要传播者，也是社会改造活动的积极探索者。

三 第一次世界大战后兴起的社会改造潮流

19世纪末期以来，各帝国主义国家激烈争夺殖民地和世界市场，国际社会秩序也不得不重新调整。史学家将1880—1914年称为"欧洲思想危机的时代"，而1914年爆发的世界大战，使欧洲大陆的自由秩序陷于崩溃，1918年斯宾格勒的《西方的没落》，成为欧洲文化危机的重要思想表征。④ 因此，第一次世界大战之后，各国兴起社会改造运动，形成一股世

---

① 刘仁静：《对学会的一个建议》，《少年中国》第4卷第7期，1923年9月7日。
② 傅斯年：《新潮之回顾与前瞻》，《新潮》第2卷第1号，1919年10月30日。
③ 无懈：《夺取政权》，《共产党》第5号，1921年6月7日。
④ 高力克：《导论——启蒙在中国》，转引自《五四的思想世界》第11页，学林出版社2003年版。

界改造潮流,也深刻地影响到中国社会改造思潮与运动。

1. 第一次大战后社会改造思潮的兴起

第一次世界大战及其战后出现的严重的社会混乱,促进了世界社会改造思潮和运动的发展。李大钊著文指出:"这种荒乱的教训,及荒乱复兴的预防,使人发不可不急谋改造的深省。改造的新局面,必为带着社会主义的倾向的局面,是确切无疑的。改造的机运,虽然日形迫切,而改造的方案,则于一般人的意想中尚欠明了。一般人对于社会主义的组织既不明了,而社会主义者亦因制度的复杂,又把实现此主义的障碍看得过大,致使社会主义的运动遭过困难。"社会主义的实现必须夺取政权,而夺取政权只有两种手段,一是平和的,一是革命的。"有许多社会主义者鉴于平和的手段的失败,乃悟改造的事业非取革命的手段不可。革命的方法,就是无产阶级独揽政权。"① 这里指出了第一次世界大战后社会改造运动的兴起及社会主义运动的趋势,也说明了社会改造路向的变化。第一次世界大战本身就是对国际社会的重大改造,同时也孕育了战后世界改造的新潮流。

第一次世界大战严重破坏了资本主义世界的政治经济组织,使世界经济秩序紊乱,各国工业恐慌,工人失业,农业破产,金融破产,各种社会问题接连发生,不仅各资本主义国家内农民阶级和中等阶级及资产阶级要求社会革命,而且,全世界殖民地和半殖民地的国民革命与之呼应,苏俄社会主义革命更是彻底改变了整个世界历史的发展方向,人类进入了社会主义革命时代。② 由于世界大战残酷的现实及其后出现的日益严重的社会问题,打破了此前西方对科学和理性的乐观,出现了对文艺复兴以来资本主义的全面反思,从而涌现出反对极端个人主义、消极自由主义、唯科学主义、实证主义、理性主义、极端功利主义和极端国家主义的思潮,"从前的理想和信条,已经破坏得七零八落,于是全社会都陷入怀疑的深渊,现出一种惊惶沉闷凄惨的景象"③。从而给人一种世界末日即将到来的恐惧。1920年年初旅欧陆的周恩来,见证了欧洲社会的这种灾难与混乱景象:生产力之缺乏,经济界之恐慌,生活之窘困。凡此种种,均足以使社会上一般人民饥寒失业交困于内外,而复益之以战争中之精神文明所间接

---

① 李守常:《社会主义下的经济组织》,《李大钊全集》第四卷,河北教育出版社1999年版,第142—143页。
② 《蔡和森文集》,人民出版社1980年版,第534—535页。
③ 梁启超:《欧游心影录》,《饮冰室合集·专集》之二十三,中华书局1989年版,第17页。

之损失，社会之现状遂因之以不安。①

面对世界末日的恐慌，有识之士纷纷提出各种救世思想和主张。关于救济资本主义的选择，一是转向以消除资本主义文化弊端为旨归的社会主义，用社会主义来修正资本主义制度；二是返身向后，从本土古典文化资源中寻求救治之方。"有主复古者，于是欧战方酣之时，人乃争读古书，又虔心祈祷，乞灵于古之宗教。古之英雄圣哲诗人学者，一一奉为偶像，资以鼓吹，一若行其所言世即可救者；而极奇僻极矛盾之学说及教理，各皆有人提倡，有人信从，此兴彼仆，盛行一时，陆离光怪，莫可名状。此种纷乱而复杂之情形，适足见欧洲人精神之悲苦。"②总之，战后各国的政治、经济和社会组织发生重大变迁，也导致了社会思想的变化。"俄德的革命，英美各国的劳工运动，已经可以教人变色；再加上战争中死亡的人口，生产率的减退，经济组织的变动，生活程度的增高，于是就成了现在的一种阢陧不安，随处都需改造的社会。"③

第一次世界大战后思想的变动和社会组织的动摇，也导致欧洲文化陷入危机。曾经留学欧洲的张君劢总结说："一言以蔽之，则人类改造可能性之大，至战事中而大表显。惟此可能性之大，于是改造哲学者有人焉，改造社会者有人焉，改造各科学者有人焉，乃至思改造文化之根本者亦有人焉。总之，或曰改造，或曰革命，其精神则一而已。""可以说现在之欧洲人，在思想上，在现实之社会上，政治上，人人不满于现状，而求所以改革之，则其总心理也。其在哲学界则国人所常称道之柏格森、倭伊铿是也。柏格森之哲学，倭伊铿之哲学，一名变之哲学，最反对自然主义，最反对主智主义。两家之言，正代表今日社会心理，故为一般人所欢迎。其在政治界，社会革命界，则俄之李宁，英之基尔特社会主义之柯尔氏，此皆国人所已知，无待赘述也。所最奇者，并对于今日欧洲文化亦有怀疑者，如英之潘梯氏（Penty）是也。……凡此奇怪之论所以发得出来，即系不满足于现状之故，即系改造可能性发展至极度之故。"欧战之结果，改变了人们的世界认识，"即昔所认为不可能之事，竟变为可能。"④

总之，第一次世界大战后出现了一股社会改造的潮流。有人总结说：

---

① 中共中央文献研究室等编：《周恩来早期文集》（下），中央文献出版社1998年版，第12页。
② 《韦拉里论理智之危机》，天津《大公报》副刊《文学副刊》第9期，1928年3月5日。
③ 刘国钧：《战后美国哲学界思想的变迁》，《少年世界》第1卷第4期，1920年4月1日。
④ 张君劢：《欧洲文化之危机及中国新文化之趋向》，《东方杂志》第19卷第3号，1922年2月10日。

"十九世纪以前,我们人类一切思想制度的总账,被这回惊天动地的世界大战打得天花乱堕(坠),结得一个干净,都想另起一个账目,换一回新生活。于是改造的声音,好像放了一个地球大似的爆竹,几乎把人类的耳目都弄昏了。""欧洲的人是受了十九世纪以前的糊涂账已是吃亏不小,所以这回的改造用了九牛二虎的力,使了几千倍大的显微镜,想把从前所受苦痛详详细细的研究出来,然后把他埋得稳稳牢牢,建一个理想生活。"[1]也就是第一次世界大战之后,社会改造成为了一种世界性的思潮和运动。

2. 世界改造潮流对中国的影响

第一次世界大战后的大变局,改变了中国人对资本主义的认识和态度。上海的中学生俞庆棠也认识到大战的影响:"大战告终,捷报传来,佥谓英、美、法、意胜,俄、德、奥败。然自实际言之,俄、德、奥之国民,何尝败哉!其败者,俄、德、奥之霸权主义耳!俄、德、奥之君皇及其党羽耳!彼国社会党战胜其君皇,革专制而建共和,去束缚而享自由,微持未尝败绩,抑且战退魔王,一跃而入世界和平之盛轨,是直谓之全球战胜可也。"[2]长沙《大公报》的一篇文章,更具体地谈到第一次世界大战对中国改造的影响:"自从欧战终了,社会上面的各项制度,都摆出破绽不安稳的样子,于是一般灵秀的分子,知道非改造不可。近两年来,改造社会的运动,好象风起云涌,有一日千里的样子。这个潮流,一直从欧洲送到中国。中国一般头脑清楚的青年,感受这个潮流,才知道从前的社会,是万恶的社会,是坑陷青年的社会,于是都想摩拳擦掌,去改造一个新的社会,你看现在文化运动的呼声,一天高如一天,不是一个好现象吗?"[3]可见欧战后,世界改造对中国社会改造思潮的深刻影响。《太平洋》发表的一篇文章这样分析世界改造与中国改造的关系:"我们中国虽没有直接受那些苦痛,却也间接感受不少;以为他们既有这番伟大举动,我们岂可以落人之后吗?于是他们说甚么,我们也说甚么,他们讲社会主义,我们也讲社会主义,好像讲迟了些,就被人耻笑,以至全国的人弄得鼎沸似的,出版物好像下雨的(地)班(办),落得遍地都是,这样热心讲学,在我们中国历史上,可算是有一无二的了,若是当真实实在在把中国的情形和这些新进口的洋货(指外国新学说——引者注)两两对证,取

---

[1] 陈震异:《外国学说与中国社会问题》,《太平洋》第2卷第9期,1921年1月。
[2] 俞庆棠:《大战后我国妇女应有之觉悟》,《凤藻》1919年第1期。转引自茅仲英主编《俞庆棠教育论著选》,人民教育出版社1992年版,第1页。
[3] 独醒:《社会为什么要改造——改造社会应该到什么样地步》,长沙《大公报》1920年6月30日。

舍适宜，求一个真理，能够应用到中国，救了我们的群众，那岂不是不负所求，利己而利人吗？"① 这篇文章形象地说明了中国接受世界改造潮流的影响，也表达了中国先进之士迎受世界改造学说的态度。

更重要的是，第一次世界大战促使中国人觉悟起来，进一步探索中国社会改造的问题。有谓："大战终结后社会主义之勃兴，其影响必及于吾国。此固所窃窃欣喜者，而窃窃忧虑者亦莫甚于是。欣喜者，喜吾国之政客武人或鉴于世界之大势，有所觉悟，终止其权利竞争，而注意于社会政策也。至所忧虑者……第以吾因急进之徒，于欧美人之思想行为有所感触，辄不顾国情之如何，欲强移殖之于吾国。即如民主主义与竞争思想，输入吾国以后，纷扰既若干年。迄今国体虽定，而真共和仍未实现，政客武人，攘夺权利，兵匪充斥，国民之颠连困苦已不可尽言。设于此时，复以社会主义激起下层人民之感情，鼓吹其暴动，则大乱之发，将与汉之赤眉、唐之黄巢、明之献闯、清之发捻无异。"② 可见，第一次世界大战后，社会主义成为进步知识分子改造中国的目标。

更多的进步报刊载文，研究和总结世界改造的经验教训，并在中国广为宣传，以为中国改造的借鉴。经历欧战深刻的教训，世界各国觉悟到现代的政治、社会和宗教"都有彻底改造的可能，所以近年来各国民众的风潮，都有剧烈的进步。"峻霄宣称，很愿意介绍各国民众的思潮到中国来，"做我们改造途上的参考品，作为本刊第一件的任务和今后的趋向"③。《新潮》总结说：欧美各国经过此次大战争，受了一次大教训，无论思想家或实行家都觉得，现存的社会制度不适合于人生美善的生活，因而从事改良，各处蜂起。"我国国民以保守称于世界，今日所遗留的社会制度，自然味最古的，为野蛮时代所做成的，比不上西洋的社会制度。现在我们还能够如从前一样，听天由命，而不去设法改造吗？"④ 实际上已经提出了借鉴西方社会改造经验来改造中国的问题。

一直注意研究世界政治的张东荪则指出，中国有此"社会改造"的声浪，就是因为受了欧洲"社会改造"声浪的影响。但是，欧洲的社会改造与中国的社会改造是不同的。欧洲社会改造声，在欧战后发生。欧人感受战争的痛苦，都觉得目前社会种种组织的不良。因社会有种种不良的组

---

① 陈震异：《外国学说与中国社会问题》，《太平洋》第2卷第9期，1921年1月。
② 伧父：《大战终结后国人之觉悟如何》，《东方杂志》第16卷第1号，1919年1月15日。
③ 峻霄：《本刊今后的趋向和任务》（1923年8月1日）。转引自《五四时期期刊介绍》第三集，生活·读书·新知三联书店1979年版，第466、467页。
④ 陈达材：《社会改制问题》，《新潮》第2卷第1号，1919年10月30日。

织，所以才发生此次大战。欧人为免除将来战争的痛苦起见，所以都觉得目前社会的组织有改组的必要。但是，中国青年因外交的压迫，内政的废弛，都觉得社会上的经济、政治、道德种种制度不良，才都觉得要改造。这就是中国社会改造声浪发生的原因，也是已成的现象。"①也就是说，中国的社会改造受到世界潮流的影响，不过中国改造是因为内政外交的艰难形势逼迫而发生的，与世界各国改造的原因是不同的。这种对中国改造与世界改造关系的认识，显然更进了一步。

时人进一步预测了战后各国形势的发展变迁："使世界各国发生变化之第一原因，厥惟世界潮流，余则各国之内政，及其与外国关系、社会之情状，皆为形势变迁与否之一原因。各国所被世界潮流之影响，罔不相同，而其变化或异者，则起于各国有殊使之然也。""而今而后，所谓国际平等民族自决及政治经济之革命潮流，将奔腾澎湃，遍流于全球，以为各国形势变迁之原动力，当之者崩，障之者溃，有将顺其势，与之俱趋者，则幸免于祸耳。"② 因此，国际形势变迁对各国的影响是不可避免的，对中国也是如此。

其中，苏俄社会改造对中国的影响是最直接也是最大的。苏俄革命作为第一次世界大战后社会革命和改造的成功范例，助益和直接影响到中国人对于社会改造问题的思考。有谓："人人思所以改造此状况，而苦于无法，忽焉俄过激派振臂一呼，以实验其主义于俄国，于是与之作桴鼓应者，遍于欧洲……吾于过激主义服膺者有二：一曰劳动为人人共有之义务，二曰排斥欧洲列强之侵略政策。"③ 由此可见俄国革命影响之深远。毛泽东在1919年发表的《民众的大联合》一文说得很明白："自去年俄罗斯以民众的大联合，和贵族的大联合资本家的大联合相抗，收了'社会改革'的胜利以来，各国如匈，如奥，如捷，如德，亦随之而起了许多的社会改革。虽其胜利尚未至于完满的程度，要必可以完满，并且可以普及于世界，是想得到的。"因此，"我们应该起而仿效"④。文章表达了以民族大联合来改造中国的豪言壮气。

总之，欧战使西方资本主义制度千疮百孔，使原本满心期望通过模仿西方来改造中国的先进之士，发生了中国是继续学习西方的资本主义还是

---

① 张东荪：《对社会改造之管见》，长沙《大公报》1920年10月30日。
② 张煊：《今后世界各国形势变迁之预测》，《新中国》第2卷第2号，1920年2月15日。
③ 张君劢：《俄罗斯苏维埃联邦共和国宪法全文》，《解放与改造》第1卷第6号，1919年11月。
④ 中共中央文献研究室等编：《毛泽东早期文稿》，湖南人民出版社2008年版，第313、314页。

仿效苏俄的社会主义的疑问,正是在这种不得已的选择中,中国社会改造的道路问题凸显出来。国际局势的急剧变化,改变了中国人对于西方乃至中西关系的认识,也引起了对于中国改造的深刻思索。第一次世界大战后的西方各国社会改造,直接影响到中国社会改造思潮的兴起。第一次世界大战和国际社会主义运动的兴起,把资本主义制度下的社会问题暴露得淋漓尽致,使得人们不得不在"改造社会"的名义下来考虑如何改造资本主义,创建新的健全的社会制度。中国的先进分子从世界范围内资本主义制度面临社会大改造的背景中,看到了中国社会改造的必要性,这已成为当时中国民主阵线形成的一种共识。①

第二节　社会改造思潮的思想来源

杨杏佛(杨铨)总结中国将近30年的社会改造思想时指出:"自东西文化接触以来,中国社会之思想经一大变化。孔孟庄佛以外益以西哲之新说,其结晶遂成近三十年来合古今中外之新思想。因所含原素之异同多寡,而有不同之派别。说者每以百家争鸣群言庞杂为近代思想之诟病,不知此实思想解放后当然之结果。"② 从思想来源看,五四时期的社会改造思潮,主要借鉴和吸收了西方各种社会学说与理论,同时发掘和整理了中国传统的社会思想资源,继承和发展近代以来的社会改造思想。

一　世界各国社会改造的经验教训

如前所述,第一次世界大战后社会改造运动风起云涌,直接影响到中国的社会改造。罗家伦著文指出:"却说现在有一股浩浩荡荡的世界新潮起于东欧;由东欧倘然涌入中欧;由中欧而西欧;将由西欧出英吉利海峡,分为两大支:第一支直奔南北美洲经巴拿马运河,来太平洋同第二支相会;那第二支沿非洲西岸,过好望角,入印度洋,经加尔各答,越菲立滨群岛,进太平洋而来黄海日本海。这支所经的洋面最大,所遇的障碍最多,所以潮流的吼声愈响,浪花的飞腾愈高。……诸位不见俄罗斯的革命,奥匈的革命,德意志的革命,就是这个新潮的起点吗?"③ 世界新潮流

---

① 参见"从五四运动到人民共和国成立"课题组《胡绳论"从五四运动到人民共和国成立"》,社会科学文献出版社2001年版,第59、60页。
② 杨铨:《中国近三十年之社会改造思想》,《东方杂志》第21卷第17号,1924年9月。
③ 罗家伦:《今日之世界新潮》,《新潮》第1卷第1号,1919年1月1日。

漂洋过海而来中国,俄国革命潮流则从陆地滚滚而到中国,对于中国的影响乃势所必至。中国先进之士积极而热情地迎受世界改造的潮流。

1. 研究世界改造的发展潮流

正在研究社会主义的易君左,探讨了西方社会改造运动,指出其中的国家思想、个人思想与社会思想的关系变迁。他说,社会的思想在19世纪第一次战胜个人的思想;在20世纪之今日又第二次战胜国家的思想,其唯一无二之明证,即为此次世界大战争。"是国家经此次大战之洗练,已经无形的改造一次,故时至今日,徒能探听社会改造之呼声;而此呼声第二次遂变为20世纪初叶之大问题。""吾敢大胆宣言曰:此次大战后所起之社会改造原理,即国家的思想衰灭,同时即为社会的思想勃兴。申而言之:即社会的思想突入国家的思想之领域中,而占领其领域;国家思想遂为社会思想所败。"① 因此,19世纪社会改造完全为社会的思想战胜个人的思想,20世纪社会改造完全为国家的思想战败于社会的思想,所以最近200年间社会的思想如火如荼,支配全世界。

从社会思想的渊源来看,"夫二十世纪之改造潮流,当然受有十九世纪之改造潮流之影响,然其主要之原动力,吾人不能索诸虚无荒渺之域;最显而易用者,即以德意志与法兰西为代表。此虽迹近于武断,然吾人须知此次大战,若溯其远源,实为法兰西的社会思想,战胜德意志的国家思想;而此后社会改造之原理,将以法兰西式的思想代替德意志式的思想;质言之:即社会思想对于国家思想之勃兴。"② 易君左从社会思想的演变来推论国家的思想,得出国家主义衰落而社会主义勃兴的结论,这正是世界社会改造的思想趋向。

中国人从世界改造潮流中也认识到,现代社会运动可以分为"温和的新村运动"和"直接的社会革命"两大类。其中后者又可分为不同的类别,其色彩和运动的手段各自不同。最温和的是欧洲各国的社会民主党,信奉社会主义,认定现社会的罪恶黑暗,但它们想从事于政治活动,取得政权以实施它们的主张;又想以社会主义慢慢去浸润代替资本主义,绝不采用革命的手段去反抗资本家和政府。这种不彻底的、乡愿的绅士的社会运动,虽势力还未可轻侮,然而不可谓为社会运动的正轨。

与此相对的是俄国的广义派。郑振铎认为,"他们是信奉马克思的国家主义的。他们以国家为操纵一切经济分配的单位。他们实行土地,银行

---

① 君左:《社会改造与新思潮》,《改造》第3卷第1号,1920年3月。
② 君左:《社会改造与新思潮》,《改造》第3卷第1号,1920年3月。

铁路的国有政策。一切房屋,则归于市有。他们又极端的反对一切资本家,主张必须以劳农阶级为国家的执政者"。因此,这种主义"实在是社会改造的第一步"。同时指出,最彻底、最激烈的还是安那其的运动,"他们是想从根本上把现社会改造过的。无论是宗教,道德,家庭,经济的一切组织,他们都想完全推倒他,实现一种的'各尽其力,各取所需'的新社会。"① 俄国革命代表着社会改造的方向。正如罗家伦所指出:"这次的革命是民主战胜君主的革命,是平民战胜军阀的革命,是劳动者战胜资本家的革命! 总而言之,以前法国式的革命是政治革命,以后俄国式的革命是社会革命。"② 可见,中国人努力研究世界的各种社会改造运动,诚如《新社会》所说,他们的社会改造运动"是研究的——根据社会科学的原理,参考世界的改造经验。"③

2. 借鉴苏俄社会改造的经验

苏俄革命被誉为社会革命的典型,引起中国社会改造者的极大关注。一方面,他们考察、研究和总结俄国革命或社会改造的经验教训;另一方面,他们借鉴俄国革命或改造的方法和手段,思考中国社会改造问题,提出中国改造的方策。

有谓:俄国革命后之内情,初因封锁严密,交通阻隔,不免传闻失真。各国名人纷纷赴俄考察,新闻家纷纷携笔入俄,考察劳农俄国的政治、教育、卫生、劳动、社会状况、刑法等,无不有所报告,"庶足以窥见新俄国改造状况之一般(斑)也"。④ 随着劳农政府战胜各帝国主义国家的围攻,布尔什维主义日渐发展,成为"二十世纪唯一的光明灿烂的社会革命的先进国"。所以《俄罗斯社会革命之先锋李宁事略》指出:"现在我们中国的比(毗)邻俄国,已经光明正大地做起贫富一班齐的社会革命了。社会革命四个字,人人以为可怕,其实不过是世界的自然趋势。"⑤ 事实上,五四运动以后,许多进步青年有感于中国"社会黑暗,非改造不可",决意到俄罗斯去考察或留学,希望将俄罗斯的变革"作一种研究的资料"⑥。可见,苏俄的社会革命为中国先进分子提供了学习和仿效的榜样,也为中国社会改造的方法和手段提供了借鉴。

---

① 郑振铎:《现代的社会改造运动》,《新社会》第11号,1920年2月11日。
② 罗家伦:《社会革命——俄国式的革命》,《新潮》第1卷第1号,1919年1月1日。
③ 郑振铎:《发刊词》,《新社会》第1期,1919年11月1日。
④ 罗罗:《劳农俄罗斯之改造状况》,《东方杂志》第17卷第14号,1920年7月25日。
⑤ 持平:《俄罗斯社会革命之先锋李宁事略》,《劳动》第1卷第2号,1918年4月20日。
⑥ 秦抱朴:《给高尔柏的信》,上海《民国日报》副刊《觉悟》1921年7月4日。

在政治改造方面，法学家周鲠生指出，俄罗斯革命是近世政治史上一个最重大的事变，这个事变不但从根本改换了俄罗斯政治社会组织的面目，变动了世界的政局，而且在国民政治的解放和改造事业上，供给了世界一个新的模型。[1]《妇女评论》说："我们看了苏维埃政府公布的宪法，和各国赴俄调查员的报告，便可知现在劳农政府治下的俄国人民所享受的自由和幸福了"，称赞俄罗斯苏维埃共和国"实开数百年无数社会主义者理想成功的创始的第一个国家"。作者认为，"有许多人见苏维埃政府是一个工人政府，便疑他不尚知识；又因在从前革命时代，看到许多纷乱状态，就以为他们只作激烈的破坏，不谋和平的建设。岂知道苏维埃政府所施的政策和做的事情，很能彻底觉悟，把阶级的黑暗的旧制度，连根拔起，更新建立一个新制度，在平等的光明的基础上面。"[2]《曙光》援引苏维埃政权为例，证明劳动者完全具备当家作主的能力。文中说道："方俄苏维埃制之初行也，彼农夫、工人之程度与中国平民等耳。然几多农夫、工人亦充代表，出席苏维埃议事，秩序异常整齐，议案亦甚精彩。"因此，中国人民也可以真正地平民自治，并予以政治的训练。[3] 该文也是着眼于借鉴俄国革命的政治改造经验。

在经济改造方面，瞿秋白对苏俄实地考察后指出："社会改造之中心问题在于经济组织之整顿，推翻旧的，创造新的。俄罗斯革命的价值就在于经济改造政策的适当与否而定。俄国工业程度及无产阶级的组织在战前本是落后的，所以当俄国布尔什维克革命起时，各国无不惊骇，引为奇事。"因为采取自由商业制，就难免资本主义的发展，所以，"以国家资本主义之舵"来控制资本主义的发展，"便于不远的将来，变此国家资本主义为社会主义"[4]。《解放与改造》认为，广义派的社会改造"以设立劳动阶级的国家，为第一要件"。当时苏俄由劳动阶级施行独裁政治，作为实现理想的活动机关。劳动独裁政治有三种职能：（1）凡属绅阀之政权悉废灭之，或由劳动阶级掌握国家之权力，一时地利用绅阀之政治势力。（2）施行一时的改造政策（即应急政策）。（3）防止产业解体。[5] 这是对于俄国社会改造经验的总结。

---

[1] 周鲠生：《俄罗斯的政治改造》，《东方杂志》第22卷第5号，1925年3月10日。
[2] 品仁：《俄国与儿童》，《妇女评论》第1卷第3期，1920年6月1日。
[3] 宋介：《自治运动》，《曙光》第2卷第1号，1920年11月。
[4] 《瞿秋白文集（政治理论编）》第1卷，人民出版社1987年版，第257、258页。
[5] 〔日〕堺利彦著，寿凡译：《广义派之建设》，《解放与改造》第1卷第4号，1919年10月。

曾经考察苏俄的刘湛恩博士也谈到他的观感："他们近来对于改良农村生活和农村的教育，与我们中国很有参考的地方；所以我们决定在俄京多住几天，尽量设法调查他们的内容，方不辜负此一行。""我的计划如果能实行，实在可解决一切平民经济的问题和改良农民生活问题。所以回国以后，决计向这方去进行。"① 这里提出了以苏俄为榜样来改造中国农村的计划。可见，在俄国社会改造的影响下，中国先进之士学习和借鉴俄国改造经验，奉俄国为中国社会改造之师，成了一种潮流。

与欧洲战后经济凋敝形成鲜明对比的，是苏俄社会主义经济的蓬勃发展，这对中国知识分子具有更大的吸引力。

《闽星》半周刊登载的《红年大熟》一文，介绍了第一次世界大战后各国所面临的经济困难情形。文中说到，资本主义各国"食料之短绌，物价之高昂，还是与战时无异"，唯独苏俄"因为红革命以来私产制度打破，农民骤然得有广大的土地，自己耕作，自己收获，各尽所能，各取所需，谁不高兴劳动？""兵燹之后，必有凶年，这一句老谈正是随时适用的。古今中外超出这个常例的却只有俄国。"② 因此，作者发出"怀疑革命的，何不看看俄国"的警示，表明了他对于俄国社会革命的无限向往。

瞿秋白实地考察苏俄情形，更坚定了中国"以俄为师"的改造信心。他这样总结说："俄国布尔什维克的赤色革命在政治上，经济上，社会上生出极大的变动，掀天动地，使全世界的思想都受他的影响。大家要追溯他的远因，考察他的文化，所以不知不觉全世界的视线都集于俄国，都集于俄国的文学；而在中国这样黑暗悲惨的社会里，人人都想在生活的现状里开辟一条新道路，听着俄国旧社会崩裂的声浪，真是空谷足音，不由得不动心。因此大家都要来讨论研究俄国。于是俄国文学就成了中国文学家的目标。"③ 俄国文学对于中国文学家的启示，承继了新文化运动的影响，也得益于社会改造思潮的发展。以文学改造社会，可以说是从俄国革命得到的宝贵启示。

通过对俄国革命的研究，中国先进之士将社会改造提升到世界社会主义革命的高度。《民风》的一篇文章指出，现在世界革命的声浪日高一日了！将来的结果是实行社会主义。劳动阶级欲贯彻他们的主张，首先要取

---

① 中国社会科学院近代史研究所中华民国史组编：《胡适来往书信选》上册，中华书局1979年版，第400页。
② 两极：《红年大熟》，《闽星》第2卷第6号，1920年1月19日。
③ 瞿秋白：《〈俄罗斯名家短篇小说集〉序》，《瞿秋白文集（文学编）》第2卷，人民文学出版社1986年版，第248页。

得国家政权，以为过渡之桥梁，而后方可把工业制度从根本上改造。所以革命的劳动阶级便要创造一种新社会的制度，将社会的财产（土地、矿山）和生产机关（工场、器械）从掠夺者（资本家）之手取回，而奉还之人民全体所公有，这是劳动革命团唯一之责任。凡属国有的机关，亦要收回，为社会所支配，而成为一个有系统的组织。因此，"我们既已觉悟，便要组成一大团体，推翻资本制度的社会，而组织一共同劳动互相协助的社会"①。1920年11月，湖南第一师范学生张文亮在日记中写道："读《俄罗斯之新建设》一文，其宏谋伟画，真足令人惊异。现在青年出路，做社会主义实行家，必定要亲身入工厂去工作，以促醒工界同胞的觉悟，而实行社会改造。"他秉烛夜读《共产党》，得出"今后的学者，不为社会主义实行家，亦必为社会主义的信仰者"的结论，决心以马克思主义"立定此一生行为的标准"②。倾向共产主义的包惠僧坦承："我观察中国的国情，对于社会革命必取的途径，非采直接行动劳农专政的方法去进行不可。……所以我主张要革命，就非直接行动不可，革命以后，就非劳动专政不可。这样的运动，在俄国已有成绩了，中国与俄国土地相接，同是大陆性，以农业立国的国家，政治民情风俗习惯，大体相同的，凡属在俄国试验的有成绩的，我们中国拿的来依样的做下去，当没有不对的，即令间会有点有出入的地方，而大旨总不会相左。"③可见，通过关于社会改造的热烈讨论，中国人找到了一个理想社会的楷模。社会主义的苏俄已经被当作最新的社会模型，而成了广泛研究的对象。④

中国改造如何借鉴俄国的经验，成为许多人热烈讨论的问题。例如，1920年12月，刘仁静与恽代英在往来通信中讨论了这一问题。刘仁静认为，俄国革命是民众的革命而不是英雄的革命，据此相信，后进国革命后来居上，中国革命比俄国革命更猛烈："我们现在的任务在用科学的方法，研究中国的 Institution Customs 寻求出一个适合国情而又能达到共产主义的方针来。""我们所希望的共产主义，应该是实业交通大发达，完全应用机器生产的合作共享的社会主义。"恽代英则认为，俄国革命是列宁等贯彻

---

① 〔德〕Ross Luxemburg 著，雷声译：《布尔雪维克是什么？》，《民风》第21号，1919年10月11日。转引自《社会主义思想在中国的传播》（中），中共中央党校内部发行，1985年，第529页。
② 转引自堂种兰《从张文亮日记所见到的……》，《湖南党史通讯》1986年第12期。
③ 惠僧：《讨论社会主义并批评无政府党》，《广东群报》1921年7月第5、7、8号。
④ 丁守和、殷叙彝：《从五四启蒙运动到马克思主义的传播》，生活·读书·新知三联书店1979年版，第154页。

布尔什维克的主张,不是起于劳动阶级的自觉,中国尚无俄国之列宁,故对中国革命不抱乐观。而且,中国社会主义运动的现状堪忧。许多谈社会主义的人自己过分享用"间接从劳动者身上剥削得来的",以致唯物史观、劳农主义都只成为文章或谈话资料,不肯真为劳动者谋革命。此亦成为他坚持以乡村教育为手段,为社会主义奋斗的原因所在。刘仁静批评恽代英通过办小学校,提高人民的知识程度来改造中国的路径,认为,只有革命才能大规模发展实业:"我相信只有发展实业能使农民由克服天然的结果不信运命鬼神,由需用知识的结果,努力学问,由机器生产兴味浓厚的结果,享乐现实不信来生,由工作时间减少的结果,才能努力学问"①。两人关于如何借鉴俄国革命的争论,实际上是关于实行社会主义手段的争论,他们的起点和目标都是一致的,只是在实行社会主义的方式方法上有出入,实际上表现出政治改造与社会改造的道路的分歧。由此可见,中国先进分子更关注俄国社会改造的方法,作为中国改造方法的借鉴。

3. 总结欧美各国社会改造的经验

第一次世界大战以后欧美各国社会改造的经验,也引起中国先进之士的重视。陈谪生所译日本植原悦三郎著《欧美各国改造问题》一书,评述了世界大战后英、美、法、德、苏、日诸国政治、社会、经济方面应改造之处。② 君实译《欧美各国之改造问题》③ 和谢六逸译《欧美各国改造问题》④ 二文内容基本相同,主要是分析欧战的原因,阐述社会改造问题的由来,指出各国将来社会应当改造的情况,也总结了战后各国改造的共同方向,厘清了各国改造的手段与方法的差异。文中指出:"这大战是德国工商业的发达和人口的激增而不能不图发展所致的。俄国的武断政策、法国对于德国之因袭的复仇观念、英国对于德国发展的嫉妒,都是诱致这次大战的主因。欧洲的交战国国民已经知觉了这种深刻的战争惨祸,而且政治经济产业社会组织所有的缺陷都完全暴露出来。所以自美国参战以来,联合与国对于欧洲战乱的重要目的,就是实现德莫克拉西于世界,确立世界的和平,为一般的呼声。这德莫克拉西和世界改造差不多是世界各国民的标语了。今日战后的改造,各交战国民异口同音的呼着。各国的改造大

---

① 刘仁静:《致代英》,《少年中国》第 2 卷第 9 期,1921 年 3 月 15 日;恽代英:《致刘仁静》,《少年中国》第 2 卷第 9 期,1921 年 3 月 15 日。
② 〔日〕植原悦三郎:《欧美各国改造问题》,陈谪生译,群益书社 1921 年版。
③ 原载《东方杂志》第 17 卷第 4 号,1920 年 2 月 25 日。
④ 原载《新中国》第 2 卷第 2 期,1920 年 2 月 15 日;《新中国》第 2 卷第 3 号,1920 年 3 月 15 日。

异其趣,而改造的目的不外乎德莫克拉西的实现。他们的目标大概相同,但是各国情状既异,所以改造的手段和方法也各自不同。在欧洲交战国中,唱战后改造最甚的要算英国,其改造分为政治组织和经济产业及社会组织两个方面。于过去的政治经济产业及社会组织,不品评劳动者阶级——国民多数——的地位与实力,是各交战国最大的缺陷。所以,战后改造呼声为此而发。英国唱战后改造的,以战争中国民多数——劳动阶级为主,他们在战后于政治经济产业社会组织等赢得地位。就英国本土而言,政治组织既以德莫克拉西为基础,政治组织的改造已不算重大问题。所以英国战后的改造,第一,使经济产业组织成为劳资共同的营业。第二,最难的是教育制度的问题。"① 总之,通过研究欧洲各国改造的历史和现实,把握世界改造的发展趋势,为中国社会改造提供有益的参照。

欧洲各国社会革命的历史,也足资中国社会改造者借鉴。易君左指出,历史明确昭示我们,19世纪之初叶法兰西大革命不仅推倒王权制度,更从思想上改造社会。因此,法兰西大革命后个人已经改造了一次,从农奴的状态进为自由的人格。故史家常谓法兰西大革命实为个人改造的革命。其实,这次革命虽为个人改造,但大革命之后破坏旧的社会组织,人民顿失生活之保障;而自由竞争导致社会遂生贫富两种阶级,即自由竞争的胜利者与失败者。"故为救济此种不良之组织起见,社会势不可不重新改造一遍;故此种社会改造之声浪,在最近二百年间,第一次即变为十九世纪初叶之大问题。"关于世界改造的历史研究,主要针对社会改造问题中"仅向现实之的,发疑问之矢,而不求答案于历史上"的弊端,为中国改造提供历史借鉴,使之顺应世界改造运动的潮流。从社会改造与新思潮的关系来看,"此种新思想,不鸣则已,一鸣惊人;压之愈甚,反抗愈速;使苦列曼索为一只真老虎也,亦不能吞此新思想;使威廉第二卷土重来也,亦不能压制此新思想。盖此种新思想,实二十世纪的产儿,战胜恶魔的天女。此后举世上一切典章,文物,将悉依此而支配"②。

周佛海认为,各国的社会运动发展趋势,"以为物质的改造不彻底,渐渐地趋向精神改造来了。所以我们要想改造,社会不能单独在物质改造上用工,要包括精神和物质两方面来努力了"③。也就是说,社会运动的趋势将是物质改造与精神改造同时并举。旅欧华人团体刊物《旅欧周刊》明

---

① 谢六逸译:《欧美各国改造问题》,《新中国》第2卷第2、3号,1920年2月15日、1920年3月15日。
② 君左:《社会改造与新思潮》,《改造》第3卷第1号,1920年3月。
③ 周佛海:《精神生活的改造》,《解放与改造》第2卷第7号,1920年4月1日。

确提出，中国改造要借鉴欧洲的经验。《社会改造观》一文提道，欧洲法德各国之所以有今天的"文明"，绝不是一个文艺复兴的作用，而是从文艺复兴以来各种革命相连不绝。今天中国的现象比文艺复兴前的欧洲更加腐败，因此，"我们革命的范围，不仅限于政治及文学。就是从我们日常生活……以至于支配我们思想的学术和范围，我们生活的组织，凡是我们进步的障碍，都一律改革去，直是社会万有的总革命。"最终目的是要建立一个"彻底平等"的社会。① 从 18 世纪法国的政治革命到 20 世纪德国民主革命和俄国的社会革命，可见世界改造的发展趋向是从国家思想向社会思想的转变。

英国和德国的社会改造，也颇引起中国人的注意。《晨报》的一篇文章指出："现在资本主义自由竞争为盛极必衰之时，文明制度含有腐败种子，惟社会主义的思潮足以补救之，且具有建设的势力。"以德国的社会改造为例。德国在世界各国中文化和经济的组织最为完备。战前虽采用官僚的军国主义，实则注重实业之组织。战败后德国弃其军国主义，专力于实业的组织，尤为显著之事实。"夫德国之私有资本制度较诸英美各国本不相同，其实业组织均带国家的色彩，以示趋向于社会主义。如实业家之思想均以积资为国家之积资，国家社会主义思潮兴起。"② 战后英国的社会改造，以政党的社会改造最受世界关注。从劳动党的社会改造方案中，可知英国政界的倾向，亦可明世界大问题之"社会改造"之义也。君实认为，英国选举权扩张后，劳动党势力渐有发展之倾向，其政纲力言注重于战后社会改造，与自由党及保守党特异。"劳动党之政纲，实为战后之社会改造案，惟生计问题在指摘与自由党保守党意见不同之点，欲藉此以争胜于选举界。"政纲中明确指出："要之，劳动党所主张之'改造'，非政治上社会上之部分的改造，乃社会自体之根本的改造也。然此改造非一朝一夕之所能达，亦非狂热的革命所能成。劳动党之所欲者，在使社会之各员，皆能有此意识，同心协力以努力于社会之改造也。"该纲领提出"国民最低限度生活之保证""经济界之民主的监理""国民经济之革命"和"余剩财产用共同之利益"四条，"即劳动党所主张之社会改造案也"。③ 通过比较研究英德两国社会改造的潮流，可知，劳动问题成为第一次世界大战后世界的首要问题，也是社会改造的重点内容。

---

① 中共中央马克思、恩格斯、列宁、斯大林著作编译局研究室编：《五四时期期刊介绍》第三集，生活·读书·新知三联书店 1979 年版，第 203、206 页。
② 《社会改造及其运动之二潮流》，《晨报》1919 年 4 月 27 日。
③ 君实译：《英国劳动党与社会改造》，《东方杂志》第 16 卷第 3 号，1919 年 3 月 15 日。

印度是东方社会改造思想的代表，可与西方的社会改造相提并论。印度的劳动运动分为两派：从英国回来的青年一派，主张用劳动组合的方法来结合劳动阶级；奉本国的理想一派，主张无政府共产主义。甘地则居二者之间。甘地在英国学过法律，愿意采取英国宪法制度的优点，不合作运动就是模仿西方的规制。他以印度教的哲理为社会运动的根底，主张尊重个人的人格。这种思想很有些偏倾于无政府主义，可是并不反对组织，不主张使个性屈从于社会组织之下。他的理想社会以互助博爱为原则，没有一切的领袖制度和阶级分别。① 与俄国用暴力来解决社会问题不同，印度采用人格和暴力反抗手段，这就是东西两大社会改造理想的不同之处。印度的社会改造思想，对中国的民主主义者和无政府主义者都产生了重要影响。

《新江西》讨论中国改造方法问题时，鼓吹印度的不合作主义，认为这是救中国的最好方法。有谓："赤手空拳和铁刃、枪弹去搏斗……是无价值的牺牲，起来替代这种赤手空拳的手段的，既是印度甘地的'不协作主义'。"所谓"不协作主义"，简言之即消极的抵抗，其方法是不纳租税，不卖米给军阀及代军阀办米的奸商，有战事时船户罢工，设法劝兵士为农夫。编者批评这种主张只是一种空想："要知道实行不协作主义，先要使本省人全体或大多数一致不和行政者协同工作才行。……那班卖身给军阀作奴才的教育界人，巴结官僚的商会农会会长职员和靠拍马为生的绅士，是不是在江西最占势力？有什么方法使他们不和军阀官僚合作？"因此现在奋斗的方法，只有联合有觉悟、能奋斗者，加入民主革命的党派，组织革命军，实行民主革命，以武力对付武力。② 中共领袖陈独秀则批评不合作主义是"消极的方法之宣传"，对青年思想界和革命的民众心理"都有极大的恶影响"。"我们认定宣传不合作主义，在打倒恶浊政治方面看起来，是绝对无效的方法；在消灭民众的革命心理方面看起来，却是第一有效的方法。"③ 无论是宣传印度的社会改造思想还是批评甘地的"不协作主义"，都表明，中国先进分子关注和重视印度的社会改造经验。

总之，取法欧美，采用欧美社会改造的经验来改造中国，是五四时期一种很流行的主张。不过，中国与欧美社会的改造途径是不同的。从近代中国改革与近代欧洲改革的历史进程可以看出，近代欧洲社会改革是先从

---

① 愈之：《甘地与印度社会改造》，《东方杂志》第19卷第10号，1922年5月25日。
② 浮云：《不协作主义与江西》，《新江西》第5号，1923年12月1日。
③ 独秀：《再论不合作主义答北京晨报记者》，《向导》第15期，1922年12月27日。

文艺复兴出发,随后才有宗教改革,随后才有民权自由主义,随后才有启蒙哲学,随后才有政治革命,随后才有产业革命,随后才有经济革命即狭义的社会革命。近代中国的社会改革发生发展的历史进程却恰恰相反,中国的社会改革是从经济领域开始的:我们中国近代的维新事业,却是先从富国强兵入手。① 《芜湖半月刊宣言》提出:"我们认定社会事业,不是能丢掉他过去的历史和他现在的环境所能任意把西洋文明国家的成法拿来改造的。"② 张东荪也指出,欧洲的社会改造与中国的社会改造发生的原因是不同的,不过,中国改造的方法可借鉴西方,来改造中国社会。"我想中国既同是人类,适欧改造社会的方法,有时也可拿来改造中国社会。"③ 这就是许多社会改造论者的共同心理。

二 世界著名改造家的思想介绍与宣传

在世界改造潮流的影响下,一些世界著名的社会改造家的思想被译介到中国,成为中国改造的指南或借鉴。还有一些社会改造家先后来到中国"传经送宝"。他们迎合中国人求予改造社会方案或指点迷津的要求,提出了对中国社会的批评抑或社会改造的建议,被虔诚的中国人奉为改造社会的指南。他们的这些思想主张,进一步充实和丰富了五四时期社会改造思想。

1. 世界著名社会改造家思想的译介

随着中国社会改造思潮兴起,学术界翻译、出版了许多世界著名社会改造家的生平事迹与思想主张,供国人学习和参考。前述译著《社会改造之八大思想家》一书,将马克思、克鲁泡特金、罗素、托尔斯泰、莫里斯、卡彭特、易卜生、爱因斯坦等社会改造家向国人介绍。其中,马克思是最为引人注目的人物。戴季陶在《"五一""五四""五五""五七""五九"》中介绍说:"马克司……是科学的社会主义的肇造者,是社会主义经济学的肇造者,是国际社会运动的肇造者。最近五十年来,激荡于全世界的社会潮流,或直接,或间接,没有不以马克司的社会主义经济学作理论的基础。"④

---

① 陈启修:《文化运动底新生命》,《学艺》第2卷第2号,1920年5月30日。
② 本社同人:《芜湖半月刊宣言》。转引自《五四时期期刊介绍》第二集,生活·读书·新知三联书店1979年版,第609页。
③ 张东荪:《对于社会改造之管见》,长沙《大公报》1920年10月30日。
④ 唐文权、桑兵编:《戴季陶集(1909—1920)》,华中师范大学出版社1990年版,第1245—1246页。

罗素也是颇受中国人崇拜的社会改造大家。有谓："罗素是现在英国论坛上底巨星，他的一言有左右统制全英国知识阶级之魔力。现在他不但在英国如此信仰，而且在全世界也奉为社会改造理论的指导者，而为青年渴仰之中心了。""一言以蔽之，罗素底见解可以说把十七世纪十八世纪底科学的哲学，变为今日之现状。……其著作《政治理想》《社会改造之原理》《到自由之路》等，都是由哲学说出发，说明独自的社会观底书。"[①]尤其是《社会改造原理》一书，最受中国人喜爱，罗素的社会改造原理被奉为中国改造的圭臬。

卜莱昌偌夫（现译为普列汉诺夫）原著《社会改造之两大思潮》，提供了中国人认识世界改造潮流的样本。该书从1923年11月19日至1924年2月27日连载于《晨报副镌》"译述"栏。译者说："有人疑惑以博学深思如卜莱昌偌夫先生这样的人，也会花费宝贵的时间来批评无治主义。但是在现时有许多幼稚的，无识的人将言谈当作实事，将高调当作行为，将喧叫与暴怒当作革命的活动，而不知道喧叫与暴怒只是一文不值。为这些无知的，幼稚的人起见，卜先生起而严重的讨论与批评无治主义，当然最好不过的。这种工作在英国尤为重要，现在不是有许多劳动团体，不自觉的受无治主义反革命的影响，高唱'不管政治！'么？还有一层值得提出的就是虚无主义与无治主义间的关系，截然与无治主义与社会主义间的不同。卜先生在Zurich国际大会说得好：我们应该，我们可以忍受一切迫害，一切思想的痛苦，可是我们已经免除了一样耻辱，一样毁损，我们至少，其中没有无治主义者。"译者认为，本来资本主义的社会已日趋于衰颓，而这里社会必须改造也不待言。不过改造的方法却意见庞杂，其中对峙最严、争辩最激烈的，为无治主义和马克思派社会主义。本书对于此二派的主张，分析最为详细，今特介绍于读者。此外，《社会改造中的两大思潮》一书以《无政府主义和社会主义》之题名在《晨报》上连载，这是迄今为止可考证到的普列汉诺夫著作最早的中文译本，也是系统介绍当时世界社会改造思潮的专著之一。

当时的报纸杂志纷纷介绍各国社会改造家的生平与思想，以满足中国社会改造的需要。最具影响的是郭绍虞辑译的《社会改造家传略》，先是在北京《晨报》和上海《时事新报》上发表了社会改造家欧文、圣西门、

[①]《社会改造的八大思想家——罗素》，《社会主义思想在中国的传播》编写组：《社会主义思想在中国的传播》第二辑（中），中共中央党校科研办公室发行，1985年，第456、457页。

傅立叶、安芬顿、鲍萨尔、傅叶特、柏拉图7人传略,后来在《解放与改造》连续刊发穆尔、康滂纳、鲍蒲、鲁意蒲伦、卡培、韦托灵、泰谟松、谷独温、柏柏尔、勒萨尔、白伦斯顿、马伦、蒲伦基、斯基尔纳、史梯因、托莹比、蒲鲁东、巴枯宁等二十七位改造家传略。① 当时罗素、列宁"均因一生事业未终,暂不作传"。介绍这些大家的社会改造思想的原因,"编者附志"说得很明确:"韦尔氏(Wells)说:人类的心思,常常因在那里创造乌托邦,所以能得到进步。社会改造家要想本他们心思才力完成他们心目中理想的乌托邦,无论其实行的可能性如何,要于社会进步都是很有供(贡)献的,我们总要有几分社会改造家的精神,才有人生较高的意义。这是我读了社会改造家传略的感想。"②

此外,《东方杂志》介绍了过德文的理想,认为他的理想社会是"共产共劳之社会",其实现的途径,"非急激的或革命的依于国权及暴力所能实现,必俟人类理性,开发无余。社会全体组织员,能应正义之要求,以谋此种制度之树立,而后有实现之日。而实现以后,即各种问题全部解决之时,决无如多数人所忧虑之弊害随之而起。……所谓真正之幸福,将惟在开发智能与彻悟真理之二端,其他种种,皆将度外置之,尚安有互贪无用之财宝而冒天下之不韪者乎?"③

《改造》介绍了社会改造家顾路蛮女士的思想。"著者附志"说:"社会的进化就是赖有不断的革命由不善的进于善的,但社会革命不仅是男子的专业,女子也有一份责任。所以我转述女革命家顾路蛮女士传及其思想,使一般的女子也感受些革命的精神,去建设新的人生观,努力求自由平等的新生活,共走进化的路。这就是我的希望的。"文章称赞了顾路蛮的从事革命的热心和对于无政府运动的坚毅现身精神,高度评价其社会改造思想:"女士主张无政府主义很激烈,奔走运动,无时或息,其热心革命造福人类的精神,真令人可钦可敬,足为近代新女子的模范。"④

李达也著文介绍了德国的罗扎和克拉拉等社会革命家的生平活动与思想著述,称赞他们是"德国社会革命运动中的第一流名士",是"世界无产妇女底明星",是德国民主党的有名的马克思主义者,极力反对欧洲战

---

① 绍虞:《社会改造家传略》,《解放与改造》第2卷第9号,1920年5月1日。
② 《附白》,绍虞辑译:《社会改造家传略》,《解放与改造》第2卷第16号,1920年8月15日。
③ 三无:《过德文理想社会论之研究》,《东方杂志》第17卷第6期,1920年3月25日。
④ 天放:《近代女社会改造家顾路蛮女士传及其思想》,《改造》第3卷第3号,1920年11月15日。

争，不惜牺牲生命来完成无产阶级革命。所以，"德国社会党底妇女运动，是世界无产阶级妇女运动中最有组织的运动，伊们常常打着无产阶级鲜明的旗帜干的。"①

对于英美学者的社会改造理论，《时事新报》评述说："美人傅立德曼等所著《美国改造之诸问题》及英人马士特曼等所著《改造之诸问题》、派角等所著《工业之再造》、皮德所著《经济的改造》诸书，皆各以其自国为本位而立言，详说战后实际的设施之计划。虽然，其关于社会改造理论的部分，亦颇能断制谨严，议论透辟，足为当世学者攻错之资。爰于四书之中，就其与社会改造根本原理有关者加以抉择，略示一斑。"② 中国人积极译介欧美学者的社会改造理论，就是"为当世学者攻错之资"。

此外，一些社会主义思想方面的论著也涉及社会改造问题。高一涵编《欧洲政治思想小史》中，第八章"社会主义派"，介绍了欧文、圣西门、傅立叶、布朗、拉萨尔、马克思、伯恩斯坦等代表人物；第九章"无政府主义派"，介绍了蒲鲁东、斯蒂纳、巴枯宁、克鲁泡特金等人的思想。③ 李季译、克卡朴著《社会主义史》，介绍了马克思、恩格斯等人生平与思想。④ 邵振青编《各国社会思想》，介绍了柏拉图、摩尔、卢梭、毛利来、马伯来、巴佩夫、过德文、欧文、傅立叶等人思想⑤，等等。当时社会主义是改造世界与中国的主要思想理论之一，研究和宣传社会主义，无不涉及社会主义流派代表人物的思想，社会革命或社会改造是其中的核心内容之一。

2. 一些著名社会改造家来中国讲学

美国的杜威、孟禄，德国的杜里舒，印度的泰戈尔等世界著名学者，先后应邀来中国讲学，宣传他们的社会改造思想，介绍各国社会改造经验，对中国社会改造思潮的形成与发展，产生了不同程度的影响。

其中，罗素被中国人尊为"世界改造的导师"和"社会改造的指导者"，其影响是最不容忽视的。罗素针对第一次世界大战而写了《社会改造原理》，成为社会改造理论的代表作。而且他自称是因战争结果从自由主义改变到社会主义的一人："这并不是因我不信从自由主义，不过我看

---

① 鹤鸣：《介绍几个女社会革命家》，上海《民国日报》副刊《妇女评论》第 11 期，1921 年 10 月 12 日。
② 三无：《英美学者社会改造论评述》，《时事新报》1920 年 8 月 1—2 日。
③ 高一涵编：《欧洲政治思想小史》，中华书局 1920 年版。
④〔英〕克卡朴著，辟司增订：《社会主义史》，李季译，新青年社 1920 年版。
⑤ 邵振青编：《各国社会思想》，商务印书馆 1920 年版。

除非经过社会经济改造的过渡时代，自由主义实在没有什么大意思罢了。"①

《劳动界》称赞"现在世界学问最大见识最高并最切实的罗素先生"②，甚至说："英国大哲学家罗素，不独是教育界的明星，也是劳动界的明星；简直算起来，他是人类社会的明星。因为他注意于社会根本的改造问题，如反对资本制度，提倡共产主义；反对雇佣制度，提倡工农的自由组合；废除资本家，大地主和主人。""可惜我们中国的劳动界还没有什么觉悟，并没有什么教育，不能领会罗素的学说。总是他来到中国，我们都可以直接或间接受他的影响。将来的社会，定然有革新的希望。"③

对此，跟随罗素来华的勃拉克女士也证实："[20世纪]20年代的中国青年，就像其他普通人一样，要求哲学家给他们提供一般的解释、总体原则和行动的指南，也就是罗素通常所说的政治和社会科学（或称科学）。"④

在罗素1920年10月来华以前，他有关社会改造思想方面的著作就已传入到中国。如罗素的《社会改造原理》《政治理想》《到自由之路》等，已经翻译出版或在报刊上摘译发表，介绍罗素生平与思想的文章不胜枚举。有谓："自大战发生后，其所著《社会改造原理》、《自由大道》、《政治理想》等书尤能于英国学说之中独树一帜，与现在最新之潮流相应和。"⑤"罗氏系大数学家，转而为大哲学家，现在欧洲主张社会改造学说，风动世界。"⑥而且在罗素来华前，张申府、罗家伦等已着手编译"罗素全集"⑦，梁启超等人议定编译"罗素丛书"。商务印书馆1921年翻译出版的《社会改造之八大思想家》，也介绍了罗素的社会改造思想及其代表性著作。这充分表明，罗素的社会改造思想早已引起中国知识分子的关注。

《社会改造原理》是罗素社会改造思想的代表作之一。时人这样分析罗素的"政治哲学"："他以为支配人类生活之力，若说其是意识的企图，还是说其是'冲动'为妙。"基于此，"凡冲动的东西，大概可分为'所

---

① 罗素：《社会主义与自由主义》，《东方杂志》第17卷第18号，1920年9月25日。
② 张赤：《打破现状才有进步》，《劳动界》第6册，1920年9月19日。
③ 震瀛：《罗素与工人》，《劳动界》第11册，1920年10月23日。
④ 转引自冯崇义《罗素与中国——西方学者在中国的一次经历》，生活·读书·新知三联书店1994年版，第133页。
⑤ 《哲学大家罗素明年来华——在北大演讲》，《晨报》1920年7月10日。
⑥ 《北京大学之新施设》，《晨报》1920年7月11日。
⑦ 陈独秀1920年5月7日致胡适、李大钊的信。转引自欧阳哲生《新发现的一组关于〈新青年〉的同人来往书信》，《北京大学学报》2009年第4期。

有的冲动'与'创造的冲动'两种；所有的冲动，是想获得或者所有'不得和别的相共有底事物'。创造的冲动，是有几许底价值，但不许独占底东西。"该书分"生长的原理""国家""战争制度""财产""教育""结婚与人口问题""宗教与教会""今后底努力"八章，"但是任何一章，都由科学的哲学底见解，行明快的社会改造之宣传"①。《社会改造原理》在中国同时出现了三种译本，其中王岫庐译本用文言文译成，出版25天即再版，再版45天又出第三版。余家菊译本先在《晨报》连载，再汇集成书，也很快再版。译者解释说，罗素"从心理上去寻出改造社会的根据是他的一个很重要的方法，我以为这种方法对于好逞空谈的国民是一个很好的价值。"②

《政治理想》也是罗素关于社会改造思想的重要著作，分"政治理想""资本主义与工银制度""社会主义之缺点""个人自由与公共管理""民族独立与国际主义"五章。1920年6月由刘衡如、吴蔚人译出第一版，三个月后再版。后来，程振基重译，并于1922年4月再版，至1932年出至第十版。而且销售很好。③ 此外，《解放与改造》介绍了罗素《政治理想》的基本内容。张东荪在《罗塞尔的"政治理想"》中指出："近代的改造运动中，以此说为最妥善，所以首先把他介绍过来。"④ 这也是国内最早介绍罗素政治思想的文章。随着罗素的中国之行，罗素被中国知识界期许为指导改革的"社会改造家"，他的《社会改造原理》《中国到自由之路》等有关中国问题的著作，在中国知识界广泛传播，成为指导中国改造的理论。张东荪说："罗素先生的人格，我觉得真可佩服到百二十分了。""他在俄国很受劳农政府的优待，但是他为真理的缘故，他仍旧说劳农政府的办法是不合理的。……他好像说中国第一宜讲教育，使无知识的有知识，使有知识的更进一层。第二是开发实业，救济物质生活。至于社会主义不妨迟迟。"⑤ 由此可见，罗素的政治理想确实被中国人奉为社会改造的指南和社会改造理论的指导者。

美国哲学家杜威长期在中国讲学，对中国社会改造起了重要的推动作

---

① 〔日〕生田长江、本间久雄：《社会改造之八大思想家》，林本、毛咏棠、李宗武译，商务印书馆1921年版，第73—74页。
② 余家菊：《译者的短语》，《晨报》1920年10月1日。
③ 张允侯等编：《五四时期的社团》（一），生活·读书·新知三联书店1979年版，第54、62—64页。
④ 东荪：《罗塞尔的"政治理想"》，《解放与改造》第1卷第1号，1919年9月1日。
⑤ 陈独秀：《关于社会主义的讨论》，《新青年》第8卷第4号，1920年12月。

用（详见第四章第二节），从少年中国学会对杜威的礼遇可得到说明。当1920年南京会员与杜威座谈时，方东美致欢迎词说："我们大都读过他的书，或听过他的演讲，所以相知狠（很）深。实在说，他的理想和思想的活动力，已唤醒我们于生命大梦之中，使深知有改造的必要，所以我们正随着他的荣光向高明之域猛进。杜威教授留居中国一年，给东方人类之进步一个加速度，可算是已收极大的成效。他与我们再造社会及个人新生命的工作这样关切，所以此处我们特地要让他了解少年中国学会。"① 可见，杜威对青年学生改造社会的指导作用是不容忽视的。

德国近代著名生物学家兼生机主义哲学家杜里舒，1922年10月应邀到中国讲学。他先后在上海、杭州、南京、北京、天津、武昌等地演讲，着重介绍了西方近代哲学史和欧美最近哲学潮流，也系统介绍了他的生机主义理论。时人评论说，杜里舒在科学精神方面打倒机械主义，建设生机主义，"我们在生机主义的根据上很可以建设生机主义的人生观"②。杜里舒的科学研究方法，也裨助中国知识界。他在演讲中指出："哲学为各学科之基础，一切科学均当建筑于哲学基础之上，科学方不蹈空。科学如方格然，中有空隙，须用哲学来填补，至如何填法，非用试验方法不为功。"③ 杜里舒强调实践，任何理论都必须用实践来证实。他的生机主义哲学，也迎合了中国的社会改造思想。有谓："自杜氏东来，所以告我国人者，每曰欧洲之所以贡献于中国者，厥在严格之论理与实验之方法，以细胞研究立生机主义之理论，可谓实验矣。哲学系统，一以论理贯串其间，可谓严格矣，此则欧人之方法，而国人所当学者也。"因此，"吾深望以实验科学而兼哲学之杜里舒氏为我学术界辟一天地也"，期待杜里舒像英国的罗素、美国的杜威一样在中国大放异彩。④

1921年，美国实用主义教育家孟禄来华讲学，并且进行了大规模的教育调查。中国方面邀请孟禄来中国考察教育，希望他"以欧美科学的背景，与其自身实际教育之经验，诊断中国教育之弱点，并示以改良进步的方法"⑤。时人评价："现在我们放眼来观察中国的社会，只见一方面高等游民加多，一方面生利分子减少，旧官僚腐败，而新官僚之贪鄙无耻，尤

---

① 少年中国学会编：《少年中国学会周年纪念册》，1920年7月，出版地点不详，第25—26页。
② 菊农：《杜里舒与现代精神》，《东方杂志》第20卷第8号，1923年4月25日。
③ 原载《申报》1922年10月26日。
④ 张君劢：《杜里舒教授学说大略》，上海商务印书馆1923年版。
⑤ 王太学主编：《王卓然史料集》（续集），中国文史出版社1998年版，第5页。

甚于旧官僚。学生在学校中,恶社会与政治之不良,常大声疾呼,发为攻恶诛奸匡时救世的言论。及一入社会,便渐渐软化降服同流合污而不能自拔。凡这些现象,都是表示中国教育的无用,都是表示照这样教育进行,不足以回中国之生,反足以致中国之死。那么我们不能不疑问教育既是列国致强的途术,为什么用在中国就不灵呢?则是中国的教育有不对的地方可知?"[1] 文中表明了中国知识界对孟禄来华讲学的热切期望。

孟禄在华期间,先后到北京、直隶、山西、河南、江苏、广东、福建、浙江、山东、奉天等地二百多处教育机构和教育设施进行调查,参观当地大学、中学及职业学校。同时,广泛会见各地教育当局和教育界人士,多次发表演讲、座谈和讨论,宣传他的教育主张,发表他考察过程中的感想和发展教育、政治、经济等方面意见。[2] 孟禄调查各地教育,回北京后写出报告。文中反复强调五点:一为科学之重要与中学教法之不良,亟应改革。二为教师兼任数校,视同传舍,破坏教师之职业精神;学校训纪因以堕落;社会道德亦蒙影响。三为视学制度之不良,"视学须匡辅教师之不逮,并非徒作学校之侦探"。四为行政上之各种标准,实为行政之要,是应由专家调查制定。五为人民对于私塾之信仰,如何能移之于新学校。[3]

孟禄为中国人提供了新的教育观念和方法,同时指出中国教育弊端,极力提倡"科学教育",在中国推行美国的实用主义教育方式,为中国教育改革提供了指导和帮助。当时关于孟禄在华讲学和教育调查的记载不下十余种,单行本亦有数册,国内研究教育之风"为之一振"。陶行知在实际教育调查社为孟禄举行的饯别会上,发表评论说:"此次博士来华,以科学的目光调查教育,以谋教育之改进,实为我国教育开一新纪元。我们当这新纪元开始的时候,要参与教育革新运动,须具两种精神:一是开辟的精神,二是试验的精神。有开辟的精神,然后愿到那人不肯到的地方去服务,然后我们足迹所到之处,就是教育所到之处。有试验的精神,然后对于教育问题才有彻底的解决;对于教育原理才有充量的发现。但开辟和试验两种精神,都非短少时间所能奏效的。我们若想教育日新日进,就须继续不已的去开辟,继续不已的去实验。深望大家奋起继续开辟继续试验

---

[1] 王太学主编:《王卓然史料集》(续集),中国文史出版社1998年版,第2页。
[2] 参见柯小卫《孟禄的中国之行》,《南京晓庄学院学报》2010年第4期。
[3] 陈宝泉、汪懋祖、陶行知:《孟禄博士与各省代表讨论教育之大要》,《教育丛刊》第2卷第8集;1922年2月。

的精神,来做这新纪元的帅领。"① 亦可见孟禄对中国教育改造的深远影响。

不仅如此,孟禄对五四以来的学生运动予以支持和高度评价,提出,中国学生的"机会与责任,全在创造中国之未来。中国在未来或兴或亡,或强或弱,其责任全在今日中国学生的身上"。他还提出"学生运动应有两种目标或精神:第一,要能为有目的的自动的读书或研究,不仅恃教师的帮助,要能利用科学方法,驾驭一切自然能力,天然富源。第二,要有牺牲的精神,要有互助的精神,要有团结的精神。要能把从前之囿于小范围内的精神推广出去,应用出去。这两种目标或精神,是在座者应当有的,也是全国人应当有的。"② 孟禄鼓励中国学生:"不单就外交方面,如对于腐败的内政,贪官污吏,更应有正当活动的机会,影响亦大。""现在中国的政策,真是腐败,但是费了许多力量,还不见得有什么效果,究有何用?所以诸位当彻底的想想,究竟怎样才能使现在的中国政府在效力上变做好政府。"③

孟禄对于学生运动的态度,无疑促动了青年学生对中国社会改造的诉求,也影响了青年学生参与政治运动的热情。连陪同他讲学的胡适也承认:"孟禄先生说的话,是我们这群平常被人叫做过激派的人不敢说的话。我们袖着手,看着政治一天天腐败下去,不努一点力,却厚着脸皮去高谈外交。我们听了孟禄先生这样说,能不残酷吗?"④ 由此不难看出孟禄思想对中国政治改造的影响。

印度诗人、哲学家并被英国封为爵士的泰戈尔(又名"太戈尔"),于1924年4月来华讲学。他先后到上海、杭州、南京、北京等地发表讲演三四十次,演说的"大旨在提倡东洋思想亚细亚固有文化之复活"⑤。泰戈尔在华讲演及其主张,在中国引起复杂而深远的影响。不少自由知识分子对泰戈尔表示敬重和欢迎,为此出版了以泰戈尔诗集《新月》命名的《新月》杂志,组织了俱乐部新月社。⑥

---

① 《陶行知全集》第1卷,四川教育出版社1991年版,第400—401页。
② 转引自柯小卫《孟禄的中国之行》,《南京晓庄学院学报》2010年第4期。
③ 陈宝泉、陶行知、胡适编·《孟禄的中国教育讨论》,中华书局1923年版,第94页。
④ 《孟禄与中国教育界同人在中央公园饯别会之言论》,《新教育》第4卷第4号,1922年4月。
⑤ 《太戈尔与中国新闻记者谈话》,《申报》1924年4月14日。
⑥ 1923年年底,徐志摩与梁启超、胡适、陈西滢、林长民、林语堂、张君劢、黄子美、丁文江、饶孟侃、张歆海、陈博生、丁西林、余上沅、凌叔华等在北京西单石虎胡同7号成立俱乐部,定名"新月社",就是因为泰戈尔出过一本诗集《新月》。后来,徐志摩等人又创办《新月》杂志。参见徐欣《徐志摩与印度诗哲泰戈尔》,《济南文史》2002年第2期。

第一章 五四时期社会改造思潮兴起的历史条件

徐志摩坦言:"我们所以加倍欢迎泰戈尔来华,因为他那高超和谐的人格,可以给我们不可计量的慰安,可以开发我们原来淤塞的心灵泉源,可以指示我们努力的方向与标准……可以使我们扩大同情与爱心,可以引导我们入完全的梦境。"① 郑振铎也称赞泰戈尔"是给爱与光与安慰与幸福于我们的人","他在荆棘丛生的地球上,为我们建筑了一座宏丽而静谧的诗的灵的乐园"②。

中国共产党人对泰戈尔的主张表达了一种完全相反的态度。1924年4月,北京政治生活周报社在致泰戈尔的公开信中指出:"目前的中国与印度都有一个迫切的需要,就是如何把我们武装起来,努力脱离了外国的羁绊,争得本民族的独立。在这样奋斗里(可说在一切奋斗里),惟有科学的智慧才能领着我们前进,从天[上]掉下来的,或是浮悬在云端的玄想是无能为力的;我们现在绝没有一个需要,再去增高思想上趋向于形而上的程度!"③ 蔡和森著文,批评泰戈尔所提倡的东方文化是"无抵抗主义",不反抗外国帝国主义的东方文化。他认为,"被统治于英国的印度诗人"泰戈尔爵士也是被英国帝国主义压迫的民族中之一个,"光临敝国替外国帝国主义有所鼓吹"④。

陈独秀著文批评泰戈尔在杭州、上海的讲演,第一个错误是认为科学及物质文明足以促进人类互相残杀的危机,乃由于不明白社会制度之效用并误解科学及物质文明本身的价值;第二个错误是引导东方民族解放运动向错误的道路。陈独秀指出:"太戈尔这两个错误的观念,都是社会改造之思想上重大问题,并不是站在一个纯粹诗人的地位上谈诗说艺"⑤。具体来说,"太戈尔的和平运动,只是劝一切被压迫的民族像自己一样向帝国主义者奴颜婢膝的忍耐、服从、牺牲,简直是为帝国主义者做说客"⑥。因此批评他的不抵抗主义和亡国奴哲学。

茅盾批评泰戈尔"高谈东方文化实等于'诵五经退贼兵'",明确表示:"我们更要普告全国青年,我们应该欢迎的太戈尔是实行农民运动的太戈尔,去鼓舞爱国精神激起印度青年反抗英国帝国主义的诗人太戈尔!"⑦ 茅盾后

---

① 徐志摩:《泰戈尔来华》,《小说月报》第14卷第9号,1923年9月10日。
② 郑振铎:《郑振铎文集》第3卷,人民文学出版社1983年版,第189页。
③ 《致太戈尔的一封公开信》,《政治生活》第1期,1924年4月27日。
④ 和森:《英美协会欢迎太戈尔》,《政治生活》第1期,1924年4月27日。
⑤ 实庵:《评太戈尔在杭州、上海的演说》,上海《民国日报》副刊《觉悟》1924年4月25日。
⑥ 独秀:《巴尔达里尼与太戈尔》,《向导》第67期,1924年5月28日。
⑦ 雁冰:《对于泰戈尔的希望》,上海《民国日报》副刊《觉悟》1924年4月14日。

来回忆，中国共产党在报刊上发表文章，"表明我们对泰戈尔这次访华的态度和希望"，"也是对别有用心而邀请泰戈尔来中国'讲学'的学者、名流之反击"①。《中国青年》也发表文章指出，中国人"也并非不相对的承认太戈尔人格的高洁，性情的慈爱，态度的静穆，和文学的价值。不过同时对于他的思想的玄妙，虚灵和笼统，性情的重于保守，以为不但无益于中国发展的前途，或且有很不好的影响"②。

泰戈尔是印度社会改造的代表人物之一。在社会改造实践方面，1924年5月泰戈尔去山西太原，寻求合作推行他的农村建设计划，得到阎锡山同意，以晋祠一带作为试验基地，泰戈尔拟将在印度试验过的农庄建设事业，在中国进行试点、推广。在徐志摩看来，该计划实施后，农民可过上丰衣足食的生活，多余劳动力有了出路，教育能普及，文化能发展。但是，当时中国政局动荡，政策多变，社会治安问题严峻，该计划难以进行。③

在社会改造思想方面，泰戈尔既反对英国对印度的殖民统治，同时又不赞成甘地领导的不合作运动，反对用游行示威或暴力手段谋求民族独立，而提倡与殖民者的合作与和解；他关注现实，热爱生活，又主张脱离社会，退隐田园；他又鼓吹东西调和，如西方采纳东方的物质文明，救济西方悲惨的世界；东方要学习西方发达的物质文明，改变东方物质文明落后于西方的状态，俨然成为东方文化的代表者和保护神。④

随着泰戈尔来到中国，"东方文化与精神生活……等问题，必又成为论坛的争端"⑤。其中关于文化认知、东西方文化比较、东方文明危机等问题的争论，实际上涉及中国社会改造方法和路径。前述政治生活周报社给泰戈尔的公开信中，向泰戈尔请教四个问题："（一）先生对于印度独立的（Stand）意见；（二）印度独立将由何法争得？——宪政运动呢，群众革命呢？（三）先生对于'弱小民族反抗帝国主义的联合战线'的意见；（四）先生对中印两民族携手的具体意见。"⑥时人批评那些欢迎泰戈尔的人，"他们自命为东方文化的保持者，他们是亟望先生引之为'在中国的同志'的，对于先生此来，他们自然认为是惟一不可放松的机会，借先生

---

① 茅盾：《我走过的路》（上），人民文学出版社1981年版，第245—248页。
② 亦湘：《太戈尔来华后的中国青年》，《中国青年》第27期，1924年4月18日。
③ 徐欣：《徐志摩与印度诗哲泰戈尔》，《济南文史》2002年第2期。
④ 郑大华：《民国思想史论》，社会科学文献出版社2006年版，第202、205页。
⑤ 坚瓠：《欢迎泰戈尔》，《东方杂志》第21卷第6号，1924年3月25日。
⑥ 《致太戈尔的一封公开信》，《政治生活》第1期，1924年4月27日。

在智慧上成就之盛名，以为他们玄学之鬼国扩张领土的号召。我们愿无隐讳的陈述于先生，这种努力实在是爱国的国民所不忍睹的一种悲剧！以为在今日中国受外力压迫的情形之下，为重虚幻爱护守旧荒谬的'东方文化'张目，无异于存心去阻碍人民向实际奋斗之路，去打倒他们最大的人敌（敌人）——外国的帝国主义。"①泰戈尔访华在中国知识界引起不小的轰动，也可以说引起了一场关于中国社会改造和世界改造的争论。

如果说进化论、超人哲学等思想都是通过译述介绍到中国来，间接地影响中国社会改造思想，那么，杜威的实验主义、罗素的基尔特社会主义、杜里舒的唯心主义生机论，则是由他们本人直接介绍宣传到中国的，成为中国社会改造的理论。他们来华宣传其社会改造思想，又通过了解中国实际，与中国社会改造论者的交流，进而提出有关中国改造的良策。他们的新理论、新学说，成为中国社会改造的依据；杜威、罗素等人的片言只语，都成为中国改造论者立论和引证的对象。在后来者看来，五四时期以后中国学术思想进步神速，但是，"最可痛惜的，就是在这十余年间，中国总逃不出'模仿'的工作。例如张君劢不过想做中国的柏格森，胡适不过想做中国的杜威，陈独秀不过想做中国的马克斯，郭沫若不过想做中国的恩格尔，甚至最近梁漱溟提倡中国文化的文章，也不过是'模仿'罗素的理论吧！"② 这种描述不无偏颇之处，但从一个侧面说明，这些世界级的社会改造家成为中国社会改造论者的膜拜和仿效对象，或者说，中国社会改造家在模仿或传播世界改造家的思想主张。正如陪同罗素在中国讲学的杨端六所说，罗素的学说是极合于实用的，但是他的社会改造学说是替英国人做的，不是替中国人做的。他对于中国社会改造的意见，就是主张政府有权，强制教育，发达实业等等。因此杨端六明确表示："希望我们听罗素的讲和看罗素的书的人不要误会。"③

就外国学说与中国社会问题的关系，陈震异著文指出："这些外国进口的洋货——新学说——很有些和中国的现状简直是牛头不对马嘴的。表面上讲起来，虽然是同外国的名流一样唱和，然而内容好像是用泥做的美人一般，外貌装饰虽如西施，可是里头的质料那就不堪说了。何以呢？因为除了作装饰品以外，不能合于用的。照这样看起来，中国要讲什么学说才可以呢？我就说中国要讲什么学说，先要把中国的现状描写出来，然后

---

① 《告欢迎泰戈尔的人》，上海《民国日报》副刊《觉悟》1924年4月19日。
② 伍启元：《中国新文化运动概观》，现代书局1934年版，第179页。
③ 陈震异：《外国学说与中国社会问题》文末附言，《太平洋》第2卷第9期，1921年1月。

对症下药，才是正道。"陈震异认为，中国现状比西洋迟了几百年，相当于西洋十五六世纪的情况。从经济发展程序来看，中国现在是农业时代，西洋是农工商时代。如果硬要把外国学说凑合于中国，这岂不是割鸡用牛刀吗？① 他提出，研究清楚中国社会现状，才是输入外国学说的关键。这也说明世界改造学说与中国社会改造的微妙关系。

三 中国历史上社会改造思想的整理与发展

五四时期，中国社会改造论者在介绍和宣传西方社会改造理论的同时，也不断发掘和整理古代社会改造的思想资源，总结近代以来的社会改造运动的经验教训，从而充实了中国社会改造的思想理论。

1. 古代社会改造思想的发掘与整理

在五四时期的社会改造讨论中，先进分子从传统思想中寻求社会改造的启示，发掘历史中的思想资源。特别是苏俄建立世界上第一个社会主义国家，重新唤起了中国知识分子寻求古代典籍中的"大同"社会的热情，而且，俄国国情与中国相似，更加坚定了中国人走俄国社会主义道路。在抛弃西方资本主义改造道路、选择社会主义道路的同时，也借用和发掘儒家传统的思想资源，"互助"与"大同"互用，互助主义与社会主义的沟通，架起了东西方社会改造思想沟通的桥梁。

大致说来，晚清以降以至民国，墨子学说的研究就明显表现出一种实用取向，"夫治古学者，不过为使古人已晦之学复现于今日。古人之好丑匪所问也，其有用无用于今世亦匪所论也。学者必以是用心，然后乃足以挥发（发挥）其学使之无余蕴。今则曰惟墨学可以救中国。姑无问墨学能否救今日之中国。但于墨学犹未尽发之际漫为斯论，亦何异不辩古量今剂之医执古方以治病。充其量，不过使病方俱废而后已。此学者本其殷切用世之心以治墨子，而墨子之学所以不能蕴发无余者一也"②。

研究者将传统文化中的墨子学说与西方传入的社会主义学说附会联系起来，如把墨子的"赖其力者生"，等同为社会主义的"人人劳动"；把"有余力以相劳，有余财以相分"视为"财产公有"；把"兼"以易"别"误为"消灭阶级差别"，等等。③ 这样，墨子思想成为五四前后人们审视社会主义和俄国革命的一个重要参照。

---

① 陈震异：《外国学说与中国社会问题》，《太平洋》第2卷第9期，1921年1月。
② 栾调甫：《墨子研究论文集》，人民出版社1957年版，第145—146页。
③ 刘桂生：《晚清"墨学复兴"与社会主义学说传入中国》，《教学与研究》1986年第4期。

以梁启超为例，他在1904年宣称，社会主义学说为"吾中国固夙有之"，"中国古代井田制度，正与近世之社会主义同一立脚点，近人多能言之矣"。他在《欧游心影录》中提出，社会主义精神"原来是我所固有。孔子讲的'均无贫，和无寡'，孟子讲的'恒产恒心'，就是这主义最精要的论据"①。他在《墨子学案》中明确指出："古代社会是否有这种理想的组织，我们虽不敢轻下判断，但现在俄国劳农政府治下的人民，的确是实行墨子'兼以易别'的理想之一部分。"② 有人认为，这是梁启超援用苏俄革命来肯定墨学③，实则说明墨子学说的现实意义，其中"兼爱"思想与苏俄付诸实践的社会主义联系起来，所以梁启超说："近代马克思一派说资本主家的享用都是从掠夺而来，这种立论根据和二千年前的墨子正同。"④

初到北京的蔡和森喊出"墨翟倡之，近来俄之列宁颇能行之"，表示"吾人之穷极目的"在"加倍放大列宁"之所为。⑤ 但在受到俄国十月革命的深刻影响后，蔡和森进一步认识到："列宁在苏俄实行的与墨子的理想近似，但比墨子的学说更彻底、更深刻、更伟大。"⑥ 所以他由崇拜墨子转向崇拜列宁，从古代社会主义转向列宁思想和科学社会主义。

从墨学与近代社会主义的关系来看，二者的出发点是根本相同的，时人指出："倘若我们要在中国的思想史上，找出一种很类似近世社会主义的思想，而发之远在二千年前的，那我们一定推举墨家的学说了。"又说："足见墨子的思想，只与圣西蒙、克鲁泡特金、托尔斯泰诸人的社会主义相似，与马克思的主义，在手段上，是完全相反的。他是不相信以一阶级压迫另一阶级的。"⑦ 由此可见，墨子学说与社会主义存在着学理和现实的复杂关联。

不仅如此，中国古代社会主义思想还成为社会改造论者的思想资源之一。戴季陶著文指出："我们中国人，是从古以来就有'平和''互助'的精神的。我们中国从古以来，对于'社会组织'就是极力排斥'自利'，赞美'利他'的。……我们这样大的土地，这样多的人民，真可以

---

① 梁启超：《中国之社会主义》，《新民丛报》第46—48号合刊，1904年2月14日。
② 梁启超：《墨子学案》，《饮冰室合集·专集》之三十九，中华书局1989年版，第11页。
③ 罗检秋：《近代诸子学与文化思潮》，中国社会科学出版社1998年版，第130页。
④ 梁启超：《墨子学案》，《饮冰室合集·专集》之三十九，中华书局1989年版，第14页。
⑤ 《蔡和森文集》，人民出版社1980年版，第8、23页。
⑥ 唐铎：《回忆我的良师益友——蔡和森同志》，《回忆蔡和森》，人民出版社1980年版，第99页。
⑦ 朱偰：《墨学与社会主义》，《现代评论》第84期，1926年。

做成一个理想的'平和国家',理想的'互助社会'。"① "中国古代人的理想并不是'个人主义',也不是'家族主义',的确是社会主义。"②

陈独秀则认为,古代的社会主义都是理想的;其学说都建设在伦理上面,而不是建设在社会的经济的事实上面,所以未能成功。近代的社会主义便不同了,其宗旨固然也是解决无产阶级的苦恼,但是他的方法却不是理想的、简单的均富论,乃是由科学的方法证明出来。现社会不安的原因,完全是社会经济制度——生产和分配方法——发生了自然的危机。要救济它的危机,先要认明现社会的、经济的事实,在这个事实的基础上面,设法改造生产和分配方法。因此,"马格斯(马克思——引者注)以后的社会主义是科学的、是客观的、是建设在经济上面的,和马格斯以前建设在伦理上面的、空想的、主观的社会主义完全不同"③。对于古代社会主义与近代社会主义的比较及其结论,显然是以社会运动或改造为参照的。

章士钊立足于中国农业大国的基本国情,主张以农立国,中国改造走发展农业的道路。他在《孙阁漏雍论》中依据墨子言论,论证"以农立国"的合理性。他说:"于凡兴利除害也六字,深见墨家大义,尤谓吾国农业文化之精神于焉表显。治国则言节用,治躬则言节欲,凡义不离乎有节者近是。是固吾国言大道者之通理达德,而墨家持此尤为谨严,所主非乐节葬诸义,其发挥消极之道,以上说而下教者,儒家道家犹且病之。故庄生为之言:'其道大觳……反天下之心,天下不堪。'然墨子之所以为墨,则固舍此不贵。墨之为此,意在'愿天下之安宁。以活民命,人我之养,毕足而止。'此以明吾国农业文化之大原,而其精义概寄于凡兴利除害也一语。特墨家作为华山之冠以自表,章显尤甚已耳。愚谓此义之在吾土,江河不废,而于今日起衰救弊,尤有奇功,谨执是以律孙阁。凡兴利除害也一语,愚谓是农国大义。欧洲工国,一切俱从积极兴利着想;农国则不然,吾国自来君相师儒,所垂政教,无一非从消极除害入手,以为除得害尽,即是兴利得多,舍除害别无所谓兴利。墨子《非攻》《非乐》《非命》一是以为义,持此尤为彰显。"④

章士钊指出,与工国不同,"农国重在说礼仪,尊名分,严器数,于财务分流,于人务苦行,于物为谦,并重家人父子,推爱及于闾里亲族,

---

① 季陶:《对付"布尔塞维克"的方法》,《星期评论》第3号,1919年6月22日。
② 季陶:《孝慈》,《星期评论》第10号,1919年8月10日。
③ 陈独秀:《社会主义批评》,《新青年》第9卷第3号,1921年7月1日。
④ 章含之、白吉庵主编:《章士钊全集》第四卷,上海文汇出版社2000年版,第354页。

衣食施与恒不计"。"无吾农国之精神，则是造成战争的原因。"鉴于此，"吾国为农国，不能妄采工国之制度。今图改革，请从农始"。他呼吁农业文化的回归。① 可见，章士钊主要从中国诸子中寻找以农立国的历史依据，尤其把墨子要义与农国精神切合起来，形成了以农立国的思想。

2. 近代社会改造思想的继承和发展

从发生学的角度来看，中国近代社会改造思潮可以溯源到鸦片战争时期。从广义的社会改造来看，近代社会改造思想萌芽于洋务运动后期，形成于甲午战争以后，经历了社会改造萌芽时期、政治制度改造时期、人的改造时期和社会制度改造时期前后相续的四个阶段。② 五四时期社会改造思潮正是在近代社会改造思想的基础上发展为一种社会思潮。

1840年的鸦片战争开启了中国数千年未有之大变局，以龚自珍、林则徐、魏源为代表的开明士绅或知识分子，提出了改革中国社会现状的系列主张。19世纪六七十年代，薛福成、冯桂芬、郑观应等早期维新派，反对封建地主阶级顽固派和洋务派的思想，主张采用西方资本主义的政治经济制度，甚至大胆提出经济上"商战"、政治上实行议院制度的要求。此期洋务思潮不仅主张引进西方政体中的某些因素来改善中国旧有的政治秩序，而且从根本上怀疑中国旧秩序的合理性。冯桂芬指出，中国四个方面不如西方："人无弃材不如夷，地无遗利不如夷，君民不隔不如夷，名实不符不如夷"。实际上看到了中西之差距所在，也说明中国改造的方向所在。中法战争以后，要求变法更新的呼声日高，同时出现了一批宣传改良思想的代表人物和著述。其中郑观应的《盛世危言》堪称改良思想的杰作。正如该书"跋"所说："斯编一出，世之不达时务者如闻晨钟暮鼓，忽发省悟之心，如服玉札金丹，悉革聩聋之病，为斯人导其先路，使天下除厥弊端，不诚有裨于大局哉?"③ 面对中法战争中国不败而败的结局，一些先进之士公开提出了仿效西法、改革社会的要求，诸如学西学、效西法、任人才、兴工商、广制造，均成为报刊舆论经常讨论的话题，内容涉及政治、经济、社会、文化、教育诸多方面。汤寿潜的《危言》、宋恕的《六斋卑议》、陈虬的《治平通议》、陈炽的《庸书》、郑观应的《盛世危言》等著作，揭示了中国社会的严重危机，提出了各种关于社会变革的主

---

① 章含之、白吉庵主编：《章士钊全集》第四卷，上海文汇出版社2000年版，第169页。
② 参见田玉才《制度改造与人的改造——张申府社会改造论研究》，吉林大学2009年博士学位论文。
③ 夏东元编：《郑观应集》上册，中华书局1982年版，第929—930页。

张,并且集中于兴工商、育人才等问题。① 可以说,社会改良思潮进一步发展。按照梁启超关于近代中国思想演变的阶段划分,此期是"从器物上感觉不足"时期。②

甲午战争是近代中国民族觉醒的新起点,也是促使社会改造思想兴起的一个标志性事件。战争的惨败带给中国人心灵的创伤和强烈震撼,从中深切认识到"天下理之最明而势所必至者,如今日中国不变法则必亡是已"③。维新思想家不仅输入和传播了自由、平等、博爱等西方资产阶级思想,而且在经济方面提出以"富国养民"为宗旨的发展资本主义纲领,在政治方面大胆提出了设议院、兴民权等要求,希望变革封建君主专制为资产阶级君主立宪制度。在此基础上,提出了涵盖政治、经济、军事、文化教育、社会习俗诸方面的改革方案,并且开展了一场声势浩大的维新变法运动。与此同时,资产阶级革命派提出了"振兴中华"的目标,积极宣传反清革命的思想,并开始武装反清斗争。从此,政治改造是解决中国社会危机的手段,成为中国社会改造的主要途径。甲午战争后,清政府认识到"通商惠工,为古今经国之要政"④,开始改变重农抑商的传统国策,强调发展工商业,推行讲求工商的政策,从而进一步促进了以工商立国的思想。有评论说:"我国比年鉴于世界大势,渐知实业为富强之本,朝野上下,汲汲以此为务。"⑤

从社会改造道路的探索来看,甲午战争后,逐渐形成了君主立宪和民主共和两种改造方案,二者的基本目标都是以西方资产阶级国家制度取代旧的封建君主专制制度,通过政治制度的改造来实现社会改造。⑥ 因此,美国学者张灏认为,1895 年以后是中国的转型时代初期。在此以前,中国只有改革与保守的论争;在此以后,改革的阵营逐渐分化为改革和革命两股思潮,也因此展开了百年来革命与改革的论战。但是,近代中国内忧外患双重危机的交迫,任何局部与渐进的政治改造都捉襟见肘,是很难成功的。从自强运动到维新变法到辛亥革命,每一次失败都不可避免地使人对

---

① 李长莉:《近代中国社会变迁录》第一卷,浙江人民出版社 1998 年版,第 663 页。
② 梁启超:《五十年中国进化概论》,《饮冰室合集·文集》之三十九,中华书局 1989 年版,第 43 页。
③ 王栻编:《严复集》,中华书局 1986 年版,第 40 页。
④ 朱寿朋编:《光绪朝东华录》,中华书局 1958 年版,第 5013 页。
⑤ 茶圃:《中国最近五年实业调查记》,《国风报》第 1 期,1910 年 2 月 20 日。
⑥ 田玉才:《制度改造与人的改造——张申府社会改造论研究》,吉林大学 2009 年博士学位论文。

现实更为不满,使人觉得,需要对现状作进一步更彻底的改造。①

随着政治改造思想的日益激进,社会改造问题也呼之欲出。1901年《国民报》的《说国民》一文明确提出,中国想要摆脱君权和外权的压制,必先脱数千年来牢不可破之风格、思想、教化、学术之压制。② 1903年拒俄运动发生后,《苏报》发出"文昌革命"的口号,显示出由政治革命转向学术思想和社会伦理革命的趋向。③

如果说这些言论尚停留在思想革命层面,那么资产阶级革命派诉诸政治革命,并且把政治革命与社会革命熔为一炉,开始社会改造的新探索。1906年在《民报》上,纪元节对国民党员演讲《中国的改造问题》,宣布民权主义的目标是要推翻君主专制,建立资产阶级民主共和制,就是所谓"政治革命"。在孙中山看来,"社会党所以倡民生主义,就是因贫富不均,想要设法挽救;这种人日兴月盛,遂变为一种狠繁博的科学。其中流派极多,有主张废资本家归诸国有的,有主张均分于贫民的,有主张归诸公有的,议论纷纷。凡有识见的人(人),皆知道社会革命,欧美是决不能免的。"④

朱执信也提出了社会革命的问题,并指出"顾自马尔克(马克思——引者注)以来,学说皆变,渐趋实行,世称科学的社会主义"⑤的发展趋向。他在《德意志社会革命家小传》中更明确地说:"社会的运动,以德意志为最,其成败之迹足为鉴者多,而其功,实马尔克、拉萨尔、必卑尔等尸之。故不揣颛蒙,欲绍介之于我同胞。翔瞻博洽,所未敢云,所期者,数子之学说行略,溥遍于吾国人士脑中,则庶几社会革命犹有所资也。"⑥

就民生主义与中国政治革命的前途,冯自由著文指出:"(民生主义是)关于经济上、社会上最重大最切要之新主义","二十世纪开幕以来,生产的兴盛,物质的发达,百年锐于千载,而斯主义遂因以吐露锋芒,火焰万丈。……欧美诸国社会党之气焰,如日中天,其尤盛者,厥惟德国。

---

① 〔美〕张灏:《中国近百年来的革命思想道路》。载许纪霖编《二十世纪中国思想史论》下卷,上海东方出版中心2006年版,第385、386页。
② 张枏、王忍之编:《辛亥革命前十年间时论选集》第一卷上,生活·读书·新知三联书店1978年版,第20页。
③ 陈万雄:《五四新文化的源流》,生活·读书·新知三联书店1997年版,第118页。
④ 中国社科院近代史所等编:《孙中山全集》第1卷,中华书局2011年版,第327页。
⑤ 中国科学院近代史研究所中华民国史组等编:《朱执信集》上册,中华书局1979年版,第55页。
⑥ 原载《民报》第2号,1905年11月26日。

美、法、英、俄等国次之。""民生主义实为中国数千年前固有之出产物，诚能发其幽光，而参以欧美最近发明之新理，则方之欧美，何多让耶？"①说明了民主主义对于中国政治改造的前景。

杨铨在 1924 年回顾中国社会改造思想的发展，指出，中国近代社会改造始于近 50 年中。"海通以来，中西思想日益接触。国际交通外力干涉皆与改革者以极大之生命保障。革命者虽皆以生死置之度外，然革命思想与势力之培养发展实与革命者之行动自由与生命安全有密切之关系。"从此，杨铨将民国以前的社会改造思想分为两大派：一为以孙文为首，黄兴、章炳麟等为中坚的革命派；一为以康有为、梁启超辈为中坚的君主立宪派。革命派大抵以孙中山的三民主义、五权宪法为其主义。孙中山初为亨利·乔治单税法制的信徒，主张土地国有，继则采纳国家社会主义的精神，而主张国家产业主义。所谓五权宪法者，即于欧美通行之立法司法行政三权外，更加考察纠察二权。与此派同调而主张更进一步者，为李石曾、吴稚晖等之"安那其主义"。1907 年在巴黎刊行《新世纪》，提倡社会革命，以拉玛考克与克鲁泡特金之互助论为根据。立宪派思想以中国的孔孟学说及西方国家主义为根据，以向清室要求君主立宪达中国富强为政治主张，而以孔子的大同世界为其政治理想。故虽以保皇著名，其思想实较保皇为高远也。②

由此可见，在 1911 年以前，政治革命居于社会改造思想的主流地位。1922 年 6 月发表的《中国共产党对于时局的主张》指出："自从这种势力（世界资本主义——引者注）侵入以后，中国曾行过几次旧式的反抗，反抗失败的结果，人民一方面因外来的政治力经济力强迫的痛苦，另一方面发见了旧政治的腐败与缺点，渐渐觉悟非改良政治组织不足以抵抗外力，于是戊戌变法运动、君主立宪运动、辛亥革命运动渐次发生，这便是人民对于政治上的感觉力与组织力，渐次发展的明证。"③

辛亥革命推翻了在中国延续了两千多年的封建帝制，成为中国社会发展的一次重大转机，对中国社会改造也具有重大意义。在政治体制方面，改造封建专制社会，力图建立民主、法制的资本主义新社会；在社会道德方面，废除封建社会的陈规陋习，力图建立资产阶级的新道德新教育，以达到全面改造社会的目的；在经济结构方面，力图建立资产阶级经济的新

---

① 原载《民报》第 4 号，1906 年 5 月 1 日。
② 杨铨：《中国近三十年之社会改造思想》，《东方杂志》第 21 卷第 17 号，1924 年 9 月 10 日。
③ 原载《先驱》第 9 号，1922 年 6 月 20 日。

秩序，取代封建的经济结构。这些社会改造都是资产阶级对封建专制制度的否定，同时展示了中国近代社会的发展方向。① 时人评论说："自有清国变，改造共和，革命诸子创数千年未见之业，人民欢庆，皆曰吾国从此可由弱而转强也。"②

中华民国的成立，也拉开了近代中国革故鼎新的序幕。1912年4月，孙中山解除临时大总统后，对同盟会会员饯别演讲《实行社会革命》。孙中山说道："中国民族、民权两层已达到，只民生还未做到。即本会中人亦有说种族革命、政治革命皆甚易，唯社会革命最难。因为种族革命，只要将异族除去便了，政治革命，只要将机关改良便了，唯有社会革命，必须人民有最高程度才能实行。"③ 孙中山自称是"完全社会主义家"④，在辛亥革命后致力于社会革命。他说："今吾国之革命乃为国利民福革命，拥护国利民福者，实社会主义。故欲巩固国利民福，不可不注重社会问题。"⑤ 可见，孙中山的三民主义旨在进行政治改造，解决中国的社会问题。不仅如此，孙中山主张用国家社会主义开发中国实业："夫吾人之所以持民生主义者，非反对资本，反对资本家耳，反对少数人占经济之势力，垄断社会之富源耳。"⑥ 其社会政策可概括为：一是矫正因自由竞争而致身体及智识不平均之弊。当由国家订立工场法、妇稚保护法、强制保险法，又实行普及强制教育。二是矫正财产不平均之弊。法当改良租税制度，奖励出产，广行殖民，助长产业组合之发达。三是矫正企业独占之弊。铁道、汽船、电气、自来水等类，大规模之营业，均应收取为公有，为国家主办。⑦ 孙中山把民生主义当作国家社会主义，自认为三民主义就是社会主义，无疑顺应了社会发展的潮流。

用社会主义改造中国，成为辛亥革命以后许多人积极探索的问题。乡村建设派领袖人物之一梁漱溟认为，他的乡村建设也是社会主义，这与他早期接触的社会主义不无关系。他在1913年读到幸德秋水的《社会主义之神髓》，"它讲到什么'资本家''劳动者'底许多话，亦不引起我兴味；不过其中有些反对财产私有的话，却印入我心。我即不断地来思索这

---

① 韩小林：《辛亥革命时期的社会改造与转型》，《南昌大学学报》2004年第2期。
② 《卧佛致记者》，《国民》第1卷第1期，1919年1月。
③ 中国社科院近代史所等编：《孙中山全集》第2卷，中华书局2011年版，第319页。
④ 中国社科院近代史所等编：《孙中山全集》第1卷，中华书局2011年版，第580页。
⑤ 中国社科院近代史所等编：《孙中山全集》第2卷，中华书局2011年版，第333页。
⑥ 中国社科院近代史所等编：《孙中山全集》第2卷，中华书局2011年版，第338页。
⑦ 欧阳溥存：《社会主义》，《东方杂志》第8卷第12号，1912年6月1日。

个问题。愈想愈多，不能自休。终至引我到反对财产私有的路上，而且激烈地反对，好像忍耐不得。"梁漱溟由此认定，"废除财产私有制度，以生产手段归功（公），生活问题基本上由社会共同解决，而免去人与人间之生存竞争。——这就是社会主义"①。他进而指出，"从反对资本主义来说，从要完成社会的一体性来说，我们的乡村建设原是一种社会主义"。但又不同于"一般的社会主义"，因为社会主义是一个理想的社会，而乡村建设"实为进达理想社会的途径"。② 其实，梁漱溟的"乡村建设"理论，名为社会主义，实则中国古代"大同"思想、西方空想社会主义、基尔特社会主义的糅合，无疑也是先进知识分子改造社会的一个途径。

还有人提出中国社会主义之进行，当以国家社会主义为手续，以世界社会主义为目的。有谓："当社会主义鼓吹时代，重空言不重实行。然鼓吹以排斥旧社会之狂惑，发明新社会之理由，实行以拔除旧社会之恶根，造成新社会之幸福，则鼓吹之中必寓实行之事。""我国政治之革命既成，共和之建设伊始，欲行社会主义，以国家为之导引，以世界为之极则，共产为其实行，大同为其结果，驾轻就熟，不劳而获，当世君子或有取诸。"③ 由此可见，社会主义成为中国革命或改造道路的不二选择。

在民主共和取代封建专制的政治改造过程中，社会改造舆论日趋激进。1912年3月31日，《大公报》发表署名"无忌"的文章，详细描述了当时的社会心理："光复之初……顾一时空气所激，必欲取数千年相沿之旧俗，一扫而悉空之。一言语称谓之微，一动作周旋之细，莫不别矜新制，尽弃前规。""使全国社会心理，举嚣嚣焉丧其故步，而疾首蹙眉以相视。""盖不待新党失势之时，吾已决反动力之不旋踵而复起矣。"④ 这反映出当时改造社会的激进心理。

鉴于此，1913年7—8月，康有为公开批评这种激进的改造举措。他说："今自共和以来，民主之政既师法美，议院政党，蓬勃并出，官制改于朝，律师遍于市，西衣满于道，西食满于堂，鞠躬握手接于室。用人无方，长官得拔用其属，各省自治，民选不待命于朝。新发之令，雨下于总

---

① 中国文化书院学术委员会编：《梁漱溟全集》第2卷，山东人民出版社1990年版，第689—691页。
② 中国文化书院学术委员会编：《梁漱溟全集》第2卷，山东人民出版社1990年版，第547、561页。
③ 蔡鼎成：《社会主义之进行，以国家社会主义为手续，以世界社会主义为目的》，《社会世界》第3期，1912年6月15日。
④ 《论吾国民新旧感情之变迁》，《东方杂志》第11卷第4号，1914年10月1日。

统,百政更新,重议于国会。平等盛行,属官胁其长上,兵卒胁其将校。自由成风,子皆自立,妇易离异。凡欧、美之政治风俗法律,殆无不力追极模,如影之随形,如弟之从师矣。凡中国数千年所留贻之政教风俗法度典章,不论得失,不揣是非,扫之弃之,芟之除之,惟恐其易种于新邑矣。所以,康有为指出,中国颠危,误在全法欧美而尽弃国粹。"① 他反省了社会变革与政体变更的关系,提出了中国社会改造的另一路向。

国民党理论家戴季陶回忆:"民国二年,中国由革命而得新地位的国民党失败了,很猛烈地主张政治改造的言论,沉寂下去了。"② 经历了辛亥革命的实验,中国的改造从政治改造开始转入社会改造,从思想文化入手。"宋教仁案"发生后,孙中山在《讨袁告示》中宣布:"扫除专制凶顽,改革恶劣政治,恢复人命主权。"1914年7月《中华革命党总章》提出:"本党以实行民权、民生两主义为宗旨,以扫除专制政治、建立完全民国为目的"③。革命派重新举起政治改造的旗帜,但无果而终。随着对辛亥革命失败的深入反思,他们开始意识到"非从思想上谋改革不可"。朱执信甚至表示,此后"全从事于思想上之革新,不欲更涉足军事界"④。他鼓吹社会革命当与政治革命并行,以谋更多平民之奋起,收"两相激荡,专制之败"的良效。朱执信认为,搞革命必须重视国民心理的改造,须急去其"所守之病",故反对坐等人民觉醒才谈国事的消极想法。⑤

像朱执信一样,许多进步知识分子经过对辛亥革命的痛苦的反思,纷纷转向社会改造。孙几伊深刻总结了辛亥革命改造中国的教训,说:"中国不但空言改造,像辛亥革命已经实行改造,但改造的效果何在?我以为这是太悲观的论调。辛亥革命本非全无效果,但方法上确有不少的错误。最大的一点就是这些革命党没有正当的希望,他们的希望——有一大部是做官发财。从前的革命党还有一点错误,就是利用旧势力,不但是利用军队,并且还利用官僚,而不知利用人民,这是等于渡海不乘轮船而乘胶舟。所以今后的改造运动,应当利用民众的势力,而绝对排斥旧势力,——现存的武人官僚乃至绅士都在内。"⑥ 学运领袖康白情1920年在

---

① 汤志钧编:《康有为政论集》,中华书局1981年版,第892—893页。
② 中国人民大学中共党史系中国近现代政治思想史教研室编:《戴季陶主义资料选编》,校内用书,1982年,第144页。
③ 中国社科院近代史所等编:《孙中山全集》第3卷,中华书局2011年版,第89、97页。
④ 黄季陆主编:《革命人物志》第1集,中央文物供应社1969年版,第338页。
⑤ 参见段云章《浅议朱执信致陈炯明诗及其和句——兼论反袁时期朱执信的思想》,《近代史研究》2011年第6期。
⑥ 孙几伊:《改造中国的途径》,《中国改造问题》,商务印书馆1923年版,第43页。

日本演说《中国的社会改造》，指出，辛亥革命在政治改造方面甚不彻底，此后当为社会改造，改造的目的在谋全人类之永久的最大安全与幸福，建设一种尽善尽美的制度。此刻在预备时代下，预备之事可分为四种：（1）鼓吹，如办报及教育等；（2）组织，如设立各种团体，使中国社会有系统、有组织；（3）社会的建设，如关于文化上之永久的设备；（4）实际运动，如学生运动及排货运动等。[①] 通过总结辛亥革命及其改造社会的经验教训，明确了今后社会改造的努力方向。

总之，五四时期社会改造思想既有外来的社会改造思想，也有中国传统的历史文化渊源和近代以来社会改造的经验教训，这就注定了社会改造思想复杂繁芜的特点。

易君左通过研究社会改造与新思潮的关系，大致归纳了社会改造思想的来源。他将中国高谈社会改造者分为三种：一为感于自身所处环境之不良，因誓志发愿，从根本上改造社会或建立新村者；二为一知半解之人，偶读罗素所著《社会改造原理》之译本，或竟仅知其名，因以时髦自居，而大唱其改造社会者；三为一般政治的野心家，思凭借社会改造之美名，以为彼辈利用之武器。自有此三种高谈社会改造之人出世后，而世乃无宁日；自有此后两种高谈社会改造之人生中国后，而中国式的社会改造之呼声，乃益增其玄妙。"夫社会改造之声浪，在今日新思潮中，已占全体十之七八；凡所谓妇女解放，劳动神圣等，又靡不以此为归宿，则社会改造之价值，于斯可见。惟吾所最惧者，尚不在高谈改造而不实行改造之人，而在不知改造之意义而空谈之人。须知此辈实为文化运动之贼：其唇边固常挂一大串社会改造香珠子，亦习得 Social Reconstruction 之蟹行文字；然试问以社会改造之原理果若何？社会改造之思潮又若何？其渊源何自？则必茫然不知所对；其黠者，则顾左右而言他，或以陶渊明自命，谓'读书不求甚解'。此即吾上所举之第二种人或第三种人，吾惟冀第一种人之发达，勿使第二三种人为害群之马，歼羊之狼。"[②]

这种归纳未必科学准确，但它说明社会改造思想来源的广泛性和复杂性，同时提出了研究社会改造思想潮流的问题。

---

① 《北大游日团与日本思想界》，《晨报》1920 年 6 月 15 日。
② 君左：《社会改造与新思潮》，《改造》第 3 卷第 1 号，1920 年 3 月。

第二章　五四时期社会改造思潮的发展演变

随着社会危机的日益加深和社会问题的不断变化，社会改造思想在不同的历史发展阶段表现出不同的内容。历史地看，近代中国社会改造经历了以政治制度变革为中心到主要注重人的改造和社会变革，再到以政治制度变革带动社会经济制度变革的发展历程。正如罗家伦所总结："大战以后中国思想改造的运动，有点萌芽了！五四以前，我们受了多少压迫，经了多少苦战，仅得保持不败，已经觉得是很危险的。五四以后，形势大变，只听得这处也谈新思潮，那处也谈新思潮，这处也看见新出版品，那处也看见新出版品，对于这种蓬蓬勃勃的气象，我们哪能不高兴呢？"[①]因此，五四运动成为社会改造思潮发展的一个分水岭。

第一节　五四运动以前的社会改造思想

中国近代社会改造始于鸦片战争以后，经过洋务运动、戊戌维新、辛亥革命的洗礼，社会改造思想不断发展，新文化运动进一步促进了社会改造思潮的形成。正如1921年9月发表的《中国改造底研究》所言，中国从前盛倡革命，虽无改造的名词，已大有改造的思想，近来京沪各处报章杂志，改造的言论更多。[②]革命蕴含社会改造的思想，其本身也是社会改造的手段和形式。在当时世界改造潮流的影响下，五四运动以后形成了中国的社会改造思潮。

[①] 罗家伦：《一年来我们学生运动底成功失败和将来应取的方针》，《新潮》第2卷第4号，1920年5月1日。
[②] 陈启修：《中国改造底研究》，《晨报》1921年9月2日。

一　新文化运动对社会改造的新探索

民初社会问题频仍，社会改造开始付诸实践。蔡元培与宋教仁等联合发起社会改良会，以人道主义及科学知识为标准，改良社会恶习。① 蔡元培与李石曾、吴稚晖等人发起进德会，旨在改良社会道德。② 都是针对腐败的社会风气，注重社会改良。正如上海《时报》所说，"吾国国势衰弱，悉由民德之不良。前苦专制，今改共和，起视社会之黑暗，政界之腐败，或且更甚于前，是知德育不发达，虽百变其政体，无益也……呜呼，尚德二字为吾国今日之续命汤。"③ 以"尚德"为救亡之药，不可谓不深刻。在时人眼里，中国社会风气变坏的原因是："诱之向下者多，而导之向上者少。所谓诱之向下者，不过在野热心之政客与教徒，以空言感化相提倡。殊不知空言感化导之使上，不敌周围事实诱之使之有力也。"因此改良道德，"不能仅恃社会之提倡，而尤必借官府之力感化与法律互济其穷。"④ 这种社会改良呼声，是民元鼎革在社会心理上的反应；这种自上而下的社会改良，也成为新文化运动的源泉之一。

第一次世界大战后兴起的社会改造潮流，也助推中国知识分子对中国改造问题的思考。郑振铎指出，我们处在中国现在的社会里头，觉得四周的种种环境、层层空气，没有一样不是黑暗恶浊、悲观厌世，如同掉在九幽十八地狱里似的。"若果常常如此，不加改革，那么还成一种人类的社会吗？资本主义支配下的社会，已经没有存在的余地了！他的黑暗，他的劳力和消费量的不平均，他的残酷，以人类为牺牲以及其他种种罪恶，已经使生活在他底下的大多的人类，感到极端的痛苦，而想用各种的方法，做各种的运动群起而推翻之了！"⑤ 所以，对社会现状的强烈不满，成为社会改造的原动力。而此前社会改造的种种经历，"使我们觉悟到以政治的势力改革政治是没有用的，必须从改革社会着手；改革社会必须从改革思想着手；但是改革思想，必须有表现正确思想的工具"⑥。文学革命的精神和思想革命的要求合为一体，社会改造的工具就落实到白话文运动上，新

---

① 高平叔编：《蔡元培全集》第 2 卷，中华书局 1984 年版，第 138—140 页。
② 蔡元培：《我在教育界的经验》，蔡建国编《蔡元培先生纪念集》，中华书局 1984 年版，第 246 页。
③ 《时评一》，上海《时报》1912 年 12 月 26 日。
④ 《杂评二·改良道德会》，《申报》1918 年 4 月 11 日。
⑤ 郑振铎：《现代的社会改造运动》，《新社会》第 11 号，1920 年 2 月 11 日。
⑥ 罗家伦：《近代中国文学思想的变迁》，《新潮》第 2 卷第 5 号，1920 年 9 月 1 日。

文化运动因此肩负起了社会改造的重任。

随着辛亥革命旋起旋败，一些激进的民主主义者开始认识到，过去革命失败的根本原因是多数国民不觉悟，当前救国的首要任务在于打破封建思想壁垒，解除它对人民的重重束缚。因此，他们以进化论为指导思想，发动一个比辛亥革命时期更猛烈的思想文化运动，目的在于启民主、科学思想之蒙，建立真正的民主共和国。新文化运动是"中国学术思想界最重要的运动"，其根本意义就是根本承认中国旧有文化的缺陷，同时提倡接受西洋新文化。[①] 因此，新文化运动以民主与科学作为思想武器，开展新的社会改造运动。诚如蒋梦麟所说："新文化运动的目的，是要酿成新文化的怒潮；要酿成新文化的怒潮，是要把中国腐败社会的污浊，洗得干干净净，成一个光明的世界。"[②] 新文化运动致力于"文化问题"的讨论，注重"思想问题"的解决，以民主、科学和文学革命为主题。从内容来看，主要是社会方面的改革，主要着眼于民初建立的民主共和制度，维护和巩固这一新的政治制度，而从思想、社会等方面进行改造，所以，新文化运动是一场影响深远的社会改造运动。

民初社会制度的变化，也提出了社会改造的新要求。有谓："社会制度之不自觉的变化，都是起于社会的环境改变之后，我们大家自自然然发出来的适合新环境的反应。""社会改造问题，是起于旧制度之不适宜于新的环境。这既不适宜的制度，都是使我们感极深的苦痛时的。一经有人提出讨论，自然能引起我们大家的注意，使我们大家共同讨论。不独讨论，并且我们还拿讨论所得的结论去实行，以此免除所受之苦痛。"[③]

陈独秀著文《旧思想与国体问题》，在文中他剖析"现在中华民国的政治人心"与国体的关系，指出："因为民主共和的国家组织、社会制度、伦理观念，和君主专制的国家组织、社会制度、伦理观念全然相反，一个是重在平等精神，一个是重在尊卑阶级，万万不能调和的。"因此，"要诚心巩固共和国体，非将这班反对共和的伦理文学等旧思想，完全洗刷得干干净净不可"[④]。他甚至说："三年以来，吾人于共和国体之下，备受专制政治之痛苦。自经此次之实验，国中贤者，宝爱共和之心，因以勃发；厌弃专制之心，因以明确。"[⑤]

---

① 伍启元：《中国新文化运动概观》，现代书局1934年版，第35—36页。
② 蒋梦麟：《新文化的怒潮》，《新教育》第2卷第1期，1919年9月。
③ K. S.：《社会改造与共同讨论》，《新群》第1卷第2号，1919年12月。
④ 陈独秀：《旧思想与国体问题》，《新青年》第3卷第3号，1917年5月1日。
⑤ 陈独秀：《吾人最后之觉悟》，《新青年》第1卷第6号，1916年2月15日。

由此可见，五四以前社会改造观念，也是反思辛亥革命以来政治改造未成功的结果。社会改造的内容涉及改造教育，发展实业，解决劳工失业、妇女生活等社会问题，改变社会经济制度等方面。就社会改造的探索来看，新文化运动领袖们想避开政治，从思想文化途径上谋求中国问题的解决，由此他们努力传播新思想、新观念，掀起一场轰轰烈烈的新文化运动。如果说1915年《青年杂志》创刊标志着新文化运动的开端；那么，新文化运动也标志着中国社会改造从以政治制度改造为主转向以人的改造为主，即从政治改造转向思想改造。

以民主和科学为口号的新文化运动，是近代中国一次重要的思想解放运动。哲学家冯友兰曾经总结说："民主，并不专指一种社会制度，而是一种人生态度和人与人的关系；科学，并不是指一种学问，而是一种思想方法。新文化运动讲到这里，可以说是把西方的长处认识透了，把向西方学习说到家了。它所要求的实际上是一种比较彻底的思想改造，要求人们把封建主义的世界观和人生观改变为资产阶级的世界观与人生观，这就是所谓'攻心'与'革心'的真实意义。"[①] 正是以思想启蒙为旗帜、以百家争鸣为形式的新文化运动，激荡着中国人长期浸淫于传统思想与文化中的心灵，启发了他们改造社会的思想。诚如《社会改造观》一文所说："我们生在这个不好的社会，感受了许多的不平，于是对于这个社会生出来许多的怀疑，觉得他有很多的错误，很多的罪恶，非彻底的改革，断断不能为人类谋真正的幸福，所以现在我们都来作改革的运动。"[②] 社会改造的目的，就是要建立一个真正幸福的社会。

自新文化运动发生后，社会改革的呼声遍于中国，于是，昔日专以政治为生涯的政党也开始兴学校、办实业、出丛书及从事其他种种社会事业，可谓盛极一时。舆论既趋向于社会改革，而一般有志青年对于政治运动遂群起践之。"三年以来，所谓新文化运动者，即由政治改革而进为社会改革之一种表现也。"[③] 新文化运动亦称为"新思想运动"甚至"新文学运动"，就是因为"那是着重于当代西洋新思想、新观念和新潮流的介绍"，也是资产阶级新思潮的宣传和试验。梁启超将从甲午战争到新文化运动发生的这一时期，称为近代中国思想进化的第二期，根源在于"从制度上感觉不足"。"简单说，这二十年间，都是觉得我们政治、法律等等，

---

① 冯友兰：《中国现代哲学史》，广东人民出版社1999年版，第45页。
② 惟亮：《社会改造观（一）》，《旅欧周刊》第23号，1920年4月17日。
③ 王光祈：《政治活动与社会活动》，《少年中国》第3卷第8期，1922年3月1日。

远不如人，恨不得把人家的组织形式，一件件搬进来，以为但能够这样，万事都有办法了。"①

新文化运动既是一场思想文化运动，也是一场社会改造运动，"故从'五四'之前一年又从政治改革转向到了思想改造"②。事实表明，经过新文化运动的洗礼，先进之士已经认识到，挽救中国的唯一出路在于社会的全面改造。从社会运动、社会改造到全面的社会变革的认识变化和深入，从各个领域、从不同的角度提出不同的社会改造方案，汇集为社会改造思想的强大潮流，社会改造运动也蓬勃发展起来。总之，近代以来先进之士真诚地学习和模仿西方民主共和制度，在辛亥革命推翻封建帝制后却造成一个"不伦不类"的"民主"政府，新文化运动发起者和参与者反思革命失败的原因，认为这是人们的思想受到旧文化、旧礼教的束缚和禁锢所致，要建立真正的民主共和国，必须首先进行"文化革命"，通过唤醒民众来彻底改造中国。从这个意义上说，新文化运动既是一场社会改造运动，也推动了社会改造思潮的深入发展。

二 俄国革命助推中国社会改造思想的发展

第一次世界大战后，各国社会改造运动的兴起，对中国产生了深刻的影响。正如学运领袖许德珩指出："欧美自政治革命后，野心家知政治上无可图谋，一变其方针，发展其全力于经济界。于是资本家之专制，其残酷远过于武夫暴主。劳动者受制于资本家权力之下，命令随之，鞭挞任之，一日勤劳之所获，衣食且有不能自给者。于是而劳动集合同盟罢工之风潮，应运以起，一变其向者之政治革命，而为社会革命，人类平等之曙光，至是乃稍稍可言。及俄以面包革命，影响及于全欧，平民之势大张，社会之情形一变。"③ 中国的情形也是如此。

俄国十月革命的研究和宣传，极大地丰富了中国新文化运动的内容，也推动了中国社会改造思潮和运动的发展。"自从俄国的布尔什维克直接行动以来，这布尔什维主义也就成了中国的新闻记者、政治家、教育家所注意的一个问题。"④ 具体表现在俄国大革命"直接以洗涤俄国政界积年之

---

① 梁启超：《五十年中国进化概论》，《饮冰室合集·文集》之三十九，中华书局1989年版，第44页。
② 李璜：《五四运动与少年中国学会》，台北《传记文学》第16卷第4期，1960年4月，第6—7页。
③ 许德珩：《国民思想与世界潮流》，《国民》第1卷第2号，1919年2月1日。
④ 王光祈：《工作与人生》，《新青年》第6卷第4号，1919年4月15日。

宿秽者，间接以灌润吾国自由之胚苗，使一般官僚耆旧，确认专制之不可复活，民权之不可复抑，共和之不可复毁，帝政之不可复兴"。"今吾更将依俄国革命成功之影响，以厚我共和政治之势力"①。

通过对法俄两国革命的比较，李大钊认为，法兰西革命、俄罗斯革命分别是19世纪、20世纪全世界人类普遍心理变化的表征。"吾人对于俄罗斯今日之事变，惟有翘首以迎其世界的新文明之曙光，倾耳以迎其建于自由、人道上之新俄罗斯之消息，而求所以适应此世界的新潮流，勿徒以其目前一时之乱像遂遽为之抱悲观也。"②显然，李大钊着眼于社会改造运动，初步表明了对资产阶级民主主义的怀疑和对社会主义的热切向往。

1918年6月，傅斯年著文，揭示了俄国革命在社会改革方面的深刻意义。他说："凡今日之社会，本其历史上之遗传，性质组织，多有不适于现在者；或有仅有形式，更无灵性者；或有许多罪恶，凭傅之而行者。推翻之，另建新者，理想上所有事也。俄国既为此第三度改革之试验，自不能不有绝大牺牲。中欧各国，起了社会革命，俄国式的革命，到了德意志了。从此法国式的革命，——政治革命，——大半成了过往的事；俄国式的革命，——社会革命，——要到处散布了。但是不知到未来的'一八四八年'还是就在今年呢？"③可以说，在俄国革命的影响下，中国社会改造思潮迅速发展，人们迅速把社会改造的目标确定为社会主义，于是"社会改造"也变成了"探讨社会主义的思潮"④。

检讨民初以来的社会改造思想，可知，"中国之近代社会思想几于完全为中西文化接触之产物"，其中"有系统而能一贯"的重要思想有安纳其主义、基尔特社会主义、共产主义、国民党、研究系、好政府主义、江亢虎之社会主义、章行严之农村立国。例如，"安纳其主义社会主义之为舶来品无论矣，即所谓《大同书》与《仁书》亦为新旧与孔耶佛思想之混和物。中华民族富调和性于此可见。所惜者此种思想大多对于中国社会缺少深刻之观察与精密之分析，其信仰与实行遂不能普及于群众。倡之者复只求快意于一时，不能力行以终身，故多数之思想仅有文学之价值。即提倡之者言行亦每每不能相符。言理想，非大同之世即自由平等之极乐国，而叩其实际，则并一最低限度之立宪民主政体亦不能成立。所谈极高，所

---

① 《李大钊全集》第二卷，河北教育出版社1999年版，第560页。
② 《李大钊全集》第三卷，河北教育出版社1999年版，第58—59页。
③ 孟真：《社会革命——俄国式的革命》，《新潮》第1卷第1号，1919年1月1日。
④ "从五四运动到人民共和国成立"课题组：《胡绳论"从五四运动到人民共和国成立"》，社会科学文献出版社2001年版，第99—100页。

行愈低，此又中国人好清谈之积习也。其下者弃大同而复辟，藉共产以求官，其堕落更可悲矣"①。这种思想状况是与新文化运动联系在一起的。

新文化运动初期以西方民主为旗帜，鼓吹以个人为中心的"人格独立"和"个性解放"，着眼于个人权利。这在当时无疑具有思想解放的意义。正如梁启超所说，这几年看似蓬蓬勃勃的所谓"新思潮""新文化运动"，检查其内容，最流行的莫过于讲政治上、经济上的这样主义、那样主义，可看作"西装的治国平天下大经纶"；次流行的莫过于讲哲学上、文学上的这种精神、那种精神，可视作"西装的超凡入圣大本领"②。这对于社会改造和五四运动的发展都具有重要意义。

第二节　五四运动以后的社会改造潮流

中国近代历次政治运动的发生，都有一个与之相应的文化革新运动的兴起，力求调整和补救日见失灵的封建文化和思想。五四运动既是新文化运动所产生的思想变化的结果，也是欧战以后各国革命潮流激荡的产物。③因此，五四运动助推了社会改造思潮的形成与发展，中国社会改造的路径沿着思想文化改造—社会改造—政治改造的轨迹发展，社会改造的主题、手段和方法都发生了根本的变化。

一　1919—1920 年社会改造思潮的形成

1. 1919 年在社会改造思想中的标志性意义

1919 年是第一次世界大战后的第一年，故与世界大势有着密切的关系。胡愈之指出："故就历史以观，则一九一九年者，实近百年中世界政局变迁之一大枢纽也。更就人类之精神及物质方面以观，则一九一九年尤为最可纪念之时代。"④ 具体说来，大战以后，人类鉴于战祸之猛烈，战后生活之困难，对于唯物的机械的近代文明颇多厌倦，对于个人的利己的资本制度益生憎恶。旧文明、旧制度既已破产，人人皆以创造新文明、新制

---

① 杨铨：《中国近三十年之社会改造思想》，《东方杂志》第 21 卷第 17 号，1924 年 9 月 10 日。
② 梁启超：《科学精神与东西文化》，《晨报副镌》1922 年 8 月 24—26 日。
③ 罗家伦：《蔡元培时代的北京大学与五四运动》，台北《传记文学》第 54 卷第 5 期，1978 年 5 月。
④ 罗罗：《一九一九年与世界大势》，《东方杂志》第 17 卷第 1 号，1920 年 1 月 10 日。

度为不可或缓。故于去年中,各国思想界之新运动,风起云涌。威尔逊总统国际同盟之理想,卒能博取大多数人类之同情。至于俄国劳农政府之极端改革与和约中劳动条款之特订,尤为经济改造之先声。总之,大战终了以后,文化上、经济上之旧时代,已随战争而去。新时代正在萌芽之中,而1919年则可称新时代纪元之始。观诸1919年各国社会状况的变迁,可知其与"世界经济革命之危机"关系尤为重大。"盖近世一切政治问题皆以经济问题社会问题为其质素,此有识者所共认也。第一次世界大战以前数十年中,欧美经济社会,已因受资本制度之荼毒,而生动摇。社会党之运动、劳动者之争执,日甚一日。第一次世界大战终了以后,在一方面,各交战国因生产减少消费增大,经济界不免于危险。在一方面,劳动者因物价昂贵失业众多,阶级仇恨愈结而愈深。故各国经济界之危险,有岌岌不可终日之势。证诸马克思唯物历史观,世界资本制度已近末途,经济制度之根本改革,将终不可免。此经济革命之恐慌时代,将自大战后继续数十年乃至百余年,亦无复加。而一九一九年则不过初露端倪而已。"① 从这个意义上说,1919年在世界改造历史上具有标志性的意义。

五四运动是影响中国近代历史发展的重大事件,对于中国改造同样具有标志性意义。瞿秋白在《五四纪念与民族革命运动》一文中指出:"五四运动的爆发,在世界史上实是分划中国之政治经济思想等为前后两时期的运动。"② 罗家伦在1920年5月纪念五四运动的文章中总结说:"无论是赞成的反对的,总不能不认五四运动是中华民国开国以来第一件大事。这件事为中国的政治史上添一个新改革,为中国的社会史上开一个新纪元,为中国的思想史上起一个新变化!"③

从社会改造思潮的发展来看,按照学生领袖傅斯年的说法,五四运动以后中国社会进入"社会改造运动时代"。从此中国思想界更为活跃,"社会改造"的讨论更为热烈而且深入;新的出版物雨后春笋般地出现,几乎都参与社会改造和中国出路的讨论;进步社团纷纷成立,并标榜"社会改造"的宗旨;人们普遍痛恨当时黑暗社会和北洋军阀的统治,要求建立理想的新社会。《北京女子高师半月刊发刊词》说:"我们中国自前清末年倡言维新,到了如今,差不多有二十多个年头,就实际说起来,不过皮毛罢

---

① 罗罗:《一九一九年与世界大势》,《东方杂志》第17卷第1号,1920年1月10日。
② 瞿秋白:《五四纪念与民族革命运动》,《瞿秋白文集(政治理论卷)》第3卷,人民出版社1989年版,第156页。
③ 罗家伦:《一年来我们学生运动底成功失败和将来应取的方针》,《新潮》第2卷第4号,1920年5月1日。

了。所谓学校,即私塾之别名;科学即八股之变号;所学的功课,不是纸上谈兵,就是隔靴搔痒,新文化何曾输进一点儿?到了近来二三年,思想界才比较的活动一点,加以去年五月四日因青岛问题,一般国人恨强邻之逼侮,痛国亡之无日,继以学生罢课,工人罢工,一处响各处应,都是空前绝后的举动,一般人民受了这个刺激,对于一切旧的制度,起了怀疑的观念,存了打破的思想,你也要发表思想,我也要发表思想,思想的潮流就如风撼大海,一跃千丈。"① 五四运动在中国思想界的重要地位和影响,由此可见一斑。《新陇发刊词》总结说:"去年五四运动实吾国国民觉悟之表征,自决之发轫也。一年来鼓舞奋勉,不遗余力。或则从事社会事业,或则从事政治改良。平民教育日见发达,军阀武力行将失败。一般学子则又从事文化运动,创刊杂志,输入学理,吐故纳新,日新月异。民气因之蓬勃,习惯因之改良。恶劣之社会不能颓其气,蛮野之暴力不足挫其锋。"② 证诸学运领袖罗家伦的经历和见闻,五四运动的真正影响,第一是青年参与国是运动的开始,唤起了全国青年对于国家问题的意识;第二是把青年运动扩大为民众运动,造成了民众的许多组织;第三是扩大新文化运动的势力。③ 因此,五四运动后无论是群众运动还是文化运动都蓬勃发展起来,社会改造运动也因此蓬勃发展。

1920年,罗家伦进一步指出,五四运动不仅促进了思想改革,而且增加了社会组织,还发展了民众势力。在思想改革方面,中国新思潮的运动发生于第一次世界大战终了之时。当时提倡者不过是少数人,大多数还是莫名其妙、漠不相关。自从受了"五四"这个大刺激,大家都从睡梦中惊醒了。"无论谁都觉得从前的老法子不适用,不能不别开生面去找新的,这种潮流布满于青年界。就是那并多不赞成青年运动的人,为谋应付现状起见,也无形中不能不受影响。在社会组织方面,五四以前中国的社会可以说没有组织。从前这个学校的学生和那个学校的学生是没有联络的,所有的不过是无聊的校友会、部落的同乡会;现在居然各县各省的学生都有联合会。从前这个学校的教职员和那个学校的教职员也是没有联络的,所

---

① 素秋:《北京女子高师半月刊发刊词》,《北京女高师半月刊》第1期。转引自中国社会科学院近代史研究所等编《五四爱国运动档案资料》,中国社会科学出版社1980年版,第663—665页。

② 中共中央马克思、恩格斯、列宁、斯大林著作编译局研究室编:《五四时期期刊介绍》第三集,生活·读书·新知三联书店1979年版,第483页。

③ 罗家伦:《蔡元培时代的北京大学与五四运动》,台北《传记文学》第54卷第5期,1978年5月;王世儒、闻笛编:《我和北大》,北京大学出版社1998年版,第320页。

有的不过是尸居余气的教育会、穷极无聊的恳亲会；现在居然有好几省已组织成了什么教职员公会。从前工界是没有组织的，五四以来上海等处也添了许多中华工业协会、中华工会总会、电器工界联合会种种机关。从前商界也是没有组织的，所有的商人不过仰官僚机关的商务总会的鼻息；现在如天津等处的商人有同业公会的组织，而上海等处商人有各马路联合会的组织。在民众势力方面，五四以来中国民众的势力不能不说是一天一天的发展。许多的束缚，从前不敢打破的，现在敢打破了；许多的要求，从前不敢提出的，现在敢提出来了。诸如此类，不胜枚举。当局方面无论如何麻木，等到众怒难犯的时候，也不能不表示退赴；在人民的方面无论如何牺牲，也总觉得至少有我们自己的位置和权力；在他国看起来，也常常觉得中国的管家婆虽庸懦可欺，而中国的主人翁自未易侮。这一年以来世界各国对于我们的观念，的确是改变过了。"① 此文非常详细地说明了五四运动对中国社会的深刻影响。

因此，五四运动为新文化运动注入新的思想内容，也进一步推动了社会改造思想和运动的发展。陈望道的回忆证实："'五四'前，新文化内容很杂，凡是中国所没有的，都受到欢迎，认为是'新'的。那时候，只问新旧，不管内容，无政府主义、马克思主义和其他一些国外来的思潮，同被列为新文化。"②

1919年11月，江苏省教育会组织各校演说"新文化运动之种种问题及推行方法"，演说内容为：（1）新文化运动是继续五四运动传播新文化于全国国民的作用，其进行方向在唤醒国民，改良社会、发展个人、增进学术，使我国社会日益进化，共和国体日益巩固。（2）新文化运动要文化普及于大多数之国民，不以一阶级、一团体为限（例如推广注音字母，传播白话文，设立义务学校，演讲团都是这个意思）。（3）新文化运动是以自由思想、创造能力来批评改造建设新生活（例如现在各种新思想出版物）。（4）新文化运动是谋永远及基本的改革与建设，是要谋全国彻底的觉悟（继续现在的新运动，从基本上着想使之永远进步也）。（5）新文化运动要全国国民改换旧时小的人生观，创造大的人生观，使生活日益发展（例如从家庭的生活到社会的生活）。（6）新文化运动是一种社会运动、

---

① 罗家伦：《一年来我们学生运动底成功失败和将来应取的方针》，《新潮》第2卷第4号，1920年5月1日。
② 陈望道：《回忆党成立时期的一些情况》，《"一大"前后》（二），人民出版社1980年版，第19—20页。

国民运动、学术思想运动。① 可见，新文化内容非常丰富，几乎包罗万象。新文化运动的基本内涵包括民主运动、科学运动、文字改革、文学革命、道德革命、婚姻问题、礼教问题、教育问题、文化传播、劳工运动、社会主义研究与宣传等方面。其中一些新的主张、新的动向如道德革命、学界革命、儒学革命、家庭革命、个性革命、人格独立等，都与新文化运动密切相关。

从五四运动对思想界的影响来看，五四以前中国是气息奄奄的"静"，五四以后中国是天机活泼的"动"，因此，五四运动的功劳在于使中国由"静"变为"动"。进而言之，经过五四运动，"社会，从黑暗转到光明；人类，从互竞转到互助；世界，从强权主义转到人道主义"；而"奋斗"与"牺牲"是五四运动的普遍精神。因此要纪念五四，必须继续发扬这些精神，联合被掠夺的阶级，驱除掠夺阶级，以求政治组织的根本改造。② 朱执信曾经指出：近来对于新思潮的崇拜，是一天高一天，口里头讲新思潮的人，也是一天多一天。但是新思潮的意义是怎么样的？照前几年一般所用的"新思潮"三个字的意义，是很空漠的。然而还有共通的地方，就是对于现存不合理的事物的改革的趋向。但是那趋向自身，已是各人不同了。现在用这个名词的人更多了，它的内容就更复杂。这个名词，我们差不多要重新下一个界说。我们现在暂定我们所用新思潮的内容，是怀疑的态度，合理的批评，向上的发展。③ 如前所述，冯友兰认为，新文化运动"所要求的实际上是一种比较彻底的思想改造"。④ 故有评论说：五四运动虽然在中国的思想界划一新时代，向前猛进，可是中途就会分裂起来。所以，五四运动实际上只做了启蒙的工作，还没有为中国思想界建筑起坚固的基础。之所以说是一个启蒙运动，"因为他的力量偏于破坏现状，少有建设工作；惟其如此，所以五四运动以后的各种新主义新思想同时并起，而新文化运动也就这样地向前奔放起来了。"⑤

新文化运动主将胡适在《五十年来中国之文学》中总结说："民国八年的学生运动与新文学运动虽是两件事，但学生运动的影响能使白话的传

---

① 原载天津《大公报》1919 年 11 月 5 日。
② 《庆祝"五四纪念"的真意义》，《杭州学生联合会报》第 31 期《"五四号"增刊》，1920 年 5 月 2 日。
③ 《杂感》，《闽星》第 2 卷第 5 号，1920 年 1 月 15 日。《朱执信集》，中华书局 1979 年版，第 674—675 页。
④ 冯友兰：《中国现代哲学史》，广东人民出版社 1999 年版，第 45 页。
⑤ 陈端志：《五四运动之史的评价》，上海书店根据生活书店 1936 年影印版，第 225—226、260 页。

播遍于全国，这是一大关系；况且'五四'运动以后，国内明白的人渐渐觉悟'思想革新'的重要，所以他们对于新潮流，或采取欢迎的态度，或采取研究的态度，或采取容忍的态度，渐渐的把从前那种仇视的态度减少了，文学革命运动因此得自由发展，这也是一大关系。"①

这里解读了五四运动与新文学运动的关系，揭示了五四以后中国的思想变化。这种变化是与新文化运动向社会各方面的延展分不开的。陈独秀在《新文化运动是什么》中提出，新文化运动要影响到别的运动上去。他说："新文化运动影响到军事上，最好能令战争止住，其次也要叫他做新文化运动底朋友不是敌人。新文化运动影响到产业上，应该令劳动者觉悟他们自己的地位，令资本家要把劳动者当做同类的人看待，不要当做机器、牛马、奴隶看待。新文化运动影响到政治上，是要创造新的政治理想，不要受现实政治底羁绊。譬如中国底现实政治，什么护法，什么统一，都是一班没有饭吃的无聊政客在那里造谣生事，和人民生活，政治理想都无关系，不过是各派的政客拥着各派的军人争权夺利，好象狗争骨头一般罢了。他们争夺是狗的运动，新文化运动是人的运动；我们只应该拿人的运动来轰散那狗的运动，不应该抛弃我们人的运动去加入他们狗的运动。"②

新文化运动扩展和影响到社会各方面，也就是文化运动对社会改造的深入和发展。因此，新文化运动也是一场名副其实的社会改造运动，而且促进了社会改造运动勃兴，社会改造也发展成为一种社会思潮。

2. 五四运动对社会改造思潮的影响

首先，社会主义开始成为社会改造讨论的中心问题。随着西方各种社会主义涌入中国，五四以后的中国思想界出现了"社会主义各派学说的流行"③的局面，而且，"社会主义现在已由理想的时代入于实行的时代"④。其中，温和的社会主义有工读互助主义、新村主义、合作主义等，激进的社会主义有共产党的马克思主义、国民党的三民主义、国家主义派及青年党的国家主义、无政府主义等。按照其政治倾向和阶级属性，大致可划分为资产阶级民主主义、资产阶级改良主义、小资产阶级社会主义、共产主义知识分子的科学社会主义。因此，五四时期的社会主义呈现出纷纭繁杂的景象，各种主义派别之间的论争时有发生，大多涉及社会改造的问题。

---

① 伍启元：《中国新文化运动概观》，现代书局1934年版，第33页。
② 原载《新青年》第7卷第5号，1920年4月1日。
③ 陈端志：《五四运动之史的评价》，上海书店根据生活书店1936年影印版，第368页。
④ 李璜：《致润屿》，《少年中国》第1卷第5期，1919年11月15日。

1919年夏发生的"问题与主义"之争,是关于马克思主义与实验主义的争论,也是关于中国社会改造问题的争论。其中既有改造方法之争,也有改造目标之争,更主要的是社会改造的指导思想或理论的争论。这一争论标志着新文化运动阵营开始分化和改组。1919—1920年发生的无政府主义与社会主义的争论,使社会改造阵营进一步分化。当时无政府主义主要流派有无政府共产主义、新虚无主义、无抵抗主义、"中国式的无政府主义"等派别,它们与社会主义的争论焦点是自由与纪律、国家与政府、生产与分配,实际上也是关于社会改造问题。1920年开始的社会主义论战,主要是研究系宣传基尔特社会主义,认为"救中国只有一条路",就是开发实业,发展资本主义。共产主义者批评张东荪、梁启超等人的观点,宣传科学社会主义。两派争论的问题,涉及中国社会发展的前途、社会改造的方法、中国的政党改造、社会主义的阶级性和科学性。在社会改造问题上,研究系反对社会革命,更反对工人阶级的社会主义革命,主张以改良方法来缓和劳资矛盾。共产主义者坚持要解决中国问题,舍阶级斗争、实行无产阶级专政而无他法。毋庸讳言,研究系主张发展资本主义,顺应了中国社会经济发展的要求,但是在当时情况下缺乏必要的条件。这是关于中国走资本主义道路还是走社会主义道路、实行社会改良还是社会革命、要不要建立无产阶级政党的论争,也是关于社会改造问题的争论。

五四以后中国社会思想的变化情况,瞿秋白在1920年有非常详细的描述。他说:"根据于中国历史上的无政府状态的统治之意义,与现存的非集权的暴政之反动,又激起一种思想,迎受'社会主义'的学说,其实带着无政府主义的色彩——如托尔斯泰派之宣传等。或者更进一步,简直声言无政府主义。于是'德谟克拉西'和'社会主义'有时相攻击,有时相调和。"瞿秋白认为,从科学的术语来看,中国社会思想虽确有进步,还没有去掉模糊影响的弊病。经济上,中国虽已和西欧物质文明接触五六十年,实际上已遵殖民地化的经济原则,成了一种变态的经济现象,却还想抄欧洲工业革命的老文章,提倡"振兴实业利用外资"。这是受了美国资本家新式侵略政策的骗,以及听了罗塞尔偶然的一句"中国应当振兴实业"的话,所起的一种很奇怪的"社会主义"的反动。又因社会主义渐落实际的运动,稍稍显露一点威权,而发起一派调和的论调,崇拜"德国式"妥协的革命,或主张社会政策,这又是一种所谓"社会主义"。两派于中国经济上最痛切的外国帝国主义,或者是忘记了,或者是不能解决而置之不谈,却还总是在经济问题上"打磨旋"。学术上,科学早已编入国立学校的教科书,却直到如今才有人认真聘请"赛先生"(陈独秀先生称科学为 Mr. Science) 到古旧的东方国来。同时托尔斯泰等崇拜东方文化说盛传，欧美大战后思想破产而向东方呼吁，重新引动了中国人的傲慢心。"西方文化与东方文化"居然成了中国新思潮中的问题。"于是这样两相矛盾的倾向，各自站在不明瞭的地位上，一会儿相攻击，一会儿相调和，不论政治上，经济上，学术上的思潮都没有明确的意义，只见乱哄哄的报章，杂志，丛书的广告运动——一步一步前进的现象却不能否认，——而思想紊乱摇荡不定，也无可讳言。"① 无论是政治上、经济上还是学术上的思潮变动，都体现了五四运动及其对中国社会改造的深刻影响。

在这一思想变动过程中，社会主义成为社会改造思潮的中心思想，而且如早期共产主义者断言，"社会主义要起来代替共和政治，也和当年共和政治代替封建制度一样，按诸新陈代谢底公例，都是不可逃的命运"②。可以说，新文化运动在五四以后发展为社会主义思想和运动。而且社会主义成为社会改造讨论的中心问题，社会改造问题已经不再是要不要改造，而是应该怎样改造以及改造到什么地步。对这些深层次问题的探索，推动了社会改造思潮的深入发展。

其次，社会改造思想在思想文化领域得到充分体现。五四运动以后，如何改造社会成了舆论关注的中心问题，许多社团和出版物都围绕着这一问题进行了热烈讨论。新文化运动健将沈仲九注意到当时社会改造的宣传动态。他说："近几个月来，社会上改造的呼声很高，凡是杂志的言论，团体的组织，几乎没有不涉及改造二个字。"③ 在社会改造论者看来，"现在正是掀天揭地社会大革命的时代，正需要一般有志青年实际从事。世界潮流社会问题都可于报章杂志中求之，有志做改造社会的人不可不注意浏览"④。这一时期，大多数进步社团表现出改造社会的愿望和要求，不少社团在宗旨中还写明了改造社会的条约。根据对五四时期标明"社会改造"的49个社团（以宗旨或简章、信条、戒约有社会改革或改造等条目为准）成立时间的统计（见"附录"表一"五四时期主张社会改造的社团组织"），1917年有2个，1918年有6个，1919年1—5月以前有4个，5—12月有12个。1920年有15个，1921年有1个，1922年有2个，1923年有6个，1924年有1个。五四时期162种期刊中，能够确定发刊时间的有152种（见"附录"表一"五四时期宣传社会改造的报纸杂志"），其中

---

① 《瞿秋白文集（文学编）》第1卷，人民文学出版社1985年版，第29、30页。
② 陈独秀：《国庆纪念底价值》，《新青年》第8卷第3号，1920年10月1日。
③ 仲九：《我的人生观》（上），《星期评论》第19号，1919年10月12日。
④ 《向警予文集》，湖南人民出版社1985年版，第279页。

1915年有1种，1916年有2种，1917年有5种，1918年有8种，1919年有43种，（其中1—4月以前有7种，5—12月有36种），1920年有43种，1921年有20种，1922年有18种，1923年有11种，1924年有1种。

总而言之，五四运动以前，新文化运动中的进步社团组织注重采用间接改造的手段，大都提倡纯洁、奋斗的人生观，健康向上的生活，以改变因民初政治黑暗而带来的知识阶层的颓唐、消沉的情绪。所以不少社团在章程和宗旨、信条中明确规定其道德行为，反对嫖、赌、纳妾等不道德行为。五四运动以后，许多进步社团转向直接的社会改造，如举办义务学校，深入民间进行社会调查等。有的社团提出对现社会实行"根本改造"，有的社团组织趋向政治改造，甚至发展为政党组织。所以，这一时期被称为"改造时代"。正如杨贤江指出，第一次世界大战以后，在这个世界上最流行的、最要紧的一件东西，就是"改造"（Reconstruction）。政治要改造，经济要改造，社会要改造，教育要改造，可以说样样东西都要改造。无论改造的形式是从根本上完全改造，还是从枝叶上部分改造，各有各的特殊情形，有不一致的地方。但是正如杨贤江总结的，我们把这个时代叫作"改造时代"，"当没有不可以的"①。

再次，社会改造思想在政治、经济、社会各方面得到进一步体现。1920年，大同党的黄介民在《救国时报》发表《新亚细亚》一文，"大意谓新亚主义即大同主义，对中国时局谓非法新国会并政府无论也，即合法国会制政府存否将成问题，盖世界潮流已提重社会改革，中国亦当从此由学潮而工潮、而商潮、而农潮次第发生为幸，实进化关系使然云云。"② 也就是说，社会改造延伸到工农商学诸领域。国民党理论家戴季陶在《星期评论》上发表《国际同盟和劳动问题》一文，主要是站在研究的、批评的地位"做社会思想上的指导工夫"，就是"打算努力做研究的工夫，拿我的研究所得发表出来，供他们各方面的人的参考资料"。这种提法得到孙中山的称道。③

这一时期孙中山和国民党致力于社会革命来改造中国。1919年6月22日，孙中山在与戴季陶的谈话中指出："我们改革中国的主义，是三民主义。三民主义的精神，就是要建设一个极和平、极自由、极平等的国家。

---

① 杨贤江：《论个人改造》，《学生杂志》第7卷第5号，1920年5月5日。
② 黄志良整理：《三十七年游戏梦——黄介民回忆录》，《近代史资料》总第122号，第183页。
③ 中国人民大学中共党史系中国近现代政治思想史教研室编：《戴季陶主义资料选编》，校内用书，1982年，第1—2页。

不但在政治上要谋民权的平等,而且在社会上要谋求经济上的平等。"① 随后公布的《国民党规约》规定"本党以巩固共和,实行三民主义为宗旨",明确了以三民主义作为革命的旗帜。1919 年 10 月,孙中山应上海青年会之要求,作了《改造中国之第一步》的演讲。他说:"革命成功已经八年,何以到今日还有'改造中国'的名词? 因当时已推倒了满清的政府,其他关于建设上种种绝对没有着手,所以今日还不能不讨论改造中国的方法。"孙中山认为,现在中国的政治非常腐败,所以要改造。至于改造从何处着手,或以为教育,或以为兴办实业,或以为地方自治。在孙中山看来,以上三种固然是改造中国之要件,但还不是第一步。第一步的方法只有革命,因为八年来的中华民国,政治不良到这个地步,实因单破坏地面,没有掘起地底陈土的缘故。地底的陈土是什么? 便是前清遗毒的官僚、武人和政客。"我们既经要改造中国,须造成一灿烂庄严的中华民国。""要建筑灿烂庄严的民国,须先搬去这三种的陈土,才能立起坚固的基础来。这便是改造中国的第一步。"他还提出"改造新中华民国"的目标。② 孙中山以为,革命与改造的意思完全相同,并且提出了中国社会改造的计划,而且要引导社会改造向民主革命的方向发展。三民主义经过"二次革命"、护国运动、护法运动的洗礼,成为国民党人推翻军阀统治和建立理想社会的指导思想,也是中国共产党成立以前,中国最系统、最完整、最先进的革命理论和政治学说,是五四时期社会改造思潮的主流思想之一。

  早期共产主义者主张用马克思主义改造中国社会,以开展工人运动和宣传马克思主义为工作重点。1920 年年初,政党组织取代文化社团,开始成为社会改造的主要组织形式,这就是陈独秀所说的政党改造与政治改造。《新青年》与《星期评论》和《时事新报》一度打算结合起来,建立一个新中国革命联盟,并由这几个刊物的主持人联合发起组织中国共产党或是中国社会党。③ 1920 年 8 月,中国社会主义青年团在上海成立,其任务是实行社会改造和宣传主义。之后,北京、广州、长沙、武昌等地成立同样的青年团组织。许多地方青年团先于共产党诞生,对全国的建党工作起到了思想上和组织上的准备作用。

  最后,各种社会改造运动或试验相继发生。大致说来,在"根本改

---

① 中国社科院近代史所等编:《孙中山全集》第 5 卷,中华书局 2011 年版,第 69 页。
② 中国社科院近代史所等编:《孙中山全集》第 5 卷,中华书局 2011 年版,第 124—126 页。
③ 中共中央党史研究室第一研究部编:《共产国际、联共(布)与中国革命文献资料选辑(1917—1925)》,北京图书馆出版社 1997 年版,第 106 页。

造""社会革命"的口号下,无政府主义、工读互助主义、新村主义、泛劳动主义、合作主义等主张得到广泛宣传,并且开展各种社会改造的试验,尤其是工读互助团运动、勤工俭学运动、合作社运动、新村试验等,喧嚣一时,影响很大。不过实践证明,这种温和的改造手段是行不通的。多数进步知识分子在思想理论上趋向于马克思主义,情感上则希望避免流血暴力,反映出变革时代的一种平和的群众心理,这无疑是中国思想界大分化、大动荡、大改组的时代写照。戴季陶解释说,对于阶级斗争,在道理上"我虽是这样想,但是一个人在感情上,往往总是希望和平,不希望争斗,明晓得这个和平是得不到的,这个争斗是不能免的,也免不了要去希望他。"①

随着各种和平改造运动的失败,特别是马克思主义的广泛宣传,马克思主义日益成为一种影响巨大的思想潮流,许多进步分子转向以马克思主义来探索中国改造的问题。1920年3月、5月,在北京和上海分别出现了李大钊、陈独秀发起组织的北京大学马克思学说研究会和马克思主义研究会,在研究和传播马克思主义方面做出了重要贡献,也为在中国成立马克思主义政党组织打下了基础。

1920年开始的以地方自治为理想目标的联省自治运动,被人称为辛亥革命以来改造中国问题的最佳方案之一。这是因为,联省自治适合国情民意。具体来说:第一,"中国疆域太大,且交通阻滞,律以现代欧美各国之交通,中国边远各省与中央政府相距几同隔世。而各省之实业,则在萌芽时代,正待开始。此尤与联邦制相宜"。第二,中国人口多而且素质较低,各省人民"参政之机会太少,与政府距离太远",如果采用联省自治,"则人民参政之机会多,与政府较为接近,由此可激励人民政治上之兴趣与启发其爱国心"。第三,不论从中国历史还是中国现实看,中国的国情都适合联省自治。第四,中华民国建立以后,时有复辟闹剧发生,根本原因在于权力模式不合理。联省自治则可"免除复辟党之捣乱活动,而民国之共和政体,乃有极永久稳固之保障"。第五,中国经济落后,教育不发达,交通不便利,都与中央集权的政治模式有很大关系。实行联省自治,"各省可自行筑路,自行兴学。因有竞争比较之心,必收事半功倍之效"②。因为联省自治适合国情、顺乎民意,所以是中国从现在分裂状态重新走向

---

① 季陶:《新年告商界诸君》,《星期评论》第32号,1920年1月11日。
② 康德昌:《联省自治与现在之中国》,《太平洋》第3卷第7号,1922年9月5日。

统一的一种"比较和平方法"①。1920年7月，湖南首先举起联省自治的旗帜，然后发展成为一场由进步知识分子积极引导，地方军阀与社会力量相互利用、共同推动的社会运动，也是社会改造运动中地方改造的典范。

1919—1920年发生的社会改造运动，较有影响的还有工读互助运动、勤工俭学运动、新村运动和合作社运动，这些都受工读（学）主义、新村主义等无政府主义思想的影响，以温和的社会改良形式改造个人和社会，企图实现理想的社会改造目标。新村主义、工读互助团主义、合作主义等付诸试验均以失败告终，这进一步引起思想界的分化。

有研究者指出，新文化运动阵营的分化，使思想文化界一时间失去了重心。于是，初受新文化洗礼而心灵拨动的青年们，怀着热烈的情绪，饥不择食，便会走入歧途。其中最先入于歧途而且最为普遍的，就是德先生思想的引进后，放弃政治上的斗争而致力于婚姻上的斗争，这种本末倒置的民主斗争，当然没有好的结果。其次是社会主义的思想引进后，一般青年具有向上意识的，对现状不仅是不满，而且打算从根本上改造，他们站在群众要求的尖端，做冲破旧躯壳的先锋②。结果是中国的青年甚至全部知识分子除了上述两种误入歧途外，又形成阿世派、清谈派和颓废派三种范畴。"东方文艺复兴的五四运动，为了社会基础的动摇不定，文化思想的路向纷纭，结果，从这社会的大洪炉中除了一小部分葆守天真，坚贞不拔，或赶上歧途，进退维谷者外，陶铸成上述的三种人群。"③张闻天在《中国革命基本问题》中总结说，五四运动与新文化运动消沉后，一般知识分子从实际经验中感觉到，游行示威、开会讲演等反帝方式仍然不能解决他们的出路，于是，胡适之派在学生面前提出"读书救国"的口号，引导广大学生"研究国故""整理国故"，埋头读书去了。另一批穷困的经济破产的学生在读书不成、游行示威无出路后，走上了社会主义的方向，开始在工人中间进行实际的工作。同时，这一时期中国工人阶级斗争，也开始表现了它的伟大力量，于是在1921年产生了中国共产党。④ 中国的社会改造开始转入新的政治改造的轨道。

3. 五四运动后社会改造思想的分化

如果说20世纪20年代是中国的思想冲突加剧、思想界随之分裂的时代，那么，五四运动可以说是新文化运动阵营分化的重要开端。美国学者

---

① 杨端六：《中国统一之过去、现在及将来》，《太平洋》第3卷第7号，1923年9月5日。
② 陈端志：《五四运动之史的评价》，上海书店根据生活书店1936年影印版，第339—340页。
③ 陈端志：《五四运动之史的评价》，上海书店根据生活书店1936年影印版，第341、344页。
④ 中央档案馆编：《中共党史报告选编》，中共中央党校出版社1982年版，第385—386页。

周策纵指出,1919年以后,知识分子首先在思想上,继而在行动上的不一致与日俱增,以致在以后的年代里,这个运动产生了巨大分裂。[①] 中国思想界的分化,在社会改造思潮中也同样体现出来,在社会改造的手段、道路和依靠力量等方面,都出现了分歧。

在如何实行政治改造的探索中,这种分化更为明显,其影响更为深远。1919年12月,陈独秀为《新青年》撰写《本志宣言》,明白宣布"全体社员的公共意见",并规定,"后来加入的社员,也共同担负此次宣言的责任"。所以,该《宣言》被誉为"'五四'后社会改造新思潮的纲领"[②]。陈独秀在宣言中明确表示,世界各国政治上、道德上、经济上因袭的旧观念中,有许多阻碍进化而且不合情理的部分。我们想求社会进化,不得不打破"天经地义""自古如斯"的成见;决计一面抛弃此等旧观念,一面综合前代贤哲、当代贤哲和我们自己所想的,创造政治上、道德上、经济上的新观念,树立新时代的精神,适应新社会的环境。他又提出:"我们理想的新时代新社会,是诚实的进步的积极的自由的平等的创造的美的善的和平的相爱互助的劳动而愉快的全社会幸福的。"陈独秀公开号召"社会改造",主张"民众运动社会改造",同时也承认,民主政治是"造成新时代的一种必经的过程,发展新社会一种有用的工具"。陈独秀宣布,抛弃原来"我们相信世界上的军国主义和金力主义",而且要和过去及现在的各派政党断绝关系。[③] 表明了陈独秀等人社会改造思想的转变。他本人不再强调"伦理革命"以使国民新觉悟的问题,而是把"社会组织不良""非改革不可"作为最高层次的新觉悟。在中国社会的根本改革问题上,陈独秀主张:"积极的建设,是要以消极的破坏为基础的;政治的改造,是要以社会革命为前提的。"[④] 1920年,陈独秀与李汉俊、李达、陈望道、施存统等人在上海成立了"马克思主义研究会"。他们以《新青年》杂志为据点,经常集会,讨论社会改造问题,逐步形成了一个具有初步共产主义觉悟的知识分子群体。在此基础上,开始筹建中国共产主义组织。这是他们经常讨论中国改造问题的一个结果。

关于陈独秀思想转变的原因,胡适认为,北京大学于1919年3月26

---

① 〔美〕周策纵:《五四运动:现代中国的思想革命》,周子平等译,江苏人民出版社1996年版,第332页。
② 许纪霖、陈达凯主编:《中国现代化史》第一卷(1840—1949),上海三联书店1995年版,第307页。
③ 《本志宣言》,《新青年》第7卷第1号,1919年12月1日。
④ 陈独秀:《在〈国民杂志〉成立大会上的致词》,《国民》第2卷第1期,1919年11月。

日开会辞去陈独秀,"不但决定北大的命运,实开后来十余年的政治与思想的分野"。无论是中国共产党的创立以及后来国中思想的"左"倾,还是《新青年》的分化,甚至北大自由主义者的变弱,"皆起于此夜之会"。因为"独秀在北大,颇受我与孟和(英美派)的影响,故不致十分左倾。独秀离开北大之后,渐渐脱离自由主义者的立场,就更左倾了"①。胡适在后来回忆中还说:"1920年1月以后,陈独秀是离开我们北京大学这个社团了。他离开了我们《新青年》团体里的一些老朋友;在上海他又交上了那批有志于搞政治而倾向于马、列主义的新朋友。时日推移,陈独秀和我们北大里的老伙伴,愈离愈远。"②

诚然,陈独秀思想的转变无可非议,但未必就是胡适所言的偶然机缘。因为胡、陈之间的思想分歧,在北大期间就已明朗化。而且与陈独秀和胡适的分裂相联系,北大学生方面也出现"两种大的倾向",一是新潮社"隐然以胡适之先生为首领","渐渐倾向于国故整理运动";二是国民杂志社"显然是社会主义,尤其是布尔什维主义的仰慕者"。五四运动之后,两种倾向"越发分明"③。新文化运动阵线中出现了思想分化,一派专讲马克思的唯物史观,由陈仲甫、李大钊领导而另办《向导》周报,成为鼓吹共产主义的机关报;一派信仰杜威的实用主义,由胡适领导,刊行《努力》周报,成为鼓吹好人政府的言论机关。④ 这种阵营分化,也代表了五四以后社会改造思想的分化。

新文化阵营的分化绝不限于陈独秀一派与胡适一派,梁启超一派也是不容忽视的。1920年9月15日,《解放与改造》宣布更名《改造》,其"发刊词"列出宣言十四条,作为"同人之公共信条"。文中鼓吹"文化运动与政治运动相辅并行",持论"务向实际的条理的方面,力求进步"。该刊主张:(1)旧式的代议政治不宜于中国,故主张国民总须在法律上取得最后之自决权。(2)国家之组织全以地方为基础,故主张中央权限当减到以对外维持统一之必要点为止。(3)地方自治当由自动,故主张各省乃至各县、各市,皆宜自动地制定根本法而自守之,国家须加以承认。(4)国民的结合当由地方的与职业的双方骈进,故主张各种职业团体

---

① 胡适:《致汤尔和》(1935年12月23日),《胡适来往书信选》(中),中华书局1979年版,第281—282页。
② 唐德刚译注:《胡适的自传》,华东师范大学出版社1981年版,第206页。
③ 黄日葵:《在中国近代思想史演进中的北大》,《北大廿五周年纪念刊》1927年12月17日。
④ 陈端志:《五四运动之史的评价》,上海书店据生活书店1936年影印版,第267页。

之改良及创设,刻不容缓。(5)社会生计上之不平等,实为争乱衰弱之原,故主张对于土地及工商业机会,宜力求分配平均之法。(6)生产事业不发达,国无以自存,故主张一面注重分配,一面仍力求不萎缩生产力且加增之。(7)军事上消极自卫主义为我国民特性,且适应世界新潮,故主张无设立国军之必要,但采兵民合一制度,以自图强立。(8)中国财政稍加整理,优足自给,故主张对于续借外债,无论在何种条件之下皆绝对排斥。(9)教育普及为一切民治之根本,而其实行则赖自治机关,故主张以地方根本法规定强迫教育。(10)劳作神圣为世界不可磨灭之公理,故主张以征工制度代征兵制度。(11)思想统一为文明停顿之征兆,故对于世界有力之学说,无论是否为同人所信服,皆采无限制输入主义,待国人别择。(12)浅薄笼统的文化输入实国民进步之障,故对于所注重之学说当为忠实深刻的研究,以此自励,并励国人。(13)中国文明实全人类极可宝贵之一部分遗产,故我国人对于先民有整顿发扬之责任,对于世界有参加贡献之责任。(14)国家非人类最高团体,故无论何国人,皆当自觉为全人类一分子而负责任;故褊狭偏颇的旧爱国主义,不敢苟同。这十四种主张可谓梁启超和研究系的社会改造纲领。

胡适及《努力》周报、陈独秀及《新青年》、梁启超和《改造》分别宣布各派的改造主张,这表明,社会改造思想的分化是不争的事实,也说明,"1919 年到 1920 年,是一个新旧决裂和分化的时刻"[①]。瞿秋白在 1920 年分析指出:"中国社会思想到如今,已是一大变动的时候。一般青年都是栖栖皇皇寝食不安的样子,究竟为什么?无非是社会生活不安的反动。反动初起的时候,群流并进,集中于'旧'思想学术制度,作勇猛的攻击。等到代表'旧'的势力宣告无战争力的时期,'新'派思想之中,因潜伏的矛盾点——历史上学术思想的渊源,地理上文化交流之法则——渐渐发现出来,于是思潮的趋向就不象当初那样简单了。"[②] 长沙《大公报》发表的一篇文章,总结了此前社会改造思想的变化,指出:"自共和告成,十年九乱。国人怵于国家之分裂,大法之沦胥,瞿然思以主权者之动力,从制度上根本改造。其方案有二:一曰,国民大会,制定国宪,解决政府争议;二曰,由省宪法会议,宣布省宪,巩固建国基础。二者皆国民自觉之表示,国家进化之新机,而后说尤视前说为彻底。盖国民大会,

---

[①] 夏衍:《懒寻旧梦录》(增补本),生活·读书·新知三联书店 2000 年版,第 27 页。
[②] 瞿秋白:《饿乡纪程》,《瞿秋白文集(文学编)》第 1 卷,人民文学出版社 1985 年版,第 29 页。

仅以国民自决为前提，而省宪运动，则以联省分治为目的，至其实际进行，以省为改造之单位，不特阻力较弱，轻而易举；且各省平等竞进，相观益善，强者固勇猛争先，弱者亦奋迅恐后。斯则九年间之祸变，有所自来，不能归罪于共和，尤非今日之国民材性，政治道德，不适于共和，有以致之。"①

总的来说，五四运动前后的几年间，希望中国社会整体改造的倾向已经普遍存在，许多人关注思想文化方面的改造。这种思想分野，是与当时知识分子改造社会的主张相适应的。尤其是新文化运动主将们一度相约不谈政治，而专注思想革命和道德革命。另一部分人则继续新文化运动的思想改造的基调。例如傅斯年提出，以思想的力量改造社会，再以社会的力量改造政治，才是根本改革。可见，经过五四运动的洗礼，新文化运动由之前主要是知识分子宣传的单纯的文化运动，转变为具有广泛社会参与的社会改造运动；新文化、新道德的口号，被日益高涨的直接要求改造社会的声浪所取代。如果说五四运动以前，先进之士已经明确提出了社会改造的要求，那么，"社会改造"真正成为一种社会思潮，并且取代"文学革命""伦理革命"而成为各种进步报纸杂志上最响亮的呼声和纲领性的口号，则是在五四运动之后。经历五四运动的洗礼，进步人士普遍认为，社会改造是中国当前最迫切的任务和最大的政治问题，也是社会变革的基本趋向，蔚然成为社会改造的潮流。1919 年 11 月，《新社会》在"发刊词"中，明确提出了中国社会改造的具体问题："中国旧社会的黑暗是到了极点了！他的应该改造，是大家知道的了。但是我们应向那一方面改造？改造的目的是什么？我们应该怎样改造？改造的方法和态度是怎样的呢？这都是改造的先决问题，主张改造的人所不可不明白解答的。"② 关于社会改造问题的讨论，已经深入到改造的方法、手段等深层次问题，这表明，社会改造成为不同思想政治派别的一种共识，同时也昭示着社会改造阵营的分歧与矛盾。

总之，在五四运动之后两年间，"社会改造"的呼声响彻全国。几乎所有的报纸杂志都参加了社会改造和中国出路问题的讨论，新文化运动也因此具有更加广泛的群众性。因此，就五四前后先进知识分子的思想转变来看，他们经历了从政治改造到文化革命到社会改造的转变。这种转变不仅赋予五四新文化运动以新的特征，而且促进了马克思主义的广泛传播及

---

① 汤漪：《省宪建国议》，长沙《大公报》1921 年 2 月 15 日、16 日。
② 原载《新社会》第 1 号，1919 年 11 月 1 日。

其与工人运动的结合,为中国共产党的成立奠定了基础,也为未来中国的社会改造指明了方向。①

二 1921—1923年社会改造思潮进一步发展

随着社会改造思想的发展,社会改造出现从思想文化向政治改造的方式转变,政党改造成为社会改造运动的中心,社会主义派别的选择也成为争论的焦点。

1. 社会改造思想中的社会主义争论

随着社会改造理论和道路的深入讨论,社会主义成为中国改造的不二选择,而当时社会主义种类繁多,因此,发生了采取何种社会主义的争论。在一些高举"社会改造"旗帜的社团内部发生了主义之争,而且主要是在无政府主义、马克思主义和国家主义之间的争论,这也是它们向政治团体转变的表现。作为五四时期人数最多、影响最大的青年社团,少年中国学会关于社会主义的争论无疑具有典型意义。

会员李璜认为,中国应当走社会主义道路,"以吾国今日政府的腐烂,非经一次政治上的大流血不足以更新面目洗涤心肠"。他断言,"未来之政治大革命又必带社会主义的色彩",故不赞同"菲薄民治而只知有工人专政之集产主义"。在他看来,民治主义与社会主义应当共同从事预备工作,这是因为,中国国情决定了实行社会主义的条件尚不够成熟。具体地说,要决定中国的社会主义,首先应该问一问中国的生产进化的程序(农奴制、小农制、手工业、大工业)究竟到了哪个时期;其次对于中国平民生产和消费的心理也当详细考察,然后实行已定的社会主义,才不致受到无形的"社会力"的反抗。② 因此,倾向国家主义的李璜等会员反对中国现时遽行马克思主义,但同时声明,不是攻击马克思社会主义之短,而是提醒同人注意社会主义研究的方法。李璜强调,要实行马克思社会主义,必须先力求了解它,而不能奉为教条。一是因为马克思的说法"是有本于德国民族性和他当时的潮流,不能认为一种教义,随时可以传布,而不问其他的民族性能够容受与否"。二是因为对于马克思主义尚未完全了解,却高呼实行马克思主义,是有害无益的。李璜说:"国中主张共产主义者虽不乏曾经研究之人,但大半以感情用事或利用主义者居多;其主张最激烈

---

① 王先俊:《"五四"先进知识分子由"文化革命"到"社会改造"的转变》,《中共党史研究》2009年第6期。

② 李璜:《社会主义与个人》,《少年中国》第4卷第1期,1923年3月;李璜:《社会主义与社会》,《少年中国》第3卷第10期,1922年5月1日。

者，即是最不了解其所主张之妄人。动曰减产，曰废国，彼实不知产为何物，国为何事。知之，必不言之如此其易也。"① 也表明学会对于马克思主义的一种真实态度。

留法会员随着对西方社会主义流派及其原文的深入研究，并且受到西方蓬勃兴起的社会主义运动的影响，他们从社会学的角度研究社会主义，其中李璜的宣传最具代表性。他认为，要先明白中国社会的实际，才能谈社会主义。"中国社会的实际并不只是武人专横，百事莫举，民生凋蔽（敝），盗贼满野。如果本着这些现象去规定实行社会主义的方向，未免太肤浅了，其结果必致于反为那些愁苦平民所反对，徒令英雄气短，只有叹愚民之无知而已。"李璜用社会学原理来分析，认为社会是由"社会形"与"社会力"两个层面构成。前者指人口的多寡、幅员的大小、组织的规模、法律的颁定、宗教的程式等，这些与社会的行为有密切关系。后者大致分为两种，一是物理的，如种族、地方等；二是心理的，如需要、情感、好尚、信仰和思想等。两者相互为用，互相影响。研究"社会形"，即是研究社会的建设而观察其"社会力"。准此以观，中国讨论社会主义的人对于社会事实一面，总觉得还考察得不够，所以讨论的结果总太偏于理论。实行家经常鄙理论家空言，认为无补于事实，也是事出有因的。②

社会学虽然是一种运用有关社会思想解决社会问题的科学，但并不等同于社会主义。有人评论说，社会主义者"多驰于抽象之空想，不问对于社会之影响如何。惟以拥护一己之主张为神圣，其补救社会之方，又皆拘牵于皮毛。高明者流，知其说之难以实现，发愤于社会罪恶之难迴，遂以破坏为快心之举……以不明社会由来之故，遂不解所以补救之方"。"社会学者，综人事之本未变迁，综覆其情能，而审缔未来，即臧往以知今之学也。"因此，"本社会学以研究社会主义，此最近之良法，而尚无结果者也"③。相较于从经济学（史）的研究，从社会史来研究社会主义，不仅能深入地发掘其社会原因，而且能正确地把握其全貌。因此，对于社会主义的理解更加准确，对于社会主义运动更具指导意义。少年中国学会表示，要从事两种预备工作：一是使中国的多数人民有适合改革的能力，即了解和协作的能力；二是使中国的改革与世界的改革能够进度一致。只有

---

① 李璜：《社会主义与个人》，《少年中国》第4卷第1期，1923年3月。
② 李璜：《社会主义与社会》，《少年中国》第3卷第10期，1922年5月1日。
③ 《社会学与社会主义之关系》，《东方杂志》第8卷第12号，1912年6月1日。

以舆论手段从事精神改革与国际活动的预备,才能使多数中国人先有了解主义适合改革的能力。① 而且这种舆论的预备主要是"知识者的责任"。为了尽自己的责任,少年中国学会会员必须努力去做:或储蓄学术,或养成力量,或作为后盾。"无论用口,用笔,用思想,用精力,以至于用一腔血,一个命,方法虽不同,都是为尽我们在理性上面认定的这个责任。"② 因此,少年中国学会强调,要先预备舆论,然后靠着舆论的力量,使人人有自觉的机会和批判的力量,然后旧信仰才会让步,旧风俗才无回顾,民主主义、社会主义才有适宜发展的场所。

2. 政治改造热潮的出现

随着五四以后文化运动向政治运动转化,中国开始出现政治改造的热潮,其中比较有影响的有联省自治运动、好人政府主义、南方政府、恢复国会、中国共产党成立及其开展的社会主义运动、国家主义派及其国家主义运动、无政府主义派的无政府革命等。左舜生根据自己的亲历和研究,把从五四运动发生到1924年国民党改组这五年间称为"中国一个新政治酝酿的时期,同时也就是一个大混乱种因的时期"③。

革命政党的出现,成为社会改造的主要的政治组织形式。

一是无产阶级政党组织的成立及其影响。1921年7月,中国共产党成立全国性组织,开始了用社会主义革命改造中国的宣传和尝试。在中国共产党内部,以张国焘为首的多数派主张,建立一个面向工人阶级的政党,并以建立无产阶级专政为直接目标;而以李汉俊为首的少数派则主张,建立一个先进知识分子的不定型的合法组织,从事研究和宣传马克思主义的工作。④ 这是关于马克思主义在中国的宣传与实践问题的争论,也是关于中国政治改造如何着手的问题。可以说,早期共产主义者经历了从注重社会文化改造以求改造政治,到寻求社会制度改造(包含政治改造),再到从革命意义的政治改造入手,以求社会制度改变的过程。因此,"社会改造"对于共产主义者来说,不只是一时的口号,而是反映了他们对国家独立富强、社会安定公正、人民自由幸福目标的追求和实现这一目标途径的选择。⑤

---

① 李璜:《破坏与建设及其预备工夫》,《少年中国》第3卷第8期,1922年3月1日。
② 李璜:《智识界的责任》,《少年中国》第3卷第3期,1921年10月1日。
③ 左舜生:《万竹楼随笔 近三十年见闻杂记》,文海出版社1967年版,第459页。
④ 〔苏联〕K. B. 舍维廖夫:《中国共产党成立史》,《"一大"前后》(三),人民出版社1984年版,第167、168页。
⑤ 朱志敏:《论五四时代民主观念的特点》,《近代史研究》1991年第6期。

二是国家主义派及中国青年党的成立。中国青年党于1923年12月2日成立于法国巴黎，参与者为曾琦、李璜等留法学生。1924年他们返回中国后，在上海成立"中国国家主义青年团"，后定名为中国青年党。

三是孙中山在1919年10月改称中华革命党为中国国民党，1921年3月在广州建立革命政府。在共产国际及其驻中国代表的帮助下，国民党参照俄国共产党模式，在共产国际和中国共产党的帮助下进行改组。《中国国民党宣言》和《中国国民党党纲》于1923年1月1日公开发表，明确提出，国民党是以谋求实现民族平等、民权平等和民生平等的三民主义为目标的革命政党。① 无论是共产党、国民党还是青年党，与北京政府内部的议会政党最大的区别在于都高举革命的旗帜，而且其中既有短暂联盟与合作，也有敌对与排斥，从而对中国革命和社会改造产生了重要影响，容后详述。

总的来说，此期社会改造舆论明显趋向政治改造。一派是共产主义者主张采用阶级斗争的方法；一派是资产阶级改良派，主张总统复位，恢复国会以维法统，或主张联省自治为解决时局之唯一办法，或主张"好政府主义"，等等。受当时政治运动的影响，进步社团组织开始政治化。原因是一般的社团组织难以适应社会根本改造的需要，其活动与现存政权相对脱离，难以涵盖整个社会；其组织形式的松散性与思想领域的宽容性，也难以形成强大的政治运动力量。在社会改造的讨论和试验中，一些进步社团如利群书社、少年中国学会、新民学会、觉悟社等随着其社员的思想转化，开始向共产主义组织转变；或在转变中发生分化，社员纷纷加入共产党或国民党或青年党等政党组织。这一时期，中国共产党开始提出自己的政治主张，国民党开始酝酿改组，国家主义派也开始尝试政党活动，对于社会改造提出各自的方策。

中国共产党人的政治改造观最为激进。陈独秀在《谈政治》一文中主张：若不经过阶级战争，德谟克拉西永远是资产阶级的专有物，再过一万年，被压迫的劳动阶级也没有翻身的机会，所以，"非用阶级战争的手段来改造社会制度不可"。要想真正改造中国社会，就必须通过阶级斗争的手段，"打倒地主资本家，建立无产阶级专政"②。根据马克思主义唯物史观，改造社会应当首先从改造经济制度入手。陈独秀明确地说："我以为

---

① 中国社科院近代史所等编：《孙中山全集》第7卷，中华书局2011年版，第1—5页。
② 陈独秀：《答费哲民（妇女、青年、劳动问题）》，《新青年》第8卷第1号，1920年9月1日。

在社会底进化上，物质的自然趋向底势力很大，留心改造社会底人万万不可漠视这种客观的趋向，万万不能够妄想拿主观的理想来自由改造。"① 中共一大明确提出以阶级斗争为党的纲领，"党的根本政治目的是实行社会革命"。② 1922 年 6 月，中共第一次发表了对于时局的主张，批判了资产阶级改良主义者提出的各种救国主张，明确提出解决时局的关键是，必须用革命的手段打倒帝国主义和封建军阀，建立民主政治。③ 中共二大进一步提出党的民主革命纲领，指出，要通过民主革命进一步创造条件，在中国实现社会主义和共产主义。作为中共理论刊物的《新青年》（季刊），在 1923 年 6 月发表的"新宣言"中，不仅宣称其为"中国真革命思想的先驱"和"中国无产阶级革命的罗针"，而且宣称"《新青年》当为改造社会的真理而与各种社会思想的流派辩论"④，表明了中国共产党人改造社会的决心。1922 年，中国工人运动蓬勃发展，到 1923 年京汉铁路工人罢工失败以前进入高潮。中国共产党人因此乐观地认为，中国可以直接进行社会主义革命，无产阶级革命可以马上成功。⑤

1923 年 6 月，直系军阀首领曹锟发动政变，驱逐傀儡总统黎元洪，企图实行独裁统治。社会各界对于时局变乱纷纷发表意见，提出"拥护黎元洪""拥护段祺瑞""国会南迁及制宪""团结西南联省自治""借助列强"等解决时局的主张。上海各马路商界联合会发表召集国民会议解决国事问题的宣言。1923 年 7 月，中国共产党在《第二次对于时局的主张》中批评了各种挽救时局的错误主张，明确提出："在北京之国会已成为封建军阀的傀儡，国民已否认其代表资格，只有国民会议才真能代表国民，才能够建设新政府统一中国。"同时提出："由负有国民革命使命的国民党，出来号召全国的商会、工会、农会、学生及其他职业团体推举多数代表在适当地点，开一国民会议。"⑥ 随后引发了一场轰轰烈烈的国民会议运动。

如何救中国成为社会各界讨论的热点问题，正如张东荪所说："我想在现在除了一部人专以祸国自私为事业的而外，凡稍有知觉的人，看了这

---

① 陈独秀：《给蔡和森信》，《新青年》第 9 卷第 4 号，1921 年 8 月 1 日。
② 中央档案馆编：《中共中央文件选集》第 1 册，中共中央党校出版社 1989 年版，第 3 页。
③ 《中国共产党对于时局的主张》，《先驱》第 9 号，1922 年 6 月 20 日。
④ 《〈新青年〉之新宣言》，《新青年》（季刊）第 1 期，1923 年 6 月 15 日。
⑤ 蔡和森：《中国共产党史的发展（提纲）》，《蔡和森的十二篇文章》，人民出版社 1980 年版，第 41 页。
⑥ 中央档案馆编：《中共中央文件选集》第 1 册，中共中央党校出版社 1989 年版，第 174—178 页。

种时局，无不要以口问心，提出下列两问题：一、怎样救中国？二、谁能救中国？"① 根据1923年12月《东方杂志》对"谁能救中国？如何救中国？"讨论结果的归纳，至少有"北洋正统说""农村救国说""商人政府说""工人专政说"和"知识阶级救国说"五种答案。② 其中，最具影响力的是"知识分子救国论"。1923年5月，由蔡元培领衔的16位知名学者、教授公开发表《我们的政治主张》，表示他们要谈政治，还预备对于改革政治下一番工夫，去和恶势力作战。他们不仅公开提出"好人政府主义"的主张，而且在同年9月，建立了一个由王宠惠组阁的"好人内阁"，将这一政治主张付诸实践。但是好景不长，"好人内阁"不到3个月就匆匆垮台。故有评论说："今日仍有主张专以知识阶级救中国之说；然此乃中国历史之陈迹也，而世界大势，政治职务早已非知识阶级之专业矣。……知识阶级垄断政治，包办政治之习惯，决不可再现于今日。而且知识阶级缺乏独立抵抗之精神，常立于依人成事之地位，今欲仅以知识阶级推倒横暴无比之军阀，则不徒空想无成而已，且在我国政治上，不能有再进一步之发展；敌谓知识阶级应多负指导及联合之责任则可，欲专靠智识阶级以解决时局则不可。"③ 好人政府主张及其实践，也是进步知识分子社会改造思想分化的表征。

1923年，梁启超在《五十年中国进化概论》中，将此期中国思想进化界定为"从文化根本上感觉不足"，开始"鼓起勇气做全部解放的运动。所以最近两三年间，算是划出一个新时期来了"④。所谓"新时期"，就是1921—1923年社会改造运动的转机，其中政治改造是最显明的标志。

三　1924—1925年社会改造思潮的转变

1923—1924年是由文化运动转入政治运动的一个重要时期。国民党改组和国共两党合作，表明政治运动取代了新文化运动。⑤ 据国家主义派的陈启天分析："当年一般有志青年，多半不满意于现实政治，而欲从文化学术上致力改造中国社会。不料不几年间，苏俄利用共产党展开政治活动，使爱国人士不得不起而反对共产运动。于是新文化运动遂渐次退潮，

---

① 张东荪：《谁能救中国》，《东方杂志》第20卷第12号，1923年6月25日。
② 倬章：《谁能救中国？如何救中国？》，《东方杂志》第20卷第23号，1923年12月10日。
③ 倬章：《谁能救中国？如何救中国？》，《东方杂志》第20卷第23号，1923年12月10日。
④ 梁启超：《五十年中国进化概论》，《饮冰室合集·文集》之三十九，中华书局1989年版，第44、45页。
⑤ 陈启天：《寄园回忆录》，台湾商务印书馆1965年版，第138页。

分化为各种政治运动。"① 1924 年 1 月，国民党实行改组，标志着国民革命统一战线的正式建立。因此，这一时期也是以政党改造为重心的政治改造时期。

1. 政党改造运动的兴起

政党政治是社会根本改造的产物，也是政治改造的现实需要，在五四后期成为中国政治改造的集中体现。首先，是中共三大确定加入国民党，实行党内合作的策略。其次，国民党和孙中山在共产国际和中共领导人的帮助下，着手对国民党组织进行改组，重新解释三民主义，并且作为国民革命的指导思想。此外，一个值得注意的现象是国家主义派的出现和国家主义的宣传。1929 年，中国青年党在公布党名的宣言中说，中国青年党诞生的原因，就是政治社会之腐败以及既成政党之腐化，还特别提到，"联俄容共之怪剧"是其中原因之一。对此陈启天解释道：自五四运动以来，一般有志青年虽热心爱国运动，但并不热心政治运动。至 1921 年 7 月，中国共产党依照苏俄及第三国际的指示秘密成立组织，"并多方展开赤化的政治运动"。中共始而在少年中国学会内进行"赤化"，继而决定加入国民党。国民党也开始联俄容共，使中共得一发展的机会。于是，从前热心爱国运动而不热心政治运动的有志青年，深惧来日大难，"不得不起而设法抵制赤化的政治运动"。适逢 1923 年，因临城案件有列强共管铁路的警讯，又因贿选总统有国会宣告破产的丑剧，均令爱国青年不再坐视不管。所以组织新党的时机，渐次酝酿成熟。② 于是，以国家为前提、国家主义为中心的中国青年党诞生。曾琦等组织"新党之念"，源于国民党、共产党都不能成功，挽救危亡的国家，需要第三个新革命党，于是他们"不得不走入第三条独立创造的路"。于是醒狮派与主张以国家为主的青年合作，实行国家主义的新政党。③ 就当时几个政党组织的社会改造思想来看，中国共产党从马克思主义宣传转向从事工农运动；国民党领导开展国民革命；青年党举起"内除国贼，外抗强权"的旗帜，形成与共产党、国民党对抗的政治组织。因此，这三大政党被视为鼎足而立的革命党。④ 此外，

---

① 陈启天：《寄园回忆录》，台湾商务印书馆 1965 年版，第 140 页。
② 陈启天：《寄园回忆录》，台湾商务印书馆 1965 年版，第 142 页。"少中"即少年中国学会的简称。
③ 参见〔韩〕孙承希《醒狮派的国家主义思想之演变》，复旦大学 2002 年博士学位论文，第 73 页。
④ 胡适在 1930 年《我们为什么走那条路》中，将国民党、青年党与共产党视为鼎足而立的革命党。参见蔡尚思主编《中国现代思想史资料简编》第三卷，浙江人民出版社 1983 年版，第 176 页。

中国社会党于 1924 年 6 月恢复重建，于次年 1 月改名为中国新社会民主党，规定其政治纲领为新民主主义，经济纲领为新社会主义，实际上是一种资产阶级改良主义，主张采取温和的办法维护资产阶级政权。《晨报》曾经发表评论说："政变以后（指 1924 年北京政变——引者注），一般政客均以为政党活动时机已至，于是纷纷起而组织，如江亢虎之新社会民主党、康白情之新中国党，皆欲乘机飞跃。就中谋混合各党人物而成一大规模组织者，当推中华联治党。"①

除了这些政党组织以外，许多青年社团从社会运动转向政治运动，并且向政党组织转化，少年中国学会就是这种分化的典型（详见第九章）。总之，许多社会改造者或另组政党，或加入国民党、共产党和青年党，开展政治运动，并且汇合到国民革命的大潮中。

2. 政治革命潮流的发生

在中国共产党和国民党的宣传和发动下，国民革命运动迅速兴起和发展。随着国民革命运动的开展，新文化运动也融入政治革命的潮流中。对此，胡适曾经反思说，五四运动是新文化运动中的"一项历史性的政治干扰"，使一个文化运动转变成一个政治运动。② 从社会改造的角度看，从人的改造（个性解放）到社会改造，都是追求民族独立和人民解放。但是，文化运动不能使中国的问题得到根本解决，所以政治运动是历史发展的必然。胡适所谓"政治干扰"的真正体现，当是政党运动或政党改造的发生，也是时势发展所致。方东美回忆说，1923—1924 年，"全国青年情绪激昂，已有操刀立割，仗剑顿挥之势，于是（学会成员）各依其所见所信，转求效率最快之政治路线，期以达成救国之目的，大势所趋，有如决川赴海，莫之能遏矣"③。政治改造也是时势发展的必然。1923 年日本作家芥川龙之介谈及对中国政治气氛的感受："任何对于政治问题很冷淡的人，使居支那三月，未有不哓哓然作政谈者。盖支那一切事状在在足以引起吾人政治的兴味。"④ 田汉也感慨地说，"彼外国人犹然，吾辈支那人自身处此等局势之下，使其人非木石，非盲哑，度未有能已于言者，恐言之不足且长言之，长言之不足且嗟叹之，叹嗟之不足且投袂而起奋臂而呼

---

① 《所谓中华联治党之前途》，《晨报》1925 年 2 月 12 日。
② 唐德刚译注：《胡适口述自传》，传记文学出版社 1981 年版，第 92 页。
③ 方东美：《苦忆左舜生——因及少年中国学会二三事》，《左舜生先生纪念册》，中国青年党中央执行委员会编，1970 年，第 44 页。
④ 转引自田汉《致白华兄》，《少年中国》第 4 卷第 4 期，1923 年 6 月。

也。"① 因此，随着社会改革的失败，政治斗争成为社会改造的最有力的工具，政治革命成为先进青年的共同呼声。自新文化运动以来，社会改造经历了从"借思想文化来解决问题的思潮"到"社会改造论"的思想转变，进步知识分子几乎都有改造中国的理想追求，而且以自己的经历和有限的新知为出发点，设计改造中国的各种方案，并且试图付诸实现。到五四后期，转入政治改造的实践探索，国民革命成为中国改造的集中表现，各种社会改造思想与运动都融入其中。

总的来说，经过五四运动的震荡和新文化运动的继续发展，中国思想界呈现出极为丰富活跃也极为复杂的状况，其中关于社会改造的讨论和中国出路的见解也是极为热烈而且纷乱。共产主义知识分子已经明确只有依据马克思主义的指导，发动广大人民群众进行革命斗争，推翻旧社会的统治，才是中国的唯一出路，他们为此进行了广泛的马克思主义宣传和反帝反封建的鼓吹，使之成为革命运动和文化思想运动的主流。许多小资产阶级知识分子在继续要求民主自由的反军阀斗争中，也对社会主义表现了热切的向往，但由于自身的立场和观点的局限，在社会改造问题上不可能提出正确的主张。而且资产阶级知识分子大多是反对马克思列宁主义的，有些人公开地贩运了各式各样的资产阶级思想；有些人则打着"社会主义"的牌号，偷运社会改良主义之类的思想，企图抵制马克思主义在中国的传播。

这些都说明，尽管当时的思想流派极为庞杂，关于中国的出路也是众说纷纭，但只有马克思列宁主义才给中国人民指出唯一正确的解放道路。②

梁启超将50年来中国思想进化形象地比喻为蚕变蛾、蛇蜕壳的时代。"变蛾蜕壳，自然是一件极艰难、极苦痛的事，那里能够轻轻松松的做到。只要他生理上有必变必蜕的机能，心理上还有必变必蜕的觉悟，那么，把那不可逃避的艰难苦痛经过了，前途便别是一个世界。"③ 可见，马克思主义在五四后期成为社会改造思想的主流之一，经历了一个曲折而艰难的发展历程。

---

① 田汉：《致白华兄》，《少年中国》第4卷第4期，1923年6月。
② 丁守和、殷叙彝：《从五四启蒙运动到马克思主义的传播》，生活·读书·新知三联书店1979年版，第275—276页。
③ 梁启超：《五十年中国进化概论》，《饮冰室合集·文集》之三十九，中华书局1989年版，第47页。

第三章　五四时期社会改造思潮的基本内容（一）

社会改造是五四时期大众舆论的中心话题，诸如改造的目标、方法、途径、理论、基本力量，无不引起热烈的讨论甚至激烈的争论。因为当时中国社会黑暗腐败，出现了种种社会问题，必须加以改造，而且要根本改造。在改造旧社会的同时，又提出了各种各样的社会理想，其中建立一个民主、自由、平等的新社会是共同的目标，社会主义则是共同的理想蓝图。

第一节　社会改造的必要性

五四时期中国社会是黑暗的、不合理的，并且带来种种社会问题，造成人民诸多痛苦，因此必须彻底改造。这种结论建立在对社会及社会问题的认识基础之上，也来自对中国社会的调查研究，同时也是改造现社会的前提，更是建立理想社会的基础。

一　中国的社会状况和社会问题

中国向来被视为一个没有社会的国家，西方人称中国有群众而无社会，或称中国为两千年前之初民宗法社会，是不适于今日的。《新潮》坦承，这种观察完全符合中国实际："盖中国人本无生活可言，更有何社会真义可说。若干恶劣习俗，若十九灵性的人生规律，桎梏行为，宰割心性，以造成所谓蚩蚩之氓，生活意趣全无从领略；犹之犬羊，于己身生死、地位、意义，茫然未知。此真今日之大戚也。"[①] 早期共产主义者张申

[①] 《新潮发刊旨趣书》，《新潮》第1卷第1期，1919年1月1日。

府也说:"吾知许多人虽不能晓得社会是什么,却晓得社会的代表者。社会的代表者是什么? 在上者,现在占优势有权力者。现在在上者占优势者有权力者是什么? 资本家、官僚、皇帝、孔子、释迦牟尼、耶稣、男子;比较抽象的:习惯、风俗、从古传来的制度、先民遗留的思想、法律、禁(入国问'禁'之'禁')、私有制度、婚嫁制度、国(吾信国是一种制度,但新有社会学者说国是一种结社,如寇尔 Cole 马克威 Maciver 等)、爱国心、国旗崇拜、崇拜生殖器、上帝……"① 可见,中国人不知道社会是什么。

在西方社会观的参照下,中国人对社会的认识和描述也是复杂多样的。1917 年 4 月《新青年》发表的一篇文章指出:"社会,社会,此近来最时髦之口头禅,以之解释万有现象,冠诸成语之首音者也。……政治之龌龊,则归咎于社会;教育之不进,则溯源于社会;文学之堕落,则社会负其责;风俗之浇漓,则社会蒙其垢。要之,无往而非社会。"② 社会改造论者据此检视中国社会存在的种种问题,以及这些问题给人民群众带来的困惑和痛苦。综观时人对于中国社会现状和社会问题的认识,可以归纳为以下几个方面。

一是现实社会黑暗、腐朽、混乱乃至罪恶。诚如少年中国学会的刘仁静所说,就现在社会的总体而言,是很黑暗的,很难满意的。在此社会中目击教育之腐败,政治之专横,民生之困穷等黑暗现象,所以"我们动了改造社会的心思"③。《新江西》发表的《奋斗》一诗说得更形象:"四周满布着堕落的陷阱和脓血的屠场;黑暗紧紧充塞着,没有一线光明。长在这样的环境里,人们应该如何去处置人生?"④《评论之评论宣言》将中国社会状况作了归纳:"分裂的社会;国内武人阶级,同国外资本阶级掠夺一般平民的社会;数千年遗传下来的旧思想,旧制度,旧习俗,同些来自欧美的新思潮,新学说,新精神,凑在一块儿厮混斗气的社会;'问题'呀,'主义'呀,说得个'天花乱坠',其实一无所有的社会;是是非非,黑黑白白,最危险而又最堪悲痛的社会。"⑤ 无政府主义者也指出,现在中国社会黑暗到了极点,简直是"人吃人的世界"。1920 年无政府主义散发的

---

① 张崧年:《社会》,《新青年》第 9 卷第 3 号,1921 年 7 月 1 日。
② 陶履恭:《社会》,《新青年》第 3 卷第 2 号,1917 年 4 月 1 日。
③ 刘仁静:《对学会的一个建议》,《少年中国》第 4 卷第 7 期,1923 年 9 月。
④ 汪伟:《奋斗》,《新江西》第 1 卷第 2 号,1922 年 3 月 1 日。
⑤ 《评论之评论宣言》(1920 年 12 月 15 日)。转引自《五四时期期刊介绍》第三集,生活·读书·新知三联书店 1979 年版,第 530 页。

传单说,强的吃弱的,富的吃贫的,凶狡的吃忠厚的,没良心的吃有良心的,血肉模糊,禽兽界断没有这样悲凄惨淡的景象。因此,"有国家,有政府,有官,有绅,有兵,一辈都是强者,那弱的就要任他吃了。有私产,有金钱,有三几万家当的叫做小资本家,有三几十万的叫中资本家,千数百万的叫大资本家,土地任他要,机器由他霸,衣食住的东西听他独占,那贫的,就一样任他吃了。因为有政府的资本家的强力来保庇,所以凶狡的没良心的,可以青天白日张口吃人,忠厚的有良心的清白平民就无噍类了。"①

旧社会的旧生活也令人无法忍受。新村主义者尖锐地指出,一方面,旧社会是适于古代野蛮的生活,而不适于现在文明的生活。旧社会是因袭古代的社会,古代的社会是为古人而设的。随着知识方面和物质方面有了很大进步,现在人类生活与从前大不相同,这种适应古代简单生活的社会,当然不适应于现在复杂生活的要求。另一方面,旧社会是注重少数人的利益,而不顾多数人的利益。"旧社会既是因袭古代的社会,然而古代的社会是由古代人的思想所凝成,其中充塞的不外专制和贵族,那由古代遗传而来的旧社会自然含着专制和贵族的臭味,注意少数人的利益,不惜把多数人的利益供其牺牲。现在社会没有保存的价值,我们不用说了。"②总之,旧社会的旧生活是不自由、不幸福的,必须进行改造。

不仅如此,中国旧社会存在种种罪恶。长沙《大公报》的一篇文章,深入讨论了"旧社会的罪恶究竟在哪里"的问题。文中指出:第一,没有互助的美德。现在的社会各自用自由竞争的手段,去谋个人的利益。结果富有的人虐待穷苦的人,有知识的人虐待没有知识的人,于是就造成社会阶级。这个阶级和那个阶级有利害冲突的时候,就会酿成阶级斗争。所以这个阶级斗争是由不良的社会所酿成的,这是旧社会的罪恶。第二,资本制度的罪恶。从手工时代进化为机器时代,从前的手工业家都归淘汰之列,于是资本制度出现。资本制度的坏处,就是资本家虐待劳动者。资本家是拿出资本来办各种工厂,劳动者是在工厂里工作的工人,资本家和劳动者虽然订有自由契约,表面上看来没有什么不平等,其实由于地位的不同,最终是资本家占便宜,劳动者吃大亏。况且现在生计逼迫,劳动者拥挤不堪,资本家更可任意选择。倘若劳动者不甘屈服,有联盟反抗的事情,他就任意撤换。这种资本制度,也是不可不改良的。第三,家庭观念

---

① 葛懋春等编:《无政府主义思想资料选》(上册),北京大学出版社1984年版,第434页。
② 邰光典:《文化运动中的新村谭》,《新人》第1卷第4期"文化运动批评号"(上),1920年8月18日。转引自《五四时期的社团》(三),生活·读书·新知三联书店1979年版,第234—242页。

太深。中国的社会以家庭为单位,不以社会为单位,只晓得自己是家庭的一分子,不晓得是社会的一分子;只晓得为家庭谋福利,不晓得为社会谋福利,所以个个都有自私自利的观念。卖国贼的甘心卖国,军人政客的贪贿营私,都是由这种家庭观念所酿成的。推而至于资本家的刻剥工人,富翁的重利放债,也无非由家庭观念所酿成。因此,家族制度一日不改革,社会就不能一日光明进化;反过来说,要想社会光明进化,就应该改革家族制度。"从上足见现在的社会制度,黑暗腐败已到极点,由此带来社会的种种罪恶。"①

二是中国出现了种种社会问题。社会问题是在社会发展过程中社会关系或环境失调,导致社会全体或部分成员的正常生活乃至社会进步发生问题。杨杏佛指出,当社会上发生一种与预期目的不同的现象时,就有所谓"社会问题"发生。所谓社会问题,实即一社会共同生活上所发生的问题,包括经济、政治、道德、家庭、宗教的总称。狭义的社会问题指一时代、一部分。广义的社会问题,包括全体共同的生活。②《浙江新潮》提出,自由、互助和劳动是人类实现"生活的幸福和进化"的三个条件。但是我们现在大多数人不能自由、互助、劳动,就是因为有种种束缚、竞争、掠夺的有形(像一切制度)和无形(像学说、习惯等)的东西,包括风俗、习惯、宗教、法律、政治、经济制度,家族、国家组织。因此,我们要谋"生活的幸福和进步",不可不破坏束缚的、竞争的、掠夺的东西,建设自由的、互助的、劳动的社会。③《曙光》在《宣言》中宣称:"我们处在中国现在的社会里头,觉着四周的种种环境、层层空气,没有一样不是黑暗恶浊悲观厌烦,如同掉在九幽十八地狱里似的。若果常常如此不加改革,那么还成一种人类的社会吗?"④ 总之,现社会出现了种种社会问题,社会改造势所必然。"如现社会的组织是和最大多数的福利相冲突,现社会的生活是牺牲大多数去逗少数人私欲的生活,是不平等的事,一定要找个较好的社会来代替。"⑤

三是中国的私产制度不合理。《新海丰》的一篇文章,深刻地揭露资本主义制度不合理之处:"试看那在监狱式的工厂里做苦力的工人,他们

---

① 独醒:《社会为什么要改造——改造社会应该到什么样地步》,长沙《大公报》1920年6月30日—7月3日。
② 杨杏佛:《社会改造思想》,《青年周刊》第4卷第5号,1925年5月。
③ 《发刊词》,《浙江新潮》第1期,1919年11月1日。转引自张允侯等编《五四时期的社团》(三),生活·读书·新知三联书店1979年版,第125—126页。
④ 《宣言》,《曙光》第1卷第1号,1919年11月1日。
⑤ 徐其湘:《动的社会观》,《新社会》第14号,1920年3月11日。

一天至少要做十二个钟头以上的苦工，臭汗淋漓，天天都是这样，可算是极苦的了！但是他们的生活不仍是过那种几乎冻饿而死的龌龊日子吗？再看那终岁勤劳的农民，日还没有出就做起工来，到日已落西山还没有休息，栉风沐雨，那样辛苦，到收获的时候，试问他们有一顿安安稳稳的新米饭吃吗？那些资本家和地主，终日享那寄生虫的生活，他们三斤不曾上肩，二两不曾上手，却得丰衣美食，他们何尝勤？他们又何尝匮？"[1] 这都是资本制度带来的不合理、不平等现象。有人概括现社会最不平等的三项事：一是生产不平等，二是分配不平等，三是消费不平等。[2] 因此，资本制度是现实社会一切罪恶的根源。

《平民》发表的一篇文章指出："在资本制度下的社会，异常黑暗，资本家和劳工贫富阶级相隔太远。有资本的，势力非常雄大，他们运用资本，经营利益，役使神圣的劳工，供他们的驱策。一般资本家贪求无厌，以为劳工在他们的范围内，可以随意欺侮，对待他们的手段愈出愈酷，逼迫劳工到忍无可忍的地步，于是不得已，大家起来结成团体，停止工作，以为最后对付抵制的方法。"[3] 近年来，罢工风潮愈演愈烈，原因就在于此。施存统分析指出，现在的经济组织主要是资本主义的，它以私有财产制度为基础，保护少数掠夺阶级的利益。在私有财产制度下面，资产阶级处于掠夺的地位，处于贵族的地位；劳动阶级处于被掠夺的地位，处于平民的地位。为恢复自己的人格起见，我们应当打破这种不平等的制度。[4] 因此，要改变这种不合理的状况，只有彻底推翻现在的社会制度，扫除阻碍平民幸福的一切恶魔、傀儡。

无政府主义坚决主张打倒私产制度。他们认为，财产本来是人类公有的，有一二强有力的人，用他们的强力和智识把公有的财产据为已有，遂使一般较弱的人流离失所，复用金钱买别人劳力，替他们生产，所生产的物品归他们享乐。世界上不平等的事，这算是第一。且有私产，一般人遂起争夺的念头，欺骗盗贼的事常常出现，民众的道德扫地尽矣。考察政府之所以能维持久远，都是有私产的缘故。[5] 区声白进一步分析了私产制度

---

[1] 马醒：《勤则不匮的我见》，《新海丰》第 2 号，1921 年 9 月。
[2] 杨亦曾：《社会为甚么要改造》，《国民》第 2 卷第 1 期，1919 年 11 月 1 日。
[3] 侯厚培：《罢工与合作》，《平民》第 69 期，1921 年 9 月 17 日。转引自张允侯等编《五四时期的社团》（四），生活·读书·新知三联书店 1979 年版，第 77—80 页。
[4] 存统：《为什么要从事根本改造？》，上海《民国日报》副刊《觉悟》1920 年 5 月 27 日。
[5] 苇甘：《爱国主义与中国人到幸福的路》，《警群》第 1 号，1921 年 9 月 1 日。转引自葛懋春等编《无政府主义思想资料选》（下册），北京大学出版社 1984 年版，第 542—543 页。

给人民造成的痛苦的原因。一是现在的政治制度把全国大权集中于少数人手里,而大多数的民众绝对没有自由参与的机会。二是资本制度把一切生产机关集中于资本家之手,工人每月所获得的利益大部分被资本家掠夺而去。所以我们欲为人民谋幸福,一方面谋政治上的改造,另一方面更谋经济上的改造。[①] 因此,消灭资本制度也是无政府革命的目标。

总之,中国的社会问题,根源在于现存制度的两大缺点:第一是注重少数人的利益而不顾多数人的利益,第二是适合古代野蛮的生活而不适合现在文明的生活。[②] 正因为现实社会的种种问题,孕育了社会改造的强烈要求。有人认为,中国现在外交的压迫,内政废弛,社会上的经济、政治、道德等种种制度不良,使中国青年都感到不满意,这就是中国社会改造声浪发生的原因,也是已成的现象。[③]《社会为什么要改造》一文进一步总结,今日世界的社会"是寄生生活的社会,是私产制度发达的社会,是军阀压制平民的社会,是资本家压制劳动家的社会",私有制度是"今日社会万恶的本原"。所以,正本清源的唯一办法,就是"非改造社会不可"[④]。

四是探究中国社会黑暗腐朽的原因。长沙《大公报》的一篇文章分析指出,现社会之所以恶浊黑暗,第一种原因是私产制度。有了私产制度,就分出贫富阶级来;有了贫富阶级,就有治者与被治者阶级;有了治者与被治者阶级,那治者阶级就要滥施权威,拼命搜刮民膏,立了许多的法律来保护自己的私产。于是"富的愈富,贫的愈贫,贫到无立锥之地,那么种种恶浊种种黑暗就幸运而生了。"第二种原因是数千年相传下来的谬误学说。"中国人数千年来的思想都是受种种谬误学说的支配,所以深中了他的毒,养成一种麻木不仁的陈腐头脑,牢不可破。一般读书人只以做官发财,显亲扬名为读书宗旨。一班愚夫愚妇受了数千年的专制余毒,只知崇拜皇帝总统、武人官僚、金钱、势力,迷信鬼神,养成一种牢不可破的奴隶根性。他们以为,皇帝、总统、武人、官僚是应该压制我们的,金钱是应该驱使我们的,势力是应该范围我们的,鬼神是应该主宰我们的,并且以为富贵、贫贱、做官、做奴隶,是前世制定,自己命里应该如此,不可强求,真是甘为奴隶了。私产制度所造成的种种黑暗罪恶,也要靠了种

[①] 声白:《中国目前的政治问题如何解决》,《民钟》第5期,1923年7月10日。转引自葛懋春等编《无政府主义思想资料选》(下册),北京大学出版社1984年版,第635—636页。
[②] 陈达材:《社会改制问题》,《新潮》第2卷第1号,1919年10月。
[③] 张东荪:《对于社会改造的管见》,长沙《大公报》1920年10月30日。
[④] 杨亦曾:《社会为什么要改造》,《国民》第2卷第1号,1919年11月1日。

种谬误学说思想深中人心,方才能够成立。"第三种原因是据守成例。对于古人的遗言遗规,视为天经地义,不可破灭。例如读书人笃守师说,习农子承父法,学工行学徒制,都是据守成例的好证据。所以,中国有许多人是抱着复古主义的。对于黑暗的、恶浊的、罪恶的旧制度、旧道德、旧家庭、旧社会,唯恐其不黑暗、不恶浊、不罪恶,"盲目的拼命的保守起来,听见人家要扫除黑暗恶浊罪恶,替人类谋幸福,创立新制度新道德、鼓吹新思想,就视若洪水猛兽,若避蛇虺,盲目的反对摧残"。第四种原因是自私自利,不讲人道。心里存了自私自利,就只管一己的福利,不顾他人的死活,那就不能再讲人道,所以,利于己者贵之,不利于己者贱之。就重男轻女,视女子为玩物,视女子为牛马,束缚之,驱使之,造成种种黑暗罪恶。"就是做强盗的抢,做窃的偷,做官的括刮地皮吸民膏,奸商的贩米出洋,私进日货,以及国际间侵略战争,无一不是这个自私的作祟。"第五种原因是教育的腐败。所教授的东西,多是些四书五经、谬误学说、陈腐思想,拼命灌输进去,不是教人甘心做奴隶,就是教人怎样做大官、刮削地皮、吸收民膏、显亲扬名。第六种原因是个人的心性太坏。中国人最大的劣点是懒惰和不诚。那么要改造,就是废除私产制度,打破谬误学说、陈腐思想、拘守旧例、自私心,鼓吹人道主义,廓清教育界,改造个人心性,除去劣点。① 这是从社会结构内部来探析社会黑暗的原因。

也有人将社会问题归诸社会制度的腐败,批判的矛头直指旧的社会制度。《北京大学学生周刊》的一篇文章指出,人类自从19世纪以来,受物质文明进步的影响,生活程度因之增高几倍或几十倍。物质文明越进步,生活程度越增高,因而贫富相差越大,贫困的人越多。一般富有资产的人,借其资产之力,于社会上、于政治上,就获得绝大的势力,立于支配者的位置。结果国家所定的法律和制度,莫非资产者的保障物。但是一方想来保障资产者,他方就不能不损害劳动者。所以社会一切罪恶,就变成贫贱者的专有物。② 这都是社会制度的罪过,这样的制度成为社会进步的障碍。傅斯年指出,"凡今日之社会,本其历史上之遗传性质组织,多有不适于现在者;或有仅有形式,更无灵性者;或有许多罪恶,凭博之而行者",因此,"推翻之,另建新者",便是"理想上所有事也"③。《新共和》

---

① 张振华:《怎样改造现在的社会》,长沙《大公报》1920年8月4—11日。
② 仙槎:《非暴动论》,《北京大学学生周刊》第10号,1920年3月7日。
③ 孟真:《社会革命——俄国式的革命》,《新潮》第1卷第1号,1919年1月1日。

亦谓:"在一个新的时代,无论家庭,社会,政治,教育……一切思想,一切制度,都应当适应即(那)个时代,所以不适时的思想与制度必须赶快推翻,适时的思想与制度必须赶快建设,这是我国近年新思潮唯一的主张。"①

总之,现行制度是社会黑暗腐败的根源所在。无政府主义者宣称:"年来大梦沉沉的中国人,内感社会制度之腐败,外受世界思潮之激荡,群起而对于现制度怀疑之,攻击之,不遗余力,此社会改造、社会革命之声浪所以高唱入云也。"② 诚如《钱江评论》所指出:"现在的社会制度,好象旧式的破房子一样,已经和现在的时势不适了;他的自身,实际上也已经崩坏了,正是应该改造的时候。"③ 中国的社会改造,首先要改变现存的社会制度。

与上述中国社会黑暗有国人自身的原因一样,韩榕成分析了国人最不好的、最可忧虑的几种坏习气:第一是没有"国家思想";第二是没有"团结力",如同散沙一样;第三是没有"恒心";第四是不肯研究"振兴实业";第五是没有"公德心"。要想救中国于危亡,当然是要快快改过这些坏习气,"大家要振兴精神,各人尽些天职挽救国家。虽然没有政权兵权在手里,但是救国不是一定要政权兵权的。只要我们大家有国家思想、有团结力、有恒心、有公德心,而且要拼命研究实业,就可以救国了。"④ 他认为,人的问题是社会改造的最根本的问题,人的因素是社会问题的根本因素,因此,社会问题都可归诸人的问题。

其实,中国现社会黑暗、混乱的原因很多。《新学生半月刊宣言》通过观察国际国内的政治经济状况,从中找出两个主要原因:一是国内军阀的扰乱;二是国外列强的侵略,使中国沦为半殖民地的半独立国家。文章认为,前者是中国古代的封建制度遗传下来的,一介武人便割据称雄,以为自己是"武圣"。最近北洋军阀想以一手遮天的手段,包揽中国全权,派兵入闽寇粤适导,骚扰四川;同时又讨好列强为护符,六一长沙案,日兵打伤、杀死我爱国同胞,实北洋军阀纵容之故。"保定'武圣'要做洪

---

① 《新共和学会纪事》,《新共和》第1卷第2号。转引自《五四时期期刊介绍》第二集,生活·读书·新知三联书店1979年版,第516页。
② 《序言》,《民声》1922年10月。转引自《五四时期的社团》(四),生活·读书·新知三联书店1979年版,第283—284页。
③ 《发刊旨趣》,《钱江评论》第1号,1920年1月1日。转引自《五四时期期刊介绍》第二集,生活·读书·新知三联书店1979年版,第591—592页。
④ 《上海学生联合会通俗丛刊》第1期,1920年1月1日。转引自《五四时期期刊介绍》第二集,生活·读书·新知三联书店1979年版,第405—406页。

宪第二，乃嗾其爪牙，盘据北京，收买国会，希图窃位，果然黎元洪被逐下台了，闹到北京如此田地。至于年来他们蹂躏民权、摧残教育、殴打学生、屠杀劳工，残民以逞，无所不用其极。"① 该文揭示中国混乱的原因，并归诸军阀扰乱和列强侵略，应当说是比较客观的。

《新湖南》总结说：改造共和以来，中国内忧外患相乘，人民所受之惨痛、政府所蒙之耻辱，几于书不胜书。有人归因于社会之沉沦莫拔，国人之恶根劣性太深。再进而归根于教育之不能普及，国人思想之陈旧腐朽，社会制度之不适合于今，国民人格之堕落。② 也就是说，社会黑暗是因为思想道德和教育落后所致。

从社会学的角度来看，陶行知指出：社会的范围可大可小。大而言之，社会就是全世界；小一点就是一国；再小就是一省、一县、一城；再小就是我们最近的环境，甚至我们前后左右的邻居。③ 因为社会是由个人组成的，个人之外另有社会。个人与社会的关系是社会认知中不可回避的问题。杨杏佛指出，个人与社会不可分离。社会既为其身外物，则两者有时可互相维系，有时可互相矛盾，有时可互相妨碍。"此种失当，为社会问题的起源。中国之杨子为我，墨子兼爱，此实分为两派。前者以不妨个人为主，后者主张社会主义，以社会为主。此二说互相冲突。据我说，偏重社会的可算是'反客为主的牺牲说'。因为社会的灵魂在个人，人人牺牲，哪里还有社会？极端个人主义，可说是'教猱升木的自利说'，因为人人自利，则互相冲突。社会能不乱吗？新思想如'安纳其主义'，主张人不劳而食，过偏于自由。而国家社会主义，则谓不劳者皆驱之国外，实过于束缚。两者当加以调和。"④ 因此，社会和个人都是社会改造中不容忽视的因素，也是社会改造不容忽视的两个方面。

二 改造社会的必要性

通过认识中国社会的现状，时人不仅揭露和发现了各种社会问题，而且提出了解决社会问题的要求，这也是社会改造的前提条件。而社会问题

---

① 《新学生半月刊宣言》。转引自《五四时期期刊介绍》第三集，生活·读书·新知三联书店1979年版，第444—445页。
② 《新湖南发刊旨趣书》（1919年6月15日），转引自《五四时期期刊介绍》第三集，生活·读书·新知三联书店1979年版，第476页。
③ 陶行知：《社会改造之出发点》，《中华教育改进社第二周年纪念会会刊》1923年12月23日。
④ 杨杏佛：《社会改造思想》，《青年周刊》第4卷第5号，1925年5月。

的解决，不仅仅在于一个或几个问题的单独解决，更取决于社会制度的解决，只有采取整体解决的方式，才能有效地改造社会。

首先，社会问题必须通过社会改造才能解决。对现存社会制度的否定，很容易归诸社会根本改造的问题，同时提出建立新的制度、新的政府等具体目标。倾向无政府主义的巴金认为："政府是一种强权机关，是保障法律的，它只有杀害我们，掠夺我们的衣食住，又能侮辱我们，帮助资本家杀害贫民的。我们人类本是自由的，它却造出许多法令来束缚我们；我们是酷爱和平的，但它却叫我们去战争；我们本应同各国同胞讲互助，但它却叫我们讲竞争。它种种举动都和我们多数人类的意思相反，从没有做过一件有益于我们事情。而且它最大的坏处，就是爱国主义的根据地。我们要想寻幸福，第一步就要推翻它。"① 这是从反对一切强权的角度来反对政府。更多的人感受当时中国政府腐败无能，要求推翻军阀专权，"想实行政治革命和社会革命，必先要革了现在军阀的命"②。

一些人从改造社会、建立新社会的角度，把改造社会的希望寄托在人民群众而不是政府。而人民群众的解放，社会问题的解决，是政治改革的先决条件。正如《改造政府与社会》所指出："不倒恶政府，不能得良政府；不得良政府，则政治永无改良之望，我民永无宽乐之时。……不破旧社会，不能得新社会；不能得新社会，则污秽龌龊之事物终不离去我耳目，璀璨庄严之现象乌能环绕我左右。夫倒恶政府，不能望诸恶政府自倒，倒之责在我民，非异人任焉。我民既负此两大重任，亟当为缜密的计划，定调理的步骤，持坚忍的毅力，抱彻底的主张，以谋所以倒政府，使恶者改为良；破社会，使旧者化为新。"③ 所以推倒政府不仅是无政府主义改造社会的第一步，也是有志社会改造者的共识，甚至可以说是社会改造的必然选择。

其次，当时的经济问题也需要社会改造。现在不合理的经济组织，给社会带来诸多痛苦。《大同合作社宣言》指出，这过渡时代的一个顶重大的问题是经济的组织，包括生产和消费两个方面。在旧社会的措置很不适当，生产方面既被垄断于不劳而获的资本家；消费方面又为居间牟利的商人所操纵。资本家刮削工人的劳力和血汗以自肥，贪得无厌的商人过度榨取物品的价值以中饱，社会因此受重大的苦痛；就不能不有改造社会的问

---

① 苔甘：《爱国主义与中国人到幸福的路》，《警群》第1号，1921年9月1日。转引自葛懋春等编《无政府主义思想资料选》（下册），北京大学出版社1984年版，第542—543页。
② 鸣谦：《军阀亡国论》，《北京大学学生周刊》第6号，1920年2月8日。
③ 无用：《改造政府与社会》，《申报》1922年2月2日。

题发生。① 要解决经济问题及其带来的社会问题,只有采用社会革命的方式。资本制度也带来严重的阶级矛盾,导致劳资冲突愈演愈烈,也需要加以改造。

再次,当时的社会制度需要根本改造。无论是根本的制度还是具体的制度,都需要进行改造。例如宗教制度,它是社会制度黑暗的表现之一,无疑是必须改造的。无政府主义者认为,宗教是束缚人群思想、阻碍人群进化的东西,我们追求真理,他却教我们迷信;我们要进取,他们却要我们保守。"一般耶教家说'上帝是万能的,上帝是真理、正道、善良、美好、势力、生机,人类是诈伪、不平、罪恶、丑陋、无能、死;上帝是主人,人类是奴隶。人类不能自己找公正、真理,永久的生机只可由神力暗示之。上帝创造世界,那些君主、官吏等都是上帝派下的,是上帝的代表,所以人民应为吾主官吏的奴隶。'这就是耶教的精义。"②

有不少人揭露宗教的本质,指出它是替反动统治阶级效劳的工具。有谓:"人的本性纵不是良善也没有甚么大恶,自治的能力个个人都是有的……宗教只能驯服一般愚蠢的平民使服从资本家、官僚,不敢反抗呵!现在有些人既然晓得宗教是迷信的、虚伪的、消灭人的自治力的,还更学那阿附君主的奴才的话,说要利用宗教来范围下等社会……真不懂他的用意。所以现在最好的就是废除宗教,使人人发挥他的自由思想。"③

共产主义者明确指出,基督教就是帮助资产阶级统治无产阶级的恶魔,而基督教社会主义乃是"僧侣清理贵族心火的圣水"。④ 罗章龙进一步指出:社会改造的动机,起于不满足现实的生活。社会革新的信仰就是立足于近世纪的进化论上,同时承认人类具有伟大的能力,可以驾驭自然界,渐次完成我们各样的理想。革新社会是以科学真理为依据,科学的态度是"明显的,分析造作的,实验的"。宗教教义恰好与它相反。总之,社会是亟待改造的,宗教则强予人以不正当的安慰;社会是进化性的,宗教则有一定的偶像为归宿;实际生活的改善是人类向上的表现,宗教则宅心于超尘的想象界;人类的最大价值是尊重本能,宗教则毁灭人格,遏抑

---

① 《平民》第 28 期,1920 年 11 月 27 日。转引自张允侯等编《五四时期的社团》(四),生活·读书·新知三联书店 1979 年版,第 96—97 页。
② 苇甘:《爱国主义与中国人到幸福的路》,《警群》第 1 号,1921 年 9 月 1 日。转引自葛懋春等编《无政府主义思想资料选》(下册),北京大学出版社 1984 年版,第 543 页。
③ 林廷辉:《论宗教》,《自治》第 1 期,1920 年 6 月 1 日。转引自《五四时期期刊介绍》第三集,生活·读书·新知三联书店 1979 年版,第 170 页。
④ 赤光:《基督教与世界改造》,《先驱》第 4 期,1922 年 3 月 15 日。

个性；科学的真理是救拔人类的唯一途径，宗教则到处与它刺谬，等等。"因此，宗教的罪案是万难饶恕的，我们应当打破宗教"①。

又如旧式教育，也需要进行改造。有谓："现在的学校是资本阶级的私产。校长教员是资本家的雇员。一般学生是资本家的子弟。……因此我们主张和学校脱离关系。"②脱离学校后，走入社会；同时改良教育，实行新式的民主教育。1920年4月，蔡元培在北京高等师范学校演讲，分析了现在教育存在的问题，指出，现在教育不脱科举时代之精神。科举时代的教育，不过得一个便利机会，养成一己的才具，此外都不管了。改立学校以后，一般人对于学校的观念仍复如此。教育既无改革，社会上一切事业，都是一仍旧贯。因此这种教育不能不改造。就《教育与社会》提出的改造社会先改造教育的宗旨，蔡元培解释说：一是改造教育，以改造将来的社会；二是改造教育，同时改造社会。③总之，当时的教育制度存在很多不合理之处，需要彻底改造。

对于社会为什么要改造的问题，长沙《大公报》的一篇文章作了详细的分析。文中指出："自从欧战终了，社会上面的各项制度，都摆出破绽不安稳的样子，于是一般灵秀的分子，知道非改造不可。中国一般头脑清楚的青年，感受这个潮流，才知道从前的社会是万恶的社会，是坑陷青年的社会，于是都想摩拳擦掌，去改造一个新的社会。难道现在的社会还可以任他敷衍过去，不用去改造吗？旧社会的黑暗腐败，已经到了极点，不知已经坑陷了多少青年，造了多少罪恶。我们为自己幸福打算，为未来为青年打算，那能可不努力去改造呢？倘若一味拘执，仍旧维持黑暗腐败的旧社会，违逆世界的新潮流，那么，就立刻要紊乱爆烈的事情，社会就不得一日安宁了。"因此，我们要努力推行"现在适应潮流的社会改造运动"④。至于社会问题的解决方法，主要有"改良"与"改造"两种。前者为缓进而和平的，局部而不彻底的；后者则为急进而彻底的，统全部而说的。故"改造"实含有"改良"之意。⑤所谓社会改造思想，就是指一切谋求解决社会问题的思想。总而言之，当时社会是黑暗的、腐朽的，存

---

① 罗章龙：《我们何故反对宗教》，《非宗教论》，巴蜀书社1989年版，第25—26页。
② 张允侯等编：《五四时期的社团》（二），生活·读书·新知三联书店1979年版，第433—434页。
③ 蔡元培：《在北京高等师范学校〈教育与社会〉社演说词》，《教育与社会》第1卷第1号，1920年4月15日。
④ 独醒：《社会为什么要改造——改造社会应该到什么样地步》，长沙《大公报》1920年6月30日—7月3日。
⑤ 杨杏佛：《社会改造思想》，《青年周刊》第4卷第5号，1925年5月。

在许多不合理的、不平等的现象，必须彻底改造。

　　社会改造论者对中国社会的黑暗现状看得很清楚，对于军阀政府更是仇恨之极，他们希望改造社会，反抗旧势力，打破旧的思想束缚，因此提出了改造社会的种种方案。一时之间，"社会改造"的呼声响彻全国，社会改造成为有识之士的共同心愿。

第二节　社会改造的目标

　　社会改造的目标，就是改造社会所要达到的境地或标准。只有改造目标确定了，才能据此制订详细的计划，进而确定实现目标的途径。中国社会应该而且必须改造，改造的目标是具体的社会问题的解决，还是社会制度的根本解决，是地方改造还是全国改造，涉及社会改造的深层次问题。因此，无论在理论上还是实际上，改造目标的设定，成为社会改造的关键问题。

一　社会改造目标问题的提出

　　社会改造目标既是改造社会的动力，也是改造运动的方向。1920年2月，毛泽东在一封信中谈到对于社会改造目标的观感，他说："我觉得好多人讲改造，却只是空泛的一个目标。究竟要改造到那一步田地（即终极目的）？用什么方法达到？自己或同志从那一个地方下手？这些问题，有详细研究的却很少。"毛泽东意识到，新民学会"要结合一个高尚纯粹勇猛精进的同志团体"，分途从事社会改造。[①] 他向新民学会会友提出，社会改造的目标应当明确，不应空泛。这是他们改造社会实践中的体验，进而认识到要研究社会改造目标的问题。

　　1919年11月创刊的《新社会》明确提出，弄清楚改造的目的、改造的方法和改造的态度，是改造的先决问题，是"主张改造的人所不可不明白解答的"。这一问题的重要性在于："凡作一件事，要没有预定的目的和手段，是决不能成功的。目的稍有偏向，可以贻将来的弊害的——在中国有许多人还想效法德、日，用他们的军国主义，来改造我们的家族制度。这真是'以暴易暴'啊！手段略有差误，也足以使改造的事业生阻碍的。所以我们不可不仔细的研究，慎重的决定，取最精密、最有效力的手段，

---

① 中国革命博物馆等编：《新民学会资料》，人民出版社1980年版，第59页。

向最好的方法去改造。"①

《新青年》所刊登的出版广告也说：《新社会》着重研讨的是"社会性质及其进化底法则及程序是怎样的""现代社会的坏处是什么""世界的社会改造问题是什么""中国社会怎样改造""将来的社会是什么样的"这些具体问题。② 这些问题涉及社会改造的具体目标，强调要确立社会改造目标，确定改造的方法和手段。

周佛海在1921年谈及社会改造目标的问题，进一步分析了改造目的与手段的关系。他说："但是改造这种事业，并不是开起口来只管说，闭着眼睛乱去运动就可以成功的。第一，要问我们究竟要向着甚么目标去改造？第二，要问应该怎样去改造？换句话说，就是第一要定改造底目的；第二要讲改造底手段。没有目的的改改（造）运动，固然是毫（无）价值的；目的既定而不讲究确实的手段去一步一步地实现，这种目的也是空想的，拿来自慰，解闷还可以，要来实行改造社会就没有用了。"③ 所以，只有先确定改造目标或目的，才能决定改造的手段。

可见，随着"社会改造"问题讨论和实践的深入，有识之士不仅提出改造的目的和手段等深层次的问题，而且提出了改造理论问题。中国社会改造的目标是什么？在改造目标确定之后，如何进行改造？中国的出路何在？中国改造的性质、任务、对象、动力是什么？成为社会改造论者必须解决的首要问题。事实表明，随着社会改造思潮和运动的发展，各种社会改造论在改造社会的共同目标下，从各自的利益和立场出发，思考社会改造的目标、实现目标方法和手段等问题，从而丰富了改造思潮的内容，反过来推动社会改造运动的纵深发展。

二 社会改造目标的设定

改造旧社会，建立一个理想社会，既可以说是目标，也可以说是目的。如《新社会》明确提出："我们改造的目的就是想创造德莫克拉西的新社会——自由平等，没有一切阶级一切战争的和平幸福的新社会。"④ 显然，其改造目标是建立自由、民主、平等、博爱的资本主义社会。少年中国学会以创造"少年中国"为目标，正如刘仁静所指出："学会同人对于改造中国的见解，虽然最终目的不同，但是目前的手段终可归纳到一个范

---

① 郑振铎：《发刊词》，《新社会》第1号，1919年11月1日。
② 《新刊一览》，《新青年》第7卷第2号，1920年1月1日。
③ 无懈：《夺取政权》，《共产党》第5号，1921年6月7日。
④ 郑振铎：《发刊词》，《新社会》第1号，1919年11月1日。

围。既现在同人无论他是国家主义者、共产主义者、无政府主义者，都承认打倒军阀与国际帝国主义是中国目前的政治要求。我们须有一个共同奋斗的目标，一则可以集中我们的攻击于目前最大的仇敌，得收效力；二则我们的活动有所规范，无论是文学上教育上科学与哲学上。"① 少年中国学会以创造"少年中国"为目的，"少年中国"就是社会改造的共同目标。可见，社会改造的目标是与改造的目的联系在一起的。

改造目标是针对现社会及其中的问题，根据社会改造理论而设计的理想蓝图。张东荪借用英国学者罗素的"冲动"学说，提出社会改造的标准就是自由、平等、向上三项平均发展。据此来审视当时的各种社会改造主张。他认为，国家主义偏于向上，人民不能得到自由平等；国家社会主义，以打破资产阶级和贵族阶级为目的，因此是平等的。但是又因缺乏人才，使得精神文明和物质文明不能同时发展，同时又采取压迫的手段实行主义，又使人民毫无自由。②

杨杏佛则提出，社会改造的标准应当兼顾精神与物质两方面、个人与社会两方面。"吾人组织社会国家，不过一种工具，并非用为人类生活。所以当以人类安乐为终鹄。安乐之要素，第一要维持物质方面的生活，第二要注重精神方面的陶冶情感，第三则当注意美育和体育，使能运用心体，如此，方使人人能得生存之享用。不然，仅事工作，则人生之趣何存？故科学，哲学，文学，美术，音乐与工业，皆在社会改造之地位。至于所用标准，当以罗素所说为定论。"③ 所谓罗素"定论"，就是他著名的社会改造原理，即以创造性冲动与占有性冲动为核心内容的学说。由此可见，不同的社会理想有不同的社会改造目标。具体目标的设定，与所依据的社会改造理论有着密切联系。

1. 民主自由平等是社会改造的基本目标

1920年创刊的《新江西》，明确提出改造社会的三点主张：社会发展德谟克拉西的真精神，打破一切权威和阶级制度；劳工神圣是我们良心的主张，要使他们有觉悟，能自动，引着他们到光明的路上去；对于社会上的一切现象，唯有严格、严正的批评，才寻得出真理来。④ 这里提出要根据民主主义精神，确定打破一切权威和阶级制度的目标。《新群》提出未来的社会是"各尽所能，各取所需，新社会的精神是自由平等，新社会的

---

① 刘仁静：《对学会的一个建议》，《少年中国》第4卷第7期，1923年9月。
② 张东荪：《对于社会改造之管见》，长沙《大公报》1920年10月30日、11月1日、4日。
③ 杨杏佛：《社会改造思想》，《青年周刊》第4卷第5号，1925年5月。
④ 同人：《本刊宣言》，《新江西》第1卷第1号，1921年5月1日。

宗旨是劳工神圣,新社会里面军阀、资本家、官僚、议员是永远无踪无迹的"①。山东的王尽美讨论了"革命的真谛"问题,认为,社会革命的目的或者起码要求,就是推翻武力政治,争取近代文明国家人民所应享受的自由平等的权利,即无任何剥削形式的劳动自由,无任何形式限制的居住自由,言论出版自由,集会与罢工自由。因为这些自由是人类尊严所托,同时是军阀统治下最不允许的,所以,要从统治者手中夺回一切人权与自由。"我们的手段是用生产人民的团结力量推翻军人统治,同时要以生产人民为实体(不是假藉劳动人民的名义),组织没有非生产人民参加的劳动民主政治,一劳永逸地实现真正的民主,使武人专政根绝,不再为祸患于中国。同时使一切假藉民主实行专政的非劳动人民的政治无由篡夺与得逞。"②因此,推翻武人政治,建立真正的民主政治是"革命的真谛",也是社会改造的具体目标。

共产主义者谭平山著文指出:今日世界的最大潮流就是民治主义。故无论哪一种组织、哪一种事业,都要具有民治主义的精神。否则必渐归淘汰。"就中如政治的民治主义和社会的民治主义二大分流尤为激进,大有波荡全球之势。故在政治方面,不独最违反民治主义的君主专制政体已经荡然无存,就是君主立宪政体不久也会变成历史的事实。"在社会方面,劳动阶级和资产阶级旗鼓相当,国际劳动会议劳动的保障法已经成了国际法律,劳动阶级已冲入资产阶级所有的第一防御线。"但世界的军阀,就是君主和资本家的保护人,正首当这个世界潮流最急之冲,那有不先行破灭的道理?而且若不先擒获这个军阀就让你挂起个民主政体的招牌,实行起来,都完全是要君主专制的牌子的,那有丝毫民治主义的精神?"谭平山进而分析中国军阀近年来破坏共和、蹂躏国会、压迫政府、操纵行政、侵犯司法、紊乱财政、阻碍统一、抑制民治、助长政争、霸占学校、摧残教育、勒索报效、滥杀记者等种种罪恶。③因此,在中国,要推翻不合世界潮流的军阀政治,建立真正的民主政治。

无政府主义的理想是实现无政府、无国家、无宗教而且各尽所能各取所需的社会,认为这才是"真正自由平等的社会"。血钟提出,他所希望的是极美满、极愉快、极和平、极博爱、极平等、极自由的无政府共产社会。巴金提出,中国人要寻幸福的唯一道路,就是首先把政府、私产、宗

---

① 杨亦曾:《新社会与新生活》,《新群》第1卷第1号,1919年。
② 王尽美:《革命的真谛》,《工人周刊》第5期,1921年8月。
③ 谭鸣谦:《世界军阀的末日》,《政衡》第1卷第1号,1920年3月。

教等几种制度推倒。这些东西消灭后,再分配财产,自由组织,互相扶助,各尽所能,各取所需,各图众人之利益,众图个人之安宁。这才是中国人的幸福之路。① 区声白提出了无政府主义的行动纲领:"我们欲为人民谋幸福,一方面谋政治上的改造,同时更谋经济上的改造,而其改造之原则,不外由最不自由而进于较为自由。因此,要废除一国的及一省的军阀官僚统治制度,实行各地市民自治,而后合各自的村市而为一全国的民族大联合;废除资本制度,把一切生产机关收归生产的劳动者所公有,唯生产的劳动者方得享有及使用之权。"他设想的依据如下:从政治学来说,国家的权力越小,人民的自由越多,所以在国家尚未废止以前,欲求人民之幸福者,首先削减国家之权力,而至于最小限度。从经济学来说,一己劳力所得之结果,其利益属于一己之所有,或属于一己愿与之人所有,则其人必尽力于劳动,而使生产增高。所以"市民自治""产业公有"实为达到自由和平等之要路。② 1920 年在漳州散发的无政府主义传单,提出了社会革命的方法。所谓社会革命,又叫经济革命,首先要把吃人政府推倒,更要把吃人的资本家都铲除。以后不许某人得有私产,不做工的不许吃饭,其余间接吃人的伪道德、伪名教一律肃清,最终实现平民做工吃饭,绝对自由、极端平等的目的。③ 第一次世界大战以后,各种思想都注重平民方面,诸如"民本主义""民权主义""德谟克拉西""苏维埃",都是想替平民谋幸福的产物。但是,无政府主义者认为,这几种主义都不肯把平民的大敌从根本推翻。"我们因为不满意于这种似是而非的改革,所以我们希望的社会,是最美满、最愉快、最和平、最自由、最平等的'无政府共产'的社会。"所以,要从根本上对国家与政府、私有财产制度和工佣制度、宗教、家庭四种平民的大敌痛加抨击,一一推翻。其余所谓"道德""习惯""风俗"等种种不自然的、违反人性的东西,也是平民的仇敌,应当一律推翻。④ 无政府主义者反对一切政府,希望建立一个自由平等的"无政府共产"的社会。

2. 建立新的民主政府,实行真正的民主政治,是社会改造的现实目标

许多社会改造论者和社团组织都提出了改造现政府的要求,并且相应

---

① 血钟:《革命运动》,《互助》第 1 期,1923 年 3 月 15 日。
② 声白:《中国目前的政治问题如何解决》,《民钟》第 5 期,1923 年 7 月 10 日。转引自葛懋春等编《无政府主义思想资料选》(下册),北京大学出版社 1984 年版,第 635—636 页。
③ 葛懋春等编:《无政府主义思想资料选》(下册),北京大学出版社 1984 年版,第 434 页。
④ 《民钟宣言》(1922 年 7 月 1 日),转引自《五四时期期刊介绍》第三集,生活·读书·新知三联书店 1979 年版,第 495—497 页。

地设计了未来社会的政府蓝图。第一种是好政府主义。胡适等好政府主义者希望建立好政府，作为改革中国政治的最低限度的要求。中国共产党人批评这一主张，认为好政府主义一方面将中国社会落后的根源归诸"好人自命清高"，不出来参与政治；另一方面将政治现象误为政治改革的目标，他们忽略了"政治上的好坏，乃是一种政治上的现象"。好政府主义者用所谓"好政府"代替推翻军阀的政治革命，实则要求人民放弃革命斗争，已经站在武人政治和帝国主义的立场上。后来好政府内阁的垮台，说明改良政府的道路在中国是不可行的，唯有进行民主革命。第二种是北洋军阀提出用会议方法解决时局，时人认为，这是军阀向民主政治的进步，由此未尝不可渐渐达到民主政治。在中国共产党人看来，段祺瑞欺骗人民的会议方法不是趋向民主政治，而是重新趋向巩固军阀政治，并且企图以光棍军阀的资格来挽回军阀政治的末运而使其复达于北洋正统的极顶。① 第三种是孙中山和国民党根据三民主义而提出的民主政治，并且在南方建立广州政府。第四种是中共提出的革命的民主政府。1923年7月，中共中央发表第二次对于时局的主张，指出要创造独立的国家，建设革命的政府。"我们是要求一个以国民自力，由革命而建设的政府"，应由负有国民革命使命的国民党出来召集国民会议来实现。"只有国民会议才真能代表国民，才能够制定宪法，才能够建设新政府统一中国，也只有他能够否认各方面有假托民意组织政府统治中国之权。由此国民会议所产生之新政府，须以真正国民革命的势力，扫荡全国军阀及援助军阀的外国势力，然后才不愧为统一全国的人民政府。"② 中国共产党人批评无政府的主张，也批评好政府主义，揭露北洋军阀用会议方法解决时局的阴谋，希望实现真正的民主政治。当时有些人希望复古，或主张提倡教育，兴办实业，废督裁兵等事，或主张制定国宪与省宪，或以为办新村，改良家庭，改良市政，改良固有的学校与工厂，或主张建设好政府，或盼望将有一个人或一党一系能够做好政府的后盾。恽代英认为，这些都是不切实的救国言论，"最要紧还是要唤起人民用人民的力量建设、拥护而监督一种为人民谋利益的政府，才是正当的解决"。也就是说，民治运动是救治中国的根本办法。如何唤起这样的民治运动？恽代英提出：第一，我们要唤起人民为自己的利益而奋斗。第二，我们要唤起人民为奋斗而联合，联合是我们人民唯一的

---

① 《蔡和森文集》，人民出版社1980年版，第707—708页。
② 中央档案馆编：《中共中央文件选集》第1册，中共中央党校出版社1989年版，第177—178页。

最大效力的武器。第三，我们要这种作战的联合，有纪律的训练。第四，我们要这种作战的联合，大家能注意监督领袖。第五，我们要利用各种机会与目标，练习这种作战的联合。第六，我们要引导这种作战的联合向政治上战斗。第七，靠这种政治上的战斗，实现真正的民治政治。"① 恽代英提出了开展民治运动来"实现真正的民治政治"。

孤军社把推翻军阀和建立民治作为中国改造的"二个要件"。《孤军》发表的文章明确提出，改造的目标是"推翻军阀建立民治"。要想达到这一目标，首先要明白中国何以会发生军阀和中国何以不能实行民治。中国民治之未能实现，"一是由于军阀的障碍，二是由于没有一团能够用本身力量来接收一切权力善用一切权力的民众"。"要之，我们要想推倒军阀确立民治，我们应设法团结民众，来解除一切私兵的武装，并把民众武装起来，也就是真正国民军的成立，这是改造新中国的一个条件。另一个条件是这些团结了的民众，不但应该知道推倒军阀，还应该晓得推倒军阀以后所应循的途径（建设方针），并合同努力向着这一条路走。换言之，便是真正政党的成立。中国的前途全视以上两个条件能够充实与否，而充实这两个条件的顺序，第一要先把无组织无主张的民众弄成有组织有主张的民众，也就是先应努力于真正政党的组成。总之，真正政党的建立和国民军的成立，这两个条件是改造新中国的第一步的条件，而且是绝对必要的而又充分的条件。"② 可见，在社会改造总目标下，在不同时空条件下提出不同的改造目标，涉及政治、经济、教育、思想文化等诸多方面，这些又共同构成社会改造的总目标。

3. 改造旧社会中的旧思想观念，是社会改造的重要任务和目标

旧的观念和传统习惯是社会进步的障碍物，是社会改造的内容之一。胡汉民认为："现在，中国有知识的人，争着说要求解放，要求改造，都是对着社会的旧惯习来宣战。由君主专制政体，变做民主立宪政体，是社会统制上一大部份的改造。但是许多不文法的惯习，和专制政体有连带关系的，还未有打破，民主立宪的改造，就不能彻底。"③ 根据唯物史观的学说，人类的思想观念是随着物质生活状态、社会的关系、社会的生活而变化的，所以社会"全部改造，须以社会经济的组织为中心"。胡汉民主张改造坏境，发展教育交通实业，改善物质生活，"用科学的知识，洗脱迷

---

① 恽代英：《民治运动》，《东方杂志》第19卷第18号，1922年9月25日。
② 一卒：《改造中国的二个要件》，《孤军》第2卷第5、6期合刊"政党号"，1924年10月。
③ 胡汉民：《惯习之打破》，《建设》第1卷第2号，1919年9月1日。

信，注重个性的发展"，发展人的"社交性"，促进思想解放和观念更新。① 因此，社会改造要从改造社会环境着手。

4. 建立新的社会制度，是社会改造的根本目标

在理想的社会制度方面，社会改造论者面临着是资本主义还是社会主义的选择。第一次世界大战后，民主主义思想日益发展。《每周评论》发表的一篇文章说："欧洲的革命史，大概可以划分两个时期。一个是十八世纪下半期十九世纪全世纪的革命：这个时期的革命，是资产阶级（Bourgeois）对于贵族阶级的革命，是政治的革命。一个是现在和从今以后的革命，这个时期的革命，是无产阶级（Prolecariat）对于资产阶级的革命，是社会革命，是经济组织的革命。这种革命，有世界的性质；将来中国，自然也是不能免的。现在中国，恐怕也有些人，看见俄国和中欧各国的社会革命，就希望中国马上也实行社会革命起来。但是据我的想法，中国此刻第一要紧的革命，还是仿佛欧洲旧式的革命。不过起革命的，要是劳农阶级（就是工人和农民阶级），不是资产阶级。"② 《新学生》以研究和讨论社会改造作为中心问题，提出拥护和发展新文化的民主制度作为目标。《敬告新文化运动者》一文指出："要拥护新文化，发展新文化，要把从前的不'平等'，不'自由'，不'博爱'，专'利己'，'黑暗麻木'的社会改造为'平等'，'自由'，'博爱'，'互助'，'光明活泼'的社会，把国家弄成一个完全纯粹的民主国家，不要'悬羊头卖狗肉'，年年都挂着一幅假招牌来欺骗人，要努力去实行那美国大总统林肯氏所说的'为着人民，由人民自己组织人民的政府'。"真要想实现这样的社会，就要"拥护'德谟克拉西'先生，反对孔子，把旧日的什么'伦理'，什么'道德'，什么'纲常'，什么'名教'，什么'王道'，这些不合时势的旧东西，连苗并根斩除得干干净净，不留一滴儿在今日的新世界里"。要做到这一点，就必须"拿出大大的决心来，振起奋斗的精神来，实心实力做去，'扎硬寨打死仗'的，战胜自己的黑暗，战胜社会的黑暗，战胜国家的黑暗，使我国不止有文字上的'德谟克拉西'，要有事实上的'德谟克拉西'，使我国不止口头上有新文化，要做到事实上有新文化"③。他们以文化运动为手段，试图建立一个美国式的民主主义社会。

虽然辛亥革命后民主共和的实验失败了，但民主共和制度仍是五四时

---

① 胡汉民：《唯物史观与伦理之研究》，上海民智书局1925年版，第194页。
② 一潮：《中国士大夫阶级的罪恶》，《每周评论》第20号，1919年5月4日。
③ 陈国运：《敬告新文化运动者》，《新学生》第1卷第3号，1920年2月15日。

期中国改造的目标之一。曾琦著《国体与青年》，作为"少年中国学会丛书"，于1919年1月出版，以国家和民族为本位去思考和探索中国的前途和命运。作者认为，共和制度是顺乎世界潮流的国体，共和主义之真谛，在于"一国之政治法律，由其国人民共同之意思处理或指定而共遵之"。这里所说的"共和制度"并非"俄国过激派"所要实行的"共产制度"，而是"阶级绝于国中，四民皆属平等"。李大钊为该书写的"跋"也说道："我们神圣的青年，应该知道今日的 Democracy，不仅是一个国家的组织，乃是世界的组织……必须把世界作为活动的舞台，把自国的 Democracy 作为世界的 Democracy 一部分去活动，才能有成功的希望。"他表示："资产阶级或中产阶级的 Democracy 若已获得，紧接着就是社会主义……不要把它看作与 Democracy 是两个东西。"① 显然，李大钊与曾琦对于资产阶级民主政治存在着认识上的分歧。在创造"少年中国"的目标方面，曾琦坚持以少年意大利为少年中国的模式，意在建立一个英美式的国家，王光祈则坚持他们所要创造的"少年中国"，是适于20世纪的少年中国，适合于20世纪思潮的少年中国。所以，在创造"少年中国"的共同追求下，会员因个人观察之不同，或主张英美式民主主义的组织，或主张俄国式社会主义的组织，或赞成无政府主义的组织。诚如后来入会的沈泽民所说，会员的结合，除章程上的信条外，还有一个最重要之共同点，即学会名字所暗示的，就是大家都"隐隐约约地想要来地球上中国境内尽一部分的力，把老年的中国改造成少年中国"②。虽然倾向国家主义的曾琦等人认定，"少年中国"为一政治概念，其他会员也有认为是新的国家的，但是会员中没有人希望"少年中国"成为德意志或英美式的德谟克拉西，大家都相信，"少年中国是二十世纪，也许是二十一世纪最初诞生的宁馨儿"，所以少年中国应该是"最新式的国家"和"最合理想的组织"。③ 可见，在"少年中国"的理想的社会制度方面，存在着民主主义与社会主义的分野。

山西大学"新共和学会"提出了"新共和主义"，并说："本会的纯正态度便是生活上，学术思想上一种新的态度！并且我们不只对于中国的共和表示不满意而已，就连外国的共和也不大满意。外国共和的缺点因为他并没有表现大家的全体意思。我们所欢迎的新共和，就是有了大家的意

---

① 李大钊：《〈国体与青年〉"跋"》，《李大钊全集》第三卷，河北教育出版社1999年版，第131—132页。
② 《少年中国学会问题》，《少年中国》第3卷第2期，1921年9月1日。
③ 《少年中国学会问题》，《少年中国》第3卷第2期，1921年9月1日。

思而复融洽化合成为一个共同意思,这就表现了全体意思,这才能谋全体的幸福。"①

可见,社会改造论者设计的理想社会,是以民主为内涵,顺应民主的潮流,体现民主的精神,以社会主义或民主主义为理想目标。当时人认为,民主不但是中国未来的政治社会的远景蓝图和发展趋势,也是当前时代横扫世界不可抗拒的浪潮。具体来说,一是以人民参政为民主的主要含义,二是以个人主义与天赋人权的观念为前提(民主的主要目的在保护个人与社团的具体权益不受侵犯),三是强调民主的精神。一般来说,民主主要是人心中的理想与认识,制度只是这些概念的表现形式。民主的实现主要靠人民的意志和精神,必须使人民经过一番精神的自觉和觉悟,把人们在政治上当家作主的意志与决心表现出来。所以在五四时期,全民政治是极为流行的观念,就是以直接民主去表现全体人民的意志,发挥人民的精神,从而实现主权在民的理想。②但是,社会改造论者认为,人民的教育和文化水平落后,需要知识精英去教育和提高民智和民德,才能达到民主政治的要求。

当时倾向马克思主义的周佛海,根据马克思主义关于社会主义必然代替资本主义的观点,指出,旧制度不会自己崩溃,必须以革命的手段打破旧制度,建立新的社会主义制度。因为资本主义制度发展的结果,就是社会分为两个极端的阶级(最富的资产阶级和最穷的无产阶级)而对立,而阶级对立必然要爆发革命。"战争最后的胜利,一定要归人口最多的无产阶级。无产阶级底胜利,就是资本主义的灭亡,社会主义的实现。"③ 实际上他是要以革命来打破资本主义组织,建立社会主义组织。张闻天宣称自己"对现有秩序感到不满",决心改造社会,"渴望实现当时在我面前被描画得迷茫飘渺而理想化的新制度"④。他认为,现在中国混乱的原因,是社会组织崩坏而一时不能产生新的社会组织。新社会组织的产生全靠从旧制度中解放出来,觉醒的个人团结成死党,去实行社会活动,去解决这混乱。通过对当时流行的无抵抗主义、反抗主义、无政府主义、社会主义等

---

① 《新共和学会纪事》,《新共和》第1卷第2号,1922年5月15日。转引自《五四时期期刊介绍》第二集,生活·读书·新知三联书店1979年版,第516页。
② 张灏:《中国近百年来的革命思想道路》,许纪霖编《二十世纪中国思想史论》,东方出版中心2000年版,第392—393页。
③ 周佛海:《从资本主义组织到社会主义组织底两条路——进化与革命》,《新青年》第9卷第2号,1921年6月1日。
④ 中共中央党史研究室张闻天选集传记组编:《张闻天年谱》,中共党史出版社2010年版,第18—19页。

理论的比较，他提出，改造中国不能照抄西洋人走过的老路，应当用社会主义解决中国问题。①

国民党人林云陔也提出社会主义国家的建设方略。他指出，"自社会理想家兴起以来，社会主义之进行日见增长，而后起者亦破除其思想之习惯，渐趋于实用主义，盖欲见诸实行，而适用于将来社会之建设而已。其详明之计划虽无一定，而根本之办法总以社会主义为归宿。在政治方面言之，社会主义国家之组织必当根据于民主主义。盖因社会主义之于民主主义，犹影之于光，相依而存者也。故政治民主与工业民主并合，方可称为社会主义之精神。社会之立法权应归诸普通人民，不论男女应对于政治上有平等权利，此固公理所许者。""故社会主义国家，当以民主政治为本，而民主政治，则在以代理政府之权全在人民手中为断。社会主义制度之推行也，其至要者在强迫工作。"不过，林云陔认为，"夫今日之社会主义建设思想，有非今日之社会情形所能达到者。……然所望于将来者，当社会主义国家建立后，实行其所主张，使幼有所长，长有所学，壮有所用，老有所养，鳏寡孤独废弃者皆得有所，而一切人民之生活不至为政府所蹂躏，只为政府所经理，不为强迫之法律所操纵，只供自由活动，是所望于社会主义国家之建设矣。"②正如林云陔所注意到的："近世学子莫不以社会主义者为建设新社会之独一标准，及读马克思所著之社会主义专书，未尝示以应如何建设方法，则又未免失望。盖因彼等既宗马克思之学术思想，如另筹议社会国家之办法，则恐违背马氏原理也。"③从中可见，社会主义已成为社会改造论者的共同的理想追求，社会主义在中国应该怎样实行，成为人们竞相探讨的问题。

对资本主义制度的批判和否决自然引出与之相对立的社会主义，并被作为社会改造的方向。有谓："现在的社会是坏极了，不图改救是不可长久的了。……解救之道，当然是社会主义；因为他最公道，最平等，无有军阀财阀，无有种界国界，是相爱相信的世界，不是相杀相欺的世界，经济上固然好，道德上尤其好。"④易君左将第一次世界大战后美国的民主主义视为"支配二十世纪"的思想："现在这种思想塞满了世界，深印于人

---

① 张闻天：《中国的乱源及其解决》，上海《民国日报》副刊《觉悟》1922年1月5日、6日。
② 林云陔：《社会主义国家之建设概略》，《建设》第2卷第1号，1920年2月。
③ 林云陔：《社会主义国家之建设概略》，《建设》第2卷第1号，1920年2月。
④ 社员：《工读的究竟目的安在》，《工读》第5期，1920年2月16日。

心,将从前一切'旧思想'、'不良思想'、'不合时宜的思想'一扫而尽。"① 王光祈则对美国式政治的民主主义和俄国式社会的民主主义各有保留。② 当时把民主主义具体分为政治、经济、产业、文化四个方面。政治方面是废除"独裁政治""贵族政治",实行"民众政治"和"平民政治";社会方面是"机会均等",废除阶级的不平;产业方面是以劳动问题为中心,使劳动者从资本家手中取得"生产机关的支配权";文化方面是人人都有受教育和享受文化艺术的权利。民众的中心思想是"平等"和"自由","平等是不要阶级","自由是不要强制"。③ 从历史的角度分析,民主主义在经济上是消灭资本主义,使社会上所有的人"各尽所能,各取所需";在政治上是消灭阶级差别,没有贫富贵贱,使社会上所有的人来治理政治;文化上是消灭不平等,使社会上所有的人都受"真正的人"的教育,"增进社会上全体的人的幸福"的教育。④

民主主义和社会主义的概念混同使用,固然是当时知识分子对于西方政治理论了解得不够深入,但也反映了他们急切地、生吞活剥地吸收各种有利于社会改造或革命的积极因素,表现出他们追求进步的思想倾向。也可以理解为,社会主义是民主主义的深化和发展,也是当时民主主义的代名词。民主主义作为对于资本主义和帝国主义的否定,带有社会主义因素。总之,五四运动以后,中国进步知识分子开始研究和区分民主主义和社会主义,这是探索中国社会改造目标问题的进步。

中国改造是否必须经过资本主义才能实行社会主义的问题,也是关于资本主义与社会主义道路和方向的争论之一。争论的结果,是"资本主义不能实行于今日中国"居于上风。⑤ 谢焕文在《贫乏问题的原因及其解决方法》中总结说:"据现在大家公认的道理,代资本主义而起的当然是社会主义。我想:有理性,有良心的人,决不至反对社会主义!我们中国除非那些闭眼瞎说,不晓得世界大势的顽固党,也决没有胡乱反对社会主义的!"不过,中国实行社会主义还是将来的事,"西洋各国对于社会主义实行与否,久已没有问题;他们只研究怎样实行的方法。至于我们中国到底

---

① 《通信》,《新潮》第1卷第4期,1919年4月1日。
② 《王光祈致君左》,《少年中国学会会务报告》第4期,1919年6月1日。
③ 《说德莫克拉西》,《新空气》第1卷第1号,1920年3月。转引自《五四时期期刊介绍》第二集,生活·读书·新知三联书店1979年版,第489页。
④ 汪馥泉:《甚么是现代的时代精神》,《教育潮》第1卷第3期,1919年8月。转引自丁守和、殷叙彝《从五四启蒙运动到马克思主义的传播》,生活·读书·新知三联书店1979年版,第141—142页。
⑤ 《关于社会主义与资本主义争论问题》,《晨报》1921年7月2—6日。

应不应该行社会主义？这问题还是纷争未决。我觉得中国应该行社会主义的，但现在万不能彻底行社会主义……中国社会的彻底改造事业必跟随全世界为转移，将来全世界资本主义崩坏的时候，也就是中国实行社会主义的时候了。"① 就当时中国社会改革不经过资本主义的时代是否能达到实行社会主义的时代的问题，高一涵指出了反对社会主义思想者的两个根本错误：第一是把历史的进化看作是机械的，第二是把"资本"看得同"资本家""资本主义"一样。他从政治学的角度分析指出，历史的变化是可以人力修补或者改变它的趋向，就是说，不从资本主义的时代经过也可以达到社会主义的时代。②

周佛海在《实行社会主义与发展实业》一文中论证了中国现在既有实行社会主义的必要，又有实行社会主义的资格。对于一些人以中国资本主义尚未发展为借口反对社会主义的议论，他批评到，中国目前虽然资本主义尚未发展，没有工业发达国家那样尖锐的"劳资两阶级的对抗"，但是中国的近代工业总有发达的一日，因此我们不能走资本主义的道路发展实业，在资本主义实业发展、劳资两阶级形成尖锐对立之后，再进行社会主义革命，而是可以采用社会主义的方法，发展实业，消除劳资两阶级的对立和斗争。所以中国现在即使没有劳动阶级，也断不至于失掉了实行社会主义的资格。针对中国现在穷极了，还不能实行社会主义的论调，他指出："社会主义并不反对发展实业，但不是发展资本主义的实业，而是社会主义的实业。"在社会主义制度下，人们固然免不了在工厂矿山里做工，然而那时工作的条件和工作的设备，比资本主义制度下面的总要好得多，总不至于过像资本制度下面的工厂矿坑这样的非人的生活。因此，"要使一般贫民得过'人'的生活，非实行社会主义绝对做不到。"③ 周佛海通过比较共产主义与无政府共产主义，认为"我们以共产主义为我们改造底目标"，中国的改造必须以共产主义为目标。④ 陈独秀、李大钊等早期马克思主义者主张建立社会主义制度和共产主义社会，则是众所周知的事实。

其实，第一次世界大战后，国际舆论界兴起一股反资本主义思潮，大意是资本主义已经破产，必须彻底改造。其中，激进者转向社会主义，谋

---

① 谢焕文：《贫乏问题的原因及其解决方法》，《新共和》第1卷第2号，1922年5月15日。
② 高一涵：《关于资本主义和社会主义的争论的我见》，《评论之评论》第1卷第3号，1921年6月20日。载钟离蒙、杨凤麟主编《中国现代哲学史资料汇编续集》第1册，辽宁大学哲学系1984年版，第182—183页。
③ 原载《新青年》第8卷第5号，1921年1月1日。
④ 无懈：《我们为甚么要主张共产主义》，《共产党》第4号，1921年5月7日。

求用社会主义取代资本主义。保守者则转向传统，想从前资本主义的文化传统中寻求道义的力量、人生价值的尺度，来治疗资本主义文明造成的社会创伤。发展资本主义仍然是中国的主要任务。① 可以说，实现理想的民主社会是社会改造的根本目标。

三 理想社会的构建

对现社会的深刻揭露和激烈批判，同时也表达了对理想社会的热切期望和追求。宋介发表的《科学与社会》一文指出："社会既倒之后，应当再有一种什么社会发生？我也不敢预言，但我所知的是：社会是因人而存在，人不能因社会而牺牲，若社会既经人发现出不合理来，就应当改造他，决不能姑息他，反把人来摧残了，这就是我的大主张。至于其他种种主义里头的那些将来的社会，我们要以科学的态度来研究清楚，究竟是那一种最好，宜于作改造新社会的图样，就拿他作图样。"② 当时不少先进之士从各种各样的资产阶级政治社会学说中选择一种或几种综合起来，作为改造中国的蓝本，设计了各自的理想社会。

1. 理想的中国社会

五四运动后不久，以改造社会为目的的少年中国学会就明确提出，他们理想中的中国不是现在的中华民国，而是中国这个地方。学会负责人王光祈把"中国"解释为地域名称，而不是国家。他自称是"梦想大同世界"者，"要想创造世界大同的地位，非先把中国这个地方造成配得上为大同世界的一部分不可"。而改造世界的下手处，"在先改造中国，使中国这个地方的人民适合于世界人类进化的潮流而配称大同世界的一部分。"③ 会员陈愚生也认为，学会取名"少年中国"，并无国家主义之意，实指一个新社会，中国只是指一个地方。④ 李大钊也说，他的"少年中国"理想，"乃是要把中国这个地域当作世界的一部分，由我们住居这个地方的少年朋友们下手改造，以尽我们对于世界改造一部分的责任。"⑤ 可见，"中国"首先是一个具体的地域名称，是需要进行社会改造的对象，也是改造

---

① "从五四运动到人民共和国成立"课题组：《胡绳论"从五四运动到人民共和国成立"》，社会科学文献出版社2001年版，第111页。
② 宋介：《科学与社会》，《曙光》第1卷第1号，1919年11月1日。
③ 王光祈：《少年中国之创造》，《少年中国》第1卷第2期，1919年8月15日。
④ 《南京大会纪略》，《少年中国》第3卷第2期，1921年9月1日。
⑤ 李大钊：《"少年中国"的"少年运动"》，《少年中国》第1卷第3期，1919年9月15日。

世界的起点。

陈启修在1921年演讲"中国改造底研究",特地解释了"中国改造"的意义。他说,新中国是我们理想中的,新式的中国不是专指中华民国,因为现在的中华民国,只是挂有民国的招牌,内容实无可取。新中国是指将不好的中国改造以后的好的中国,例如提倡联省自治,将来或变为联邦,不叫作中华民国;或者变为像俄国苏维埃政府的劳农国,都不可知。所以说,新中国乃是广义的新中国,绝非专指现在的中华民国。总之,新中国是指改造后的理想的中国。① 陈启修的观点,大致与少年中国学会的中国观处于同一认识层面。

当时的社会改造论者提出改造现社会,设计了中国未来社会的种种蓝图。归结起来,理想社会有如下特点:

首先,理想社会是一个少年社会。《少年社会》公开宣称,所谓少年社会,一是"少年的社会","是有少年精神、气象的社会——进步的社会";二是"社会的少年","是有社会生活情感的少年——协助的少年"。有了社会的少年,才能创造少年的社会。要把现在社会变成少年的社会,"用协助的精神,为少年的运动"。少年社会从精神和物质两方面开始实行,精神方面指各分子的人生态度,物质方面指全部分的生活组织。②

其次,理想社会是一个光明的社会。《曙光》在《宣言》中宣称:我们不安于现在的生活,想着另创一种新生活;不满于现在的社会,想着另创一种新社会。但是这新生活、新社会的基础,都建在科学上边。必须科学发达,文明才能进步。无论是群众的幸福还是个人的幸福,都可以随着文明的进步渐渐圆满了。之所以标揭"曙光"两个字,是因为现在的社会,都在"长夜漫漫""迷梦惝恍"的时候,没有"鸡声啼晓""东方既白"的警告,哪能有醒悟的感觉?③ 在时人看来,黑暗的旧世界一旦过去,今后便是光明的世界。《星期日》宣称:它的目的是"光明的世界",它的希望是"人人自觉",它的作用是"要人人自觉去创造这光明的世界,迎受这光明的世界"。从消极方面说,要使人摆脱眼前的拘束,"快断送这贪污黑暗的老世界"。"人人应该自觉人生的究竟和世界的究竟;应该摆脱现世界里一切束缚的、阶级的、掠夺的、残酷的有形制度,无形学说、风俗、习惯等等;应该摆脱自己旧生活里一切不自由、不平等、不道德,不

---

① 陈启修:《中国改造底研究》,《晨报》1921年9月2日。
② 《宣言》,《少年社会》第1期,1919年12月1日。
③ 原载《曙光》第1卷第1期,1919年11月1日。

经济的种种日常生活精神生活。我们理想的,创造的,迎受的是'人类进化生活中公同享受的最高幸福'。我们厌弃的,推倒的,排斥的是'人类过去生活、现在生活中,身体精神所遭逢的痛苦'。"所以,《星期日》便是"从这黑暗世界里,促起人人的觉悟,解脱了眼前的一切束缚,根据着人生的究竟,创作人类公同享受的最高幸福的世界。"其途径是自我的改造和社会的改造,实行的办法是奋斗和牺牲。①

再次,理想社会是物质文明与精神文明同时发达的社会。题名《社会改造思想》的文章指出:社会改造的目的就是增进文明。"文明"的解释,一为战胜自然,一为规定行为。按人类的进化史,又可分为发明与组织两部分。前者由穴居野处而至今日之洋楼飞艇,是为物质文明。后者由弱肉强食,自相残杀,至三纲五常,以至今日之博爱互助的一切制度,是为精神文明。所谓发明,属于战胜自然。所谓组织,属于规定行为。战胜自然这种文明,可以无限制扩张。规定行为自由,实是限制自由。以人民行为束缚的大小而定程度的高下,此为精神文明与物质文明根本不同的焦点。社会问题与文明相终始,同具精神物质两方面,所以二者不得其平,为人生永久的问题。偏重物质的,忽略精神;偏重精神的,忽略物质。社会大多数偏重于一方面,其他方面缺乏,因此社会问题应之而生。所以对于近来社会中的劳动阶级、知识阶级和富贵阶级三个阶级,要想个调和方法,除非供给劳动阶级以物质,助富贵阶级以精神。知识阶级对于精神与物质两方面,虽不充足,但尚未十分缺乏。② 因此,理想社会是物质文明与精神文明同时发达,不可偏废。

复次,理想社会是一个实行新生活的新社会。1918年,李大钊在《新的!旧的!》一文中,提出了创造新生活的话题,认为中国人今日的现象全是矛盾的,举国都在矛盾的现象中讨生活。要打破这种矛盾的生活,另外创造一种新生活。这种新生活是通过"少年中国"的"少年运动"来实现的:"少年中国"是由物质和精神两面改造而成,是灵肉一致的。所以理想的"少年运动"是物心两面改造的运动,是灵肉一致改造的运动,是打破知识阶级的运动,是加入劳工团体的运动,是以村落为基础建立小组织的运动,是以世界为家庭扩充大联合的运动。③ 王光祈在1919年春提出,"我们生在这个万恶社会之中,不但是要求学术上的进步,而且要求

---

① 《〈星期日〉的过去和将来》,《时事新报》副刊《学灯》1920年2月12日。
② 杨杏佛:《社会改造思想》,《青年周刊》第4卷第5号,1925年5月。
③ 李大钊:《"少年中国"的"少年运动"》,《少年中国》第1卷第3期,1919年9月15日。

精神上的快活"。他还有了试验"新生活"的设想。后来将提倡新生活进一步描述为"最美最乐的自由世界",就是乡下的菜园新生活。他乐观地说:"我现在觉得我们新生活园里的花儿、草儿、鸟儿、蝶儿正在那里盼望我们,我们没要再作纸上的实谈了,赶快实行我们神圣的生活!我们奋斗的地盘不在都市,而在农村。"① 欧阳钦在《社会改造观》中详细描述了自己的理想:"假使世界上的人,人人都来劳动,我想每人每日劳动二三小时,就可够衣食住的生活。若是科学再发明,善用物力,还可减少,人人每日只劳动这短少的时间,其余的时间,拿一部分来求学,以图生活的改良……拿一部分专门消费在爱海的中间。……到了那个社会,你看何等的快乐啊!这好像是桃源仙境,才算是人类真正的幸福。"② 也就是人人劳动、人人读书、人人平等、互敬互爱的社会。

与此相联系,工读社会是当时广为流行的一种社会理想。《劳动》的一篇文章说:"随着知识和劳动的结合,工人即学者,学者亦工人,造出一个能实现'各尽所能,按需分配'之正当社会。"③ 所以,工读生活成为不少青年学生的追求。《上海周刊》发表题名《要整理社会非提倡"工读互助"不可》的文章,从标题即可看出作者的社会改造主张。有谓:"'工读互助'是极好的一桩事,把这一桩事充满在社会上,那社会上的腐败和恶浊可以完全打消。因为工读互助有两种精切的实益。一、高尚的生活。现在的社会是一个坏社会。社会的内幕剖解起来真是腐朽到极点了。……如果把'工读互助'的精神揉合在内,弃却那些害良的分子,就会发见一个高尚的生活状态。二、秩序的经济。一个社会只怕没有职业的人多,经济就会扰乱。经济一经扰乱,社会内部就都害起不祥。若这不祥到极点,就要破坏社会文化的全体。'工读互助'本互助的主义,去做工读两种职任。一方面可以造成一般安良的幸福,他方面可以救济紊乱的社会经济,把社会经济整顿好,新的人生观也在其中了。"④

倾向无政府主义的蔡元培也支持建立工读社会,乃是希望全世界的人

---

① 张允侯等编:《五四时期的社团》(一),生活·读书·新知三联书店1979年版,第300、302页。
② 惟亮:《社会改造观(二)》,《旅欧周刊》第24号,1920年4月24日。
③ 凌霜:《工读主义进行之希望》,《劳动》第4号,1918年6月20日。转引自《五四时期期刊介绍》第二集,生活·读书·新知三联书店1979年版,第177—178页。
④ 中共中央马克思、恩格斯、列宁、斯大林著作编译局研究室编:《五四时期期刊介绍》第二集,生活·读书·新知三联书店1979年版,第417页。

都能合于"各尽所能,各取所需"的公则,实行工学并进的生活。① 因此,工读主义被誉为人类历史上一个新时代的开端。"工读主义是人类生活发展的一个新阶段,是二十世纪思想潮流的一枚美丽的果实,是未来新社会的基础。"② 王光祈把北京工读互助团描述为"是新社会的胎儿,是实现我们理想的第一步"③。同样,合作工读团被认为"是改造社会的初阶,解除阶级的良药"④。其实,这种工学合一的理想和行动,是不可能达到改造社会的目的。

最后,理想社会是一个不断发展和进步的社会。《进化杂志宣言》说道,社会是机体的总称。各种机体,各尽所能,各取所需,求便于他的类,(人)要费较少的工夫,造成较多的幸福。由此可定人类社会发展的标准,由较不高尚而至于较高尚。这是为全世界人类造幸福的目的。所以社会进化要讨论的问题,就是哪一种制度最适合于某种情形的社会,怎么样才能够增进人类幸福的总数和发展它的质量呢?⑤《新海丰》则说:"所谓新者是积极进步的,抛弃不适用的,创造美的善的,来应付新时代的需要。旧者是消极退化的,保守不适用的,因袭丑的恶的,以支配旧社会环境的。要之,我们新海丰的生活是奋斗和创造的。我们无时无刻不奋斗,我们无时无刻不创造!奋斗自身遗传的恶习和社会的恶环境,创造自己的人格和社会的文化,以促进社会的进化到完美尽善的地位。"⑥

可见,理想社会是针对当时黑暗腐朽不合理的社会现象或社会问题而提出的构想。对当时社会的不同认识、不同感受、不同立场,决定了各自关于新社会的不同方案的设计,因此出现了不同的理想社会蓝图。

例如,新村社会是许多人追求的理想,不同人群有不同的设计方案,同一人在不同时段也有不同的新村构想。以毛泽东为例。他在1918年春季邀约朋友在岳麓山设立工读同志会,从事半耕半读。1919年4月,毛泽东重提建设新村的问题,建议将创造新学校与创造新家庭、新社会结合起来,并把新型学校作为改造社会、建设新村的入手。在他起草的一份计划书中,新社会里主要有公共育儿院、公共蒙养院、公共学校、公共图书

---

① 蔡元培:《国外勤工俭学与国内工学互助团》,高平叔编《蔡元培全集》第三卷,中华书局1984年版,第374页。
② 王光祈:《工读互助团》,《少年中国》第1卷第7期,1920年1月15日。
③ 王光祈:《工读互助团》,《少年中国》第1卷第7期,1920年1月15日。
④ 袁笃实:《沪滨工读团进行计划的个人主张》,《时事新报》1920年7月22日、23日。
⑤ 凌霜:《进化杂志宣言》(1919年1月10日)。转引自《五四时期期刊介绍》第三集,生活·读书·新知三联书店1979年版,第494页。
⑥ 《发刊词二》,《新海丰》第1卷第1号,1921年9月1日。

馆、公共银行、公共农场、公共工作厂、公共消费社、公共剧院、公共病院、公园、博物馆、自治会。综合此等之新学校新社会，而为一"新村"。①

《新人》积极提倡新村主义的理想社会。题名《文化运动与理想社会》的文章指出，文化运动种类虽多，但"幸福均沾"四个大字是大前提。"幸福均沾的社会，便是做文化运动的人所要求的理想社会了。"所谓幸福均沾，"就是使社会中个个的分子，都能得着平均发展个性的机会；使他们'各尽所能各取所需'，碰不着什么障碍"。现在的社会还有四种大障碍：男女阶级，智愚阶级，资本制度，国和家。所以才激出许多文化运动来，和这些障碍相搏战，并且还要有许许多多继续的文化运动，打破这障碍，才能达到理想的社会。作者提出，打倒资本制度的运动有两种，第一类是"强权转移的运动"，现世界中已经成功而且震动环球的，就是我们北邻的新俄国。强权既移到劳动阶级手里，那旧社会上一切的坏现象自然都没有了。在中国也已有些报馆和杂志社提倡这类运动，但目前还不着急。第二类是"同化的运动"，就是拿泛劳动主义、无抵抗主义来同化全人类的。这类运动随时随地都可进行，或是集资，或是"有觉悟的资本家化私产为公产"，只要抱定一个宗旨，以泛劳动为经，以利用科学改良业务、增进幸福为纬，形式可以是"新工试验场""新农试验场"，或是消费协社。作者表示，自己愿意加入这种运动，放下士大夫的架子，"去与劳动者为伍"。他还指出，中国历来有劳心与劳力的阶级划分，新文化运动主张打破这种不合理的分工制度，他们把分工理解为，每个人要在劳心和劳力这两部分工作里，各尽一种本能，各有一种活动，才算是正当的生活。至于专劳心不劳力的人，或专劳力不劳心的人，都不合于真正的"分工"，前者是寄生生活，后者是牛马生活。② 这些议论带有浓厚的空想和社会改良色彩。

社会改造论者对于未来社会在不同时期有不同的构想。以恽代英为例，他最初在《义务论》中构想："大同之世，无贫贱富贵之阶级，无竞争防御之忧患，而后利人类之文明日益发达，可以作福全世。"后来他在《中华民国九年》中提出，铲除强权，使中国成为一个独立的民主的国家。他在《未来之梦》中设计的理想社会，是青年朋友们通过共同的群居生

---

① 中共中央文献研究室等编：《毛泽东早期文稿》，湖南人民出版社2008年版，第406—411页。
② 蔡晓舟：《文化运动与理想社会》，《新人》第1卷第4号"文化运动批评号"（上），1920年8月18日。

活,从事文化事业,通过在乡村办教育和乡村事业的方式,达到"全然共产,实行各尽所能、各取所需的理想"。其实现途径,"最好莫如利用经济学的原理,建设个为社会服务的大资本,一方用实力压服资本家,一方用互助共存的原理,启示一般阶级。而且靠这种共同生活的扩张,把全世界变为社会主义的天国。"① 对此,恽代英自己称之为"未来之梦",他是希望在旧的生产制度之下,以个人或团体的力量改造社会,试验新生活。陈独秀批评此举为"痴人说梦"②。

在当时以社会改造为共同目标的社团组织,其内部也有不同的理想社会的设计,因此出现了共同理想与个人理想的离合问题。少年中国学会是五四时期在北京成立的最有影响的青年社团,会员以改造社会作为共同追求,他们各自的理想社会是创造"少年中国",具体设计则各呈异致。

一是以工读生活为主、以农村为中心的小社会模式。如上所述,王光祈与左舜生首先提倡"小组织"的新生活,是由少数同志组织的,得到全体会员赞成而且急欲见诸实行的一种学术、事业、生活的共同集合。③ 宗白华认为,这种在乡间实行的半工半读的小社会,是带消极性质的理想方法,他进而提出从积极方面改造旧社会、创造新社会与新国家的设想:(1)我们脱离旧社会的范围,另在山林高旷的地方,组织一个真自由、真平等的团体,人人合力工作以保证经济独立与文化独立;(2)我们从实业与教育发展我们团体的经济与文化,建成一个组织完美的新社会;(3)我们用这新社会做模范来改造旧社会,使全社会渐渐革新,成为一个安乐、愉快、平等、自由的少年中国。④ 大致说来,全新的、创造的态度是构想"少年中国"理想社会图式的动力。无论是王光祈所谓消极的乡村"小组织",还是宗白华所谓积极的创造森林中的小社会,脱离旧社会是一个基本前提,用教育方式或半工半读方式来形成身体、知识、感情意识皆完全发展的个性人格,再图发展团体意识,从事各种社会事业,则是基本路径。改造旧社会,以所谓"新社会"为模范,渐次创造"新中国",则是他们共同目的。

二是以文化运动为手段的改造模式。李大钊理想中的"少年中国"是由物质和精神两种改造组成的。"少年中国"运动的第一步是作精神改造和物质改造两种文化运动。前者"本着人道主义的精神,宣传'互助'、

---

① 参见田子渝《武汉五四运动史》,湖北人民出版社1999年版,第180—181页。
② 《独秀复东荪底信》,《新青年》第8卷第4号,1920年12月。
③ 王光祈:《与左舜生》,《少年中国》第1卷第2期,1919年8月15日。
④ 宗之櫆:《我的创造少年中国的办法》,《少年中国》第1卷第2期,1919年8月15日。

'博爱'的道理,改造现代堕落的人心,使人人都把'人'的面目拿出来对他的同胞;把那占据的冲动,变为创造的冲动;把那残杀的生活,变为友爱的生活;把那侵夺的习惯,变为同劳的习惯;把那私营的心理,变为公善的心理"。后者"就是本着勤工主义的精神,创造一种'劳工神圣'的组织,改造现代游惰本位掠夺主义的经济制度:把那劳工的生活,从这种制度下解放出来,使人人都须作工,作工的人都能吃饭"。实质上这是学习俄国托尔斯泰到森林村落去从事改造活动,创造新村落,以后"新村落的大联合,就是我们的'少年中国'"①。这种"少年中国"明显带着泛劳动主义的影响,但又不脱离中国国情。所以会员田汉评论说,少年中国的精神就是和平、平等、自由、博爱的精神,既然老年的中国因为灵肉不调和之缘故而亡,因此民主主义是我们少年中国的少年救"少年中国"的唯一药方。② 这种评论与李大钊的理想模式并无二致。如果说王光祈的理想是"农村新生活",那么,李大钊进一步扩充为"新村运动"。③

三是社会主义的国家。倾向共产主义的张申府在1920年9月提出了"无产阶级的少年中国"的概念。他说:"自然以生地的关系,吾也很想创造一个少年的地方叫作少年的中国,作为少年的世界的一部分。只是为想创造的少年中国,绝不是泛泛的少年中国,绝不是象少年意大利一类的少年中国。吾想创造的少年中国,乃是无产阶级的少年的中国,乃是有充分的少年精神(进取、实事求是、赤裸裸、随顺自然,活泼泼地无丝毫之约束)的,以劳农为主的少年中国。"④ 因此,张申府坚决反对学会以所谓"民治"、以"学"相标榜。郑伯奇也反对"少年中国"成为德意志或英美式的德谟克拉西,而希望中国成为一个立足于社会主义的"最新式的国家"⑤。不过,他所理解的社会主义是一个宽泛意义的,而且是达到无政府主义理想的过渡。

从创造"少年中国"的设计可以看出,少年中国学会的理想社会是丰富多彩的,而且是不断变化的。正如李大钊所言:"我们'少年中国'的理想,不是死板的模型,是自由的创造;不是铸定的偶像,是活动的生

---

① 李大钊:《"少年中国"的"少年运动"》,《少年中国》第1卷第3期,1919年9月15日。
② 田汉:《平民诗人惠特曼的百年祭》,《少年中国》第1卷第1期,1919年7月15日。
③ 李璜:《少年中国学会的发起与成立》,台北《传记文学》第35卷第1期,第13页。
④ 张申府:《给少年中国学会的信》,《"一大"前后》(一),人民出版社1980年版,第144—145页。
⑤ 《少年中国学会问题》,《少年中国》第3卷第2期,1921年9月1日。

活。我想我们'少年中国'的少年,人人理想中必定都有一个他自己所欲创造而且正在创造的'少年中国'。你理想中的'少年中国',和我理想中的'少年中国'不必相同;我理想中的'少年中国',又和他理想中的'少年中国'未必一致。可是我们的同志,我们的朋友,毕竟都在携手同行,沿着那一线清新的曙光,向光明方面走。那光明里一定有我们的'少年中国'在。我们各个不同的'少年中国'的理想,一定都集中在那光明里成一个结晶,那就是我们共同创造的'少年中国。'"①

上述关于未来社会的描述各有差别,但都是基于民主主义思想而设计的。这是当时社会发展潮流的影响所致。各种理想社会的基本标准之一,是"适应人类全体生存"的要求。《半月》的一篇文章也提出:"不空谈主义,适人类生存是现在文化运动者出而改造社会的原则。因为现代社会的罪恶的事实太多了,如长此不改,我们数万万同胞恐怕没生存的余地。因为世间的罪恶有一多半是因经济不平均、生产机关生产物私有制度发生的,其他附属的恶制度、恶习惯也很多。所以文化运动者对于'适人类生存'这句话,算是他改造社会唯一的目的。"作者的目的是希望有一种"各尽所能,各取所需"的社会,是要社会上人各安居,各谋生产。②理想社会的基本标准之二是适应德谟克拉西(时人又写作"德莫克拉西")的世界潮流的要求。《教育潮》在"发刊词"中指出,20世纪世界的新潮流是"人的潮流",即"基于以人为本位的思想,成为以人为本位之世界大势,排去一切不以人为本位之旧社会现状,而改造以人为本位之新社会现状之潮流"。这种新思潮就是"德谟克拉西"。题为《什么是现代的时代精神》的文章指出:"德谟克拉西"就是排斥一切有害于增进社会上全体的人、做真正的人和有害于增进社会上全体的人的幸福的组织和行为。具体来说,在经济上就是消灭资本主义,使社会上全体的人"各尽所能,各取所得";在政治上就是消灭阶级差别,以一个阶级——没有贫富贵贱——的社会上全体的人来治理政治;在文化上就是消灭不平等,使社会上全体的人都受"真正的人"的教育和"增进社会上全体的人的幸福"的教育。这里所谓"德谟克拉西"不是专指资产阶级的民主主义,实际上是含有模糊的社会主义思想的政治经济制度。③把"德谟克拉西"分为经济

---

① 李大钊:《"少年中国"的"少年运动"》,《少年中国》第1卷第3期,1919年9月15日。
② 原载《半月》第16号,1921年3月15日。
③ 望馥泉:《甚么是现代的时代精神》,《教育潮》第3期,1919年8月。转引自《五四时期期刊介绍》第二集,生活·读书·新知三联书店1979年版,第432页。

的、政治的、思想的等方面，表明，五四时期中国人对于"德谟克拉西"有自己的特别的解释，与欧美思想界所谓"德谟克拉西"不大相同。

如少年中国学会一样，许多进步社团和刊物都提出，他们的理想社会是顺应世界潮流的。彭一湖称之为"新时代之根本思想"。他指出："简单一句话，无论什么'得莫克拉西'，都是一切以民众为主的思想，这种思想，和贵族主义、官僚主义、军国主义以及金权主义，绝对不能相容，是不待言的了。"①《新群》提出，未来社会是"各尽所能，各取所需，新社会的精神是自由平等，新社会的宗旨是劳工神圣，新社会里面军阀、资本家、官僚、议员是永远无踪无迹的。"②虽然名其为社会主义，实际上就是民主主义。曹刍在《新文化运动之种种问题同他推行的方法》中提出，他所向往的"德谟克拉西"的社会，"不容有威权的压制"，"要人人能努力，人人能奋斗，人人有人格，人人要尊重他人的人格"③。《新社会》明确表示："我们是向着德莫克拉西一方面，以改造中国的旧社会的。"他们想创造德莫克拉西的新社会，是"自由平等，没有一切阶级一切战争的和平幸福的新社会"。因此，他们的改造目标是实现德谟克拉西的新社会。④《新江西》甚至提出，他们所谈的"是在社会范围以内的事，是社会里面一切极平常的事"，他们的主张是发展"德谟克拉西"的真精神，打破军阀等一切威权和阶级制度，以及对于平民、资本家、劳动者、男人对于女子等各种不平等制度。作者主张劳工神圣，"要使他们有觉悟，能自动；引着他们到光明的路上去。"⑤《旅欧周刊》明确提出以建立一个彻底平等的社会为革命的最终目的："我想只要做到世界上的人类，都是一样的生活，一样的劳动，各人拿他劳动的代价，来换得他生活上的须（需）要，绝对没有什么富贵贫贱的阶级，一切都是彻底的平等，到了这个社会，这就可算改革完了。"⑥可见，时人眼中的未来社会都是顺应民主主义潮流的新社会。

2. 理想的国际社会

五四时期关于中国社会改造的讨论，也涉及世界改造。中国改造不可

---

① 一湖：《新时代之根本思想》，《每周评论》第8号，1919年2月9日。
② 杨亦曾：《新社会与新生活》，《新群》第1卷第1号，1919年。
③ 曹刍：《新文化运动之种种问题同他推行的方法》，《少年社会》第1卷第5期，1919年12月29日。
④ 《发刊词》，《新社会》第1期，1919年8月11日。
⑤ 《新江西宣言》，《新江西》第1期，1921年5月1日。
⑥ 《社会改造观》，《旅欧周刊》第93期，转引自《五四时期期刊介绍》第三集，生活·读书·新知三联书店1979年版，第205页。

避免地联系到世界改造,所以世界改造也是关于中国改造问题的一个重要方面。以下简要介绍时人关于国际社会的设想。

李大钊在《新纪元》中说:"一九一四年以来世界大战的血、一九一七年俄国革命的血、一九一八年德奥革命的血,好比作一场大洪水——诺阿以后最大的洪水——洗来洗去,洗出一个新纪元来。这个新纪元带来新生活新文明新世界。"[1] 无论是新生活、新文明、新世界带来的新纪元,还是新纪元开创的新生活、新文明、新世界,都是世界社会改造的结果。如《国民》所描述:"彼澎湃浩荡之新思潮,方且发源于俄罗斯,汹涌于德意志,而彼遍于大西洋、太平洋,知侵入我亚洲大陆矣。"[2] 如前所述,欧洲各国战后的社会改造,形成世界改造的潮流。其中俄国社会改造的世界影响,觉醒了先进的中国人,后者从中得到的教训是:"和平回复,世界改造,我们人类所得的大觉悟大教训,是什么呢?就是打破军阀、扑灭强权,把世界一切不平等不自由的愚民政策,扫除净尽,达到人生真美的幸福,实行民治主义、工本主义。这才是增进我们人类的大幸福,促进世界大和平。"[3]

王光祈在《每周评论》发表的《国际社会之改造》,不仅表达了对十月社会主义革命的热情欢迎,而且对巴黎和会的虚伪性和帝国主义的侵略本质予以无情的揭露。进而提出"打破国界人种的现状,扫除那资本家军阀贵族的威权",由各地方的工人,不分国籍,不分体力和脑力劳动,按"各尽所能,各取所需"的原则组成地方自治团体,再联合成为一个与威尔逊所提倡的国际联盟根本不同的"国际社会"。这样就可以消灭国际间的猜疑与野心,推翻社会上不平等的制度。王光祈关于国际社会的设想是,未来的国际社会是由各地自治团体联合起来的,为了实现国际社会的改造,不能首先从国家的改造做起,而必须从地方自治做起。[4] 这里提出了改造世界的口号和路径,这种改造主张明显带有无政府主义色彩,也有世界革命的考量,延续了少年中国学会关于创造理想的"少年中国"和"少年世界"的路径。

由此可以看出,在共产主义知识分子宣传社会主义革命思想的同时,在一部分小资产阶级和资产阶级知识分子当中,也发出了进行"社会运动""社会革命",乃至实现"社会主义"的呼声。无论是社会主义还是

---

[1] 李大钊:《新纪元》,《每周评论》第3号,1919年1月5日。
[2] 许德珩:《国民思想与世界潮流》,《国民》第1卷第2号,1919年2月1日。
[3] 连僧:《改造社会底要件》,上海《民国日报》副刊《觉悟》1920年5月26日。
[4] 若愚:《国际社会之改造》,《每周评论》第1号,1918年12月22日。

社会革命，实际上都包含着世界革命或无产阶级革命的意义。

　　综上所述，关于社会改造的目标，主要是民主主义和社会主义两种类型。在两种选择中，不仅各自内部存在着明显的分歧，而且两种目标之间也存在明显的分歧乃至冲突。大致来说，新文化运动前期，自由主义立足于思想文化活动，希望建立一个理想的民主社会。五四运动以后，马克思主义者运用唯物史观和阶级斗争学说观察中国问题，得出需要"根本解决"的结论，确立了社会主义和共产主义为社会改造的目标，并逐渐变成广大工农群众的革命行动。

第四章　五四时期社会改造思潮的基本内容(二)

社会改造目标确定后，运用什么样的理论和手段来实现这一目标，就成为一个至关重要的问题。中国社会改造的途径本来是"一个大而急待解决的问题"①，不仅关系到改造方法和手段的选择，也关系到改造如何着手的问题。因此，社会改造的理论和实践都表现出理论和手段复杂多样的特点。

第一节　社会改造的手段

社会改造目标的实现，需要运用正确的手段。一般而言，手段包括态度和方法两个方面。方法指认识社会、改造社会和建设新社会所应用的具体的方式和手段。态度是对社会及社会改造的评价和思想倾向，表现为对社会改造的内在感受和情感等。五四时期关于社会改造的手段问题的热烈讨论，就是围绕着这些方面展开的。

一　关于改造手段的讨论

1919年11月创刊的《新社会》，在《发刊词》中开宗明义地提出："我们的改造的方法，是向下的——把大多数中下级的平民的生活、思想、习俗改造起来；是渐进的——以普及教育作和平的改造运动；是切实的——一边启发他们的解放心理，一边增加他们的知识，提高他们的道德观念。我们的改造的态度，是研究的——根据社会科学的原理，参考世界的改造经验；是彻底的——切实的述写批评旧社会的坏处，不作囫囵的新

---

① 易家钺：《怎样才能改造中国——读孙几伊〈改造中国底途径〉后的感想！》，《时事新报》副刊《学灯》1922年3月8日。

旧调和论；是慎重的——实地调查一切社会上情况，不凭虚发论，不无的放矢；是诚恳的——以博爱的精神，恳切的言论为感化之具。总括起来说，我们改造的目的和手段是：考察旧社会的坏处，以和平的、实践的方法，从事于改造的运动，以期实现德莫克拉西的新社会。"① 显然，他们已经确定了改造旧社会和建立新社会的目标，并准备采用"向下的""渐进的""切实的"方法，采取"研究的""慎重的""诚恳的"的态度。这里虽未科学说明改造目的与手段、方法之间的联系，但已明确了改造的目的、方法和态度，可以说提出了社会改造的初步计划。

　　无政府主义者为了实现无政府革命的目标，也积极探寻革命方法和手段。有人认为，"我们观察近年来中国的社会，知道有一般不满意于现实生活的人，心觉着社会政治的腐败，正在激烈的从事革命运动，那播散（撒）革命种子的团体已遍布于各地，时时刻刻都有革命的表现。可见群众的势力已有一日千里之势，而革命的潮流也是一转直下，我们从事革命运动的人，对于这种极可乐观的情境，切不可让他放过，应该努个力，赶快从这种情境当中找出那积极的、较善的革命运动的方法，唤醒群众，起来直接去革命"②。可见，无政府主义者确立了他们的革命方法和手段，也就是无政府主义改造社会的方法。

　　关于社会改造的手段，少年中国学会还发生了政治运动与社会运动的激烈争论，学会因此面临着分化的危险，可见社会改造手段对于个人和社团发展的重要性。1921年7月，李璜向学会年会提出："若从说革命的范围和程序，先政治的不如先社会的，先社会的不如先思想的，不先从思想革命下手，政治的和社会的革命都是不稳当的，都是要翻来倒去闹个几十回的。"③ 这里从辛亥革命得来的教训，强调思想革命在社会改造中的重要性。倾向国家主义和共产主义的会员，坚持政治改造路径；倾向无政府主义和自由主义的会员则主张社会运动，以教育和事业为主。可见，改造手段的确定，并非一件容易的事情。一个团体内部尚且如此，更遑论全社会。

　　社会改造方法的选择，首先决定于社会改造理论的抉择，任何一种关于社会改造的理论或主义，本身就是改造方法，在社会改造实践中表现为具体的方式和手段。其次取决于对社会的认识及其改造社会的态度。俞颂华以为，中国的改造事业既是很容易的一件事，也是很困难的一件事。如

---

① 郑振铎：《发刊词》，《新社会》第1号，1919年11月1日。
② 血钟：《革命运动》，《互助》第1期，1923年3月15日。
③ 《李璜意见节录》，《少年中国》第3卷第2期，1920年9月1日。

果能把困难之点逐渐消除，同时知道易点之所在而利用之，那么对于中国的前途不致抱悲观，也不致抱空想的乐观。他通过比较中、德、俄三国的内政外交关系发现，改造中国之易点是：中国的地利还没有充分开发，但中国的战后赔款负担比德国轻；中国与俄国同是缺乏资本，但俄国与诸强尚未恢复外交上的常态关系，要利用外资比中国还困难。就外交而论，中国要借友邦的助力以促进改造事业的进步，比德俄两国容易。就内政而论，自辛亥革命以来中国虽不统一，旧势力仍布满全国，但所谓旧势力并没有很长的历史，没有根深蒂固的组织，还是容易推翻的。与欧洲相比，中国现在好像一片白地，改造事业要比别国更简单、更容易。不过，上述改造中国之易点，也必须要国民努力创造新社会秩序，建立代表民意的政府才能利用。同时，中国改造也有许多与众不同的困难之点：一是贫乏，包括物质的与精神的贫乏，资本与人才的贫乏，富力与道德力、智力、审美力贫乏。二是缺乏组织力。国民习惯于放任自由，是缺乏组织力的重要原因之一。知识阶级喜好自由主义、个人主义，"直接足以维持一般自由放任的习惯，间接足以减杀一般的组织力"。三是缺乏人才，尤缺乏能够解决实际问题之专家，即建设人才。四是中国在变态环境下的变态的现象，如消极否定、缺乏政治兴味、缺乏团体行动之训练，也是改造前途的障碍。基于此，救济的方法：一是创造反消极的新哲学，使中国民族复苏，并引导到光明之大道；二是增加经济生产力；三是注重组织健全的团体，训练团体行动的习惯与纪律，培养创造并运用制度的能力，"以为达政治上公共目的与创造新秩序之预备"。归结起来，"国民努力于政治的改良，实在是自救之要着"①。

正确分析和认识中国改造面临的易点和难点，才能确立对于中国改造的态度和方法，当然关键还在于中国人自己的努力。无政府主义者黄凌霜认为，中国的改造绝非五年十年的问题，长期的、不断的努力是我们应持的态度。"但是绝不赞成那调和派、现状派、劳资协助派的口吻，我们不妨提倡革命，提倡反对资本主义，提倡阶级战斗，尤应该研究中国的民性与现状，想个良善的法子，大至根本的改造，小至一地方的兴举、教育的改进与普及、自治之运动，都可以不必推辞。""故我以为克鲁泡特金的学说，一半是社会的趋向，必从这条路走；一半是要人力去实行。"② 总之，

---

① 俞颂华：《改造中国并非难事》，《时事新报》1923年5月22日。
② 凌霜：《克鲁泡特金的社会学说与未来》，《克鲁泡特金纪念号》1921年2月6日。转引自葛懋春等编《无政府主义思想资料选》（下册），北京大学出版社1984年版，第548—549页。

社会改造不仅需要科学的认知态度,而且需要实际行动,二者的结合才能决定正确的改造方法。

如何选择和确定社会改造的方法?首先,中国改造的方法应当顺应世界改造的潮流,因为中国改造是世界改造的重要组成部分。从各国社会运动的历史发展来看,社会革命在西欧就有很多派别,革命方法各有不同,但都是改善人类平均环境,对资本家下总攻击。改造方法之所以各有不同,或因为各国国情不同,或因为见解不同。因此,中国的社会革命应取何种主义,必须要有觉悟的人们从学理上进行研究,再按照中国的国情,或是按照西欧社会的秩序,亦步亦趋。或是因为中国的特种原因,别开生面,都无不可。[①] 因此,改造中国的方法,取决于各种主义的研究和选择,这是社会革命必要的预备工夫。而且中国改造要借鉴欧洲社会革命的经验,这也是顺应世界发展潮流之举。

其次,中国改造的方法要适应中国的社会环境。当时对于社会改造有乐观和悲观两种态度。乐观者认为自己有很大的力量,无论什么自然和环境总可以抵抗;悲观者以为人终是受自然和环境的支配,一切事体只好"委心任运"。在国民党理论家胡汉民看来,两种论调都弄错了。"因为社会是合多数人而成的,社会的环境,能够影响个人,即是个人的行动,也能够影响社会。"所以社会改造的问题,"不能蔑视社会环境的势力,并要研究环境的情势,顺着他的情势",要研究适应自然的法则,并利用其谋求社会创造。例如,大禹治水用疏浚导引法,能够把水消灭,这是能够适应自然的法则和环境的情势去改造的一个证据。禹的父亲采用筑堤拦水的方法,水越拦越多,这是治水方法不适应自然的法则和环境情势的一个证据。[②] 总之,中国改造要顺应社会环境,顺乎社会发展规律。

再次,中国改造的方法也取决于人们对各种社会问题的体悟和重视程度。社会问题的解决,既需要有全局改造的考虑,也需要具体的解决办法。题名《讨论革新社会》的文章说道:"一般革新的个人,也要像翻造新屋的工人做法,把理想的新社会同现在的旧社会做成一个比例式,留在脑中间,然后渐渐把旧社会里边不人道不正义的基础和建筑物从根本上推翻,逐步做去,一定有一所新屋出来给人居住。为什么革新社会要同翻造新屋一样?因为没有旁的基地可造新的,并且即使造了新的,放弃那旧的也觉得可惜,所以不得不翻造。旧社会如果不改革,就一定没有别造新社

---

① 惠僧:《讨论社会主义并批评无政府党》,《广东群报》1921 年 7 月第 5、7、8 号。
② 胡汉民口述,陈其尤笔记:《环境与改造》,《闽星》第 2 卷第 4 号,1920 年 1 月 12 日。

会的希望。但是，因为生活的关系以及世界潮流的趋势，绝不会在旧的社会里讨生活的同时，还要在新的社会里讨生活，也就是新旧社会绝不能分离。"社会到了要改革的时候，就只有改造，没有别造。这是"改造社会"和"翻造新屋"相同之处。但是，"房屋是无机体，社会是有机体。改造无机的，可以任我支配；改造有机的，非得被改造的感化，绝不可以任我支配。所以，翻造新屋易，革新社会难"。"未改造前的准备，就是感化，感化后的手续，方才是改造哩！"① 这是关于社会改造的图式设计，也是改造中国的方法。《时事新报》的一篇文章具体分析了"改造"的要件，指出，改造的一种意义是替换，不是修饰。改造的又一种意义是建设，不是破坏。虽然改造行程中也不免有一段破坏工夫，但是其终极目的仍是建设。"改造"合"替换"和"建设"为一，实际上就是根本解决，但着手处在局部改造："凡是根基不好，根基上面的什么东西都不会好；局部不好，局部构成的全体也不会好。所以不去改造各界各地方的人，绝不是个根本解决。"缘此，改造的第一要件，是实质上换一班人，而不是表面上换一种方法；改造的第二要件是不许一班坏人加入改造运动。"这副改造运动的重担，只好搁在我可爱的新青年的肩上。"② 可见，社会改造就是实行根本改造，从局部改造下手，这是改造社会的基本思路。

总的来说，对于社会改造方法的选择，表现出革命与改良的不同特征，也显示出激进与调和的不同态度。经过新文化运动的洗礼，社会改造中的妥协调和态度逐渐遭到许多人激烈反对。在批评者看来，调和迁就是中国人的大毛病，根源于"不彻底"和"怕失败"两点，在社会改造中表现为，"对于应改造之点不能洞察其过去、将来之利害，本来他的思想是随环境为转移的，故反以调和、迁就为得计。新旧相逢，自然起事实上之冲突，不胜必败，调和、迁就可以陷现状于不胜不败之中，因此起化合作用或中和作用，成一种非新非旧之物。或竟因完全失败，社会反向退至若干步远。要知改造者与被改造者绝对无并存之理，妥协主义的误事，其例盖不可胜数也"③。因此，彻底的改造，才是社会改造者应有的根本态度。

二 社会改造的方法

五四时期提出的社会改造方法复杂多样。讲政治的，说应当实行政治

---

① 隐涯：《讨论革新社会》，长沙《大公报》1919年10月10—11日。
② 虞：《改造的要件》，《时事新报》1919年9月27日。
③ 《谢觉哉日记》，人民出版社1984年版，第107—108页。

改造；讲无政府主义的，说非实行无政府革命不可；改良派则说当渐渐地改造，革命派则主张彻底改造。有人总结，"自民国成立以来十有二年，国内政争迄无宁日，国际地位日益不振，救国之士，论政治腐败则归罪于社会不良，论社会不良又归罪于政治腐败，如是递相因果，循环不已，而中国之前途遂成一不可救药之死症"①。因此，当下最要紧的是解决究竟哪一种改造适宜当时中国，决定社会改造的方法。正如费觉天所说："这个问题一不解决，象今日这种空漠的，漫无头绪的文化运动，我相信是永无结果；象这般自命为社会运动家的今日社会主义，明日无政府主义——拿社会运动作装饰品，就是运动了百年，千年，万年，还是等于没有运动。所以现在最要紧的就是各人切实地研究，解决究竟适宜于今日中国的是那种改造。解决底结果固不必大家一致，但由此各人当有各人底主张努力运动，再没今日这种可怕现象。"② 可以说，社会改造到底选择哪一种方法，是社会改造理论的一个至关重要的问题，也是关系到社会改造实践是否成功的问题。

综观当时的各种改造主张，大致可分为两种。一是主张社会上事事物物都应当逐件改良；二是主张从根本上解决，先打破私有财产制度，其余一切问题就迎刃而解。前者叫作社会改良派，后者叫作社会主义派或者社会革命派。③ 当时讨论比较热烈有社会革命、思想革命、教育改造、文化运动、社会改良、政治改造、经济改造等手段，以下分别介绍。应当说明的是，当时社会改造论者对他们的改造手段未作严格区分，现在著者如此划分未必科学，主要是出于方便论述的考虑。

1. 社会革命

在中国改造方法的讨论中，许多人倾向于社会革命，认为中国应当也必须采取社会革命的方法。革命具有改造的意义，而且是改造的第一步。信仰基尔特社会主义的张东荪不提"革命"而提"改造"，是因为"革命"两字容易引起误会，才改用"改造"两字。其实，革命即"更新"，"各自革命"就是"各自改造"④。无政府主义所理解的革命，依据黄凌霜的解释，革命这个名词，西文叫作 Revolution，Re 就是"更"的意思，E-volution 就是"进化"的意思，合起来，革命就是"更进化"。他认为，无

---

① 杨杏佛：《社会自救与中国政治之前途》，《杨杏佛文存》，平凡书局1929年版，第13页。
② 费觉天：《从国家改造到世界改造》，《评论之评论》第1卷第1号，1920年12月15日。
③ 荧光：《星火弁言》，转引自《五四时期期刊介绍》第三集，生活·读书·新知三联书店1979年版，第458—459页。
④ 东荪：《各自改造》，《时事新报》1919年9月26日。

政府主义主张的革命和那无关痛痒的革命大不相同:"协约国战胜德奥,社会上何尝不说公理战胜强权呢?但是我们意中的强权,不惟是德奥的军国主义和尼采的'超人'主义,现在社会的政治、宗教、法律、资本家,阻止人类全体的自由的幸乐,使之不能实现,都是强权的",因此应该百尺竿头更进一步,从根本上将它们扫除。① 这就是无政府主义主张的彻底的革命。

早期共产主义者将"革命"理解为根本改造,就是要将一切旧的思想、道德、制度、组织从根本上推翻,完全在新基础上改建社会。因此,"革命是鼓动知识阶级的新思想和贫民阶级从实际的经济压迫下不得不起的反抗运动两种激流相合而激发的"②。根据马克思主义理论,只有"实行暴烈的革命",打破私有制,建立公有制的革命,才是进行革命唯一正确的手段。具体来说,"把资本家推倒,拿社会上所有的产业、轮船、田地、生产的工具改归劳动者大家公有,从新改革社会上的制度和经济的组织,使劳工专政实现!"③

社会改造必须采取革命的方法,也是社会历史发展使然。辛亥革命旋起旋败,使先进之士得出了"社会革命当与政治革命并行"的教训。第一次世界大战之后,进一步昭示政治革命向社会革命转变的潮流和趋向。如前引罗家伦所说,"以后的革命是俄国式的革命",也就是社会革命。无政府主义者黄凌霜坚持"要改造今日中国不但要革命,并且非无政府革命不可",认为"社会革命是将全社会的恶制度从根本上推翻,拿新的来替代了他;若是畏首畏尾,这简直是基督教的改良主义,还能算做社会革命么?"④ 共产主义者张申府则说:"今日乃是革命的时代,而且是社会革命时代。因为在现代的中国,非社会先革命,必无别的革命可能。"今日革命的目的是"要建设一个新社会的"⑤。彭湃在《告同胞》中呼吁人民联合起来进行社会革命。他说:"我们既承认现社会之种种罪恶,种种缺陷,有不得不实行社会革命之决心,我们就应当赶快觉悟,互相研究,互相团结,互相联络,互相扶助而为之。盖社会者,社会人之社会也,社会革

---

① 凌霜:《进化杂志宣言》(1919年1月10日)。转引自《五四时期期刊介绍》第三集,生活·读书·新知三联书店1979年版,第494页。
② 李汉俊:《什么叫革命》,上海《民国日报》副刊《觉悟》1919年10月26日。
③ 苏新甫:《告劳工朋友们》,《青年周刊》第2号,1922年3月7日。
④ 黄凌霜:《评〈新潮〉杂志所谓今日世界之新潮》。转引自张允侯等编《五四时期的社团》(二),生活·读书·新知三联书店1979年版,第85页。
⑤ 张申府:《张申府文集》第一卷,河北人民出版社2005年版,第137页。

命——社会运动,合社会人而运动,而革命之谓也,非个人或少数人所能成就者,即使之成就,必不是真正之社会运动,社会革命也。"① 1922年2月26日在广州创刊的《青年周刊》以宣传马克思主义、彻底改造旧社会制度为宗旨,以社会革命为"先行的旗帜",并且宣称"革命的无产阶级学说,就是指示实现社会主义的实际道路"。② 可以说,许多先进之士和进步团体都已意识到,社会革命是世界潮流所趋,是中国改造唯一的方法。

采用社会革命的方法,也是中国社会现状所致。有谓:"我们如果会看破现社会的组织是和最大多数的福利相冲突;现社会的生活是牺牲大多数去逞少数人私欲的生活,是不平等的事;一定要找个较好的生活来代替,要得到较好生活的实现,就非改造社会不可。简单言之,即非革命不可,那末因社会变动的缘故,发生革命的事实是必然的趋势,谁也不能阻挠抵抗的了!"③ 陈独秀更直白地说,因为现在社会制度和分子不良,用和平的方法改革不了,所以采取革命的手段。革命是手段而不是目的,除旧布新才是目的。政治革命要出于有知识、有职业的市民,社会革命要出于有组织的生产劳动者才有效果。若是用金钱煽动社会上最不良的分子(无职业、不生产的流氓、地痞、盗贼)来革命,这种无目的之革命不能算革命,只能算作乱。④ 这里强调社会革命是改造社会的手段而不是目的,政治革命与社会革命是根本不同的。费觉天进一步分析说:"政治运动虽有不同形式,但始终离不开现政府;政治运动有效与否,且以当时社会势力中心底意志为转移。所以政治运动本身毫无效力,其有效取决于发动政治运动的人是否握有当时社会势力中心。今日中国的社会势力既在军阀,所以无论甚么政治运动,若非经军阀同意,决无效力。设中等阶级的势力大过军阀,社会势力中心就由军阀移到中等阶级,这时所有政治运动如发动于中等阶级就有效力。所以政治运动是空的,是毫无效力,若要使他有效,除非从社会上做工夫,或使中等阶级自觉,或使第四阶级自觉而同军阀斗争。""因此我断定,能够改造今日中国,只有第四阶级。想改造今日中国,除却社会革命,再找不出第二种方法。"⑤ 他认为中国改造,社会革命是唯一的方法。

---

① 《告同胞》,《新海丰》第1号,1921年9月1日。
② 《青年周刊宣言》,转引自《五四时期期刊介绍》第二集,生活·读书·新知三联书店1979年版,第31页。
③ 徐其湘:《动的社会观》,《新社会》第14号,1920年3月11日。
④ 陈独秀:《革命与制度》,《新青年》第9卷第3号,1921年7月1日。
⑤ 费觉天:《从国家改造到世界改造》,《评论之评论》第1卷第1号,1920年12月15日。

从国家改造到世界改造，社会革命是最好的也是唯一的方法。无政府主义反对国家乃至一切组织，实行无政府革命。费觉天对此提出批评："若实行社会革命，打破一切阶级的差别，建设平民底政治，那么社会上既无阶级差别，则有阶级压制他阶级之事决没有。所以真争自由的，是社会革命而非无政府；真救中国平民的，是社会革命而非无政府革命。能改造今日中国的，是社会革命而非点滴地进化。要想改造今日中国，只有社会革命一法。""总之，一切社会变迁、制度改造，都由于社会心理底趋向，而不在客观底要求。现在的中国虽无资本家，将来的中国当有资本家；社会主义既是反对一切的资本家，而不问是现在，还是未来，就当速起运动，唤醒劳动家底觉悟，改造于未然。"① 因此，无论是为现在的中国还是为将来的中国计，社会革命是改造中国的唯一方法。瞿秋白研究了无产阶级改造世界的方法，认为，资产阶级的私有观念、盈利观念不断引起战争，扰乱经济。假使无产阶级不能于第一步军事上战胜资产阶级，第二步政治上战胜资产阶级，第三步经济上战胜资产阶级，那就永无社会改造的可能。因此，无产阶级的革命和社会改造，绝非中国式浑朴可笑的头脑中之"穷人造反"，而是社会科学的"结论"。所以无产阶级的社会改造，绝不在于他要不要，而在于他干不干。无产阶级改造社会之党纲，绝不是脑子里幻想的新社会之死，亦不是盲目适应的敷衍主义。现实的世界社会要求改造其急，"容不得书生从容不迫的妄想吃天鹅肉，更不许市侩有于局部的瞎对付。无产阶级应当有积极奋斗的进行计划，方能拯救普天下的劳动者。社会既不得不改造，尤非无产阶级负此重任不可；欲改造则非以革命的方法不能行，实际上不得不借之于强力"②。这里根据马克思主义理论，论证了无产阶级以革命的方法改造世界的必要性。

不仅如此，社会革命是到自由社会、到大同世界的唯一大路，也是改造世界的唯一方法。就国家的进化来看，从社会革命产生的是一种"自由民国"，是一种自由社会，不但没有横暴压制，而且公然实现大家向往的"自由乡"。费觉天认为，从国家进化的外延看，要到大同社会，只有社会革命一法。国家的内容既是进化，由奴隶主人而封建诸侯而资本家而劳动阶级。国家的外延也是进化，由血统而地方而职业，足见社会革命虽主张有国家，然真能打破"国家"的，就是社会革命；虽然社会改造是今日中

---

① 费觉天：《从国家改造到世界改造》，《评论之评论》第1卷第1号，1920年12月15日。
② 瞿秋白：《世界的社会改造与共产国际》，《新青年》（季刊）第1期，1923年6月15日。

国唯一方法,然真能到自由社会和大同世界的,也只有社会革命。① 因此,社会革命是世界改造的唯一办法。

社会革命的方法与途径大致包括以下方面。

首先是改造现有社会制度。社会革命就是彻底否认原有的社会制度,建立一个新的社会制度。有谓:"大凡一个制度,适用于甲时代,未必适用于乙时代,适用于乙时代,未必适用于甲时代。时代既然变迁,社会的思潮、趋向、情形也都跟着变迁。当这个变迁的时候,假若仍旧用从前的旧制度,是不行的,一定要想一个新的完美的适宜的制度,来适应于社会的趋向。"②

革命是实现社会制度变革的主要途径,在五四时期主要表现为资产阶级民主主义革命和无产阶级社会主义革命两种。国民党人胡汉民坚持中国实行资产阶级民主共和方案,并主张,政治改革首要的任务就是要循名核实,按照共和国的确切内涵,改造现实政治,建立名副其实的民主政治。③他认为,制度改革必须有两个前提:第一,"凡是一种制度改革,先要知旧制本身是否已无存在底必要,是否不宜于个人与社会的生活而已发生矛盾"。第二,"则问新制成立底一切必要条件已否可能"④。从历史发展来看,资产阶级革命是资产阶级从封建地主阶级手中夺取政权,建立资产阶级民主制度。无产阶级革命不仅在夺取资产阶级的政权,还要在此基础上继续进行社会主义革命和建设。国家政权从旧阶级手里转到新阶级手里,是实现社会革命的重要标志。

其次是改造国家组织。孙几伊在1922年新年之际著文,探讨了改造中国的途径问题。他指出:我们应该先说中国国家组织怎样不适宜以及不适宜的原因何在,然后可以说所要改造的就是这些不适宜的国家组织。换句话说,我们要先知道中国国家组织的病状、病理,然后可以说到治病。在他看来,中国的主要病状主要有外力的压迫、武人的专横、文化的低落三点。其中,中国文化低落"就在缺少了帮助人类权能发展的条件",这些条件是在国家组织中找出来的,而当时的中国否认、放弃和蔑视公平原理。至于外力压迫,与中国外交失策有关,与中国武力不竞有关,其实也

---

① 费觉天:《从国家改造到世界改造》,《评论之评论》第1卷第1号,1920年12月15日。
② 独醒:《社会为什么要改造——改造社会应该到什么样地步》,长沙《大公报》1920年6月30日—7月3日。
③ 袁清平、李剑萍编著:《胡汉民先生名著集》(上),军事新闻社出版部发行,1936年,第24、25页。
④ 胡汉民:《唯物史观与伦理之研究》,上海民智书局1925年版,第280页。

是中国国家组织不完全的结果。武人专横则源于督军制度不适于近代国家制度。这三种原因皆与国家制度不完全有关。因此，改造中国的途径，第一步应着眼于国家组织。近代国家组织有两个方面：一为国家自身，二为世界一员。国家对于自身，第一，必须有完备的法律；第二，必须以增进一般幸福为职务；第三，国家是有人格的，故有权利亦有义务；第四，国家应以人民为主，使人民能力充分发展。国家对于世界，第一，应该服从国际法；第二，国家可以做被告。由此看来，中国现存国家制度绝不合近代国家原理。① 因此，改造国家制度是理所当然的，这是改造中国的第一步。

怎样改造现存国家组织？有人认为，联省自治运动是一种较适合的国家组织。依据在于：第一，现在联省自治运动的初步，人人认有制定省宪的必要；第二，既标榜自治，自然是人民的自治。在孙几伊看来，中国病源在于国家组织不完全，中国的病状在于文化低落、外力压迫、武人专横。因此中国改造的途径，第一点应着眼于国家组织；第二点就是提高文化，回复国民活动力。外力、武力都可不怕，可以建设一种新国家组织——自治省的联合。② 易家钺对孙几伊的改造途径提出商榷，认为把中国的文化低落、外力压迫及武人专横归诸国家组织不良所致，是因果倒置，因为这三种病状都是引起中国国家组织不完全的主要原因而不是结果。在他看来，第一，"我们要牢不可破地记住一个总原则，就是凡改造局面，必先打破现状，这是千古不移之理。我们要改造中国的局面，必须先打破中国的现状"。文化低落、外力压迫及武人专横，均要首先打破，才能改造新中国，否则就没有希望。第二，"我们所谓改造中国，当然是要改造中国的全部，——这个全部，决不是指中国各省区，也不是指上自什么大总统，下至什么修脚匠，而是指中国政治、经济、伦理、宗教等等各方面的总和；换句话说，就是指中国的全社会"。改造中国正如解决社会问题，社会问题包含经济、妇女、伦理、人口等方面。所以不能说，政治问题解决了，中国的社会问题就解决了，因为改造中国的政治，只不过是改造中国全社会的一部分。而且，纯粹改造政治是不能成功的，要改造就要全部改造。"总而言之，政治的改造，只能改造政治，不能改造政治以外的一切东西，故其力甚小而弱；社会的改造，则能改造社会的全部，

---

① 孙几伊：《改造中国的途径》，《中国改造问题》，商务印书馆1923年版，第22、31—34页。
② 孙几伊：《改造中国的途径》，《中国改造问题》，商务印书馆1923年版，第41、42页。

故其力大而强。因此我们还是注意社会各方面的改造。"① 因此,中国的改造,第一要打破中国的现状,第二要中国全部地改造。

许多人主张开展自治运动,实行地方自治来改造国家组织。专门宣传自治运动的刊物《自治》,在《宣言》中指出:"世界上所以有不平等不自由底事情,无非是为着有治者和被治者底阶级。世界上为什么会产生这治者和被治者底阶级?无非是因为一部分人放弃他自治底责任,其他一部分底人就从而庖代了。……我们要打破这阶级制度,达到自由平等底地位,不能不把自觉心从自治方面做起,不然凭你底自觉心怎样大,天天自由平等大声高呼去,也是不济事的。"② 若此,地方自治当以人人自治为基础,人人自治是改造社会的唯一和最好的方法。自 1920 年 7 月湖南率先举起联省自治的大旗,全国性的联省自治运动勃然兴起,其中始终贯穿着"官治"与"民治"的争论。倾向共产主义的宋介在《自治运动》一文中指出:"由绅阀运动而得之自治,只可名为绅治,不得名为自治……非平民不能有自治。若辈所求之自治,乃代官治、军治而兴之绅治;易贵族、军人之专政而为绅士之专政,易少数之专政而为多数之专政。"因此,"平民自治"的实现,"是必大多数平民于水深火热之余,发生政治的觉悟,起而为民众的集合,以从事自治运动乃可。彼时之自治,乃可以去人民之疾苦,伸人民之权利"③。苏俄革命采取无产阶级专政的办法,实现了"真正的平民自治"。在中国,联省自治运动也成为社会改造的尝试。"一二月来中国发生了一种自治运动,许多人都用着老虎搏兔的力量来提倡,著了洋洋洒洒的文章来鼓吹,一方面又开会联合,上书请愿起来。"④

就自治运动与中国改造的关系,《改造》的一篇文章作了深入分析,指出,"大凡一种运动的发生,必定先要使社会上明白这个运动的意义,因为凡是正大光明的运动如果不取公开的形式,决不会有成功的希望,而公开的方法第一步就是先使群众明白这个运动本身的意义"。作者认为,从辛亥革命和俄国革命的比较来看,真正的自治运动是向下的持久的运动。现在的自治运动是绝不能成功的,因为一般人民实在幼稚,不容易使他们了解自治运动的意义;也因为从事运动的人都是都会中的游离分子,

---

① 易家钺:《怎样才能改造中国——读孙几伊〈改造中国底途径〉后的感想!》,《时事新报》副刊《学灯》1922 年 3 月 8 日。
② 中共中央马克思、恩格斯、列宁、斯大林著作编译局研究室编:《五四时期期刊介绍》第三集,生活·读书·新知三联书店 1979 年版,第 166 页。
③ 宋介:《自治运动》,《曙光》第 2 卷第 1 号,1920 年。
④ 济之:《自治运动与中国改造》,《改造》第 3 卷第 4 号,1920 年 12 月 15 日。

成分复杂得很。此外,自治运动不起于各地方,而起于与乡土漠不相关的绅士所组成的"旅京同乡会",算不上真正的自治运动,不但不能使中国的政治和社会改善,反而比现在更加要坏下去。因此,自治运动尚未到实行的时期,只能做到研究和言论鼓吹的一步。现在最紧要的还是文化运动,就是要使自治运动加浓社会的色彩,而减少政治的"臭味"。把自治运动的目的移来做文化运动的工具,文化运动与自治运动同时并举。文化运动一旦成为自治运动,便到了实行的时期。这样的自治运动才能说是与中国的根本改造有关,才能算作真正的自治运动。① 由此看来,自治运动才是一种彻底改造的运动,为"今后解决时局之惟一办法"②。

不过,以自治运动来改造中国的主张,也受到不少批评和质疑。题为《自治运动与社会革命》的文章指出,现在国内"省"自治的运动很不寂寞,呼声要算很高的了,"他们借着人民自治——就是广义的德谟克拉西政治——的头衔来实行他们的绅缙运动,看破了他,实在一文钱都不值,结果真正的平民得不到一些好处,反加多一重压制,加多一层掠夺罢了!所以,我们一方面既断定绅缙运动赶去军阀之必不能成功,一方面又确信绅缙运动之结果是使平民背上的压力更大、更难翻身"。所以,我们当前的任务是"立刻举行无产阶级的革命"③。也就是资产阶级的自治运动不能从根本改造中国,只有无产阶级的社会革命才是改造中国的正确途径。

也有人认为,民国以来祸患不断,根本的原因在于无国家组织。在无国家组织的国家,其政象非争即乱,而且一乱而永不复治。"可知民国内乱之源,在于政制,而不在于政象。举凡不良之政象,无一不由政制而起,不从政制上求改革,而欲政象之平,不可能也。""无政府,无法律,非根本改造,社会则无从收拾。"④ 因此,中国问题的根源在政治制度,中国改造首先是政治制度改造的问题。

进而言之,国家制度是社会制度所决定的,改造国家制度必须变革社会制度。如何改良社会制度?第一,必须晓得社会制度是什么;第二,必须研究现存的社会制度为什么应该改良;第三,必须研究用何种方法实现此种改良之目的。弄清楚这三个要件,社会改制问题就容易解决了。⑤ 既然社会制度的改造是与国家组织联系在一起的,所以有人提出,要改造国

---

① 济之:《自治运动与中国改造》,《改造》第 3 卷第 4 号,1920 年 12 月 15 日。
② 转引自孟祥才《梁启超传》,北京出版社 1980 年版,第 272 页。
③ P生:《自治运动与社会革命》,《共产党》第 3 号,1921 年 4 月 7 日。
④ 汤漪:《省宪建国议》,长沙《大公报》1921 年 2 月 15 日、16 日。
⑤ 陈达材:《社会改制问题》,《新潮》第 2 卷第 1 号,1919 年 10 月。

家制度，即由单一制改为联邦制，就是将单一国改为联省国，将分合无常之国家改造为多数的"准独立"国家。具体地说，国制改造，由大而小，于政治上减无限纷争，使人民蒙永远之福利。若家、国两制，并行改造，则家齐，国治，而天下平。①

总的来说，五四以后社会革命主要有无政府主义与马克思主义两种旗帜，在社会改造中究竟哪一种主义适合，还是应当根据中国的国情民性而定。共产主义者包惠僧深入研究了这两种主义的本质和方法及各方面情形，又观察中国的国情，得出了中国革命"非采直接行动劳农专政的方法去进行不可"的结论。"所以我主张要革命，就非直接行动不可，革命以后，就非劳动专政不可。"② 中国共产党成立伊始，就在其纲领中明确提出"党的根本政治目的是实行社会革命"③。在革命方法上，就是走俄国革命的道路，实行社会主义革命。1922年6月，中国共产党发表第一次对于时局的主张，提出了民主主义革命和反抗帝国主义侵略两个目标。中共中央政治机关刊物《向导》宣传说："中国现在外受国际资本主义底侵蚀，内受军阀官僚资本家底剥削，而大多数的老百姓劳劳作牛马，以待死神之临到。在这种情形之下，惟一的办法，只有从社会革命入手。"革命就是办法，革命就是给国民以实际的训练，革命才可以"打倒旧支配阶级，建立新支配阶级"，以此新支配阶级才能解放民众于倒悬。所以社会革命为中国改造的唯一出路，"打倒旧支配阶级，建设新支配阶级"是唯一的革命办法，也是人类解放必经的途径。④ 政治革命是社会革命或社会改造最激进的手段，五四以后成为中国共产党和国民党以及中国青年党的革命旗帜。

总之，社会革命是改造社会的重大历史变革，其最终目的是根本变革经济制度，解放和发展社会生产力。因此，社会革命成为五四时期社会改造的一个重要方法。

2. 思想革命

思想的宣传是一切运动的根本。无论哪一种社会运动，都需要从事运动者对于运动的目标有深切的信仰，对于运动的意义有正确的了解，这运动才有实力；更需要使一般社会对于这运动都有相当的同情，然后运动才

---

① 宁楚禅：《国制改造与家制改造》，长沙《大公报》1923年2月22—24日。
② 惠僧：《讨论社会主义并批评无政府党》，《广东群报》1921年7月第5、7、8号。
③ 中央档案馆编：《中共中央文件选集》第1册，中共中央党校出版社1989年版，第3页。
④ 周白棣：《读四期以来的〈向导周报〉的感想》，上海《民国日报》副刊《觉悟》1922年10月15日。

第四章　五四时期社会改造思潮的基本内容(二)

能产生影响。① 所以，改革社会应首推思想革命，思想是改造社会的最良武器，思想革命是社会改造运动的根本。② 正如张君劢所解释的，人类社会的进步出于人们自身的"自觉心"，"一二先知先觉，察微知著，见隐知显，本其不忍之心，以揭橥其所是，而抨击其所非，而天下之人，与之同声同气者，亦本其不忍之心以从之，于是一二人之理想，遂播为社会之风气。"③《星期评论》中的《发刊词》也说，世界是人的思想创造的，社会变革的起源是人的自觉。"我是我的我，一切世界，都从心里的思想创造出来。这个心原是我一个人的心，却凡是人都有心，就都有我，合众我众心的思想和意识，就是创造或改造世界的根本。"④ 因此，社会改造当使每个人能够自由发展和自由创造，其途径是思想革命，社会改造当以思想革命为先。1919年9月发表的《新中国发刊词》说："新机一辟，一切政治、道德、学术之现象，自然适合于是时所需要，而无患乎丛诟。何也？变在政治，变在道德学术，而人人之思想不变；是其变也，皆戾乎人心者也，虽是亦非，况乎其有未是；虽善亦恶，况乎其有未善。若思想变，而政治、道德、学术皆应之，是宜其有是无非，有善无恶矣。故欲以新政治、以新道德、以新学术而造新思想者，其势逆；以新思想而造新政治、而造新道德、而造新学术者，其势顺。顺逆之际，辨之不可不晰也。""夫既以新思想为造新政治、为造新道德、为造新学术之前提，试循因以求其果，则灿烂光明之新中国，且不期而涌现乎大地之上。"⑤ 文章清晰地揭示了思想革命在社会改造中的重要地位和作用，即思想革命是一切改造的基础。

中国历次政治运动的失败，也促使社会改造方式从政治革命向思想革命转变。国民党要人朱执信反思辛亥革命受挫的原因，深入观察现在中国情形，"以为非从思想上谋改革不可，故决心此后力量，全从事于思想上之革新"⑥。1920年，罗家伦通过总结五四运动的失败原因认识到，思想的来源是一切运动的原动力，没有思想未曾改变而行动可以改变的，所

---

① 晏始：《社会改造与思想改造》，《妇女杂志》第11卷第2期，1925年。
② K. S.：《社会改造与共同讨论》，《新群》第1卷第3号，1919年。
③ 张君劢：《社会所有之意义及德国煤矿社会所有法草案》，《改造》第3卷第11号，1921年7月。
④ 玄庐：《发刊词》，《星期评论》第1号，1919年6月8日。
⑤ 《新中国发刊词》，转引自《五四时期期刊介绍》第三集，生活·读书·新知三联书店1979年版，第517页。
⑥ 黄季陆主编：《革命人物志》第1集，台北"中央"文物供应社1969年版，第338页。

以，我们文化运动的目的是"以思想革命为一切改造的基础"①。于是开始改变运动的方针，从群众运动转向思想革命。

孤军社社员思勤以自己的思想经历为例来说明。他说："我从前以为目睹一般掌握政权之人，都是特权作恶，是以生起痛恨实力，厌恶政治的反动。每以为政治万恶，惟有不藉政治，直接向社会方面实行文化运动，把民众唤醒起来，才可以改造中国。故数年来专考思潮，少谈政治，脱离政界，去到民间，因此得略了解人生宇宙诸问题，细察士农工商各社会。……一见及全国国民有许多目不识丁久经专制的习惯者，不觉自悔从前思想之错误。万恶的政客武人，故不足与商量改造，而庸愚的农工商贾亦安能责望其为救国的先锋。改造中国固不能不在民众上用工，而智识未开的民众亦不能不经过政治的训练。因此我虽厌恶政治，但在今天过渡的中国，尚不能不希望若干勇于为善的英杰出来改革中国政治哩。"他坦承："我从前所以那样厌恶政治，迷信于民众运动，并不是相信民众有改造中国的能力，是因为看透政治之无可作为，故不得不如此者。"② 从厌恶政治而转到思想革命，是许多中国改造探索者的思想发展轨迹。

中国社会的现状也决定了思想改造的重要性。美国教育家孟禄在山西太原的一次讲演中指出："社会之进步与否，恒视人民有无相当的伦理的观念与思想。必人人以社会为心，由社会单位之家庭起，即受此伦理思想之支配。括而大之，至于国家，使全民族皆受此种伦理思想之支配，自然可有良好的组织。因而可有良好的社会与国家。"③ 美国《太平洋日报》主笔也指出："今日中国之大患，在乎无秩序，不统一，斯二者，而造成此无秩序不统一之结果，则为中国政治家缺乏理想与手腕之所致。外人有恒言，中国政治家皆不知国家为何物，彼等之所知者惟如何足以富其家肥其身而已。夫以只自私自利之政治家而秉国政，故吾人今欲望中国恢复其秩序臻统一之佳境，必当先望中国之政治家立即抛弃其富家肥身之恶劣行为。换言之，即欲造中国，必须先改造目下建设国家所必须之道德是也。"④ 在中国讲学的杜威、罗素关于中国改造的建言献策，都涉及中国人的思想改造问题。外国名哲关于思想改造的"金玉良言"，为中国社会改造提供了重要参考。

---

① 罗家伦：《一年来我们学生运动底成功失败和将来应取的方针》，《新潮》第 2 卷第 4 期，1920 年 5 月 1 日。
② 思勤：《讨论中国改造一封书》，《孤军》第 2 卷第 4 号，1924 年 9 月。
③ 〔美〕孟禄：《学生之机会与责任》，《教育丛刊》第 2 卷第 8 期，1922 年 2 月。
④ 麦力克思：《改造中国必先注重道德》，《晨报》1924 年 4 月 24 日。

中国社会改造必须注重思想的改造，而且，"改革社会必须从改革思想着手"① 成为社会改造者的共识。1921年7月，著名学者杨端六演讲《中国改造的方法》，强调中国改造要从根本上去讨论，进行思想的改造。②哲学家李石岑总结了五四以来文化运动的成绩，最著者"莫过于换新国人之头脑，转移国人之视线，由此，而自动之精神出焉，而组织之能力启焉，而营团体生活之兴趣浓焉，而求新知识之欲望富焉。"但随之发生思想浅薄的现象，以致对一切道德、宗教、政治、法律都不免加以种种无识之解释。"此时急宜注意者，在矫正国人浅薄之思想。矫正之法，一在督促国人注重学问的生活，二在联络富有学识之人，共营编译之事业。"③1921年1月，吴康发表《从思想改造到社会改造》的长文，批评"笼统的混淆的成见的因袭的无聊的无目的去谈社会改造"，主张社会改造要从思想改造做起。"我们今日不欲求社会改造则已，欲求社会改造，必不可不先将思想界模糊纷乱的空气摧陷廓清，另建筑一个身家清白老实可靠的思想基础，然后再来谈社会改造的事体。"其中"心理的成见""缺乏因果的观念""因袭的推论"是思想界改造的三种障碍，必须用"知识的诚实""系统的计划"和"怀疑的勇敢"作为改造的办法。总之，吴康的主张是承认"思想"一宗为一切改造事业的根本要素，所以第一步要先行思想改造。④

当然，社会改造必须从思想理论变为实际行动。正如易君左指出，积极的革命乃改造人类外部的行为，消极的革命乃改造人类内部的思想。"我们中国如能将内部的思想完全改造好，那外部的行为也自然日趋美善，又何必再要社会革命，又何必再怕社会革命！"⑤ 他强调从思想革命入手改造社会，也就是遵循思想改造的方法，同时也是将思想革命付诸社会实践。

思想革命的步骤和方法大致可以归纳如下。

首先，改造个人的旧思想习惯。社会改造必须从基础做起，从个人改造做起，从个人的思想改造做起。时人指出："满清覆亡，民国肇造，一时豪杰，群以政治革命成功自诩。顾十余年来，兵连祸结，民不聊生，官

---

① 罗家伦：《近代中国文学思想的变迁》，《新潮》第2卷第5号，1920年9月1日。
② 杨端六：《中国改造的方法》，《东方杂志》第18卷第14号，1921年7月25日。
③ 李石岑：《学灯之光》（1920年5月22日）。转引自《五四时期期刊介绍》第三集，生活·读书·新知三联书店1979年版，第499页。
④ 吴康：《从思想改造到社会改造》，《新潮》第3卷第1号，1920年10月1日。
⑤ 《易君左自日本来信》，《新潮》第1卷第4期，1919年4月1日。

吏贪婪，土匪蜂起，国有淫风，士鲜廉耻，甚至共和政体之结晶，如所谓神圣之议会，而亦唯利是视，铜臭熏天。是故欲求政治澄清，非改造国民不为功；而欲改造国民，又非先改革习惯难为力也。"改革的方法，一是提倡职业，二是崇尚节俭，三是爱惜光阴，四是注重卫生，五是曰表彰正义，六是破除迷信，七是养成公德，八是尊崇廉耻。①创刊于湖南衡阳的《端风》提出"风俗革命"的目标，乃因为"墉之基坏，则墉崩；国之本危，则国败。风俗者，如墉之基，即国之本也。"于是"端风团将以革新风俗，为促进完善自治之资，而即以改造社会，为增益家国文明之助"②。《永嘉新学会的宣言》指出："在今日新旧思想交战的时代，我们脑中还有许多旧思想，若不肯把这种旧思想翻过身来，适应着潮流，变了新思想，就不会进步。所以我们消极的打算是改革自己的旧思想，积极的打算是创造自己的新思想。所以我们的唯一宗旨，要革新我们自己的思想，创造一个新生活。"为此作者提出"精神解放"和"思想改造"两个口号。前者是说人人都要除去心中的一切拘束和成见，使人人心中没有党派的见、地方的见、阶级的见、恩怨的见、好恶的见，人人平等，人人自由。后者是说人人都把陈旧的不适用的思想翻过身来，改变为崭新的、适用的思想。③新民学会成立时，以"砥砺品行，改良人心风尚"为宗旨。

可以说，五四时期许多进步团体都提出思想改造的宗旨或口号，反映当时从个人改造着手改造社会的一种趋向。

其次，以改造国民思想为主要目标。既然思想改造是社会改造的根本，作为社会改造主体的国民的思想改造就至为关键。"今日大多数之国民，毫无智识，无思想，故无舆论，无清议，无组织政治之能，无监督官吏之势。""国民自身，国家之本体也。""有不良之国民，斯有不良之政府。"因此，改造国民思想是整个社会改造的起点。④ 具体说来，新旧思想是不能调和的，破坏与建设"同为改革之要素"。"故居今日而欲言改革，非以大刀阔斧，破坏旧日社会上遗传之信条，大声而疾呼，直捣其受病之处，使之赤裸裸的而为新观念之涵养，新生命之追求，则黄雾漫空，阴风匝地，欲拨云雾而见青天，安可期也，安可期也。"⑤《国民》的一篇文章

---

① 胡庶华：《改革习惯之建议》，长沙《大公报》1923年12月13—15日。
② 《发刊词》，《端风》第1期，1918年12月12日。
③ 《永嘉新学会的宣言》，《新学报》第1期，1920年1月。转引自张允侯等编《五四时期的社团》（三），生活·读书·新知三联书店1979年版，第158、160页。
④ 杨昌济：《告学生》，《国民》第1卷第1号，1919年1月1日。
⑤ 邦式：《改革之手段》，《国民》第1卷第3号，1919年3月1日。

痛心疾首地指出:"救今日之中国者,今日之国民也。训练今日之国民,克胜救国之任者,国民思想之改革也,欲发思想改革之目标,为二十世纪新兴中国之国民者,又在吾人洞悉乎世界潮流之所趋,以明确眼光干练精神迫切意向依违应赴之,以期致国家于世界全体动员之一而不败。"因此,"今日之第一件事,当在吾人思想之改革,简言之,即破除其痼弊思想而以最新颖之头颅应赴之者也"。作者进而提出,学术知识为改革思想之利器,学术知识不进步,则思想永无改革之期。希望中国言论家、教育家与士夫学子钻研介绍,"使欧西之文化为我改革社会之指针"①。

就国民思想与世界潮流的关系,许德珩指出:"国家不治而日濒于危,政治不纲而社会日即于纷乱。忧时之士窃窃然思有以挽之救之,而不思所以致乱招危之道,毋惑乎其奔走呼号忧伤忉怛而仍无益于国是也。吾常终夜以思,觉中国之所以阢隍颓靡颠倒错乱至于斯极者,政治之不纲固其一因,而人民思想之回旋往覆,终不脱道咸以前之奴隶窠臼者,要为其颓危之总因。""救今日之中国者,今日之国民也。训练今日之国民,克胜救国之任者,国民思想之改革也。欲发思想改革之目标,为二十世纪新兴中国之国民者,又在吾人洞悉乎世界潮流之所趋,以明确眼光干练精神迫切意向依违应赴之,以期致国家于世界全体动员之一而不败。""彼澎湃浩荡之新思潮,方且发源于俄罗斯,汹涌于德意志,而波遍于大西洋太平洋直浸我亚洲大陆矣。我同胞其肯有一稍所顾忌,勿贻今后之忏悔,而奔赴之者乎?若其肯稍一置念也,则今日之第一件事,当在吾人思想之改革。简言之,即破除其锢蔽思想,而以最新颖之头颅应赴之者也。"②

那么,如何进行思想改造?一是要研究什么是"思想"。自1916年1月《东方杂志》发表黄远生《国人之公毒》一文之后,许多人异口同声说,中国各种坏处的根源就是思想界,如想改革中国,第一步就须改革思想。但是,这些人说来说去,总没有说出思想究竟是什么,难免有"笼统"之嫌。因此,汪敬熙指出:第一,必须知道思想的本质;第二,必须知道中国人思想的习惯有什么不良之处;第三,必须知道这些坏习惯从何而来;第四,必须知道这些坏习惯受何种社会制度之影响以及它对于社会制度的影响;第五,必须知道以上所讲的四项事之后,才能开脉案,定药方。③ 这是对"思想"的研究,无疑是改造思想的前提和基础。而思想改

---

① 许德珩:《国民思想与世界潮流》,《国民》第1卷第2号,1919年2月10日。
② 许德珩:《国民思想与世界潮流》,《国民》第1卷第2号,1919年2月10日。
③ 汪敬熙:《什么是思想?》,《新潮》第1卷第4号,1919年4月10日。

造的深入研究，说明思想改造首先必须解决"思想"的理论问题。

二是确定思想改造的具体办法。罗家伦指出，中国人有奴性的思想、专制的思想、昏乱的思想三种毒素，所以必须思想革命，变奴性的思想为独立的思想，变专制的思想为平民的思想，变昏乱的思想为逻辑的思想。① 许德珩认为，"学术知识为改革思想之利器，学术知识不进步，即思想永无改革之期。然如何而可以致蚩蚩者之学术进步、知识进步？则又在我言论家、我教育家与我士夫学子之勤勤焉钻研之，介绍之，使欧西之文化为我改革社会之指针"。② 杨端六提出，思想改造的三种方法为学者著书立说、教育家热心讲授、新闻记者公平指导。其中学者著书立说的效力最大，但不能救济目前的困苦。学校教育的第一任务是开发人的智慧，所以学校教育是改造社会的根本方法。在学校教育以外，新闻是改造国民思想的最好的方法。③ 杨贤江在《思想的革命》一文中指出：社会上种种制度的形成和改变，都以思想为先导。一切的社会改造运动，都不及教育的有根柢，能永久。因为教育的改造，是改造人的思想，而人的思想足以支配政治及经济。所谓思想革命，仍是要做改造运动，先须有个"不得不"的需求，还须有个"所以然"的了解。④ 他强调通过教育改造人的思想进而改造社会的办法。《浙江新潮发刊词》归纳社会改造的方法为"自觉"和"联合"。其中"自觉"就是使人厌恶旧社会的生活，有新社会生活的希望，自觉的办法不外学校、讲演、出版种种事业。其目的就是促进社会改造的自觉性。⑤ 这些思想改造的方法，都着眼于启发和提高人们对于社会改造的自觉。

三是宣传和实践新思想。有人指出，宣传新思想，第一要明白我们的责任，一是传播新思想的学说；二是批评新学说的内容；三是研究社会的新要求；四是指导人生的新道路。我们尽责任的方法，一是有团体的研究，二是有实行的组织。平和、稳健和坚决是我们的态度。总之，新思想新学说是建筑社会的新基础，希望大家努力做新思想的宣传者，希望做新思想之宣传者的人要审慎，不可以瞎说盲从，不可以拔苗助长。⑥ 怎样去

---

① 《通信》，《新潮》第 2 卷第 2 号，1919 年 12 月。
② 许德珩：《国民思想与世界潮流》，《国民》第 1 卷第 2 号，1919 年 2 月 1 日。
③ 杨端六：《中国改造的方法》，《东方杂志》第 18 卷第 14 号，1921 年 7 月 25 日。
④ 原载《学生杂志》第 9 卷第 1 号，1922 年 1 月。
⑤ 《浙江新潮发刊词》，转引自《五四时期期刊介绍》第二集，生活·读书·新知三联书店 1979 年版，第 588 页。
⑥ 野人：《怎样做新思想之传宣者》，长沙《大公报》1919 年 11 月 9—10 日。

实践新思想？或谓："我们要排除不良制度，首要排除混和的思想，更不能用混和的手段。现在我们既不满于旧制，那'不满'就是新思想的起因。那么第一要对自己的惰性，再为一度的反省，第二要对于倚赖制度的生活，先下一个脱离的决心。我们天天说改造社会，却天天扳着富豪的面目去压平民，天天说劳工运动，却天天乘肥马拥爱妾，天天说改良政治，却天天向官僚军阀里讨生活，大家日日向新的方面想，日日去旧的生活干，日日提倡新思想，日日倚赖着旧制度生活，大家都希望未来，却都不肯放弃现在，如何会发生效果呢！"① 因此，从制度与思想的关系来看，社会改造当从思想改造入手。

3. 文化运动

自新文化运动兴起，"文化运动"与"社会运动"或"社会改造运动"的概念往往混同使用，甚至说"新文化运动就是社会改造运动"②，新文化运动"就是以科学的发达为基础的'世界的国家与社会的改造运动'"③。吴康总结说："故民国六七年以还，新文化运动内容，除学术思想，文学革命等事之外，实以社会问题之研究及其实际设施改良，为其主要原素，最近十余年之全国政治运动，社会革新，皆导源于此。"④ 从这个意义上说，新文化运动的确是一场社会改造运动，文化运动成为社会改造的一个重要手段。《新社会》在1919年11月讨论了"今后的社会改造运动"的问题。有谓："自去年欧战停止以后，德摩克拉西的思潮渐战胜武力的迷信，而传播到大地各处去。中国的思想界上，也受了他的激动，生出狠大的进步。麻木不仁的社会里居然透出'解放……！''改造……！'的声浪来；睡气沉沉的中国人，也显出一些活泼的气象，进取的精神来。自'五四''六三'两回运动以后，文化运动的力量，更有日盛一日之势。这真是极可乐观的事情！"⑤ 这是专题讨论中国改造问题的重要文章，揭示了文化运动在社会改造中的重要作用。确实，文化变革是社会变革的产物，也是实现社会全面变革的前导。文化变革为经济、政治和思想的全面变革进行必要的精神准备，为社会变革提供正确的指导理论和科学知识，因此文化运动是政治运动的基础。常乃惪解释说，一方面，"政治运

---

① 孟野：《制度与思想》，《政衡》第1号，1920年3月1日。
② 效春：《文化运动的初步》，《时事新报》1920年6月6日。
③ 戴季陶：《从经济上观察中国的乱源》，《建设》第1卷第2号，1919年9月。
④ 吴康：《中国四十年革新之回顾》，中山大学文科研究所《语言文学专刊》第1卷第3—4期，1937年6月，第615页。
⑤ 郑振铎：《我们今后的社会改造运动》，《新社会》第3号，1919年11月21日。

动常是由文化运动产出来的果，先有思想上的改革作基础，才能引起实际上的改革"。另一方面，"政治上的改革及一切设施虽间接地也能促进或妨害及文化的发展，但其效果仅止于间接地供给某种环境于文化发展而已，倘若没有思想界自己的势力，文化终不会因政治的改革而自然发展。"① 政治运动要清除社会发展的各种障碍物，文化运动则是政治运动的基础，在社会改造中，两者是相辅相成的。

文化运动改造社会的主要方法可归纳如下：

首先，文化运动是改造社会的根本手段。成都半月社创刊的《半月》提出，"适人类生存"是文化运动者改造社会唯一的目的。达到这一目的的手段，就是竭力于文化鼓吹，由少数个人实行，引起无产阶级渐渐觉悟而起"经济革命"，用以抵抗有产和强权两阶级。② 文化运动成了改造社会的根本问题。具体来说，就是要以文化运动觉醒和教育大多数的国民。这也是知识分子的责任。《浙江第一中学校自治会半月刊》提出今后学生对于文化运动的方针："要做根本的、普及的、永久的文化运动，就要从平民这方面着手，要开通平民的智识，普及平民的教育，因为中国人民，平民居其多数，这多数的平民，对于社会进化有极大的关系。"③ 因此，社会改造者当从文化运动入手觉醒国民。蒋梦麟在《社会运动与教育》中指出，文化运动有两个方面。一是传布学术和思想，但学术思想是限于知识阶级的，是局部的。二是社会运动的教育，这是提高社会程度的方法，给受不到普通教育的平民一种教育。蒋梦麟说，我们要讲文化运动，纵横两方面必须并进：传布学术思想，是为一般知识阶级的人增进学识，这是纵的；社会运动的教育，是为一般平民得一种应用的知识，这是横的。纵的一方面是提高，横的一方面求普及，提高与普及都是社会进化不可少的事。"若要实行德谟克拉西，要从社会运动的教育着手；没有这种教育，文化运动就渐渐儿会变成纸上运动。即使不变成纸上运动，就会养成知识阶级一部分的势力，平民得不着好处。"④ 王光祈在《欧洲音乐进化论》中开宗明义地说："因为文化运动是一切社会运动的思想中枢，没有文化运动，便没有社会运动。"因此，在各种社会运动中，以文化运动

---

① 常乃惪：《中国民族与中国新文化之创造》，《东方杂志》第24卷第24号，1927年12月25日。
② 原载《半月》第16号，1921年3月15日。
③ 朱义权：《今后学生对于文化运动的方针》，《浙江第一中学校自治会半月刊》第5期，1920年10月1日。
④ 蒋梦麟：《社会运动与教育》，《新教育》第2卷第4期，1920年2月。

为最重要。①

其次，文化运动要和劳动运动结合起来，觉醒劳动阶级。戴季陶分析指出，文化运动的意义，"就是使大多数被掠夺的无产阶级增进生产消费的能力，享受社会物资平均分配的利益，完成各个人身、心、性的自由发展"。所以，文化运动"是为不能享受文化利益的无产阶级而作的，不是为能享受文化运动利益的有产阶级而作的"。因此，文化运动一定要加上劳动运动的色彩，才能完成文化运动的意义。②所以，文化运动要与劳动运动相结合。《旅欧周刊》发表的一篇文章明确提出，竭力提倡从事文化运动的人，"要把自身加入劳动界，与劳动者醉化，打成一片，以现身说法，使他们觉悟到人类正当生活的那一境，觉悟现实生活是非人的生活，是被人掠夺剥削的生活"，达到"由劳动者进而为物质所有者"的目的。③也就是说，要把文化运动的重心移到劳动阶级，使他们觉醒并投身社会改造运动。

文化运动就是要从根本上改变国人的思想观念。五四运动以后，各处文化运动"渐渐由冷静里露出些热动的意思"，天津觉悟社社员大多意识到，解决中国现在的问题非从根本上着手不可。具体办法是在天津发行两种宣传文化运动的小册子，一种为平民看的，一种为稍有知识的人看的。④就是以宣传文化运动为改造中国的根本。瞿秋白也证实，"文化运动"现在已经成了一个最时髦的名词；从"五四""六三"以来种种运动常常被人叫作文化运动，这些参加运动的人都有一个共同的目标——新社会。然而真正能够改造社会的——创立新社会的——第一步，只有真正有实力的"文化运动"。"我们所预期的'新社会'既然不是一篇文章一部书所能说明的，我们就不能不慎重的思考讨论研究，试验，实行，传播；直到能直接运动的时候，这第一步才算告终。"⑤这表明，青年学生以从事文化运动为己任。《新青年》所译《共产主义之文化运动》明确提出，因为社会改造的伟业不能没有精神上的文化能力来担负，文化运动必定要能增进劳动群象（众）之政治觉悟，方才能行社会改造，尽复兴人类文化之天责。况且，共产主义本身就是最先进、最普遍的文化运动，所以要开展共产主义

---

① 王光祈：《王光祈音乐论著选集》上册，人民音乐出版社1993年版，第31页。
② 戴季陶：《文化运动与劳动运动》，《星期评论》"劳动纪念号"，1920年5月1日。
③ 行候：《文化运动的重心要移到劳动阶级》，《旅欧周刊》第44—46号，1920年9月11日、18日、25日。
④ 二八：《三个半月的"觉悟社"》，《觉悟》第1期，1920年1月20日。
⑤ 瞿秋白：《文化运动——新社会》，《新社会》第15号，1920年3月21日。

的文化运动。① 共产主义是指导社会改造的科学理论,要以共产主义的文化运动引导中国社会改造。

再次,用文学艺术来宣传社会改造思想。文学与社会思潮在社会改造中形成一种互动关系,就是新文学要拿新思潮做源泉,新思潮要借新文学做宣传。这样,把文学作为社会改造的手段或工具加以培植、利用,形成解决中国问题的"突破口"。文学作为社会意识形态的一种,它的相对独立性受到前所未有的重视,文学以形象反映生活的特点得到普遍承认。五四新文学的倡导者重视文学的社会功利作用,但主要着眼点不在求"速效",而是"根本救济",不是诉诸行动的政治情绪,而是改造国民性,为政治革命打下基础。正如李大钊所指出:"由来新文明之诞生,必有新文艺为之先声,而新文艺之勃兴,尤必赖有一二哲人,犯当世之不韪,发挥其理想,振其自我之权威,为自我觉醒之绝叫,而后当时有众之沉梦,赖以惊破。"②

文化运动与社会运动的联系非常紧密。前述王光祈立志于音乐救国,"以礼乐为复兴民族之张本,从陶冶民族性以改造颓腐的社会"③。江苏省教育会会长沈恩孚在上海图画美术学校演讲会上演讲《美育之原理》,他认为,"美与恶为对待名词,不能并立,恶去则美生。社会亦然,恶的社会不去,则美的社会不能产出。吾人均有改造社会之责,但恶的社会须以吾人美的思想与道德去改造之"④。由此可见,文化艺术具有社会和教育的功能,是精神教育的要件,自然充当了改造社会的工具。

从文艺方面入手改造社会,是不少进步社团和社会改造论者的共识。在觉悟社的聚会上,有演讲者指出,诸如忠节孝义、迷信神权、才子佳人、英雄豪杰、义仆救主,"这些书总可以引工人到不劫的地方去,自己受了资本家和地主的虐待,反要忠心事奉,觉得这是分所应尽,得了人家的钱不得不做牛马。这一类恶劣的通俗文学,我以为应该竭尽全力去扫除他们"。"还有知识阶级最欢迎的礼拜六派的文艺,也是间接障碍工人觉悟的东西。这些文艺里面常有非笑改革社会为工人谋幸福的人们,使社会上有心做向导者的,看了这些东西后裹足不前;同时引诱青年堕落,更毁坏了许多可以为工人谋福利的青年,减少革命的势力。"所以研究文艺的人

---

① 溪贞女士译:《共产主义之文化运动》,《新青年》(季刊) 第1期,1923 年 6 月 25 日。
② 守常:《〈晨钟〉之使命——青春中华之创造》,《李大钊全集》第二册,河北教育出版社 1999 年版,第 367 页。
③ 胥端甫:《艰苦学人王光祈》,《王光祈传记资料》,台北天一出版社 1985 年版,第 1 页。
④ 袁志煌、陈祖恩编著:《刘海粟年谱》,上海人民出版社 1992 年版,第 21 页。

以及改造社会的人，都应该排斥这些悖逆时代潮流的文学。"我们中国研究文学的人也应当努力提倡新文艺，追随社会改造者之后，散播新思想的种子，以收潜移默化的功效。"总之，中国社会亟待改造，文学也应当趋向改造社会方面。文学家在现今时代的使命，在消极方面是破坏非人的文学，在积极方面是提倡人生的文学。他的效果是引导社会上的人到自由之路。① 可见，文学在社会改造中具有独特的思想革命的功用。新文学要立足于社会改革，注意探讨有关人生的问题，引导社会运动，成为社会改造的一种工具。

新潮社注重文学对于社会改革的作用，鲁迅曾评论该社"有一种共同前进的趋向"，就是"他们每作一篇，都是'有所为'而发。是在用改革社会的器械"②。国民党人张溥泉在与新潮社通信中大谈文学艺术的重要作用。他引据法国实证哲学家孔德的"要想政治改良，非先把思想变了、风俗改了不行"的话语，又联系自己的思想和中国现实，指出："前数年尝尝的想，何以中国的政体变了，而戏剧、文学仍照满清帝政时代的样子？可见中国的国门，只换了一块招牌，思想、风俗一切全没有改，无怪乎袁世凯要坐刻龙的椅子，张勋要架出那小宣统来呢。"最后他指出："诸君近来主张广义的文学革命，即是思想革命，真是救中国的根本方法。"③ 罗家伦在复信中指出，中国现在政治社会的不良，就是因为人民的思想不曾变换。"我们因此抱改造思想之心颇切。老实说，文学革命不过是我们的工具，思想革命乃是我们的目的。"④ 傅斯年在《白话文学与心理的改革》中发出"未来的真正中华民国，还须借着文学革命的力量造成"的"怪感想"。在他看来，中国20年来各种改革的结果总是"葫芦题"，都源于不是根本改革。若以思想的力量改造社会，再以社会的力量改造政治，这是根本改革。"总而言之，真正的中华民国必须建设在新思想的上面。新思想必须放在新文学的里面；若是彼此离开，思想不免丢掉他的灵验，麻木起来了。所以未来的中华民国的长成，很靠着文学革命的培养。"⑤ 可见，他们是以文学革命为工具，以思想改造为目的。

在此基础上，许多人提出了"革命的文学"。"革命的文学云者，能将

---

① 《我们的五一节》，转引自《五四时期的社团》（二），生活·读书·新知三联书店1979年版，第332—333页。
② 《鲁迅全集》第6卷，人民文学出版社1958年版，第239页。
③ 《通信》，《新潮》第2卷第2号，1919年12月1日。
④ 《通信》，《新潮》第2卷第2号，1919年12月1日。
⑤ 傅斯年：《白话文学与心理的改换》，《新潮》第1卷第5号，1919年5月1日。

现代之黑暗及人间之苦痛处处表现出来，以激刺人之脑筋，膨胀人之血管，使其怒发冲冠，发狂大叫，而握拳抵掌，向奋斗之方面进行，视死如归，不顾一切之血的泪的悲壮的文学之谓也……故革命的文学须以无计较为其本体之特质，使人不暇迟廻审慎而思考其当为之事之利害如何。"①"革命的文学"的使命，就是"打动我们的感情，鼓起我们的热血"，"只有把革命的思想去廓清现代纷乱的妖言，去拨动麻痹着的中国人，把革命的热情去激发全中国死气沉沉的民众，新中国的建设才有希望。"②通过文学来改造国民的思想，是思想改造的一个重要手段。因此，文学被认为是"发达人生的唯一手段"，在社会改造中被抬升到革命救国的高度。

俄国革命的成功经验，说明了文学对于革命的重要作用。在俄国革命中，托尔斯泰"这一批的悲壮写实的文学，将今日社会制度，所造出的罪恶，用文学的手段，暴露于世，使人发生特种感情"③。所以胡愈之指出，"俄国政治改造之成功，亦不能谓为武力革命之结果。俄国文学者、哲学者，以精神的训练砥砺其国民，殆已百年于兹。至此次革命而始食其果，俄国今日所以能有多数不慕利禄、忠于主义之共产党，如罗素之所述，亦何莫非精神熏陶之功。故俄国革命之成功，与其谓为托洛茨基、列宁之力，不若谓为赫尔岑、陀斯妥耶夫斯基、高尔基之力也"④。俄国革命文学反映人民群众的心理，同时引导群众参加革命。邓中夏进一步解释文学与俄国改造的关系，他在《文学与社会改造》的演讲中指出："俄国社会革命，现在已经成功了。就表面看起来，仿佛是列宁，杜尔斯基他们的功劳。其实呵，他们不过受 Gogol, karamgin, Dostoyevsky, Tonrgenev, Tolstoy……那般文学家之赐罢了。那些文学家老早就把私产制度怎样不公？皇帝地主资本家怎样可恶？都本其灵矜之心，运其婉柔之笔，穷形尽态地描写出来，给那些被高压、被虐待的平民去想想。这么一来，那些平民的感情自然会被激动了，那些平民的心理自然会被改变了，等到列宁登高一呼，那些平民自然会揭竿而起了。所以俄国革命，我以为应该首先归功于文学家。总结以上所说的看起来，可以知道文学与社会改造的关系了。"⑤

---

① 周长宪：《感情的生活与革命的文学》，《评论之评论》第1卷第4号，1921年12月15日。转引自《五四时期期刊介绍》第三集，生活·读书·新知三联书店1979年版，第409—410页。
② 张闻天：《从梅雨时期到暴风雨时期》，《少年中国》第4卷第12期，1924年5月。
③ 郑振铎：《文学与革命》，《文学旬刊》第9期，1921年7月30日。
④ 罗罗：《革命与自由》，《东方杂志》第17卷第21号，1920年11月10日。
⑤ 邓中夏：《文学与社会改造》，《保定党史通讯》1984年第2期。

文学革命反映政治运动和社会运动中的思想意识，同时为思想革命提供更锐利、更激动人心的武器，扩大思想革命的阵地。因此，文学对于社会改造具有重要意义，成为社会改造的重要手段之一。

最后，到民间去开展文化运动。随着文化运动日益受到重视，社会舆论出现了人为地拔高宣传的作用、大家群趋于文字宣传事业的现象。郑振铎指出，社会的改造，绝非一部分人改造能成功的，必须全社会的人都觉悟才行。"所以我们想去改造社会，就应该除去现在的聚（只）注意一方面的现象，而分途并进，同时从各面下手，不拘于一隅，不专注意某阶级的改造。"首先，新青年应该毅然舍弃，去学那俄罗斯的青年男女的"去与农民为伍"的精神，去教育他们，引导他们，把他们的思想更改，迷梦警醒，同时把他们的生活改造，而将文字的宣传事业，付托与那有专长、做过哲学人生科学的研究的人去做。其次，应该分散到各省、各乡镇等地方去做社会改造运动，而不可以集中于一隅。"我希望自今以后，大家都有这个觉悟，极力去做本地方的文化运动。乡僻的地方实在是一个最需要改造运动的，也是一个最容易受运动的影响的地方呀（一因区域小，轻而易学；二因熟于习俗，可以因利乘便，所以说更容易受文化运动的影响）。"最后，我们觉悟了，就应该立刻做社会改造运动。① 鉴于当时社会改造"很是患了能说不能行的毛病"，郑振铎建议，今后社会改造运动就要把文字宣传与实际改造结合起来，到民间去开展更广泛、更深入的社会改造。

4. 教育改造

教育与社会改造的关系，是社会改造中长期争论却又悬而未决的问题，但教育是改造社会的一种重要方法和工具，则无疑问。

教育能够改造环境。教育家舒新城指出，教育者是社会的医生，教育者的责任是诊断社会上的病症，而为之对症下药。"社会改造家者说：社会不良，应当和社会奋斗；教育者应当说：社会不良，应当诊视其不良之所在，而为之救正。所以独善其身与坐享其成的教育家，不仅现在不需要，将来也不会需要。因为世界永远在进化的途中走，无论何时，总不能达'完全'的境地，只能向完全的路上走。世界既然只是向完全的路上走，无论何时的教育家，都要时时刻刻创造环境。"② 实际上，教育是社会

---

① 郑振铎：《再论我们今后的社会改造运动》，《新社会》第9号，1920年1月21日。
② 舒新城：《现在教育界所急需的人才——创造环境的教育者》，《教育杂志》第5卷第11号，1923年11月。

改造的根本，改造环境则是教育的根本任务。江西改造社的多数社员都认为，政治不能为改造社会的手段，教育才是根本方法，才是"诱导人性的根本事业"，"人们赖这种事业底陶冶，才能趋于智慧，和善，快乐，强壮，高尚，优美，才能造成真正'德谟克拉西'的社会"①。因此，教育被认为是改造社会的根本方法，是当时教育改造论者的一种群体趋向。

教育对于思想革命具有重要意义。《新教育》宣传说："当此世界鼎沸，思想革命之际，欲使国民知世界之大势，共同进行，一洗向日泄泄沓沓之习惯。以教育为方法，养成健全之个人，使国人能思，能言，能行，能担重大之责任，创造进化的社会。使国人能发达自由之精神，享受平等之机会。卑（俾）平民主义在亚东放奇光异彩，永久照耀世界而无疆。"②

《少年社会》也说："现在要叫德谟克拉西的社会快点实现，我们就不得不推行解决各种问题的方法，但是用什么来推行呢？我以为只有教育。"③ 实际上是一种"教育万能"的论调，强调教育对于建立民主社会的作用。《湖南平民教育周刊》甚至宣传："现在改造社会的利器，便是顶时行的平民教育。平民教育，就是'平常人教平常人'的一种最简单，最容易，而收效最快的一种教育。"④ 也就揭示了社会教育与政治运动在社会改造中的关系。林可彝分析了政治和社会教育的关系，指出："社会教育是促进社会一般品性良善的工具，所以极为重要。但恶政治底下，决没有社会教育可说。政治若是好的，社会教育才能够运动有效。因此我觉得主张社会运动的人，不能不并重政治运动，主张社会教育运动的人，要先主张政治运动。""社会教育"四个字，严格说来只有两种意义："一，学校教育之社会化；二，对于学校教育的一切与民众实生活相接触，而具有促进一般自觉的效力，如报纸、讲演等皆是。"⑤ 可见，社会教育与政治运动是息息相关的，教育也因此被提升到改造社会的工具的高度。正如《觉社新刊》所说，近来改造社会的声浪一天高似一天，不过"百总归一"，全部都说从教育入手。⑥ 题名《教育的罪恶》的文章指出："改造从那里起？解决从那里起？这是根本的根本问题。这根本的根本问题就是教育。教育

---

① 石樵：《怎样改造社会？》，《新江西》第1卷第2号，1922年3月1日。
② 《本月刊倡设之用意》，《新教育》第1卷第1期，1919年2月。
③ 曹刍：《新文化运动之种种问题同他推行的方法》，《少年社会》第1卷第5号，1919年12月29日。
④ 静厂：《劝各界人士利用假期服务桑梓书》，长沙《大公报》副刊《湖南平民教育周刊》第27期，1924年6月24日。
⑤ 林可彝：《社会教育与政治运动》，《自治周刊》第21号，1921年10月2日。
⑥ 本社：《发刊的旨趣》，《觉社新刊》第1号，1920年4月15日。

是作改造事业的工具,作解放运动的利器,离开教育便不能讲解放,讲改造,因为教育是万能的;个人的培养,社会的改进,非教育不成功。"① 文章从"教育万能"的高度,强调教育对于社会改造的重要作用。

教育改造的主要方法大致可归纳如下。

首先,实行平民教育是社会改造的关键。《浙江新潮》在《发刊词》中说:"我们以为劳动阶级,占全世界人类的最大多数,而且都能尽互助、劳动的责任;但是生活的苦痛,唯有他们受得最甚。所以我们以为改造的责任,不能不由劳动者担任。凡知识阶级里面觉悟的人,应该打破'知识阶级'的观念,投身劳动界中,和劳动者联合一致。"② 因此,普及平民教育是学生界不可推卸的责任,这也是使劳动者自觉担负社会改造责任的重要途径。《秦钟》发表的一篇文章,将平民教育的方法归纳为积极的教育与消极的教育两种。前者包括露天学校、平民学校、补习学校、讲演所、新剧团等;后者包括图书阅览所、通俗图书馆、游行图书车、新闻杂志社、通俗白话报、公共体育场、公园、展览会等。提倡平民教育的目的在于使一般人都获得知识,最重要的有三个条件:第一使平民都要认得字,第二使平民变为有常识的人,第三使平民有机会可以造成专门人才。③ 从目的、方法到具体步骤,充分说明了普及平民教育对于社会改造的重要意义。

《秦钟》发表的《实行平民教育的方法》一文指出:"我国自改了共和以后,到现在已经九年啦,内忧外患,一天比一天多;国弱财竭,一天比一天甚;这都是民智不开的原故,一般人不知道共和国家是怎么一回事。由这里看起来,要根本的救国,非使一般人对于国家观念明瞭不可,——老实说,就是注重平民教育。所以近来一般爱国志士,或者提倡设立平民学校(北京高师、北京大学都设起来了),或者推行注音字母,或者设立通俗图书馆讲演所(北京高师及天津学生联合会均已设立),还有社会上一般热心的人创办通俗杂志,这都是实行平民教育的好法子,也就是民治国家的好现象。"④ 从这个意义上说,平民教育关系到民主国家的建设,因而关系到社会改造目标的实现。

进而言之,要想建设一个新中国,非彻底改造不可。彻底改造的方法当从教育着手。1920年4月,蔡元培在北京高等师范学校演说《改造教育

---

① 范煜燧:《教育的罪恶》,《曙光》第1卷第3号,1920年1月。
② 《浙江新潮发刊词》(1919年11月1日),转引自《五四时期期刊介绍》第二集,生活·读书·新知三联书店1979年版,第587—588页。
③ 曹配言:《实行平民教育的方法》,《秦钟》第2期,1920年2月20日。
④ 曹配言:《实行平民教育的方法》,《秦钟》第2期,1920年2月20日。

与改造社会的关系》。他分析了"从改造教育去改造社会"的含义：第一改造教育，以改造将来社会。就是学校里养成一种人才，将来进社会做事。第二改造教育的同时改造社会，就是学生或教员一方面讲学问，另一方面效力社会。现在各学校创立平民学校、讲演所，都是学生在校即效力社会的表现。从教育着手，去改造社会，可以归到教育调查会制定的两句话"养成健全人格，提倡共和精神"①。这代表了教育改造论者的思想。就教育改造与社会改造的问题，青年教育家恽代英提出："教育家必须把改造教育与改造社会打成一片，用自己所养的人，去做自己所创的事，创自己能做的事，以容自己所养的人，这样才人无不有合当的事，事无不有合当的人。也就是，我们要改造教育，必须同时改造社会。要改造社会，必须同时改造教育。这是最综括最切要的办法。"② 在成为共产主义者后，恽代英认识到，"教育问题，正和一切问题一样，非把全部社会问题改造好了，是不得会解决的"③。教育改造与社会改造的关系极为复杂，但是单纯的教育改造是不可能成功的。

教育对于社会改造的作用，取决于人们对教育与政治、经济、文化等关系的认识。教育救国论无疑是坚持以教育为本位的社会改造理论。《湘潭教育促进会宣言》说道："教育为促使社会进化之工具，教育者为运用此种工具之人。故教育学理及教育方法必日有进化，乃能促社会使之进化；教育者之思想必日有进化，乃能吸收运用此种进化之学理及方法而促使社会之进化。"④ 因此，教育救国论无疑是促使社会进步的潮流，也是社会进步的唯一途径。其实，教育改造必须与社会改造相辅而行，始克有济，才能成功。因为人的教育与社会改造是一种互为因果的关系。1920年2月5日，陈独秀在武汉演说《中国存亡与社会改革的关系》，其要旨为"社会改造必先具有劳动的性能、发明的智识，然后可以铲除社会的阶级人类的反响，但劳动性能与发明知识求之于根本解决，又非从教育上着手不可，尤必令一般青年在教育陶铸时期兼以农工为本务，因地制宜，就材授技。由是社会生活自能发展，阶级恶习自可铲除，发挥共和真谛，使精神与性质无丝毫刺谬，庶几得享共和幸福"⑤。实际上，他把教育改造提到

---

① 高平叔编：《蔡元培全集》第三卷，中华书局1984年版，第394—396页。
② 《恽代英文集》，人民出版社1984年版，第293页。
③ 《恽代英文集》，人民出版社1984年版，第297页。
④ 中共中央文献研究室等编：《毛泽东早期文稿》，湖南人民出版社2008年版，第446页。
⑤ 《陈独秀到鄂后之学界》，《国民新报》1920年2月7日。转引自《五四运动在武汉资料选辑》，武汉大学历史系，1979年，第365页。

关系社会改造成败的高度。

其次,教育自身改造也是社会改造的题中应有之义。中国现在的教育黑暗腐败,需要进行改造。《中国教育底根本改造》明确提出:"道德教育、职业教育、军国民教育、实利教育、人格教育等在教育前面加以形容词,就不免有所偏重,所以发生种种流弊;因此要重新改造,自当各方兼顾。要把教育底究竟目的弄得明明白白,别截取了目的底一段来当作全部。"真正的、完全的教育,必须是"社会化的""科学化的""艺术化的"和"职业化的"教育。其中,社会、科学、艺术是关于精神的,职业是关于社会的,科学、艺术、职业是关于个人的。因为个人是社会的个人,所以科学、艺术、职业是和社会有关系的。① 因此,首先要弄清楚教育的目的,这是教育改造的前提。其次要弄清楚教育的宗旨。《曙光》提出"如何着手救这沉沦的社会,着手第一端是在那里"的问题,而且认定,改良教育是前提中的前提,根本里的根本。其中,"美育是一个改造人间的福音、铲除万恶的利器,便是一切教育宗旨里的先决问题"②。少年中国学会以教育作为社会运动的主要手段之一,所以非常注重教育事业。会员李璜在法国留心考察法兰西教育改造的历史,从法国的种种社会现象中,"知非从初级教育下手,则其他皆是空言"。李璜进而提出一个问题以供同人思考:"东方民族以后之进步,是否还循西方民族迂曲迟缓之过程?皆在此时训练子弟之精神与方法如何。"③ 他后来公开表示,不当中小学教师便去革命,当中小学教师还是为了实现真正的革命,但他又把革命当作万不得已的事情,可知教育在其社会改革思想中的地位。李璜以法兰西教育改革来衡量中国的教育,认为,教育之理想宗旨必须根据地方与民族变革,不能一味采用他国的教育宗旨。鉴于各国国情之区别与时代之差异,中国欲定教育宗旨,"最善教育者,莫过于启发国人天性之所长,而使其适应生存于所处之时代"④。他的意思很显然,反对中国搬用外国教育宗旨的做法,进而把改革教育宗旨当作教育改造的重要问题。

再次,改革现行学制也是教育改造的重要环节。题为《施教育不可迎合旧社会》的文章提出:"教育是教人研求真理的,不是教人做古人的奴隶的。教育是教人高尚的人格的,不是教人干禄的。教育是改良社会的,不是迎合旧社会的。我们要想改造社会,转移人心,打破数千年来的偶像

---

① 赵之铮:《中国教育底根本改造》,上海《民国日报》副刊《觉悟》1921年9月20日。
② 王统照:《美之解剖》,《曙光》第1卷第1期,1919年11月1日。
③ 李璜:《致舜生》,《少年中国》第2卷第6期,1920年12月15日。
④ 李璜:《致舜生》,《少年中国》第2卷第6期,1920年12月15日。

和权威，赶紧改革现行学制，使我们学校里学生的创造力都得到充分自由发展，才有希望。"① 跻身教育界的沈仲九明确提出，讨论教育改造，必须先确定教育宗旨、方针、目的和方法。教育改造的方法是创造的，是理想的，是试验的，是破坏的。这是教育改造的必要条件，一方面属于破坏的，另一方面属于建设的。"根据我的人生观，我以为现在的做人，在实现工作的、创造的、博爱的、牺牲的新自我；改造自由的、公产的、共同的、科学的新社会。"以上种种方法，无非是把"学生造成一新我，学校造成一新社会"②。正如舒新城所总结的，"欧战以后，民治主义之说甚昌，而中国十余年经验所得之教育方法均不能满人意，国人乃更感旧方法之不良，极思有以改革之"③。所以要改革旧的教育方法，创造中国的新教育方法。有人进一步提出，改革现在的教育方法最重要的两点，一是教育的革命，包括推翻那班军阀、官僚、土豪等腐败的人；收回教育权，要实行教会学校立案；打破个人主义，要激发学生的一种革命的精神。二是革命的教育，就是用教育来宣传革命，赞助革命。不过，教育是社会制度的一种，而社会一切的制度又都建设在经济基础之上，所以不根本改革经济制度，仍难达到救国的目的。④ 共产主义者陈潭秋批评私有制度下的教育运动，指出在私有制度的经济组织下，普及教育是绝不能实现的，义务教育是绝不能实施的。现社会的教育运动应当着眼于"造就改造社会的人才"。热心做教育运动的人们赶快改变方针，不要一味大唱"普及""实施"的高调，应该向改造社会经济方面进行。⑤ 可以说，找到了教育改造的真谛，使教育真正成为改造社会的工具。

最后，教育改造要利用民众心理，取得民众的支持，才能有效地改造社会。互助社社员业裕给恽代英的信中说："民众心理的盲从性是很可利用的。只要我们自己对于改造事业有一种具体的把握，然后再投合民众的心理（改造社会是谋劳动者'兵包在内'的幸福。社会上只有劳动者最多，所以很不难得他们的帮助。其余靠着劳动者过活的军阀、财阀，不推自倒），没有不能成功的。若要想使社会上人人懂得社会改造原理，再来改造社会，那'俟河之清人寿几何'，恐怕人人不愿意懂得社会改造原理

---

① 钱玄同：《施教育不可迎合旧社会》，《浙江省立第一师范学校校友会十日报》第5号，1919年11月20日。
② 仲九：《教育改造的方法》，上海《民国日报》副刊《觉悟》1920年9月28—30日。
③ 吕达、刘立德主编：《舒新城教育论著选》下，人民教育出版社2004年版，第625—626页。
④ 《教育问题》（1924年7月29日），上海《民国日报》副刊《觉悟》1924年8月15日。
⑤ 陈潭秋：《私有制度下的教育运动》，上海《民国日报》副刊《觉悟》1922年3月22日。

了。""我以为应该一面结合着研究具体的设施,一面分散着宣传我们的旨趣,一面和各种热心改造的团体交换意见、联络感情。所以最经济的手段,只有当教师的教师,社会的教师。专于当小、中、大学的教师,或专在书报上运动,是不可靠的。"① 在他看来,民众固可利用,但利用民众的总策源地必须有个真诚互相了解的团体,以修养革命家的品性,研究群众心理,静观时变。群众的弱点是只能利用它去破坏,不能利用它去建设。所以在破坏的事极顺遂的时候,也不可不有极真诚、极切实的团体在背后做建设的事。②

总之,教育是一种培养人的社会活动,在个人改造与社会改造的关系中处于中介地位,教育要在社会改造运动中发挥重大作用,就必须正确理解二者的关系。教育有革命教育与普遍的启蒙教育或社会教育的分别,有教育目的、方法与手段的差异。革命是扭转乾坤、拯救中国的正确选择,教育是通过培养人来促进经济社会发展的最有力的武器,教育不兴,社会改造的成功难免流为空谈。

5. 社会改良

社会改良是在原有社会制度的前提下对现社会某些不完美的地方进行修改、完善,这是一种平和的社会改造形式。

《新民意报副刊》宣称,抱定"社会改良"的目标向前进行,是他们今后唯一的使命。进行的方法是对现在的家庭、婚姻、女权、遗产、学校教育、社会教育、纳妾、废娼、工厂、工作时间、女工、童工、女子职业、乞丐、贫民生计、教会等问题加以批评、讨论和指导,对于未来的这些问题加以研究。③ 这大体代表了当时社会改良的思想趋向。

社会改良方法更多地运用于一些具体的社会问题,因此出现教育改造、实业改造、农业改造、文化运动等不同路径。张君劢发表的《中国资本家今后之觉悟》,批评资本家最错误的手段就是苛待工人,不知道工人的健全不健全、快乐不快乐、生活宽裕不宽裕,在资本家利害关系和实业发达上,都有直接、间接的关系。资本家"非独用不着强硬手段去压迫他们,督率他们,他们必定自然而然的情愿替工厂出力,希望工厂的发达,

---

① 《互助》第 1 期,1920 年 10 月。转引自张允侯等编《五四时期的社团》(一),生活·读书·新知三联书店 1979 年版,第 167、168 页。

② 《互助》第 1 期,1920 年 10 月。转引自张允侯等编《五四时期的社团》(一),生活·读书·新知三联书店 1979 年版,第 170 页。

③ 中共中央马克思、恩格斯、列宁、斯大林著作编译局研究室编:《五四时期期刊介绍》第三集,生活·读书·新知三联书店 1979 年版,第 458—459 页。

一切对于资本家的仇恨，都可以消除，种种怠工罢工等等无形损失，都可以免却……如此出货自然加增，物品自然精良，销路自然风行，营业的发达是不必说，所以归根结底，资本家所费不多，而收效却远在所费以上。这种地方，办大事业的资本家极应该措意的。"① 显然，作者希望资本家主动进行社会改良，以和缓社会矛盾。

《南洋》的一篇讨论劳资改造问题的文章也说道："夫权利义务，当相提并行，有其义务，当有其权利，不可以一己权利故，而侵夺他人之权利。资本家出土地资财，工人出人力，相依为利，各尽其义务也。工人所得之权利恒不及其义务之所应得，而资本家所得之权利，或数倍其义务之所应得，所谓权利义务相等，实不足与语。故愚今发为论曰，欲谋权利义务相等，经先将资本家所得净利（除工人薪金、管理人薪金、利息、租税、杂费等），工人与资本家二者瓜分之。"如此分配，非独工人之利，亦资本家之利也。② 这也是一种社会改良论调。

实行社会政策是解决社会问题的根本途径。谭植棠分析指出，现在我国社会上的种种情形，若内政腐败，官僚无能，社会组织不良，加上连年的兵灾，弄成四民失业，游民遍地，无处不是发生社会革命的地方，"无处不有社会革命的种子，倘若长此不理，恐怕社会爆烈，不过是一个时间的问题罢了。若是想来免见这个危险，唯有顺应世界潮流，于共和政体的底下，发挥平民社会的精神的一个办法"。在政治方面，要以人道正义为前提，以安宁幸福为目的，以自由平等为归宿，实行全民政治，务必使人人都有直接为治的权能。凡种种专制独断的政治，都应该早日除去。在经济方面，必须革新主张，改进政策，抛弃独占的个性，使人人成为良好的社会分子，各尽所能，各取所需，循序渐进于人道主义的领域。"而实行社会政策来解决社会问题，尤为安稳社会现象的重要事情"③。这种实行社会政策来解决社会问题的主张，着眼于防止暴力革命，防止政治革命发生，这是社会改造的一个重要途径。

社会服务被认为是实现社会根本改造运动的方法。周长宪指出，凡是选定一种有益于人类的工作以造福于社会，就是广义的社会服务。拿出人类牺牲的精神，从正当职业里面抽出些时间，实行加入社会里头，灌输人民必要的知识，改革社会虚伪的习惯，使人民的收获更愉快、更加丰富，

---

① 张君劢：《中国资本家今后之觉悟》，《时事新报》副刊《工商之友》1920年3月21日。
② 霈人：《社会改革与劳动酬报》，《南洋》第4期，1919年8月5日。转引自《五四时期期刊介绍》第3集，生活·读书·新知三联书店1979年版，第111页。
③ 谭植棠：《防止过激派》，《政衡》第1卷第2号，1920年4月1日。

则是狭义的社会服务。一言以蔽之，其主要目的是要"使社会的黑暗进到光明，使人民从愚昧无知进到文质并茂"。例如设立平民学校，举行通俗演讲，教授注音字母，改善犯人生活，调查社会习尚，注重公众健康等，都是社会事业，都是增进人民知识能力幸福的不二法门，也就是从事社会改造者应当首先去干的事情。虽然这些事业极琐屑、极零碎、极费力、极无意识而且极不容易见效，但是社会的根本改造，需要付相当的代价，要旷日持久，持之以毅力，出之以坚忍，始可期之收获。① 这种社会服务无疑是社会改良之举。《新海丰》发表的文章指出，自五四运动发生以来，服务社会、同情劳动的声浪，一天高似一天。"一般新的青年渐知社会与个人之关系，平日说什么改造社会的高调，已充满人耳鼓。我以为这是空洞的理论和纸上的理想，若不实实在在做起来，虽唱至几百年也无效果。""我们既认社会运动重在实行，实行的手段，当妥确研究，以免徒费我们的精神，无补他们的毫厘。""我们实行社会运动的利益，一则得到实行的道德和办事的经验；二则农村自然风景极清爽和动植矿物极丰富，得到强健身体和博物标本；三则可以知农村状况，得到调查的利害。"② 这是从乡村开始社会运动，与社会服务无异，也是社会改良的方法之一。

社会自救也是改造中国的一个重要手段。历史地看，以前救国运动的失败，在于将政治与社会分离，舍社会而为政治运动，政治运动遂为士农工商以外之新职业。因此，杨杏佛提出："今日救亡之最急者，莫过恢复秩序；欲恢复秩序，当首去军阀。然去军阀而以武力，人民已不胜蹂躏之苦，结果又不免以暴易暴之患。况以中国之大，外人干涉之严，武力统一殆无幸存之理，民国十三年来之历史可为殷鉴。故为策万全之根本计，惟有社会自肩救亡之责，以不在政治之人而为政治运动，必无利害冲突，以担负政治之人而自动有所主张，则武人政客皆将失其凭藉，而不能继续作乱，此社会从事政治之益也。"③ 进一步言之，要达到救国的目的，不外利用固有的社会势力，首有组织之团体，择言论自由之地召集一救国发起会，拟定最简单之救国主义（如废军阀制、改兵为工之类），并规定一救国期限（少则三个月，多或半年），在此时期内，无论中外人不得借款与南北政府，然后以此主张召集全国职业大会，出席者以职业团体之代表为限。主张既定，先要求列强在救国期内与南北政府经济绝交，同时监督各

---

① 周长宪：《社会根本改造运动》，《国民》第2卷第4号，1921年5月1日。
② 陈修：《"社会运动"与海丰的乡村》，《新海丰》第1卷第2号，1921年。
③ 杨杏佛：《社会自救与中国政治之前途》，《杨杏佛文存》，平凡书局1929年版，第13页。

地银行钱庄不得借款与南北政府,不得为南北政府借款,一切外人掌管之关余盐余亦请暂时停拨。① 所谓召集救国发起会,拟定简单的救国主义,实际上是呼应共产党和国民党发起的国民会议,以社会的力量着手解决中国问题。

6. 政治改造

由于辛亥革命失败及其后军阀政治腐败,人们普遍厌谈政治,否定政治革命,而转向社会革命。陈公博将这些不谈政治的人分为两种。第一种是已经觉悟过来的人及现在的热心改造社会者。他们认为,从前清提倡改革到现在,不独政治没有改善,而且政治变得更坏。方知从前对于政治瞎闹,却忘了根本的社会,现在不如专从事于改造社会,以望将来还有一线的生机。第二种是不敢谈政治的人,又可细分为三种。一种是从前用过政治招牌做敲门砖的,现在弄到这个地步还谈政治,不独讨人厌,自己也觉过意不去。一种是依仗势力以为生活,不过把政治当作一种营业,自己也没有确实的主张。如果提出正当的表示,不是得罪南北要人,就是得罪所恃为生的势力,他们的生活是寄生虫,他们作用是留声机,哪里还敢谈政治。还有一种人,由于现在小则有治安条例、出版法,大则有所谓归入军事范围,因势力的压迫,遂没了主张,更不敢去置喙了。陈公博认为,不仅不能因为政治污浊,就不谈政治,而且正因为政治污浊,才要想法去改善。所谈的政治,"断不止向政府提出一两个法律案,国会议一部死宪法,就算完事;地方自治权的扩张,普通选举的要求,阶级差别的废止,市政府的建设,以至劳动保护,社会保险,利益分配,劳动组织,贫乏救济,农村改造问题,都市改造问题,妇人问题,儿童问题,我们都是应研究、改革、实行"②。

明达之士就指出,"政治者为人民求福利之[工]具"。"政治和社会有不能分离的关系,故想改造社会,不能放弃政治,不能蔑视政治"③。不过,许多谈政治的人高标"政治——主根本的革新",所谓政治,都没有超出社会改良的范畴,他们企图通过某些不彻底的枝节的改革,创造一种与资产阶级利益相符合的政治条件。④

---

① 杨杏佛:《社会自救与中国政治之前途》,《杨杏佛文存》,平凡书局1929年版,第17—18页。
② 陈公博:《答熊崇煦君"我们为甚么还谈政治"》,《政衡》第1卷第2号,1920年4月1日。
③ 谭鸣谦:《中国政党问题及今后组织政党的方针》,《政衡》第1卷第2号,1920年4月1日。
④ 中共中央马克思、恩格斯、列宁、斯大林著作编译局研究室编:《五四时期期刊介绍》第三集,生活·读书·新知三联书店1979年版,第398页。

第四章　五四时期社会改造思潮的基本内容(二)

政治改造的主要方法可大致归纳如下。

首先，政党是一定的阶级或阶层为了实现共同利益而掌握或影响政权的一种政治组织，也是实行政治革命的主要组织形式。毛泽东在1920年指出："不论那一国的政治，若没有在野党与在位党相对，或劳动的社会与政治的社会相对，或有了在野党和劳动社会而其力量不足与在位党或政治社会相抗，那一国的政治十有九是办不好的。况乎一件事情正在萌茅（芽），而其事又为极重大的事，不有许多人做促进的运动，以监督于其旁而批评于其后，这一件事是可以办得成、办得好的吗？"①毛泽东在此清楚地说明了政党对政治运动的作用。

五四时期，政党主要有资产阶级政党和无产阶级政党两种形式。资产阶级政党除了在北京政府内部推动议会政治的派别外，主要有中国国民党。孙中山从创建同盟会到国民党，再到中华革命党到中国国民党，始终坚持在中国建立民主政治，但没有成功。国家主义派以及后来的中国青年党也提出政治改造的办法，也不见效果。

早期马克思主义者则提出建立无产阶级的新型政党，实行无产阶级革命。张闻天明确提出，以政党改造来改造政治，实行社会主义理想。他认为，中国混乱的原因是社会组织逐渐崩坏，一时又不能产生新的社会组织。新的社会组织全靠从旧制度中解放出来，觉醒转来的个人团结成死党去实行社会活动，去解决这混乱。所以，实行社会主义的第一步，就是从旧制度之下解放出来，觉醒转来，并且有同样改造的目的的（即实行社会主义的目的）个人团结成死党。这党有四个必要条件：（1）有一定的党纲；（2）有健全而且严密的组织；（3）每个党员对于党内所决定的条件有绝对奉行的义务；（4）党员之间应有十分的谅解和同情，一旦发现某党员以本党作为个人名利的手段时，应毫不留情地驱逐之。等到有了健全而且严整的团体后，第二步就实行社会活动，如宣传本党党纲，联络世界上有同样志趣的团体实行互助，或投身革命运动、劳动运动，或批评社会，指出其矛盾之所在。②实际上，这是一种政党改造的主张。

陈独秀也坚决主张政治改造。他认为，中国政治主观的需要是实现民主的、统一的政治制度，不幸社会的基础长久建设在家庭农业、手工业之自足的经济状况上面，以致客观的、民主的统一运动犹未发达到全社会普遍的革命的要求，以致军阀尚完全掌握着统治权，以致除中国共产党以外

---

① 泽东：《再说"促进的运动"》，长沙《大公报》1920年9月28日。
② 张闻天：《中国底乱源及其解决》，上海《民国日报》副刊《觉悟》1922年1月5—6日。

没有一个党派不徘徊于军阀政治与民主政治之间。因此他断言："中国政治改造之目前第一步，还说不上建设民主的统一政制。目前第一步的奋斗是要比较进步的党派即刻觉悟自身的价值与使命，相互捐除宿怨联合起来，打破最黑暗的军阀（张作霖、段祺瑞、曹锟等）及卖国官匪（新旧交通系、安福部等）互相勾结的反动的政局。这种反动的政局，是中国政治向民主统一的路上之唯一障碍物，此物不去，民主的统一政治永远不能开始工作，去此障碍即是民主的统一政治开始工作之第一步。"① 这种政治改造实际上就是反帝反封建的国民革命运动。1933 年 2 月，陈独秀解释了五四运动后开始组织中国共产党的原因。他说："半殖民地的中国，经济落后的中国，外困于国际资本帝国主义，内困于军阀官僚。欲求民族解放，民主政治之成功，决非懦弱的妥协的上层剥削阶级全躯保妻子之徒，能实行以血购自由的大业。并且彼等畏憎其素所践踏的下层民众之奋起，甚于畏憎帝国主义与军阀官僚。因此，彼等亦不欲成此大业。只有最受压迫最革命的工农劳苦人民和全世界反帝国主义反军阀官僚的无产阶级势力，联合一气，以革命怒潮，对外排除帝国主义的宰制，对内扫荡军阀官僚的压迫，然后中国的民族解放，国家独立与统一，发展经济，提高一般人民的生活，始可得而期。工农劳苦人民一般的斗争，与中国民族解放的斗争，势已合流并进，而不可分离。"② 从组织中国共产党的原因分析中可以看出，在中国改造问题上，政治改造办法是必然的必然。

其次，阶级斗争是早期共产主义者改造中国的主要方法。时人已注意到："阶级斗争！阶级斗争！这个思想和声浪，如暴风急雨，从西欧一直送到中国来了。中国立在这个潮流里面，当然不能和世界潮流相反逆的。所以阶级斗争，中国不久就会要实现的。"③ 确实，在世界潮流的影响下，中国的阶级斗争是在所难免的。陈独秀在《谈政治》中表示："若不经过阶级战争，若不经过劳动阶级占领权力阶级地位底时代，德谟克拉西必然永远是资产阶级底专有物，也就是资产阶级永远把持政权抵制劳动阶级底利器。"他进而宣称，各种社会问题的解决，"非用阶级战争的手段来改革社会制度不可"④。要想真正改造中国社会，必须通过阶级斗争的手段，打倒地主资本家，建立无产阶级专政。

---

① 独秀：《反动政局与各党派》，《向导》第 16 期，1923 年 1 月 18 日。
② 任建树主编：《陈独秀著作选编》第五卷，上海人民出版社 2011 年版，第 60 页。
③ 周佛海：《中国的阶级斗争》，《解放与改造》第 1 卷第 7 号，1919 年 12 月 1 日。
④ 陈独秀：《谈政治》，《新青年》第 8 卷第 1 号，1920 年 9 月 1 日。陈独秀：《答费哲民（妇女、青年、劳动问题）》，《新青年》第 8 卷第 1 号，1920 年 9 月 1 日。

阶级战争是改造社会制度的唯一手段。那么，如何在中国实现阶级斗争？周佛海设想："在工业未发达之先，把极少数的工人团结起来，预先设法，或调和将来两个阶级的冲突，或把生产机关归公有，免得工业发达，资产和劳动两阶级的冲突，也就随之而起。""因为资产阶级发达，他们的势力要比各阶级都大，并且为改造社会的大妨碍，——改造社会，就是要推倒他们。"因此他认为，"要改造社会，必先除去障碍物，障碍物就是寄生阶级，所以不得不先除去寄生阶级。要除去寄生阶级，就要结合一个自给阶级，和他给阶级斗争，自给阶级和寄生阶级斗争"①。这就是用阶级斗争方法改造中国社会的途径。

共产主义者始终坚持用无产阶级专政和阶级斗争来改造社会。刘少奇提出："我们抱定社会主义的思想，从最黑暗的家庭奋斗出来，到中国这样沉寂的社会里面，干这种改造社会的事业。"他认为社会改造的步骤如下：(1) 使无产阶级团结起来，养成无产阶级支配社会的潜伏势力；(2) 实行夺取政权，用政治的力量消除社会一切阶级的压迫——人的压迫；(3) 在产业公有制度底下以极大的速力发展实业，减少人类所受自然的压迫。其中，后两项"是我们无产阶级终极的目的"，前一项是我们目前的迫切任务。②张崧年也描述了中国改造的程序：首先是革命，开明专制，实行极端的强迫教育；其次是改良农业，整理森林河渠，兴发工业交通。所谓开明专制，"美其名曰劳农专政。以今日中国之一般知识阶级而言代议政治，讲选举，纯粹是欺人之谈。政治上事切忌客气。政治尤不可专模仿人。世界趋势固要晓得，但勉随趋势而忘了自己实况，必无好结果。"③陈独秀拟定了"造国"的程序。第一步组织国民军，第二步以国民革命解除国内国外的一切压迫，第三步建设民主的全国统一政府，第四步采用国家社会主义开发实业。④总之，早期共产党人信仰马克思主义，主张政治改造，提出采用无产阶级专政来实现共产主义的目标。

阶级斗争以唯物史观为基础，因此，唯物史观也成为无产阶级改造社会的理论。日本学者河上肇所著《马克思的唯物史观》指出："马克思的史观以社会变动观为立脚点，所以依他的意见说不能生活的话，除了少数有志者之外，恐怕社会一般的人，人人都要来做坏事的。我们要想改革社

---

① 周佛海：《中国的阶级斗争》，《解放与改造》第1卷第7号，1919年12月1日。
② 刘少奇：《对俱乐部过去的批评和将来的计划》，长沙市革命纪念地办公室等编《安源路矿工人运动史料》，湖南人民出版社1980年版，第19页。
③ 张崧年：《英法共产党——中国改造》，《新青年》第9卷第3号，1921年7月1日。
④ 独秀：《造国论》，《向导》第2期，1922年9月20日。

会，必定是要组织一个没有做坏事的必要的社会出来，为最快的路径，最好的方法，不然是绝对无效的。这是马克思的最重要的意见。所以他一面反对个人主义经济学，一面又反对人道主义经济学——以改造个人的道德为直接目的，而主张社会主义经济学——以改造社会组织为直接目的，就是根源于此。"①唯物史观是社会学上的一种法则②，是观察社会的一种工具。陈独秀在1921年9月表示，"主张革命是我们创造将来历史之最努力最有效的方法"。唯物史观的要义在于"历史上一切制度底变化是随着经济制度底变化而变化的"。据此可得三个教训：（1）一种经济制度要崩坏时，其他制度也必然要跟着崩坏，是不能用人力来保守的；（2）我们对于改造社会的主张，不可蔑视现社会经济的事实；（3）我们改造社会应当首先从改造经济制度入手。所以，"创造历史之最有效最根本的方法，即经济制度的革命"③。这篇文章表明，中国的共产主义者以唯物史观作为革命的指南。

正是在唯物史观主导下，社会改造首先寻求经济问题的解决方法，把经济组织作为改造的重点。信仰马克思主义的陈望道指出："经济是一切社会问题底总枢纽；无论婚姻问题、教育问题以及其他各种问题，都和经济有关；这些问题都须等着经济问题解决，才有解决的可能或实施。"所以眼光稍微明锐、深远的人，对于经济改造没有一个不认为必要；对于现今矗立着的资本制度和钻营着的资本家，也没有一个不怀着"反抗"的热诚。因此，"彻底的改造家必定是现今资本制度底反抗者。反过来说，反抗者却不一定就是彻底的改造家。判断的标准就是看他是不是劳动者的同情者"④。反抗资本家，同情劳动者，成为判断社会改造家是否彻底的标准。这是以唯物史观指导社会改造的结论。

胡汉民也认同唯物史观，他认定中国改造的根本问题是社会经济组织的改革，经济组织的不良是其他一切社会弊病的根源。"象中国现在社会这样腐败，人民道德这样堕落，无论何人都晓得非快快出法子谈改造不可。然而改造的方法，多半摸不着头脑。依我的研究，中国社会腐败，道德堕落的病根，探求究源，就要归到经济组织不良的一个原因。""所以要从物质的经济的为根本的改革"⑤。在经济改造这一点上，胡汉民与共产主义者是一致的。

---

① 〔日〕河上肇：《马克思的唯物史观》，渊泉译，《晨报》1919年5月8日。
② 李大钊：《唯物史观在现代史学上的价值》，《新青年》第8卷第4号，1920年12月1日。
③ 参见《蔡和森文集》，人民出版社1980年版，第80页。
④ 望道：《反抗和同情》，上海《民国日报》副刊《觉悟》1920年11月18日。
⑤ 胡汉民口述，陈其尤笔记：《环境与改造》，《闽星》第2卷第4号，1920年1月12日。

第四章　五四时期社会改造思潮的基本内容(二)　183

最后,在彻底改造的思想指导下,政治运动已提升到夺取政权的高度。国家政权是政治结构的核心,是国家政治体系运行的基本设置,直接决定着社会改造的成效。谢觉哉认为,社会改造不外社会运动和政治运动两种途径。"安那其与布尔塞维克两派争论只此一点,我谓我们一方应为点滴的改造,使新分子力量增多,面积增广。一方又应使此方新之势力集中一点——夺取政权。不得政权无论若何奋力,终不免为有所凭借之旧派一扫而空。但是不同时向社会各方面宣传、组织,欲凭空使政权入手行其所志,亦为不可实现的事。"① 言下之意,以政治改造为基础,将社会运动与政治运动结合起来,才能彻底改造社会。但是周佛海认为,"现在一般稍有觉悟的青年,看见十年来共和政治闹得乱七八糟,社会事业因而停滞,遂对于政治失望,以为政治是靠不住的,要以社会活动来改造中国,于是有提倡从下面改造起,以为下面的基础稳固,上面的政治自然要好的;有提倡部分的改造,以为各部分若都改造了,由各部分而合成的全部也自然要好的。"这种想法大错特错,只有夺取政权才是社会改造的根本问题。他进而指出:"我们要结合无产阶级底全体,用革命的手段,来夺取政权,以为改造底第一步。"无产阶级要实现改造中国的目的,必须以革命的手段,推翻反动阶级的统治。一方面,不把现存的政治势力打倒,把政权夺到无产阶级的手上来,以排除各方面改造的障碍,绝对达不到改造的目的;另一方面,"要把有产阶级势力连根铲除,还必须要有长期的压制",即以强权镇压有产阶级的反抗,以防被推翻的剥削阶级卷土重来。所以周佛海提出,"要改造社会,非先夺取政权不可。有产阶级拿着政治上的权力,禁止你们言论自由,集会自由,出版自由,把你们捆得死死的一点也不能活动,你们也要努力把政权夺过来,把他们送给你们的赠品,原封送还,也要把他们捆得死死的一点也不能活动,然后才能照着我们底理想社会,一步一步地建设起去,夺取政权!夺取政权!'一切政治上的权力,都要归无产阶级!'这就是我们革命的信条,革命的标语。"② 所谓夺取政权,就是要用革命的手段,打倒有产阶级,把政权夺到无产阶级的手上来。这是关于无产阶级专政的比较准确而且精练的描述,被列为革命的信条和标语。

就中国改造问题,周佛海在《俄国共产政府成立三周年纪念》中非常明确地说,中国要照着共产主义的原理去改造。③ 他在《我们为什么要主

---

① 《谢觉哉日记》,人民出版社1984年版,第106—107页。
② 无懈:《夺取政权》,《共产党》第5号,1921年6月7日。
③ 原载《共产党》第1号,1920年11月7日。

张共产主义》中，区分了"我们主张的共产主义"与无政府共产主义，声明"我们以共产主义为我们改造的目标；我们改造中国的手段，第一就是夺取政权！"夺取政权是实行共产主义的唯一手段。① 这一点，他与蔡和森的认识是一致的。

蔡和森在 1920 年 9 月 16 日给毛泽东的信中指出：无产阶级"专政是由资本主义变到共产主义过渡时代一个必不可少的办法"。"无产阶级专政乃是一个唯一无二的方法，舍此无方法。试问政权不在手，怎样去改造社会？怎样去组织共产主义的生产和消费？"② 这也代表了早期共产主义者对中国改造的一种科学认知。对于马克思主义者来说，既然主张共产主义，当然要从夺取政权入手。夺取政权对于改造中国社会是不可避免的一种过程，逐渐成为社会改造论者的一种共识。③

1923 年 12 月北京大学 25 周年纪念日，北京大学举行民意调查。其中的第四问是"下列各种方法，你以为那种可以救中国——军阀宰制、外国共管、国民革命？"被调查者中，主张国民革命可以救中国者最多，共 735 票，约占总数的 94%。赞成军阀宰制者 9 票，赞成外国共管者 19 票。其余认为都不能救中国者 6 票，其中，取"无为主义"以救中国者 2 票，嗟嗟无法以救中国者 4 票。由此可见国人对于当时政治的态度。对此次"民意测量"作出的结论，编者提醒负政治改造之使命、学生运动之责任者注意："就民主政体之原则上论，其国之元首，必得大多数人之信仰与赞助，然后始能代表国人而行使其职权；其国之国会议员，亦须国人重视而爱护之，而后始能代表真正民意；其国之宪法，国人尤须表示遵守，视为神圣，然后始能纳政治于轨物。今吾人所测知之结果，对于曹氏，则不信其为总统；对于国会议员，不曰解散逐走，则曰宰杀活埋；对于宪法，则多数表示反对，然则今日之北京政府，将不见信于国人矣。"可以看出，以国民革命之手段推翻其所不信之政府，拥护其所深信之中国大人物，建设其理想中的社会主义国家，"此答者对于中国内政之主张；排美连俄，反抗国际帝国主义，使中华民族在政治上经济上完全独立，此答者对中国外交之主张。"④ 由此可见社会舆论对于政治改造的真实态度。

---

① 原载《共产党》第 4 号，1921 年 5 月 11 日。
② 《蔡和森文集》，人民出版社 1980 年版，第 71、72 页。
③ 何葆珍：《女子教育与社会改造》，《湘报》副刊《湖南学生联合会周刊》第 9—10 期，1924 年 6 月 11 日、18 日。
④ 朱务善：《本校二十五周年纪念日之"民意测量"》，《北京大学日刊》1924 年 3 月 4—7 日。

有研究者归纳了欧洲政治演进历史的三个显著特征：第一，国家势力或民族精神的开展；第二，人民权力的发扬；第三，社会生活的改善。据此将当时中国不同的政治势力或政治主张划分为三个派别："吾国从事政治运动者，有偏狭的鼓吹国家主义的；有拜倒民主主义的，也有主张社会主义，或竟要实行共产革命的！他们共同的错误：第一，就是没有能对于这三点，有一个彻底的总认识；第二，就是他们只看到这些主义外形的发扬，而没有注意这些主义内容的实际，以及基本动力。"因此，中国政治改造的基本工作，就是"目前新政治家应有之觉悟"①。作者认为，"没有一个彻底的总认识"是中国政治改造论者的共同缺陷，他也提出了政治改造应当注意的问题。

7. 经济改造

经济是社会改造的基础，"所以中国现今的经济状况如何，可以说是中国改造运动之根本问题，极其重要"。具体表现在，以前中国改造运动无一成功，原因之一是没有经济基础。故陈启修提出中国改造的步骤：（1）结合赞成注重经济背景的改造家为一团体；（2）共同研究中国现今的经济状况；（3）根据所得经济的材料，确实地决定中国改造方法。② 陈独秀在《实行民治的基础》中宣称："最进步的政治，必是把社会问题放在重要地位。""关于社会经济的设施，应当占政治的大部分；而且社会经济的问题不解决，政治上的大问题没有一件能解决的，社会经济简直是政治的基础。"③ 这一观点显然具有历史唯物主义色彩。《曙光》发表的《完成与文明》说道："经济的环境之变化，实为一切环境变化之根源。使经济的环境既变，则宗教、法律、政治、伦理，自然随着发生变化。""所以从事文化运动，当改变文化环境；想变文化环境，还要先变经济环境。"作者主张彻底的社会革命。④ 邓中夏认定，世界社会改造的根本问题就是"经济问题"。

对于经济改造的意见，主要分为马克思派——国家社会主义、克鲁泡特金派——无政府社会主义，二者都主张废除私产制度，主张共产。前一派主张有政府，主张无产阶级专政，把所有的产业完全归政府去管理与支配。他们的信条是做工吃饭，不做工没饭吃。后一派主张无政府，主张自由组织，产业归公所有，得自由取携之。他们的信条是各尽所能，各取所

---

① 章渊若：《近代欧洲政治演进的基础》，《东方杂志》第28卷第10号，1931年5月20日。
② 陈启修：《中国改造和他底经济的背景》，《社会科学季刊》第1卷第2号，1923年2月。
③ 原载《新青年》第7卷第1号，1919年12月1日。
④ 宋介：《完成与文明》，《曙光》第1卷第4号，1920年2月。

需。除上述两派,其他如法国的"工团主义"、英国的"基尔特社会主义"、"美国的 I. W. W.（Industrial Workers of the World）大致相同,都是以废除私产为共同目的"。因此邓中夏认为,"中国将来改造,总须带点世界性。中国社会的改造,亦当以经济改造为重点"①。可谓抓住了社会改造问题的关键。

经济改造的主要方法大致可归纳如下。

首先,经济改造当以政治改造为前提。经济制度的根本变革,首先表现为革命政党夺取国家政权的斗争。俄国布尔什维主义是公认的一种激烈的改造办法,但中国改革是否采用这种方法,曾经引起热烈的讨论。以孤军社为例,有的社员趋向于以和平渐进之途解决中国经济问题,也有社员赞成罗素关于中国政治改革的主张,并且分析了罗素主张中国采用俄国方法的理由。第一,今日中国之要务在改革政治,发展实业,普及教育,需要有强固的政府为之保障,故改革政治居三者之首。改造中国必先改革政治,建立强有力的中央政府,而欲建强有力政府,唯有采用俄国方法。第二,中国的富源足以供给工业大发展。中国要发达实业,唯一的重要问题,是使其祸害减少至最低程度,而使其利益加增至最大限度。罗素认为,中国应迅速发展实业以防外国资本家侵略,但欲防外国资本家侵略,则唯有采用俄国的方法。第三,罗素认为,中国要发展实业而又免除资本主义的流毒,只要有一万人就可以解决之。但中国的经济问题不能直接解决,必须先解决政治问题。因此在发展经济之前必先改革政治,且使经济发展之后亦不至染了资本主义的流毒,只有采用俄国的方法。罗素提出,舍资本主义而发展生产的办法,一是无政府主义,二是基尔特社会主义,三是工团主义,四是国家社会主义。前三者仅适用于实业发达的国家,中国如欲发展实业而不染资本主义的流毒,唯有采用国家社会主义为最恰当,故采用俄国的方法。第四,实业发达而人民又有教育之国家,宜实行民主主义制度;中国的国民多未受教育且实业不发达,则俄国共产主义似为最良之方法。第五,俄国共产党不无错误,但中国可以利用彼等之经验而不蹈其覆辙。在孤军社社员们看来,罗素这种主张未免激烈,但是他的理由是很充足的,实际上提供了中国改造应先从改革政治着手的有力支撑。②

解决社会问题取决于经济改造。当时社会存在贫困问题,贫困救济是

---

① 邓中夏:《文学与社会改造》,《保定党史通讯》1984 年第 2 期。
② 思勤:《讨论中国改造一封书》,《孤军》第 2 卷第 4 号,1924 年 9 月。

关系经济改造的一个重要方面。题为《贫困救济问题》的文章把贫民产生的原因归结为经济组织不正当、不合理，即"资本主义之作祟"，并指出："资本主义不灭，则贫民势难断绝，推其极非实行经济革命不足以言贫民问题之根本也。""俄罗斯赤色首都绝迹了乞丐之足迹"，就是证明。① 所以作者认为，中国不宜接受那流毒西方的资本主义。又如留学欧洲的周恩来所指出："赶机会、图改良，在欧美已暴露了他的无能，我们也不必来走这条死路。""资本主义的祸根，在私有制，故共产主义者的主张乃为共产制。私有制不除，一切改革都归无效。""除变更经济制度外，实无他道。"② 从中国的经济状况来看，开发实业、发展经济，是社会改造无可争议的问题，但是用何种力法来开发实业，却大可注意。

当时，引进外力、输入外资成为中国经济发展的中心话题。孙中山在第一次世界大战时研究了如何利用国际资本共同发展中国实业的问题，制定了著名的《实业计划》，他寄希望于美国的援助，尤其是德国的政治、军事和技术援助。孙中山认为，中国问题的解决，"舍国际共同发展中国实业外，殆无他策"。③ 鉴于中国现在的时局，罗素在《中国评论》上发表的《中国与列强》一文指出："中华民国的成功与失败大半在英国手里，所以最好我们应该得到英国的帮助和合作来开发中国的极大富源，希望伦敦、广州的政治家能获得这个机会并且尽量利用这个机会。"当时的北京政府要员颜惠庆曾与《北京导报》记者谈论关于发展中国的问题，对于列强有什么方法来帮助改造中国，颜惠庆作了如下回答：第一，必须让中国自己救济自己；第二，必须不援助中国内争的任何方面。共产国际代表马林赞成上述意见，他说，中国的改造必须是中国人自己努力的结果。马林同时指出，中国改造不仅是要反对封建式的军阀，而且要反对外国宰制中国。无论是帝国主义列强互相竞争还是互相结合，都是对于中国的剥削。哪个能帮我们争得国家的独立？哪个强国有与我们同样的仇敌？革命运动须回答这两个问题。"中国国民党应明白：虽然改造中国的大力量是他们自己的运动，而联合俄国亦是在大战争中得着胜利之所必需。"④ 因此，联合苏俄开发中国实业，才是中国改造的正确选择。

孙中山提出了中德俄经济同盟的计划，得到中共方面的坚决支持和广

---

① 宋介：《贫民救济问题》，《曙光》第1卷第6号，1920年4月。
② 伍豪：《共产主义与中国》，《少年》第2号，1922年9月1日。
③ 陈锡祺主编：《孙中山年谱长编》，中华书局1991年版，第1489—1490页。
④ 孙铎：《中国改造之外力援助》，《向导》第29期，1923年6月13日。

泛宣传。① 蔡和森就孙中山的赞成外资参与中国富源开发的谈话指出，自动的借外资开发中国实业是国际帝国主义者所不愿闻的；孙中山的机械借款说，也是英、美、法、日的资本家所不欢迎的。要实现中国民族独立自强，事实上只有下列二途：（1）与全世界被压迫民族之好友苏维埃俄罗斯，以及已完全解除武装再无侵略能力并且最富机械与技术人才之德意志缔结经济同盟。（2）努力完成民主革命，推翻军阀及国际帝国主义在中国之特权与压迫，建立完全自主的独立国家，"仿照苏维埃俄罗斯之不损主权不受束缚的招致外资及权利让与等等政策，迅速的自主的开发中国大工业"。这两个方法是最可能、最妥当的方法，是经济落后国和半殖民地所应当走的道路，"惟有向这样的道路走才有解放的希望，惟有向这样道路走才能得到独立与自由而不致永远为国际资本主义帝国主义的奴隶"②。因此，蔡和森极力赞成孙中山的中德俄联盟的外交方略，认为"民党真要达到民主革命和民族独立的目的，非急谋强壮运动本身的势力不可，非急谋与反帝国主义的俄罗斯和丧失侵略能力的德意志联合不可"③。这是中国经济发展的不二选择。

其次，中国的经济组织也需要进行改造。就时人关于改造与解放的关系认识，周佛海发表如下感言："中国现在的言论界，关于解放的言论，似乎一天多似一天了，但是关于改造的议论，还是很少。虽然是解放都没有成功，不能就来说改造。但是改造与解放，是有密切关系的。改造是解放的目的。解放是改造的手段。不讲改造，专事解放，就是没有目的的手续。没有目的的手续，就是无意识的行动了。"他认为，改造包括精神和物质两方面，物质改造中最主要的是经济生活问题，也就是如何改造经济组织的问题。④ 当时世界的新经济组织，主要有德国的集产主义、法国的工团主义、英国的基尔特社会主义。周佛海通过比较集产主义、工团主义、基尔特社会主义主张，认为基尔特社会主义是新经济组织中的最好的。因为生产的种类和数量不能归工团单独管理，要和国家共同管理；生产方法要归工团单独管理；生产的条件要归工团和国家共同管理。这样生产者和消费者的利益都能调和，两者都不会为别人所牺牲，因此，中国改造经济组织，最好是取法基尔特社会主义。但是要行这种组织，有两种最

---

① 参见李永春《中共对中德俄联盟方略的宣传及其影响》，《湘潭大学学报》（哲学社会科学版）2012年第6期。
② 蔡和森：《统一、借债与国民党》，《向导》第1期，1922年9月13日。
③ 蔡和森：《目下时局与国际帝国主义》，《向导》第6期，1922年10月18日。
④ 周佛海：《物质生活上改造的方针》，《解放与改造》第2卷第1号，1920年1月1日。

要紧的要素。第一，工人要有能自己管理生产的充分知识和组织自治团体的团体训练。第二，工团要十分发达。两者缺一，就没有行基尔特社会主义组织的资格。所以周佛海认为，中国的经济组织的改造可分作两期。在不具上列两种要素的时候，不能行基尔特社会主义的组织，就暂且行集产主义的组织。等到工人的知识和团体的训练充分并且工团十分发达的时候，就行基尔特社会主义的组织。[1] 当时，不少共产主义者宣传用社会主义来改造中国经济问题，趋向于社会主义革命，由此可见当时中国经济改造问题的复杂性。

总体说来，当时关于中国社会改造的途径，主要有经济改造、教育改造、文化改造、社会改造和政治改造几种，其中政治改造是最主要的选择项。有人将解决社会问题的趋向归结为三点：（1）旧思想重新估值。二百年来西方完全沉没于物质主义，研究哲学的虽亦注意唯物论，与社会精神生活实无关系。19 世纪，柏格森提倡唯心论，劳尔斯提倡"忠"字，托尔斯泰深信老子主张，罗素佩服庄子《马蹄》篇，说他是真正的"无政府主义"。这都去精神生活太远，所以才把旧思想重新提起。（2）新心理学派的经济学的前途。华莱斯（Wales）所著 Great Society 认为"自由""平等"皆根于心理，"欲使人心快乐，非仅是衣食住充足所能为力"，所以主张以心理学为研究社会的基础。（3）哲学家与市侩苦力之互助，即思想和劳力合一，"知行合一"。向来哲学家的理想太高，所行的往往仍是物质，所以作者主张把哲学家的思想，行到劳动界身上去。如此则哲学家言不顾行的弊病可去。[2] 实际上主张精神生活与物质生活的结合，就是李大钊等人曾经提倡的物心两面或灵肉一致的改造。一般认为，资产阶级和小资产阶级知识分子反对社会革命尤其是暴力革命，大多趋向于社会改良。实验主义、基尔特社会主义、国家主义、好政府主义、联省自治思潮、废督裁兵思潮等，都是典型的社会改良思想；科学救国、教育救国、科学救国、实业救国、妇女解放思潮和移风易俗思潮等，都是五四时期颇有影响的社会改良思潮。[3] 上述各种社会改良主张，都是希望在不触动资本主义根本制度的前提下进行局部的改良，使资本主义逐渐进入到社会主义。在五四时期的社会改造运动中，他们对于中国社会的进步和发展是有一定积极意义的。

---

[1] 周佛海：《物质生活上改造的方针》，《解放与改造》第 2 卷第 1 号，1920 年 1 月 1 日。
[2] 杨杏佛：《社会改造思想》，《青年周刊》第 4 卷第 5 号，1925 年 5 月。
[3] 参见吴雁南等主编《中国近代社会思潮》第三卷第十编、第四卷第七编，湖南教育出版社 1998 年版。

三 关于社会改造手段的系统主张

关于社会改造的手段，当时出现了一些比较系统的主张，这是社会改造思想发展和成熟的一个重要表现。

长沙《大公报》发表的《怎样改造现在的社会》的长文，提出了改造社会的具体办法，并作了详细的说明。（1）言论鼓吹。我们要改造社会，第一要注意言论鼓吹，将社会的黑暗罪恶尽行暴露出来。私产制度是怎样的不好，旧学说、旧思想是怎样的谬误，是怎样的陈腐、拘守旧例、自私心、不讲人道，懒惰、不诚是怎样的不好，教育是怎样的腐败，是怎样的为祸社会、为害人类，要怎样改造，怎样造福社会、造福人类。今天鼓吹，明天鼓吹，务使深入一般人头脑中，让每个人知道现社会实在是黑暗万恶，非改造不可。（2）去与农工商为伍。社会的改造，绝非一部分人的改造所能奏功，而必须全社会的人都觉悟下来改造才行，所以我们要改造社会，言论鼓吹固然要紧，但不是终身事业。一方面要脚踏实地，和农工商为伍，以补助言论鼓吹的不足，随时随地教育他们，指导他们，灌输普通科学知识，教他们利用自然力减省人工，增加生产，破除迷信，传布真理，改变他们的思想，警醒他们的迷梦，引起他们阶级的觉悟，知道自己所处的地位，要保存自己的人格，激励他们反抗的决心，打破阶级，那么改造社会就实现我们的理想了。（3）普及教育。教育与社会关系很是密切而且很是重大，因为教育是陶冶人类品性，造就国民。"现在要想普及的教育，是要廓清这腐败教育，要合乎教育原理、儿童心理，灌输科学知识、新思潮、真理，破除迷信，陶冶人的生活，扫除种种旧习惯、劣点，授以种种实用的知识、做人的技能，养成高尚的人格、健全的国民，具有清晰的头脑（科学的）创造的本能和牺牲奋斗的精神。"（4）昌明科学。科学昌明可以破除迷信，涤清头脑，可以利用自然力振兴工业。那么工厂林立，人人可以得到正当职业从事生产，由此可减少许多黑暗罪恶。（5）分途并进，根本改造。我们要改造社会，必不能从事于一隅，集中于一方的运动，我们必定要修正方法、分途并进、根本改造，就是要各人分散到各省、各县、各乡镇去运动、去改造。简单地说，"就是同时各人各竭力去做改造地方的运动，这可算是大规模的运动，也可说各个运动，这运动是普遍的同时的总解决"[①]。从舆论宣传、普及教育、昌明科学的方法到深入民间、分途改造的路径，是一个比较全面的会改造方案。

[①] 张振华：《怎样改造现在的社会》，长沙《大公报》1920 年 8 月 4—11 日。

《觉悟》发表的《改造社会底要件》一文提出了青年改造社会的方法。文章写到，我们一般青年既负有改造中国的责任，第一要尽力文化运动，提倡平民教育，使一般平民具有国民常识；第二要提倡劳工神圣，注意职业教育，使一般平民能得正当职业。因此，社会改造的要件，一是思想的改造，要想改造中国的社会，非要根本铲除旧思想不可。作者希望那些改造社会的新青年，要努力推进文化运动，提倡平民教育，灌输新知识，介绍新思潮，谋人类的进化，促社会的改良。二是男女的解放，即男女双方解放，就是女子要求经济独立，男子减轻家庭负担，然后共同操作，双方谋家庭的幸福，也是双方谋社会的幸福。三是家庭的改革，作者盼望新青年担负起家庭改革的责任，拿出奋斗的精神与恶家庭奋斗。四是婚姻的改良，从打破旧习惯、停除男女界限做起。[①] 这是站在青年学生的角度提出改造中国社会的方案。

《新潮》的一篇文章详述了从思想改造入手来改造中国的办法。文章说，第一步先行"思想改造"，本"物观的观察"的结果说真实话，求达到"知识的诚实"的境界。观察一阵事象，规划一阵制度，要有"系统的规划""全部的周顾"。而对于一种遗传制度、成说议论，必要拿一种立于科学的物观的基础上的"理性的怀疑"去察验它、检考它，直至求得"合理的信仰"。所以，"怀疑的勇敢"是"思想改造"中必不可少的元素。"思想改造"的事业已成，影响到"社会改造"上面，有第一步"知识的诚实"，便能对于各种制度的好坏，有真是非的舆论，而造成实际改造的动机；有第二步"系统的规划"，便能使各种制度的改造，无时无地不脉络相关，呼吸相应，从而可收事半功倍的效果；有第三步"怀疑的勇敢"，那便时时地地都有一种科学实验的精神，对于所有学说制度都保有"合理的信仰"。这种改造才是真改造，这种成功才是真成功。[②] 作者从思想改造入手，渐次改造社会，也不失为一个系统翔实的主张。

1920年2月6日，陈独秀在武汉文华学校演说《社会改造的方法与信仰》，归纳出改造社会的三种方法：（1）打破阶级的制度，实行平民社会主义，人人不要有虚荣心；（2）打破继承的制度，实行共同劳动工作，不使无产业的受苦，有产业的安享；（3）打破遗产制度，不使田地归私人传留享有，应归为社会的共产，不种田地的人，不应该享有田地权利。陈独秀同时阐述改造社会的信仰：（1）平等的信仰；（2）劳动的信仰。人人

---

① 连僧：《改造社会底要件》，上海《民国日报》副刊《觉悟》1920年5月26日。
② 吴康：《从思想改造到社会改造》，《新潮》第3卷第1号，1920年10月1日。

应该受教育，应该常劳动，心理上总有平等的革命与劳动的革命。但是这革命无取乎要流血，不过心理上总要研究革命的方法与信仰，到了那个可以革命的时机，我们就非要与那恶魔奋斗不可。但是，时机未到，革命的方法与信仰心不成熟，是不能胡乱暴动的，要知辛亥革命是速成的，所以易于失败。其失败的原因，就是无革命的方法与信仰，勉强挂了个共和国的招牌，较之前清君主时代还不如。所以我们再欲第二次革命。①陈独秀希望那些有社会改造决心的人，要竭力互助，要以身作则，预备社会改造的方法与信仰。作为中国新文化运动的发起人、中国共产主义运动的先行者，陈独秀阐述的改造方法与信仰，不失为社会改造的方案。

值得注意的是，围绕着社会改造的方法问题，许多进步社团或刊物展开热烈的讨论，从中选择或确定它们的具体方法。1922年11月在南京成立的马克思学说研究会，公开组织了一次"社会改造讨论会"，讨论了如下四个问题：（1）现今中国的社会是什么样的一个社会？是一个病的社会吗？（2）如是一个病的社会，则病的根源在哪里？（3）要除掉这些病根，要医好这个社会，那么我们必须采用社会政策还是采用社会主义？（4）要采用社会主义，采用哪一种社会主义？②正是在改造方法的深入讨论中，一些社团组织出现了严重的分歧。少年中国学会是五四时期最有影响的青年社团之一，但是在如何创造"少年中国"的问题上，存在着方法、手段上的不同意见。有人主张切实从根本做起，所以注意教育活动、实业活动；有人主张要急一点，要从大一点地方着手，所以注意救国活动、国际活动；有人主张更猛烈急进一点，所以注意革命运动。然而这些不同的意见，并不是互相违背、不能并行。③少年中国学会的讨论就是当时社会改造探索的一个缩影。各社团组织和政党派别进行的探索，从提出各种改造主张到制订改造方案再到从事各种改造事业，对社会改造运动的影响非常深远。

总的来说，五四时期提出和实行的社会改造方法多种多样，从人心改造、发展实业、发展教育到工学主义、泛劳动主义、新村主义等，不一而足。有人认为"人心改造"是最根本的，社会改造应从"人心改造""个人改造"着手；有人认为改造中国的中心问题是发展实业，或发展教育；有人提倡"工学主义"，有人提倡托尔斯泰的"泛劳动主义"，也有人从

---

① 原载武汉《国民新报》1920年2月7日。转引自《五四运动在武汉资料选辑》，武汉大学历史系，1979年，第366、367页。
② 《马克思学说研究会启事》，《南京高师日刊》1922年11月14日。
③ 恽代英：《怎样创造少年中国》（上），《少年中国》第2卷第1期，1920年7月15日。

日本学来了"新村主义"①，从而构成社会改造思潮与运动纷繁复杂的面相，这也正是社会改造思潮化的表现。

四 关于社会改造方法的评论

对于改造社会的各种方法，许多社会改造者或研究者从不同立场和角度提出了批评意见。山东励新社的邓恩铭在《改造社会的批评》中，将各种改造主张划分为"实行的""空谈的"和"盲从的"，并分别评述其得失，最后提出希望："我们还是高唱改造社会的一般人，我们既是感受种种的痛苦，中国的社会一定是要改造的，但是我们去改造非脚踏实地从事不可。若是不然，恐怕我们改造社会不了，倒被恶社会支配。"②学者杨端六归纳了当时流行的社会改造方法，包括道德改造、学术改造、政治改造、社会改造等。其中政治改造又有武力解决、财力解决、外力解决三种主张。他认为，武力解决只是非常的手段，"只可抱一种观望之心，不可取着实提倡他"。外力解决是大家都比较反对的，但是此举不仅大有研究价值，实际上也是不能全免的。财力解决比武力解决平和些，并且很有效果。其中有一种形式，"就是积极的由财团结合起来，彰明较著的与现在武人为难。如果政府是好的，就竭力去维持他；坏的就竭力的去破坏他。这个办法实在是一个救急灵验方，不过现在的财阀一半就是军阀的隐居地方，一半是胆子太小，不敢有甚么政治的活动。我们对于他们，只可以慢慢的期望去做些政治生涯，不能期望他们负改造政府的全责任"。不过，以上政治的改造，就是能够实行，也不免一时的成功。③在法国勤工俭学的李维汉也提出了自己的改造主张。他说："法兰西的改造是政治的改造，俄罗斯的改造是经济的改造。中华民族的改造到底从那里做起呢？政治改造么？换汤不换药的办法。劳动运动么？是一阶级的改革。军队解散吗？恐怕徒然增加民间土匪。这些都不是真正的彻底的改造。真正的彻底的改造，必从经济解放、教育解放下手。一扫旧时不平（等）的生活，而归于平等的生活；一扫旧时不平等的教育，而归于平等的教育，使精神界、物质界同时发展。"④作者比较各种社会改造方法，从中择定经济改造和教育

---

① 中共中央马克思、恩格斯、列宁、斯大林著作编译局研究室编：《五四时期期刊介绍》第一集，生活·读书·新知三联书店1979年版，第108页。
② 邓恩铭：《改造社会的批评》，《励新》第1卷第1期，1920年12月25日。
③ 杨端六：《中国改造的方法》，《东方杂志》第18卷第14号，1921年7月25日。
④ V. H. L.：《勤工俭学研究发端》，《华工杂志》第44期，1920年3月25日。转引自张允侯等编《留法勤工俭学运动》（2），上海人民出版社1986年版，第527页。

改造的方法。

共产主义者许新凯归纳当时流行的社会改造方法，主要有共产主义、基尔特社会主义和无政府主义三种。其中，无政府主义者没有改造的办法，他们也承认要在这一百年中想方法。基尔特社会主义没有具体的方法，只有"管理蚕食"和"以中国旧的同业公会为胚子"。但是，"管理蚕食"是不可能的，资本家哪里那样恭顺地让你蚕食。改良同业公会方法尤其是做梦。当时所要改造成的社会是大生产制的机器工业的社会，现在旧同业公会乃是手工业的，机器工业一定把手工业打得粉碎。所以这两个方法是完全不可能的。许新凯指出，基尔特社会主义或无政府主义提出，"只有一个宣传，在下层宣传久了大多数人都信仰了，他们自然而然的就能联合起来实现我们的主义"。这是一部分人主张的、慢性的下层的改造，太不经济，也很难真的改造。其缺点是时间上的缓慢。下层改造的又一个障碍物，是旧式教育权在资本家手中。此种慢性的改造恐怕还没有成功，改造家早已经变节了。此外，军阀的敲剥，外国资本家的侵略，如不赶快改造，恐怕中国就要处于外国资本的公共掠夺政权之下了。基于此，他提出一种急性改造的方法。第一步是学校宣传，以造就宣传人才；第二步是联络工人，以造就实力者；第三步是感化军队。这三步有眉目了，待一个相当的时机，就起而实行改造的工夫，把资本家、军阀、政客一脚踢开，由真正的平民跳上台去，执掌政权，用他们所用以阻碍我们进行的工具，来阻止他们的反叛，助我们的进行。这是改造中国的唯一方法。这种方法的特点是，在某一个时期之后能用政权的优越，助其进行。其好处是：一切可为慢性之阻力（如政治、经济、教育等），"不惟不为我们之阻，反可以为我们之助"①。这里提出了社会改造的具体步骤，也表明了共产主义者改造社会的急切心理。

在法国勤工俭学的蔡和森，根据马克思主义原理和俄国社会改造的经验，在1921年向陈独秀详细提出了开展无产阶级经济运动的步骤：无产阶级社会党应于各大都会组织同阶级失业者和最下层的贫苦无告者，第一步公然起来向政府要求"生存权"和"劳动权"，迫令政府向五国银行团大借外债；第二步要求监督实业借款的用途；第三步要求产业及政治管理权。并指出这三个具体步骤"为中国社会运动，社会改造的不二法门"②。

---

① 许新凯：《今日中国社会究竟怎样的改造？》，《社会主义讨论集》，新青年社1922年版，第457—473页。
② 《蔡和森文集》，人民出版社1980年版，第77、78页。

这也是关于中国改造的具体步骤。

湖南的刘炳荣梳理了近十年来各种救国运动，立足于中国现状，对"一般自命为知识阶级或社会上领袖的人物所开出来的药方"或称"救国主义"逐一加以评论。他认为，国家主义、共产主义、三民主义、国家主义、联治主义、武力统一主义、好人政府主义、农村主义都不切实际，然后提出自己的救国主义——新合作主义。① 他从各种救国主义的得失中，选定新合作主义作为改造中国的药方。

北大教授陈启修全面批评关于改造中国的各种提案。他指出，专想模仿外国宪法形式之法律改造说"最为不妥"，因为一切法律本都是以规定经济生活为目的的，所以随着经济生活的不同，法律的内容也当不同。若只顾模仿，必定发生法律与事实之冲突，其结果不因以法律就事实而使法律成具文，必因以事实就法律而生法律的斗争之弊，二者均非改造的本意，所以应当力避。至于不顾经济背景的人心改造说，包含一切教育改造、思想改造、习惯改造的提案，都带唯心的性质，根本上已经含有一半谬误，所以断不会有预期的效果。至于不顾国民经济状况之极端的联省自治说，虽然各种自治说的内容极不一定，从广义上说，联省自治是应当主张的；但是有人主张把关于国民经济也划归各省自办，却是要反对的。因为中国已达于国民经济的时代，若对内不撤去一切经济交通的障碍，对外不尽量地施行奖励保护政策，中国就不能够立足于国民经济竞争场。至于期望好议员、好政府乃至好人以行改造之诸说，虽然相信个人是好的，但是好的个人在当了阁员或议员之后未必仍是好人：一则充当国家机关，是公的资格，单靠私的资格上所谓好是不够用的；二则此种机关之行动，根本上便不是个人可以随意左右的行动；三则机关必与权力和金钱相伴，纵然是好人，也难随人类的通性。基于上述观点，陈启修提出中国的改造，一则结合赞成注重经济背景的改造家为一团体；二则共同研究中国现今的经济状况；三则根据所得经济的材料，确实地决定中国改造方法。②

陈独秀批评各种小资产阶级改革家的改造方法。他说，政治的根本改造，只有"组织民众积极革命"八个大字为正确的、有效的方法。然而小资产阶级改革家总脱不了浪漫的倾向：激烈的往往走到暗杀或暴动的路上去，和平的往往走到不合作的路上去，或左或右，或上或下，绕来绕去，

---

① 刘炳荣：《今日救中国的唯一主义——新合作主义》，《大公报十周年纪念特刊》，彰文印刷局，1925 年初版，"专著"第 75—77 页。
② 陈启修：《中国改造和他底经济的背景》，《社会科学季刊》第 1 卷第 2 号，1923 年 2 月。

总不肯向正确的、有效的革命轨道上走。"这些浪漫的倾向,自然是社会改造运动中不幸波折,却是阶级根性上历史的造(遗)传,非一时能脱净的。"① 陈独秀反对不合作主义,并不是赞成与恶浊政府合作,"乃是反对社会上领袖人物只知道拿消极的不与政府合作当作打倒恶浊政府的方法向民众宣传,引导民众集中到消极的和平退让的路上去,而不知道采用积极的与民众合作方法,来做积极的进攻的革命运动"。他认为,正确的主张是:科学的革命运动——组织民众积极革命,反对一切个人的、浪漫的、消极的行动;创造武装的民众,不赞成个人的暗杀;组织有系统、有计划、有训练、有纪律的暴动,不是无组织、浪漫的暴动;积极地与民众合作,绝不把消极的不合作当作一种主义,当作打倒恶浊政治的方法向民众宣传。② 实际上,陈独秀坚持以政治改造方法为主的改造主张。

更重要的是,当时的几大政党组织对各种社会改造论各有批评,进而提出自己的改造方法。1922年6月15日,中国共产党第一次发表对于时局的主张,对诸如总统复位恢复国会以维法统为解决时局的中心问题、以联省自治为解决时局的唯一办法、以为吴佩孚可以而且有力量去解决时局等主张提出批评,在此基础上,提出解决时局的唯一道路只有打倒军阀,建设民主政治。文中希望邀请国民党等革命的民主派及革命的社会主义团体召开联席会议,共同建立一个民主主义的联合战线,向封建式的军阀继续战争。③ 1924年1月的中国国民党第一次全国代表大会分析了中国现状,批评国内外各党派和个人关于改造中国的各种拟议,包括立宪派、联省自治派、和平会议派、商人政府派,指出这些拟议"虽或出于救国之诚意,然终为空谈",只有国民党"夙以国民革命,实行三民主义为中国唯一生路"。④ 谢觉哉在《孙中山先生的光辉》中谈到当时对国民革命的认同和感想:"辛亥革命失败,袁世凯称帝,南北军阀混战,'一蟹不如一蟹!'某些时贤的所谓救国建议,谁都是夸夸其谈,不是不能行,就是没有准备行的方案。……霹雳一声,传来了国民党的改组及国民党第一次代表大会宣言,宣言上明明写着:有原则,有纲领,有办法,我们反复读了,觉得救国有方了。工人、农民、青年知识分子,固然十分兴奋,就是中年持重

---

① 独秀:《论暗杀暴动及不合作》,《向导》第18期,1923年1月31日。
② 独秀:《论暗杀暴动及不合作》,《向导》第18期,1923年1月31日。
③ 中央档案馆编:《中共中央文件选集》第1册,中共中央党校出版社1989年版,第33—46页。
④ 荣孟源编:《中国国民党历次代表大会及中央全会资料》,光明日报出版社1985年版,第13—15页。

的人也有许多感到应该参加到火热的斗争中去,即使及身看不到革命成功,儿子、孙子一代必然看到成功的。"① 当时,主要政党组织公开提出了各自的社会改造主张,都表明了政治改造的方法和态度。

上述关于中国社会改造方法的评论,可谓见仁见智,其共同的目的在于比较各种方法的得失,从中找出更合理、更科学的答案。正如杨杏佛指出:"今之言社会改造者,首在以忠实之眼光考察国内思想之派别,然后进而论其得失,定其去舍,庶几改造之辙可寻,不致为意气与成见所驱使。"② 综观各种改造社会的方法,最根本的是暴力手段的革命和温和渐进的改良两种,但两者的根本目标都是实现社会制度的根本性转变。从各种改造方法的具体内容来看,大致可以归结为两种:一是废除旧制度,换上新制度;二是废除旧制度的旧意义,换上新意义。换句话说,就是改换制度,改换生命。在陈望道看来,一切改革都应该先考虑第二种方法,就是想一想换上一个新生命,那制度是否仍旧有存在的价值。要是有存在的价值,就应该使它在新意义上仍旧存在,不必盲目地破坏它。要是没有存在的价值,就该用第二种方法去破坏旧有的了。"破坏了旧有的,要不要建设新来的,这就要看那破坏的东西的性质而定夺。破坏的东西,性质上不要另建设什么的,那就不必建设。破坏的东西是该另外建设的,那就要另外建设新来的。要之,改造社会,共有两种方法,不应该专用一种方法,就算用了方法底全体;破坏和建设应看作可分两件事,不应该责成一个人去干办的。"③ 从各种改造方法的形式来看,大致分为破坏与建设两种。"改革之要素凡二,一曰能立,二曰能破。能立者,谓对于所主张之新思想或新制度之优点,能原原本本尽情发挥以见其可行者也。能破者,谓对于所应改革之旧思想或旧制度能发见其谬误之点,以一致命之打击,以见其当废者也。换言之,建设与破坏二者同为改革之要素。"④ 这两种形式,一是在现有社会秩序下的渐进的改革,二是在短期内根本改变原有社会秩序的暴力革命。什么时候应当着重采取哪一种变革形式,不能单从抽象的原理出发来作判断,需要取决于当时、当地的具体历史条件。一般来说,前者是它的经常形式,后者是它的补充形式,是在某种特定的历史条件下

---

① 谢觉哉:《孙中山先生的光辉》,《中国青年报》1956年11月11日。
② 杨杏佛:《中国近三十年之社会改造思想》,《东方杂志》第21卷第17号,1924年9月10日。
③ 陈望道:《改造社会底两种方法》,《浙江省立第一师范学校校友会十日刊》第11号,1920年1月20日。
④ 邦式:《改革之手段》,《国民》第1卷第3号,1919年3月1日。

到来的。① 不过，在社会改革的讨论中，发生了"破坏与建设二者孰为今日欲达改革之目的所应采取之手段"的争论。其基本问题是：第一，改革成功是否必须经破坏与建设两种手续；第二，如必须经破坏与建设两种手续，二者应同时并进抑或实施时有先后之分；第三，如有先后之分，则孰先孰后，其条件如何。周长宪分析认为，凡改革未有不经破坏与建设两种手续的。大抵先破坏而后建设者，必其所改革之思想与制度与新者绝对不能相容。"今日中国一般人之思想锢弊达于极点，中于惰性，毫无奋发有为之心，对于新思想新学术新道德新观念新方法，排斥之不遗余力，而惟保持其数千年腐旧之脑筋，以为旧有者皆尽美尽善，可以无事纷更，新来者皆荒谬绝伦，必欲铲除净尽。其持两端之说者，则依违于新旧之间，以为各有优劣。其实彼何曾有真知灼见，何曾知旧之为旧新之为新。故居今日而欲言改革，非以大刀阔斧破坏旧日社会上遗传之信条，大声而疾呼，直捣其受病之处，使之赤裸裸的而为新观念之涵养，新生命之追求，则黄雾漫空阴风匝地，欲拨云雾而见青天，安可期也。"②

由此看来，社会改革必须以破坏为入手之方，同时为建设之预备，达于一定程度，且求破坏与建设同时并进。正如《先驱》所指出，现在社会改造的潮流可以分为两大派：一是无产阶级的苏维埃派的工人政治的社会改造，二是中流阶级的议会派的平民的政治的社会改造。前者为创造的革命，后者为创造的进化。③ 这也是对五四时期社会改造潮流的概括。

可见，在各种社会改造理论的影响下，无论是社会改造者个人还是社团组织、政治派别的社会改造方法，均体现出历史的歧异性和社会政治的多重面相。而社会改造运动的成效，取决于哲学或理想的基础和经济或事实的基础，也就是理论上是否说得通，事实上能否做得到。在关于社会改造和革命的方法中，以中国国民党和中国共产党最全面、最先进，对中国社会改造的影响最为深刻。

第二节 社会改造的理论

社会改造作为一种进步思想，其形成需要有科学理论的支持。作为一

---

① 沙建孙主编：《中国共产党通史》第一卷，湖南教育出版社1996年版，第36页。
② 邦式：《改革之手段》，《国民》第1卷第3号，1919年3月1日。
③ 成荫：《革命与进化》，《先驱》第3号，1922年2月15日。

场社会运动,它不仅需要具体的改造手段和方法,而且需要科学的理论来指导。因此,社会改造者引入了西方的民主主义、社会主义等各种理论,并结合中国改造的实际,进行广泛的宣传和介绍。他们信守各自的主义或理论,并运用于指导社会改造活动,由此形成的中国改造方案既有共同的思想主张,也出现了严重的思想分歧、对立乃至争论,从而影响着中国社会改造的进程。

一 社会改造的理论需求

正如蒋梦麟所说:"我们都知道,中国社会的病重得很。因为社会病,所以我们要讲新学术来救他。"① 所谓救治"社会病"的新学术,就是社会改造的理论。理论对实践具有重要的指导意义,而且只有正确的理论,才能真正发挥对社会改造的指导和推动作用。有识者指出,一种革命运动,必然有一种革命理论与它相应。革命理论虽从革命运动中产生,然而能影响到革命运动。如果指导革命运动的理论是正确的,便可以促进革命运动的急速发展与早日成功,否则,就会延缓或贻误革命运动。所以我们进行革命运动时,必定要注意那指导运动的理论,看它是不是正确的,换句话说,看它是不是科学的,是不是在科学上能够证明它的真实性。② 社会改造理论与改造运动的关系也是如此。宋介在《科学与社会》一文中说:"社会是因人而存在,人不能因社会而牺牲,若社会既经人发现出不合理来,就应当改造他,决不能姑息他,反把人来摧残了,这就是我的大主张。至于其他种种主义里头的那些将来的社会,我们要以科学的态度来研究清楚,究竟是那一种最好,宜于作建设新社会的图样,就拿他作图样。"③ 社会改造理论不仅需要正确的选择,也需要实践的检验和修正,才能成为社会改造的指南。

社会改造需要有哲学理论作为基础,这就是所谓"社会改造之哲学"。李石岑提出:"迩来社会改造之声浪,日高一日,凡前此政治、法律、宗教、道德以及吾人日常生活,莫不屏(摒)弃,以求新政治、新法律、新宗教、新道德乃至新生活之出现,而无有已时。此固非必由一种学说操持之其上而致之然,自分部而全部之激之使然者也。此倾向在哲学言之,即为哲学上之生活化,乃由前此哲学过重图式体系,与人生几不能发生交

---

① 蒋梦麟:《新文化的怒潮》,《新教育》第 2 卷第 1 期,1919 年 9 月。
② 光亮:《中国学生在民族革命中的地位与任务》,《上大五卅特刊》第四期,1925 年 7 月 7 日。
③ 宋介:《科学与社会》,《曙光》第 1 卷第 1 号,1919 年 11 月 1 日。

涉，因思取哲学思想应用于实际生活，遂一变哲学之形式与内容，而以连结哲学与生活为社会改造之哲学之积极的要件，以哲学之革命为其消极的要件，此社会所以日上于改造之途也。"① 就是说，社会改造需要理论指导，哲学思想是一切改造运动的基础。而且，这种理论必须为广大民众所信服，才能真正发挥对社会改造的推动作用。如陈启修所指出："大凡一切诚实的改造运动底最后目的，总在使多数民众信服其主张，以期其能见实行。然而要想使多数民众信服其主张，必定先要运动人对于自己的主张，能够持之有理言之成故；而要想持之有理，言之成故，又必定要有一种透彻的普遍的根本理想。换句话说，就是要一种哲学的理想。否则马耳东风，其主张难得多数人信从，其运动必定要归于无效的。"② 因此，社会改造理论既需要专门的研究，也需要广泛的宣传。陈启修认为，"此种哲学的理想，与一切改造运动相关极大，实可谓为一切改造运动之根本。盖改造运动而无哲理存乎其间，则不为盲动，必为一时之弥缝手段，断不足当改造二字，亦断不足以移易一世之心理，使其积极地赞同，或消极地不反对也。"大凡人类有意识的行动，必以一定的理想为标准，"故一切改造运动必具有哲理的基础，以满足人类之理性方能博得世人之信服，而使其改造方法发生适应性与可能性；否则难于实现，即能实现，亦必流为形式的及表面的"③。因此，社会改造运动必须有哲理的基础，也就是理论指导。

社会改造实践需要理论指导。陈独秀在《新青年》发表的《主义与努力》，分析了理论对社会改造实践的重要性。他说："我们改造社会是要在实际上把他的弊病一点一滴一桩一件一层一层渐渐的消灭去，不是用一个根本改造底方法，能够叫他立时消灭的。""无论在何制度之下，人类底幸福，社会底文明，都是一点一滴地努力创造出来的，不是像魔术师画符一般把制度改了，那文明和幸福就会从天上落下来。""我敢说，改造社会和行船一样，定方向与努力二者缺一不可。"④ 陈独秀形象地描述了主义或理论与社会改造的关系。陈独秀把社会改造理论与实践结合起来，而且运用马克思主义指导中国的社会改造，在五四时期产生了巨大影响，故被誉为

---

① 李石岑：《社会改造之哲学——以根本的经验论为出发点》，《李石岑论文集》，中华书局1926年版，第197页。
② 陈启修：《中国改造和他底经济的背景》，《社会科学季刊》第1卷第2号，1923年2月。
③ 陈启修：《我理想中之中国国宪及省宪》，东方杂志社编：《中国改造问题》，商务印书馆1923年版，第63—65页。
④ 陈独秀：《主义与努力》，《新青年》第8卷第4号，1920年12月1日。

"知识界领袖""新思潮明星"和"政治革命先驱"。

进而言之，主义或理论本身也是研究问题、改造社会的工具或手段。① 从科学与社会改造的关系来看，科学要与主义联合起来，使主义永久建筑在科学上面——科学追随事实，主义追随科学。这才是我们以后应当走的改造社会的途径。胡鉴民认为，"现在中国的谈社会改造者以及实际负社会改造的责任者，都狂信主义的万能。是非善恶，成败利钝，均于此卜之。结果空谈民生而民不聊生，徒创民权而人民之受压迫益甚；高树民族主义的旗帜而日频于亡国灭种之祸。主义只成为一块空招牌，甚且成为升官发财的敲门砖，言念及此，谁不痛心"。由此看来，与其空谈中国应实行何种主义，不如讨论采用何种科学方法。"我们希望以后谈任何主义者，不要使主义宗教化，违背科学的客观精神，应当随时随地观察事实，按照事实提出实际的改造方案，在必要时主义亦当加以修正，或竟放弃之。"② 他认为，社会改造的理论或主义，必须与中国实际结合起来，制定正确的改造方案。

因此，在世界改造潮流的影响下，西方的各种社会改造理论几乎都成了中国社会改造论者的依据，更成为社会改造活动的指南。

二 社会改造的主要理论

五四时期改造社会的理论，主要是民主主义和社会主义。其中社会主义包括马克思主义、无政府主义、互助论、合作主义、工学主义、新村主义、基尔特社会主义等各派社会主义，民主主义则包括国家主义、三民主义、实用主义等。在当时社会改造的讨论中，三民主义有时也称社会主义，国家主义也称社会主义，因此，对于社会主义与民主主义的划分未必科学，暂作如此划分，纯为论述的便利。

1. 社会主义

社会主义是一种改造社会的理论，它是因为反对"自由竞争"和"私有财产"而起的运动，主张把生产机关收为社会所有，消费机关为个人所有。社会主义的最终目的，不仅在改革社会的经济基础，使贫乏根绝，实现"民各得乐其业，甘其食，美其服，安其俗"的理想社会。而且在于造

---

① 少年中国学会会员认为，主义"不过达吾人共同目的之一手段"。参见少年中国学会编《少年中国学会会务报告》第1期，1919年3月1日，第21页。胡适《多研究些问题，少谈些主义》也指出，学理是我们研究问题的一种工具。参见《每周评论》第31号，1918年7月20日。
② 胡鉴民：《科学与中国社会改造》，《大陆杂志》第1卷第2期，1932年。

就健全的国民,因此也是一种解决劳动问题的方法。① 社会主义是"以破坏现在私有财产之社会,而建设公有财产之新社会为目的之主义也。……本此等思想,以造新社会,是即社会主义之目的。"② 因此,社会主义成为指导社会改造的重要理论。

社会主义是 20 世纪的社会改造潮流。五四运动以后,"社会主义"成为社会改造舆论中最时髦的口号,社会主义誉为改造中国的"对治之良方"③。

少年中国学会注意到,社会主义现在正由理想的时代进入实行的时代,与人类将来的幸福关系很深,大家既抱定"爱世努力的改造主义",就应当想个方法下手。故对于这样风起云涌的社会主义,不可不先来研究。学会负责人王光祈指出,社会主义是 20 世纪的潮流,这是谁也不能否认的;中国的经济组织应该改造,也是谁也不能否认的。但是社会主义的派别甚多,究竟那一派比较合适?改造中国社会的方法甚多,究竟哪一种方法容易收效?却是一个很大的问题。④ 这是少年中国学会关于以社会主义改造中国的研究结论。不过,他们的社会主义包括了国家主义、无政府主义、马克思主义等在内。

《太平洋》发表一系列关于社会主义的文章,大体主张用一种"积渐"的方法改革社会。有谓:"抽象言之,不外一方养成国民高度之统一组织之惯习,一方使有资产者深明社会连带之意义,与辅之义务。若夫具体的政策,概括言之,初则公共性之事业,归公营或国营,于国民生活全体有重大关系之产业,其生产分配,由国家设官立署,当管理支配之任;次之则由国家直接经营重要之工商矿业金融业;最后则收全社会之资本以为国有。"⑤ 这种"温和的社会主义",就是主张通过社会改良,修补资本主义制度的缺陷,实际上是一种民主主义与社会主义的混合,由此过渡到社会主义。

社会主义是解决社会问题的根本方法。时人认为,第一次世界大战后,"各国人民欲求社会主义为社会改造之方针,决非效提倡理想国家者

---

① 田汉:《诗人与劳动问题》,《少年中国》第 1 卷第 9 期,1920 年 3 月 15 日。
② 〔日〕桑田熊藏著,骆继汉译:《社会问题之意义及其解决方法》,《世界大势概要》第 16—17 号,1920 年 11 月。
③ 曹任远:《社会主义与吾国社会改造》,《新群》第 1 卷第 1 号,1919 年。
④ 王光祈:《读了社会主义者傅立叶学说后的感想》,《王光祈旅德存稿》,中华书局 1936 年版,第 573 页。
⑤ 彭蠡:《民主主义与社会主义之趋势》,《太平洋》第 1 卷第 10 号,1918 年 7 月 15 日。

徒陷空想，而其所致力者，乃对于现今制度欲芟除其不义不公平，并可为祸乱之源者。诚如是也，则就私有资本制度，与社会主义制度，比较其生产能率，以社会主义制度较有统一之组织，而私有资本之制度既多游民，且多浪费。此两制度之优劣，可不待辩而明矣。"① 相对于资本主义制度，社会主义在解决社会问题上具有明显的优越性。题为《劳动者与社会主义》的文章指出，所谓社会问题，广义地说就是关系于社会制度全体的问题，狭义地说就是由产业制度发生出来的劳动问题。而劳动问题是资本制度发达的结果。"劳动者要怎样才能得不饿死不冻死呢？要怎样才能够不受没资本家的压迫呢？这就是现时代最大的劳动问题，也就是有志争经济的自由和平等的人所研究的社会大问题了。"对于劳动问题，社会主义是一个最大的根本解决方法。所以劳动者非信奉社会主义，实行社会革命，把资本家完全铲除不可。②《失业问题与社会主义》一文认为，种种失业都是经济制度不良的表征。假使照社会主义改造现在的经济制度，废止土地私有权，使资本及生产机关归公，那么就没有失业的事发生。因为在资本制度之下，定期的恐慌总是不能免的。因为生产机关许人私有，所以资本家才能强迫工人每日做十五六个钟头的工。因为生产机关归资本家所有，所以新机械的发明和工业的进步，不能减少工人的负担，只能使资本家减少工人的需要。因为生产机关归资本家所有，所以资本家得以掠夺工人，越发发财，工人越穷，以致不能受相当教育，得相当能力。总之，以前的经济制度是产生失业者的根本原因。要想避免失业的危险，就要照社会主义改造社会。③ 社会主义才是解决工人失业问题的良策，也是解决现在经济制度的根本方法。

在世界资本主义日暮穷途的情况下，社会主义成为中国改造道路的不二选择。李季在《社会主义与中国》一文中指出，"社会主义是救我们中国的良药"④。周佛海在《实行社会主义与发展实业》文中宣称，"社会主义为救现代社会一切恶弊的万能药"⑤。李汉俊也指出："中国底混乱是中国进化急速的表现，要到进化到了社会主义，才能终止。我们要使中国底混乱赶快终止，自然要努力使中国进化到社会主义。"他认为，从文明进

---

① 《社会改造及其运动之潮流》，《晨报》1919年4月27日—5月1日。转引自中共中央党校科研办公室选编《社会主义思想在中国的传播》第二辑（上册），1987年，第64页。
② 立达：《劳动者与社会主义》，《劳动界》第16号，1920年11月28日。
③ 怪君：《失业问题与社会主义》，《劳动界》第24册，1921年1月23日。
④ 李季：《社会主义与中国》，《新青年》第8卷第6号，1921年4月1日。
⑤ 周佛海：《实行社会主义与发展实业》，《新青年》第8卷第5号，1921年1月1日。

化的角度来看，中国的混乱可归于三个要素：（1）社会各局部间进化程度太不一致而产生的激烈的同化与淘汰作用；（2）旧中国与世界底进化程度悬隔太远而产生的激烈的同化与淘汰作用；（3）中国的资本阶级与世界的资本阶级争斗中国的市场。因此，中国现在和未来有许多难以解决的问题，其中最难解决的是"政治不入轨道""军阀专横""将来的资本主义的恐怖"。主要原因就在于中国人"无政治的常识，无参与政治的能力"，"富于和平性，抵抗力薄弱"和"缺乏社会化生产"[1]。因此，社会主义为解决中国社会混乱的唯一的方法。

孙倬章也认为，只有社会主义才能解决中国面临的各种难题。第一，要实现人民的抵抗力，只有"传播社会主义，使士农工商七十二行的人，各结为坚固的团体，联合一致，反抗军阀"。第二，要使政治入轨道，只有"传播社会民治主义，盖社会主义的社会，无产阶级必常为社会所重视；所以欧美的知识阶级的多数，常与无产阶级联合；倘中国的社会主义的学理昌明后，知识阶级，也必然要向无产阶级联合，与无产阶级交际往反"。第三，实行社会化的生产。更明确地说，要解决中国的难题，最适当的方法只有社会主义一条路。孙倬章把马克思主义分为社会民治主义和布尔什维主义两派，认为中国现在最好采取社会民治主义。一方面反抗绅士的阶级政治，以达到全民政治的真正民主政治；另一方面推翻资本主义，主张社会化的生产，循序渐进，务求达到真正社会主义的社会。"故欲解决中国现在的政治问题和将来的经济问题，只有社会民治主义为最良的方法"[2]。

社会民治主义最初包括主张革命路线的社会主义者和主张渐进改良的社会主义者，第一次世界大战后成为一种非革命路线的社会主义者的专有称呼，是一种有影响的社会主义思潮。正如邵力子所指出，社会主义思潮的兴起，"实在是时代潮流中已有需要这种主义的征兆"。中国绝不可与时代潮流相抗，而必须走社会主义道路。[3]

而且，中国也有实行社会主义的条件和可能性。《社会主义底发生的考察和实行条件底讨论与他在现代中国的感应性及可能性》一文认为："倘诚实行社会主义，生产机关完全归为公有，生产底管理转到大众底手

---

[1] 李汉俊：《我们如何使中国底混乱赶快终止》，上海《民国日报》副刊《觉悟》1922年1月1日。
[2] 孙倬章：《中国的难题怎么解决》，《奋斗》第1卷第1号，1923年10月15日。转引自《五四时期期刊介绍》第三集，生活·读书·新知三联书店1979年版，第209—210页。
[3] 力子：《主义与时代》，上海《民国日报》副刊《觉悟》1920年12月21日。

里去了。那也就再不会有少数人把持一切的事实发生。在那时候，少数人从经济方面和权力方面压迫民众的弊病既然可以除掉，那么怎还会有社会痛苦发生呢？"

该文章把无政府主义、基尔特社会主义与科学的社会主义相提并论："科学的社会主义又有德国底社会民主党，法国底工团主义，美国底 I. W. W. （Industrial Workers of the World）和俄国的布尔扎维克之不同。此派原始于马克思，他们自命为'科学的'，盖所以别于'理想的'而言。各国因情形不同，所以结果有种种的派别。"真正在中国应该实行的"社会主义"，或是基尔特社会主义，或是国家社会主义，或是俄国式的社会主义。[1] 由此可见，社会主义是一种庞杂的社会改造思潮，成为当时中国社会改造的主流思想，但是对于中国应实行何种社会主义则存在歧义。如何运用社会主义指导改造实践，的确是一个值得深思的问题。

（1）马克思主义

1920年翻译出版的《社会学及现代社会问题》指出："历来学者提议了好多解决社会问题的捷径，就中最惹人注意，最值得严加讨论的，就是社会主义。社会主义是改造社会，改造工业好多种计划的总称。各种计划中最显著的，是科学的社会主义。"[2] 科学社会主义亦称马克思主义，是一种社会改造的学说，"以唯物主义为根据，以经济状况为素因，用科学的方法，说明社会的构成和进化"[3]，从而提出了社会改造的原理、方法、手段和目标（详见第八章第四节），成为社会改造的主要理论。具体表现如下：

马克思主义是无产阶级的革命理论，也是公认的社会改造学说。在19世纪后半期，马克思主义开始风靡于欧洲社会主义的思想界。"他依据社会进化的理法，主张社会主义组织，当然可以实现，使劳动者确实握有将来的希望和信仰。"因此，马克思主义"确是社会运动的兴奋剂"。马克思主义改造说分为两派：一派采用进化主义或渐进主义，另一派采用革命主义。伯伦斯泰因一派社会主义者，公然反对马克思的唯物史观和阶级斗争说，在马克思改造说之中最称稳健，时人称为修正或改良派。工团主义反对现行资本主义的组织，承认阶级斗争的事实，此言完全和马克思主义一

---

[1] 陈启修：《社会主义底发生的考察和实行条件底讨论与他在现代中国的感应性及可能性》，《评论之评论》第1卷第4号，1921年12月15日。
[2] 〔美〕爱尔乌德：《社会学及现代社会问题》，赵作雄译，商务印书馆1920年版。
[3] 〔日〕高畠素之：《社会问题详解》，盟西译，共学社1921年版。转引自《社会主义思想在中国的传播（资料选辑之一）》，内部发行，1985年，第344页。

致，故可以称为马克思主义革命的改造派。总之，"马克思主义以纯正的马克思主义为中心，其右翼有修正派，其左翼则有革命派，这是现时社会主义的趋向了"①。有人指出，社会主义分为两大派，一为马克思派，是从根本上改革，或曰革命派；一为逐渐革新派，或曰改良派、可能派、机遇派、蓄钝派、政府派。这一派名目虽多，究以"改良"二字形容之较为确切。"马克思之社会主义是无国界的，无宗教的，自由贸易的，大同主义的，可以实行的，并且是永无战争的。"帝国主义即主张增加武备，"振刷实利精神"，反对帝国主义最烈者是急进革命派。帝国主义与革命主义相持不下，遂生出改良派。改良派之真正精神是主张本国之民主政治，主张本国混合各阶级为一大团体，以代革命派，主张混合全世界各阶级为一大团体。②总之，"自马克思社会主义盛倡以来，全球几为煽动，人人心目中皆有改造思想，视旧社会若恶魔罪薮焉，马氏主义所以能风行者，不在乎能迎合社会人之心理，而在乎能道破社会之罪恶，其所抱主义，全在唯物史观之历史论与解释经济论"③。在众多社会主义流派中，马克思主义以其严谨而科学的理论，成为社会改造思潮的主流和方向之一。

  1921 年翻译出版的《社会改造之八大思想家》详细阐述了马克思的社会改造思想，说：社会主义的学说是由马克思集其大成。马克思主义的中心思想，就是"唯物史观"和"阶级争斗说"。许多批评家以马氏的唯物史观论定经济条件为社会进化活动的作用，是马氏最大的功业，实际上，发展这个"历史的过程"之动力是阶级争斗说。"总之，马克思主义，现在已经俨然成为社会主义学的经典了。所以非难社会主义者，不可不非难马克思主义，若离开马克思主义，而要理解社会主义，这是绝对不可能的。"④

  马克思主义是公认的社会改造学说，正如刘仁静指出，中国有许多马克思主义者至多了解马克思的学说，很少人能了解马克思的精神，以致制造出许多的小考茨基。许多热心社会运动的人往往误认了运动的对象，把社会改造看得太容易，而且不重视社会中的阶级的分别，所以他不希望劳动者改造社会，而只热心于罗素所说的结合一万人来统治中国。这种努力

---

① 〔日〕高昌素之：《社会问题详解》，盟西译，共学社社会丛书，1921 年 4 月。
② 〔英〕Ensor 著，竞仁译：《各国社会党之情形及社会主义之概论》，《晨报》1919 年 8 月 15—16 日。
③ 霭人：《社会改革与劳动酬报》，《南洋》第 4 期，1919 年 8 月 5 日。转引自《五四时期期刊介绍》第三集，生活·读书·新知三联书店 1979 年版，第 111 页。
④ 〔日〕生田长江、本间久雄：《社会改造之八大思想家》，毛泳棠、林本、李宗武译，商务印书馆 1921 年版。

的方向是错误的,甚至"延宕社会的改造"。所以他希望社会运动家能研究马克思的学说,要知道"无产阶级的解放,是要无产阶级自己努力的"以及"无产阶级的解放是人类全体的解放的"真理。① 可见,马克思主义是关于社会改造的学说,对于中国改造具有重要意义。

《先驱》第 17 号发表的《马克思诞生百零五周年纪念日敬告中国青年》一文说道:"马克思主义是无产阶级革命的唯一的指导原理","是推翻资本主义解放无产阶级的唯一的武器"。尽管中国是半殖民地半封建的国家,但中国对于"马克思主义的需要——应用马克思主义的原理来改造中国社会的需要,与其他资本主义成熟的国家有同样的急迫"。可以说,这篇文章里有了马克思主义中国化的思想萌芽。

马克思主义是第一次世界大战后蓬勃发展的社会主义思想潮流,也是社会改造的发展方向。时人谈道,俄国革命发生以来,世界形势日日变化,使人目不暇接。大家认作"军阀与官僚之金城铁壁"的德国,也归社会党支配了,"军国主义之守护神"的恺撒也倒了,单看世界这一点猛烈的变化,真不能不诧为神奇。"受俄德革命戟刺,被生活困难压迫,恍然大悟各国平民阶级,不问那里,都想互相呼应互相结合起来奋斗。……他们是以远大的理想为目的,明明白白的意识,向究极的解决所在前进。而且他们所企图的改革,是很广大、又为根本的一点。"李汉俊在"译后短言"中说道:"我们中国怎么样?中国决不在世界外,也不能在世界外。"要拯救中国,只有走俄国人的路;要走俄国人的路,只有把握马克思主义理论的真谛。② 李大钊认为,马克思主义代表着世界社会改造的新方向,布尔什维主义是马克思主义的现实代表成果,是革命的社会主义,"现在世界改造的机运,已经从俄国闪出了一道曙光"③。从此,社会改造最流行的是俄国广义派。

上海《民国日报》刊载了《劳农政府治下之俄国——实行社会共产主义之俄国真相》的长篇文章,提出要研究苏俄的主张和行为。"真要了解布尔塞维克主义的精神,还要去考究马克思的学说",因为马克思的学说在现代各种社会新思潮中"可算得最稳健的主张,最有科学的基础。"④ 周

---

① 竞人:《我们纪念马克斯的意义》,《晨报副刊》1922 年 5 月 5 日。
② 〔日〕山川菊荣:《世界思潮之方向》,汉俊节译,上海《民国日报》副刊《觉悟》1919 年 9 月 5 日。
③ 李大钊:《我的马克思主义观》,《新青年》第 6 卷第 5、6 号,1919 年 5 月、11 月。
④ 《劳农政府治下之俄国——实行社会共产主义之俄国真相》,上海《民国日报》1919 年 4 月 12—28 日。

佛海也认为,俄国实行的主义"确是真正的马克思主义","共产党(多数派)现在是行无产阶级的民主主义,无产阶级的专制的"。要实现社会主义,无产阶级专政是不可缺的手段。我们要改造中国,就必须"照着共产主义的原理",中国社会改造必须以共产主义为"改造底目标"[①]。

第一次世界大战后进一步暴露了资本主义存在的种种弊端,而马克思主义在苏俄革命中见有成效,于是中国知识分子从中看到了社会主义与资本主义的比较优势,否弃资本主义,信仰社会主义。这种认识的转变表明了他们对于马克思主义尤其是马克思主义描述的资本主义理论的态度变化,由此确认马克思主义是社会主义经济改造世界的理论。"马克思的经济学,尤其是他的《资本论》,对于资本主义制度做出了超越前人的科学剖析,它所达到的理论深度,它所具有的无与伦比的说服力,是任何其他社会主义流派所望尘莫及的。"[②]舆论界对于马克思主义的态度,反映出马克思主义成为中国社会改革的现实需要。

总之,在先进的中国人心目中,马克思主义已不仅仅是西方社会主义的一种新流派,而是能够使国家民族解危救难的理论和方法,也是改造中国社会的理论和方法。《民铎》发表的一篇文章解释了思想界的方向转变的现象。作者说:"在今日而回溯于孔子思想,这不仅是不达时务,而且是反动。在今日而高唱'东方文化',这不仅是羡慕过去,而且是窒息将来。今日的新式红楼梦的小说,不仅是无可奈何之无病呻吟,而且是堕落的深渊","现在我们所急需的是辩证法的唯物论"[③]。从而表明了对于马克思主义的科学认识和态度。社会改造论者对于马克思主义表现出的热情,说明他们接纳马克思主义为中国改造的理论。

(2) 无政府主义

无政府主义是一种以改造社会为目的的社会主义思想。无政府主义从清末在中国开始传播以来,在中国产生了深远和广泛的影响,被称为"新社会的理论"或"二十世纪之新主义"。无政府主义者认为,"二十世纪有一新主义出,则俄罗斯之无政府主义是也"。"俄之有无政府主义,此俄之可以文明雄二十世纪之机钮也。"因为"彼无政府党者,其宗旨高,其识见卓,其希望伟,帝国主义遇之而却步,民族主义遇之而退走"。无政

[①] 无懈:《俄国共产政府成立三周年纪念》,《共产党》第 1 号,1920 年 11 月 7 日。无懈:《我们为什么要主张共产主义?》,《共产党》第 4 号,1921 年 5 月 7 日。
[②] "从五四运动到人民共和国成立"课题组:《胡绳论"从五四运动到人民共和国成立"》,社会科学文献出版社 2001 年版,第 98 页。
[③] 杨东莼:《思想界之方向转变》,《民铎》第 10 卷第 4 号,1929 年 9 月。

府主义"抱至高无上之宗旨,具无坚不摧之愿力,誓昌明天地间之真自由而制造种种人为之机关,直欲擎此污秽混浊之世界一反而为华藏庄严金光琉璃之乐土,其惟无政府党哉!"[1] 俄国革命显示出无政府主义在社会革命中的重要作用,无政府主义因此被称为"20世纪强国富民的法宝"。

从思想来源看,中国的无政府主义者从外国输入或介绍各派无政府主义学说,包括施蒂纳的"无政府个人主义"、蒲鲁东的"社会的无政府主义"、巴枯宁的"团体的无政府主义"、克鲁泡特金的"无政府共产主义"以及"无政府工团主义",等等。同时他们基于自己的理解和喜好,常常把国外的无政府主义和中国老庄的虚无思想、出世主义,儒家的大同思想,墨家的兼爱思想以及农民起义领袖的均平思想等杂糅起来,甚至把克鲁泡特金的"互助论"和墨家的"兼爱"思想并称,把"无政府共产主义"和儒家的"大同"思想相提,因此称为中国式的无政府主义,根本谈不上严密的理论体系。[2]

作为一种革命理论,无政府主义者提出了要吸收欧美的革命思想,同时"避免资本主义祸害"。刘师培在译述托尔斯泰《俄国革命之旨趣》时说:"欧人之善于革命,此必当效法者也。欧人革命之目的及结果,此不必效法者也。何则?欧人之革命未尝有利于多数人民。故凡革命后进之国,均当引为殷鉴,而别筹革命之方。"[3] 这也表达了中国无政府主义者另辟蹊径的革命愿望和自觉意识,同时从西方思想中汲取社会革命理论,丰富了五四社会改造思潮的内容。

此外,无政府主义者在关于无政府革命的宣传和讨论中,提出了社会改造的目标、目的和手段、方法,找到了改造社会的依靠力量,成为五四时期社会改造思想的重要支流之一。

(3) 互助论

互助论是俄国无政府主义活动家和理论家克鲁泡特金提出的"互助进化论"。其基本思想可以概括为:互助论是进化的要素,人类社会是由互助进化而不是互争进化;人类对于自然状态竞争,不是对于同种竞争;社会性越多,种族越发展;社会性越少,种族越微弱。因此,"互助和互争都是自然地法则,但是互助是进化的一个要素,比互争更加重要。一方

---

[1] 《20世纪之新主义》,转引自葛懋春等编《无政府主义思想资料选》(上册),北京大学出版社1984年版,第7、8页。

[2] 丁守和、殷叙彝:《从五四启蒙运动到马克思主义的传播》,生活·读书·新知三联书店1979年版,第211页。

[3] 刘师培:《俄国革命之旨趣译者识语》,《天义》第16—19卷合刊,1908年3月。

面，可以保障物种的习惯和斗争性，另一方面又可以用各人最小的力量得到最大的幸福"①。第一次世界大战后，思想界开始注意"互助论"的重要意义。李石曾在重译《互助论》的"序言"中解释说："后人过信竞争，达氏亦未及自料，赫胥黎、赫智尔辈于传达进化学说虽大有功，而于此误点则不能谓为无过，逮俄之学者开斯来柯伯坚（克鲁泡特金——引者注）继起，乃明进化不独有竞争为之一因，而互助尤其大者。……实以欧战之教训，足以证明互助与竞争之实验及其优劣之分。"② 在无政府主义者看来，《互助论》"并不单是一本抗议的书，它还教给我们一个斗争的武器，这便是互助（同种间的团结），互助是最好的武器，无论是用来抵御外敌的侵略或与残酷的自然斗争"③。因此，互助成为革命的武器和方法，"互助论"成为世界社会改造的新理论。"互助论"传入中国后，首先引起了无政府主义者的兴趣，通过广泛宣传，逐渐成为中国社会改造的新方法之一。

互助也是改造社会的手段，是创造新社会的途径。中国社会改造论者把互助作为改造社会和人类精神世界的手段，希望通过互助来改造社会，建立和谐平等的新社会秩序。李石是宣传"互助论"的代表人物之一。李氏信仰互助论，几与宗教家同。他在巴黎发行《新世纪》，不但提倡政治革命，也提倡社会革命，以互助论为学理根据。④ 因此，"互助论"成为中国革命的理论。李大钊在《阶级竞争与互助》首先引用 Ruskin "竞争的法则，常是死亡的法则。协合的法则，常是生存法则"和 William Morris "有友谊是天堂，没有友谊是地狱"、Kropotkin "互助论"（Mutual Aid）"由人类以至禽兽都有他的生存权，依协合与友谊的精神构成社会本身的法则"，说明生物学上自虫鸟牲畜乃至人类都是依互助而进化的，人类的进化"是由个人主义向协合与平等的方面走的一个长路程"。他指出，这最后的阶级竞争，是改造社会组织的手段。这互助的原理是改造人类精神的信条。⑤ 李大钊把互助论当作改造中国的途径，期望于实现"互助的光明"。如果

---

① 高一涵：《"互助论"的大意》，《新中国》第 1 卷第 5 号，1919 年 9 月 15 日。
② 李石曾：《互助论（克洛包得金著）》，《东方杂志》第 16 卷第 5 号，1919 年 5 月 15 日。
③ 转引自邹振环《影响中国近代社会的一百种译作》，中国对外翻译出版公司 1996 年版，第 292 页。
④ 蔡元培评价说："李氏译了拉马尔克与克鲁巴金的著作，在《新世纪》发表。虽然没有译完，但是影响很大。李氏的同志如吴敬恒、张继、汪精卫等等，到处唱自由，唱互助，至今不息，都可用《新世纪》作为起点。"参见蔡元培《五十年来中国之哲学》，《蔡元培全集》第四卷，中华书局 1984 年版，第 354 页。
⑤ 守常：《阶级竞争与互助》，《每周评论》第 29 号，1919 年 7 月 6 日。

说阶级斗争是改造社会组织的手段,那么互助论是改造人类精神的手段。这种认识也体现在进步知识分子的思想中。陈独秀认为:"达氏(达尔文——引者注)书言万物由竞争而进,不适者自处于天然淘汰之境。克氏书言人类进步,由于互助,不由于竞争,号为与达氏异趣。鄙意以为人类之进化,竞争与互助,二者不可缺一,犹车之两轮,鸟之双翼,其目的仍不外自我之生存与进步,特其间境地有差别,界限有广狭耳。克、达二氏各见真理之一面,合二氏之书,始足说明万物始终进化之理。"① 毛泽东也将马克思与克鲁泡特金相提并论,分列为民众联合以后的行动的首领。前者主张采取激烈的方法,"就用'即以其人之道还治其人之身'的办法,同他们(指贵族资本家——引者注)拼命的倒担(捣蛋)"。后者主张采用较为温和的办法,先从平民的了解入手,人人要有互助的道德和自愿工作,贵族资本家只要他回心向善,能够工作,能够助人而不害人,也不必杀他。"这派人的意思,更广、更深远。他们要联合地球做一国,联合人类做一家,和乐亲善——不是日本的亲善——共臻盛世。"②

李大钊、陈独秀、毛泽东都把互助与阶级斗争调和为改造社会的手段,由此可见"互助论"在社会改造思想中的影响。

无政府主义者黄凌霜、区声白也是当时宣传互助论的代表人物,他们声称"要将'互助'的公理传播到社会上去,使人人晓得他、实行他"③。创办于福建漳州的《闽星》积极传播克鲁泡特金的"互助论",宣传"以世界为范围,没有国家,没有强弱,没有人种的区别。大家实行互助起来去谋求人类平等的幸福"④。武汉的青年才俊恽代英把互助作为改造社会的方法,"与其提倡争存的道理,不如提倡互助的道理"⑤。他在1917年10月8日成立互助社,就是"取克鲁泡特金新进化论的意义",规定本社以群策群力自助助人为宗旨,"主要之目的在研究自助助人之善良方法而实行之","凡入社者,各自求其所以自助助人之道,问人以自助助人之道,告人以自助助人之道"。自助的戒约为不谈人过失,不失信,不恶待人,不做无益事,不浪费,不轻狂,不染恶嗜好,不骄矜。⑥ 在互助社影响下,

---

① 水如编:《陈独秀书信集》,新华出版社1987年版,第8页。
② 中共中央文献研究室等编:《毛泽东早期文稿》,湖南人民出版社2008年版,第314页。
③ 凌霜:《本志宣言》,《进化》第1号,1919年1月20日。
④ 黎明:《什么叫做新思潮》,《闽星》第1卷第3号,1919年12月8日。
⑤ 《恽代英文集》,人民出版社1984年版,第109页。
⑥ 《互助社的第一年》,《互助》第1期,1920年10月。转引自张允侯等编《五四时期的社团》(一),生活·读书·新知三联书店1979年版,第118—119、121—122页。

武昌人社以"本互助的精神,切实做人,和研究适用的学术"为宗旨,制定的戒约为不嫖赌,不欺瞒,不傲慢,不轻浮,不做无益的消费,不低视妇女及劳动者。①"自助助人"成为社会改造和自我改造的依据和方法。

可见,"互助论"是对旧的社会制度甚至一切强权的反抗,也是对新生活的向往。后来各种互助社组织和试验的失败,使许多社会改造论者走出空想的迷梦。恽代英沉痛地总结说:"在这样不合理的环境中,想在一局部做成甚么理想事业,是绝对不可能的。要改造须全部改造。须将眼前不良的经济制度,从根本上加一种有效力的攻击。"②许多"互助论"信仰者觉悟以后,转向了科学社会主义或民主主义。

(4)合作主义

合作主义是无政府主义的一个重要支流,被认为是适合于改造社会的方法,并据此成立宣传和研究合作主义的小团体,进行改造社会的尝试,试图建立彻底解放的理想社会。

合作主义作为社会改造的理论,主要表现为以下几点:

第一,合作主义可以免去资本主义经济组织的弊端。有谓:"在资本主义社会中,只有竞争而没有合作,那实是杀害人类的天性。……合作则欲把人类的天性恢复过来,以合作代竞争,以合作社经营代利润生产,因而根本的把社会经济组织改造,使现社会的秩序,建立于适合人类天性的和平乐易的基础之上。"③在法国勤工俭学的贺培真,通过研究《论合作社》《消费合作社》《社会主义史》《消费合作运动》认识到,"合作运动是社会运动,经济方面是很有效的运动"。合作社的真精神,在以合作社的经济地位,做社会传播运动的帮助。消费合作社是改良工人现在的生活,同时是准备集产主义将来的胜利,凭借消费合作社,表现工人的联合,无论何时何地都是如此。④其实,这种方法完全来自当时欧美资本主义国家,各国采取上述手段的唯一目的,是缓和劳动人民对资本家的不满情绪。

第二,合作主义也是防止罢工、解决劳资冲突的根本办法。合作主义者承认,罢工是工人受资本家虐待、忍无可忍情况下的一种对付和抵抗方法,并不是根本解决的方法。罢工的原因是资本家过于虐待劳工,激起劳

---

① 张允侯等编:《五四时期的社团》(一),生活·读书·新知三联书店1979年版,第145、146页。
② 《恽代英文集》,人民出版社1984年版,第329页。
③ 王世颖:《农村经济及合作》,黎明书局1935年版,第25—26页。
④ 贺培真:《留法勤工俭学日记》,湖南人民出版社1985年版,第93、94、95页。

工反抗,组成团体同盟罢工以抵制。罢工虽然可以作资本家的当头棒喝,但无论是对于社会还是对于工人自身都有损失,因此不是根本解决的方法。相比之下,合作是许多人结合成一个团体,大家共同生产,共同消费,在根本上抵制资本家的虐待,较之罢工能多得到效果。而且通过合作办法,劳工也有了资本,可以脱离资本家的羁束,免受资本家的虐待,也可以自谋生活,不致失业。总之,只有"合作"才是一种根本推翻资本主义、脱离资本家的羁束的极和平、极稳当的方法,是"打破资本主义、改造社会的唯一方法",也是"根本解决的方法"①。《新社会》的一篇文章提出中国劳动界应当采用这种合作组织:"他们(指工人——引者注)如果乘此世界改造的时机,用自动的集合,组织大规模的企业,人人都是劳动者,人人都是企业管理者,即人人都是资本家;那么,资本公有主义,及企业自治主义,欧美工人力争所未得的,中国劳动界都可以平安到手,这岂不是将来之最大幸福么?"②另一篇文章也说,在中国的资本主义还未十分发展的时候,最好能用一种预防的方法,使一方面物质文明不致落后,一方面可以免了一切资本家的侵害。协作社是最好的办法。③戴季陶指出,协作制度的好处是免除商人剥削,增加消费力和储蓄力;减轻社会的浪费;养成社员社会的道德和能力。协作制度的社会效果是养成社员组织的能力;增加社员社会经济的知识;涵养社员互助的道德;养成劳动阶级团结的战斗力。因此,协作社办法"实在是救济目前农民困苦的最好方法"④。显然,以合作制度来防止或解决劳动问题,被认为是改造社会的好办法。

第三,合作社是改造中国最适当的工具。有谓:"社会之根基,系于经济组织,凡诸社会疾病,如贫穷、压制、争斗之类,皆由经济不平使然。"因此,必须要由各业劳动者组织的工会主管一切并进行经济斗争,以"求得其劳动之报酬"和"完全管理种种产业"⑤。戴季陶也宣传"合作社"是改良社会的"一个必要的方法"⑥。虽然协作制度只是在资本家生产制里自然发生的补救方法之一,"只可以救济现在社会上的若干缺陷,

---

① 侯厚培:《罢工与合作》,《平民》第69期,1921年9月17日。转引自张允侯等编《五四时期的社团》(四),生活·读书·新知三联书店1979年版,第77—80页。
② 梅祖芬:《中国劳动界之将来》,《新社会》第17号,1920年4月11日。
③ 梅祖芬:《中国劳动界之将来》,《新社会》第17号,1920年4月11日。
④ 季陶:《协作制度的效用》,《建设》第2卷第5号,1920年7月。
⑤ 劳人:《新组合主义之哲学》,《东方杂志》第17卷第4号,1920年2月。
⑥ 唐文权、桑兵主编:《戴季陶集》,华中师范大学出版社1990年版,第1263、1267页。

并不是改造社会的唯一方法,也不是改造社会的唯一势力"。但是,"由这一种制度可以使弱者阶级得多少救济,使他们在现存社会的当中,一面减轻若干苦痛,一面增加若干势力,一面得着许多协作共享的经验和趣味,使阶级的斗争较为缓和而有秩序。所以虽不是惟一方法,却是一个必要的方法。在社会组织很幼稚的中国,尤其是有益的"①。

不仅如此,合作主义被认为是适合中国情形的改造方法。有分析说,因为中国的托拉斯还没有充分发达,所有操纵全国经济权的大资本家尚在制造中,"一个时候不容易生下地来。我们趁着他怀孕的初期,用一服药剂把他打下来,大的资本家岂不是要小产了吗?也因为社会主义在中国向来没有深根固蒂的学派,一般人的心理还是很平和坦荡的,就是有时候中下阶级的人感着经济的困难,只是恨自己没有力量,当面和资本家开仗的实在很少。平民没有受过社会主义学理上的刺激,所以大家安静无事,都寻当中的一条路走,很不容易把他们引入极端的界线上去"。因此,"就中国情形看来,用不着什么 Bolshevism。最好还是行连带合作主义,以预防社会上大危险的发生"②。作者依据托尔斯泰的理论并结合中国情形,提出以合作主义改造中国的主张。平民学社是当时宣传和实行合作主义的颇有影响的团体。其中有人明确地说,合作社"并不须革命,并不侵有财产人的权利,并不充公一个人的财产,他只用和和平平的方法,达到将来世界大同的途径"。如果用激烈手段改造社会,社会不能得到好处,反先承其害。所以,"我们倘若要改造我们的社会,除了设立合作社以外,再没有更好的方法"③。由此看来,合作运动一方面是经济改造,一方面也是社会革命。"到那时资本主义不推倒而自敛迹,同样,不谈社会主义而社会革命已奏凯旋。"④ 因为合作主义的命运不过百年,百年之内所做的成绩既已如此,苟能假以时日,必能推翻资本制度于将来。因此,平民学社的同人确信合作有这种能力去推翻——和平地推翻——资本制度。⑤

山西大学新共和学会也努力寻求一条既避免流血又可达到社会主义的途径,他们认为,最好的方法是实行"生产分配共进主义",具体办法有二:(1)大生产事业归为国有或地方团体公有,由社会公营。(2)中等

---

① 季陶:《协作制度的效用》,《建设》第 2 卷第 5 号,1920 年 7 月。
② 毛飞:《"合作主义"适合中国社会么?》,《平民》第 9 号,1920 年。
③ 鲍思信:《"消费合作社"与谋利商店的利害观》,《平民》第 18 号,1920 年。
④ 倪鸿文:《信用合作社与中国乡村》,《平民》第 75 号,1921 年。
⑤ 《平民》第 85 期,1922 年 7 月 1 日。转引自张允侯等编《五四时期的社团》(四),生活·读书·新知三联书店 1979 年版,第 70 页。

以下之生产事业应极力提倡协同互助之精神，而以协社制度行之。他们认为，协社制度是"无产者及中产者，对于大资本家自卫之惟一手段，推行既广，更可使经济社会日趋于健全之地位"①。可见，合作主义企图用和平方法把资本主义改造为社会主义，合作主义者主张采取比较良好而又和平的合作社方法，"相信合作事业是和平的、实际的、改造社会的利器"。②

随着合作主义的研究和宣传的深入，合作主义在理论上得到丰富和发展。合作主义信仰者承认，改造社会的法子本来不止一种，合作社不过是许多方法中的一种，断不能说有了合作社就可包办一切。但是想改造社会，总要有一种固定的主张和信仰，才有明了的趋向，有趋向才有归宿。所以他们除信仰合作社外，对社会主义与无政府主义均取"研究"的态度，不"混合"，也不"排斥"。③ 有人通过比较社会改造的三条途径后指出，社会主义是一种经济革命；无政府主义是一种经济的政治革命；合作主义不是革命，而是一种基于"连带主义"使"个人与个人，社会与国家，以及国家与世界"连为一体，并通过团体互助来实现其社会经济目标的制度。合作主义的理想目标，一是消除阶级，释放奴隶，使消费者不为生产者操纵，劳动者脱离资本家而独立；二是用合作制度代替现行自私自利的竞争主义；三是以合作制度来消灭资本主义制度中的资本之主权、劳动者生命及余利皆操于资本家的不平等境况；四是用连带主义的合作制度来连接所有的利益，由此终结不同利益间的社会冲突。④ 在思想上将合作主义与无政府主义、社会主义区别开来，而且明确了合作主义的理想目标，表明合作主义理论的深入发展。

也有人根据中国的现状，提出新合作主义作为自己的救国主义，认为，一国之政治到了绝望的时候，就全靠合作运动来救了。新合作主义的办法，第一步要利用政府这个工具，来为人民谋福利；第二步主张各实力派合作，奉劝他们放下屠刀，互相携手，保全实力，一致对外；第三步主张各政党合作；第四步主张各法团合作，督促政府急速设法解决国内纷争，以救中国目前之危亡；第五步主张各界合作，想办法救国，不要把爱国运动看作是学生的专利品。最后提出不要竞争，而要努力于各系的合

---

① 中共中央马克思、恩格斯、列宁、斯大林著作编译局研究室编：《五四时期期刊介绍》第二集，生活·读书·新知三联书店1979年版，第520页。
② 张允侯等编：《五四时期的社团》（四），生活·读书·新知三联书店1979年版，第138页。
③ 《平民》第30期，1920年12月11日。转引自张允侯等编《五四时期的社团》（四），生活·读书·新知三联书店1979年版，第68页。
④ 毛飞：《经济革命中的社会主义与合作主义》，《平民》第24号，1920年12月4日。

作，再推及于全社会的合作，进而及于全国的合作，形成一种全民族的势力。这种"新合作主义"才是"今日救中国的唯一主义"①。本文进一步发展了合作主义的社会改造思想。

（5）工学主义

工学主义是一种以工与学相结合，实行半工半读来改善个人生活，进而改造社会的思想。

工学主义的理想是所谓的"平等的自由社会"。专门宣传工学主义的杂志《工读》解释说："现在的社会是坏极了，不图改救是不可长久的了。……解救之道，当然是社会主义；因为他最公道，最平等，无有军阀财阀，无有种界国界，是相爱相信的世界，不是相杀相欺的世界，经济上固然好，道德上尤其好。"② 可见他们是赞成社会主义的。

《旅欧周刊》发表的《社会改造观》一文提出，社会改造的最终目的是要建立一个"彻底平等"的社会。作者谈道："我想只要做到世界上的人类，都是一样的生活，一样的劳动，各人拿他劳动的代价；来换得他生活上的须（需）要，绝对没有什么富贵贫贱的阶级，一切都是彻底的平等，到了这个社会，这就可算改革完了。""若是人类的知识能力参差还远的时候，徒大声疾呼社会的改造，资本制度的铲除，我恐怕改革还没有告成，先已唤起社会的暴动，将来生出反动出来，反难得收拾。所以我主张从根本解决，先从知识能力的平等着手，然后渐渐来铲除各种的阶级，作一个不战争不流血的改革。"③ 本文也说明了工学主义的社会改造途径。留法勤工俭学运动发起者的初衷，就是改造中国乃至世界。

工学主义作为一种社会改造理论，具体表现在以下几个方面：

第一，工学主义可以救治世界革命。有谓："现在世界革命已成为不可掩的事实，我们要救治他，使他不致炸裂，不是由政治经济的自身所能解决，非用一种最容易，最安全，而又妥当切实的法子是绝对不可的。这个法子是什么？就是正当的，合理的，人道的'工学主义'。"从世界各国工人运动来看，由政治和经济问题产生的惨剧已经非常凶猛，如果不想法解决，等到爆发的时候，"人类所受的恐怖与苦痛，所牺牲的血与爱，不知多少哩！"作者引用杜威的话说明，不能采用增加压力的办法解决问题，

---

① 刘炳荣：《今日救中国的唯一主义——新合作主义》，《大公报十周年纪念特刊》，彰文印刷局1925年版，"专著"第75—77页。
② 转引自《工读》第5期，1919年12月16日。
③ 中共中央马克思、恩格斯、列宁、斯大林著作编译局研究室编：《五四时期期刊介绍》第三集，生活·读书·新知三联书店1979年版，第203、206页。

主张"平平和和"地把世界革命的势力转变过来。"就是把工学主义做一个世界人类生存的基础,无论什么事业,都用工学主义来建设;无论什么问题,都用工学主义来整理,来解决;我想这比向来从事于政治,经济,那种剧烈的,杀人流血的革命实在安稳得多哩!"[1] 这就是工学主义关于世界改造的方法。

第二,工学主义可以改造地方社会。《工学主义普遍的实现和教育》一文直截了当地说:"一般人都承认的,一种主义的实现要普遍,要彻底,都只有由教育上着手,这话我也赞成,并且是极端的赞成。"故主张用工学主义的精神来改造教育,再通过教育来改造社会。具体办法是,每个市镇至少都有一所包括幼稚院到大学的各年级在内的学校,全镇的人可以接受学校教育。学校里知识和技能的分配各占一半。学生一切衣食住都在学校内经营,自己的费用由做工的报酬付给,不足的由学校补助;办学校的人只能以教授代替求学或做工的一部分时间,其余的时间自己必须一样地求学做工。作者声明,他不信政治作用或权力作用可以收改造的效果,主张工学主义改造教育和社会政治要同时。[2]

工学会是当时宣传和实践工学主义的主要团体。其创办人之一的范予遂明确提出:"我们的大希望是:以工学主义改造中国,以工学主义改造世界。我们的工学主义和别的主义有点不同。这种主义是很稳健的,是容易实行的。譬如讲'无治主义'、'包尔雪维克主义',叫顽固党听见,就好象洪水猛兽一般,所以这些主义在黑暗势力之下是绝对不相容的。至若我们的工学主义,则无论怎样的顽固党,找不出丝毫反对理由来。就是他们不赞成这种主义,也无法阻止我们进行。"[3]

第三,工学主义是社会革命潮流的产物,是"改造社会的发端"。题为《工学主义及方法》的文章说道:"国内青年,鉴于政治之罪恶,而有学生之运动,凄风苦雨,弥漫东亚,热血少年,挺身走险。其所以甘冒危险,虽断头流血而不辞者,自有群众之目的,以求社会之改革也。于是勤工俭学之风,靡然一时,不可不谓少年之新觉悟。而实行劳动之生活,所分工协作,为社会建新基也。吾不禁仰首号呼,为'工学主义'前途贺。"[4] 负责编辑《工学》的石脂坚持认为,工学主义是根本解决的

---

[1] 俍工:《世界革命的救治与"工学主义"》,《工学》第1卷第3号,1920年1月30日。
[2] 薰宇:《工学主义普遍的实现和教育》,《工学》第1卷第2号,1919年12月20日。
[3] 《通讯》,《工学》第1卷第3号,1920年1月30日。转引自《五四时期期刊介绍》第二集,生活·读书·新知三联书店1979年版,第304页。
[4] 华林:《工学主义及方法》,《旅欧周刊》第45号,1920年9月18日。

办法。① 留法勤工俭学组织者之一的李石曾甚至期望,这批勤工俭学者"回去改造中国社会进而改造世界"②。因此,勤工俭学是实行工学主义的方法之一,也是社会改造的一种理论。在勤工俭学者看来,"我们现在的勤工俭学,一方面作工,尽我劳动的责任,取生活的须要。一方面求学,以谋生活的改良,这可算是我们的觉悟,也就是改造社会的发端"③。从勤工俭学与社会和个人的关系来看,它是改造社会和改造人生的一种手段。从社会方面来说,勤工俭学者希望实现人人工作、人人读书、各尽所能、各取所需的社会。"吾人处此资本制度之下,欲实现各尽所能各取所须之理想,本非易事,又因社会制度组织之不良,平民实鲜求学之机会,兹者吾人不惜千回百转,想尽方法,以实行吾人理想之工读互助主义,若此种理想,终不可以由和平而得,则吾人只有诉之'有血革命'而已,无他言也"。④

第四,工学主义是很容易推行的社会改造方法。工学主义首先和主要面向青年学生。中小学生从积极方面说,可以注重手工农业等课程,或学造简单的工艺品;也可以每日抽出一两个小时去做排印、送报等工作或废除"听差",自己轮值服务。从消极方面说,可以少坐车轿,不用仆婢,衣服自洗自补,自己做饭等。⑤ 师范生有实行"工学主义"的有利条件,"希望所有的师范学校全都实行,作普通实现的基础"⑥。有人进而提出设立工学主义的学校,在现行学制下改革课程,减少"学"的时间,增加"工"的时间。因此,要打破现行学制,改造社会是实现工学主义的唯一方法。但是在没有做到以前,只好想一个方法来适应这种学制和社会,一方面实行工学主义,一方面仍旧不和现行的学制抵牾。⑦ 恽代英认为,工读主义"实为救今世社会教育不平等之方法","果一般学生卒业后,能仍如今日之尚气节,敦品行,仍如今日之爱同类,相扶持,三五年后,社会

---

① 中共中央马克思、恩格斯、列宁、斯大林著作编译局研究室编:《五四时期期刊介绍》第二集,生活·读书·新知三联书店1979年版,第305页。
② 转引自曾琦《致寿昌》,《少年中国》第2卷第7期,1921年1月15日。
③ 惟亮:《社会改造观(一)》,《旅欧周刊》第24号,1920年4月24日。
④ 王光祈:《工读互助团与勤工俭学会》,《旅欧周刊》第30号,1920年6月5日。
⑤ 薰宇:《实行"工学主义"与今日之中小学生》,《工学》第1卷第3号,1920年1月30日。
⑥ 滁洲:《实行"工学主义"与师范生》,《觉悟新刊》第1号,1920年4月15日。转引自《五四时期期刊介绍》第二集,生活·读书·新知三联书店1979年版,第313页。
⑦ 俍工:《"工学主义"的学校》,《工学》第1卷第3号,1920年1月30日。

即将发生一种切实能力,此或为救人类根本之法欤"①。总的说来,不少青年学生都希望通过实行工学主义来改造社会。

怎样实现工学主义?工学主义者借用胡适的社会改造理论,主张工学主义从具体的问题,一点一滴实行。他们又套用陈独秀关于以"地方自治"和"同业联合"为实行民治的基础的理论,提出实行工学主义的基础在于一种小组织。比如回到家乡,邀集几个同志和邻近农人,组织一个小小的团体从事农业,再办些义务学校、图书馆、公共体育场、工学研究社和各种正当娱乐,然后再起步推广。②因此,各地出现了工读团(社)、工读互助团等组织,在北京、上海等地开展了工读互助团的试验,这成为改造社会的重要尝试。

留美归来的胡适看惯了欧美各国学生的工读生活,支持北京工读互助团实验,不过,他把"工读主义"视为极平常的半工半读的学生生活,认为提倡和实行工读主义的人,都只该研究怎样才可以做到"靠自己的工作去换一点教育经费",不必去理会别的问题和主义。与其先替团员规定共产互助的章程,不如早点替他们计划怎样才可以做自修的学问的方法。③戴季陶分析工读互助团发生的原因,一是青年学生的思想和行为与家庭抵触,他们的家庭便停止供给他们的学费;二是学校的教育、管理和学生的思想相背驰,或学校因此便拒绝有自由思想的学生求学;三是有志求学的青年很想求学,却没有负担学费的能力。那么,这三个物质上的原因,和"分工协作""劳动神圣"等社会改造的理想合起来,才有工读互助团的发生。因此,"工读互助"是一个普通的理想,要实现这一个理想,只有在改造全社会的事业上下工夫。但是,在资本家以世界的强力压迫着自由劳动者的时代,这种组织不能达工读互助的目的,因此他建议,有改造社会的热诚和决心而又肯耐苦冒险的青年,既不愿意附随着恶社会过生活,又不能够达到工读互助的目的,便应该拿定普遍救济的目的,舍去一切独善的观念,投向资本家生产制下的工场。④青年学生投身资本家的工场,成为工读主义的另一种选择。对于这一点,施存统在北京工读互助团试验中认识到:"要拿工读互助团为改造社会的手段,是不可能的;要想于社会未改造以前试验新生活,是不可能的;要想用和平的渐进的方法去改造社会底一部分,也是一样地不可能的。"因此,改造社会要用急进的、激

---

① 《恽代英文集》,人民出版社1984年版,第68页。
② 卫群、石樵:《通讯二则》,《工学》第1卷第4号,1920年2月28日。
③ 胡适:《工读主义试行的观察》,《新青年》第7卷第5号,1920年4月1日。
④ 季陶:《工读互助团与资本家的生产制》,《新青年》第7卷第5号,1920年4月1日。

烈的方法，钻进社会中，从根本上谋全体的改造。① 可见，工学主义反对封建主义，主张民主自由，想避开政治问题，通过普遍设立工学（读）团体的办法来改造社会，实际上是不可行的。

（6）新村主义

新村主义是想通过和平的方式，在资本主义社会中建立一些社会主义的新村，实行共同生活、共同劳作、相互协作的制度，然后以新村为榜样，推广于全社会。其创立者和系统阐述者是日本的武者小路实笃。

周作人是中国新村主义的最积极的宣传者，他认为新村"乃是武者小路实笃所发起的一种理想主义的社会运动"②，并说："从来梦想 Utopia（乌托邦）的人虽然不少，但未尝着手实行；英国的诗人 Coleridge 等所发起的'大同社会'（Panlisocracy）也因为没有资本，无形中消灭了。俄国托尔斯泰的躬耕，是实行泛劳动主义了；但他专重于'手的工作'，排斥'脑的工作'；又提倡极端的利他，没杀了对于自己的责任；所以不能说是十分圆满。"新村运动更进一步，主张泛劳动，提倡协力地共同生活，一方面尽了对于人类的义务，一方面也尽了各人对于自己的义务。赞美协力，赞美个性；发展共同的精神，又发展自由的精神，"实在是一种切实可行的理想，中正普遍的人生的福音。"因此，始于日本的新村运动是世界上一件值得注意的事。③ 1920 年 12 月 17 日，他发表《新村的讨论》一文，强调"这是最与我的理想适合的社会改造的一种方法，并希望它将来的实现"④。受其影响，北大学生黄日葵称赞武者小路"是一个主张以和平手段，改造世界，恢复人类幸福的人。他所取的态度，和托尔斯泰颇相似，但没有宗教的迷信。因为他以新村为改造世界的发脚点，所以他很热心的宣传，时时举行新村讲演会，一般人很受他的感动"⑤。

此外，英国新村也被介绍到中国。潘公展指出英国的新村市计划，也无非要使人类的生活成为互助的生活，与日本新村运动没有什么两样。"可见英国国民对于战后社会改造的问题已经由理论而入于实行的时期了。"⑥ 李大钊向热心新村主义者介绍了新村运动的历史和成绩，包括宗教的新村、欧文派的新村、傅立叶派的新村、伊加利派的新村。重点介绍在

---

① 存统：《复哲民》，上海《民国日报》副刊《觉悟》1920 年 4 月 11 日。
② 周作人：《知堂回想录》（下），河北教育出版社 2002 年版，第 445 页。
③ 周作人：《日本的新村》，《新青年》第 6 卷第 3 号，1919 年 3 月 15 日。
④ 周作人：《新村的讨论》，《批评》第 5 号，1920 年 12 月 26 日。
⑤ 黄日葵：《〈新村之说明〉按语》，《国民》第 2 卷第 1 号，1919 年 12 月。
⑥ 潘公展：《英国的新村市》，《东方杂志》第 17 卷第 11 号，1920 年 6 月 20 日。

美国试验最有成绩的宗教新村。① 由此可见新村主义作为社会运动的方法在中国的影响之大。

大致来说，新村主义者主张和平的社会改造，主要限于通过书籍和杂志做宣传。郭绍虞提出，新村运动要兼采胡适所说的"贫民区域居留地"的主张，也就是说不要把新村设在农村，也不一定从事农业劳动，而是建在贫民窟的旁边，这样可以在工作余暇，再从事于贫民知识的灌输，贫民生活的改善，无形之中传播新村的真精神，与书报传播并行。② 可见，他们的社会改造活动也是消极的。不仅如此，新村模式在社会改造中也有明显的漏洞。沈玄庐《新村底我见》指出：（1）非地主不能组织新村；（2）非有全副工具或和工具相等价值的现金，不能组织新村；（3）非大部分依赖本来务农的农民不能组织新村；（4）非有健全的与湿、热能抵抗的身体，不能作为组织新村的成员。"从经济上发见这四种漏洞后，就觉得在这突进的改造时期中，朝这方面努力，不能应急待改造的潮流速度。看天下底地主、资本家不是能够不用强迫手段，就会依新村底组织和引诱，同化于劳动的；普天下底农夫，本来就是给别人依赖的；我们如果在熟地上工作，不过占领农夫一个位置；放生地垦荒，必定有大部分不能做的工作。把我们所得于社会的用在社会身上，应该替社会打点经济算盘来支配自身的工作。"③ 鉴于新村组织在地主权力与物质条件的缺陷，这种改造模式难以推行。有人总结了组织新村的困难：一是没有经费，资本家不会出钱办新村，学者又出不起多少钱；二是不破坏旧的不洁的社会，很难实现新村；三是进行太慢；四是难以普遍。此外，人民程度之低下，亦影响新村制度之普遍。时人指出，新村主义者的错误在于，"于新村犹未实现之前，不竭其全力以铲除推行新村之种种障碍，如资本家、大地主、官僚、法律"。因此他提醒新村主义者，"总不要忘记你们也应做的一件大事——毁灭旧社会——不然，新村总归是理想的，与实际的改造无干"④。可见，新村主义作为一种社会改造方法，是很难付诸实践的。

（7）基尔特社会主义

基尔特社会主义，又称"行会社会主义"，是 20 世纪初兴起于英国的一种改良主义思潮。主张采用中世纪的基尔特精神和方法，通过工人参与工厂的经营管理，进行企业自治，逐步实现企业公有，产业自治，废除工

---

① 李大钊：《美国之宗教新村运动》，《星期评论》第 31 号，1920 年 1 月。
② 郭绍虞：《新村运动的我见》，《批评》第 4 号 "新村号"，1920 年 12 月 8 日。
③ 沈玄庐：《新村底我见》，《批评》第 5 号 "新村号"，1920 年 12 月 26 日。
④ 黄胡谷：《新村的讨论》，《批评》第 5 号 "新村号"，1920 年 12 月 26 日。

资制度，从而和平地用基尔特社会取代资本主义。基尔特社会主义也是五四时期中国社会改造思潮的一个流派，其基本主张是，提倡阶级调和与劳资合作，反对阶级斗争和无产阶级专政；救中国唯有发展实业，发展资本主义，中国暂无实行社会主义的物质条件和阶级基础。只有先发展资本主义，等资本主义发展到一定阶段，造就强大的劳动阶级和物质基础，然后实行社会主义。①

基尔特社会主义成为中国社会改造的一种理论。《社会主义研究宣言》宣称："我们之主张基尔特社会主义系出于我们的研究结果，我们信任基尔特社会主义确是民主主义思想的究极，而且是社会改造原理最彻底的一个。但我们还要再进一步研究基尔特社会主义与中国的关系。"②张东荪通过比较研究各种社会主义，认为"改造世界的方法以罗塞尔的主张为最好"，罗素的社会改造观是不主张革命的，他的学说是一种自治的社会主义（Guild Socialism），成为英国最近的新学说。其特点是把权力平均分配给职工组织、民族国家和世界政府。他说："我以为近代的改造运动中，以此说为最妥善。"③张东荪在《由内地旅行而得之又一教训》中提到，救中国只有"增加富力"，即开发实业一条路，这是罗素观察中国各地情形以后说的话。"我觉得这句话非常中肯又非常沉痛。"④他在《新青年》上发表《大家须切记罗素先生给我们的忠告》，再次强调罗素的劝告："中国第一宜讲教育，使无知识的有知识，使有知识的更进一层。第二是开发实业救济物质生活。至于社会主义不妨迟迟。我以为罗素先生观察中国虽没有多久的日子，然而已得其诀窍，区区的这几句话就非常的中肯。我对于教育与实业两层自然是完全赞同。"⑤张东荪反复提醒"大家须切记罗素先生的这番话"，实际上他在宣传罗素的基尔特社会主义，并试图运用于中国社会改造。

陈独秀反对张东荪用资本主义发展教育和实业的说法，在给罗素的信中，他对"近来中国有些资本家的政党的机关报屡次称赞你（指罗素——引者注）的主张：'中国第一宜讲教育，第二宜开发实业，不必提倡社会主义'"表示怀疑，认为，"这件事关系中国改造之方针很重要"，希望罗

---

① 参见吴雁南等主编《中国近代社会思潮》第二卷，湖南教育出版社1998年版，第347—352页。
② 原载《时事新报》副刊《社会主义研究》，1921年9月16日。
③ 东荪：《罗塞尔的"政治理想"》，《解放与改造》第1卷第1号，1919年9月1日。
④ 东荪：《由内地旅行而得之又一教训》，《时事新报》1920年11月5日。
⑤ 原载《新青年》第8卷第4号，1920年12月1日。

素发表声明，以免在此问题上贻误中国人。① 显然，陈独秀对中国基尔特社会主义者宣传罗素的思想表示怀疑。周佛海成为共产主义者以后，坦承以前是一个同业公会社会主义的笃信者，后来通过观察中国的状态，知道基尔特社会主义的一般原则固然是好的，然而要即刻适用于中国是做不到的。"这个理由，简单说，就是行会社会主义底精髓之一，是产业自治；在中国现在这种状态，绝对做不到这件事，至少非经过一种集产制度不可。"② 由此也可见罗素的社会改造思想在中国产生的巨大影响。

作为一种社会改造理论，基尔特社会主义不主张革命，只主张部分、零碎地解决。如徐六几说："社会革命之真意义，是要生产的新方式的树立，使社会上全体建设物发生根本变化。只要是如此，至于他所用以表现的方式是暴烈，抑是和霭，都不关重要。"《先驱》批评中国基尔特社会主义者说："你们怕革命，你们怕革命后打破了你们的饭碗，你们就不必讲改造。冒着改造的招牌，暗中延长旧社会的命运，你们的心真可诛了，你们的肉尚足食乎？""既说树立生产的新方式，而又不主张革命，则树立方法自然是舍资本主义以外别没有了。你们主张资本主义就主张资本主义好了，又何必带上基尔特社会主义的一个假面具呢？骨子里主张资本主义，而又没有那么大的勇气，如此暗娼式的行为，可怜亦复可恨！"③《新青年》指出基尔特社会主义者的错误在于，一是只谈了将来，忘了现在，就是远视眼；二是不敢有大破坏急剧改造，就是慵懒性。因为这个缘故，他们名义上是社会主义，其实反而延长了资本主义的生命。④

罗素的基尔特社会主义宣传，对中国社会改造的影响是不容忽视的。罗素在中国讲学期间作了多次关于社会改造问题的讲演或谈话，不仅涉及社会结构学等哲学问题，而且涉及发展教育、兴办实业以及社会主义等具体问题，从中提出关于中国改造的许多见解。如他认为，中国改造只能采用社会改良，"暂不主张社会主义，当开发中国财源！""应该从教育入手，应该从平民教育入手，把人民知识增高，到那个时候，再采用社会主义。"⑤ 回国之后，罗素继续陈述改造中国之方策，他说："华人此时首宜

---

① 原载《新青年》第8卷第4号，1920年12月1日。
② 周佛海：《读罗素底"现代紊乱的原因"》，上海《民国日报》副刊《觉悟》1921年3月4日。
③ 旋：《评中国的基尔特社会主义》，《先驱》第3号，1922年2月15日。
④ 新凯：《再论共产主义与基尔特社会主义》，《新青年》第9卷第6号，1922年7月1日。
⑤ 《罗素月刊》第1期"附录"，1920年。转引自吴雁南等主编《中国近代社会思潮》第二卷，湖南教育出版社1998年版，第342—343页。

具备一种真正爱国心,至于维持国家之独立,并非华人之惟一目的,第为采取友邦文化,参以国粹,造成一新民族之阶梯而已。"因此他认为,目前中国最要之事是建立上轨道之政府,振兴不受外人控制之实业,以及普及教育。"上述三事,实应同时并举,然以先后缓急论,须按上述次序进行,盖政治不良,则振兴实业,普及教育,咸属不可能,是以改良政治,建立一好政府,乃改造中国之第一着。"发展国家企业,可抑世界资本主义的淫威,唤醒国民政治的自觉乃当务之急。"凡在经济情况退步之国家,一般学说咸主张采取国家社会主义,或竟主张列宁所谓之国家资本主义。因为国家借款振兴实业,较私人容易;雇用外国专家指导一切,也较为便利;主张实业,不易为外人所操纵。至于国家兴办实业,可避免私有资本制度种种罪恶之发生,此各项利益中之彰彰者也。然此项企业果逐渐发展,中国之道德观念须不变更,公共精神之发扬,公共任务之扩张,以及公共能力之加强,此三者皆宜代旧道德而发扬滋长之。盖此乃推行国家社会主义之要素。"①罗素宣传用基尔特社会主义改造中国,对于五四时期社会改造思潮与运动起了重要的推动作用。

罗素关于中国改造主张,也影响到好人政府主义。孤军社社员思勤经历了从思想改造向政治改造的转变后,不仅赞同罗素所说的中国只要有道德极高的英杰,就可以把中国政治改好,甚至赞同罗素说中国有这样的人物一打(十二人)就可以把中国政治改革好了。他称赞罗素《中国到自由之路》的演说"全篇都是负责任的恳恳切切的忠告,都是警告中国的良方,都很有研究的价值",明确表示赞成罗素主张的政治改革,并且"很想把他来实行"②。刘炳荣分析说,自罗素提出"中国有一万好人,则政治可臻上理",于是应声而起者,大谈其贤人政治。由贤人政治之说,遂创为好人政府主义。其中坚人物首推胡适。"胡氏以新文化首领人物,又兼北大教授资格,登高一呼,自然众山响应。而所提倡者,又为好人政府主义,故一时附和之者颇多,大有左右政局之概。好人政府主义虽然是对的,然在今日中国政治龌龊到了万分的地步底环境里面,要想产生好人政府出来,谈何容易?而胡氏不另辟途径,制造好人政府出来,竟欲利用吴氏以思攫取政权,达到自己的目的,是无异与虎谋皮,且实足以暴露其弱点,徒然使人诮为书生之见而已。"③可见,罗素的主张对于好政府主义的

---

① 《罗素之中国改造观》,《晨报》1922年11月29—30日。
② 思勤:《讨论中国改造一封书》,《孤军》第2卷第4号,1924年9月。
③ 刘炳荣:《今日救中国的唯一主义——新合作主义》,《大公报十周年纪念特刊》,彰文印书局1925年版,"专著"第72页。

影响,确是一个复杂的问题。胡适用一首诗《一个哲学家》表示了对罗素的不满,其中说道:"他自己不要国家,但他劝我们须爱国;他自己不信政府,但他要我们实行国家社会主义。"① 可谓意味深长。

其实,罗素重视教育和实业在社会改造中的决定性作用,从方法论的角度来看无疑是正确的。他提出"欲解决中国之经济问题必先解决中国之政治问题",政治问题主要指反对国内封建军阀和外来侵略势力,"凡有常识者莫不以铲除无法的军阀为必要"②。中国问题要发展教育和工业,自然是不能离开政治独立的。政治独立的条件,一是秩序政府之建设,二是工业之发达,三是教育之传播。苟政治继续紊乱,则工业建设为不可能。若无良政府,则大规模之教育经费,料不可得。"是以秩序政府之建设,当在其他改良之先。"③ 这些都是值得肯定的。罗素主张在政治上、经济上改造资本主义制度,表明了他激进民主主义者的立场。他的社会改造蓝图是以基尔特社会主义倡导的建立工业民主制度为范本。因此,罗素的社会改造理论鲜明地表现了一位激进民主主义者的立场。尽管历史已经证明罗素的社会改造蓝图在西方是不现实的,有着极大的空想虚幻色彩,但他对人类社会现象的许多分析却是发人深省。④ 无论是好人政府主义还是共产主义者的态度,都可资证明。

综上所述,社会主义是五四时期社会改造的主要潮流,在当时呈现出纷繁复杂的特点。初到中国讲学的罗素作《社会主义》的讲演时,开场白就是"何谓社会主义?如何引用到中国?"他说,何以谓之社会主义呢?西方社会有西方社会的思想情形,中国有中国社会的思想情形,二者往往不同。若硬将西方社会主义完全搬到中国来,这是不行的,必须看中国情形如何,变程如何,方可以引用。⑤ 这实际上提示了中国改造与世界改造的关系,警醒中国人科学对待和处理西方社会主义与中国社会情形的关系。张东荪在《我们为什么要讲社会主义?》中阐述了他对"社会主义"的理解,认为社会主义是对人类生活全方位的总改造。纵的方面包括古代的空想社会主义和近代的科学社会主义以及各派的社会主义;横的方面不单指经济改造,而且包括政治改造。社会主义是一种反现存社会的趋向,在具体方法上,"社会主义不是从物质方面破坏现在的制度入手,乃是从

---

① 欧阳哲生编:《胡适全集》第29卷,安徽教育出版社2003年版,第361页。
② 罗素:《中国的到自由之路》,《哲学》第3期,1921年9月。
③ 罗素:《中国之问题》,中华书局1924年版,第242—243页。
④ 徐大同主编:《20世纪西方政治思潮》,天津人民出版社1991年版,第354页。
⑤ 〔英〕罗素讲,铁岩记:《社会主义》,《时事新报》副刊《学灯》1921年2月21—22日。

精神方面传播一种新思想新道德新人生观新生活法入手,也就是从打破现在社会上资本主义的习惯入手"。至于中国改造将依据何种社会主义,则需要全中国人的共同研究。① 社会主义在中国的研究确是如此。特别是在俄国革命后,"布尔什维克制度 Bolshevisme 成,创立'俄罗斯社会主义共和国',马克思 Karl Marx 唯物史观,列宁 Lenine 共产主义理论,流入中国,于是社会主义学说及解决实际社会问题之研究,如风起云涌,不可复止。"②

社会主义的种类繁多,内容庞杂,成为五四时期社会改造的主流思想。正如李凤亭《时代思潮的杂评》所指出、现在中国要想拿社会主义做改造的方法;一般人对于社会主义却没有明确的观念,往往以为无政府主义,私有财产完全打破,自由恋爱,都是社会主义。横竖旧的制度习惯,都是不良的,有害的,不如把它一齐废掉,另外找出个新的代替它。殊不知一国有一国的历史,有一国的文化,有一国的风俗习惯,不能强同。"所以虽是同一社会主义,德国有德国的社会主义的面目,法国有法国的社会主义的面目(Syndicalism,产于法),英国有英国的社会主义的面目(Guild socialism,产于英),美国有美国的社会主义的面目(I. W. W.,盛于美),俄国有俄国的社会主义的面目(波尔塞维克,盛于俄)。这些社会主义,不仅内容细目各自不同,往往根本上生出差别。"因此,"中国若欲提倡社会主义,自然有中国社会主义的色彩,绝不能说是一定要学那国的社会主义,一步一趋,就可以学得到的。"他认为,只可以把各国的社会主义拿来互相参证,互相比较,到底中国有哪些同点、异点,然后从各种各样的社会主义,抽出一些于中国有推行的可能的诸点,融会贯通,构成中国的社会主义,断没有把西洋的学说,生吞硬剥,硬来做自己的主张,就可以建设一个理想的国家。③ 也就是说,中国参照西洋的社会主义理论改造中国,还是必须要形成中国的社会主义。

2. 民主主义

民主主义是中国近代的一种进步思想潮流,被誉为"新时代之根本思想"④。《每周评论》1919 年发表的文章指出:"从前年俄罗斯革命以来,旧的世界,渐渐死灭;新的世界,渐渐产生。千九百十九年以后的局面,

---

① 东苏:《我们为什么要讲社会主义?》,《解放与改造》第 1 卷第 7 号,1919 年 12 月。
② 吴康:《中国四十年革新之回顾》,中山大学文科研究所《语言文学专刊》第 1 卷第 3—4 期,1937 年 6 月,第 613—614 页。
③ 李凤亭:《时代思潮的杂评》,《太平洋》第 2 卷第 8 期,1920 年 12 月 5 日。
④ 一湖:《新时代之根本思想》,《每周评论》第 8 号,1919 年 2 月 9 日。

将变到怎么样,我们浅识的人,实在预想不到。不过含含忽忽知道千九百十九年以后的世界,一定和以前的世界,大大不同。我们要做千九百十九年以后的人,必不可不知道我们现在正在大漩涡之中,在大急滩之上,更不可不准备我们做千九百十九年以后的人的要素。"总之,"现在时代的根本思想,依我看起来,就是个'得莫克拉西'Democracy……所谓社会的'得莫克拉西',就是扫除社会上贵族阶级,用一般民众组成一个完全平等的社会团体。所谓经济的'得莫克拉西',就是废止资本主义的生产,用一般民众,造出大家是劳动者,大家作了大家用的一个平等的经济组织。"①

五四运动以前最流行的社会思潮,是民本主义和过激派主义。广义的民本主义包括政治、社会、教育、工业各方面,几乎世界无一日无一人不要它,"所以他不可不打破官僚与军阀,不可不扫平资本家与劳动者之阶级,不可不废除贵族文学"。狭义的民本主义专指政治而言。过激派主义主张从根本上推翻现在的社会,另造成一个庄严华美的世界,所以也可叫作社会民主主义。民本主义和过激派主义在本质上是相同的,所以20世纪的根本思想自然是民本主义。②孙倬章在《中国的难题怎样解决》一文中,提出社会民主主义是中国的唯一出路。他认为,马克思主义分为"社会民治(主)主义和共产主义(即布尔什维主义)两派……后一派不宜于中国,中国现在应采的为前一派",因为"社会民治主义一面反对绅士的阶级政治,期其达于全民政治的真正民主政治;一面推翻资本主义,主张社会化的生产,务求达到真正社会主义的社会,故欲解决中国现在的政治问题,和将来的经济问题,只有社会民治主义为最良的方法。"③民主主义是五四时期中国社会改造的思想潮流,不仅是中国社会改造的目标,也是指导中国改造的重要理论。

(1) 实用主义

实用主义或称实验主义,是一种科学方法和真理论。美国哲学家杜威把实用主义理论运用到其他科学特别是教育中,成为最具代表性的实用主义哲学家,也被称为"倡导改革的先驱",著名的"社会工程师"。杜威在中国长期讲学,提出关于中国社会改造的许多主张,加上他的中国弟子胡适、蒋梦麟、陶行知积极宣传他的学说,因此,实验主义成为一种有重

---

① 一湖:《新时代之根本思想》,《每周评论》第8号,1919年2月9日。
② 少年中国学会编:《少年中国学会会务报告》第3期,出版地点不详,1919年5月1日,第25—26页。
③ 孙倬章:《中国的难题怎样解决》,《奋斗》第1期,1923年10月。

要影响的社会改造理论。

杜威主张平民政治和思想自由,认为经济、政治问题的解决是不能离开知识思想的。一切社会的重要变迁或改革,一定是与思想的变迁同时来的。他强调思想自由的重要性,"知识思想自由是民治主义所不可少的","是人类文明进步所必需的"①。因此,杜威主张社会进步只能通过一步一步的改良来实现。"不过要想找一条新路,辨别哪一件是好,哪一件是坏,哪一件应改革,哪一件应保存,经过一番具体的研究,用科学的态度,下具体的修正罢了。"因此,杜威主张以研究的态度,解决一个一个的社会问题,认为"暴动,要用不正当的手段,去根本地解决,去笼统的改革,这是很危险的"②。基于此,实用主义者批评无政府主义的错误和空想,也反对马克思主义的暴力手段。杜威在《社会哲学与政治哲学》中指出:"旧式的社会哲学,只是两极端,一是对社会下总攻击,一是对社会下总辩护。现在我们所讲的第三派哲学,不是总攻击,也不是总辩护,是要进步,可不是那天演的进步,是东一块西一块零零碎碎的进步,是零买的不是批发的。"他又说:"现在世界上无论何处,都在那里高谈再造世界,改造社会。但是要再造改造的,都是零的,不是整的,如学校、实业、家庭、思想、政治,都是一件件的,不是整块的,所以进化是零买的。"③杜威主张根据实验主义哲学,用渐进的、温和的方式改造社会。

胡适在中国不遗余力地宣传实验主义,并以实验主义指导社会改造运动。他在《非个人主义的新生活》中提出,个人是社会上无数势力造成的。改造社会必须从改造这些造成社会、造成个人的种种势力做起。改造社会即是改造个人。改造社会的种种势力一定是零碎的改造,一点一滴的改造,一尺一寸的改造。"我们的方针是:奋斗的结果,要使社会的旧势力不能不让我们;且不可先就偃旗息鼓退出现社会去,把这个社会拱手让给旧势力。换句话说,应该使旧社会变成新社会,旧村变成新村,旧生活变成新生活。"④胡适的另一篇文章《多研究些问题,少谈些主义》则强调对社会具体问题的逐一解决,对社会进行"点滴"的改造。他认为所谓"根本解决"只是"自欺欺人的梦话","是中国思想界破产的铁证","是

---

① 袁刚、孙家祥、任丙强编:《民治主义与现代社会——杜威在华讲演集》,北京大学出版社2004年版,第42、40页。
② 《杜威五大讲演》,晨报社1920年版,第28、26页。
③ 袁刚、孙家祥、任丙强编:《民治主义与现代社会——杜威在华讲演集》,北京大学出版社2004年版,第33页。
④ 胡适:《非个人主义的新生活》,《新潮》第2卷第3号,1920年4月1日。

中国社会改良的死刑宣告"①。《新思潮的意义》进一步指出:"文明不是笼统造成的,是一点一滴的造成的。进化不是一晚上笼统进化的,是一点一滴的进化的。现今的人爱谈'解放与改造',须知解放不是笼统解放,改造也不是笼统改造。解放是这个那个制度的解放,这种那种思想的解放,这个那个人的解放,是一点一滴的解放。改造是这个那个制度的改造,这种那种思想的改造,这个那个人的改造,是一点一滴的改造。"②

关于实验主义改造社会的方法,胡适认为,"因为要做一点一滴的改造,故有志做改造事业的人必须要时时刻刻存研究的态度,作切实的调查,下精细的考虑,提出大胆的假设,寻出实验的证明",这是一种"随时随地解决具体问题的生活",也是方法。③"实验主义注重在具体的事实与问题,故不承认根本的解决。他只承认那一点一滴做到的进步,——步步有智慧的指导,步步有自动的实验,——才是真进化。"④ 因此,实验主义关于社会改造的基本思想是,主张点滴进化,反对社会革命;主张具体问题的逐步解决,反对根本解决;鼓吹通过改造个人来改造社会;主张从思想文化上为政治改良打新的基础。因此,实验主义成为五四时期社会改造的一个重要理论。

实验主义对中国改造的影响,主要体现在青年学生的社会改造思想与运动。北京高等师范学校创办的《工学》在《发刊词》中提出"从实地实验我们相信的一切新思想",奉杜威宣传的"一斤的空言不如一两的实行"为经典。⑤

南京高师主办的《少年社会》信奉实验主义,以杜威哲学为改造中国之妙方。如宣扬:"我们中国在精神方面最大的弊病,就是醉生梦死,迷信古义,偏心武断几件事,现在的哲学是解决疑难的方法,审思明辨的学问。他所研究的,可算是我们的弊病对症发药。"⑥ 工学主义的实行,就是遵循实验主义的方法。有谓:"工学主义不是笼统实行的,是一点一滴实行的。工学主义不是笼统发展的,是一点一滴发展的。实行工学主义的下手功夫,是这个那个问题的研究。实行工学主义的进行,是这个那个问题

---

① 胡适:《多研究些问题,少谈些主义》,《每周评论》第31号,1918年7月20日。
② 原载《新青年》第7卷第1号,1919年12月1日。
③ 胡适:《非个人主义的新生活》,《新潮》第2卷第3号,1920年4月1日。
④ 胡适:《我的歧路》,《努力周报》第7号,1922年6月18日。
⑤ 张允侯等编:《五四时期的社团》(二),生活·读书·新知三联书店1979年版,第518页。
⑥ 王炽昌:《教育与人生》,《少年社会》第1卷第4期,1919年12月22日。

的解决"①。这简直是胡适宣传的实验主义方法的翻版。《芜湖半月刊宣言》表示:"我们认定空谈什么主义是无用的,必要借着一个问题来应用我们一种主义研究的心得,才可免却'无的放矢'底毛病。我们认定社会事业,不是能丢掉他过去的历史和他现在的环境所能任意把西洋文明国家的成法拿来改造的。我们认定改造社会,先要改造青年底思想,要想改造他们的思想,先要养成他们思辨的能力,研究的兴趣,和慎重的态度。……我们对于政治,是没有兴趣的,也不相信用政治底手腕和方法,可以把社会根本改造的,所以我们不愿侈谈政治。我们认定进化或改造,不是一步登天的事,是积日累月,一点一滴的成功的。"② 这也是实验主义理论在中国改造过程中的具体运用。

实验主义对教育改造也产生了更重要影响,主要体现在以教育作为改造社会的基础。杜威在浙江第一师范学校的讲演中指出:"我们如果能够把理论实际两相分离和身心两不相关的学说,完全打破,那就当对于无论何事,总得想个法子,使它得有具体的表现的机会。如此一来,于理智方面的训练,必定大有利益;创造精神,还有不蓬蓬勃勃地开发的吗?诸君!中国社会改造的根本方法,就在于此呢!诸君如果能够切实地奉行这几种方法,变化社会、改造社会都易如反掌的!"③ 也就是说,民主主义教育是社会改造的根本方法。基于此,杜威对青年学生提出了许多善意的忠告。他说:"诸君要知道,爱国是一事,排外又是一事。排外是消极的……诸君应该努力去做积极的事业。""学生啊!你们以各人的知识,一点一点地去改革,将来一定可以做到吾们理想中的大改造。"④ 而且他多次谈到中国教育问题,反复宣传"试验方法""平民教育""生活教育""新教育"等观点。在他的学生陶行知看来,"照杜威先生说,教育是继续试验的改造","教育的作用,是使人天天改造,天天进步,天天往好的路上走,就是要用新的学理、新的方法,来改造学生的经验"⑤。而实验主义的教育方法,就是要使学生处在疑难的地位,审查所遇见的究竟是什么疑难,想出种种可以解决疑难的方法,推测各种解决方法的效果,将最有效

---

① 《通讯》,《工学》第 1 卷第 3 号,1920 年 1 月 30 日。
② 本社同人:《芜湖半月刊宣言》(1921 年 5 月 15 日)。转引自《五四时期期刊介绍》第二集,生活·读书·新知三联书店 1979 年版,第 609 页。
③ 杜威:《造就发动的性质的教育》,郑宗海口译,范尧生、高政治笔记,上海《民国日报》1920 年 6 月 17 日。
④ 《杜威五大讲演》,晨报社 1920 年版,第 470—471 页。
⑤ 陶行知:《新教育》,《陶行知全集》第 1 卷,四川教育出版社 2005 年版,第 312 页。

的方法试用出去,审查试用的效果究竟能否解决这个问题,看这试用的法子是否屡试屡验。①

五四时期,中国知识界以此学说建立了一套改造中国传统的科学方法和教育计划。而杜威的学生们对其学说有意义的、具有针对性的解释工作,使杜威思想迅速中国化,中国思想界的一部分也迅速杜威化。②

胡适高度评价杜威及其实验主义对中国社会改造的影响。他在《杜威先生与中国》中说:"自从中国与西洋文化接触以来,没有一个外国学者在中国思想界的影响有杜威这样大的。我们还可以说,在最近的将来几十年中也未必有别个西洋学者,在中国的影响可以比杜威先生还大的。"③ 早期共产主义者瞿秋白也承认,中国宗法社会因受国际资本主义的侵蚀而动摇,要求一种新的宇宙观、新的人生观,才能适应中国所处的新环境。实验主义的哲学,刚刚能用它的积极方面来满足这种需要。所以,中国五四前后出现实验主义,实在不是偶然的。他同时指出,实验主义是一种"近视的浅见的妥协主义",它绝不是革命的哲学。从本质来看,实验主义是改良主义的理论基础,是不彻底的;实用主义以有用代替真实,否定了真理的客观性;实用主义是一种唯心主义的世界观。④ 这是中国共产主义者对实用主义提出的系统批判,也表明,马克思主义与实用主义在中国改造问题上存在明显的分歧。

毋庸讳言,实用主义在五四时期以迥异于中国传统的思想与方法,推进了中国社会的变革和改造,但它不是推动近代中国思想启蒙运动向更深度发展的理论武器和思想方法。尤其重要的是,在动荡的多事之秋,它的渐进、和平的社会改造方式,并不能提供解决中国民族危机的药方。⑤

(2)国家主义

国家主义是一种西方资产阶级民族主义思潮,最初是欧美各国民族独立运动的精神武器,后来演变为一种"国家至上,民族至上"的对外侵略、对内专制的狭隘国家主义。国家主义传入中国后,成为一种有重要影响的社会改良思潮,对中国社会改造产生了重要影响。

---

① 陶行知:《实验主义与新教育》,《陶行知全集》第1卷,四川教育出版社2005年版,第5页。
② 孙家祥:《前言:杜威访华与中国现代政治思想演进》,第24页。参见袁刚、孙家祥、任丙强编《民治主义与现代社会——杜威在华讲演集》,北京大学出版社2004年版。
③ 胡适:《胡适文存》第一集,首都经济贸易大学出版社2013年版,第234页。
④ 瞿秋白:《试验主义与革命哲学》,《新青年》(季刊)第3期,1924年8月1日。
⑤ 孙家祥:《前言:杜威访华与中国现代政治思想演进》,第25—26页。参见袁刚、孙家祥、任丙强编《民治主义与现代社会——杜威在华讲演集》,北京大学出版社2004年版。

国家主义被认为是一种谋求国家统一与独立的思想武器。民国初年，一些政党组织甚至把国家主义作为党纲政纲的内容，或将国家主义教育列入其中。① 当时各种国家主义的意义虽有不同，但倡导国家主义是一致的，"提倡国民团结一致的精神，谋国家统一与独立"是其共通的精神。② 这表明国家主义成为一种政治思想。时人有云："吾国比年，国家主义之声，渐为一般人所唱道。若官僚，若政客，若军人，既莫不揭此主义以为标榜。而各级社会，亦多有阐扬斯旨，相诏相勉者。夫以闭关自封浸衰积弱之后，一旦藩篱尽撤，而又介在列强角逐，弱肉强食之间，诚不能不提倡此主义，使国人咸自警觉，晓然于外围环境迫压之激烈，亟求所以自存自卫之方，且可引起国民对外观念，以减少内部之纷扰。"因此，"国家主义，实为救济目前之对症良药"③，也是社会改造的重要理论。

第一次世界大战后，中国的世界主义、国际主义舆论大兴，国家主义也引起部分先进之士的关注。曾琦经过在欧洲五年的考察研究，认识到"举凡各国之军备教育各种施设，靡不加以考察，乃知其无一不本于国家主义，国家主义之在欧洲正如旭日中天，过去之说完全无据，由是盖信欲救今日之中国，非国家主义不为功矣"④。留学英国的余家菊也提出："我们如果要消除这些患难，我们就应当打出一条路径来；要打出路径，非用一种方针不可，打出路径的方法极多，各有各的说法，各有各的步骤。就我个人看，就现在中国这种烦扰的情形看，实在是以国家主义救中国，要算比较的妥善。""现在正当着内乱和外患交迫的时候，欲救中国自然是要实行国家主义，要救中国确非实行国家主义不可。"⑤ 李璜在《国家主义与世界大势及中国问题》的讲演中说，在这帝国主义与帝国主义、共产主义与资本主义利害冲突的世界大势中间，中国的问题只有中国人全体一心，自强自卫才能解决。亲日、亲美和亲任何帝国主义的国家，固非解决之道，即亲共产主义的苏俄，亦适足以为其牺牲品。⑥ 因此，国家主义作为

---

① 参见李剑农《戊戌以后三十年中国政治史》，中华书局1980年版，第159页。〔日〕宗方小太郎：《一九一二年中国之政党结社》，章伯锋、顾亚主编《近代稗海》第12辑，四川人民出版社1988年版，第98—166页。
② 舒新城：《教育上的国家主义问题》，《民铎》第5卷第1号，1924年3月1日。
③ 高劳：《国家主义之考虑》，《东方杂志》第15卷第8号，1918年8月。
④ 曾琦：《国家主义者之四大论据》，《国家主义论文集》第二集，中华书局1926年版，第134页。
⑤ 余家菊：《国家主义释疑》，高军主编《中国现代政治思想史资料选辑》（上），四川人民出版社1983年版，第335页。
⑥ 少年中国学会编：《国家主义论文集》第二集，中华书局1926年版，第12页。

一种救国的理论被引入中国，国家主义者欲以国家主义拯救垂危的中国。

国家主义作为一种社会改造理论引入中国时，社会改造论者开始区别西方各种国家主义，从中确定中国应选择的国家主义。朱执信在《国家主义之发生及其变态》中开宗明义地指出，国家主义是"认国家为之手段"，"国家"是实现理想生活方式的某种工具，而要达到这种生活方式"亦不外社会主义"。"所谓国家主义者，类以民族为基础，以同一民族之不能结合，于是各个受他民族之压迫，因之其民族间起一求心运动，而倡国家主义。"后来的国家主义，以国家为唯一的目的，是一种"变态"的国家主义，是非常危险而有害的。① 也说明国家主义对于国家和社会改造具有重要的影响。因此，周长宪在《国家主义与中国》的文章中提出，中国应采用国家主义，而且是合理的国家主义而不是极端的国家主义，是世界的国家主义而不是排斥闭关的国家主义，是近乎英美的国家主义而非德日的国家主义。而且，中国的国家主义是超乎英美而更进一步的国家主义。实行这种国家主义的要件，"不外使人民自觉其国家地位之危险而为爱国心之养成"，必人民皆受相当之教育，富于协同之精神，且必开发天然之富源，振兴国内之产业，然后始可言国家主义。② 可见，"爱国心的养成"是实现国家主义的必要条件之一，教育是国家主义实现的主要途径，因此，国家主义者主要是宣传和开展国家主义教育。

国家主义派的代表人物曾琦在《中华民族之使命与中国青年之责任》中，开篇就说："吾人提倡国家主义，一方面固鉴于国际强权之方盛，非发愤振兴祖国不足以图存于斯世；一方面实深信真主之国家主义并无妨于世界大同，吾人本先哲治国平天下之义，且将由此而促进大同。"③ 另一代表人物陈启天在《国家主义与中国前途》中，开门见山地指出："自欧战结局以来，文人谈士莫不痛诋国家主义的流毒可以扰乱世界之和平，可以摧毁人类之文化，可以杀伤好生之人类，可以消耗无数之金钱，可以淆乱宇宙之真理，可以恶化国民之心理，几若国家主义为万恶之所归，无复存在之余地者，是未免反动过激耳。"④

正是国家主义派的宣传与组织，促成了国家主义这一政治力量的整合。《中国青年党史略》承认，该党是"一部分受近代国家教育之分子，

---

① 朱执信：《国家主义之发生及其变态》，《朱执信集》，中华书局1979年版，第348页。
② 周长宪：《国家主义与中国》，《国民》第1卷第4号，1919年4月。
③ 陈正茂等编：《曾琦先生文集》上，台湾"中央"研究院近代史研究所，1993年，第114页。
④ 少年中国学会编：《国家主义论文集》第一集，中华书局1925年版，第37页。

信仰国家主义，认定国家主义高于一切，具有救国建国乃至殉国之神圣志愿之自然集合"①。国家主义成为五四时期一种重要的社会改造思潮，逐渐成为一种政治改造运动。关于国家主义改造社会的方法和手段，详见第八章第三节。

（3）三民主义

三民主义是近代中国最具影响力的一种民主主义思想，被誉为"中国最近四十年革新运动史"中"已成系统之哲学理论"②。其中的民生主义是关于社会革命的纲领，在孙中山看来"就是时下的社会主义"。1906年，孙中山在《民报》纪元节大会上讲演《中国的改造问题》，正式提出以三民主义改造中国的主张。他说，民族主义就是推翻满族的政府，光复我们民族的国家；民权主义就是政治革命的根本，"所以我们定要由平民革命，建国民政府"；民生主义就是在实行民族革命、政治革命的时候，必须同时想法子改良社会经济组织，防止后来的社会革命，这正是最大的责任。③ 1912年孙中山解除临时总统后，在同盟会会员饯别会上演讲《社会革命》，其中说道："社会革命为全球所提倡，中国多数人尚未曾见到，即今日许多人以为改造中国，不过想将中国弄成一个极强大的国，与欧美诸国并驾齐驱罢了。其实不然。今日最富强的莫过英、美，最文明的莫过法国。英是君主立宪，法、美皆民主共和，政体已是极美的了，但是贫富阶级相隔太远，仍不免有许多社会党要想革命。盖未经社会革命一层，人民不能全数安乐，享幸福的只有少数资本家，受痛苦的尚有多数工人，自然不能相安无事。"④ 在孙中山看来，社会革命是最难实行的，必须人民有最高程度才能实行社会革命。

后来经过孙中山重新解释的新三民主义，演变为中国社会改造的主流思想之一。1924年1月国民党第一次全国代表大会及其后，孙中山确立以联俄、联共、扶助农工三大政策为基础的新三民主义，也成为国共合作的政治基础。新三民主义融入了新的革命内容，具有反帝反封建的革命性，在推动国共两党合作和国民革命运动方面发挥了重要作用，成为团结和联系国共两党合作的纽带。实际上，新三民主义与中共信奉的共产主义及其

---

① 高军、王桧林、杨树标主编：《中国现代政治思潮评要》，华夏出版社1990年版，第303页。
② 吴康：《中国四十年革新之回顾》，中山大学文科研究所《语言文学专刊》第1卷第3—4期，1937年6月，第613—614页。
③ 中国社科院近代史所等编：《孙中山全集》第1卷，中华书局2011年版，第325—326页。
④ 中国社科院近代史所等编：《孙中山全集》第2卷，中华书局2011年版，第319页。

民主革命纲领既有共性，也有明显的差别。随着马克思主义在中国的广泛传播，社会主义运动在中国的发展，作为新的革命思潮的马克思主义开始占据思想界的主导地位，中国出现了以孙中山为代表的资产阶级革命派的社会改造思想和中国共产党以政治革命的形式改造中国的思想，其中三民主义一度成为社会改造的主流思想。

总之，随着新文化运动的发展，一班进步知识分子都怀抱改造社会的思想，要求新社会、新生活，于是，从西方寻求和引入社会改造理论作为改造中国的指南。由于接受西方新思想的时序、介绍者和接受者的偏好和经历诸多原因，社会改造思想的庞杂、混同现象非常普遍，这也正是先进之士艰辛探索中国改造理论的写照。

杨杏佛指出，今日中国之社会思想庞杂，而社会依然无寸进之可言，原因就在于主张各派思想者之过。今日思想家之大病有二：（1）对于己所主张之思想，不肯彻底研究，坚决为之奋斗。（2）对于他人之思想，不肯为平心之考察与光明热烈之辩论，故对于己之主张浅尝而止，再鼓而衰，此今日思想史之所以多为昙花一现之殇儿也。"对于人之主张皮相雌黄未战先遁，故有辩论至数万言而实彼此未尝对垒者，有甫下战书而已'王顾左右而言他'者。年来论坛雌黄但有谩骂讥讽而无胜负是非，当局者不肯为公诚之比较，旁观者何从下严密之选择，徒见派别纷歧日迷五色而已。今之人不见群言切磋之益，但觉思想庞杂之害，实思想家不忠于对己不勇于对人有以致之也。"因此他强调，言社会改造者首在以忠实之眼光考察国内思想之派别，进而论其得失，定其去舍，庶几改造之辙可寻，不致为意气与成见所驱使。杨杏佛认为，总的说来，从康有为的《大同书》和谭嗣同的《仁学》到后来的无政府主义与社会主义，"中国之近代社会思想几于完全为中西文化接触之产物"，"大多对于中国社会缺少深刻之观察与精密之分析"①。所以，社会改造理论的复杂多样性，造成了中国先进之士提出的各种改造社会方案的复杂性。由于社会改造理论的分歧及其与中国实际的疏离，许多改造方案难以付诸实践。

在社会改造运动中，逐渐形成三民主义、共产主义和国家主义三大派系，孕育出中国国民党、中国共产党与中国青年党在中国政治舞台上的离合。

---

① 杨铨：《中国近三十年之社会改造思想》，《东方杂志》第 21 卷第 17 期，1924 年 9 月 10 日。

第五章 五四时期社会改造思潮的基本内容(三)

《浙江新潮》在《发刊词》中，明确提出了改造社会将由那一种人担任，将用怎样的方法的问题。无论是社会改造的理论还是目标，都需要通过社会运动才能实现。社会改造从思想发展成运动，必须依靠一种社会力量才能实现。而社会改造者运用正确的方法，实际上就是改造理论与实践的结合，理论方面需要提出者和宣传者，实践方面既要有指导者，更要有实行者，从而涉及如何组织和发动各种力量改造社会的问题，也就涉及社会改造如何着手的问题。

第一节 社会改造的力量

中国社会改造的基本力量经历了从知识精英、英雄贤人，到青年学生，到劳工阶级的选择和嬗变，知识分子与劳动群众相结合，使社会改造从理论变成运动，从知识界的进步舆论转变到劳动群众的直接行动。可以说，经过无数人艰辛的探索，社会改造者终于找到以劳工阶级作为基础力量，也找到了联合和组织各界民众开展社会改造的基本路径。

一 社会改造的领导力量

知识分子作为社会精英，既是知识的传承者，也是思想的传播者，还是社会潮流的引领者。在五四时期社会改造思潮与运动中，知识分子也当仁不让地担负起领导责任。

1. 知识分子担负社会改造的责任

国民党理论家戴季陶曾经总结中国革命的历史教训。他将革命者分为两种：一种是知识的先觉者，以普遍的改造旧社会旧政治、救济劳动者及失业者为己任的人，"就是从理知上认识出社会的缺陷，于是情愿牺牲了自己所有物质上的满足，去求满足他社会的良心的人"。另一种是觉悟的劳动者、失业者，信奉一个普遍的社会改造、政治改造的理想，起来和环境奋斗的人，"就是自己从生活上感受了缺乏和痛苦，方才理解了缺乏及痛苦所由来，引动他社会的良心，决意从事普遍的救济，满足他的社会的良心的人"。戴季陶认为，一切革命事业总是这两种人的结合。[①] 这种先知先觉与后知后觉或不知不觉的革命者身份划分，虽有其局限性，但指出了知识分子或"知识的先觉者"在社会革命和改造中的主体地位和领导作用。

共产主义者邓中夏指出："知识阶级因受帝国主义之经济侵略，家庭已渐次贫困；一方面读书时固常觉得经济的压迫，又一方面毕业后，亦感到社会地位的恐慌，于是也趋向于革命了。并且因其有知识之故，又往往为各阶级革命势力间之连锁，裵然为革命之中心人物，如辛亥革命、五四运动便是其证。"[②] 按照陈独秀的阶级分析，"知识阶级"即"士的阶级"，在中国特别发达，士居四民（士农工商）之首，介于贵族与平民（农工商）间，依附贵族而操纵政权，所以自古有布衣卿相之说，其中仕宦久而门阀高者成为贵族。"因为西方文化输入，旧的士的阶级固然日渐退溃，新的士的阶级却已代兴；现在及将来的国民运动，商人、工人、农民固然渐变为革命之主要的动力，而知识阶级中之革命分子在各阶级间连锁的作用，仍然有不可轻视的地位；而且在无产阶级实行革命和他们阶级的利益当真冲突以前，他们是羞于放弃革命态度的。"[③] 总之，知识分子在各阶级中起着"连锁的作用"，在社会革命中具有特别重要的地位。

揆诸历史事实，近代以来解救民族危机，救治中国的各种方案和运动中，无论是地主阶级改革派、早期维新派和洋务派，还是资产阶级改良派或革命派，都是政治精英充当主角。维新派依靠皇帝自上而下地进行改良，结果以流血宣告失败。辛亥革命主要依靠会党、新军推翻了清王朝统治，所获政权却落入北洋军阀手中，社会黑暗依旧，贫弱依旧。辛亥元老吴玉章回忆说："以往搞革命的人，眼睛总是看上层军官、政客、议员"，而且"总以为革命只是依靠少数知识分子职业革命家，实际上就是把自己当作救世主"[④]。革命领袖以"救世主"自居，就把革命的失败乃至各种社会问题归咎于社会组织不完善，责怪劳动群众"无能"，批评他们为

---

① 戴季陶：《致陈竞存论革命的信》，《建设》第2卷第1期，1920年2月。
② 邓中夏：《我们的力量》，《中国工人》第2期，1924年11月。
③ 陈独秀：《中国国民革命与社会各阶级》，《前锋》第2期，1923年12月1日。
④ 《吴玉章回忆录》，中国青年出版社1978年版，第112—113页。

"惰性的国民",是"国民不能监督政府,不能行使主人的威权",因而"争乱必日相频仍,国权必旁落外人手中"①。

在辛亥革命以前,一般政治精英人物轻视劳动群众,认为他们不配谈什么主义,中国不能模仿外国的民主主义、平民政治,应该在"开明专制""贤人政治"之下活动,受一般贤人政府的指挥。"这一派的思想势力极大,上自中央政府,下至乡曲腐儒,都脱不了这种思想的势力范围。"②因此,中国改造的希望唯有寄托于超人、先知的出现,寄托于英雄政治、贤人政治的实施。这是辛亥革命前后普遍流行的观念。③1906年制定的《中国同盟会革命方略》声明,以前革命是英雄革命,以后就是国民革命。④也就承认了辛亥革命以前是"英雄革命"时代,是知识分子领导革命。

历史地看,中国知识分子素有"为天地立心,为生民立命,为往圣继绝学,为万世开太平"的理想。受传统的"内圣外王"思想之濡染,他们始终追求道德与政治的统一,具有改造自己进而改造社会的强烈心愿,因此在社会改造运动中具有无可替代的领袖作用。《湖南通俗报》主编谢觉哉认定知识分子在社会改造中的作用:"欲改造地方,须先造舆论;欲舆论正确,须先养成学者;当纠纷之际,现状复杂,利害混淆,尤非学者莫为力。"⑤上海中国公学的《新群》在《发刊词》中提出:"想挽救时局,必须先革新国民的思想。想革新国民的思想,除借文化的力量外,没有第二种法子。报章是传播文化最利的器具。"⑥作者也承认知识分子以传播文化来改造国民思想。武昌觉社的机关刊物《新空气》在《发刊词》中解释说,新空气是生物生活上必需的东西,新思想是共和国民应具的要素,故该志抱定两大目的:(1)建设我国现代有系统的学说,"供献社会上去,把社会上从前种种恶劣的风气都渐渐改变过来,现出那维新的气象。"(2)增进共和国民应具的知识,研究平民教育的原理及其实施方法,"要养成个个平民都配做共和国的国民,要养成个个平民都有实现平民政

---

① 达材:《国民监督政府之研究》,《新群》第1卷第1号,1919年。
② 王光祈:《少年中国学会的精神及其进行计划》,《少年中国》第1卷第6期,1919年12月15日。
③ "从五四运动到人民共和国成立"课题组:《胡绳论"从五四运动到人民共和国成立"》,社会科学文献出版社2001年版,第102—103页。
④ 中国社科院近代史所等编:《孙中山全集》第1卷,中华书局2011年版,第296页。
⑤ 《谢觉哉日记》,人民出版社1984年版,第26页。
⑥ 中共中央马克思、恩格斯、列宁、斯大林著作编译局研究室编:《五四时期期刊介绍》第三集,生活·读书·新知三联书店1979年版,第518页。

治的本事"①。无论是报章舆论、思想文化还是专门学者，都是知识分子在社会中独特地位和作用的表现。"改造社会，演进文化，这是知识分子应负的使命，尤其是教育目标上天造地设的铁则。"② 可见，知识分子从来不忘其自觉觉人的使命，勇于担当改造社会的领导责任，一方面用学说来改造社会的思想，另一方面用教育来培养国民的实力。

2. 知识分子领导社会改造的成效

近代以来知识分子开展的各种救国运动，从洋务运动到维新运动到辛亥革命，均以失败告终。陈独秀认为，戊戌变法、义和团运动、辛亥革命、五四运动"都是中国革命的无产阶级开始表现他的社会的势力以前，小资产阶级之重要的国民运动，而也只有这四件事配说是国民运动"，"都是小资产阶级（知识阶级包含在内）独唱的舞台，也就是屡次失败之根本原因"③。张东荪进一步总结说："自晚清以迄现在，爱国之士对于救国所下的方剂实不下几十种，择其大者言之，如清末的立宪，民国的共和，与现在的省宪。当一说初出，大家以为此乃起死回生之圣药；迨投药以后，而国家的病状如故。于是使我们晓得此等主张不过主持论坛者自炫之具。虽其间未尝不出以真心，然其志仅在宣传而不在躬行，则可断言。""今日中国决非理论之宣传，方案之拟议所能救济。甚么一种主义，怎么一个策略，这些空言断断乎不足以使垂死的民国得以复苏。……照上述的而观，可知中国时局糟到如此乃由知识阶级的自身堕落所致。"④ 他指出了知识分子救国运动失败的原因所在。

以改造社会为宗旨的少年中国学会，在关于政治改革与社会改革的热烈讨论中，比较全面地总结了知识阶级救国运动的经验教训。会员曾琦认为，数十年来中国政治改革坐失良机，尤其是戊戌变法、辛亥革命、"丙辰革命"、欧洲大战，均因为书生做政治运动而失败，主要代表人物有康有为、章太炎、梁启超、汪精卫；从事社会运动而成功者，主要有严修、张謇、蔡元培、李石曾。⑤ 张梦九进一步比较政治活动者与社会活动者的效果，认为当时中国历史上从事政治活动的人，不但个人前仆后继地失

---

① 《发刊词》，《新空气》第1卷第1号，1920年2月。
② 《向警予文集》，湖南人民出版社1985年版，第194页。
③ 陈独秀：《二十七年以来国民运动中所得教训》，《新青年》（季刊）第4期，1924年12月20日。
④ 张东荪：《谁能救中国》，《东方杂志》第20卷第12号，1923年6月25日。
⑤ 曾琦：《政治运动之前车与社会活动之先导》，《少年中国》第3卷第8期，1922年3月1日。

败，对于政治社会也丝毫无益，以康有为、梁启超、章太炎为代表。从事社会活动的人，不但个人互相辉映地成功，并且对于政治社会也有莫大贡献，以张謇、蔡元培、李石曾为代表。① 学会负责人王光祈在政治改革方面坚决主张"社会的政治改革"，反对"政治的政治改革"；在社会改革方面主张"社会的社会改革"，反对"政治的社会改革"。"以此为衡，在今日中国的在野人物中，只有黄炎培、胡适之、梁启超、汪精卫四人，可称为从事社会的政治改革者。"② 黄炎培数年来提倡职业教育，奔走华侨事业，联络新兴的工商阶级，吸引归国的留美学生，造成社会的基础，是当时首屈一指的用社会势力促进政治者。胡适坚持"社会的政治改革"，可与梁任公、章行严并称"中国近三十年来一脉相传之论坛三雄"。"梁任公从事社会事业，戊戌以前办上海《时务报》、湖南时务学堂、北京译书局等；戊戌以后在日本办《清议报》、大同学校、《新民丛报》等；辛亥以后办《庸言报》，甲寅以后办《大中华杂志》；今日则在清华、南开等校讲学，办《改造杂志》，是举世公认的政治改革者。梁任公在政治改革方面每失败一次，则从事社会事业一次，识见虽卓，而意志不足，故每执一义不能持久。""而且每当任公先生兴高采烈之际，即其主张'政治的政治改革'之时，亦即其身败名裂之日也，如癸丑之附袁、丁巳之联段皆是。又每当其失意落魄之际，即其主张'社会的政治改革'之时，亦即其奋发猛进之日也，如历次办报、办学皆是。今日任公先生又知欲改革政治，非先从社会上植其基础不可矣，故吾人又将任公先生列为'社会的政治改革者'之类。"③ 汪精卫主张"社会的政治改革"，"亦以政治改革闻于时，在民国后与蔡子民、李石曾诸人发起进德会，首标不作官吏议员之旨，表明他已从消极方面洞见政治活动之症结；又与蔡、李诸人在巴黎举办华法教育会，从积极方面为培植社会人才之预备。近来他又追随孙中山从事'政治的政治改革'"。汪精卫态度前后变化，因而影响于国民思想，恰与梁任公相同。④ 由此可见，"书生而欲有所为，惟有实行文化运动，从事社会事业，使社会群众皆了然于吾人之理想，然后可起而行其政治改革"，

---

① 张梦九：《主义问题与活动问题》，《少年中国》第3卷第8期，1922年3月1日。
② 王光祈说，从事社会的社会改革者，在我们的邻国有为创造帝国基础的福泽谕吉和嘉纳治五郎，和树立劳农根基的托尔斯泰和俄国大学生。参见王光祈《"社会的政治改革"与"社会的社会改革"》，《少年中国》第3卷第8期，1922年3月1日。
③ 王光祈：《"社会的政治改革"与"社会的社会改革"》，《少年中国》第3卷第8期，1922年3月1日。
④ 王光祈：《"社会的政治改革"与"社会的社会改革"》，《少年中国》第3卷第8期，1922年3月1日。

否则，不是失败就是为旧势力所制。①

少年中国学会通过关于政治改造与社会改造的讨论，得出的结论是：近代中国的政治精英从事政治活动而无不失败，从事社会改造而成功者不乏其人。知识分子选择社会改造方式，也注定社会改造运动的成败。因此，中国的一切政党及过去人物均不足有为，不能担负改造中国的责任。②这也代表了五四知识分子的一种思想认同。因为五四以前的政治运动是一种个人主义的英雄革命，不注意下层阶级和群众，因此被批评为"士大夫救国论"。如恽代英所指出："二三十年来，康有为、梁启超、章行严、黄炎培……胡适之辈，皆曾为一时士大夫救国者之领袖，然都一一堕落，成为过去之人物。"就士大夫而言，"他们的生活并不十分痛苦，而且时时有机会'出卖'救国事业以自求荣利，所以他们在没有为自己利益而奋斗的民众站在背后，结果总不能担任革命的责任"③。这是士大夫不能救国的客观原因。少年中国学会认为"国中一切党系皆不足有为，过去人物又使人绝望"，因此组织学会，"欲集合全国青年，为中国创造新生命，为东亚辟一新纪元"④。新民学会也以"不依赖旧势力"为信条，不与旧势力发生联系。⑤ 新文化运动兴起以后，有志之士"开始留心国事时，心中虽尚余有革命先烈为国牺牲的伟绩崇拜，然而对于现存的民党中人已不信其能起任何救国救民作用"，"青年有志之士其时对政治现局都主张取远距离，而一面努力吸取新知，一面注意社会活动"⑥。这代表了青年志士改造中国方法的一种变化趋势，即以社会运动取代政治运动。

自新文化运动以来，不合作运动、农村立国、新村运动、无政府革命、立宪救国、教育救国、实业救国等，都是进步知识分子改造中国的口号和运动。按照陈独秀的分析，主观上浪漫的革命思想，往往一时有超越阶级的幻象，这正是知识分子和纯粹资产阶级的不同之处，也是知识分子有时比资产阶级易于倾向革命的缘故。所谓"不合作""农村立国""新村""无政府""基督教救国""教育救国"等回避革命的口号，"固然是小资产阶级欲在自己脑中改造社会的幻想，然而他们对于现社会之不安不

---

① 曾琦：《彻底主义与妥协主义》，《少年中国》第3卷第8期，1922年3月1日。
② 少年中国学会编：《少年中国学会会务报告》第1期，1919年3月1日，第19页。
③ 恽代英：《评醒狮派》，《中国青年》第76期，1925年4月25日。
④ 王光祈：《本会发起之旨趣及其经过情形》，《少年中国学会会务报告》第3期，1919年5月1日。
⑤ 中国革命博物馆等编：《新民学会资料》，人民出版社1980年版，第13、14页。
⑥ 李璜：《回国任教与对当时学术界的观察》，台北《传记文学》第21卷第5期，第4页。

满足，也可以说是间接促成革命的一种动力"①。张国焘指出，极少数知识分子是最彻底、最有革命精神的，在政治上占有重要的地位。不过他们不注意现实政治，相信只要书本上的学识和教育就能够改造社会。"虽然他们知道民众的觉醒是重要，虽然他们也以改造中国为己任，虽然他们不了解中国的状况，但是仍然在研究室里研究一些空的理论，用'预备改造中国的工具'的语调欺瞒自己，完全把现实政治和中国问题置之不问。"这是非常错误的观念，是走错了道路。② 文中批评了以政治为万恶的观念和只做社会运动、不做政治运动的观念，也就是批评知识分子改造中国方法的错误。

深究其原因，知识分子没有特殊的经济基础，所以没有坚固不摇的阶级性，尚未成为独立的社会改造指导者，也无力独立地改造社会。在社会改造方式上，知识分子大多是成立一个团体，办一份报纸，做点宣传工作，并没有深入到社会底层去启发民智。被时人批评为"纸上的改造事业"③。也有人批评这些知识分子"只向知识阶级作'学理'的宣传，而不向无产阶级作实际运动，结果还只是空谈"。这是他们从事社会运动的主要缺点。④ 正因为如此，无政府主义者把知识阶级排除在革命的基本力量之外。他们认为，学者与学生均属于小资产阶级，小资产阶级是不革命的，而且常是反革命者。"而知识阶级之不革命，则因为他们在社会上的地位，不是直接受压迫者，所以他们感觉到没有革命的必要。即退一步说，也只能说知识阶级到了革命的某种程度，始能倾向于革命运动。"⑤ 广东社会主义青年团创办的《青年周刊》宣称，知识分子"多半属于资本家或中产阶级的子弟"，在革命运动中"只是处于帮忙的地位，多数不是更正的指导者与战士。"因此既要和他们携手，同时也必须改造他们。⑥

3. 知识分子如何发挥社会改造的作用

如何发挥知识分子在社会改造中的指导作用，是社会改造者面临的现实问题，因此引起非常热烈的讨论。归纳起来，主要有以下几个方面：

首先，帮助知识分子解决困难。知识分子在社会改造过程中面临着许

---

① 陈独秀：《中国国民革命与社会各阶级》，《前锋》第2期，1923年12月1日。
② 国焘：《知识阶级在政治上的地位及其责任》，《向导》第12期，1922年12月6日。
③ 郑振铎：《纸上的改造事业》，《新社会》第8期，1920年1月11日。
④ 兼：《劳动运动的新生命》，《劳动音》第1期，1920年11月7日。
⑤ 《革命的知识阶级与无产阶级》，转引自葛懋春等编《无政府主义思想资料选》（下册），北京大学出版社1984年版，第795、796页。
⑥ 玉冰：《青年周刊》，《新江西》第1卷第3号，1923年1月15日。

多困难，要发挥他们的作用，就要解决他们的实际困难。上海《申报》发表《何以救济智识劳动者?》指出："自来一国之进步必依赖于智识劳动阶级；而迩来智识劳动阶级之失业者触目皆是，良非国家与社会一种好现象。"蔡和森就此发表评论说："现在中国的智识阶级真是哀鸣遍野，触目皆是，除少数做了猪仔政客洋奴西崽之外，最大多数真是上不着天下不着地流离失所穷困无告的可怜品。而且他们的智慧异常萎缩，精神异常堕落，意志非常脆弱。因此要救济智识阶级。"① 这种救济既包括物质生活方面，更主要是思想意识方面。《东方杂志》发表的《智识阶级的自身改造》就提出，中国"智识阶级"已经堕落，成为社会国家之蠹，他们在政治运动和社会运动中"没有牺牲的精神，真实的力量，而徒为智识阶级满足占有欲之工具"，最根本的原因是他们没有独立的生活以及经济组织的不公平。所以要对知识分子进行改造，先得解决两个问题，一是怎样维持独立的生活，二是怎样发展创造的精神。而要解决知识分子的生活问题，现存的经济组织非先为根本的变更不可。而发展创造的精神，也是挽救知识分子的堕落所应该注意的一件事。② 因此，解决知识分子的实际困难，是社会改造的重要内容。

其次，知识分子要积极参与政治。蒋梦麟在《知识阶级的责任问题》一文中总结了知识分子参政的教训，阐述了知识分子与社会改造的关系。他认为，知识界看政治上的捣乱，以为根本在社会不良的缘故，社会一日不改良，政治的清明一时无希望。要改良政治，先要改良社会。要改良社会，先要提倡科学、学术、思想等。但是，知识界往往借口社会和学术的重要，来躲避实际政治的麻烦问题。许多人看见实际问题解决的困难，知道唱几句社会和学术的高调，最容易缴卷，就把学术和社会的研究作为避世的桃源；或者钻进学术和社会的研究里面，忘了应世的目的。前者之结果，必养成万恶的政治；后者之结果，产生一班不切世务的迂儒。照此看来，知识界应负研究实际政治问题的责任。进一步说，知识界对于政治，以发表言论，必引起政治界的干涉而起冲突，因冲突而引起实际参与的兴味，故最后是避免不了参与政治的。"不过，知识界参与实际政治问题，要有两个条件：(1) 维持现状的实际政治，是不必参与的。(2) 改革或革命的实际政治，才有参与的价值。然亦须以不妨害研究学术和较远的问

---

① 蔡和森：《何以救济智识劳动者?》，《政治生活》第1期，1924年4月27日。
② 坚瓠：《智识阶级的自身改造》，《东方杂志》第19卷第4号，1922年2月25日。

题为界限。"总之,"造成将来光明灿烂的世界,是知识界应负的责任"①。这就揭示了知识分子改造社会的责任,不仅在研究和提倡科学、学术、思想等来改造社会,而且要研究和参与实际政治来改造政治。

许多人以为知识分子既不足恃,则不如筑国家之基础于他种阶级上(如劳动阶级)。张东荪认为此说不切于事实,"须知无论如何知识阶级决不能排斥尽净。因为知识阶级不是经济上的阶级而是社会上的阶级,经济的阶级以生产方法而分政治的阶级以权力运用而分。社会既不能无组织,有组织即有权力,有权力即不能无运用,于是凡有知识者必易参加此运用。故知识阶级在政治上实为近水楼台。因此,不谈政治则已,谈政治舍改造知识阶级外无由"②。可见,知识分子不仅要担负改造社会的责任,而且必须谈政治,还必须参与政治。

最后,改造知识分子的思想。知识分子被一些人批评为"最没有互助的道德和团结的引力"。从道德方面看,他们"实在具有许多的不道德,比不上其他的阶级",例如中伤的竞争,自慢的轻狂,党同伐异的私见,颠倒是非的造谣,趋炎附势的无耻,等等。所以要讲解放与改造,便当先从知识分子解放和改造起。具体说来,知识分子要担负起改造社会的重任,必须进行思想改造。改造应分三步走:第一步解放旧思想,创造新道德,对知识分子进行人性改造;第二步将知识分子组合成一个整体进行社会运动;第三步是与劳动阶级合并,将知识分子改造成为劳动与知识合并的人。③ 也就是说,应该先把知识分子改造好,然后再整合全阶级的力量去联合改造其他阶级。对于这种主张,有人反驳说:"请问中国知识阶级的人有多少?全知识阶级的人都能够改造过来么?到什么时候才能把知识阶级全体改造好?用什么法子把全体联络起来去改造其他的阶级?中国的知识阶级是什么样子?我们能希望他全体改造么?等到中国知识阶级全体改造好,恐怕中国的民族,早已淘汰净尽了。"④ 这就提出了在知识分子改造社会的问题上,是首先改造知识分子还是知识分子与其他阶级同时改造的问题。

知识分子思想改造的途径,就是要知识分子与劳工阶级相结合,参与劳工运动。一方面是知识分子改造的需要。如张东荪指出,"因为劳动阶

---

① 原载《北京晨报六周增刊》,晨报社编辑处,1924 年 11 月。
② 张东荪:《谁能救中国》,《东方杂志》第 20 卷第 12 号,1923 年 6 月 25 日。
③ 东荪:《中国的知识阶级的解放与改造》,《解放与改造》第 1 卷第 3 号,1919 年 10 月 1 日。
④ 郑振铎:《再论我们今后的社会改造运动》,《新社会》第 9 期,1920 年 1 月 21 日。

级与知识阶级的混合是我们最后的目的；但是知识阶级自身未改造以前，不能加入到劳动阶级去；就是去了也把劳动阶级沾染坏了。所以知识阶级自身的改造，就是创造一个知识阶级"。"所以我们希望劳动与知识混合，非先创立一个真正的知识阶级不可。真正的知识阶级就是有识无产的人——不是有识有产的人——而在社会上占一种地位的。"[1] 另一方面是改造劳动阶级的需要。李汉俊在《最近上海的罢工风潮》中提出，凡是想要改造社会的人，应该要切切实实地去研究这些问题。尤其希望靠"脑力的劳动"生活的人，应该大家觉悟到，我们的地位和永久的利害是与"体力的劳动者"一样的。我们自身应该从精神上打破"知识阶级"四个字的牢狱，图"脑力劳动者"与"体力劳动者"的一致团结，并且一致努力，在开发"体力劳动者"知识上下工夫，社会改造方才有希望。[2] 他认为，社会改造的思想要传播和灌输到社会里面，必须使知识分子与劳工阶级打成一片。陈独秀从革命的角度提出革命知识分子离不开工农，他提醒知识分子："你们切勿想单靠你们决战的舆论和学生运动来打倒军阀，你们的舆论与运动倘不中途退却，固然也可以造成革命的空气，并且你们当中富于革命精神和革命理论的分子，自然在革命运动不便站在指导地位，但是你们离了工人贫农的劳动群众便没有当真革命的可能。"[3] 陈独秀批评知识阶级在社会改造运动中总脱不了浪漫的倾向，指出这些浪漫的倾向自然是社会改造运动中的不幸波折，却是阶级根性上历史的遗传，非一时所能脱净。[4] 邓中夏进一步指出，小资产阶级出身的改造家的浪漫倾向，也是其阶级地位所决定的。"他们本来没有经济的基础，只能附属于有经济实力的各阶级方有所成就，并且他们因经济条件之限制，使他们富有浪漫，自由主义，无政府主义种种思想，亦不能集中其势力，亦是其大病。"[5]

正因为如此，知识分子在社会改造的探索中历经诸多艰难和痛苦。张闻天自述他探索中国乱源之解决方法的心路历程时说："我们对于这种不合理的社会，情意上早感到不安，因不安也早产生了改造的决心，不过用什么方法来改造呢？应该改造成什么样子呢？这些问题常常横在我胸前而一日不能去的，无抵抗主义的呢？反抗主义呢？无政府主义呢？社会主义

---

[1] 东荪：《中国的知识阶级的解放与改造》，《解放与改造》第1卷第3号，1919年10月1日。
[2] 先进（李汉俊）：《最近上海的罢工风潮》，《星期评论》第21号，1919年10月26日。
[3] 独秀：《怎么打倒军阀》，《向导》第21期，1923年4月18日。
[4] 独秀：《论暗杀、暴动及不合作》，《向导》第18期，1923年1月31日。
[5] 中夏：《我们的力量》，《中国工人》第2期，1924年11月。

呢？如江河流水，不绝地引起我底烦闷。但永久不决定是不能生活的，那么，取其长，舍其短，自然不能不走社会主义一条路了。"① 无政府主义者李少陵也坦言："我这几年，常想求出一个比较捷径一点的革命方法，苦思不得其道。因为从教育着手，虽比较可靠，然又十分缓慢；若从新村着手，处军阀势力之下，万难成功；若从零碎暴动着手，则牺牲多而结果少。想来想去，觉得从民团方面着手，实在比较可靠而又迅速。"② "苦思不得其道"正是当时知识分子艰难探索社会改造道路的写照。事实上，自五四以来，原来寂然不动的中国思想界忽如雨后春笋般勃发，于是"解放""改造""社会革命"遍地都是，可谓极一时之盛。人们不得不承认："我们厕身其间，但觉光怪陆离，无奇不有：倡'爱国'的，谈'社会主义'的，讲'破坏国界'的，都说得天花乱坠，错综杂出，真把我们的头脑都缠昏了。"③ 这种状况使知识分子对社会思潮无所适从，对于社会改造的方法和态度不断发生变化，从而影响到他们的社会改造活动。

二 社会改造的中坚力量

自新文化运动以来，尤其是五四运动以来，从属于新知识分子群体的青年学生异军突起，成为社会改造的中坚力量，毅然决然担负起社会改造的重任。

1. 青年学生改造社会的责任

青年学生改造社会的责任是历史与时代所赋予的。一方面，过去人物和党派势力不可靠，社会各界瞩望于青年学生。少年中国学会在宗旨中标揭"振作少年精神"，就是"皆觉得现在国中一切党系及过去人物，全不足有为，故决意从青年下手，造成健全团体。"学会以奋斗、实践、坚忍、俭朴为信条，"实欲由少数青年力行，养成风气，以改革今日之恶劣社会"④。因此少年中国学会的产生，既是"新时代之要求"，又是对"旧人物之失望"⑤。

社会对政治精英人物失望，转而瞩望于青年学生。李大钊深感国家"一切颓丧枯亡之象"，故寄希望于青年，并以塑造一代青年为己任。他在

---

① 张闻天：《中国底乱源及其解决》，《民国日报》副刊《觉悟》1922年1月5—6日。
② 三木：《民团革命》，《民钟》第12期，1925年7月。转引自葛懋春等编《无政府主义思想资料选》（下册），北京大学出版社1984年版，第709—710页。
③ 太朴：《无政府主义与中国》，《自由》第1期，1920年12月。
④ 少年中国学会编：《少年中国学会会务报告》第1期，1919年3月1日。
⑤ 曾琦：《学会问题杂谈》，《少年中国》第3卷第8期，1922年3月1日。

《晨钟之使命》中说:"是故中华自身无所谓运命也,而以青年之运命为运命;《晨钟》自身无所谓使命也,而以青年之使命为使命。青年不死,即中华不亡。《晨钟》之声,即青年之舌。国家不可一日无青年,青年不可一日无觉醒。青春中华之克创造与否,当于青年之觉醒与否卜之,青年之克觉醒与否,当于《晨钟》之壮快与否卜之矣。"[①] 陈独秀1915年9月在《敬告青年》中将救治中国社会的责任,寄托"在一二敏于自觉、勇于奋斗之青年,发挥人间固有之智能,决择人间种种之思想,——孰为新鲜活泼而适于今世之争存,孰为陈腐朽败而不容留置于脑里,——利刃断铁,快刀理麻,决不作牵就依违之想,自度度人,社会庶几其有清宁之日也。"他在1920年2月讲演《中国存亡与社会改造》时更明确提出:"当今新旧时代,一般青年实为改造的主体,均有劳动的义务,是又非奋励精神不能得改造的结果。"[②] 实际上已经把青年提到社会改造的主体地位。傅斯年甚至下了"青年以外的中国人是靠不住的了"的结论[③],恽代英引证章太炎的话:"中国已成的势力,没有一种可以靠得住","惟一可靠的希望,只有清白纯洁懂得劳动同互助的少年。"[④] 从过去人物或者"老人"不适应社会改造潮流,推演出青年是改造社会的主体,这是一种必然的逻辑,并成为社会改造论者的共识。

青年学生是依托于文化教育机构的一个特殊的知识群体。他们"血气方强,没有同污恶的社会接触过,家累全无,只在向未来着眼而并不顾到左右过去的青年。在中国社会里只有他们能够前进,奋斗,牺牲;只有他们是纯洁勇敢,没有其他的目的而只在为正义呼号的团体。所以屡被欺骗的民众只有他们的说话是要听的;裁判贪官污吏军阀财阀,只有他们配举起第一块石头来"[⑤]。而且,青年的感情丰富,气性热烈,不知道隐忍羞辱,也不知道躲避危险,所以他们见到应当革命,便会勇猛地为革命而奋斗,所以"中国革命的先锋队,一定是青年"[⑥]。恽代英进一步分析说:"社会的活动,虽然可以说是成人的事情,但是成人每每是过于稳健,每每是薰习纠缠于恶劣社会生活,而忘其痛苦罪恶的,每每是身心软弱,感

[①] 守常:《〈晨钟〉之使命——青春中华之创造》,《李大钊全集》第二卷,河北教育出版社1999年版,第365页。
[②] 见于《五四运动在武汉资料选辑》,武汉大学历史系,1979年,第365页。
[③] 欧阳哲生编:《傅斯年全集》第1卷,湖南教育出版社2003年版,第384页。
[④] 《恽代英文集》,人民出版社1984年版,第106—107页。
[⑤] 郁达夫:《学生运动在中国》,《郁达夫全集》第7卷,北新书局1933年版,第59页。
[⑥] 但一:《青年工人运动中应注意的事项》,《中国青年》第18期,1924年2月16日。

情淡薄,不知道亦不愿意做改进社会事业的。只有青年学生,是纯洁而勇敢的反抗恶势力的生力军。他们自然是幼稚没有经验,但是他们若得着合当的指导,他们不像成人的懒惰怯弱。所以他们摧毁恶势力的力量,比成人更可靠。"学生是改造社会的先锋队,他们是改造社会的生力军。"我们不仅将使学生成为敢战的军队,而且要使一般农人工人商人乃至一切市民亦成为与学生共同作战的军队。""未来的中国,至少有一部分,要靠学生作战的联合,去创造出来。"① 1923 年 10 月 20 日创刊的《中国青年》提出:"中国的唯一希望,便要靠这些勃勃有生气的青年。"因此,青年学生是革命的力量,更是创造未来中国的力量,因此要积极引导青年运动到改造社会的方向去。

更重要的是,从辛亥革命、五四运动到二七运动等历次重大运动,学生都参与其中,或且为主要分子。② 1918 年发生的留日学生归国运动,爱国学生在民族危亡关头为中国展示了一丝生机。《民国日报》称"吾今而后所望于国中者,惟在学生中之青年矣。"学生是"中国之国命已奄"的"续命汤","中国之国魂,已飘渺而莫知所之,盱衡国内之趋势,以为挽救危亡,非学生莫属"③。在五四运动中,青年学生表现出强大的革命力量,当时外报亦言:"苟有新中国之胚胎,而为中国新青年刷新中国之起点。""今之学生举动,殆为挽回劫运之气象欤,前途若何,全视学生此举的趋向而定。"学生爱国运动成为"中国真正凝结之起点",则凡中外人士所能及者当必行之,而为学生此举之后援。"以全世界之天职与习惯而言,中国学生,应为担负刷新中国之责任之人。"④ 青年学生在社会运动中展示了巨大的革命力量。

青年学生由此也发生了改造社会的自觉。《学生联合会日刊》在"发刊词"中说:"自从北京有了五四运动以后,中国的前途就放了一线的光明,学生界渐渐看清了他的地位,明白了他的责任,知道中华民国是国民公有的,不是一二人所私有的。"于是起来干预国家政事,组织学生联合会,"唤醒农工商各界,共做救国的事业"⑤。学生联合会的使命,"不仅

---

① 恽代英:《学生的社会活动》,《学生杂志》第 10 卷第 2 期,1923 年 2 月 5 日。
② 《青年问题》,上海《民国日报》副刊《觉悟》1925 年 1 月 27—31 日。
③ 孙镜亚:《中国学生界之新纪元》,转引自刘永明《国民党人与五四运动》,中国社会科学出版社 1992 年版,第 22、23 页。
④ 《西报论中国学生罢课事》,参见《五四爱国运动》(上),中国社会科学出版社 1979 年版,第 362—363 页。
⑤ 天放:《〈学生联合会日刊〉发刊词》,上海《民国日报》1919 年 6 月 5 日。

仅在唤起国民的爱国心，实在还要自造根本推翻一切旧制度，恶习惯，建造一个少年新民国"①。五四运动的参加者周炳琳事后回忆："五月四日那种热烈的举动、完全感情的冲动，说不上真正有'除旧布新'的觉悟"，"'除旧布新'的觉悟紧接'五四运动'而发生……五四运动虽是感情的冲动，然而事后寻觅根据，觉得这种举动很合于理性。理性的根据一到手，勇气陡然增涨，不但消极方面任你政府用怎样的高压手段屈服我不了，而且积极方面谋蓄的改造与新的创造"。因此，"五四是北京学生思想变迁的大关键"②。青年学生的觉悟及其在社会运动中的突出表现，造就了中国社会改造的一股重要力量。

京沪的学生如此，其他各地的学生也是如此。如江西万安的青年学会喊出"改造社会是我们青年的责任"③。安徽芜湖的中学生觉悟到他们的责任："要想根本改造，非从改造平民社会入手不可；要想改造平民社会，非从事社会教育不可，平民教育不可。""他们以为要改造社会，非从最普遍，最下层的阶级改造起不可。"④《钱江评论》发表的《新青年的新建设》一文，把现社会的人物分为三种：第一是纯洁的、奋斗的新青年，第二是半新不旧、随风而倒的"乡愿"，第三是腐朽的、待死的顽固党。由此得出的结论是："中国以后改造旧社会，建设新中国，这种大担子，只有第一种可爱的、纯洁的、奋斗的新青年担当得起。""改造旧社会、建设新社会只能依靠青年。"⑤自然，青年是社会改造的中坚力量，改造社会的责任全在新青年，中国的希望全在新青年。而且青年以改造社会为己任，开始成为一种普遍现象。1922年《青年进步》发表的一篇文章说道："现在世界的视线，都注射在中国，而在中国的聚光点，就是学生。我们学生的地位，简直是高及喜马拉雅山的极颠。山峰高耸，人一抬头，就不免看见他，何以有这样的状况呢？因为这几年，在民意的沸腾中，他的浪涛最是汹涌；在公理的呼吁中，他的声音最是清朗。不但如此，他的志愿也是极坚固的。他注定了他清高的目的，没有势力能威吓他，没有利诱能动摇他……不但这样，他的时机也是人人所欣羡的。现在中国的改造事业，正在建设中，一切旧的已经扫荡殆尽，那新的尚未造成，中国的文化要成就

---

① 转引自恽震《学生运动的根本研究》，《少年中国》第1卷第12期，1920年6月15日。
② 周炳琳：《五四以后的北京学生》，《少年世界》第1卷第1期，1920年1月。
③ 《介绍万安青年学会》，《新江西》第1卷第3号，1923年1月15日。
④ 钓叟：《芜湖文化运动记》，《少年世界》第1卷第9期，1920年9月1日。
⑤ 《新青年的新建设》，《钱江评论》第1号，1920年1月1日。

到什么样,国家和社会要成就到什么样,都在这一时代学生的掌握中。"①可见,青年学生也觉悟到自己是社会改造的中坚力量。

五四以来,青年学生以改造社会为己任,自觉担负起觉醒国民的责任。有谓:"改革之法,当使国民有觉悟心,觉悟又当自吾侪青年始。五四运动,即吾侪觉悟之表示,彻底改革之发轫也。""彻底改革之重任,是吾侪青年义不容辞的。"②《国民》提出青年要加入劳动界的活动,来觉醒劳动界:"我们青年,现在要想使他有觉悟,能自动,晓得劳工的地位和价值,只有和他们打成一片,灌输他们的知识,使他们有组织有办法,成无数个精密完善的团体;一面我们做那劳动的生活,改善那班骗文凭、作高等流氓、寄生虫的先生的旧习惯。这是知识阶级与劳动阶级的大联合,是民众活动与民众政治实行的第一步,是打倒军阀政阀,解除社会上种种纠纷的根本办法。"③《浙江新潮》在《发刊词》中提出学生要与工农结合,第一步当以学生的自觉和联合,促进劳动界的自觉和联合;第二步当使学生界和劳动界联合;第三步当使学生都成为劳动者,谋劳动界的大联合。由此乐观地认为,"等到学生都投身劳动界,那么,改造的目的,就容易达到了"④。恽代英在《为少年中国学会同人"进一解"》中,提出要依靠群众的力量来改造社会。他说:"旧社会的罪恶,全是不良的经济制度所构成。舍改造经济制度,无由改造社会。我们在旧社会的努力,无非是破坏——有效力的破坏,有建设、把握的破坏。群众的集合及他的本能的冲动力量,是我们改造的唯一的武器。冷静、周到、敏捷、决断的指导群众,是我们的责任。我们要研究唯物史观与群众心理。我们要无限制的利用机会,为社会作这些努力。"⑤喊出了群众的集合及其力量是"改造的唯一的武器",同时指出了青年学生的努力方向。可见,青年学生觉悟到改造社会的重任,也觉悟到联合劳动群众改造中国的路径和方法。

面对社会的殷殷期望,青年学生甚至希望能包办中国社会改造乃至世界改造。蒋梦麟、胡适在《我们对于学生的希望》中指出:"社会上许多事被一般成年的或老年的人弄坏了,别的阶级又都不肯出来干涉纠正,于

---

① 陈立廷:《世界基督教学生同盟大会与中国学生》,《青年进步》第 50 期,1922 年 2 月。
② 《发刊词》,《秦钟》第 1 期,1920 年 1 月 20 日。
③ 许德珩:《五四运动与青年的觉悟》,《国民》第 2 卷第 1 号,1919 年 11 月。
④ 《浙江新潮》第 1 期,1919 年 11 月 1 日。转引自张允侯等编《五四时期的社团》(三),生活·读书·新知三联书店 1979 年版,第 125—126 页。
⑤ 张允侯等编:《五四时期的社团》(一),生活·读书·新知三联书店 1979 年版,第 393 页。

是这种干涉纠正的责任遂落在一般未成年的男女学生的肩膀上。这是变态的社会里一种不可免的现象。"① 这是对学生改造社会的希望。

青年学生也认识到这一点。少年中国学会公开表示：我们民族有我们民族博大的精神，如今堕落为世界上一个弱小国家、劣等民族。"这种堕落的责任，当然应该由过去人物担负，恢复我们民族精神的责任，当然应该由我们青年担任。我们是中国的青年，我们对于中国这个地方，负有改造的完全责任。青年青年！我们应该恢复过去的民族精神，创造未来的少年世界，中国青年是世界新文化的创造者，是中国旧社会的改革者。"② 由此表现出青年"包办"社会改造的豪言壮气。他们还理直气壮地说："自从欧战的和约成立，我们不仅晓得中国的老年不可靠，同时证明世界的老年都不可靠。"全世界的事业和一切待解决的问题，应由全世界的少年采取"包办主义"。我们既是世界少年团体的一个，"所以把他标出来，以表明中国青年要与各国青年共同负改造世界的责任"③。不过，会员郑伯奇清醒地认识到，学会不过是"少年中国"的一个团体，进一步说，它是正在改造中的世界的一个团体，但绝不是包揽少年中国文化运动的专卖特许的唯一机关，所以不应有垄断之心，但当尽最大力而为。④ 不过，恽代英也不赞成以创造"少年中国"为学会单独负担的任务，因为学会既无负担这任务的决心，也无此实力。⑤ 受此影响，毛泽东在新民学会里表示，"我觉得创造特别环境，改造中国与世界的大业，断不是少数人可以包办的，希望我们七十几个人，人人注意及此"⑥。到1922年，少年中国学会提出分工互助的思路，认识到创造"少年中国"应该有"社会分工"，即每一个人或团体对于社会都要有他的特殊工作；而且创造"少年世界"亦不是一个民族所能包办的，所以主张"国际分工"⑦。这是社会改造运动的发展使然，也是青年学生对社会改造成效的反思所致。

2. 青年学生自身的改造

青年学生要担负改造社会的重任，必须进行自身的改造。《芜湖半月刊宣言》宣称："我们认定改造社会，先要改造青年底思想，要想改造他

---

① 蒋梦麟、胡适：《我们对于学生的希望》，《新教育》第2卷第5期，1920年5月。
② 王光祈：《少年中国学会的精神及其计划》，《少年中国》第1卷第6期，1919年12月15日。
③ 《少年世界发刊词》，《少年世界》第1卷第1期，1920年1月。
④ 郑伯奇：《致曾琦》，《少年中国》第2卷第1期，1920年7月15日。
⑤ 恽代英：《怎样创造少年中国》（上），《少年中国》第2卷第1期，1922年7月15日。
⑥ 中国革命博物馆等编：《新民学会资料》，人民出版社1980年版，第152页。
⑦ 王光祈：《我们的工作》，《少年中国》第4卷第1期，1923年3月。

们的思想，先要养成他们思辨的能力，研究的兴趣，和慎重的态度"①。原因在于，一方面，青年学生在五四运动中及其后表现出种种错误的思想观念，诸如一些个人英雄主义的不良作风，"学生万能"的观念。罗家伦根据自己的经历加以解释说："学生万能就是以为什么事都可以办，所以什么事都去要过问；什么事都要过问，所以什么事都问不好。而且目标不专，精力不粹，东冲西突，自己弄得精疲力尽，而敌人也得乘机而入。何况社会是有机体的，世界上决没有万能的人，也决没有一种特殊万能的社会。平心而论，以现在这样龌龊腐败、草昧蒙塞、百孔千疮的中国交给谁也是办不好的。""所以我们自信万能的结果，必至于万不能。所以我从前总觉政治没办法，后来觉得社会没办法，最后觉得我自己没办法。"② 将社会改造失败的原因归诸学生"万能的观念"，如此反省的确是慧眼独见。

另一方面，青年学生自身的一些错误心理和观念也必须改变。少年中国学会的王光祈在1920年指出："一年来的青年运动，多脱不了英雄名士的色彩。譬如爱国运动社会改造运动，都把他看作'英雄事业'，文化运动文字革命运动，都把他看作'名士生涯'，英雄名士的特色，便是虚荣心甚强，私德心颇弱，任情恣意，恃气逞才。换言之，便是没有深厚的修养，一切思想事业皆筑于不正当之观念上"，故名之为"观念错误"③。施存统的思想也有改变。他曾"以为旧的不对，立刻可以去破坏；新的很好，立刻可以去实现；只要我有了决心，不必顾社会上的情形怎么样，没有做不到的事情。所以我那时觉得家庭不对，就脱离了家庭；觉得婚姻不对，就拒绝了婚姻；朋友中有不照我这样做的，就骂他不彻底，就说他不中用；以为天下事惟有我要怎样就要怎样而已，什么也不能阻我的进行。"其实，这种种幼稚的想法是自己"不懂社会底情形"以及"不懂个人和社会底关系"所致④。

李璜则从社会思想变化的角度作了解释。他说："自五四以来，这十二三年间，我们真是受不了。十五六世纪的文艺复兴所有'人性'的要求，十七八世纪启明（蒙）运动所有'个性'的要求，及十九世纪的'国性'的要求，三样东西一齐来，怎不令青年朋友要发狂了呢！"⑤ 瞿秋

---

① 本社同人：《芜湖半月刊宣言》，转引自《五四时期期刊介绍》第二集，生活·读书·新知三联书店1979年版，第609页。
② 罗家伦：《一年来我们学生运动底成功失败和将来应取的方针》，《新潮》第2卷第4期，1920年5月1日。
③ 王光祈：《旅欧杂感》，《少年中国》第2卷第5期，1920年11月15日。
④ 存统：《青年所应受的两重苦痛》，上海《民国日报》副刊《觉悟》1920年5月22日。
⑤ 李璜：《致胡适》，耿云志编《胡适遗稿及秘藏书信》第28册，黄山书社1995年版，第100页。

第五章　五四时期社会改造思潮的基本内容（三）　253

白也认为中国社会思想大变动，导致"一般青年都是栖栖皇皇寝食不安的样子"①。受当时庞杂的社会思潮影响，青年学生思想混杂不明，乃至迷茫堕落。何孟雄也承认："我们青年受了新思潮，于今人生观发生改变，思想自由，生活不能独立，虽抱着'牺牲''奋斗'之志，而无我们的大本营，怎样跳，怎样舞，仍不能出现在的万恶社会，脱现在万恶不赦的家庭，将来的改造事业，又何能实现呢？"②这句话真实地表达了青年思想混乱而导致的困惑。这些困惑导致许多青年难以确立社会改造的正确方向。

武昌互助社社员业裕谈到他对于社会改造的态度变化："以前我对于改造社会之态度，只顾目的，不管手段。大群众运动可，小组织的运动也可；总解决可，零碎解决也可；一步一步的改造也可，彻底的改造也可；激烈的革命也可，和平的引导也可；李宁我既不反对，武者小路亦我所赞成。现在我很觉着手段的要紧，我们应该要研究，不可忽略过去。徒有一种目的，不设法达到，有甚么好处。只增苦恼罢了！既想设法达到我们的目的，就要依经济学上的原则，用力小而收效大。与其希望于年后，何若及身得到光明的幸福。"因为这个缘故，他发生了态度的变化。他说："以为从事于小组织的运动，不若从事于大群众的运动。与其一滴一滴的解决，不若总合的解决。与其一步一步的改造，不若就我们的理想彻底的改造。和平的引导，实在不如激烈革命。你看李宁和武者小路氏是谁的能力经济？我以前一种倾向，可以代表一般教育家的态度；现在一种倾向，可以代表一般革命家的态度。我虽说态度想改变，然而我实没有革命家的资格，而且现在又没有从事那一种事业，这是我精神界一种大冲突。"互助社另一社员原本极力赞成"急进的总解决，并常以流血流汗两主义自命"。不过就现时的人心观察，谁能做流血的牺牲，能否有人继续流血，还是个大问题。"所以我们在这酝酿未成熟的时代，只好用和平急进的手段。"③对于社会改造的模糊认识，自然影响及于社会改造的态度，进而影响到对中国改造的探索。

随着社会形势的不断变化，社会思潮日益庞杂，有志于改造社会的青年学生无所适从，许多人陷入痛苦选择和迷茫之中。一位山东籍的学生说："近来，新思潮蓬蓬勃勃过来以后，便与前大不相同了。大多数青年，已经有了觉悟，便觉着老实读书以外，个人和社会、和人类还有种关系，非常

---

① 《瞿秋白文集（文学编）》第1卷，人民文学出版社1989年版，第29页。
② 《何孟雄文集》，人民出版社1986年版，第4—5页。
③ 《互助》第1期，1920年10月。转引自张允侯等编《五四时期的社团》（一），生活·读书·新知三联书店1979年版，第167—169页。

重大，已注意到这上头，便对于从前一切的制度、学说、风俗……发生了不满意，都从根本上怀疑起来，于是觉得满眼前里，无一处，无一事，不都是些很重要的问题了。我们一般青年对于这种问题，想得痛痛快快给他一个解决，确实困难丛生，往往在左思右想，总是解决不来，只觉得个人肉体，和在刀心剑林里似的，不舒服极了，精神上更不消说了，感受极大的苦痛，常此一往，一定发生种种危险。"① 这是关于"大多数青年"思想的描述。一位无政府主义者更形象地说："现在中国的社会黑暗到了极点，一般的青年人处在这种势力下面，被他弄得全无生气，力量薄弱的只能顺世堕落，不敢稍有反抗，稍有血气的也只有忍气吞声，听命于天，即或有时实在受不得了，也只有往自杀那条路走，从没人敢反抗的。"② 施存统根据自己的思想经历，述说当时青年经受的两种苦痛：（1）我们觉得旧的罪恶，一时又在罪恶中过生活，处处受着罪恶的压迫。（2）我们觉得新的幸福，一时又不能去实现它，时时做幸福的空想。③ 可见，在社会改造的探索中，处于思想转变中的青年学生如何免除这些苦痛，成为亟待解决的现实问题。

此外，旧学生向新学生的角色转变，其思想也必须进行改造。《新学生》指出："今日政治这样腐败，都是'旧学生'造成的；社会这样纷乱，都是'旧学生'做成的。弄成中国今日这等衰弱，'旧学生'是不能辞责的。我们'新学生'想得一种新生活，非先把'旧学生'的旧生活和毛病从根本上扫除不可！""简单说起来，是要求'人'的生活。对于从前的死思想，恶习惯，要完全打破，由破坏的方面着手，再谋建设的工夫。'新学生'的基础要实实在征求正当的学问；对于未来的社会负完全责任；将来世界的改造是全靠新学生的本领，新学生的本领好歹，就是未来世界的好歹，要做将来新社会的主人翁，不可不谋新学生的预备。"④ 可见，学生必须改造旧思想，确立新思想，从"旧学生"转变为"新学生"，才能担负改造社会的责任。

正因为如此，思想改造成为青年学生的当务之急。署名"知才"的文章提出了过渡时代的青年赶快自觉的问题。他说，北京自五四运动以来，新文化的声浪，一天高似一天了。一般有识的青年，对于国家里面的政治

---

① 《我们为什么要发行这种半月刊》，《励新》第 1 卷第 1 期，1920 年 12 月 15 日。
② 芾甘：《爱国主义与中国人到幸福的路》，《警群》第 1 号，1921 年 9 月 1 日。转引自葛懋春等编《无政府主义思想资料选》（下册），北京大学出版社 1984 年版，第 541 页。
③ 存统：《青年所应受的两重苦痛》，上海《民国日报》副刊《觉悟》1920 年 5 月 22 日。
④ 谪瀛：《我对于"新学生"的感想》，《新学生》第 1 卷第 5 号，1920 年 4 月 15 日。

问题、社会里面的经济问题和家庭里面的婚姻问题，都有"大声疾呼""唤醒同胞"的气象。"这是我国一线曙光，惟祝他早早改良和实现的。"但是提倡的人，应有明白的引导；趋附的人，也应有真确的判断。一般新旧过渡时代的青年，更要有觉人必先自觉的觉悟。① 青年学生的这种"觉悟"，是五四运动的结果，也是社会改造的要求。所以，有人明确地说："我们不是有觉后觉的责任？我们不入地狱谁入地狱？'杀身成仁'！'舍身取义'！青年们！老人的世界过去了！将来的责任都在我们一肩承荷呢！"②

1919年12月，天津觉悟社集体讨论"改造现在中国学生的思想"问题，提出现行的方法是实行文化运动、要求教育改革和提倡社交公开。"改革我们自己"的方法，是读书、互相研究学理、问题的讨论、常做文字的出产品、实行批评。③ 他们还集中讨论了"现在中国学生的弱点是什么"的问题，归纳出普通学生最容易犯的心理上、态度上和行为上的种种弱点。关于"学生应该具什么精神，去改造一切？"提出了"自觉""革新""精确""自决""实行""奋斗""勇敢""牺牲""持久""诚恳""创造""发展""平等""互助""博爱"15种精神。他们认为，没有这种精神，一切的弱点不容易除去，改造也不容易做到成功。有觉悟的学生，都应该从这里入手，好去负现在中国学生应负的责任。④ 这也是关于学生思想改造的专题的集中讨论，有针对性地提出了改造的方法和精神。江西改造社社员也意识到社会改造的艰巨性："改造的事情，非一天两天的工夫可以做到，一定要有毅力永远继续下去才行。"他们谈到学生的通病，都是一时高兴，就说得天花乱坠；事过境迁，又似冷水淋头。所以希望社员们：一要有毅力做去，坚持到底，能说能行，这才算是真正改造；二要各尽各的能力，分头做事。⑤

---

① 知才：《过渡时代的青年赶快自觉》，长沙《大公报》1920年11月29日。
② 红彩：《今后中国的青年应当怎样的运动》，《先驱》第5号，1922年4月1日。
③ 张允侯等编：《五四时期的社团》（二），生活·读书·新知三联书店1979年版，第313—314页。
④ 心理上的弱点为：1. 求学目的的错误；2. 悲观；3. 思想上的错误；4. 感情上的错误；5. 意志上的薄弱；6. 惰性太深；7. 眼光太浅；8. 猜疑；9. 没有同情心；10. 迷信；11. 自私；12. 阶级的观念；13. 虚荣的；14. 嫉妒的；15. 孤僻的。态度上的弱点为：1. 没有真正研究同批评的态度；2. 没有受人研究同批评的度量；3. 观望的；4. 浮嚣的；5. 武断的；6. 骄傲的；7. 盲从的；8. 不诚恳的；9. 消极的；10. 不反省的；11. 不公开的。行为上的弱点为：1. 破坏；2. 敷衍；3. 矜夸；4. 无意识；5. 罪恶；6. 各色。参见《学生根本的觉悟》，《觉悟》第1期，1920年1月20日。
⑤ 中共江西省委党史资料征集委员会编：《江西党史资料》第30辑《袁玉冰专集》，第152页。

从觉悟社和改造社的讨论可以看出，许多进步社团都在思考青年学生在思想和实际中存在的问题，而且达成一个共识，即社会改造中的青年问题还是需要在改造实践中去解决，改造思想，同时改造社会。

少年中国学会的章志提出青年应尊重劳工神圣，实行工读主义，以自己的劳力做成有益于人的事业，这样才可以做到"习劳苦，增能力，强身体，打破奴隶的根性，知社会中的真况，知工人的心理，学理与事实相呼应"，这才是"青年思想根本的改造"①。他还模仿克鲁泡特金的口吻写了一篇"告少年"，号召青年学生将书本的教育变为实行的教育，将理想的意念变为实在的事业；做社会中生利的事业，不做分利的事业，就是"各尽所能，各取所需"②。这种根本改造仍以思想改造为主，可见思想改造对于青年学生的重要性和紧迫性。

因为社会改造是一种艰苦而且复杂的运动，很多有志改造社会者经常表现出"不彻底的热心"甚至"精神堕落"的缺点。作为革命前辈的邵力子语重心长地指出："社会心理，是要逐渐改革的；改革者能持以毅力，勿心灰意沮，最后终有成功的一日。'锲而不舍'四个字是改革社会的要键呀！"以中国的学生和俄国的学生作比较，可知俄国学生努力奋斗了几十年才有了新俄国，中间付出了许多伟大的牺牲；而中国的学生与俄罗斯学生所受的苦难相比，还相去甚远。③ 在中国共产党人看来，许多青年变得激进和想要革命，主要是对教育不满，或生活困难，或精神上失望，或对于社会问题敏感，因为他们受资产阶级的教育，形成了"德谟克拉西主义""自由主义""安那其主义"等观念和"发展个性""反对束缚""好名""趣味""怯懦""怕死"等心理，这些都是与共产主义革命精神根本冲突的④，都必须加以改造。

学生在社会运动中面临着复杂环境，因此要注意自身改造。时人指出："文化底怒涛，汩汩地滚到人们底面前，首当其冲的，就是当今的学生。学生底新嫩的脑袋，蓦地里容受了这种笨重的暗示，那得不惊怪起来？于是，因求知底欲望而疑，而想，因疑想底结果愈疑，愈想；而客观界底事实，从不能得着他底真像；内在界底心灵，反觉有一种危险的倾向。起初模模糊糊，好像催眠似的，不知人生何来，人生究竟为什么，到后来想想，才晓得人生底危险，正如长夜的远足，满路上都是恶森森的魔

---

① 章志：《青年思想根本的改造》，《南开日刊》第 41 号，1919 年 7 月 19 日。
② 章志：《告少年》，《南开日刊》"停刊纪念号"，1919 年 8 月 12 日。
③ 邵力子：《"精神堕落"的救济》，上海《民国日报》1920 年 4 月 15 日。
④ 中夏：《讨论本团以后进行的方针》，《先驱》第 22 号，1923 年 7 月 1 日。

鬼，一个失路的人，在幽峭，冷寂的环境里，悬想的目的，不知何时能达；达到了，转眼即逝，仿佛是真理底性质；暂住的，不是常住的；变化的，不是固定的，求真的人们，到这田地，能够飘散自如，不染着一点悲观的色彩的，的确要算强健的分子了。而青年的学生，那能如此！"作者进而指出："青年底心胸不能不满足适当的欲望，要满足适当的欲望，不能不改造现有的社会。要改造现有的社会，又不能作长期的忍耐，所以始而怀疑，继而忿怒，终而放弃在人格上、在品性上或遭局部的分裂，或呈全部的破产，或为恶势力所煽染，或为恶霸所支配，物质上精神上遂蒙了无限的痛苦而不能自拔。设想起来，这种情景实在可怜到万分。面对这种生活环境，青年应当依着求真的方法，求真的热诚，改造你们底环境，整理现有的社会。学生一方面固宜奋力地改造社会，一方面对于种种社会黑暗势力尤不能不作相当的预防，包括习惯的改善，增高自表的行动，推广审美的感念。"① 总之，在这种恶劣的环境下，"青年自身不改造，便无希望去改造社会"②。

更为严重的是，各派政治势力从社会运动中看到青年学生是一种新的政治力量，争相吸收和利用，使他们面临着许多危机和危险。题为《青年学生的危机！》文章指出："我们大中华民国自袁世凯以来，不是就有一派一系相传的军阀派吗？现在他们有点觉悟，以为光是用武力不成功了，但是他们靡不觉悟到军阀根本不成的地步，仅之（只）以为光是武力不成，若是辅以文治还未尝不可，于是乎他们决定大计，偏师四出，陷阱满布，去罗致一般血气未定的青年，作他们的狗用。"③ 孙中山看到五四运动以来，"一般爱国青年，无不以革新思想，为将来革新事业之预备。于是蓬蓬勃勃，抒发言论。国内各界舆论，一致同倡。各种新出版物，为热心青年所举办者，纷纷应时而出。扬葩吐艳，各极其致，社会遂蒙绝大之影响。虽以顽劣之伪政府，犹且不敢撄其锋"④。他很希望学生支持和参加民主革命。早期共产主义者认为，学生是未来的共产主义革命的指导者，因为他们多半是中产阶级或无产阶级候补者，如果有一种主义去引导他们，使他们思想上发生变化，脑筋里存一种希望，拿着他们那种捣乱本领去干革命事业，收效是无穷尽的。"所以在学生界中，我们有积极宣传主义与吸收同志的必要，我们同志必须插身学校当教员，当管理，想出种种方法

---

① 王平陵：《社会改造运动中底学生》，《学术杂志》第8卷第6期，1921年。
② 杨贤江：《到青年中间去》，《学生杂志》第10卷第12号，1923年12月5日。
③ 徐彦之：《青年学生的危机！》，《晨报副刊》1919年4月12日。
④ 中国社科院近代史所等编：《孙中山全集》第5卷，中华书局2011年版，第209—210页。

去训练他们,指导他们作社会运动,鼓励他们到民间去。"① 诚如胡适所说,"当时所有政党都想争取青年知识分子的支持,其结果便弄得〔知识界里〕人人对政治都发生了兴趣。"② 国民党要员朱家骅的回忆也证实了这一点:"五四运动以后不久,青年运动的本身,又趋重于政治活动。当时的各种政治组织,都在'谁有青年,谁有将来'的观念之下,要取得青年的信仰,来领导青年。于是青年运动,变作了政治运动的一部分,于是青年也变作了获得政权的一种手段。"③ 因此,青年学生受此环境的影响,自然面临很大的危险,称为"青年学生的危机",不为虚言。"因此青年学生进行活动决不依靠已成的势力,而要结合志同道合同志创造一个正当的新势力,创造新的生活。"④ 前述少年中国学会、新民学会都宣称不依赖旧势力,明确表示要创造青年力量,以防止青年堕落的危险,可谓自救救人之举,亦青年自我改造之途。

3. 青年学生改造社会的途径

青年学生必须联合其他阶级力量,才能担负社会改造的责任。青年学生在五四运动中觉悟到单靠自己的力量是不能改造社会的,"必须加入劳动阶级的活动","和他们打成一片,灌输他们的知识,使他们有组织、有办法,成无数个精密完善的团体"。"知识阶级与劳动阶级的大联合,是民众活动和民众政治实行的第一步,是打倒军阀政府,解除社会上种种纠纷的根本办法。"⑤ 学生也认识到,"欲救国必先救国民,欲救国民必先提撕他,警觉他;实现民治的国家,全在此脑筋清醒的学生"⑥。因此,社会改造运动不应该专注意举办几个杂志的文字宣传,和只拘于知识分子一隅,而应该"去学那俄罗斯的青年男女的'去与农民为伍'的精神,去教育他们,指导他们把他们的思想更改,迷梦惊醒,同时并把他们的生活改造"⑦。这表明,五四以后青年学生开始面向劳动群众,走向民间。

1923年二七运动失败以后,青年学生进一步认识到要挽救中国的危亡,必须彻底推翻帝国主义和军阀势力的统治;同时也看到反动势力暂时

---

① 李慰农:《共产主义革命将怎样在中国实行》,《共产主义研究会通信集》第3号,1923年。
② 唐德刚译:《胡适口述自传》,华文出版社1989年版,第207页。
③ 朱家骅:《三民主义青年团在中国青年运动中的意义与价值》,王聿均、孙斌编《朱家骅言论集》,台湾"中央"研究院近代史研究所,1977年,第357页。
④ 徐彦之:《青年学生的危机!》,《晨报副刊》1919年4月12日。
⑤ 许德珩:《五四运动与青年的觉悟》,《国民》第2卷第1号,1919年11月1日。
⑥ 《今后学校的管理训练》,《北京女高师半月刊》。转引自《五四时期期刊介绍》第三集,生活·读书·新知三联书店1979年版,第83页。
⑦ 郑振铎:《再论我们今后的社会改造运动》,《新社会》第9号,1920年1月21日。

还是强大的，因此，救中国的艰巨任务绝不是学生所能胜任的。"单靠学生决不能组织强固的革命团体，须到民众里去把一般民众（尤其是工人和农民）组织起来，才有革命的力量。"① 从现在中国情形来看，只有革命才能打倒军阀和国际帝国主义。"这固然不是我们学生单独势力所能胜任，也不是其他各界单独做去所能成功的。所以我们要使革命迅速的成功，惟有是联合一切革命的社会势力在一起，惟有是立刻来援应中国共产党和中国社会主义青年团的召告，成立一条革命的平民联合战线。这个联合将要成功（为）我们打倒双重压迫最锐利的武器。"②

因此，学生运动和其他群众运动结合起来，是社会运动的发展方向，也是学生运动的使命。

积极参加社会实践是青年学生改造社会的根本途径。1923年10月20日创刊的《中国青年》明确提出对于青年有志者的三个要求：（1）每星期至少牺牲六小时，做有益于社会改造的事业。（2）每星期至少牺牲六小时，做时事与社会改造理论与办法的研究。（3）有收入时至少捐七十分之一，做有益于社会改造的事。③ 这三条都是对于青年的具体要求，都集中于社会改造的理论与实践。其中根本的途径，就是与劳动阶级和劳动运动结合。《南洋》发文，把"提倡劳工"确定为青年的重大责任，指出："我国人有一个最大的毛病，就是重视读书的，轻视做工的。要晓得若是没有劳工，我们那里有饭吃，有衣穿，有屋住。劳工是生利的，生利的多，国家就会富强起来。分利的人多，那国家就要贫弱下去。所以今日唯一的救贫法子，就是提倡劳工。我不是说不应该读书，是说读书要读，工也要做，读书做工同一样地紧要，实行那'工读'的主义。"④ 青年学生提倡和参与劳工运动，在实践中改造自己，正是社会改造运动的发展方向。早期共产主义者明确指出，青年学生救国的途径，绝不是漫无目标地勤修学业和培养人格，而是研究适于现实要求的救国方法，并付诸实际活动。他们切要的救国运动，一是研究时事，明了中国政治经济的真相，找到形成这种现状的原因及其改进的方法；二是接近民众，到民众中去活动。救国运动的方法，在目前最需要的是参加平民教育运动，调查地方上的事情及农工平民间所发生的问题。这样做是为了接近民众，联合民众，

---

① 统：《学生和革命》，《北京学生联合会日刊》第17期，1923年3月1日。
② 昌：《学生运动的使命》，《北京学生联合会日刊》第23期，1923年3月2日。
③ 代英：《对于有志者的三个要求》，《中国青年》第1期，1923年10月20日。
④ 观海：《今后青年之责任》，《南洋》第1期，1919年7月15日。转引自《五四时期期刊介绍》第三集，生活·读书·新知三联书店1979年版，第110页。

发现民众的需要，以便进一步去组织他们，帮助他们，最终引导他们去做和他们自身利益有关的国民革命运动。①

"到民间去"是青年学生改造社会的努力方向。在五四时期，"到民间去"不仅指城市或者乡村，更是要到民众中去，为民众服务，与平民为伍，做一切唤醒民众、造福民众的事业。②《民国日报》这样解释"到民间去"的真精神："凡我们良心上认为应做的事情，须得结合群众底力量来同做的事情，而大多数还是时代底落伍者，我们便须投身到群众里面，不挠不屈地去唤起这大多数人，都来做这应做的事。"③ 所以，邓中夏提出："'到民间去'是我们青年唯一的使命。如果青年们象俄国'沙'时代的知识阶级一样，高呼'到民间去'，为之教育，为之组织，恐怕将来农民运动比现在完全由农民自动的奋斗，还要来得有声有色些。"④ 也有人提出到民间去开展平民革命："我们相信平民革命的奋兴剂，一面是'到民间去'，一面是手枪炸弹。中国五千年的历史没有'国民运动''阶级斗争'一回事。到如今政治的本能潜伏，麻木不仁，非一面'到民间去'，提高他们的智识，一面用手枪炸弹，刺戟他们的情感，单用那种极丑极臭极滑头的投机的手段——新华门前的请愿，中央公园的开会，打通电发宣言——出风头有余，奋兴人民不足。现在对于腐败政府，一时不能达到法国对付路易、英国对付查理的办法，也要采取俄国对付亚历山大、日本对付原敬的手段，无论成败，至少可以奋兴一般社会。"这种手枪、炸弹和"到民间去"的先锋队，就是有完全人格、清醒头脑、牺牲胆量的青年。⑤

可见，"到民间去"是青年运动的发展方向，也是青年学生改造社会的方向。其中社会影响最大、社会期望最高的是青年学生利用假期，开展乡村运动。

一些青年社团开展了关于农村改造的讨论。1920年6月《觉悟》展开关于"我们怎样度暑假"的讨论，结论是他们主要面向农村和农民，在形式上主要是回到乡间宣传教育、讲演。这一主张得到了许多人的热烈响应，并且补充了很多办法。有人考虑到知识分子和劳动农民的隔阂，提出了通过参加劳动来和农民接近的办法。作者谈道："我们对他们去演说，

---

① 贤江：《青年学生救国的途径》，《学生杂志》第11卷第5号，1924年5月5日。
② 云村：《余谈》，长沙《大公报》副刊《湖南平民教育周刊》第24期，1924年6月4日。
③ 力子：《"到民间去"的真精神》，上海《民国日报》副刊《觉悟》1922年2月16日。
④ 中夏：《论农民运动》，《中国青年》第11期，1923年12月29日。
⑤ 《和平改良欤？激烈革命欤？——讨论政治主张的一封信》，上海《民国日报》副刊《觉悟》1922年5月29日。

虽然明明晓得是有益处的，但假使他们不情愿来听，又有什么用呢？所以我们要去救济他们，须先从和他们融洽感情做起。"至于融洽感情的办法，应当先实行"劳工神圣"，去真实地"与劳工为伍"，每日抽出四小时到八小时和农人共同工作，这样除了可以增进农业知识，贯彻自己的劳动主义外，还可以"打破阶级的歧视"，"与劳动者联成一气，容易做各种运动"①。

一些青年领袖呼吁青年学生到农村开展革命活动。恽代英提出："真热心于革命运动的青年，真不满意于受这种列强横暴的压迫的青年，必须毫无疑惑的投身到民众中间去，为他们作工，使他们信爱我们，渐渐认识我们是他们忠实的伙伴，我们提倡的革命是为的他们的利益，然后我们容易得着他们热诚的拥护，而革命的势力亦才可以加大起来。""到民间去"的目的，就是要救济那些闭塞穷苦的农村的父老子弟；要与占中国人口最大部分的农民相接近，联络其感情，辅进其知识，使他们在必要的时候，能与我们一致地进行破坏与建设的事业，以完成国民革命的工作。② 所以，学生利用暑假去做全国的大规模的乡村运动。

1924年寒假，夏明翰提出"我们应该努力前进，改造现今，创造未来"的口号，学生寒假回到家乡（农村或城镇）应做的工作是，创办补习学校，大力进行宣传活动，"引导农人们工人们到自觉的路上去"，从而起来进行革命。同时要联合家乡的进步分子，"组织一个团体或结一个社，对于那些阻滞人类进化的矛贼下讨伐令，猛力进攻，或宣传新文化，渐次改良那些旧社会的恶习"③。

时在长沙湘江学校任教的夏曦发表《欢迎学生到民间去》的文章，提出青年学生暑假回乡后应该做农民运动的工作，第一步是调查，须划定调查的区域，定出调查的标准，定一调查表。第二步是教育，分成人补习教育、小学教育和社会教育。乡村教育急应赶快提倡的是，举办成人补习学校，设通俗书包阅览室，通俗讲演。第三步是娱乐。在娱乐中施以教育，可借娱乐事业与他们接近，团结和组织他们。④

---

① 义璋：《讨论怎样过我们暑假的生活》，上海《民国日报》副刊《觉悟》1920年6月17日。
② 代英：《预备暑假的乡村运动——"到民间去"》，《中国青年》第32期，1924年5月24日。
③ 夏明翰：《寒假期间同学们回家应做的工作》，《湖南学生联合会周刊》第25期，1924年1月10日。
④ 夏曦：《欢迎学生到民间去——论学生暑假中回乡的工作》，《新民周刊》第11期，1924年6月26日。

《学生杂志》主编杨贤江提出，学生要在暑假推行乡村运动。他说，做乡村运动的目的，是帮助乡村的民众，使他们的知识增进，生活改善，成为改造中国的种种运动的赞助者、参加者。热心于做乡村运动的青年应该结合一个团体，要根据本乡的实际情形来共同确定实际运动的方法。"我们的乡村运动实际上仍不外于平民教育及平民娱乐，但详细办法须以当地实际状况为根据。我们的乡村运动是希望今次打定基础后扩大范围的，故须联络当地所谓绅士及小学教师及其他热心人士。"①

恽代英、杨贤江是青年运动领袖，夏曦是青年教师，夏明翰是中共湖南省委农运工作的负责人，他们同时发出学生寒暑假"到民间去"的呼吁，从不同角度解释"到民间去"运动的具体内容和方法，可以说代表了青年学生开展乡村运动的趋向。正如夏曦所说："我们是学生，我们当然无时无地不以学为前提。但是在急需改造的中国这块土地上负着改造责任的学生，是不是亦应该无时无地不以改造国家社会为职志呢？中国的改造怎样才能成就呢？一方面固须依客观的情形（如世界政治经济的变化）而决定；一方面当然须视民众力量伸长的程度转移。中国民众怎样可以觉醒而组成一个大的力量呢？可以毫不迟疑的回答一句，必须由有觉悟的青年学生往农人、工人的民众中去！把他们觉醒，把他们组织起来，为他们的利益而斗争。这才是切实有效的方法。"②他提出，青年学生深入民间，注意启发农民觉悟，加强同劳苦群众的联系，同时在乡村和农民中活动，帮助他们提高觉悟。

4. 社会对于青年学生的态度

五四运动是中国近现代青年运动的开端。在六三运动以后，上海"三罢"斗争成为五四运动转变的一个标志。随着运动的主力由学生变为工人，工人阶级取代学生而成为中国政治运动的中心势力。

随着学生的地位和影响的变化，社会对学生态度也发生变化。罗家伦认为，作为五四运动的发难者，学生既不知自身的弱点，又不明社会的趋势，所以终归失败，而且引起社会的反感，具体表现在：（1）五四运动实在成功太速，陡然把学生的地位抬得很高，而各界希望于学生的也越大。社会把学生的地位抬得越高，对于学生的责难也由此越甚，因为对于学生的希望越大，所以弄到后来失望也越多。（2）现在的社会也是凋敝之余，

---

① 杨贤江：《暑假中的乡村运动》，《学生杂志》第 11 卷第 6 号，1924 年 6 月 5 日。
② 夏曦：《欢迎学生到民间去——论学生暑假中回乡的工作》，《新民周刊》第 11 期，1924 年 6 月 26 日。

有人心厌乱之势。因为他们的思想都比学生和缓,不彻底。他们当丧乱之秋,有种种困难,也是应当原谅的。(3) 五四运动的时候,学生还没有独树一帜,一般社会都把学生当他们中间的一部分看待,所以同情更加增多。六三事件以后,学生界奇军突起,恍惚成了一个特殊的阶级,而且往往什么事都要过问,并常常站在监督和指导他们的地位,所以他们也就不能不另眼相看。以另眼看待学生,固然是尊敬学生;须知尊敬的背后则是妒忌。因此,学生的失败固然是由于自身弱点的暴露,也是因为社会态度的改变所致。①

对于学生态度的变化,也可以从社会舆论中得到证实。1923 年 12 月北京大学 25 周年纪念日,开展了民意调查,其中第九问是"你对于目前学生运动有何意见?"结果,表示赞成同时多含有勉励性质者,共 232 票,其意见大率为:(1) 社会麻木,非学生出而救国不可。(2) 进步很速,惜无军队以贯彻其主张。(3) 成绩很好,但须往民间去或到军队中宣传。(4) 须为大规模有组织之政治运动,乃见效果。(5) 应多做革命宣传功夫,实地与平民联合。(6) 学生宣传力很大,此刻应即大大团结反对英美。在被调查者中,表示反对者共 286 票,多出赞成者 54 票,其意见大率为:(1) 学生力量,已成强弩之末。(2) 专出风头,借注意群众以利一己。(3) 毫无实力,简直可以去之。(4) 不公开,吹牛皮,根本不赞成。(5) 学生为求学时期,现在宜努力修养,以备他日用。(6) 躁而不静,浮而不实。(7) 一味盲从,染洋习气太深。(8) 怕死,只会空闹。表示赞成而含有希望条件者共 107 票,其意见为根本上赞成学生运动,而不赞成现在学生之不当行为,与上述两例各有异同,故对于学生提出希望而非鼓励。总括此问意见,赞成学生运动者占大多数,共 472 票,反对者只 286 票,"然察其语意,初亦非根本不赞成,第以学生积日之行为表示,渐失其信仰耳"。这次调查结果提醒"负政治改造之使命、学生运动之责任者"注意:"国民革命之成功,全靠学生运动之努力如何而决定。故今日为学生者欲挽回国运而为政治运动,首宜认识其运动之目标与方法;持之以忠挚的牺牲奋斗之精神;勿高谈性理而远实际,勿假借群众而便利一己,则吾人希望,庶可乐观云云。"② 这是社会舆论对于学生及学生运动的基本态度。

---

① 罗家伦:《一年来我们学生运动底成功失败和将来应取的方针》,《新潮》第 2 卷第 4 期,1920 年 5 月 1 日。
② 朱务善:《本校二十五周年纪念日之"民意测量"》,《北京大学日刊》1924 年 3 月 4—7 日。

社会改造指导者对青年学生的态度,也开始发生明显变化。早期马克思主义者从五四运动中看到工人阶级势力比学生更大[1],于是把眼光转向工农阶级,将理论宣传的重点从知识分子、青年学生转向劳工运动,青年学生运动的方向也相应地调整。一方面,青年运动要顺应世界改造的趋势。1920年以后世界改造运动由国家而世界,由民族而人类;由占有而劳动,由私产而公产;由强制而自由,由特殊而群众;由武力而平和,由互竞而互助。世界各种政治、经济、社会、思想、学术,差不多都是根据这种趋向而发展的,也因为全世界各地人民各种社会是互有关系的。如果只谋一部分、一地方的改造,不谋全世界、全人类的改造,那一部分、一地方的改造也是不能根本解决的,所以,从事改造运动要注意在全人类、全世界上面。"我们中国的学生,和农人、工人等,都是全世界的人类的一分子,当然应该顺应世界改造运动的趋势,和各国人民,同负改造的责任。"[2]

另一方面,青年运动要适应中国改造的需要,与劳工运动、农民运动等相结合,开展国民革命。"学生们从政治运动中得到了教训,知道腐败的社会上,不能建筑良好的政治,因此学生团体的活动渐趋至于社会方面,如新文化运动、平民教育运动、社会主义运动等等,从此学生联合会也就添了一个重大的责任就是改造社会。"[3] 诚然,五四以前的社会改造讨论中,所谓群众主要指青年学生,改造的方向局限于资产阶级民主主义,没有涉及根本推翻现存一切政治社会制度的问题。五四以后社会改造问题具有了新的意义,广大青年学生逐渐抛弃了在现存制度下改造中国的希望和幻想,提出了彻底的社会改造要求。[4]

不过,早期共产主义者更注重青年的革命力量,期望青年担负革命的指导责任。有谓:"五四运动以后,中国学生界已渐渐觉悟过来,一种改造社会呼声,惟有他们喊得高,虽然他们的思想不能一致,而共产主义思潮总算接受得最多,而且传播得很快,未来的共产社会革命,一大部份要仗他们做指导者。"[5] 实际上希望把青年学生引入政治革命的轨道。中国共

---

[1] 《蔡和森的十二篇文章》,人民出版社1980年版,第6页。
[2] 仲九:《学生运动的过去和将来》,《星期评论》第46号,1920年4月18日。
[3] 《湖南学生联合会对于会务进行的方针与计划》,《湖南学生联合会周刊》第28期,1922年12月17日。
[4] 丁守和、殷叙彝:《从五四启蒙运动到马克思主义的传播》,生活·读书·新知三联书店1979年版,第135页。
[5] 李慰农:《共产主义革命将怎样在中国实行》,《共产主义研究会通信集》第3号,1923年。

产党着眼于青年运动，向青年学生提出了改造社会的新要求。如邓中夏所说："中国革命之所以软弱和不能完成，是因为我们青年只在文章上和电报上空嚷，并未到群众中去做宣传和组织的工夫。俄国这三个群众之所以能够革命，是因为革命前俄国的青年学生一批一批的到群众间去，以其革命思想和知识一套一套送予这工人农民兵士的群众。""我们处在这内外交攻的反动政局之下，我们所受的压迫和苦痛已是无以复加了，我们有没有人心？我们有没有民气？我们如不甘为曹家狗，亡国奴，我们便该迅速的从事这三个革命主力的群众运动。我们便应该大家转相告语着，成群结队的，到民众间去，完成我们重要的光荣的使命。"①

不仅如此，中国青年今后开展共产主义运动，必须具有"革命的""铁的"和"武装的"三种要素。在旧社会里，旧人物全权在握，一切运动是非常迟缓的。要想长足地发展，唯有破坏地革命。革命是用一种强权以打破现制度的手段，我们对于反对党、资本家、军阀，尤其非需要一种铁的强制不可，所以今后青年运动要用"铁的手腕"。我们要解除资本家、军阀的武装，非先自己武装起来不可。所以我们在这青年运动中要高唱一声"武装青年"。在此基础上，青年运动的第一步就是"组织"，即联合同志，由种种的小组织进而为地方的、全国的大组织。第二步就是"宣传"。无论在文字上、口头上，无论何时何地，都要把共产主义尽力地去宣传，以求主义的普遍。第三步就是农工交结。共产党的骨子是劳动者，劳动者是最有势力的，是将来社会的主人翁，将来社会上的人都应当是劳动者。"所以我们要到民间去，深入农工社会中，宣传指导以促进革命；必须运动军队，使军人都沾染共产主义，变成共产党。通过这几种预备工夫，我们便可以暴动革命。把阿猫阿狗们由政治舞台上逐出去，我们自己跳上台去，把他们用以压制我们的工具拿过来，以没收他们的财产，监督他们的反动，强迫他们工作。我们再把资本集中，由公家来开发实业。同时，各国的劳动者或先或后的也打倒他们国内的资本家，如此共产主义就实现。"② 这是着眼于青年学生运动的发展方向，也是引导青年学生参加社会运动，发挥社会改造的指导作用。

三 社会改造的基本力量

工农阶级是世界近代以来的新兴阶级力量，是世界革命的主体。随着

---

① 中夏：《革命主力的三个群众——工人、农民、兵士》，《中国青年》第 8 期，1923 年 12 月 8 日。

② 红彩：《今后中国的青年应当怎样的运动》，《先驱》第 5 号，1922 年 4 月 1 日。

中国的工农阶级队伍的壮大和觉醒，在五四时期开始成为社会运动的主力，也成了社会改造运动的基本力量。

1. 工农阶级改造社会的责任

工农阶级是推动社会发展和变革的主要力量。五四运动显示了工农群众的巨大力量，尤其是工人和学生联合的力量。有评论说："这学生的力量，和工人的力量，总和起来，一个绞脑筋，一个运肌肉；一个挥笔头，一个拿锉刀。一般国民，齐心并力，学着他们做去，便是解决山东问题的真力量。……我们工人，我们学生，我们一般人从今自奋的国民，努力打成一片，要认定自己是有真力量的。"[①] 认识到改造中国的"真力量"是一般国民，也就否弃了从前所倚靠的达官贵人、军人或议员等政治精英。所以北京大学通信图书馆登载的募捐启事，宣称"改造社会，是一件很重大的事，不是少数人可以包办的"，"改造的方法，不是英雄革命了"[②]。显然，社会改造不再是少数精英人物的事业，社会改造的方法也不再是英雄革命，在五四以后逐渐达成一种共识。而且，各地反军阀斗争相继而起，进一步显示了人民群众的力量。湖南驱张运动的成功，被认为"是学界联合运动的胜利，是民庶联合运动的胜利，不比从前那几次革命，是少数领袖的成绩"[③]。可见，社会运动的力量，是资产阶级及其知识分子，而非过去的少数领袖人物。这种认识的变化，既是历史经验教训的总结，也是现实斗争的启示。

更重要的是，工人阶级成为社会改造的主要力量。第一次世界大战彰显了各国工人阶级的伟大力量，他们的"势力已足以左右国家，推挽政府，牵连国际，操纵政客，向之仅参预内政者，近已执行外交，骎骎乎有压倒秉政者起而自我为政之势。甚言之，震天撼地之大战争，恐亦将待解决于劳动者，而后此纠纷之局乃得收拾"[④]。时人已观察到："世界和平，而俄国波希维党乃活动于东欧，大倡世界之革命。新潮卷动，万国骇汗，无不视之为蛇蝎。劳工问题，于是遂为全球所重视。"[⑤] 各国工人运动发展成为世界潮流，也嘉惠于中国的劳工运动。如邓中夏所说："中国工人经济生活那样极人世间少有的痛苦，迎受世界革命潮流，不用说是很自然

---

① 玄庐：《解决山东问题的真力量》，上海《民国日报》1919年5月19日。
② 《通信图书馆募捐启事》，《觉社新刊》第2号。转引自《五四时期期刊介绍》第二集，生活·读书·新知三联书店1979年版，第315页。
③ 熊梦飞：《张去后的湖南问题》，《湘潮》"春节特刊号"，1920年2月24日。
④ 劳人：《欧战与劳动者》，《劳动》第1号，1918年3月。
⑤ 赖琏：《欧战后中国之劳工问题》，《新湖南》第1卷第1期，1919年。

的；特别是俄国十月无产阶级大革命的胜利，更使得中国工人受到深刻的影响和强烈的鼓励。"① 在五四运动中，上海"六三"罢工表明，"工人直接参加政治社会运动的事，已经开了幕"②。

而且，工农阶级担负中国社会改造的责任，也逐渐得到社会各界的认同。《浙江新潮》在《发刊词》中，运用阶级分析方法，得出改造社会的责任在劳动阶级的结论。文中云，凡是人类都应该负改造的责任。但是现在的人类大约可分政治阶级、资本阶级、"智识阶级"、劳动阶级四种。政治阶级和资本阶级是束缚的、竞争的、掠夺的根本，正是自由、互助、劳动的大敌；要他们改造，好像要公娼守贞操，那是万万不能的。至于"智识阶级"，有的拿伪学说、伪道德助政治阶级、资本阶级作恶，有的拿博士、学士、教授的偶像，自以为占特殊的地位来压迫人。总之，这种人离不了束缚的、竞争的、掠夺的恶根性，哪里可以做改造的事呢？"我们以为，劳动阶级占全世界人类的最大多数，而且都能尽互助、劳动的责任；但是生活的苦痛唯有他们受得最甚，所以我们以为改造的责任不能不由劳动者担任。"③《发刊词》宣布该刊的旨趣：一是谋人类生活的幸福与进化；二是改造社会；三是促进劳动者的自觉和联合；四是对于现在的学生界劳动界加以调查、批评和指导。文中对社会改造的责任问题做出了肯定的回答，也表明该社"已经从民族、民主革命前进了一步，开始认识到改造社会的责任要落到劳动阶级身上"④。

2. 工农阶级改造社会力量的认识

在中国，无政府主义者最早认识到无产阶级是革命的基本力量，并且提出要"以劳工为革命的原动力"⑤。《革命的知识阶级与无产阶级》一文指出："现在的社会是资本主义的社会。资本主义制度下的革命，要靠无产阶级的战斗力。"这是因为，革命"是无产阶级与有产阶级的冲突，是压迫阶级与被压迫阶级的争斗。故以革命的意义与革命性之丰富与否而论，则在今日之资本主义的社会里，只有无产阶级才是富有革命性的（注意，无产阶级之富于革命性，是受现社会的经济的和政治的条件所决定

---

① 邓中夏：《中国职工运动简史》，《邓中夏全集》（下），人民出版社2014年版，第1357页。
② 季陶：《工人教育问题》，《星期评论》第3号，1919年6月15日。
③ 《浙江新潮》第1期，1919年11月1日。转引自张允侯等编《五四时期的社团》（三），生活·读书·新知三联书店1979年版，第125—126页。
④ 夏衍：《懒寻旧梦录》（增补本），生活·读书·新知三联书店2000年版，第27—28页。
⑤ 朱谦之：《无政府革命的意义》，《北京大学学生周刊》第17号，1920年5月23日。

的），唯有他们才是要革命的"①。五四运动以后，社会各界广泛认识到工农大众是推行社会改造的基本力量。对于工农大众的认识的变化，表明了社会改造的方法和路径的变化。从"劳工神圣"到"到民间去"，在开展工农运动等方面可以得到证明。

（1）"劳工神圣"的认识与宣传

在中国最早提出并宣传"劳工神圣"的口号的，是无政府主义者和资产阶级革命派。山西留日学生创办的《第一晋话报》在1906年3月18日就指出："若是没有劳动的出这一身的血汗，受作老牛的苦，恐怕我们一个个只好吃空气罢，穿树叶子罢，坐露天底下罢！"因此，"我们所最崇拜的，所最该受我们尊敬的，不是那劳动的么？不是那'神圣不可侵犯劳动的兄弟姐妹么'！！"② 文章不仅提出了"劳动神圣"的观点，并初步阐述了其思想内容。

第一次世界大战以后，"劳工神圣"的观点得到广泛宣传，并发展成为一种思想运动。蔡元培1918年11月16日在庆祝协约国胜利大会上发表题为《劳工神圣》的演说，提出："我们要自己认识劳工的价值。劳工神圣！""我们要认清我们的价值。劳工神圣！"他还满怀激情地宣告"此后的世界，全是劳工的世界呵！"③ 1920年，蔡元培在《新青年》第7卷第6号上题写了"劳工神圣"四个大字，进一步宣传"劳工神圣"的思想。上海《民国日报》发表的"时评"指出："劳工神圣这句话，要几方面去实行，一面尊重现在为劳动者地位，尽力谋他们的利益；——包括教育经济种种——，一面改造现在的没有为劳动者的心理，教他们晓得工作的可贵。"④ 这也是知识分子对劳动阶级的一种新认识。如《民国日报》所说："五四运动以后，新文化的潮流，滚滚而来，'劳工神圣'底声浪也就一天高似一天。"⑤ 当时，"劳工神圣"在知识分子中间迅速流行起来，并且成为宣传的口号和时髦用语。有评论说：蔡元培的演说"居然把'劳工神圣'底标语，深印在觉悟者底脑筋中；这难道是认蔡元培作偶像，才把'劳工神圣'深入人心？想来蔡元培一个人，哪里能够凭空造出'劳工神

---

① 《革命的知识阶级与无产阶级》，转引自葛懋春等编《无政府主义思想资料选》（下册），北京大学出版社1984年版，第795—796页。
② 转引自刘明逵、唐玉良主编《中国工人运动史》第一卷，广东人民出版社1998年版，第541页。
③ 《劳工神圣——在北京天安门举行庆祝协约国胜利大会上的演说词》，《北京大学日刊》第260号，1918年11月27日。
④ 《劳工神圣》，上海《民国日报》1920年2月7日。
⑤ 《劳动节底北京》，上海《民国日报》1920年5月1日。

圣'这句话,他不过将众人脑筋里深深地藏着的'劳工神圣',一声叫破了出来,于是众人都被他喊着,就回答一声'劳工神圣'。"① 足见"劳工神圣"思想已经深入人心。

随着"劳工神圣"从口号到思想,并且引出一场"劳工神圣"的社会运动,许多进步知识分子纷纷把目光从都市转向农村和工厂,开展劳工运动。

不仅如此,"劳工神圣"也成了新社会新生活观的重要内容。蔡元培在《我的新生活观》中宣扬说:"要是有一个人肯日日作工,日日求学,便是一个新生活的人;有一个团体里的人,都是日日作工,日日求学,便是一个新生活的团体;全世界的人都是日日作工,日日求学,那就是新生活的世界了。"在新生活的世界里,应是人人养成劳动习惯,消除一切不劳而获之机会,并且"使劳心者亦出其力以分工农之劳;于是劳力者得减少其工作之时间,而亦有劳心之机会"②。这种思想也助益了工学主义的流行,在北京、上海等地相继开展工读互助团试验,并迅速发展为知识与劳动或工学(读)结合的社会改造运动。中国共产党人也提倡"劳工神圣",并且宣传"我们所崇拜的劳工神圣,是说劳动者为社会做工——即全社会所享用的衣食住及交通机关——是神圣事业,不是说劳动者拼命替资本家增加财富是神圣事业。为资本家做工是奴隶事业,为社会做工是神圣事业"③。把"劳工神圣"与反对现在生产制度及资本家结合起来,实际上宣传无产阶级革命的思想。

(2) 对劳动问题的重视

一方面,社会舆论重视劳动阶级和研究劳动问题。以"劳动"定名、专门研究和宣传劳工问题的刊物大量涌现,是社会舆论重视劳苦大众的表现之一。1918年3月,由无政府主义者吴稚晖主编的《劳动》诞生,这也是中国第一个以"劳动"命名的杂志。在《劳动者言》中说明,其宗旨是"尊重劳动;提倡劳动主义;维持正当之劳动,排除不正当之劳动;培植劳动者之道德;灌输劳动者以世界知识普遍学术;纪述世界劳动者之行动,以明社会问题之真相;促进我国劳动者与世界劳动者一致解决社会问题"。此后,以劳工为对象的刊物不断涌现,影响最大的当属北京的《劳动音》、山东的《劳动周刊》、上海的《劳动界》、广州的《劳动者》,

---

① 《"劳工神圣"底意义》,上海《民国日报》副刊《觉悟》1920年10月26日。
② 蔡元培:《〈大学院公报〉发刊词》,《大学院公报》第1年第3期,1928年1月。见《蔡元培全集》第5卷,中华书局1984年版,第194页。
③ 独秀:《劳工神圣与罢工》,《新青年》第8卷第4号,1920年12月1日。

等等。

　　创刊《劳动音》，主要是"阐明真理，增进一般劳动同胞的智识，研究些方法，以指导一般劳动同胞的进行，使解决这不公平的事情，改良社会的组织"。《我们为什么出版这个（劳动音）呢?》指出，今日世界上最重大的事情就是社会改造问题，直言之就是"劳动问题"。所以出版《劳动音》来介绍世界的智识、普遍的学术及专门的技能，又记述世界劳动者的运动状况，以促进国内劳动同胞的团结以及与世界劳动者携手，共同去干社会改造的事情。① 把劳动问题视同社会改造问题，列为"今日世界上最重大的事情"。《山东劳动周刊》以增进劳动者的智识、提高劳动者的地位、改组劳动者的生活为创办方针。② 湖南的《劳工周刊》自称"劳工们的言论机关"，其任务是交换劳工们的知识，申诉劳工们的痛苦。目的是促进劳工们的阶级斗争的觉悟，鼓吹劳动组合大同盟，为被掠夺而过非人生活的劳工们说话，反抗资本阶级的压迫；谋求劳工们精神上的团结，防止"地域""帮口"的谬论的流传。③ 从劳动问题或劳工运动与社会改造的关系来看，这些刊物不仅以解决劳动问题为鹄的，也可以说以改造中国社会乃至世界为目的。

　　而且，这些以"劳动"命名的刊物的创办及其宣传，也使劳动群众改造社会的观念更加深入人心。具体表现在：（1）启发劳动者的社会改造意识。有人提出，我们相信"劳动"是人类生存在世界上第一个要件，因为人类是进化的，一天比一天不同，天天进步，由旧的变为新的，由不完善的进为完善的，所以能达到这新的完善的，就是由人类"劳动"的结果，"那末我们就明白，劳动就是进化的原动力，劳动就是世界文明的根源，劳动就是增进人生的幸福"④。（2）宣传劳动群众改造社会的必要性和重要性。《今日劳工的责任》一文号召劳工起来打破那资本家阶级，实行社会主义。"只有我们劳工们，知道资本家的万恶，知道现在种种不平等的待遇，大家想想，实行社会主义，是不是我们劳工的责任?"⑤《天下是应该我们掌管的》也说："觉悟！觉悟！这一种声音响得和那大雷一样，把各国的劳动者都惊醒了，你看看他们改造到什么样好啊！为什么我们中国的劳动者，还在那里睡觉似的呢？咳！咳！劳动的兄弟们啊！快快醒来！

---

① 心美：《我们为什么出版这个（劳动音）呢?》，《劳动音》第1期，1920年11月7日。
② 本刊同人：《本刊出版的宣言》，《山东劳动周刊》第1号，1922年7月9日。
③ 《发刊辞》，《劳工周刊》创刊号，1921年10月22日。
④ 心美：《我们为什么出版这个〈劳动音〉呢?》，《劳动音》第1期，1920年11月7日。
⑤ 陈为人：《今日劳工的责任》，《劳动界》第15册，1920年11月21日。

快快觉悟过来！打破那资本主义的魔障，使我们劳动者来掌管天下啊！"①
(3) 开始运用马克思主义研究中国劳工问题，这是值得特别注意的新现象。有分析说："有产者阶级，从前以资本主义而破坏封建制度，今乃以资本主义而作出多数之劳动者，以促资本家制度之灭裂。其故盖因封建制度，尝为阻害社会生产力之发展之障碍物，不得不崩坏。现代之资本家制度，虽曾助长社会生产力之发展，今已成为束缚社会生产力发展之障碍物，故资本家制度之崩坏，亦势之不可避者也。"②

也有人借鉴俄罗斯社会改造的经验，来思考中国改造和劳动问题的关系。《打破现状才有进步》一文提出："现在世界已经有了真正纯粹由农工劳动、由穷人作主的地方了（便是北边的俄罗斯）。既然有了这样的好榜样，你们为什么还不努力？"③ 作者急切地呼唤社会要关注劳动问题，从劳动问题入手改造中国。

五四运动以后劳动问题之所以受到社会改造者前所未有的高度重视，一方面是因为劳动问题在中国社会改造中具有重要意义。有谓："劳动是人类生存的第一个要件。世界上只有劳动才能生活，也只有劳动家才配生活。可是，现在的劳动家真是苦极了，他们努力的去做工，却不能得到可以满足他们需要的衣食住。因此，要把劳动家的地位改好，只有实行'劳动解放'四个字。劳动解放是劳动家自己的事，由劳动家结合起来，图谋自己的解放。"为此，提出斗争的具体目标是减少工作时间、增加工资、要求善良待遇。"这三件事在西方现在很注意，而我们东方的劳动家梦也还没有梦见过。我们在根本问题没有解决以前，能够先解决这三件事，也就是前途一线光明了。"④ 这里强调"劳动解放"的必要性，提出了提高劳动者阶级觉悟的途径和方向。《新空气》发表的文章甚至提出："劳动问题实在是社会问题里最重大的，简直可说是社会主义的目标。""因为劳动界占社会上的大部分，社会主义所唱的'均产'实在是劳动问题的结果。"⑤ 另一方面，重视劳动问题也是与十月革命特别是五四运动以后"劳工神圣"的声浪继长增高分不开的。《我的宣传主义的主张》一文说：

---

① 寰光：《天下是应该我们掌管的》，《劳动周刊》第 13 号，1921 年 11 月 12 日。
② 黄典元：《我国之劳动问题》，《时事新报》1919 年 8 月 8—9 日。
③ 张赤：《打破现状才有进步》，《劳动界》第 6 册，1920 年 9 月 19 日。
④ 志道：《劳动运动的意义和他的前途》，《安徽第六师范周刊》第 21 号 "劳动号"，1922 年 5 月 1 日。转引自《五四时期期刊介绍》第三集，生活·读书·新知三联书店 1979 年版，第 137—138 页。
⑤ 蔡梦生：《我对于日本最近群众运动的感想》，《新空气》第 1 卷第 2 号，1920 年 3 月。转引自《五四时期期刊介绍》第二集，生活·读书·新知三联书店 1979 年版，第 489 页。

"自从俄罗斯革命以来,一个血腥骷髅的世界受着那红灼灼的曙光照得大地通红了。一般被劫夺的人民从黑甜乡里惊醒过来,执起一面红旗四面呼吁,举世若狂。……从中国混沌胡闹的空气,霹雳一声露出一道红光。这道红光是从乌拉山射出来的,于是睡眼惺忪的支那人在梦中吓得一跳。细擦双眸、定眼一看:哎哟! 世界第二次大战争又来了。这一回是普遍的、群众的、和我们有切身关系的,我们也不得不准备。从这一层看起来,支那人有一息的生机了,革命的事业不久便就要实现呵。"① 文章借鉴俄国工人运动的发展趋势,颂扬俄国十月革命的世界影响,欢呼这次革命给中国劳动群众带来的新希望。

另一方面,社会舆论开始重视和解决劳动问题,并且提到社会改造的高度。无政府主义者在中国最早把劳动问题与社会改造联系起来并付诸实践。李石曾、吴稚晖等人先是提出"以教育为革命"的主张,后来发起赴法俭学会,组织青年学生赴法勤工俭学,主要是对在欧洲华工进行教育。他们既在华工和勤工俭学学生中宣传无政府主义主张,又介绍欧洲各国的工人运动和旅欧华工的罢工斗争,因此引起了一场大规模的留法勤工俭学运动。有谓:"欧战既停,国内青年受新思潮之鼓荡,求知识之心大盛,复耳濡目染于'工读'之名词,耸动于'劳工神圣'之思,奋起作海外勤工俭学之行者因以大增。"② 留法勤工俭学学生耳闻目睹欧战后严酷的资本主义社会现实、先进的工人运动和研究科学社会主义,许多人很快抛弃了无政府主义思想,确立了科学社会主义的信仰,从而造就了一大批中共早期的重要骨干和工人运动领袖。因此,赴法勤工俭学又被称为中国共产主义运动的又一个主要策源地,是中国工人运动的一场留学运动。③

总之,在世界工人运动高涨和上海"六三"运动的影响下,劳动问题成为中国社会改造舆论最关心、讨论最热烈的问题之一。不仅"劳工神圣"的呼声高涨,"到民间去!""与劳工为伍!"的口号付诸实践,而且开始注意劳工的切身问题,提出知识阶级与劳动阶级结合的问题。与五四以前相比,五四以后"劳工神圣"的讨论"已接触到体力劳动和脑力劳动的对立、劳动和剥削的对立,接触到改善劳动人民生活,消灭剥削乃至根

---

① 林松荣:《我的宣传主义的主张》,《自治》第 1 期,1920 年 6 月。转引自《五四时期期刊介绍》第三集,生活·读书·新知三联书店 1979 年版,第 168 页。
② 清华大学中共党史教研组编:《赴法勤工俭学运动史料》第一册,北京出版社 1980 年版,第 5 页。
③ 刘勇:《试述无政府主义对中国现代工人运动的积极作用》,《党史研究与教学》1996 年第 2 期。

本改变社会制度的问题了"。就此而言，劳动问题的讨论实际上是关于社会改造问题讨论的一个重要组成部分。① 在五四以后，不仅当时的几个主要政党组织如共产党、国民党、青年党都着手开展劳动运动，而且许多进步社团也加入研究劳工问题的行列。先进知识分子和青年学生关心劳工运动，研究劳工问题，逐渐成为"社会改造"思潮的重心之一。②

3. 如何发挥工农阶级改造社会的力量

工农阶级是推行社会改造的基本力量，但是，工农阶级由于自身的经济状况和文化教育程度的影响，他们需要先进的理论指导，需要知识分子去觉醒他们的阶级意识，动员和组织他们参加社会运动，才能发挥社会改造或革命的作用。

（1）开展劳工运动

正如时人所说："劳动运动是劳动家本身的事，他的前途的胜利与否，就要看劳动界自身有没有觉悟。"③ 为此，社会改造者通过调查和研究劳动界的现状，提出各种开展劳动运动的方法和具体措施。

一是救济劳动阶级。在现制度下劳动者生活痛苦不堪，如何救济劳动者，是从事社会运动者面临的现实问题。有人提出，必须实施义务教育，必须提高工人的工资，"教他们除去生活费，还要有点余资供他们作为娱乐之用。"④ 有人提出要改造贫民性格："中国的贫民阶级非特知力不发达，即本能亦不发达，天性不厚，无论何事不能为。故今日之中国非组织贫民专制之时，乃改造贫民性格之时，中国下级社会之人性不能逐渐改善，则一切社会革命皆为空谈，故中国即有社会改造亦当在五十年以后。"⑤ 实际上看到了劳动者的物质生活和精神思想的痛苦，需要对这些问题进行改造。也有人提出，今后劳动家一定要"自己打定主义"，团结起来，组织劳动协会，建设教养机关，作为过渡时代的办法。"至若百年大计，还得吾辈劳动家奋兴起来，扑灭了资本家大地主同他们的仗腰杆子的、专讲强

---

① 丁守和、殷叙彝：《从五四启蒙运动到马克思主义的传播》，生活·读书·新知三联书店1963年版，第143、145页。

② "从五四运动到人民共和国成立"课题组：《胡绳论"从五四运动到人民共和国成立"》，社会科学文献出版社2001年版，第105页。

③ 《劳动运动的意义和他的前途》，《安徽第六师范周刊》"劳动号"。转引自《五四时期期刊介绍》第三集，生活·读书·新知三联书店1979年版，第138页。

④ 良心：《今后中国劳动家应该怎样去做?》，《南洋日刊》"停刊纪念号"，1919年8月12日。

⑤ 张君劢：《中国之前途德国乎？俄国乎？》，《解放与改造》第2卷第14期，1920年7月15日。

权不顾人道的物,直接行动,改造社会,所有各种困难问题,就可以全解决了。"① 文章呼吁以劳动运动来改造社会,解决劳动阶级的困难问题。

也有人运用阶级分析方法,提出要推翻资本主义制度,才能根本解除劳动阶级的痛苦。作者认为,现代社会之所以有贫民,是由于经济组织之不正当、不合理。经济组织之所以不正当、不合理,则资本主义之作祟也。"故资本家者社会之虎狼也,平民者犬羊也。犬羊与虎狼遇,乌得免吞噬哉?至平民而流为贫民,直是虎狼足下之残骨矣。故资本主义不灭,则贫民势难断绝,推其极非实行经济革命不足以言贫民问题之根本也。"从苏俄不产生乞丐这一事实来看,"现代经济制度,其生产分配之法,胥不合于科学,酿成贫富之悬隔;经济之不平,以言救贫,实莫先于推翻现代经济制度"②。由此可见,救济劳动阶级的痛苦的方法,存在着社会改良与社会革命的差别。

二是让劳动阶级觉醒。无论是社会改造还是个人改造,其根本在于劳动者自己觉醒,参加社会运动。这就要使劳动阶级认清资本主义制度及其罪恶,并且努力打破这一制度。有谓:资本家生产制是因为机器出现才发生的,又是用机器的新工业组织加在私有财产制度上才发生的。无产阶级只有"得着一个受共同训练、过共同生活、有共同利害的机会。……于是在'平等的自由团结'里面,要求'平等的自由幸福',建设以平等、自由、互助为基础的新社会,这一个全世界人类一致协同的新要求,就由全世界劳动阶级的人,一致协力地活动起来了"③。有人提出劳动者的解放和改造,要从"努力"和"奋斗"当中去求,只有拿出不妥协、不退让的精神来去做"孤立的奋斗",拿出"创造的真精神"来进行大破坏与大建设,中国人才有复活的日子。④ 也就是说,通过开展劳动运动来提高劳动阶级的觉悟。

开展劳工教育,是觉醒劳工阶级的根本途径。无政府主义者最早看到劳工对于社会革命的重要性,因此对劳工做了大量的启蒙和宣传工作,引起社会对劳工的重视。有谓:"中国历代之革命均由劳民阶级发生,则现今之中国,欲兴真正大革命,必以劳民革命为根本。"又谓:"若言无政

---

① 良心:《今后中国劳动家应该怎样去做?》,《南洋日刊》"停刊纪念号",1919年8月12日。转引自《五四时期期刊介绍》第三集,生活·读书·新知三联书店1979年版,第139页。
② 宋介:《贫民救济问题》,《曙光》第1卷第6号,1920年。
③ 季陶:《劳动者应该如何努力?》,《劳动界》第10册,1920年10月17日。
④ 先进:《时局怎么样?》,《星期评论》第16号,1919年9月21日。

府，必以劳动组合权舆，使全国之农工，悉具抗力，则革命出于多数人民，而革命以后，亦必多数人民均享幸福。"① 无政府主义者认识到，中国革命应"以运动农工为本位"，但是中国工人多不识字，很难接受无政府的思想，于是在他们中实行平民教育，同时深入农工，宣传罢工。② 后来无政府主义者总结说："我以为劳工占全人类的最大数量，而且是最被掠夺阶级。我们第一须先促起他们的觉悟，帮助他们去'直接行动'。但是我们切不可持彼辈集产的态度，以劳工为其利用的东西，去支配他行动，到革命成功，一党独握政权，劳工们仍是不得自由。所以我们第一步便当实地'到民间去'，用流行演说、农村演说，或者自己加入工厂去运动，消极的便集资去办劳工学校等，以开拓他们的能力。我们无政府党人，无论如何总应该将这种牺牲勇往的精神，从荆棘上一步步的踏过去。"③ 他们对劳工宣传很重视，而且提出和实行劳工教育的具体方法。《伙友》谓：现在新潮流的时代，呼声极高的是"解放"和"改造"。"要实行'解放'和'改造'，非先普及教育不可"。因为不良社会是由不良教育所产生的，所以"改良社会，首先要改造人格"④。

北京大学通信图书馆登载的募捐启事，指出了使劳动者受教育和提高觉悟的必要性和迫切性。启事说："在今日私产制度的社会中，能够长期研究学问的都是少数的资本阶级，这种人不特不能望其为群众谋幸福，实足以助长其作恶之程度。我们所最崇敬的工人，乃因没有智识的缘故，致受他人所鄙视；且所应得之幸福，均为强有力者所夺去！我们若要援助他，最好是增进他们的智识！使他们能自己觉悟。"⑤ 这实际上是想通过教育去改造社会，把增加平民的知识作为觉悟工人阶级的主要途径。可以说，劳工教育成为劳动阶级参加社会改造的关键之举。

平民讲演是开展平民教育最重要的方式。劳动运动与社会改造的关系，也涉及劳动者与改造家的联络问题，也就是如何觉悟劳动者的问题。《社会改造的先决问题》一文明确提出，要让劳动家接近革新家议论的机会，明了改造解放的真义和工会的必要。其途径是多设义务学校，使他们养成读书阅报的习惯，再以公共图书馆补助之。同时多设公共图书馆，使

---

① 高军等主编：《无政府主义在中国》，湖南人民出版社1984年版，第21页。
② 高军等主编：《无政府主义在中国》，湖南人民出版社1984年版，第271页。
③ 剑波：《怎样去宣传主义？》，《学汇》第194期，1923年5月13日。转引自张允侯等编《五四时期的社团》（四），生活·读书·新知三联书店1979年版，第235页。
④ 王剑豪：《新商人怎样做起》，《伙友》第1册，1920年10月10日。
⑤ 《通信图书馆募捐启事》，《觉社新刊》第2号，1920年4月30日。

他们读书不受经济的限制，再以义务学校补助之。①

当时，开展平民教育讲演最有影响的组织，是北京大学平民教育讲演团。该团于1919年1月发起成立，以增进平民智识为目的，以露天演讲为达到目的之方法。他们的演讲"欲迎合社会上一般平民之心理，诱起其听讲之兴趣，以达到吾人改造社会之目的"②。演讲的题目有《平民教育是什么？》《共和国民应有的精神》《破除迷信》《经济组织底内容和利弊》《世界和国内底大事》《民治国家组织底大要和意义》，等等。通过演讲，团员不仅认识到工人与农村劳动者的辛酸、教育的落后和生活的痛苦以及思想的迷信与愚昧，而且了解到"乡中人思想单纯，却极易明白，易于灌输新思想"。有人总结说，北京大学平民教育讲演团创办不久便颇著成效。轰动一时的"五四""六三"运动，本团团员曾尽力奔走呼号，竭力宣传，"颇有以促醒社会之自觉而引起同情"③。

受北大学生的影响，平民讲演成为青年学生的重要社会活动之一。南洋公学学生在五四运动初起的时候，以露天演讲作为唯一唤醒民众的方法，后来发见这种方法不可靠，才有开设南洋义务学校的计划，目的在宣传爱国思想和灌输国民常识。义务学校"以教育成年之平民，灌输以人生所必需之常识，以养成其健全之人格，并使成为劳动运动中之中坚人物为宗旨"。这种宣传并非以学生为最终的对象，而是希望学生做一个媒介，将自己所得传布于劳动界中没有受教育机会的人，务使该校学生一人能造就劳动界的数十百人，"以谋阶级地位之提高"④。可见，他们把义务学校和劳动运动联系起来。1919年10月，全国学联通过《实施平民教育案》，要求各地学联、各学校学生会设立平民义务夜校和"通俗讲演团"，积极开展平民教育。一时之间，这类组织在全国各地纷纷成立，对于平民教育起了重要推动作用。

三是组织工人团体，这是开展劳动运动的一个必要手段。一方面，组织团体，工人精神才不致散漫，对外才不致盲动，"有强大的团体，抵抗资本家的势力才能雄厚"⑤；另一方面，工人阶级必须组织自己的团体。

---

① 《社会改造的先决问题》，上海《民国日报》副刊《觉悟》1920年8月6—7日。
② 《北大平民教育讲演团启事》，《北京大学日刊》1921年12月13日。
③ 朱务善：《北京大学平民教育讲演团缘起及组织大纲》，《北京大学日刊》1921年9月29日。
④ 侯绍裘：《我对于南洋义务学校的一些意见》，转引自《五四时期期刊介绍》第三集，生活·读书·新知三联书店1979年版，第114页。
⑤ 鸿基：《工人要有救济自己的方法》，《劳动与妇女》第3期，1921年2月27日。

"要打破现在种种的制度,必先从团结和组织入手。"① 无政府主义者在中国最早注意到西方工会对组织工人运动的重要作用,提出"吾党之要务,即设立工党于各所是也"。此前中国"各行业虽间有工会,然绝无社会的及政治的思想,故欲激发之使能抵抗资本家,颇非易事"。劳动团体组织越严密,成功必越早,所以把总同盟罢工视为无政府的收效最速的实行方法。由于中国工人多未受教育,总同盟罢工一时尚难实现。"故现在最要之急务,惟有一方致力于学说之宣传,一方要增加工人之程度,使他们有自主自治之能力,不至为他人所利用。"②《"五月一日"与今后的世界》宣传说:"五月一日"趋向反对一切政府。"五月一日"非军备,它改造社会的方法,不用虐民的武力,不用纡远的议会,而用"平民的直接行动"。第一步在建设之先的破坏,就是"'劳民们一齐丢了工具'的总同盟罢工"③。有人进而提出以同业组合为基础,形成整个社会组织的思路:"社会组织,根据同业组合,农民有农民的组合,劳工有劳工的组合,学生有学生的组合,职教员有职教员的组合,无种族别,无宗教。"在这组合下,权利、义务平均分配,个性自由发展,各尽所能,各取所值。同时抽出十分之一二的经济为公共卫生、社会教育等用费。共举职员若干人,指导团体里边的事务。并举出委员会以司指导者之责,并促进大同世界。④这实际上借鉴了俄国苏维埃的社会组织形式。

早期共产主义者也积极宣传和组织工人团体。《劳动者》发表我亦工人的文章说:"现在社会的制度,所以不良的原因,就在分配不得平均。由工人手中做成的生产品,不能听凭工人自由分配,却要特设一种非生产阶级、不必劳动的,来掌管消费的分配权。这种制度是生活问题的祸根。"⑤作者没有指出社会分配不均的根本原因在于资本主义私有制,但也认识到工人要联合起来,推翻资本制度,建设共产主义的社会。⑥陈独秀更明确地指出:"中国劳动者没有组织,没有阶级的觉悟,不能作阶级的争斗来抵抗资本家,所以生活极苦而工价极贱,造成外国资本家群来掠夺

---

① 施存统:《我们对于劳动者的希望》,《劳动与妇女》第1期,1921年2月13日。
② S.P.:《无政府主义与社会主义(一)》,《北京大学学生周刊》第17号,1920年5月23日。
③ 高尚德:《"五月一日"与今后的世界》,《北京大学学生周刊》第14号"劳动纪念号",1920年5月1日。
④ 李柞周:《国家组织与社会组织》,《新山东》第1号,1921年7月。转引自《五四时期期刊介绍》第三集,生活·读书·新知三联书店1979年版,第173页。
⑤ 我亦工人:《劳动者呵!》,《劳动者》第1号,1920年10月3日。
⑥ 不息:《告工人》,《劳动者》第2号,1920年10月10日。

的好机会；他们始而是经济的掠夺，接着就是政治的掠夺，渐渐就快做中国底主人翁了。"因此，"这种状态，除了中国劳动者联合起来组织革命团体，改变生产制度，是无法挽救的。中国劳动（农工）团体为反抗资本家资本主义而战，就是为保全中国独立而战。只有劳动团体能够达到中国独立之目的"①。他强调，现在的社会必须改造，改造社会不能跟着社会现状走，而是要打破现状。打破现状要靠自己努力，就是组织劳动者的革命团体乃至政党。于是，1920年10月发起成立上海机器工会，以"谋本会会员的利益，除本会会员的痛苦"为宗旨。② 工会原是基于共同利益而自发组织的社会团体，中共领导的工会则是无产阶级和资产阶级斗争的工人群众组织。在此基础上，中国共产党人提出要"结合共产主义信仰者，组织共产主义团体，无论受国际的或国内的恶势力的压迫，始终为支持共产主义而战"③。

四是深入资本家的工厂，组织劳工运动。北京工读互助团失败后，以工读主义改造社会的试验宣告失败，于是出现了"青年应投身到工场去"的讨论。《民国日报》号召青年"投向资本家底下的生产机关中去"，理由之一是"我们要改造社会，必须要知道社会底实况；要知道社会底实况，必须要钻到社会里去"。之二是"改造社会，要用急进的激烈的方法，钻进社会里去，从根本上谋全体的改造"④。按照戴季陶的解释，投向资本家生产制度下的工厂，不单是今天中国改造事业一个很大的需要，而且在事业上已快要逼到许多中流阶级的人非走这一条路不可，也就是"中流阶级的贫民化"的趋势。在他看来，使用多数人的工厂是一个最新式的协作机关，却是为资本的利益、受资本家的指挥的。时间问题、工银问题、幼年保护、妇女保护、社会保险、劳动者住宅、教育、娱乐、慰安，这些问题都是只有靠劳动者的团结和奋斗才可以解决。因此，投向资本家生产制度下的工厂，这个办法是为有思想、有勇气的青年所提出的唯一的办法，也是训练与试验的唯一方法。⑤ 在当时，青年投身工厂有双重使命，一是自食其力，二是唤起工人觉悟，真实地去和工人做朋友。⑥ 进而言之，"钻

---

① 《独秀复东荪先生的信》，《新青年》第8卷第4号，1920年12月1日。
② 《上海机器工会发起会纪略》，《劳动界》第9册，1920年10月10日。
③ 李达：《讨论社会主义并质梁任公》，《新青年》第9卷第1号，1921年5月1日。
④ 哲民、存统：《投向资本家底下的生产机关去》，上海《民国日报》副刊《觉悟》1920年4月11日。
⑤ 季陶：《工读互助团与资本家的生产制》，《新青年》第7卷第5号，1920年4月1日。
⑥ 力子：《青年投身工场的两重使命》，上海《民国日报》副刊《觉悟》1920年5月24日。

进工场里去"就是以工厂做战场,进行社会革命。① 可见,深入资本家工厂,实行社会改造,是开展劳工运动的新趋势。

(2) 开展农民运动

历来中国政治运动的缺点,在不自民间着手;中国社会运动的通病,亦在与真实的民众太少接触,其实都是忽视农民运动所致。因此,胡愈之指出:"社会运动的主要目的,不外谋生产阶级生活之改善。就目前吾国生产阶级而言,农民当占最大多数。此数万万之无知农民,实为生产阶级之础石,而国民生活命脉之所系。农民智识苟未增进,生活苟未改善,则一切民众运动皆非真实。再从俄国革命来看,因多数农民智识之蒙昧,粮食及农产物之分配,生多种之困难,致共产政治一时不易实现,则农民运动之重要已不难概见。"②

一些致力于社会改造的社团组织开始注意和研究农民问题。如《青年周刊》在1922年讨论了组织农民的问题。他们认为,只要把农民组织起来,就会"震动天地的","我们实际的运动不是在都市,而是在那些分散农村的民间"。因此,"社会运动若忘了农村,则社会运动是片面的,不是彻底的"。要想无产阶级专政,最要注重那多数的农村小农耕民。首先要使他们联结团体,反抗压在头上的地主。并且使他们知道土地公有公耕之利益。还要使他们联合一切无产阶级,开展猛烈的普遍的群众运动,使无产阶级跑到支配阶级的地位③,从注意农民问题到组织农民,进而提出农民运动的方案。《钱江评论》明确提出:"农业是立国之本,农民是中国的最多数,应该去改善他们的生活。"而要改善农民的生活,最重要的是农村教育和农民团体,尤其是"农民运动应该十二分注意十二分努力"。一方面要使农民得到解放,应该提高他们的文化知识,应该有农民自己的组织;另一方面农民要得解放,"要看你们团结的力量和组织上的努力而定这个主张实现的迟速"。作者呼吁把农民团结和组织起来,同资产阶级及一切强盗阶级斗争。④ 可以说,当时人已经认识到农民的潜在力量,并且着手开展农民运动。

早期共产主义者在农民运动方面做了许多开创性工作。1921年9月,中共创始人之一的沈玄庐领导成立浙江衙前农民协会,并且发表《衙前农

---

① 轶千、存统:《"钻进工场里去"的解释》,上海《民国日报》副刊《觉悟》1920年4月16日。
② 罗罗:《农民生活之改造》,《东方杂志》第18卷第7号,1921年4月10日。
③ 《青年周刊》,《新江西》第1卷第3号,1923年1月15日。
④ 《中共杭州党史(一卷)》,http://www.hangzhou.gov.cn/dsyjs/dswx/zghzds/T292204.shtml.

民协会宣言》,指出:"我们底觉悟,才是我们底命运。我们有组织的团结,才是我们离开恶运交好运的途径。决定我们底命运,正是决定全中国人民底命运。"① 这是中国第一个农民协会的第一篇宣言,虽然不尽完善,但毕竟代表了农民组织起来谋求解放的方向,也为中国农民寻求解放树立了一个榜样。正如邓中夏所说:中国农民的觉悟到了要组织农会的程度,他们的能力到了敢于反抗压迫阶级的时候,这种壮烈的举动"真是中国革命前途可乐观的现象"。②

中国共产党认识到农民是中国革命的三个主力群众之一,着手领导农民革命运动。邓中夏在《论农民运动》中分析指出,中国农民生活在这样军阀征徭、外资榨取、兵匪扰乱、天灾流行、痞绅鱼肉种种恶劣环境中,生活的困苦,家庭的流离,何时何地不是逼迫他们走上革命的道路,所以我们敢于断定中国农民有革命的可能。事实上,浙江萧山、江西萍乡和马家村、青岛盐田、广东海丰、湖南衡山等地抗税罢租的运动,农民都曾"揭竿而起,挺身而斗,痛快淋漓的把他们潜在的革命性倾泄出来"③。邓中夏还提出开展农民运动的方针:组织方面,最要紧的是组织农会,把散漫的农民团结起来。教育宣传方面,多设补习学校或讲演所,或者利用现成的教育机关。行动方面:一是经济的,如要求减租,改良待遇等;二是政治的,如要求普通选举,改良水利,组织民团,集会自由等。其中组织民团尤应特别注意,一方可以防御兵匪,他方一俟时机成熟亦可立呼成军,为革命之用。④ 从成立农会到组织民团,已经有了在农民运动中武装农民的思想萌芽。

不仅如此,中国共产党逐渐认识到农民是社会改造的重要力量,是无产阶级革命的同盟军。《中国共产党第二次全国大会宣言》指出:中国农民"乃是革命运动中的最大要素",只有大量的贫苦农民和工人握手革命,才能保证中国革命的成功。当前农民运动的方针和政策是:"引导工人们帮助民主主义的革命运动,使工人和贫农及小资产阶级建立民主主义的联合战线。"⑤ 这表明,中共对农民问题已经有了正确的认识,而且从建立工人、贫农与小资产阶级的民主联合阵线出发,提出要满足农民尤其是贫苦

---

① 原载《新青年》第9卷第4号,1921年8月1日。
② 《邓中夏文集》,人民出版社1983年版,第57页。
③ 中夏:《论农民运动》,《中国青年》第11期,1923年12月29日。
④ 中夏:《中国农民状况及我们运动的方针》,《中国青年》第13期,1924年1月5日。
⑤ 中共二大史料编纂委员会:《中国共产党第二次全国代表大会》,中共党史出版社2006年版,第69—70页。

农民的革命要求。中共三大通过了《农民问题决议案》，"认为有结合小农佃户及雇工，以反抗牵制中国的帝国主义者，打倒军阀及贪官污吏，反抗地痞劣绅，以保护农民之利益，而促进国民革命运动之必要"①。《党纲》也首次肯定农民问题的重要性，指出："农民在中国国民运动中是最大的动力。"② 随着"二七惨案"发生和国民革命运动的开展，中共开始从集中全力领导工人运动转向重视农民运动。按照台湾学者的分析，中共开展农民运动迟于工人和学生运动，"其原因殆为初期马克思主义者略知马克思主义之无产阶级的阶级斗争，而不知列宁主义之农民与无产阶级的联合战线；其次为工人与学生是集体的，较激进的，在城市中生活的，其组织较易，而农民是散漫的，保守的，在乡村生活的，其组织较难，以初期中共份子人数之少，不可能发动广大的农民运动"③。此说不无道理，这也是中国共产党人将马克思主义理论与中国实际相结合、探索中国革命道路的产物。

　　无政府主义者在中国较早地认识农民问题，把农民当作革命的基本力量之一。他们认识到农民对于革命的重要性，"如果没有农民帮助，完全的有效的革命是无望的"。也意识到革命中的工农联盟问题。"其实农民虽不能为革命的主力军，但一般贫农因受地主压迫，对于无政府的社会革命，不但不致反对与嫉视，且是革命工人的援助者。"④ 他们宣称，"中国农民比工人来得多，农民间的运动，实在很重要。"⑤ 还有无政府主义者批评了一些社会革命运动家偏重市场劳工而不注意乡村社会的劳农之错误，认为以中国社会情形尤宜注重劳农方面，开展农民的宣传教育运动。⑥ 无政府主义者组织的中华农村运动社，自称"纯粹秉着自己的天良去扶助我们可敬爱的农民，绝对不带任何政党色彩，不受任何政党利用。"该社发表的《宣言》批评有些高谈社会改造的人，往往忽略农村运动，是再傻没有的事，提出"我们感觉要想实现自由平等的社会，唯一的只有躬身往民

---

① 广东革命历史博物馆编：《中共"三大"资料》，广东人民出版社1985年版，第88页。
② 中央档案馆编：《中共中央文件选集》第1册，中共中央党校出版社1989年版，第201页。
③ 王健民：《中国共产党史稿》第一编，中文图书供应社1974年版，第187页。
④ 《中国无政府团纲领草案》，转引自葛懋春等编《无政府主义思想资料选》（下册），北京大学出版社1984年版，第714页。
⑤ 《无政府共产党上海部宣言》，转引自葛懋春等编《无政府主义思想资料选》（下册），北京大学出版社1984年版，第754页。
⑥ 血钟：《革命运动》，《互助》第1期，1923年3月15日。

间去，以启发他们的知识，促进他们的幸福"①。从而表明了无政府主义对农民问题的关注，提出了他们改造农村运动的方向。《中国无政府团纲领草案》进一步指出："无政府主义者于未革命时，应积极组织农业无产阶级，反抗地主与政府的剥削。我们知道农民也与工人一样，决不为空洞的理论所激动，所以于接近农民群众时，当使他们感觉自由组织的利益，最好利用合作社的组织，把农业品去换工业品时，不受商人从中的剥削。这种方法于社会革命后，就变为共产社会的基础。"② 因此，无政府主义者强调要开展农民的宣传教育运动，甚至提出要到农村开展"造谣的革命运动"，"因为中国军阀政客的权威，大多施于劳农身上，种种卑鄙龌龊令人寒心的事，都作了出来，而农民所感受的痛苦尤为深沉。设若我们去向他们原原本本告诉他们所受痛苦的根源，愈足以振发其觉性，那些抗税、抗捐的行为，才能在他们当中表现出来，与那军阀政客直接发生关系，作了推翻政府的先驱"。这种"造谣的革命运动"，不但适宜于乡村社会，而且适宜于少数革命运动者的传播。③ 所谓"造谣运动"，就是深入农民，宣传发动农民革命。

总之，经过关于社会改造的深入讨论和各种社会改造实践，社会改造者终于解决了社会改造的力量问题。劳工阶级是改造社会的基本力量，知识分子是社会改造的指导力量，青年学生是社会改造的中坚力量。而资产阶级革命政党和无产阶级政党作为五四时期中国社会改造的政治力量，依托和利用各种社会力量，将社会改造付诸实践。

第二节 社会改造如何着手

中国的社会改造势在必行，而且迫在眉睫。在择定改造社会的理论、目标和手段、依托力量后，如何着手改造就成为问题的关键，这也是社会改造理论与实践的结合点，也是理论付诸行动的起点。只有找到改造社会

---

① 无政府主义者批评说："你们试试观察中华的农民，其中有几个能懂你们所谈的民治主义、好政府主义、国家社会主义、国家资本主义……。你们所谈的主义是不是要想实行于中华？是不是要在农民中实行？大多数人不懂你们所谈的是些什么东西，而你们用强奸式的手段强迫要人家盲目的顺从，试问能不能办到？即令你们有无上的威权可以压制他们不生反抗，试问能不能使他们心悦诚服永远不生变故？"老梅：《四民说》，《学汇》第 100 期，1923 年 1 月 27 日。
② 苦力：《中国无政府团纲领草案》，《民钟》第 13 期，1925 年 9 月。
③ 血钟：《革命运动》，《互助》第 1 期，1923 年 3 月 15 日。

的突破口,才能真正着手社会改造。

一 研究社会改造的问题

社会改造问题的研究,一方面是学理层面的研究,包括研究社会改造的各种理论、方法和手段、力量等,并且运用社会学、经济学、哲学等研究社会问题和社会心理,提出要解决的具体问题;也包括研究和借鉴中国和世界改造的历史及其经验教训。另一方面是理论与实际相结合的研究,就是要研究中国社会的实际状况,进而把社会改造理论与中国实际结合起来,制定改造的具体方案和步骤。这是着手社会改造的前提和关键所在。

1. 研究社会改造的理论

为什么要研究改造社会的理论?一是社会改造者需要研究高深的学术。1920年7月,邵力子在上海《民国日报》副刊《觉悟》上提出了社会改造者研究高深学术的问题。他说,改造社会,只是要把社会中种种不平等的真原因铲除,并非定要回复草昧时代"老死不相往来"的社会。科学与产业都要为真正的人民谋普遍的幸福,"所以改造社会家,一方面要唤起群众底觉悟,一方面却要预备高深的学术。"俄国社会革命后,最感困苦的就是同志中缺乏专门技术家,不得不在旧有的产业阶级里面去寻觅人才,勉强应用,"这正是我国青年最要省悟的一点"[1]。在他看来,研究科学与产业,预备社会改造的高深学术,是社会改造家最重要的工作之一,也是改造社会的前提条件之一。这是以前社会改造者很少注意和讨论的问题。强调社会改造者必须"预备高深的学问",既是个人改造的重要内容,也是社会改造的重要前提。

1924年3月,杨贤江在《学生杂志》发表一封信,明确提出:"改造社会与研究科学并进,这自是中国现代青年所该注意而实行的事。"他说:自然科学"这只是极少数人所能研究而且于改造目前中国的政局与社会是没有什么直接关系的。诚如改造中国,则是最急需的便是社会科学。社会科学能告诉我们社会进化的情形,社会问题的状态,各国革命的历史,中国现状的由来及种种改造事业上所应注意的地方。因此对自然科学需有点常识,更应注重社会科学常识。"[2] 社会改造急需社会科学理论的指导,研究社会科学可以找到改造社会的途径。所以,许新凯在《今日中国社会究

---

[1] 力子:《改造社会的最重要的事》,上海《民国日报》副刊《觉悟》1920年7月1日。
[2] 中央教育科学研究所、厦门大学合编:《杨贤江教育文集》,教育科学出版社1982年版,第585—586页。

竟怎样的改造？》一文中开篇即说："改造社会是何等大的一件事情？中国社会改造是何等紧急的一件事情？我们受现在社会的压迫已经是不小了。我们对于今日中国社会怎样改造的一个问题，不能不加以良心上的讨论。"[①] 所谓"良心上的讨论"，就是全面地研究怎样改造社会的问题。瞿秋白在1920年1月指出："我们想改良社会，最好是要能做到根本改革现社会一切组织的一步，那末我们应当先研究改革的制度——要改革到如何地步，再研究改革的方法——怎样去改革。"[②] 这就提出要研究如何从根本改革社会的问题。《新时代》月刊在《发刊辞》中宣称："同人自信都有独立自强的精神，都有艰苦不屈的志气，只因痛感着社会制度的不良和教育机关的不备，才集合起来，组织这个学问上的'亡命之邦'，努力研究致用的学术，实行社会改造的准备"。对国家如何改造，政治如何澄清，帝国主义如何打倒，武人政治如何推翻，教育制度如何改革，文学艺术及其他学问如何革命等问题，"必有一种根本的研究和具体的主张"[③]。表明了有识之士研究社会改造的学术的决心。

二是社会改造理论如何运用于改造实践，也是需要深入研究的。李凤亭在《时代思潮的杂评》指出，我们一方面考察中国现在经济的地位到了什么程度；思想、学术、伦理、习惯哪些应废，哪些应设；另一方面把西洋的经济制度、学术、思想忠实地介绍过来，然后让大家比较研究，求一个系统的改革方法，庶几于事有补。总之，"我们只可以拿外来的学说主张，做我们的解决社会问题的参考资料，不能把他当作万应回春丹，一服就可以起死回生；真正解决社会问题的方法，还是要我们社会内部产生出来"[④]。

各种社会改造理论必须立足于中国社会，并且与中国实际结合起来，才不致落入空谈。周佛海强调，要深入研究中国的实际情形，找到适合中国改造的药方。他说："要之，中国有中国的特殊事情，特殊状况。要改造中国，必先审察这种事情和状况，然后看从那里着手去做。若是不审自己的状况，只管盲从人家的行动。那么，这种不对症的药，恐怕不独于病人无益，并且还要他的命呢！"[⑤] 因此，研究清楚中国的实际情况，才能运

---

① 许新凯：《今日中国社会究竟怎样的改造？》，《社会主义讨论集》，新青年社1922年版，第458页。
② 瞿秋白：《社会运动的牺牲者》，《新社会》第8期，1920年1月11日。
③ 《发刊辞》，《新时代》第1卷第1号，1923年4月10日。
④ 李凤亭：《时代思潮的杂评》，《太平洋》第2卷第8期，1920年12月5日。
⑤ 周佛海：《中国的阶级斗争》，《解放与改造》第1卷第7号，1919年12月1日。

用社会改造理论来着手改造中国。正如《努力求个新路》所指出:"近来思想革新,以前所漠然不知的近代文学,和以前认为大逆不道,完全幻想的社会主义,都有人肯研究、肯提倡了;杂志、丛书层出不穷;杜威、罗素大讲哲学;学术界真是热闹极了!可是……中国现在的问题,不是这样能解决的。解决中国问题必须了解中国。要了解中国,纵的须明白中国的历史,横的须明白中国社会情形。"① 因此,研究和调查中国社会的历史和现实,才是社会改造的起点。

总之,无论是社会改造理论还是中国社会实际,甚至运用理论来确定中国改造的步骤和方法,都是社会改造者需要认真研究的问题。

如何开展社会改造问题的研究? 有人提出要采用"共同讨论"的办法。其根据在于"现在社会改造问题之发生,是因为我们深受旧社会制度束缚之苦,非我们自己去考察痛苦的原因,非我们自己想法救济自己不可。自救的方法就是把我们所受的苦痛明明白白宣布出来,大家去共同讨论免除这些苦痛的方法",就是"自觉的求着改革社会制度"。具体地说,"社会改造问题,是起于旧制度之不适宜于新的环境。这既不适宜的制度,都是使我们感极深的苦痛的。一经有人提出讨论,自然能引起我们大家的注意,使我们大家共同讨论"。大家共同去求社会的改造,除去共同讨论和共同实验讨论所得的断案外,共同设法谋社会改革的方法,还有暴动、革命、等等。这些方法都是极危险而且反常的,绝不是时时刻刻可用的,共同讨论是谋改革社会的唯一的平稳方法。从这个意义上说,"共同讨论是社会制度之自觉的改革之始点,而其不自觉的改革就起于适合新环境的自自然然发出的反应。"② 所以要从研究社会环境乃至社会制度入手,共同讨论社会改造方法的问题。

杨适夷在《社会改造论》的长文中,系统研究了如何改造社会组织的问题。他认为,改革社会组织要从个人和社会全体的"心意"上、"生活"上着手。具体地说:第一,"调查旧社会当改革的坏处来切实指摘唤醒一般人",增进他们"舍弃旧而新是谋"的"动机"和知道"自悟""自觉",常存一个"我""人类社会上的我"的念头。第二,汇集各家改良社会的学说,选择其中"成部""成篇"的著作,以其"通盘计划"的"筹划"作为参考的资料。第三,系统地讨论从根本上建设"改造目的的

---

① 吾真:《努力求个新路》,《少年》第15期,1921年3月1日。
② K.S.:《社会改造与共同讨论》,《新群》第1卷第2期,1919年。

理论","不要片段的主张"①。这是关于社会组织的改造方法,自然是社会改造的重要内容之一。至于社会改造的方法,也需要系统地研究各种学说,从中作出抉择。《浙江新潮》提出的改造方法是"自觉"和"联合"。"自觉"就是使人厌恶旧社会的生活,有新社会生活的希求。具体的方法不外学校、讲演、出版种种教育事业。"联合"是大家集合一致的力量,向共同的目的前行,对内可以增加互助的利益,对外可以用温和或激烈的方法抵抗阻力。具体的方法是由小团体而成大团体。能自觉才能联合,能联合才能破坏,才能建设。因此,自觉和联合是社会改造的唯一方法。但是现在吾国的劳动者没有接受教育的机会,不识文字的人尚居多数,要靠文字的力量促进他们的自觉和联合,是很不容易的。青年学生应当承担起教育劳动者的责任,第一步当以学生的自觉和联合促进劳动界的自觉和联合,第二步当使学生界和劳动界联合,第三步当使学生都为劳动者,谋劳动界的大联合。等到学生都投身劳动界,那么改造的目的就容易达到了。②这里谈到青年学生如何教育和指导劳动者的问题,只有知识分子联合工农阶级改造社会,才能达到社会改造的目的。

因此,根据社会实际情形择定改造方法,也需要科学地研究。邓恩铭大声疾呼:"社会是人创造的,故一代的社会情形,与一代的社会情形,必不相同。在这不同之间,就发生改造这件事情。改造有没有价值,就看他对于当时社会,产生什么影响。凡不根据当时社会情形而产生出来的改造,在社会一方面,绝对不会产生什么效果,不但没有效果,并且一定要失败的。"③郑振铎指出,社会改造运动的方法有多种,"我们应当观当时社会的情形而定其趋向,对于某特殊阶级应当采用什么手段。同时有数种手段可用,我们应当采用哪一种才能用力最小而取效顶大?这都是我们应当研究的,决不可专注意于某一方面,注全力于某种运动,而弃其余的各方面、各种运动于不顾"④。也就是说,任何方法都是服务和服从社会改造的需要的,必须科学地选择和正确运用。

时人指出,一般社会革新家终日鼓吹说明"改造""解放",实际上并未产生什么影响。因为单从学理上研究而不考察社会实情,不是隔靴抓痒,就是药不对症。"所以改造社会这桩事必定要从实际方面考察,先看

---

① 适夷:《社会改造论》,《学艺杂志》第 1 卷第 4 号,1920 年 3 月 1 日。
② 《浙江新潮》第 1 期,1919 年 11 月 1 日。转引自张允侯等编《五四时期的社团》(三),生活·读书·新知三联书店 1979 年版,第 125—126 页。
③ 邓恩铭:《改造社会的批评》,《励新》第 1 卷第 1 期,1920 年 12 月 25 日。
④ 郑振铎:《再论我们今后的社会改造运动》,《新社会》第 9 期,1920 年 1 月 21 日。

第五章　五四时期社会改造思潮的基本内容（三）　287

看社会的情形到底是什么样子，再想想我们纸上的革新运动，社会一般的人可能有领受的机会没有，然后看如何对症施药，切切实实的下手。这才是社会改造之先决问题。"①也就是，考察社会实际情形是进行社会改造的先决问题，这也是一个需要研究的问题。社会改造的理论如何结合中国社会实际，更是值得研究的大问题。

如何调查和研究中国社会状况？一般而言，局部改造强调从具体的地方或领域着手，根本改造则需要确定何为根本，全部改造也有一个从何处下手改造的选择，因此社会改造的下手方法，在一定程度上决定或影响改造目标的实现及其实现程度。如何下手改造社会的问题，历来受社会改造者的重视。国民党人胡汉民提出，"全部改造"也不能漫无边际，不分轻重缓急，而要对社会生活认真研究，抓住关键问题，从当务之急做起，再逐步展开。因为"全部底改造，难以同时着手做工夫，须要认识全社会中心重要底关系，大家向着这中心要点进行。……照这样做去，或者免了零碎改革枝枝节节底毛病，也不至大而无当没有下手底地方"②。可见，无论是局部改造还是全部改造，调查和研究中国社会状况，是真正改造社会的基本前提和基础。

当时很多人口口声声说"我们要改造社会"，"我们要打倒军阀"，然而社会的实在情形究竟是什么样子，却是茫然的。因此萧楚女提出，应当注意社会实际。"我们底第一着功夫，便是要去研究天下的一切内容——这便是说要去随时随地研究所有的社会问题。"③陈启修强调，一切改造运动必立足于实际状况，"始能免踏空悬想不切实用之弊，因改造之观念，本以旧物之存在为前提。若凭空想象，则思索上之创造而非改造也。所谓现状，涵义甚广。依通常统计学上之分类言之，应分为天然的环境与社会的环境二者。天然的环境中，最重要者为地理的事情及人口的状况。社会的环境中，最重要者为国内及国际的政治状况、经济状况、社会心理状况及文化状况等"④。总之，只有通过研究社会现象和实际问题，才能寻求到改造社会的突破口。

---

① 何恒：《社会改造之先决问题》，上海《民国日报》副刊《觉悟》1919年8月6—7日。
② 《胡汉民先生文集》第2册，中国国民党中央委员会党史委员会1978年版，第670页。
③ 楚女：《我们应当注意实际的社会问题》，《教育与人生周刊》第39期。转引自中央党史研究室《萧楚女文存》编辑组、广东革命历史博物馆编《萧楚女文存》，中共党史出版社1998年版，第156页。
④ 陈启修：《我理想中之中国国宪及省宪》，东方杂志社编《中国改造问题》，商务印书馆1923年版，第65、66页。

向来注重社会调查的江西改造社,把他们出版的《新江西》杂志定位为"改造社会的一个工厂",工厂里的"货物"旨在供给社会需求。正如社员苏芬所说,本杂志的取材绝不可光谈理论不顾事实,最好的就是社会调查,发见旧社会的毛病,然后加以改造。"根据美国著名的社会学家Giddings所说:'我们打算改造社会,须先考察社会情形详细无遗;如果还有百分之一不明了,都不能改造。'例如社会主义、工团主义、劳农主义、共产主义、无政府主义,现在最时髦的杂志把这些主义谈得天花乱坠,其实他们并没有考察中国社会情形。"作者明确提出:"我们决不可学了外国主义,就拿到中国来应用,须知长子衣矮子决不能穿的;所以我们最要紧的是研究社会情形,然后再应用一种主义去改造。劳农也好,无政府也好,只要适合社会情形就成了。"① 其改造社会的思路是先研究中国社会的情形,再选择适合中国改造的主义或理论。根据江西改造社袁玉冰的观察,当时国内学者都犯了经院派(Scholastique)议论程式的毛病,只知在各种不同的主义上去做比较工夫,却没有注意到中国的社会实际,连产生主义的西方情形也疏忽了。这样空谈起来,自然是虚空中的虚空。袁玉冰因此提出,学理研究一定要联系中国实际。一方面,要知道学说上的事实和实际上的事实是差得很远的。"笼笼统统定出来的改造社会的方程式(Formula)——主义——是要不对得数的。"另一方面应注意到,"我们要从从容容地考察社会的事实,然后再定出改造的方程来,是缓不济急的。而且恐怕到了那个时候,我们早已被军阀和外国资本财阀把皮剥完了,血吸尽了。况一般彷徨歧途不知东西南北的青年,如果没有主义的信仰是再危险不过的"②。

关于社会改造理论或主义研究与社会实际考察相结合的科学认识,基本上解决了社会改造如何着手的思想问题,代表了五四以后先进知识分子的比较成熟的思想水平。

调查和研究社会从何处着手?有人认为劳动问题与社会改造关系密切,主张专门调查劳动界的情况,"为求社会根本底改造,供给提倡者底资料,联络劳动者底精神,都非实地去调查劳动状况不可"。在乡下的可以调查农民,在城里的就调查工厂工人,调查的项目不外是工厂组织、工人数目、工资工时、工人生活、工人组织等项,调查的材料可以往《觉

---

① 《苏芬致改造社同人》,《新江西》(季刊)第1卷第2期,1922年3月1日。
② 在璇、冰冰:《主义问题》,《新江西》(季刊)第1卷第3期,1923年1月15日。

悟》上发表。① 如此调查资料,作为改造社会的研究基础。

有人提出从农村改造着手。谭鸣谦提出改造农村要运用农村社会调查的方法。他认为,农村生活的社会调查,就是要先将农村社会里边的要素进行分析,再将分析所得系统的表示出来。其中要注意的是,要能够发现农村社会里的所有切实的生活、可欠缺之各种紧急问题和应该怎样改良怎样救济的方针和方法。关于社会的实际调查,包括部分的和一般的实际调查两种。前者是对社会生活中所有自定部分的事实,依科学的方法调查和搜集,再将调查和搜集所得的结果加以合理分类。后者是将农村里所有本质的事实应有尽有调查出来,其中最应该注意的是里边的协同团体和相互的关系。社会调查的目的,既在于改良社会,尤以实行的效力为断定,但是不问什么目的,都应该拿科学的见地来做基础,方能够坚实而永久。因此,这种改造农村的主张是一种根本的解决法。② 鉴于各国农村问题存在很大的差异,谭平山根据共同的社会调查原理,特别调查中国农村的实在情形,以作为改造中国的参考。

也有人主张改造社会,首先要调查社会恶势力。1918年5月8日恽代英日记中写道:"欲改良社会,先调查社会恶势力,一一明白而宣布之,使社会不知者知之,不详知者详知之,则自提起其改良社会之心理矣。假调查恶社会以为恶者,自欺者也。造公正之舆论,则小人不敢无忌惮。无良游戏,而欲消灭恶游戏者,是欲缚人耳目手足也。言而不行,今日言而不今日行,皆欺人也。"③ 这是他改造社会的思路和急切心理。《新江西》进一步指出:"我们要改造社会,应该对于旧社会中的黑幕和一切旧制度下猛力去攻击,攻破了然后才可以容受新制度。"④ 可见,反对脱离实际的空谈,主张脚踏实地去研究解决中国的社会问题,成为社会改造舆论的一种趋向。

2. 研究和提出社会改造的具体方案

社会改造的必要性、目标、方法,终究要形成和体现于一个具体的改造方案,提出社会改造的全盘计划,才可能付诸实践。北京社会主义青年团机关刊物《先驱》,确定以"努力唤醒国民的自觉,打破因袭、奴性、愉惰和倚赖的习惯,而代之以反抗的创造的精神","努力研究中国的客观的实际情形,而求得一最合宜的实际的解决中国问题的方案"为任务和目

---

① 《我们怎样度暑假(六)》,上海《民国日报》副刊《觉悟》1920年7月4日。
② 谭鸣谦:《我之改造农村的主张》,《政衡》第1卷第2号,1920年4月1日。
③ 《恽代英日记》,中共中央党校出版社1981年版,第368页。
④ 玉冰:《江西的出版界》,《新江西》第1卷第3号,1923年1月15日。

的，同时介绍各国社会主义运动的成绩和失败之点以供运动参考。其中特别注意俄国革命的状况和革命以后的建设，"将他们实际运动的真相忠实的介绍给国人"①。可以说，要根据马克思主义理论，结合中国实际情形，同时参考各国社会主义运动的经验教训，来制订一个"最合宜的实际的解决中国问题的方案"。

基于这样的认识，不少社团组织提出改造社会的计划和具体方案。例如，少年中国学会提出创造"少年中国"的三个步骤：第一步是本科学的精神，研究现代思潮，使中国人对于现代思潮的趋势有一个明确观念。第二步是详细记载由现代思潮所演成的事实，给中国人一种更深的刺激。第三步是根据思潮和事实的趋势，草拟一个具体的改造中国的方案。② 这实际上是一个从研究社会入手的改造纲领。杨贤江在1924年7月提出"从事改造是须有全盘的根本的计划"的问题，"因为我们要改革（不是改良）社会，本来是须着眼于总体的解决的"③。陈独秀和《新青年》、胡适和《努力》、梁启超和《改造》，都宣布各自改造社会的纲领，提出了改造社会的方案。

总之，社会改造事业是非常复杂的。就性质而论，有道德的、习惯的、政治的、法律的、思想的等改造；就范围而论，有世界的、国际的、社会的、家族的、个人的等改造。因此，这样复杂的改造事业，究竟从哪里着手，成为许多人的疑问和着手解决的问题。④ 社会改造的复杂性，决定了改造社会下手处的选择本身的复杂与艰难。无论从哪方面着手，对社会的调查研究，都是改造社会的基本前提。

3. 确定社会改造的基本原则

在科学的理论指导和深入调查社会情形的基础上，制订社会改造的具体方案。改造方案的实行，还需要确立社会改造的基本原则，方可着手改造。

从事社会改造，必须遵循"要远处着眼，近处着手"的原则，首先要弄清楚社会改造的出发点，然后实地进行社会改造，开展具体的改造活动。有人指出，要想做近处着手的功夫，最要紧的是划分范围，确定责任。"社会的范围可大可小。大而言之，社会就是全世界；小一点就是一

---

① 《发刊词》，《先驱》第1号，1922年1月1日。
② 《为什么发行这本月刊？》，《少年世界》第1卷第1期，1920年1月1日。
③ 中央教育科学研究所、厦门大学合编：《杨贤江教育文集》，教育科学出版社1982年版，第591页。
④ 仲九：《我的人生观》（上），《星期评论》第19号，1919年10月12日。

国,再小就是一省、一县、一城;再小就是我们最近的环境,在我们前后左右的邻居。我以为要在我们自己机关以外服务社会,最好是从我们的最近环境着手,逐渐地推广出去。我们最近环境中,如卫生问题、生计问题、道德问题、娱乐问题,以及种种别的问题都待解决,都是从事社会改造者不忍放弃的问题。但是,我们的精力也很有限,要想把一切问题同时解决,结果必定是一个问题也不能解决。倒不如按着自己的能力,看准一件具体的事,聚精会神地来干他一下。"总之,"一个人,一个时候在一个地方干一件事,是社会改造的不二法门"①。从小处、近处着手,从身边的具体问题做起,逐渐地改造社会,这是一个基本的认识和改造思路。

张闻天在1920年撰写的《农村改造发端》的长文,提出从农村开始改造社会的思路。他说:跳出旧社会另造新社会,是最好的办法,但是新社会绝不能完全同旧社会脱离关系,所以与其跳出旧社会,另造新社会,不如钻进旧社会,去改造旧社会。但是改造旧社会,绝不能一步成功,一定要按步去改造;并且我们的立脚点要在最小的地方,从最小的地方,然后扩张到最大的地方。改造社会的第一步,绝不是空谈的广大的东西,是实在的微小的东西,由这最小的东西,扩张到最大的东西,这个东西就是农村。② 他认为,要从农村改造入手改造旧社会,进而改造中国。

社会改造应该从大处远处着想,但对"大处远处"的认识各不相同。陈独秀主张:"自然应该在改革制度上努力,如此我们的努力才是经济的。""无论在何种制度之下,人类底幸福,社会底文明,都是一点一滴地努力创造出来的,不是象魔术师画符一般把制度改了,那文明和幸福就会从天上落下来。怀这种妄想的人就是人类懒惰的心理底表现。例如中国辛亥革命后,大家不去努力创造工业,创造教育,创造地方自治,监督选举,要求宪法上的自由权利,而是妄想改了共和就会自然有一步登天的幸福;这都是人类懒惰的心理底表现,结果没有不失败的。""我们时常有'彻底''完全''根本改造''一劳永逸'一些想头,也就是这种懒惰的心理表现。"③ 应当说,这种批评是有所针对的,具有现实意义。

从近处、小处着手改造社会之前,也应当从远处、大处着眼。曾经专门研究农村改造问题的谭平山提出:"我国今日不问那种制度,那种政策,那种计划和那种方法,都应该利用我们现在是农业国的种种事实,拿来做

---

① 陶行知:《社会改造之出发点》,《中华教育改进社第二周年纪念会会刊》1923年12月23日。
② 张闻天:《农村改造发端》,《少年世界》第1卷第3期,1920年3月1日。
③ 独秀:《懒惰的心理》,《新青年》第8卷第2号,1920年10月1日。

确实的根据地,拿来做固定的出发点,方不至落空,不至徒劳无功。"① 他认为,中国改造必须立足于中国是农业大国的基本国情,这是一切社会改造的基本出发点。

所以,陈独秀在《主义与努力》一文中强调:"我们改造社会,是要在实际上把他的弊病一点一滴、一桩一件、一层一层渐渐的消灭去,不是用一个根本改造底方法,能够叫他立时消灭的。"② 确实,在研究社会改造问题时,要注意区分量变和质变,渐进和突变,进化和革命,二者不能混淆,不能颠倒。在改造社会实践中,要从大处着眼,从小处着手,要防止鼠目寸光和好高骛远的倾向。

二 确定社会改造的下手处

综观各种社会改造的方案,改造社会的下手处,主要集中在改革政治、改造思想、改造经济、改造教育等几个方面。而政治改造、思想改造、经济改造、教育改造等都是社会改造的主要方法和手段,已如前述。以下简要介绍从这四个方面着手改造的问题。

1. 改造思想

思想是一切运动的原动力,"以思想革命为一切改造的基础"③。因此,解决一切问题的关键,在于每个人把自己管好,就是个人改造。个人改造的起点是思想觉悟,首先是改造个人的旧思想习惯。《诸君自身的问题》谓:"现在的人天天在那里说'改造国家、改造社会、改造家庭'的话,洋洋洒洒说了一大篇,很动人观听的。其实用不着这么费事。为什么呢,因为这些问题并不是国家的、社会的、家庭的问题,乃是诸君自身的问题。……若是我们要将这个范围放大,可以说世界上一切思想、一切道德、一切生活等等,都没有旁的问题,就是诸君自身的问题。"解决国民自身的问题,根本的方法就是国民"彻底觉悟",国民彻底觉悟,"就是在国民性质行为的改善,使全国的国民都成为笃行自好的人"④。赵世炎进一步推论"诸君的自身问题",也就是"解放"的问题,笼统一点说,就是做"人"的问题。"因为我以为现在一般青年最要紧的事,就是要求'解

---

① 谭鸣谦:《我之改造农村的主张》,《政衡》第1卷第2号,1920年4月1日。
② 独秀:《主义与努力》,《新青年》第8卷第4号,1920年12月1日。
③ 罗家伦:《一年来我们学生运动底成功失败和将来应取的方针》,《新潮》第2卷第4期,1920年5月1日。
④ 孙光策:《诸君自身的问题》,《平民教育》第1号,1919年10月4日。转引自《五四时期期刊介绍》第一集,生活·读书·新知三联书店1979年版,第346页。

放'——对旧社会解放，脱离种种恶习。"① 因此，改造旧习惯，"养成良习惯是改造个人生活的起点"②，已经成为社会改造者的共识。

有人批评说，中国人习惯说，改革之后，国内小小扰乱为必不可免之事。"国人以此自宽自慰已越十年，而今日犹时闻其语。此国民不自拔之一证也。中国人又习惯说失败一次，即获一次教训，故失败乃成功之母。国人以此自宽自慰又已十年，而所得之教训何在，成功何在，此又国民自暴自弃之一证也。中华民国之基础仍如断梗飘萍摇荡不定，中华民国之人民仍在睡中梦境，昏迷不醒，原因就在于，中华民国虽改造，而中华民国之人心未曾改造也。""夫改造人心者，不能责之他人，而要在各人起而自奋方寸之中，扫除污秽，安设良心之基础。"③ 作者认为，个人改造应当养成改造社会的自觉性。

其次，从改造一般人的脑筋入手。时人认为，一般人的脑筋里面，深印着旧观念，牢不可拔。最浅显而易见的，大约可分为两种。第一种是神秘观念。人们看庙宇里的土偶木像，有神秘的能力，巫觋僧尼有神秘的能力；专制时代的皇帝有神秘的能力；自然界的一切事事物物有神秘的能力，没有一个不去崇拜他，信仰他，不晓得用科学的眼光去看破一切，研究"为什么""该怎么""这个是怎么"的道理。第二种是命运观念。人们有一种思想，以为一个人的生活好不好，都是由命运安排好的。命运好的人不必去营求，自然会好；命运不好的人，任凭你挖壁打洞，用尽心力，终没有好的结果。这两种观念，都近于迷信，都是因为没有科学的精神和方法的缘故。"我们要改造他们的脑筋，第一个条件，就是灌输他们科学的精神和方法，打破从前的旧观念，使他们都有创造的精神。"④

再次，从改造思想道德入手。《新湖南发刊旨趣书》提出改造社会的办法：（1）三纲之义与忠孝节烈诸端，乃专制时代之旧道德，非共和时代之新道德。此种心理一日不去，则复辟之恶根永不能够除。（2）家族制度为万恶渊薮。造成一种麻木不仁、扶墙摸壁、无用于国家社会之人者，"恶家庭实尸其咎"。（3）中国重男轻女的习俗。为女人者亦自安于卑下，不谋所以保全人格之方。四万万人女居其半，他们又多为坐食之人。欲使中国能人人独立，国力之日益充实，难矣。（4）重士轻工为国人根本上之

---

① 赵世炎：《推论"诸君的自身问题"》，《平民教育》第3号，1919年10月25日。
② 杨贤江：《学生新生活》，《学生杂志》第8卷第1号，1921年1月5日。
③ 默：《改造先去依赖性》，《申报》1922年1月1日。
④ 独醒：《社会为什么要改造——改造社会应该到什么样地步》，长沙《大公报》1920年6月30日—7月3日。

谬误。提倡劳工,使人知坐食分利之人为可耻,而亟谋所以自尊自立。(5)欲一国之文化倡明,人民之知识一致,非励行平民教育,铲除阶级制度不为功。(6)国人对于医学观念,异常浅薄。卫生知识茫然不知。应灌输卫生常识,以谋增进人类之幸福,减少人类之痛苦。① 总之,社会改造必须从平民思想道德改造着手。

最后,从精神改造入手,使物质生活与精神生活同时发展。周佛海考察各国的社会运动,发现其中的从不彻底的物质改造渐渐趋向精神改造的变化规律,进而提出要想改造社会,不能停留在物质改造上,应该从精神和物质两方面来努力。周佛海以法国的工团主义、英国的基尔特社会主义作为改造"精神生活"的理论依据,批评马克思主义偏重物质生活,而忽视精神生活的重要性,称赞基尔特社会主义和工团主义强调精神生活重要的主张。他认为,精神生活的改造比物质生活的改造还要紧,甚至把"精神生活的改造"比作"花",而把"物质生活的改造"比作"精神生活改造"的"果"。② 这里虽然误解了马克思主义关于物质与意识关系的原理,但从中可见注重精神改造的趋向。

张东荪也提到精神改造的问题。他说:"我们讲社会主义,不是从物质方面,破坏现行的制度入手,乃是从精神方面,传播一种新思想,新道德,新人生观,新生活法入手。我信要想改造,一定是要这样下手的。若是先从物质方面入手,不独不能达到精神物质两方面的改造。恐怕物质一方面的改造,也不能成功呢!"所谓精神生活的改造,一是从极端唯物的到唯心的,二是从竞争到互助的,三是从不完全的自由平等到真正的自由平等。这三种精神是实现我们的理想社会的要素,是我们的理想社会里面最要紧的时代精神。但是精神改造不是少数人改造了就可了事,却是要全社会都改造的。这就要求,一方面尽力自己改造,另一方面尽力唤醒社会觉悟——尽力行文化运动。他把精神改造称为"精神革命",并把它提升为改造的第一步。③

因为许多社会改造家注重物质方面而忽视精神方面,有人提出,要纠正这种偏弊,必须从艺术上实行社会改造。真欲企图全社会的改造,绝不是单从物质一方面着想,把人类看得和许多动物一样,没有向上发展的。艺术的发展,单不过精神方面的一种。作者专门从艺术方面说明社会改造

---

① 《新湖南发刊旨趣书》(1919年6月15日),转引自《五四时期期刊介绍》第三集,生活·读书·新知三联书店1979年版,第476—477页。
② 周佛海:《精神生活的改造》,《解放与改造》第2卷第4号,1920年2月15日。
③ 东荪:《我们为什么要讲社会主义?》,《解放与改造》第1卷第7号,1919年12月1日。

的理论。① 总之，改造社会的第一步是文化运动，以文化运动为觉醒平民思想的重要途径，这也是改造社会的根本。

2. 改造教育

改造社会必须从教育入手，是不少社会改造论者的共识和努力方向。但是，教育改造如何着手，众说纷纭。有人提出："想把旧伦理根本推翻，另外建设新社会，非由儿童公育入手不可。"② 有人提出，从生活改造入手。《晨报》刊登《生活改造宣言》宣称："我们承认，理想与事实是世界上互不可缺的两个轮子。理想方面应当力求高远，事实方面却不能不以现实的生活作基础去一滴一滴的改造。因为生活是人生唯一的需要，生活问题是一切问题的总原因。个人的生活是生活，家庭的生活、国家的生活、社会的生活也是生活。改造个人，改造家庭，改造国家、社会，都是改造生活。所以我们以为不必再谈改造个人、家庭、国家、社会的问题，我们只要谈改造生活的问题。对于这个问题的进行方法，在没有确定结果之先，我们应当先去研究为什么改造，怎样改造，拿什么来改造的问题。我们研究得了结果之后，应当即刻连络同志分头实行，我们为唤起社会上的注意，促进大多数人的改良起见，同时还要做些宣传的事业。"③ 他们承认生活改造是一滴一滴地改造，要比笼统改造力量来得足，工夫来得细，效果来得稳。而且相信在现在新思潮鼓荡的声浪中，还没有人肯来实地做这些琐屑的事情，所以他们提出生活改造的问题并付诸实践。

也有人提出从提高平民的知识能力入手。《旅欧周刊》提出："先从知识能力的平等着手。然后渐渐来铲除各种的阶级，作一个不战争不流血的改革。"④ 在他们看来，"资本家所以能够压制工人，想出种种的方法来，使我们不能活动，无非是倚仗他们的'知识'。政治家所以能够压制工人，定出种种条例来，使我们不得自由，也无非是倚仗他俩的'知识'，并不单是凭他们的金钱势力"⑤。所以，应该采取教育的办法，提高劳动阶级的知识水平，使他们担负改造社会的责任。

少年中国学会提出，改革社会应从平民改造入手，在学会宗旨中就有"发展社会事业"的规定。所谓社会事业就是教育与实业。教育就是革新

---

① 郭绍虞：《从艺术上企图社会的改造》，《新潮》第 2 卷第 4 期，1920 年 5 月 1 日。
② 予同：《参观学校感言（一）》，《平民教育》第 8 号，1919 年 11 月 29 日。
③ 《生活改造宣言》，《晨报》1920 年 10 月 20 日。
④ 中共中央马克思、恩格斯、列宁、斯大林著作编译局研究室编：《五四时期期刊介绍》第三集，生活·读书·新知三联书店 1979 年版，第 206 页。
⑤ 愚公：《今日工人所需要的是甚么？》，《旅欧周刊》第 4 号，1919 年 12 月 6 日。

一般的思想，灌输各种智识；实业就是改良国人生活，增进物质上的幸福。会员李璜解释说："即从前之改革家皆从高上做起，吾辈今日则从底下做起。换言之，从前所谓改革家无非轰轰烈烈做几桩事情，而所谓大多数人之幸福，则在所不同（问）。吾辈今日则从底下做起，以求大多数人之幸福。"[①] 他在《留别少年中国学会同人》中提道："有许多社会学者所用的手段都失于猛烈，平民未获其利，先受其害。"譬如马克思主张的阶级战争，实行万国工党同盟罢工，"因为罢工，每次都生出暴动，不知连累了多少平民"。又如现在俄国的社会革命，导致彼此相杀，闹得没有人道。"这都因为平民的智识未足，一旦骤然给他许多主义，他不能充分了解，反转闹出岔子来了，惹得政治家、资本家来说社会主义的坏处。这并不是社会主义本身的不好，是要怪社会学者不从根本上着手的弊病。要从根本着手，非增进平民的智识不可。要增进平民的智识，非同平民亲近不可。与平民亲近，一使农民智识增高；一能自身明白社会对于他们的需要，能自身解决他们对于社会的正当要求。这样不致于再蹈一八四八年的复辙与今日俄国社会革命现象了。"[②] 从平民着手改造，才是根本改造，这正是少年中国学会"社会改造"思想的特色之一。

　　有人认为，中国社会纷乱之象不能得到根本消除，原因就在于人民智识太幼稚、太顽旧，甚至不配做共和国的国民。如何改进人民智识？梁启超主张"内政的国民运动"，组织"全国废兵大同盟"，"大吹大擂的聒噪全国的耳鼓，自然大家会唤醒起来，对于国事去干预去监督"。也有人鼓吹社会主义，还有人主张联省自治。许正芳指出，各说均有见地，但都不是治本的方法。治本的方法是把四万万同胞现有这种顽旧的、苟安的、迷误的心理鼓荡起来，从根本上洗刷一番。"现在根本办法，只有想出一条良法，去厉行普遍的有效的特种社会教育。"他的良法是："速由教育部（由国内人士共起促进协助）雷厉风行的饬令各省教育厅，令由各县知事和劝学所、县教育会征集通俗讲演的材料和讲演的方法——分门别类，不嫌繁碎，只求丰富适用——各省征集后，即由各省教育厅和省教育会——并另请专家——共同加以精密的研究，编纂成书，呈由教育部审定颁行。"所以要造成一个真正共和国，就应先造成国民的共和立宪的真精神。然要造成这种精神，现在只有厉行有普遍性的、有方法和步骤的通俗讲演，才可以有根本上的效率。因此各省、各县编印这种书册颁行各地，设法施

---

①《会务纪闻》，少年中国学会编：《少年中国学会会务报告》第1期，1919年3月1日。
②《会务纪闻》，少年中国学会编：《少年中国学会会务报告》第1期，1919年3月1日。

行，创造有普遍性的讲演，以这种书本为底本，就可很从容地施行讲演手段了。中国所有城镇乡实行有方法和步骤的通俗演讲，不出一年，全国国民的心理和态度可以一变，什么事都会蒸蒸日上了。这就是改造中国的入手办法。① 所谓"特种社会教育"，实际上就是以社会教育作为改造中国的入手方法。作者认为，社会教育也是中国过渡时代的良法。

五四运动以后，一般进步青年亟待解决"社会改造从哪里改造起"的问题。邵力子主张改造舆论，舆论是社会改造的"一个先决的问题"，"是各种改造事业之母"。"常使青年们感受苦痛而阻害改造事业的进行的，大家都知道是旧社会的环境。""现在的舆论，是由过去的环境所造成，而未来的环境，又将为现在的舆论所支配。我们要做种种改造事业，非先改造社会的环境不可；而要改造社会的环境，又非先改造舆论不可。所以，'改造舆论'实在是我们惟一的先决问题。"② 他提出，从改造舆论入手改造社会。这种舆论改造可以归于广义的教育改造。

3. 改造经济

经济是社会变化的物质基础，决定或影响着社会改造思想和运动的发展。因此，经济改造成为许多人改造社会的着手处。归结起来，大致可分为以下几个方面：

一是从农村改造着手。这是基于中国是农业国的事实而得出的结论。专门研究农村改造问题的谭平山提出从农村改造入手，说："全国农民……居全国人口百分之八十五，那么所谓实际上改造社会，根本上改造社会和所谓最大多数之最大幸福那方面着手改造社会，岂不应该先向那现在的农村着手吗？"所以在中国的劳动问题中，与其提倡实行工人解放，不如提倡实行农民解放；与其鼓吹工人反对资本家，不如鼓吹农民反对地主；与其鼓吹工人力争工厂管理权，不如鼓吹农民力争耕地管理权。③ 邵力子也有同感，认为社会改造一定要先从乡村做起，强调"热烈的青年真愿改造社会，惟一的要件是'到民间去'"④。对于农村改造，"只觉得农民也受阶级制度的压迫，也须用社会主义去救济他们。"⑤ 邵力子主张用社会主义思想作为指导农村改造的思想，前述少年中国学会提出建立农业社

---

① 许正芳：《改造中国的入手办法议》，长沙《大公报》1922年5月8—10日。许正芳、吕金録：《改造中国的入手办法议》，《晨报副刊》1922年4月28日。
② 傅学文编：《邵力子文集》，中华书局1985年版，第489—490页。
③ 谭鸣谦：《我之改造农村的主张》，《政衡》第1卷第2号，1920年4月1日。
④ 力子：《改造社会应有的觉悟》，上海《民国日报》1922年2月14日。
⑤ 力子：《颠倒》，上海《民国日报》1920年11月24日。

会主义的理想，表明农村改造是当时中国社会改造的一种趋势。

二是从改造经济生活入手。王光祈认为，中国落后，国民生活恶劣的原因在于：一为无识，二为无业。要医治这两种病症，只有普及教育与发展实业两法。① 贤宗在《改造中国底入手方法》中指出，改造经济生活，不外"振兴生产的事业"和"开发深藏的利源"两个方法。要振兴生产的事业，不是空口谈谈便能济事的，必定要有真实的学问、坚强的意志、公正的心术以及充足的经验。因为要振兴产业，开发资源，所以要赴"世界的别部分"去求学考察，以增加学识经验。因为世界范围太大，所以只有从部分的改造入手。因为一个人既然生在某地方，他对于这地方的一切情形，当然比那些不生在这地方的人来得明了些，所以叫生在某地方的人担任某部分的改造，实在是最经济的办法。作者指出，"我们所以要'振兴产业''开发利源'的缘故，无非是要想改造中国底一般人的经济生活，以达到我改造中国、改造世界底目的罢了；我们既以改造经济生活为宗旨，那么，不可不同时注意于一般平民——劳动者——底幸福。"② 他认为，要改造世界，还是从改造我们所在地的中国入手，从改造中国人的经济生活入手。

三是从改造经济制度入手。陈独秀依据唯物史观原理，主张改造社会应当首先从改造经济制度入手。他说："我以为在社会底进化上，物质的自然趋向底势力很大，留心改造社会底人万万不可漠视这种客观的趋向，万万不能够妄想拿主观的理想来自由改造；因为有机体的复杂社会不是一个面粉团子能够让我们自由改造的，近代空想的社会主义和科学的社会主义之重要的区别就在此一点。"③

恽代英在《未来之梦》中提出，社会改造要与资本家决斗，具体地说，可以组织工会，鼓吹罢工，以阶级战争为推倒资本家的方法。但是，要为世界求一个最后的解决，"最好莫如利用经济学的原理，建设个为社会服务的大资本，一方用实力压服资本家，一方用互助共存的道理，启示一般阶级；而且靠这种共同生活的扩张，把全世界变为社会主义的天国。"他还设想了组织合理限度劳动的工厂，"这样似乎资本家必不能势力相敌。我们便靠这长驱直入的打破资本阶级"④。文中表达了从改造资本制度入手

---

① 王光祈：《少年中国运动》，中华书局1924年版，第20页。
② 贤宗：《改造中国底入手方法》，上海《民国日报》副刊《觉悟》1920年7月1日。
③ 原载《新青年》第9卷第4号，1921年8月1日。
④ 《互助》第1期，1920年10月。转引自张允侯等编《五四时期的社团》（一），生活·读书·新知三联书店1979年版，第195页。

改造社会的决心和理想。此外，周炳琳考察了当时社会主义运动和俄国社会主义思想，提出要"挟着经济改造底热忱，加入城市底工人中和乡村农民中共同生活，默运潜移，使工农都觉悟，大家起来推翻游闲阶级（Leisure Class）坐食劳动阶级、劳而不得食的旧社会，建立共同消费、共同生产的新社会"①。从解决经济问题入手，"建立共同消费、共同生产的社会"，就是作者当时对共产主义理想社会的理解，也是从俄国革命的研究中得出关于中国经济改造的结论。

4. 改革政治

政治改造也是中国社会改造的主要手段。从改革政治入手改造中国社会，大致包括以下几个方面。

一是从教育着手来改革政治。谭平山认为，中国共和政治尚在风雨飘摇之中，原因在于国民没有政治的兴趣，没有政治素养，也因此国民没有政治组织的能力。"补救以上种种缺憾，所有责任都应该负在教育家肩上，至若国内一般官僚、政客、军阀、财阀以及无聊的复辟党，虽足以阻碍共和政治的进步，但果我国民人人皆有研究政治的兴趣，政治训练的素养和政治组织的能力，就算蓝睛儿和木屐儿，还要前倨后恭，好好地同我携手。"② 因此要从建设民主政治基础入手，以政治手段来改造中国社会。

二是从加入政界，改造旧政治入手。参与政治活动是政治改造的重要途径。少年中国学会就会员是否参加政治活动的问题开展了热烈的讨论。黄日葵赞成加入旧政界来改造社会，理由是必须首先进入旧政界，然后可以调查它的内容，以便求个切实改革方法。邰爽秋认为，参加政治活动是个人的自由，而且只有加入政界，才能改造政界。反之，"若各脱离，不与接近，只是洁身自好之徒而已，无改造事业可言"。加入旧政界，改造旧政治，是主张参加政治活动的基本理由，所谓"旧政治除打破无二法"。

在打破旧政治的共同方向下，是否加入政界，只能根据个人的意愿与能力而定。是先加入旧政界来改造旧政界，还是先推翻旧政界再来参与政治，或者另造新政治，则因人因时而异。张闻天认为，要改造政治必须钻到政治堆里去活动，这在理论上说得过去，事实上会员能够而且实际参加政治活动。为此他提醒会员思考几个问题：（1）我这次去活动到底抱有哪一种目的？有没有受到某种欲望的支配？（2）我这种人赤手空拳地跑进去，能够对社会有什么贡献？能够感化他们而不受他们的同化吗？（3）我

---

① 周炳琳：《社会主义在中国应该怎样运动?》，《国民》第2卷第2号，1920年6月1日。
② 谭鸣谦：《政治与教育》，《广东省教育会杂志》第1卷第4号，1921年8月20日。

能够不受小自我支配，奋身不顾？言下之意，会员应有组织地参与正大光明的政治活动，不应牟私利，以致被旧政治同化。杨贤江认为，政治活动并非绝对不许参与，应取决于活动者的用心和能力，因此，政治活动不是可不可以参与的问题。①

经过激烈的争论，学会决定，会员可以参与政治，但不许做官。由此可见，加入旧政界，才能改造旧政治，这是政治改造的主要手段。

三是从创建新型政党组织入手。政党政治是社会根本改造的产物，也是政治改造的现实需要。五四运动以后，中国共产党、中国青年党等政党组织成立，国民党改造完成。这五四后期政党改造的表现，也是着手政治改造的表现。诚如陈独秀所说，解决现在的中国政治问题，只有集中全国民主主义分子组织强大的政党，对内倾覆封建的军阀，建设民主政治的全国统一政府，对外反抗国际帝国主义，使中国成为真正的独立国家，这才是目前扶危定乱的唯一方法。② 在此影响下，许多青年学生加入政党组织。1925 年，在上海大学学习的王稼祥致友人信中说："我们必须加入有组织的政党，以一定的政策，一定的方法，群策群力，同去干国事才可。"青年是国民之一，既要救国，就必须加入政党。"我们应当负改造中国政治的责任。"③ 由此可见，加入政党，从事政治运动，是着手改造政治的一个途径。

四是从打破强权入手。《觉悟新刊》发表的《改造社会》一文提出，改造社会，应从打破威权入手；打破威权，应从劳动者入手。"只要我们去警觉他们，叫他们明白'人类本没有尊卑、主权、贫富、贵贱的分别'和'他们所受的痛苦，多是威权的赏赐，更使他们知道自由平等的社会如何的美善'。"④ 因此，打破威权是改造旧社会、建设新社会的第一步。推翻社会上的恶势力，也是打破旧社会的重要内容。陈独秀将军阀、政客、官僚称为危国害民的"三害"，要想"除三害"，国民要有参与政治的觉悟，"对三害要有相当的示威运动"。社会中坚分子应该组织有政见、有良心的依赖国民为后援的政党，来扫荡无政见、无良心的依赖特殊势力为后援的政党。⑤ 也有人将国内现存的反动势力分为三种，包括"一班腐败的

---

① 《少年中国学会问题》，《少年中国》第 3 卷第 2 期，1921 年 9 月 1 日。
② 陈独秀：《对于现在中国政治问题的我见》，《东方杂志》第 19 卷第 15 号，1922 年 8 月 10 日。
③ 施昌旺：《王稼祥传》，安徽人民出版社 2003 年版，第 33 页。
④ 刘策勋：《改造社会》，《觉悟新刊》第 3 号，1920 年 5 月 15 日。
⑤ 只眼：《除三害》，《每周评论》第 5 号，1919 年 1 月 19 日。

旧官僚"、"附属在旧官僚底下的政客"以及横行霸道的"武人"。他们都是勾结列强出卖中国主权的帮凶,是封建专制统治的基础,必须首先清除。胡汉民把清朝统治者比作麻风病人,将武人、官僚、政客比作这种病菌的传染者。前者固然要与社会隔绝,后者也不能任其自由行动,再去传染别人。① 自然这些都是革命的对象。国家主义派提出"全民革命"的口号,"内除军阀,外抗强权"是他们改造社会的入手办法。《孤军》发表的《改造中国的二个要件》,明确提出改造目标是"推倒军阀确立民治"。真正政党的建立和国民军的成立是两个条件,也是改造新中国的第一步的条件,而且是绝对必要的而又充分的条件。②

更多的人主张从打倒帝国主义和军阀势力着手。《湖南学生联合会周刊》刊载的文章提出,从中国的外交与内政来看,不仅对外要反对日本帝国主义,也要反对整个国际帝国主义,而且还要对内反对封建军阀势力。"本国军阀要肆专横,非借助外国资本家不可,外国资本家要达其政治经济侵略之目的,非助我国军阀扰乱我们政治经济不可。因此之故,英美人之助吴佩孚曹锟陈炯明,日本人之助张作霖,就是一些好例子。所以我们要想打倒军阀,就牵及国际帝国主义;我们要打倒国际资本主义,就牵及本国军阀。"因此,我们从根本上求得的方法,便是要澄清政治,打倒军阀,打倒国际帝国主义,建设真正的民主政治。③ 从中国现在社会问题的解决来看,也要首先打倒帝国主义和封建军阀。如劳动运动的解决,也必须先从政治革命着手。瞿世英发表的"时评"《先从政治革命着手》,认为中国劳动运动虽然幼稚,但也"必要有一定的程序"。具体地说,"我们做劳工运动,必先要铲除官僚武人政客;要铲除官僚武人政客,必须要我们劳工大家都起来做政治革命运动。达到革命成功的时候,那官僚武人政客也就完了,资本家也就不敢专横了,又有谁人敢侵犯我们呢?"④ 从政治革命着手,就可以彻底解决劳动运动等问题,从而彻底改造中国。叔鸾在《今后彻底改革之途径》中提出,中国将来改革宜取的途径,一是打破武人政治,二是清理国家收入,三是实行裁兵,四是实行减政。⑤ 寿康在《什么是军阀怎样倒军阀》一文中指出,现在,保障国民权利的法律全被军阀蹂躏了,国家的体面全被军阀倒尽,人民的脂膏全被军阀吸完,教化

---

① 原载《建设》第1卷第1号,1919年8月1日。
② 一卒:《改造中国的二个要件》,《孤军》第2卷第5、6期合刊"政党号",1924年10月。
③ 龚飞:《外交与内政》,《湖南学生联合会周刊》"五七特刊",1923年5月7日。
④ 《时评》,上海《民国日报》1922年5月3日。
⑤ 叔鸾:《今后彻底改革之途径》,《国闻周报》第1卷第17期,1924年11月23日。

全被军阀摧残。"为挽救这种危局起见,我们自非首先推倒军阀不可。推倒军阀实在是整顿政治,发展经济,促进教育的先决问题。"①

总之,中国要彻底改革,必须从政治改革着手,首先要打倒帝国主义和军阀势力。因为帝国主义和军阀势力是中国内忧外患的根源,从打倒帝国主义和封建势力着手中国改造,是民主革命潮流所向。

正如贤宗在《改造中国底入手方法》中指出,无论是从改革政治方面入手还是从改造思想方面入手,甚或从教育方面下手,都是很有价值的,然而都是片面的下手法,不能算是圆满的解决。在他看来,改造中国先要改造生在中国的人类的思想与政治,但是最要紧的还是经济生活的改造。从教育方面下手,一是改良教育的制度,二是推广教育的范围,使之普及到人人。但如果经济生活不改造,教育改造是下手不来的。从政治方面下手,我们的目的在于改造世界为全人类的一个大社会。政治是附属于国家的,政治一旦存在,国家便也存在,我们即使从政治方面把中国改造好了,改造出来的中国却已经变成"中国的中国",不是"世界的中国"。从思想方面下手,与第一说有同样的困难。总之,要改造中国,非先从经济生活改造好不可。改造经济生活,不外"振兴生产的事业"和"开发深藏的利源"两大方法。②

上述观察和分析足以表明,中国改造从何处下手,已引起了热烈的讨论,甚至在一些进步社团政派发生了争论。以少年中国学会为例。因为会员信仰的主义不同,在创造少年中国的手段上自然有不同意见,在如何着手改造的问题上也存在分歧。据恽代英观察和分析,会员中有人主张切实从根本做起,所以注重教育与实业活动;有人主张要"应急"一点,要从大一点地方着手,所以注意救国活动与国际活动;有人主张更猛烈、更激进一点,所以注意革命活动。这种概括虽不能包容会员主张的全体,但足已看出其中复杂的面相。在他看来,会员们的这些不同意见并非不能并行,只要有协同努力之心。"在最近期间努力于自身的改造,教育的改造,以这求平民真正的觉悟,雄厚的实力以为各方面取用各种手段的预备。"③争论的结果,是主张政治运动的意见占据主导地位,其中又主要表现为共产主义者与国家主义派的争斗。就中国社会改造而言,政治革命或政治改造成为了中国改造的主要手段,也成了社会改造思想的主流。

---

① 寿康:《什么是军阀怎样倒军阀》,《孤军》第1卷第4、5期,1923年1月。
② 贤宗:《改造中国底入手方法》,上海《民国日报》副刊《觉悟》1920年7月1日。
③ 恽代英:《怎样创造少年中国》(上),《少年中国》第2卷第1期,1920年7月15日。

第六章　五四时期社会改造思潮中的几个重要问题

五四时期的社会改造涵括政治改造、经济改造、思想改造、教育改造诸多领域，涉及从中国乡村到都市到各省区乃至世界等不同范围，也关系到改造的方法、手段和理论等不同层面。因此，在不同时期、不同历史背景或政治立场上提出社会改造的路径有别，在不同场合下社会改造的重心不同，从而构成了社会改造思潮庞杂而丰富的面貌。其中，地方改造、国际改造、农村改造、联合改造等重要问题，构成社会改造讨论的热点和重点。

第一节　农村改造问题

中国是传统的农业大国，农村人口占全国人口的绝大多数，所以农村和农民问题成为社会改造论者的主要关注点，农村改造又是其中重点讨论的问题。

一　农村改造的重要性

农村改造和都市改造的问题，是近代中国资本主义发展的产物。时任《东方杂志》主笔的坚瓠指出，"都市集中为工商业发达以后之自然产物，而吾国年来内乱之频仍，凡资产阶级之避兵祸，与劳动阶级之求职业，大都以租界为目的地，而一般青年因新教育之结果而欲望增高，亦多不满于内地之生活状态，故都市集中之趋势益复为加速度之进行。都市集中带来的弊害日益明显，如贫民众多，死亡率增高，道德堕落等"。其中"为害最烈者"，在将全国的资本劳力吸收于少数大都会或大事业，使田野荒芜，粮食匮乏，而农村之自治与教育皆无人过问。"都市生活最大之弊害，即在美的嗜好之堕落，导致人皆取快于下等之肉欲，进而导致奢侈淫乱之风盛，再进而导致卫生之规约、法律之制裁，每为人所破坏，而死亡率与犯罪率亦随之而高。"① 在作者看来，国家的繁荣在国之富力，是应当均等分配，各种事业均等发达，绝不能以几个大都市的畸形发展为代表。实际上提出了中国近代化进程中工业经济与农业经济、农村与城市发展的关系问题，中国的农村改造与都市改造问题也随之而来。

历史地看，农村与都市是政治经济发展和社会变迁在不同区域的表现。陈公博指出，本来都市就与农村不同，农村生活异于都市生活。农村是比较简单的，都市是比较繁复的；农村是静的，都市是动的；农村以农业为基础，都市以工商业为基础；农村是生产重于消费，都市是消费重于生产。农村既与都市不同，那么两家改革的出发点就不能不因之而异，从繁复中找出一个脉络。② 于是就产生了都市与农村改造的具体内容及其时序先后的关系问题。

从农村和都市的发展状况来看，先进行都市改造，农村改造就容易进行。无政府主义者分析指出，因为中国的政治势力几乎完全不到乡村，影响不到农民，经济势力也多集中于都会，农业的大资本主绝无仅有，常常都会发生了什么变化，乡村许久还没动弹，若由乡村起了反动，打击都市，可决为必无之事。"所以我们从都会改造起来，大致已得就绪了。都会的旧组织完全崩溃，乡村的旧组织便没了凭依，那时乡村的改造，自然依着方式自动而行，不见得有怎样困难的。"③ 作者认为，都市改造直接关系而且影响到乡村改造的问题。都市改造涉及范围非常广泛，人们关注较多的工人罢工、学生罢课、商人罢市以及卫生问题、教育问题、文化运动等方面，而且都有专门的研究甚至付诸实践，其中也涉及都市改造对农村改造的影响问题。

其实，被称为"万恶所归的都市"是关系农村改造的大问题。有谓："都市常为万恶所归，是与农村极有关系，并且不改造它，农村改造就没有希望。要解决都市问题，舍改造农村以外，别无他法。"④ 又谓："有产阶级一面把农村素来的积蓄都收集到市场上作工厂商店的资本；一面又把一部分农民都赶到工厂商店内去作工。同时工厂商店的主人们，又各挟其资本所得的子利，饵诱农民，把他们所有的土地尽行夺去；又把没有赶到

---

① 坚瓠：《都市集中与农村改造》，《东方杂志》第18卷第17号，1921年9月10日。
② 陈公博：《我们怎样去组织市政府》，《政衡》第2号，1920年4月1日。
③ 冰弦：《革命的工团》，《民钟》第1卷第7期，1924年3月10日。转引自葛懋春等编《无政府主义思想资料选》（下册），北京大学出版社1984年版，第704页。
④ 晋青：《农村改造与教育》，上海《民国日报》副刊《觉悟》1920年8月1日。

工厂商店去的其他一部分农民都逼到他们的田里,作他们的奴隶。"农民终日劳苦,用血汗换来的谷米粮食,都被地主资本家攫取去了,所以必须到农村去进行农民运动。① 由此看来,农村改造比都市改造更为重要。农民是劳动阶级的主要成分,劳动运动的中心应当在乡村。所以,中国劳动问题的中心是农民问题。

从农民与工人的生活状况比较可知,农民更为痛苦,农村比都市更需要改造。有人指出,因为中等以上的学生都是有产者和资本家的子女,"学校是附加了田税所办的,这笔款子是直接在吹风滴雨、暴日履霜的农夫底手里拿出来的!进学校受教育的是有产者和资本家的子女,出钱办学校的农夫底子女反而没得份"。尽管中国的工人一天十四五点钟的牛马生活,仅得到两角或三角线的工资,但比起农民来已经较好了,"所以资本家的工银无论怎样低薄,总可以找到工人;工人的罢工要求,十次常失败八九"。作者号召有志改造社会的青年学生"到田间去做农村底劳动运动"②。《钱江评论》发表文章指出,"我们吃的,着的,住的,有那一件不是农民血汗",他们过的是"日出而作,日入而息"的生活,但是他们受官吏、绅士、资本家的欺压和剥削,他们的地位实在可怜。"农业是立国之本。农民,是中国最多数,我们应该去改善他们的生活。"③

再从中国农村的实际来看,旧农村存在着种种陋习需要进行改造。谭平山指出:(1)旧农村的道德多是奴隶的道德,服从势力和长者的道德,消极的道德,阶级的道德,拘墟束缚的道德。(2)旧农村的理想,在普通农民多是一种个人自了主义,无远大思想,自为一小天地,不知都邑以外的事,遑问国家?遑问世界?(3)旧农村的制度和组织几近于无,大概是一姓的宗祠,一村的乡约,和十个八个老态龙钟的父老。(4)旧农村的文化和教育则因地而殊,不能尽同。(5)旧农村的风俗习惯,崇尚朴实不好奢华,这是农民的好处。但保守遗传的习惯,迷信鬼神、风水、巫觋、占风、问雨等,是一种极普通的"传染病"。总之,今日想改造社会,非从根本上改造不可,而农村精神这样腐败,尤非向农村精神上改造不可。现在研究劳动问题的人多注意工人,而未及农民。其实,在中国的劳动问题中,与其提倡实行工人解放,不如提倡实行农民解放较为实际,较为要

---

① 光起:《我的到农村去的意见》,《星火》第1册,1923年1月。转引自《五四时期期刊介绍》第三集,生活·读书·新知三联书店1979年版,第101页。
② 光明:《农民运动底重要》,《星火》第1册,1923年1月。转引自《五四时期期刊介绍》第三集,生活·读书·新知三联书店1979年版,第100—101页。
③ 《代农民呼吁》,《钱江评论》第8号,1920年4月18日。

紧。所以，改造农村"是我国今日劳动问题中最重大最切近的问题"①。因此提出了农村改造的必要性和改造的具体内容。

谭平山也说：我们现在仍然是农业国，如果要改造社会、革新政治，非先行改造农村不可。如果改造社会，要向实际上改造，要向根本上改造，向最大多数之最大幸福那方面着想，改造农村就是社会改造最重大的问题。②他认为农村改造的重要性，比都市改造对中国改造的影响更重要。

从社会改造的现状来看，社会改造者忽视了农村和农民。《钱江评论》替农民发出呼吁："新思潮！新思潮！说得震天动地了！但是可怜的农民，竟没有说到。"③专门讨论农村改造问题的刊物《光明》，在"出版宣言"里评论说："近来中国出了许多杂志，都是提倡新生活的。但是他们所讲的生活，大半是都市的生活，很少是乡村的，这是一个缺点。"其实，"乡里改革比都市改革（更）为重要。"④新文化运动蓬勃发展，但是，从事文化运动的人太忽略农村的生活。有识之士提出，"我觉得社会的改造，要文化运动普遍到了低层社会，才有希望。"⑤

萧楚女认为，农村需要新文化运动，要以文化运动改造农村。"中国现在的一切内忧外患，缘于国际帝国主义和封建武人的侵略与掠夺。要反抗这两大势力，解放中国国家，非发达产业与人民监督政治的权力不可。"在产业与人民方面，中国的社会经济基础，根本在农业。中国人民绝大多数都以农业为生。因此，"不谈改造中国则已；若谈改造中国，忘记了农人，那便是不期望他的改革获到成功"⑥。中国自古以农立国，而不见农业发达，是不讲农学所致，所以一些青年学生立定宗旨去学农，以学农为万全之策，进可谋社会上之幸福，退可以自守。⑦农民和农村在中国社会的重要地位，也决定了农村改造及其对中国改造的影响。

总之，农村改造不仅影响都市改造，而且直接影响到中国社会的改造和发展。五四时期农民和农村问题已引起社会改造者的重视，而且针对农

---

① 谭鸣谦：《我之改造农村的主张》，《政衡》第1卷第2号，1920年4月1日。
② 谭鸣谦：《我之改造农村的主张》，《政衡》第1卷第2号，1920年4月1日。
③ 《代农民呼吁》，《钱江评论》第8号，1920年4月18日。
④ 转引自《五四时期期刊介绍》第二集，生活·读书·新知三联书店1979年版，第317页。
⑤ 余家菊：《农村生活彻底的观察》，《少年世界》第1卷第2期，1920年2月1日。
⑥ 楚女：《青年与农村教育》，《教育与人生周刊》第42期，1924年8月4日。转引自中央党史研究室《萧楚女文存》编辑组、广东革命历史博物馆编《萧楚女文存》，中共党史出版社1998年版，第196页。
⑦ 《启良致昌绪》，《互助》第1期，1920年10月。转引自张允侯等编《五四时期的社团》（一），生活·读书·新知三联书店1979年版，第174页。

民的"没有知识""愚昧"的现状,提出了实行乡村生活,组织农民团体,整理乡村教育,举行通俗演讲,扶助农民经济等办法。但是,他们并未深入发掘造成农民贫穷的制度根源,从而帮助和领导农民革命,这是知识分子自身的局限性所致。农村改造的方法和途径,仍是需要继续探索的问题。

二 农村改造的办法和途径

中国是农业大国,农村人口占全国人口的绝大多数,农村经济落后,农民生活痛苦不堪,所以农村改造成为中国改造的关键问题,也是社会改造者主要的关注点。

1. 改良农民生活

旧农村生活急需改造。记者晋青对农村生活很不满:"要把我直觉发生的不满叫声,和间接感受的改造期望,拼在一堆写出来,供起和我有同样感触的人,一齐研究,作我们将来的实验方案。"他在《农村改造与教育》中设计了农村改造以后的新生活:新农村里面的生活都应该是极自由,没有一点儿精神和身体上的拘束;都应该是极平等,没有一点儿贫富优劣和性的差别;都应该是博爱的、互助的,打破旧伦理基础上的亲疏远近,实行人类本能的自然普遍爱。因为农民是构成农村的主要成分,所以,改造农民生活应当注意物质方面(即衣食住和其他活动需要的机械等)和精神方面(即物质以外的文化艺术娱乐等)。而改造农村的唯一方法就是教育。"我们要想教农民自动的去改造新生活,就要先使农民有一种真实的觉悟,只有先用教育的方法,灌输充分的知识给农民,使他对于自身的生活发现出不满,自动要求改善向上,绝对用不着任何人去强迫。"[1] 以觉醒农民为志向的醒农社,致力于农民解放的宣传,他们寄希望于通过财阀的觉悟,进行一定的改良,以防止农民与财阀的流血冲突。他们甚至呼吁"财阀!财阀!你们总须得自己觉悟!总得你们解放他们(指农民——引者注),别等他们觉悟要求解放!免演了一出流血惨剧吧!"[2] 这实际上是希望地主或财阀做出让步来预防农民的真正觉悟,这也是农村改造的另一路向。

其实,发展农村经济才是改造农民生活状况的根本办法,也是农村改造的基础。从事教育工作的余家菊分类考察了各种农村的生活,揭示了农民生

---

[1] 晋青:《农村改造与教育》,上海《民国日报》副刊《觉悟》1920年8月1日。
[2] 云:《农民解放》,《醒农》第1期,1920年5月1日。

活的艰难。他说,农民终岁勤苦,所得不能够供养家的费用。在经济的压迫和都市的利诱下,许多农民不安心农业,多跑到都市去觅生计,他们最易染上都市的恶习,善良的根性一天天地消灭,较为健全的国民一天少似一天。而留在乡村的农民,多半是未成年的或者不十分强壮的或者不大灵巧的。"农事的成绩逐渐的窳败,中产人家都对于置备田产没有趣味,田产也就一天天的流入大资本家手里去了。"① 揭示农村生活的艰难及由此带来的一系列危机,意在引起新文化运动者足够的注意,致力于农村社会改造。

有人提出,将"谋农业之改进"作为农村改造的方法。所谓农村改造,就是要"把我国现在的'旧农村'所有的不好处改良改良,莫有的好处添加添加","目的是提倡农业,使中国农业发达,与外国农业竞争,以免劣败的淘汰"②。作者提出以农村改造应对外国帝国主义经济侵略,解决外来侵略给中国农村和农民带来的社会问题。

也有人提出,要引入产业协社制度来改进农民生活。胡愈之著文指出:"吾国土地集中,不如欧美诸国之甚,在欧洲百年前盛倡农奴解放之运动,吾国今日而言农民解放,则意义尚有不同。吾国农业向多小农制度,农民中之一部分皆自己拥有土地,故地主掠夺之惨酷不若他国之甚。土地均有制度在将来虽有实行之必要,今日尚非所急。目前我国农民阶级最困难者,则因其生活于经济闭锁状态中,物资供求每多阻阂,因此如谷物买卖、制造品购入、资本金借贷,均不免为居间之中等阶级所剥夺,农民生计遂日陷于艰困。""救济之法,自在导入产业协济制度,使农民经济生活得以开放,此今日言社会运动者所当注意之一事也。"③ 可见,发展经济是乡村改造的根本途径。

开展农村运动也是改造农村的重要途径。《解放与改造》鼓吹开展农村运动,其途径包括合作运动(包括信用合作社即平民银行、消费合作社即消费公社)、地方自治、普及教育等。如《农民解放与平民银行》主张采用欧洲一些国家为农村资产阶级服务的"平民银行"的做法,其好处在于"可以解除农民经济上的压迫,给以向上发展的机会,养成互助协力的精神,树立平民教育的基础,使一般无知无识的农民可以渐渐懂得世界的新潮和人生的意义。一言以蔽之,平民银行的设立实在是农民解放的第一步,一定可以为中国的农民开一新纪元。中国一线的希望全在乎此"④。这

---

① 余家菊:《农村生活彻底的观察》,《少年世界》第1卷第2期,1920年2月1日。
② 亚丁:《农村改造》,《醒农》第1期,1920年5月1日。
③ 罗罗:《农民生活之改造》,《东方杂志》第18卷第7号,1921年4月10日。
④ 侣琴:《农民解放与平民银行》,《解放与改造》第2卷第5号,1920年3月1日。

种主张对于唤起民众、改善农村生活还是有积极意义的，但毕竟是一种资产阶级性质的农村改革，不能从根本上改造农村。

改造社会不是从枝枝节节可以做得到的，要向根本上改造。社会根本的要素很多，如历史的要素、物质的和生物的要素、经济的要素、精神的和理想的要素，故农村改造分为精神上的改造和物质上的改造。谭平山在《我之改造农村的主张》中指出，改造农村的希望和目的，一是发挥农业国的特长，以恢复国民经济的能力；二是巩固地方小组织的基础，以促真正的民治之实现；三是促农村之社会化；四是使农工商等调和与互助；五是防止都市人口过于集中而保持社会的安宁；六是防止社会血腥的革命，而建立永久的和平。文章还分析了改造农村与普及教育、国民自治、革新政治、改造社会、国民经济、国民卫生、振兴实业、运输交通、社会文化、劳动问题、改良都市、国内和平等方面的关系，提出了改造农村的计划和方法，分析了改造农村的各种具体问题，包括自治问题、教育问题、道德问题、经济问题、文化问题、劳动问题、公共事业问题等。[①] 作者不仅分析改造农村的理由，而且提出了从根本上改造农村的希望和目的，揭示了农村问题和社会、政治、经济、教育、文化、实业、交通诸方面的密切关系。可以说，这是一个关于农村改造的全面的研究计划。

2. 发展农村教育

教育是改造社会的重要手段，当然也是改造农村的重要手段。在当时教育家看来，乡村教育在中国教育问题中占了重要位置，原因在于：（1）中国人民80%以上在乡间，故乡村人民之教育应较城市人民之教育尤为紧要。（2）中国自古以农立国，农业的盛衰关系国家的经济与人民的生计。现时农业颓败，皆为农民缺乏良善教育之故。（3）中国乡村社会之经济状况不令人满意，急应采用欧美之乡村合作社等组织。但人民知识程度若不提高，社会经济万难改良，故乡村教育是改良乡村社会经济状况之先决问题。（4）乡村教育久因漠视而落于城市教育之后，教育均等机会竟不能实现。此畸形之教育实与民治主义教育的原则大相违背。（5）乡村人民之生活环境与城市人民不同，故乡村学校之教材、教学法、视导法、管理法等，均应以科学方法特别研究，始能适应乡村人民之需要。总之，"吾人既知乡村教育之重要，及中国乡村教育之窳败，不能不速筹补救改进之方"[②]。由

[①] 谭鸣谦：《我之改造农村的主张》，《政衡》第1卷第2号，1920年4月1日。
[②] 《为国立北京师范大学拟改进中国乡村教育计划书》（1925年），载陈侠、傅启群编《傅葆琛教育论著选》，人民教育出版社1994年版，第17页。

此可见，改进乡村教育成为农村改造乃至中国社会改造的关键。《中华教育界》发表的一篇文章研究了乡村教育运动的含义和方针，认为乡村教育运动，一是用以救济社会的危机，直接是救济乡村的危机，间接是救济全社会的危机；二是用以改进教育。现在乡村教育之不振，是因为乡人不重视教育，教育者也不愿意从事此乡村教育。据此提出教育运动的正确方向是：向师范学校去运动，向乡村学校去运动，向一般社会去运动，组织乡村教育运动团。① 《少年中国》的一篇文章研究了乡村教育的实际问题，指出乡村教育较城市教育尤为重要，而且乡村教育不只是乡村问题，更是社会问题。在他们看来，"中国在五年或十年内，将有一种绝大的运动要起来，便是'乡村运动'"②。表达了他们通过乡村教育运动来改造中国农村的期待。

社会教育也是改造农民生活的最重要的办法之一。记者晋青认为，旧农村的旧生活很不令人满意。"我们要想教农民自动的去改造新生活，就要先使农民有一种真实的觉悟，只有先用教育的方法，灌输充分的知识给农民，使他对于自身的生活发现出不满，自动要求改善向上，绝对用不着任何人去强迫。"因此，改造农村的唯一方法就是教育。③ 而且，农村教育是"一个最易行最简便底目前救济方法"，它能够消除农闲时赌博恶习，"消极方面是禁止赌博，积极方面设农隙工学，就各地土产作材料，以各种材料请各种教师，就各地情形，教农村青年从事各种工作"④。因此，农村社会教育也关系到农村改造和农民生活改造。如胡愈之所分析："吾国内地农民，殆全系不识字者，其智识之蒙昧，尚未脱半开化时代，因此吾国一切文化事业，与大多数之农民阶级，竟若全不相关，欲求真实的民众文化之提高，与农民阶级之自觉，其难可想见矣。官立学校，不能使农民均受其惠，为指导农民计，各地有志青年，必当投身田野，躬任讲演教导之职。乃始有成效可睹也。"⑤ 可见，觉醒农民是青年学生的重要责任，青年学生去农村普及教育，是社会改造的趋向和潮流。

张闻天在1920年发表《农村改造发端》的长文，设计了农村改造的步骤：（1）凡是有志改造旧社会而抱自己情愿牺牲光阴、金钱的人，可以找一块几亩大的地，造一所可以容二三百人的草席房，再办一张讲台，一

---

① 余家菊：《乡村教育运动底涵义和方向》，《中华教育界》第10卷第10期，1921年4月。
② 余家菊：《乡村教育的实际问题》，《少年中国》第3卷第6期，1922年1月1日。
③ 晋青：《农村改造与教育》，上海《民国日报》副刊《觉悟》1920年8月1日。
④ 周钧：《"农村改造"之商榷》，上海《民国日报》副刊《觉悟》1919年9月14日。
⑤ 罗罗：《农民生活之改造》，《东方杂志》第18卷第7号，1921年4月10日。

块黑板，几支粉笔。(2) 利用乡下人空暇的时期，教他们来听讲。讲有趣味、有价值，并且较长的故事，同时夹进人生的真义、互助的必要等，引到他们到正确的轨道上来。(3) 设立义务学校，让乡下人来读，拣最适用于他们的最初步的做教材。(4) 每半月开一次俱乐部。表现一种美的东西，或者表演有意义的新剧，使他们觉得有集会的乐趣、共同生活的真精神。(5) 使乡下人觉得有集会的必要和益处。(6) 通过集会，暗示一种最初步"德麻库拉西"的组织法。(7) 他们有了组织，就晓得纳税的必要，纳税按照家产的多寡，贫者一概免缴，遗产重征。做到了这七条，就差不多每村自成一个组织，同国家可以脱离关系。这是最容易实行、最容易收到效果的办法。①作者希望沿着钻进旧社会去改造旧社会的思路，决意从农村改造入手改造中国社会。

改革农村要从传播正确的知识，提高村民的文化水平入手，这已成为一种趋向。专门讨论农村改造问题的《光明》提出了改造农村的具体方法：改造农村的学校教育，创办成人夜校；设立乡村通俗图书馆，大量推广传播新思想的报刊；推行通俗演讲，开展有益的文化娱乐活动，借以提高乡村居民的知识，革新他们的思想，破除迷信；消灭农村中固有的不良习俗。根据他们的解释，"既然拿定'改造乡村的生活'为目标，那末，简直认定这条路上走去，不必抱过奢的希望。我们……要研究的并不是什么'主义'和什么'学说'，乃是几个简单生活的问题，习惯改良的问题"。"讨论的问题，以切近于现在乡村生活的为主，我们并不空谈什么主义。""改良'部分'就是改良'全体'；要改良大的远的，必先要改良小的近的。"②他们认为，研究主义是徒劳无益的，不如一点一滴的改革有效。这实际上是胡适的实验主义的改造论调。题为《劳心和劳力》的文章指出："劳心者和劳力者都是构成社会的分子，有益人类的社员，不可缺离，也不容歧视。"要把"劳心神圣""劳力轻贱"的观念完全打破，只要向着教育的一方面去干就对了。教育的设施可定两个方针：一是谋普及教育，使一般劳动的国民有普通常识，自己起来提高生活的状态；二是实行工读主义，使一般青年养成劳动的精神和工作的习惯。一方面起改革的要求，另一方面贡献改革的援助，社会里劳心劳力不平等的观念自然消灭于无形，而实际的等差亦容易驱除干净。③有读者向他们提出建议，《光

---

① 张闻天：《农村改造发端》，《少年世界》第1卷第3期，1920年3月1日。
② 《通信》，《光明》第2册，1919年11月15日。
③ 涵真：《劳心和劳力》，《光明》第2册，1919年11月15日。

明》既然"讨论乡村生活,最好要同多数乡村生活里的人讨论,尤其是要和乡村里的小学教员、小学生、商人、农人、工人讨论。讨论所得,应当提倡的事情就可以实行提倡,要改革的事情就可以实行改革"。《光明》的答复是:"我们发刊这个杂志,本来是要和乡村的人讨论生活——讨论革新生活——的事情。但是我们大多数的乡村人,因得(为)从前没有读过书,并不认识多少字;而且有许多虽然认识几个字,看见了改革生活的说话,必定是不肯相信的;所以我们的意见,只能够对那些少数识字的而且要做点乡里改革的事业人说。我们认定使许多有生气的青年都有些改革乡里的志愿和计划,是改革乡里的第一步。至于大多数不识字的人和许多脑筋顽固的人,须要我们先做几个改革的实例给他们看看,才能够有一点觉悟。所以我们的意思重在实行改革,但是我们并不希望一般人都能够实行。"[1] 他们希望通过宣传使青年们投身农村,进行乡村改良的试验。

3. 新村改造

改造农村为新村,是当时一种比较流行的农村改造方法。无政府主义者最早提倡"到乡村去"运动,一方面在现社会的基础上,实现一个理想社会的雏形,在自己可以实行共同生产、共同消费,"各尽所能,各取所需"之原则,以隔离(仍不能脱离)那污浊的现社会;另一方面可为一般人做模范,或能引起大家趋善避恶的心理,而共同脱离恶世界。因此要到乡村组织新村,组织农会,设立平民教育社,加入各种职业中工作。这种新村不一定要离开旧村,另外组织世外桃源;而是联合同志住进某一村去实行劳动,按照理想的社会组织,先以身作则,再用各种宣传的办法——文字、讲演、谈话、图画、演新剧,使村人渐渐觉悟这种好处,自然就可将旧村而新村化。[2] 有人提出用集资的方法,结合多数农业学者和农民组成一个农团,在农村中选择交通便利、医院、警察、教堂、学校都有的地方,做些垦殖畜牧的事业。半日授课,半日做工,把他们养成一种新式农民。[3] 这种新农村组织,在唐山有农民自动组织的"乡农爱国会",注重公共卫生、教育等。在组织者看来,因为中国是农业国,农村容易联络;工团小而散,不易联络;也因为中国工人家无宿粮,经济不独立;农人有土地、粮食在手,经济是能独立的,所以改造农村比工团容易。与其经常讲

---

[1] 《通信》,《光明》第 4 册,1920 年 1 月 16 日。
[2] 玄天:《往乡村去》,转引自葛懋春等编《无政府主义思想资料选》(下册),北京大学出版社 1984 年版,第 645 页。
[3] 阳和:《理想的农村观》,《晨报》1919 年 3 月 5 日。

组织"新村""小组织",不如"下乡去"改造旧村成"新村"①。这种旧村改造,就是要把农村改造成为理想的新村。有评论说:"近日一般怀抱改造社会宗旨的同志,提出新村问题去大家公同研究。更有一部分的实行家已联合同人,拟定一定的规约,筹备相当的款项,想选择妥当的地点去试办。他们抱着这样的热心和宏愿,去担任那社会改造的先驱。"②可见,"新村"这种农村改造方式是非常流行的,而且在一些地方已经付诸试验。

其实,通过提倡新村和组织新村试验的方式改造社会,或是只拿着新村组织去做改造社会的工具,在实际上仍有经济问题、知识程度问题、人数问题、位置问题等,尚需彻底解决。谭平山认为,观察我国社会的现状,空气异常恶浊,霉菌异常充塞,组织新村的目的就是另造新环境和新生活。但是,组织新村不是抱着那个人主义和避地避世的独善其身主义,而是怀着改造社会的热心和宏愿而来的。要想改造社会,就非和社会时时接近不可,又非向着实际的社会下手不可,所以谭平山对于新村并不感到满足。又因为他自己生长在农村,与耕田种地的农民及居住的农村接触很多,已觉得各地的农村非常腐败,非设法改善不可。新村问题发生,自然会刺激较深,遂不知不觉生出许多感想,于是发生了改造农村的动机③。

可见,新村主义试验也在一定程度上推动了农村改造的进程,新村改造成为当时农村改造的一个重要目标。

4. 发动农民革命

许多人认定"农村运动"是改造中国的唯一途径,不过,他们认为农村改造必须国家或政府方面采取措施,极力扶助农民,设法改良农业,保护农民的自然利益,发展农业生产品,使人民得着满足的愉快的生活;这样,国家才无负于农民,国家在农业上的固有经济力亦可得到恢复。国家扶助农民的最重要者,一是农民知识的增进,二是农民经济的补助,三是农民商业的发展,其中以增进农民知识为中坚。时人呼吁:"高唱改造调子的先生们,盼望你们把视线移射到农村运动上面去,共同研究,救农民于水深火热之中,这实是大慈善的事业呵,亦是我国起死回生的药石呵。总之,改造中国只有一条路可走,那就是农村运动!"④作者认为,农村改

---

① 唐山人社许元启:《改造农村的研究》,上海《民国日报》副刊《觉悟》1920年3月17日。
② 谭鸣谦:《我之改造农村的主张》,《政衡》第1卷第2号,1920年4月1日。
③ 谭鸣谦:《我之改造农村的主张》,《政衡》第1卷第2号,1920年4月1日。
④ 陈友荀:《改造中国的惟一路径——农村运动》,上海《民国日报》副刊《觉悟》1922年8月5日。

造关系中国改造的根本问题,农村运动是改造农村乃至改造中国的唯一道路。

觉醒农民是改造农村的根本途径,青年学生应当担负觉醒农民、提高农民革命意识的责任。《青年与农村教育》提出,要觉醒农人,必须首先对他们施以补习教育,使之明白自己的痛苦及痛苦之来源,并告诉他免去痛苦的可能。但是,这种教育不可期望现今的政府或自治团体来办,知之行之唯一的负责者,就是我们青年。我们应该纠合同志组成一个"到农民中间去"的结实团体,为农民办补习教育。所需经费,或可向社会募集,或可努力从省县市乡的教育经费中去争取,或可由境况较好的农人自捐。①其实,这都是教育改造论的表现。因为民粹主义、无政府主义、空想社会主义等思想的影响,进步知识分子纷纷到农村去开辟新生活,并且设计农村改造的各种方案。

1920年4月起,《学灯》刊登了八位青年关于"往乡间去"的讨论,其中提出了到乡间去的八点理由。归结起来:一方面,农民占全国国民的大多数,如果教育得好,可以转移社会的力量;另一方面,农夫大多没有受过什么教育,没有智识;他们的生活很简单;他们没有外界的诱惑,心地很洁白;他们受了几千年专制,没有组织的能力;他们只晓得种田,不晓得别的事,所以没有活动的精神;他们虽有合群和互助的精神,但是没有经过良好训练。他们简单、朴实、节俭,所以有很好的环境。因此,作者提出要仿效俄国民粹派,到农村去,开展农民运动。②可见,到乡间去开展农民运动,开始成为农村改造的主要方向。青年从改造农村入手改造社会,与俄国民粹派"到民间去"有着实践方面的相似性和理论方面的继承性。俄国改造的经验深,刻影响了中国农村改造的探索。

在觉醒农民的基础上发动农民革命,是彻底改造农村的根本途径。题为《农民和革命》的文章比较了工人和农民阶级在中国革命中的作用,认为农业劳动者少知识、乏能力、缺勇敢,而工人知识比农民高,胆力都比农民大,举动也比农民灵动,无论在教育还是组织团体方面,都比较可能而易达。因此,"以将来的革命,望诸农业劳动者,以将来革命后的设施,望诸农业劳动者,事实上似不可能。"作者强调:"如果把中国唯一的主人——负着维持中国这个重担的农民,完全弃了去谈革命,或者因为这个

---

① 楚女:《青年与农村教育》,《教育与人生周刊》第42期,1924年8月4日。转引自中央党史研究室《萧楚女文存》编辑组、广东革命历史博物馆编《萧楚女文存》,中共党史出版社1998年版,第196页。
② 彬彬:《往田间去》,《时事新报》副刊《学灯》1920年5月23日。

主人很不容易上场卖气力，而就独断独行的把诸事分配停当了，万一主人觉察或认为不满意而发起怒来……这时决没有第二个人可以遏制得住，而过去的一番劳苦，不是白白的花费了吗？"①

无政府主义派、中国共产党和中国国民党致力于农民革命运动，将农民革命纳入政治改革的轨道，已如前述。一些进步社团也尝试开展农民革命运动，以下以少年中国学会为例作简要介绍。

三 少年中国学会的农村改造运动

少年中国学会以创造"少年中国"为目的，并且"认定'少年中国'底基础在乡村"②，因此积极提倡新农村运动，把农民阶级改造运动列为他们的特殊工作之一。其理论预设是，只有健全的"人"才能运用主义。在中国士农工商阶级中，"人"的工夫都没有做到。虽然共产党开始从事工人运动并为其先驱，士商阶级已开始觉醒，但是占中国80%人口的农人被遗忘。王光祈为此忠告共产党，不要忘了农人，并引列宁的话"农民是共产主义的仇敌"为据，提醒共产党"你们若要实现共产主义，便不可不先在我们农民身上用一番大工夫"。同时宣称少年中国学会立于共产党与资本家中间，从精神与物质两方面从事改造农民生活的预备工夫。具体的方法便是从事农民教育，组织理想经济的模范村。③ 少年中国学会以农村为基础，注重农村改造，而且以乡村教育作为开展社会活动的重要内容，坚信乡村运动是在中国50年内的绝大的运动。④ 王光祈代表少年中国学会在国际青年团第四次年会上散发的传单说："中国是农业国，农民占全人口百分之八十。假如我们欲改造全中国，那么，我们第一应先改造农民。因此之故，我们一方面从事农民教育，他方面则拟组织一理想经济之模范村，使全国受其影响。此种模范村之集合，即是我们的少年中国。"⑤ 这是宣传少年中国学会的中国农民阶级改造运动。

农业社会主义是少年中国学会农村改造的主要目标。王光祈提出，农民阶级改造运动必须"先握乡村教育权柄"。其途径是组织乡村教育协会，

---

① 中华：《农民和革命》，《责任》第2期，1922年12月4日。转引自《五四时期期刊介绍》第二集，生活·读书·新知三联书店1979年版，第470页。
② 余家菊：《乡村教育的实际问题》，《少年中国》第3卷第6期，1922年1月1日。
③ 王光祈：《我们的工作》，《少年中国》第4卷第1期，1923年3月。
④ "舜生附志"，余家菊：《乡村教育的实际问题》，《少年中国》第3卷第6期，1922年1月1日。
⑤ 王光祈：《我们的工作》，《少年中国》第4卷第1期，1923年3月。

进行程序为：第一步改造农民生产，第二步改造农民生活，第三步改造农民生计。王光祈虽知有外国资本主义侵入，中国不能专以农业立国，却又主张"农业则求其尽量发展，增加输出；工业则但求自给，借塞漏卮"，最后胜利则仍属于农业国家，是基于农业的社会主义。① 郑伯奇提出，中国本是农业国，农业发达的历史悠久，将来社会主义对于农业能否机械化，实是决定中国社会主义性质的分歧点。所以中国将来的社会主义至少具有农业机械化的特色。②

新农业是少年中国学会新农村运动的重要内容。会员唐启宇长期研究新农业问题，在《少年世界》发表了关于"新农村问题"的系列论文，提出第一要创造"中国的新农业"。中国新农业的创造，就要求我们能有新时代农人的性质。新时代的农人第一要具自然的乐趣，第二要有经营的能力，第三要有科学的知识，第四要做精细的劳农，第五要有农事的经验，第六要男女互助。"我觉得我们要改造农村生活，必先改造我们个人生活；要解决农村问题，必先解决我们自身的问题。悬一个标准，凭着坚固的信心与意志，一步一步的做去，都可以达到我们所理想的新农业。等我们中国的新农业实现，于世界农业的状况供献正多呢。"③ 二是提出青年男女农业竞进团的计划。青年男女农业竞进团是铲除守旧劣根性唯一的利器，"是创造簇新优美性惟一的结晶"。其优点是助青年男女以从事农业为毕生事业，得十分有价值之知识及训练，养成忠实的精神，实地改良农业，使之增加最大效率，节省或利用废物与剩余之农产物，获精神上的愉快，利用宝贵的光阴，发展经济的能力，求高深学问的欲望。④ 三是提出改良农村交通，造成一个庄严灿烂的村落文明。其中着重讨论道路的改良与汽车的发达，推广乡间电话制度，设立及改良农村邮政制度，将乡村与城市的消息变得极灵便，使乡村的货物与城市的商场流行极便利。至于改良道路的益处，在经济方面可以减少运费，使旅客愉快，农产物运输极形便利，利用农隙的时季，增加货物的流通，使地价增高。在社会方面，可以改良学校制度，改良社会情形；在政治军事方面，良好道路使平民政治推行便

---

① 王光祈：《我们应该怎样运动》，《少年中国》第4卷第5期，1923年7月。代英：《评王光祈著〈少年中国运动〉》，《中国青年》第53期，1924年11月15日。
② 郑伯奇：《在一九二二年杭州大会上的书面提案》，《少年中国》第3卷第11期，1922年6月1日。
③ 唐启宇：《新时代之农人》，《少年世界》第1卷第3期，1920年3月1日。
④ 唐启宇：《"青年男女农业竞进团"之设施及其计划》，《少年世界》第1卷第4期，1920年4月1日。

利,使军事行动异常敏捷。① 四是提出关于农业机械的思考。农业机械对于生产和工作的影响表现在:第一增加生产品,第二减少生产费,第三改良生产品的性质,第四减少农民,第五妇人从事新工作,第六增加工值,第七体力与智力的改变,第八减少工作的时间,第九增进农人的福利。文章批评了中国农业由人工进入机械的途径很远,农业机械使中国人力失业等说法,认为机械输入带来的痛苦在所难免,在农业革新时期,这点痛苦还是可以忍受的。农业机械的输入,一定会在我们中国农业历史上开一个新纪元,在世界生产供给上开一个新局面。② 这些关于农村问题的研究,对少年中国学会开展农村运动也有一定的影响。

少年中国学会注重农村改造运动,与学会向来主张从破坏与建设的训练两个方面从事改造社会的预备分不开。因为中国知识分子大多数不熟悉劳动生活,劳动阶级又无机会受教育,故我们提倡半工半读,使读书者必做工,做工者亦得读书,务使知识分子与劳动阶级打成一片。在改造中国问题上,最有希望的就是中国劳动家。中国是农业国,劳动家中以农民为最多,故我们学会提倡"新农村运动","天真烂漫的农夫,便是我们热血青年的伴侣"③。

因此,少年中国学会积极从事农民阶级改造运动,着力于改造农民生产、农民生活和农民生计,开展建设新农村运动。学会负责人王光祈非常推崇傅立叶的理想组织,注重农村运动,提出以农立国的农业社会主义。④ 在倾向共产主义的恽代英看来,王光祈改造农民生计的许多内容都是革命以后的事。王光祈虽然主张青年去接近农民,但不注意引起农民改善生活的要求而使之进行革命,只说"应该把我们所知道的传授一点,与我们未有机会得受教育的劳动同胞",这是没有什么意义的。恽代英提出:"我们要到劳苦的农人工人里面去,指出他们的痛苦,剖示他们痛苦的根源,告诉他们可以有的救济方法,将一国与一地方的财政经济情形给他看,使他知道若能打倒帝国主义,不付赔款外债,打倒军阀,不出资养兵,且没收军阀的财产,打倒贪官劣绅,不许他们中饱浮费各种公款,那便一切救济的方法都是可以做得到的事。我们用此引起他们为要求生活改善而革命,

---

① 唐启宇:《农村交通的改良与村落文明》,《少年世界》第1卷第9期,1920年9月1日。
② 唐启宇:《农业机械对于生产及工作之影响》,《少年世界》第1卷第12期,1920年12月1日。
③ 王光祈:《少年中国学会之精神及其进行计划》,《少年中国》第1卷第6期,1919年12月15日。
④ 王光祈:《傅立叶的理想组织》,《少年中国》第3卷第9期,1922年4月1日。

为革命而与我们一致的宣传，而且将民众联络组织起来。所以我们教育农工，与农工接近，丝毫不想组织新村，只是想使他们明了只有革命是救济他们自己的惟一法子。"① 这是学会内共产党人对于王光祈农村改造计划的批判，显示了学会内部关于农村改造方法的分歧。

四 章士钊的"以农立国"思想

在关于农村改造的讨论中，"以农立国"思想也是值得注意的，其中章士钊是最具影响力的人物。他在1921年赴欧调查各国一战后状况，先后访问并请教萧伯纳、威尔斯、潘悌等名流如何救治中国之道。结合对战后欧洲的目见耳闻，他深刻认识到，"吾国与欧洲各国有一大不同点。吾国以农立国，欧洲各国皆以工业立国"②。既然农业国与工业国不同，中国改造就不宜强学西方。为此他准备著书，系统地清理基尔特社会主义的起源与流派，初步提出农业为立国之本的主张，形成以农救国的思想。作为湘籍名流，章士钊还设计了一个新湖南的发展方案，准备回国后付诸实践。他作了一首《草新湖南案成放歌》，诗云"湘人勤俭宜于农，立国舍此宜何宗，吾国文明本农化，更有何居足方驾。因此湖南人，共赴湖南役，新招宋玉魂，重展贾生策……"提出了农业立国之本的主张和明农救国的思想。③

章士钊1922年10月在湖南做了《文化运动与农村改良》《农村自治》《注重农村生活》等一系列讲演，在湖南等地广泛宣传其以农立国的主张。他认为，"欧洲的大问题，是解放工人。中国的大问题，是要解放农人"。解放农民当推重农村自治。所谓农村自治，就是"这村内的人民，各按各人所能作工的，分工去作，在应受教育年龄期间内的，要强迫去受教育。在村内的，人人有饭吃，人人有工作，再计算一年的工作量，能作多少，要设法子使他年年推广，人民的生活程度就要提高"。意思是，中国是农业国，现在急需的是要讲求改良农业的方法，用不着社会主义。④ 关于改良农村的方法，以村为单位，调查村内农产物之出额。不足则自外买入，多则酌量卖出，概由公共管理，以资调剂。另发行一种纸币，流通于本村，则一村之人都可以无衣食之虞。进而修筑道路，改良建筑，办小学及文明应有之机关，都由公共买卖局设立。凡是人民的生活，务须保持在水

---

① 代英：《评王光祈著〈少年中国运动〉》，《中国青年》第53期，1924年11月15日。
② 章含之、白吉庵主编：《章士钊全集》第四卷，上海文汇出版社2000年版，第159页。
③ 袁景华：《章士钊先生年谱》，吉林人民出版社2001年版，第140—141页。
④ 章行严：《农村自治》，长沙《大公报》1922年10月13日。

平线以上，村村如此。由村而县而省，均以本地之出产，维持本地人之生活，使能如此，然后可以言文化。① 章士钊提出，"中国的人民既有百分之八十五为农人，那么谈社会主义的自然要从农人着手才可，不能同欧西一样的注重工人。依公理推来，改造我们中国的社会生活，图真正的富强，确非注重农业不可"。一是改良农村，非以科学知识去耕种去组织不可。二是把无产业的游民，一齐送田间去。三是士农应连成一气，达到握笔为士，罢笔为农就好。照这样做去，中国农业一定可以有起色了。② 章士钊鼓吹以农立国论，认为"吾国为农国，不能妄采工国之制度。今图改革，请从农始"。并呼吁农业文化的回归。③ 他强调，中国只能"返求诸农，先安国本"，如果"去农而之工"，将"未举工国之实，先受工国之弊，徘徊歧路，进退失据"④。实际上是一种农业社会主义理想。在中国改造问题上，反对都市化和工业化，向往或恢复农村田园生活。

此外，章士钊1923年在上海暨南大学演讲《欧游之感想》，副标题就是《主张农业立国之制》。其中明确提出："乃中国宜保存农业立国之制，以后提倡农村，使一村自给自治。一村如此，一县一省莫不如此，乃农村制推行各省，国乃可治也。"⑤ "吾国当确定国是，以农立国，文化治制，一切使基于农"，反对"兴工业以建国"⑥。正如长沙《大公报》所言，章士钊提出以农立国，"大抵皆不同意于新文化运动之词，且有提倡复古之意"。因为章士钊联系中国是农业大国的国情，鼓吹以农业为立国之本，故颇受舆论界的重视。从欧洲回国不久，章士钊担任北京农业大学的校长，他将学校更名为北京农业大学，确立"以办到师生农民通力合作，建树将来农村立国之基础为宗旨"。为实现基尔特社会主义的农治理想造就人才，提供了便利条件。⑦

不过，章士钊以农立国的思想，遭到学术界不少的批判，1923年在上海思想文化界引发了一场工农立国之争。⑧ 杨明斋《评中西文化观》一书，就是专门批评章士钊《农国辩》等书中的中西文化观的。恽代英批评章士

---

① 章行严：《文化运动与农村改良》，长沙《大公报》1922年10月9日。
② 章行严：《注重农村生活》，长沙《大公报》1922年10月14日。
③ 章含之、白吉庵主编：《章士钊全集》第四卷，上海文汇出版社2000年版，第169页。
④ 章士钊：《农国辩》，上海《新闻报》1923年11月3日。
⑤ 章含之、白吉庵主编：《章士钊全集》第四卷，上海文汇出版社2000年版，第160页。
⑥ 章士钊：《业治与农（告中华农学会）》，《新闻报》1923年8月12日。
⑦ 袁景华：《章士钊先生年谱》，吉林人民出版社2001年版，第139页。
⑧ 参见刘黎红《五四文化保守主义思潮研究》，中国社会科学出版社2006年版，第71—72页。

钊以农立国是不能自圆其说的主张。"今日只有问中国是愿意用小生产制或是愿意用大生产制。若是农业工业一样用大生产制，不知农业国何以会得最后胜利。"① 有研究者指出，章士钊是农村主义的提倡者，一般主张农村主义的人都受到他的暗示和影响，其进行手续为：在先办农村学校，养成一般指导农民的人才，然后将这班人才分布于各乡去实施他们的计划，以达到改良吾国农业之目的，一俟农业改良，农业生产品增多，即可以救中国目前之危险。这也可以说是他们的救国主义。② 可以说，"以农立国"思想是五四时期农村改造的一种思路，也是20世纪30年代"以农立国"思潮的滥觞。

由上可见，关于农村改造的讨论，揭露了当时农村的种种缺陷或不足，在此基础上提出了改造农村的种种方案，同时也促进了知识分子深入农村去宣传和觉醒农民，改造农村生活，开展农民革命运动。大多数社会改造论者希望通过农村教育和农村运动来改良农民生活，改变农村贫困和落后面貌，发动或从事改造中国农村生活运动。各派政治势力更是注目于农村改造，开展农民运动和农民革命。这样，农村改造纳入政治革命和社会革命的轨道，成为社会改造或革命运动的重要组成部分。

第二节 地方改造问题

五四时期社会改造的趋向主要有"普遍"和"模范"两种方式。前者把全世界当作单一体，齐心协力地同时改造；后者依据或创造一个范型，做局部的改造运动。在空间错综继起的局部改造，未尝不是以达到全世界改造为目的和"普遍"的形式、方法。别的局部改造的形式、方法虽然不同，想要达到的目的却是一样。③ 此期兴起的地方自治运动，是一种以和平方式改造和统一中国的尝试。这种以省自治为核心的地方改造，也是一种局部改造的模式。

一 地方改造的重要性

五四时期的地方改造以省自治为核心内容和主要表现形式。所谓联省

---

① 代英：《评王光祈著〈少年中国运动〉》，《中国青年》第53期，1924年11月15日。
② 刘炳荣：《今日救中国的唯一主义——新合作主义》，《大公报十周年纪念特刊》，彰文印刷局1925年版，"专著"第73页。
③ 玄庐：《新村底我见》，《批评》第5期"新村号"，1920年10月26日。

自治，就是允许各省自治，由各省自己制定省宪，依照省宪自组省政府，统治本省；由各省选派代表，组织联省会议，制定联省宪法，建立联邦制国家。省自治是以省为单位实行自治，包括两方面的内容。一是各省自己管理自己的事，不容他人干涉；二是实行各省人民的自治，包括自制省宪法，民主选举组织地方政府。因此，省自治既是一种手段，也是一种目标。

联省自治是一些知识分子企图效仿美国联邦制，通过各省先行立宪自治，进而实现民主共和制度的一种政治理想，在五四时期成为地方改造的核心思想。

《我为什么要主张省自治》一文，详细分析了"省"在中国历史上的性质与作用，归纳出主张省自治的理由六条：（1）省是有完全独立精神和充分自治资格的一个地方最高的行政区域，为国家构成的单位，即中华民族的基础。（2）省自治成立，能收到因地制宜、分科发达的功效。（3）历来政治误把中国地方分权的历史看作统一的历史，又误把绝对的中央集权制当作统一政治，所以越求统一而离统一越远。真正的省自治必能打破不统一的假统一，建设一个真正统一的中华民国。（4）在真正的自治制度下，省长必由民选，至少也必须得一省人民大多数的同意。（5）省自治后，必能使一般人民的观念和身份由冷淡的而变为热诚的，由游闲的而变为勤勉的，由奴隶的而变为主人的，由自暴自弃的而变为自我实现的。（6）在省自治制度下，能杜绝不肖无赖、饭桶草包做官弄权的机会，使贤明才能、正人君子得以发泄怀抱，贡献社会。总之，"不发展地方，不足以巩固中央，不实行自治，不足以发展地方。就政治一般趋势来观，仿佛由官治到法治，由法治到民治，再到自治。所以谋自治精神底发展"①。这里反映了当时大倡地方自治，反对军阀统治，追求民主自治的浪潮，也说明省自治作为地方改造的根据所在。

其实，省自治是以地方自治为基础，进而根本改造中国的一个途径。有谓："因为要改造'新中国'，就不能不从各省改造起。"② 各省改造的办法，就是实行省自治。实行各省的自治，是"尊重民主政治之真谛"，既可以"巩固国家基础"，又可以"促进省民之一切自由福利"。"一省改

---

① 吴载盛：《我为什么要主张省自治》，《新浙江》第1期，1921年2月1日。转引自《五四时期期刊介绍》第三集，生活·读书·新知三联书店1979年版，第424—425页。

② 张秋白：《我们应怎样从根本上改造安徽》，《新安徽》第1期，1920年12月25日。转引自《五四时期期刊介绍》第三集，生活·读书·新知三联书店1979年版，第421页。

造，省省改造，联省宪法成立之日，即我中华民国改造大业成功之时。"① 作为湖南自治运动中的风云人物，毛泽东认为各省自治是"改建中国唯一的法子"。关于各省自治的办法，像湖南、广东两省用兵力驱去旧势力就是一种革命，应由各该革命政府召集各省"人民宪法会议"，制定各省宪法，再依照宪法建设一个新湖南、新广东。像湖北、江苏两省，不能有革命的行动，只好从鄂人治鄂、苏人治苏入手，等到事权归了本省人，便进而为地方自治的组织。前一种办法可树各省自治的模范，实有"国"的性质，实行一种"全自治"，所以最有希望。后一种办法虽然暂时只能实现"半自治"，然由此可进而做废督运动。只要督军废了，则全自治便即刻到手。② 毛泽东把中国现在的政象视同清末一样改良无望，实行地方改造的步骤是从"半自治"到"全自治"，从省自治到全国自治，因此设计了从各省改造到全国改造的方案，可以说代表了当时的一种改造潮流。

制定省宪法是实行地方自治的根本保障。林可彝著文指出，当湖南倡议自治省的声浪一起，熊希龄先生就拟定一个《湖南省宪》。随后，各地方公共法团和私人的省宪草案，就如雨后春笋一样，蓬勃发展起来。可见运动自治的人都注意省宪，已成为事实。"中国土地这样大，人口这样多，交通那样不便，文化又那样参差不齐，要实行一种主义，尤以关于人民直接利害关系的经济改革，等到各省人民一同有相当的觉悟，实在太迟了。因此我们希望各省先定个自治省，除了对外关系，及非联合全国，没有力量对付的事务以外，各省可以各自为政。将来各省内部的改革，才不受外力的压迫，而又能适应他的内部文化，而采用最合理的制度，且站着一省的根据，做出好些成绩来，别省也有观感，可以促进他的改革啊。"③ 教育家郑晓沧在《制宪与教育》中指出：自湖南有省宪之倡制，而浙江继之，他省之闻风而思起者，已不止一处。窃以立法之意，在划出社会生活中共同遵守之轨道，而为全民权利之维护，宪法为根本法规，则必对于人民之根本权利，期有以为深切确实之保障，且足定其所代表的人民进步之方针也。④ 制定省宪法是地方自治的保障，也是人民权利的保证。从各省宪法到联省制宪到全国制宪的制定，也体现了从各地自治到省自治到全国自治的改造路径。

---

① 张秋白：《安徽省宪法刍议》，《新安徽》第1期，1920年12月25日。转引自《五四时期期刊介绍》第三集，生活·读书·新知三联书店1979年版，第421页。
② 毛泽东：《反对统一》，《时事新报》副刊《学灯》1920年10月10日。
③ 林可彝：《我们为什么拟草省宪》，《自治周刊》第7号，1921年6月26日。
④ 王承绪、赵端瑛编：《郑晓沧教育论著选》，人民教育出版社1993年版，第14页。

二 湖南、广东、江西、湖北、山东、四川的改造

在地方改造运动中，湖南、江西、山东、四川等省区的改造既有思想宣传，又有实际的自治运动，因而在当时产生很大影响。以下分别介绍。

1. 湖南改造

1920 年 7 月驱张运动胜利，湖南首先揭橥"湘人治湘"的大旗，提倡自治运动，改造湖南，甚至建立湖南共和国。湖南因此成为 20 世纪 20 年代联省自治运动的先锋。

湖南人民长期受北洋军阀统治，皖系军阀张敬尧更是把湖南引入暗无天日的深渊。因此要拯救湖南人民，唯一的方法就是把张敬尧驱逐出去。但是"驱张"并不能从根本上解决问题，一个张敬尧走了，跟着来的会有第二个、第三个以至无数个张敬尧。所以，"现在要去的张敬尧，不是具体的张敬尧，是抽象的张敬尧，并不是安徽霍丘人年约四十余岁口翘八字鬚的张敬尧，乃是代表盗匪人格金钱主义腐败精神黑暗势力的张敬尧"。改造湖南的办法，第一要"废兵"，即废除"抽象的张敬尧"，就是废除顽固暴虐卑鄙恶劣的军人和政蠹。第二是扩大人民的议政权，由人民选举全省最高的行政官。这是实行第一条办法的办法。第三是"重建都市"。人民有了政治自由，要图发展，就要从经济实业方面，恢张人民的实力。第四是革新教育，将死的、奴隶的、虚空的教育改成活的、自由的、实际的教育。这是保证公众福利永远发展的真正基础。总之，只要湖南人民彻底觉悟，团结一致，坚强奋斗，"废兵"是一定可以做到的。进而从根本上推翻封建军阀制度，让人民有过问政治的权利和自由，这样就改造了湖南。①

有人提出，要解决湖南问题，必须采取群众运动的办法。因为法国革命和俄国革命的作用虽然不同，但都能够获得成功，主要是由于依靠群众运动。而湖南问题只靠一两位担任南北和会代表的湖南人、少数政客和握有兵权的人，不知接受"德谟克拉西"思想，采取群众运动的方式，以至请愿于北京政府，又陈述于上海和会，仍迟迟不得解决。因此，湖南问题的解决，应本着"德谟克拉西"精神，采取群众运动方式来驱逐张敬尧。②《湘潮》则明确表示，要根本地解决，不是枝节地解决；是永久地解决，不是暂时地解决；是积极地解决，不是消极地解决；是由湖南人民自己解

---

① 愿学：《湖南之改造》，《湖南》第 1 卷第 4 号，1920 年 2 月 20 日。
② 逸园：《湖南问题与群众运动》，《湖南》第 1 卷第 4 号，1920 年 12 月 20 日。

决，而不是请政府代为解决；是湖南人民全体的利益解决，不是少数特殊人的利益解决；是按照现代潮流去解决，不是因袭从来习惯去解决。具体办法就是"驱张"和"去兵"①。1920年3月4日《湘潮》出版"春节特刊号"，就是要做"去张运动"的加紧鼓吹，研究湖南的积极建设，讨论救国的根本方法，研究社会的解放与改造。其中《张去后的湖南问题》一文提出在赶走张敬尧以后，在湖南实行省长民选和去兵。去兵的方法是先组织一个"湖南去兵会"，分设劝导、调查、研究等科，劝导兵士抛弃兵营生活，去做田野生活；调查兵数饷额；研究裁除及安置的方法。经过劝导、调查、研究后，向省政府提出一个详细的去兵案，叫他们去执行。此外，要改造省议会，使它能代表真正民意，增加教育经费，使教育不受政治影响。② 可见，驱张运动的目的是改造湖南，以群众运动"驱张"和"去兵"是建设湖南、解决湖南问题的根本方法。

1920年6月，《湖南改造促成会发起宣言》（以下简称《宣言》）进一步提出，欲建设一个理想的湖南，唯有从"根本改造"下手，而先提出一个最低限度且应乎时势要求之条件，合省内外湘人之公意，铲除一切私见私利。湖南改造以"去张"为第一步，以"张去如此（何）建设"为第二步。《宣言》将军务、财政、教育、自治、人民自由权利、交通各项列成条件，以"推倒武力"和"实行民治"为两大纲领；以废督、裁兵，达到"推倒武力"之目的；以银行民办、教育独立、自治建设及保障人民权利、便利交通，达到"实行民治"之目的。《宣言》总结了世界各国民权人权无不来自积极奋斗与运动的历史经验，并且分析了湖南改造对全国改造的影响。③ 湖南改造在消极方面是废督裁兵，积极方面是建设民治。④ 这些改造湖南的主张，不仅体现了自决主义的精神，而且表达了民治主义的要求。

在驱张运动胜利后，湖南改造的目标是建立民主的"湖南共和国"或"湖南国"。湖南改造促进会设计了驱张之后的湖南社会蓝图："以现状观察，中国二十年内无望民治之总建设。在此期内，湖南最好保境自治，划湖南为桃源，不知以外尚有他省，亦不知尚有中央政府，自处如一百年前北美诸州中之一州，自办教育，自兴产业，自筑铁路、汽车路，充分发挥

---

① 飞：《湖南问题的解决》，《湘潮》第3号，1920年2月1日。
② 熊梦飞：《张去后的湖南问题》，《湘潮》"特刊号"，1920年2月24日。
③ 《湖南改造促成会发起宣言》，《申报》1920年6月14日。
④ 《湖南改造促成会对于"湖南改造"之主张》，长沙《大公报》1920年7月6日、7日。

湖南人之精神，造一种湖南文明于湖南领域以内。"① 这代表部分湖南人的理想，虽不无空想的成分和分裂主义的意识，但对于湖南改造不失为一种有益的探索。在此基础上，提出了"打破没有基础的大中国建设许多的中国从湖南做起"的主张。有谓："大国家是以小地方做基础，不先建设小地方，决不能建设大国家。勉强建设，只是不能成立。国民全体是以国民个人做基础，国民个人不健全，国民全体当然无健全之望。"因此，中国的改造不能由总处下手，只能由分处下手。现在唯一的办法是"打破没有基础的大中国，建设许多的小中国"，将中国原有的二十二行省三特区两藩地共二十七个地方建设二十七个国。在湖南就是要造出一个旭日瞳瞳的湖南共和国。②《大公报》上发表《怎么要立湖南国》《天经地义的湖南国》等文章，宣传"打破大国迷梦"，建设"湖南共和国"的口号。

由此表明，湖南建设的唯一的办法是湖南人自决自治，即湖南人在湖南地域建设一个"湖南共和国"，此亦成为湖南建设的根本问题，达到"救湖南，救中国，图与全世界解放的民族携手"的目的。③ 而且，湖南自治是以民治主义相标榜，主张"湖南国"，并非一定要将湖南省的"省"字改成一个"国"字，只是要得到一种"全自治"而不是"半自治"，而是要建设一个湖南人所理想的新湖南，树立一种模范自治。④ 彭璜进一步提出"湖南共和国"建设的根本问题，一方面注意全体人民的幸福，至少也要谋最大多数的福利，绝不要提倡资本主义、造就资本家，绝不要仅仅保护资本家；另一方面要提倡人民自动，提倡"自动的自决"，提倡"自动的自治"，"渐次将湖南政权推及湖南人民全体，打破政治上社会上一切特殊的势力，听三千万湖南人各各发展他们'人'的本能。也就是，湖南共和国不是要建设一个中国式的共和国，也不是要建设一个美国式的共和国，而是要铲除中国式的武力主义，预防美国式的资本主义，秉着独立与合群的精神，秉着平等自由博爱的精神，次第的浸润的建设一个非中国式非美国式的共和国"⑤。但是，"湖南共和国"的主张，遭到不少反对之声，被指责为一种狭隘的地方主义意识，既违反了现代潮流，又闭塞了湖

---

① 中共中央文献研究室等编：《毛泽东早期文稿》，湖南人民出版社2008年版，第440—441页。
② 毛泽东：《打破没有基础的大中国建设许多的中国从湖南做起》，长沙《大公报》1920年9月5日。
③ 毛泽东：《湖南建设问题的根本问题——湖南共和国》，长沙《大公报》1920年9月3日。
④ 泽东：《"全自治"与"半自治"》，长沙《大公报》1920年10月3日。
⑤ 彭璜：《"湖南共和国"建设问题的根本问题——非中国式非美国式的共和国》，长沙《大公报》1920年9月8日。

南人的思想。① 这种争论说明，在建立一个资产阶级民主共和国的共同目标下，在湖南改造的具体目标上存在分歧。

而且，在湖南自治问题上出现了"官治"与"民治"的路向分歧。当时省长谭延闿有意延请学界名流，为湖南自治造舆论。不仅请梁启超草拟《湖南自治法大纲》和《湖南自治根本法》，还邀请章太炎、张溥泉等名流研究制宪问题，以便迅速地、简便地制定宪法。章太炎在长沙积极宣传他的联省自治说②，在《湘事通启》中说："自治者，即不容何方干预本省军民政事之谓，其后省宪制成，所规定者益严密矣。省宪本以保障自治，故余条或可缓施，而湖南主权，在所急护。"实际上反对北洋军阀政府的武力统一政策，同时也反对中国共产党支持南方政府的革命统一。③

在自治运动中，省宪法是保障民权的根本大法，因此在湖南省宪法问题上出现了"官绅制宪"与"公民制宪"的争论。关于湖南自治根本法（后改称省宪法），有人主张由省政府起草，有人主张由省议会起草，有人主张由省政府省议会起草，有人主张由省政府、省议会以及省教育会、省农会、省工会、省商会、湖南律师公会、湖南学术联合会、湖南报界联合会等合同起草。有人主张由个人动议提出草案，邀赞成的人联署，成为一种若干人同意的草案。毛泽东等人主张"由湖南革命政府召集湖南人民宪法会议，制定湖南宪法，以建设新湖南。"④ 因此，湖南制宪问题也引发了一场声势浩大的民众运动。在民众看来，制定省宪法就是规定省的组织、省政府各部门的相互关系、省政府与人民的关系等，因此"人民对于宪法上的要求，最重要的便是看怎么样规定政府——立法、行政、司法——与人民的关系，因为民权的消长，只须争此一点，这一点争不到手，或是所得不满意，旁的事便没有话说了。"⑤ 后来湖南方面还是采取"学者制宪"的形式，并于1922年4月完成《湖南省宪法草案》，大致遵循主权在民和权力制衡的政治原则，贯彻了原定的"以主权归还全省人民，以法权保障人民之权利"⑥的宗旨，但是一些具体条文引起了许多批评。如毛泽东认为，省宪法草案的最大缺点，是人民的权利规定得不够。⑦ 随着湖南省宪

---

① 徐庆誉：《怎么叫做湘人治湘？》，长沙《大公报》1920年9月28日。
② 汤志钧编：《章太炎年谱长编》下册，中华书局1979年版，第604页。
③ 汤志钧编：《章太炎年谱长编》上册，中华书局1979年版，第604、419页。
④ 《由"湖南革命政府"召集"湖南人民宪法会议"制定"湖南宪法"以建设"新湖南"之建议》，长沙《大公报》1920年10月5日、6日。
⑤ 《民权不是送来的》，长沙《大公报》1921年3月4日。
⑥ 《湘省自治案之近讯》，《时报》1920年11月5日。
⑦ 毛泽东：《省宪法草案的最大缺点》，长沙《大公报》1921年4月25—27日。

法的颁布和实行,在湖南自治问题上"官治"取代"民治"成为事实。毛泽东后来承认"我们的团体曾经要求实行男女平等和建立代议制政府,并且一般地赞成一个资产阶级民主的纲政。"① 结果以失败告终。联省自治的目标也无法实现,结果变成了军阀割据。

正如报界舆论所说,民本主义是20世纪的趋势,中国也不能例外。而且国家已成既不能战又不能和的局面,与其这样使人民颠沛流离,怨声载道,倒不如"划分区域,实行自治,使本地人治本地之事"。② 无论是驱张运动、建立"湖南共和国"还是湖南自治运动,都是反对封建军阀和倡导民主主义的运动,是湖南人民追求地方自治的尝试。《湖南省宪法》是20世纪20年代自治运动中唯一正式制定并公布实行的自治宪法,也是中国近代历史上实行的第一部省宪法,为当时各省自治提供了榜样,也因此为民国政制开一新纪元。

2. 广东改造

广东改造以自治运动为主要内容,主要是由地方实力派人物陈炯明领导的。陈炯明是联省自治运动的主要发起人和积极的倡导者之一。在他的倡导下,广东的自治运动开展得最为积极,也颇见成效。

1920年8月至11月,广东自治运动主要是实行"粤人治粤",保境安民。因桂系军阀和其他客军长期蹂躏广东而激起的"粤人治粤"的情绪,以及不让广东财政收入外流以求自保的愿望,广东大张旗鼓地宣扬"联省自治"。所谓"粤人治粤",意即赶走"桂人"(桂系军阀),由"粤人"(陈炯明)来统治广东。陈炯明回粤后,"抱改造广东之责任为主旨",公开宣称:"盖知广东昔日之所以亡,即知今日广东之所以亡而复存。人民而欲亡,非一二人力所能使之存,人民欲存,亦非一二人之力所能使之亡也。今日以后,广东者,广东人民共有之,广东人民共治之,广东人民共享之。""今欲改造广东,当实行平民政治始。"要以广东之人力、物力,把广东改造"为南方文化之中心"。③

1920年11月至1925年10月,陈炯明积极推行联省自治运动。1921年2月2日,陈炯明召集地方行政会议,提出了关于广东地方自治的议案:(1)进行地方自治及恢复县议会。(2)取消公益捐,增加地丁附税,筹办保卫团。(3)规定地方财政不得挪作他用。(4)实行军民分治,规

---

① 《毛泽东一九三六年与斯诺的谈话》,人民出版社1979年版,第38页。
② 逸园:《发刊词》,《湖南》第1号,1919年7月20日。
③ 《粤军陈总司令之宣言》,上海《民国日报》1920年11月12日。

定进行手续。(5)再颁烟禁、赌禁及分期取消娼妓。①他宣称,"吾信吾广东如试行而成功,则他省人民必纷纷效法。而此种运动将遍于全中国。吾人倘能得一二省加入,即可与彼等联合,而逐渐推广至其余各省,最后使中国成为一大联省政府也"②。其具体路径是制定省宪,成立联省政府,召开联省会议,制定联省宪法,以实现和平统一。于是陈炯明大力推进"省自治"和"联省自治",其主要内容:一是民选县长,建设"模范省"。因为县是省的基础,实行省自治应从县自治做起。"民选县长采用民治精神,由县民直接选举,当选者方合民治本旨,不必复由省长选择。中国觅求民主,必须从乡村的自治传统演进而成。我们必须采用由下而上的办法,再不能采用由上而下的办法。"于是,1921年4月公布《广东自治条例》和《县自治条例》,并在全省举行"民选县长"。二是制定《省宪》,为实行地方自治提供法律根据。《广东省宪法草案》于1921年11月公布,12月由省议会正式通过,这是广东历史上的第一部省宪。三是提出联省自治运动的政治纲领。陈炯明在《联省自治运动》中提出的"建设方略",其要点:一为规定中央与地方之权限。中央与执政及部长之外,因事务性质之必要,设委员会以谋全国之一致,则中央无专制之弊,各省无脱离之嫌。而各省政事听之各省人民,予民治之发展,即所以措国家于安全也。二为划分军事与民政。军事以国防为主,中央司之,由参陆及军事委员会掌其计划,庶几军队不至移为对内之用。中央无滥用武力之虑,各省无拥兵自卫之嫌,而民治得以从容展布也。至于实行方法:第一,"以建设方略征求各省政见斟酌损益之后,主张相同则共同努力以贯彻其主张"。第二,主张相同之各省应选出代表,组织联省会议,俾依据建设方略以制定联省大纲,然后由大纲以产生参议院,由参议院选举第一次执政副执政。第三,"吾人于此,当摒除成见,为国求贤。今日忠于民国之人为天下所知而有领袖之资格及有解决时局之力者,惟中山、合肥两公。故两公出而民志定,中华民国联省政府执政副执政,当以两公为首选"。第四,联省宪法,即以此大纲为基础而构成之。以上四者,为进行之次第。各省于此当固结同志,排除障碍,以期主张之贯彻,庶六年以来分崩离析之祸得以消弭,而人民之牺牲损失犹得以为偿也。③

陈炯明还设想通过联治实现统一的步骤,大略如下。首先,实现军事

---

① 《广州行政会议之议案》,长沙《大公报》1921年2月14日。
② 《字林西报通信员披露广东真相》,上海《民国日报》1921年2月18日。
③ 段云章、倪俊明主编:《陈炯明集》(下卷),中山大学出版社2007年版,第947—950页。

与民政分途；其次，各省制定省宪，实现自治；最后，组织联省政府，最终实现国家统一。由此可见，实行联邦制是推行联省自治运动的主要目标，地方自治则是联治的基础。陈炯明在《中国统一刍议》中指出地方自治的三大优势：（1）"自治是民主国的基础"；（2）"自治为自由民之保障"；（3）"中国地方自治为达到共和唯一之路"。在此基础上，提出联治民主制的思想："简言之，即联乡治区、联区治县、联县治省、联省治国是也。析言之，即全国政权组织，以业治为经，域治为纬，组成五级政制。自乡治以上，各级构成分子均以区域职业两种团体为基本单位，其顺序则以乡自治为基础。由此基础，层建而上之，则为区、为县、为省、为国是也。"他还公开提出统一中国的两大原则：（1）仿照美国联邦制度，成立中华合众国（United States of China）。（2）在上海召集全国会议，讨论裁军与废督问题。愿意根据上面两大原则，与北方商磋统一问题。① 他甚至提出"以广东为中国的普鲁士，把中国变成为德意志式联邦。"② 可见，陈炯明在联省自治运动中设计了一个从村镇自治到县自治到省自治到联省自治再到世界联邦的蓝图，即先要建立统一的中华民族的国家，接着要使亚洲组成为一个联合组织，最后在亚洲、美洲、欧洲各自联合完成三大组织后成立万国联邦。③

关于广东实行自治运动的效果，美国驻华公使雪曼在 1921 年 9 月 16 日发表评论说："南方政府在广州设立一个极有效率的现代化市政府，同时积极进行全省地方自治，他们宣布的主义是由联省自治来建立一个联邦政府。广东目前毫无疑问的是中国最开明的一个省份，可能也是管理最有效率的省份之一。"④ 这种评价是比较可观的。

3. 江西改造

江西改造的步骤大致与湖南相同，主要表现在"赣人治赣"和自治运动。

1919 年后，赣人自治的呼声高涨。到 1920 年年底，江西省第二届议会通过实行地方自治及省长民选案。1921 年 6 月浙江卢永祥通电主张制定

---

① 《纽约时报》1922 年 6 月 27 日。转引自陈定炎编《陈竞存（炯明）先生年谱》（上），李敖出版社 1995 年版，第 521 页。
② 张友仁：《我所知道的陈炯明》，《广东文史资料》第 3 辑，中华书局 1962 年版，第 22 页。
③ 杨研：《地域主义与国家认同：民国初期省籍意识的政治文化分析》，天津人民出版社 2007 年版，第 243 页。
④ 肖建生：《中国文明的反思》，中国社会科学出版社 2007 年版，第 307 页。

省宪,通过自治组建省自治政府,江西政坛和驻京沪的江西公团随即作出回应,江西省议会第二届临时会提出从速制定省宪法会议组织法,第三届议会首次常年会上正式提出《组织江西省宪法会议案》,拟具省宪会议组织法十三条,主张迎合自治潮流,集合江西省议会、教育会、农会、商联会、工会代表共同组织省宪会议,制定省宪。① 1922年7月,省议会"爰本民族自决之义,起而为自卫之谋",发表宣言书,明告全体江西人民:(1)应由赣人暂编赣军,以维目前之现状。此外无论何方军队,速行限期撤回。(2)制定省宪,实行自治,以谋永久之福利。盖省宪为国宪之造端,联省自治为统一之始基,民意一致,莫之敢遏。今督军裁废,民政待理,起视吾省状况,吏治如此其腐败,财政如此其紊乱,教育实业如此其窳颓,平民生计如此其凋敝。"救时方针,莫如各省自定省宪,促进自治,由联省自治而谋统一,省与省无侵略之野心,省与国无权限之争执,轻重相等,内外相维,则民治日见发展,国基日形巩固。……吾赣今日为南北竞争之焦点,亦即南北统一之枢纽,求彻底解决之法,厥惟赣人自治,而先决问题,即在撤退双方客军,庶几自治有保障,停战非空言,而统一乃得实现。"② 也是把制省宪作为自治的基础。

与"官治"相对应,由知识分子和学生为主发起"民治"运动。江西学生组织的改造社以"改造社会"为宗旨,"使这个'黑暗的旧江西'变成一个'光明的新江西'"。他们提出改造社会的主张:(1)发展"德谟克拉西"的真精种,打破一切威权和阶级制度。(2)劳工神圣,是我们良心的主张。要使他们有觉悟,能自动,引着他们到光明的路上去。(3)"社会上没有真是非,不是'是非颠倒',就是'黑白不分'。我们对于社会上的一切现象,惟有下严格公正的批评,由此才寻得出真理来。"实现上述主张的方法是"社会研究、社会批评、社会调查"③。具体而言,就是开展教育和宣传。他们首先揭露和批判江西教育界的种种问题,甚至将社会的腐败和人民的贫困、无权归诸教育制度的不善。他们认为,教育才是最根本的改造方法,才是"诱导人性的根本事业,人们赖这种事业底陶冶,才能趋于智慧,和善,快乐,强壮,高尚,优美,才能造成真正'德谟克拉西'的社会"。因此,"只要能办一个乡村小学或是平民补习学校,能够启导三个两个平民也是好的"。实际上是一种教育救国的理想。其次,改造江

---

① 《赣省制宪之动机》,《申报》1921年11月28日。
② 《赣人主张驱客军制省宪》,《申报》1922年7月15日。
③ 同人:《本刊宣言》,《新江西》第1卷第1号,1921年5月1日。

西的方法是"去兵",因为"保护政治权力的就是兵,我们要铲除政治权力就要去兵。兵一去,政治权力就能铲除"。至于去兵的方法,便是宣传去兵手段,使人人不愿去当兵。① 这是一种不切实际的想法。

也有人提出,改造社会就"应有真正彻底的觉悟,牺牲奋斗的决心;把那些阻碍前途的荆棘一刀斩去;尽力去寻出一线光明的道路来"②。"我们要改造社会,应该对于旧社会中的黑幕和一切旧制度下猛力去攻击,攻破了然后才可以容受新制度。"③ 有人主张用国家主义来改造社会,袁玉冰批评这种主义是梦想。例如造塔,只有从地上做起,不能由顶上做起。要是在政治上运动,只有越弄越糟,恐怕自己还要政治化。④ 1921年5月杨庆奉令署理江西省长,宣告持续了半年之久的"赣人治赣"失败。改造社社员从中得到"藉政治来改造社会只有越弄越糟"的教训,改造社会"非从下层社会做起,实行俄国的'陂尔塞维克'不可"⑤。因此,他们很快从个人改造转向团体改造乃至政党改造。

4. 湖北改造

湖北改造就是湖北省各阶层主张"鄂人治鄂",即所谓新湖北运动。"鄂人治鄂"是反对当时湖北督军王占元。"新湖北的运动因为要反对军阀政治,不能不主张废督军,因为要主张废督军,也就不能不反对王占元"。⑥ 因此,要从根本上铲除军阀和督军制,就必须反对王占元。湖北自治运动的斗争锋芒直指北洋军阀王占元。湖南督军赵恒惕攻击王占元之时,萧耀南取代王占元,之后舆论攻击萧耀南。

新湖北运动积极鼓吹联省自治运动。作为宣传和鼓吹自治运动的刊物,《新湖北》以"本国民自决精神,实行民治,以铲除军阀官僚政治为宗旨",在"出版宣言"中宣称:"新湖北"是对于被征服的湖北而言,湖北人民不愿处于北京政府虐政之下,起而自决,除视湖北为其私产及卖湖北以自肥者外,无论何人不能不负"新湖北"的运动之责任,共雪亡省之耻。为此提出八项主张:(1)主张省民自决,不是假托鄂人治鄂的名

---

① 石樵:《怎样改造社会?》,《新江西》第1卷第2号,1922年3月1日。
② 袁玉冰:《我的希望——新江西!》,《新江西》第1卷第1号,1921年5月1日。
③ 玉冰:《江西的出版界》,《新江西》第1卷第3号,1923年1月5日。
④ 中共江西省委党史资料征集委员会编:《江西党史资料》第30辑《袁玉冰专集》,中央文献出版社1994年版,第145页。
⑤ 中共江西省委党史资料征集委员会编:《江西党史资料》第30辑《袁玉冰专集》,中央文献出版社1994年版,第144页。
⑥ 胡祖舜:《我对于"新湖北"运动中的社会革命观》,《新湖北》第1卷第2号,1920年10月。

义，拥戴一二人为地方行政的首领。（2）主张联邦共和，由省民自行组织省民大会制定省宪法，自行公布施行。（3）主张扫除一切之军阀官僚政治，不问其为鄂人与非鄂人。废督军，废省长，由省民自行组织行政委员会，以处理地方政务。（4）主张直接选举制，男女均有选举及被选举权。（5）主张打破一切不自然的恶习惯，恶风俗，恶制度及崇拜偶像之思想，破除现行婚姻家族不良制度及种种迷信。（6）主张都市土地及大规模之生产事业概归公有，以杜绝资本家垄断之弊。（7）主张刷新湖北现行制造游民的奴隶教育。（8）尊重约法上之自由权，但不承认一切法令之限制。并且表示以上八事为"新湖北"运动之信条，而誓共生死，集合多数之同志，群处于同一主义之下，以与一切不正当之特殊势力相奋斗，成败利钝，在所不计。[1] 旅沪湖北自治协会会员发表通电说，"新湖北"的目的在于"打破中央集权的统一主义，创造一个联省自治的局面；推翻军阀的首领政治，建设一个平民阶级的国家"。出版《新湖北》就是"新湖北"运动之开始。[2]

新湖北运动竭力反对军阀和督军制度，主张实行"民治"。《新湖北的运动和省民自决》一文说：民国的政权"上不在政府，下不在人民，都在那些厮养马弁和强盗的督军的手中"。现在督军的一颦一笑，便是全国人民生死的关头，近年来扰乱民国的根本问题，就在那些万恶的军阀和督军制。因此，"新湖北的运动认定军阀和督军制或变相的军阀和督军均为民治前途的一个大障碍，非根本铲除不可"[3]。《废督问题发端》一文历数督军统治的罪状，痛斥"督军制"为"万恶的渊薮"，竭力主张"废督"。其理由是，"督军制"是"现代的老废物"，是"政治的障碍物"和"社会的寄生物"。所谓"现代的老废物"，指督军既无必要"防止内乱"，也无必要和能力去"抵御外侮"；所谓"政治的障碍物"，指督军制是"造阶级、造乱子的机器"，"简直是共和政体的障碍物"，与中产阶级民主政治是不相容的。[4] 这表明废督就是为了建立民主政治。"新湖北"运动就"在于共和国家之下实行自治"[5]。

---

[1] 《新湖北出版宣言》，《新湖北》第 1 卷第 1 号，1920 年 9 月 20 日。
[2] 《旅沪湖北自治协会致北京湖北同乡会武昌省议会电》，《新湖北》第 1 卷第 1 号，1920 年 9 月 20 日。
[3] 范鸿钧：《新湖北的运动和省民自决》，《新湖北》第 1 卷第 1 号，1920 年 9 月 20 日。
[4] 匪客：《废督问题发端》，《新空气》第 1 卷第 2 号，1920 年 3 月 1 日。转引自《五四时期期刊介绍》第二集，生活·读书·新知三联书店 1979 年版，第 488—489 页。
[5] 思补：《记"新湖北"运动的开始》，《新湖北》第 1 卷第 1 号，1920 年 9 月 20 日。

《新湖北》还宣传要根本推翻一切独裁政治,创造一个所谓"新的代议制度"。因为代议政治的精神就是法治,中国自丁巳以来护法军兴,打了无数的仗,死了无数的人,损失了无数的财产,结果仍是毁法。法政无效,那便是代议政治根本破产。而且,代议政治应以中产阶级为中坚。在中国号称中产阶级的政治流氓不是投降军阀,便是流入游民。一个国家没有文化中心生活独立的中产阶级,那么代议政治就根本不能适用。所谓新式的代议政治,就是拿职业而不是以地方来做单位的代议制度,是适合中国的国情和社会的需要的。因为中国现在的阶级最多的人,就是第四阶级和失业游民,根据政治学上为最大多数人谋幸福的原则,当然要解决第四阶级和失业游民的生计问题,我们只有从政治上彻底改造适用新式的代议制度,才可以解决这种最困难而且重要的大问题。也因为中国现在的军阀就是将来的财阀,他们的封建和资本主义,只有适用新式的代议制度才可以根本解决。此外,中国现在中产阶级的人实在是最少数,这便是旧式的代议政治流产的一个总因。号称中产阶级的政治流氓,大半是生活不能独立的寄生虫,除了依附军阀官僚外,别无生存之道。所以这种人实在是扰乱社会的危险分子,"应与军阀、官僚、资本家同视,剥夺其选举及被选举权,使他们不得不从事于正当职业和劳动生活"[1]。可见,湖北改造运动主张打破封建、独裁的政治制度,但又感到欧美资产阶级的旧式代议政治在中国也是不适用的,因此探索适合新湖北的新制度。[2]

湖北自治运动以建立一个联邦共和国为最终目的,"实行省民自决,组织联邦共和"[3]。7月22日,湖北自治政府在长沙成立,并组建湖北自治军,其宗旨是"铲除军阀,发扬民治"。26日,赵恒惕自任援鄂自治军总司令,发兵三路进攻湖北。王占元挡不住湘军的攻势,节节败退,只好辞职。可以说,从政治斗争发展到军事斗争,构成了湖北自治运动与其他省份自治运动的最突出的特点。[4]

湖北自治运动的核心和根本是制定省宪,湖北省宪讨论会通电宣称:"以国体言,省宪为共和之表现,以国情言,省宪实为应时之良策。"[5] 这是省宪自治的表现,可以说是"官治"。新湖北运动是实行自治的重要途

---

[1] 范鸿钧:《"新湖北"建设问题》,《新湖北》第1卷第3号,1920年11月15日。
[2] 中共中央马克思、恩格斯、列宁、斯大林著作编译局研究室编:《五四时期期刊介绍》第三集,生活·读书·新知三联书店1979年版,第419页。
[3] 思补:《记"新湖北"运动的开始》,《新湖北》第1卷第1号,1920年9月20日。
[4] 田子渝:《湖北自治运动述论》,《湖北大学学报》(哲学社会科学版)1995年第6期。
[5] 《湖北省宪讨论会通电》,长沙《大公报》1921年8月2日。

径，可以说旨在实现"民治"。关于新湖北运动的方法，有人提出"社会革命"，彻底改造现在的政治制度，具体来说，就是实行工农学生组成的三角同盟，"以知识阶级为指导，劳动阶级组织工农联合，农业联合"，通过总同盟罢工、罢市、抗捐、抗税等手段，推翻万恶的政府和资本家。①这是改造湖北进而改造中国的重要手段。

5. 山东改造

山东改造提出了"山东人改造山东"的目标，用民主的新山东取代旧山东，在改造旧山东的基础上，建设一个新山东。

之所以要改造山东，是因为"现在的山东是腐败的山东，是黑暗的山东，是万恶的山东，是被盗贼统治的山东，是人吃人的山东。人类社会上所造出来的一切悲惨的罪恶，山东正可以作他们的代表。而且现在掌握山东政权的，都是杀人不眨眼的强盗，军队是执政者的走狗，任凭强盗支配，去杀自己的同胞。此外，在山东贫富不均，不劳手足的人享尽富贵，劳动者没昼没夜的工作，却连个人的生活都维持不过来；教育也是不平等的，受教育的都是贵族阶级，平民是无分的"。"我们处在这非人的社会里，眼看着山东人被一班恶魔驱迫到火坑里去，我们的良心不忍。我们被同情心所支配，为山东人的幸福计算，为个人及子孙计算，不得不用革命的工夫去创造新社会。"②因此，建设新山东的第一步，就是要打破现状。有谓："于今山东的现状，已象似一座奄然倒闭的屋子，如其东弥西补，终免不了破裂的危险，又何若根本拆了另图建立。所以我们改造山东的精神是激烈的，不是妥协的。不过在破坏之先，不能不及早讨论出一种精妙合宜的图式来，好预备打破现状后，好依图建立。"③

建设新山东的办法，一是群众运动。有谓："'旧山东'的结晶，无非就是政党、学阀、军人、资本家，我们要想着创造'新山东'，就非从破坏这些东西入手不可"。"惟一的妙法，就是得我们这一般青年能够人人热心去作这种宣传、鼓吹的运动。日子多了，时机到了，酝酿成熟了，叫他们工界组织'劳工会'，农界组织'劳农会'，学界组织'学会'，商界组织'商会'，到那时自然就用不着这些害人的长官了。若是他们干涉呢？我们就给他个农界抗税，工界罢工，学界辍学，商家罢市，就是拼命，流血，也是值得的。直到这种政党，学阀，军人，资本家，渐渐的驱逐尽

---

① 范鸿钧：《新湖北运动的方法》，《新湖北》第1卷第2号，1920年10月。
② 《宣言》，《新山东》第1号，1921年7月。
③ 《宣言》，《新山东》第1号，1921年7月。

了,那么'旧山东'也就算是破坏完了。"① 这实际上是用群众运动的方式来破坏和改造山东,显然过高地估计了群众运动的作用。二是教育的方法。有人提出:"要想根本改造,非有群众运动不可;要想有群众运动,必得使大多数的国民都有了真正的觉悟;要想使大多数的国民都有真正的觉悟,必得有促进国民自觉的真正人材;促进国民自觉的真正人材,就是将来的小学教员;将来助小学教员,就是现在的师范生;现在的师范生既负着这样的重大责任,就不得不从根本研究,而注意现在的师范教育。"②作者仍然坚持"教育为改造社会的根本"的思路,其实是不可能改造社会的。

在此基础上提出改造山东的思路,就是改造山东与改造中国乃至改造世界结合起来。有谓:"山东非把政治夺到全体人民手里,无从建设。山东非把土地同生产事业夺归人民公共掌握,不能建设在永久和平共同福利的基础上。……山东非把山东的,中国的,世界的,军阀财阀打破,不能单独建设,以免一切的'残暴'同'侵害'。"进而提出:"山东的建设要改革社会,统一中国,策进世界!要经过全世界的大破坏!"③

《新山东宣言》提出,他们理想的山东"是平民专政的山东,是自由平等的山东"。又指出,大家不要说我们只顾及山东一域,眼光过于狭小,要知登高必自卑,行远必自迩,我们一方面建设新山东,一方面联合国内的同志,建设新中国,更与国外的同志携手,建设自由平等的新世界。④因此,山东改造是新中国建设乃至世界改造的起点,为后者打基础。把山东改造和中国改造及世界改造联系起来,表现了反对国际资本主义和封建主义的精神。

关于建设新山东的方案也随之提出。《新山东和旧山东》设计的改造方案,主张生产工具社会公有,实行"额上不出汗,不准吃面包"的主义;要建设劳农劳工的军队;要实行学校公有,儿童公育,建设劳农劳工的平民教育。将来山东的政治组织是"苏维埃":"现在建设的初步,就是大家起来一部分一部分的去组织'苏维埃'。按苏维埃就是会议的意思。一城里有'城苏维埃',一村里有'村苏维埃'。无论士农工商及一切职业联合之中都举出委员来,去到苏维埃出席,到那时就把这一些什么县长,道尹,省长,督军等长官去掉了。"具体说来,"要我们山东人自己组

---

① 滕耀宗:《新山东和旧山东》,《新山东》第 1 号,1921 年 7 月。
② 鞠文英:《我对于山东师范教育的感想》,《新山东》第 1 号,1921 年 7 月。
③ 王象午:《山东建设问题》,《新山东》第 1 号,1921 年 7 月。
④ 《宣言》,《新山东》第 1 号,1921 年 7 月。

织乡委员，由乡委员组织城委员，由城委员组织高级委员，代替现在的强盗执政者。至于什么为强盗作留声机、为资本家作护符的议会，我们死不承认。"组织苏维埃，就是"实行我们目前所希望的新俄罗斯"，在此社会主义的基础上，"然后渐渐的再去实行我们理想的安那其"①。显然，作为政治组织的"苏维埃"，是社会主义的机关，用以取代"为强盗作留声机、为资本家作护符"的资产阶级代议制。但认为无政府主义是比社会主义更高一级的社会理想，当然混淆了无政府主义和共产主义。

6. 四川改造

四川处于南北前沿，常年受到战争的蹂躏，人民大多陷入水深火热之中，因而强烈要求川人自治。自治运动是四川改造的主要内容。1920年秋，川军将领熊克武等联合驱逐滇黔军后，四川省议会于11月6日发表川省自治的通电，提出川省自治三大理由：第一，川省军政极不统一，非自治无以杜险象；第二，直系欲坐收川省大权，对西南随时可托名加兵，唯有宣言自治，脱离南北羁绊，"彼此战祸或可稍舒"；第三，就国家根本改造观，"变军阀的分裂，为民宪的分治"，使地方政治"操持于民众自身""由阀族变为民治"，才能"奠国基""立民极""谋经济文化之发展"。② 12月，川中将领在渝集会，宣布川省自治。1921年1月，川军将领刘湘、但懋辛通电支持"以省民公意制定省自治根本法，行使一切政权，共谋政治革新，普及平民教育，力图振兴实业"③。在此影响下，成都等地纷纷成立"自治研究会""自治学会"等团体，推进自治运动。其中四川自治期成会由吴玉章、杨子培等及学生联合会负责筹备处的总务工作，是对四川自治运动进行最为有力的组织。④ 4月3日，各县代表在重庆召开全川自治联合会成立大会，发表由吴玉章起草的大会宣言和十一条政纲，提出创立联省政府、废除现有军制、保护人权、发展实业、制定保工法律、直接普选等具体主张：（1）创立联省制度，实行全民政治；（2）男女平权，实行直接的普通选举；（3）废除现有军制，统一编练民军；（4）扫除司法弊害，保障人权；（5）普及教育；（6）制定累进税率，实行公平的负担；（7）努力发展实业；（8）组织各种协社，实行经济的互相扶助；（9）制定保工法律；（10）设立劳动机关，实行农工改良补助；（11）组织职业团体。这些"皆所以谋建设平民政治，改造社会

---

① 滕耀宗：《新山东和旧山东》，《新山东》第1号，1921年7月。
② 原载长沙《大公报》1920年11月29日。
③ 《刘湘、但懋辛宣布四川自治电》，长沙《大公报》1921年1月9日。
④ 《四川自治运动之进行》，长沙《大公报》1921年2月15日。

经济"①。

故有评论说:"四川宣布自治以来,在各将领方面,虽未见有何种促成自治之实际办法,而人民方面,则已风起云涌,不但言论鼓吹,且已着手实地运动组织。……其现象有与各省之运动自治显示不同者,则为趋重实际,不规规于形势问题,并不倚赖一种中心势力,由各县各自发起,各就本县情形自定简章,亦有三数县共一章程者,从事组织。"②

川人治川是四川改造的主要目标之一。所谓川人治川,一是反对外省军阀的统治。旅沪四川自治期成会主办的《新四川》,以宣传和鼓吹自治运动为其宗旨,主张"实行平民政治",并且把希望寄托于本地军阀。编者在《川人治川的主张》中加以"按语"说:"希望川中将领,驱逐滇黔军之后,实行独立自治;希望滇黔将领驱逐唐继尧和刘显世,与四川平民,一致联络,去发自治。"并且说,改造的事业,重大的责任,是"要靠军人的觉悟,才能成功,绝对不是我们空拳赤掌的平民所能做到的。以后我们四川的民治,固然要四川的平民努力,但是我仍然还希望川中的将领,彻底觉悟,才能够成就那伟大的功劳,不朽的事业"③。二是提出建设新四川的方针。《新四川》刊载了《我对于建改新四川的意见》《川人治川的主张》《我对于社会问题与新四川的贡献》《我的觉悟》《改良社会》等文章,涉及四川改造的方方面面。《我对于建设新四川的意见》指出,现在人类其所以受着不良环境的压迫,都是旧社会的经济制度所酿成的,因为旧社会的经济制度,完全为"占有权"势力所支配,这种势力直接支配社会,间接剥削人类的幸福,因此必须打破这种势力,使旧社会的经济制度不能存在。但是怎样打破这种势力呢?就中国情形看来,"土地被督军割据,政治被官僚垄断,社会经济被资本家操纵,他们在在都起扼制平民的运动,若集全国的平民起来,与他们抵抗、奋斗,中国地方太大,人数太众,进行上不易收团结的效力"。不如从一个地方做起,作为全国进行的一个单位。"我们是四川人,就以四川作'策源地',去改造那旧四川,建设我们理想的新四川,预备将来与我们全国的新地方结合,与世界上的新地方结合。"④

有人还提出了建设新四川的信条:(1)主张完全的川人治川;(2)建设平民政治;(3)修订四川宪法;(4)实行平民教育;(5)振兴平民实

---

① 《全川自治联合大会成立通电》,长沙《大公报》1921年4月10日。
② 均:《四川自治运动之新趋势》,《时事月镌》第1年第2期,1921年3月15日。转引自张继才《中国近代的联邦主义研究》,中国社会科学出版社2012年版,第128页。
③ 周震勋:《川人治川的主张》,《新四川》第1期,1921年3月。
④ 马少奎:《我对于建设新四川的意见》,《新四川》第1期,1921年3月。

业；(6)组织平民义勇队。其中，主张完全的川人治川，是"改造四川，建设新四川的基本观念"。有人指出："自从民国以来，四川历任都督、督军，和民政长、巡按使、省长等，都是川人治川，中间虽有他省人，先后代治；但是不久的日子，不是赶跑了，就是打死了；四川省向来就在四川人手里的（他们这般人好不好，姑且不去讲他），惟独现在有一般贪横的莠民，无聊的政客，只图个人权利，不惜牺牲桑梓，糜烂地方，想去做外省的'儿督军'、'孙省长'，实在可恨得很！如今我们新四川的平民，对于这般人，是要一概驱逐的。"又说："我们四川人，自从民国以来，都是独立自治的，对于他省，从没有抱过野心，没有侵占过他省的土地，亦没有派出许多的军队，去骚扰别省人民，和强迫人家供给军饷的事，虽然熊克武、刘存厚，和其他的川军，都屡次与滇黔军战争；但都是保卫本省的人民，不是去夺人家的地盘。"①

如何改良四川？有人提出改良家庭制度、婚姻制度、金钱制度，甚至主张多设公共育婴院。"无论何人，或'夫妇'，或'非夫妇'，但是男女二人生了儿女，分娩之后，立即送入公共育婴院由院中抚养，所有儿童的食料（牛乳等物），以及看护人等事，皆由公家设备，派用专人经管，……这儿童稍长，自然是入公共学校，受公共教育，自然的就成了社会的人才了，到得长成之后，他把这社会，当作他家庭，那违害社会，以及与社会不利益的事，他是断断不肯做的。"有人认为，社会上的罪恶以及阶级、富贵贫贱等都是"金钱造出来的"，因此要废除金钱制度，使世界上的人通通都成了工人，人人都有职业有技能，并且人人都要生活，所有社会出产的东西，一概收为公有。凡是衣服饮食日用器物等类，由公家管理，由公家支配，不问什么人都要做工，不问什么人都可穿衣吃饭。这样，社会上的罪恶自然就没有了，社会上的阶级自然消除了。②不过，这种改造主张太过理想化了，其结果可想而知。

二 安徽、浙江、陕西、甘肃、福建等省区改造

安徽改造，主要表现为新安徽运动。《新安徽》的《发刊词》宣称，同人决心揭"自觉""自决"之帜，建"民权""民生"之鼓，以从事安徽革新与建设事业。③故标举资产阶级共和国的理想，以"瑞士之联邦，

---

① 周震勋：《川人治川的主张》，《新四川》第1期，1921年3月。
② 周震勋：《改良社会》，《新四川》第1期，1921年3月。
③ 大吕：《发刊词》，《新安徽》第1期，1920年12月25日。

美利坚之合众""为共和国之模范"。新安徽运动的主要目标,是主张省自治,建立省自治政权。这种自治政权由各县市及镇乡之劳农工商兵学各界,分别组织"同业公会",作为各该同业永久之"自治机关",更以此"自治机关"派出委员,组成"县议会"或"独立市议会"。同时由各该议会派出"省民大会"代表,集会后首先即责成其制定"省宪法"。宪法经过三读手续后,提交各县议会及独立市议会复决,经本省过半数各县市议会之批准,即由"省民大会"宣告成立。各级法院之法官,均由各级议会分别选举。其他省行政一切主要人员,如"省行政委员会""省教育""省实业""省财政""省交通"各行政委员会之委员,亦均应由"省民大会"选举,统受"省民大会"之监督。① 可见,这种政权仍旧是资产阶级的议会制度。

如何改造安徽?第一,实行省自治是改造的根本途径,反对一切军阀官僚政治,主张"平民直接自治",实行"某省人治某省"。② 第二,废督是新安徽运动的一个重要环节和步骤。有人指出:"现在的督军,多是大权独揽,干涉民政,恣睢跋扈,蹂躏民权,所以督军为民治的障碍物。只有废督,才有自治,而要废督,就当为实际的运动,下决心,持毅力,拼命进取,开展群众联合的大运动。"③ 第三,教育关系自治的前途,也是地方改造的重点内容。有人认为,要实行自治,必须使群众有"自觉"。要群众有"自觉",首先必须改造旧教育,即改造贵族的、官僚的、神权的教育,而代之以平民的、普及的教育,使"省民无贵贱贫富阶级,均有享受高等教育之权利"④。其次是实行"自己革命",使群众"自觉"。人都是有"美根""灵性"的,"这人类普通一致的'美根'和'灵性'发挥运动前进的现象,便是革命"⑤。所以,革命是人的天性,是能够办到的。这显然是资产阶级唯心主义的观点。

浙江改造也以地方自治为主要内容,以联省自治为目标。1921 年 5 月 22 日,浙江省宪期成会在杭州成立,揭开省宪自治的序幕。5 月 30 日,

---

① 张秋白:《安徽省宪法刍议》,《新安徽》第 1 期,1920 年 12 月 25 日。
② 所谓"某省人治某省",真正合理的解释是:(一)所谓"某省人"必是"某省全体的人",不是"某省全体中的其一个人或一个团体一个特别阶级的人";(二)"某省人治某省"这句话,必ææ要以"某省全体的人治某省全体人应兴应革的事情",而不是要从这全省人中单挑拣一个"特别阶级"、具有"特殊势力"的一个人来治这"全省人"。参见宁少清《某省人治某省底真解》,《新安徽》第 1 期,1920 年 12 月 25 日。
③ 丁象谦:《新安徽的运动和废督》,《新安徽》第 1 期,1920 年 12 月 25 日。
④ 宁少清:《安徽省教育与自治前途》,《新安徽》第 1 期,1920 年 12 月 25 日。
⑤ 张秋白:《我之革命意义的新解释》,《新安徽》第 1 期,1920 年 12 月 25 日。

省议会制定《浙江省宪法会议组织法》十九条，主要内容为：1. 由省议会选出起草员 55 人，负责起草宪法；2. 各县县议会各选出一人共 75 人；3. 宪法草案告成后即召集省宪法会议审议宪法，以 60 日为限，议决后由宪法会议公布。6 月 4 日，浙江省督军卢永祥发表通电（豪电），提出"先以省宪定自治之基础，继以国宪保统一之旧观"，"由各省区军政长官，选派权代表，择定适当地点，先筹妥善办法，再付国民公决。"他所拟联省自治办法为：（1）联省制系依法则之结合，造成真正统一，不受第三者之牵制。关于中央政令，亦由联省商榷进行。（2）联省手续依省宪法案办理之，凡属非法之事概行拒绝，彼此有互相协商义务及应得各项权利。（3）联省法则与规约，以简单易于明了而与约法不相违背为宗旨，免使规定后受人指责。① 在卢永祥提倡和推动下，浙江自治运动迅速发展起来。8 月 12 日，省宪法会议发表《浙江省自治宣言》，提出："民国之本位在省，中央不能治，不如近而求诸省；自治主权之原动力在人民，统治者不能治，则不如退而求诸于人民自决。此省宪问题所以为今日救亡之急务，亦即将来统一之初基也。"② 省宪起草委员会提出的宪法草案，经宪法会议讨论修改通过，并于 9 月 9 日公布，俗称"九九宪草"。随后将其与省民自行提出的各种宪草案，交由宪草审查会审查，最后议定三种宪草，分别以红、黄、白三色作为识别，故称"三色宪法草案"。草案共十七章一百五十八条。除规定人民权利外，还规定"教育经费占全年岁出总额的百分之二十，较前增加三倍，实业经费增加七倍，交通经费占总收入的百分之五，并有保护劳工，提倡劳资协作的规定，省议院、省政院以及省法院、监察院、审计院由县议会联合选举，权力互相制约"。该宪法因此被称为"经营第三阶级的巢穴"③。1924 年 1 月 6 日，《浙江省自治程序法》和《浙江省自治法会议组织法》公布于《浙江公报》，正式生效。

与"官治"不同的是，一般绅民主张的"民治"，"浙江是浙江人的浙江，以浙江人治浙江，以浙江平民治浙江"。主要内容是废督，实行民治。《新浙江》宣称："本德谟克拉西之主义，倡浙江自治之先声，反对专横之军阀，推倒万恶之绅董，以浙江人治浙江，以浙江平民治浙江，不仅托之空言，誓必见之事实。"④ 该杂志社宣称，"本社社员，人人负有改造

---

① 《卢永祥关于省宪自治之通电》，《申报》1921 年 6 月 5 日；《浙江对中央之重大表示》，《晨报》1921 年 6 月 7 日；《卢永祥自治尚不寂寞》，《晨报》1921 年 7 月 1 日。
② 陈益轩：《浙江制宪史》，浙江制宪史发行所 1921 年版，第 20—21 页。
③ 原载上海《民国日报》1921 年 9 月 13 日。
④ 张静庐：《新浙江发刊词》，《新浙江》第 1 期，1921 年 2 月 1 日。

旧浙江，建设新浙江之责任"。① 浙江自治运动停顿的主要原因，在于省议会的内讧和浙江舆论之冷淡。因此，要促进浙江自治，应该造成公正而强有力的舆论，唤起一般民众对于自治的了解和兴趣，选举懂得时代精神和真切了解于新思潮的人做人民代表。在达到这些目的以前，最要紧的是做关于自治的"理论的宣传"和"实际的运动"②。可见，《新浙江》强烈地表达了浙江是浙江人的浙江，以浙江人治浙江，以浙江平民治浙江的思想。他们不但希望这种思想获得本省各阶层人士的赞同，而且希望这种思想能广泛传播。总之，反映了各省大倡地方自治，反对军阀专权、绅董作恶的浪潮。1922 年 6 月，卢永祥宣告浙江自行废督，自己改任浙江善后督办。此举得到南方各地方军阀的支持，也可见自治运动的影响。

陕西的社会改造也是以自治运动为主。1920 年 8 月，省长陈树藩首先提出陕人治陕的"自治运动"口号，12 月又提出"废督制宪"的主张。豫籍军阀刘镇华治陕后，继续推行自治运动，还委派自治专员分赴各县，会同当地的官僚政客豪绅地主，一起筹办各县的"自治组织"。到1922 年 3 月，长安、临潼、咸阳、户县、渭南、华阴、华县、蓝田等县相继成立自治机构。关中道许多县又纷纷成立自治讲习所，广泛宣传自治运动。至 1923 年 8 月，陕西各县的自治会、参政会和县议会等自治机关相继成立。刘镇华又大力推行"乡村自治"，制定《区治村治章程》，使陕西自治运动发展到高峰。不过，一些先进分子公开揭露自治运动的真相，指出："自安福系倒台之后，自治的呼声，仿佛是黄河春涨，声势极其宏大，武人说自治，政客说自治，'政府'里也都满口的自治，然自治究其实，不过是多添了几个安置闲员的机关，增加了一层拥护武人的保障罢了。我们当老百姓的被人捣乱不暇，那里还够得上说这自治的话头呢？进一步说那些新添的自治机关，每年整千成万的开支，不但不能说到自治，反倒增加了人民的负担。他们把人民当作招牌，又要把招牌当做牛马。人民如果依靠着他们谋自治，真所谓与虎谋皮，非但违背自治的本意，并且是不可能的事情。要真止实行人民的自治，必须首先打破那种官僚武人政客绅土的口头上的自治。"③ 这说明，陕西的自治运动以"官治"为主，成为陈树藩、刘镇华等军阀豪绅地主欺骗人民的工具。

---

① 张静庐：《新浙江发刊词》，《新浙江》第 1 期，1921 年 2 月 1 日。
② 范尧深：《浙江自治运动停顿的原因和今后促进的方法》，《新浙江》第 1 期，1921 年 2 月 1 日。
③ 中共陕西省委党校史教研室、陕西省社会科学院党史研究室编：《新民主主义革命时期陕西大事记述》，陕西人民出版社 1980 年版，第 12 页。

于是，陕西青年学生发起驱逐军阀刘镇华的运动，并将其驱逐出陕。① 正如《共进》发表的文章所指出，我们驱刘至少要含三种意义：（一）排外；（二）打倒军阀，同时实行废督裁兵；（三）建设一以民主主义为基础的省政府。"我们要改造社会，不是空口谈的；必须要有计划，有主张的运动，才能有成功的希望。我愿陕西一部分的知识阶级，共同来组织一个有团结力的政党，做有主张、有组织的［有］计划的运动。打倒武力，非武力不可。手枪，炸弹，都是我们的武器啊！"② 1923 年 7 月，《共进》发表《陕人自治的我见》的文章，指出陕西屡遭浩劫的根源及自治的途径。有谓，自辛亥革命以来，陕西十二年之内变乱屡见不鲜，而人民所遭的浩劫尤非他省所及，根本原因是封建军阀"假藉为民的招牌去争权夺位"。因此，劝告陕人必须认清，所有的封建督军都是一丘之貉，千万不要寄希望于他们"行施仁政"。要实行陕民自治，"我们奋斗的手段，不要依靠军阀，不要有恃外力，要我们陕西人民'亲自出马'，为自己的幸福去奋斗"③。揭示了陕西自治运动中"民治"与"官治"的对立。关于陕西改造的详情，详见第八章。

甘肃改造是五四时期地方改造的重要组成部分。《新陇》在《发刊词》中指出："甘肃之于中国，犹手足之于身体也。手足之疾，心腹之忧也。甘肃之进步，即中国之进步。中国之进步，即世界之进步也。"④ 如何改造甘肃？有人主张研究和发展教育。甘肃落后的原因，在于教育不发达。要解放闭塞地方人民的思想，固然要交通便利，使得外地的文化容易输入，关键还是要教育发达。因为教育发达，人民才有根本的觉悟，好来容纳新的潮流。⑤ 所以，改造甘肃的重点在研究教育问题。有人提出了促进甘肃教育的计划。在"有普通知识的人民，不及五分之一"的甘肃，首要的任务是普及普通教育，这就必须扩充改良中小学校，多购些图书，使学生受完善普通教育。具体实施时，应做到"男女同校""不限年龄""废除试验"。对于经济困难的子弟，应提倡"勤俭旧风"，实行"工读互助"，甚至"免收学费"⑥。他们把教育当作改造社会的一种工具，强调教育的实施，要契合社会的需要，针对社会的病症。例如社会上发生了贫穷

---

① 参见李永春、雏丽《陕西驱刘运动初探》，《湖南行政学院学报》2015 年第 1 期。
② 武止戈：《驱刘，我的主张，与陕西的将来》，《共进》第 23 期，1922 年 10 月 10 日。
③ 张仲超：《陕人自治的我见》，《共进》第 42 期，1923 年 8 月 10 日。
④ 王自治：《发刊词》，《新陇》第 1 卷第 1 期，1920 年 5 月 20 日。
⑤ 陈顾远：《思想和环境的关系》，《新陇》第 1 卷第 1 期，1920 年 5 月 20 日。
⑥ 田炯锦：《对于促进甘肃教育之计划》，《新陇》第 1 卷第 4 期，1921 年 6 月 20 日。

问题,就要注重职业教育,以谋平民的生活。社会上发生了男女"智识平等"的要求,就要提倡女子教育,叫男女同校,以应对这个环境。社会上发生了贵族制度和"智识阶级"问题,就要为全体人民着想,实行平民教育。① 也有人主张在甘肃创造新文化,来改造社会。因为甘肃人民的"脑筋还存个皇帝底影子",封建迷信、轻视妇女的思想还很严重,所以必须把新文化输送到甘肃。为此,就首先要打破"崇拜偶像"的束缚,使自己的思想解放出来。其次必须"吸收欧化"。因为"单凭自己研究所得的结果,来发明一切科学,创造出新文化,至少在几百年以后"。对于学术问题,必须要有科学精神,"大略可以说是'从善服义','实事求是',立说必定有精确的证据,研究学问,须有精确的公平的分析。"②《新陇》提出:"吾陇之病源,首在交通不便,见闻较寡欷。人民囿于一方之风俗习惯,闲于古昔之礼教学说。言政治则必称尧舜,言学术则必称孔孟,一若学复孔孟,政反尧舜,吾国即可富强文明者。然此等梦想呓语,实吾陇百般退步之原因也。他如丧葬嫁娶、医巫缠足等之缛礼恶俗,习为当然,而不自知其污浊。"所以《新陇》的责任,"在输入适用之知识及学理,俾陇人有所比较而采择焉;传播社会之状况于外界,俾国人知其卑污而投之以剂也。然后可望陇人之觉悟奋兴,及污浊社会之改良也"③。

福建改造也是以自治作为主要的改造方法。福建省立第二师范学校自治会出版的《自治》在《宣言》中写道:"世界上所以有不平等不自由底事情,无非是为着有治者和被治者底阶级。……我们要打破这阶级制度,达到自由平等底地位,不能不把自觉心从自治方面做起,不然,凭你底自觉心怎样大,天天自由平等大声高呼去,也是不济事的。"可见,人人都能自治,是改造社会的唯一的和最好的方法。④ 也有人提出自治可以发展科学、改良农业、振兴商业,甚至还可以消灭人剥削人和不劳而食的不合理现象。可以说,受自治潮流的影响,许多人都把自治看成是解决一切问题的万应灵药,也是改造福建的主要办法。⑤ 这当然是一种社会改良思想。也有的提出,具体解决的方法就是通过浅显易懂的刊物、演讲、戏剧等宣传去破除劳动者的迷信和不正确的认识,灌输新思想,从而提高他们的觉悟。

---

① 张明道:《对于甘肃教育改进的希望》,《新陇》第 1 卷第 2 期,1920 年 4 月 20 日。
② 邓哲民:《我们怎样预备创造新文化?》,《新陇》第 1 卷第 1 期,1920 年 5 月 20 日。
③ 王自治:《发刊词》,《新陇》第 1 卷第 1 期,1920 年 5 月 20 日。
④ 赖汝梅:《宣言》,《自治》第 1 期,1920 年 6 月 1 日。
⑤ 钟其华:《地方自治谈》,《自治》第 4 期,1920 年 11 月 1 日。

三 县乡的改造

在轰轰烈烈的联省自治运动中，省是地方自治的基本单位，在各省自治运动中大多以县自治为基础，因此在省区改造的同时，一些所属县区乡镇也开展自治改造，如江西的吉州、广东的海丰、湖南的宜章等也是值得注意的。

吉州是江西省的一个下属区域，也开展了社会改造尝试。江西吉州十属旅京学生会出版《吉州》，其《宣言》提出了改造社会所需要的三个步骤：（1）使十属同胞，明白世界潮流和社会的病源；（2）根据时代思潮和事实的趋势，草成具体的改造方法；（3）实行改造。"我们发行这本'吉州'，是做第一步工夫，第二第三步工夫，让全体同志去做。"① 可以说，吉州改造是江西社会改造的重要组成部分。

新海丰运动是县级地方改造的一个典范。《新海丰》指出："新海丰的反面是旧海丰。旧海丰是现在与过去的，新海丰是未来的。""所谓新者是积极进步的，抛弃不适用的，创造美的、善的来应付新时代需要的。旧者是消极退化的，保守不适用的，因袭丑的、恶的，以支配旧社会环境的。"因此，"新海丰的意义，是拿旧海丰的黑暗者而光明之，污秽者而清净之，保守者而进步之，阶级者而平等之，堕落者而振起之；那么，'新海丰'就是本县之晨钟暮鼓，唤起一般日夜之梦者"②。《新海丰》认为，要改变这种不合理的社会状况，就"应当帮助未来的光明，——共产的社会——和现在的黑暗——资本制度——打仗"，彻底推翻这黑暗龌龊的社会制度，扫除阻碍我们幸福的一切恶魔傀儡。③ 当时新文化运动趋向于"用世界眼光，鼓吹新文化，无所谓国界的限制"，有人批评"新海丰是限于地方主义的"。《新海丰》答复说，这是他们做事的既定的次序。做学问，必自浅简以至高深。"是我们欲新他处，必先自新海丰始。"例如我们服务社会，必先自海丰服务起；因进化的阶段，是由近及远的。还有一层，我们是海丰人，生长于海丰，于地方的情形怎样，社会状况怎样，较他处为明白，是新海丰比新他处为容易些。④ 应当说新海丰运动是社会改造的重要组成部分，并非完全是地方主义意识的表现。恽代英还提出用武力来推行有条件的县自治，使人民免于官吏武人之毒，而又不为绅阀政客所卖。这种具

---

① 玉冰：《江西的出版界》，《新江西》第1卷第3期，1923年1月15日。
② 《新海丰发刊词二》，《新海丰》第1卷第1期，1921年9月1日。
③ 马醒：《勤则不匮的我见》，《新海丰》第1卷第2期，1921年。
④ 《新海丰发刊词二》，《新海丰》第1卷第1期，1921年9月1日。

自治以发达产业为最要，则裁兵有所归宿。同时用各种政略与教育提高人民之知识，养成监护县自治的能力，县自治方可真正持久地成功。①

湖南宜章县也着手社会改造。1921年11月上旬，在北大就读的邓中夏与范体仁、杨富思等宜章籍学生商议如何振兴实业的问题，议决由在京的"宜章青年励进会"成员成立"成美学会"，由有资财的人津贴在乡青年外出学习实业。② 当时郴州第七联合中学校长、邑人邝鸿钧给邓中夏寄来信札及《宜章应怎样提倡实业》一文，邓中夏在复函中提出"宜章能适用的实业""派人外出学习的办法""宜章改造之方法与步骤"三点意见，认为要改造宜章，首先应改造宜章的教育。他提出"养成工业及教育人才""筹办染织工厂""筹办私立的理想学校"三点建议。③ 在宜章的改造问题上，地方绅士与学生经常发生冲突。邓中夏著《绅士与学生》一文，指出其冲突的最大原因"在于一方守旧，一方革新；一方随时敷衍，一方锐意改造"。学生想尽一点改造的责任，却处处遭到绅士的非难和攻击。因此邓中夏奉劝绅士顺应历史潮流，"将来社会上的中心人物，就是这一般莘莘学子"，不要与学生为敌。同时也规劝学生"满抱着社会改造的神圣思想与神圣愿望"，"常常用最诚恳最嫌（谦）和的态度向他们（指绅士——译者注）多多上些最切实最条畅的具体的社会改造条陈"，要"贵在实行，贵在从我做起"。他指出："举国的人都觉得社会改造，为中国救亡之唯一妙策，因此腾为口说，播为风气，在各都市的一般青年学生，受着这个影响，从前目标集注到'升官发财'上头，今仍（乃）一变而移注到'社会改造'上头去了。……在历史上，在利害上，在义务上，在良心上，都不能不促迫学生，对于本乡本土的县，尽一点改造之责任，举湖南一省而论，各县有出版物，而载各省（县）利弊，并讨论改造方法者，不下二三十种，都是受了这个影响。"④ 这说明，青年学生是地方社会改造的主要力量。

在县属乡镇也出现了社会改造的呼声。如湖南宝庆东乡成立学会，出版刊物。贺民范发表《我对宝庆东乡学会的个人意见》，主张革新社会制度，消灭贫富差距，热切希望学会刊物《邵东声》成为"传播文化改造思想的工具"，要使邵东的文化日日进步，要使社会人人平等，没有男女的

---

① 恽代英：《收拾时局的一个提议》，《少年中国》第4卷第3期，1923年5月。
② 冯资荣、何培香编著：《邓中夏年谱》，中国文史出版社2014年版，第93页。
③ 冯资荣、何培香编著：《邓中夏年谱》，中国文史出版社2014年版，第94页。
④ 《绅士与学生》，《宜章之光》第3期，1921年11月30日。《邓中夏全集》（上），中华书局2011年版，第156—159页。

界限，没有贫富的阶级。① 1923 年 6 月，宝庆西乡学会出版《宝西期刊》，以"使人民大众从黑窑里出来，到达光明的地方生活，减少一切痛苦，多享些幸福"为宗旨。在"发刊词"中说道："吾乡以地僻山陬，交通不便，社会龌龊，家庭黑暗，一切礼仪制度，犹是十八世纪以前之规模也。……吾乡风气未开，鄙俗陋习，不堪言问。欲求改造解放，以进于文明之域，必先有言语机关，以为之道线。斯刊本旨，在除旧布新，以图生存。虽不可谓为醒钟警鼓，抑亦寿身药石，延命汤羹也。更又有进者，社会组织之良否，关于家庭制度之善恶。而家庭制度之善恶，切于一己之利害。居必择邻，改造在我，先在趑之。同人等在本自由之意志，发天籁之音响，期收效于个人，以影响于社会。"② 充分表明一个地处乡镇的学会对于社会改造的期望和热情。在自治潮流影响下，从省到县区乡镇的社会改造的纵深发展，足见地方改造运动的影响之大。

由上可见，在地方改造运动中，湖南、江西、浙江、四川等开展某省人治某省的自治运动，进而开展联省自治运动，各自出版的刊物《新四川》《新江西》《新安徽》《新湖北》等的内容和宗旨也是大体一致的，就是反对封建军阀的统治，宣传和鼓吹自治运动，主张"实行平民政治"。同时，联系各省实际情况，改造地方的手段有所不同。像湖北省竭力反对一切军阀和督军制度，而四川反对外省军阀对四川的统治，主张"川人治川"，甚至把改革四川的希望寄托于四川本地的军阀。湖南则主张"湘人治湘"，湖北主张"赣人治赣"等。这些都是省自治运动和联省自治运动的重要组成部分，也是地方社会改造的重要表现。正如法学家张耀曾所说，"省自治也不是省独立"，"自治的省份仍然是组织国家的一分子，在一定范围内对国家有服从命令的关系。不过在其他一种范围内完全可以自主，不受国家干涉"，"在一定范围内各省服从中央是绝对的，在一定范围内各省不服从中央也是绝对的。这才是省自治的真义"。因此，"以省自治谋国家真正统一"，在各省自谋自治的同时，"应当有全国协同的力量来赞助他来调和他"③。这就是联省自治进全国自治的要求，由于时势变化而未果。致力于四川自治运动的吴玉章说，自治主张"虽不是挽救中国危亡的

---

① 转引自中国人民政治协商会议邵阳市委员会编《古今中外宝庆人》，岳麓书社 2005 年版，第 232—238 页。
② 《宝西期刊》第一期，转引自中共隆回党史研究室编《中国共产党隆回历史》第一卷，中共党史出版社 2008 年版。
③ 《中华新报》1921 年 1 月 1 日，转引自董彦斌《追寻稳健宪政：民国法律家张耀曾的法政世界》，清华大学出版社 2013 年版，第 245 页。

根本办法，但它在北洋军阀'武力统一'一片叫嚣声中，却不失为一有效武器"①。中共领袖陈独秀认为，地方自治自然是民主政治的原则，我们本不反对，但是要晓得，地方自治是重在城镇乡的自治，地方自治团体扩大到中国各省这样大的范围，已经不是简单的地方自治问题，乃是采用联邦制，属于国家组织问题了。联邦制如果建设在人民经济状况不同及语言宗教不同的理由上面，倒也无可非难。怎奈中国的状况不是这样。"他们的联省论完全建设在武人割据的欲望上面，决不是建设在人民实际生活的需要上面，所以他们这种主张，在人民政治能力的事实上，无人敢说这样大的自治权马上就能够归到人民手里，不过联省自治其名，联督割据其实，不啻明目张胆提倡武人割据，替武人割据的现状加上一层宪法保障"②。因此，"这种联省自治不但不能建设民主政治的国家，并算（且）是明目张胆的提倡武人割据，替武人割据的现状加上一层宪法保障。"③ 就社会改造实际而言，这种评述未必精当。地方自治是近代民主政治的内在要素，自晚清至北京政府，均以推行地方自治为其执政的重要内容。北京政府先后颁布《地方自治试行条例》《地方自治条例实施细则》《县自治法》《市自治法》《乡自治法》，进一步推动地方自治的进程，助推各地社会改造运动。1923年10月公布的《中华民国宪法》，将"省自治"载诸宪法④，对中国民主政治发展的影响是不言自明的。林可彝在分析自治运动的趋势时指出，自治运动是一种政治运动，而含有社会运动的色彩，"所以细察年来运动的内部，也脱不出改良性和革命性的两种趋势。所以改良性的自治运动，原则上是无价值的，而且有害的一种不适宜于政治运动的东西"⑤。但是，联省自治运动在一定程度上将省自治付诸实现，对地方自治产生了重大影响，对社会改造的影响也不容忽视。

如前所述，在社会改造方式上，存在全部改造与局部改造的分歧，这就涉及如何认识和确定局部与全部的关系。按照李汉俊的分析，"局部是全部的有机的部分，全部是局部的有机的集合体。全部中无论是合理的不合理的局部，是因为全部的必要组成。历史的运命的存在，他在全部里面

---

① 吴玉章：《回忆五四前后我的思想转变》，中国社会科学院近代史所编《五四运动回忆录》上卷，中国社会科学出版社1979年版，第63、65页。
② 陈独秀：《对于现在中国政治问题的我见》，《东方杂志》第19卷第15号，1922年8月10日。
③ 中央档案馆编：《中共中央文件选集》第1册，中共中央党校出版社1989年版，第40页。
④ 参见张英洪《农民权利论》，九州出版社2013年版，第123页。
⑤ 林可彝：《自治运动的趋势》，《自治周刊》第24号，1921年10月23日。

抵抗力是很顽强的，只要全部存在，你改不了他的。你要改他，非先将这个有机的全部破坏了不可。但是全部也是历史的运命的所发展下来的，抵抗力也是很顽强的，他不能让你割他的局部，改他的局部的，你要割他的局部，改他的局部，非抵抗他的这个有机的抵抗力不可。所以要改良局部，就要与全部的抵抗力抵抗，你要抵抗赢了，才可以改他的局部。全部抵抗输了，才让你改他的局部。你改了他的局部，他就要解体，为改良局部与全部的抵抗力抵抗，就是要破坏这个全部的意思。基于此，李汉俊明确表示不信局部的改良，不信有局部的改良，不信局部能够单独的改良。没有全部的破坏改造，是断没有局部的改良的"[①]。联省自治运动就体现了全部改造与部分改造的矛盾，孙中山和国民党称之为地方军阀作为对抗中央、割地自保的一种口实，军阀没有先行立宪进而给予人民民主的意思，最终，联省自治在孙中山发动的北伐革命中归于失败。

其实，地方自治是基层社会的自治制，也是资产阶级追求民主政治的手段和弭兵实现国家和平统一、建立联邦制国家的途径。无论是省自治还是向上的联省自治或向下的县乡自治，都是地方当局和进步人士对地方社会改造的探索，对促进社会发展还是有积极意义的。

第三节　世界改造问题

中国改造与世界改造如同中国与世界的关系一样，也是部分改造与全部改造的关系。一方面，中国改造是世界改造的一个重要组成部分，中国改造的进程及其程度自然影响到世界改造；另一方面，世界改造的潮流也直接影响到中国改造的进程。因此，认清中国与世界改造的关系，是正确理解国家主义与世界主义、中国改造与世界改造问题的思想前提。

一　中国改造与世界改造的关系

宗白华在《学灯》上回答"为什么爱国"的问题时指出：一是"我们不是纯为祖国过去历史而爱国，乃是为着祖国将来的进化而爱国。"二是"我们因为有创造新中国的责任，所以要爱国"。"现在的中国还有与我们创造新中国的机会，这就是中国可爱的地方。"所以他说："我们爱国是为爱世界人类，是尽我们一部分发展世界事业的责任。中国可爱的地方就

[①] 李人杰：《改造要全部改造》，《建设》第1卷第6期，1920年6月。

是他是我们一个最经济最适宜的发展世界事业的下手处。"① 中国是改造中国乃至世界的基础或者下手处，"在现在世界改造的时代"②，中国改造与世界改造是紧密联系在一起的。

首先，中国改造是中国人改造世界的下手处。陈炯明起草《闽星》的《发刊词》指出："中国既然占了世界一大块地，又占有人类一大部分，前时的文化已不够贡献世界，若是今日的思想仍不谋新的改造，那就不但自身的环境没有变迁，且使世界列强长存野心，到底没有打破迷梦的机会，这岂不是中国应负的责任么？故此我们既然要为世界努力，便当先从改造中国做起，改造中国又要先从思想界改造起，这就是我们努力世界问题的一个步骤了。基于此，闽星社致力于介绍世界新潮，帮同社会上同志为新文化的运动，即为思想界的改造，使人人都随着我们在进化线上走去，知道世界的演进，中国是负了一个极重的责任。由是用经营世界的精神，来创造中国的新生命。"③ 闽星社身处闽南漳州，它以世界的眼光审视和推动中国社会改造，大致代表了中国人的世界改造观。有旅欧经历和见闻的张崧年提出社会改造的"世界见地"，他说："本世界见地改造各个地方：不要为一地方好而改造那个地方，要为世界好而改造各个地方。就令一切地方各单独像是好了，世界全个仍可以不好；世界全个不好，各个地方其实不能好。"④ 因此，改造中国是为了更好地改造世界，改造世界也就改造了世界中的中国。中国人关注世界改造，主要着眼点仍在中国改造。

中国改造始终是中国人讨论世界改造问题的重点，也是社会改造运动的落脚点。1921 年 7 月，杨端六演讲《中国改造的方法》，首先解释"中国改造"四字的含义。一是限于中国的改造，而且是中国改造的方法；二是我们是中国人，不仅对于中国的改造负有特别的任务，而且对于中国的事情比外国人应该多懂得一点，所以应尽力于中国改造。⑤ 陈启修在《中国改造底研究》一文中分析指出，新中国是我们理想中的新式的中国，不是专指中华民国，因为现在的中华民国只是挂有民国的招牌，内容实无可取。新中国是指将不好的中国改造为好的以后的中国，例如现在提倡联省自治，将来或变为联邦，不叫作中华民国，或变为像俄国苏维埃政府的劳

---

① 宗白华：《为什么爱国？》，《时事新报》副刊《学灯》1919 年 10 月 23 日。
② 郑伯奇：《与 S 君论日本学术界底现状》，《少年世界》第 1 卷第 3 期，1920 年 3 月 1 日。
③ 陈炯明：《发刊词》，《闽星》第 1 卷第 1 号，1919 年 12 月 1 日。转引自《五四时期期刊介绍》第三集，生活·读书·新知三联书店 1979 年版，第 528—529 页。
④ 张崧年：《致陈独秀》，《新青年》第 9 卷第 3 号，1921 年 7 月 1 日。
⑤ 杨端六：《中国改造的方法》，《东方杂志》第 18 卷第 14 号，1921 年 7 月 25 日。

农国都不可知。所以说，新中国乃是广义的新中国，绝非专指现在的中华民国。总而言之，"新中国是指改造理想上的中国"①。

其次，中国人要改造世界，必须从改造中国入手。《改造中国底入手方法》一文指出，既然中国是世界的一部分，改造中国便是改造世界的一部分。世界是由中国等许多部分所构成的总和，改造世界必定先要把这许多部分一一加以改造，然后，由这些部分合成的总和，自然也改造了。"所以我们要改造世界，目的虽然是要把这个世界化为实际上全人类的社会，不要再划成许多国家的界限，但是我们在入手改造之初，倒也不能不切切实实地从自身所居的地方做起。"因为世界的范围太大，不这样就有"无从下手"之感了。改造世界要从部分的改造入手，因为一个人既然生在某地方，他对于这地方的一切情形当然比那些不生在这地方的人来得明了些，所以叫生在某部分的人担任某部分的改造，实在是最经济的办法。"我们是生在中国的人类，我们要改造世界，自然还是从改造我们所在的地方的中国入手。"②少年中国学会也公开提出从中国改造入手来改造世界，已如前述。会员恽代英在回答怎样创造少年中国的问题时，明确地说，我们的目的应该是以适应少年世界为目标，求少年中国的实现。换一句话说，便是以求中国的返老还童为手段，而达到创造适应于少年世界的少年中国的目的。③中国的许多社会问题也是与世界改造联系在一起的，而且中国改造是中国人改造世界的基础和出发点，这是不少先进之士的共识。

进而言之，中国改造与世界改造需要分工与合作。在关于社会改造的讨论中，有"中国之问题即世界之问题"的流行说法，在张东荪看来，"此谓世界自解决其问题而能致影响于中国问题之解决，而非谓中国自解决其问题而能致影响于世界"。"以前我们总以为中国与俄国联盟，建立劳农国家，以两民族之力以推翻世界之资本主义，现在才知道这是梦想，盖吾国于十年内决无建立真正劳农国之可能，若夫伪劳农国则三五年内或将出现。意在造真而竟成伪，此计必仍归泡影。至于十年以后则欧美之资本主义或即自倒，亦未可知。故曰欲以中国问题而解决世界问题必无是处。"④因此，解决中国问题并不意味解决世界问题，中国改造了，并不等

---

① 陈启修：《中国改造底研究》，《晨报》1921年9月2日。
② 贤宗：《改造中国底入手方法》，上海《民国日报》副刊《觉悟》1920年7月1日。
③ 恽代英：《怎样创造少年中国？》，《少年中国》第2卷第1、3期，1920年7月15日、9月15日。
④ 转引自陈独秀《关于社会主义的讨论》，《新青年》第8卷第4号，1920年12月1日。

于世界改造了。这是关于中国改造与世界改造关系的比较清醒的认识。

中国社会改造的历史和现实都表明，中国改造与世界改造是紧密联系的。按照张东荪的分析，因为近代中国受到世界的经济压迫，中国的改革已不是单纯的政治改革所能适应的，所以，历来政治改革都没有好结果而只有坏影响。由此可以知道，中国的问题不是中国所能单独解决的，必定与世界问题有极大的关系。"既然与世界问题有关系，我们便不能不和各国的运动取同一色彩。这就是培养一种能力，以便将来去参加世界总改造的大运动。由此看来，直接行动就是这样的一种能力，我们应当把直接行动的范围扩大并应用到各方面去。"① 当时全身心投入湖南自治运动的毛泽东也承认："我曾着实想过，救湖南，救中国，图与全世界解放的民族携手，均非这样不行。"② 他认为，无论是中国改造还是中国各地方改造，都是与世界改造分不开的。

少年中国学会1919年7月成立时，确立"本科学精神，为社会活动，以创造'少年中国'"的宗旨，出版发行《少年中国》与《少年世界》两种月刊，两刊名称也表明他们对中国与世界关系的认识。从两刊宗旨来看，《少年中国》是"本科学的精神，为文化运动，以创造少年中国"；《少年世界》为"作社会的实际调查，谋世界的根本改造"。从两刊内容的规定来看，《少年中国》注重文化运动，阐发学理，是纯粹科学；《少年世界》注重实际调查，叙述事实，是应用科学。《少年世界》宣称，一方面注重记载事实，所记事实以世界而不是中国为范围，要把中国人村落的眼光改变方向，直射到世界上去；另一方面，"自从欧战的和约成立，我们晓得中国的老年不可靠，而且世界的老年都不可靠"。全世界的事业和一切待解决的问题，应由全世界的少年采"包办主义"。"我们既是世界少年团体的一个，所以把他标出来，以表明中国青年要与各国青年共同负改造世界的责任。"据此，"我们以为改造中国——即是改造世界的一部分——应有三种的步骤：第一步，本科学的精神，研究现代思潮，使中国人对于现代思潮的趋势有一个明确观念。第二步，详细记载由现代思潮演成的事实，给中国人一种更深的刺激。第三步，根据思潮和事实的趋势，草一个具体的改造中国的方案。"如果说《少年中国》月刊做的是第一步，《少年世界》月刊便是要做第二步。这第三步要让中国全体青年去做。③

---

① 东荪：《指导竞争与运动》，《改造》第1卷第2号，1919年9月15日。
② 毛泽东：《湖南建设问题的根本问题——湖南共和国》，长沙《大公报》1920年9月3日。
③ 《为什么发行这本月刊》，《少年世界》第1卷第1号，1919年1月1日。

1918年7月26日，王光祈撰文《少年中国之创造》，明确提出要使中国成为未来的大同世界的一部分，"使中国人民的风俗、制度、学术、生活等等都适合于世界人类进化的潮流"①。这就为创造"少年中国"确立了一个总的发展方向，同时揭示了中国改造与世界改造的内在联系。王光祈素来反对国家主义，主张民族主义。他所说的"民族主义"不是拿我们民族去侵略他人的民族，只是主张"我们这种又勤又俭的、素有文化的民族，要在世界上谋一个安全的地位。我们若对世界上四分之一的人类都不设法拯救，那便是我们对不住世界，对不住人类"②。他指明中国人对世界改造的义务和责任。少年中国学会还准备成立通信社，其宗旨在使国际间消息灵通，并使中国青年男女与外人有相互的、同情的了解，以便在世界根本改造的历程中携手同行。"我们的眼光直射在全世界上，不过处我们的地位，尽我们的本分改造中国，确是改造世界的下手处，因为中国是世界的很重要的一部分。"③ 由此可见少年中国学会对于中国改造的当仁不让的历史责任感。

对于世界改造，少年中国学会中倾向共产主义的会员认为，中国革命是世界革命的一部分，中国问题是一个世界问题，欲救中国，须先参加世界革命。学会中倾向国家主义的会员则认为："世界革命以现刻国际形势而言，绝不可能，中国须求自强自救。国际主义终是理想，不可靠也。"为此，曾琦与李大钊在学会内部发生争论。④

1925年在东南大学召开的年会上，会员中的共产主义派与国家主义派仍然争论不休。"共产派主张中国问题是世界问题的一部分，中国问题必须在世界问题之内去解决。国家主义派主张中国事应由中国自己解决，不当依赖外国势力，致陷国家于万劫不复之地。"⑤ 对此，李璜后来回忆，中国青年党采取的革命手段，是要集合全国民众向国外、国内的恶势力斗争，即"全民革命"，因此对共产党人与国民党左派皆有所批评。中国青年党认为，共产党要联合世界平民去打倒资本主义，所以它在阶级斗争原则之下，不能赞成贫富各阶级的合作；国民党左派因袭一部分共产理论，也在国内分别阶级，而有所谓革命、不革命以至反革命种种根本的辨认。"但是，我们认为对于国外恶势力的侵略，以及对国内恶势力的混乱，不

---

① 王光祈：《少年中国之创造》，《少年中国》第1卷第2期，1919年8月15日。
② 王光祈：《致代英》，《少年中国》第2卷第11期，1921年5月15日。
③ 少年中国学会编：《少年中国学会周年纪念册》，出版地点不详，1920年，第25—26页。
④ 李璜：《五四运动与少年中国学会》，台北《传记文学》第16卷第4期，第11页。
⑤ 余家菊：《余家菊景陶先生回忆录》，台北慧炬出版社1994年版，第16页。

是那一个阶级单独被害，是全中国被压迫民众共同受苦，就唯物一些来说，中国的资本家在这几年的侵略混乱战当中，也快要破产完了。所以屡次对外御侮运动，全国无论贫富是一致的，而对内的非战运动也人同此心。我们不可以在这时来分别阶级或者武断的说那一阶级根本就不革命，去拆散这全民抗争的联合战线。""共产党没有认清中国的实际，离开全民革命而在中国实行阶级斗争太早一些，这是共产党在中国必定失败的根本原因。"① 李璜关于中国共产党改造社会的分析和预测，明显带有政治偏见。但从中可以看出，对于中国革命与世界革命的关系问题，当时的国际主义者与国家主义者或共产主义者与民族主义者始终纠缠不清，直接影响到中国的改造进程。

诚如《光明》的《发刊词》所说："全世界人类之改造运动，无非是背黑暗而向光明之运动也。中国之文化运动，韩国之独立运动，表面上、形式上不无差异，就根本上、精神上言之，皆光明之运动也。"② 世界改造中的联合或者国际统一战线也是非常必要的。世界革命也是共同的期望和目标，中国希望能从中得到帮助，同时，中国也愿意帮助开展世界改造。

二　世界社会的改造

前已述及第一次世界大战后各国兴起的社会改造运动，形成一股世界改造潮流。对中国人而言，欧美各国以及印度、日本的改造，都属于世界改造的内容。特别是在德国和俄国革命发生后，如李大钊所说："现在世界改造的机运，已经从俄、德诸国闪出了一道曙光。"③ 国际组织及其社会改造更是世界改造的集中体现，其中"国际联盟"是为了世界和平秩序而建立的第一个由主权国家组成的常设国际组织，也是人们关于世界改造的论题之一。

1. 国际社会的构想

第一次世界大战期间，英国外交大臣爱德华·格雷、美国总统伍德罗·威尔逊提出关于发展改变国际关系的计划，借此避免战争以及重蹈世界大战的覆辙。巴黎和会在1919年1月28日通过了建立国际联盟的草拟法案，草拟《国际联盟盟约》，准备筹组国际联盟来反对在莫斯科成立的

---

① 中国第二历史档案馆编：《中国青年党》，中国档案出版社1988年版，第10—11页。
② 隐贞：《发刊词》，《光明》第1卷第1号，1921年12月1日。转引自《五四时期期刊介绍》第三集，生活·读书·新知三联书店1979年版，第486页。
③ 李大钊：《我的马克思主义观》，《新青年》第6卷第5号，1919年9月、11月。

共产国际。① 日本学者研究指出："大战终局，国际联盟成立，世界从此改造，吾人欲唤此为世界改造之第一级。现代世界系由多数国家主义之政府所构成。国际联盟者，国家主义之政府，欲以此为改造国际关系之事业也。然吾人以为世界改造之第二级，断不能依赖政府与国家私利主义之力，须依赖民众构成之社会，实行其根本的改造，现在世界各处，业已向此途径开始运动。……第二级改造为社会之改造，脱离国家、脱离政府之改造，为民众活力之作用。"② 上海《民国日报》译登此文，由此可见中国人对于世界改造问题的认同。据曾在日本第一高等学校预科读书的周佛海回忆："当时社会主义和民主主义的思潮，非常澎湃，尤其是俄国和德国革命，对于青年予不少的刺激，所以我对此很感兴趣，于这一类的书籍、杂志努力去阅看；第三，我对于西洋历史和当时的国际情形，也很有兴趣，因为那时正是第一次欧战结束，国际联盟成立的时候，所以阅读这一类的杂志和书籍，也占了我不少的时间。"③ 这大致代表了当时关注世界改造的思想趋向，以及希望助益中国社会改造的心理。

1919年2月《时事新报》发表"社论"说："欧战告终，和会开始，凡为弱小之国，莫不思借威尔逊之宣言，力求国际之平等，如民族自决、外交公开、国际弭兵等项，其尤著也。而在我国尤有特别之感想，互市以来所饱受之痛苦，备历之艰辛，为他国所未有，值此强权消灭公理大伸之日，大可仰首伸眉，沥诉身受之苦，所谓千载一时之遇，殆在此欤。幸而列强援手，举昔日不平等之待遇，一旦毅然废除之，固为我国之大幸，不然，此种希望，纵未必能一蹴而就，我国在国际之地位，此后逐渐改善，亦可差强人意。"④ 陈独秀著文指出："欧战告终，平和将启，武力万能之主义，从此可以绝迹于二十世纪之革命世界，吾人虽不幸而遭此之大劫，或犹可以回溯苏息于自由幸福之舞台。"⑤ 上述言论都表达了时人对于巴黎和会改造世界的热切期盼。

1922年出版的《国际联盟及其趋势》指出："自政治的变动而言，十

---

① 1920年1月10日，《凡尔赛条约》正式生效，国际联盟宣告成立，以保障国际和平与促进国际合作为宗旨。盟约规定，通过集体安全、裁军、和平解决国际争端等措施，以保障会员国的领土完整和政治独立，并规定对违背者实行经济制裁（http://baike.baidu.com/view/1026972.htm? pid = baike.box）。
② 〔日〕稻垣守克著，陈昭彦、梁绍文译：《世界改造之第二级》，上海《民国日报》副刊《觉悟》1919年10月20—23日。
③ 《周佛海回忆录》，龙文出版社股份有限公司1993年版，第14页。
④ 《警告政府》，《时事新报》1919年2月11日。
⑤ 许德珩：《吾人所望于今后之国民者》，《国民》第1卷第1号，1919年1月1日。

八世纪之世界，卢梭氏之世界也。十九世纪之世界，达尔文之世界也。现在二十世纪之世界，威尔逊 Wilson 氏之世界也。"另外，"威尔逊主义 Wilsonism 之推行，已造成现在国际的新趋势；一般反对威尔逊主义Anti-Wilsonism 终必失败故也。威尔逊主义，为平和主义，为正义人道主义，为国际的民主主义。威尔逊一呼，而世界民权响应，犹之播种种子，虽苗芽初生，有遭风雨之虞，然待其成长，则盘根错节，终有不可摇撼者矣。"① 然而，《国际联盟盟约》在保持和平、制止战争等决策机制和设计方面存在诸多漏洞，因此有人怀疑依靠欧美来实行所谓和平、改造民族自觉的可靠性，提出诸如"战争终熄，果即世界改造已成功乎？文明进步之目的以达乎？果即天下之不平已平乎？永久和平之基已确立乎？欧美人之欢歌喜舞，果即吾东亚人之欢歌喜舞乎"的疑问。也有人认为，英法是"今日改造世界，拥护人道之先驱"，并称赞威尔逊之功业。② 威尔逊在欧洲和会上殚精竭虑经营的《国际联盟盟约》，被称为"世界和平纲领"③。

一些明达之士明确表示国际联盟是不可信的。《东方杂志》发表的文章，就"考国际联盟之内容实质为一列强均势说之变化"。文章指出，追溯欧洲大陆均势的历史亦可知，"均势之局能否维持，当视当日缔约之公平与否，其次须无弱小国参与其间……（但今之和会）条约之不公平，弱小之不得申理，专制武断甚于柏林条约……则以后之大战必不能免"。既然国际联盟中的各国貌合神离，国际联盟本身也不可作为追求世界和平的信用机构。因此，"吾国今日应世界之潮求人群之幸福自由，所以自卫自振道唯在善治其兵而已"④。

少年中国学会以创造"少年中国"进而创造"少年世界"为目标，其发起人王光祈是关注和研究世界改造问题的代表人物之一。他在北京期间研究外交，自称是"一个极愿从事世界革命的人"，十分留意世界大势，"觉得现在世界上一切组织多不合理、不满意，皆非根本改造不可"；现在世界是一种阻碍进化的世界，非改造不可。他曾对国际联盟的草案进行研究，觉得"现在的国际联盟一钱不值"⑤。他的《国际社会之改造》一文，研究国际大同盟能否成立以及其成立后能否维持和平。王光祈说："这回世界大战死了多少人，用了若干钱，总算是亘古未有的了。现在仗已打完

---

① 王品今：《国际联盟及其趋势》上，商务印书馆1922年版，第17—18页。
② 黄日葵：《东亚永久和平之基础》，《国民》第1卷第2号，1919年2月1日。
③ L. A.：《今日果可以去兵否》，《东方杂志》第17卷第9号，1920年5月10日。
④ L. A.：《今日果可以去兵否》，《东方杂志》第17卷第9号，1920年5月10日。
⑤ 少年中国学会编：《少年中国学会会务报告》第4期，1919年6月1日，第32—33页。

了，和平会议亦快开了，甚么亚尔萨斯罗连复归法国咧，意大利国境的改正咧，比利时的恢复咧，德国殖民地的处分咧，都是这一回议和的问题。这回战争的结果，有两样事情是差强人意：第一是俄德革命，社会党骤然跃起；第二是国际大同盟（The League of Nations），又叫做和平大同盟（The League for Peace）将要成立。这两件事总算在那进化的轨道上行走，亦就是这回大战的价值。"① 他明确表示反对国际联盟，希望成立真正的国际大同盟或和平大同盟。

日本的浮田和民在《太阳杂志》发表《新亚细亚主义》的文章，认为国际大同盟一时不能成立，所以，在欧洲宜由英、法、德、奥、伊联合起来；在美洲以美国为中心将南北美联合起来；在亚洲以中日协约为基础将亚洲各国联合起来，各自成立一种平和的协同，将来由欧、美、亚三种协同，渐进而为世界大同盟。浮田和民希望日本来代表亚细亚，所以叫作"新亚细亚主义"，它的第一个原则便是维持现状。对此，王光祈明确表示："我主张的国际社会改造，是要打破现状的。"因为"亚洲人口约有八亿五千万，日本人口约五千万，占亚洲人口十七分之一。日本对于亚洲现状自然是满足了，但是其余十六个五千万人如不满足现状，亦合（活）该永世无抬头的日子。要是这十六个五千万中，有几位要满足他的生存欲望，恐怕这和平二字又算靠不住了。也因为每次国际战争都是几个野心政府惹出来的，野心政府的背后就是政治家、资本家、军阀、贵族在那里怂恿。战场上的战争刚才打完，甚么经济战争又要开始。无论战败战胜，享福的总是贵族，吃亏的总是平民。所以这资本家、军阀、贵族的好恶，不是我们平民的好恶。但是现在政府的背后，既是那些与平民不相干的人，将来由这种政府代表的国家所组织的国际大同盟，一定是不可信赖的"。王光祈进而揭露即将召开的巴黎和会的虚伪性和帝国主义的侵略本质，主张"打破国界人种的现状，扫除那资本家军阀贵族的威权"，由各地方的工人，不分国籍，也不分体力和脑力劳动，按"各尽所能，各取所需"的原则组成地方自治团体，再联合成为一个与威尔逊所提倡的国际联盟根本不同的"国际社会"，就可以消灭国际间的猜疑与野心，推翻社会上不平等的制度。在他的设想中，未来的国际社会是由各地自治团体联合起来的，为了实现国际社会的改造，不能首先从国家的改造做起，而必须从地方自治做起。② 此论虽然带有无政府主义色彩，但是表明了对于世界改造

---

① 若愚：《国际社会之改造》，《每周评论》第 1 号，1918 年 12 月 22 日。
② 若愚：《国际社会之改造》，《每周评论》第 1 号，1918 年 12 月 22 日。

的态度,提出了以国际社会来改造世界的另一种思路。

为了反对国际强权,国际社会还要实行民族自决主义。王光祈称赞朝鲜民族革命,认为"这是民族自决主义的潮流已经流到东亚"的表现,他们为自由而流血,因争自治而牺牲,"是极有价值的举动",在人类的进化史上添许多光彩。① 在青岛问题上,国际社会也应该坚持民族自决主义,反对东方的德意志——日本帝国主义。他说:"欧洲此次和会,高唱民族自决主义,所有欧战以前一切不自然的处置,皆应本诸民族自决主义、民主主义的精神,为公平的改正,谋永久的和平。今乃以关系世界和平的青岛问题,置诸议和草约之外,任凭抱国军主义自命德意志第二之日本自由处置,此次和会价值实等于零。"② 因此,国际社会的改造,不仅依靠国际社会的努力,也要靠各民族的自觉。"若欲改造全世界,则每个民族皆须先努力先自振拔。"反对帝国主义须建立在民族自觉之上。"我们以为无论讲什么大同主义、世界主义,首先要每一个民族皆须撑得起腰来。""亚洲的弱小民族撑得起腰杆来了,那些资本主义的国家,失去了殖民地势力的凭借。亦自然会倒了。"中国人负有扶助其他弱小民族、帮助他们自觉自振的责任。"我们以人口幅员而论,又负有纠合亚洲弱小民族与世界列强对抗的天然资格。因此,中国人负有扶助亚洲邻居如高丽、印度、安南、波斯、阿富汗等弱小民族的责任。"③

国际社会要抵抗强权,还要加强弱小民族之间的联络和团结。为此王光祈提出建立亚洲民族交谊会的设想:第一步,设法网罗侨居中国之亚洲各种民族有志人士为会员;第二步,由各会员分别组各部,担任传达各民族之消息;第三步,由会中派有志青年前往该国旅行,了解各国的情况;第四步,凡该国家有逃往之政治犯来华者,吾人应设法保护;第五步,我们亚洲各民族应研究一个合作自卫的办法。"像欧洲人倡导的'欧洲合众国'以抵抗'北美合众国'一样,我们可以倡导'亚洲合众国',以摆脱外来强权压迫。"④ 1925年他进一步提出:"若要抵抗外国帝国主义之侵略,须促成东方民族之团结,所以我们应该先从东方民族联络入手"。他要求少年中国学会先设一个东方语言研究会,然后再联络各国侨华,共同办一个东方民族杂志,专门介绍各国近况,并随时延请各国侨华人士演

---

① 若愚:《朝鲜革命与外蒙骚乱》,《晨报》1919年3月27日。
② 若愚:《为青岛问题告各协约国》,《每周评论》第21号,1919年5月11日。
③ 王光祈:《我们的工作》,《少年中国》第4卷第1期,1923年3月。
④ 王光祈:《我们应该怎样运动》,《少年中国》第4卷第5期,1923年7月。

讲。一部分会员宜分习各国语言文字，以便到各国实地旅行。① 这种世界改造带有国际统一战线的性质。

恽代英在1919年10月21日表达了他对世界改造的痛惜之情。他说，停战的时候，竟至德奥是无条件降服，以致协约国人民被战胜的虚骄之气所乘，忘记了世界根本改造的大业，被几个政治上的野心家操纵、利用，又种下了未来世界的恶果。然而，世界的根本改造是有希望的，而且不久便会实现。这理想是应人类的需要而生，其实便是人类呼吁的音浪。② 他对世界改造充满希望和期待，也大致表达了与王光祈同样的感受。黄日葵对亚洲的永久和平提出了怀疑："战争终熄，果即世界改造已成功乎？文明进步之目的已达乎？果即天下之不平已平乎？永久和平之基已确立乎？欧美人之欢歌喜舞，果即吾东亚人之欢歌喜舞乎？"③ 王光祈、恽代英、黄日葵都是少年中国学会会员，他们的世界改造观，表达了中国进步知识分子的共识。

2. 世界革命的设想

无政府主义者在中国率先主张世界革命。山西的平社说："今日世界之伪道德恶制度，乃社会进化之蟊贼、人类发达之障碍物也。平社就是要本科学之真理，复我天赋人权，使社会无尊卑、贵贱、贫富之阶级，而男女教育均归于平等；破除一切之伪道德恶制度，而倡导世界平民之大革命。"④ 他们倡导世界平民革命，就是世界的根本改造，与当时流行的世界改造思想是一致的。在此基础上，时人提出了无政府主义者的联盟问题。有人主张组织东亚无政府主义者大联盟，其根据在于：一方面，欧战后国际资本主义更迫切需要国外的市场与原料，因此帝国主义掠夺半殖民地与殖民地的侵略行为较前更甚。依近来情形看，中国的反帝国主义运动已能看得见民众的反抗精神。另一方面，欧战后"民族自决"的声浪日高，各殖民地的民族运动甚为猛烈，于是半殖民地的中国也同时拼命提倡反帝主义运动。不过，中国的反帝国主义运动显然有资产阶级的爱国运动的倾向，就是想以本国的资本主义去代替外国的资本主义。⑤

---

① 王光祈：《致少年中国学会同志书》，《王光祈旅德存稿》，中华书局1936年版，第678—679页。
② 中央档案馆等编：《恽代英日记》，中共中央党校出版社1981年版，第646—647页。
③ 黄日葵：《东亚永久和平之基础》，《国民》第1卷第2号，1919年2月1日。
④ 《平社披露》，《自由录》第2集，1918年5月。转引自张允侯等编《五四时期的社团》（四），生活·读书·新知三联书店1979年版，第282页。
⑤ 柳絮：《主张组织东亚无政府主义者大联盟》，《民钟》第16期，1926年12月15日。转引自张允侯等编《五四时期的社团》（四），生活·读书·新知三联书店1979年版，第271—272页。

也有无政府主义者立足于世界主义,思考亚细亚革命与世界改造的关系。有人这样描述理想中的"世界主义"蓝图:全世界被压迫民族、被压迫阶级联合起来,打倒帝国强权主义、资本主义。大家来提倡"有饭吃、有衣穿、有屋住、有书读、有事做、有理讲,无贵、无贱、无贫、无富、无理、无弱、无人、无我"的"天下一家主义"。而要实现我们的理想,一定要打破、推翻那恶势力的强权主义、资本主义。"要实现我们底天下一家主义,一定非先要鼓动激起世界大革命,把世界彻底的重行改造不可!"①

世界改造的讨论涉及东亚改造、亚洲改造。1920年,新民学会新年大会讨论"改造中国与世界"的问题,对于"世界"就有不同的看法。有人以为,改造世界太宽泛,我们无论怎样的力量大,总只能及于一部分。中国又嫌范围小了,故主张改造东亚,"物质方面造成机器世界,精神方面尽能力所及使大多数得到幸福"。也有人提出,"欧洲有欧洲的改造法,我们不能为他们代庖。惟澳洲宜包括在东亚里,非洲我们也应负责"。毛泽东则认为,提出"世界",所以明吾侪的主张是国际的;提出"中国",所以明吾侪的下手处。中国问题本来是世界的问题,然而从事中国改造不着眼于世界改造,则所改造必为狭义,必妨碍世界。② 留学法国的蔡和森来信,向毛泽东阐释世界革命运动之大势。蔡和森提到被压迫民族和国家如波斯、土耳其、印度、埃及、朝鲜、中国等"阶级觉悟发生后由爱国运动引导到布尔塞维克上去的地方",建议中国、朝鲜、日本、波斯、印度等国派人到俄国了解世界革命情形,提出"中日间要两国无产阶级联络革命"的问题。③ 这正是新民学会"改造中国与世界"宗旨的体现和具体运用。

少年中国学会强调,改造社会需要从事各种"预备工夫"。李璜提出的两种"预备工夫",一是使中国的多数人民能有适合改革的能力,即了解和协作的能力;二是使中国的改革与世界的改革能够一致地进行。"我们必要使多数中国人先有了解主义、适合改革的能力,不可不作精神改革的预备。现在世界交通方便,国与国际间的利害关系非常密切,一个国忽然改变得与众不同,有时要妨害别国的利益,是一定要受干涉的。所以我们要希望一种主义在国内有效,而且畅行无阻,须得要是国际的改革,因此我们必得作国际活动的预备。"④ 王光祈本着创造"少年世界"应当实

---

① 剑平:《亚细亚革命与世界改造》,《孤星》第9期,1924年6月25日。
② 中国革命博物馆等编:《新民学会资料》,人民出版社1980年版,第21页。
③ 《蔡和森文集》,人民出版社1980年版,第49、52—53页。
④ 李璜:《破坏与建设及其预备工夫》,《少年中国》第3卷第8期,1922年3月1日。

行"国际分工"的原则,提出学会对于世界的特殊工作是"亚洲弱小民族自决运动"。这是因为,现在的大同主义、世界主义者对于欧美工人的不平等待遇常常表示同情,而对于我们四周被压迫得快要死了的弱小民族毫不动心。"我们既号为亚洲的文化古族,我们以人口幅员而论又负有纠合亚洲各弱小民族与世界列强对抗的天然资格。从今以后,我们再没要高谈怎样帮助英美德法工人了,只是研究我们怎样扶助我们四围(周)的弱小民族。""我们以为若欲使全人类皆得着幸福,则每一个民族皆负有扶助其他弱小民族脱离压迫的责任。我们居住亚洲,所以我们负有扶助我们邻居,如高丽、印度、安南、波斯、阿富汗、俄罗斯之类的责任",这也是我们在国际分工中的责任。① 他提议,在此基础上建立"亚洲合众国",以抵抗外国列强的侵略。②

无政府主义者也提出亚细亚革命的问题。有谓:"所以亚细亚各被压迫的民族,应当觉得做人的生活,是万分危险的缺乏,要达到做人的生活底革命手段,是不可终日的需要;要实行达到做人的生活底革命手段底革命运动,是急不及待的承受。"作者提出亚细亚革命采取的手段及步骤:"第一,只有先大家拿起青天白日三民——民族,民权,民生——主义的旗帜来,先各自推倒驱逐那国内做帝国主义奴才底奴才底走狗——军阀、政客……一切甘心做卖国事业及害群底人或团伪而实现我们的民权民生主义。"第二,大家联合起来实行亚细亚联军革命,要求亚洲民族的解放,最要紧的是:(1)联络已经革命成功的俄国,(2)打翻东亚霸王的日本。"这时候亚细亚革命联军向西方帝国主义实行宣战,——这时候世界——亚细亚——无产阶级革命军声势大振,一定能够引起英、美、法、德、意……劳动阶级底响应及援助。亚细亚革命军再互相策应之。并且西方帝国主义既因亚细亚反帝国主义革命而失其大侵大略的殖民地。一般平民,生活上一定因骤然大受打击,失业增多,同加入无产阶级——劳动——队里去,大彻大悟地加入革命运动。——这就是'世界改造'和'天下一家主义'底凯旋欢歌之日,也就是我们亚细亚各民族对于此后世界应尽的天职与义务。"③ 作者认为,不仅要进行亚细亚革命,而且要联合各国无产阶级进行世界改造。

早期共产主义者李大钊则提出,亚洲的青年运动应当以共同改造为目

---

① 王光祈:《我们的工作》,《少年中国》第4卷第1期,1923年3月。
② 王光祈:《我们应该怎样运动》,《少年中国》第4卷第5期,1923年7月。
③ 剑平:《亚细亚革命与世界改造》,《孤星》第9期,1924年6月25日。

的。他认为,中国青年的反抗强权运动,日本青年的普选运动、劳工运动,朝鲜青年的自治运动,表面上、形式上虽有不同,实质上皆本于同一的精神,向同一的方向进行。李大钊呼吁:"亚细亚的青年,就该打破种族和国家的界限,把那强者阶级给我们造下的嫌怨、隔阂一概抛去,一概冲开,打出一道光明,使我们亲爱的兄弟们,在真实的光辉之下,开诚心,布公道,商量一个共同改造的方略,起一个共同改造的运动,断不可再受那些特权阶级的愚弄、挑拨、隔阂、遮蔽。中华的青年应该和全亚细亚的青年联成一大同盟,本着全亚改造的方针,发起一联合大运动。""之所以要画出亚细亚来,并不是要分什么黄白人种,只是因为我们所居的世界的一部分,作为一个改造的区域,就是远东的俄罗斯青年也包括在亚细亚青年以内。亚细亚的权力中心,确实已集中在日本的军国主义、资本的侵略主义。亚细亚青年的解放运动、改造运动,自然要从破坏亚细亚境内的军国主义、资本的侵略主义下手,这是全亚细亚的青年,都该负重大的责任。"因此,亚细亚诸民族的青年运动"皆是由黑暗向光明的运动"①。

至于资产阶级民主主义者,尤其是孙中山和国民党,提出中德俄联盟乃至与日本结成四国同盟的计划,后来与苏俄结盟,这些都是中国改造主动融入世界改造的例证。②

中国共产党根据无产阶级国际主义思想,接受列宁和共产国际提出的建立国际反帝国主义联合战线的指示精神,提出了系统的世界革命的构想。

三 新民学会关于"改造中国与世界"的讨论

"改造中国与世界"是新民学会素来所持的主张。1920年7月,留法会员在蒙达尼聚会上讨论并一致决定,修改学会宗旨"革新学术,砥砺品行,改良人心风尚"为"改造中国与世界",举起改造中国与世界的旗帜。关于改造的方法,会上发生了激烈的争论。蔡和森"主张组织共产党,使无产阶级专政,其主旨与方法多倾向于现在之俄"。肖子升认为"世界进化是无穷期的,革命也是无穷期的,我们不认可以一部分的牺牲,换多数人的福利。主张温和的革命,用教育为工具的革命,为人民谋全体福利的革命。以工会合(作)社为实行改革之方法。"他倾向于蒲鲁东式的新式革命,反对俄式革命。李维汉亦主张用分工协助的方法,从社会内部来改

---

① 李大钊:《亚细亚青年的光明运动》,《少年中国》第2卷第2期,1920年8月15日。
② 李永春:《孙中山中德俄联盟泄密后的各方反应》,《吉首大学学报》2012年第3期。

造社会，反对笼统改造，不赞同俄式革命。① 李维汉解释他不赞成笼统改造的原因是："一个社会的病，自有他的特别的背景，一剂单方可医天下人的病，我很怀疑。……俄国式的革命，我根本上有未敢赞同之处，但也不反对人家赞成他，或竟取法他，说来很长，且待研究。"② 肖、李的上述主张，正是当时留法勤工俭学学生中的无政府主义思想的反映。他们信奉"以教育为革命"，以教育普及作为提高人类道德水平、促进社会进化、实现无政府理想的万应灵丹。这种思想倾向，也是此前新民学会内部的团体趋向——教育救国论的体现。但当留法会友在讨论学会"改造中国与世界"的方法时，出现了蔡和森的社会主义与肖、李的无政府主义两种对立主张，这意味着新民学会团体思想开始分化。

学会负责人肖子升还说，改造社会的人不可太现色彩，须藏激烈于稳健之中；若色彩过重，社会且望而畏之，牺牲常多，代价常少。他举例说，李石曾的议论行为都是革命的，而中国政府反谓其学说不错；蒲鲁东是无政府主义家，而当时政府欢迎之，用拆政府台的人来拥护政府，成效所以卓著。③ 而蔡和森的社会改造言论，使会员感到"殊诙奇可畏"④。在改造中国与世界的方法上，蔡和森倾向马克思主义，肖子升倾向无政府主义。肖子升在蒙达尼会议后给毛泽东的信中，谈到对于学会意见，将学会具体的计划分为"力学"与"力行"两个部分。其中"力行最宜注意者，改造世界与改造中国是一件事，宜同时并进。因此改造中国，不可忘却世界，要戴改造世界的眼镜去改造中国"。肖子升还说："近来颇有具体做事的热愿，我最主张与世界各地同志联络进行，互助互益，如今之万国某某党，我便喜欢去做此事。"⑤ 他关于新民学会的计划，实际上与他"改造中国与世界"的主张是一致的。蔡和森同样从世界改造来看中国，但与肖子升的立场迥异，表现出社会主义与无政府主义的思想分野。

毛泽东明确表示："我对子昇和笙两人（指萧子升、李维汉——引者注）的意见（用平和的手段，谋全体的幸福），在真理上是赞成的，但在事实上认为做不到。"二人主张共产主义，但反对劳农专政，谓宜用教育的方法使有产阶级觉悟，可不至要妨碍自由，兴起战争，革命流血。这种教育的方法，在理论上说得通，但事实上做不到，因为教育一要有钱，二

---

① 中国革命博物馆等编：《新民学会资料》，人民出版社 1980 年版，第 147、143 页。
② 中国革命博物馆等编：《新民学会资料》，人民出版社 1980 年版，第 143 页。
③ 《谢觉哉日记》（1921 年 2 月 25 日），人民出版社 1984 年版，第 39—40 页。
④ 《谢觉哉日记》（1921 年 2 月 25 日），人民出版社 1984 年版，第 42 页。
⑤ 中国革命博物馆等编：《新民学会资料》，人民出版社 1980 年版，第 141、142 页。

要有人，三要有机关。而且资本主义是不能以教育之力推翻的。"所以我对于绝对的自由主义，无政府的主义，以及德谟克拉西主义，依我现在的看法，都只认为于理论上说得好听，事实上是做不到的。"① 毛泽东明确表示，赞同蔡和森的改造中国与世界的激进方法。

长沙的新民学会会员在1920年新年大会集中讨论"改造中国与世界"的问题。在讨论之前，毛泽东详细介绍了巴黎会友关于"改造中国与世界"讨论的结果：一部分会友主张用急进方法，一部分则主张用缓进方法；一部分主张组织共产党，一部分则主张实行工学主义及教育改造。之所以必须讨论"改造中国与世界"的问题，是因为现在国内对于社会问题的解决，显然有陈独秀等人主张改造与梁启超、张东荪等人主张改良的区别。而在会员的发言中，不仅对世界改造的范围有东亚、亚洲、全世界等的认识分歧，对于改造的方法也有"改良"与"改造"的明显分歧。例如陈启民主张"改造"而不是"改良"。他说："因资本主义积重难返，非根本推翻，不能建设，所以我主张劳农专政。太自由不能讲改造，为的是讲自由结果反不得自由。"毛泽东则认为，改良是补缀办法，应主张大规模改造。他赞成用俄式方法，因为只此方法较之别的改造方法所含可能的性质为多。经过长久的讨论后付诸表决，结果，绝大多数人赞成布尔什维主义。

接着讨论"学会应以什么作共同目的"的问题。何叔衡、钟楚生、贺延枯、熊瑾玎、刘继庄都主张"改造世界"。陈子博主张改造，因为现社会为万恶的，改良两字和缓不能收效，宜取急进态度。但中国是世界的一部分，主张删去中国二字用"改造世界"。毛泽东、任培道、陶斯咏、易阅灰、易礼容、陈章甫认为应为"改造中国与世界"。邹泮清说："我对于改造两字极为怀疑，一般人都以为我们要根本改造，要根本推翻从前一切来重新建设？其实是做不到的。世界无论什么事，不可一跃而几，是渐渐进化的。新民学会不宜取改造的态度，宜取研究的态度，将各种主义方法彻底研究，看那一种主义方法适宜。"李承德、周惇元均主张用"促使社会进化"。会议表决结果，绝大多数主张用"改造中国与世界"或"改造世界"为共同目的，于是，改造的目的问题得到解决。

关于"达到目的须采用什么方法"的问题，毛泽东报告巴黎方面蔡和森的提议，然后列举世界上解决社会问题的方法以供大家参考：(1) 社会政策；(2) 社会民主主义；(3) 激烈方法的共产主义（列宁的主义）；

---

① 中国革命博物馆等编：《新民学会资料》，人民出版社1980年版，第147—150页。

（4）温和方法的共产主义（罗素的主义）；（5）无政府主义。何叔衡主张过激主义，相信一次的扰乱，抵得二十年的教育。毛泽东表示赞成，并指出，温和方法的共产主义，如罗素所主张极端的自由，放任资本家，亦是永世做不到的。激烈方法的共产主义，即所谓劳农主义，用阶级专政的方法，是可以预计效果的，故最宜采用。任培道赞成何、毛的主张，但认为根本着手处仍在教育。陈启民赞成俄国办法，认为世界上许多人提出的改造方法，只有俄国所采的办法可受试验的缘故。其余如无政府主义、工团主义、行会主义等均不能普遍地见诸施行。易礼容认为，社会要改造，故非革命不可。邹泮清认为，理论上无政府主义最好，但事实上做不到。还是德谟克拉西比较可行，他主张对症下药，时间上积渐改进，空间上积渐改进，物质方面的救济在开发实业，精神方面的救济在普及并提高教育。陈章甫主张波尔塞维克主义。张泉山提出，第一步采过激主义，因俄国人的自由因平等而牺牲，所以第二步要采用罗素的基尔特社会主义。陈子博认为，第一步激烈革命，第二步劳农专政。彭荫柏相信多数派，采用革命的手段。"中国国情，如社会组织，工业状况，人民性质，皆与俄国相近，故俄之过激主义可以行于中国。"李承德对于采用俄国劳农政府的办法非常怀疑，主张用罗素的温和办法，先从教育下手，做个性之改造。俟大多数人都了解，乃适行全体改造。周悼元认为无政府主义不能行，对于过激主义不无怀疑，他主张从教育入手，逐渐进步，步步革新。方法问题讨论后付诸表决，绝大多数赞成采取"波尔失委克"主义方法改造中国与世界。

接着讨论"方法进行即如何着手"的问题。何叔衡说："一方面成就自己，多研究；一方面注重传播，从劳动者及兵士入手。将武人政客财阀之腐败专利情形，尽情宣布；鼓吹劳工神圣，促进冲突暴动。"陈启民说："研究宜重比较，取精用宏。宣传宜兼重智识阶级，使无弃才。遇有机会，宜促使实现，故有组党之必要，以厚植其根基。"周悼元主张从下级入手，宜渐进，重普遍，立脚宜稳，点滴做去。学校和饭店，皆吾人着手处。熊瑾玎认为先研究，而后从事下手之法。事实上有组党之必要。彭璜说："研究，传播，组织，联络，四者都不可缺。研究宜多方面，科学、文学、哲学、经济和政治不可偏废，各以所得互相交换。传播宜兼重智识阶级。组党（织）劳动党有必要，因少数人做大事，终难望成。份了越多做事越易。社会主义青年团颇有精神，可资提挈。"易阅灰认为社会主义青年团可资取法。邹泮耕认为，世界是积渐进化的，宜点滴改造，宜温和。从现时现地做起，注重教育实业。宣传着重劳动阶级，为长时之宣传。募捐办学校，由小学而中学大学，由长沙而各省各国，积渐前进，久而可靠。易礼容提出，过激主义本不可怕，不研究自然怕它，研究要深切。"宣传以诚恳态度出之必有成效，宣传组织宜一贯，即组织，即宣传；且宣传，即组织。要造成过激派万人，从各地传布。"综合各人所述着手方法如下：(1) 研究及修养，包括主义和各项学术。(2) 组织社会主义青年团。(3) 宣传，包括教育，报及小册子和演说。(4) 联络同志。(5) 基本金，组织储蓄会。(6) 基本事业，包括学校（又夜学），推广文化书社、印刷局、编辑社、通俗报、讲演团、菜园。经表决一致通过，这样着手解决问题。①

总的说来，新民学会长沙会员在新年大会上确认了蒙达尼会议的讨论结果，修改学会宗旨为"改造中国与世界"，在方法上通过了蔡和森等人主张的布尔什维主义。至于具体的方法，彭璜提到有必要组织劳动党，陈启民提到有组党之必要。陈子博提出，组党要分都市和乡村两方面，可利用洪会。彭璜、易阅灰认为，应该组织青年团。会议决定，组织青年团为学会进行方法之一。新民学会关于"改造中国与世界"的讨论，展示了学会内部对于社会改造的各自思考和意见，并且归纳出总体发展趋向。这种现象在许多进步团体如少年中国学会、江西改造社、天津觉悟社等都存在，表明社会改造成为许多进步社团共同讨论和关注的问题。从它们改造社会的思想和行动来看，温和与激进是对待社会改造的不同方法和态度。渐进主义与激进主义、部分解决与根本解决，是当时改造社会讨论中的根本分歧。

四　世界改造对中国改造的影响

五四运动是中国社会改造思潮和运动的一个重要转折点。发生转折的一个重要原因，如罗家伦所说，就是第一次世界大战以后各国革命潮流的激荡，"特别是当时蔡子民所提倡所谓德国是军国主义，战败是应当的，并且当时国际联盟的论调甚高"②。在世界已经根本改造的情况下，中国若不根本改革，就不能生存于未来的新时代。这是先进知识分子在世界改造潮流下发出的呼喊。关于世界改造思潮和运动对中国社会改造的影响，前文已述。以下简要列举当时人的感受，以说明中国改造与世界改造的密切关系。

孙几伊观察到世界改造给中国的思想上的影响。他说："全国国民中有一大半是不安于现状的，这就是改造的动机。更放眼世界，全世界也正

---

① 中国革命博物馆等编：《新民学会资料》，人民出版社1980年版，第15—29页。
② 王世儒、闻笛编：《我和北大》，北京大学出版社1998年版，第310页。

在那里改造，人家标榜着正义人道，不管是真是假，但挂着这块招牌，多少总可以减轻些我国从前所受非正义人道的压迫。人家高唱限制军备，我们这些破兵烂将，自然也减了不少威风。人家各种文明的形式已经有了，还在那里奖励增进，我们多少总有些观感兴起。"①

留学德国的王光祈认为，中国社会改革取得了重大的进步，知识分子对于政治改革越来越失望而转向社会改革，在其中美国、德国、法国对中国社会改革产生了重要影响。王光祈说，美国政府高度重视中国社会改革，为的是能够更好地推行他们的对华文化政策，例如，用庚子赔款支付中国留学生的开销费用。现在美国的中国留学生累计已经超过 2000 人，而中国现在重要的工商业成功人士大多都曾是留美学生，可见中美贸易关系日益亲近。法国政府在过去两年中极为关注中国的社会改革进程。蔡元培和法国一些对华有兴趣的人士共同创办了中法教育协会，目的就是让越来越多的中国人去法国留学。法国政府只向每位学生收取价值 100 美元的旅费让他们来法留学，同时提供大量工作机会。他们到达法国后从事多种社会活动，许多人靠勤工俭学生活。现在法国的中国留学生也超过了 2000 人，大部分比较年轻，都站在社会主义阵营这边。此外，德国对中国社会改革也有重要影响。现在中德政府签署的和平条约中有这么一个条款：德国政府保证向中国留学生提供尽可能的帮助，说明德国政府也很重视中德文化交流合作。但是，如果德国人希望通过和中国的政府合作来推行这样的文化政策，无疑是错误的。德国应该和中国的社会改革派人士取得更多联系，在社会改革派的两大阵营中到底和谁去合作，取决于德国政府对华政策的基本观点。王光祈乐观地认为："经过 20 年之后，不管我们现在致力于资本主义的社会改革，还是社会主义的社会改革，中国的留德学生数量都会增加，西方列强在中国的影响力肯定会发生重大变化。"② 他希望各国继续帮助中国实行社会改造。上述分析表明，欧美各国对中国社会改造都产生了重要影响，而且在不同时期影响程度不一。

无论是中国主动融入世界改造，或争取各国援助，还是世界改造对中国产生直接或间接影响，都说明中国改造与世界改造的密切关系，即中国改造是世界改造不可或缺的重要组成部分。中国人着手中国改造，同时也是改造世界，同时也愿意帮助世界各国改造。而少年中国学会所说的中国

---

① 东方杂志社编：《中国改造问题》，商务印书馆1923年版，第42页。
② 王光祈：《德国对华的文化政策》，《法兰克福日报》1921年7月14日。转引自王勇《王光祈留德生涯与西文著述研究——一位新文化斗士走上音乐学之路的"足迹"考析》，上海音乐学院2006年博士学位论文，第68—70页。

改造与世界改造必须分工与合作，也说明世界改造始终表现出的整体性与区域性特点。

第四节 联合改造问题

社会生活是一个整体，各个部分是相互联系相互依存的。因此社会改造是牵一发而动全身的事情。如胡汉民所说："部分的改造，事实上是不行的。""零碎底革命，一部底改造，究竟是没有效果底。"所以社会改造就"必要全部改造"。① 只有全部改造，中国社会问题才能"根本解决"。而全部改造需要各局部改造联合行动，也需要社会改造者无论是个人还是团体、政党派别都要联合起来，共同开展社会改造事业。"联合"也成为社会改造的一种方法②，在社会改造运动中，出现了联合改造的趋向。

一 思想文化战线的联合趋向

在世界改造思想和运动中出现了联合的趋向，引起了中国改造论者的注意。1923年7月13日，李大钊在上海大学演说，将世界的社会改造家大致分为三派：一为以人道主义为"徽识"的理想派，以托尔斯泰为代表；二为以社会经济改造为目的科学派，以马克思为代表；三为以精神改造为归宿的趣味派，以拉斯琴为代表。第一派已证明其徒为空想，试验失败。第二派与第三派乃相需为用，庶可使社会改造易为完成。因为"社会之彻底改造，惟有赖于社会经济之彻底改革也。而启发及鼓舞人精（类）改造之精神，则有待于趣味社会改造之努力"③。他明确提出了社会改造中马克思主义与拉斯琴主义的联合问题，也就是精神改造与物质改造并举的问题。

在中国的社会改造运动中，首先出现了思想文化战线的联合趋向。施存统指出，中国社会当前的大敌是资本制度。"在这制度没有推翻以前，凡是在这个意义上努力的朋友，都是我们底同志，都有联络进行之必要。"④ 他提出了联合各种力量反对资本主义制度的问题。新文化运动阵营

---

① 胡汉民口述，陈其尤笔记：《环境与改造》，《闽星》第2卷第4号，1920年1月12日。
② 《浙江新潮发刊词》，转引自《五四时期期刊介绍》第二集，生活·读书·新知三联书店1979年版，第588页。
③ 《纪各校之毕业礼》，《申报》1923年7月13日。
④ 施存统：《我们底大敌，究竟是谁呢?》，上海《民国日报》副刊《觉悟》1920年9月28日。

也提出要以《新青年》为中心，建立思想联合战线。1920年8月2日，陈独秀在致胡适的信中提出，中国人的思想是万国虚无主义，是原有的老子学说与印度空观再加上欧洲形而上学及无政府主义的总汇。这是中国的"总病根"。《新青年》应该对无政府主义、老子学说以及形而上学发动总攻击，并提请胡适担任新青年阵营的"司令"①。1923年7月1日，陈独秀明确提出思想革命的联合战线问题，指出："号称新派的学者如蔡元培、梁启超、张君劢、章秋桐、梁漱溟等，固然不像王敬轩、朱宗熹、辜鸿铭、林琴南等那样胡涂，然仍旧一只脚站在封建宗法的思想上面，一只脚或半只脚踏在近代思想上面，真正了解近代资产阶级思想文化的人，只有胡适之。张君劢和梁漱溟的昏乱思想被适之教训的开口不得，实在是中国思想界一线曙光。"陈独秀进而提出，相信唯物史观的共产党人与相信实验主义的胡适"实有联合之必要"，就是结成"思想革命上的联合战线"，共同扫荡封建宗法思想。②他称赞胡适批评"张君劢和梁漱溟的昏乱思想"的贡献，把胡适抬高到新文化运动第一人的位置，誉其为这一联合战线的领袖。作为回应，胡适指出，陈独秀寄希望于实验主义和辩证法的唯物史观"这两种方法能合作一条联合战线"是错误的，辩证法是生物进化论成立以前的玄学方法，实验主义是生物进化论出世以后的科学方法，这两种方法中间隔了一层达尔文主义，所以根本不相容。③思想战线的联合以不同的思想流派为基础，胡适强调他与陈独秀之间的主义分歧，说明他们要结成联合战线并非易事。

1923年11月，邓中夏考察了中国思想界的格局，将新文化运动阵营区分为以胡适、丁文江为代表的"科学方法派"，以陈独秀、李大钊为代表的"唯物史观派"和作为"新兴反动派"的"东方文化派"。"东方文化派"又分为三系，梁启超、张君劢、张东荪等为一系，梁漱溟为一系，章行严为一系。他指出，唯物史观派与科学方法派是一致的，不同之处在于，前者相信物质变动则人类思想都要跟着变动，"亦根据科学，亦应用科学方法"，因而比科学方法派尤为有识、尤为彻底。东方文化派是假新的、非科学的，科学方法派和唯物史观派是真新的、科学的。后两派应该"结成联合战线"④。他在《思想界的联合战线问题》中进一步提出，在现

---

① 陈独秀：《致胡适》，《胡适往来书信选》上，中华书局1979年版，第107页。
② 陈独秀：《思想革命上的联合战线》，《前锋》第1期，1923年7月1日。
③ 胡适：《介绍我自己的思想》，《胡适文集》第5卷，北京大学出版社1998年版，第511、512页。
④ 中夏：《中国现在的思想界》，《中国青年》第6期，1923年11月24日。

在中国这乌烟瘴气的思想界中，不仅必要而且应该结成联合战线，向反动的思想势力分头迎击，一致进攻。他还明确指出，联合进攻的对象是哲学中的梁启超、张君劢、张东荪、梁漱溟等，心理学中的刘廷芳，政治论中的研究系、政学系、无政府党、联省自治派，文学中的梅光迪等和一般无聊的新文学家，教育中的黄炎培、郭秉文等，社会学中的陶履恭、余天休等。① 可见，思想界的斗争与联合，主要是在中国革命的问题上表现出来，同时表现在中国改造的问题上，这与当时的中国革命运动是相呼应、相联系的。

在以社会改造为共同目标的少年中国学会内，也提出了不同思想倾向的会员联合问题。1922年6月，北京同人为杭州年会提出《为革命的德莫克拉西》提案，宣称现在不谈任何主义，任何主义者"都应该在这时抛弃一切武断的成见，客观的考查中国的实际情形，应该在此时共同认定一联合的战线 United Front，用革名（命）的手段以实现民主主义为前提"。提案建议，学会中各种主义者抛弃一切武断的成见，共同认定一联合战线，用革命的手段，以实现民主主义为前提。② 针对少年中国学会发生了社会改造方法与道路的分歧，倾向共产主义的刘仁静公开提出学会应当由感情的结合转向主义的结合，他说："我们动了改造社会的心思，于是纠合一部分进步的有觉悟的份子组成学会，以言论行动匡救国是。"他认为，出于改造社会的需要，知识者在中国的使命应该是：（1）代民众呼号出他们在社会上、文化上、政治上、经济上所受压迫的痛苦。（2）做摧毁廓清一切恶浊思想、腐败道德与不良制度的冲锋陷阵的急先锋；（3）具有创造的眼光，对于改革中国的现状能提出具体方案，向民众呼诉，并且在中国各地撒下光明的种子。这三者互相关联，知识者能实践此三种使命的，方才可说对于中国的改造有所贡献，而且可称为革命的知识阶级。而就现在学会同人对于改造中国的见解，虽然最终目的不同，但是目前的手段终可归纳到一个范围。同人无论是国家主义者、共产主义者、无政府主义者，都承认打倒军阀与国际帝国主义是中国目前的政治要求。刘仁静提出组织"思想界的联合战线"，并成为"光明运动同盟"③。1923年9月30日，南京会员讨论会务问题，共同议决"纯就学会目前的状况立论，以图多数会员始终爱护学会的结合继续努力，并且希望由学术和感情做结合初基的学

---

① 中夏：《思想界的联合战线问题》，《中国青年》第15期，1924年1月26日。
② 《北京同人提案》，《少年中国》第3卷第11期，1922年6月1日。
③ 刘仁静：《对学会的一个建议》，《少年中国》第4卷第7期，1923年9月。

会，逐渐实现多数人的理想于实际活动。"① 这就进一步提出会员由感情的结合向思想和行动结合的转变。少年中国学会是进步社团试图转变的例证，许多社团也经历这种转变。在此基础上，出现了进步社团组织乃至政党组织的联合改造问题。

二 进步社团的改造联合

随着社会改造运动的深入开展，社团组织的联合问题也提上议事日程。社团与小组织的关系引起了社会改造论者的注意。武昌互助社的业裕与恽代英通信，讨论利群书社的性质时，认为社团与小组织是不同的。热心改造的社团就是基本的团体，而小组织就是新村运动；社团是研究改造方法的，小组织是实行局部改造的。社团可做大群众运动的大本营，也可做小组织运动的基本；可做和缓引导的准备。也可做激烈革命的准备。小组织便是和缓的引导。② 这种划分未必科学合理，但以社会改造为立足点则值得注意。其实，无论是小组织还是社团，在社会改造中受到自身人数、组织规模诸多限制。而且性质相同的社团，更容易采取共同的行动，联合开展社会改造运动。例如，启明化学工业社的成立目的是改造社会，发展社会经济，兴办社会事业。基于"对内对外双方长进，社会亦得进于安定之域"的认识，该社提出对于他团体的意见："社会事业不胜枚举，而社会事业之待举办亦岂只一途！以千头万绪之社会事业，而欲以一二团体之力量毕举之，诚非易事。此则有待于同志者互相携手以谋社会之改造，共图贯彻同人之主旨。""除有害社会的团体外，本社同人极愿尽其心力实践互助之义务，而完成人类之责任。"③ 该社与宗旨相同的组织联合谋社会改造之意思非常明显。

少年中国学会一直坚持"小组织大联合"的社会改造思路。《少年中国》公开的提倡小组织，认为小组织与大组织是相辅相成的。大组织是我们的大本营，小组织是我们的教练所。经过这种小组织的训练，然后可以做大组织中的健全分子。"所以我们要和恶势力奋斗，固然不能不注意大组织，同时也不可忽视这种小组织。"④ 少年中国学会注意与宗旨相同的学会联成友会，在筹备期间，它与北京的仁友会、东京的新中学会联成友

---

① 《会员通信》，《少年中国》第 4 卷第 7 期，1923 年 9 月。
② 业裕：《致代英》，《互助》第 1 期，1920 年 10 月。转引自《五四时期的社团》（一），生活·读书·新知三联书店 1979 年版，第 167 页。
③ 《启明化学工业社概略》，《互助》第 1 期，1920 年 10 月。
④ 左舜生：《小组织的提倡》，《少年中国》第 1 卷第 2 期，1919 年 8 月 15 日。

会，还拟与国内外志同道合的学术团体联络，通过交换出版物互通声气、团员互相接洽、彼此互托调查事件、共同筹办欧美通信社等来交流和讨论互助的办法。①他们公开表示："敝会会员极相信人力与群力，因为世界虽黑暗，社会虽腐败，皆可由吾人人力以改造之。一人能力有限，又可用群策群力以协助进行。故同人等常有'小团体大联合'之计划……若互相联为友会，既可以保存个性，复可以实行互助，诚为至善之法。""同人等以为革新今日黑暗腐败之社会，非有纯洁思想热烈情感坚强意志真确之青年运动不为功。""中国之大，决非一二团体能收改革之效，同人极希望宗旨相同之团体，遍设国内外。"②

各种小团体或联络友会，或者小组织大联合的形式，在社会改造实践中发展为联合改造的组织。其中最具影响的是1920年8月少年中国学会与觉悟社、人道社、曙光社和青年互助团在北京组织"改造联合"，这是五四运动后进步团体从思想向实际联合的重要标志。

"改造联合"发起于周恩来及其领导的觉悟社。觉悟社是天津学界中最优秀的青年结合的小团体，成立于1919年9月，其宗旨为"本着反省、实行、持久、奋斗、活泼、愉快、牺牲、创造、批评、互助的精神，求适应于'人'的生活——做学生方面的'思想改造'事业"③。在1920年8月初召开的年会上，周恩来总结一年多来开展天津学生和各界救国运动的经验教训，认为只有把五四运动以后在全国各地产生的大小进步团体联合起来，加以改造，采取共同行动，才能改造旧的中国，挽救中国的危亡。并把它概括为"改造""联合"四个字。④会后11名社员来到北京，请李大钊指导并帮助他们联络北京的进步团体，然后函邀少年中国学会、人道社、曙光社和青年互助团五个宗旨相同的团体聚会，商议改造联合的问题。

少年中国学会是北京地区最有影响的社团之一，1919年7月正式成立，确立"本科学的精神，为社会活动，以创造少年中国"的宗旨，以"奋斗、实践、坚忍、俭朴"为信条。本着与宗旨相同的团体联成友会、互相协助的原则，到1920年夏，其友会团体已达20多个，学会也因此成

---

① 《少年中国学会消息》，《少年中国》第1卷第1期，1919年7月15日。
② 少年中国学会：《致新中学会》，《少年中国学会周年纪念册》，1920年，出版地点不详，第13页。
③ 张允侯等编：《五四时期的社团》（二），生活·读书·新知三联书店1979年版，第303页。
④ 中共中央文献研究室编：《周恩来年谱（1898—1949）》（修订本），中央文献出版社1998年版，第43页。

为此期青年社团的模范。其他新文化团体"都以改造中国底责任信仰她。对于少年中国学会表示十分信托"①。曙光社是在北京的山东籍学生于1919年11月成立的组织。该社发行的《曙光》宣言:"我们发愿根据科学的研究、良心的主张,唤醒国人彻底的觉悟,鼓舞国人革新的运动。虽然能力有限,愿力却大。"曙光社以"本科学的研究,以促进社会改革之动机"为宗旨。②人道社是由发行《新社会》杂志的郑振铎、瞿秋白等人在1920年8月结成的青年组织。他们所发行的《人道》月刊,"一方面觉得寻觅这真常的,妥当的,和正大的人道底必要;一方面又要找一个适应现在社会底相处方法","要敦促一般人底觉悟"③。从觉悟社、曙光社、人道社与少年中国学会的宗旨比较可知,它们改造黑暗腐败社会、探索和创造新社会的理想目标、改造社会的方法都基本相同,而且各团体也有交往甚至会员的交叉,各自刊物也有稿件的支持与思想上的交流。因而有着联合起来、共同从事社会改造的思想基础。正如他们的《改造联合宣言》所说:"五团体谋从事改造事业的各团体之大联合。"④

1920年8月16日至9月6日,京津五个进步团体聚会北京,连续开会,讨论联络办法。确定名称为"改造联合",拟定事业数条及组织大纲,公推张申府创拟草案《改造联合宣言》和《改造联合约章》。9月6日,《改造联合约章》草案经五个团体全部通过,于是日正式生效。⑤ 这也标志着"改造联合"组织正式成立。

"改造联合"郑重地提出"到民间去"作为联合团体从事社会改造的共同口号。《改造联合约章》规定,联合团体亟须举行的事业包括"宣传事业之联络""社会实况之调查""平民教育之普及""农工组织之运动"和"妇女独立之促进",其活动指向"民间",也就是到田间和工厂去,与人民为伍。他们深入民间的目的,在于改造自己,更重要的是宣传相爱互助的精神,建立一个打破一切界限的大联合形式的大同世界。这种大联合的实现,不可不先有自由人民按他们的职业结合的小组织作为基础。"我们为渴望此(后)的各种自由组织一个一个的实现出来,不能不奔走

---

① 康白情:《致少年中国学会同志诸兄》,《少年中国》第3卷第2期,1921年9月1日。
② 张允侯等编:《五四时期的社团》(三),生活·读书·新知三联书店1979年版,第50页。
③ 中共中央马克思、恩格斯、列宁、斯大林著作编译局研究室编:《五四时期期刊介绍》第一集,生活·读书·新知三联书店1979年版,第329页。
④ 参见李永春《少年中国学会与1920年"改造联合"》,《北京社会科学》2007年第6期。
⑤ 《少年中国学会消息》,《少年中国》第2卷第4期,1920年10月15日。

相告,高呼着'到民间去!'"显然,这是一种明显带有理想色彩的联合改造思路,"到民间去"表达了知识分子对于新社会的热烈追求和努力创造一种新生活的尝试,表明了他们将个人改造与社会改造并举的决心。

"到民间去"的口号不仅是五四时期社会改造思潮的反映,也是五个团体的社会改造思想的综合和集中反映。就少年中国学会而言,除了前述的联络友会外,他们开展菜园新生活和组织工读互助团的讨论并付诸实践,不少会员联络在法华工和在法学生,也有会员宣传和发动农民去建设新农村,以农村作为社会改造的起点。王光祈提出,学会要从事改造农民精神生活与物质生活的"预备工夫",开展农民教育,组织理想经济的模范村。这种模范村的集合,就是理想的"少年中国"①。李大钊1919年2月写作的《青年与农村》,向知识分子和青年学生发出了加入劳工团体、开发劳工阶级和改进农村的呼吁。②他在《"少年中国"的"少年运动"》中,号召青年们学习托尔斯泰闲暇时来都市里著书,农忙时就在田间工作的精神,使文化里的空气和山林里村落里的炊烟连成一气,使老村落变成活泼泼的新村落,这种"新村落的大联合,就是我们的'少年中国'"③。后人回忆,在1920年8月16日五团体联络会上,李大钊"热情地希望青年知识分子到劳工中去,到农民中去,和他们同命运,共呼吸,了解他们,启发他们,依靠他们。因为20世纪的革命,必定是滔滔滚滚的群众运动"④。

倾向社会主义的陈愚生,认为中国的政治问题不可能在政治的本身求得相当解决,而要进一步从根本上(即生计与道德两个方向)着想,"非以自下面做起的精神,不足以改革政治,扶起中国",并以此自勉勉人。⑤他译述的《俄国青年的独立生活》,颂赞俄国青年是社会主义的实行家,"他们看劳动者与自己是平等的,有许多青年男女舍了他们的家庭,尽着他们的力量到那农村和那实业发达的城市,去谋他们自立的生活。"⑥

从王光祈、李大钊、陈愚生的思想倾向可看出,"到民间去"是少年中国学会以社会运动改造中国的基本路径。

关于人道社、曙光社的社会改造思想,不妨以先后加入两团体的郑振

---

① 王光祈:《我们的工作》,《少年中国》第4卷第1期,1923年3月。
② 《李大钊全集》第三卷,河北教育出版社1999年版,第180页。
③ 原载《少年中国》第1卷第3期,1919年9月15日。
④ 马连儒:《风云际会:中国共产党创始录》,中国社会科学出版社2001年版,第145页。
⑤ 周太玄:《悼陈愚生》,《少年中国》第4卷第10期,1924年2月。
⑥ 少年中国学会编:《少年中国学会会务报告》第2期,1919年4月1日,第7—8页。

铎为例来说明。他在 1919 年 12 月讨论社会改造问题时，就提议成立一个"宗旨趋向"相同的新文化期刊的联合机关，提出知识分子为"社会服务"的口号。郑振铎号召青年学生："我们的将来在田间，在工厂里；我们的朋友乃是可爱的农夫，乃是自食其力的工人。"在《再论我们今后的社会改造运动》中，他进一步提出，进步青年"去学那俄罗斯的青年男女的'去与农民为伍'的精神，去教育他们，指导他们，把他们的思想更改，迷梦警醒，同时并把他们的生活改造"①。他负责编辑的《人道》着力宣传以人道主义来改造旧社会，建立一个德谟克拉西的新社会。

觉悟社在其宗旨中举起"互助""改造"的旗帜，强调以思想改造为主，已如前述。基于对各社团的分析，再根据前述《改造联合约章》的规定，可以得出结论："到民间去"是在各团体的社会改造精神的基础上，综合与会代表的意见而提炼出来的口号，并正式确定为五个团体乃至更多青年团体的努力目标和方向。

"到民间去"也是实现《改造联合约章》规定的"结合各地革新团体，本分工互助的精神，以实行社会改造"的方法或手段。由于此前宗旨相同的各小团体长期以来各不相谋，不能互通声气而各自活动，使种种改造活动成为空谈梦想。

"改造联合"旨在克服各小团体势单力孤、各不相谋的散漫状态，切切实实做事，联合实行社会改造。"况且联合的团体愈多，我们的共同目的愈加简单，我们向此目的实行力量愈加集中，我们共同努力的效果愈加实在，达到最高理想的距路也就近了一程。"②可见，组织"改造联合"的目的，在于联合宗旨相同的团体，切实从事改造运动，以"民间"作为改造社会的起点，"到民间去"成为各团体改造社会的统一路径与具体方法。总的说来，"到民间去"作为共同口号，显示了京津地区青年进步团体的联合态势，表达了各团体朝着实现社会改造这一最高理想而共同努力的路向和决心，此亦成为五个团体联合改造的核心内容。

"改造联合"组织的影响，首先体现在参与其中的五个团体的社会改造活动③，其次是助推社会改造运动的发展。在京津进步团体"改造联合"付诸行动后，联合改造也得到进一步推广。少年中国学会率先行动，促成武汉会员在 1920 年 10 月成立了武昌改造同盟。④ 据《互助》第一期的报

---

① 陈福康编著：《郑振铎年谱》，书目文献出版社 1988 年版，第 25、27—28 页。
② 《改造联合约章》，《少年中国》第 2 卷第 5 期，1920 年 11 月 15 日。
③ 参见李永春《少年中国学会与 1920 "改造联合"》，《北京社会科学》2007 年第 6 期。
④ 张允侯等编：《五四时期的社团》（一），生活·读书·新知三联书店 1979 年版，第 155 页。

道:"武昌有许多小团体,他们每个团体人数都少,程度亦幼稚,但他们却一样是有志改造社会,而且彼此有几分了解。本年九月间,因北京各小团体有改造联合的动议,少年中国学会陈愚生通知了他们,他们因有发起同类联合的意思。"10月3日,日新社、互助社、辅仁社、利群书社及人社等的部分社员,在利群书社召开改造同盟发起会,定规约七条。有论者指出,改造同盟是恽代英等人社团思想具有政党内容的标志,是"结一个死党"(以实现事业)思想的直接行动,也是他们改革社会的一种尝试。[①]这也是目前所见"改造联合"成立后开展的具体活动的唯一史料,也说明,学会将各地推广"改造联合"作为重要会务陆续开展。比较北京"联合改造"与武昌"改造同盟"的规约可知,二者基本精神是一致的,从团体的入会、退会到会议联络、通信等具体内容也基本相同。不同之处在于,一是武昌改造同盟没有表明组织宗旨,似是武昌的少年中国会员接受北京总会之意,接受了"改造联合"的宗旨;二是明确利群书社是同盟的中心,具体负责收捐款、筹备开会,其发行的《互助》负责收集同盟报告及其有价值的讨论文字。这一点比北京"改造联合"中《少年中国》的职责更明确。可以说,作为武昌地区小组织联合的标志,改造同盟是少年中国学会直接影响与推动的产物。

综上所述,京、津、汉等地进步团体"改造联合"在推动宗旨相同团体联合的同时,推进了将社会改造活动走向民间的进程,也促使知识分子在社会改造过程中完成自身改造,走上共同的社会改造道路。

此外,一些相同性质的小团体也出现联合的趋势。例如合作主义小团体中,江湾平民学社、国民合作储蓄银行、同孚消费合作社、上海职工俱乐部、上海职工合作商店共同组织了上海合作联合会。刘梅庵在成立纪念大会上发言指出,他是积极主张组织联合会,"况合作在我国正是萌芽时代,如果不互相联络起来,作大规模的运动,我想在此死气沉沉的中国社会,恐怕不能引起大众的注意。就拿欧洲说,如英、法、德、瑞士、意大利诸国,这种组织都早已实现;因此,我们觉得万难容缓"[②]。《上海合作联合会章程》规定,其宗旨是"谋相互的扶助,为普遍的宣传,养成合作人材,调查合作事业"。凡在上海及上海附近之合作团体,"无论生产、消费、信用,或宣传及补助合作主义之团体,苟不悖于合作原理者,经本会

[①] 田子渝:《武汉五四运动史》,湖北人民出版社1999年版,第194—195页。
[②] 刘梅庵记述:《上海合作联合会成立纪念大会记》,《平民》第137期,1923年1月13日。

之认可,皆得为本会会员"①。

由此可见,宗旨相同的社团联合进行社会改造,成为五四运动以后社会改造运动的一个发展趋势。

三 政治团体的联合改造

在五四后期,不少进步社团开始向政党组织转变。1921年夏,利群书社成员在黄冈林家大湾开会,订立社章,通过宣言,一致拥护苏维埃,拥护无产阶级专政,拥护无产阶级在革命中的领导权,赞成组织布尔什维克式的党的团体——"波社"。在得知中国共产党已经成立的消息后,恽代英立即号召社员加入其中,结束了利群书社。② 1921年新年大会上,新民学会会员确定组织社会主义青年团。随着肖子升等转向无政府主义,蔡和森、毛泽东等会员参与中共创建活动,成为党的创始人之一。新民学会发生分化,并且无形消失。少年中国学会试图向政党组织转变但是未果,不少会员先后转入中国共产党、中国国民党和国家主义派(后来的中国青年党)。这是进步组织政党化的趋向,也可以说小团体被联合发展为政党组织。这种趋向与社团组织从感情的结合向主义的结合转变相适应。正如少年中国学会刘仁静所指出,友情是一种黏性,可以团结本会有共同信仰的会员,使他们更加亲密,但不能代替共同信仰本身。"倘使我们因十分顾虑友情,而不谋目前改造中国的最低限度要求之了解,则我们见小忘大,恐有不智之识。"③ 毛泽东在新民学会中也提出:"要有一种为大家共同信守的主义。""感情的结合,要变为主义的结合才好。"他主张以主义作为共同的旗帜。④

无政府主义小团体也有联合革命的行动。早在1914年7月上海无政府共产主义同志会成立时,刘师复就提出:"无政府共产之实行,赖乎吾党之实力。而欲增进吾党之实力,则联合全体一致进行,实为今日惟一之要务。凡我同志,当各在其所在地与宗旨相同者连络为一,相其情势,创设自由集合之团体(或为秘密之组织或为表面研究学术之机关),以为传播主义联络同志之机关,以为将来组织联合会之预备。"⑤ 在五四运动以后,

---

① 《上海合作联合会章程》,《平民》第137期,1923年1月13日。
② 廖焕星:《武昌利群书社始末》。转引自张允侯等编《五四时期的社团》(一),生活·读书·新知三联书店1979年版,第206—207页。
③ 刘仁静:《对学会的一个建议》,《少年中国》第4卷第7期,1923年9月。
④ 中共中央文献研究室等编:《毛泽东早期文稿》,湖南人民出版社2008年版,第498页。
⑤ 中国第二历史档案馆编:《中国无政府主义和中国社会党》,江苏人民出版社1981年版,第12页。

无政府主义者认为无政府主义的传播已经成熟，宣传的重点应由一般的"传播主义"转为无政府派联合进行"世界大革命"。1919年夏，全国各地无政府主义小团体举行"第一次无政府共产党联合大会"，研究无政府主义在"支那进行之种种问题"，以实现它们"创造无政府共产之社会"的理想。后来联合会议以失败告终，它们发表的《支那无政府共产党联合大会告失败书》，号召"尽忠竭力"于无政府主义，"造公共幸福、自由、平等、博爱主义之失败诸同志、诸同事共奋勇，其勿馁"①。1921年3月11日，在北京召开"无政府党互助团"会议，认为平民大革命"今宜由鼓吹而入于实行地步"，应即"联络群众实行"，并讨论决定由黄凌霜拟通知，自由签名为发起人，又派人南下进行召集会议的筹备工作，起草"大会筹备宣言书"，在汉口设立"谈话""通讯""办事"三个机关，定于8月10日至20日在汉口或广州召集会议。② 与此同时，国际社会党人纷纷来电联络中国的无政府党人，鼓吹无政府主义。如俄国的懋兴、美国的高曼等人先后来中国，与中国的无政府主义者"共同鼓吹共产主义，其宗旨为：无政府，无家族"③。这也推动了中国无政府主义者的"世界大革命"意识。可见，中国无政府主义者在国内力图联合，实行无政府革命的同时，还试图与国际无政府主义者联合，共同进行"世界大革命"。

在政治团体中，国家主义小团体也有了联合行动的趋向。据陶希圣回忆，五卅惨案之后，他与国家主义派诸领袖经常聚会，交换意见，在反对马克思主义的"阶级斗争论"与"无产阶级专政说"乃至"第四阶级革命论"的思想上是一致的。《醒狮》大张旗鼓，"内除国贼，外抗强权"；《独立青年》与《独立评论》亦反军阀割据，并反列强侵略。当时"帝国主义"这名词既不统一，又不普遍使用。但是这两个社团的政治主张有其共通之点，尤其是两方皆是反对中国共产党，极力与中国共产党作思想战。两方一度拟议合组"反赤同盟"④。1925年12月20日，大江会、大神州社、国魂社、少年自强学会、国家主义青年团等社团在北京成立了国家主义团体联合会，呼吁"大家抱定国家主义的灵魂，向帝国主义下总攻令"。

---

① 中国第二历史档案馆编：《中国无政府主义和中国社会党》，江苏人民出版社1981年版，第29—30页。
② 徐善广、柳建平：《中国无政府主义史》，湖北人民出版社1989年版，第158页。
③ 中国第二历史档案馆编：《中国无政府主义和中国社会党》，江苏人民出版社1981年版，第28页。
④ 周宝三编：《左舜生先生纪念集》，文海出版社有限公司1981年版，第50—51页。

值得注意的是，不同性质的政治社团也开始出现联合改造的行动。中国共产党成立伊始，就积极开展工人运动，希望走俄国社会主义革命的道路。当时无政府主义者反对无产阶级专政和无产阶级政党，但在策略和手段上，也有人主张先利用共产党的力量来建设一个完全无强权的新社会，因为"现在这布尔扎维克党的运动，看来已经很是有力了，那末我们何妨借他们的势力来破坏这些黑暗制度"①。马克思主义者和无政府主义者都致力于劳动运动，而且有过联合开展工人运动、文化运动的经历，但是两派对于劳动运动的观念明显不同。无政府主义者认为，"真正的劳动运动，是由劳动者自身觉悟，起而奋斗。真的劳动运动的团体，是团体中每个分子都有自动的能力，都有为目标而不是受人的盲目煽惑，只图稍为改善目前的境遇的卑怯心理，由少数自命为革命家的野心家所占据和包办"。无政府主义者自称他们到工人里去灌输知识，要使工人相信无政府主义。他们反对以少数知识分子去号召一班劳动者来受自己支配的工人团体，赞成由同一主义者——有自觉自决，能奋斗到底，自由组织，不受任何人指挥与支配的工人团体。他们更反对因目前的小利或者是受知识分子盲目煽惑的罢工，认为这种罢工无损于资本主义，反而减少生产量，使其他劳动者增加负担。罢工愈烈，劳动者的痛苦必愈加深重。他们认为，要等待劳动者大联合成功时，对资本家停止供给，将生产要件收为自家管理。② 可见，无政府主义者主张工人自觉自决，自由组织，完全尊重他们的个人意志，显然是反对马克思主义者组织和领导工人团体，指导工人斗争，尤其是政治斗争。两派的分歧表明，工人运动的发展日益引起各派政治势力的重视，并且开始争夺工人运动的领导权。

马克思主义者一面努力开展和独立领导工人运动，一面努力争取和改造无政府主义影响下的工会，将工人运动纳入无产阶级革命的轨道。按照蔡和森的分析："原来阶级争斗就是政治争斗，工人阶级不从事政治争斗和夺取政权，是决不能达到解放目的。而且政治争斗乃是工人运动必然经过的历程，始终不能以无政府党或工团派主观的理想和志愿超过的。"③ 事实上，从1922年5月第一次全国劳动大会召开到1925年中华全国总工会成立时，中国共产党逐步取得了在中国工人运动中的领导地位。随着中共创建工作的完善和马克思主义与无政府主义分歧的日益明显，更由于国共

---

① 高军等编：《无政府主义在中国》，湖南人民出版社1984年版，第394页。
② 安：《劳动运动》，《互助》第1期，1923年3月15日。转引自张允侯等编《五四时期的社团》（四），生活·读书·新知三联书店1979年版，第223、224页。
③ 《蔡和森文集》，人民出版社1980年版，第90页。

合作开展国民革命运动的需要，共产党转向与国民党建立联盟，放弃与无政府主义者的联合。

主要政党组织的联合改造，是此期社会改造运动中最为引人注目的。按照谭平山的理解，政党组织是一种政治团体，是全国国民中依共同的志趣、共同的精神，构成协同的能力，营造政治生活的团体。① 因此，政党也是开展社会改造的主要政治组织。1922年中共提出建立民主的联合战线，可以说是联合改造中国的构想。1922年6月15日，中共中央发表《对于时局的主张》，提出目前奋斗的目标为"保障人民结社集会言论出版自由权，废止治安警察条例及压迫罢工的刑律"，"承认妇女在法律上与男子有同等的权利"等十一项。实现这些目标的方法，是要邀请国民党等革命的民主派开一个联席会议，共同建立民主主义的联合战线。随后召开的中共二大，进一步提出了民主联合战线的实施计划和步骤：（1）先行邀请国民党及社会主义青年团在适宜地点开一个代表会议，互商如何加邀其他各革新团体及如何进行。（2）运动倾向共产主义的议员，在国会联络真正民主派的议员，结成民主主义左派联盟。（3）在全国各城市，集合工会、农民团体、商人团体、职教员联合会、学生会、妇女参政同盟团体、律师公会、新闻记者团体等，组织"民主主义大同盟"②。会后陈独秀写信给国民党，请孙中山出面召集旨在建立民主联合战线的联席会议，但因为孙中山不承认有共产党而未果。③ 张申府在《中国共产党与其目前政策》中分析指出："中共要与国民党等革命民主派及各革命的社会主义团体结成联合战线，以完成民主战争，建立真面目的民主政治。这种办法与现在德国共产党赞助民主派，共同抵抗反动党，用意实无大异，凡是明白事理之人，如何能不谅其苦衷？但我们也不能不明白告诉大家，而请大家切记：那种办法究竟不是共产党的终极目的，那种办法究竟不是一种手段，而且也不是像无产阶级专政一样的，共产革命的普遍的必然手段。只不过处像现在中国情势之下，不得不取的一种特殊手段。"④ 文中阐释了中共提出建立民主联合战线的策略，就是为了建立真正的民主政治，在中国实行政

---

① 谭平山：《中国政党问题及今后组织政党的方针——根本的革新政治之第一步》，《政衡》第2号，1920年4月1日。
② 中共二大史料编纂委员会编：《中国共产党第二次全国代表大会》，中共党史出版社2006年版，第30—31页。
③ 蔡和森：《中国共产党史的发展（提纲）》，《蔡和森的十二篇文章》，人民出版社1980年版，第34页。
④ R：《中国共产党与其目前政策》，《少年》第2号，1922年9月1日。

改造。

　　国民会议运动是国共两党联合开展的一场大规模的反帝反封建运动，也是一场具有重要影响的社会改造运动。召开国民会议解决中国问题，是中国共产党提出并始终坚持的政治主张。"国民会议"的口号，是1923年北京政变发生后中共在第二次对于时局主张的宣言中提出的。宣言指出："逐黎不过是历来外力军阀勾结为患，造成中国危局之一个必然的结果，而非时局危机之因。北洋军阀旧势力统治中国，抑制民权，勾结列强，断送利权，此乃中国危机四伏之根本恶因，此恶因一日不除，其危机连续起伏之恶果将一日不止。"因此，"'拥护黎元洪'、'拥护段祺瑞'、'国会南迁及制宪'、'团结西南联省自治'、'借助列强'这些办法都不能解决时局。"北京的国会已经成为封建军阀的傀儡，国民已否认其代表资格，只有国民会议才真能代表国民，才能够制定宪法，才能够建设新政府统一中国，也只有它能够否认各方面有假托民意组织政府统治中国之权。因此中国共产党主张："由负有国民革命使命的国民党，出来号召全国的商会工会农会学生会及其他职业团体，推举多数代表在适当地点，开一国民会议……建设新政府统一中国。"① 当时，中共提出，由国民党召集国民会议，把开展国民会议运动作为一种政治改造的手段。中共三大新当选的中央领导人联名致信孙中山，诚恳地提出："国民党的主要任务是结束广东战事，不能囿于一方的工作而忽略全国的工作"，因此建议孙中山离开广州，前往舆论的中心地上海，到那里去召开国民会议。② 但是，孙中山对此并未作出积极的回应，只表示"召开国民会议的运动不可能是一场严肃的运动"，国民党不能介入其中。③ 中共提出了召开国民大会解决时局的主张，认为国民革命可以推倒国际帝国主义及军阀，是解决目下时局的唯一出路。但是，这一主张在国内舆论无甚影响，函请孙中山赴沪召集国民会议亦无结果。④

　　1924年10月北京政变发生后，成立了以段祺瑞为首的临时执政府。中共为了揭露帝国主义和军阀政府分裂中国的新阴谋，在《第四次对于时

---

① 中央档案馆编.《中共中央文件选集》第1册，中共中央党校出版社1989年版，第174—178页。
② 中共中央党史研究室第一研究部译：《共产国际、联共（布）与中国革命文献资料选辑（1917—1925）》，北京图书馆出版社1997年版，第496页。
③ 中共中央党史研究室第一研究部译：《共产国际、联共（布）与中国革命文献资料选辑（1917—1925）》，北京图书馆出版社1997年版，第499页。
④ 中央档案馆编：《中共中央文件选集》第1册，中共中央党校出版社1989年版，第186页。

局的主张》中,再次号召召开国民会议,指出,解决中国政治问题的方法,不是各省军阀的和平会议或国是会议,也不是段祺瑞提议的善后会议,乃是中国共产党在北京政变时所主张的以及国民党现在所号召的国民会议。只有这种国民会议才可望解决中国政治问题。这一号召得到全国人民的热烈响应,许多团体发表通电,"赞成孙中山之政见",认为召集国民会议的主张"确为救济中国之良药"①。

随后孙中山发表《北上宣言》,接受中共提出的"开国民会议""废除不平等条约"两个口号,号召通过国民会议来"打破军阀"和"打破援助军阀的帝国主义",指出,统一中国的第一步方法"是开国民会议,由全体国民自动的去解决国事"②。中共中央随即指示各地党团员积极响应孙中山宣传的召开国民会议的主张,在各地组织国民会议促成会,促成国民会议运动。③ 这表明,召开国民会议解决国是,是中共一贯的革命主张。中共不仅向孙中山提出召集国民会议的主张,而且积极推动和开展国民会议促进运动,孙中山最终接受中共的主张,在全国范围内形成了一场声势浩大的国民会议运动。国民会议主张在全国范围内得以广泛传播,而且逐渐深入人心。正如向警予所指出,国民会议"打破十三年武力解决的旧局面,另辟一人民自决的新局面"④。国民会议运动深入宣传了中共反帝反封建的革命主张和国民党的三民主义,提出和试验了以政治运动改造中国的主张,促进了国民革命风暴的到来。这一运动以人民的力量解决中国的问题,以群众运动的手段反对帝国主义和封建军阀,因此在社会改造运动中具有重要意义。

1924年,国共两党合作开展国民革命运动,则是政党联合改造的集中表现(详见第十章)。国民党改组后,不仅实现了国共两党的政治联盟,以一个革命阶级联盟的组织形式充当国民革命的领导者,也以共产党员参加国民党的特殊合作形式来显示它的时代特点,为近代中国政党之间的合作提供了范例。⑤ 可以说,五四以来联合改造运动发展到顶峰,社会改造运动也融入国民革命洪潮中。

---

① 参见上海《民国日报》1924年11月26日。
② 中国社科院近代史所等编:《孙中山全集》第11卷,中华书局2011年版,第364—365页。
③ 《中国共产党对于时局之主张》,《向导》第92期,1924年11月19日。
④ 《向警予文集》,湖南人民出版社1985年版,第187页。
⑤ 林家有:《孙中山与中国近代化道路研究》,广东教育出版社1999年版,第451页。

第七章 五四时期社会改造思潮中的争论

在社会改造的讨论中，关于改造的方式、范围、着手处等问题，出现了诸如零碎解决与总解决、社会改革与政治改革、个人改造与社会改造等重大的分歧或争论。著名的"问题与主义"之争，既是实验主义与马克思主义的学理之争，也是关于社会改造的手段和方法之争。这些争论是社会改造思潮内容丰富的表现，也是社会改造思潮复杂化的反映，更是社会改造运动不断发展的特征。

第一节 零碎解决与总解决

零碎解决和总解决是改造社会的两种方式。前者主张一个问题一个问题的解决，后者主张从根本问题做一个总的解决。两种改造方式曾经引起激烈的争论，甚至贯穿社会改造思潮和运动的发展过程。

一 零碎解决与总解决的方式选择

用零碎解决的办法改造社会，在当时有不同的意见。关于社会改造方式，有人主张慢慢地、一件一件地解决。有谓："社会改造的事，是慢慢的做到的，不是一下子做到的，是零碎做到的，不是一举成功的。"最好的办法是："按着一件一件的制度，去慢慢的求改革，才能达到改造社会之目的。"在革命手段上，他们很自然地趋向于反对暴力，认为用暴力手段推翻旧社会，建立新社会，不仅是一种假设，而且也是极危险反常的方法，因此他们提出，学习欧美议会制度，组织联邦政府来行使国民的权利，实现国民参政的目的。[①] 这种观点大致体现了胡适宣传的实验主义的

[①] K. S.：《怎样去研究社会改造问题》，《新群》第 1 卷第 1 号，1919 年 11 月。转引自《五四时期期刊介绍》第三集，生活·读书·新知三联书店 1979 年版，第 371—372 页。

主张。

也有人主张通过开展零碎的社会事业来解决社会问题。《人道》发表的《零碎的社会事业与新文化运动》一文指出:"社会界就是一种的职业,如同教育界、工界等等一样。他的目的就是要改革社会的虚伪,减轻人生的苦痛,增进人们的幸福,使男女老幼个个都能够得着较为愉快,较为丰盛的生活——总而言之,他就是'佛国长幡',要'普渡众生',脱离苦海,而得着乐生的趣旨罢了。"美国有可观的零碎的社会事业,在1873年召集了一个社会界会议。日本从1908年开始提倡社会界,在1917年召集了第一次日本社会界会议。"我们回头一看中国的情况,静悄悄的,提倡乏人,虽有一二如同零碎的社会事业的性质,却是凤毛鳞趾、掩旗息鼓,没有什么大计划,不禁伤心堕泪。"作者借鉴东西方的经验,主张在中国开展这种零碎的社会事业来解决中国一个一个的社会问题。①《短了一个社会界》的文章说得更明白:"中国虽然有学界、政界、工界、商界、农界、军界、医界、教界、报界等等各界,但是找不着一个很重要不可缺少的社会界。"作者期望"中华民国觉悟的新青年","快快伸张你鲜明的旗帜,振刷你不朽的榜神,下动员之令,做大规模的攻击,向前去做那'零碎'的社会事业(Social case work)。快把这个生死关头的社会界添在各界里头!"② 通过零碎的社会事业,逐一解决中国的社会问题,这是一股不容忽视的思想潮流。

还有人主张先解决社会的大问题,再解决小问题。《先驱》发表的文章指出,社会上有几种大问题如若不先解决,其余的就无从解决。反之,这几个问题解决了,其余的小问题也就随之而解决了。例如政治、经济问题解决了,什么女子解放问题、婚姻问题、迷信神佛的问题,也就都解决了。"所以我们以后的青年运动应当把力量集中到政治、经济的大问题上,不要再蹈以前的覆辙。"作者指出,以前的青年运动者"误听了零碎解决",忘记了社会上几个大问题的解决。③ 其实,解决社会问题中的几个大问题,仍然可见"零碎解决"思想的影响。社会问题无论大小,逐一解决甚至全部解决,还是需要零碎解决方法的运用和实践。

总之,零碎解决与总解决两种方式,分别对应于社会改造的急进与保守两种态度。美国哲学家杜威认为,急进派主张抛弃现有制度,另创乌托

---

① 陈其田:《零碎社会事业与新文化运动》,《人道》第1号,1920年8月5日。
② 陈其田:《短了一个社会界》,《人道》第1号,1920年8月5日。
③ 红彩:《今后中国的青年应当怎样的运动?》,《先驱》第5号,1922年4月1日。

邦；急进派注重个人的反省。保守派主张求现制度自身的道理，以改良现制度；保守派注重思考和研究。两派共同的毛病在于"根本解决"，即人类的生活不是完全推翻或完全保守即可解决的。杜威在讲演《政治哲学与社会哲学》时，主张随时随地零碎地改造，零碎地进步，实现社会改造。他说："旧式的社会哲学只是两极端，一是对于社会下总攻击，一是对于社会下总辩护。现在我们所讲的第三派哲学不是总攻击，也不是总辩护，是要进步，可不是那天演的进步，是东一块西一块零零碎碎的进步，是零买的不是批发的进步。"现在世界上无论何处都在那里高谈再造世界、改造社会。但是要再造、改造的都是零的，不是整的。"须要一件件的把他分拆开来，然后一件一件的做去，一点一点的去改革，将来一定可以做到我们理想中的大改造。"① 杜威解释说："我们的学说，是要教革新家用一种研究的态度：第一步是问他的方法，现在有某种需要没有做到，某种有用分子有用能力没有发展，某种改革某种新制度应去推行。这是一种研究的态度。第二步要问那种方法真不真，好不好，革新家便也进了一步，知道他攻击人是不差的，但是他所提出的这个那个，是否可以代替原有的这个那个，这也是一种研究态度。总之是把人的智慧用科学方法去批评研究。如是可以免掉流血等祸。"② 杜威总结各种社会改造运动的得失，指出社会改造中急进与保守的不同结局，并且表明了他对于社会改造中零碎解决的态度。

受杜威思想的影响，胡适也主张零碎解决。在著名的"问题与主义"之争中，胡适态度鲜明地反对根本解决，并且提升到科学的人生观的高度，把零碎解决当作一种方法论。他在《科学的人生观》中指出，科学的人生观就是用科学的精神、态度、方法来对待人生的问题。科学的方法应用到人生问题上去，就是"打破笼侗（统）的'根本解决'，认清特别的、个体的问题。人生问题都是个别的，没有笼侗的问题（例如婚姻、家庭……），故没有笼侗的解决"③ 胡适以法国革命和俄国革命为例，表示"我们是不承认政治上有什么根本解决的"。"我们因为不信根本改造的话，只信那一点一滴的改造，所以我们不谈主义，只谈问题；不存大希望，也

---

① 袁刚、孙家祥、任丙强编：《民治主义与现代社会——杜威在华讲演集》，北京大学出版社 2004 年版，第 33 页。
② 袁刚、孙家祥、任丙强编：《民治主义与现代社会——杜威在华讲演集》，北京大学出版社 2004 年版，第 40 页。
③ 曹伯言整理：《胡适日记全集》第 3 册，台北联经出版事业有限责任公司 2004 年版，第 483 页。

不至于大失望。我们观察今日的时代，恶因种的如此之多，好人如此之少，教育如此之糟，决没有使人充分满意之大改革。"① 实际上，他在宣传杜威的主张，坚持社会改造一点一滴地进行，反对总解决。受此影响，当时许多青年都以为社会问题可以一个一个解决，进而改造全社会。阮啸仙在《改造日记》中说："但社会的组织，很是复杂，纵横交错，千头万绪，问题百出，我们不能笼笼统统，随便扯来讲的。改造的问题，要从片段做起，从零碎的攻击，打破一面，还有一面，层层的打进去，才能下总攻击的命令，然后才能完全改造起来。"② 这种零碎解决的改造方式，明显受到实验主义的影响。

作为社会改造方式，与零碎解决相对应的是总解决或根本解决。许多社会改造论者和社团组织都趋向于社会改造的总解决方法，马克思主义者、无政府主义者都是这方面的代表。宋介在《社会现象之研究与社会改造》中明确表示："我们对于头痛医头，脚痛治脚的特殊方式，认为不彻底。且社会之各种组织，都是互相关联的，是不能单独的、部分的行改革的。所以现代社会改革，总是适用革命的方式……我们能以擒贼先擒王的手段，对大的社会罪恶下总攻击，大的既然铲除，小的亦可随之俱倒。即举一端言之，如资本主义的经济制度打破，社会罪恶差不多可去十之八九。"③ 通过对当时社会现象的深入研究，社会改造论者对零碎解决与总解决的改造方式做出了自己的抉择。《先驱》的一篇文章总结说：有人"忽略了政治"，以为政治问题不解决，什么问题都是很难解决的；也有人"迷信了绝对的自由"，反对所谓总解决。这实际上是关于零碎解决和总解决的认识歧误。④

在社会改造的讨论和实践中，经常发生关于采取总解决还是零碎解决方式的争论。以湖南驱张运动为例。《民国日报》发表的"时评"指出："现在的军阀官僚是一类的坏货，不过坏的程度略有等差罢了。要根本革新的确要总解决，零碎对付实在弄不清楚。但是零碎对付，我也不反对，因为可以作总解决的先声看的。"⑤ 新民学会向来就有"根本改造的思想"⑥，他们

---

① 曹伯言整理：《胡适日记全集》第 3 册，台北联经出版事业有限责任公司 2004 年版，第 626 页。
② 《阮啸仙文集》编辑组编：《阮啸仙文集》，广东人民出版社 1984 年版，第 8 页。
③ 宋介：《社会现象之研究与社会改造》，《曙光》第 2 卷第 1 号，1920 年 11 月。
④ 红彩：《今后中国的青年应当怎样的运动?》，《先驱》第 5 号，1922 年 4 月 1 日。
⑤ 无射：《拒张运动——零碎解决》，上海《民国日报》1920 年 1 月 8 日。
⑥ 中国革命博物馆等编：《新民学会资料》，人民出版社 1980 年版，第 79 页。

参与组织的驱张运动,是改造湖南的一次重要尝试。但是在学会内部,出现了关于零碎解决与总解决的意见分歧。会员罗章龙赞成开展湖南自治运动,认为"零碎解决,本来是很切实的入手处"。毛泽东说:"虽然不反对零碎解决,但我不赞成没有主义头痛医头脚痛医脚的解决。"他解释了主张湖南自治的两个原因:一是中国太大,各省的感情利害和民智程度又至不齐,要弄好中国也无从着手。从康梁维新到孙黄革命,都只在大组织上用功,结果均归失败。故急应改涂(途)易辙,从各省小组织下手,才有好的全国总组织。二是"湖南的地理民性均极有为,杂在全国的总组织中,既消磨特长,复阻碍进步。独立自治,可以定出一种较进步的办法(湖南宪法),内之自庄严璀璨其河山,外之与世界有觉悟的民族直接携手,共为世界的大改造"。"所以弟直主张湖南应自立为国,湖南完全自治,丝毫不受外力干涉,不要(要)再为不中用的'中国'所累。这实是进于总解决的一个紧要手段,而非和有些人所谓零碎解决实则是不痛不痒的解决相同。"① 毛泽东在总解决与零碎解决中作出了选择,而且在驱张运动、自治运动中付诸实践。陈赞周表示对驱张运动的怀疑,他说,我们既相信世界主义和根本改造,就不要顾及目前的小问题、小事实,就不要"驱张"。毛泽东承认,驱张运动只是简单地反抗张敬尧这个太令人过意不去的强权者,只是达到根本改造的一种手段,是对付"目前环境"最经济、最有效的一种手段。自治运动只是简单地希望"在湖南能够特别定出一个办法(湖南宪法),将湖南造成一个较好的环境,我们好于这种环境之内实现我们具体的准备工夫"。因此,驱张运动和自治运动"实在不是由我们去实行做一种政治运动",都只是应对目前环境的一种权宜之计,绝不是我们的根本主张。② 这也表现出在改造理论与实践中,总解决与零碎解决方法的变通。

在驱张运动胜利之后,参与者黎宗烈总结说:"我们知道政治状况,是由社会状况发生的。政治不良,必是社会上起了什么病的状态;我们要在社会本身上寻出病源来,而后好对症下药。社会健全,政治决没有不健全的。若徒在表面上观察,头痛医头,脚痛医脚;结果,只算是敷衍一时,病根愈积愈深,终必有暴发的一日。我觉得我们以后所应负的责任,就是要努力改造社会。"③ 所谓"努力改造社会",实则根本改造社会之

---

① 中国革命博物馆等编:《新民学会资料》,人民出版社1980年版,第97页。
② 中国革命博物馆等编:《新民学会资料》,人民出版社1980年版,第91、92页。
③ 黎宗烈:《编辑余话》,湖南省博物馆校编《蒸阳请愿录》,湖南人民出版社1979年版,第134页。

意。作为一种零碎改造的实践，驱张运动使新民学会部分会员进一步认识到总解决的必要性。据罗章龙回忆，就中国社会改造问题，在北京的新民学会会员主张社会革命总解决，长沙会员提出湖南省建国问题，巴黎方面对于改造中国采取的革命方式产生了严重分歧。当时在北大就读的罗章龙主张，中国革命应走苏俄十月革命的道路，同时酝酿成立马克思学说研究会。"在实践方面，主张与产业工人群众结合一致，进行社会革命，期望中国实行彻底改造，来个总解决。"① 从北京尤其是巴黎会员与长沙会员的社会改造方式的比较中不难看出，零碎解决与总解决的选择带有明显的地域色彩。

毛泽东在编辑《新民学会会务报告》时提出，会员今后的进行方法，仍是零碎解决与总解决的自主选择。他说：出国会员或"专门从事学术研究，多造成有根柢的学者"，或"从事于根本改造之计划和组织，确立一个改造的基础"。未出国的会员，或在省内及国内求学的，当然以求学储能做本位；或从事社会运动的，"可从各方面发起并实行各种有价值之社会运动及社会事业"。其政治运动中最经济、最有效者如"自治运动""普选运动"，"亦可从旁尽一点促进之力，惟千万不要沾染旧社习气，尤其不要忘记我们根本的共同的理想和计划"②。学会对于会员在零碎解决与总解决的选择不作硬性规定。毛泽东本人趋向于根本解决，他在社会改造实践中通过比较总解决与零碎解决的优劣，选择了总解决的改造方式。新民学会领导驱张运动以及随后参与湖南自治运动，便是总解决与零碎解决两种方式结合的典型案例。

二 零碎解决与总解决的学理争论

在社会改造讨论中，总解决与零碎解决成了两种针锋相对的改造主张，因此引起关于零碎解决与总解决的学理争论。

《时事新报》记者张东荪主张总解决，他奉劝"最敬爱的青年"："我们今天应该少管小事，留着精神去专管大事"；亦"不要做零碎的牺牲，预备将来做个极大的牺牲"。因为救国就要牺牲，"但是小牺牲还不够用，非得大牺牲不可。好几次的小牺牲累积起来，也抵不过一个大牺牲。所以我们今天宜养精蓄锐，以备他日求一个总解决"。"没有总解决便等于不解决，那零碎解决是绝对的不中用的。"他声明："不是主张绝对的不管小

---

① 罗章龙：《椿园载记》，生活·读书·新知三联书店1989年版，第20页。
② 中国革命博物馆等编：《新民学会资料》，人民出版社1980年版，第92页。

事。"因为"小事容易消磨大志",所以,必须有"总解决与大牺牲的预备与志愿"①。同时,他提出社会改革家必须先"各自革命",即各自改造。"因为革命是改造的第一步,所以我先提起革命。""从来政治上的改革家只主张大革命,所以革来革去,丝毫没有进步。因为他是改造屋顶,是不中用的。必定也把屋基拆了,重新改造一回方好。"所谓"拆屋基",就是各地方自己革自己的命;在一地方内,则各部分革各部分的命。只有"无数的小革命",才能成为"一个真正的大革命"②。此文也代表了《时事新报》对于社会改造的"总解决"的态度。

张东荪等人批评零碎解决是白费心事:"我们应该预备实力,从根本解决"。"杜威、胡适则说世界上没有总解决的事实,都是因时因地因事一桩一桩的零碎解决,故解决总是'零卖'的,不是'批发'的,所以近来一般人的口头禅'改造改造,根本改造',未免过于笼统,实无丝毫意义。"

少年中国学会的王光祈认为,两种主张趋于极端,各有流弊。主张总解决者着眼于根本改造,因而每每忽视现在具体的问题。主张零碎解决者着眼于因时因地因事解决具体的问题,终日埋头在局部具体的事实里头,断不能高瞻远瞩为根本的计划。"他们每每只看见一部分,忘却大部分。因为这种头痛医头足痛医足的办法,美其名曰研究问题。现在一切富于惰性的政客,终日奔走,何尝不是要解决零碎问题。"王光祈表示对这两种主张"都不敢附和",他把终生奉守的"凡人都应该有一个理想目的,都应该有一个下手地方"的信条,应用到"总解决与零碎解决"的问题上,便是:"我们都应该有一个总解决的理想目的,都应该寻着一个下手地方,——即对于与总解决有关之问题逐件解决。……所以我的主张,简单说起来,便是总解决中的零碎解决。"他的这一信条应用到"问题与主义"上,便是"主义便是我们的理想目的——总解决——关于这个主义的问题,我们应该逐件解决——零碎解决。"王光祈进而提出:"讲社会主义的人,社会主义的组织便是他们的理想目的,激烈者出于'暗杀'、'同盟罢工'的手段,反对资本家,铲除强权;温和者出于'新村'、'工场工人自治制'的手段,试验学理,讨论方法,便是他们的下手地方,即对于与社会主义有关的各问题,皆要逐件解决。"王光祈坦言,写作《总解决与零碎解决》一文,主要是针对多数人的一种迷惑状态,例如在政治改革与

---

① 东荪:《零碎解决与总解决》,《时事新报》1919年9月22日。
② 东荪:《各自改造》,《时事新报》1919年9月26日。

社会改革中，从政治下手还是从社会下手？在问题与主义中，是研究主义还是讨论问题？在总解决与零碎解决中，是总解决还是零碎解决，越发要迷惑起来。王光祈明确表示："举世无一人可靠，专赖我们青年自觉自决。我们应该拿出纯洁的思想、真确的智识，建立一个根本计划；然后再以热烈的情感、坚强的意志，一步一步的做去。凡有与我们根本计划相抵触者，虽是极零碎的问题，我们亦要将他解决，虽以身殉，亦所不惜。"① 其实，王光祈所说的"总解决"，不过是一个抽象的理想目标，并不是指社会问题的根本解决，本身也是有改良主义倾向。②

理想主义者王光祈与注重实用理性的胡适在改造问题上有明显的不同，前者把趋于极端的"总解决"与"零碎解决"方案"中和"起来，将笼统的总解决具体化，零碎解决则根本化，从而坚持了少年中国学会注重从事共同的预备工夫，从教育与实业下手而非政治运动来改造社会的思路，也代表了学会内部与胡适不尽相同的社会改造路径。

不难看出，王光祈这种笼统而宽泛的"根本解决"，以及在总解决下的零碎解决的诉求，还是受到实验主义的影响，至少难以割断与实验主义方法论的联系。也可见实验主义对于零碎解决方法的深刻影响。当时负责编辑《工学》的石樵提出，不要把总解决和零碎解决对立起来，有些事可以零碎解决，有些事就必须总解决，正如扶树和砍树一样，必须从根本上着手。按照他的解释，需要根本解决的事，是"互相关系很密切的事，是牵动一发全身皆动的事，是共同建立于一个大基础上的事"③。不过，作者提出的根本解决的办法，仍旧是工学主义，带有明显的理想主义色彩。

倾向共产主义的宋介明确反对"零碎解决"办法，主张彻底的社会革命。他认为，"以特殊的方式而从事社会改造，近似时人所说零碎解决，是从直接的、特殊的问题下手……以革命的方式而从事社会改造，近似时人所说总解决。我们对于头痛医头，脚痛治脚的特殊方式，认为不彻底。且社会之各种组织，都是互相关联的，是不能单独的、部分的行改革的。所以现代社会改革，总是适用革命的方式"④。由此看来，在社会改造中采取总解决还是零碎解决的方式，是一个在理论上容易解决，在实践中极为复杂的问题，应当根据具体情形和实际需要来抉择。

---

① 若愚：《总解决与零碎解决》，《晨报副刊》1919年9月30日。
② 丁守和、殷叙彝：《从五四启蒙运动到马克思主义的传播》，生活·读书·新知三联书店1979年版，第283—284页。
③ 转引自《五四时期期刊介绍》第二集，生活·读书·新知三联书店1979年版，第305页。
④ 宋介：《完成与文明》，《曙光》第1卷第4号，1920年2月。

第二节　社会革命与政治革命

关于政治革命与社会革命,《东方杂志》主笔杜亚泉在 1919 年作了如下界定:"贵族政治(或君主政治)变为平民政治(或民主政治),专制政治变为共和政治(或立宪政治),谓之政治革命。经济制度之社会变为劳动制度之社会,私有财产之社会变为公有财产之社会,谓之社会革命。"① 这大致代表了五四运动前后的革命观。从政治学的角度来看,政治革命是自上而下的变革,以暴力革命的方式夺取政权,实现对整个政治体系的根本变革;社会革命是自下而上的革命,实现社会形态、社会制度、社会结构以及政治、经济、文化诸方面的根本变革。可以说,社会革命与政治革命是两种不同的改造方法或道路,但是在具体的改造思想和运动中却难以严格区分,因此成为社会改造中一个长期争论而难有结论的问题。

一　社会革命与政治革命的方法选择

中国近代变革就存在社会改革(运动)与政治改革(运动)或社会革命与政治革命的争执,在洋务运动、维新变法、民主革命等历次思想和政治运动中都有不同程度的体现。梁启超 1915 年 1 月 20 日为《大中华》写的《发刊辞》中指出:"吾以为中国今日膏肓之疾,乃在举全国聪明才智之士,悉萃集于政治之一途。……而以举国聪明才智之士悉萃集于政治,故社会事业一方面,虚无人焉,既未尝从社会方面培养适于今世政务之人才,则政治虽历十年百年,终无根本改良之望"。②

坚瓠在 1921 年总结说:"盖吾国政治运动其最流行之方法有二:其一为请求之形式,其一为会议之形式。请求之形式以自身无实力为后盾,……其失败之历史,业已无烦举例。至会议之形式,则参与会议者大都为与会议之问题有利害关系之人,试问安能以自身之判决剥夺其自身之权利?故其结果亦徒成为地盘之分配,而与国民政治改革之希望无与。"③ 通过社会运动与政治运动的比较,他选择了社会运动的方法,这也代表了社会改造论者的一种认识。

---

① 伧父:《中国政治革命不成就及社会革命不发生之原因》,《东方杂志》第 16 卷第 4 号, 1919 年 4 月 15 日。
② 《发刊辞》,《大中华》第 1 卷第 1 期,1915 年 1 月。
③ 坚瓠:《废兵运动》,《东方杂志》第 18 卷第 24 号,1921 年 12 月 25 日。

辛亥革命失败留给人们的教训，就是社会革命应当与政治革命并行。张东荪详析了所谓政治革命与社会革命必相并行的原理，指出：（1）必有政治革命而后有社会革命。虽社会必先腐败以趋于破产，而始生政治革命，然必政治革命告成，社会上始有巨大之变化也。（2）未有政治革命而不伴生社会变化者。虽其变化有大小之差别，以大小之差别而生革命功用之度量。社会变化之巨者，革命功用则大；社会变化之微者，则革命亦等于未革命也。（3）政治革命若离社会革命而独立，则为全无意味。故政治革命已告成，而社会革命方在进行中者，其功用隐微而不易见，非一旦社会上有巨大之变化发生，不能目睹其效果也。（4）政治革命必与社会革命同时而存在。社会是意志结合之产物。革命自新精神、新观念、新方法而发生。此种心理必先根据于社会。"易言以明之，必此意志结合体先自变化其内容，然后始克产外界之动作也。故社会革命无不萌芽于政治革命之先，而未有不告成于政治革命之后，谓之为同时存在，固未尝不可也。"（5）夫革命者，意志结合之解散也。必先有意志之新结合之欲望，而后实行解散此意志之旧结合。解散之后，即刻组织新结合以为交替。"由是观之，无一政治革命而不以社会革命为根底者，第其重新组织之新意志结合体内分子，必不能齐一，于是而生争斗。争斗之结果，必使结合之形益益为之变化。总之，凡社会未经极度之变化者，必渐渐趋于变化。其变化苟不与政治相应，则必产出第二次革命、第三次革命。""要之，社会革命者，政治革命之根本也，政治革命之后盾也。政治革命于前，必社会革命于后。否则，政治革命若单独进行，则鲜有效果之可收。今中国政治既革命矣，而社会实未革命。即革命焉，亦不过今方开始耳，其效毫不可睹也。"① 就职于中华书局的左舜生在1923年4月致会友信中也说道："我默察国内的现状，体验自身的经验，觉得政治运动固然应以社会实力为基础，社会运动亦绝对的应以政治清明为条件；两者以双管齐下为最合理，舍一取一在事实上都办不到。……至于运动的根本精神，我主张抱定民族主义做去，凡侵略我们的在所必排；凡凌压我们的，在所必倒。"② 他主张抱定民族主义精神，同时开展政治运动和社会运动。

不过，社会革命与政治革命是两种不同的社会改造手段，更多的人在其中作出了非此即彼的选择。陈独秀在1920年分析指出，因为现社会的制度和分子不良，用和平的方法改革不了，才取革命的手段。"中国目前

---

① 张东荪：《政治革命与社会革命》，《正谊》第1卷第4号，1914年4月15日。
② 陈正茂编著：《左舜生年谱》，长达印刷有限公司1998年版，第55页。

工业不发达，工人觉悟不高"，只能"要求改善待遇"，不能"要求管理政治"。所以政治革命和社会革命分开进行，"政治革命是要出于有知识有职业的市民，社会革命是要出于有组织的生产劳动者，然后才有效果"①。政治革命与社会革命分途进行，是由于二者的要求不同所致，也是当时形势发展变化使然。

其实，社会活动是五四运动以后中国思想界的一种趋向，"多少含有反政治活动之意味"②。发起社会主义研究社的彭湃在《告同胞》中指出："我们无产阶级无有不为经济压迫感受生活之困难者，溯其源，归其因，皆资本主义的社会制度之罪恶也。""现在社会既经中了这样的病毒，我们就不得不找个治疗的手术——破坏的方法。这个治疗的手术，就是社会革命。"还说："我们既承认现社会之种种罪恶，种种缺陷，有不得不实行社会革命之决心，我们就应当赶快觉悟！互相研究！互相团结！互相联络！互相扶助而为之！盖社会者，社会人之社会也。社会革命，社会运动，合社会人而运动，而革命之谓也。"③ 他认为，要解除资本主义的罪恶，必须以社会革命或运动来实现理想的社会主义。署名"大鸣"的文章从解剖中国人心入手，提出了社会革命应取的方针。有谓："革命并不是一件惊天动地的事业，若无必要机会，亦不必以杀人毁屋的手段。大凡一个东西的陈谢，一件事业的成功，凡一点一滴的工夫，只要可以催促进化的速度，增高公共的幸福，都可以叫做革命。"革命并非只凭主观意志即可实行，所以他主张以协社制度发展生产以限制资本家之产生；通过普遍选举，推行地方自治以准备改革。④ 由是观之，这种社会革命类似于社会改良的方法。

文化和教育运动是社会改造的重要途径之一，将其作为社会改造唯一途径的人，被称为教育改造社会论者或和平的社会革命论者。《新民周报》的一篇文章指出，一些从事教育者把教育看作"万应灵丹"、救时良药，口口声声说要普及教育，迷信什么人类可以任教育而转移，什么社会进化是由教育界提倡的玄谈。其实，这些人不知教育是一种适应社会需要的工具，为社会需要而起，亦随社会需要的变化而变化。"由此看来，我们要谈教育，先要注意改造社会，使社会需要去催进教育，自然事半功倍。"因为社会是建立于经济基础之上的，实业是催促经济制度变化的，所以改

---

① 独秀：《革命与作乱》，《新青年》第 8 卷第 4 号，1920 年 12 月 1 日。
② 陈启天：《寄园回忆录》，台湾商务印书馆 1965 年版，第 21 页。
③ 彭湃：《告同胞》，《新海丰》第 1 卷第 1 期，1921 年 9 月 1 日。
④ 大鸣：《中国人心的解剖及革命应取的方针》，《奋斗》第 1 期，1923 年 10 月。

造社会非振兴实业不可。实业振兴就是振兴教育的好时机,因为实业能促进教育之发达,增进教育的效用,减少教育之流弊,解决教育所不能解决的问题。可见实业关系教育之重大,所以现在的教育家想把一切问题都由教育担负解决的责任,太不顾事实,太脱离实际。"所以,我劝教育家与实业家合作,求得教育和实业的振兴。但是,要振兴全国实业,必先要设法排除阻碍发展实业的军阀和国际侵略主义。""所以归根结蒂,必先消灭军阀,排除国际帝国主义,才有振兴实业之可言,也才有振兴教育之可言。"① 接受马克思主义思想的楚图南指出,教育为社会组织的一部分,社会组织的权力实支配到教育,教育实维持那个社会。故在一个旧社会制度之下,图绝对之教育之革命已不可能,若再要想拿教育去改造社会,那真是梦呓之谈。因为旧社会虽腐败,但旧社会的威权仍遗留着,想以和平之手段,达到社会革命之目的,亦是自欺欺人。所以,如果主张教育改革,就不能不先来做社会革命运动。"故一个武力革命,不惟是推翻旧社会组织必经之阶段,亦且是改革人心最有效力的荣剧。"他建议教育改造社会论者及和平的社会革命论者联合起来,做武力革命,推倒这个旧社会的死尸,建设未来的新中国。② 这显然是批评教育改造论者,同时宣传"武力革命"即政治革命。

社会改造从思想文化运动转向政治运动,也是社会革命转向政治革命的表征。新文化运动以来,有志青年大多不满意于现实政治,希望从文化学术上致力于中国社会改造,甚至喊出所谓"人类可以绝对不要政治""政治可以绝对不要政党"等口号。五四运动以后,随着各种政治势力的兴起和政治革命的开展,新文化运动渐次退潮,并分化为各种政治运动。1923—1924年就是由文化运动转入政治运动的重要时期。国民党改组和国共实行合作,宣告政治运动取代了新文化运动。③

随着文化运动转向政治运动,政治改造成为了时代潮流。常乃惪在《中国民族与中国新文化之创造》中分析了文化运动与政治运动的关系,指出,政治运动是各种活动中的一部分,而且是一时的、被动的。政治运动是由文化运动产生的结果,先有思想上的改革做基础,才能引起实际上的改革。而政治上的改革及一切设施虽然间接地促进或妨碍文化的发展,但其效果仅止于间接地供给某种环境于文化发展而已,倘若没有思想界自

---

① 罗学瓒:《实业与教育》,《新民周报》第1期,1924年4月17日。
② 楚图南:《单纯的教育改造社会论者可以觉醒了》,《教育新刊》第11期,1923年3月4日。
③ 陈启天:《寄园回忆录》,台湾商务印书馆1965年版,第138、140页。

身的势力，文化终不会因政治的改革而自然发展。而一种民族未来的命运是生存繁荣或是死亡衰灭，系于精神的环境比系于实际环境者大。① 作者赞成文化运动向政治运动转变，主张中国青年应当多努力于政治方面，以文化运动为基础进行政治改造，是社会改造发展的必然。正如《共产党》月刊所指出："我们并不反对政治革命，只是不满意于单纯的政治革命；因为单纯的政治革命不立脚在经济革命上面，革命成功之后，政治，法律，教育，军事，国家财政，社会经济制度一切设施，都必然仍旧立脚在资本主义上面。"② 以经济革命为政治革命的基础，这是早期共产党人对于政治革命的态度。林可彝著文指出："我国自辛亥革命以后，国法上已经承认人民的参政权了。年来自治运动，许多人主张省宪里头，要严密规定生存权、劳动权，并且把省宪付诸人民总投票，以表示政权不容中产阶级独占，这也算是承认人民参产权的初步。""我以为不主张改革政治则已，主张改革政治，最少也要政治组织能够促进下层阶级的自觉，国家制度能够使下层民众有实际干预政治的机会，才可说适应时代之潮流。"③ 把政治改革的重心提升到普通民众干预政治的高度，正是社会改造运动的发展趋势。

政党是政治革命的主要组织方式，也是中国社会改造的主要手段。主张政治改造的陈独秀指出，无论是有产阶级的政党还是无产阶级的共产党，凡是直接担负政治责任之团体，似乎都算是政党。一般人民虽然都有选举和被选举权，但实际上被选举的究竟多是政党；一般人民虽然都有参与政治的权利，但实际上处理政务、直接担负政治责任的还是政党。所以政党不改造，政治绝没有改造的希望。罗素在《中国人到自由之路》里说："中国政治改革，决非几年之后就能形成西方的德谟克拉西。要到这个程度，最好经过俄国共产党专政的阶段。"在陈独秀看来，罗素此话是"中国政党改造底一个大大的暗示"。因为政党是政治的母亲，政治是政党的产儿，所以我们与其大声疾呼"改造政治"，不如大声疾呼"改造政党"。④ 显然，陈独秀主张政治改造，把政党改造作为政治改造的前提。他明确提出，中国政治改造的第一步，还说不上建设民主的统一政制。"目前第一步的奋斗是要比较进步的党派即刻觉悟自身的价值与使命，相互捐

---

① 常乃德：《中国民族与中国新文化之创造》，《东方杂志》第24卷第24号，1927年12月25日。
② 《短言》，《共产党》第3号，1921年4月7日。
③ 林可彝：《我也赞成浙江省宪无效运动》，《自治周刊》第28号，1921年11月20日。
④ 陈独秀：《政治改造与政党改造》，《新青年》第9卷第3号，1921年7月1日。

除宿怨联合起来,打破最黑暗的军阀及卖国官匪互相勾结的反动的政局,这种反动的政局是中国政治向民主统一的路上之唯一障碍物,此物不去,民主的统一政治永远不能开始工作,去此障碍即是民主的统一政治开始工作之第一步。"①

张国焘指出,因为我们所谓国内政治改造便是利用民众势力建立一个独立的中华民主主义共和国,也要采取打倒军阀和国际帝国主义的方针。所以"我们的政治改造的初步就是打倒军阀和国际帝国主义,打倒军阀和国际帝国主义就是改造中国政治的先决问题"②。

与陈独秀等人积极提倡政党改造一样,在欧洲求学的张君劢提出"以理想之政党改造中国"的主张。张氏自民国伊始,即以建立政党政治为鹄的,然而结果太令人失望。他痛定思痛,将一年多来思考的结果写成文章《政治活动足以救中国耶?》,对民国以来的政党政治作了冷静的观察,概括出政治活动失败的四点原因:(1)科举时代士大夫心理之作怪。人人视政党为"功名之地",同盟会成功,则全天下皆同盟会员;袁世凯柄政,则全天下皆袁氏党徒。只知地位、金钱,而不知主义、政策,以至于政党不是主义的结合,仅是人的苟合。(2)政党之不独立。西方政党经费来自党员缴纳的党费以及富翁的捐助,而中国政党之存活不得不依赖政府,就不能行监督之权。(3)无民主政治之风度。各政党皆以"排斥他人压倒他人为第一义",从事政治者,无论其心地如何光明磊落,一陷入旋涡中,则未有不相倾相轧,日益陷国家于不可收拾者。(4)老百姓之不问政治。"四万万同胞中识字者、热心政治而珍惜投票权的有几何?每届选举,各政党皆以五角、一块,乃至百元、千元一票收买小民,而政府与反对党恬然不以为怪。因此,吾国之仁人义士,其终不能自拔,是由于不肯在国民政治知识品格上下一种根本救治之功夫。"要重新建立"政治活动之基础",其根本不外乎教育普及,人人自觉,人人有知识,夫而后可以语乎政治、语乎选举。张君劢痛心疾首地忠告国人:"以政治活动改良政治,则中国必不救。不以政治活动改良政治,则中国或者有拨云雾见青天之日。"他还断言:"一心并力于政治社会的教育,而期其收于十年百年之后。"③ 这是张东荪对于政治改造的长期思考和冷静观察而提出的建议和忠告。

---

① 独秀:《反动政局与各党派》,《向导》第 16 期,1923 年 1 月 18 日。
② 国焘:《中国已脱离了国际侵略的危险么?》,《向导》第 6 期,1922 年 10 月 18 日。
③ 张君劢:《政治活动足以救中国耶?》,《改造》第 3 卷第 6 期,1921 年 2 月。

因此，组织政党成为五四运动以后社会革命的重要方法。谭平山于1920年3月发表《中国政党问题及今后组织政党的方针》一文，分析了中国政党组织失败的原因和世界各国政党的最新潮流，提出借鉴列宁布尔什维克党的经验组织政党的设想。他强调，组织政党，应以一定的主义为中心，党内应注重政治问题的研究，提出明确的政纲。因为政党和政治组织有很密切的关系，且政党问题宜居政治问题之先，故政党尤为达到政治目的工具之工具。而组织政党的方针，就是制造那工具之工具的计划和方法。故今后组织政府的方针，就是今后根本的革新政治之第一步。今后组织政党的方针：（1）今后的政党当以一定的主义做结合中心；（2）今后的政党当含有学术的性质；（3）今后的政党当破除阶级的制度；（4）今后政党的政纲当明白具体列出；（5）今后政党的政纲当以我国为对象；（6）今后政党的政纲当注意发展党员的个性；（7）今后的政党不可偏向政治讨生活；（8）今后的政党不可依赖不正当的势力；（9）今后的政党当与国内平民为友；（10）今后的政党当与世界平民为友。观其内容的实质，各党有各党的主义，各党有各党的政纲，各党有各党的组织法。他最后总结说："我认定政治和社会是不能完全独立分离的，是不能单调发达的，故想改造社会，却不能放弃政治，蔑视政治。我觉得今日国内政治腐败，政府颟顸，军人横行，官僚无能，以及私党把持，宵小弄权，种种的弊病，都是国内无真正的政党之故。"① 谭平山主张要谈政党，主张组织政党来从事政治改造，代表了当时社会改造论中的一种激进主张，这也是他后来参与创建中国共产党的思想基础。

关于政党与社会改革的关系，林可彝指出：许多社会改革运动者往往反对和政党发生关系，反对议会政治的社会主义。他们认为政党和议会是中产阶级思想产出的制度，不足十分信用。他们的社会改革运动亦脱不了政治运动，然他们以为其运动应该利用无产者的特有手段和特有机关，即劳动协社和直接行动。"我以为单纯依赖议会政治，单纯组织社会党或是劳动党，即使能够在议会里面占大多数，掌握政权，亦决不足实施其社会改革。而专斥议会运动，与所设政党完全断绝姻缘，也是不行的。因为现代的政治制度，实特别便利于有产阶级的。""近日有人主张中国的社会改革不要用革命的方法，只须组织社会党，向着选举方面去竞争，苟得胜利，就可借政治的权力，组织社会主义国家，觉得真是梦话。"在林可彝

---

① 谭鸣谦：《中国政党问题及今后组织政党的方针》，《政衡》第1卷第2号，1920年4月1日。

看来，社会革命方法，通常除了上述直接行动、议会政治两种以外，还有讲坛社会主义者所主张的讲坛政策、基尔特社会主义者所主张的协社方法，在欧洲各社会主义者间对于采用此种手段，往往互相排斥。"我们中国实在不妨各方利用，惟社会改革的完成，我觉得最少也要一度采用革命的手段。"① 因此，中国社会改革必须组织政党，采取革命的手段。

在政治改造的探索过程中，政党之争日趋激化，在社会改造运动中出现了急进与缓进的分歧。有人认为，缓进与急进是我国今日两大政党分道扬镳之特点。主张缓进者谓中国今虽迫于世界潮流，不能不采用欧美最新制度，然中国自有其数千年相沿之风俗政教，岂能悉行唾弃，操之过急，或反滞碍难通。"惟当采彼之长，补我之短，行之以渐，不著痕迹，庶几有水到渠成之妙。"主张急进者谓中国今日无论何事靡不腐败到了极点，亟宜用利刃斩棼丝之手段，将种种旧制悉予以铲除，改用新法，为根本改造之策。② 这种急进心理，自然加速了社会运动向政治运动的转变，政治改造成为中国改造的主流。

二　关于社会革命与政治革命的争论

社会运动与政治运动的关系，在社会改造讨论和实践中演变为改良与革命的对立。林可彝指出，无论属于社会运动抑或属于政治运动，其内部大概可以分出两种趋势：一是改良性的运动，二是革命性的运动。"凡对于现状的不满，而主张用缓慢的迂回的手段，去改革其若干分的，都属于改良性的运动；否认现状的存续，主张从根本上紧紧地把现在的组织改革一改革，都可以叫作革命性运动。""对于改良性运动，原则上认做我们理想的妨害物，根本反对他的，但是也许有承认他几分存在的时候，这不过是以为可以利用他，作革命性运动的准备，而把为我理想妨害的程度和利用的程度，相杀一下，觉得还有若干剩余效果保留的缘故。"基于这种见解，作者认定一切改良性运动的机能，只是容易使官僚和军阀势力更陷于稳固蔓延，而反引一般革命性运动的热情流于冷淡。现在这样政府和政治组织无存立之必要及可能性，自然希望革命性的运动，快一天成熟好一天。"所以改良性的自治运动，原则上认为无价值，而且有害的一种不适宜于政治运动的东西。"③ 当时激进主义的政治革命观，明确反对社会改良

---

① 林可彝：《政党与中国社会改革运动》，《今日杂志》第2卷第2号"马克思特号"，1922年8月15日。
② 秋尘：《缓进与急进》，长沙《大公报》1917年1月13日。
③ 林可彝：《自治运动的趋势》，《自治周刊》第24号，1921年10月23日。

运动。正如傅斯年所说:"凡相信改造是自上而下的,就是以政治的力量改造社会,都不免有几分专制的臭味;凡相信改造是自下而上的,就是以社会的培养促进政治,才算有彻底的觉悟了。"① 这也表明了社会改造路径的选择趋向。

社会改造与政治改造在手段上分别表现出和平与激烈的色彩,因此引起社会改造论者关于和平改良与激烈革命的争论。1922年4月,蔡元培等人公开发表《我们的政治主张》,提出以好政府主义作为政治改革的目标和原则。呼吁国内的优秀分子,无论他们理想中的政治组织是全民政治主义、基尔特社会主义还是无政府主义,现在都应该平心降格地公认"好政府"一个目标。作为现在改革中国政治的最低限度的要求,应该同心协力地以这共同目标来向中国的恶势力作战。他们认为,中国之所以败坏到这步田地,"好人自命清高"是一个重要的原因。所以,"今日政治改革的第一步在于好人须要有奋斗的精神"。"做好人是不够的,须要做奋斗的好人;消极的舆论是不够的,须要有决战的舆论。这是政治改革的第一步下手工夫。"② 因此,实行好政府主义成为他们改革政治的目标。

一些主张政治改造的人联名致信蔡元培、胡适等人说:"我们常在言论上或实际上主张救国的第一步在政治改造;在此唱高调的智识阶级、麻木的一般社会里,每痛恨大家无真正觉悟。因此,我们要从政治改革入手,否则社会改革是事倍功半的。原因在于:一、原来好社会和好政治互为因果,不能绝对划分。二、在中国现在特殊情形之下,政治改革尤其是社会改革的工具。政治好,能够利用政治的机械力,增进社会事业的效率;政治糟,什么都不好干,至少也要减少几分可能性或速度。"在信中,他们承认《我们的政治主张》实在是思想界一大转机,也非常佩服其中关于政治改革的目标和基本原则,而且相信今日政治改革的第一步在于好人有奋斗的精神。同时指出,《我们的政治主张》没有说明是用改良手段呢,还是用革命手段,还是就在"恶基础"上面建筑"好政府",还是先破坏后建设。他们认为:"我们平素相信政治的彻底改革在平民革命,经十一年来的教训,大家渐渐觉得中国已到千疮百孔的病境,头痛医头脚痛医脚,不彻底的改良,早到水(山)穷水尽。政府的改良政策是假面具,人民的改良要求是纸老虎!现在不好再请愿'裁兵'、'废督',希望'国是

---

① 傅斯年:《时代与曙光与危机》(约1919年)。转引自罗志田《地方的近世史:"郡县空虚"时代的礼下庶人与乡里社会》,《近代史研究》2015年第5期。
② 原载《东方杂志》第19卷第8号,1922年4月25日。又载《努力周报》第2期,1922年5月14日。

会议'；只有合全国的人民，下牺牲的决心，作最后的决斗。我们主张的革命，不是革哪一系的革命，是要革不良制度不良政治的革命；不是利用哪位军阀拉拢哪系政客的革命，是要老百姓自觉自决的革命；不是同恶势力调和苟求速成的革命，是要先全盘破坏后分工建设的革命。这是我们组织的信条，努力的目标。""更进一层，我们相信平民革命的奋兴剂，一面是到民间去，一面是手枪炸弹。""现在对于万恶政府官僚、军阀，一时不能达到英国对付查理，法国对付路易的手段，也要采用俄国对付亚历山大，日本对付原敬的办法。不论成败，至少可以兴奋一般社会。而这手枪炸弹和'到民间去'的先锋队，就是我们一班有纯洁的心地、清楚的头脑、牺牲的胆量的青年。"这主张虽然很危险，牺牲极大，但是找不出别的办法安全、和平而能有同等效力，所以把它认作"救中国现在走得通的最后一条路"①。其实，这种平民革命的主张和先破坏、再建设的政治改造思路，比好人政府主义更激进，颇类似于无政府革命。

  与急进和缓进的改革态度相对应，政治改革与社会改革也引起关于社会改造采取急进方式还是缓进方式的争论。自新文化运动兴起，青年对于"政治"的误解太大。政治固然不是万能的，但是政治对社会改造的作用是不可忽视的。这种急性改造被认为是忽视了改造的基础。许新凯指出，改造确实要注意基础，但是，要把"建基"和"修补"分清楚。要想建基，非先把旧的毁了不可。况且这种急性的改造，"不过是在运动到某一个时期后，把建基的阻碍物去了，以加增建基的速度就是了，于建基上不惟无损而且有利。建基运动到了某一个时期，就要作一点取得政权的运动。至于说这种改造方法很有危险，是不足怕的。""如革命后，不和旧势力调和，采用劳工专政的手段，政权不落于他党之手，恐怕也不能再蹈以往的覆辙。至于首领的变节，恐怕是一件难事。首领与党员已相处很久，一定有充分的了解。况且，社会主义的国家是以劳动者为基础，革命后一定要首先致力于劳动组合。此种实力团体自足以监督政府。"②

  有人对许新凯的改造方法提出批评，认为其进行程序"由学校宣传而联络工人而感化军队"太过迟缓。第一步已非十年二十年不行，第二步欲唤起工人来运动更非半世纪不可，农人在这半世纪以内可谓无望。第三步更是难事，要看后来政局变化而定。故希望有志改造社会的人们不可学乖

---

① 《和平改良欤？激烈革命欤？——讨论政治主张的一封信》，上海《民国日报》副刊《觉悟》1922 年 5 月 29 日。

② 许新凯：《今日中国社会究竟怎样的改造？》，《社会主义讨论集》，新青年社 1922 年版，第 468—469 页。

取巧,要先着手具体的组织,为有系统的运动,多设义务学校以教育劳工;多印行小册子,以感化劳工和军队。同时努力于合作运动、世界语运动、遗产法废止运动、治安警察法废止运动、劳动法制定运动等,节节为营,逐步前进,以减少进行的阻碍,增加其速度。不过,这种轻视农民的态度也遭到批评,如邵力子指出:"有志改造社会者,在农人方面应多多努力,我相信农人很容易感化,要得觉悟的分子来参加运动",绝不要等到数十年以后。① 显然他对于社会改造抱乐观态度,这种态度以排斥政治改造、坚持社会改造的缓进方式为基础。

三 少年中国学会的社会活动与政治活动之争

关于社会改革与政治改革的方法,少年中国学会内部发生了激烈的争论,乃至引起学会的分化。学会成立之初,就确立以社会运动创造"少年中国"的宗旨,反对政治运动,提倡社会事业,试图通过发展科学和文化教育,振兴实业来改造中国。对于社会活动与政治活动没有严格的界定,会员有的加入现在的政界活动,或参加现在的革命机关活动,也有的尽力于教育,或研究学术,或从事社会事业。

学会负责人王光祈通过对社会活动与政治活动的辩证的思考,思想上发生了变化,明确表示反对政治活动,主张社会活动,尤其是教育和实业。数年前他就极力主张"与其作教育总长,不如作小学教师;与其作农商总长,不如作种树园丁"。因为小学教师可以将儿童造就为有用之人才;园丁则可使所栽种的千百树木开花结果。他从社会舆论来分析:"舆论既趋于社会改革,而一般有志青年对于政治活动遂群起贱之。三年以来,所谓新文化运动者,即由政治改革而进为社会改革之一种表现也。果能循此以进,努力奋发,民族清明之气,不难计日而复。"② 他解释了社会活动的"真义",分析学会的社会活动与其他各种运动的不同之处。第一,一般人所从事的政治运动或爱国运动,都是一种"跳"的运动。换句话说,只是把一般国民引起暴跳一阵,但是一步也未前进。"跳"的运动是不能永远继续的,跳来跳去终是未离原地,所以王光祈主张"走"的运动。第二,他主张的"社会活动",既不是一种专尚空谈的文化运动,亦不是一种只求实利的社会事业,而是一种"有基础事业的文化运动"。"现在国内一般谈天说地的新文化运动者做了许多文章,大半只有高远思想而无基础事

---

① S. P.:《改造社会的一个商榷》,上海《民国日报》副刊《觉悟》1922 年 2 月 5 日。
② 王光祈:《政治活动与社会活动》,《少年中国》第 3 卷第 8 期,1922 年 3 月 1 日。

业。一般专谋实利的社会改革家办了许多事业（如学校、陈列所、图书馆之类），又可惜无一点高远思想。前者只有精神而无躯壳，后者又只有躯壳而无精神。我们非办学校、报馆、实验室、博物院等等不可，同时又非有极深厚的理想为之前导不可，两个要素须打成一片。"第三，一般所谓社会主义运动的手段，第一步在引起民众的不安；第二步激起民众的反抗；第三步反抗若能胜利，然后实现他们理想的经济组织。"我们主张的'社会活动'，因为要使国民全体为有秩序的前进，便不能不力谋各种社会事业之精神与实体两方面同时发达，为此我们个人至少必须具有一种社会事业的'专门常识'。这便是我们的社会活动的独特之处。"①

在此基础上，王光祈对政治改革与社会改革作了严格的区分。从中国30年来的政治改革运动史，尤其是戊戌政变、辛亥革命、新文化运动来看，其精神皆为政治改革，即如何将夺取政权，然后利用政治权力来实行大规模改革。凡政治改革者都有两种根本观念：一是欲改革社会，非取途于政治不可；二是官僚万能。由前一观念生出政治运动，由后一观念生出贤人政治。故当时党人所攻击者为满清政府，所欲得者为政治权力，所醉心者为日本维新，所从事者为军事政治。"他们所主张的政治改革在今日麻木的中国与国际变幻的时局下能否达到目的，是值得疑问的。"一是如何取得政权以为改革之手段；二是取得政权后，有何势力拥护政权；三是政权拥护后，有何办法厉行改革政策；四是此种自上而下的改革，是否适于时代精神；五是列强是否容吾人有此强有力的政府。总之，从前是政治改革之失败，今日是社会改革之代兴。王光祈强调："吾辈与旧日党人不同之点在此，新文化运动关系民族之存亡者亦在此。""所以吾辈必抱定宗旨，从事社会活动，反对政治活动。学会及各会员须从今日起即以毕生精力投之于社会事业，若思想不革新、物质不发达、社会不改造、平民不崛起，所有一切其他政治改革都是虚想。"② 此文表明王光祈和少年中国学会对于政治改革与社会改革的态度。1921年7月，王光祈著文分析了中国社会改革取得的重大进步，指出知识分子对于政治改革越来越感到失望而转向社会改革领域，在社会改革上形成了两个阵营。一个主张发展经济应该走资本主义道路，其领袖人物是商业巨头张謇，成员主要由工商业家组成；另一个阵营主张发展中国经济应该走社会主义道路，认为中国不应该去重复欧洲曾经走过的错误老路，其领袖人物是北大校长蔡元培，年轻的

---

① 王光祈：《社会活动的真义》，《少年中国》第4卷第10期，1924年2月。
② 王光祈：《政治活动与社会活动》，《少年中国》第3卷第8期，1922年3月1日。

中国知识分子大都属于这一阵营。① 王光祈描述的中国社会改革发展趋势中，资本主义与社会主义两大阵营对抗，也是两种社会改造的趋向。

在少年中国学会内也有这种趋向，而且出现了从政治入手与从社会入手改革社会的不同路径。王光祈将社会改革区别为"社会的社会改革"（从社会自力促进新的改革）和"社会的政治改革"（以社会势力促成政治改革）。他明确表示拥护前者而反对后者。依据首先是社会分工与社会需要，其次是主张社会的政治改革代表人物如中国的黄任之、胡适之、梁启超、汪精卫均不成功，而日本的福泽谕吉、嘉纳治五郎，俄国的托尔斯泰、俄国大学生堪为社会的社会改革的模范，可奉为本会社会活动的良师。② 对此，恽代英在《评王光祈〈少年中国运动〉》中指出，王光祈虽说是反对政治活动，其实他反对的只是加入旧政界，并不反对革命的政治活动。王光祈主张"以社会力促进政治"，"认定政治活动为国民普通义务，而不以为政客专业"，他反对的是只知有政治，不知有社会。③ 这是比较中肯的批评。

张梦九从时代、环境两个方面比较了中国历史上政治活动与社会活动的效力和成败，以康有为、梁启超、章太炎为政治运动失败之借镜，以张謇、蔡元培、李石曾为社会运动之成功典型。④ 作者以历史人物的成败为鉴，比较社会运动与政治运动的时效，联系中国的社会现实，进而得出社会改革先于政治改革的结论。他反对会员参与现时的政治活动，是与王光祈态度一致的。

曾琦分析了世界潮流、中国时势与青年性格三个方面的理由，说明社会改革当先于政治改革。在此基础上列出十大结论：（1）政治改革在从前虽有可能，而在今日实已绝望；（2）部分的政治改革虽较易于全体的政治改革，然亦必须与恶势力为缘，成效不可预期，而人格先有危险；（3）大多数自好之青年绝对不宜于政治活动；（4）社会活动为世界潮流之所趋，在中国社会百废待兴之际尤为时势之所最需要；（5）抱政治改革之目的者亦宜筑基础于社会事业，抱社会改革之目的者更当从事社会活动；（6）历

---

① 王光祈：《德国对华的文化政策》，《法兰克福日报》1921年7月14日。转引自王勇《王光祈留德生涯与西文著述研究——一位新文化斗士走上音乐学之路的"足迹"考析》，上海音乐学院2006年博士学位论文，第68—69页。
② 王光祈：《"社会的政治改革"与"社会的社会改革"》，《少年中国》第3卷第8期，1922年3月1日。
③ 原载《中国青年》第53期，1924年11月15日。
④ 张梦九：《主义问题与活动问题》，《少年中国》第3卷第8期，1922年3月1日。

来政治改革之失败,皆由于社会进步之停滞;(7)由社会改良政治为自下而上,其势顺而易,以政治改良社会为自上而下,其势逆而难;(8)政治改革必须取得权位,因人成事,社会改革不必取得权位,亦可独立创造;(9)政治活动宜就全体改革,社会活动可以部分着手;(10)政治活动害多而利少,社会活动有利而无弊。由此看来,政治活动与社会活动非"善恶"之问题而实"难易"之问题,非"可否"之问题而实"能否"之问题。因此,吾辈青年入政界有害而无益,大有损于个人而毫无补于团体。①

后来李璜根据自己在学会的目见耳闻,将《少年中国》关于讨论政治解决的手段与途径的讨论分为三类:一是以王光祈为代表的社会活动派。二是革命政治派,其中以李大钊为代表主张国际主义与阶级斗争;以曾琦为另一反对派,提出自强自立的国家主义,两者之争论成为中国革命政治的两大主流。三是以胡适为代表的"少谈主义,多谈问题"。李璜说:"凡此政治改造的三派主张,都只是民八至十四的新文化运动之以自由言论与主张,各是其是;其间虽有朋党之见,然而都是君王之争,各有其言论机关,各抒其政治怀抱。"②李璜所论,难免带一种先入之见,但是的确勾勒了学会内的政治解决方法及其分歧的图像。

少年中国学会的这种情况,首先与当时的社会环境很有关系。会员方东美分析说,1924—1925年"全国青年革命情绪激昂,已有操刀立割,仗剑顿挥之势,于是(学会成员)各依其所见所信,转求效率最快之政治路线,期以达成救国之目的,大势所趋,有如决川赴海,莫之能遏矣"③。这种政治形势的急剧变化,加快了社会改造阵营的分化。《新江西》一篇署名"天真"的文章也说:"事实告诉我们,中国现在已经到了千钧一发、存亡危急的时候了。国势的阽危,国事之败坏,已无我们从容考虑、从长计议之余地。现在唯一的急图,不是静坐空谈,而是要立起身来,伸开拳头,大踏步的向前干去。干!干!干!"不过在这"干"字的前面,还有一个更要紧的问题,就是"向什么地方干"和"怎样干"④,如实道出了

---

① 曾琦:《政治运动之前车与社会活动之先导》,《少年中国》第3卷第8期,1922年3月1日。
② 李璜:《我所经历的五四时代的人文演变》,周阳山编《五四与中国》,时报文化出版事业有限公司1988年版,第667—668页。
③ 方东美:《苦忆左舜生——因及少年中国学会二三事》,《左舜生先生纪念册》,中国青年党中央执行委员会编,1970年,第44页。
④ 天真:《改造中国的一条大路——革命》,《新江西半月刊》第6号,1923年12月15日。

社会改造论者激进的心理。文章进一步分析说，近来讲救国的，有激进和缓进两派。缓进派有教育救国、文化救国、实业救国等几种口号，最近有基督教徒所谓人格救国。急进派有和平会议和革命两种口号。"这种种方法固然都各持之有故，言之成理，而且也可以并行不悖；然而在现在这种存亡危急之秋，要想为救急起见，势力越集中越好，精神越固结越好，行动越一致越好，所以在这数者之间，我们要找出一个最好最适用的一条路来，大家好一同走去。"作者指出，现在中国到了存亡危急之秋，如果还采一种缓进的手段，恐怕我们还没有动手而中国早已要沦亡了。所以现在就是缓进派有什么完全的方法，我们也不能采用；我们是要解决目前的紧急问题，只有转来看急进派。① 文章表明了对于如何改造社会问题的主张和认识，提出了以后社会改造的急进的发展方向。这一点对于少年中国学会也是适用的。1922 年 6 月，北京同人提出《为革命的德莫克拉西》的提案，批评"希望以社会运动教育全体人民，待全体人民觉悟后再谋政治运动，推翻恶政府，这永远是一不可能的幻想"；学托尔斯泰式的小学教师式的、园丁式的社会活动来创造少年中国，也是一种幻想。提案明确指出："政治斗争是改造社会、挽救颓风的最好工具，人民为最切近的利益奋斗，在群众集会、示威运动、游行、煽动、宣传、抵制这些具体事实当中训练而团结自己。"因此，"我们不要躲在战线后，空谈高深的主义与学理，我们要加入前线，与军阀及军阀所代表的黑暗势力搏战了"②。这无疑是主张政治活动者发出的革命号召，是对包括科学救国、单纯的文化救国、舆论反帝救国等在内的非暴力革命论的批判，希望把学会内部的舆论或思想革命引向直接的政治斗争，共同汇入民主革命的洪流。北京同人提案向学会内不同主义信仰者提供了社会改造路向的选择，加速了学会关于社会改造问题的分化。

其次，因为社会改革不见成效甚至失败，政治斗争成为人们理想中的改造社会的最有力的工具，政治革命成为先进青年的共同呼声。郑伯奇归纳，会员对于"我们应该如何去实行我们所奉的主义"存在着两种趋向：一种是"直接从事于社会改造事业的，想急进或缓进用革命来创造少年中国"；另一种"是用间接手段的，想由教育学术方面寻创造少年中国的路径"。前者"想先造少年中国的组织和国家"，后者则"想先造少年中国

---

① 天真：《改造中国的一条大路——革命》，《新江西半月刊》第 6 期，1923 年 12 月 15 日。
② 《北京同人提案》，《少年中国》第 3 卷第 11 期，1922 年 6 月 1 日。

的人民和社会"①。这也是少年中国学会关于社会改造问题的两种态度。因为会员各自立足点不同，所以他们的要求和步趋不能一致。已成为共产党人的刘仁静在 1923 年说道："现在同人无论他是国家主义者、共产主义者或无政府主义者，都承认打倒军阀与国际帝国主义是中国目前的政治要求。"他提议，由各种主张者组织思想界的联合战线，共同从事光明运动②，并且建议学会由感情的结合转到主义的结合，结成一个光明运动的联合阵线。刘仁静在《告国家主义的青年》一文中认为，国家主义派与国民党、共产党虽有文字上的差异，如果诚实地实行起来，应当是以使中国实现独立自由统一的民主共和国为共同目的，为集中革命势力，两派至少应有一种联合。③ 事实上，社会改造与政治改造的分歧，明显包含思想或主义信仰的因素，其分化只是时间早晚的问题，但在共同的改造目标下的联合也是可能的。题名为《改革之手段》的文章批评新旧调和的主张，认为"破坏与建设，同为改革之要素也"。但是，当应改革的旧思想和旧制度与新思想绝对不能相容时，必须先破，然后才能立。"故居今日而欲言改革，非以大刀阔斧，破坏旧日社会上遗传之信条，大声而疾呼，直捣其受病之处，使之赤裸裸的而为新观念之涵养，新生命之追求，则黄雾漫空，阴风匝地，欲拨云雾而见青天，安可期也，安可期也。"④

社会活动与政治活动同为达到改革目的的方法，在其中作出选择及其对社会变革的效果，取决于时势的要求与个人或社会的需要。周太玄指出，少年中国学会之所以反对会员参加政治活动，乃在坚持以社会改革入手，"走那直接改造社会的路"⑤。在王光祈看来，学会初则"政治活动"与"社会活动"之争，继则"国家主义"与"共产主义"之辩，全会骚然，不可终日。此种举动，在争之者或以为如剥春笋，愈剥而中心愈近。在他看来，这是舍本逐末，愈争而去题愈远。"而今同人所争者，乃专是如何政治运动，且专是政治运动中之国家主义与共产主义两派。""现在国内军阀与国外强权，总算是我们当头第一个大敌，此固无论国家主义者或共产主义者，都是完全相同的；不过在国内仇敌中，共产主义者欲多添一点大商阶级，绅士阶级进去；在国外仇敌中，国家主义者又欲再加上一个俄国进去罢了。但是彼此所认为仇敌之范围虽各有宽窄不同，而眼前第一

---

① 《少年中国学会问题》，《少年中国》第 3 卷第 2 期，1921 年 9 月 1 日。
② 刘仁静：《对学会的一个建议》，《少年中国》第 4 卷第 7 期，1923 年 9 月。
③ 仁静：《告国家主义的青年》，《中国青年》第 104 期，1925 年 12 月 6 日。
④ 邦式：《改革之手段》，《国民》第 1 卷第 3 号，1919 年 2 月 1 日。
⑤ 周太玄：《学会的四种特性》，《少年中国》第 3 卷第 8 期，1922 年 3 月 1 日。

个大敌——内国的军阀专横,及外国帝国主义的侵略——我们总应该首先打破的。打破之后,再各自分头与其他小仇敌算账不迟。"① 虽然其出发点是维护学会团结,共谋社会改造,但结果是国家主义者与共产主义者两派各不相让,势同水火,直接导致学会的分化。少年中国学会关于社会改造方法的分歧及由此而导致的分化,无疑是五四社会改造阵营分化的一个缩影。

经历五四运动之后,新文化运动阵线开始思想分化。一派专讲马克思的唯物史观,由陈独秀、李大钊领导而另办《向导周报》,成为鼓吹共产主义的机关报;另一派信仰杜威的实用主义,由胡适领导,刊行《努力周报》,成为鼓吹好人政府的言论机关。② 这种分化,是与进步知识分子追求和选择共产主义或国家主义等政治目标相适应的。

时人已观察到,自民国成立以后,专制政体虽被推倒,然而政治仍旧腐败。一般人心理都觉政治不可为,于是转向社会运动。可是政治越无人改革,越不能好,社会也越不能改良。且许多年经营的社会事业,也许就被不良的政府破坏了。所以现在有些人得到这种觉悟,以为拿政治做改良社会的手段,是事半功倍的。李大钊将社会问题的解决分为社会改良派和社会革命派。第一派"徐图"改善,故凡事要待有好机会,才去实行改革,易流为"等机会派"。第二派专谋根本改革,必须待条件完备,才去实行;如条件不完备,虽小的机会,他也不屑进行,以致耽搁了许多机会。在李大钊看来,两派各具毛病。现在要改革社会的问题,最要者:第一,先争得宪法上的平等权,然后拿争到的政权去解决各种的问题;第二,要做联合运动,凡目的相同的都应该联合起来,一点一滴地去做。总之,欲改良社会,非靠政治的力量不可,因为政治的力量,可以改革一切的社会问题。③

著名史学家吕思勉在剖析太平天国运动面临的任务时指出:"社会革命和政治革命,很不容易同时并行,而社会革命,尤其对社会组织,前因后果,要有深切的认识,断非简单,手段灭裂的均贫富主义所能有济。"④近代中国的社会改造也是如此。由于中国面临着复杂的社会问题,如何改造中国,成为亟待解决的问题。五四时期的进步知识分子先后从国外移植

---

① 王光祈:《致少年中国学会同志书》,《王光祈旅德存稿》,中华书局1936年版,第676—678页。
② 陈端志:《五四运动之史的评价》,上海书店据生活书店1936年影印,第267页。
③ 李大钊:《社会问题与政治》,上海《民国日报》副刊《觉悟》1922年12月29日。
④ 《吕著中国通史》,商务印书馆1923年版,第478页。

各种改造中国的理论和方案,诸如教育救国、职业救国、实业救国,以及后来倡导的乡村建设运动等,这些方案未必允当,但是,他们关心国家前途和出路的精神还是值得肯定的。

四 主要政党组织对政治改造道路的选择

在政治改造或政治革命的旗帜下,20世纪20年代初,各革命政党纷纷登场,在中国的政治舞台上演出各自的革命剧目。在形式上,主要有无政府主义的暴力革命、三民主义的国民革命、国家主义的全民革命、共产主义(马克思主义)的阶级革命等的分别。其中,先是国共合作开展国民革命运动,反对国家主义及其全民革命主张。后来,国家主义试图向国民党靠拢。在国共联合战线分裂后,国民党继续举起民主革命的旗帜,共产党则开展土地革命。由此而形成两种大异其趣的社会改造运动。

国家主义派把1923年共产党人的共产主义宣传及苏俄的"阴谋"视为中国的国家主义运动发端的"直接触因"。他们认为,共产主义根本不适合于资产落后、现代工业并不发达的中国,中国的国情与马克思当时对英国的看法而提出工人专政的主张完全不符。[①] 因此,国家主义派批评共产党人"抄袭"社会主义,但未能注意时间与空间要素。共产党人则批评国家主义派搬抄西方十八九世纪腐朽的国权主义、民族主义理论,愚弄中国人民。共产主义与国家主义不仅在理论内容上,还在理论源头上争辩,如何对待苏俄的问题也成为一个焦点,故两种主义由论争到攻击,形成意识形态上的尖锐对抗,而后演进为组织上、行动上的斗争。在社会改造方面,双方同样存在对抗。

在社会改造方法上,国家主义派包括后来的中国青年党都主张先从事社会运动,等到民众多数觉醒,然后才策动政治革命,这种自下而上的革命运动,其收效才是最稳固、最坚定的。中共的革命方法,则是先从事政治运动,树立一种新的力量,然后再谋社会改造,这种由上而下的革命策略,在国家主义派看来,未免太侧重实际而流于"只问目的不择手段"了。[②] 这样,在国民党、共产党与青年党三种政治改造势力之间,出现了明显的分歧,但也有联合的趋势。

就民主主义革命与社会主义革命的关系,《先驱》的一篇文章作出了"民主主义革命完全是智识阶级的事,社会主义革命是工人们的事"的论

---

① 李璜:《中国青年党之诞生》,台北《传记文学》第17卷第3期,第21页。
② 中国第二历史档案馆编:《中国青年党》,中国档案出版社1988年版,第7页。

断。国家主义派的李璜辨析了民主主义革命与社会主义革命之关系,指出民主主义革命与社会主义革命在发生的根源上及结果的影响方面"大半是意义相同,趋向一致的"。在1789年法国革命中,革命者的成功得益于他们的三民阶级同情得深、团结得紧。李璜由此提出:"我们中国人在最近要来的民主主义革命的旗帜之下,无论绅士也罢,工人也罢,智识阶级也罢,无产阶级也罢,都该当彼此表最充分的同情,团结起来,不生第二个念头,然后才能一直做去,鏖战个十数年,或者能一新面目,涤净心肠,中华民族始有真正变人的一日。"他把民主革命当作是应有的责任,应当是信仰共产主义、集产主义或无政府主义的人一同进行革命,而不是某一个阶级的使命。李璜从学理与事实方面来分析,法国主张民主主义革命的文字大半为社会主义的革命开了先河;法国革命议会的设施,也有许多是与俄国苏维埃行事同样色彩的。"在历史事实上既已看见民主主义的革命把社会主义内容的事情办到了一些,社会主义者又何不可以表同情于他而来同民主主义者干一下呢?"他设想民主革命的程式应为:"先认定社会主义的内容是甚么阶级战争,反对私产等,然后看见可以符合这个内容的,都可以承认他有多少同等的价值,不定要照书上所说来套用。"由此可看出将社会主义理论与中国实际相结合而探讨中国革命之趋向。李璜忠告集产主义者:"《共产党宣言》上,虽然经济史观把社会革命证明得那样科学的,其实马克斯(思)在每一行字中间都露出平等公道和自由的理想。这个理想恰与民主主义的革命所抱的是意义相同的。就使集产主义者,目的要专对大资本制度下药的,但是在中国一时还未到向大资本制度攻击的时候,集产主义的青年们该当不分彼此,鼓吹工人农人,来同我们先干这个民主主义的革命,驱逐破坏我们大多数人平等自由生活的军阀政客。"①

李璜的这种分析,虽不无反对阶级斗争,故意混淆阶级划分之意图,甚至有冲淡正在兴起的工农革命运动之图谋,但他还是把抵抗现在的帝国主义侵略和攻击未来的中国大资本制度"引为己任"。因此,在反对强权(帝国主义列强与封建军阀)的共同目标下,他们与中国共产党提出的建立民主革命阵线并不完全冲突,尚有互补之处,这是不应否认的。而且,此时刘仁静、恽代英、杨贤江等在少年中国学会内争取李璜等国家主义派,试图结成反帝联合阵线,也可资证明。这也是民主主义者与社会主义者甚或马克思主义者能够长时期共存、共生于少年中国学会的重要原因之一。少年中国学会在杭州年会上提出"本会对外反对帝国主义之侵略,对

---

① 李璜:《民主主义的革命与社会主义的革命》,《少年中国》第4卷第2期,1923年4月。

内谋军阀势力之推翻"的决议,王光祈坦承,此"固为吾辈素志","惟欲实现此种目的,非先造成社会势力不可(换言之以社会事业作基础之势力),弟相信只有此种社会势力始能抵抗帝国主义,推翻军阀巢穴。因此之故,凡国内主张用社会势力以抵抗帝国主义推翻军阀巢穴者,吾辈皆可引以为一时同志"①。实际上,他提出了学会内部各种主义的联合问题。

新文化运动的旗手胡适分析说:"新文化运动的一件大事业就是思想的解放。当日批评孔孟,弹劾程朱,反对孔教,否认上帝,为的是要打倒一尊的门户,解放中国的思想,提倡怀疑的态度和批评的精神而已。但共产党和国民党合作的结果,造成了一个绝对专制的局面,思想言论完全失去了自由。上帝可以否认,而孙中山不许批评。礼拜可以不做,而总理遗嘱不可不读,纪念周不可不做。"② 可以说,这是他对国民党的批评,立足点在社会改造上。

民主人士周炳琳通过对国民党和共产党的对比分析,以社会革命和国民革命作为国民党与共产党之间的差别,并认为各自政党应在历史的不同阶段采取适当的方式完成各自的使命。他在1933年直言不讳地批评中国共产党:"该党年来政策上最大的错误在于中途不忠于原来的认识,妄想超越'国民革命'阶段而突进。此举无论在理论上在利用机会一点上,均属错误"。这种批评,依据的是他自己预设的改造中国的思路,即只有先经历国民革命,才能进行社会革命。周炳琳的真正立场,是希望中国共产党"迅速放弃其暴动政策运流寇行为,取得法律上之地位,循宪政常轨,以与国民党或其他在朝党抗衡"。他最希望实现的根本不是国民党的一党专政,而是希望多种政治势力(当然包括中国共产党)能取得法律上之地位,以宪政和民主为武器与国民党和其他在朝党进行抗争。③

上述各种批评都带有自己的政治立场,未必客观,也未必科学。事实上,国民党和共产党都以改造中国作为自己的奋斗目标,其改造中国的基本纲领——反帝反封建的一致性,使得1924年两党合作开展国民革命,对中国革命做出了重要贡献。其间两党均试图以自己的政治理念、政治纲领、政治策略主导中国的社会改造,并改造对方,使两党关系趋于破裂,并最终导致1927年的分道扬镳。④

---

① 《会员通信》,《少年中国》第4卷第2期,1923年4月。
② 胡适:《新文化运动与国民党》,《新月》第2卷第6、7号合刊,1929年9月10日。
③ 周炳琳:《我对于中国共产党的批评》,《独立评论》第62号,1933年8月6日。
④ 参见张宪文《再论民国史研究中的几个重大问题》,《江海学刊》2008年第5期。

第三节　个人改造与社会改造

关于社会改造的争论，自然涉及个人改造的问题，也涉及个人改造与社会改造的关系问题，包括社会改造与个人改造孰先孰后的问题。可以说是关于社会改造的思想认识问题，也是改造社会如何着手的问题。

一　个人改造与社会改造的先后关系

关于个人改造与社会改造的关系，当时主要有三种观点：一是先个人改造再社会改造；二是先社会改造再个人改造；三是个人改造与社会改造并举。在不同时期不同的人或群体则有不同的选择。二次革命后，知识精英大多对辛亥革命以来的政治产生怀疑，甚至厌恶。如黄远庸1914年从"社会者，国家之根底也，个人者，社会之根底也"出发，提出"欲改革国家，必须改造社会。欲改造社会，必须改造个人"。而个人改造应从个人修养、独立自尊、神圣职业、人格主义等方面入手。[①] 由此提出了个人改造与社会改造的关系问题，也涉及个人改造如何着手的问题。

新文化运动兴起后，民主和科学的宣传同时促进了个人改造与社会改造的发展，也引起了二者关系的诸多争论。周作人主张改造社会"先从改造个人做起"。基于"个人主义的人间本位主义"，社会若要进步，就必须"从个人做起"。他"相信人的一切生活本能，都是美的善的，应得完全满足。凡有违反人性不自然的习惯制度，都应该排斥改正"。同时也意识到"兽性和神性，合起来便是人性"，理想的生活是，既包括关于物质的生活，"应该各尽人力所及，取人之所需"。也包括关于道德的生活，"应该以爱智信勇四事为基本道德，革除一切人道以下或人力以上的因袭的礼法"，一切的行为都须全然出于自由意志。"人类正当生活，便是这灵肉一致的生活"[②]。周作人宣传的新村运动，建筑在"改造社会要从改造个人做起"的观念上，在青年学生中产生了很大的影响。

胡适指出，"改造社会要从改造个人做起"是"根本错误"的，错误在于把改造个人与改造社会分作两半，把个人看作是可以提到社会外去改造的东西。他主张把改造个人与改造社会结合起来，在社会之中改造个人。

---

① 黄远庸：《忏悔录》，《远生遗著》卷一，商务印书馆1920年版，第134页。
② 周作人：《人的文学》，《新青年》第5卷第6号，1918年12月。

当时有些人认为,社会的种种势力是互相牵掣的,互相影响的。这种零碎的改造是不中用的。在胡适看来,正因为社会的势力是互相影响互相牵掣的,故一部分的改造自然会影响到别种势力上去,而且这种影响是最切实、最有力的。所以,改造个人也是要一点一滴地改造那些造成个人的种种社会势力。"不站在这个社会里来做这种一点一滴的社会改造,却跳出这个社会去'完全发展自己个性',这便是放弃现社会,认为不能改造;这便是独善的个人主义。"胡适反对"独善的个人主义",他认为:(1)社会是种种势力造成的,改造社会需要改造社会的种种势力。这种改造一定是零碎地改造,一点一滴地改造,一尺一步地改造。(2)因为要做一点一滴的改造,故有志做改造事业的人必须要时时刻刻存研究的态度,做切实的调查,下精细的考虑,提出大胆的假设,寻出实验的证明。这种新生活是研究的生活,是随时随地解决具体问题的生活。(3)这种生活是要奋斗的。我们对于反对的旧势力,应该做正当的奋斗,不可退缩。我们奋斗的结果,要使社会的旧势力不能不让我们;应该使旧社会变成新社会,使旧村变为新村,使旧生活变为新生活。这种生活就是"非个人主义的新生活"。在胡适看来,中国古代的社会哲学和政治哲学只为妄想凭空改造个人,故主张正心、诚意、独善其身的办法,这种办法其实是没有办法。所谓"改造社会要从改造个人做起",还是脱不了旧思想的影响。[①] 可以说,胡适看到了社会改造与个人改造的内在联系,看到了社会改造的作用及其对个人改造的影响,提出个人改造要通过社会势力的改造来实现,而且要通过社会改造找到真正的下手处。

有人评论说,上述两种说法都有正确之处,也不无疏漏之处。就周作人的方法而言,社会是集许多个人而成的,个人是社会的细胞,"抛去个人改造,而从事社会的势力,未免是'凭空结撰'了。但是未改造社会势力之前,各个人是否可以尽行改造完善?倒是一个重要的疑问。"社会上的势力不好,个人要好也是不可能的。要真是改造个人,也要先将社会势力改造完善才好,但是各人的自身改造都不着力,则改造社会的势力,如一部十七史,究从何处说起呢?社会具有普遍性,既云改造社会,一定要使得普遍社会皆有改造的气象。倘若改一漏千,岂不是社会仍旧没有改吗?就胡适的方法而言,他主张一点一滴地去改造社会势力,也是不可能彻底。社会恶势力依然无可改的希望,结果等于没办法。果真要根本改造环境势力,只有社会革命一条路,就是将政治、经济、风俗等根本革

[①] 胡适:《非个人主义的新生活》,《时事新报》1920年1月15日。

除，重新建设一个不受人支配的最自然的社会。"我以为要注重改造社会势力，但是也必须用人去改造，所以终究要以改造个人为第一步，但也不能笼统说一句就完，因为社会是社会，个人是个人，改造个人未必能改造社会，不过要去改造社会，不能不先改造我们自身。"① 作者认为，个人改造是社会改造的前提和基础，个人改造也是社会改造的入手处。

宗教救国论者更是主张个人改造，通过个人道德修养来改造社会。《佛音》发表的《社会改造与个人改造》一文指出，近来谈改造社会者不乏其人，或主张从政治方面来改造社会，或主张从教育方面来改造社会，或主张从经济方面来改造社会。这三种都是从消极方面来改造社会，手段比较平和。此外，有主张用共产主义来改造社会的，有主张用无政府主义来改造社会的，还有许多的用其他主张来改造社会的，大概这几种都是从积极方面去干。归纳来说，以上这些主张改造社会的人，无论其属于消极方面或积极方面的，他们的目的都是想把不好的社会改造成一个很好的社会，他们的宗旨是不错的。在作者看来，现在社会上最大的毛病"就是人心一念之堕落"，因为人心一旦堕落了，举凡所谓"人格""正义""道德"等都被视为迂阔而无用。所以要想改造社会，必须先要个人改造，个人改造好了，则社会改造了。所以，社会改造的要点首在改造"个人"②。

无政府主义者也非常注重个人改造，并且把个人革命作为社会革命的基础。题为《个人与社会》的文章说，社会是个人组织成功的，要改造社会必须先从改造个人开始。所以个人的革命须在社会的革命之先，个人若有彻底的觉悟，社会才有彻底的改造的希望；不然，"无论我们闹革命闹到天翻地覆，于社会于个人都毫无益处，甚至于反愈闹愈糟"。"老实不客气的说，以现在那些利欲薰心的个人去革命，即使革一万年，中国依然是无望，中国的民众只有多受枪刀的蹂躏，决无安乐的希望的。"因此，"个人的改造为革命劈头第一着的要务"。有人认为，先把社会改造好，个人自然会好，因为个人是随着环境走的，环境改变了，个人自然也会改变。作者认为，这一说法是片面的。无政府革命需要从个人革命或者个人改造开始，走个人改造的道路。个人觉悟和改造，就是要去掉"升官发财"与"近功急利""崇拜金钱和政权""三纲五常""扶强凌弱""唯我独尊"等观念。③ 实际上，作者强调个人改造在社会改造中的重要作用，置身革

---

① 轶湘：《改造社会究从哪里做起》，上海《民国日报》副刊《觉悟》1920 年 7 月 10 日。
② 宁达蕴：《社会改造与个人改造》，《佛音》1924 年第 1 期。
③ 碧波：《个人与社会》。转引自葛懋春等编《无政府主义思想资料选》（下册），北京大学出版社 1984 年版，第 819—820 页。

命中的人应该注意个人革命。个人革命或个人改造实质上就是"思想革命""心理革命",也有无政府主义者反对这种观点,认为个人革命与环境革命是不能偏废的,个人革命永远是部分的,只有环境改造是比较普遍的。"一个无政府党应该对于他底思想及行为,努力去求解放,并且努力宣传,使他人也能如此,这当时是一件非常重要的事。但是如果要说,用了思想革命,就能使人类全体得到完全的解放,这简直是做梦。"① 实则主张个人革命与环境革命或社会革命相结合,同时进行。其实,社会发展与个人发展是相辅相成的,要实现二者的统一,必须同时改造社会和个人,改造社会以裨助于个人,改造个人以适应于社会。

许多有志于社会改造的青年学生也意识到个人改造的重要性,以个人改造为社会改造的基础。如河南开封第二中学的曹靖华发表的《我的个人革命观》一文,依据"身修而后家齐,家齐而后国治,国治而后天下平"的古训,指出,要想改造万恶的社会,必须从改造个人的思想道德方面入手,每个人的思想中肮脏的东西都除掉了,那么社会自然而然也就变好了。② 这种社会改造观受到中国传统的社会哲学的影响,也体现了个人的思想改造对社会改造的影响,正是当时青年学生改造社会认识的一般趋向。正如杨贤江所提出:"彻底的个人改造,是在社会我的觉醒。""今后的个人生活法,应当向着充分的发挥社会我的责任一条路上走。因此个人的奋斗精神和团体的互助精神都要竭力的去发挥。"③ 社会是个人造成的,个人的内心就是一个小社会。所以,学界领袖傅斯年提出了对于青年人的要求:"只是找准题目,先去改造自己。"改造社会的方法,第一步就是改造自己。"总而言之,统而言之,以坚强的意志,去战胜环境的艰难;就是没有艰难的环境,也要另找艰难的环境,决不可以趋避。"④ 从个人改造到社会改造的思路,在当时具有积极的意义。

当时一些社会改造论者退隐或被社会同化,不能不说还是个人方面的原因所致。从社会伦理的角度分析,个人应该为社会牺牲自己的利益,但不能牺牲自己信仰的主义。凡是不能保持自己坚定信仰的人,对于社会的维持或发达也不能做出大的贡献。由这样的人组成的社会,其力量也必然

---

① 惠林、苇甘、君毅:《无政府主义与实际问题》,转引自葛懋春等编《无政府主义思想资料选》(下册),北京大学出版社1984年版,第842页。
② 曹靖华:《我的个人革命观》,《青年》第1期,1920年1月1日。转引自《五四时期期刊介绍》第二集,生活·读书·新知三联书店1979年版,第492页。
③ 杨贤江:《论个人改造》,《学生杂志》第7卷第5号,1920年4月。
④ 欧阳哲生编:《傅斯年全集》第1卷,湖南教育出版社2003年版,第384页。

脆弱，生存力和发达力不强。伦理学教授杨昌济提出："故教育当养成于必要之时，牺牲自己利益之精神，又不可不养成有确信有主张之人，不可不养成有公共心之个人主义之人。此于个人于社会皆为有益。"要养成"有公共心之个人主义之人"，就是因为有些个人主义者过于专横，虽然有确信、有主张，但不能舍弃自我，甚至想使周围的人都服从自己的意志。这种人的意见如未被采纳，他就要自己另搞一套。社会上这样的人太多，社会的团结力就会薄弱，直至使社会分裂。所以，"教育不可不养成个人主义之人，又不可陷于个人主义之弊。"杨昌济对个人主义的上述批评，反映出他对资本主义社会的个人至上、唯利是图的不满。① 其实，个人主义的觉醒是社会改造思潮的一个重要主题。五四以后社会改造成为了历史发展的主调，由此生发的各种变革理念也深刻支配着中国人的精神世界，个人与社会的关系，并非个人改造与社会改造的关系那么简单。

二 社会改造者的个人改造

在社会改造运动中，个人改造首先指社会改造论者的思想改造。杨杏佛指出，就最近思想解放的动机来看，"海通以来，中西思想日益接触。国际交通外力干涉皆与改革者以极大之生命保障。革命者虽皆以生死置之度外，然革命思想与势力之培养发展实与革命者之行动自由与生命安全有密切之关系，近五十年来中国改革运动，其思想与事迹无不涉及外人，非偶然也"。总之，"中外历史上之社会改造莫不有〔有〕伟大之人格、深久之研究与奋斗为其基础。中国忧患方无已时，以社会改造自任者幸反躬力行，勿徒责社会之不可救药也。"② 也有论者批评，近年来国内有志者对于政治改革多已灰心绝望，而移其趋向于社会运动，这是一种好现象。可惜的是，社会改革家浮动者多、沉着者少，倡导表面的改造者多，而能探测民众之深底者少。③ 实际上作者提出了对社会改革家的要求。社会改造的力量中，知识分子、青年学生都应进行思想、观念的改造，才能担负社会改造的领导责任。

傅斯年在五四运动之后决意赴欧洲留学，目的之一就是"澄清思想中的纠缠，练成一个可以自己信赖过的我。"因为社会是个人造成的，所以改造社会的方法，第一步是要改造自己。他指出青年人只知道有群众运动

---

① 王兴国：《杨昌济的生平及思想》，湖南人民出版社1981年版，第119页。
② 杨杏佛：《中国近三十年之社会改造思想》，《东方杂志》第21卷第17号，1924年9月10日。
③ 罗罗：《农民生活之改造》，《东方杂志》第18卷第7号，1921年4月10日。

第七章　五四时期社会改造思潮中的争论　415

而不知道个人运动的毛病：(1)（群众运动）一时未尝不可收"疾风摧劲草"的效力，但日久便多因为分子的不健全而不能支持。(2) 社会是生成的，不是无端创作的。为谋长久地改造腐败的社会，改善当自改善个人始。(3) 群众运动太普遍了，怠惰的人安于"滥竽"之列。(4) 中国有许多问题，是群众运动难以解决的，而个人运动很容易解决。① 从群众运动与个人运动的比较中，傅斯年得出了个人改造先于社会改造的结论。

《时事新报》发表《个人的各自革命》的文章，谈到个人改造如何实现的问题。杨昌济谈道，俄国人有句格言："去而与人民为伍"。担任改造事业的人必须做到：(1) 没有人我的界限，真能尊重他人的人格者；(2) 不恤人言，不畏强御，不受旧社会里种种假面具拘束者；(3) 真有牺牲的精神，重主张不重生命名誉者；(4) 能虚心容物，不固执成见者；(5) 凡有主张皆根据学理，不矜才使气者；(6) 真能破除虚荣心者；(7) 能独来独往，成不争先，败不落后，无嫉妒心者；(8) 大义在前，知有道理而不知有私情者。② 这是对社会改造者的要求，也是社会改造自身改造的要求。

社会改造的倡导者对社会改造具有重要影响，更要注重个人改造。国民党人胡汉民进一步提出，倡导改革的人物责任重大，应具备良好的素质。作为改革运动的"媒介者"，他们要告诉人们"什么应该做"；作为社会改造的"先驱者"，他们要带领着群众"往前跑"③。因此，对社会改造者自身的要求，必须十分严格。本来社会上对有主张的人"格外吹毛求疵"，所以主张革新的人对自己的行为"更要严格的讲究，第一免精神状态的分裂，第二免在社会上加多不良的影响，第三免授他人的口实，致所主张变为无力"④。戴季陶就个人改造问题说道："社会之改造，非仅赖个性之统驭，所能成功。改造者之伟大，惟于其所持理想原理之伟大与性格之仁厚，感化力之强弱中见之。"⑤ 有人解读为：社会改造成功的关键是要制造出一套伟大的"理想原理"，以维系和号召人心，然后按他们的要求完成"社会之改造"⑥。

---

① 傅斯年：《欧游途中随感录》，《傅斯年全集》第1卷，湖南教育出版社2003年版，第382—383页。
② 《杨昌济日记》(1919年11月5日)，王兴国编注《杨昌济集》，湖南教育出版社2008年版，第684页。
③ 胡汉民：《学生与文化运动》，上海《民国日报》1920年1月5日。
④ 胡汉民：《习惯之打破》，《建设》第1卷第2号，1919年9月1日。
⑤ 陈天锡：《戴季陶（传贤）先生编年传记》，文海出版社1966年影印，第61页。
⑥ 黎洁华、虞苇：《戴季陶传》，广东人民出版社2003年版，第155页。

但是，英雄主义受到马克思主义者的批判。在法国接受马克思主义并自称"极端马克思派"的蔡和森，批判了社会变革中的英雄史观，指出："自来一班中产阶级学者或空想的社会改造家，好以他个人的头脑来支配世界，视社会改造或社会革命为几个圣贤豪杰、伟人志士、思想家、学问家的掌上明珠、图案画和绣花衣，任凭他们几个人的主观思想去预定，去创造，去点缀，去修饰，去和颜配色，去装腔作势去包揽把持，去迟早其时，去上下其手，指挥群众如此如彼的做去便是，这真愚妄极了。"[1] 蔡和森依据唯物史观，强调社会改造家要正确处理与劳动群众的关系，批评一些资产阶级社会改造家的英雄史观。

从社会学的角度来分析，社会的进化就是人的进化，要促进社会的进化，首先促进个人的进化。社会既然是多数个人的集合名词，那么，社会的改造依然是人的改造，是人类的改造。它的目的不是遗传的改良，而是人类行为的改良。要改良行为，必须先改造社会环境。因为行为（习惯思想都在内）等是社会环境的产物，后者一经改变，前者亦必跟着改变。所以，要改造个人，必须改造社会环境；要改造社会，必须改造个人，二者互为因果，互相作用。[2] 这里带有循环论证的意味，但确有现实社会的心理基础。从哲学的高度来看，个人改造也是社会改造中必不可少的环节。在五四青年看来，一切的事业都是根据人生观而来的。有怎样的人生观，才有怎样的事业，所以要改造一切事业，必须改造人生观。人生观不改造，就不晓得为什么改造，应怎么改造，从哪里去改造。"不但自己不肯改造，还要反对别人的改造；即使不反对，恐怕不是盲从，就要傅会和反对改造，同样是妨碍改造的。所以我认为要改造，必先改造人生观。"[3] 从人生观改造到思想改造，应当说找到了个人改造的本源。

基于此，新文化运动兴起以来成立的青年社团，大都以个人修养和思想改造为宗旨。1921年3月在湖南衡阳成立的心社，其目的是"牺牲个人乐利，企图群众幸福；结合真纯同志，谋社会实际改造。预备为世界总解决时一部份底帮忙；作建设新社会时一个健全坚实的基础"。为达到这一目的，采取的方法包括对于团体和对于社会两个方面。关于团体的方法，消极方面是减少每个人以前种种不良恶德；减少生活费用至最低限度，预备金钱做各项有益事业；打破旧家庭一切关系。积极方面是锻炼身体，

---

[1] 《蔡和森文集》，人民出版社1980年版，第76页。
[2] 邱尼山：《现代青年书信》，光明书局1939年版，第122—123页。
[3] 仲九：《我的人生观》（上），《星期评论》第19号，1919年10月12日。

"预备作打倒旧社会的先锋队,建设新社会的良工人;积蓄金钱作经营新社会的基础;研究切实的学问、彻底的主义,期作建设新社会的资料"。关于社会的方法,消极方面是打破以前的旧礼教的习惯,揭开时下的新虚伪、新假冒;考察社会的弱点和生活干枯的状况,去发现它的病根以改造之。积极方面是筹办乡村及各地农民、工人教育,开辟他们的智识,帮助他们的组织;与国内外同主义的团体,力谋联络携手;多找同志,养成一般群众适应性,静待时机的成熟。① 从其内容来看,主张个人改造,而且把个人改造与社会改造结合起来。所以长沙《大公报》称赞他们的宗旨是"改造自己"和"改造社会",他们预备将来从事实际改造社会运动,因而一面在校内促同学醒悟,一面从事乡村教育。②

生活改造也是个人改造的重要内容。少年中国学会的方东美说,我们生活的各方面,"向来拘泥于惯例形式即因袭的非创造的非社会的活动"。"我们对于这些生活惨状,深深疾恶,所以向那完全及光明的境界的运动,受着知识、勇气及动力之驱使,速度更外加快。我们理想中少年中国,必须建在生命之创造的社会及科学的美德上。我们创造的冲动和创造的智慧,须得发展且应用于生命之进程中。我们活泼的行动,丝毫不落狭陋的家庭圈套,乃集中于所有社会的关系之完成。总之,我们要过着一个理性的、科学之真确的生活,须知我们对于惯例的遗传的私见及信仰,不复是受动的、不批评的奴隶,这些统统是本学会杂志的传播的意见。"③《少年中国》以创造"少年中国"为目标,实际上是以社会运动来创造理想的"少年中国"。依据少年中国学会的宗旨,要先改造自己,具备真实的学术与修养,再图改造社会,因此个人改造是社会改造的下手方法。方东美在《柏格森"生之哲学"》中谈道,我们现在已有了彻底的觉悟与坚决的意志,要来创造一种驰骤变动勇往直前的个人同社会的新生活。"创造新生活及新文化运动,现有已势如蛟发了。我们个个都要加入这个运动。万万不能再存袖手旁观的态度,大家要明白站在社会里来改革恶社会,实际创造新生活来代替旧生活,那末我们个人始得救济,我们社会方有转机。"④

总之,在个人改造中,最重要的是思想改造,尤其是正确的人生观、

---

① 中共衡阳市委党史办等编:《湘南学联资料汇编》,衡阳日报印刷厂1990年版,第14—15页。
② 《衡阳学生界之曙光》,长沙《大公报》1921年3月29日。
③ 少年中国学会编:《少年中国学会周年纪念册》,出版地点不详,1920年7月,第26页。
④ 方珣:《柏格森"生之哲学"》,《少年中国》第1卷第7期,1920年1月15日。

世界观的养成,其次是个人生活的改造。这正是五四时期社会改造论者的共识。由此可以看出,个人改造与社会改造的互动关系,开始引起社会改造论者的重视。

三 一般国民的改造与社会改造的关系

因为广大人民群众是中国社会改造的基本力量,个人改造的重点和主要对象是一般的国民,其中平民及其思想改造是社会改造的重点。

社会改造首先是个人的改造,就是"人"的改造,包括思想和生活的改造。1920年3月15日创刊的《浙人》,自定其任务是传播"人"的思想,提倡"人"的生活,建设"人"的社会;打破非"人"的思想,反对非"人"的生活,改革非"人"的社会。他们认为,专制的官吏、财产私有的资本家、知识阶级的学阀、醉生梦死的奴隶、无职业的流氓都不算是"人",也不能做"人"。"惟其有奋斗精神,独立精神,互助精神的'平民',才算做'人',才算是个'人',能够做'人'。"作者又说:"有'人格'的叫做'人','人格'是生活的表现;不是躯壳的表现。'自由''平等''博爱''互助',是人的生活;'恐怖''黑暗''冷酷''残暴'是猪羊的生活。"简单地说,就是"干人底生活的叫做人"。据此原则他们认为,他们现在所干的生活不是人的生活,所处的环境不是人的环境。但既然要做一个人,就得先"脱离非人的生活";要脱离非人的生活,"必须先要改造人的环境"。因此,《浙人》的宗旨是要"改造现在所处的环境",求得"自由""平等""博爱""互助"的生活。①

上述是关于个人生活的改造。其中,平民改造又是个人改造的重点。平民泛指普通的人(区别于贵族或特权阶层),俗称老百姓。《平民》提出的办法是,必须每个人从生活上的觉悟做起。所谓生活上的觉悟,一是社会的生活,即自由的、平等的、博爱的生活。二是团体的生活,即互助的生活。不仅大家为自家生存打算,并且互相结合、互相维持,一块去求大家公共的幸福。三是创造的生活,是进步的,打破"所有"的范围的,是机会平等的。同时也是牺牲的生活,不怕失败的生活。四是严整的生活。即各人自家修养,做到不赚黑心钱,不讨小老婆,不逛窑子,不喝酒,不赌博,信实,简朴。人人能够处处尊重自家的人格,不会做没道德

---

① 《宣言》,《浙人》创刊号,1920年3月15日;孟齐:《创刊话》,《浙人》创刊号,1920年3月15日。转引自《五四时期期刊介绍》第二集,生活·读书·新知三联书店1979年版,第441—442页。

的事。五是感美的生活。即"处处感美,总抱乐现",从而肯下精神去谋大家的幸福,去满足大家的希望。① 因此,社会改造的一个主要目的,是促进平民的物质和精神的幸福。

国民思想改造被认为是整个社会改造的起点。国民指全国民众。《国民》发表的一篇文章指出:"国民自身,国家之本体也。""有不良之国民,斯有不良之政府。"② 新潮社将国内时局纷乱的原因归诸"思想界之陈腐昏谬",因此提出改造中国的思路是:从根本上着想,既要"澄清思想界,先要冲破一切的网罗",更先要实行"道德的革命"或"伦理的革命",即改造思想是改造社会的起点。③ 思想改造是社会改造的手段和方法,也是改造社会的下手处。

那么,个人要如何改造?少年中国学会的王光祈"提倡与旧社会隔离方法,主张改造社会要先从个人改起。而且须立在旧社会以外,把旧社会当作一种客观的东西去研究他改造他"。至于隔离的方法,一是结合同志,组织团体,互相保险。"我们向旧社会宣战,团体便是我们的大本营。"与此同时,"我们也派团体中的一二健者加入旧社会与旧社会短兵相接"。二是离开中国,到外国留学或做工。④ 实际上,这是一种脱离中国社会实际而高谈改造社会的论调,与立足于旧社会来改造社会的主张相对立。

关于"改造时代"背景下的个人改造问题,杨贤江提出,制度的改造应当与个人的改造同时并进。制度改造固然可以促进个人改造,但是个人改造更可以使制度改造格外彻底,格外有意义。他认为,现在学生生活中有学生自治、社会服务这一类的新生活,可以说这是制度上的改造,不仅使学生从外力训练变到自力训练,从闭户读书变到社会活动,而且也确实具有一种使各个改造的鞭策力。不过这种力量终是从外面来的,并且要有长时间的刺激才能收效。要是各个学生先觉悟到有改造的必要,然后用意识的、计划的动作,来实行制度的改造;那么,这种改造的实际可以充分地发挥出来,它的力量也就可以增益许多。故今后的个人生活法,应当向着充分发挥社会责任的一条路上走,竭力发挥个人的奋斗精神和团体的互助精神。个人改造的注意点:(1)改造的意义。改变生活状态来适应新的环境。(2)改造的必要。"生活是长进的,要长进必经改造的工夫,所以惟有改造乃能长进,乃能生活。"(3)改造的条件。个人心身上有必需的

---

① 慎五:《我的生活观》,《平民》第2期,1919年11月16日。
② 杨昌济:《告学生》,《国民》第1卷第1号,1919年1月1日。
③ 参见《五四时期期刊介绍》第一集,生活·读书·新知三联书店1979年版,第84页。
④ 王光祈:《旅欧杂感》,《少年中国》第2卷第5期,1920年11月15日。

要求，外界境地有急切的迫促，就是自己的觉悟和外境的改变，而后彼此吸引，改造的实际乃发生。(4) 改造的步骤。随时随地地注意观察"自己的心"与"外界的象"，针对当前的需要，做切实的改造。总之，一步一步地创造，一步一步地改造①，个人改造与制度改造同时并举。

组织团体是实现个人改造的有效途径，也是进一步改造国民的重要手段。社会改造运动由个人改造而组织团体，由团体乃至政党来领导社会改造事业。陈启天自称他加入少年中国学会的目的是"全在想和我们想向上的少年从万恶社会当中共救起来，永远不至堕落，并且日新又新，以至无穷"②。张闻天承认，组织少年中国学会的动机，是有觉悟的青年"对于现社会不安想谋改造"，再进一步联络同样有这种感觉的人成为一个团体。③

《永嘉新学会的宣言》说："我们不但为求智识应该组织一个学会，就是我们要在社会上做事，这种会也是不可少的。美国杜威博士说：'私人自由结合的团体，有两层大功用：(一) 养成国民组织的能力；(二) 是改良社会政治的先锋。'照这样看来，我们组织这个学会，就个人论，是革新思想的好法子；就社会论，是帮助同类的好法子。"人人在这种学会中都负责任，都求进步。④ 社会改造依靠群众的力量，群众力量的发挥需要团体来联合、组织和指导。因此，先进知识分子在组织各种团体，宣传和开展社会改造的同时，深入和发动工农群众，成立织工会和农会等群众组织，开展社会动员，以群众的力量推动社会改造。在此基础上，成立或发展政党组织，开展广泛深入的社会改造运动。如李大钊所指出："改革的事业，亦断非一手一足之力。自然还要靠着民众的势力，那么没有团体的训练，民众势力又从哪里表现呢？"因此宣言说："我们急需组织一个团体，组织平民的劳动家的政党"⑤，用团体或政党组织来发挥民众改造社会的力量。

其实，社会是由人与社会组成的，社会改造包括人的改造与社会改造两个方面。人的改造主要是思想习惯改造，个人思想改造可以在较短时间内完成，但是社会改造，无论是政治制度、社会结构还是全体人民思想习俗，绝不可能在短时间内完成。在五四时期社会改造的讨论中，出现了社会改造论与人的改造论两种思路。实际上，社会改造与人的改造是相辅相

---

① 杨贤江：《改造时代和个人改造》，《学生杂志》第7卷第5号，1920年5月5日。
② 陈启天：《致舜生兄》，《少年中国》第2卷第2号，1920年8月15日。
③ 《少年中国学会问题》，《少年中国》第3卷第2号，1921年9月1日。
④ 《永嘉新学会的宣言》，《新学报》第1期，1920年1月。转引自张允侯等编《五四时期的社团》（三），生活·读书·新知三联书店1979年版，第159页。
⑤ S. C.：《团体的训练与革新的事业》，《曙光》第2卷第2期，1921年3月。

成的，不可能截然分开，也不可能明确分出一个先后主次。片面强调人的改造而忽视社会改造，认为人的改造要先于社会改造，只有人改造好了，社会改造自然是水到渠成的事；或者片面强调社会改造更为重要、更为根本，社会改造成功了，人的改造也自然完成了。这都是一厢情愿的理想。历史表明，只有人的改造与社会改造协调发展，以人的改造推动社会改造，在社会改造中实现人的改造，二者齐头并进，相得益彰，才能真正实现中国的社会改造。

第四节 "问题与主义"

1919年夏发生的"问题与主义"之争，是主要发生在胡适、李大钊之间的一场学理上的争论，是关于实验主义与社会主义两种思想方法与社会改造道路的争论，并非以往人们所认为的马克思主义与反马克思主义之争。胡适与少年中国学会有着密切的往来，直接宣传实验主义，并用以指导学会的"少年中国运动"。李大钊作为学会发起人之一，是学会中社会主义倾向的代表人物，在会中拥有崇高的威望和重要地位。所以，以少年中国学会为中心来观察"问题与主义"之争，可以深入探析这场争论对学会及其分化的实际影响。①

一 实验主义在学会内的宣传

少年中国学会是一个同北京大学关系密切的青年学术团体。在北大名流中，胡适对于学会"注意最早"，"帮忙最大"。他介绍《少年中国》到他的朋友亚东书局汪孟邹处发行，而且对刊物给予不少的文字支持与批评。正因为胡适对少年中国学会颇多关照，所以他赢得了会员的尊崇。曾琦于1919年初远道寄书，为自己所著《国体与青年》向胡适索"序"。《少年中国》创刊后，曾琦又特地拜访胡适，想请他"为《少年中国》作一般批评的介绍"，以广月刊和学会的影响。② 郑伯奇在日本时曾公开表示，希望胡适"给我们'少年中国'的'新文化运动'作个指南"③。由

---

① 本节内容曾以《"问题与主义"之争和少年中国学会》为题，发表于《安徽史学》2006年第2期。
② 曾琦：《致胡适》（1919年7月26日），《胡适来往书信选》（上），中华书局1979年版，第68页。
③ 郑伯奇：《新实在论的哲学》，《少年中国》第1卷第11期，1920年5月15日。

曾琦、郑伯奇的表述可看出，胡适已被会员奉为学会的精神指导者。

在与少年中国学会的往来中，奉实验主义为自己"生活和思想的一个向导"和"哲学基础"①的胡适，也用其指导少年中国运动。胡适撰《大学开女禁的问题》一文，为少年中国学会提供了关于妇女解放的"着手方法"，明确指出："我虽是主张大学开女禁的，但我现在不能热心提倡这事。我的希望是要先有许多直接入大学的女子。现在空谈大学开女禁，是没有用的。"②与其空谈无用，不如通过各种途径提高妇女受教育的程度，是实验主义方法论的当然逻辑。他提倡实行工读主义，也是希望贫苦学生"有了一种挂起招牌的组织，也许可以容易得到工作，也许还可以打破一点轻视工人的心理"③。所以，他以平常的工读主义反对王光祈等人所挂新生活、新组织的招牌，甚至把工读互助运动的错误归诸"试验主义的缘故"，被后来研究者视为用"多研究些问题，少谈些主义"的实验主义观点对工读主义所作的批评。④ 1919年4月在《少年中国学会会务报告》刊发的《"少年中国"的精神》一文，是直接在学会宣传实验主义方法论。此前，章太炎批评现在青年学生的四种弱点，提醒会员"不要把事情看得太容易了"，"不要妄想凭藉已成的势力"，"不要虚慕文明"，"不要好高骛远"，其实也正是学会信条规约对"少年中国"精神的自我概括与阐扬。而在胡适看来，章太炎所述仅仅是消极的忠告，"少年中国"应是一种科学的方法和实验的态度，继而他用实验主义针砭中国人因为最缺乏"正当的方法"，导致灵异鬼怪的迷信、谩骂无理的议论、用诗云子曰做根据的议论、把西洋古人当作无上真理的议论，以及"目的热"等怪现象，把中国人醉生梦死的无意识生活、退缩的人生观、野心的投机主义归诸"少年中国的仇敌"。胡适认为，少年中国应保存这种批评的精神、冒险进取的精神、社会协进的观念，少年中国的精神正是上述逻辑和人生观的体现。⑤ 可见，胡适所谓"少年中国"的人生观与精神，正是地地道道的实验主义方法论的解读与诠释。

少年中国学会会员在五四运动前后大都读过杜威这方面的书，或听过他的讲演，后来还在南京与杜威座谈，故而受其实验主义影响深而且大。⑥

---

① 胡适：《胡适留学日记》，海南出版社1994年版，"自序"第3页。
② 胡适：《大学开女禁的问题》，《少年中国》第1卷第4期，1919年10月15日。
③ 胡适：《工读主义试行的观察》，《新青年》第7卷第5号，1920年4月1日。
④ 李新、陈铁健：《中国新民主主义革命史 伟大的开端》，中国社会科学出版社1983年版，第238页。
⑤ 少年中国学会编：《少年中国学会会务报告》第2期，1919年4月1日，第27页。
⑥ 少年中国学会编：《少年中国学会周年纪念册》，1920年7月，第27页。

但毋庸讳言，实验主义在学会的影响，与胡适在学会的直接宣传与思想指导是分不开的。

二 实验主义与社会主义在学会的影响

"问题与主义"之争是胡适、李大钊为各自信奉的实验主义与社会主义两种思想方法与社会改造道路而展开的学理层面上的争论，以胡、李各自在学会的地位与影响，自然对会员产生了直接或间接的影响。

"问题与主义"之争首先在胡、李之间展开，是由"问题""主义"的界定及其关系，延展到是用社会主义还是实验主义改造社会这一现实层面。以"主义"作为解决问题的工具和参考材料，是两人的共识和立论的基础。胡适从"主义"最初为一种"救时的具体主张"，而后衍化为"能使人心满意足，自以为寻着包医百病的'根本解决'的大危险的抽象名词"来立论，用实验主义的历史方法来对待与输入社会主义学理，用实验的方法来研究解决具体问题，主张走渐进改良之路，反对根本解决。李大钊则认为，"主义"是一个"共同趋向的理想"，可以"作为实验自己生活上满意不满意的尺度"。社会主义也不外此。它本身"包含着许多把他的精神变作实际的形式使合于现在需要的企图"，所以高谈理想并无不可，只要研究实用的方法，而且努力实验，就可以发挥"主义"的工具效用，也会在人类社会中产生相当价值。① 李大钊坦承喜欢谈主义，而且是社会主义，对于布尔什维主义也有研究兴趣，从而显示出与胡适"要防过俄国布尔扎维主义的潮流"的对立态度，以及在"目的"与"方法"上的分歧。在胡适看来，李大钊是以社会主义者的身份为自己辩护，"从一个革命家社会革命的信徒立场出发，并没有正面回答我的回答"②。从实而论，胡适主要从经济主义立场着眼，把解决具体问题的"主义"从其自身环境中剥离出来，从研究中国社会上种种具体问题下手，更注重从具体的事实、经验出发来求得对问题本身的认识，从中寻求解决中国问题的途径。李大钊则从"主义"的普遍意义出发，宣传运用于具体的实践，着眼于"主义"的社会价值，因而两人体现出经验主义与唯理主义的思想派别对立。③ 正如马克斯·韦伯所指出，"问题与主义"之争的表象后隐藏着"根本目的伦理"与"责任伦理"两种行为准则的根本对立，对于二者的

---

① 参见《胡适文存》第二集，黄山书社1996年版，第262页。
② 唐德刚译注：《胡适口述自传》，华东师范大学出版社1993年版，第216页。
③ 萧功秦：《近代思想史上"问题与主义"争论的再思考》，载李世涛主编《知识分子立场——激进与保守之间的动荡》，时代文艺出版社2000年版，第153页。

选择，在某种程度在是对学者生涯和政治生涯的选择，而对待马克思主义的政治行动纲领的态度，自然存在着反对和接受两种因素。① 但就少年中国学会而言，这种对立至少在早期会员中并不那么明显，倒是更体现出学术团体兼容并包各种主义的特点。

就李大钊而言，他是学会的发起人和主要领导者之一，也是学会中社会主义思想倾向的代表者。自1918年年底就在会友聚餐会上宣传布尔什维主义与国际革命，主张中国革命应学习俄国，与倾向国家主义的曾琦发生争论乃至笔战。② 总体上说，与他创造"少年中国"的方法或手段经历了由社会运动向政治运动转变相适应，李大钊信奉的社会主义也逐步由庞杂笼统而转向清晰和科学，即共产主义。胡适主张谈具体的政治问题，只是实行他的实验主义，走由思想的政治而实际的政治路径。他承认，"回国时即打定二十年不谈政治的决心，要想在思想文艺上替中国政治建筑一个革命的基础，以至四年当中八九十万字中仅有一篇曾琦《国体与青年》的短序是谈政治的"③。而"问题与主义"的言论，是针对"五四""六三"后不谈具体政治问题的"新"学家，是他作为实验主义的教徒"发愤想谈政治的表示"，成为其"政治的导言"④。从与曾琦的文字交往来看，胡适接续了曾琦为他提出的现实政治问题。在所谓"仅有一篇"谈政治的《国体与青年》"序"中，他提出，全国青年竭力干涉与监督各地选举是反抗黑暗政治的唯一方法和该问题的实际解决方法，这与曾琦书中所提"十大觉悟"即理论上的解决，是相呼应的。⑤ 从李大钊同时为该书作跋，王光祈出资以学会丛书名义出版就可看出，胡、李在创造"少年中国"问题上至少尚无明显冲突，而且《国体与青年》大致代表了学会早期的共同宣言。可以这样理解，少年中国学会坚持从事社会活动，为将来政治改造打基础，与胡适以思想文艺来建筑中国政治改革的基础，是基本趋同的。这一点在当时就引起人们的注意。

舒新城回忆说，《少年中国》在五四时期之所以最为引人注意，是因为"其中的文章多注意讨论实际问题，正与那时所谓'多谈问题，不谈主义'的少年心情相合了。""而《少年中国》中我又最同情于王光祈的主

---

① 〔美〕迈斯纳：《李大钊与中国马克思主义的起源》，中共北京市委党史研究室编译组编译，中共党史资料出版社1989年版，第121—122页。
② 李璜：《五四运动与少年中国学会》，台北《传记文学》第16卷第4期，第12页。
③ 胡适：《我的自序》，《胡适文存》第二集，黄山书社1996年版，第330页。
④ 胡适：《我的歧路》，《胡适文存》第二集，黄山书社1996年版，第96页。
⑤ 胡适：《序曾琦君的〈国体与青年〉》，《晨报》1919年2月24日。

张。王光祈在创刊号刊发《少年中国之创造》所系统说明的主张,这些主张最适合我的胃口,即所谓'书生之见'的不谈政治,专重社会事业与个人改造,这种主张在当时未曾踏进真正社会之门的我看来,他却是一个精神上的同志了。"① 舒新城的回忆提示我们,在五四新文化运动时期,如胡适一样,王光祈当时在青年人中也颇有影响。在"问题与主义"争论开始之前,王光祈关于创造"少年中国"的文章颇能迎合当时少年"多谈问题,少谈主义"的心情,而后胡适的"问题与主义"言说,更是说出了当时青年人不谈政治、注重讨论实际问题的心声。从这个意义上说,王光祈及其《少年中国》的社会影响当在胡适此文之前。这种文字当然是学会自我思想的表达,并非胡适实验主义的直接翻版。因为学会早在1918年7月达成共识:会员一律不能参加彼时污浊的政治社会,注重研究学理与个人修养,"学有所长时,大家相期努力于社会事业,一步一步来创造'少年中国'"②。社会事业大致不外带文化性质的教育、出版、新闻等事业,与胡适所谈具体政治问题大致吻合,表现出同样以渐进方式改造社会的特征。与这种社会改造相适应的方法或主义,则表现为"温和"的"宽泛"的社会主义。在少年中国学会,从学会筹备起就存在着国家主义、社会主义、无政府主义三种主要思想倾向。据王光祈估计,经过两三年的研究,会员中原本信仰国家主义的也慨然抛弃其主义,同人现在起码都是信仰社会主义,只是实现的方法及其组织不一,但从事主义的预备工作则是大部分共通点。③ 可见,作为对主义求同存异的学术团体,少年中国学会在1920年前后已明显倾向社会主义。

"问题与主义"之争,也涉及社会改造理论和方法的争论。胡适批评现在舆论界偏向纸上的学说,不去实地考察中国今日的社会需要。偏向纸上的"主义"是很危险的。这种口头禅很容易被无耻政客利用来做种种害人的事。中国的政客又要利用某种某种主义来欺人了。胡适把人们喜欢谈主义而不去研究问题,归结到一个"懒"字,就是避难就易。"现在中国应该赶紧解决的问题……从人力车夫的生计问题到大总统的权限问题,从卖淫问题到卖官卖国问题,从解散安福部问题到加入国际联盟问题……哪一个不是火烧眉毛的紧急问题?我们不去研究人力车夫的生计,却去高谈社会主义;不去研究女子如何解放、家庭制度如何救正,却去高谈公妻主

---

① 舒新城:《哭王光祈兄》,王光祈先生纪念委员会编《王光祈先生纪念册》,文海出版社1968年影印,第42页。
② 李璜:《五四运动与少年中国学会》,台北《传记文学》第16卷第4期,1970年4月。
③ 王光新:《政治活动与社会活动》,《少年中国》第3卷第8期,1922年3月1日。

义和自由恋爱；不去研究安福部如何解散，不去研究南北问题如何解决，却去高谈无政府主义；我们还要得意扬扬夸口道：'我们所谈的是根本解决。'老实说罢，这是自欺欺人的梦话，这是中国思想界破产的铁证，这是中国社会改良的死刑宣告！"①

李大钊指出："因为一个社会问题的解决，必须靠着社会上多数人共同的运动。那么我们要想解决一个问题，应该设法使他成了社会上多数人共同的问题。要想使一个社会问题，成了社会上多数人共同的问题，应该使这社会上可以共同解决这个那个社会问题的多数人，先有一个共同趋向的理想、主义，作他们实验自己生活上满意不满意的尺度（即是一种工具）。那共同感觉生活上不满意的事实，才能一个一个的成了社会问题，才有解决的希望。所以我们的社会运动，一方面固然要研究实际的问题，一方面也要宣传理想的主义。这是交相为用的，并行不悖的。"由此表明他对于根本解决的界定及其态度："根本解决"这个话，很容易使人闲却了现在不去努力，这实在是一个危险。但也不可一概而论。若在有组织有生机的社会，一切机能都很敏活，只要你有一个工具，就有你使用它的机会，马上就可以用这工具做起工来。若在没有组织没有生机的社会，一切机能，都已闭止，任你有什么工具，都没有你使用它做工的机会。这个时候，恐怕必须有一个根本解决，才有把一个一个的具体问题都解决了的希望。俄国改造就是例证。有许多马克思派的社会主义者，"天下（天）只是在群家（众）里传布那集产制必然的降临的福音，结果除去等着集产制必然的成熟以外，一点的预备也没有作，这实在是现在各国社会党遭了很大危机的主要原因"。我们应该承认："遇着时机，因着情形，或须取一个根本解决的方法，而在根本解决以前，还须有相当的准备活动才是。"② 李大钊以俄国改造为榜样，提出一个以经济改造为根本改造的方案，与胡适信奉美国式改良主义的改造模式形成一个鲜明的对照。

胡适对这场争论耿耿于怀，到晚年承认，发表《多研究些问题，少谈些"主义"》的初衷是"针对那种有被盲目接受危险的教条主义，如无政府主义、社会主义和布尔什维主义等等，来稍加批评"。他所考虑的是"主义"，那个专栏可以"实际问题和抽象主义"为标题。但在讨论中，李大钊没有从正面回答他，而是从一个革命家、一个社会革命的信徒立场

---

① 胡适：《多研究些问题，少谈些"主义"》，《每周评论》第 31 号，1919 年 7 月 20 日。
② 李大钊：《再论问题与主义》，《每周评论》第 35 号，1919 年 8 月 17 日。

出发,"他所考虑的一些问题,根本不是我所考虑的问题"①。

胡适揭起"问题与主义"之争,原本是针对国内"新"分子不谈具体的政治问题而高谈什么无政府主义与马克思主义的危险趋势,也批评了"谈偏向纸上的国家主义",认为"这种口头禅易被无耻政客利用做种种害人的事",是很危险的。②胡适这种针对"社会主义"作为抽象名词化之危险的批评,立即引起了无数的抗议,受到了北方的社会主义的批驳与南方的无政府主义的痛骂。③因为学会同样存在着胡适所批评的社会主义抽象化现象,所以,胡、李之争实际上也就是学会内的社会主义与会外"内化"的实验主义之争,所以胡适的"问题与主义"言说在学会引起强烈反响。李大钊与胡适论争于前,而且他从胡适的批评中"觉悟"到要改变空谈,以后多向实际方向努力,但他还是以社会主义立场为自己辩护,从而激起胡适"三论""四论"来申述自己的实验主义。倾向国家主义的曾琦,早在1919年年初就决定从社会学角度研究社会主义:"我本来是学政治的,不过近来觉得政治学是空的,打算研究社会学、人类学,从根底上寻个究竟。"④所以他7月26日致信胡适:"《每周评论》卅一号所登的大作,对于现在空发议论而不切实的言论家,痛下砭鞭,我是万分佩服。我常说:'提倡社会主义,不如研究社会问题,较为有益',也和先生的意思差不多。"⑤曾琦明白地表示对胡适所谓社会主义当研究社会问题的支持与认同,也直言不讳地表达了自己此前对于社会主义的思考而得出与胡适同样的结论。若再联系胡适在《国体与青年》"序"中对曾琦"理论"观点的认同,以及曾琦留学日本时自"少年意大利"获取"少年中国主义"的思想来源,可以说,曾琦的确是认同胡适的观点,而受胡适的影响尚在其次。后来成为国家主义代表人物的李璜,也是从社会学、经济史的角度研究社会主义。他注重思想革命,主张从根本做起,所以批评胡适"多研究问题,少谈些主义"是头痛医头、脚痛医脚的方案,"还是对当时国政的一片混乱而元气衰弱的病没奈之何"⑥。在法国专心研究社会主义的张梦

---

① 唐德刚译:《胡适口述自传》,北京华文出版社1989年版,第214、216页。
② 胡适:《多研究些问题,少谈些"主义"》,《胡适文存》第二集,黄山书社1996年版,第253页。
③ 《胡适文存》第二集,黄山书社1996年版,第331页。
④ 陈正茂等编:《曾琦先生文集》,台北"中央"研究院近代史研究所1993年版,第646页。
⑤ 曾琦:《致胡适》(1919年7月26日),《胡适往来书信选》上,中华书局1979年版,第66页。
⑥ 李璜:《我所经历的五四时代的人文演变》,载周阳山主编《五四与中国》,时报文化出版公司1988年版,第668页。

九,则注重社会主义的"时间"与"空间"问题,显示出与胡适以历史的态度对待社会主义同样的认知。可见,即使倾向国家主义的会员,对胡适宣传的实验主义也是认同的,只是因人而体现出程度之差异。

倾向无政府主义的王光祈在1919年7月26日写作了《少年中国之创造》一文,首先表明了学会对于主义的态度:要实施某种主义,必须有某种主义的先决条件;我们所做的事情是一切主义必需的预备工夫与先决问题,主义的预备就是从事主义"深思苦索之研究","故我们不反对鼓吹主义,但反对专鼓吹主义而不同时设法训练;事业的预备则是革新思想(包括教育事业、新闻事业和出版事业)与改造(个人)生活"[①]。可见,王光祈的态度和李大钊在与胡适论争中的态度乃至表述是基本一致的,在少年中国精神上则与胡适用实验主义的解释大体相同,前述舒新城的感受与对比也可证明这一点。而面对胡适用实验主义对无政府主义进行的批评,王光祈于9月30日发表了《总解决与零碎解决》一文,在批评杜威《政治哲学与社会哲学》讲演中主张"零碎解决"的流弊的同时,直接批评了胡适《多研究些问题,少谈些"主义"》,认为"其流弊必使我们人类没有一个共同最高的理想,限于一种极狭隘、极无味的事实上面"。然后他提出"总解决中的零碎解决"的思路,具体到问题与主义上,"主义便是我们的理想目的——总解决,——关于这个主义的问题,我们应该逐件解决——零碎解决"[②]。可见,理想主义者王光祈与注重实用理性的胡适的不同之处,就在于前者把趋于极端的"总解决"与"零碎解决"方案中和,将"笼统"的总解决具体化,"零碎"解决根本化。从而坚持了学会注重从事共同的"预备工夫",从教育与实业下手而非政治运动来改造社会的思路,也代表了学会内部与胡适不尽相同但又相类似的社会改造路径。从思想上论,王光祈这种笼统而宽泛的"根本解决"以及在总解决下的零碎解决的诉求,还是多少受到了实验主义的影响,至少难以割断与实验主义方法论的联系。

毛泽东认为,实验主义是对于封建思想强权"见于思想方面"的反动。[③] 1919年9月1日起草的《问题研究会章程》,大体上是对胡适《问题与主义》一文中所提到问题的具体展示,其思想和主旨与胡适基本一致。[④]

[①] 王光祈:《少年中国之创造》,《少年中国》第1卷第2期,1919年8月15日。
[②] 王光祈:《总解决与零碎解决》,《晨报》1919年9月30日。
[③] 泽东:《创刊宣言》,《湘江评论》第1号,1919年7月14日。
[④] 中共中央文献研究室等编:《毛泽东早期文稿》,湖南人民出版社2008年版,第362—367页。

不过他虽不反对零碎解决,但不赞成头痛医头、脚痛医脚地解决。① 这至少表明,此期热心研究无政府主义的毛泽东对胡适及其实验主义有所保留,大致与王光祈的社会改造思路趋同,这正是他随后加入学会的思想基础。

倾向无政府社会主义的郑伯奇则明确地支持胡适的主张,他在阐释新实在论的哲学时,引用柏黎的一段话,而后分析说,胡适在《太平洋》发表的《问题与主义》一文中所说的由问题变成主义的次第和主义的危险性,都与柏黎的话相符:"我当那时候,对于胡先生之说是承认的……为一般人所信,给我们'少年中国'的'新文化运动'作个指南,使我们'少年中国'的'新文化运动'能生出一种特色。"② 此文既为胡适的实验主义在西方思想中找到了一个根据,也表明了作者对胡适以思想方法指导学会的期望,这对于以科学精神创造"少年中国"自然有着特别的意义。

从与胡适论争的李大钊到明确支持胡适的曾琦、郑伯奇以及调和折中其间的王光祈、毛泽东等,都对胡适及其《多研究些问题,少谈些"主义"》持或肯定、或批评、或保留的态度,总有所反应。值得注意的是,会员对李大钊及其《再论问题与主义》一文却无涉及,更不用说批评,即使是王光祈对根本解决与零碎解决各有批评,仍无涉李大钊。析其原因,固然是因为李大钊是学会的发起者及早期的主要领导者之一,他在文中强调主义的研究与运用,尤其是强调根本改造前的"预备工夫",仍是坚持学会一贯的主义倾向,大致延续了学会用社会运动创造"少年中国"的原初理想。而且李大钊所批评胡适实验主义视野下的零碎解决法,也与前述王光祈、李璜等有相当共识。因此,从会员对胡、李的不同反应,可以看出"问题与主义"之争首先是发生于会外(胡)与会员(李)之间的争论,实际上是从会外输入的实验主义与会内原有的社会主义之争。而且,会员中原本存在的不谈政治、注重社会事业的趋向与胡适的主张暗合,这样实验主义就"内化"为部分会员的一种思想方法,在学会内部与社会主义继续争论,并形成了与社会活动、政治活动两派相区别的"问题与主义"派或称"胡适派",在随后的学会内部主义之争中,起了不容忽视的作用。

三 少年中国学会的"学理与主义"之争

几乎与胡适、李大钊在《每周评论》争论"问题与主义"同时,学会

---

① 参见罗章龙《椿园载记》,生活·读书·新知三联书店1995年版,第18页。
② 郑伯奇:《新实在论的哲学》,《少年中国》第1卷第11期,1920年5月15日。

京沪同人围绕着月刊文字方针而展开了"学理与主义"之争。论者多认为，后者受前者直接影响而来，并导致学会内部的主义之争。① 其实未必如此。

主义的自由研究与预备，是作为学术团体的少年中国学会区别于其他社团的重要标志。会员们认为，主义作为一种方法，不过是"达到共同目的之手段"，而学会宗旨"既已完全相同，主义不过末节也"②。因此，1919年1月的吴淞会议决定，学会对于主义取自由研究与信仰的态度。而面对广泛流行的社会主义，李大钊、王光祈、李璜、易君左、周佛海等都表现出浓厚的研究兴趣。从《少年中国学会会务报告》可看出，1919年3月至5月间，会员们还展开了社会主义的通信讨论，内容涉及社会主义的倾向及如何研究社会主义等问题。王光祈、易君左、李璜着重讨论当时流行于美国的民治主义与俄国的布尔什维主义，亦希望会员研究"这二十世纪的新潮流"；黄日葵、陈愚生等译介了苏俄革命和布尔什维主义。可见，会员对于主义研究与宣传体现出鲜明的政治色彩。《会务报告》在6月停刊，拟于7月15日出版《少年中国》月刊，确定其宗旨为"本科学的精神，为文化运动，以创造少年中国"，以"注重文化运动，阐发学理，纯粹科学"为其特色。月刊宗旨中，"文化运动"与学会"创造少年中国"在目的与手段上已隐含着矛盾。

缘此，上海同人由宗白华执笔致函北京同人，提出月刊文字宜取绝对慎重的态度，暂时多研究"学理"，少叙述"主义"，即使阐发主义也不应危及学会，尤不应叙述他人的主义而使学会见残。因为会员的文字不能代表学会的主张，何况学会现时对于政治及社会取一种纯粹的学术研究态度，尚未形成正式主张。③ 显然，鉴于当时思想言论不自由而导致不少刊物被查禁、社团强令解散等事实，上海同人主要针对北京会员研究与鼓吹社会主义，而提出《少年中国》对于科学取研究态度，对于主义取"学理"研究而不鼓吹的态度。说到底，就是要保持学会的学术研究性质，坚持以文化运动创造"少年中国"的初衷。学会执行部主任的王光祈代表北京同人复信，对沪上同人的建议"极表同情"，并重申，学会不限制会员

---

① 彭明：《五四运动史》，人民出版社1984年版，第498页。
② 少年中国学会编：《少年中国学会会务报告》第1期，1919年3月1日，第18、20页。
③ 他们认为，月刊叙述主义之危害来自两方面：一是"现政界及社会普通人物，学识甚浅，不知审别，往往误认研究学术之叙述文字，以为会中之主张文字"；二是"又复不顾言论自由，竭其力之所至，横加摧残，甚或危及生命"。参见《上海本会同人致北京本会同志》，《少年中国》第1卷第1期，1919年7月15日。

自由研究学问、自由思想与信仰的既定方针,对有浓厚政治兴味或欲从事社会革命的会员亦不过问,听其自便,但必不使其影响于团体。①

京沪两函刊于《少年中国》创刊号(1919年7月15日出版),巴黎同人于9月27日回信②,首先厘清了"学理"与"主义"两个概念及相互关系,然后批评了上海同人多研究"学理",少谈"主义"的主张。他们认为,对于没有学理根据的主义应少说甚至摒除,"而对于根据学理的主义决不可因为怕人误会及社会黑暗而隐忍不言;对于主义的研究只问其有无学理根据,不当限制其多少;学理之研究亦当切实有用于人生,不当与主义悬绝而徒尚空谈"。针对上海同人提出的研究健全无妄之学术而后确定学会健全无妄之主义的思路,他们强调,要以学术研究的方法来对待主义,即先采他人的研究结论,再"参合目前人生的现象"。对主义有明白的认识之后,才能制定完密的研究计划,进行切实地研究。在主义与学会关系问题上,他们的态度也很明确:学会只是同志思想行为的一个共同点,而主义系结合团体的唯一原因。所以,分子应为主义而牺牲,而且为了主义可以牺牲学会,而不能为学会而牺牲主义,既表明了对主义的积极研究与信仰不移的心路,也预示着少年中国学会将来由研究而确定共同主义的分裂危机。

"学理与主义"之争是否就是"问题与主义"之争的范式转换,不妨稍作比较。

从问题提出的时间来看,胡适在《每周评论》第28号上就批评"偏向纸上的学说,不去实际地考察中国今日的社会需要究竟是什么东西"是现在舆论界的大危险,他强调,一切学理与"主义"都是考察社会实在情形的工具,以学理作参考材料是救济方法的基础。这一段话又作为《多研究些问题,少谈些"主义"》的开篇语,成为胡适正式掀起"问题与主义"争论的基本点。该文刊于7月20日《每周评论》第31号。蓝志希(知非)的《问题与主义》刊于7月《国民公报》,后转载于8月3日《每周评论》第33号。李大钊《再论问题与主义》文发刊于8月17日第35号。胡适写作的"三论""四论",根据《胡适文存》所标明的时间是在7月。少年中国学会京沪两地通信同时刊于7月15日出版的《少年中国》创刊号,从写作时间上推断,至迟当是6月中下旬,比胡适写作时间明显要早,实际刊发时间也要早5天。

---

① 《北京本会同人致上海本会同志》,《少年中国》第1卷第1期,1919年7月15日。
② 《巴黎本会同人致北京本会同志》,《少年中国》第1卷第1期,1919年7月15日。

从问题的缘起来看，胡适掀起"问题与主义"之争是由王揖唐大谈所谓社会主义而引起。"学理与主义"之争主要是围绕着月刊文字方针而来，缘于此前《会务报告》的社会主义研究与宣传色彩过于鲜明。可以说，学会内部的社会主义宣传，引发了会员关于月刊文字的争论，也正是胡适针对的"五四""六三"后"高谈"主义的危险现象之一，成为胡、李之争的主要话题。从这个角度上说，"学理与主义之争"影响了"问题与主义"争论，并不为过。

从争论的内容上看，两次争论都是围绕着"学理"或"主义""问题"而展开的，而《少年中国》又是胡适帮忙介绍发行的，说胡适认同该刊物的宗旨是大致不错的；其以文化运动创造少年中国，与胡适以思想文艺改造中国如出一辙，也表明"少年中国"理想与胡适思想存在着契合之处。有论者认为，"学理与主义"之争与胡、李之争"颇有异曲同工之妙"，而且与当时报刊上引起"问题与主义"之争相映成趣。由此，在学会内部同样引发了要不要确定一种主义的争论，成为后来学会分解的一个认识原因。① 其实，少年中国学会的争论根本不是要不要主义的问题，而是学会及会员在月刊上对主义应取的态度，即纯粹研究、鼓吹及运用的不同态度问题。研究学理及主义是胡适与少年中国学会同人共同的主题，但在主义的内涵上，胡适意指外来主义，少年中国学会则包括有学理根据和有益人生社会的一切主义，尤着眼于创造学会自己的主义。在主义叙述或宣传的危险上，胡适是指社会主义的教条化倾向的危险，最终导致"中国思想界的破产"与"社会改良的破产"；京沪同人则担心危及学会的存在与巩固，从而妨碍《少年中国》以文化运动创造"少年中国"理想的实现。将研究学理的重心置于"主义"的运用上，巴黎同人与"问题与主义"争论中的李大钊是一致的，即主义的学理研究与社会运动中的"自觉觉人"，最终目的是"根本的改造"。

关于争论的动机，胡适意在宣扬与实行实验主义，批判空谈主义而不研究具体政治问题的现象。北京同人在《会务报告》上自由研究与宣传社会主义，上海同人有鉴于此，强调月刊宜取"学理的研究，而非直觉的眼光"，在方法上与胡适趋同，在思想上相通处亦多。作为该争论的肇始者，宗白华于9月底还公开致信月刊编辑同人，进一步申述："我们对于一种事体，一种现象，一种主义，一种学理，还没有彻底的了解觉悟，就不应当

---

① "从五四运动到人民共和国成立"课题组：《胡绳论"从五四运动到人民共和国成立"》，社会科学文献出版社2001年版，第76页。

拿来鼓吹青年。"以社会主义为例,"我们还没有真正研究,考察他科学的根据,以及对于中国现状有何关系,就草草率率的发阐出来,岂不是笑话么"①。从对学理研究的态度以及对社会主义的口气来看,与胡适谈问题与主义的文字中用实用理性对待外来思想的表述颇为相似,也与少年中国学会吴淞会议上关于主义的说法相一致。其实,宗白华的命意主要还是坚持月刊"研究学理,鼓吹青年,评论社会"的编辑方针,甚而强调每篇文字都要有学理价值与社会价值,大致兼顾了胡、李争论中"主义"的两种走向,但明显是赞同实验主义方法论。不同之处在于,胡适用实验主义批评个人新生活,宗白华则希望将实验主义与科学生活相结合,成为中国青年最优美、最丰富、最有价值的两种生活,如果科学实验室就在新村中间,那么实验主义就成为一种活泼的实际生活,不复是"学者脑中的理想了"②。此说既坚持了"少年中国"理想的原定思路,同时迎合了胡适提倡实验主义的要求,呼应了胡适用实验主义方法对新村等个人主义生活的批评。

就争论的实效看,"问题与主义"之争实际上进一步宣传了实验主义与社会主义两种思想方法,提供了改造中国的两种方案。围绕着月刊文字而来的"学理与主义"之争,初时并未引起社会舆论的广泛关注,在学会内王光祈、宗白华等各有申述与讨论,远在法国的会员则反响强烈。事实上,月刊自创刊就专重学理文字,基本上暂时停止了《会务报告》上热闹一时的社会主义讨论与布尔什维主义的宣传,甚至可以说争论把会员拉回到主义的学理研究与预备层面,暂时避免了政治革命的危险走向。不过,深入的学理研究,各自信仰的成熟,终究意味着主义兼容或对立而致学会分化的危机。何况李大钊在学会内的社会主义宣传及本人思想的渐趋成熟,正是构成与胡适争论的理论基础。可以说,一方面引发胡适谈问题与主义的社会主义抽象化现象在少年中国学会早就存在,而且以李大钊为旗帜;另一方面,李大钊在学会内宣传的社会主义以及由此而来的学会的社会主义共同倾向,实际上批评了实验主义方法论,并影响了其在学会的传播。因此,与其说"学理与主义"的争论受"问题与主义"之争的影响,还不如说是学会内主义态度之争在一定程度上引发或促成了胡、李之间的争论。

四 主义之争对少年中国学会分化的影响

"学理与主义"之争是否引发了学会内部主义之争,从而导致学会分

---

① 宗白华:《致编辑诸君》,《少年中国》第1卷第3期,1919年9月15日。
② 宗白华:《实验主义与科学生活》,《时事新报》副刊《学灯》1919年11月18日。

化呢？两争虽有逻辑上与时间上的承续性，但本质上言，"学理与主义"之争是应否在月刊或学会内自由研究、鼓吹与运用主义的态度差异，并非各种对立主义或同一主义中不同派别的争论，因而尚不构成导致学会分化的主义根源。少年中国学会真正意义上的主义之争，则是确定社会主义为学会共同主义的争论。

早在1919年年初学会讨论有无必要决定主义的问题时，就大体上决定了自由"加实研究"各种主义到确定学会共同主义的基本路径，明确规定了共同主义必须经由学会讨论而后决定的大致程式。随着会员对于各自主义深入的学理研究与实验、筛选，逐步确定了相对成熟的主义信仰。特别是北京等地会员在会内、会外活动中，已深切感受到学会宗旨太空泛，尤其是"创造少年中国"的模糊给活动带来诸多不便，所以希望选择一种"主义"充实之，以便集中精神于学会活动事业。于是决定用一两个月先将各种主义精心研究，以便确定社会主义之一种。① 而在注重主义学理研究的沪宁会员看来，"北京会员多半因受恶刺激太深，为保持人格，力争要规定共同主义"②。这也显示出会员对于主义的需求存在着地域上的差别。

1920年8月，李大钊率先提出学会确立共同主义的问题。以五团体联合改造为契机，以其他社团均有自己的主义为由，他提出："本会之创立，原系研究学问团体，思想须极自由，主义不一致；惟两年以来，世界潮流既有显然之倾向……本会同人已经两载之切实研究，对内对外，似均应有标明本会主义之必要。"共同主义的目的，在对内齐一全体之心志，对外与人联合行动。③ 在此前后，张申府、刘仁静已经分别提出以社会主义甚至共产主义为共同主义，并以退会相胁。可见，1920年夏，学会的性质开始发生变化，学会的主义也面临着由多元化向一元化的转变。但部分会员的急切要求，并不能说明学会确定共同主义的条件已经成熟。从在京会员1921年6月17日讨论准备向南京大会提出"本学会应否采用某种主义"的议案情形就可看出。与会八人出现四种意见：一是学会要采取社会主义；二是继续以创造少年中国为学会主义，认为可以表同情于现时流行的主义，但"不能以自己所不能全然赞同的别人的主义为自己的主义"；三是不能且不必要采用一个主义，但可就一般主义中定一个最低及最高限

---

① 《学会消息》，《少年中国》第2卷第9期，1920年3月15日。
② 《南京大会纪略》，《少年中国》第3卷第2期，1921年9月1日。
③ 《学会消息》，《少年中国》第2卷第3期，1920年9月15日。

度；四是不愿我们学会也变成了空谈主义挂招牌的团体，"我们应该一方面为学理上的研究，一方面为事实上的观察，大家把这个'学'字完全做到了，我们自己的主义，理想的少年中国自然会涌现出来做我们实行的标准"①。显然，反对空谈主义或采纳别人的主义，主张从学理研究与事实考察两方面来确定学会自己的主义，是反对学会确定社会主义为共同主义的主要理由，延续了学会对于主义的一贯态度。这次讨论也大体上继续了京沪同人"学理与主义"之争的话题。

南京大会上共同主义的争论表明，主张共同主义者强调的是开展社会活动包括政治活动以及个人修养均须有主义做标准，与反对者坚持学会为学术文化或修养团体之论析是基本对立的。值得注意的是，主张共同主义者坚持或采取或自创一种比较无缺陷的主义，而且只要对于创造"少年中国"有益，可以不惜让学会分裂。反对者也意识到，决定主义甚至规定最高或最低限度，将导致学会分裂，但是"有目的有组织的分裂，分裂固无足惜"②。可见，在共同主义问题上，赞成与反对双方均以不惜让学会分裂为代价，主义问题已成为关系学会存亡与命运的大问题。为此，学会决定用一年的时间继续讨论，以便下届年会投票决定。在后来的继续讨论中，张闻天、恽代英、康白情、郑伯奇直接或间接地提出，改造学会为社会主义团体乃至布尔什维克团体。尤其是郑伯奇提出研究现存各种社会主义的同时，要以研究所得办最大规模的试验，要求会员"以国民为对象而取一种实验的态度"③。可见，社会主义在少年中国学会内部已由理想层面提升到实践的高度，更不用说共产党人在会外的社会主义运动了。在团体性质由学术向政治试图转换的同时，主义也在进行由理想到实行的转变。但是以社会主义为共同主义，引起会员的普遍反对，其理由仍不外学会与社会主义两个方面。就学会而言，此期仍在自由研究学术阶段，尚未到实行阶段，这一点并无多大变化。就主义而论，现有条件下不能对派别繁多的社会主义作出科学选择，并且反对抄袭西方的社会主义，已成为学理与事实方面的理由。其中，倾向国家主义的曾琦、张梦九和李璜反复强调，社会主义的选择与运用于中国应注重"时间"与"空间"两个维度，或提出研究主义必须有以下四个条件：研究其理论是否充足，研究主义如何施行，研究主义是否合乎时代，研究主义是否合乎于本国国情。④ 这种"科学精

---

① 《学会消息》，《少年中国》第 3 卷第 1 期，1921 年 8 月 1 日。
② 《南京大会纪略》，《少年中国》第 3 卷第 2 期，1921 年 9 月 1 日。
③ 《少年中国学会问题》，《少年中国》第 3 卷第 11 期，1922 年 6 月 1 日。
④ 曾琦：《国家主义四大论据》，《曾慕韩先生遗著》，台北文海出版社 1979 年影印，第 182 页。

神"下的反对理由,迎合了大多数会员坚持学会原初主义的态度,使改造学会为社会主义团体的努力终于失败。在此基础上,曾琦、李璜、陈启天等提出所谓适合中国国情与时势要求的"新国家主义",虽然理论上新国家主义在开发全国实业、实行大产业国营制度和训练国民的国家思想三个方面成为社会主义的基础,[①] 但明确表示其与共产主义相对抗。

随着这种对抗日趋激烈,到1925年第六届年会上国家主义者提出以国家主义作为学会方针,试图以国家主义作为学会的共同主义,引起对立双方的争论乃至行动上的对立,学会内共同主义之争达到最高峰,成为国家主义与共产主义的争论。

共同主义之争之所以导致学会的分化,还有学会自身的原因。在学会中,服从共同主义,就意味着牺牲个人意见与思想行动的自由,与学术的自由研究相颉颃。而且共同主义下的学会分工与互助,势必有个人意见的忍让与牺牲,势必使个人与团体在各自发展中显现矛盾。这种矛盾是由青年知识分子性格决定的。正如邰爽秋所说:"我会友最大的缺点就是以纯洁的团体自相标榜,以人格的保险公司自命,而实际上又不能个个做到十分纯洁、完全无损人格的地步。"余家菊更明确指出:"知识愈高,个性就愈发达;个性愈发达,则彼此强同的可能性愈小,只要明白此理,就当知道要会员事事步调严整是不易的,或不可能的。把八十个会员结成一个一个的死党是不可能的。"[②] 少年中国学会注重个性发展这一前提本身,就决定了会员是难以在共同主义上达成一致的,充其量形成不同的派别或阵营。事实上,共同主义之争是实现学会宗旨或主义的方法与手段之争。就后者言,学会内已经存在着两种趋向,一是直接从事社会改造事业,想通过急进或缓进的革命来创造"少年中国";二是用间接的手段,在教育学术事业方面探寻创造"少年中国"的途径。而会员对于社会活动、政治活动的认知不能统一,对于主义的要求也不一样。大致说来,从事社会或政治活动者需要共同主义来指导或统一行动,从事学术事业者反对共同主义以免妨碍思想自由。于是,不仅主义本身成为争论,而且如何实现主义也成为不可避免的争论。

那么,共同主义之争与此前发生的"问题与主义"之争究竟有什么关系呢?李大钊率先提出学会确定共同主义,通过邓中夏、黄日葵等人的宣传与活动,希望以"革命的社会主义"为共同主义,使学会由学术团体变

---

① 陈启天:《新国家主义与中国前途》,《少年中国》第4卷第9期,1924年1月。
② 《少年中国学会问题》,《少年中国》第3卷第2期,1921年9月1日。

为政治团体。从这个意义上说，李大钊等把共同主义的发展进程提前了，大致践履了"问题与主义"争论中社会主义宣传与运动的一方面。就胡适而言，他在学会的影响力依然存在，并通过学会内的所谓"问题与主义"派发挥作用。根据李璜的目见耳闻与经验，《少年中国》讨论政治解决的手段与途径，有以王光祈为代表的社会活动派、以李大钊与曾琦为代表的革命政治派（后演变为共产主义派与国家主义派）、以胡适为代表的"少谈主义，多谈问题"派（或称"胡适派"）。三派政治改造主张"都只是民八至十四（年）的新文化运动之以自由言论与主张，各是其是；其间虽有朋党之见，然而都是君王之争，各有其言论机关，各抒其政治怀抱。"①在反对共同主义的过程中，"胡适派"始终反对空谈主义，主张从事社会事业，同时也随着形势发展，开始对政治活动有所倾斜，郑伯奇等人支持"好政府主义"便是一例。而在会员的眼中，"胡适派"仍是介于社会活动与革命活动之间的主张或派别。王光祈把胡适列入今日在野人物中知社会的政治改革而不能自守且不能成功的代表人物，② 以示他所主张的"社会的社会改革"与胡适有着方法上的差别，实际上也是针对学会内的政治改革主张，希望引胡适为鉴。同时也表明，胡适与少年中国学会仍有着共同话语，在这场导致学会分化的共同主义之争中，其影响仍然不可忽视。

从反对共同主义一方来看，所谓研究主义及实行主义的条件，从字面上至少与胡适所谓"历史主义态度"，即反对"不从研究问题下手的抄袭成文的主义"，是基本一致的。其中倾向国家主义的曾琦、张梦九等人，对于社会主义的态度，很难说没有胡适及实验主义的影响在内。但他们在反对以社会主义为共同主义的过程中，起先坚持学会原初的宗旨信条，对于社会主义取自由研究与共同预备的态度，显示出与胡适相似的心路。后来又提出以新国家主义为学会的共同主义，则表明他们用在欧洲的社会考察与科学精神下的学术研究来审视会员的主义之争，反对社会主义遽行于今日之中国，因而不能不承认其来有自，与胡适的思想来源相异。事实上，他们成为学会内"问题与主义"派反对以社会主义（共产主义）为共同主义的同盟军。

胡适对于学会早期倾向的社会主义以及后期居于思想主流地位的国家主义给予的批评，仍然是以其"问题与主义"观在会员中保持一定的影响

---

① 李璜：《我所经历的五四时代的人文演变》，周阳山主编《五四与中国》，时报文化出版公司1988年版，第667—668页。
② 王光祈：《"社会的政治改革"与"社会的社会改革"》，《少年中国》第3卷第8期，1922年3月1日。

力，形成了学会社会政治活动的一个派别。但在关系学会存亡的共同主义之争中，它毕竟不能影响以王光祈代表的社会改革派，尤其是不能左右李璜、曾琦为代表的政治改革派，在国家主义与共产主义尖锐对抗中，不能起到应有的制衡与调和作用。从这个角度上讲，是胡适及学会中"问题与主义"派反对社会主义或共产主义在前，"问题与主义"派与共产主义派激烈反对国家主义在后，相继影响甚至决定着少年中国学会的主义之争的进程。

以社会主义为共同主义的改造不成功及由此而来的国家主义与共产主义的尖锐对抗，最终导致了学会的分化。这种结局是学会在筹备期间决定"主义"态度时便大致预设好的，"问题与主义"之争只是通过所谓"问题与主义"派及与其他各派的联合，影响着学会的主义之争，不可能对学会分化起决定性的作用。

第八章　五四时期社会改造思潮的个案研究

围绕着中国社会改造问题，五四时期先进知识分子纷纷结社并借助报纸杂志进行宣传，积极探索社会改造的道路，从坐而论道转向起而实践。在当时以改造社会为宗旨或目标的进步社团中，提出了各种社会改造的思想主张，并且部分付诸实现。其中，以旅京陕籍学生为主体的共进社是一个开展地方改造活动的典型。少年中国学会是五四时期最具影响的社会改造社团之一，其灵魂人物王光祈的社会改造思想在当时极具代表性，也是社会改造思想的典型个案。

第一节　共进社的社会改造思想[①]

共进社是由旅京陕籍学生为主组成的带有浓厚地方特色的团体。1921年10月，刘天章、李子洲、杨钟健等陕籍学生创建《共进》杂志社，发行《共进》半月刊，以"提倡桑梓文化，改造陕西社会"为宗旨。1922年10月，杂志社扩充为共进社，修改其宗旨为"提倡文化，改造社会"。1926年9月，共进社北京总社被奉系军阀以"赤化宣传"的罪名查封，其活动因此陷于停顿。共进社以社会改造为宗旨，通过向陕西输入新思想文化、批评陕西社会时弊等，希望在破旧立新的基础上组建陕西人民民主政府，建立一个全新的陕西社会，这也反映了一部分进步青年的社会改造理想。

一　社会改造思想的形成与发展

共进社的社会改造思想是五四时期社会改造思潮与运动的产物，也是

[①] 本节主要内容来自梁晓云的《论共进社的社会改造思想》（湘潭大学2008年硕士学位论文）。

社员们改造陕西社会乃至中国的思想体现。因此其社会改造思想是不断发展和完善的，并且部分付诸实现。

1. 社会改造思想的形成和发展阶段

从新文化运动兴起到《共进》创刊，是共进社社会改造思想的萌芽阶段。旅京陕西学生先后组建的社团和出版的刊物，都是其社会改造思想发展的历史见证。他们先后成立三秦公民救陕会、陕西学生团、旅京陕西学生联合会等组织，均以团结、联络同乡感情和服务陕西为宗旨。1920年1月，旅京陕西学生联合会创办的《秦钟》月刊提出谋桑梓的幸福及文化发展的思想①，无疑是新文化运动影响的结果。旅京陕籍进步学生关注陕西的局势，又受到北京兴起的社会改造思潮的熏陶，于是萌发改造陕西社会的思想，并成立组织着手社会改造。

从《共进》创刊到1922年10月共进社诞生，是共进社社会改造思想的初步形成时期。1920年陕西省内局势继续恶化，一部分旅京陕籍学生决定与省内军阀和反动势力做长期斗争。1921年10月，在北京发起成立《共进》杂志社，公开提出"提倡桑梓文化，改造陕西社会"。从此，共进社猛烈抨击陕西军阀刘镇华，《共进》连续发表署名"本社同人"的《去刘篇》，以示与陕西当局势不两立；把教育当作突破口，对于陕西的改造抱了很大希望；明确提出"促进（陕西）自治"的改造目标。有些社员甚至提出"知识阶级摄政"的政治主张，显示了共进社改造社会的决心。《共进》的创建，标志着其社会改造思想的初步形成。

从1922年10月到1924年4月制定《共进社纲领》，是共进社社会改造思想的成熟时期。为了扩大影响和承担社会改造的重任，1922年10月10日，在原杂志社的基础上组建了共进社，社团宗旨改为"提倡文化，改造社会"。还制定了《简章》和一系列规章制度。因此社会改造对象扩大，社会改造的方法增多，社会改造的内容由教育、妇女、婚姻等内容和偶尔谋求政治改造，转向政治、经济和社会问题相结合的整体改造；社会改造的目标由改造陕西社会转变为改造全社会。从三秦公民救陕会成立到《秦钟》月刊出版，再到《共进》杂志社的创建和共进社的组建，标志着旅京陕籍进步学生改造陕西社会思想逐步成熟。

从1924年4月到共进社1926年9月消亡，是共进社的社会改造思想进一步发展时期。共进社是陕籍青年的进步组织，必然受到国内政治气候

---

① 中共中央马克思、恩格斯、列宁、斯大林著作编译局研究室编：《五四时期期刊介绍》第二集，生活·读书·新知三联书店1979年版，第498页。

的影响。1923年国共合作和国民革命运动的兴起，很快反映到共进社内部。1924年4月，共进社北京代表大会制定《共进社纲领》，提出"家庭、妇女、婚姻及一切社会之传说、风俗、习惯等皆是前代历史的残渣，只有待政治革命与产业革命以后，烈火盛焰摧毁之"[①]。这说明，共进社从社会改造开始向革命改造过渡，而且许多社员秘密加入中国共产党或社会主义青年团组织。共进社社会改造思想的日趋激进及活动影响的扩大，引起了反动军阀的嫉恨。1926年9月，奉系军阀张作霖派军警查封了共进社总社。共进社活动停止，一部分人继续追求民主科学救国之路，一部分随着社团成员融入了国民革命的洪流。

2. 社会改造思想形成与发展的原因

共进社社会改造思想受到当时社会改造潮流的影响。五四运动前后，全国各地纷纷创办刊物和成立社团，其中许多组织向社会公开阐明自己的改革主张。如湖南的新民学会和《湘江评论》、江西的改造社和《新江西》、浙江的新潮社与《浙江新潮》等，都是当时有名的宣传社会改造的组织和刊物。在政治文化运动中心的北京更是活跃，北京大学就出现了国民杂志社、新潮社、马克思主义学说研究会等组织，出版了《国民》《新潮》等刊物，大力宣传和提倡"革新"。依托北京大学而产生的少年中国学会是北京地区乃至全国最有影响、人数最多的进步社团之一，以改造社会为宗旨，出版《少年中国》《少年世界》《星期日》等刊物，开展工读互助团等运动，一时影响甚大。共进社的杨钟健、刘天章等是少年中国学会的会员，直接受到少年中国学会社会改造思想和运动的影响。旅京陕西学生早就开始酝酿创办刊物和组建社团来影响陕西社会。从油印刊物《秦劫痛话》到《秦钟》月刊出版，从三秦公民救陕会到旅京陕西学生联合会，都是他们以宣传教育等手段来改造社会的尝试。然而，所办刊物与组织远未能满足他们改造陕西社会的要求。

陕西政局动荡、社会黑暗和人民困苦不堪，触动了共进社社会思想的形成和发展。五四时期陕西相对封闭落后，军阀盘踞，土匪横行，弄得民不聊生。这种现实深深刺激了旅京陕西学生改变陕西社会的愿望。陕西的现实问题成为这些进步学生们经常谈论的话题，对陕西的社会改造理念，就酝酿于这部分进步学生的言谈之中，[②]并且逐渐成为他们改造陕西的指

[①] 中共陕西省委党史资料征集研究委员会编：《共进社和〈共进〉杂志》，陕西人民出版社1985年版，第33—36页。

[②] 杨钟健：《关于共进社的回忆》，《五四时期的社团》（三），生活·读书·新知三联书店1979年版，第401页。

导思想。旅京陕籍进步学生的发展壮大是共进社社会改造思想形成的重要因素。民国初年,陕西省内各种势力争权夺利,导致社会动荡不安,民不聊生;陕西地方教育每况愈下,到外省求学的学生日益增多。据共进社的发起者和早期领导人杨钟健回忆,共进社成立前,在北京的陕西学生一百多人。随着外出求学的学生增多,相对闭塞的陕西,形成了从乡村到文化较发达的城镇求学,从省内文化发达的城镇涌向北京、天津、武昌、上海等省外求学的风气。在北京求学的陕籍学生们接触到各种新思潮,特别是受到改良主义思想的影响,又对陕西的社会现实产生强烈不满,遂萌生改造陕西社会的念头。[①] 当时的北京吉安所左巷六号,是这些陕籍学生改善伙食和经常见面的地方。因为乡土情结、共同的经历和志向,使他们走到一起,积极参与各种社会活动,自觉接受新思想文化,寻求改造陕西社会的方案。刘天章、李子洲等旅京陕籍学生,受李大钊、陈独秀等早期马克思主义者的影响,积极参加进步活动,在五四运动中起了组织和领导的作用。在他们周围,凝聚了一批大胆揭露陕西社会黑暗、关注陕西民生疾苦的青年学生,他们逐渐成为共进社的发起者和主体力量。

新思想、新文化的影响也是一个重要原因。五四运动高潮过去,先进之士逐渐认识到,单凭一时的热情和冲动,不能解决"如何救中国"的问题,要达目的,需要更多的理性和正确的理论指导。于是他们创办新刊物,成立研究新思想的团体,宣传社会主义、介绍马克思主义的文章和活动多起来了。[②]

旅京陕籍学生在接受新思想、新文化熏陶的同时,也通过各种渠道相互传播,并向陕西省内传播,逐渐成长为传播新思想文化的骨干力量。[③] 就读于北京大学的李子洲、刘天章、杨钟健等人,在感受新思想、新文化的影响和相互交流中,产生了揭露陕西社会黑暗,传播新思想、新文化给陕西的想法,酝酿着改造陕西社会的思想。[④]

总之,新思想、新文化的传播是共进社社会改造思想得以萌芽的条件,陕西的时局危难和人民的困境为共进社提供了社会改造的对象,新知

---

① 杨钟健:《关于共进社的回忆》,《五四时期的社团》(三),生活·读书·新知三联书店1979年版,第402页。
② 沙健孙、龚书铎主编:《五四运动与20世纪中国的历史道路》,人民出版社2001年版,第18页。
③ 据笔者统计,在五四前后,陕西旅外学生创办传播马克思主义和新思想文化的刊物有19种,在陕西省内创办的有30多种。
④ 尚季芳:《民国时期的陕西旅京学生与陕西社会——以〈秦钟〉、〈共进〉杂志为例》,《社会科学战线》2006年第2期。

识分子群体的成长、共进社的创建与发展为共进社社会改造思想的形成和广泛传播提供了可能。这些因素的相互作用，催生了共进社的社会改造思想，并且部分付诸实践。

二 社会改造思想的主要内容

共进社的社会改造思想是五四社会改造思潮中的一朵浪花，其具体内容涉及社会改造的必要性、社会改造的目标、社会改造的方法和途径、社会改造的依托力量等方面。

1. 社会改造的必要性

《共进》在"发刊词"中，把其诞生归结为内力和外力共同作用的结果。其中，内力是《共进》出世的主要原因，外力是《共进》提前诞生的原因。《共进》杂志社肩负"改造陕西社会"的使命，并声称，"除自己起来，直接行动，做所能做所应做的事情外，莫有第二个更好的方法了"。"发刊词"同时希望，"共进"的精神因《共进》的诞生而普及陕西同胞，那就不枉努力而可达到组织者的初衷。[①]

陕籍新知识分子群体是在陕西宣传社会改造思想的主体。在社会改造思潮的影响下，他们有一种普遍的看法，"以为革新社会，改造社会，建立新国家，应从地方做起，所以《共进社》之成立，以陕西青年为结合基础，本意是想先将陕西弄好，并希望各省也有类似组织"[②]。此时，在北京大学求学的刘天章、李子洲、杨钟健等经历了社会活动的锻炼，还受到李大钊、陈独秀等早期马克思主义者的影响，自觉肩负起改造陕西社会的重任。在五四时期的"改造社会"和"建设新社会"的潮流影响下，共进社毅然选择社会改造道路，这是当时全国尤其是陕西社会状况影响所致，因此，旅京陕籍进步学生自觉接受社会改造思想，成立共进社，担负起改造陕西的历史责任。

2. 社会改造的目标

共进社成立前，一些陕籍青年学生就酝酿成立组织来改造陕西社会，以团体的力量开展社会改造活动。五四运动前夕，陕西学生团曾向北京政府请愿，要求在陕西停战和驱逐军阀陈树藩。这些活动表明了他们对家乡的关注和热情，也表达了他们想改变陕西现状的意愿。五四运动爆发后，

[①] 本刊同人:《刊行的原因》，《共进》第1号，1921年10月10日。按:《共进》第1—46期称"号"，第47期起改称"期"。

[②] 《杨钟健回忆录》，中国地质出版社1983年版，第160页。

陕西学生团改名"旅京陕西学生联合会"。这一组织公开声讨陕西省议长南岳峻，誓言绝不承认，并号召陕西社会各界一致反对。① 联合会还向北京政府大总统和总理递交呈文，控诉陈树藩"纵匪殃民""摧残教育""破坏司法"等八大罪状，要求中央政府严惩。② 这些活动的矛头直指陕西军阀当局，对共进社确定社会改造目标有相当的影响。经过这些实践活动，部分激进学生逐渐接受了社会改造的主张，决定重建一个组织来领导陕西的社会活动。1921 年 10 月，部分旅京陕西学生联合会成员组建《共进》杂志社，公开宣称"改造陕西社会"。杂志社抛开孤立寻求改造陕西社会的态度，针对陕西的时局提出了"去刘"以后"实行废督""裁兵"和"知识阶级摄政"等主张。③ 而且，"知识阶级摄政"在相当长一段时间内，成为共进社改造陕西的目标。

《共进》杂志社逐步接受了中国共产党的思想指导，提出了更明确的社会改造目标。《共进》第 17 号全文刊登了《中国共产党对于时局的主张》，还多次宣传介绍中国共产党中央机关刊物《向导》和《新青年》，转载中共领导人的文章。《共进》宣称，中国处于国际资本帝国主义和军阀政治共同统治下，必须解除这两大恶势力；要谋国内政治清明，也必先打倒军阀，同时也给资本帝国主义以釜底抽薪。④ 显然，共进社的社会改造目标倾向于中国共产党的民主革命纲领——在国内谋民主，在国际上要求民族独立。既然推翻军阀统治是改造陕西的第一步，那么，推翻军阀统治之后，陕西人民向何处去呢？《共进》的回答是实行一种"完善的自治"。《去刘之后》一文详细提出了"实行废督""裁兵""知识分子摄政""组织小实业团"四种主张。实行废督和裁兵的目的是防止军阀统治的复辟。组织实业团是安插被裁汰的兵的善后措施。"知识分子摄政"则是一个十分引人注目的口号，就是区、县、省的各级议会的议员必须由知识分子直接产生，再通过"直接选举"组成省议会，制定省宪法。因此，"知识阶级专政"的三大责任：一是打倒军阀，二是提携平民，三是拥护无产者。提携平民，就是使平民"不受暴力阶级的压制"；拥护无产者，

---

① 中共陕西省委党史研究室编：《五四运动和马克思主义的早期传播在陕西》，陕西人民出版社 1990 年版，第 33—34 页。
② 中共陕西省委党史研究室编：《五四运动和马克思主义的早期传播在陕西》，陕西人民出版社 1990 年版，第 29—30 页。
③ 天章：《去刘之后》，《共进》第 16 号，1922 年 6 月 25 日。
④ 《本社宣言》，《共进》第 33 号，1923 年 3 月 10 日。

就是"使他们脱离经济压迫的重围"①。将"提携平民"和"拥护无产者"稍作比较可知，前者重在政治解放，后者重在经济解放。这里显然把知识分子看成超阶级的人物、社会的救星，企图依靠他们来解放平民和无产者。

随着陕西局势的变化，《共进》杂志社于1922年10月成立共进社，提出"驱刘""废督""裁兵"而达到"促进（陕西）自治"的社会改造目标。② 这是共进社第一次明确提出促进陕西自治的目标。驱逐军阀刘镇华之后，共进社以"促进自治"为陕西改造的目标。他们认为，"无产阶级与资产阶级现在都无发展的机会，打倒封建的军阀后，当必组织一以民主主义为基础的省政府，以附属于中央政府之下"③。半月刊杂志社的扩大并组建成共进社，是为了承担"提倡文化，改造社会"这一重任。多数社员"意旨亦不愿局于一半月刊而止"，想放大本社团的"名目"④。大多数社员希望在陕西成立一个"知识阶级摄政"的民主主义政府。

总之，从《共进》杂志社起，共进社的社会改造对象确定为陕西社会，社会改造的内容十分广泛，从家庭、妇女、婚姻、风俗、习惯、宗教等社会问题，到地方当局的政治、经济和军事，都在其中。共进社一度提出陕民"自治"，部分社员还主张实行"知识阶级摄政"。随着社会改造运动的发展和全国局势的变化，共进社注意把社会改造与政治革命及经济革命结合起来，试图通过"革命完全成功"而达到"全陕人民彻底解放"和"谋到全陕人民的利益"，从而建立一个民主主义的陕西。⑤ 这也是当时国民革命运动在共进社社员思想中的反应。

陕西社会是共进社改造的对象，中国政治局势包括陕西局势的变化，是共进社改造目标变化的主要依据。共进社在《本社宣言》⑥中指出，中国政局一天天败坏，军阀恶势力却日益膨胀。在这种状况下，社团做任何零碎的革新运动都没有用，只有联合起来，做彻底的改革。国际资本帝国主义和军阀政治是作恶于当前中国的两大恶势力。前者借助后者作恶于中国，所以要谋中国政治清明，必先打倒军阀，进而削弱国际帝国主义。社会改造须分三步进行：首先应推翻旧国会。因为旧国会是政客集合场所，

---

① 天章：《去刘之后》，《共进》第16号，1922年6月25日。
② 《一九二二年本社会议案概略》，《共进》第23号，1922年10月10日。
③ 武止戈：《驱刘，我的主张，与陕西的将来》，《共进》第23号，1922年10月10日。
④ 《一九二二年本社会议案概略》，《共进》第23号，1922年10月10日。
⑤ 何语粗：《一年来陕民革命运动之进步》，《共进》第101期，1926年3月1日。
⑥ 《本社宣言》，《共进》第33号，1923年3月10日。

政客又是军阀的爪牙。要打倒军阀必先推翻国会。其次要取消现有政府。国会已属非法，与此相联系，现政府失去合法存在的依据，实际上已堕落成为军阀和国会作恶的器械。最后必须根本铲除军阀。军阀的横行是陕西社会进步最大的阻碍。这三步是破坏旧有制度和落后习俗的前提。至于在破坏之后用什么代替国会与政府，共进社尚不明确，只是希望成功之后，社团与全国同胞一起商榷时，再阐明本社团的主张。共进社多次发表社团宣言，都是依据时局变化或者突发性事件阐明社团的主张。可见，共进社的改造目标就是希望全方位地改造陕西社会，最终促成陕西的自治。

组织"委员制的平民政府"，是共进社提出对陕西改造的新目标。1924年4月，共进社北京代表大会通过的《共进社纲领》宣称："政治问题是目前最急切的问题，经济问题又是一切问题中之根本问题。"只有彻底解决国内封建势力及帝国资本主义列强，进行彻底的经济改造，使一切劳动群众获得均衡的幸福与报酬，才是社团努力的方向。这样，社会改造对象由陕西一省转向全国，进而推及世界。同年11月发表的《共进社对于时局宣言》，把社会改造主张阐述为"取消曹琨（锟）之总统，消灭军阀专政痕迹"，"组织平民政府，采委员制"，"另立直接参政，及能保证充分发展平民经济能力之约法"，"厉行地方自治，克日推设城市乡村各种自治机关，省长及县知事概由人民直接选举"，"遣散现有军队，实行征兵制度，审视内外情势，确定兵额，由中央军事机关筹划、统帅，分驻边塞及要隘"，"确定身体及言论出版之自由，取消治安警察法及出版法"，"解散现有国会，严惩违法贿选之议员"，"组织特别法庭，惩办玩法行贿之总统曹琨（锟），保全法律尊严"等八条。① 其中的"组织平民政府，采委员制"，是共进社改造社会的一种新提法。因为1924年10月冯玉祥发动了北京政变，共进社试图唤起民众实现自己的社会改造目标。相对于此前提出的"民主主义陕西省政府"的目标，这一提法更为具体而明确。

此后，共进社发表的时局宣言，着眼于全中国改造。《共进社对于目前中国局势宣言》② 立足于全国，提出了推翻军阀，"组织真正人民的政府"的目标。共进社第三届代表大会所发表的宣言，先后分析世界局势、国内现状和陕西情况，提出共进社的工作是：对于世界，打倒帝国主义；对于国内，消除封建军阀、恶势力和一切反革命派；对于陕西，仍奉行地

---

① 《共进社对于时局宣言》，《共进》第69期，1924年11月1日。
② 《共进社对于目前中国局势宣言》，《共进》第94、95期合刊"中国革命问题特号"，1925年12月1日。

方自治。将社会改造目标由促进陕西地方自治提升到打倒帝国主义和军阀，在全国实现人民政府的高度。①

共进社从一个松散的学生组织发展为目标明确的社会改造团体，最后转变为政治性团体。它的社会改造对象由陕西社会扩展到全国乃至世界范围。这是社会改造潮流的一种必然：由促使陕西部分变革，走向要求陕西全面革新，最后是要求与全国、世界联系起来对陕西进行革命性改造。它的社会改造目标由"知识阶级摄政"到要求革命性改造后采用"委员制的平民政府"——建立陕西人民自己的政府。这与当时国民革命在地方要建立的政权目标基本吻合，表明共进社所受国民革命运动的影响之深。

3. 社会改造方法与手段

共进社把社会改造方法分为"团体活动"和"分子活动"两种，具体方法与手段主要是"宣传""联合目标相同的团体与同志作轨道内的行动"和"实行群众运动"②。随着改造运动的深入发展，共进社把社会问题与"政治"和"经济"结合起来进行革命性改造。

一是宣传与鼓动的手段。五四运动前后，旅京陕西学生先后组建的团体和编印的刊物有一个共同的特点，就是揭露陕西社会的黑暗面，代陈陕人的痛苦。虽然也传播了一些新思想文化，但是斗争大都停留于温和的揭批与舆论的哀求，③ 改造社会的方式也很单一。旅京陕西学生联合会曾经公开声讨陕西省议长南岳峻；还向北京政府呈文，列举陕西督军陈树藩的罪状，要求严惩陈树藩。这些宣传与鼓动，刺激了陕西地方当局，引起它们的反感和阻挠，该组织创办的《秦钟》因此被迫停刊。共进社在旅京陕西学生联合会等组织的基础上发展演变而来，继承了先前的社会改造方法。从而"提倡桑梓文化"和"提倡文化"，就是主张破旧立新，希望对陕西和全国的教育文化进行全新的改造。

共进社注重宣传与鼓动的手段，主要体现在：第一，深入揭批了陕西地方当局的黑暗与腐败。《共进》杂志社成立后，反对陕西军阀的态度更为坚决。1921年以后，主政陕西的刘镇华成为共进社攻击的主要目标。《共进》第5—8号连续刊登署名"本社同人"的《去刘篇》，说明要驱逐刘镇华的原委，又历数其罪恶，还阐述了驱刘的理由和方法，成为驱刘运动的斗争宣言。《共进》还开辟了"论坛""社论"和"刘祸一斑"等专

---

① 《共进社第三届代表大会宣言》，《共进》第104期，1926年8月16日。
② 《一九二二年本社会议概略》，《共进》第23号，1922年10月10日。
③ 杨钟健：《关于共进社的回忆》，《五四时期的社团》（三），生活·读书·新知三联书店1979年版，第398—408页。

栏，攻击刘镇华。屈武的《去刘之言：忠告刘镇华》、邹均的《时局变化中警刘之言》、赖泥的《驱刘与陕人的人格和陕西省宪法》等文章，从不同方面对刘镇华进行揭露与批判，并号召陕西人民起来斗争。据初步统计，在1924年以前，《共进》几乎每期都有讨论或涉及对刘镇华批判的文章，由此可见共进社与刘镇华斗争的激烈程度。共进社还揭批了其他军阀和政客如吴新田以及省议会议长南岳峻的罪行，反对陕西当局的种烟政策，批评陕西的金融政策，等等。共进社通过宣传，把陕西政府当局推到公众面前，确立起社会改造对象，树立了攻击的靶子。

共进社特别关注婚姻、教育和国民会议等社会问题，还刊出了不少特刊号以广宣传。《共进》第26号为"婚姻问题特刊"，就婚姻中诸如夫妇关系、离婚、旧式婚姻制度等问题进行深入讨论，认为必须改革旧式婚姻制度。《共进》连续刊载《急需改革的中国旧式婚姻制度和由经济上来解释这种改革的天然趋势》[①]一文，认为中国旧式婚姻制度"由'物史观唯（唯物史观）'上看，确是那时代自然而然发生的制度……但是现代时势变了……不能维持那种情形了。所以不能（不）积极的改革，以求合乎现代要求的正当解决"。此外，还刊登了一些讨论旧式婚姻制度、婚姻讨论实际案例和表明社团态度的文章，对这一问题进行了深入的讨论。陕西的教育改造也是共进社关注的重点。《共进》第36号是"一九二三陕西中学生升学问题特号"，刊登了这一年陕西国立八校升学与省内教育、中学生升学与当年北京各专门以上学校入学试题，这表明，共进社极为关注陕西的教育问题。对陕西教育制度的改革也有较多关注。国民革命运动兴起后，很快引起共进社的关注。《共进》第73期为"国民会议特号"，第78期为"中山纪念号"，第84期为"上海惨杀案特号"，第94—95期合刊为"中国革命问题特号"，第102期为"中山周年纪念特号"，第103期为"三一八惨案特号"等，都涉及国民革命运动的有关问题。这说明，国民革命是共进社此期重点宣传的问题。

共进社针对陕西当局的一系列宣传活动，揭开了陕西社会的疮疤，让世人更清晰地看到陕西社会的黑暗腐败；同时关注社会的焦点，以便唤醒民众去改造社会。

二是以联合同盟形式进行社会改造。共进社明确表示要"联合目标相同的团体与同志"。在实际的改造活动中，除了知识分子阶层外，还必须

[①] 崔溥：《急需改革的中国旧式婚姻制度和由经济上来解释这种改革的天然趋势》，《共进》第26—28号，1922年11月25日、12月10日、12月25日。

依靠其他被压迫阶级。所以，他们主要采取联合改造的方法。共进社的三次代表大会的宣言和纲领性文件，都公开表示采用联合同盟者进行社会改造。1922年10月共进社成立时，第一次提出"联合目标相同的团体与同志，作轨道内的行动"。1924年4月北京代表大会通过的《共进社纲领》认为，"只有集合一般坚决、勇敢的青年于这种目标之下，使之兴奋、觉悟。更要依据进化的史观，努力作互让、互助、平等、猛进而实践的团体生活，以完成社会化的道德。……这些训练成熟的青年，须加入各种重要社会的内部，做根本、实际的改革，不徒彷徨于社会外表，作架空或浪漫的言行"①。1925年7月，《共进社第二届代表大会宣言》提出要扫除陕西乱象，使人民获得自由幸福，只有集合民众中勇敢能奋斗的革命分子，努力团结。在团结的基础上，唤醒民众，指导民众，武装民众，以民众的武力打倒统治阶级。②1926年8月发表的《共进社第三届代表大会宣言》提出，"组织民团并使之联合"，"促成一切真正人民团体及为大多数人民利益奋斗的团体，且与之联合，共同反抗一切恶势力，并解决陕西一切的重要问题"；以人民的政治力量发展各种实业，作为"我们的工作"。③共进社在一些对外宣言中也表示，联合同盟者采取团体运动。在《对国民裁兵运动的宣言》中提出："我们要联合战线，群众运动，拿出一种决心誓不达目的不止。""有力的群众呵！我们联合起来干呵！"④面对中国局势日益恶化，共进社认为要去掉国际资本帝国主义和军阀政府才能根本改善中国的政局。为此，"我们誓要连（联）合起来，尽力所及，随全国被压迫的民众之后，做此否认国会、推翻政府、根本铲除军阀的运动"⑤。这表明，共进社已经意识到，要解决陕西混乱的局面，只有"把陕西现在所有的各种进步的学术团体、职业团体及陕西莫有堕落的智识阶级和有觉悟的一般民众连（联）合起来，作一种大规模的组织"⑥，与任何恶势力做不妥协的斗争。

总之，共进社认识到，在社会改造活动中，只有依靠社会各被压迫阶级，采取联合一切同盟者的办法，以团体力量的形式向敌对力量进攻，才能取得最终胜利。

---

① 《共进社纲领及章程》，《共进社和〈共进〉杂志》，陕西人民出版社1985年版，第35页。
② 《共进社第二届代表大会宣言》，《共进》第88期，1925年8月16日。
③ 《共进社第三届代表大会宣言》，《共进》第104期，1926年8月16日。
④ 《本社加入双十节国民裁兵运动的宣言》，《共进》第23号，1922年10月10日。
⑤ 《本社宣言》，《共进》第33号，1923年3月10日。
⑥ 《本社对陕局宣言》，《共进》第75期，1925年2月1日。

三是开展群众运动。共进社创立之初,就希望依靠集体力量,以联盟和个人的群众运动进行社会改造,对陕西的教育、农民、妇女婚姻等社会问题都采用这些改造方式。纵观共进社发展历程,其群众性活动非常活跃,亦有相当的成效。

共进社对陕西教育改造不遗余力。《共进》创刊时宣称"提倡桑梓文化",把文化教育列入改造陕西社会之中。共进社组织扩大后,在"提倡文化,改造陕西社会"的思想指导下,其教育改造的手段包括"介绍教育新学说,提倡教育经费独立与扩充,谋义务教育之普及,中等教育之提高,立发(法)教育之建设"①。共进社还通过举办"共进通讯社"、《共进年刊》《共进丛书》和介绍出版物等活动,揭露陕西社会黑暗,引进新文化,服务陕西教育。

批评陕西教育体制,提出革新教育,是共进社改造陕西教育的方式。共进社曾公开警告北京政府任命的陕西省教育厅长沙明远,要他不要复辟旧有教育,要真心实意地为陕西整顿小学教育,扩充中学教育,否则枉为陕西省教育厅长。② 当陕西省实行新学制时,有人提出陕西师范教育应采用新学制、减少授课时间、规定必修和选修课、设立图书馆、筹备实验室等,改进师范教育。③ 有人建言,陕西教育退化是因为没有人去对旧有制度进行根本改革和创新。要改变现状,必须改革小学并使之普及和提高;要"打破私塾制度","实行强迫教育";同时需要有心服务于教育的人士努力。④ 时人认为,要改革陕西旧教育制度,应该成立"全省教育评议会",制定一整套的现代教育体系,实行校长向省里的视学负责制;加速创办几个"研究 Science 和 Technology 的专门学校或大学校"⑤。当陕西中等学校猛增时,有人适时提醒教育当局,办教育既要看社会的需要,又得看办学者的能力,注重办学者的人格。否则,那将是教育界的厄运。⑥ 共进社社员和同盟者改造陕西教育的努力,反映了陕西先进青年学生对教育改造的重视和关注。他们对于陕西教育制度的点评,表现了共进社对陕西新教育寄予厚望。

---

① 《一九二二年本社会议案概略》,《共进》第23号,1922年10月10日。
② 赖泥:《沙明远听着!》,《共进》第3号,1921年11月10日。
③ 李登瀛:《陕西师范学校应革新的几点》,《共进》第14号,1922年4月25日。
④ 敬:《教育改革声中我的一点意见》,《共进》第27号,1922年12月10日。
⑤ 赵国宾:《改造陕西教育的几点》,《共进》第9号,1922年2月10日。"省视学"是省教育评议会中负责督察教育的官员。
⑥ 我:《教育应当如此的发展吗》,《共进》第54期,1924年1月25日。

共进社的几次代表大会和对外宣言中，均认为农民是穷困的被统治阶级，是社会改造中联合的对象。陕西农民自发的"交农运动"①，是一种旧式消极的反抗方式，应该加以积极引导。当时陕西农民还备受"军阀老爷""污吏大人"和"蠹绅先生"三重压迫，但他们没有意识到自己为什么受欺压和处于生产中心的势力之伟大。所以，要改造陕西农民痛苦生活，唯有陕西农民自己起来"奋斗改造"②。因此，农民应当做主人，明白主权在民的道理。农民应该抛弃奴隶心态，积极开展农民运动。共进社提出从三方面着手农民改造，积极开展农民运动，一是应该组织农会（包括佃农协会和雇农协会），还要组织借贷协会、消费协社等来切实维护农民们的利益；二是多设补习学校，多开符合农民实际的讲演；三是要引导农民起来进行减租减税和改良待遇等经济斗争，并且要求普通选举、改良水利、组织民团、集会自由等政治斗争。③ 作为一个知识阶级团体，共进社应该帮助和引导农民进行群众性的反抗压迫和加入国民革命行列。

共进社宣传妇女解放，倡导男女平等和婚姻自由。社员武止戈单方面宣布离婚，草率结婚又行离异，共进社对此发表了严正声明："结婚离婚完全以爱情为前提，是可以自由的。但是旧婚姻关系未完全断绝，新婚姻不能即便成立。如有了新婚姻，则旧婚姻必须断绝关系。""凡由恋爱而成的婚姻，是为有责任的婚姻。离婚当然要为负责任的离婚。爱情何由而来，而结为婚姻，爱情复何由而去，而致离婚，在结婚时，可以不问，而于离婚时则必须有正当之理由。"④ 由于武止戈在婚姻问题上的草率及其与共进社在婚姻主张上相抵触，最后被处理出社。由此可见，共进社对婚姻问题改造的坚决态度。《共进》的"婚姻问题特刊"，主要就婚姻问题、离婚问题和婚姻制度充分发表各自观点，还就有关婚姻问题进行通信讨论。这期特刊的一个鲜明特色，就是透露出妇女婚姻上的不平等，既是封建制度束缚所致，也是经济上的不平等使然。共进社在妇女和婚姻上的思想主张，反映了资产阶级自由民主主义性质，属于共进社的一种群众性社会改造的特点。

共进社以《共进》为载体，以陕籍青年知识分子为主体，针对陕西时局和社会状况，进行新思想文化的广泛宣传，提出和从事社会改造。随着

---

① 指陕西农民自发的反抗官府税收的运动。主要是把农具上交雇主，表示无法承受税收之盘剥，来消极反抗政府的压迫。
② 杜嗣尧：《告陕西农民》，《共进》第97期，1926年1月1日。
③ 静值：《农民运动的三要点》，《共进》第54期，1924年1月25日。
④ 《本社重要启事》，《共进》第56期，1924年3月3日。

时局的变化和社会活动的深入开展,共进社的改造手段也不断丰富和发展。《共进》杂志社创立之初,把政治改造当作社会改造的先决条件。《共进》为此"开辟专栏,以各种体裁,大量刊登驱刘文章,对刘镇华祸陕罪行进行无情揭露,号召陕西人民'罢税、罢工、罢市、罢学'等运动,'群起而攻之'。"[①] 共进社集中火力攻击刘镇华,鼓动性强,获得陕西社会舆论的广泛同情与支持。在此期间,共进社从政治改造入手,把社会问题与政治问题联系起来。共进社与陕西当局的斗争,威胁到军阀刘镇华的统治,《共进》因此被地方当局阻挠,不能如期到达陕西读者手里。

随着魏野畴、李子洲、刘天章等社员先后加入中国共产党,共进社的改造活动开始摆脱狭隘的地域观念,倾向于全部改造。他们接受中国共产党对于时局的主张,积极宣传马克思主义,运用马克思主义来观察分析社会问题,提出社会改造的主张。在共进社发表的一些宣言中,多次表明要把反帝与反封建的任务结合起来,认为"革命是一个阶级对一个阶级的'阶级争斗'","打倒武力,必须武力"及发动工人、农民、教育界等各阶层人民组成阶级化的国民军。[②] 这表明,共进社开始倾向于政治革命,在社会改造方式上发生了重大变化。1924年4月,共进社北京代表大会制定社团纲领,宣布"我们以为经济问题是目前最急切的问题,经济问题又是一切问题中之根本问题"。在主张政治改造的同时,共进社还主张经济改造,并主张把家庭、妇女、婚姻、风俗、习惯、宗教等社会问题与政治、经济革命联系起来,彻底抛弃孤立的社会改造意图,这标志着共进社正式向政治性社团转变。共进社在社会改造活动中,并非单一运用哪一种社会改造方法,而是"团体的总攻击,宣传,个人的破坏。"[③] 共进社社会改造方式的变化,折射出其社会改造的发展轨迹,诠释了社团性质的转变原因。

4. 社会改造的途径

共进社成立伊始,就积极探索社会改造的途径。《共进》杂志社时期,改变了之前《秦钟》避开政治、单纯追求社会改造的温和态度,明确表示把政治改造当作社会改造的先决条件。[④] 这一时期,共进社虽然痛击了陕

---

① 中共陕西省委党史资料征集研究委员会编:《共进社和〈共进〉杂志》,陕西人民出版社1985年版,第6—7页。
② 康:《"打倒军阀"的意义》,《共进》第44号,1923年8月25日。
③ 戈:《非宗教运动与华人解放》,《共进》第28号,1922年12月25日。
④ 中共陕西省委党史资料征集研究委员会编:《共进社和〈共进〉杂志》,陕西人民出版社1985年版,第6页。

西军阀,揭露社会黑暗,响应当时"废督""裁兵"和"组织小实业团"等潮流,并极为关注陕西的教育,但是,共进社没有提出符合社会实际的经济改造主张,也没有提出社会改造成功后要实现的具体目标,这是其社会改造思想不成熟的表现。

随着全国政治形势的变化,共进社的社会改造途径不断发生变化。共进社扩大后,提出"提倡文化,改造社会"的宗旨,摆脱了狭隘的地域观念,把陕西改造与中国改造甚至世界革命联系起来。同时接受了中国共产党对于时局的主张。这样,"反对帝国主义""反军阀""阶级斗争"和"革命"等成为《共进》中不少文章的主题词。正如其发表的宣言所说,帝国主义和封建军阀是中国应解除的两大恶势力。打倒军阀,打倒帝国主义,谋求国内政治清明。① 可见,共进社在社会改造问题上,比杂志社时期更趋现实和进步。

1924年4月,共进社在北京召开代表大会,确立了其新的社会改造途径。这次会议制定了《共进社纲领》,修改了《共进社章程》。《纲领》指出家庭、妇女、婚姻及一切社会之传说、风俗、习惯等前代历史残渣,必须在政治革命和生产革命后用烈火盛焰摧毁。也就是说,共进社要进行政治和经济革命,参与国民革命运动。这时国共两党的合作已经实现,中国共产党在陕西已有地方组织,国民党地方组织亦在筹划之中。1924年10月,冯玉祥发动北京政变,公开声称赞成国民革命。受这种潮流的影响,共进社也极力赞成国民革命,逐渐向一个左翼社会团体转变,这可从1925—1926年《共进》刊载的有关国民革命的各种文章和共进社的公开宣言中得到印证。

1925年2月,共进社发表《本社对陕局宣言》②,提出陕西的局势与中国整体大势乃至亚洲和世界都是相关联的。因此,改造陕西社会应分三步走:第一步,把陕西所有进步学术团体和职业团体以及还没堕落的"智识阶级"和有觉悟的一般民众联合起来,形成一种大规模的组织。第二步,这个组织的总机关和各地分机关应与恶势力做不妥协的斗争。第三步,做军事、政治、经济、教育等方面的努力。《宣言》号召有胆识和奋斗精神的陕西人团结起来,特别是青年,应努力完成陕西的革命,进而完成国民革命,再联合世界上被压迫民族向帝国主义进攻。《共进社第二届代表大会宣言》提出,要改变中国民不聊生的现状,应该"唤醒一般民众

---

① 《本社宣言》,《共进》第33号,1923年3月10日。
② 《本社对陕局宣言》,《共进》第75期,1925年2月1日。

使之奋起""实地指导民众组织团结""武装民众""以民众的武力打倒一切统治阶级"等,使民众取得政权,然后"实施真正的民主政治"和"发展公有的新式产业"。只有真正实现政治、经济平等,才能实现共进社的改造目标。① 随后发表的《共进社对于目前中国局势宣言》提出:"联络已经觉醒的分散民众,形成民众团结,速行集合各处民众的局部组织,造成大的联合战线。然后以民众的真正力量,扫除一切恶势力,进而组织真正人民的政府;根据人民的旨意,完成一切国家人民的建设事业。"当务之急是"推倒段政府"②。1926年8月,《共进社的第三届代表大会宣言》更是从世界、中国和陕西三个层面分析社会状况,提出共进社三个不同层次的社会改造任务。这说明,共进社已经把世界、中国和陕西作为一个联系整体进行改造,也标志着它已经发展为一个较成熟的政治性团体。

从上可以看出,共进社已从单独的陕西改造转向中国改造乃至世界改造,与中国共产党的新民主主义革命主张非常接近。这次大会召开后半个月,共进社总部即被查封,其社会改造运动也融入到国民革命的洪流。

共进社的社会改造道路不断变化,究其原因,大致有以下几个方面。

一是受社会大环境影响的结果。新知识分子群体以各种方式传播西方的社会思想,探讨中国改造问题。这种社会大气候给共进社社员提供了选择改造道路的机会。1923年开始筹划的国共合作和孙中山的三民主义,给了共进社新生命。在这种形势下,一大批年轻人加入共进社,壮大了它的力量,增强了社员的反帝意识。③ 1924年4月,共进社修改章程,制定纲领。这标志着它开始加入国民革命的行列,以新的姿态与帝国主义和军阀继续做不妥协的斗争。共进社的社会改造道路转向也就成为一种必然。1925年共进社第二届代表大会和1926年的第三届代表大会的召开,进一步加快了共进社从普通团体向政治性团体的转变。随着大批社员加入中国共产党或青年团组织,共进社转变成为中国共产党的外围组织。

二是社团成员对于社会改造不断探索和选择的结果。共进社最初受新文化运动的影响,以思想改造的方式改造社会。共进社成立后,鲜明地提出"专为改造陕西社会"的口号。④《共进》创刊后提出,欲谋陕西社会改造,必须有"鲜明向上之主义"和"高出现行制度之制度"。所谓"群

---

① 原载《共进》第73期,1924年7月25日。
② 原载《共进》第94、95期合刊"中国革命问题特号",1925年12月1日。
③ 杨钟健:《关于共进社的回忆》,《五四时期的社团》(三),生活·读书·新知三联书店1979年版,第404页。
④《共进社特别启事》,《共进》第6号,1921年12月25日。

明向上之主义"就是资产阶级的民主主义,"高出现行制度之制度"就是资产阶级的民主制度。"陕人治陕"的口号,正是基于资产阶级民主主义而提出的,最初是为了反对来自河南的军阀刘镇华督陕而提出,最终目的是在陕西建立一个民主社会。尽管《共进》多次声称自己并不带有排外色彩,但在另一些场合下却主张"部分的排外"或公开表示要排外。这个口号正是为了迎合部分陕西人的地方主义情绪,吸纳更多的陕西人来共同驱逐刘镇华及其镇嵩军。因此也反映了其狭隘的地方主义情绪,反映了陕西的资产阶级和小资产阶级的要求。[①] 如《去刘篇》一文,列举了刘镇华祸陕的种种事实,认为驱逐刘镇华是"改进陕西路径上必须要走的路,而且是必须先走的路"。"驱刘"的直接方法是罢税、罢工、罢市、罢学,以至于"群起而攻之";间接的方法是"运动"冯玉祥、胡景翼、靖国军将领等驱刘。设想通过罢税、罢工、罢市、罢学等群众运动来驱逐军阀。这说明,共进社已看到了群众运动的威力,这和社员大多数参加过五四运动有密切的关系。但想利用军阀之间的矛盾来达到驱逐军阀的目的,则需要人民群众有足够的政治力量和高度的策略水平,在当时显然是不可能的,这一口号反而模糊了军阀之间的根本利益的一致性,削弱了反对军阀宣传的力量。

受国民革命运动的影响,共进社提出"共进主义"与共产主义的社会改造方向。共进主义,简言之,就是共进社倡导的一种勇气和精神的概括。杨钟健首次作了完整的表述:"我们乃是要本着我们的目标,用共同互助的精神与方法,不向后退,毫无止境,而向前干。毫无止境,我们视为极重,因为我们所以由此时做起,并不是满意于此时而如此做,实令今天不做,不能到明天。然而我们认为进化的途径,因人们的努力,可以增加速率的,所以我们的努力,除在目前做起外,兼有增加速率的任务。这个主义,我叫他是:'共进主义'。"[②] 此后,王子休《共进生活四年历史之概观》一文,完整地引用和倡导"共进主义",认为它就是"本着正义的目标、互助的精神,去作真正的破坏和真正的建设"[③]。杨钟健和王子休倡导"共进主义",是为了鼓励社员们齐心协力为共进社的共同改造目标而努力。在此精神指导下,破坏旧制度,建立新制度。后来,有些社员提

[①] 中共中央马克思、恩格斯、列宁、斯大林著作编译局研究室编:《五四时期期刊介绍》第二集,生活·读书·新知三联书店1979年版,第505页。
[②] 杨钟健:《我们的基本策略》,《共进》第63期,1924年6月10日。
[③] 王子休:《共进生活四年历史之概观》,《共进》第90、91期合刊"四周纪念特刊",1925年10月10日。

出"知识阶级摄政"和知识阶级在革命中要处于领导地位,甚至还提出独立的"共进主义"以取代其他思想,在共进社中颇具影响。

共产主义是一种无产阶级无私奉献精神或马克思主义学说的代名词,也指无产阶级专政发展到最高阶段的一种政权形式。而共进主义只是一种精神描述,两者不可同日而语。但是从精神层面上讲,共进主义作为一种精神,与共产主义精神有某些重合。共进主义作为共进社的一种精神号召,鼓励社员们为共进社目标而奋斗,起了精神旗帜的作用。当共进社的社会改造开始向无产阶级新民主主义倾斜时,共进主义就向共产主义精神靠近,并日益融合。共进主义作为一种精神,对共进社的改造活动和社团发展影响很大。它鼓舞和凝聚了社团成员为本社团的改造目标而奋斗,是有其进步意义的。可见,共进社的社会改造途径的转向,是社团成员正确选择的结果。

三是共进社主要领导成员倾向共产主义革命或加入中国共产党组织,直接导致其社会改造路径的转向。他们中有些是学生或者刚从学校毕业青年,且大多还留在共进社,还是关注和影响着共进社的发展。例如,1925年7月,魏野畴和杨明轩作为共进社的前辈,旁听了在陕西三原召开的第二届代表大会。李子洲从北京大学毕业后,已是中国共产党党员的他回到陕北从事教育宣传工作,还十分关注共进社,帮助发展共进社成员。① 中国共产党的政策和主张也通过他们影响着共进社社会改造道路的发展。此外,共进社社员有一群坚定的民主主义者,他们很好地处理了社团事务的传承任务。杨钟健曾经主张李子洲留在北京开展社团领导工作,刘天章回复:"凡我旧社员——我们的老友——都应该摆脱社中的内务,十分的信任那些小朋友,任他们努力奉献。我们——老友,应从傍(旁)面对社务进展进(尽)十二分的力量,给他们做榜样,以鼓舞他们的热情!"② 在北大就读的李子洲、刘天章等人受李大钊、陈独秀等早期马克思主义者的影响,积极参加社会活动。一些人还参加了马克思主义学说研究会和少年中国学会等进步组织。早期领导者中如魏野畴从北京高师修业期满回陕后,一边从事教育工作,一边从事革命活动,在回北京时又参与组织共进社,为它积极撰稿。李子洲、刘天章等一批人在北京组建领导共进社,毕业回陕后也和魏野畴一样在从事革命活动的同时,始终关注共进社发展。

---

① 中共党史人物研究会编:《中共党史人物传》第七卷,陕西人民出版社1983年版,第87页。
② 刘天章:《致杨钟健的信》,《共进社和〈共进〉杂志》,陕西人民出版社1985年版,第125页。

有了这么一批先进分子，共进社的整体转向就有了可能。共进社最后没有转变成一个政治性组织，是因为它已完成其历史任务。杨钟健回忆道："我在1928年回国以后还搞了一个《萤光》，企图使共进复活，但出了两期就感到困难重重。时代变了，一切都变了，听说西安也有人打算把《共进》复活起来，实际上也是不了解《共进》已完成了它的历史使命，无法复活，只是很幼稚的想法罢了。"① 共进社作为一个青年知识分子团体，既是时代的产物，也随着时代的发展而成为历史。

5. 社会改造的基本力量

一是社会改造的领导力量。共进社社员是当时陕西知识阶级中的精英力量。他们曾号召"要社务发达，须同志各知我之对于社务不尽力处何在，即起而补足之"。共进社是"西北文化的晨钟！社会改造的导师！国民革命的先锋"，"改造社会，革新生活，责任在吾社"。"同志引着被压迫民族向帝国主义者进攻"②。这些号召表现了共进社的精英主义，是其领导群体的一种精神反映。

在社会改造活动中，知识阶级担当了领导责任。共进社多次表明要在破坏之后建立"知识阶级摄政"的政权模式。"智识阶级，在革命的进程中居先觉、倡导、促成的地位"③，"他们在国民革命运动中，不但要去参加，更要努力奋斗，指挥民众，引导民众去实行促成国民革命的责任。"④ 在总结陕西革命运动的成绩时，共进社领导人明确指出："陕西的智识阶级，确有指导全社会的魔力。"⑤ 由此可见，知识阶级在共进社处于社会改造运动的领导地位，是改造陕西社会的领导力量。

二是社会改造的依靠力量。社会改造是一项系统的社会运动。它通常由一定的领袖群体或阶级（阶层）团体领导，号召组织所依靠的力量进行一系列的活动来达到组织者的预定目标。共进社提出："对他的要在同一部落圈内作战的兄弟们，竭力以诚爱心情亲善连（联）合，以达他的互助

---

① 杨钟健：《关于共进社的回忆》，《五四时期的社团》（三），生活·读书·新知三联书店1979年版，第407页。
② 张允侯等编：《五四时期的社团》（三），生活·读书·新知三联书店1979年版，第350—351页。
③ 语粗：《智识阶级在革命中之地位》，《共进》第94、95期合刊"中国革命问题特号"，1925年12月1日。
④ 荆山：《全国各阶级与国民革命运动》，《共进》第94、95期合刊"中国革命问题特号"，1925年12月1日。
⑤ 何语粗：《一年来陕民革命运动之进步》，《共进》第101期，1926年3月1日。

生活。"① 他们认为，知识阶级、农民阶级、工人阶级、商业阶级等一切被压迫的阶级都是社会改造的依靠力量。到共进社后期，这种观点更为明显："我们要国民革命早日实现，非民众的势力日益加大不可；要民众的势力加大，非做宣传与组织的工作，……主义的宣传与民众的势力，才能成为正比例的向前进展。"② 实际上，知识阶级兼具宣传者和实践者两重角色，也是社会改造从理论到实践的桥梁。

知识分子在社会改造活动中处于领导地位，也是其中最重要的阶级和基本依靠力量。知识阶级本来是小资产阶级的一部分，有着经济基础不稳定、依靠资产阶级或其他阶级生存和生活日益困顿的弱点。但是他们能够洞明世界潮流和中国大势，在国民革命运动中"不但要去参加，更要努力奋斗，指挥民众，引导民众去实行促成国民革命的责任"③。知识分子在革命发生时期居于先觉地位，酝酿时期处于倡导地位，革命实现中又居于促成地位。他们这种地位是从民众内部形成的，不是自居领袖。知识分子应该不愧自己的地位，不要忘记自己是民众中的一员。④

共进社最初主要是旅京的陕籍学生组成的，后来有天津、上海和其他省份各高校和中学的陕籍学生以及陕西省内的学生陆续加入。原共进社的成员因学业、生活或工作关系已走上社会，有的还留在共进社，使其成员的职业性质变得复杂。然而，成员的主体仍是陕籍进步知识分子。1926年，共进社在总部注册的成员，极盛时为600多人，加上陕西地方中学生社员，总数达1000人以上。⑤ 按共进社组织章程，"一地方团由地域接近五人以上之社员组织之。不满五人者，隶何（属）于较近之地方团"。因此，共进社地方机构遍布全国许多城市，如北京、天津、上海、武昌、开封、广州、南通等；在陕西的地方团更多，如西安、三原、绥德、榆林、南郑、华县、固市等。社员人数以陕西地方（陕西的社员由回陕工作和革命的早期社员和他们引导的中学生为主体）和北京（北京以各高校陕籍学生为主）两地最为集中；国外的成员，德国有杨钟健、连瑞琦，法国有李要勤，美国有雷从敏，苏俄成员有屈武、武止戈、方仲如、潘自力等15

---

① 天章：《培养时代的共进生活》，《共进》第23号，1922年10月10日。
② 志颖：《对于中国民众势力之观察》，《共进》第80期，1925年4月16日。
③ 荆山：《全国各阶级与国民革命运动》，《共进》第94、95期合刊"中国革命问题特号"，1925年12月1日。
④ 语粗：《智识阶级在革命中之地位》，《共进》第94、95期合刊"中国革命问题特号"，1925年12月1日。
⑤ 中共陕西省委党史资料征集研究委员会编著：《共进社和〈共进〉杂志》，陕西人民出版社1985年版，第429页。

人。日本东京有共进社的地方团,成员有杨可钧、崔孟博、杨慰祖等。随着组织的扩大,人员的不断增加,无论是对社会改造的宣传鼓动还是实践,都有重要影响。不过,他们的宣传多于具体实践,在不同时期所关注的社会改造重点,也有所不同。

农民阶级是共进社改造社会的重要依靠力量。农民是近代中国人数最多、分布最广泛、思想意识最落后的一个阶级。20世纪20年代,陕西地方农民依然受官僚军阀的压榨、士绅的盘剥和土匪的蹂躏,他们被迫进行反抗。陕西农民占全省人口70%以上,要唤醒他们参加社会运动,因为农民是一股"伟大势力"。知识分子应该帮助他们成立自己的组织,并且教育他们,从政治和经济两个方面引导他们进行社会改造。共进社不但要像过去声援陕西的交农运动一样支持农民运动,而且要指导农民参加政治运动;同时,引导农民与共进社亲密接触,不可把共进社看作一个特殊阶级的组织。①

工人阶级是社会改造的主要力量,也是共进社改造社会最不容忽视的力量。陕西的新式产业工人虽然很少,但是遍地都是小手工业者。他们是各阶级中最为困苦、最富于反抗的革命性力量。②但是在相当长一段时期内,共进社没有认识到工人阶级的伟大力量,没有去很好地组织和利用工人阶级开展革命运动。署名"荆山"的文章指出,工人阶级要解决他们终身的痛苦,本来只有无产阶级革命才可以办到。但是,现在中国无产阶级的革命对象——资产阶级还很幼稚,所以无产阶级目前的工作是与各阶级合作,促进国民革命,去打倒帝国主义和封建军阀。③随着国民革命的深入展开和许多社员加入中国共产党组织,共进社才真正认识无产阶级的伟大力量,从此,共进社的活动开始融入国民革命运动中。

商业阶级(民族资产阶级和手工业者)也是共进社改造社会的依靠力量之一。他们外受帝国主义的欺压,内遭军阀的盘剥;只有参加国民革命运动,打倒帝国主义和军阀,才能取得政权,夺回生产机关,抵御帝国主义的侵略。共进社号召商人们起来斗争:"商人们,你们不要轻视了自己,全国的经济权都在你们手里,只要人们联合起来一同设法扑灭军阀,不怕军阀不倒呵。"④

---

① 蔡振德:《共进社与陕西各阶级》,《共进》第92期"四周纪念特刊",1925年10月16日。
② 蔡振德:《共进社与陕西各阶级》,《共进》第92期"四周纪念特刊",1925年10月16日。
③ 荆山:《全国各阶级与国民革命运动》,《共进》第94、95期合刊"中国革命问题特号",1925年12月1日。
④ 西岩:《告全国社会各阶级》,《共进》第69期,1924年11月1日。

鉴于当时中国的社会现实,共进社号召知识分子、资产阶级、农民阶级和工人阶级为了实现共同的利益和解除自己的痛苦,达到共同的目的,不能单靠一个阶级,应该实现各阶级的联合,而各阶级联合的形式就是"国民革命"[1]。但是,共进社的总社在北京,在陕西只有分团机构,它的社会改造的对象主要是陕西。陕西偏僻落后,不依靠各阶级的支持和实践,共进社的改造活动根本不可能在陕西得到落实,更谈不上实现民主的省政府。

共进社选择以本土的青年知识分子为核心,引进外界的新思想、新文化和新制度,试图对陕西进行改造。但是,发起者和领导者多是涉世未深、思想还未完全成熟、知识尚未健全的青年。他们容易接受外界的新思想影响,也不可避免地存在偏激或简单的想法。因此,他们的一些主张和活动对当时陕西社会的影响也是有限的。

三 社会改造思想的影响

共进社是一个旅京陕籍青年组织的进步团体。它成立于北京,总社一直留驻北京直至消亡。然而,它一直围绕陕西社会开展社会改造活动。"共进社始终是北京学生运动中最活跃的队伍之一"[2],它所开展的社会改造活动,对北京乃至全国产生了一定的影响。

1. 对陕西社会改造的影响

共进社主要以陕西为改造对象,社员也主要由陕籍青年学生和年轻知识分子组成。在社会改造思想指导下,共进社对陕西社会变革和中共在陕西地区的早期发展产生过重大影响。

首先,共进社关注陕西教育,推进陕西现代教育发展做出了重要贡献。共进社的成员凭借青年的热情和在北京地区所受文化教育熏陶,对陕西的教育提出了一些合理见解,在一定程度上促进了陕西教育的发展。共进社对当时陕西的教育制度进行激烈的批评,提出改造陕西教育,关注陕西中学升学问题。共进社曾致信即将赴任陕西教育厅长之职的沙明远,督促他要启用新文化人士和改良陕西教育,不可混于官场。[3] 当沙明远的教育大政方针被北京地区报纸刊登时,共进社发表文章,对它进行一一批

---

[1] 荆山:《全国各阶级与国民革命运动》,《共进》第94、95期合刊"中国革命问题特号",1925年12月1日。
[2] 张允侯等编:《五四时期的社团》(三),生活·读书·新知三联书店1979年版,第293页。
[3] 赖泥:《沙明远听者!》,《共进》第3号,1921年11月10日。

驳，认为如果照此下去，陕西教育会倒退到远古时代。①

陕西教育腐败，教职被一些缺乏常识者所把持，这种状况必须选择洞悉时代潮流者做校长和职员，组织教育团体和出版物。② 他们对教育提出改革建议，认为陕西教育应该改革小学并使之普及提高，打破私塾教育，实行强迫教育。③ 教育的机能是要给学生们以革命的能力和蓬勃向上的精神，以创造未来社会。所以，教育不能保守，而应当让社会减少痛苦，这也是教育界的重大责任。④ 当陕西教育会与安徽一样推翻会长制，采用选举委员制时，《共进》以《教育会制度改造之先声》为题加上一个编者按语，转载了胡适、陶行知等签名的《改造安徽省教育会宣言》⑤，以这种方式表示赞成在陕西教育会中实行"委员制"。由于陕西地处偏僻，到北京等地求学人少而且艰难。《共进》1922年4月10日出版专刊"陕西中学生升学问题特号"，对中学生升学的缘起以及陕西阀门对这一问题的处理、升学应注意事项及如何答题都有所讨论。为了让即将升学的陕西学生对北京各校试题有了解，《共进》第二次增刊《最近北京国立各校入学试题示例》。共进社的这些努力，在一定程度上助益和推动了陕西教育的发展。

其次，共进社破除旧思想习俗，沟通陕西与外界的联系，成为陕西与外界思想文化交流的桥梁，对推进陕西的社会进步做出了贡献。共进社秉承先前旅京陕西学生组织的宗旨，提倡文化功能；指出陕西社会的黑暗和不足；介绍外界的新鲜而又有活力的文化，以达到社会改造的目的。五四前后，由陕西籍人所举办的宣传新思潮的报纸杂志，仅省外就有19种，如加上本省内的前后总数在50种左右。⑥ 相比较而言，共进社存在时间长，参加人数多，影响广泛，为陕西社会做出的贡献更大。它在陕西文化交流和社会改造上的作用较同时期其他陕西地方社团，都不逊色。社员魏野畴、李子洲、杨明轩、常汉三等大多从事教育工作。他们在学校组织学生成立自治会、讲演会、辩论会、时事研究会、升学补习班、夜学校、平民学校等学术团体；课外时，指导学生组织农民开展抗捐抗税运动；庙会

---

① TT：《辟沙明远的八大政纲》，《共进》第8号，1922年1月25日。
② 天津南开学校陕西同乡会：《改造陕西教育的彻底方法》，《共进》第7号，1922年1月10日。
③ 敬：《教育改革声中我的一点意见》，《共进》第27期，1922年12月10日。
④ 武止戈：《再告西安教育界》，《共进》第27期，1922年12月10日。
⑤ 胡适、陶行知等：《教育会制度改造之先声：改造安徽省教育会宣言》，《共进增刊》，1921年12月25日。
⑥ 中共陕西省委党史研究室编：《五四运动和马克思主义的早期传播在陕西》，陕西人民出版社1990年版，第322—325页。

集会时，宣传破除迷信及进行时事宣讲，帮助百姓与官府斗争等。① 由《秦钟》到共进社，是陕西旅京学生不断认识社会、改造自己，再改造社会的道路。他们是陕西社会与外界的桥梁，他们对陕西的黑暗现状进行大胆的揭露，使国人都来关注陕西民生疾苦。通过他们新的思想理论陆续传入陕西社会，开化了社会风气；同时，他们身体力行地参与家乡建设，为改造陕西社会树立了典范。可以说，正是由于旅京学生的不懈努力，使民国时期的陕西传统社会在各个层面发生着裂变，现代社会的幼芽在陕西慢慢地生长起来。② 可见，共进社对西北地区革命也做出了重要贡献。

再次，共进社是马克思主义在陕西早期传播的重要阵地。马克思主义在陕西的早期传播，是以陕西旅外求学的进步青年为骨干开展起来的。五四运动后，旅京陕西学生在接受新思潮和马克思主义过程中，向陕西积极宣传马克思主义。《共进》杂志是其中较有影响的刊物。它高度评价了马列主义的基本内容，宣传社会主义必然代替资本主义，还注意用马列主义分析中国革命中的实际问题。它在传播马列主义方面功不可没，"不愧是'西北文化的晨钟！社会改造的导师！国民革命的先锋！'"③ 共进社是在五四新思潮传播过程中产生的，它又承担起马克思主义在陕西的传播工作。其中，《共进》半月刊是影响和作用最大的刊物，也是五四后宣传新思想的刊物中颇有影响和延续时间最长的刊物之一。该刊虽不在陕西出刊，但其分社遍布西安、三原、渭南、华县、榆林、绥德、南郑等地，与陕西社会和人民的命运息息相关，在陕西拥有最大多数读者。④ 共进社起源于《共进》半月刊杂志社，后又以《共进》为机关刊物，此种评价自然也适合于共进社。

最后，共进社团聚集陕西的进步青年参加社会改造运动，为陕西和中国新民主主义革命培养了一大批优秀人物。共进社成员特别是早期的领导者大多走上共产主义道路，从中涌现出一大批杰出的无产阶级革命者，刘天章、李子洲、魏野畴、杨明轩等都是杰出代表。其中为革命献身的就有张仲超、张宝泉、刘含初、史可轩、焦维炽、魏野畴、白自力、白明善、李子洲、刘天章、王授金、武止戈、邹均、王尚德、乔国桢、霍世杰、刘

---

① 杨明轩：《共进社与西北革命》，《共进社与〈共进〉杂志》，陕西人民出版社1985年版，第433页。
② 尚季芳：《民国时期的陕西旅京学生与陕西社会——以〈秦钟〉、〈共进〉杂志为例》，《社会科学战线》2006年第2期。
③ 李振民：《马克思主义在陕西的早期传播》，《西北大学学报》1983年第1期。
④ 李振民：《马克思主义在陕西的早期传播》，《西北大学学报》1983年第1期。

志丹 17 人。① 这一批人在早年大多带着淳朴的想法走出陕西，游学他乡，学成后或中途转向更高理想追求，逐渐完成人生的转变。共进社后期社员刘志丹、谢子长等加入中国共产党后，积极投身革命，开创了陕西地区的苏区革命根据地，成为在西北最为耀眼的一块革命根据地。原共进社成员贾拓夫又给处于困境的党中央提出建议，把革命的大本营放在陕北，这是对于中国革命做出的重大贡献。社员高岗、方仲如、贾拓夫等先后参加革命，新中国成立后成为党和国家的高级领导干部。屈武、杨钟健、杨明轩等成为民主党派的著名领导人，在统战工作和自然科学上做出了杰出成绩。当然，共进社也有成员堕落成反革命或加入共产党后又背叛革命，但在共进社成员里所占比例很少，不足以抹杀它对陕西地区现代文明和新民主主义革命的贡献。

共进社在成立之初，宣称本社"由志愿革新之青年组织而成"，也就是奔着改造社会而来，志在"革新"。到 1926 年 8 月时，它公开宣称"我们共进社是陕西革命青年所组成的团体"。正因为它沿着由"革新"到"革命"这一路线发展，那些憎恨共进社的反动势力才叫嚣"大共小共，都是一共"（大共指共产党，小共指共进社）②。当时关于这一消息的报道称"破获赤化机关"。事实上，共进社积极参加国民革命，思想明显激进，军阀张作霖封杀共进社，原因就在于此。

总之，共进社向陕西介绍和输入新思想文化，对陕西教育、政治、经济和社会习俗等进行激烈批评，提出建立民主主义的陕西。它是陕西新思想文化传播的产物，又促进了它们更深入更广泛地传播，推动了陕西现代文明的发展。社会改造思想作为一种民主主义的思想，在共进社发展初期还有一定的发展空间。随着国民革命运动的展开，特别是无产阶级和资产阶级对革命领导权的激烈争斗，这一思想很快融入激烈的政治革命潮流。因此，共进社的社会改造思想影响了陕西一批青年，使一部分走向民主救国道路，一部分走上国民革命和共产主义革命，也有极少数人堕入反革命行列。由此可见，《共进》杂志和共进社为陕西早期马克思主义传播及陕西早期地方党史做出过杰出贡献。

2. 对北京乃至全国社会改造的影响

共进社的社会改造思想，直接受到北京地区的社会改造潮流的影响，

---

① 中共陕西省委党史资料征集研究委员会编：《共进社和〈共进〉杂志》，陕西人民出版社 1985 年版，第 441—448 页。
② 杨钟健：《关于共进社的回忆》，《五四时期的社团》（三），生活·读书·新知三联书店 1979 年版，第 408 页。

也是当时社会改造思潮的重要组成部分。在共进社酝酿和成立以前，其发起者开展各种进步活动。如前所述，李子洲、刘天章是北京大学学生会干部，对于北京大学学生参加五四游行、推动运动发展做出了贡献。共进社发起者大多参加了五四游行示威活动，有的还被北京当局所逮捕。这些活动锻炼了他们，同时也产生了一定的社会影响。

北京是共进社的诞生地和总社机关所在地，也是《共进》半月刊杂志编辑、刊物印刷和总发行之地。利用这一便利条件，共进社关注当时全国大事，经常以《共进》杂志为阵地，对国内和国际诸多大事进行评论或发表社团社论，在国内有一定的影响。共进社由在北京地区求学的陕籍学生发起，逐步扩大到全国许多地方。共进社的早期社员毕业后，分布全国各地，有的还留学国外，他们的社会改造思想和实际行动在北京乃至全国都有较大影响，在一定程度上也增加了全国的社会改造运动的力量，推动社会运动的发展。

共进社的社论、宣言和评论是其社会改造思想的集中表现之一。据不完全统计，自共进社成立后，《共进》杂志先后发表社论和宣言20多篇，如果算上时评和论坛里的文章最少有60篇。这些文章集中表现了共进社改造社会的观点和措施，是其对北京和全国思想舆论影响的表现。

共进社经常在重要历史人物和重大历史事件的纪念日发表文章，宣传社会改造思想。如《列宁之死与中国青年》[①]一文热烈地称列宁为"世界革命的指导者"，相信"赤旗飞翔全世界的胜利之日"不久即可到，号召"中国青年应认识真正的列宁，学列宁革命的方法"，都集合到革命的旗帜下来。这些宣传具有共产主义者鼓动革命的典型特点，表明共进社思想的趋向。共进社在引导社员和民众向军阀和封建势力进攻中，刺痛了政府当局及反动势力。直系军阀压制舆论，剥夺人民言论自由。《共进》杂志因而被迫停刊一个多月，也就没有三周年纪念刊。[②] 共进社总部也最终被奉系军阀查封。这在一定程度上反映了共进社与直系军阀的斗争及对北京及全国社会产生了不小的影响。

共进社为中国共产党输送了一批杰出人才，在北京的学生活动中产生较大影响。李子洲、刘天章等受李大钊和其他早期马克思主义者的影响，参加了马克思主义学说研究会。随着共进社的发展，地方的社员绝大多数

[①] 松：《列宁之死与中国青年》，《共进》第55期，1924年2月10日。
[②] 王子休：《共进生活四年历史之概观》，《共进》第90、91期合刊"四周纪念特刊"，1925年10月10日。

加入社会主义青年团组织。在这些进步组织和活动中,他们既接受了锻炼,又能把较为先进的思想理念带到共进社的活动中,指导自己的社会改造活动。共进社发展成为倾向于共产主义的进步社团,是与该社团领导者的思想理念及实践指导分不开的。李子洲、刘天章等加入北京大学马克思主义研究会,身兼秘密中共党员和共进社成员双重身份,在探讨和实行社会改造上是相互影响的。

随着陕西社会改造的展开,共进社对全国社会改造运动也有一定的推动作用。《共进》半月刊发刊词说,《共进》创刊是源于一种内力,即旅京陕籍青年学生们的"热腾腾的良心,迫使我们不得不把所谓'提倡桑梓文化,改造陕西社会'的千斤重担担在肩上。"这也是发起者在北京受社会改造思潮影响的写照。杨明轩在《共进社与西北革命》一文中,阐述了共进社成立的原因。其原因是民初所办的三秦公学,预备外出留学的学生多聚集在北京,如魏野畴、杨晓初、呼延震东、杨钟健、杨明轩等,这些人成为后来共进社的中坚分子;近因是十月革命和巴黎和会刺激各阶级对全国政局的不满,北京大学校长蔡元培提倡学术自由使反映各种思潮的刊物和学生自由组织的团体大量出现。此时,陕西的政局又刺激了旅京陕籍学生,特别是陕西教育状况使得陕西学生萌发改造陕西的念头。杨钟健承认,自己"痛恨陕西落后军阀的专横,要打倒,但是缺少具体的办法","虽然经过五四运动,十月革命的炮声已震动国内,但是其他各式各样的所谓'新思想'也不少,最突出的当然是实验主义、改良主义"[①],以及幻想各省的进步会促进全国的进步等思想支配,也就决定创办组织,走社会改造道路。随着全国和陕西的局势变化,共进社的使命感日趋增强,人员和组织日益庞大,其社会改造活动开始深入到陕西社会诸多领域,发动工人、农民、商人、教育界、实业界等各阶层人民进行联合改造。[②] 因此,共进社在一定意义上推动了全国的社会改造。

1925年,共进社北京代表大会发表宣言,号召"唤醒一般民众使之奋起""武装民众""以民众的武力打倒一切统治阶级"。共进社的机关刊物几乎变成了一个讨论中国民主革命问题的政论性刊物,从政治、军事、经济、文化等各方面同旧制度和帝国主义做斗争。[③] 随着国民革命运动的展

---

① 杨钟健:《关于共进社的回忆》,《五四时期的社团》(三),生活·读书·新知三联书店1979年版,第402—403页。
② 荆山:《全国各阶级与国民革命运动》,《共进》第94、95期合刊"中国革命问题特号",1925年12月1日。
③ 参见《五四时期期刊介绍》第二集,生活·读书·新知三联书店1979年版,第514页。

开,共进社的社会改造思想的倾向性日趋明显,以至于陕西社会流传要镇压共进社,认为"大共(指共产党)小共(指共进社),都是一共"。1926年9月,张作霖派军警查封共进社总社,理由就是它进行"赤化宣传"。这一方面说明共进社确实受到国民革命运动和中国共产党的影响;另一方面,它的斗争活动和影响对北京和全国的民主革命也是一个有力的支持,产生了一定的影响。正如社员们所说:"共进社是一个撤毁宗法封建社会遗下的一切传统思想和吃人的旧礼教、荒谬绝伦的旧伦理道德,并且发挥社会科学底一个言论机关,也是一个根据史实学说积极参加并指导社会各阶级切实地作国民革命的一个群众组织。"①

3. 对共进社社员的影响

社会改造道路的选择,对于个人来说也许是一种偶然,对于进步社团来说却是时代发展的一种必然。共进社早期社员前往北京,受李大钊、陈独秀、胡适等五四新文化运动领袖的熏陶,反封建、追求民主、要求改变现实的要求非常强烈。共进社成立后,随着社会改造活动的展开,社员们逐渐完成人生的转变。杨钟健在回忆中说,陕西局势黑暗,军阀弄权,自己迫于义愤参加学生运动。当时他们都认为,要改造社会,建立新国家,应从地方做起,成立组织,由下而上地进行改造社会。②综观社员们的人生走向,共进社的社会改造思想对他们的影响是非常深刻的。

首先,部分社员具有初步的民主主义思想,以共进社为契机,完成向共产主义思想的转变。魏野畴、李子洲、刘天章等一批早期社员属于这一类。魏野畴是共进社的早期领导人,五四运动时期受陈独秀、李大钊等人的影响,努力学习新文化新思想,参加北京高师进步师生组织的演讲团活动,还兼任平民学校、夜间补习学校的教学工作。在此期间,魏野畴就决心献身于救国救民的革命事业。为了把新文化、新思想及时传播到自己的家乡,1920年年初,魏野畴和北京大学陕籍同学杨钟健、刘天章、李子洲等人一起,整顿陕西旅京学生联合会,先是创办《秦钟》月刊,后又参与《共进》半月刊和共进社的领导工作。魏野畴提出陕西青年要学习新思想,注重以"科学的态度"研究社会,改造社会。③ 共进社存续期间,他完成从民主主义者向共产主义者的转变,最终成为中国共产党早期的优秀党员和宣传活动家。共进社是魏野畴人生的一个重要驿站,社会改造思想是促

---

① 蔡振德:《共进社与陕西各阶级》,《共进》第92期"四周纪念特刊",1925年10月16日。
② 杨钟健:《杨钟健回忆录》,中国地质出版社1983年版,第159—160页。
③ 中共党史人物研究会编:《中共党史人物传》第五卷,陕西人民出版社1982年版,第131—137页。

成其人生转向的触媒。

　　李子洲民国初年在西安三秦公学上中学时，就受进步知识分子的影响，关心国家和民族命运。在北京大学求学期间，他曾组织旅京陕籍学生呼吁停战和驱逐陕西军阀陈树藩。在巴黎和会上中国外交失败后，他组织和领导学生游行示威，事后设法营救被捕学生。5月下旬，他组织欢迎陕西省学生联合会到北京联络代表屈武和李伍亭，并向李大钊作了引见。这些工作表明李子洲已是一位很有主见、具有较成熟思想的青年知识分子。他与魏野畴、杨钟健等曾整顿陕西旅京学生联合会，出版《秦钟》月刊和刘天章等创办《共进》半月刊杂志。次年组建了共进社。李子洲具体负责出版发行和发展社员等工作，对该社发展起了非常关键的作用，因而被称为共进社的"大脑"。他不仅是共进社的领导者，还是半月刊杂志的积极撰稿人，先后发表十多篇有相当见解的文章，重点是改革陕西旧教育，提倡新文化。如《陕西师范学校应革新的几点》《释教育意义》等文章，就鲜明地主张"教育的发展知识，是继续不断的"，不应墨守成规，一成不变，否则"就陷于黑暗的绝地，永无生活的希望"。他还提出了一系列改革旧的教学体系和方法的措施，勇敢地向旧的教育制度挑战。[1] 李子洲在北京大学毕业后，回到陕北从事教育工作。他积极倡导教育改革，发展共进社员，推荐进步刊物，宣传革命，成为中国共产党早期的优秀党员、陕西党组织的创建人之一和卓越的组织活动家。共进社期间，是李子洲从一个革命民主主义者向共产主义者转变的中转站或分水岭，社会改造思想与活动是他人生飞跃发展的重要因素。共进社早期领导者如刘天章、刘含初、杨明轩等，参与共进社的许多社会改造活动。共进社是他们人生的里程碑和见证者，他们受共进社影响所参与的一系列社会活动，历练了他们的人生，又促成了他们思想和人生的升华。

　　其次，共进社的社会改造思想通过社会从事教育事业，影响到一大批陕西学生。一些早期社员在完成学业或中途回家乡时，积极宣传共进社的社会改造思想。1923年夏，李子洲从北京大学毕业，被陕西三原渭北中学校长郝梦九（共进社社员）聘为该校训育主任兼国文教员。1924年春被聘为陕北榆林中学教务主任兼国文教员。同年秋，李子洲担任绥德陕西省立第四师范学校校长。他每到一处，都力主改进教学内容，抛弃旧教材中的糟粕，讲授进步的文学作品和革命报刊中的文章。他教育学生要关心国

---

[1] 中共党史人物研究会编：《中共党史人物传》第七卷，陕西人民出版社1983年版，第79页。

家大事，参加社会活动；尤其注意利用学校阵地，传播马克思列宁主义。他在绥德师范学校积极发展共进社社员，向学生推荐《向导》《中国青年》《共进》等革命书刊。1924 年秋到 1926 年冬，李子洲在陕北高原除办学之外，还积极建立党组织，吸收李瑞阳、霍世杰、白乐亭、王兆卿、乔国桢、刘志丹、李登霄等一批优秀青年加入党团组织，为陕西地方党团力量的迅速壮大打下了基础。他以绥德师范为中心，在一些县组织学生会，成立陕北学生联合会，开展学生运动，明确提出：（1）推进新文化运动；（2）到民间去，开展农民运动；（3）反对帝国主义利用基督教进行文化侵略；（4）建立青年的各种团体组织；（5）鼓动学校风潮，反对封建教育。① 到 1926 年冬，绥德师范 80% 的学生加入党团组织，成为陕北革命策源地。②

共进社的后期社员，大多受李子洲、魏野畴等人的思想影响，实现了人生道路的转变。刘志丹和谢子长是比较典型的例子。刘志丹自幼富有同情心，立志发愤读书以改变社会不平现象。刘志丹在榆林中学读书时，在魏野畴、李子洲、呼延震东等进步教师的引导下，萌发了改造社会、复兴中华的愿望。他积极参加共进社指导下的学生自治会和其他学生团体，反对旧势力，参与发起"非基督教运动"等多种政治活动。③ 共进社在陕西三原召开第二届代表大会时，刘志丹（时名刘景桂）代表陕北代表团出席会议，并题词："共进！共进！同志引着被压迫民族向帝国主义者进攻！不惜牺牲！杀开血路！前途自有光明与幸福！"④ 1924 年冬，刘志丹成为王懋廷在陕北成立的社会主义青年团支部的第一批团员之一。1925 年秋在榆林地区转为中国共产党党员，中学未毕业就被选派到黄埔陆军军官学校学习。1926 年秋黄埔军校毕业后，奉命回到陕西参加冯玉祥的国民革命军，成长为一名坚定的共产主义者，以军事和革命宣传为手段，开展共产主义运动。刘志丹一生从事共产主义革命，起于榆林中学时期的思想转变。其时刘志丹 20 岁左右，是魏野畴、李子洲、呼延震东等进步教师、早期共进社领导者及陕西早期共产主义的传播者对他的积极引导，帮助他

---

① 中共党史人物研究会编：《中共党史人物传》第七卷，陕西人民出版社 1983 年版，第 82—84 页。

② 中共党史人物研究会编：《中共党史人物传》第七卷，陕西人民出版社 1983 年版，第 84 页。

③ 中共党史人物研究会编：《中共党史人物传》第三卷，陕西人民出版社 1981 年版，第 191—192 页。

④ 张允侯等编：《五四时期的社团》（三），生活·读书·新知三联书店 1979 年版，第 351 页。

完成人生的转变。谢子长求学榆林中学早于刘志丹，但也是学生会的负责人。中学未毕业就回家乡创办小学，他经常与陕西旅京学生党员和共进社成员白超然等交往，先后加入共进社和中国共产党组织，完成人生理想的转变。刘志丹、谢子长、王泰吉等陕北苏区的奠基者走上共产主义革命道路，得益于共进社早期领导和社员的积极引导。共进社是他们人生旅程中一个重要的中转站，而共进社的社会改造思想是他们思想发生飞跃的基础。

最后，共进社的社会改造思想也影响到一些人走上民主救国之路。共进社成立前后，部分社员积极参与其他进步的社团组织。如杨钟健等人加入了少年中国学会，并且选择了教育实业救国的道路，也慢慢接受民主主义思想。后来他留学德国，成为著名的生物地理学家。后期社团领导成员屈武，毕生追求民主革命，成为民主党派的著名领导人。不少社员在新中国成立后，为国家建设做出重大贡献。共进社也影响了当时陕西一大批年轻人的人生道路选择。其机关刊物《共进》半月刊"最早发行五百多册，后扩展到四千多册，其中以直接寄至陕西各地这占百分之七十以上。"[1] 以这种发行量和影响来作估计，共进社对陕西青年的影响和对陕西革命的贡献，不仅在当时陕西社团中非常突出，即使与当时全国其他社团相比也毫不逊色。

共进社大部分社员走上社会改造的道路，既是他们主观努力的结果，也是当时社会环境的影响所致。共进社是他们的人生驿站，社团的规章制度、社会活动和成员间的探讨等，铸就了他们的非凡人生。纵观共进社的发展和社员的人生走向，可以看出，社会改造思想对于他们的人生具有深远的影响。共进社是由陕籍进步青年组成的一个政治性团体，社员多达几百人，且多属于陕西的青年精英，参与共进社和社会改造活动是他们青年时期的一段重要经历，共进社的社会改造思想对他们产生了重要影响。

总之，共进社的社会改造思想酝酿于五四运动以前，经五四运动洗礼以后渐渐变得成熟。作为一种资产阶级民主主义思想，它指导共进社以陕西社会为改造对象，通过批评和破坏军阀政治经济制度、旧习俗、旧伦理，提出新的教育、风俗乃至政治经济理想等，从而建立一个民主主义的陕西省政府，并附属于统一的中央政府。这是陕西进步知识分子在五四运动以后相当长时间内，对陕西社会的一种构想。随着中国政局的变化，共进社受中国共产党和国民革命运动的影响，社会改造思想也转向于国民革

---

[1] 中共陕西省委党史资料征集研究委员会编：《共进社和〈共进〉杂志》，陕西人民出版社1985年版，第458页。

命思想。共进社的社会改造由反对地方封建军阀,革新旧有制度和习俗,促进陕西自治和民主,转变为反帝反封和废除不平等条约从而建立民主主义新中国。共进社的社会改造思想是全国社会改造思潮中的一朵浪花。它既是共进社的一面旗帜,也是它的灵魂。它与当时社会改造潮流相呼应,具体指导和影响陕西社会的改造,并逐渐融入国民革命运动,对陕西青年成长、陕西社会乃至对全国都有极大的影响。

第二节　王光祈的社会改造思想[①]

王光祈(1891—1936),著名的音乐学家和社会活动家。1918年与曾琦等发起组织少年中国学会,在1919年7月学会成立会上,被推为执行部主任。1919年年底,他在北京创建工读互助团。1920年,他赴德国留学,兼任《申报》《时事新报》和北京《晨报》驻德特约记者。王光祈先学政治经济学,后转学音乐,1934年获波恩大学博士学位。1936年1月病逝于波恩。王光祈是中国近代爱国知识分子的典型代表,是五四时期社会改造思想的代表人物之一。

一　社会改造思想的形成

王光祈社会改造思想的形成,一方面与他早年接受传统文化的熏陶有密切关系;另一方面也离不开五四新文化运动的影响,特别是五四反帝爱国运动潮流促成了他强烈的爱国主义精神,为其社会改造思想的形成打下了深厚基础。正是受传统文化、五四新文化和各种社会改革思想的洗礼,形成了他独特的社会改造思想。

1. 社会改造思想的萌芽

1908年,王光祈考入成都高等学堂分设中学。该校校长刘士志大力提倡新学,"生平不治家产,专以提倡学术,奖掖后进为能事"[②]。王光祈的同学郭沫若回忆说,他们在老师刘志士的引导下阅读《新民丛报》,深受《意大利建国三杰传》的刺激,尤其是梁启超"以轻灵的笔调描写那亡命的志士、建国的英雄,真是令人心醉"[③]。

---

① 本节内容主要来自黄民文的《王光祈的社会改造思想研究》(湘潭大学2007年硕士学位论文)。
② 左舜生等撰:《王光祈先生纪念册》,文海出版社1968年影印,第68页。
③ 郭沫若:《少年时代》,人民文学出版社1982年版,第112页。

1914年，王光祈走出四川，用他自己的话说，就是要为中国的政治和文化"彻底地打破现状，创造新路子"①。王光祈考入北京中国大学专门部法律本科，研究国际公法和中国外交史，欲以外交来改变中国落后状况。他回忆道："当我在民国三年由四川到北京之时，亦常以为国家之弱，全系外力压迫所致，因而立志研究外交，已然以昔日少年意大利中加富尔自命。"② 1916年，王光祈任《京华日报》编辑，兼任成都《群报》驻京通讯记者。他能洞悉时局，认识到"外力之所以压迫，系由于内政腐败，内政之所以腐败，系由于社会麻木，故欲改造中国非先从社会下手不可"③。这样改变了原先的政治改造模式，主张用社会革命或社会活动来改造中国。他认为，"国中一切党系皆不足有为，过去人物，又使人绝望"，唯有"联合同辈杀出一条道路，把这个古老、腐朽、呻吟、垂绝的、被压迫、被剥削的国家改变为一个青春年少、独立富强的国家"，才是唯一出路。他设想建立"一个不单在学问方面，还要在事业方面共同奋斗的团体"④。王光祈联合青年、组成团体、改造社会的思路，初见端倪。

1918年，两千多名留日学生为抗议北京政府与日本签订《中日秘密军事协定》而罢课回国，王光祈与归国的曾琦、张梦九等同学旧友在一起商榷"出处进退"，谋求救国之道。他认为，青年救国最好的方法是做基础的准备工作，最要者一为人才，二为办法。但人才不能求之于已成势力，而应早日集结有志趣的青年同志，互相切磋，经过历练成为各项专门人才，"始足以言救国、建国的种种实际问题"。因此"必须每个同志都去增进自己的学识，从事各种研究。而今日之研究学术，又必须本科学的精神，方不致流于空疏"⑤。

在原有"少年中国"理想的基础上，王光祈综合他人意见，形成了"少年中国主义"。王光祈首先接受了陈愚生的经济学思想，认为要团结一批有为青年来改造社会，还必须发展实业。他又接受李大钊的观点，决定对社会做根本的改造。他还与曾琦展开辩论，反对曾琦提出的少年意大利党的模式，认为少年意大利党只是为资产阶级民主而奋斗，"少年中国"绝不能只以少年意大利为目标，而是要建立仅仅适合于20世纪思潮的、进步的而非保守的、创造的而非因袭的、在并世国家中为少年的而非老大

---

① 韩立文、毕兴编：《王光祈年谱》，人民音乐出版社1987年版，第17页。
② 王光祈：《少年中国运动》，中华书局1924年版，第24—25页。
③ 王光祈：《少年中国运动》，中华书局1924年版，第25页。
④ 韩立文、毕兴编：《王光祈年谱》，人民音乐出版社1987年版，第21页。
⑤ 韩立文、毕兴编：《王光祈年谱》，人民音乐出版社1987年版，第24页。

的国家,即变"老大帝国"为"少年中国"①。他起草的《吾党今后进行意见书》明确指出:"同人等欲集合全国有为青年,从事专门的学术,献身社会事业,转移末世风气。……知改革社会之难而不可以徒托空言也,故首之以奋斗,继之以实践;知养成实力之需时而不可以无术也,故持之以坚忍,而终之以俭朴。务使全国青年志士,皆具先民敦厚之风,常怀改革社会之志,循序以进,悬的以趋。勿为无意识之牺牲,宜作有秩序的奋斗。"②可以说,王光祈初步形成了以少年中国学会为依托,用社会运动来改造中国与世界的思路。

2. 社会改造思想的形成

在以少年中国学会来改造社会的思想基础上,王光祈发起和组织了北京工读互助团试验,既因为他有半工半读的经历,也由于当时各种社会主义思想的影响和中国传统文化的陶冶。又由于各种社会现实问题的启发,他最终决定进行工读互助主义试验,在北京发起工读互助团运动,将他的社会改造思想付诸试验。

王光祈从小过着艰难困苦的生活,因为家道衰落,他的生活陷于困境。为了减轻家庭的负担,他帮农家放牛。这种艰苦生活的磨炼,养成了他坚忍的性格和俭朴的生活作风。用他的朋友的话来说,"大凡他后来那种'打得粗'、'喫得苦'、'跑得路'、'打落牙齿连血吞'、'咬紧牙巴不求人'的精神就在这时节养成的"③。王光祈中学毕业后回到家乡,母亲又在病中,家产因成都兵变而荡然无存。在这种情况下,王光祈不用仆役,一面做饭,一面读书,看完了陶、谢、王、孟、辛、柳等人的专集。陶渊明描述的"采菊东篱下,悠然见南山"的田园生活,谢灵运的山水诗刻画的浪漫自由的自然生活,成为王光祈后来提出"人人读书,人人劳动,政府帝力于我何哉"的工读理想,也是他设想租几亩地、建几间房子,一边读书一边种菜的"菜园式新生活"的思想来源。少年时自耕苦学的经历,为他后来提倡勤工俭学播下了思想的种子,也为其工读互助主义提供了思想来源。

五四前后,各种社会主义思想涌入中国,王光祈自称不知不觉"中了社会主义的魔术"。在各种社会主义中,他欣赏克鲁泡特金的互助论,"举其大纲,就是劳动互助四个大字"④。他称赞克氏的无政府主义为一种有组

---

① 张允侯等编:《五四时期的社团》(一),生活·读书·新知三联书店1979年版,第540页。
② 韩立文、毕兴编:《王光祈年谱》,人民音乐出版社1987年版,第24—25页。
③ 左舜生等撰:《王光祈先生纪念册》,文海出版社1968年影印,第16页。
④ 若愚:《读梁乔山先生与某君论社会主义书》,《晨报》1919年4月29日。

织的、有秩序的、积极的、建设的理论,是要实现一种极公平极快乐的互助的社会。① 日本小路实笃的新村主义也给他深刻的影响,他借鉴日本新村的模式,提出一种小组织的"菜园式"的新生活。

五四运动的爆发,进一步激发了王光祈的爱国热情,也点燃了他改造中国的激情。第一次世界大战后世界潮流向东方扑面而来的时候,他认识到中国的落后在于文化制度方面,因此"对于旧社会旧家庭旧信仰旧组织以及一切旧制度,处处皆在怀疑,时时皆思改造",要求一个"新生活"②。受蔡子民、李石曾发起留法勤工俭学会的启发,王光祈仿其办法,决定在北平发起工读学会。此时,北京高师女学生李超因受家庭经济压迫而自杀,王光祈参加了追悼会,深感痛惜。"回寓后,即草拟工读互助团的办法"③。1919年12月4日,王光祈在北京《晨报》发表《城市中的新生活》一文,提出"帮助青年脱离旧家庭压迫,培养独立生活能力,养成互助劳动习惯,创造读书的机会"④。在李大钊、蔡元培、胡适等人的支持下,在北京成立工读互助团,开始新生活实验。王光祈作为主要发起人和组织者,要求工读互助团的成员必须一边工作一边读书,财产"共同所有",实行"共同生产,共同消费,各尽所能,各取所需"的原则,想以此来实现工读互助、天下大同的理想社会。至此,工读互助主义由理想上升到实践层面,王光祈开始了其实现"少年中国"理想的初步尝试。他以少年中国学会为依托,以青年知识分子为主力,以从事社会活动、改造民族生活、复兴民族文化为手段的社会改造思想也基本形成。

二 社会改造思想的主要内容

王光祈的社会改造思想内容非常丰富,涉及社会改造的目标、方法和手段、基本力量和社会改造途径等方面,形成一个全面系统的社会改造思想体系。而且他提出了许多具体的改革设想,并且部分地付诸实践。

1. 社会改造的目标

王光祈改造社会的目标是要建立理想的"少年中国",在"少年中国"基础上,再建立一个大同的"少年世界"。那么,"少年中国"到底是什么样的?王光祈的"少年中国"不同于少年意大利,也不同于俄罗斯的社

---

① 若愚:《无政府共产主义与国家社会主义》,《每周评论》第18号,1919年4月20日。
② 王光祈:《工读互助团》,《少年中国》第1卷第7期,1920年1月15日。
③ 左舜生等撰:《王光祈先生纪念册》,文海出版社1968年影印,第30、61页。
④ 任一民主编:《四川近现代人物传》第一辑,四川省社会科学院出版社1985年版,第221页。

会主义，更不同于欧美式的资本主义，而是一种劳动阶级自由快乐的结合，仍是一个相当抽象的、美好的理想。在创造"少年中国"的设想中，"少年中国"的具体组织形式是随着时间的变化而变化的：先是菜园式的新生活，后是工读互助主义的工读互助社会，再后来是工农士商合一的农业社会主义，但他们的共同目标都可以归结到创造理想的"少年中国"和"少年世界"。

（1）创造理想的"少年中国"

王光祈改造中国的直接目标是创造理想的"少年中国"。"少年中国"一词源自梁启超的《少年中国说》，梁启超的"少年中国"又脱胎于意大利马志尼组织的"少年意大利党"①。可见，"少年意大利"对王光祈等人的"少年中国"产生了重要影响。在学会筹议之初，王光祈并不反对曾琦提出的"少年中国"这个名称，"但决不是只以少年意大利为目标"②。他提出："吾人所创造非十九世纪、十八世纪之少年中国，亦非二十一世纪、二十二世纪之少年中国，实为适合于二十世纪思潮之少年中国。故十九世纪之'少年意大利党'、'少年德意志党'所造之'少年意大利'、'少年德意志'，在当时视为少年者，在今日吾人视之，则亦老大意大利、老大德意志而已。"可见，王光祈心目中的"少年中国"不同于历史上的"少年意大利"，是合乎时代潮流的、进步的、创造的、在并世国家中为少年的"少年中国"③。

王光祈认为，"现在的经济组织非根本推翻不可"，"现在社会上的一切虚伪和束缚，非从根本铲除不可"④。为此，他批判中国的知识分子脱离了社会，官僚阶级脱离了劳动，学生在学校里只知读书不入社会，毕业后只入社会不知读书。政界向来由一般吃政治饭的人包办，无职业的人干预了政治。鉴于此，他设想建成一个"个人自由主义下"互助的、进步的、自由的、快乐结合的组织。在这个社会组织里是没有阶级的，知识阶级同时便是劳动阶级，劳动阶级同时又是资产阶级。这就是他理想中的"少年中国"社会。

"少年中国"的具体组织形式，是随着王光祈自身认识的变化而不断变化发展的。在学会建立之初，王光祈向往一种"小组织"的新生活，即

---

① 廖辅叔：《记王光祈先生》，《音乐研究》1980年第3期。
② 张允侯等编：《五四时期的社团》（一），生活·读书·新知三联书店1979年版，第539页。
③ 少年中国学会编：《少年中国学会会务报告》第3期，出版地点不详，1919年5月1日，第17页。
④ 少年中国学会编：《少年中国学会会务报告》第4期，出版地点不详，1919年6月1日，第35页。

以小团体的形式去创造一种全新的生活，而后沿着"小组织大联合"的路径，实现"少年中国"的理想。他对左舜生说："我们现在住的不是'人间'，'是鬼间'，我们过的不是人生活，是鬼的生活。"① 他决心创造一种菜园式的新生活。就是在离城市不久的地方，租一个菜园，十余人在那里耕种。在菜园的中间筑十余间房子，为中国式的建筑，楼上设书屋、阅报室、办公室、会务室、游戏室，楼下设卧室和饭厅。每天在那里种菜 2 小时，读书 3 小时，译书 3 小时，其余时间则娱乐阅报。在园中设一个平民学校，农家子弟可以免费到那里读书，会员们为他们传授知识，对他们宣传新思想。王光祈把菜园式新生活看成"理想社会的雏形，改革中国的起点"。② 但这种新生活无法付诸实行。

1919 年 12 月，王光祈发表《城市中的新生活》一文，提议组织一种"男女生活互助社"，通过工读互助生活的实验来改造社会。工读互助团的宗旨是"本互助的精神，实行半工半读"，首先在北京付诸实践。③ 王光祈乐观地认为，"工读互助团是新社会的胎儿，是实行我们理想的第一步"。"若是工读互助团果然成功，逐渐推广，我们'各尽所能，各取所需'的理想渐渐实现"。工读互助团是他们改造社会的初次试验，如果试验成功，就可以实现工读互助的理想社会，所以称为"平和的经济革命"。④ 但因为经济困难、理想冲突等方面的原因，工读互助团的试验迅速失败。

1920 年出国以后，王光祈进一步接触各种新思想，其"少年中国"理想也发生了变化。他在读了傅立叶的学说后，提出一种农业社会主义的构想。他说，社会主义是 20 世纪的潮流，在 20 世纪中国这样一个特定的时空下，"中国的农民，既占去全体国民人数的百分之八、九十，我们断不能叫那百分之八、九十的农民都变成工人，来同我们实行社会主义……若要实行社会主义，亦是一种筑基于农业的社会主义"⑤。中国还没有几个大都市，"应该把一切事业皆植基础于农村之上，成为世界上一个最新式的组织，而且将物质文明与精神文化皆建筑在一个基础之上"⑥。因此，少

---

① 若愚：《与左舜生》，《少年中国》第 1 卷第 2 期，1919 年 8 月 15 日。
② 任一民主编：《四川近代人物传》第一辑，四川省社会科学院出版社 1985 年版，第 220—221 页。
③ 王光祈：《工读互助团》，《少年中国》第 1 卷第 7 期，1920 年 1 月 15 日。
④ 王光祈：《城市中的新生活》，《少年中国》第 1 卷第 7 期，1920 年 1 月 15 日。
⑤ 王光祈：《读了社会主义者傅立叶学说后的感想》，《王光祈旅德存稿》，中华书局 1936 年版，第 575 页。
⑥ 王光祈：《读了社会主义者傅立叶学说后的感想》，《王光祈旅德存稿》，中华书局 1936 年版，第 576 页。

年中国学会最大的责任是农村改造,"创造一种基于农业的社会主义"。他在《我们的工作》中提出,在农村"组织一理想经济之模范村,使全国受其影响"。① 因此,"少年中国"就是一种模范村的集合,这种新农村或模范村的集合就是"少年中国",就是他要实现的理想社会。

1923年5月,王光祈又提出了"中华四合国"的设想,就是要把中国造成一个"士、农、工、商的四合国"。其中作为政治组织的国会,由"士会、农会、工会、商会"四会代表组成,代表们由士、农、工、商四个总会选出,其数彼此相等,分别代表知识分子、农民阶级、工人阶级、商人四个阶层的利益。至于"四合国"的经济组织,王光祈认为,中国"既不能完全变为工商国家,亦不能专以农业立国";国际贸易上,"农业则求其尽量发展,增加输出,工业则但求自给,藉塞漏卮";大规模的工厂应当择优设立,应由农村、商会、工会三种团体组合,农村担任原料,商会担任资本,工会担任劳力,所得之利以最公平方法分配。总之,中国经济的发展既不主张用资本主义或劳动主义来发展实业,也不主张农业立国、不管工业,而是求农业、工业、商业三者共同发展,以求经济之进步,社会之改造。② 显然,他的社会改造思想得到进一步发展。

(2) 创造理想的"少年世界"

王光祈改造中国社会的目标是创造"少年中国",在此基础上,创立一个理想的"少年世界"。他心中的"少年中国"是把中国这个地方看成是世界的一部分。改造中国,就是把中国这个地方造成配得上大同世界的一部分,"就是要使中国这个地方——人民的风俗制度学术生活等等——适合于世界人类进化的潮流"。换句话说,创造少年中国只是改造世界的"下手处"。③ 他在1920年起草的《少年世界》的《发刊词》中指出,全世界的事业和一切待解决的问题,应由全世界的少年采"包办主义"。作为世界少年团体,少年中国学会改造中国,就是改造世界的一部分。④

1920年出国以后,王光祈还建议少年中国学会用分工互助的办法来创造"少年世界"。他说,创造一个"少年世界"不是一个民族所能包办的,应该实行国际分工。我们中国人创造少年中国不是一种国家主义的,而是一种世界主义的,这是我们国际分工的一种责任。而且,创造"少年

---

① 王光祈:《我们的工作》,《少年中国》第4卷第1期,1923年3月。
② 王光祈:《我们应该怎样运动》,《少年中国》第4卷第5期,1923年7月。
③ 王光祈:《少年中国之创造》,《少年中国》第1卷第2期,1919年8月15日。
④ 原载《少年世界》第1卷第1期,1920年1月1日。

中国"也是创造"少年世界"的一种"预备工夫"。① 王光祈不仅要创造少年世界，而且找到了创造少年世界的方法和途径。

2. 社会改造的步骤

社会改造是一个复杂的系统工程，需要有步骤地进行。王光祈认为，在选择各种主义之前，应先下一番预备的工夫。先从事社会改革，而后从事政治改革。这种社会改革先从建立一个个小团体组织开始，然后将这种小组织联合成为一个"少年中国"。

（1）下一番"预备工夫"

在学会成立之初，王光祈就指出，少年中国学会的目的是要为中国的发展下一番"预备工夫"。因为"中国人好像病夫，国内的污浊空气——一切不良——好像一间有碍卫生的屋子"②。主义就好像治病的药方，"若要现在的中国人能有应用各种主义的能力，必先使中国人的思想习惯非彻底的改革一番不可"③。所以，少年中国学会就是做这种"预备工夫"，做打扫病房的小子，做软语叮咛养病方法的看护妇，训练国人适应各种主义的能力。

当时对于中国人思想有两种截然不同的看法，或以为中国什么主义都不能适应，只能在贤人的政治之下；或以为中国什么主义都能适应。王光祈批评这两种错误的观点，认为前者太轻视中国人，后者高视了中国人。在他看来，现在的中国人，无论国家主义、社会主义、安那其主义都不能适应，甚至民主主义也不能适应。"辛亥革命以前，运动革命的人，只知道提倡三民主义，而对于民主国家的国民所需要的各种习惯，皆未经训练，现在共和招牌已经挂了八年了，但是国民的思想习惯有几分有几厘的'共和色彩'呢？"所谓的代议制，只是"安福鱼行（指安福系——引者注）的一桩买卖"而已。地方分权造成了许多督军的割据，"中国人连作'人'应该具备的性格和习惯都没有"④，更不用说改造社会。所以，"吾辈今日之所应从事者，即在如何唤起民族的新觉悟与建筑社会新势力"⑤。

那么，他的"预备工夫"指什么呢？按会员舒新城的解释，王光祈所

---

① 王光祈：《我们的工作》，《少年中国》第 4 卷第 1 期，1923 年 3 月。
② 王光祈：《少年中国之创造》，《少年中国》第 1 卷第 2 期，1919 年 8 月 15 日。
③ 王光祈：《少年中国学会之精神及其进行计划》，《少年中国》第 1 卷第 6 期，1919 年 12 月 15 日。
④ 王光祈：《少年中国学会之精神及其进行计划》，《少年中国》第 1 卷第 6 期，1919 年 12 月 15 日。
⑤ 王光祈：《致本会同志》，《少年中国》第 4 卷第 2 期，1923 年 4 月。

说的"预备工夫"是"先使中国的少年有创造的、社会的、科学的生活，再与一般平民打成一气，从事教育事业，出版事业，新闻事业，使中国复兴起来"①。在王光祈看来，更准确地说，应该是一种"民众教育运动"。他说："共同预备者何？今日吾国民众之智识与能力，均极薄弱；社会之组织与道德，亦均极缺乏。军阀之所以能专横者在此，外力之所以能侵入者亦在此。为今之计，非从事大规模之'民众教育运动'，实不足以扫除一切祸根。所谓'民众教育运动'者，系指一般'常识教育运动'。民众有了常识，然后始能鉴别主义的得失，与夫运用主义的能力。无论你是国家主义者，或是共产主义者，这第一步共同预备工夫，你总是应该做的。"②也就是说，先教育好民众，提高民众的素质，才能让民众有适应主义的能力。这种民众教育是少年中国学会共同预备的工夫，是学会内部各种主义信仰者共同从事的预备工作。

（2）先社会改革后政治改革

因为要先下一番"预备工夫"，所以在社会改造问题上主张由社会改革进而改革政治，反对由政治而改革社会。其理由如下：

第一，现在政治制度是代议制政治，非有良好政治基础不可。实行代议制政治的基础是要有良好的政党，而良好的政党的基础又建筑在社会之上。如日本有两大政党，政友会以农民阶级为基础，宪政会以工商阶级为基础；德国七大政党也分别建筑于不同的阶层之上；中国国民党中"虽不乏艰苦卓绝之士，然大部分则建筑于流氓之上"；进步党中"虽亦不少聪明俊秀之才，然大部分则建筑于滥绅之上"。他们只知以政治力改造社会，而不知以社会力促进政治，故国民、进步两党在历史上虽较有根据，而终无实力。③因此，一个政党没有事业基础，是不能进行有力的政治活动的。少年中国学会应以此为借鉴。

第二，政客也应该从事"社会的政治改革"。欲澄清中国政治，必使政客在从事政治活动时非先有一种社会职业不可。④现代政治发展趋势已不再是少数政客的职业，而是多数人参与政治，政客必须有其他的职业才不至于饿死，因而中国政治之澄清，也必须像西方一样，由有职业的人参与，政客们才不至于把政治作为自己牟取私利的工具。

---

① 舒新城：《哭王光祈兄》，《王光祈先生纪念册》，文海出版社1968年影印，第42页。
② 王光祈：《致少年中国学会同志书》，《王光祈旅德存稿》，中华书局1936年版，第677页。
③ 王光祈：《"社会的政治改革"与"社会的社会改革"》，《少年中国》第3卷第8期，1922年3月1日。
④ 王光祈：《政治活动与社会活动》，《少年中国》第3卷第8期，1922年3月1日。

第三，从社会需要来说，必须先进行社会的改革。王光祈认为，"一般迷信政治力之青年其所拟之改革次序，首为外交，次为内政，再次为社会"。其实，"吾国民族今日之所以陷于如此悲运，最重要的原因无过于社会腐败。外交之危殆由于内政之腐败。内政之腐败由于社会之麻木"①。所以，"思想不革新，物质不发达，社会不改造，平民不崛起，所有一切其他政治改革皆是虚想。"②他以日本、俄国为例来说明。日本因有福泽谕吉创庆应大学，培养经济人才，提倡美国的"拜金主义"，所以日本产业进步"一日万里"；又因其提倡"独立自尊主义"，所以日本皆有"振衣千仞岗，濯足万里流"之气概。加上嘉纳治五郎创办高师培养大批师范人才，大隈重信首创早稻田大学培养了许多政治人才，所以才有日本今日之进步。俄国方面，托尔斯泰"为社会活动唯一无二之良师"，以"悲天悯人之怀，厕身平民之列"，"手制皮靴，朝夕工作，以答报社会之恩"。因见平民精神生活为强权所束，"手著小说，远近宣传，以启发人生之秘"③。正因为有了托尔斯泰的社会活动，才有后来政治改革的成绩。还有俄国大学生，他们抱着"向民间去"的格言，赴民间从事教育、医护、木工等工作，杂居农民之间，宣传其主义，宣传得越猛烈，农民的革命思想也就越蓬勃。

由上可以看出，王光祈将社会改革看成政治改革的一种"预备工夫"，认为社会改革必须先于政治改革，否则政治的改革只会事倍功半，毫无建树。

(3) 从个人到团体到社会的改造路径

做预备的工夫，从事社会的改革，是王光祈改造社会的基本理念。那么在具体改造中，按照什么样的途径去实行呢？王光祈认为，应遵循从个人到团体再到社会的途径。

他在《少年中国之创造》中说："今日政治黑暗，社会腐败，我们青年此刻虽无如之何，但应集合有志，树立风范，徐图进展，'少中'（少年中国学会的简称——引者注）所以标出坚忍、奋斗、实践、俭朴四大立身标准，其意在个人生活有别于旧社会。然后始能言改革旧社会而有所创造也"。④显然，王光祈是以"坚忍、奋斗、实践、俭朴"四大标准创造有力的个人，是要集合有为之士组成有力之团体，为革新社会树立风范。先创

---

① 王光祈：《"社会的政治改革"与"社会的社会改革"》，《少年中国》第3卷第8期，1922年3月1日。
② 王光祈：《政治活动与社会活动》，《少年中国》第3卷第8期，1922年3月1日。
③ 王光祈：《"社会的政治改革"与"社会的社会改革"》，《少年中国》第3卷第8期，1922年3月1日。
④ 李璜：《我所认识的光祈》，《王光祈先生纪念册》，文海出版社1968年影印，第33—34页。

造有力的个人，再组织有力的团体，可以说个人改造与社会改造并重。并且他希望"一般青年与一般平民——劳农两界——打成一气"，以实现其"少年中国主义"①。

工读互助团的试验同样遵循着这种改造思路。他在北京创建工读互助团，还筹备了上海工读互助团，并且计划在武昌、南京、天津、湖南等各处皆设工读互助团。他的设想是："希望组织的范围愈小愈好，而组织团体愈多愈好，若有联络的必要时，还是实行我们'小团体大联合'的计划。我们的团员随便到什么地方，皆有工可作，有书可读。"② 由此建立一个工读互助的理想社会。

1922年，王光祈代表少年中国学会参加在德国葛廷根举行的国际青年团第四次会议。他向大会提出了一个改造中国的计划：一方面从事农民教育，另一方面拟组织理想经济之模范村，使全国受其影响。"此种模范村之集合，即是我们的少年中国"③。王光祈第一次向世界公开提出由新村联合而为少年中国的改造模式。在他的社会改造计划中，学会将在1925年后从事办学校、农村事业、译书事业等基础事业与宣传事业，地点选择在湖南、安徽、湖北等地。他认为，"只要把一省办好便可以立国"。具体步骤是：一年之内，改造省城空气；三年之内，改造全省空气，十年之内，基础已立，再进而改造中国。如此则四十年内"少年中国"即可出现。④可见，王光祈创造"少年中国"的理想进一步具体化，遵循从一城一地到全省然后到全国，从个人到团体到社会的改造路径。

3. 社会改造的依靠力量

在社会改造目标及步骤大体确定的情况下，社会改造能否进行，就取决于其所依托的社会力量。王光祈把青年学生看成社会改造的主力，并力图通过各阶级的联合，实现改造社会的目标。

首先，社会改造的先锋和主力是青年。在学会成立之初，王光祈指出："我们要改造中国便应该先从中国少年下手，有了新少年，然后'少年中国'的运动才能成功。"⑤ 他明确提出，青年是"创造少年中国之唯一良友"。⑥ 青年要"专凭自己力量一点一滴慢慢做去，决不（依）赖已

---

① 王光祈：《少年中国之创造》，《少年中国》第1卷第2期，1919年8月15日。
② 张允侯等编：《五四时期的社团》（二），生活·读书·新知三联书店1979年版，第380页。
③ 王光祈：《我们的工作》，《少年中国》第4卷第1期，1923年3月。
④ 王光祈：《对今年七月南京大会的提议》，《少年中国》第3卷第2期，1921年9月1日。
⑤ 王光祈：《少年中国之创造》，《少年中国》第1卷第2期，1919年8月15日。
⑥ 若愚：《赴法船中之五四纪念会》，《时事新报》1920年6月14日。

成势力，亦绝对不愿与任何旧人物妥协"①。进而言之，青年应该为振兴民族拯救国家而努力，"恢复我们民族精神的责任，当然应该由我们青年担任"。他高声呼吁："青年，青年，我们是中国的青年！我们对中国这个地方，负有改造的完全责任。青年，青年，我们应该恢复过去的民族精神，创造未来的少年世界！中国青年是世界新文化的创造者，是中国旧社会的改革者！"② 1920 年，他决定到海外去联络学生、华工、华侨，向各地华侨中的优秀青年宣传少年中国运动的精神。他在去国前作的《去国辞》中反复叮咛："发挥科学精神，努力社会事业，惟我少年，乃能奋发。""不依过去的人物，不用已成势力，惟我少年，乃能自立。""只问耕耘如何，不问收获所得，惟我少年，有此纯洁。""'欲洗污浊之乾坤，只有满腔之热血'，惟我少年，誓共休戚。""愿我青春之中华，永无老大之一日，惟我少年，努力努力！"③ 可见，创建"少年中国"的理想完全寄托在青年身上。

既然青年是社会改造的中坚，那么什么样的青年才能担负起改造中国的重任呢？第一，青年要具备"坚忍、奋斗、实践、俭朴"四种精神，根据在于："知改革社会之难而不可以徒托空言也，故首之以奋斗，继之以实践，知养成实力之需时而不可以无术也，故持之以坚忍，而终之以俭朴。"只有如此，青年的个人新生活才能有别于旧社会，"然后始能言改革旧社会而有所创造"④。第二，青年要有三种新生活，即创造的生活、社会的生活、科学的生活。"若是能够创造的生活，无论什么样的主义我们都有办法。若是无创造能力，无论什么主义都是没有办法。"没有社会的生活，"你防欺，我防诈，无论什么主义都办不好"。没有科学的生活，"对于现状，永不改良，诿之命运，无论什么主义进来，都是不能实施"⑤。第三，青年"求学宜专，办事尚忠，为人诚贵，理本一贯，初不可分为数橛。志存救国，言行相顾，而不为俗尚所左右者，乃得谓为新少年"⑥。其实，这种青年就是以少年中国学会会员为楷模的。为了创造"少年中国"，

---

① 黄仲苏：《王光祈与少年中国学会》，朱传誉：《王光祈传记资料》，天一出版社 1985 年版，第 6 页。
② 王光祈：《少年中国学会之精神及其进行计划》，《少年中国》第 1 卷第 6 期，1919 年 12 月 15 日。
③ 王光祈：《去国辞》，《少年中国》第 1 卷第 11 期，1920 年 5 月 15 日。
④ 王光祈：《本会发起之旨趣及其经过情形》，《少年中国学会会务报告》第 3 期，1920 年 5 月 1 日。
⑤ 王光祈：《少年中国之创造》，《少年中国》第 1 卷第 2 期，1919 年 8 月 15 日。
⑥ 黄仲苏：《哀辞并序》，左舜生等撰《王光祈先生纪念册》，文海出版社 1968 年影印，第 57 页。

曾琦主张以极其严格的标准和极其慎重的态度吸收会员，会员要求有特长、特性、特样三个条件，从黄日葵、许德珩等会员在五四运动中奋勇有为的表现中，王光祈、曾琦等人看到了"国家前途一线光明全系于此"，认为"少年中国"理想有如此会员不懈奋斗，就有实现之一日。① 可以说，以少年中国学会会员为楷模，以少年中国学会为依托，是王光祈改造社会的基本思路。

其次，社会改造的主要方向是各阶级的联合。王光祈认为，要实现"少年中国"的理想，就必须对知识分子、资产阶级及劳动阶级进行改造，"使三个阶级的人互相接近"。"学生、华工、华侨三派人的联合若能成功，中国改造的机会便到了"。在知识分子中，最有希望的是青年学生，可以号召他们深入农村、工厂，通过他们向劳动阶级传播知识。在资产阶级中，最有希望的是华侨，他们"是中华民族的优秀分子，他们的创造力、开辟力都是令人极佩服的，而且他们功德心远在国内同胞之上"②。因此王光祈说，我们着手华侨的联合，希望他们自己"振兴教育与实业，为一种有组织有思想的运动，与英、美、日本势力对抗"。劳动阶级在将来的世界必然会占优势，"凡曾受教育的人，极宜早日加入劳动阶级，为有秩序有意义的活动，以解决中国问题，以扫除知识阶级与劳动阶级的隔阂"③。在劳动阶级中，留法华工最有希望，"若能将他们的力量用之于正，为有系统有组织的活动，将来对于中国一定是贡献很多"。"农民是最大的阶级，也是最为纯洁，最为天真烂漫的，是我们青年唯一的良友。"④ 欲改造中国，首先应先改造农民，应深入农村，对农民进行教育和改造。因此，"青年在工厂、在农村加入劳动阶级的运动，是'我们改造社会的起点'"。可见，知识分子、资产阶级、劳动阶级的联合将是中国社会改造的决定力量。在王光祈的影响下，国内会员大多数加入了中国各地学生运动行列，巴黎会员开始着手在华工中做工作，王光祈本人也计划留学时到南洋的华工中进行游说。

最后，社会改造的依托是少年中国学会。王光祈是少年中国学会的创始人，学会是他改造社会的依托。前文提到过，在学会成立时，他希望能

---

① 李永春、郭汉民：《曾琦"少年中国"理想的渊源》，《湖南城市学院学报》2006年第1期。
② 王光祈：《少年中国学会之精神及其进行计划》，《少年中国》第1卷第6期，1919年12月15日。
③ 王光祈：《一个社会问题》，《星期日》"社会问题号"，1920年1月4日。
④ 王光祈：《少年中国学会之精神及其进行计划》，《少年中国》第1卷第6期，1919年12月15日。

"联合同志杀出一条道路",但认为依靠少数人一点友谊不够,必须扩大圈子,团结有为的青年。于是发起少年中国学会,以集合、造就有为青年,并使他们为创造少年中国而奋斗。这说明,王光祈创造少年中国学会的目的,就是想以学会来改造中国社会。

王光祈改造中国的活动也主要以学会为依托来开展。最初他想创立菜园式的新生活,与之商议的主要是会员左舜生等人,积极响应的是宗白华等会员。后来他发起工读互助团,参与发起工读互助团的大部分成员也是会员。例如,在学会推广工读互助团运动中,北京的李大钊、邓中夏,武昌的恽代英、余家菊,上海的宗白华,长沙的毛泽东等都是会员。工读互助团运动是少年中国学会改造中国的一次积极的社会活动,学会也因为这一运动赢得了蔡元培等人给予的"重实干"的赞誉。[①] 出国以后,王光祈在研究音乐的同时,还以少年中国学会为依托,为领导海外的华工、华侨及青年学生共同建立理想中的"少年中国"而努力。在学会分裂以后,王光祈仍然"余少年中国学会则念念莫释——重振会务,为其素志"[②]。并写信给黄仲苏,调查各派会员之现状,决心回国以后第一件事便是重整会务。正如他的好友周太玄所言,王光祈"要借这个学会来实现他的理想","他的整个人生观都是寄托在这个学会"[③]。改造中国社会,创造"少年中国",正是他凭借少年中国学会来实现自己理想的体现。

4. 社会改造的方法和手段

社会改造的目的是要建立理想的"少年中国",实现这一目的要依靠有为青年对各阶级尤其是农民阶级进行改造。那么,改造社会的方法和手段是什么呢?在王光祈看来,一是改造民族生活,二是复兴民族文化。此外,以音乐陶冶民族的灵魂,进行国际改造和民族革命等方式,也是重要的手段。

首先,改造民族生活。具体途径是:第一,要有创造的生活。王光祈认为,中国人只知道占便宜,不知道惨淡经营的创造生活。"我们专占便宜,不思创造,将成为世界的冗人,阻碍世界的进化,将永远丧失我们的人格,在新世界将没有立足之地。因此,青年唯一的道路就是创造,今后

---

① 蔡元培:《工学互助团的大希望》,《少年中国》第1卷第7期,1920年1月15日。
② 黄仲苏:《王光祈与少年中国学会》,《王光祈先生纪念册》,文海出版社1968年影印,"附录"第10页。
③ 周太玄:《王光祈先生与少年中国学会》,《王光祈先生纪念册》,文海出版社1968年影印,第19页。

的生活就是创造的生活。"① 第二，要有社会的生活。"凡愈进化的民族，他们的生活内容愈扩大、愈丰富、愈优美，这种丰富优美的生活是要大家共同协力才能够创造出来的，不是一个人或几个人或一个家庭单独行动所能获得的"，这要求每一个人对于社会有一定的地位和关系，消极方面不妨碍他人，积极方面从事劳动以尽对社会的天职。第三，要有科学的生活。"中国人的思想信仰不合于科学，纯是一种无意识的生活，不合理的生活"。而科学的生活就是主张有意识的生活，合理的生活。② 总之，改造民族的生活，就是从事各项社会事业，增进精神与物质幸福，由此实现中华民族的丰富生活，亦可称为民族生活的改造运动。其具体方法如下：

其一，发展教育。中国现在的教育是贵族的教育，是纨绔子弟的俱乐部。劳农两界的子弟是不能进大学的，更没有条件出国留学。教育不平等是社会上最大的危机。为了解决这一问题，少年中国学会一方面要尽自己的力量，随时随地办平民学校和半工半读的学校，办一些不需要学费还要顾全他们的生活的学校。还要到贫民中进行演讲、办夜校，以增长他们的知识。③ 另一方面，要争取平等的教育权。要求一切学堂都要公开，不收学费，任劳动者自由前往听讲；要求雇主减少工作时间，替劳动者办补习学校，每日读书两三个钟头。④ 显然，王光祈希望学校教育扩大到社会教育的范围，增加对贫民的教育，以改造国民的生活。

农民阶级是中国最大的阶级，要改造中国社会，必须对农民阶级进行教育。王光祈设想通过成立乡村教育协进会来教育农民。第一步，改造农民的生产，到农村中去演讲并指导农民改良种子、农器和耕植方法。第二步，改造农民的生活，与他们谈饮食、娱乐以至于婚姻、家庭、社会关系，给他们不奢、不陋、不偏、不激的主张。第三步，改造农民的生计。中国之人大半是农民，而农民大部分又是为小地主做奴隶的，所以要改造农民的生计，就要设法铲除小地主，把他们的产业归为村有，要让农民都有生存的依据。⑤

发展教育还必须发展出版和新闻事业。王光祈认为，中国的出版界"真是贫乏极了"，"世界潮流已闹得天翻地覆，我们还在这里大作其梦"。所以我们要实现"少年中国"理想，就应发展出版事业，一方面将自己求

---

① 王光祈：《少年中国之创造》，《少年中国》第 1 卷第 2 期，1919 年 8 月 15 日。
② 王光祈：《少年中国之创造》，《少年中国》第 1 卷第 2 期，1919 年 8 月 15 日。
③ 王光祈：《少年中国之创造》，《少年中国》第 1 卷第 2 期，1919 年 8 月 15 日。
④ 若愚：《劳动者的权力》，《晨报》1919 年 5 月 2 日。
⑤ 王光祈：《我们应该怎样运动》，《少年中国》第 4 卷第 5 期，1923 年 7 月。

学心得随时编著，另一方面将外国出版的新书次第译出，介绍于国内，以便革新一般人的思想。①新闻事业具有更广泛的教育作用，发展新闻事业，可以让国人了解世界，丰富知识。为此，王光祈要求学会在各国办通讯社，即可以扩大"少年中国"的影响，引起各国同情，又可以将欧美的政治社会状况输入国内。出国以后，王光祈作为北京《晨报》、上海《申报》和《时事新报》的特约通讯记者旅居欧洲，将欧洲各国关于政治、经济、社会、教育、外交、国防、科学、美术等各方面的情况介绍到中国，后来还编订成《旅德存稿》"以作国人留心时事者参考"②。1921年，他提出学会四年后从事甲乙两种事业。甲种事业是办学校，译书，编《少年中国》月刊；乙种事业是宣传事业，希望会员加入教员、记者、通信员的行列，在学校、媒体、工厂中进行宣传。③他仍然坚持以社会运动创造"少年中国"的理想。

其二，加强国人团体生活习惯的训练。王光祈认为，人类社会是一种共同的互助的生活，而中国人目前最缺的就是共同的互助的生活。在他看来，人类有史以来都是一种团体的生活。原始时代，与禽兽相争，需要一种团体生活；国家时代，人与人相争，也需要一种团体生活；人类社会发展到人与自然奋斗的时代，更需要一种"本互助的精神，为人类谋幸福"的团体生活。国家主义是一种团体生活，没有团体的训练，国家主义也不能实行；社会主义也是一种团体生活，要求财产共有，共同劳动，没有团体的生活训练也办不成；安那其主义本身是主张自由的组织，要求有互助精神，没有团体的生活的训练，也不可能实现其"各尽其能，各取所需"的原则。④所以，少年中国学会在进行主义"预备"的同时，对中国人必须进行团体的训练，训练其养成团体生活的习惯。

在王光祈的设想中，团体的训练首先要成立如少年中国学会一样的团体。他公开宣传说："小团体与国家组织有密切的关系"，"小团体的训练久了，便养成民治主义的国民"，"关于小团体的组织，我们有一个'少年中国学会'。诸君将来若要组织团体时，我们学会的规约或可以供诸君的参考"⑤。不难看出，他推崇以少年中国学会的方式来组织团体。他主还张建立工读互助团一类的组织，训练国人适应各种主义的能力；同时养成一

---

① 王光祈：《少年中国之创造》，《少年中国》第1卷第2期，1919年8月15日。
② 王光祈：《王光祈旅德存稿》，中华书局1936年版，"自序"第1页。
③ 王光祈：《对今年七月南京大会的提议》，《少年中国》第3卷第2期，1921年9月1日。
④ 王光祈：《团体生活》，《少年中国》第1卷第6期，1919年12月15日。
⑤ 王光祈：《动的训练》，《王光祈旅德存稿》，中华书局1936年版，第694页。

种互助劳动的习惯，以适应将来新社会新生活的要求。

其三，改造旧社会的妇女。女性是人类的另一半，在中国，社会女性总处于从属地位，要改造中国人的生活，自然离不开妇女的改造。王光祈说："我们主张新生活，常常联想到妇女的问题，若是妇女问题不解决，我们新生活园里一定要充满不快的空气。"① 所以他主张男女之间平等互助，在工作、生活中互相合作，按照各人的能力进行分工。在家庭婚姻上男女之间有平等的权利。② 实现男女平等互助的办法是：（1）在工读互助团组织里组成团员群体谈话会，男女之间共同谈话，打破男女之间的障壁。（2）女子自己救自己。有觉悟的女子可以组织一种刊物，一方面向旧社会宣传，引起社会的同情；另一方面让女子之间可以交换信息。还可以组织工读互助团，互相照顾，互为依靠，以摆脱旧家庭压迫。③ （3）给予妇女平等的教育权。"要解决男女平等问题，必先使妇女的生活能够独立，要使妇女生活独立，必使妇女先有职业、先有技能，要有职业技能，便非受过教育不可"。因而有必要组织女子教育协进会，发行《女子教育》周刊，筹办女子义务夜校，组织妇女教育演讲团，大学要开女禁，以便达到普及女子国民教育、改革家庭教育等目的。④ 改革旧家庭的方法，一是组织女子周刊，二是组织女子互助社。前者主要是一种家庭革命的实际运动，救出当时将死未死的女子。后者一方面可以维持生活，另一方面可以免掉社会上的欺诈。⑤

其四，发展实业。改造中国人的生活，不仅要改造中国人的精神生活，而且要提高中国人的物质生活水平，这就必须从实业上下工夫。实业"所以谋国人物质上之解放"⑥。王光祈认为，中国人的日常生活简陋枯寂，此与欧洲人丰富愉快的生活相比，未免相形见绌。推其原因，一为无识，二为无业。"因为无业的人太多之故，饱食终日，无所用心，国民生产，日趋退化。"⑦ 因此要改造国民生活，除了加强教育以外，还要加强实业。如何加强实业，王光祈认为，中国的农民甚多，不能成为工商国家，但也不是专以农业立国，而是要将农工商三者结合以图发展中国幼稚的工业。⑧

---

① 若愚：《致裴先生》，《少年中国》第 1 卷第 2 期，1919 年 8 月 15 日。
② 王光祈：《致 M. R. 女士》，《少年中国》第 1 卷第 4 期，1919 年 10 月 15 日。
③ 王光祈：《改革旧家庭的方法》，《晨报》1919 年 12 月 2 日。
④ 王光祈按语，胡适：《大学开女禁的问题》，《少年中国》第 1 卷第 4 期，1919 年 10 月 15 日。
⑤ 王光祈：《改革旧家庭的方法》，《晨报》1919 年 12 月 2 日。
⑥ 王光祈：《政治活动与社会活动》，《少年中国》第 3 卷第 8 期，1922 年 3 月 1 日。
⑦ 左舜生等撰：《王光祈先生纪念册》，文海出版社 1968 年影印版，第 11 页。
⑧ 王光祈：《少年中国运动》，中华书局 1924 年版，第 13—19 页。

其次，复兴民族文化。王光祈所指的复兴民族文化，主要侧重于精神方面，旨在唤起民族独立精神。王光祈指出，"本会宗旨统言之，则为本科学精神，为社会的活动，以创造少年中国。析言之，在理论方面，则为采取西洋科学方法，整理本族固有文化，由此以唤起中华民族的独立精神（亦可称为民族文化复兴运动）"①。

如何复兴民族文化，除了上文提到的加强教育与团体训练等手段以外，王光祈强调从整理固有文化、吸收西方先进文化、加强学术研究等方面着手。

第一，吸收中西文化之所长，去中西文化之所短。比如，在宗教观与政治观上，中国人的人生哲学以情为出发点，对宗教和政治"常用严格的理智为准绳，不以感情用事"。反之，"西洋人的人生哲学，几乎处处以'智'为出发之点，但是独对于宗教与政治两事，却常受感情意气所支配，缺乏理智指导"。因此，"中国历史上，宗教相仇之事，实可谓绝无；主义相争之事，亦只是仅有"②。中华民族之所以能保存至今且发展不止，就是因为对于政治宗教之事不杂成见，见善则从，有过则改。因此在政治宗教问题上，中国应继承"君子群而不党"的优良传统。在争与让的文化观上，西洋系"以争立国"，其长处在因为互相竞争而一切事业皆趋进步；其短处则在人与人之间造成许多仇隙，以至于不能共生共存。与此相反，中国系"以让立国"，其短处在遇事退缩，而个人能力亦渐等于零；其长处在中华民族能够共同生活数千年，为古代文明民族"开一例外"。"以争立国者，为争自己的所谓公理，坐视世界陆沉，危害人类前途。中国以让立国却无同仇敌忾之心。""'以争立国'与'以让立国'各有其利弊，吾人须用'历史的眼光'从'人类的立场'以观察之，然后决定何者当争？何者当让？万不可迷信西洋进化全在于'争'。"③

在自然科学与社会科学的问题上，王光祈认为德国自然科学相当发达，以致"思想界受自然科学过盛之反动"，思想上有趋重于东方尤其是中国文化的倾向。中国人"不必引以为喜，更不宜灰其研究自然科学之热心"。"我之所需或正为彼之所弃，我之所弃或正为彼之所需"。意思是，德国人需要从社会科学方面加强对中国的学习，而中国人应从自然科学方

---

① 王光祈：《致本会参与苏州会议同志诸兄》，《少年中国》第4卷第12期，1924年5月。
② 王光祈：《教育家对于中国现状应有之三大觉悟》，《王光祈旅德存稿》，中华书局1936年版，第325页。
③ 王光祈：《以争立国与以让立国》，《王光祈旅德存稿》，中华书局1936年版，第655、659页。

面向西方学习。①

第二，加强文化交流，传播中国传统文化到西方。中国古代文化博大精深，无论是诗歌还是哲学、艺术都足以与世界其他文明相媲美。把中国古代文化发扬光大并传之于国外，对欧洲必将产生两种影响：一方面欧洲文化必将受其影响而产生第三种文化，贡献于世界；另一方面，欧洲人能领略中国之文化，对中华民族必定会加以了解，不至于再以未开化之人类相对待。② 为了加强东西文化交流，王光祈致力于整理中国古代音乐，并介绍到西方；同时翻译了许多东西方政治、经济、国防、历史材料等方面的书籍。他还担任德国波恩大学东方学院的讲师，为德国研究东方文化做出了不可磨灭的贡献，被称为"交换东西文化之笃信力行者"③。在文化交流的基础上进行创新，是王光祈极力主张的。有会员说："中国人的脑子都是被那旧思想束缚得很紧，我们少年中国学会须要从旧里去加新。"王光祈不赞同这种看法："不管他是中国圣贤传下来的古董，或是外国留学生贩运来的舶来品，他们的价值仅作我们的参考材料"，两者"都是因袭模仿的，不是创造的"，今后中国的文化是"要我们创造的"④。可见，王光祈文化复兴之着眼点在创造。

第三，研究真实学术。欲造成社会实力，不能不从事学术研究。这是因为，"要使中国民族有独立自尊精神，必须先养成'民族文化'，以为其中心思想，所以我们应该努力研究学术"⑤。从当时的社会现实来看，从事学术研究对民族独立很有必要。"社会不重视真实学术，只重视虚荣头衔"，"倘政府及社会方面不从速奖励真正学者，以提倡讲学之风，并网罗硕学鸿儒……则吾国学术势将永远不能独立，势将永远为白种人之殖民地！而衰颓国运，亦难望其挽回！"总之，任何国家与社会的事业都是以学术为基础。中国要发展学术，就需要国家、社会、留学界、少年中国学会等共同努力。国家、社会尤其应重视学术，"极力提倡讲学之风，不以党见或私人关系尽将全国学术机关握于一般无学术者之手"⑥。留学界应组织学术研究的团体，从事学术上的互助，尤其是德国、英国、法国、俄国等国的文明各有其特色，彼此之间有交流互助的必要。只有学术上互助，

---

① 王光祈：《德国之研究东方文化热》，《王光祈旅德存稿》，中华书局1936年版，第482页。
② 王光祈：《德国之研究东方文化热》，《王光祈旅德存稿》，中华书局1936年版，第477页。
③ 左舜生等撰：《王光祈先生纪念册》，文海出版社1968年影印版，第114页。
④ 王光祈：《少年中国学会消息》，《少年中国》第1卷第2期，1919年8月15日。
⑤ 王光祈：《致少年中国学会同志书》，《王光祈旅德存稿》，中华书局1936年版，第678页。
⑥ 王光祈：《留学与博士》，《王光祈旅德存稿》，中华书局1936年版，第461—462页。

才会使学术更精深、更有用。同时，留学界负有传播东方文化的使命，负有介绍西方文化的责任。要完成这种责任和使命，必须参加欧洲的文化团体——光明社一类的组织。留欧学界宜组成以下三类组织：以学术为标准类，如化学会；以研究某一问题为标准类，如新村研究会；以砥砺学行为标准类，如普通学会。这些学会不必拘泥于形式，但必须有精神上的结合。① 少年中国学会要从以下方面去努力：（1）设立专门学术研究股，下设各种学术研究会，组织少年中国书院，并举行各种学术演讲，附设少年中国图书馆，并主持少年中国杂志事宜。②（2）组织国内国外旅行团，目的是调查各地社会状况家庭组织等，以为改造社会、改造家庭之预备；采集标本，征求图籍为学术上做出贡献；到各地进行演讲，调查各分会进行状况并宣传学会的精神。"否则坐而论道，闭户造车，所谓改造社会精求学问，皆是虚言。"③

再次，用音乐陶冶民族灵魂。"少年意大利"运动得益于文艺复兴的影响，王光祈从中看到了音乐育人、化人的重要功能，因此决定建立民族性国乐，以振兴民族精神。

赴德国后，王光祈亲眼看到欧洲国民对音乐的热情，"以致非有音乐不能生活"，德国人因为有音乐陶冶才有了其国民的精神。④ 所以，要改造中国即应先改造人心，要改造人心则应建立一种基于民族性的国乐。同时，他又借鉴"少年意大利"的成功经验，认为音乐可以恢复民族的根本思想。"昔少年意大利之兴也，实由该国之人，既闻诗人但丁之歌，复观古都罗马之美，乃油然而生其建国之念。"王光祈认为，"吾党若欲创造'少年中国'，亦惟有先使中国人能自觉其为中华民族之一途；欲使中国人能自觉其为中华民族，则宜以音乐为前导"⑤。正是借鉴欧洲音乐文化的作用与少年意大利运动的影响，王光祈找到了改造中国的新方法：凭借"音乐化人"的社会功能来改造社会，复兴民族文化。

要唤起民族的复兴，还应"恢复民族的特性"。中华民族的特性是谐和，谐和让中华民族历几千年而不衰，而达成谐和必须依靠音乐。王光祈在《欧洲音乐进化论自叙》中说："中华民族特性简单说来便是一种'谐和 Haraome 态度'，这种'谐和态度'是我们前此生存大地的根本条件，

---

① 王光祈：《旅欧同人的使命》，《旅欧周刊》第 42 号，1920 年 8 月 28 日。
② 王光祈：《致少年中国学会同志书》，《王光祈旅德存稿》，中华书局 1936 年版，第 679 页。
③ 王光祈：《致本会同志》，《少年中国》第 2 卷第 1 期，1920 年 7 月 15 日。
④ 王光祈：《中国音乐史》"自序"，上海书店据中华书局 1941 年影印版，第 2—3 页。
⑤ 王光祈：《东西乐制之研究》，中华书局 1926 年影印版，第 9—10 页。

也是我们将来感化人类的最大使命。这是我们中华民族的唯一特性，我们应该使之发扬光大。"因为音乐自身含有谐和的作用，所以，"听乐的人，也立时受着他的影响，与他互相谐和起来"。孔子很懂得这个谐和的妙用，遂把他的全部学说都建筑在音乐上面，进而将中华民族造成"谐和态度之民族"。几千年以来，尽管中华民族多次有外来强族的侵略，但外来强族一个个被"谐和态度"所软化。所以在今天我们应发扬光大这个"谐和主义"，但要发扬谐和主义"不能不积极利用音乐之力"。① 王光祈声称，对于我们的民族特性，我们应该"探原索本，去短留长，然后再将他大吹大擂的抬出来，使四万万国民皆向着这种特性发挥，把那种颓唐堕落的现象，根本加以扫除"②。正是通过深思苦索中国人的性格，比较中西文化与民族性的异同，才得出这样的认识。

更为重要的是，王光祈看到了音乐尤其是国乐在社会改造中的重要社会功能。在专业人士看来，"音乐为人类生活、思想、感情之表现"，"音乐是畅舒感情的唯一利器"③。它具有强烈的"审美舒情"作用，"我们若欲发泄心中一切衰乐情感，最淋漓尽致的莫如'唱歌'"。音乐有谐和之功，所以能让人心旷神怡。④ 而民族性国乐则更为重要了。"凡有了'国乐'的民族，是永远不会亡的，因为民族衰废，我们可以凭着这个国乐使他奋兴起来；国家虽亡，我们可以凭借这个国乐使它复生转来。"⑤ 音乐"最足引起'民族自觉'之心，具有陶铸'民族独立思想'之功"⑥。基于此，"吾党若欲创造'少年中国'，亦惟有先使中国人能自觉其为中华民族之一途，欲使中国人能自觉其为中华民族，则宜以音乐为前导"。他更希望能"登昆仑之巅，吹黄钟之律，使中国人固有之音乐血液，从新沸腾"，使他梦想中的"少年中国"灿然涌现于面前。⑦

复次，民族革命与国际革命并举。无论是为了创造"少年中国"还是创造"少年世界"，王光祈都主张打破国界、人种的界限，进行国际革命。他赞扬民族独立革命与民族自觉运动，要求少年中国学会加强与弱小民族的交往与联络，辅助弱小民族，以改造国际社会。

---

① 王光祈：《欧洲音乐进化论自序》，《少年中国》第 4 卷第 10 期，1924 年 2 月。
② 王光祈：《自序》，《欧洲音乐进化论》，中华书局 1924 年版。
③ 转引自方惠生、朱舟《王光祈为什么要改学音乐》，《人民音乐》1984 年第 9 期。
④ 黎文、毕兴、朱舟：《王光祈研究论文集》，成都出版社 1985 年版，第 96 页。
⑤ 转引自方惠生、朱舟《王光祈为什么要学音乐》，《人民音乐》1984 年第 9 期。
⑥ 韩立文、毕兴编：《王光祈年谱》，人民音乐出版社 1987 年版，第 6 页。
⑦ 王光祈：《东西乐制之研究自序》，《王光祈文集》（音乐卷），巴蜀书社 1992 年版，第 50 页。

第一次世界大战结束以后，和平会议召开在即，王光祈认为，巴黎和会只是五大强国的世界。所谓永久的和平，不过是一张不兑现的支票罢了。真要实现永久的和平，国际社会必须打破国界、人种的偏见。这是因为，英国坚持"海权是英国的长城，无论如何是不能抛弃"的观点，只是二战的"预约券"。美国国内存在种族偏见，如果"取销人种区别的偏见，国内必酿出纠纷"。日本人提出由欧、美、亚三种人协同来建立世界大同盟，只是想以日本人代表亚细亚，所以只是一种新亚细亚主义而已。历史地看，"每次国际战争都是几个野心政府惹出来的，那野心政府的背后就是那些政治家、资本家、军阀、贵族在那里纵恿（容）战场上的战争"，"无论战败战胜，享福的总是贵族，吃亏的总是平民"。要想谋世界永久的和平，人类切实的幸福，就应该动起手来，"推翻贵族的统治，建立平民自治的团体"。①

王光祈提出，反对国际强权，需要国际社会党的国际革命。国际革命起源于各国人民所受的强权的压迫。国际社会党的最大目的是求大多数人的幸福，国际社会党"最恨的就是强权，只要是强权，不问国界、人种、宗教、语言、文字的分别，都要去革他的命；他们所最爱的就是自由，只要是自由，不问他们是强弱大小的民族都要去帮忙的。有时甲国的社会主义者帮乙国的社会主义者，去推翻乙国国内的强权。有时甲乙丙丁各国的社会主义者联合起来，去推翻戊国的强权"。这些推翻强权追求自由的国际社会党，是国际革命的重要力量。在中国不仅有国内的强权，而且有国际的强权，王光祈希望"各国的国际社会党及我们中国的国际社会党，先将这国际的强权推倒"，以实现中国人的自由，"这就是我主张国际革命的意思"②。王光祈在1919年2月提出他的国际革命观，也可以说是他的世界改造观。

最后，实行社会的政治改革。王光祈通过对中国现状的深入分析，认为政治改革之前应先下一番"预备的工夫"，使人们有能力进行政治改革。但他并不否定政治活动，还提出过许多政治改革的设想。1919年1月20日，王光祈发表《无职业的人不得干预政治》一文，指出中国的政治专由"吃政治饭的人把持"，由这种"与我们农工商学没有利害关系的人来管我们有密切关系的政治，自然没有不糟的"，因此，农、工、商、学都应该自己来管理政治。他又提出，以革命方式打倒强权。他说："我们老百姓

---

① 若愚：《国际的革命》，《每周评论》第10号，1919年2月23日。
② 若愚：《国际社会之改造》，《每周评论》第1号，1918年12月22日。

的头上是顶了三重强权，要想推倒强权只有一个简单法子，就是革命，革北方的命，革南方的命。"①

少年中国学会在宗旨中规定以社会活动来创造"少年中国"，但是部分会员早已开始从事政治活动，1921年南京大会上，更多会员趋向于政治活动，王光祈觉得会员的政治活动已无法回避，遂提出有选择的政治活动。他反对学会的政治活动，"专限于'做现在的官吏议员'，此外一切政治活动，我们皆极赞成"。具体地说，他赞成的政治活动分为两种：一种是文化的，另一种是武力的。但是，在这种政治活动之前应该下一番预备的工夫，以便让他们能自觉且有能力进行政治活动。② 20世纪30年代以后，他明确提出以政治改革社会的设想，"将社会设法加以组织，使国家军权财权等等一一移到社会手中"。为此他想借解决国防问题来实现。他草拟了《团练国防军》的册子，其内容是在征兵募兵制度之外，另立一法，将军权逐渐移入社会手中。并且要以"'筑固国防'为号召，以'实事求是'为精神，将中国社会加以根本组织，成为一种有机体，可以运用自如；一扫国内嚣张不实堕落不振之弊"③。

不难看出，王光祈不乏政治改革的设想，并且希望这种政治改革的主动权握于自己手里，以实现"社会的政治改革"，其实质是一种以社会活动为基础的政治改革。

三　社会改造思想的影响

王光祈基于以社会运动创建理想的"少年中国"的追求，不断探索中国改造问题，形成了系统的社会改造思想，而且部分付诸实践。他基于这种改革思想而提出的创造"少年中国"的理想、工读互助主义的试验方法以及礼乐复兴的理论和实践，都对当时及后来的中国社会产生了一定的影响。

一是对创造"少年中国"理想的影响。王光祈的"少年中国"的理想，不仅对会员有着巨大的凝聚力，使大批有志有为的青年团结在一起，为实现"少年中国"而共同奋斗，对五四时代的知识青年也起了巨大的鼓舞作用。

少年中国学会以"本科学的精神，为社会的活动，以创造少年中国"

---

① 若愚：《国际的革命》，《每周评论》第10号，1919年2月23日。
② 王光祈：《致左舜生》，《少年中国》第4卷第2期，1923年4月。
③ 舒新城：《哭王光祈兄》，《王光祈先生纪念册》，文海出版社1968年影印版，第50页。

第八章　五四时期社会改造思潮的个案研究　493

为宗旨。正是在创立"少年中国"的号召下，学会发展非常迅速，几年之间，成为五四时期会员人数最多、分布最广、影响最大的青年社团之一。会员之间"互相督策至严，且莫不以革新思想改造生活自勉共勉"，而且大多"以创造少年中国为己任"[①]。尽管随着社会变革的需要和会员信仰的不同，不少会员走上了政治变革的道路，但无论选择何种道路，无不以改革社会为目标，所以，中国近代社会的种种变化无不与少年中国学会息息相关。[②]

曾琦、李璜、余家菊等创立的中国青年党，后来成为三四十年代仅次于国共两党的第三大政党；毛泽东、李大钊、刘仁静、赵世炎、杨贤江、张闻天等人为改造中国而选择了科学社会主义道路，最终建立了新中国；王光祈、周太玄、魏时珍、田汉、宗白华、方东美等则在文化教育界为"转移末世风气"而奋斗，成为近代中国的文化和科学界的著名人物；香港船王卢作孚则成为中国近代实业救国的代表人物之一，为近代中国经济发展做出了巨大贡献。[③] 这说明，在王光祈"少年中国"理想的影响下，少年中国学会对近代中国社会发展起了重要作用，也可以说是后来中国一切革新运动的发祥地。

王光祈的"少年中国"理想在五四青年中也有相当大的影响。未曾与王光祈谋过面的舒新城在纪念王光祈的文章中说到，当时"讨论问题的新刊物，有如雨后春笋"。"在许多刊物之中，《少年中国》最为我所注意……而《少年中国》中，我又最同情于光祈兄的主张。《少年中国》创刊号中，光祈兄有篇题名《少年中国之创造》的文章，将他对于改造中国的意见系统地加以说明；而最适合我胃口的，就是所谓'书生之见'的不谈政治，专重社会事业与个人改造"，这种主张，"在当时未曾踏进真正社会之门的我看来，他却是一个精神上的同志了！"[④] 常燕生对王光祈的评价是："在中国文化史上他可以算是一个隐士"，"然而在我们这些五四时代的青年回忆起来，他却是当时青年运动的一个最伟大的先锋。近十余年来的中国一切大变革，都不能说不受他的影响"。并且说王光祈的死是"国难时期的中国的一个极大的损失"[⑤]。恽代英也深受"少年中国"理想的

---

① 黄仲苏：《王光祈与少年中国学会》，《王光祈传记资料》，(台北)天一出版社1985年版，第4页。
② 左舜生等撰：《王光祈先生纪念册》，文海出版社1968年影印版，第3页。
③ 左舜生等撰：《王光祈先生纪念册》，文海出版社1968年影印版，第26页。
④ 舒新城：《哭王光祈》，《王光祈先生纪念册》，文海出版社1968年影印版，第41—42页。
⑤ 左舜生等撰：《王光祈先生纪念册》，文海出版社1968年影印版，第25页。

影响。他在1919年致王光祈的信中说:"我信安那其主义(无政府主义)已经七年多了,我自信懂得安那其的真理,而且曾经细心研究",对"少年中国"的八字信条"已经是我两三年的信条了"①。"假如我配得上做你们的朋友,我实在诚心的愿做一个会员。"② 可见,王光祈以社会运动来改造中国,创造"少年中国",对当时的青年学生产生了不容忽视的影响。

二是工读互助主义及其试验的影响。王光祈综合各种社会主义思想形成的工读互助主义,主张用工读互助的方式来改造国民的生活习惯和文化心理。这种设想契合了五四时期知识分子的心态,反映了他们的要求和愿望,受到了他们的热烈欢迎。

当时的社会名流如蔡元培、陈独秀、李大钊、胡适、戴季陶也给予支持或帮助,成为工读互助团的发起人。蔡元培称赞少年中国学会是各种集会中最有希望的团体,称赞王光祈以工读互助团改造社会的办法,说:"现在少年中国学会的工学互助团是从小团体脚踏实地的做起。要是这种小团体一处一处的布满了,青年求学的问题便可解决。要是感动了全国各团体都照这样做起来,全中国的最重大问题也可解决。要是与世界各团体联合起来,统统一致了,那就世界最重大问题也统统解决了,这岂不是最大的希望么?"③ 在王光祈的《城市中的新生活》"发表后二三日,便有数十位同志来信愿从事此种生活;一星期以后,外省亦有许多同志来信讨论此事"④。接着,北京青年报名参加工读互助团者亦有数百名之多;杭州的施存统、俞秀松还专程去北京参加了工读互助团,认定"'工读互助团'的生活正是我们渴望实现的理想"。施统存为着实验新生活、实现改造社会的愿望才加入工读互助团的,而且希望联络各处同志,结成一个大团体,实行世界革命,最后实现改造社会,建立一个工读互助的社会。⑤ 毛泽东参观北京工读互助团后,决定去上海参加彭璜等人组织的工读新生活,更计划回长沙组织"自修大学"或"工读互助团",实行"共产的生活",采北京工读互助团的办法,以教课、投稿、编书、劳力的工作等来实现这种新生活。⑥ 无论是从学界的反应还是青年学生的参与热情来看,工读互助主义思想及其实践的影响非常之大。

---

① 《恽代英文集》,人民出版社1984年版,第109—110页。
② 恽代英:《恽代英日记》,中共中央党校出版社1981年版,第621页。
③ 蔡元培:《工学互助团的大希望》,《少年中国》第1卷第7期,1920年1月15日。
④ 张允侯等编:《五四时期的社团》(二),生活·读书·新知三联书店1979年版,第370页。
⑤ 张允侯等编:《五四时期的社团》(二),生活·读书·新知三联书店1979年版,第424页。
⑥ 中共中央文献研究室等编:《毛泽东早期文稿》,湖南人民出版社2008年版,第429页。

北京工读互助团成立以后,工读互助主义对团员的思想产生了重要影响。施存统曾谈到团员的见解大致是相同的,都承认工是劳力,读是劳心,互助是进化;工读互助,是人的生活;工读互助团,是做人的团体。"我们以为要做人,就要实行工读互助。""一面劳力,一面劳心;终身工作,终身读书,这是我们对于工读互助团的信念"。① 工读互助团里的女性也把它看成是"吾们女子求独立的机会,改革旧家庭的初步"和"打破依赖的旧观念,由彻底觉悟造就社会的新生活"的好机会。

受工读主义的影响与北京工读互助试验的推动,各地纷纷成立了工读互助团体。如武汉的利群书社、上海的工读互助团、毛泽东在长沙筹备的自修大学,等等,都是以王光祈的工读互助主义为宗旨。

北京工读互助团的章程就是以王光祈的《工读互助团》为纲领性文件,而各地的工读互助团又均以北京工读互助团章程为蓝本。如南京师范学校工读互助团章程,大部分是北京工读互助团的翻版;上海工读互助团,其宗旨基本上是沿用北京的工读互助团的章程。② 彭璜在上海发起工读互助团时说:"上海的工读团失败,就是我组织的失败,我组织失败的罪恶。我个人的失败还不要紧,怎能对得起陈先生、王先生等提倡工读主义的热心。"③ 可见王光祈以工读互助团改造社会的试验,对青年学生影响之大。

但是,由于工读互助主义本身具有空想性,工读互助团最终走向失败。王光祈本人出国后走上了音乐救国的道路,一部分共产主义者从工读互助团的失败中吸取教训,走上了把马克思主义同中国工人运动相结合的道路。可以说,工读互助团运动是王光祈创造"少年中国"的初次试验,试验的失败也影响了学会的发展,但更重要的是促使了一部分会员走上了社会主义的道路。

---

① 张允侯等编:《五四时期的社团》(二),生活·读书·新知三联书店1979年版,第424页。
② 参见李永春《〈少年中国〉与五四时期社会思潮》,湖南人民出版社2005年版,第193—195页。
③ 张允侯等编:《五四时期的社团》(二),生活·读书·新知三联书店1979年版,第455页。

第九章　五四时期社会改造思潮与其他社会思潮的关系

五四时期的社会改造思潮是一种庞杂的思想潮流，其中既有顺应历史发展的主流思潮，也有违背历史发展趋势、与主流社会思潮相背反的思想逆流，还有依违其间的支流思潮。而无政府主义、民主主义和马克思主义，都是社会改造思潮的重要理论来源，而且先后成为中国社会改造的主流思想，它们在一定程度上、一定时期内的离合与嬗递，又左右或影响社会运动的发展进程，因此，与社会改造思潮呈现出复杂的关系。

第一节　社会改造思潮与无政府主义的关系

无政府主义是中国近代社会主义的一个重要流派，是五四时期社会改造思潮的重要理论来源之一。无政府主义者在宣传和探索无政府革命的过程中提出了社会改造的目标、目的和手段、方法，找到了改造社会的依靠力量，使无政府主义成为社会改造思潮的主流思想之一。无政府主义者的社会改造活动和理论宣传，与共产主义者、民主主义者、国家主义者既有趋同的一面，也存在明显的分歧乃至冲突，使社会改造思潮的理论更加复杂化，同时也出现分化的趋势。

一　无政府主义是社会改造思潮的重要流派

作为社会改造思潮的重要流派，无政府主义不仅提出了各种社会改造方案和行动纲领，而且在改造目标的设定、改造手段的探索、改造力量的确认和改造运动的成效等方面有其独到的贡献。在三民主义和共产主义成为社会改造的主流思想之前，无政府主义一直充当着社会改造的主流思想，在受到三民主义尤其是共产主义的批判后，逐渐衰微。

1. 无政府主义的社会改造思想

无政府主义被奉为"真正的社会主义"。如长沙安社说:"当此纷乱极矣的中国社会,以言改造,以言革命,果用何种工具乎?吾人所采用之工具,果应根据何种学理乎?说者谓改造今日之中国,宜采用社会主义也。然社会主义之派别甚多,蛛丝马迹,不可捉摸。若宗教式的社会主义,假冒牌的社会主义,类皆淆乱是非,颠倒黑白,非具有卓越之眼光,高深之学识的人,鲜有不误入歧途者。""至此而非有真正的社会主义,非有真正的社会主义之书,出而发阐真理,另辟自由之路,是乌可者,是乌可者?!真正的社会主义者何?放之四海而皆准的世界惟一的无政府主义是也。"①无政府主义作为"真正的社会主义",也是中国社会改造运动的重要表现。《新社会》发表的《现代的社会改造运动》一文,认定安那其(Anarchism)运动是最彻底、最激烈的社会改造,"他们是想从根本上把现社会改造过的,无论是宗教、道德、家庭、经济的一切组织,他们都想完全推倒他,实现一种'各尽其力,各取所需'的新社会"②。因此,无政府主义提出最彻底的社会改造理想,喊出"根本改造""彻底改造"的口号,使社会改造思潮更趋激烈,成为一种过激主义。当种种个人道德修养的实践作为完善社会的手段不断碰壁时,社会改造的观念在中国激进知识分子的心中占据了更为显著的位置。③可以说,无政府主义也是近代中国最早流行的改造社会理论。

不仅如此,无政府主义为社会革命或改造提供了思想指导。无政府主义者鼓吹绝对平均主义,反对一切权威、一切国家,反对私有财产制度。因此,他们把军阀的反动统治、人们遭受的苦难,都归结为政府和国家的罪恶,一旦废除罪恶的国家和政府,自由民主的美好的共产主义社会就可以实现。因此,在五四时期的各种"主义"中,无政府主义始终是激进左派的思想,它力图指引文化革命朝着社会革命的方向发展,把文化改革看作促动中国向社会主义发展的手段,并且希望,至少在理论上,文化革命不再局限于知识分子的范围,而是要扩展到平民。④瞿秋白在《多余的话》中描述说:"一九一八年开始看了许多新杂志,思想上似乎有相当的进展,

---

① 长沙安社翻印:《民声》"序言"。转引自张允侯等编《五四时期的社团》(四),生活·读书·新知三联书店1979年版,第283—284页。
② 郑振铎:《现代的社会改造运动》,《新社会》第11号,1920年2月11日。
③ 顾昕:《无政府主义与中国马克思主义的起源》,《开放时代》1999年4—6月号。
④ 〔美〕阿里夫·德里克:《中国革命中的无政府主义》,孙宜学译,广西师范大学出版社2006年版,第169页。

新的人生观正在形成。可是，根据我的性格，所形成的与其说是革命思想，毋宁说是厌世主义的理智化。所以最早我同郑振铎、瞿世英、耿济之几个朋友组织《新社会》杂志的时候，我是一个近于托尔斯泰派的无政府主义者，而且，根本上我不是一个'政治动物'。"当时，无政府主义成为进步知识分子改造社会的"革命思想"，也成为社会改造的重要思想流派之一。

2. 无政府主义改造社会的方案

无政府主义提出了社会革命或改造的目标。无政府主义者主张个人绝对自由，反对一切强权和国家，幻想建立无政府主义社会。这也是他们的奋斗目标。而且，他们以组织或政党的名义，提出了具体的革命目标及其实现目标的手段。在1914年7月发表的《无政府共产主义同志社宣言书》说："无政府共产主义者，主张灭除资本制度，改造共产社会，且不用政府统治者也。质言之，即求经济上及政治上之完全自由也。""资本制度者，平民第一之仇敌也，而社会罪恶之源泉也。""吾人为欲实现无政府共产之社会，所用之唯一手段曰'革命'。""人类之罪恶，实生于社会制度之不良。吾人改造现社会之组织，即所以灭除人类罪恶之根苗。改造社会，即同时改造个人。……总之，无政府共产乃人类天性生活之本则，社会进化之要道，亦为二十世纪不可避之趋势，吾人可无庸疑虑者也。"又说，无政府共产主义的要义是反对强权，建立理想之社会，实行生产资料公有制，实现各尽所能，各取所需。① 这里描述了无政府主义的革命目标和理想社会，也就是社会改造的目标，即"灭除资本制度，改造共产社会"，"实现各尽所能，各取所需"。同时提出了社会改造的手段和方法，即"革命"，包括改造社会和改造个人。也可以说这就是他们的社会改造纲领。

后来的无政府主义代表人物区声白提出了无政府主义的行动纲领。例如《中国目前的政治问题如何解决》，首先分析了人民痛苦的原因：一方面，现在的政治制度把全国大权集中于少数人手里，而大多数的民众绝对没有自由参与的机会；另一方面，资本制度把一切生产机关集中于资本家之手，工人每月所获得的利益大部分为资本家掠夺而去。其次提出为人民谋幸福的办法：一方面谋政治上的改造，另一方面更谋经济上的改造。改造的原则，不外由最不自由而进于较为自由。其要点为：（1）废除一国的

---

① 中国第二历史档案馆编：《中国无政府主义和中国社会党》，江苏人民出版社1981年版，第10—12页。

及一省的军阀官僚统治制度，实行各地市民自治，而后合各自治的村市而为全国的民族大联合。(2) 废除资本制度，把一切生产机关收归生产的劳动者所公有，唯生产的劳动者方得享有及使用之权。其理论依据是：自政治学说方面来说，国家的权力愈小，人民的自由愈多，所以在国家尚没有废止以前，欲求人民之幸福者，首先削减国家之权力，而至于最小限度。自经济学说方面来说，一己劳力所得之结果，其利益属于一己之所有，或属于一己愿与之人所有，则其人必尽力于劳动，而使生产增高。所以"市民自治""产业公有"实为达到自由和平等之要路。① 这种关于中国政治问题的解决方案，也是无政府主义的革命纲领。其中提出了改造社会的方法、途径、原则及其理论依据，也可以说是无政府主义者改造社会的行动纲领。

不仅如此，《无政府共产主义同志社宣言书》还提出了无政府共产党的目的，大意为：（1）一切生产要件如田地、矿山、工厂、耕具、机器等，悉收归社会公有，由生产家得自由取用。（2）无资本家与劳动家之阶级，人人皆当劳动。劳动所得如食物、衣服、房屋以及一切用品，亦均为社会公物，人人皆得自由取用之。（3）无一切政府、军队、警察与监狱，无一切法律规条。（4）自由组织种种公会，以改良各种工作及整理各种生产，以供给于众人。（5）废婚姻制度，废去一切宗教及一切信条。（6）学校教育采适宜之万国公语，以渐废去各国不同之语言文字，而远近东西全无界限，等等。并且特别声明："这是本世纪初中国大乌托邦主义者的宣言书，当然也是世界无政府主义的共同理想。"② 《宣言书》无疑是无政府革命的纲领性文件。从无政府共产党的目的与手段来看，既是之前无政府主义者革命经验的总结，也是之后无政府主义者的革命方向，成为他们改造社会的方案。

3. 无政府主义改造社会的手段和方法

中国的无政府主义者的革命手段与他们所接受和信奉的无政府主义理论有关，如无政府个人主义、无政府工团主义和无政府共产主义等不同派别和理论，在革命手段和方法上明显表现出激烈革命与温和革命的分野。但是，无政府革命是他们的共同目标，也是他们改造社会的主要

---

① 声白：《中国目前的政治问题如何解决》，《民钟》第 1 卷第 5 期，1923 年 7 月 10 日。转引自葛懋春等编《无政府主义思想资料选》（下册），北京大学出版社 1984 年版，第 635—636 页。

② 中国第二历史档案馆编：《中国无政府主义和中国社会党》，江苏人民出版社 1981 年版，第 13—15 页。

手段。前述《无政府共产主义同志社宣言书》提出实现无政府革命的手段是：（1）用报章、书册、演说、学校等，宣传无政府主义。（2）在宣传时期，视时势与地方情况，可兼用抵抗和扰乱两种手段。前者如抗税、抗兵役、罢工、罢市等，后者如暗杀暴动等。（3）宣传成熟后，发动平民大革命，推翻政府及资本家，改造正当之社会。（4）平民大革命即世界大革命。① 这些手段在不同的革命阶段有所侧重，但是宣传与暴动始终是他们最主要的革命手段。

具体说来，无政府主义宣传是社会革命或改造的主要手段之一。无政府主义者特别注重文字宣传，先后出版了许多宣传小册，介绍各国无政府革命的领袖人物及其革命活动，灌输无政府主义思想。他们把宣传无政府主义作为推动无政府革命的手段。有人说："在我们的传播时期当中，激烈的手段是不能免的，而且不必免的，因为我们要鼓动风潮，或者简直是要威胁政府，所以我们不问手段，只管尽力做那传播的工夫。"② 他认为，文字宣传足以扫除俗人之错误观念，灌输以真理，把人心潜移默化，不致为革命实行期之阻力，所以，任何革命运动无不以文字宣传做开路先锋。辛亥革命之容易成功，多归功于报章杂志之鼓吹。"新俄之宣传共产主义，亦可见传单小册比炮弹为重要。"吴稚晖公开地说，"苟使中国人而洞知此义，则君主一层之理障，可以全撤。于是推倒满洲政府，固当毫无迟回，即建立共和民主，自必目为平常矣。所以欲坚决革命党责任心者，莫若革命党皆兼播无政府主义。"③ 实际上，"吾人以文字宣传吾主义，亦既二十余年矣。今日人心之披靡，风潮之膨涨，此昏聩之政府亦值得搓其醉眼，彷徨惊骇；知有吾人主义，亦未始非历年来无形毛瑟，有以震惊之也"④。因此，无政府主义宣传还是颇见成效，对社会革命或改造起了重要作用。

关于无政府主义传播的方法，有无政府主义者总结说："安那其主义入中国，到现在已有十余年了。这十余年来，奔走呼号，辗转传播他的人，也不为不多了。初有师复、哀鸣。一创办《民声》于广州，抵触异端，阐明其理，虽联合同志不多，而其精神超乎吾人料想之上。当时之军国主义与不彻底的社会主义，被其迎头痛斥，身无完肤。今日谈主义的

---

① 中国第二历史档案馆编：《中国无政府主义和中国社会党》，江苏人民出版社1981年版，第13—15页。
② 朱谦之：《无政府革命的意义》，《北京大学学生周刊》第17号，1920年5月23日。
③ 四无：《无政府主义可以坚定革命党之责任心》，《新世纪》第58号，1908年8月1日。
④ 克劳：《吾人二十年来之传播品》，《互助》第2期，1923年4月15日。转引自张允侯等编《五四时期的社团》（四），生活·读书·新知三联书店1979年版，第325页。

第九章　五四时期社会改造思潮与其他社会思潮的关系　501

人,见着同志们奄奄一息,几无生气,未有不联想于斯时之盛也。一著《极乐地》一书,以为传播之工具,旋还于长江流域各省,办新村于江西,执教鞭于湖北,皆其传播之历程也。继而小我等树益社之帜于四川达县,设医院以容纳同志,当时虽无多大成绩可言,然其种子已下,潜隐之势力已在其中伏滋暗长矣。自此以后,安那其之团体接踵而出,在四川有适社、人声社、半月社、均社、沪隆明社、民锋社、同社、无共社、青年互助团、红社、引社、平平社、益社;在湖北有武汉明社、人道学社;在湖南有大同合作社、安社;在南京有安社;在北京有无政府党同盟;在广州有民声社;在上海有新组织之道社;其余繁多,一时我也记不起了。总之,在中国传播安那其的同志,实不下数千人。以这么多的团体和同志去耕耘,而得的收获不过如斯,虽然有种种障隘,而传播之方法未能尽善,亦不能说非其重要原因之一。"① 从无政府主义传播的成绩可以看出其宣传的社会影响,也可见无政府主义在社会改造中的成败得失。施存统在《浙江新潮》发表著名的《非孝》一文,就是受到了克鲁泡特金的著作以及无政府主义刊物《进化》等的影响,相信无政府主义,觉悟到"改造社会,非从根本改造不可"。于是首先朝家庭制度开了一炮:"我的非'孝',目的不单在于一个'孝',是要借此问题,煽成大波,把家庭制度根本推翻,然后从而建设一个新社会。"② 此为无政府主义宣传对社会改造思想影响的例证。

教育也是无政府革命的重要手段。无政府主义者吴稚晖明确地说:"无政府主义之革命,无所谓提倡革命,即教育而已;更无所谓革命之预备,即以教育为革命而已。其实则日日教育,亦即日日革命。"至于教育的内容,就是"以真理、公德所包之道德,即如共同博爱、平等、自由等等,以真理、公德所包之智识,即为实验科学等等,实行无政府之教育"③。可见,教育就是无政府革命的内容,无政府主义宣传和教育就是他们改造社会的手段。

"心理革命""思想革命"也是无政府主义改造社会的手段。有谓:"中国无政府党现在最大的、唯一的任务,是'心理革命'、'思想革命'、精神的改善、个人的修养。"④ 无政府主义者热衷于鼓吹自治,认为"民众

---

① 晓星:《怎样宣传安那其主义》,《互助》第 1 期,1923 年 3 月 15 日。
② 《北廷查禁浙江新潮电》,上海《民国日报》1919 年 12 月 15 日。
③ 燃:《无政府主义以教育为革命说》,《新世纪》第 58 号,1908 年 8 月 1 日。
④ 华林:《社会革命底目的和方法》,《国风日报》副刊《学汇》第 142 期,1923 年 3 月 18 日。

自治的势力愈膨胀,中央政府的势力愈薄弱",那时"只消宣言一下否认政府的存在,正式施行我们民众的社会组织,我们安那其士姆的社会就实现了"①。有的强调"自我改造",说:"今后的大革命,先莫革政府的命,须用全力革民间的命。"所谓"革民间的命",就是提高人民的程度,"顺着潮流,一步一步地和平改造,使他自然走到那一步"②。有的强调道德救世,认为无政府主义应以宣传文艺为中心,"以感情消灭一切阶级",通过"中兴文艺的旗帜……无论是什么人都要归降在美的旗帜之下。如此世界,当然没有阶级、国界可说"③。还有的鼓吹"新村""合作运动""教育革命",甚至主张通过推广"世界语"达到消灭阶级和民族隔阂,乃至消灭战争的目的。从中可见,无政府主义者希望用点滴的社会改良取代社会革命。

也有的无政府主义者宣传和采取激进的革命手段,主要有暴动、罢工、示威、暗杀、拒租、抗租。革命利器为手枪、炸弹、头颅、尸体、腥血、汗泪。④ 有人还提出诸如"见几的革命运动"、暗杀的革命运动、造谣的革命运动、军队的革命运动等开展革命运动的方法。所谓"见几的革命运动",就是宣传。有谓:"我觉得现实社会制度下的群众的一举一动,都与无政府共产主义运动和宣传有关系,我们的革命运动就是从这种关系中发生出来。"作者认为,"造谣的革命运动"也是宣传无政府主义。"军队的革命运动"就是运动军队。"中国是兵多的国家。兵是最有力的分子,设若我们把他们唤醒了,那革命的成功,势如反掌之易。因为他能直接打倒军队、政客,推翻政府,那么那些资本家和产业家都失了保障,而经济上的自由,也就不难恢复了。可见军队的革命运动,还是一个最要紧、最得力、而积极可图的革命运动。"这些方法含有广义的性质,兼有狭义的性质,所以无时无地无一个革命运动者不可实施。而且这些方法的应用,有时是有关系的,有时是独立的,不过任我们在革命运动时视各方具体情形而定。"因此,我对他十分相信有很大的效能,——促成我们无政府共产的革命,早告我们革命的成功,——愈足以鼓勇我奋斗的精神,使我不

---

① 非子:《自自治出发的"革命运动"》,《国风日报》副刊《学汇》第 177—180 期,1923 年 4 月 24—27 日。
② 哀鸣:《答怀疑无政府主义者》,《鸡鸣》第 1 期,1923 年 6 月。转引自葛懋春等编《无政府主义思想资料选》(下册),北京大学出版社 1984 年版,第 695—696 页。
③ 华林:《文艺中心说》,《民钟》第 2 卷第 4、5 期合刊,1927 年 5 月。转引自葛懋春等编《无政府主义思想资料选》(下册),北京大学出版社 1984 年版,第 741 页。
④ 《徐州安琪儿:呱呱!》,《学汇》第 174 期,1923 年 4 月 21 日。转引自张允侯等编《五四时期的社团》(四),生活·读书·新知三联书店 1979 年版,第 237 页。

能不努力前驱,预备我最后的奋斗,为我高尚纯洁的人道主义而牺牲!"作者号召青年志士"快洒我们的热血,快掬我们的精诚,大勇猛、大无畏地去奋斗罢!我们本着三个必备的条件——决心、忍耐、牺牲——去革命罢"①。这表明,无政府主义者对革命方法极其重视,不仅是理论的研究,而且希望付诸实践。

此外,个人改造也是无政府主义者共同的革命手段和方法。无政府主义主要是通过个人的道德修养,以适应无政府社会之道德期望,造就无政府社会之新民。有谓,要改造社会,就从改造个人起。要改造别人,就从改造自己起。"倘各人都从事改造自己,……自己的思想行为都改变了,他们自然会与现在的社会制度冲突的。这样的人越过越多,这样的冲突越过越厉害,久而久之,自然爆发了,这便是革命。"② 因此,无政府主义者坚持从个人改造到社会改造的思路,主张改造社会当先改造自己;先改造自己的思想,使社会改造有了具体的目标。可以说,无政府主义改造社会的主张,集中体现在他们所谓的"万能的革命"。

4. 无政府主义改造社会的依靠力量

无政府主义者宣传无政府革命的意义,就是"以劳工为革命的原动力,由他直接行动,把一切生产要件如田地、矿山、工厂、机器等等,都收归社会公有,因而废除私有财产制度"③。基于此,他们主张深入工农,发动工农运动,极力提倡"循一正正堂堂之路,脱卸长衣,或入工场,或为农人,或往服兵(惟千万不可作军官)"。并且乐观地认为:"倘志士能依此法,不出数年,中国革命之基础,必能成立矣。"④ 他们特别注重劳工运动,把劳工作为革命的原动力,将劳动提到神圣的地位。在1911年发表的《中国社会党宣告》提出"劳动者,神圣也",此为"劳工神圣"说在近代中国之首倡,在近代思想史上具有里程碑的意义。无政府主义者不仅肯定劳工的社会地位,以劳工为改造社会的主要力量,而且还提出了多种宣传组织工人运动的方法,对中国工人运动具有开创意义。⑤ 可以说,无政府主义者在社会革命力量方面也做了有益的探索,为社会改造思想发

---

① 血钟:《革命运动》,《互助》第1期,1923年3月15日。
② 〔法〕格拉佛著,苇甘译:《万能的革命》,《民钟》第1卷第14期,1926年1月。
③ 朱谦之:《无政府革命的意义》,《北京大学学生周刊》第17号,1920年5月23日。
④ 《张继君由伦敦来信》,《衡报》第4号,1908年5月28日。转引自葛懋春等编《无政府主义思想资料选》(上册),北京大学出版社1984年版,第152页。
⑤ 李怡:《近代中国无政府主义思潮与中国传统文化》,华中师范大学出版社2001年版,第181—182页。

展找到了正确的方向。

有的无政府主义者还喊出以"直接行动"铲除一切"真理障碍物"的口号。所谓"直接行动",就是联合我们的工团,把资本家从前掠夺工人据为己有的生产机关,如土地、工场、机器等和管理权一概收归公有,大家协同工作,共同生活,依着"各尽所能各取所需"的原则去自由生产、自由消费,造成一个真正"共产主义"的社会,普及"全人类的正当生活和幸福"。其中对付资本家的手段,一面是罢工、罢市、抗兵、抗税,一面是努力、互助,拼命和他们奋斗,誓达"共产主义"的目的。① 他们所谓"共产主义",就是无政府共产主义。不过,也有无政府主义者承认阶级斗争,提倡所谓社会革命。有谓:过去社会党中有害怕社会革命,只想在劳资两阶级中求妥协调停的,"但自李宁(列宁——引者注)托罗斯基(托洛茨基——引者注)振臂一呼,把从前所认为空想的阶级斗争竟实现起来,于是劳动者才如梦乍醒,知道社会革命必不可免,而阶级斗争实是解放无产者的方便法门"。当然,他们认为俄国革命还不彻底,只是无产者解放的初步,最后的胜利还要靠"无政府革命的实施",希望劳动者"从此更不妥协,更不退转,更不从事于政治活动,然后拿极激烈、暴动的革命手段,去和资本家永远为敌……去运动世界的总同盟罢工。"② 这样,无政府主义者一面高唱"社会革命",一面蔑视俄国社会主义革命;一面提倡总同盟罢工和激烈的暴动手段,一面发誓"更不从事于政治活动",构成无政府主义的理论及其与革命运动的矛盾冲突。因此,他们所谓"直接行动"更具有思想史的意义,对社会改造从思想向实践转变起了一定的推动作用。

从无政府主义对俄国革命的态度也可以看出,无政府主义与马克思主义在革命手段上存在明显分歧。有无政府主义者指出:"无政府主义,欲为劳动者谋幸福,必先尽去资本家并颠覆一切政府。""不用国家政治之力,惟依劳动者固有之力,出以相争。"马克思的社会主义则欲借政府之力,化土地财产为公有。无政府主义认为,政府是加于人民的暴力,是无政府党所反对的。③ 因此,无政府主义者反对工人参加政治运动,反对工人阶级建立无产阶级政权。但也有无政府主义者参与和组织工人运动,例

---

① 志平:《直接行动》,《光明》第 1 卷第 1 号,1921 年 12 月。转引自葛懋春等编《无政府主义思想资料选》(下册),北京大学出版社 1984 年版,第 593 页。
② 朱谦之:《劳动节的祝词》,《北京大学学生周刊》第 14 号"劳动纪念号",1920 年 5 月 1 日。
③ 高军等编:《无政府主义在中国》,湖南人民出版社 1984 年版,第 23、24 页。

如广州无政府主义者领导成立了茶居工会和理发工会；在长沙，无政府主义者组织了劳工会，领导工人开展经济斗争。但是，大多数无政府主义者反对工人参加政治活动，实际上反对用阶级斗争和无产阶级专政的方法改造社会，从而局限了工人运动的发展，阻碍了工人阶级觉悟的提高。《民声》发表《"阶级战争"和"平民专政"果适用于社会革命吗?》一文，批评社会改造家：为什么要改造这社会？无非是大家见了社会中的不平、痛苦、危亡的现象，渐渐地向死亡方面进行，不得不设个法子来补救。换句话说，就是救"社会死亡"。"社会改造的动机，既是这样来的，那么，改造的目的，一定也是向救死亡的方法上去要求，这也是一个不可移的道理。"无政府主义者认为，现在各派改造家所用的手段虽各有不同，然总没有像马克思教条里的"阶级战争""平民专政"这两句话容易使人迷惑而易生危险，所以研究社会问题的人们"不可不详细审慎"①。黄凌霜更是明确表示"极端反对马克思主义的集产社会主义"，并要求人们信奉无政府主义，"不要信奉集产主义"②。他在《马克思学说批评》中，以伯恩斯坦和克鲁泡特金的理论为据，反对马克思主义的无产阶级专政理论和社会主义分配原则，主张"各取所需"的绝对平均主义。③ 这表明，无政府主义与马克思主义在社会改造问题上存在对立和冲突；也说明，无政府主义者对社会改造问题还是有其独到的认识，对社会改造思想发展也有特别的贡献。

总的说来，无政府主义的社会改造思想具有自己的特色。在改造目标上，提出所谓"三无主义二各学说"，即"所谓三无者，无政府、无家庭、无宗教也；所谓二各者，各尽所能，各取所需也"④。在改造手段上，主要是宣传、感化、暴动、暗杀等。"若无政府党，则以推翻强权为职志，除传播主义实行革命之外，皆非无政府党所有事。"⑤ 在改造对象上，反对一切强权，既反对外国帝国主义的侵略，也反对本国封建军阀势力。在改造力量上，无政府主义者将"劳农革命"作为达到无政府社会的手段之一，因此特别注意观察工农生活，向他们宣传一些社会主义和共产主义的基本

---

① 《"阶级战争"和"平民专政"果适用于社会革命吗?》，《民声》第33号，1921年7月。转引自葛懋春等编《无政府主义思想资料选》（下册），北京大学出版社1984年版，第587—590页。
② 凌霜：《评"新潮杂志"所谓今日世界之新潮》，《进化》第1卷第2号，1919年2月20日。
③ 凌霜：《马克思学说批评》，《新青年》第6卷第5号，1919年5月。
④ 师复：《无政府共产主义释名》，《民声》第5号，1914年4月11日。转引自葛懋春等编《无政府主义思想资料选》（上册），北京大学出版社1984年版，第282页。
⑤ 《师复文存》，广州革新书局1928年版，第42页。

观点，也研究和报道俄国革命和世界工人运动，在中国早期工农运动方面也做了一些开创性的工作。另外，无政府主义主张彻底改造社会、建立美好社会制度；注重改造个人，培植民德；不信任政治、排斥暴力，在一定程度上顺应了当时先进知识分子改造社会的愿望和要求，因此影响和吸引了一大批知识分子投身社会改造运动。

二　无政府主义的思想分化

中国的无政府主义者主要接受欧美流行的各派无政府主义思想，并且附会、结合中国传统的社会主义思想学说，形成中国式无政府主义。因此，其内部的思想分歧在中国革命或社会改造问题上也表现出来，而且随着社会改造思想和运动的发展，无政府主义的思想分化是不可避免的。

作为社会主义流派，无政府主义与马克思主义在中国改造问题上曾经有一定的思想联系和共同行动。最初无政府主义希望与马克思主义等派别采取联合革命的手段，达到实现世界革命的目的。区声白在答陈独秀对于无政府主义的疑问时提出："我以为现在在中国万恶社会制度之下，无论是马克思党也好，克鲁泡特金党也好，应该各自努力推翻旧社会，至于社会的组织问题等将来再行实际的解决罢。不可因为将来对于社会组织的意见的不同，便要互相非难，给反对党莫大之便宜，这是我切盼的"。[①] 以推翻现在恶社会为共同目标，各派主张应联合革命。但是，这一主张遭到其他无政府主义者的反对，表明无政府主义者与马克思主义者对于社会改造或革命存在根本的分歧。

共产主义者对无政府主义者的态度也是如此。如凯旋公开提出，由马克思的著作《哥达纲领批评》可以看出，马克思与克鲁泡特金在目的上是一致的。"如若无政府主义者能采取初步共产主义的手段，那末，不只是我们的朋友而且是我们的一家子。无政府主义者的革命精神，牺牲态度，我们是异常佩服的。无政府主义在中国历史比较长一点，对于运动上经验也一定多一点，所以我很希望无政府主义者改变空想的，盲目的态度，同我们携手，一致对敌。"[②] 李达对无政府主义作了深入的解剖，认为"无政府党是我们的朋友，不是我们的同志。无政府要推倒资本主义，所以是我们的同志。无政府党虽然要想绝灭资本主义，可是没有手段，而且反不免

[①] 区声白：《答陈独秀君的疑问》，《学汇》第104—109期。转引自《五四时期期刊介绍》第三集，生活·读书·新知三联书店1979年版，第257—258页。
[②] 凯旋：《共产主义者所应取的态度》，《先驱》第2期，1922年2月5日。

有姑息的地方,所以不是我们的同志。"① 这也是共产主义者对无政府主义者的真实态度。

马克思主义与无政府主义在思想理论上存在根本分歧,在实际运动中也表现出明显的分歧乃至斗争。特别是无政府主义者反对政治、反对马克思主义的国家学说和无产阶级专政,因此马克思主义与无政府主义展开论战。陈独秀批评无政府主义说:"我们应该觉悟,我们唯一的使命只有改革社会制度,否则什么个人的道德,新村运动,都必然是无效果的;因此我们应该觉悟,非个人逃出社会以外,决没有绝对的自由,决不能实现无政府主义。"② 马克思主义者对无政府主义者的批驳,表明他们对无政府主义的态度发生了变化,也预示着两者之间从思想到行动的分离,或者说无政府主义者内部发生分化。

无政府主义者出于社会革命的需要,在中国最早开展工人运动。他们也注重劳工宣传,把总同盟罢工视为无政府的收效最速的实行方法,在近代中国,最早把劳动问题与社会改造的理想联系起来并付诸实施。在中国共产党成立和开展工人运动之初,无政府主义者是从事工人运动的主要政治派别之一。③ 中共二大提出,要随时与无政府党合作开展工人运动,要求全党同志在工会工作中"不得任意引导工人脱离已成的工会。我们的战术是要在他们势力十(下)的工会里面,渐渐积成势力,推翻国民党、无政府党或基督教的领袖地位,自己夺得领袖地位。"④ 中国共产党成立伊始就制定了与无政府主义者合作开展工人运动的方针,实际上是共产党与无政府党及其他党派在劳动运动方面结成一个联合战线。在工人运动方面,无政府主义派之所以成为中国共产党暂时的同盟者,原因有三:一是当时无政府主义者的主要斗争对象是帝国主义、封建军阀、卖国政府,这是合作的共同基础。二是无政府主义作为一种社会主义思想传入中国,并且最早把社会主义宣传转向工人运动,并投身于工人运动,因而影响了一大批热血青年和工人群众。三是无政府主义者的积极态度也使合作成为可能。许多无政府主义者反对无产阶级专政,又认为当时两派在反对"现存旧制度"上是一致的,因而主张对共产主义者暂时"要表示欢迎",以便借他们的努力来破坏这些黑暗制度。也可以说,在社会改造方式和力量方面有着共同性。

但是,无政府主义批评马克思主义的唯物史观和阶级革命,反对俄国

---

① 江春:《无政府主义之解剖》,《共产党》第4号,1921年5月7日。
② 陈独秀:《答区声白的信》,《新青年》第9卷第4号,1921年8月1日。
③ 陈独秀:《共产党在目前劳动运动中应取的态度》,《广东群报》1922年5月23日。
④ 中央档案馆编:《中共中央文件选集》第1册,中共中央党校出版社1989年版,第81页。

革命，反对共产党宣传的阶级革命和无产阶级专政，也反对国民党的三民主义。自称"血钟"的无政府主义者在1923年咒骂陈独秀和孙中山："现在这个乌天黑地的中国里面，那些半兽半鬼的人群当中，倡什么三民主义的孙中山，什么过激主义的陈独秀和他的走狗，以及假冒的无政府共产党，都是戴着假面具的东西呢！强权家算不得我们希罕的仇敌，象他们这些戴着假面具而拥护强权的东西，才是我们深恶痛绝而无留有余地的真仇敌呵！"因此，"他们不消灭，世界就会永远没有光明的一日，我们就永远得不到真正的人生幸福了！"他号召"我们现着本来面目的同志哪里去了？快把手枪向着他们射击罢！快把炸弹向着他们掷去罢！"① 他们是把民主革命领袖孙中山和共产党领袖陈独秀看成比帝国主义和封建军阀政府更为可恨的敌人，表明无政府主义与民主主义和马克思主义从思想对立发展到政治斗争，形同水火，势不两立。

随着社会改造运动的深入发展和三民主义、马克思主义宣传的不断深入，无政府主义在社会改造思潮和运动中逐步走向衰弱，社会改造阵营因此出现分化与重组之势。在国共两党实行合作前后，无政府主义者进一步分化。一部分受无政府主义影响的青年抛弃了无政府革命的信仰，投身国民革命。另一部分无政府主义者仍然坚持必须无政府革命立场，认为当时的国民革命"并不是革命"，只是"南方军阀与北方军阀的私斗"，"无政府党不该过问，不该加入"。还有部分无政府主义者认为国民革命虽不是无政府革命，但"我们若投身到中国革命的漩涡里去，虽不能立刻使无政府的社会实现，但至少能使中国民众与无政府主义的理想接近一点，使这次运动多少带上无政府主义色彩。这样比袖手旁观地在旁边攻击好得多了。"② 上述几种对立观点，注定了无政府主义阵营分化的结局。有的无政府主义者因此认为，"社会主义与安那其共产主义实同类而异派"③，可以携手。这种所谓"安马合作"（安那其与马克思主义合作）或"安布携手"（安那其与布尔什维克携手），遭到了许多无政府主义者反对。也有的无政府主义者提出"对于国民党，暂时认为是友党，予以同情，不加攻击"④，这实际上是

---

① 血钟：《一封答复同志的信》，《互助》第2期，1923年4月15日。
② 惠林、苇甘、君毅：《无政府主义与实际问题》。转引自葛懋春等编《无政府主义思想资料选》（下册），北京大学出版社1984年版，第838页。
③ 陈小我：《我的安那其主义观》，《学汇》第215期。转引自蒋俊、李兴芝《中国近代的无政府主义思潮》，山东人民出版社1991年版，第303页。
④ 惠林、苇甘、君毅：《无政府主义与实际问题》。转引自葛懋春等编《无政府主义思想资料选》（下册），北京大学出版社1984年版，第848页。

"安国合作"的前声。

所谓"安国合作",就是安那其(无政府主义)与国民党的合作。这是在1924年由国民党中的无政府主义派吴稚晖提出的。此前无政府主义者华林曾经指责吴稚晖、李石曾等投靠国民党,实际上反映了无政府主义者内部反对国民革命的态度。吴稚晖公开表示他参加国民党,是为了先进行国民革命再进行无政府革命,最终目的是实现无政府主义。他的解释是:(1)要实现无政府主义必先强国,而强国的实现必须通过国民革命。(2)无政府主义不能一下子实现,在中国,国民革命就是必经阶段。(3)无政府主义和国民党都有共同的敌人,即北洋军阀和帝国主义。吴稚晖关于无政府主义和国民党合作的理由冠冕堂皇,实有"溶安于国"之意,他明确地说,什么无政府主义、马克思主义,什么无政府党、共产党,都是多余的,只要"三民主义"一个主义,只要国民党一个党就可以了。这是向无政府主义者表白"安国合作"的意向,但当时无政府主义团体众多,意见纷杂,同意者固然有之,反对者更不在少数,"安国合作"也就不了了之。但是,随着三民主义的宣传和民主革命的发展,一些无政府主义者纷纷加入国民党,参加民主革命。如吴稚晖等人,从无政府主义转向三民主义。刘师培在1913年毫不客气地批评这些原来热衷于无政府主义宣传的人,"张继既作议员,吴稚晖亦时周旋于国民党间。既与政党日益接近,即无异与社会党无政府党日渐疏离。"① 吴稚晖则宣称:"服膺无政府主义,而以三民主义为实现无政府主义之阶梯,对国父及同盟会之信仰益坚。"② 在国共合作实行之后,国民革命运动成为时代潮流,无政府主义者进一步分化,纷纷加入国民党或共产党,在当时无疑有积极的意义。

也有许多受无政府主义影响的进步青年向马克思主义者转变。彭湃1917年6月留学日本早稻田大学,研读各种社会主义流派的著作,尤其钟爱克鲁泡特金的著作,因此成为无政府主义的真实追随者。1919年9月他参加了日本无政府主义组织"建设者同盟",与大杉荣、堺利彦等日本无政府主义者交往密切。1920年彭湃在日本早稻田大学毕业后回国不久,即团结一批进步青年成立了社会主义研究社,学习和宣传社会主义思想。同时担任海丰县教育局长,想从教育入手实现社会革命。他也承认:"我从

---

① 《致吴稚晖书》(1913年8月),《师复文存》,上海革新书局1928年版,第131页。
② 《吴稚晖先生事略》,《中央日报》1953年11月11日。杨恺龄编:《吴稚晖先生纪念集》,文海出版社1975年版,第1—2页。

前是深信无政府主义的,两年前(指1921年——引者注)才对马氏发生信仰。"① 因此,他在《新海丰》的创刊号上发表《告同胞》书,明确主张破坏全人类最不合理的社会制度——私有财产制,主张通过社会革命之手段实现"社会主义","建设新社会"。

俞秀松回顾自己的思想转变经历说,在杭州,"当时我从首次在中国书籍中作为一种群众性现象出现的社会主义学说很感兴趣。当然我还无法分清什么是共产主义,什么是无政府主义,什么是工联主义,什么是工会等,以及它们之间的不同。对我来说,这一切都是能拯救人类的好东西"。北京工读互助团失败后,"我才逐渐明白,在现在这个社会里不通过革命来建立人类的新生活,完全是一种空想,是没有希望的"②。这大致代表了无政府主义者或无政府主义信仰者在经历社会改造试验失败之后思想的转变。《新江西》第1卷第3号发表了改造社社员孔生《改造中国社会的商榷》一文,比较分析了无政府主义与共产主义对于社会改造的优劣,指出:"共产主义的社会有使用强权的组织,无政府主义的社会除了受自然法则的支配和公订规约的制裁外,一切平等,一切自由。说明白点:共产主义的社会是现社会的翻转(无产阶级统治有产阶级)。无政府主义的社会是现社会的废除。"文章认为,现在"资本家的势力大极了,资本家的走狗多极了。我们要是没有坚强的组织,那么私有财产制度的复辟是不终朝的事。拿公理去抵挡强权是不行的,只有拿强权去抵挡强权"。"无政府主义的社会无使用强权之组织,一定是要失败的。"③ 因此,他明确主张采取共产主义原则去改造社会,社会主义必须要有强权组织,即必须实行无产阶级专政。

大致说来,无政府主义者逐渐分离出渐进和激进两派,渐进派的手段比较稳和,激进派都公然用暴力或是暗杀的。社会主义者虽然也有用暴力或暗杀的手段,和无政府主义中的急进派一样,但是大多数社会主义者的手段都比无政府主义急进派温和。因此,无政府主义的分化,大致延续了参加民主革命或教育革命的两种路向。

三 无政府主义对社会改造的影响

中国的无政府主义者以改造中国社会为目的而接受的外来思想,在无

---

① 彭湃:《给文亮的信》(1923年9月7日),《政治学研究资料》1986年第3期。
② 《俞秀松自传》,中共浙江省委党史研究室编《俞秀松纪念文集》,当代中国出版社1999年版,第230页。
③ 孔生:《改造中国社会的商榷》,《新江西》第1卷第3号,1923年1月5日。

政府主义宣传过程中尤其是无政府革命的宣传，提出了改造社会的纲领、方法和手段，实际开展工农运动等，是五四时期社会改造运动的一个重要方面，因此对社会改造也产生了重要影响。

一是推动和影响了中国社会改造思潮与运动。

关于无政府主义的影响，可以夏衍的回忆《懒寻旧梦录》为证。他说："我当年十九岁，血气方刚，受到一些新文化影响之后，就一直在思索今后的出路。有一次孙敬文介绍我去见沈玄庐，他送给我一本小册子，是克鲁泡特金的《告青年》，这本书在我思想上引起了极大的震动。在当时，我只是对现状不满，自己穷，又不想向有钱人低头，但根本想不出也找不到改变这种现状的出路，而这本小册子，才使我想到，问题的症结就在于改造社会。"[1] 这也说明了无政府主义对社会改造思想发展的影响。

1920年12月，无政府主义者太朴将五四以来的社会革命思潮分为"新潮"派、马克思派、无政府主义派三类。把无政府主义列入三个革命派别之一，就是对无政府主义的充分肯定。他分析指出，"新潮"派以Renaissance为号召，把中国看作欧洲文艺复兴以前之黑暗时代，以为现在正在革新之初，从此蒸蒸日上，中国便有望了。这派人所提倡的，大概不出"国"字的范围，诸如"爱国""灌输西洋科学知识以提高国民的程度"，"改革文学以谋教育之普及，或为中国创造新文学"，等等。马克思派的主张比"新潮"派高明一些，所提倡的集产主义即使实现了，也不过做到俄国式的劳农政治，与真正的平等、自由、幸福相差也还很远。马克思派要建立一个强有力的政府，要行起无产阶级的独断政治来，还要到俄国去抄起法律来，不顾与中国社会上的情形合不合，也不明白中国历史上的根据如何，硬要用削足适履的手段贻害中国，这才是置中国于死地，把中国弄得一塌糊涂。总之，"这两派的主张都不是真正的改造社会，都不是真正的求平等、自由、幸福"。作者认为，要谋中国社会的改造，要求全人民的真正的自由、平等与幸福，从历史上、社会状态上、民族根性上考察，"无政府主义之在中国实在是最适合了"。为此他提醒有志改造社会的社会运动者，要认清大路，而且认清"无政府"这条大路，才有达到真正的改造社会之希望。[2] 这从一个侧面显示出无政府主义与社会改造思潮的密切关系，说明无政府主义对社会改造思潮与运动的重要影响。

---

[1] 夏衍：《懒寻旧梦录》（增补本），生活·读书·新知三联书店2000年版，第27页。
[2] 太朴：《无政府主义与中国》，《自由》第1期，1920年12月。

二是对资产阶级民主革命的影响。

无政府主义者基于反强权、反专制的思想认识,始终反对帝国主义强权、封建伦理思想、封建专制制度,成为资产阶级民主思想和革命的宣传者甚至参加者。无政府主义传入中国之初,是以推翻清王朝作为改造中国的第一步。他们利用西方无政府主义的平等、自由、互助、反对权威等思想,揭露和批判中国黑暗社会,采取宣传、暴动等手段来改造社会。《无政府共产主义同志社宣言书》明确指出,无政府共产主义主张灭除资本制度,改造为共产社会,且不用政府统治者也。"'无政府'以反对强权为要义,故现社会凡含有强权性质之恶制度,吾党一切排斥之、扫除之。本自由平等博爱之真精神,以达于吾人所理想之无地主,无资本家,无寄生者,无首领,无官吏,无代表,无家长,无军队,无监狱,无警察,无裁判所,无法律,无宗教,无婚姻制度之社会。斯时也,社会上惟有自由,惟有互助之大义,惟有工作之幸乐。"①

无政府主义者黄凌霜宣扬他的社会改造态度,说:"中国的改造,决非五年十年的问题,长期的不断的努力是我们应持的态度。""我们不妨提倡革命,不妨提倡反对资本主义,不妨提倡阶级战斗,但我们尤应该研究中国的民性与现状,想个良善的法子,大而至于根本改造,小而至于一地方的兴举、教育的改进与普及、自治之运动,都可以不必推辞。"② 黄凌霜明确表示反对调和派、现状派、劳资协助派,提倡革命。无政府主义所谓革命就是破坏,他们声称破坏神圣,破坏就是一切,破坏就是革命。鉴于辛亥革命的失败,他们提出,要在中国进行一次彻底的革命。在革命行动和革命手段上,主张"真正的革命,只是抵抗,只是暴动,抗税哪!罢工哪!爆烈弹哪!暴力的威吓哪!这都是革命的福音,这都是革命的唯一的能事"。③ 这种"恐怖""暗杀"手段和宣传,表现出极端的盲动性和疯狂性,在给反动政府带来一定的威慑作用的同时,也给后者以镇压革命的口实,给社会革命带来重大损失。

民主革命是近代中国政治改造的重要环节,无政府主义在反抗清政府、暴力革命和暗杀手段、建立理想社会等方面,直接影响到资产阶级革命思想。无政府主义提倡以暗杀手段对付清政府,革命党人亦赞叹"往者,吴樾一弹,徐锡麟一击,风雨为泣,鬼神为号,祖宗玄灵丁是焉依。

---

① 刘师复:《无政府共产主义同志社宣言书》,《民声》第17号,1914年7月。
② 凌霜:《克鲁泡特金的社会学说与未来》,《克鲁泡特金纪念号》1921年2月6日。转引自葛懋春等编《无政府主义思想资料选》(下册),北京大学出版社1984年版,第548—549页。
③ A. A.:《革命的目的与手段》,《奋斗》第4号,1920年3月20日。

毡裘之族，震慴而丧其所持守，有甚于萍乡之举义"①。不少革命派接受无政府主义的这些主张，把它作为革命的武器。刘师复参加同盟会后，开始接受俄国、日本的无政府主义者的影响，回国后研读《天义报》《新世纪》等介绍的无政府主义思想，从信仰三民主义转变为信仰无政府主义，形成其独特的无政府主义思想体系，成为中国信仰无政府主义最坚决的一个人，成为中国无政府主义的领袖人物。他的思想在中国资产阶级和小资产阶级知识分子中产生了较大影响。②大同党的创建者黄介民曾参与辛亥革命，谈及在日本求学期间革命思想之来源："于时在校补习科学外，或阅老庄、韩、管、孙、吴诸子书，或阅巴古宁、苏菲雅、托尔斯泰、克鲁泡特金诸社会学家汉译小册，犹羡苏菲雅为人，尝模绘其像，时自展对，引为神交。""是后中国革命风潮亦日复一日，继以三月廿九广州之役，黄花岗七十二烈士就义。予之脑海更大震动，革命思想更大发达。但将从事于社会革命欤抑从事于政治革命欤？则殊闪烁不定，莫知所先后也。惟知革命二字是天识。至此则学士博士之梦渐终，而革命革命之梦复始，且已渐入魔境。"③可见无政府主义具有革命意义，也是民主革命的思想资源之一。黄介民在日本明治大学学习政治经济科时，"予时视中国大局先须从事政治、经济改造着手，故暂研究政治经济科"④。一些革命志士深信克鲁泡特金学说，黄介民"亦深以巴古宁为然，喻以马克斯为桥梁，巴古宁则为彼岸也"⑤。

无政府主义是社会改造思想的重要来源之一。而且无政府主义者的理论宣传、暗杀和暴动，直接影响到民主革命运动，甚至在民主革命阵营中出现了无政府主义派。因此无政府主义助益了民主革命思想的形成和发展，也推动和影响了中国的社会改造思想和运动。不过，在辛亥革命后，无政府主义者强调去除资本主义制度，对资产阶级领导的反袁斗争、"二次革命"袖手旁观，冷嘲热讽，他们对于中国资产阶级的帮助较辛亥革命前已大大削弱。总的说来，在三民主义和马克思主义成为革命主流思想以

---

① 揆郑：《崇侠篇》，《民报》第 23 期，1908 年 8 月。
② 王兰垣等主编：《中国社会主义思想史》，天津人民出版社 1991 年版，第 177—178 页。陈汉楚：《社会主义在中国的传播和实践》，中国青年出版社 1984 年版，第 157 页。
③ 黄志良整理：《三十七年游戏梦——黄介民回忆录》，《近代史资料》总第 122 号，中国社会科学出版社 2010 年版，第 145—146 页。
④ 黄志良整理：《三十七年游戏梦——黄介民回忆录》，《近代史资料》总第 122 号，中国社会科学出版社 2010 年版，第 146 页。
⑤ 黄志良整理：《三十七年游戏梦——黄介民回忆录》，《近代史资料》总第 122 号，中国社会科学出版社 2010 年版，第 148 页。

前，无政府主义一度占着明显的优势。无政府革命助益和推动资产阶级民主革命的同时，也影响到中国社会改造的进程。

三是对马克思主义宣传的贡献。

一方面，无政府主义宣传为一部分先进分子提供了向马克思主义转变的桥梁。恽代英曾经受无政府主义思想的影响，深信克鲁泡特金互助论是组建美好社会的道德基础，同时对无政府主义表示不同的意见，认为暴动不是根本的破坏手段，没有可实行的计划；不可空谈教育；主张应先组织公共团体，来练习大同世界生存方法。① 这表明了他与无政府主义者的思想纠结。李汉俊原是无政府主义者，在阅读考茨基的书后发生思想转变，但是"他很想做合法的马克思主义者，主张参加资产阶级议会去宣传无产阶级的政见。"② 对于他从无政府主义者向合法马克思主义者的转变，蔡和森批评李汉俊受了资产阶级的影响，有天然无政府的倾向，在主要观点上亦有无政府主义的倾向。同时指出，施存统受到李汉俊的天然无政府主义及其主要观点的影响，赞成李汉俊的主张。③ 从恽代英、李汉俊、施存统等的思想转变可以看出，无政府主义宣传废除私有制，消灭剥削压迫，建立一个以公有制为基础、人人参加劳动、实行各尽所能和各取所需、人人平等自由幸福的美好社会，为中国先进知识分子提供了丰富的社会主义思想资源。据夏衍回忆，他在1919年时根本分辨不出无政府主义和马克思主义的区别，"看了这本书（指克鲁泡特金的《告青年》——引者注），只觉得社会太不合理了、太黑暗了，非彻底革命不可。这样，就很自然地参加到'新派'的队伍中去了。"④ 周恩来、瞿秋白、陈延年、高君宇、张闻天、邓中夏、毛泽东等早期共产党人，都不同程度地受过无政府主义思想影响，而且是在无政府主义理想无法实现的情况下走向马克思主义的。从这个意义上说，在近代中国，无政府主义充当了先进分子从民主主义走向马克思主义的桥梁，为先进知识分子向早期马克思主义者转变提供了思想过渡的舟筏。

另一方面，无政府主义对于中共创建也有积极的影响。无政府主义是中国最早宣传社会主义的群体，也是马克思主义的最早宣传者之一，从而

---

① 《恽代英日记》，中共中央党校出版社1981年版，第101页。
② 中共二大史料编纂委员会：《中国共产党第二次全国代表大会》，中共党史出版社2006年版，第178页。
③ 《蔡和森的十二篇文章》，人民出版社1980年版，第25—26页。
④ 夏衍：《当"五四"浪潮冲到浙江的时候》，《青年运动回忆录》第2册，中国青年出版社1979年版，第23页。

为中国共产党的创建奠定了一定的思想基础,同时一些无政府主义者也参与中国共产党创建工作。据中共创始人李达回忆:"当时在上海的几个发起人中,就有好几个是安那其,施存统、李汉俊、沈定一(即沈玄庐)都是。"① 这些人在党内外积极宣传无政府主义,影响到马克思主义宣传。随着中国共产党组织建设的加强,特别是实行民主集中制原则,无政府主义者陆续退出共产党组织。此外,无政府主义思想具有空想性、不可操作性,许多受无政府主义影响的先进知识分子在经历一些社会改造活动失败之后,转向民主主义或马克思主义。施洋根据自己的思想转变经历,指出,无政府主义"在理想上是很高明的,然而在事实上没有着手的办法,若要有具体的、切实可行办法,只有马克思的科学的社会主义——即共产主义,苏俄的成功,是我们最好的榜样"②。特别是1920年马克思主义者与无政府主义的论战,系统地批驳了无政府主义的主张,从思想理论上划清了马克思主义与无政府主义的原则界限,帮助不少青年丢弃无政府主义的幻想,转变为民主主义或者马克思主义的信仰者。可见,社会改造思想和运动的发展,使无政府主义者发生了分化与重组,也为中国共产党的创建和发展提供了一定的便利条件。总之,无政府主义对现社会的彻底否定态度、改造方式以及带有浓厚空想性的社会理想,对新文化运动的先驱者起了启蒙作用,惠及社会改造思想与运动。

第二节 社会改造思潮与三民主义的关系

如前所述,民主主义是五四时期社会改造的重要理论之一,其中最具影响的是三民主义,它不仅是中国近代史上第一个比较完整的资产阶级革命理论体系,也是中国近代资产阶级民主革命的指导思想,同时提出了中国革命和改造的方案、目标、方法和手段,成为社会改造的主流思想之一。经过孙中山重新解释的新三民主义,成为国共合作的理论基础和国民革命运动的指导思想,深刻影响到中国社会改造运动的进程。与此同时,中国共产党在运用马克思主义理论指导中国革命实践中,不断探索、总结而逐步形成了新民主主义革命理论。

---

① 李达:《中国共产党成立时期的思想斗争情况》,《"一大"前后》(二),人民出版社1980年版,第52页。
② 转引自中国人民大学编《中国现代政治思想史专题讲义》,校内用书,1984年,第94—95页。

一 三民主义是社会改造的主流思想

1. 三民主义的社会改造思想

孙中山是中国伟大的民主革命家,也是中国现代社会主义的先驱,"他全心全意地为了改造中国而耗费了毕生的精力,真是鞠躬尽瘁,死而后已"[①]。孙中山在1894年11月创建革命团体兴中会,提出"驱除鞑虏,恢复中华,创立合众政府"的目标,其中包含了民族主义、民权主义的思想。孙中山在欧美逗留期间,认真研读了资产阶级社会政治学说,实地考察资本主义社会制度,尤其是耳闻目见资本主义社会的各种尖锐矛盾,"始知徒致国家富强、民权发达如欧洲列强者,犹未能登斯民于极乐之乡也,是以欧洲志士,犹有社会革命之运动也。予欲为一劳永逸之计,乃采取民生主义,以与民族、民权问题同时解决。此三民主义之主张所由完成也"[②]。1905年,资产阶级革命政党同盟会成立,孙中山在《同盟会总章》和《民报发刊词》中概括"民族""民权""民生"三大主义,反映了资产阶级维护民族独立、反对封建专制、建立资产阶级共和国的愿望和要求,同时也成为资产阶级改造中国的行动纲领。三民主义成为一种改造中国社会的新理论,通过与维新思想、立宪思潮、改良思想的论战,逐渐从社会革命或改造思想的支流变成为主流。

随着辛亥革命的胜利,中国的政治改造取得了暂时的成功。三民主义作为一种新的革命理论,直接影响和指导着中国先进分子的革命运动。孙中山认为:"以在此二十世纪之时代,世界文明进化之潮流,已达于民生主义也;而中国则尚在异族专制之下,则民族之革命以驱除异族,与民权之革命以推覆专制,已为势所不能免者也。然我民族、民权之革命时机,适逢此世界民生革命之潮流,此民生革命又我所不能避也。以其既不能免、而又不能避之三大革命,已乘世界之进化潮流催迫而至,我不革命而甘于沦亡,为天然之淘汰则已。如其不然,则曷不为一劳永逸之举,以一度之革命,而达此三进化之阶级也。"[③] 孙中山"主张三民主义之革命",同时论证了中国社会改造的必要性,他的民生主义就是解决社会问题的理论。孙中山认为,民生问题是在社会发展到"工商时代"所引起的一个社会问题。"我现在就是用民生二字,来讲外国近百十年来所发生的一个最

[①] 毛泽东:《纪念孙中山先生》,中共中央文献研究室编《毛泽东文集》第7卷,人民出版社1999年版,第157页。
[②] 中国社科院近代史所等编:《孙中山全集》第6卷,中华书局2011年版,第232页。
[③] 中国社科院近代史所等编:《孙中山全集》第5卷,中华书局2011年版,第185页。

大问题,这个问题就是社会问题。故民生主义就是社会主义,又名共产主义,即是大同主义。"他强调:"民生主义能够实行,社会问题才可以解决;社会问题能够解决,人类才可以享很大的幸福。"①

受新文化运动的影响,孙中山看到思想界的转变与苏俄革命的成功,深知欲完成中国革命,非从事主义的宣传与建设不可。于是著书立说,宣传三民主义及其建国方略。1919年孙中山在上海寰球学生会演说《救国之急务》,指出现在中华民国内忧外患交迫而来,"实处于最危险的地位"。救国的办法不外"维持现状"和"根本解决"二途。根本解决的办法就是,"南北新旧国会,一概不要它,同时把那些腐败官僚、跋扈武人、作恶政府,完完全全扫干净它,免致它再出来捣乱,出来作恶,从新创造一个国民所有的新国家,比现在的共和国家还好得多。"② 同年6月,孙中山与戴季陶谈话,强调:"我们改革中国的主义是三民主义。"三民主义的精神就是要建设一个极和平、极自由、极平等的国家,不但在政治上要谋民权的平等,而且在社会上要谋经济的平等。③ 1920年11月经过修正的《中国国民党总章》明确提出,本党以三民主义为宗旨,以创立五权宪法为目的。④ 戴季陶撰写《国民革命与中国国民党》宣传解释说,中国国民党以革命的方法,取得政权;运用政治的权力和方法,完成中国的国家独立,民族平等。改造中国的政治和社会,完成民众的国家组织,图人民衣食住行育乐等生活需要之均等的满足,国民文化之世界的发展。⑤ 他提出以三民主义改造中国。

孙中山1922年1月4日在桂林广东同乡会发表演说,提道:"吾人今日欲改造新国家,当实行三民主义。何谓三民主义?即民族、民权、民生之主义是也。"⑥ 孙中山反复强调:"三民主义是使中国造成新世界的工具。""三民主义就是本大总统拿来造新世界的工具。"他号召民众"一齐同心协力建设这个新世界的新中国"。"因为要把中国制成一个新局面,非用新组织不可;要用新组织,非实行极完全的三民主义不成功。"⑦ 1924

---

① 中国社科院近代史所等编:《孙中山全集》第9卷,中华书局2011年版,第355、381页。
② 中国社科院近代史所等编:《孙中山全集》第5卷,中华书局2011年版,第148页。
③ 中国人民大学中共党史系中国近现代政治思想史教研室:《戴季陶主义资料选编》,内部资料,1982年,第2页。
④ 中国社科院近代史所等编:《孙中山全集》第5卷,中华书局2011年版,第401—402页。
⑤ 中国人民大学中共党史系中国近现代政治思想史教研室:《戴季陶主义资料选编》,内部资料,1982年,第59页。
⑥ 中国社科院近代史所等编:《孙中山全集》第6卷,中华书局2011年版,第56页。
⑦ 中国社科院近代史所等编:《孙中山全集》第6卷,中华书局2011年版,第4—8页。

年国民党改组会后，孙中山讲演三民主义，明确提出"三民主义就是救国主义"，这是因为三民主义是促进中国之国际地位平等、政治地位平等、经济地位平等，使中国永久适存于世界的。[①] 所以孙中山反复强调："吾人今日欲改造新国家，当实行三民主义。"[②] 以三民主义为中国社会革命或改造的唯一的指导思想。其中，民生主义是三民主义理论中解决社会问题的预案，是社会革命的纲领，也是社会改造的方法。现有研究表明，孙中山的民生主义包括对欧美资本主义社会与制度的抨击与批判，对未来社会主义社会的构想与主张和对实现社会主义途径的设想与规划，是希望用"和平的社会革命"来使中国进入社会主义社会。[③] 在中国共产党人看来，国民党是当时中国政党势力中比较真的民主派，"他的党纲表示于公众的三民主义和发展实业计画，都是民主主义的色彩；他们的行为，除了革命运动以外，该党议员民国元二年及六年在国会和敌党抗争的内容以及广州政府不禁阻劳动运动和废止治安警察条例废止压迫罢工的刑律等事，都算是维护民主政治的表示"。应当担负领导国民革命的责任。[④]

中国国民党以改造中国为己任，不仅提出以三民主义作为改造中国的理论，而且付诸实践。无论是从革命思想潮流还是国民革命运动来看，新三民主义成为中国改造的指导思想。吴康在《中国四十年革新之回顾》中评论说：中山之政治理想，建设计划，皆平实博大，条理精密，故能成为有主义有办法之革命家。"中山主义之规模宏大，组织完密，实为以前所未见。渠又有王道霸道之说，谓中国代表王道，欧美帝国主义代表霸道，人类最进化之社会，在实行王道，却孔子理想之大同世界，尤能代表中国最高之道德理想。顾共和成立，国体政体新更，与旧习惯相冲突，一般思想比较新颖之学者志士，主张根本改造，革新国民精神，于是造成民国六七年以还之所谓新文化运动。"[⑤] 孟世杰主编的《中国近百年史》评论当时之社会改造思想，认为只有国民党的三民主义，确能得到国民的信仰，可称为救国主义。[⑥]

2. 三民主义改造中国的方法和途径

三民主义无疑是五四时期社会革命的主要思潮。首先，政治改造是资

---

① 中国社科院近代史所等编：《孙中山全集》第9卷，中华书局2011年版，第184页。
② 中国社科院近代史所等编：《孙中山全集》第6卷，中华书局2011年版，第56页。
③ 参见陶季邑《论早期国民党人的社会主义思想》，湖南师范大学出版社1993年版，第237页。
④ 代英：《造党》，《中国青年》第21期，1924年3月8日。
⑤ 吴康：《中国四十年革新之回顾》，中山大学文科研究所《语言文学专刊》第1卷第3—4期，1937年6月，第610、611—612页。
⑥ 孟世杰主编：《中国近百年史》（下），天津百城书局1931—1932年版，第276页。

第九章 五四时期社会改造思潮与其他社会思潮的关系 519

产阶级革命派的主要手段,其中,政党改造始终是孙中山开展政治斗争的重要组织形式,已如前述。武装斗争从武装反清起义到辛亥革命胜利到后来北伐战争等,始终是孙中山和革命党人的主要斗争手段。革命是"改造中国之第一步"[①],因此,政治革命成为孙中山及其国民党人改造中国的重要途径和手段。孙中山总结说,"余之从事革命,建主义以为标的,定方略以为历程,集毕生之精力以赴之,百折而不挠。求天下之仁人志士,同趋于一主义之下,以同致力,于是有立党;求举国之人民,共喻此主义,以身体而力行之,于是有宣传;求此主义之实现,必先破坏而后有建设,于是有起义。"[②] 军事斗争始终是三民主义改造中国的主要途径和方法。中共领导人张国焘就此评论说:历来国民党仅仅做军事行动,只图占领一二省组织一个所谓革命政府。第一个结果,便是使人民与国民党隔离;第二个结果,便把全中国的革命变成南方局部的革命;第三个结果,造成只是消极地否认对方势力的政策。"孙中山和跟着他革命的国民党领袖们,的确于中国的改造上面尽了许多的力量,由他们几十年努力的结果,才有今天的中华民国。"[③]

《孤军》发表的《建造新中国的唯一的路》指出,孙氏现在对于解决时局的方针不外是"武力统一"和"由我组党,以党治国"。作者很诚恳地希望孙氏此后:(1)抛弃武力统一的梦想,结束讨贼军;(2)抛弃毫无意义的民八主张;(3)用正当的政党组织,改组国民党。[④] 应当说,这种评论还是比较客观的。

其次,文化运动是孙中山和国民党改造社会的重要手段之一。从蓬勃发展的新文化运动中,孙中山看到了其革新思想的重要作用:"此种新文化运动,在我国今日,诚思想界空前之大变动。推其原始,不过由于出版界之一二觉悟者从事提倡,遂至舆论放大异彩,学潮弥漫全国,人皆激发天良,誓死为爱国之运动。"他期待文化运动"将来收效之伟大且久远"的作用,"吾党欲收革命之成功,必有赖于思想之变化,兵法'攻心',语曰'革心',皆此之故"[⑤]。从随后轰轰烈烈的五四运动中,资产阶级革命派进一步认识到革新思想的伟大力量,决定在继续进行军事斗争的同时,大力开展革命宣传工作,注重宣传和组织群众。如戴季陶所指出:"平和

---

① 中国社科院近代史所等编:《孙中山全集》第5卷,中华书局2011年版,第125页。
② 中国社科院近代史所等编:《孙中山全集》第7卷,中华书局2011年版,第63页。
③ 张国焘:《国民党应否复建革命政府》,《向导》第10期,1922年11月15日。
④ 公敢、寿康:《建造新中国的唯一的路》,《孤军》第1卷第7期,1923年4月。
⑤ 中国社科院近代史所等编:《孙中山全集》第5卷,中华书局2011年版,第210页。

的新文化运动，这就是真正的革命！这就是大创造的先驱运动！"以当时情势论，只有猛力做新文化运动的工夫，才是救国之要图。① 也就是将新文化运动纳入民主革命运动中。经过护国运动、护法运动的洗礼，加上新文化运动和五四运动的影响，孙中山逐步认识到，欲图根本救治，非使国民群众觉悟不可。他因此一度闭门著书，冀以学说唤醒社会。他著书之意，在纠正国民思想上之谬误，使之有所觉悟，急起直追，共匡国难。"故文以为灌输学识，表示吾党根本之主张于全国，使国民有普遍之觉悟，异日时机既熟，一致奋起，除旧布新，此即吾党主义之大成功也。"②

1919年10月，中华革命党改名中国国民党，重新恢复三民主义，以巩固共和，实行三民主义为国民党的宗旨。1920年5月16日，孙中山在上海中国国民党本部发表演说称："我们的责任，以后就在造成一个真中华民国。"③ 国民党在上海出版《建设》和《星期评论》，作为宣传民主革命思想的阵地，"激扬新文化之波浪，灌输新思想之萌蘖，树立新事业之基础，描绘新计划之雏形者"④。《建设》在《发刊词》中说得很明确：八年以来，"官僚舞弊，武人专横，政客捣乱，人民流离"，这是因为革命破坏之后，没有能够建设，也是因为不知"建设之道"所致。故创办杂志来"鼓吹建设之思想，展明建设之原理，冀广传吾党建设之主义，成为国民之常识。使人人知建设为今日之需要，使人人知建设为易行之事功，由是万众一心以赴之"，"建设一世界最富强最快乐之国家"。他们关于新中国的建设计划，也是改造中国的方案。戴季陶在《国民革命与中国国民党》中，解释中国国民党改造中国的路径说，民国八年以后，国内的青年"渐渐觉悟起来，由清谈的文化运动，进而为部分的社会运动，由部分的社会运动，更进而为具体的国民革命运动，和民国六年以来党内的改组命运相衔接，而中国国民党的改组，于是乎实现了"⑤。

最后，群众运动也是资产阶级革命的新手段之一。国民党虽然没有参与五四运动，但是孙中山从五四运动中看到了人民群众改造社会的巨大力量。"试观今次学生运动，不过因被激而兴，而于此甚短之期间，收绝伦之巨果，可知结合者即强也。如使诸君即时以正当方法结合，要求在国会政治之下回

---

① 季陶：《我和一个朋友的谈话》，《星期评论》第17号，1919年9月28日。
② 中国社科院近代史所等编：《孙中山全集》第5卷，中华书局2011年版，第66页。
③ 中国社科院近代史所等编：《孙中山全集》第5卷，中华书局2011年版，第262页。
④ 中国社科院近代史所等编：《孙中山全集》第5卷，中华书局2011年版，第210页。
⑤ 中国人民大学中共党史系编：《戴季陶主义资料选编》，校内用书，1982年，第59、69页。

复诸君自己之权,吾敢断言诸君之必成功也。"① 他号召青年学生支持他的政治主张。革命党人也从中看到"新革命党之希望",认识到:"夫革命事业,固国民公众之事业,而非吾党一部分人之事业。""自五四运动以来,中国之革命党乃普遍于大地,不可谓非国民之好现象也。""罢学罢市罢工,拍拍劈劈踵趾相接。"把群众发动起来,"共循此革命之轨道,冀扫清军阀官僚政客一切之污秽,还我干净洁白之中华民国"②。这表明,资产阶级民主派开始重视群众运动,并且希望借助群众的力量来改造中国。但是他们并没有从根本上改变对于群众的错误认识,仍以"先觉之士"自居,认为一般人民还是"不懂共和的真趣","我们革命就是要将政治揽在我们手里来作",我们现在不单是用革命去扫除那恶劣政治,还要用革命的手段去建设③。他们虽然看到了工农群众的力量,却把社会上人分为"先知先觉""不知不觉"和"后知后觉"等不同层次,并且分别对待。实际上,他们害怕群众运动超出他们所要求的范围,因此时时考虑如何限制和"诱导"群众。这种认识制约了他们组织、宣传和发动群众运动,民主派没有也不可能真正成为群众运动的领导者。④ 在中国共产党和共产国际的帮助下,孙中山重新解释了三民主义,正确认识群众运动在建设新制度、新社会中的作用,开始注重利用群众运动的力量来改造社会。孙中山在国民党中央干部会议上谈道:"故此次吾党改组唯一之目的,在于不单独依靠兵力,要依靠吾党本身力量。所谓吾党本身力量者,即人民之心力是也。吾党从今以后,要以人民之心力为吾党之力量,要用人民之心力以奋斗。"⑤ 可见,改组国民党,就是改变以往专门注重军事斗争的做法为"注重宣传"群众,引导人民参加革命。加入国民党的中国共产党人,评论孙中山改组国民党的重大意义如下:(1)从此平民的政治运动与军事的革命行动并进。(2)从此组织群众的民主式的真正政党,肃清腐败分子。(3)从此实行严格的纪律,做全国有组织有系统的运动,处处代表平民而反对军阀和列强。⑥

3. 三民主义改造社会的方案

三民主义是一个比较系统的关于中国改造的思想体系,其中提出了具

---

① 中国社科院近代史所等编:《孙中山全集》第5卷,中华书局2011年版,第140页。
② 陈无咎:《对于新革命党之希望》,上海《民国日报》副刊《觉悟》1919年10月25日。
③ 中国社科院近代史所等编:《孙中山全集》第5卷,中华书局2011年版,第400页。
④ 丁守和、殷叙彝:《从五四启蒙运动到马克思主义的传播》,生活·读书·新知三联书店1979年版,第266页。
⑤ 蒋永敬:《胡汉民先生年谱》,中国国民党中央委员会党史委员会1978年版,第292页。
⑥ 巨缘:《国民党改组与中国革命运动》,《向导》第49期,1923年12月19日。

体的改造方案。作为资产阶级革命派的机关报,《星期评论》在 1919 年 6 月发表"本社同人"的《关于民国建设方针的主张》,指出,辛亥革命以来中国人民对于国内政治形势极端失望,"感觉到非国民自己主张、自己选择、自己努力,不能够救国。所以把从前的那些'依赖性'完全脱了,人人晓得做一个自由自主的国民,人人晓得结合起来,互相帮助,来建设这德莫克拉西的国家"。同时指出,这个大觉悟的时期又是一个"极危险的时期",中国的思想界迎着世界的新潮流而震荡起来,"'布尔什维克'咧!'阿拉奇士姆'(安那其主义——引者注)咧!社会共产主义咧!种种的新制度新思想乘着这'思想的震荡'都萌芽起来"。这些新思潮固然应当研究,但是"我们国家的组织,社会的组织,在目前这个时代,是绝不能够照那几种的主义去实行的"。因此他们要提出一个所谓"最合理的主张"作为建设的方针,以避免国家民族的"很大的危险"[①]。这里"最合理的主张",自然是三民主义指导下的社会改造纲领。

孙中山提出了三民主义改造中国社会经济的蓝图。他在《发展中国的实业计划》中涉及国家经营的交通、冶金、开矿、水利、森林和大规模农垦等业的发展规划。文中指出:"中国实业之开发,应分两路进行:一、个人企业,二、国家经营是也。凡夫事物之可以委诸个人,或其较国家经营为适宜者,应任个人为之,由国家奖励,而以法律保护之。……至其不能委诸个人及有独占性质者,应由国家经营之。"这个按照所谓"国家社会主义"精神制订的计划,表明了他要把中国建成一个富强的工业国的伟大理想,是他的主观社会主义思想的表现,也是他的民生主义的具体贯彻和宣传。不过,这一计划主要依赖于帝国主义的"帮助",表露了孙中山对帝国主义"外力"改造中国的幻想。他在"露白"中说明该建设计划依赖帝国主义投资的理由:一方面,由于世界大战中庞大的军事投资,帝国主义各国的军用工业和为军队服务的民用工业大为扩展,生产力大大提高,现在战争结束,市场突然缩小,大批军人退伍又使劳动后备大为增加,结果发生生产过剩,如果不寻找新的市场,"则其工业必停,而投于是之资本,乃等于虚掷"。另一方面,本来是帝国主义的最大市场的中国,由于连年入超,"金钱货物,俱已枯竭,无复可持于外国市易",也不能消纳如此大量的过剩商品。于是孙中山希望各国用过剩的生产力("战争时之机器,战争时之组织,与熟练之技工")来帮助中国开发实业,"以营其巨大之农业,以出其丰富之矿产,以建其无数之工厂,以扩张其运输,以

---

① 本社同人:《关于民国建设方针的主张》,《星期评论》第 2 号,1919 年 6 月 15 日。

发展其公用之事业"①。这实际上是三民主义改造中国的宏伟蓝图,社会革命的具体方式是"平均地权"和"节制私人资本"与"发达国家资本"。

孙中山的政治理想和目标是要建立一个独立的主权国家,并且是在政治上、经济上比西方更平等的理想社会。正如1924年中国国民党《第一次全国代表大会宣言》所说:"吾党之士追随本党总理孙先生之后,知非颠覆满洲,无由改造中国。……故知革命之目的,非仅仅在于颠覆满洲而已,乃在于满洲颠覆以后,得从事于改造中国。依当时之趋向,民族方面,由一民族之专横宰制过渡于诸民族之平等结合;政治方面,由专制制度过渡于民权制度;经济方面,由手工业的生产过渡于资本制度的生产。循是以进,必能使半殖民地的中国,变而为独立的中国,以屹然于世界。"②国民党还提出《国民政府建国大纲》,提出"本革命之三民主义、五权宪法,以建设中华民国"③。

孙中山在国共合作以前一直坚持他的三民主义学说,始终认为民生主义就是共产主义,三民主义比马克思主义更适合于中国。他虽然赞扬马克思主义学说,但是不能接受马克思主义的阶级斗争和无产阶级专政学说,认为阶级斗争只是在资本主义时期才出现,是社会发展过程中的一种"病症"。他甚至说:"马克思研究社会问题所有的心得,只见到社会进化的毛病,没有见到社会进化的原理。所以马克思只可说是一个'社会病理家',不能说是一个'社会生理家'。"因此在中国,"师马克思之意则可,用马克思之法则不可"④。可见,资产阶级民主派并没有根本改变他们对于中国改造问题的基本观点,还是迷恋资产阶级民主,没有找到新的出路。⑤这也说明,在五四时期社会改造的探索中,三民主义仍是一种主流思潮。虽然共产主义或马克思主义的研究和传播成为一股强大的思潮和运动,但是在社会改造思潮中,尚未能取代三民主义的主流思想地位。

瞿秋白在中共三大后发表的《自民治主义至社会主义》集中探讨了中国的出路问题,其中谈到"社会运动的趋向和民主革命的方向及两者之间的关系",明确指出,中国现在的状况"已渐进于资本主义而需要民主主

---

① 丁守和、殷叙彝:《从五四启蒙运动到马克思主义的传播》,生活·读书·新知三联书店1979年版,第273页。
② 荣孟源主编:《中国国民党历次代表大会及中央全会资料》,光明日报出版社1984年版,第11页。
③ 中国社科院近代史所等编:《孙中山全集》第9卷,中华书局2011年版,第126页。
④ 中国社科院近代史所等编:《孙中山全集》第9卷,中华书局2011年版,第369、392页。
⑤ 丁守和、殷叙彝:《从五四启蒙运动到马克思主义的传播》,生活·读书·新知三联书店1979年版,第268—269页。

义的改革","并不因为中国革命运动或所谓新思想带着一些社会主义色彩,便足以证明现时所需要的革命是社会主义的"。他批评在中国直接实行社会主义,反对实行民治主义的"小资产阶级的革命浪漫主义",提出中国现在需要实行民主革命,同时力争在未来顺利过渡到实行社会主义的方案。① 这表明,中共公开承认三民主义是中国革命的指导思想,也认同三民主义在中国革命中的思想领袖地位。

二 新三民主义成为中国社会改造的新思想体系

孙中山在共产国际和中共帮助下改组国民党,把国民党组织成一个有力量的政党,用政党的力量去改造国家,也就是说,改组国民党同时也是改造国家。② 国民党从中国的最革命的民主党派,改造成为国民革命的"联合战线"。作为国共合作的思想基础,新三民主义也因此确立在中国社会思潮中的主导地位。

1923 年 1 月 2 日,孙中山在上海中国国民党改进大会上强调,"党的进行当以宣传为重"③。同年 12 月 3 日他在广州"国民党今后奋斗方针"的演讲中,明确提出:"这次国民党改组,变更奋斗的方法,注重宣传,不注重军事。"这"便是挽救从前的弊端"④。这表明,国民党从注重军事到注重宣传的策略转变。但是,国民党的宣传偏重于三民主义,与共产国际和中共"要求国民党通过有系统的宣传鼓动建立广泛的民族政治运动,阐明孙中山军事行动的意义,并以国家的独立、统一和民主为行动纲领,吸引中国最广泛的民主力量参加反对北洋军阀和外国帝国主义者的斗争"⑤,存在明显的差距。而且孙中山在 1923 年 1 月 26 日发表《和平统一宣言》,提出与军阀妥协以及与外国帝国主义合作的主张。在中共看来,国民党作为一个对外谋求民族独立和对内建设人民政府的政党,它的责任是觉醒国民的爱国精神,领导群众做政治的奋斗。在行使这种责任的时候,还得发展自身,从而使中国的独立和人民政府的实现时期日益接近。⑥ 由于孙中山和国民党在国民革命的具体问题上的错误言行,遭到中

---

① 屈维它:《自民治主义至社会主义》,《新青年》(季刊)第 2 期,1923 年 12 月 20 日。
② 荣孟源主编:《中国国民党历次代表大会及中央全会资料》,光明日报出版社 1984 年版,第 5 页。
③ 罗家伦主编:《革命文献》第 8 辑,1955 年台北版,第 45 页。
④ 罗家伦主编:《革命文献》第 8 辑,1955 年台北版,第 79、82 页。
⑤ 中共中央党史研究室第一研究部编:《共产国际、联共(布)与中国革命文献资料选辑(1917—1925)》,北京图书馆出版社 1997 年版,第 457 页。
⑥ 春木:《国民党目前之两大责任》,《向导》第 30 期,1923 年 6 月 20 日。

国共产党人的诸多批评,因此引发了关于共产主义与三民主义的分歧乃至对抗。①

新三民主义成为国民革命的唯一的指导思想。国民革命是中国人民反帝反封建的革命运动,也是中国近代一次伟大的社会运动。1923年元旦发表的《中国国民党宣言》和《中国国民党党纲》,重申三民主义"为立国之本原",对三民主义的内涵作出了新的阐释。国民党第一次全国代表大会的开幕词说到,国民党改组主要是"用政党的力量去改造国家"。《第一次全国代表大会宣言》分析中国现状,提出"以三民主义为根本解决方法"②。宣言指出,吾党之士追随本党总理孙先生之后,"知非颠覆满洲,无由改造中国,乃奋然而起,为国民前驱,激进不已,以至于辛亥,然后颠覆满洲之举始告厥成。故知革命之目的,非仅仅在于颠覆满洲而已,乃在于满洲颠覆以后,得从事于改造中国。依当时之趋向,民族方面,由一民族之专横宰制过渡于诸民族之平等结合;政治方面,由专制制度过渡于民权制度;经济方面,由手工业的生产过渡于资本制度的生产。循是以进,必能使半殖民地的中国,变而为独立的中国,以屹然于世界"。同时根据三民主义提出国民党的政纲,详列国民党对外和对内政策,"皆吾人所认为党纲之最小限度,目前救济中国之第一步方法"③。孙中山声明:"此次我们通过宣言,就是从新担负革命的责任,就是计划彻底的革命。"④《第一次全国代表大会宣言》(以下简称《宣言》)公开批评当时关于中国改造的各种方案。《宣言》指出:"故立宪派只知要求宪法,而绝不顾及将何以拥护宪法,何以运用宪法,即可知其无组织、无方法、无勇气以真为宪法而奋斗。"联省自治派以为造成中国今日之乱象,由于中央政府权力过重,故当分其权力于各省。《宣言》批评说,大军阀既挟持暴力以把持中央政府,复利用中央政府以扩充其暴力。"推其结果,不过分裂中国,使小军阀各占一省,自谋利益,以与挟持中央政府之大军阀相安于无事而已,何自治之足云!"和平会议派希望通过和平会议而得和平,《宣言》就此指出:"此等和平会议之结果,必无以异于欧战议和所得之结果。至于

---

① 参见李永春《中共在第一次国共合作中的自由批评问题述略》,《中共党史研究》2012年第7期。
② 荣孟源主编:《中国国民党历次代表大会及中央全会资料》,光明日报出版社1984年版,第72页。
③ 荣孟源主编:《中国国民党历次代表大会及中央全会资料》,光明日报出版社1984年版,第11—19页。
④ 中国社科院近代史所等编:《孙中山全集》第9卷,中华书局2011年版,第126页。

知调和之不可能，而惟冀各派之势力保持均衡，使不相冲突，以苟安于一时者，则更为梦想。"此外，商人政府派认为今日之祸由军阀官僚所造成，故欲以资本家起而代之。《宣言》指出："军阀官僚所以为民众厌恶者，以其不能代表民众也；商人也不能代表民众利益。军阀政府托命于外人而其恶益著，民众之恶之亦益深；托命于外人的商人政府，则亦一丘之貉而已。"《宣言》在批评上述各种方案的基础上，提出了国民党的社会改造方案。指出："吾国民党则夙以国民革命、实行三民主义为中国唯一生路。兹综观中国之现状，益知进行国民革命之不可懈。""国民党之民族主义，一则中国民族自求解放；二则中国境内各民族一律平等。国民党之民权主义，于间接民权之外，复行直接民权，即为国民者不但有选举权，且兼有创制、复决、罢官诸权也。民权运动之方式，规定于宪法，以孙先生所创之五权分立为之原则，即立法、司法、行政、考试、监察五权分立是也。国民党之民生主义，其最要之原则不外二者：一曰平均地权；二曰节制资本。"进而明确指出："国民党之主义维何？即孙先生所提倡之三民主义是已。本此主义以立政纲，吾人以为救国之道，舍此未由。"①

1924年5月30日孙中山还宣传说："民权主义，就是拿中国要做到同现在列强达到平等的地位；民族主义，就是从国际上列在平等地位；民权主义，就是要拿本国的政治弄成到大家在政治上有一个平等的地位，以民为主，拿民来治国家；民生主义，就是弄到人民生计上、经济上的平等。那末这个样三民主义，如果我们能实行，中国也可以跟到列强来进步，不久也可以变成一个富强的新中国。"②可见，新三民主义明确了反帝反封建的革命任务，并且作为中国社会改造的任务之一。

中共早期领导人邓中夏评论孙中山的三民主义，认为其民族主义是在中国适用而且必要的；民权主义是"直接民权"，使人民真能行使主人翁的职权的；民生主义是"平均地权"，国营产业，使社会人民皆能得到经济平等的机会的。这是用革命的手段，"训政"的方略，企图实现政治主张，比之投机营利的"立宪派"，苟且偷安的"联省自治派"，无聊无赖的"农村立国派"，想入非非的"无政府派"等相去何止十万八千里。③他充分肯定了三民主义在中国革命思想中的主流地位。

---

① 荣孟源主编：《中国国民党历次代表大会及中央全会资料》，光明日报出版社1984年版，第11—19页。
② 中国社科院近代史所等编：《孙中山全集》第10卷，中华书局2011年版，第237页。
③ 中夏：《思想界的联合战线问题》，《中国青年》第15期，1924年1月26日。

三 三民主义思想的分化

三民主义思想经历了从旧到新的形式和内容的发展变化，作为一个思想阵营也是不断发生分化的，尤其是在国共合作实现以后更为明显，不仅中国共产党人以个人身份加入国民党，信仰三民主义；一些无政府主义者也转向三民主义。也有一些国民党人加入中国共产党，信仰马克思主义。新三民主义内部也是不断分化的，尤其是在孙中山逝世后，出现了西山会议派，反对新三民主义；还有戴季陶"纯正三民主义"，等等。这正是中国革命形势发展变化的产物。

1. 一些国民党人转向马克思主义

三民主义作为资产阶级革命思想，经历了从旧到新的形式变化和思想内容的发展。在辛亥革命前，资产阶级民主派朱执信、宋教仁、廖仲恺等人介绍了马克思主义和欧美社会主义运动，驳斥资产阶级改良派。虽然他们只是把马克思主义作为一种新学说加以介绍，并不真正理解马克思主义的实质，甚至不赞成科学社会主义。随着辛亥革命旋起旋败和马克思主义宣传的深入，一些国民党人转向共产主义，在三民主义与马克思主义之间重新做出选择。这说明，马克思主义开始成为社会革命的主流思想之一。

从民主主义转向马克思主义的代表人物有林伯渠、董必武、吴玉章等人。林伯渠在辛亥革命失败之后，时常为"一些不能解决的政治问题"苦恼。他回忆说，从同盟会起到民国成立后十年中参加了历次民族民主的革命斗争，经过了多少挫折和失败，总希望从痛苦经验中摸索出一条新路。"在俄国十月革命的胜利中我得到一些新的启示，知道了无产阶级是革命的基本动力，这个阶级的解放事业是与全人类的命运血肉相关的。这些发现是从当时在北京和日本东京的几位朋友，其中之一就是李大钊同志寄给我的一些社会主义的宣传品里得到的。李大钊是我第二次到日本时最好的朋友，经常寄刊物给我。我就依靠着这些零碎的一知半解的马克思主义的概念，消灭了我的疑虑，渐渐把握住真理。"[1] 于是在民主革命经验教训的启示下，转向了马克思主义。吴玉章从群众运动中看到五四运动"是真正伟大的历史转折点"，"从前我们搞革命虽然也看到过一些群众运动的场面，但是从来没有见到过这种席卷全国的雄壮浩大的声势。在群众运动的冲激震荡下，整个中国从沉睡中复苏了。"[2] 可见民主革命实践也促使林伯

---

[1] 涂绍钧：《林伯渠》，中国文联出版公司1991年版，第92页。
[2] 《吴玉章回忆录》，中国青年出版社1978年版，第111页。

渠等人发生思想转变。董必武则读了《新青年》《新潮》及李汉俊介绍的《黎明》《改造》等新杂志，从中认识到现代社会已发生毛病，传统的观念、道德、方法都要改变，至于怎样改变以及改变成一种什么样子，"都很漠然"。他深有感触地说："当时社会上有无政府主义、社会主义、日本的合作运动等等，各种主义在头脑里打仗。李汉俊来了，把头绪理出来了，说要搞俄国的马克思主义。"① 于是他毅然转向马克思主义。

在中共创始人当中，曾经参加辛亥革命的有陈独秀、沈玄庐、邵力子、林伯渠、董必武、李大钊、谭平山、陈公博、黄负生、毛泽东、何叔衡等人。他们具有了民主革命的思想基础，经过激进民主主义者向马克思主义者的转变，后来成为共产党的主要创始人或早期领袖。

2. 早期马克思主义者接受三民主义

随着国共合作特别是新三民主义成为国民革命的指导思想，一些以个人身份加入国民党的共产党人，在参加国民革命宣传与运动过程中，完全脱离共产党和放弃马克思主义信仰，转向信仰三民主义，用三民主义来改造中国社会。戴季陶、沈玄庐、施存统等是典型个案。

戴季陶认为，"以马克思主义来反对旧礼教、旧制度、旧思想，作为攻击旧文化和提倡新文化的工具，是有相当意义的。"所以在新文化运动时期，他积极宣传社会主义，介绍马克思主义理论。② 他在《星期评论》上发表许多关于社会主义和欧美日本各国劳动运动的文章，在《建设》上发表他翻译的考茨基《资本论解释》全文，当时被认为"对于马克思主义最有研究的一人"。但是他的思想实质上是孙中山的三民主义，是反马克思主义的。③ 戴季陶参与中国共产党的发起筹备工作，后来退出共产党，就是因为他受孙中山和三民主义的影响太深。更主要的是，因为他平时反对阶级争斗，主张阶级合作，而且他反对阶级争斗的具体主张是"根据民主主义来的"，"因此他反对中国共产党加入国民党，以为两党信仰既不相同（中国共产党信仰阶级争斗，而国民党则信仰三民主义），中国共产党加入国民党如信仰共产主义对国民革命是有妨碍的，如信仰民主主义则为中国共产党的叛徒"④。戴季陶主义"实际上是反对左派，反对阶级斗争，反对C.P.的跨党，甚至于反对C.P.的存在之宣传"，成为国民党内反共

---

① 中国社会科学院现代史研究室等选编：《"一大"前后》（二），人民出版社1980年版，第369—370页。

② 《蔡和森的十二篇文章》，人民出版社1980年版，第24页。

③ 《彭述之选集》第一卷，香港十月出版社1983年版，第45—46页。

④ 《蔡和森的十二篇文章》，人民出版社1980年版，第26—27页。

势力的旗帜。① 对此,中国共产党展开对戴季陶主义的激烈批判,捍卫马克思主义的阶级斗争学说,说明阶级斗争与国民革命的一致性。

沈玄庐是中共创始人之一,积极鼓吹社会主义,主张以社会主义尤其是共产主义改造中国。他在《凭我,你们只依我来》中说:"有志改造社会的,无论站在那个地位,都有眼前可实行的事实;离开了社会现状去改造社会的,莫若去做和尚;离开了眼前可实行的事实去凭空想像的,莫若去进天国;离开了自身接近的事实去经营包罗万象的空口革命的,莫若去做皇帝;离开了局部可能去进取去张罗全国的,莫若去做军阀。"② 在他看来,社会主义以新的姿态给劳动者以希望,是未来人类的主宰,但社会主义的学说太纷杂,或者说还不成熟。所以应从实际出发,"依这个国族底社会状况所产生的眼前实行底意义。"这表明他对于社会主义改造中国的一种认识,对于中国改造道路的一种积极探索。在社会改造力量方面,他注重农村和农民运动,认为"中国机器工人不多,农民在国民中占最大多数,中国的社会革命应当特别注重农民运动。"在沈玄庐看来,农民是与工人阶级一样属于第四阶级的革命力量,是与工人阶级一样完全能够组织,能够发挥推翻剥削阶级的力量,是同工人阶级等同的。他不承认共产党仅仅是工人阶级的政党,主要从事工人运动,实际上他是共产党内农民运动的开拓者之一。

在国共实行合作以后,作为共产党员加入国民党的沈玄庐,主要致力于三民主义的宣传。以致中共方面认为沈玄庐不完全是共产党人,脱离了共产党的工作。同时,他的思想发生了变化,以前认为在中国可以进行无产阶级革命,现在"只相信国民运动"。③ 其实,沈玄庐参加共产主义运动,并不是由于对马克思主义的认识,而是凭着一时的感情冲动。后来退党,加入西山会议派,也是如此。④,作为国民党浙江省党部的负责人,沈玄庐在1924年创办《浙江周刊》,作为改组后的浙江省临时省党部的机关刊物,并大力宣扬三民主义。如《三民主义问答》宣传说:"中国国民党所持的三民主义,是代表中华民族底利益,同时可扩张到代表世界一切被

---

① 中央档案馆编:《中共中央文件选集》第1册,中共中央党校出版社1989年版,第651页。C. P. 为中国共产党的英文缩写。
② 沈玄庐:《凭我,你们只依我来》,《责任》第3期,1923年3月5日。转引自中共萧山市委党史研究室编《沈玄庐其人》,成都科技大学出版社1994年版,第115页。
③ 沈玄庐:《凭我,你们只依我来》,《责任》第3期,1923年3月5日。转引自中共萧山市委党史研究室编《沈玄庐其人》,成都科技大学出版社1994年版,第113页。
④ 《彭述之选集》第一卷,香港十月出版社1983年版,第46—47页。

压迫民族底利益。""三民主义是适合于中国民族改变因袭,改造环境一个复杂的整个的东西、中国国民要从国际间、民族间、政治上、经济上从层层种种的压迫中解放出来,必须认识三民主义的整个,同时要理解三民主义所包含的复杂,眼光要放得远,脚步要踏得实,手段要下得辣,意旨要抱得诚,依不断进化的程序向前进。"他甚至把三民主义当作包医百病的灵丹妙药,明确表示:"现在在这里不需要任何共产主义运动。国民党和孙逸仙的党能够不断进步,也可能建立社会主义政府。"① 他在《我们的党》中也宣传说:"中国国民党是把我们民族、我们国家、我们的经济地位,从压迫下解放出来,所以中国国民党是我们的党"。沈玄庐把国民党及三民主义当作拯救中华民族和被压迫人民群众唯一正确的政党和路线,把民主主义革命看作是中国革命的终点。② 因此,中共党内指责沈玄庐忘记了自己是跨党的共产党员,忘记了维护无产阶级政党利益的宗旨。究其实,他是受到戴季陶主义的影响,也跟随戴季陶从共产主义转向三民主义。

施存统的转变也颇有代表性。施存统是五四时期社会改造的积极探索者,从信仰无政府主义转向马克思主义。他后来在《悲痛中的自白》中坦承,作为一个老共产党员,1920 年 5 月参与发起组织共产党。"虽然我那时并不相信马克思底共产主义,只是相信克鲁泡特金底无政府共产主义。一直到现在,我与共产党的关系,都算是比较密切的,我对于共产党,自问亦是忠实的。""自跨党加入国民党,我在国民党中没有何种违反三民主义和国民党政策的事情。我自问是一个忠实的三民主义的信徒,忠实的国民党员。"③ 他在《评戴季陶的中国革命观》中说:"一个党员若接受了孙先生的全部重要思想(尤其是理想与目的),他必然地要相信马克思主义,因为只有照马克思主义的方法才能达到孙先生的理想与目的(大同共产社会),只有照唯物史观方说得通,不然,只有抛弃孙先生的理想与目的而一意努力于反共产。"戴季陶认为国民革命与阶级斗争冲突,实行国民革命的时候便不应提倡阶级斗争,若提倡阶级斗争便是心口不一,要分散国民革命的势力。在施存统看来,这种说法是似是而非的。第一,国民革命是被压迫民族反抗帝国主义的革命,并不是笼统地排斥列强民族,国民革

---

① 中共中央党史研究室第一研究部:《联共(布)、共产国际与中国国民革命档案资料运动(1920—1925)》,北京图书出版社 1997 年版,第 383 页。
② 中共萧山市委党史研究室编:《沈玄庐其人》,成都科技大学出版社 1994 年版,第 117—118 页。
③ 施存统:《悲痛中的自白》,《中央副刊》第 157 号,1927 年 8 月 30 日。

命本身便是一种广义的阶级斗争;第二,戴季陶已经承认国民革命应该以工农阶级的力量为中坚,而工农阶级的力量又只有在阶级斗争中才能发展、扩大起来,由改良自己的生活才能进而有打倒帝国主义的决心与行动;第三,资产阶级参加国民革命的目的当然为发展资本主义,绝不会为工人谋利益,所以在国民革命运动中亦要不断地压迫工人运动。实际上,国民革命运动不能消灭阶级斗争,并且国民革命本身就是一个阶级斗争,只有工农阶级的斗争力量增大起来,才能促进国民革命的早速成功。施存统还特别声明:(1)我们是马克思主义的信徒,我们绝没有跳过"必经阶级"的妄想,中国此刻未具共产条件,我们绝没有想立即实行共产。(2)我们承认中国目前的革命是国民革命,国民革命的目的是打倒帝国主义与军阀以实现国家独立与人民自由,这个革命于中国全民族有益且为世界革命的第一步,所以我们的确诚心诚意、心口如一地来做国民革命。(3)我们加入国民党是为了集中国民革命的势力,促进国民革命的发展,绝不是为利用国民党政治的保护力及经济的维持力来发展自己的势力,国民党永远是国民党,绝不会变成共产党。① 在马克思主义与三民主义的关系问题上,特别是国民革命运动中,施存统的认识和政治立场都是基本正确的。施存统在决定新的"政治立场"后,向一切革命的同志表明态度:"总理的三民主义,据我细心研究的结果,绝不是反对马克思主义的,直到现在,我还不能想出反对整个马克思主义的理由。我们可以说三民主义是反帝国主义,反资本主义,我们不能说三民主义是反马克思主义。中国共产党过去确有错误,但是它的错误决非应用马克思主义之过,乃是不善应用马克思主义之过。我们绝不能因为反对中国共产党而笼统地反对马克思主义或禁止研究马克思主义。我以为马克思主义最注重客观的事实,与总理说解决社会问题当重事实不重理想,没有什么两样。"② 脱离共产党后的施存统,潜心于三民主义的宣传与研究,始终以造就"革命的国民党"和实行"革命的三民主义"为宗旨,为实现三民主义的革命目标做出了积极贡献。

可见,在五四时期和国民革命运动中,共产主义与民主主义很难科学地区分。尤其是在国共实行党内合作时期,共产党人以个人身份加入国民党,在三民主义指导下投身国民革命运动,在一定程度上造成了部分共产党人对于三民主义与马克思主义的思想混乱。当时中共领袖陈独秀和共产

---

① 存统:《评戴季陶先生的中国革命观》,《中国青年》第91、92期合刊,1925年9月1日。
② 施存统:《悲痛中的自白》,《中央副刊》第157号,1927年8月30日。

国际代表马林"一切工作归国民党"的错误指导思想,在党内也造成了思想和行动的混乱,在党外也引起不少误解。一些跨党的共产党员转向三民主义,当然也有自身思想和社会现实的原因。前述施存统等人的转变就是明证。从另一个角度来看,在党内合作的历史背景下,三民主义与马克思主义都是社会革命或改造的主流思想之一,二者在联合战线或国民革命运动中争夺领导地位,革命者在二者之间作出选择确属不易。

第三节 社会改造思潮与国家主义的关系

国家主义是近代西方资产阶级民族主义的一个流派,也是五四时期社会改造思潮的重要理论之一,而且国家主义者立足于救国卫国,提出了改造中国社会的方案、方法和手段,开展国家主义教育运动。随着国家主义派的出现和中国青年党成为一股重要的政治势力,国家主义成为一种重要的社会改良思潮,在五四时期,社会改造思潮和运动产生过重要影响。

一 国家主义是社会改造思潮的重要支流

五四时期,宣传国家主义的社团和刊物风起云涌,国家主义发展成为一种社会思潮。[1] 其中提倡国家主义最积极的团体,是倡导教育建国论的国家主义派,即后来的中国青年党。他们提倡国家主义,一是因为1919—1923年的新文化运动使中国思想界陷于一种无政府状态,需要一种中心思想来做团结全国人民的工具,在众多的主义中,只有国家主义较适合国情。二是因为中国数年来的实际政治混乱不堪,人民不管政治的大原因是他们缺乏国家观念,所以他们选定以国家为前提的国家主义来唤醒人民来管政治,改造政治。三是因为世界和平的声浪虽然高唱入云,但中国的国际地位低落。我们依据历史的指示,要求国际平等,不得不选定国家主义来提倡。四是因为五四运动后因思想界大解放,得以输入共产主义。要救国,要唤醒青年不受共产党的骗,更不得不一面提倡国家主义,一面反对共产党。[2]

---

[1] 参见李永春《〈少年中国〉与五四时期社会思潮》,湖南人民出版社2005年版,第341—346页。
[2] 中国第二历史档案馆编:《中国青年党》,中国档案出版社1988年版,第58—60页。

当时一部分人认为,国家主义是一种适合中国国情的救国的手段。国家主义派极力提倡国家主义,认为这是"迫于中国的实际需要"。① 可以说,以国家主义为基础来改造中国,是当时宣传国家主义的最根本的考虑。

不仅如此,国家主义者组织政党,作为改造中国的一个重要途径。少年中国学会会员康白情等人1923年在留学美国时,发起组织新中国党。在会员曾琦看来,"组织政党,本为今日时势之需要,惟欲以和平手段取得政权,实为万不可能之事,必须以革命方法出之。而欲革命,则又非先有能共患难之死党不可"②。于是他发起中国青年党。这种政治改革以政党为基础,在留美学生组织的大江会也有类似拟议。闻一多曾经提出:"当今中国有急需焉,则政治之改良也。故吾近来亦颇注意于世界政治经济之组织及变迁。……我辈得良好机会受高深教育者当益有责任心。我辈对于家庭、社会、国家当多担一分责任。""进行之第一步骤则鼓吹国家主义以为革命之基础。"③ 以国家主义为革命基础,在以留法学生为主体的国家主义派最为明显。中国青年党的诞生,在陈启天看来,"政治社会之腐败和既成政党之腐化是一般的原因;列强共管铁路之警耗和联俄容共之怪剧是特别的原因"④。《中青史话》总结中国青年党的历史时说:"因此国内政治实际情势,已经到了非有一个新兴政治组织,来担当国家大事不可的地步,而这个政治组织必定是以国家为前提的国家主义做中心主张的政治团体,然后才能唤醒全体国民来管理政治,改造政治,于是'中青'便在这适合国情的实际需要下而诞生了。"⑤ 从国家主义派到中国青年党,国家主义者试图通过用阶级合作的方法来改造中国。他们深信现在的世界虽然异说横流,但主要思潮仍为国家主义;深信一个国家要"拨乱反治",须得先有一种思想,为全国人所信从然后可以通力合作;深信振作国民的精神,激励国民的感情,团结国民党意志,以求洗刷国民的耻辱在当今只有国家主义才能做到。"本着以上的三种信念,断定国家主义是目前中国拨乱救亡的惟一良药……为中国目前起死回生的惟一法门。"⑥

---

① 陈启天、常燕生:《国家主义运动史》,中国书局1929年版,第83—89页。
② 陈正茂等编:《曾琦先生文集》(下),台湾"中央"研究院近代史研究所1993年版,第1368页。
③ 《闻一多书信选集》,人民文学出版社1986年版,第180页。
④ 陈启天:《寄园回忆录》,台湾商务印书馆1965年版,第142页。
⑤ 中国第二历史档案馆编:《中国青年党》,中国档案出版社1988年版,第5页。
⑥ 陈启天:《醒狮运动发端》,少年中国学会编《国家主义论文集》第一集,中华书局1925年版,第94、95页。

显然，国家主义者出于救亡图存的现实需要，试图以国家主义取代无政府主义、三民主义和共产主义，成为时代的"中心思想"，甚至成为所谓"立国工具"。国家主义逐渐成为国家主义者改造中国的思想。

国家主义派主要成员来源于当时的进步社团少年中国学会，余家菊、李璜1923年合编出版的《国家主义的教育》论文集，以及《少年中国》月刊公开讨论新国家主义问题，是国家主义的"团体的反应"，使当时教育论坛上潜在的国家主义正式公开化，推动了国家主义教育组织化与思潮化的进程。中国青年党的成立及其机关报《醒狮》周报的创刊，成为国家主义政党化的一个明显标志。青年党领袖之一的陈启天宣称，《醒狮》出版最大的影响是"各地爱国青年团体风起云涌"，最大的成就是"为国家主义理论体系的建立"[①]。青年党党魁曾琦宣言："今日中国提倡国家主义为救时良药，已成为天下之公论。"[②] 他认为，国家主义是五四时期中国人自振和图强的思想武器。

国家主义成为当时社会主义的一个支流。倾向民主主义的陈启天提出，中国在今日不能实行社会主义，应以新国家主义为社会主义的基础。其分析如下：社会主义之最大理想在重新改造社会主义经济组织，使个人均在经济上有较为平等之机会与待遇，中国的文人大倡社会主义为救国之不二法门，实则迷于理想忽于事实而不可能也。"中国目前之紧急问题不在'可'否实行社会主义之理想而在能否实现社会主义理想，不在如何实现社会主义于'今日'之中国，而在如何使今日之中国可于将来有实现社会主义之'资格'。"中国暂无实现社会主义的资格，原因在于中国旧实业窳败，不堪与列强比武；而新实业又未振兴，以致我国国民生计之大权均落于国际资本家之手。只有借国家之力开发全国实业，不但为世界之消费者，而且为生产者，则外资压迫之祸可稍减，经济操纵之权可收回。而后借国家之力开发大产业，以实行大产业国营制度，调节资本与劳动之关系，才能实现所谓社会主义之理想。他由此得出结论："社会主义理想不仅在经济分配之平均，而尤在人生相处之安逸。目前中国之国民非有数十年之教导训练不足以语高远，与其空谈高远之理想无济于目前之危机，不若暂时集中全国之聪明才智于国家思想之养成而后易于趋赴社会思想。"[③] 陈启天说，国家主义是中国将来实行社会主义的基础，也是以社会主义改

---

① 李义彬编：《中国青年党》，中国社会科学出版社1982年版，第111页。
② 吴俊升：《国家主义之今昔观》，少年中国学会编《国家主义论文集》第一集，中华书局1925年版，第35页。
③ 陈启天：《新国家主义与中国前途》，《少年中国》第4卷第9期，1924年1月。

造中国的题中应有之义。

国家主义派把国家主义与三民主义、共产主义并列为改造中国的理论。他们认为，一国政治之污浊，有赖于革命集团之澄清。所谓革命集团，就是有主义、有政策、有组织、有方略之革命的政党。此革命集团之成功与失败，视其主张之是否合乎本国国情，应乎社会需要，顺乎世界潮流以为断。今日国人莫不知有所谓三民主义、共产主义、国家主义。代表三民主义者为中国国民党，代表共产主义者为隶属苏俄之中国共产党，代表国家主义者，国人但知为中国国家主义青年团，而不知立于青年团之后者，尚有极严整之中国青年党在焉。[①] 因此，国家主义派将国家主义与三民主义、共产主义并列为在中国顺乎世界潮流而又合乎中国国情与社会需要的革命主张，甚至自誉为"目前中国拨乱救亡的惟一良药"[②]。

曾琦从世界大势、本国情形、社会道德、人类本性四个方面进行分析论证，指出，在世界上，国家主义潮流蓬勃发展；在中国，国家主义适合本国情形，乃救时之良药。他自行设定了研究主义的四个条件：第一须研究其理论是否充足；第二须研究主义如何施行；第三须研究主义是否合于时代；第四须研究主义是否合于本国国情。通过比较研究国家主义与共产主义，曾琦得出国家主义"合国情顺潮流之主义也，救中国惟一之良药也"的结论。[③] 他还批评共产党有"反动""复古"和"反革命"三大"罪状"，指出："共产党的阶级斗争，劳工专政，即欲以不平之方法求得其平，以阶级代阶级，以专政易专政，其结果亦徒使社会永远不平而已。惟吾侪国家主义者之主张：一方面反对资本家专政，另一方面反对劳动者专政。一切政治经济制度，皆须同时顾及各阶级之利益，乃可谓折衷至当而适得其平。"[④] 在他看来，国家主义才是顺乎中国潮流与现实需求的社会改造理论。

二 国家主义改造中国的手段和方法

如前所述，国家主义首先是以国家为前提的救国主张。国家主义者对帝国主义和封建军阀统治的社会现状不满，主张进行社会改造，改变中国政治黑暗的局面。在社会改造手段和方法上，反对革命，主张采用改良的

---

① 陈正茂等编：《曾琦先生文集》上，台湾"中央"研究院近代史研究所1993年版，第126—127页。
② 少年中国学会编：《国家主义论文集》第一集，中华书局1925年版，第94、95页。
③ 中国第二历史档案馆编：《中国青年党》，中国档案出版社1988年版，第54—55页。
④ 曾琦：《共产党之复古反动与反革命》，《醒狮》周报第68号，1926年1月23日。

方法，逐步达到建立资产阶级民主政治的目的。因此，被认为是一种社会改良思潮。①

国家主义改造中国的方法，曾琦曾经这样设想："因欲从事政治改革，则无民众以为后援；欲从事社会改革，又无同志以相辅助，胸中虽有计划，亦难见诸实行。"但是，对于共产党人"迷信"的马克思主义唯物史观，曾琦"历举种种例证以破之，并劝以对于改革社会之主张，勿以个人环境为标准，尤勿高谈主义，使青年思想混乱，派别分歧，势力不能团结，转为军阀所笑也"②。可见，曾琦主张社会改造，反对政治改造，实际上也是坚持少年中国学会的以社会运动改造中国的主张。

从少年中国学会分化出来的国家主义派及在此基础上建立的中国青年党，成为此期中国的一股重要政治势力，他们反对封建军阀和帝国主义，以改良社会为目标。曾琦最初构思发起中国青年党，以推倒军阀，改良社会，振兴国家，促进大同为宗旨。其理由是：就今日中外大势论，非推倒军阀，不足以言改良社会；非改良社会，不足以言振兴国家；非振兴国家，不足以言促进大同也。③1923年12月发表的《中国青年党建党宣言》，规定该党宗旨为对外"以力争中华民国之独立与自由为旗帜"，就是鉴于国际强权之方盛，世界大同之尚遥，新加坡之增筑军港，太平洋之派遣舰队，铁路财政之共管，宜昌长沙之示威，在在令人惊心动魄，故不敢再为空言以误国也。对内"则以推翻祸国殃民之军阀，实现全民政治为信条"，也是鉴于全国国民之齐受宰割于军阀，欲唤起各界之觉悟，合群力以诛国贼，人人皆当协力同心，故不敢徒唱高调以拒人也。④可见，国家主义者主张采用社会改良的方法，建立资产阶级民主政治。

国家主义者以教育为社会改造的主要手段。国家主义者认为，鼓吹国家主义的教育，确立国家主义的教育宗旨，以改良教育、养成良好公民为号召，最终能够达到救亡图存的目的。因此，"现在许多人主张提倡国家主义，其唯一原因就是鉴于现在国势日弱，在国际上已失其独立的资格，要图自强，非力自振作不可。这是由事实逼成，我想谁也不能否认"。因此，"因国势之不振而提倡国家主义，是许多人思想上的共同倾向。"⑤故国家主义直接关系到中国前途，是救中国的良药。国家主义者坚持认为，

---

① 参见吴雁南等主编《中国近代社会思潮》第三卷，湖南教育出版社1998年版，第161页。
② 沈云龙辑：《曾慕韩（琦）先生日记选》，文海出版社1966年影印版，第58、71页。
③ 沈云龙辑：《曾慕韩（琦）先生日记选》，文海出版社1966年影印版，第41页。
④ 沈云龙辑：《曾慕韩（琦）先生日记选》，台北文海出版社1966年影印版，第75页。
⑤ 舒新城：《教育上的国家主义问题》，《民铎》第5卷第1号，1924年3月1日。

中国贫弱之根本不在列强之压迫，军阀之专横，议员之无耻，而在多数国民无国家之自觉心。① 因为国民之发展，是与其文化程度成正比例的，因此提高文化、普及教育是救国的"总枢纽"②。他们强调，一个民族的振兴，在于民族意识和民族觉悟，也就是民族的"民族精神"，就是国家的"国性"与"国魂"。国家主义的宣传是以国家主义理论为基础的，国家主义思想意识则主要通过教育来灌输和建立。考诸世界各国历史，因卢梭而后有法国大革命，因费希特而后有德意志复兴，中国有黄梨洲、王船山、顾炎武三大儒而后有清末排满兴汉运动。③ 因此政治革命必须以教育为手段，才有实现政治目标的可能；精神建设则用教育的方法。国家主义者在中国最先提出国家主义教育的具体主张及办法，以"教育为改造国家惟一的工具"④。由此可见，国家主义派始终注重思想革命而反对政治革命，实际上是少年中国学会以社会运动创造"少年中国"思路的延续。当时少年中国学会把"新国家主义"的主要目标描述为国家的自觉、国家的正义与国家的服务三种。其根本立足点在于：（1）中国国民大多数无国家之自觉心，而自号才智之士又从而摧毁之，使国家面临解体的危险。（2）中国今日之乱象即在国家的正义为国际的压迫、军阀的专横与教会的教育所摧残殆尽而几无完肤，因此今后国民之急务即在认明国家正义之所在，而以全力主张、拥护、保卫之，虽出于个人的激烈手段亦在所不辞。（3）国家之目的，在唤起并培养全国国民为国家服务之精神，否则，无济于国家之危亡。⑤ 这种用自觉、正义、服务等"抽象的概念"来宣传国家主义教育的目标，被批评为有复古之嫌。⑥

国家主义者非常自信地认为，在今日中国，国家主义认清了今日世界的大势，因而主张"自强自救"；认清了今日中国的国情，因而主张"内求统一，外求独立"；认清了今日国家的敌人，因而主张"内除国贼外抗强权"。因此，"国家主义是惟一的救国方针"⑦。国家主义教育，就是以

---

① 陈启天：《新国家主义与中国前途》，《少年中国》第4卷第9期，1924年1月。
② 《中国国家主义青年团全国代表大会对时局的宣言》，李义彬编《中国青年党》，中国社会科学出版社1982年版，第215页。
③ 李振霞等编：《中国现代哲学人物评传》（上），中共中央党校出版社1991年版，第494—496页。
④ 陈启天：《国家主义与教育》，《国家主义论文集》第一集，中华书局1925年版，第160页。
⑤ 陈启天：《新国家主义与中国前途》，《少年中国》第4卷第9期，1924年1月。
⑥ 张闻天：《从梅雨时期到暴风雨时期》，《少年中国》第4卷第12期，1924年5月。
⑦ 中国青年党、中国国家主义青年团编印：《国家主义浅说》，中国青年党、中国国家主义青年团总部，1929年，第10—11页。

国家主义为依归的教育，具体言之，国家主义教育旨在培养自尊精神以确立国格，发展国华以阐扬国光，陶铸国魂以奠定国基，拥护国权以延绵国脉。① 与共产党人从唯物史观出发力谋推翻现社会经济制度相反，国家主义者主张从精神和思想入手，秉承"政治重于经济"，"一切经济制度，均可由政治权力变更"的信条。他们从国家主义出发，用教育救国之手段与方法来挽救中国，这实际上是改造中国的另一路径。

在少年中国学会，致力于教育事业的舒新城也提出，实现国家主义的方针，要"用科学的方法从各方面研究中国现在所以成此'非国家'的原因，先从经济独立上着手以谋国家的独立，文化的增进，其目的只以'自立立人'，不劳他人代谋，有愧人道为止境，至于侵略方策的帝国主义与我们底需要相反，而且不是人道中所宜有，我们应当绝对排弃"②。研究民主主义教育的吴俊升回忆道："我的教育思想，由赞同当时以杜威思想为主的自由、民主及国际主义的立场，渐渐加以修正和补充而兼顾民族文化的延续与发扬和爱国主义的提倡，实与青年党人李璜、余家菊、陈启天等诸会友所倡导的国家主义教育同调。"③ 从民治主义者转向国家主义者的陈启天自称，因为受了第一次世界大战以后的民主潮流、五四前后的新文化运动和杜威的教育学说等影响，他厌恶现实政治，决意专攻教育，多半依据民主主义的原则，讨论各种教育问题。他后来主编《中华教育界》，又多半依据国家主义的原则，讨论各种教育问题，以求从教育上克服共产主义的思想。由此从教育转入政治。④ 陈启天从民主主义教育转向国家主义教育，与他改造中国的方法从社会运动转到政治运动几乎同步。他认为，依据国家主义的教育主张，可使人认识爱国是教育宗旨上的一个必要目标，不再像新文化运动之忽略爱国，并且可使政府注意教育政策，学校增加爱国教材。依据国家主义，建立教育理论，可补助民主主义的教育理论的不足。正因为如此，国家主义教育的宣传在当时产生了不容忽视的影响。⑤ 陈启天所著《国家主义的教育》的"广告"，宣称该书明确指出"畅发教育救国之旨，警醒国人大同之梦"。其"序言"也称："用教育确定国体，是教育中固有之一义，然而教育之功用，有更重要于此者，则是用教育以绵延国命。我们审顾内外，惧国命之将斩，特重提十年来国人因

---

① 余家菊：《教育原理》，中华书局1925年版，第34页。
② 舒新城：《教育上的国家主义问题》，《民铎》第5卷第1号，1924年3月1日。
③ 吴俊升：《教育生涯一周甲》，台北《传记文学》第27卷第2期，第47页。
④ 陈启天：《寄园回忆录》，台湾商务印书馆1965年版，第97页。
⑤ 陈启天：《寄园回忆录》，台湾商务印书馆1965年版，第98页。

内乱而遗忘之教育救国论。"①

用教育来绵延国命,也就是教育救国。因此,国家主义的教育,实质上就是一种教育救国论。

对于教育与革命的关系,明达之士已经指出:"在革命前,教育是用以斗争的、志在获得政权的武器之一。在革命后,即在革命群众已经获取了政权,这时教育的责任是在教育民众,训练民众,以拥护这一政权,巩固这一政权,保住民众对政府的密切关系和对政策的一致信任;因为那时的政府就是民众所选出以行使政权的,它与民众站在一起,再不与民众相对抗。要之,在革命后,教育是保卫政权并促进政权的一种机能。"② 既然在革命时期一切都要适应革命的总策略,共同促成革命的成功,因此,教育自然是革命力量的一个方面,是社会革命的根本方法。国家主义教育无疑也是社会革命的重要方法。

"内除国贼,外抗强权"是国家主义改造中国的重要手段。国家主义者明确提出,国家主义应当是中国的中心思想。曾琦认为,中国国事扰攘十余年而不克底定,不在于法制之未立,教育之未兴,实业之未振,也不在于军队之未裁,根本原因在于中国无中心思想与中心人物。"在今日中国,言论界最宜鼓吹而成中心思想者,一是主义——应绝对主张国家主义,使全国人民皆了然于国家之组成,而以爱国为惟一之天职,无复有超国家无政府等妄想;二是政策——应提倡社会政策,本孔子不患寡而患不均之义,以国家权力,防止富贫之悬绝,消弭阶级战争。而欲此中心思想之实现,对内应本四民主义,联络全国各阶级,为国民之大团结,以推倒专横之军阀;对外则应本民族平等主义,挣回已失之领土主权,完成中华民国之独立与自由。"而其简单之标语,则可定为"内除国贼,外抗强权"③。

反对外国侵略,是近代中国民族主义的主要内容之一,也是国家主义的主要目标之一。《醒狮》宣传的"外抗强权,内除国贼",是国家主义派救国的手段,为当时联俄容共潮流中提供了另一条挽救中国前途之路。④其中,"国贼"界定为"其行为有背于国民的公意,有害于国家的生存

---

① 余家菊、李璜:《国家主义的教育》,中华书局1923年版,"序"第1页。
② 公朴:《教育者之政治的使命》,《教育杂志》第20卷第9期,1928年9月。转引自《杨贤江教育文集》,教育科学出版社1982年版,第469—470页。
③ 陈正茂等编:《曾琦先生文集》上,台湾"中央"研究院近代史研究所1993年版,第78—81页。
④ 陈正茂编著:《左舜生年谱》,长达印刷有限公司1998年版,第61页。

者",具体指盗卖国权、摧残民命之军阀,营私舞弊、祸国殃民之官僚,假借外力、争夺政权之政党,把持地方、鱼肉乡民之滥绅,朝三暮四、寡廉鲜耻之政客,勾结外人、掠夺国富之财阀,破坏公益、专谋私利之奸商,欺世盗名、不负责任之乡愿,依仗外人、压制同胞之教徒,扰乱社会、妨害国家之流氓。其中军阀是最大的国贼。① 曾琦解释说:"欲图革命之彻底,一方面使国民知为害于国家者不仅一二军阀,尚有其他种种蟊贼,悉应在铲锄之列;一方面亦豫(预)为后来之计,将于'澄清政治'之后,更进而'澄清社会',使政治上,社会上,所有危及国家生存之一切害虫病菌皆绝迹于禹域,夫然后国家之安宁可保,国民之幸福可图。"② 从理论上看,国家主义派旨在先进行政治改革,再社会改革,改造中国的重点在铲除危害国家的种种蟊贼。

国家主义派将强权分为武力侵略政策、文化侵略政策、经济侵略政策、宗教侵略政策。他们承认,必须反对强权,且强权不局限于日本,也包括英美等列强。理由是:(1)列强对华政策不一,利害尤多相反,吾人当分别对付。(2)只为保护本国,不想干涉他国,"打倒国际资本帝国主义"含有干涉他国内部组织之意,显系一种世界革命。(3)若仅以打倒资本帝国为号召,万一世界上有非资本帝国主义以武力侵略如何办。故改"外抗强权"为好。③ 这种反抗强权的策略,与他们制定的先对内后对外的救国策略有关,而且与联合和分化帝国主义阵线的斗争策略有关。国家主义者为了免除国家主义"侵略"这一弊端,而称"自卫"的国家主义,因此不主张用"打倒国际帝国主义"来"干涉他国内部组织",也为了避免与苏俄提出用"打倒国际资本帝国主义"为世界革命的口号混同。他们反帝国主义的第一步办法,是先剪帝国主义的爪牙,而且"反帝国主义在目下,只是宣传时代,而我们实行着手之处,仍先在于内政"④。总之,国家主义派主张政治革命和全民革命,是先行对内,而不是主张反对国际帝国主义。

革命是实现国家主义的主要手段。关于国家主义派改造社会的主张,

---

① 中国青年党、中国国家主义青年团编印:《国家主义浅说》,中国青年党、中国国家主义青年团总部,1929年,第28—29页。
② 曾琦:《"内除国贼外抗强权"释义》,《国家主义论文集》第一集,中华书局1925年版,第98页。
③ 曾琦:《"内除国贼外抗强权"释义》,《国家主义论文集》第一集,中华书局1925年版,第99—100页。
④ 灵光:《中国的国家抵抗及其步骤》,《国家主义论文集》第一集,中华书局1925年版,第108页。

曾琦在中国国家主义青年团的宗旨中,概括为"对内为民主革命,对外为民族革命"。具体解释为:"联合农工商学各界,先求'全民武装',进而实行'全民革命',以造成'全民福利'之国家,而不偏于任何阶级。"①至于革命的理由,简言之,一是革命所以去暴安良,今日专横无道之军阀,非以革命之手段,万难制止其为恶;二是革命所以除旧布新,今日腐败已极之社会,非革命无以荡涤邪秽;三是从前所有一切和平之手段,皆已用尽而无效,舍革命亦无他法;四是改良者无所谓从一地方一事件下手之说,自称"踏实"而实则"迂远",无救于今日危急存亡之中国。"且军阀随时弄兵,全国陷于混乱,教育实业,概遭摧残,虽欲改良,亦无从下手。因此,吾人乃断然主张全民革命以期彻底澄清,不惟军阀官僚,吾人认为国贼,志在必除。即倡调和之论,甘与军阀妥协者,吾人亦力加反对,绝不稍予姑容。""盖居今日而言救国,不为根本之改造,从事枝节之改良,犹缘木求鱼,绝无可达目的之望。"② 可见,国家主义革命是全民革命,彻底改造中国。

国家主义派还提出联合革命,希望主张革命的各团体"神圣联合",以图"内除国贼外抗强权"。"神圣联合"是第一次世界大战时法国各政党"一致对外"的口号,为国家主义者借用。曾琦明确地说:"凡主义不同,主张不合之党,皆可各保其组织,特于某一时期,某一事件,各党协商一共同之意见,而各竭其全力以相助。如此,则既无妨于各党鲜明之旗帜,又可以救共同托命之祖国。时至今日,外患已迫,吾人极愿仿法国政党之所为,与国民党及其他爱国团体实行'神圣联合'以'一致对外'。"③ 在此基础上,国家主义派提出"全民政治"与"全民革命",认为"今日救国莫要于养成国人之共同之信仰,规定国人共同之目标,陶铸国人共同之理想,抉择国人共同之手段,先为普遍之宣传,继为热烈之运动,庶几万众一心,即知即行,安内攘外,克竟全功"。其中,共同之信仰即国家主义,共同之目标为"内除国贼,外抗强权",共同之理想为全民政治,共同之手段为全民革命。④ 所以,国家主义以联合革命为手段改

---

① 曾琦:《答穆济波书》,《醒狮》周报第6号,1924年11月15日;曾琦:《致郑伯奇》,《醒狮》周报第7号,1924年11月22日。
② 陈正茂等编:《曾琦先生文集》(上),台湾"中央"研究院近代史研究所1993年版,第126—127页。
③ 陈正茂等编:《曾琦先生文集》(上),台湾"中央"研究院近代史研究所1993年版,第121页。
④ 曾琦:《曾慕韩先生遗著》,文海出版社1971年影印版,第66—67页。

造中国。

1923年中国青年党发表"建党宣言",规定其宗旨为"本国家主义之精神,采全民革命之手段,以外抗强权,力争中华民族之独立与自由,内除国贼,建设全民福利的国家"①。如此规定的原因是:一个国家必先具有内求统一,外求独立的国家主义精神,足以立足于近代国际社会,才谈得上国际主义。"不过民国十年前后的中国思想界多倾向国际主义,而轻视国家主义,致苏俄的共产侵略思想得乘虚而入。我们要抵制共产的侵略思想,便须宣扬国家主义的精神。依据这种精神,一面反抗白色帝国主义的侵略,又一面反抗赤色帝国主义的侵略,乃能求得中国的独立与自由。这便叫做外抗强权。"全民革命是对阶级革命而言的。"我们要实行民主政治,顾及全民福利,必须全体国民都起来,一面扫除军阀专政,一面预防共产专政。"青年党的宗旨,在原则上是要提倡国家主义、民主政治与全民福利;在进行上则不因反对白色帝国主义国家与军阀,而放松了"赤色帝国主义苏俄及其工具共产党"②。从该党宗旨的内容来看,"内除国贼,外抗强权"是急务,"全民革命"是手段,"全民政治"为革命成功以后的建设任务,"社会政策"是取得国家政权以后实行的政策。可见,国家主义改造中国的手段从社会活动转向政治活动,从社会革命转向政治革命。

全民革命是国家主义改造中国的手段。所谓全民革命,就是全体国民起而推翻旧有政府或操纵政府的权力,或与政府权力相等的权力,重新建设政府,实行新政治与新政策。这是被治者驱逐治者的最后的、最激烈的直接手段,也是全国民众自救的最后手段。在积极方面,全国民众及已有组织的民团民兵,起而扑灭治者中属国贼者,并运动兵士反戈;在消极方面,商人罢市,工人罢工,农民罢耕,学生罢课,抗不纳税,"抗不供给一切需用品与治者中属于国贼者"。全民革命就是由环境激起的一种自觉心,由自觉心而引起一种自决心。因此,实行全民革命的三个必备条件:一是全国一致不安的环境;二是全国人民一致的自觉心;三是全国人民一致的自决心。③ 要想实现"全民革命",首先要依靠群众的力量。李璜在《醒狮》第8期发表文章指出,我们决心要革国内军阀的命,国外洋大人的命。"唯一的下手办法,便是靠群众力量,得着多数的分子,怀一致

---

① 方庆秋主编:《中国青年党》,中国档案出版社1988年版,第10页。
② 陈启天:《寄园回忆录》,台湾商务印书馆1965年版,第143页。
③ 卢琰:《全民革命释义》,《醒狮》周报第82号,1926年5月9日。

的理想,抱一样的精神,去与军阀和洋人'野战',先使他们应接不暇;以致他们内部造成了恐怖现象,然后我们才说得上夺取他们的政权。"其次,"全民革命"的实现途径主要是"全民武装",一方面是组织民团、工团、学生军等,通过组织新团体,联合农工商学各界实行"全民革命",然后以"民治主义"的精神而实现"全民政治";另一方面,必先于学校实施"军事教育"①。国家主义派的救国思路是:"今日欲内除国贼,外抗列强权,皆有待于各省自治之民军,由一县以布于全省,由一省以推于全国,组织严密,声气灵通,一隅动而全省应,国难不足平矣。"② 他们设想,欲救已纷乱至极的中国,只有两个途径,一为政治上有特出之英雄,二为"社会上有多数之志士,分布于各省各县,练民团以自卫,俟势力养成之后,联络一致,以打倒军阀"③。总之,在"全民革命"的口号下,无论何种职业的国民均可一致趋附,协力图强。

不过,国家主义派一面高喊铲除作为最大国贼的军阀,一面投靠和联络军阀势力,同时投身军营,在革命手段和目的上出现了矛盾。

国家主义者宣传"全民革命",但反对劳工革命,反对阶级斗争。一个重要原因是共产党的阶级斗争理论会"减少对外的力量",共产主义主张"劳工革命"而忽视其他各界,减少革命之势力,延长军阀之寿命;而其所提倡之"阶级斗争",尤足以内启国民之分裂,外促列强之结合。而国家主义兼顾各方,易收实效也。④ 而且阶级划分,导致争斗益烈,国内混乱时局无由廓清,而国际干涉的惨祸终难幸免。⑤ 在国家主义者看来,"夫劳工与农民,既劳其筋力于耕耘操作之中,焉有余力以干预国政,且在今日教育尚未普及,劳农知识多极幼稚,又焉有余力以过问国政乎?"总之,劳农专政在理论上是不应该的,在事实上是办不到的。⑥ 不仅如此,"共产党所谓'劳农专政'不容异党对立,不但与尚贤的旧思想相根本冲突,也与民治的新思想完全不合,所以国家主义者又绝端反对,而主张'国民共治',容忍异党。"⑦ 可见,国家主义派反对阶级斗争,主张"阶级协调"、阶级合作。李璜解释说:"国家主义者不但在此日驱除国内外暴

---

① 曾琦:《弁言》,《醒狮》周报第30号,1925年5月1日。
② 曾琦:《感事书怀偶成七绝》,《少年中国》第4卷第11期,1924年3月。
③ 沈云龙辑:《曾慕韩(琦)先生日记选》,台北文海出版社1966年影印版,第52页。
④ 中国第二历史档案馆编:《中国青年党》,中国档案出版社1988年版,第50—55页。
⑤ 陈启天:《醒狮运动发端》,《醒狮》周报第4号,1924年11月1日。
⑥ 余家菊:《国家主义概论》,新国家杂志社1927年版,第11页。
⑦ 陈启天:《国家主义与共产主义的分歧点》,《醒狮》周报第44号,1925年8月8日。

力的时候，要主张各阶级合力同心去从事于革命运动，并且来日全民革命以后，也要一样主张各阶级合力同心去从事于建设工夫，因为国家主义者既以国为唯一的对象，则国家者全国人民之国家，不是几个人或一阶级的人所能私有的。既不应私有，则国家的利益即是全国人的利益，不但当与全国人谋之，且当听全国人谋之。因此国家主义者的立国政体必须是全民共和，而不是独夫或一阶级专政的。"[1] 国家主义者提出依靠"全民"的力量抗强权除国贼，就是希望通过用阶级合作的方法来改造中国社会，这种理论抽象而缺乏实际可操作性，没有提供具体可行的实施办法。

国家主义派也组织工人团体，开展工人运动。曾琦对此作了如下解释："吾侪国家主义者以增进'全民福利'为职志，对于劳动阶级之困苦，当然不能坐视。故在法曾组织工人救国团，专以谋工人幸福为目的。在沪亦成立工人救国团，由工人救国团出而创办工余学校以教育工人子女，增进工人幸福。此为国家主义者爱护劳动阶级之表示，何等正大光明。"[2] 此举固然是"全民革命"的表现，更主要的是反对共产党的无产阶级专政理论，抵制和阻挠共产党领导开展劳工运动。他们非常恐惧共产党人领导和"包办"工人运动，故大肆攻击共产党对工人运动的失误，企图断绝共产党与工会的关系。五卅运动中，段祺瑞政府解散上海总工会，曾琦归咎于共产党，还公开宣传说："今后之工会，宜由工人自行组织，不必让共产党人参加其间，暗施操纵之术。""所有工会之一切言论机关，只以拥护工人本身利益及提倡工人爱国为限，不宜让共产党人主持笔政，藉以宣传赤化。"[3] 对此，共产党人指责国家主义派是"最反动势力的结晶"，批评国家主义派"不愿有人使工人农民知道为自己的利益而组织起来，不愿意他们有阶级争斗的事，发展了他们自身的力量"[4]。不难看出，在社会改造力量方面，国家主义派想与共产党争夺民众的领导权，引导社会改造运动。

三 国家主义改造中国的方案

国家主义者先后提出以国家主义改造中国的各种方案。关于中国目前变乱的原因，时人或归诸教育不普及，或商业也不发达，或政客之播弄，或军阀之专横，等等。《大江会宣言》认为，"凡此皆倒果为因，不符逻辑

---

[1] 李璜：《释国家主义》（续），《醒狮》周报第5号，1924年11月8日。
[2] 曾琦：《共产党扑灭国家主义之策略》，《醒狮》周报第130—133号，1927年5月14日。
[3] 曾琦：《为上海总工会鸣不平》，《醒狮》周报第51号，1925年9月26日。
[4] 纯生：《醒狮派——最反动势力的结晶》，《中国青年》第97期，1925年9月28日；代英：《答〈醒狮〉周报三十二期的质难》，《中国青年》第82期，1925年7月18日。

之论也"。指出目前变乱的要因在"外人之阴谋",即"外人帝国侵略主义之阴谋",也就是中国"缺乏国家主义"。故而提出挽救之方为"大江的国家主义",具体地说,中国人民谋中国政治的自由发展、经济的自由抉择和文化的自由演进。大江会的宗旨为"本大江的国家主义,对内实行改造运动,对外反对列强侵略"。他们批评所谓统一问题、制宪问题、单一制与联省制问题、裁兵废督问题,"凡此皆政治改造上之末节,十余年来国人所奔走之歧途也"。而大江会所谓改造运动,"在促进人民对国家之一种自觉心,在提倡人民一种成仁取义死节赴难为国牺牲之气节。为今之计,在此黑暗昏沉之中国,必须有一次绝大的改革运动,在人民精神上作一次掀动,以斩绝当道亡国之志愿,涤洗国民亡国之心理,扫除中华亡国之气象。此为中国内部改革之初步"。第二步在"打破此老朽顽固之政局,而求政治之革新"。所以"今日中国之内部改造运动,即在吾辈有血性有志气之青年,奋起成仁取义死节赴难为国牺牲之精神,以求治法治人之完全更张","即求中国政治上彻底之革命也"[①]。大江会的国家主义,就是所谓政治上彻底革命的主张。

国家主义派认为,只有国家主义是可以救中国之良药,无政府主义和共产主义均不能救中国。因为无政府主义不但反对国家主义,而且非难"国家"这个政治社会存在的理由;不但反对国家,而且否认一切政治社会。他们觉得,一切政治社会都足以妨碍个人的自由,而非人类本来所要求的。[②] 因此,无政府主义之要义在废除政府与法律,在当时中国殊无实行的可能。曾琦认为,"且中国人民与政府,除纳税外,绝少发生关系,实际上已成变态的无政府,全国犹如一盘散沙,正须加以严格的组织,积极的干涉,岂能再倡无治以自误耶?"共产主义主张打破资本主义,打倒资本家,所有国内生产机关概归国有,共同生产,共同消费;其手段则在联合无产阶级,实行世界革命,由劳工专政以达共产之理想。实行共产主义,必须具备精神的和物质的条件,前者包括共产观念普遍,公共道德发达;后者包括生产机关发达,交通机关发达。但是中国现在没有这样的条件,所以共产主义不可行之于中国。[③]

[①] 侯菊坤整理:《大江会》,载中国社会科学院近代史研究所《近代史资料》第80号,中国社会科学出版社1992年版,第144—168页。

[②] 李璜:《国家主义答客难》,少年中国学会编《国家主义论文集》第一集,中华书局1925年版,第51页。

[③] 曾琦:《国家主义与中国青年》,《曾琦先生文集》(上),台湾"中央"研究院近代史研究所1993年版,第378—386页。

《中国青年党宣言》批评文化派、共产党、国民党的救国主张,都是想输入欧洲文明以期改造思想,此虽根本之图,但非救急之策。认为共产党主张阶级专政而忽视其他各界是"不察本国之情势",也批评国民党知理想之难行而欲依靠他党以成功革命,都不可取。[1] 他们确定国家主义的建国方针:(1)用教育的方法去建立中国国民的新信仰;(2)用革命的手段去扼制中国现有的恶势力;(3)靠爱国的同情去实现全民政治的新国家。这一方针乃基于如下考量:"要求今日的中国能够抵御外患,则须先鼓动国民的精神而团集之,次打倒旧有的障碍而铲除之,然后才能实现全民政治;实现全民政治,然后才能够全国一致,整个的去抵抗强权,把数十年来的仇恨耻辱一一平雪尽。"[2] 于是,"内除国贼,外抗强权"的口号成为国家主义者的行动纲领,作为达到"内求统一,外求独立",实现"全民政治"理想的手段。国家主义的建国方针,也可以说是他们改造中国社会的纲领。

陈启天详细分析了国家主义与共产主义的分歧:国家主义以国家为前提;共产主义以阶级为前提;国家主义主张物心并重,共产主义主张唯物史观;国家主义主张本国政治革命,共产主义主张世界经济革命。在当时情况下,中国目前究竟应以何种主义解决国事,应取决于三个方面:(1)何种主义在本国近代史上有较久的根据。(2)何种主义较合国情而易得多数人的信仰。(3)何种主义较能减少外国压力和共管的口实。从这三个方面的"预设"来看,共产主义都不及国家主义,所以,国家主义派毅然决然主张国家主义,反对共产主义。陈启天劝告关心国事者:"解决目前中国的国事,不是共产主义,便是国家主义。你们对于两种主义的分歧点应首先弄个明白,再按着中国目前的状况决定应相信何种主义坚持着努力下去。"[3] 他认为,只有国家主义在中国有历史根据,符合中国国情,深得人民信仰,才是中国最适合最急需的思想。

从哲学思想来看,国家主义主张物心两面观,一面主张用国家的力量厉行经济政策以开发实业,节制资本,保护劳工,增进一般国民的物质生活;又一面主张用国家的力量厉行文化政策以"陶淑国性,发扬国光,鼓铸国魂,而培植一般国民的精神生活"。国家主义者认为,共产主义者"则以为物质或经济为构成社会的惟一要素,不承认心理要素有同等的重

---

[1] 沈云龙辑:《曾慕韩(琦)先生日记选》,文海出版社1966年影印版,第75页。
[2] 李璜:《国家主义的建国方针》,《国家主义论文集》第二集,中华书局1926年版,第14页。
[3] 陈启天:《国家主义与共产主义的分歧点》,《醒狮》周报第44号,1925年8月8日。

要,甚至完全否认精神生活,所以号为惟物史观,或经济史观。""故一面主张完全推翻精神生活的遗产——本国固有文化,一面主张要人的策略,以求致胜,而绝不认所谓人伦道德与情谊。"① 因此,国家主义与共产主义存在着严重的思想分歧。

关于中国革命与世界革命的关系,共产党人与国家主义者也存在明显分歧。据余家菊回忆,在1925年少年中国学会年会上,共产主义派与国家主义派争论不休。"共产主义派主张中国问题是世界问题的一部分,中国问题必须在世界问题之内解决。国家主义派主张中国事应由中国自己解决,不当依赖外国势力,致陷国家于万劫不复之地。"② 对于这种国家主义宣传,共产党人以复古相讥,国民党人则批评他们"丧失祖先博爱精神"③。中国革命与世界革命的关系,折射出共产党人与国家主义者在社会改造方向上的分歧。

四 国家主义对中国社会改造的影响

首先,国家主义宣传促成了国家主义思潮和运动。国家主义是近代中国的一种民族主义,具有反帝反封建的意义,特别是国家主义派的宣传形成了国家主义理论体系,对国家主义教育思潮起了推动作用。国家主义派以"国家至上""民族至上"为思想核心,高举"内除国贼,外抗强权"的旗帜,提出"全民政治"的主张,并在政治、经济、教育、对外政策等方面提出具体措施,体现出国家主义的社会改良特征。④

国家主义派的骨干大多是文人、学者、新闻记者、教授之类,所以能够利用其在文化教育和新闻出版界的有利地位,宣传国家主义理论,影响甚大。中国青年党先后在湖南、湖北、四川、广东、广西等省区和上海、天津、武汉等城市建立省党部和市党部,在全国各地建立了30多个国家主义团体,一时之间,"各省之国家主义团体有如风起云涌"。在日本还有孤军社、独立青年团、华魂社、江声社,在美国有大江会、大神州社,在法国有工人救国会等。在此基础上,还组织了国家主义团体联合会。所以有报道说:"时未三载,全国之信仰国家主义者,不下百万,其加入干部

---

① 陈启天:《国家主义与共产主义的分歧点》,《醒狮》周报第44号,1925年8月8日。
② 余家菊:《余家菊景陶先生回忆录》,台北慧炬出版社1994年版,第16页。
③ 《中华民族之使命与中国青年之责任》,《曾慕韩先生遗著》,文海出版社1971年影印版,第71页。
④ 参见吴雁南等主编《中国近代社会思潮》第三卷,湖南教育出版社1998年版,第162—163页。

团体以实行全民革命工作者,都五万有几。"① 因此,国家主义喧嚣一时,形成了一种颇具影响的政治思潮。国家主义派是一种以国家主义反对共产党、反对马克思主义的政治派别。中国青年党成为20世纪20年代中国政治舞台上与国民党和共产党鼎足而立的政治势力,它与共产党与国民党的关系,直接影响到中国社会改造的进程。国家主义也成为社会改造思潮的重要流派之一。

在社会改造方面,国家主义与共产主义存在严重分歧,但社会改造的目标和依靠力量有着共同之处,亦有联合革命之势。1923年6月7日,青年党代表曾琦、张子柱、梁志尹与共产党代表周恩来、任卓宣,国民党代表习文德、李富春等在巴黎讨论新党联络办法,订立规约十条,共以打倒军阀,抵抗列强为宗旨,彼此不得互相攻击。② 国家主义派也有意参加国民革命运动,与国民党和共产党联合反帝反封建斗争。曾琦等人创办《醒狮》周报,"重在唤起国民之自觉心与恢复国民之自信心,以对外为目的,对内为手段,此与他报不同之点也"③。《醒狮》在反帝国主义和封建军阀方面独树一帜,并非虚言。在五四时期,不论主张国家主义还是主张国家主义的教育,都必须以打破现状为前提。如张闻天所说,"用社会的政治运动,把一般的平民团结起来,推倒现政府,获得政权,用开明专制的办法,实行国家社会主义。""以实施国家社会主义为救国的目标,为解除我们的苦闷的唯一方法",这是大家一致公认的。④ 从少年中国学会内国家主义者与共产党人的争持就可以看出,在救国富民方面有着共同的思想基础。《苏州大会宣言》提出学会的纲领九条,具体内容为:(1)反对国际帝国主义的侵略;(2)为打倒军阀肃清政局,提倡国民自决主义;(3)提倡民族性的教育;(4)唤醒国民注意现实的政治经济及其他社会问题;(5)推阐经济压迫为国民道德堕落的重要原因,以反证中华民族非劣等民族;(6)提倡青年为民族独立运动,为各种切实有效的社会服务;(7)注意青年团体生活的训练;(8)反对现时智识界个人享乐主义的趋势;(9)提倡华侨教育与边疆教育,以培养中华民族独立运动的实力。⑤ 这是包括共产主义者与国家主义者、民主主义者激烈争论的结果,是少年

---

① 参见吴雁南等主编《中国近代社会思潮》第三卷,湖南教育出版社1998年版,第149—150页。
② 沈云龙辑:《曾慕韩(琦)先生日记选》,文海出版社1966年影印版,第99页。
③ 沈云龙辑:《曾慕韩(琦)先生日记选》,文海出版社1966年影印版,第109页。
④ 张闻天:《从梅雨时期到暴风雨时期》,《少年中国》第4卷第12期,1924年5月。
⑤ 《少年中国学会苏州大会宣言》,《少年中国》第4卷第8期,1923年12月。

中国学会的对外宣言,代表着一个团体的共同趋向。少年中国学会的刘仁静在《告国家主义的青年》中指出,国家主义派与国民党、共产党虽有文字上的差异,如果诚实地实行起来,应当是以使中国实现独立自由统一的民主共和国为共同目的,为集中革命势力,各派至少应有一种联合。①1924年11月,曾琦致会友郑伯奇的信说道:"国内共产一派之青年既加入国民党而实行'国民革命',在理宜与吾辈无冲突,故不佞在欧尝倡'神圣联合'之说,盖以彼此明明尚有共同之大敌在前,即军阀与列强是也,乃彼等对于国家主义仍日肆攻击,竭力诋诬,一若军阀可恕,官僚可赦,政客可谅,而爱国派不容稍宽者。"于是"各行其是"②。国家主义者与共产主义者在革命的范围、手段或革命策略中的分歧,不能取得合作的实效,反而由论争到行动上对立,乃至血刃相见,从一个侧面反映出国家主义的影响之大。

其次,国家主义教育宣传的影响也是不容忽视的。国家主义教育最初是少年中国学会以社会运动创造"少年中国"的一个主要内容。会员谢循初认为,国家主义的教育,应当以"确定国体""绵延国命"为今后中国教育应取的目标,在大家都谈方法而不甚介意于目的的中国教育界中,在国体飘摇国命喘息的今日中国,这个鲜明的标志"定能唤起一般人的今是昨非的感触,定能激发一般人的舍己救国的热忱"③。吴俊升回忆:"我所主张的国家主义教育,对个人而言,培养爱国精神,以小我效忠大我,但仍强调保留个性发展余地;对国际而言,实行爱国教育,使本国强盛,并发展固有文化,但不防碍国际合作,甚至亦保留世界大同理想实现的可能。因为集个人而成社会,个人发展不防碍社会的存在;集国家而成一国际组织,保留国家民族个别特性,亦不致防碍大同理想的实现,所以这种国家主义教育,乃是以国家为本位,求一国的富强康乐,而对内不防碍个人在国家组织内充分发展,对外则发挥民族固有文化与优美特性,保持独立、自由而不防碍国际合作以求最后发达于世界大同的教育。"④ 国家主义者认为,国家主义教育在今日中国是刻不容缓的,鉴于中国现在国际地位,教育应当造成为国家的地位而努力之国民;一般后起的国民所亟须应

---

① 仁静:《告国家主义的青年》,《中国青年》第104期,1925年12月6日。
② 曾琦:《致郑伯奇》,《醒狮》周报第7号,1924年11月22日。
③ 谢循初:《论国家主义》,《少年中国》第4卷第11期,1924年3月。余家菊、李璜在《国家主义的教育·序言》中亦言,"用教育确定国体,是教育中固有之一义。"教育之功用则更重要的在于"绵延国命"。
④ 吴俊升:《教育生涯一周甲》,台北《传记文学》第27卷第2期,第47—48页。

对的首要问题,是拯救垂危之祖国,并救济自身,所以教育应当在青年心中培养一种为国家尽力之志愿。而且,中国国民性上所最缺乏的是国家的观念,所以教育应当"鼓铸民族的心意"①。可见,国家主义的教育不仅是对外摆脱国际列强的羁勒,争得国家的地位,而且要对内团结各民族成一个庄严灿烂的中华民族。因此,这种国家主义的教育与英、日、美等国均有所不同,具有中国的特色。② 这种特色是与中国当时反外族侵略而防止侵略他族,反军阀势力而图自强的任务相适应的。

  国家主义派无疑是提倡民族主义教育最坚决的团体。自称出国以前国家观念很薄弱的李璜,"在欧日久,与外人相处,因为自己国家不强,处处总被别人看不起,处处都说不起话,因之爱国之心自然而生,知道自己国家不弄好,个人人格都生问题的。不爱国便是不自爱,临城土匪劫车事,国外报纸大书特书'土匪的中国',刺激更甚,对留学生的心态影响较大"③。他与会友余家菊等人高举国家主义教育的旗帜,反抗强权与国贼。李璜主张国家主义教育的理由,即对外为抵抗文化的侵略政策,对内为唤起全中国国民的团结与活动,"以共同消弭今日之大患而筹谋中国的大业"④。余家菊认为,国家主义教育即以国家主义为依归之教育,在中国言之,就是培养自尊精神以确立国格,发展国华以阐扬国光,陶铸国魂以确定国基,拥护国权以维护国脉。⑤ 可见,国家主义教育的内涵是随着时势变化而逐渐丰富、逐渐具体,这是与西方国家主义截然不同的。所以国家主义反复宣传,救中国之途,"只有教育才是一个彻底的方法,只有教育才最有力量"⑥。可以说把近代中国的教育救国论推向极致。

  当然,国家主义教育对革命教育的影响也不容忽视。这一点从共产党人的批评中可以得到证明。张闻天批评国家主义教育的局限性,明确指

---

① 导之:《新希望》,《少年中国》第4卷第10期,1924年2月。
② 有人认为,国家主义教育之目的在于国家,保持国家之安宁幸福,力图其繁荣进步者,乃国家主义教育之理想也。"国家主义之教育,以教育当为国家之事业,凡教育必要之准备,皆在国家事业之中。盖教育所以为国家养成有用之人物,而其事业乃国家自当其任者,此国家主义教育之本领也。"光益:《国家主义教育》,《新民丛报》第94号,1906年12月30日。
③ 李璜·《政治生活与国家生活》,《国家主义论文集》第二集,中华书局1926年版,第68页。
④ 李璜:《再谈国家主义的教育》,《国家主义论文集》第一集,中华书局1926年版,第139页。
⑤ 余家菊:《国家主义教育学》,中华书局1925年版,第32—43页。
⑥ 《中国国家主义青年团全国代表大会对时局的宣言》,李义彬编《中国青年党》,中国社会科学出版社1982年版,第215页。

出,单讲中国民族性的优良或单用历史地理的教授去鼓励民众是不中用的,激起民众当揭起贫困的根源,就是"现政府不良"与国际帝国主义的侵略。具体的办法,一是对"复古运动"(即反革命的运动)以科学的精神进攻,二是要以革命的文学(包括国民文学、激昂慷慨的国歌、革命英雄的传记)来打动民众的感情,鼓起民众的热血,使他们对于未来的光明的中华民国产生无穷的希望,对于中华民国的建设产生无穷的努力。[①] 他认为,"只有用革命的思想去廓清现代纷乱的妖言,去拨动麻痹着的中国人,用革命的热情去激发全中国死气沉沉的民族,新中国的建设才有希望",即只有革命才能解决中国现在的一切问题。显然,共产党人运用唯物史观分析中国社会情况,与国家主义派从精神立论,强调教育救国已形成明显对立,由此预示着救国道路的分歧。

萧楚女提出,在现在历史条件下坐而论道从容不迫之教育以及非侵略而仅系自保的国家主义,是不可行的,"当先取得政权",即先把现在并不存在的中国恢复到中国人自己手中,然后再叫中国人去爱它。恢复已亡之国的具体的办法,一是赶走帝国主义的雇员,和世界上头等强国英、美、法、意、日本直接开战;二是在没有枪炮、军队和国家的前提下,从经济上超国际地联合世界的无产阶级,联合一般被压迫、被掠夺和我们同命运的朋友,一致掘空现经济制度的墙脚。由此看来,"国家主义只可以为一种革命之'术',却不可以为我们底要求之本体;我们可以国家主义唤起群众的感情,以成就我们底复国运动;却不可便把现在的虚体之国的北京统治当作实体,叫人民去爱他。……我们要国家,但我们所要的国家是我们自己掌权的——像俄罗斯那样的国家"。而且,"我们主张国家主义的同时,也应该打破国界向着世界主义进行"[②]。共产主义者在救国主张上与国家主义者是共通的,二者的分野在于,所爱的"国"是无产阶级的国家还是资产阶级的国家,是以国家为过渡到世界主义的工具还是当作"终极的偶像",是为了反抗帝国主义压迫中国的无产阶级才爱国,还是抱"大中华"的传统观念,步帝国主义者的后尘,这种对立的"国家"又都是通过教育来实现的,即在实现民主主义或社会主义的共同目标下,如何预备实现社会主义的资格。可见,恽代英、萧楚女从经济解放立论讨论国家主义的教育,而且利用国家主义教育的方法以为革命之用。萧楚女指出:"我们本可直截了当不要国家主义了——但为了革命的方便,为了容易唤起群

---

① 张闻天:《从梅雨时期到暴风雨时期》,《少年中国》第4卷第12期,1924年5月。
② 萧楚女:《讨论国家主义的教育的一封信》,《少年中国》第4卷第12期,1924年5月。

众感情，却也不妨以为一种号召的筌蹄，特须如现在之俄，以国际的阶级的而同时又是国家的鹄的立说。"①

最后，国家主义派和中国青年党与共产党的对抗，对中国社会改造的影响也是不容忽视的。国家主义派始终以国家主义攻击和反对共产主义，他们提出的一个重要原因就是，"自五四运动以后，因为有思想界的大解放，共产主义得以输入中国，一般走投无路的青年，正在思想饥渴之中，得了这一点新食品，自然顾不得也没有力量去辨别它是养料还是毒药，一味盲目吞下去"。为此，爱国家、爱民主的青年，"非迎头给他一下痛击不能将他打倒的"②。他们自认为以一种"理性"的态度和"科学"的精神来选择外来思想，拒纳共产主义，而且与共产主义相抗衡。曾琦承认："反共是中国青年党先天的使命。因为共产主义与国家主义，是两种绝对不能相容的思想，阶级专政与全民政治，是两种极端冲突的政策。"③

国家主义派攻击中国共产党"不过是苏联侵略中国的一个工具"，所谓共产主义"不过是依赖外力，推翻本国文化，以人当物，扑灭异党，实行共产党专政而已"；所谓国共合作"不过是共产党假借国民党做掩护，以便发展而已"。因此，他们在中国首先主张反共抗俄，并且反对"联俄容共"，成为"反共抗俄的先知先觉"④。共产党在言论和行动上批驳国家主义。对此国家主义派认为，在《醒狮》出版以后，共产党"不但在言论上肆意污蔑我们，并在行动上开始压迫我们，我们不得不与他们在言论上行动上继续奋斗。自后党军北伐，共产党借用国民党的力量联合压迫我们。先是禁止《醒狮》在湖南湖北广东公开发卖，剥夺我们一部分的言论自由权。更利用帝国主义军阀势力查抄《醒狮》的社址，拘捕我们的同志十余人，《醒狮》几为之中断"⑤。《中国青年》对《醒狮》周报进行针锋相对的反驳和攻击，就是明证。醒狮派与共产党人的争论，主要围绕着"全民革命"与"国民革命"的问题、"阶级协调"与"阶级斗争"的问题。⑥

---

① 萧楚女：《讨论国家主义的教育的一封信》，《少年中国》第4卷第12期，1924年5月。
② 中国国家主义青年团总部编印：《国家主义浅说》，中国国家主义青年团总部发行，1929年，第90—91页。
③ 赵毓松：《中国青年党今后的两大使命》，《中国青年党建党十九周年纪念特刊》1942年2月，第5页。
④ 陈启天：《寄园回忆录》，台湾商务印书馆1965年版，第99页。
⑤ 中国第二历史档案馆编：《中国青年党》，中国档案出版社1988年版，第62—63页。
⑥ 参见〔韩〕孙承希《醒狮派的国家主义思想之演变》，复旦大学2002年博士学位论文，第56—58页。

第九章 五四时期社会改造思潮与其他社会思潮的关系

蔡和森批评醒狮派说:"一些智识阶级随着买办阶级、地主阶级的口号,于未参加革命之前即行反革命、反共产、反工人、反苏俄,是反动的国家主义者。"①1925年3月《中国青年》第72期指出:"中国反共产主义势力之联合里头,近来新添加了一支军队。这就是登报明白宣传反对共产主义的醒狮报派。这一支军队的作战方法和其余反对共产主义各派势力所不同之点,在乎这一支军队知道有系统地提出所谓绝对的国家主义来抵制共产主义,而其余各派则只能无系统地临时摭拾所有学说——自三纲五常到无政府主义",来攻击共产主义是"过激主义"。1925年11月25日,中共中央发布关于与国家主义派斗争的通告,指出,现在对于国家主义派思想争斗非常重要。"学生青年在国民运动中占重要的地位,和国家主义派的争斗,在宣传上应说明要救国,要爱国,但反对国家主义,因为站在国家主义上面来救国爱国,其结果必然对外为帝国主义者破坏国际反帝国主义的联合战线,对内为资产阶级抑制工农群众之奋起,尤其要指摘国家主义者卖国家骗民众的具体事实,在民众中宣传。在组织上有时应联合国民党右派打倒国家主义派。"②

国家主义者也看到,国家主义与共产主义的主张冲突,"共产党根本否认国家之存在,国家主义则认定国家超于一切;共产党主张劳工革命,国家主义主张全民革命;共产党主张一党专政,国家主义主张全民合作;共产党主张以来苏俄,国家主义则反对假借外力。故共产党千方百计扑灭国家主义,采取的策略,一是压迫政策,压迫的方法中,间接的是假手于军阀与帝国主义者以摧残国家主义者,直接的压迫方法有捣乱会场、袭击机关、威胁干部、拘捕团员、禁售书报等。二是诬诋政策,三是离间政策"③。国家主义遭到无政府主义者、共产党和国民党的多方批评,这也影响到国家主义在中国的发展。

其实,当时合作主义者也批评国家主义,有谓:"一般信仰国家主义之人,发为文章,传诸报端,无不娓娓动听,而征诸实效,则可谓直等于零也。吾以为在今日中国而提倡国家主义,非特大背时代思潮及群众心理,亦且窒碍而难行。此何故呢?吾国国民内受掠夺阶级之榨取,外受资本政策之帝国主义之种种压迫,正想设法解脱,如拨云雾而见青天。唯一的一条路,就是联络世界的被压迫民族,(弱小民族)和他们携手同行,

---

① 和森:《今年五一之中国政治状况与农工阶级的责任》,《向导》第112期,1925年4月26日。
② 中央档案馆编:《中共中央文件选集》第1册,中共中央党校出版社1989年版,第525页。
③ 曾琦:《共产党扑灭国家主义之策略》,《醒狮》周报第130—133号,1927年5月14日。

以达到内除国贼，外抗强权之目的。今若提倡国家主义，故步自封，必致失亲爱者（指被压迫民族）之同情，反资列强之口实，促其协而谋我。"①至于共产党和国民党对于国家主义的批评，更是激烈。共产党人批评，国家主义不仅在理论上相互矛盾，而且在理论和行动上也相互矛盾。前述反对军阀国贼与投身军营，也是矛盾的。醒狮派以"外抗强权"为号召，"对外宜与一切列强断绝关系，而丝毫不假外援"，"即实行吾人夙所主张之对外非亲善主义"；但又提出"在革命期中，我们对于外国一切之既成条约（那些保护洋人生命财产的神圣条约当然也包含在内），均照旧遵守，俟实力充足之后，再来收回一切主权，取消一切不平等条约"②。在反抗强权方面，也存在着理论上与实际上的矛盾。总之，国家主义在社会改造理论与方法、手段上存在着难以克服的矛盾，这与国家主义作为社会改良思想的本质是分不开的。

第四节　社会改造思潮与马克思主义的关系

马克思主义是无产阶级改造社会的科学理论，也是五四时期中国社会改造思潮的重要理论之一。随着马克思主义在中国的广泛传播，中国社会主义运动的开展，马克思主义成为改造中国的科学依据和最有效的手段，代表着社会改造的正确发展方向，也是中国社会改造的主流思想之一。

一　马克思主义成为社会改造的主流思想之一

马克思主义逐步成为中国社会改造的主要理论之一。五四运动前后，在中国开始有组织地研究和宣传马克思主义，出现了许多宣传社会主义思想的团体。其中，倾向共产主义的知识分子对马克思主义的广泛宣传影响深远。当时国家主义者也看到，新文化运动带来的思想解放后的青年，不是多从"德先生""赛先生""杜（威）先生"走，而是多从"马先生"（马克思）走。其中原因，固然有共产党的宣传作用，也由于一部分讲新文化运动的人，"多少含有一点反爱国与反中国文化的倾向，使青年易于走向马先生"③。

---

① 刘炳荣：《今日救中国的唯一主义——新合作主义》，《大公报十周年纪念特刊》，彰文印书局1925年初版，"专著"第68页。
② 灵光：《中国的国家抵抗及其步骤》，《醒狮》周报第18期，1925年2月7日。
③ 陈启天：《寄园回忆录》，台湾商务印书馆1965年版，第81页。

许多进步青年信仰马克思主义,并作为改造中国社会的理论。蔡和森在法国猛看猛译马克思主义,成为"极端马克思派"。他"极端主张"唯物史观、"阶级战争"和无产阶级专政,以社会主义为改造中国的独一无二的方法,对于无政府主义、工团主义和基尔特社会主义等"一律排斥批评"①。周恩来到欧洲后,对一切主义开始推求比较。1921年秋他选定了共产主义作为自己的目标。1922年3月他郑重声明:"当信共产主义的原理和阶级革命与无产阶级专政两大原则,而实行的手段则当因时制宜!"②同年,周恩来还以誓词的形式,庄严表示:"我认的主义一定是不变了,并且很坚决地要为他宣传奔走。"③以此表明自己对于马克思主义的坚定信仰,确立了以马克思主义改造中国的基本思路。李达《社会革命底商榷》明确指出:"社会革命底呼声,在中国大陆一天一天的高了。……社会主义的派别很多,主张复杂。我趁先提出两个主潮,就是马克思派的共产主义和无政府主义。"④这表明,马克思主义开始成为社会革命或改造的"主潮"之一。

在法国研究马克思主义学说的蔡和森,认为马克思主义的精髓在综合革命说与进化说。"专恃革命说则必流为感情的革命主义,专恃进化说则必流为经济的或地域的投机派主义。马克思主义所以立于不败之地者,全在综合此两点耳。马克思的学理由三点出发:在历史上发明他的唯物史观,在经济上发明他的资本论,在政治上发明他的阶级战争说。三者一以贯之,遂成为革命的马克思主义。"⑤李大钊在《我的马克思主义观》一文中明确阐述了马克思主义的唯物史观、剩余价值学说和阶级斗争学说的主要内容及其相互关系,表明他已经掌握了马克思主义的基本真谛,也就掌握了马克思主义改造社会的基本理论。在此基础上,李大钊分析了社会主义经济学与个人主义经济学关于改造社会的区别,指出,人道主义经济学者"持人心改造论",其目的在道德的革命。社会主义经济学者持"组织改造论",其目的在社会的革命。因此,"我们主张以人道主义改造人类精神,同时以社会主义改造经济组织。我们主张物心两面的改造,灵肉一致的改造"。李大钊又指出,马克思是社会主义经济学的鼻祖,现在正是社会主义经济学改造世界的新纪元,马克思主义在经济思想史上的重要地

---

① 《蔡和森文集》,人民出版社1980年版,第74页。
② 《西欧的"赤"况》,《新民意报》副刊《觉邮》第2期,1923年4月15日。
③ 《伍的誓词》,《新民意报》副刊《觉邮》第2期,1923年4月15日。
④ 江春:《社会革命底商榷》,《共产党》第2号,1920年12月7日。
⑤ 《蔡和森文集》,人民出版社1980年版,第74页。

位，也就可想而知了。① 虽然这种社会改造思想是马克思主义阶级斗争论与克鲁泡特金互助论的混合物，但是它充分肯定了马克思主义在社会改造思想中的重要地位和发展趋向。

此时，马克思主义逐步成为中国社会改造的指导思想。马克思主义是作为一种社会革命或改造理论传入中国的，其中唯物史观和阶级斗争是社会改造方法。中国第一个接受和传播马克思主义者李大钊运用唯物史观分析社会改造问题。他说："依马克思的唯物史观，社会上法律、政治、伦理等精神的构造，都是表面的构造。他的下面，有经济的构造作他们一切的基础。经济组织一有变动，他们都跟着变动。换一句话说，就是经济问题的解决，是根本解决。经济问题一旦解决，什么政治问题、法律问题、家族制度问题、女子解放问题、工人解放问题，都可以解决。"因此，"我们应该承认遇着时机，因着情形，或须取一个根本解决的方法，而在根本解决以前，还须有相当的准备活动才是。"② 李大钊认为一切社会问题必须以革命的阶级斗争的方法解决，不能坐待经济制度的自行解决。实际上，他坚持以马克思主义作为根本改造社会的指导思想。中国社会问题的根本解决在于经济问题的解决，而经济问题的解决，唯一的途径是阶级斗争。"最后的阶级争斗，就成了改造社会、消泯阶级的最后手段。"③ 也就是说，阶级斗争是推进人类进步的动力，是改造社会的最后手段。因为马克思主义提供了社会改造的理论依据和有效手段，所以为早期马克思主义者接受并广泛宣传，并运用于指导中国改造实践。

一些社会改造社团奉马克思主义为社会改造的指南。《新江西》提出："马克司的共产主义是急进中的能够实现的主义，这是社会学家所公认的。只要看他主张非妥协的阶级争斗和无产阶级掌握政权，就很可以坚我们的信仰了。所以……只有马克司的共产主义配做我们的信仰者。"④ 留学欧洲的周恩来在《共产主义与中国》中提出："共产主义之为物，在今日全世界上已成为无产阶级全体的救时良方。""他（共产主义——引者注）能够解决世界的乱象，为什么中国不可以找他来作救时的良方？"⑤ 可见马克思主义对于中国社会改造的意义。

1923年5月5日，济南马克思学说研究会召开马克思诞辰105周年纪

---

① 李大钊：《我的马克思主义观》，《新青年》第6卷第5、6号，1919年5月、11月。
② 李大钊：《再论问题与主义》，《每周评论》第35号，1919年8月17日。
③ 守常：《阶级竞争与互助》，《每周评论》第29号，1919年7月6日。
④ 转引自《五四时期期刊介绍》第三集，生活·读书·新知三联书店1979年版，第30页。
⑤ 原载《少年》第2号，1922年9月1日。

念大会。大会主席指出:"马克斯(思)不仅为大思想家,并且为社会主义实行者。""欲改造社会,为人类谋幸福,非马克斯主义莫属"。来宾演说,"大致谓马克斯(思)主义颇足以挽救中国危局,为被压迫人民谋幸福"①。因此,纪念马克思的意义,"最重要的是纪念他指示给我们实现社会主义应由何阶级和应用何方法,就是如何运用马克思主义"。题为《马克斯纪念日的感想》的文章指出:"我们信仰马克斯(思)的同志,是要信仰真的马克斯。怎样是真的马克斯呢? 就是对于资本、劳动两阶级主张阶级争斗的,非妥协的,便是真的马克斯精神。对于政治上主张夺取政权的劳动专政的,便是真的马克斯战略。"② 北京马克思主义研究会主办的《今日》以研究马克思学说为己任。在"马克思特号"的《卷头语》中指出:"本志是研究马克思学说的机关,差不多每期都有他学说的文章,更每期除了文学外,差不多每篇文章,都根据他的学理而成立的,因为马克思对于学术上思想上社会改造上都有很大的贡献,都有很多资料供我们参考。"③ 可见,研究马克思主义,就是为中国的社会改造提供资料参考,更是提供理论指导。

江西改造社的袁玉冰在《敬告青年》一文中明确提出,马克思派的社会主义是科学的社会主义。我们不能没有主义的信仰,我们要为主义而奋斗,为主义而牺牲,打破一切"文学""科学""哲学"的迷梦,"学马克思做一个社会改造之实际运动的 Fighter"。他认定只有马克思主义才能救中国,要变黑暗的旧社会为光明的新社会,"就应该起来实行社会革命"。实行社会革命最适当的方法,自然只有马克思派的社会主义。④《湖南学生联合会周刊》也把马克思学说称为医治中国乱源的一付清凉剂,"尤其是他的唯物史观,不但对于改造家有所贡献,就是对于人类思想界也有很大的发现"⑤。《明日宣言》公开表示:"我们相信马克思主义实在是改造社会底良剂,所以我们打算本着马克思底精神来解决社会问题。"⑥《觉悟》也提出要以马克思主义作为社会改造的理论武器,并解释说:"要救中国社会,应当实行社会主义;要实行社会主义,应当先使生产社会化;要使

---

① 济南档案馆编:《济南革命历史档案资料选编》第一辑,济南出版社1991年版,第491页。
② 谢英伯:《马克斯纪念日的感想》,《青年周刊》第3号,1922年3月12日。
③ 《卷头语》,《今日》第1卷第4期"马克思特号",1922年5月。
④ 《新江西》(季刊)第1卷3期,1923年1月15日。转引自《五四时期的社团》(三),生活·读书·新知三联书店1979年版,第277、278页。
⑤ 善甫:《我也来教训易家钺一下》,《湖南学生联合会周刊》第24期,1923年12月20日。
⑥ 《明日宣言》(1923年1月5日),转引自《五四时期期刊介绍》第三集,生活·读书·新知三联书店1979年版,第460页。

生产社会化，必须借助政治的权力；要借助政治的权力，必须先掌握政权；要掌握政权，必须先干革命；要干革命，必须先大家努力宣传，准备实力。"① 可见，中国社会改造需要马克思主义理论的指导，马克思主义是中国社会改造的主要理论和指导思想之一，已成为一种共识。

二 马克思主义改造社会的方法和途径

马克思主义是无产阶级专政的学说，主张阶级斗争和无产阶级专政的方法。资产阶级革命派宣传社会主义，介绍马克思主义，实际上反对在中国进行阶级斗争与无产阶级专政，旨在预防阶级斗争的发生。② 这也说明马克思主义改造社会的方法，引起中国人的普遍重视。

用社会主义和阶级斗争的方法来改造中国，是早期马克思主义者的共识。他们运用唯物史观论证了中国社会改造的方法，提出中国社会改造事业不可能仅仅靠思想革命、道德革命来实现，也不能只靠点点滴滴的局部改良来完成，只有用社会革命的办法，彻底改造既有的经济关系和社会制度，才能从根本上解决中国的社会问题。③ 李达提出，社会主义是解决社会问题的，所以劳动者非信奉社会主义，实行社会革命，把资本家完全铲除不可。④ 蔡和森指出，社会主义必要的方法是"阶级战争——无产阶级专政"，这也是"现世革命唯一制胜的方法"。无产阶级专政的必要性在于"无政权不能集产，不能使产业社会有。换言之，即是不能改造经济制度"。"无政权不能保护革命，不能防止反革命，打倒的阶级倒而复起，革命将等于零。"因此，在现在两个对抗阶级的世界，"打倒有产阶级的迪克推多，非以无产阶级的迪克推多压不住反动，俄国就是个明证"。⑤

李大钊分析了资本主义之后的社会发展前景，指出："资本主义制度能使社会破产，使经济恐慌和贫乏，能使大多数的人民变为劳动无产阶级，而供奉那少数的资本家。社会上到了大多数是穷的，而那少数的富人也就不能永久保有他的富了。社会主义就是应运而生的起来改造这样社

---

① 《读费觉天君底"从罗素先生底临别赠言"中所见的"政治支配经济策"》，上海《民国日报》副刊《觉悟》1921年9月25日。
② 孙中山说："民生问题才可说是社会进化的原动力。""马克思认定阶级斗争才是社会进化的原因，这便是倒果为因。"中国社会科学院近代史所等编：《孙中山全集》第9卷，中华书局2011年版，第371页。
③ "从五四运动到人民共和国成立"课题组：《胡绳论"从五四运动到人民共和国成立"》，社会科学文献出版社2001年版，第102页。
④ 立达：《劳动者与社会主义》，《劳动界》第16号，1920年11月28日。
⑤ 《蔡和森文集》，人民出版社1980年版，第50—51页。

会,而实现一个社会主义的社会。所以我们想得到真的自由、极平等的自由,更该实现那社会主义的制度,而打倒现在的资本主义的制度。"①

早期共产主义者提出以无产阶级政党改造中国的办法。政党是政治改造的主要组织形式,引起中国社会改造者的重视。1920年年初,就有劳动团体应该建立政党的呼声。李大钊等人在北京大学组织了马克思学说研究会;1920年8月,陈独秀等人在上海正式成立中国共产党。其后,北京、济南、长沙等地相继建立共产党的组织,主要是宣传马克思主义,深入工人中开展宣传和组织工作,开展社会改造运动和社会主义宣传。同年11月,上海共产党组织起草《中国共产党宣言》明确指出:共产主义者的目的是要按照共产主义者的理想,创造一个新的社会。"第一步就得铲除现在的资本制度"。共产党的任务是要组织和集中这阶级斗争的势力,引导革命的无产阶级去向资本家斗争,并要从资本家手里夺取政权,然后施行无产阶级专政。"无产阶级专政的任务是一面继续用强力与资本主义的剩余势力作战,一面要用革命的办法造出许多共产主义的建设法。"②《共产党》作为中国共产党筹备期间的政治理论刊物,在第一期刊登一篇"短言"作为发刊词。文中指出:"经济的改造自然占人类改造之主要地位。吾人生产方法除资本主义及社会主义外,别无他途。……要想把我们的同胞从奴隶境遇中完全救出,非由生产劳动者全体结合起来,用革命的手段打倒本国外国一切资本阶级,跟着俄国的共产党一同试验新的生产方法不可。""我们只有用阶级战争的手段,打倒一切资本阶级,从他们手抢夺来政权,并且用劳动专政的制度,拥护劳动者底政权,建设劳动者的国家以至于无国家,使资本阶级永远不至发生。"③早期马克思主义者运用初步掌握的历史唯物主义理论,对中国的社会问题进行观察,提出了许多改造主张。1921年6月《共产党》第五号的"短言"声称:"试问南北各政党,那一派免了鼠窃狗偷,那一派有改造中国的诚意及能力?全国人民在这彷徨歧路之中,那一派人是用光明正大的态度,投身出来,硬起铁肩,担当这改造政党改造政治改造中国的大责任?这就是我们共产党在中国政治的使命。"这一思想随后体现在党纲中,形成了党的指导思想、政治主张和奋斗目标,也提出了改造中国的系统主张。

---

① 李大钊:《社会主义释疑》,上海《民国日报》副刊《觉悟》1923年11月13日。
② 中国社会科学院现代史研究室等选编:《"一大"前后》(一),人民出版社1980年版,第1—5页。
③ 中共中央文献研究室、中央档案馆编:《建党以来重要文献选编》,中央文献出版社2011年版,第475—476页。

中国共产党成立后,毅然担负起改造中国的重任。1921年7月,中共一大讨论通过党的政治纲领,宣告"革命军队必须与无产阶级一起推翻资本家阶级的政权","承认无产阶级专政,直到阶级斗争结束","消灭资本家私有制"。并且"承认党的根本政治目的是实行社会革命"①。早期共产党人以俄国革命为榜样,主张中国直接进行社会主义革命,实现社会主义和共产主义。中国共产党是以马克思主义为指导思想的无产阶级政党,"他的目的是要组织无产阶级,用阶级斗争的手段,建立劳农专政的政治,铲除私有财产制度,渐次达到一个共产主义的社会"②。这是早期共产党人运用马克思主义来探讨中国社会改造问题的结论。《中共中央第一次对于时局的主张》(简称《主张》)具体分析了中国社会经济、政治状况,指出,帝国主义的侵略和军阀政治是中国内忧外患的根源,也是人民受痛苦的根源。无产阶级在目前最迫切的任务是,必须用革命手段取消帝国主义列强在中国的各种特权;肃清军阀,没收军阀官僚的财产,将他们的田地分给贫苦农民;保障人民的自由权利。《主张》批判了"总统复位恢复国会以维法统,为解决时局之中心问题""联省自治为解决时局之唯一方法""好政府主义"等主张,提出"解决纠纷的唯一道路只有打倒军阀建设民主政治"③。由此中国共产党第一次阐明了中国革命必须分民主主义和社会主义"两步走"的思想,确立了第一步民主革命的奋斗目标,提出了与国民党等民主派及革命团体建立民主主义联合战线的主张。

中共二大通过的《关于"民主的联合战线"的议决案》指出,在中国的政治经济现状之下,在中国的无产阶级现状之下,"我们认定民主的革命固然是资产阶级的利益,而于无产阶级也是有利益的。因此我们共产党应该出来联合全国革新党派,组织民主的联合战线,以扫清封建军阀推翻帝国主义的压迫,建设真正民主政治的独立国家为职志。我们应该号召全国工人农人在本党旗帜之下去加入此种战争"④。中共二大提出党的民主革命纲领,明确党的最低纲领是要推翻封建军阀与援助军阀的帝国主义,党的最高纲领是为将来建设、实现社会主义、共产主义而奋斗。张国焘解释

---

① 中央档案馆编:《中共中央文件选集》第1册,中共中央党校出版社1989年版,第3页。
② 中央档案馆编:《中共中央文件选集》第1册,中共中央党校出版社1989年版,第115页。
③ 中央档案馆编:《中共中央文件选集》第1册,中共中央党校出版社1989年版,第37—42页。
④ 中央档案馆编:《中共中央文件选集》第1册,中共中央党校出版社1989年版,第65—66页。

说:"我们的政治改造初步就是打倒军阀和国际帝国主义,打倒军阀和国际帝国主义就是改造中国政治的先决问题。"① 中共三大以后,共产党与国民党实行党内合作,共同开展国民革命运动。国家主义派对共产党与国民党合作、建立革命统一战线做了种种污蔑,周恩来批驳说:"不错,我们共产主义者是主张'阶级革命'的,是认定国民革命后还有无产阶级向有产阶级的'阶级革命'的事实存在。但我们现在做的国民革命却是三民主义革命,是无产阶级和有产阶级合作以推倒当权的封建阶级的'阶级革命',这何从而说到'国民革命'是'阶级妥协'?且非如此,共产主义革命不能发生,'打破私有制度'、'无产阶级专政'自也不能发生。不走到第一步,何能走到第二步?"② 他认为,共产党人参加国民党本身,就是实现打倒帝国主义、封建势力的阶级革命,是整个共产主义革命过程中的第一步。

马克思主义理论正确解决了社会改造的基本力量问题。马克思主义者运用历史唯物主义的方法,阐明了改造社会的阶级力量,认为人民群众是社会改造的主导力量。《新青年》在《本志宣言》中宣称:"我们所主张的是民众运动的社会改造。"毛泽东在《湘江评论》上,公开提出民众的大联合是改造社会的根本方法。五四运动前马克思主义在中国的传播,主要在少数革命知识分子之中。五四运动显示了中国工人阶级伟大的力量,使许多革命知识分子提高了对工人阶级的认识,世界观发生急剧变化。按蔡和森的说法,建党初期,"中央组织部尚不懂得应注意从组织上建党的原则,而打算把直接组织工人运动的工作当作自己的任务。"③ 中国共产党以工人阶级作为改造社会的主体力量,开展社会主义运动和社会革命。中共成立以后,主要开展工人运动。1922—1923 年中国工人运动形成一个高潮。"这时期各地工人都起来组织工会,并影响到知识分子之分化,仅左派来做工人运动,并促成一部分军阀的左倾,高唱有待劳工。"在 1923 年"二七"惨案以前,中国工人运动蓬勃发展,中国共产党人"当时都抱乐观态度,以为可以不经过国民革命而无产阶级革命可以马上成功"④。二七大罢工失败后,工人运动跌入低潮。党内思想因此发生变化,从失败中认识到,工人阶级独立斗争是不能取得胜利的,必须要有各阶级的援助,工

---

① 国焘:《中国已脱离了国际侵略的危险么?》,《向导》第 6 期,1922 年 10 月 18 日。
② 周恩来:《再论中国共产主义者之加入国民党问题》,《赤光》第 9 期,1924 年 6 月 1 日。
③ 蔡和森:《关于中国共产党的组织和党内生活向共产国际的报告》,《中央档案馆丛刊》1987 年第 2—3 期。
④ 《蔡和森的十二篇文章》,人民出版社 1980 年版,第 40—41 页。

人阶级应联合各阶级，引导群众开展自由的解放运动。①

中国共产党人运动马克思主义，科学地论证了中国社会改造的目标。马克思主义者提出中国社会改造的目标，不是资产阶级的民主主义，也不是小资产阶级的社会主义，更不是无政府主义，而是俄国式的社会主义新社会。李达在《马克思学说与中国》一文中讲马克思主义在中国的传播历程，回答了"目前的中国可以应用马克思学说改造社会吗？""假使目前中国可以应用马克思学说改造社会，中国无产阶级应该怎样准备？怎样实行？""假使中国无产阶级能够掌握政权，应该采用何种政策？"三个问题。文中指出："中国无产阶级对于目前的政治运动，究竟怎样决定，这一点马克思在《共产党宣言》上并未为中国共产党筹划。"但根据马克思关于社会革命的一般原理，按照中国目前国情，可以定出一个政策来。"中国可以应用马克思学说改造社会"，要以"唯物辩证法来考察中国的出路"②。李达依据马克思主义研究中国实际，坚持应用马克思学说改造中国社会，确立了中国改造的社会主义道路。

在此基础上，中国共产党提出了中国改造的具体目标。中国共产党在1922年6月发表第一次对于时局的主张中提出，中国共产党是无产阶级的先锋军，为无产阶级奋斗和为无产阶级革命的党。目前奋斗的目标：(1) 改正协定关税制，取消列强在华各种治外特权，清偿铁路借款，完全收回管理权。(2) 肃清军阀，没收军阀官僚的财产，将他们的田地分给贫苦农民。(3) 采用无限制的普通选举制。(4) 保障人民结社、集会、言论、出版自由权，废止治安警察条例及压迫罢工的刑律。(5) 定保护童工、女工的法律及一般工厂卫生工人保险法。(6) 定限制租课率的法律。(7) 实行强迫义务教育。(8) 废止厘金及其他额外的征税。(9) 改良司法制度，废止死刑，实行废止内（肉）刑。(10) 征收累进率的所得税。(11) 承认妇女在法律上与男子有同等的权利。中国共产党的方法，是要邀请国民党等革命的民主派及革命的社会主义各团体，开一个联席会议，在上列原则的基础上，共同建立一个民主主义的联合战线，向封建式的军阀继续战争。这种联合战争，是解放我们中国人民受列强和军阀两重压迫的战争，是中国目前必要的不可免的战争。③ 这实际上提出了中国共产党当前的奋斗目标，也是改造中国社会的目标。

---

① 《蔡和森的十二篇文章》，人民出版社1980年版，第41页。
② 李达：《马克思学说与中国》，《新时代》第1卷第2号，1923年5月15日。
③ 中央档案馆编：《中共中央文件选集》第1册，中共中央党校出版社1989年版，第44—46页。

第九章　五四时期社会改造思潮与其他社会思潮的关系　563

《中国共产党第二次全国代表大会宣言》提出："中国共产党是中国无产阶级政党。他的目的是要组织无产阶级，用阶级斗争的手段，建立劳农专政的政治，铲除私有财产制度，渐次达到一个共产主义的社会。"① 这是中国共产党关于社会改造的目标和手段。在实行民主政治的共同目标上，中共与国民党对于民主革命的性质和任务的认识大体一致，可以合作开展社会改造运动。于是，陈独秀以中共中央执行委员会的名义写信给国民党，请孙中山出面，召集旨在建立民主联合战线的联席会议，但是因为孙中山不承认有共产党而未果。② 中共二大提出的联合办法，仍是采取召开"代表会议"以及组织"民主主义大同盟"一类的"党外合作"的方式，孙中山坚持党内合作，于是两党在合作形式上存在"党外合作"与"党内合作"的分歧，对于中国改造的手段也存在分歧。

早期马克思主义者也找到了中国社会改造的道路和方法。五四时期，中国发展道路存在着资产阶级民主主义、无产阶级社会主义和无政府主义等的选择，尤其是资本主义与社会主义两种道路的选择乃至争论。李达在《讨论社会主义并质梁任公》中指出，"自由竞争和私有财产"是资本主义的"两大原则"，是"现社会中万恶的根源"。资本主义已被历史证明是一种坏的制度，是"流行世界的瘟疫"，是人类误入的"歧途"，是社会的"祸害"。资本主义的私有制和生产的无政府状态，不能消除多数人的贫困。当时中国已成为国际资本主义的侵略对象，不可能再走资本主义道路。蔡和森明确提出："我近对各种主义综合审谛，觉社会主义真为改造现世界对症之方，中国也不能外此。""我现认清社会主义为资本主义的反映。其重要使命在打破资本经济制度。其方法在无产阶级专政，以政权来改建社会经济制度。""所以我对于中国将来的改造，以为完全适用社会主义的原理和方法"。③ 他认为，中国社会改造必须坚持社会主义的道路和方向。

关于中国社会改造的方法，马克思主义者坚持社会革命，反对社会改良。1922年3月蔡和森在纪念黄爱、庞人铨会上指出，赵恒惕杀害黄、庞，就是资产阶级杀害工人阶级。"资产阶级一面要无产阶级替他做工，一面又不许无产阶级来反抗，反抗就杀。无产阶级真能反抗，就要全世界无产阶级联合起来，夺取政权。我们夺得了政权，不必杀资产阶级，只要

---

① 中央档案馆编：《中共中央文件选集》第1册，中共中央党校出版社1989年版，第115页。
② 蔡和森：《中国共产党史的发展（提纲）》，《蔡和森的十二篇文章》，人民出版社1980年版，第34页。
③ 《蔡和森文集》，人民出版社1980年版，第50、51页。

大家公同生产,公同消费,改造现社会不合理的制度,组织合理的制度。"① 蔡和森运用马克思主义阶级斗争方法,已经提出建立合理的社会制度和无产阶级政权的思想。陈独秀也说,就"是因为现社会制度和分子不良,用和平的方法改革不了才取革命的手段"②。李达也指出:"社会革命底目的,在推翻有阶级有特权的旧社会,组织无阶级无特权的新社会。"要达到这个目的,"概括地说起来,就是厉行非妥协的阶级斗争"③。总之,中国社会改造必须采用俄式革命的方法。

当时研究系的张东荪主张中国应走资本主义道路,提出救中国只有增加富力一条路,而增加富力就是开发实业;救中国只有一个主义,"就是使中国人从来未过过人的生活的都得着人的生活,而不是欧美现成的什么社会主义、什么国家主义、什么无政府主义、什么多数派主义等等"④。资产阶级改良派提出要在中国发展资本主义,而不是实行社会主义革命。如果要实行社会主义,也只能实行基尔特社会主义。共产主义者与基尔特社会主义者展开论战,这是一场关于中国应走资本主义道路还是走社会主义道路,是采用革命的方法还是采用改良主义的方法来改造中国的争论。共产主义者坚持认为,只有社会主义才能使中国大多数人得到幸福。这种认识是接受和宣传马克思主义和俄国十月革命的体现,也是那时初步运用马克思主义理论对中国社会初步分析的结果,是在探讨中国进行社会主义运动的前提下,从理论层面思考社会主义与资本主义的问题。

张东荪、梁启超等反对社会革命,反对工人阶级的社会主义革命,主张以改良的方法来缓和劳资矛盾。李达在《讨论社会主义并质梁任公》中指出,依靠资产阶级的国家立法来限制资本家和救济工人,只能"略略缓和社会问题",并不能从根本上解决社会问题。要解决中国的问题,舍阶级斗争、无产阶级专政而无他法。"所以社会主义在根本改造经济组织谋社会中最大多数的最大幸福,实行将一切生产机关归为公有,共同生产共同消费。""社会主义运动,就是用种种的手段方法实现社会主义的社会。"在他看来,"中国生产事业虽十分幼稚,远不如欧美、日本,然在稍远的将来,中国的社会组织必有追踪欧美、日本的一日。据现时趋势观察起来,欧美、日本的社会改造运动,已显然向着社会主义进行,中国要想追

---

① 《尚贤堂黄庞追悼会情形》,上海《民国日报》1922年3月27日。
② 陈独秀:《革命与作乱》,《新青年》第8卷第4号,1920年12月1日。
③ 江春:《社会革命底商榷》,《共产党》第2号,1920年12月7日。
④ 东荪:《由内地旅行而得之又一教训》,《时事新报》1920年11月5日。

踪欧美和日本，势不得不于此时开始准备实行社会主义"①。李达得出关于中国社会主义的结论：（1）中国社会运动者要联络中国人民和世界各国的人民，在社会主义上会合。（2）为中国无产阶级谋政治的经济的解放，做实行社会主义的准备。（3）采社会主义生产方法开发中国产业，努力设法避去欧美资本制产业社会所生之一切恶果。（4）万一资本主义在中国大陆向无产阶级磨牙吮血，则采必死之防卫手段，力图扑灭。（5）联络世界各国劳动阶级，图巩固的结合，为国际的行动，与世界资本阶级的国际行动对抗。② 可以说，李达提出了一个系统的改造中国社会的纲领。

经过广泛深入的宣传，马克思主义逐步成为中国进步思想界的一个巨大的思想洪流，并且和中国的工人运动结合起来，成为中国革命和改造的指导思想。时人指出："无论甚么人，总不能不承认中国现在社会的危险现象。……我们既知道这个社会，已经使大多数人不能一日相安，自然没有别法，只有在根本上把它彻底改造。"③ "我们所谓改造，决不是象法兰西式的革命，替第三阶级扫除封建制度就够了。我们也决不是离开事实高唱空想的论调，把他作乌托邦看的。我们乃是就中国社会的实况仔细考察，然后再对照各种主义所示的解决法，比较研究，依我们的主观认定，到底只有马克斯主义，才能算是真能解决这个大问题的。所以我们的主张，就是'用马克思主义，改造中国。'" "我们就从此得个结论，便是：中国无产阶级，应该赶快步俄罗斯的后尘，向马克斯主义的路上求解决去！"④

总的说来，早期马克思主义者不仅积极参与社会改造问题的讨论，而且初步运用马克思主义基本原理分析中国改造问题，形成了包括社会改造的方法、目的和依靠力量等主要内容的比较完整的理论。他们改造中国社会的思想有如下特点：一是以马克思主义唯物史观为指导中国社会改造；二是以思想观念的改变、精神的解放为社会改造的先导；三是既坚持以"主义"指导中国的社会改造，又重视对中国社会实际的研究。正是这一理论代表了五四时期社会改造的先进方向，影响和改变着中国社会改造的进程。

三 马克思主义对中国社会改造的影响

马克思主义不仅是中国社会改造思想的理论来源之一，也是中国无产

---

① 李达：《讨论社会主义并质梁任公》，《新青年》第9卷第1号，1921年5月1日。
② 李达：《讨论社会主义并质梁任公》，《新青年》第9卷第1号，1921年5月1日。
③ 彭粹夫：《我们为甚么主张马克斯主义》，长沙《大公报》1922年9月14日。
④ 彭粹夫：《我们为甚么主张马克斯主义》，长沙《大公报》1922年9月14日。

阶级改造社会的指导思想，正是在马克思主义指导下，中国共产党提出了先进的社会改造方案，并深刻影响中国社会改造的进程。

首先，马克思主义成为中国社会改造的主流思想之一。马克思主义的传播，影响了一批先进知识分子向马克思主义思想的转变，他们认识到工人阶级力量的强大，向工农阶级传播马克思主义，使马克思主义的传播从一般先进知识分子转向工人群众，使无产阶级的思想体系开始真正与无产阶级的阶级力量相结合，为中国社会改造提供了先进的思想，也为无产阶级提供了社会改造的科学的指导思想。

其次，马克思主义提出了最先进的社会改造方案。五四运动以后，具有初步共产主义思想的知识分子以工人阶级的代表出现，提出"改造强盗世界，不认秘密外交，实行民族自决"的政治要求。在六三运动中，工人阶级开始大革命的罢工斗争，表示要以总同盟罢工为武器，提出斗争的三步要求："第一步举行工人游行示威运动，第二步举行工界大罢工，第三步，牺牲吾辈数十万工人的赤血，与野蛮的强权战。"① 展示了工人阶级的政治斗争面貌，为中国共产党的建立和发展奠定坚实的思想基础和阶级基础。马克思主义者提出中国走俄国的道路，进行社会主义革命，建立无产阶级领导的社会主义的中国。中国共产党在马克思主义指导下，结合中国社会实际，提出了改造中国的目标和手段，形成了系统的社会改造方案。

最后，马克思主义推动和影响了国民革命运动。在共产国际指示下，共产党员和青年团员以个人身份加入国民党，致力于国民革命运动。中共三大在理论上确立国共合作政策后，把开展国民革命运动看作是自己的中心任务，尽全力于扩大和改组国民党，作为国民革命的联合战线。当时孙中山仍专注军事计划，忽视政治宣传工作。中国共产党人公开批评孙中山专注于广东的军事行动而忽视民众宣传的错误观念，指出了"中国国民党不但会失去政治上领袖的地位，而且一个国民革命党不得全国民众的同情，是永远不能单靠军事行动可以成功的"的危险性，希望国民党抛弃这些错误的旧观念，注重对于民众的政治宣传，以造成国民革命之真正中心势力，以树立国民革命之真正领袖地位。② 实行国共合作以后，中国共产党人在宣传马克思主义的同时，主要是根据三民主义宣传和推动国民革命运动。

---

① 上海社会科学院历史研究所编：《五四运动在上海史料选辑》，上海人民出版社1980年版，第112、643页。
② 中央档案馆编：《中共中央文件选集》第1册，中共中央党校出版社1989年版，第166页。

中共中央政治机关报《向导》在"发刊宣言"中指出,必须推倒为国内和平与统一障碍的军阀,必须反抗为中国自由与独立障碍的国际帝国主义,进行的方法是援助民主革命的国民党,继续民主革命。具体说来,就是主张集合各阶级觉悟的大群众,组织国民军,以国民革命解除国内外的一切压迫,建设民主的全国统一政府。① 陈独秀解释了国民革命与阶级革命的关系,指出,因为共产主义运动须以工厂工人为主力军,在中国自耕农居半数以上,这种小资产阶级私有权的观念异常坚固,不能做共产主义的运动。共产主义不能在自耕农居多的中国乡村成功地进行群众的运动,因此乡村只宜于国民运动,而且国民运动是中国目前所急紧所可能的工作,只有国民运动能打倒军阀,开辟我们共产主义运动的途径。② 因为社会主义革命是改造社会的根本办法,而《向导》注意民主主义革命宣传,较少宣传社会主义革命,所以《向导》读者来信,希望以后"要在向导群众的当前,手挥红旗大声疾呼'社会主义大革命'",要对一般国民的心理担负"洗心革面"的责任。③《向导》记者答复:我们须知道改造社会,第一要注意客观的现状,绝不是浪漫的社会主义所能济事的。况在半殖民地的中国,国民革命乃目前至急的要求,并且是近东远东各被压的弱小民族社会革命之前所必经的过程,民主革命不起,则社会静止,如何谈得到社会革命。社会革命是经济制度之改造,浪漫的"洗心论"是阎锡山的方法,不是马克思的方法,社会革命是不能靠这种浪漫方法成功的。与此同时,《向导》根据国民革命的政策,批评当时一切非革命的理论,如"法统说""制宪说""武力统一说""联省自治说""整理财政澄清选举说"等。④ 批驳教育独立、制宪救国、西南团结、组织行政委员会、请外国援助中国统一等错误观念,指出,我们唯有用国民革命的手段推翻国际资本主义和军阀的压迫,建设真正独立的民主国家,才是最显明、最确实的救国办法。⑤《向导》发表的《中国的乱源和挽救中国的各种主张》,分析了中国纷乱的原因:一是清朝余孽的北洋军阀争权夺利,拥兵自重,视国家为他们万世帝王的基业;二是欧美日本的资本帝国主义者"无时不欲施其侵略政策于中国,所以耸动中国的军阀,以施其狡计"。作者批评主张制宪、主张联省自治、主张裁兵、主张西南团结、主张国会南迁行使职权、

---

① 独秀:《本报三年来革命政策之概观》,《向导》第128期,1925年9月7日。
② 《读者之声》,《向导》第34期,1923年8月1日。
③ 《读者之声》,《向导》第34期,1923年8月1日。
④ 独秀:《本报三年来革命政策之概观》,《向导》第128期,1925年9月7日。
⑤ 伟仁:《层出无穷的错误观念》,《向导》第33期,1923年7月18日。

主张组织行动委员会等"都是梦想",现在首先要解决的根本问题,就是怎样打倒军阀,只有民主革命,才能够挽救中国。①

总之,马克思主义在五四时期与当时诸多主要思潮发生复杂的联系,既表现为相互吸取、相互影响的关系,又表现为相互激荡、相互争鸣的影响。马克思主义在中国正是同这些主要思潮的交互激荡和影响,逐渐地丰富和完善了自己的思想内容,满足先进之士解决中国问题的需求,成为中国社会改造的指导思想和方法。马克思主义从最初传入中国的一种社会思潮到发展成为社会改造的主流思想,不仅表现在马克思主义者在中国政治改造运动中的胜利,更主要表现在中国的马克思主义思想的创造性、合理性和生命力,显示了其指导社会改造的伟大力量。社会主义在中国广泛传播,而且,通过反复比较、鉴别和试验,先进知识分子从中认识到马克思主义对社会改造的正确的理论指导,马克思主义成为中国社会改造的最先进、最有力量的改造理论。中国共产党也认识到,劳动群众是推行社会改造的社会力量,先进理论和群众的结合"成为动员与组织广大民众以排山倒海的力量彻底改造中国社会的重要指针,并且成为保证这一改造事业取得成功的基本依据"。正因为如此,社会改造从愿望和理想变成实践,从知识分子的进步舆论变成了人民群众的直接行动。②

---

① 炳荣:《中国的乱源和挽救中国的各种主张》,《向导》第39期,1923年9月8日。
② "从五四运动到人民共和国成立"课题组:《胡绳论"从五四运动到人民共和国成立"》,社会科学文献出版社2001年版,第102、110页。

第十章 五四时期社会改造思潮的影响

五四时期社会改造思潮，不仅引入和传播了西方各种社会思想和社会改造理论，丰富和发展了新文化运动的内容，也直接影响到各种社会运动的发生和发展，对中国社会转型和发展起了积极作用。

社会改造由思想文化层面转向现实政治，群众的政治运动不断兴起，对中国社会革命和改造也产生了重要影响。各种社会改造的舆论对于政府和社会产生了强烈的冲击，在推动政府改造社会和解决各种社会问题的同时，引起政府当局的警惕，甚至采取严厉查禁的态度，从而显示了社会改造思潮和运动的深远影响。

第一节 社会改造思潮对社会思想的影响

五四时期是社会改造的时代，革命或改造成为时代的中心。在世界改造的潮流影响下，中国改造成为先进之士的最大的任务和最大的政治问题。因此，五四时期社会改造思潮的重要性，不仅仅在于它提出了改造中国的方案，而在于它对中国道路的各种可能性展开了积极探索，为后来中国革命和社会改造提供重要的历史借鉴。

一 促进社会改造思想和理论的发展

五四时期，各种先进的社会思想和理论在中国改造的探索中，得到进一步的传播和试验，从而影响了中国社会思想的发展，促进了社会改造思潮与运动。

1. 各种社会思想的出现

社会思想是人们在社会生产和生活实践中形成的关于社会生活、生活问题、生活模式的观念、构想或理论。五四时期社会改造的宣传与试验，引发了各种社会思想和主张。陈独秀1920年谈到他的两种信念：一是相信进化无穷期，古往今来只有在一时代是补偏救弊的贤哲，时间上没有"万世师表"的圣人，也没有"推诸万世而皆准"的制度；二是相信在复杂的人类社会，只有一方面的真理，对于社会各有一种救济的学说，空间上没有包医百病的良方。所以他提出："在鼓吹一种理想实际运动的时候，这种妄想，迷信，自然很有力量、价值；但是在我们学术思想进步上，在我们讨论社会问题上，却有很大的障碍。"① 由此可见，社会是发展进化的，社会改造是必然的趋势。主义或学说是解决社会问题或社会救济的方案，但没有一种主义是根本解决社会问题的万应灵丹。五四时期，西方各种思想纷纷涌入中国，为中国改造提供了丰富的理论资源。

如前所述，五四时期中国出现种种社会问题，社会改造论者依据各自研究或信仰的理论，提出各种各样的改造方案。他们围绕着社会改造的方法和途径、力量、路径等理论和现实问题，纷纷提出或阐发各自的方案，构成了社会改造思想纷繁复杂的特点。瞿秋白在《饿乡纪程》中回忆当时的社会思想状况。他说："社会主义的讨论，常常引起我们无限的兴味。然而究竟如俄国十九世纪四十年代的青年思想似的，模糊影响，隔着纱窗看晓雾，社会主义流派，社会主义意义都是纷乱，不十分清晰的。正如久壅的水闸，一旦开放，旁流杂出，虽是喷沫鸣溅，究不曾自定出流的方向。"② 就当时的社会思想而言，按政治属性可分为资产阶级民主主义、资产阶级改良主义、小资产阶级社会主义和科学社会主义等，其中，社会主义包括基尔特社会主义、无政府主义、互助主义、合作主义、泛劳动主义、工学主义、新村主义等不同种类，也涉及风靡一时的国家主义、实用主义、实业救国、教育救国、科学救国、宗教救国等改良思潮。这些思想或主要来自西方的新理论，或来自中国传统文化中的社会思想，或中西杂糅而成一"新"思想。这些思想与中国社会实际结合起来，大多成为先进知识分子改造中国社会的理论。此外，社会有机体论、生物史观、文化形态史观、法西斯主义等思想，亦成为社会思潮的涓涓细流，同时也助益了社会改造思潮的兴起和发展。对此，舒新城1928年在《六十年来中国教育思想总评》中指出："中国社会的情形最复杂，六十余年来，无时不为外患所逼迫，也无时不有内乱相乘（以民国来为最甚），一方面受世界潮流的激荡，非跟着世界的列强向前走不可，而国内交通不发达，内乱迭

---

① 陈独秀：《马尔塞斯人口论与中国人口问题》，《新青年》第7卷第4号，1920年4月1日。
② 《瞿秋白文集（文学编）》第1卷，人民文学出版社1953年版，第23—24页。

兴,又不能举全国而跟他人走。所以国内社会生活显然形成两橛:一橛尽量吸收西洋物质文明(如京津沪汉等处之大都市),一橛尽量保持古代小农的生活。于是社会上政治上无时不发生冲突,社会思想方面有主张农业立国的(有章士钊为代表),有主张均富于社会的(见前溪著《中国新经济政策》),有主张普产主义的(胡汝霖所倡,见《新国家》杂志),有倡基尔特主义的(张东荪等),有倡共产主义的(共产党),有倡无政府共产主义的(无政府党),有倡民生主义的(中国国民党);在政府方面,有主张君主立宪的(保皇党),有主张民主立宪的(同盟会),有主张议会政治的(共和党),有主张一党专政的(共产党),有主张复辟的,有帝制自为的。"① 这里提到当时形形色色的社会思想,构成了纷繁芜杂的图像。杨杏佛在1924年著文,分析民国成立以后的社会思想,认为其中"有系统而能一贯"的主要有安那其主义、基尔特社会主义、共产主义、国民党、研究系、好政府主义、江亢虎之社会主义、章行严之农村立国等几种。② 各种社会思想在社会改造的理论和实践中,又吸取其他理论的思想因素,或排除其他的思想主张,形成社会改造思潮更为复杂的面相。在此不妨以社会学理论的传播为例,稍做说明。

2. 社会学理论的传播与研究

社会学是社会学家运用有关社会的思想理论,分析各种社会现象,研究社会中人的行为,探求有关社会问题的学科。社会学在西方产生的主要思想来源,一是启蒙运动以来的反映新兴资本主义要求的资产阶级政治革命作理论准备的社会学说和历史哲学;二是与资本主义的兴起相适应,以社会调查统计来研究社会问题的思想和尝试,来收集和整理社会情况的资料,提供合理可靠的统计资料,研究解决社会问题的方案。随着19世纪中期西方国家的社会问题凸显,社会改造思潮高涨,以研究社会进步和社会秩序、社会变迁和社会稳定为宗旨的社会学应运而生。在中国社会改造的探索中,先进知识分子汲取了西方各种社会理论和中国传统文化中的社会思想,总结了世界各国社会改造的经验教训,为新文化运动注入了丰富的思想资源,也深刻影响了中国社会运动的发展。

社会学最初是作为一种社会改造的理论引入中国,在五四时期得到广泛传播。诸青来《社会改造问题》深入考察了19世纪的思想变迁,他指

---

① 舒新城:《六十年来中国教育思想总评》,《教育杂志》第20卷第9号,1928年9月。
② 杨铨:《中国近三十年之社会改造思想》,《东方杂志》第21卷第17号,1924年9月10日。

出:"国家思想,既告厥成功,社会思想,乃乘其后而起。所谓社会思想者,即关于贫富问题者耳。此问题在数世纪以前,已有萌芽。虽然,其全盛时,则在十九世纪下半期也。社会主义,至十九世纪下半期,其势力逐日增高,此显然之事也。"因此,社会主义是解决社会问题的办法。① 俞寰澄在《社会改造问题书后》中认为:"自欧战前后,社会学说始盛,诡随者视为良机,谨愿者愕贻却顾不知所措,士竞簧鼓其所稗贩,成书汗牛。求其合于国情,期于实践者,浅识如予,盖未之见。"他指出《社会改造问题》一书"守不列颠弥勒、斯宾塞、柯尔之学说,而会同各家,即马克思、列宁,已舍短取长,不为一孔之论。"② 由此可知,社会学传入中国以后,很快被中国进步知识分子接受,作为解决社会问题的理论,并衍化为社会主义理论。

《东方杂志》在1912年发表的一篇讨论国家与社会问题的文章,明确指出:"欲解决国家问题者,必以解决社会问题为第一义。"解决方法是"本乎社会学之原则,以行适中之社会主义"。社会学是解决社会问题的原则,社会主义为解决社会问题的手段。③ 它揭示了社会学与社会主义在社会改造中的关系。《新群》发表《社会学上社会主义之观察》《社会问题之面面观》《适合环境与改造环境》《劳动问题发端》等文章,介绍和宣传资产阶级社会学创始人斯宾塞和社会学家爱尔乌特等人的社会学说。例如《社会主义思想之源流及其发展》阐发了爱尔乌特《社会学及社会问题》一书的许多观点,把他的社会学作为社会主义思想进行介绍。这些文章标榜改造社会"不取马克思派所主张之社会革命",而只是"改良社会制度"④。1923年,世界丛书出版了爱尔乌特原著、赵廷为译的《社会问题改造的分析》,其广告词就宣称,该书"述社会问题中各重要元素,及社会问题的解决等。注重改变习尚,造就社会领袖,反对片面政策及革命手段"⑤。此外,克鲁泡特金的社会学说也成为一种比较流行的社会改造理论。黄凌霜在《克鲁泡特金的社会学说与未来》中说:"马克斯主义已在俄国试验着,其好处在于能以强有力的机关,推倒资本主义,其坏处在于

---

① 〔日〕加藤弘之:《十九世纪思想变迁论》,《清议报》第52册,1900年7月26日。
② 诸青来:《社会改造问题》,启智书局1932年版,第149页。
③ 《今后之国家问题与社会问题》,《东方杂志》第8卷第12号,1912年6月1日。
④ 〔美〕Charles A. Eiiwood著,曹任远译:《社会学上社会主义之观察》,《新群》第1卷第1号,1919年。转引自《五四时期期刊介绍》第三集,生活·读书·新知三联书店1979年版,第372页。
⑤ 《广告》,《东方杂志》第19卷第16号,1922年8月25日。

自己又创立一个万能的资本家，压抑出版自由，言论自由，以至于行动自由。但我不看轻了俄国的革命，我亦不迷信俄国的革命，我反对把俄国式的苏维埃，连根带叶的移植到中国来，养成了几个新式的段祺瑞便算改造。"[1] 在无政府主义者看来，克鲁泡特金的"互助论"是建立在科学考察基础上的社会理论，是社会改造的方法。

社会学提供了改造社会的理论和方法，使当时中国的先进知识分子对社会改造充满了信心。有谓："因为信仰为万事成功的基础，我'信'吾们一定能够战胜罪恶和黑暗，我'信'，将来社会一定能够改进。"[2] 诚如李大钊所指出，有人误解社会主义为社会学，不知社会主义是改造社会的一种法则，促进社会改良的制度。社会学是一种科学，研究社会上各种现象及其原则与一切社会制度的学问，且用科学方法，考究社会是何物，发明一种法则，以支配人间的行动。所以社会主义是社会学中应当研究的一部分，并非社会主义即社会学。[3] 因此，社会学作为社会主义学说的主要内容，成为中国社会改造的重要理论。

西方社会学的理论在中国广泛传播，并且运用于社会改造的宣传和实践。一些进步刊物还依据"社会有机体论"，宣传社会改良思想。曹任远《社会问题之面面观》重点介绍了斯宾塞的"社会有机体论"，强调要使社会各个部分得到均衡发展，"若是偏激的主张"，就会使"社会失了平均的势力"。文章搬用了爱尔乌待的社会改良思想，即所谓一切社会问题要从三方面去改良。第一是改良人种，淘汰一些"身心不健"的人，因为"此种不健全的人，嫁娶生子，就会依遗传性的法则，将他身上的病，遗传到他子孙身上"。第二是改良社会环境，"使经济利益分配平均，使人人于生活上得有平等发达的机会"。第三提出要人们"依据科学上的方法，以人道主义为根据"，去树立对家庭、法律、道德、宗教、政治生活的观念。[4] 意思很明显，就是运用社会学理论，改良一切社会问题。

此外，社会改造论者运用西方农村社会学的理论和方法，研究中国农村问题。顾复的《农村社会学》是中国第一种以农村社会学命名的专著，他将农村社会学研究分为农村状况的研究、农村改良的办法、农村问题三

---

[1] 凌霜：《克鲁泡特金的社会学说与未来》，《克鲁泡特金纪念号》1921年2月6日。转引自葛懋春等编《无政府主义思想资料选》（下册），北京大学出版社1984年版，第548页。
[2] 耿匡：《其二》，《新社会》第5期，1919年12月11日。
[3] 《李大钊全集》第四卷，河北教育出版社1999年版，第505—506页。
[4] 曹任远：《社会问题之面面观》，《新群》第1卷第2号，1919年。转引自《五四时期期刊介绍》第三集，生活·读书·新知三联书店1979年版，第372—373页。

个部分,并强调中国以农立国,政治制度文化礼俗莫不以农为根本。① 这也是关于中国农村改造的探索。

在当时的各种社会学理论中,马克思主义是最具生命力的理论。陈独秀在《马克思的两大精神》中指出,马克思所说的经济学或社会学,都是以科学归纳法做根据,所以都有根据的可信的,"所以现代的人都称马克思的学说为科学的社会学","为科学的社会主义"②。马克思主义作为一种科学的社会改造理论,又有俄国革命成功的实践范例,在中国的社会主义潮流中异军突起。随着社会改造思潮的发展,人们逐渐把改造目标确定为社会主义,于是,社会改造思潮变成"探讨社会主义的思潮"。③ 社会主义遂成为中国社会改造的主要思想理论。

各种社会学理论的传入,迅速成为中国先进之士认识社会和改造社会的理论。瞿秋白1920年在《饿乡纪程》中说道:"我和菊农、振铎、济之等同志组织'新社会'旬刊。于是我的思想第一次与社会生活接触。而且学生运动中所受的一番社会的教训,使我更明白'社会'的意义。"实际上他提供了从社会学到社会主义认识转变的一个例证。正如陈独秀所解释的,因社会制度造成了社会的许多不平等的事情,因社会造成个人的不平等不独立,然后方有社会主义发生。④ 因此,从社会学到社会主义,都为中国社会改造提供了先进的理论,而且确立了中国社会发展的先进方向。西方各种社会思想和社会学理论一齐涌入中国,但是在思想界引起广泛关注的是各种各样的社会主义,引起广泛争论的主要是实用主义、基尔特社会主义、共产主义、国家主义等,一些空想社会主义如新村主义、工读主义、合作主义等改造理论还在一定程度上付诸试验。这些社会改造思想部分地迎合了中国社会的某些需要,顺应了中国思想界的某些渴求,也契合了社会和时代的发展潮流。

3. 各种社会改造理论的试验

五四时期,思想界在传播工读(互助)主义、合作主义、勤工俭学主义等新思想的同时,并且部分地付诸实践,因此出现了工读互助团、合作运动、新村运动等试验,在社会改造思想和运动中产生了一定的影响。

如前所述,新村主义被不少人奉为改造中国社会的好方案、好办法。

---

① 顾复:《农村社会学》,商务印书馆1924年版。
② 陈独秀:《马克思的两大精神》,《广东群报》1922年5月23日。
③ "从五四运动到人民共和国成立"课题组:《胡绳论"从五四运动到人民共和国成立"》,社会科学文献出版社2001年版,第99—100页。
④ 陈独秀:《妇女问题与社会主义》,《广东群报》1921年1月31日。

《文化运动中的新村谈》宣传说:"新村是一种新组织,是物心两面改造的,是皮肉一致,表里相应的,是要打破现在知识阶级的,是要加入劳动团体的,是以现在的农村为基础的小组织,是以将来的世界为扩充小组织的大联合。"[1] 周作人等人宣传新村主义与别的社会改造不同之处,就"是想和平的得到革命的结果";新村重在和平的改革而不重"斩伐的工夫"[2]。少年中国学会会员宗白华承认,与现在欧洲的社会党用武力暴动去同旧社会宣战不同,"我们情愿让了他们,逃到深山野旷的地方,另自安炉起灶,造个新社会,然后发大悲心,再去援救旧社会,使他们也享同等的幸福"[3]。正因为如此,新村主义被一些人讥评"是站在社会外面来提醒现社会的","是住在新屋子里,使破屋子里的人来效法的","他们于改造社会的进行,只处于旁观者的指导地位,而不是投入社会中间",故他们是近于"隐遁生活"[4]。这种醉心于新村运动者的错误,是"于新村犹未实现之前,不竭其全力以铲除推行新村之种种障碍",忘记了"毁灭旧社会"是他们"应做的一件大事","不然新村总归是理想的,与实际的改造无干"[5]。

尽管社会改造论者对于新村主义见仁见智,但是新村主义在中国还是进行了一些试验。1920年2月,周作人在北京办起了新村支部。同年春,墨西哥归国华侨余毅魂、陈视明等在江苏昆山建立"知行新村"。王光祈借用新村模式,设计了"菜园新村",是和日本日向新村一样的模范新村。王拱璧在河南西华县孝武营建了"青年村",其理想是建立一个人人有劳动、家家有地种、贫富有饭吃、男女有权柄的农村乐园。这是最接近新村主义的。此外,各地出现了许多如"新村""平民村""大同村""友谊村"等的小组织。他们所理解和宣传的新村主义,或是从人道主义出发,幻想通过创办新村,实现人的自由和全面发展;或是从无政府主义立场出发,希望通过创办新村,实现无政府共产主义;或是将新村作为新制度、新生活的试验地,或是将新村当作联系农民群众、发动农民群众的一种组织形式。[6] 正如周作人所宣传的,新村主义"思想的根据,并不由于经济

---

[1] 邰光典:《文化运动中的新村谈》,《新人》第4号"文化运动批评号"(上),1920年8月18日。
[2] 周作人、黄绍谷:《新村的讨论》,《批评》第5期"新村号",1920年12月26日。
[3] 宗之櫆:《我的创造少年中国的办法》,《少年中国》第1卷第2期,1919年8月15日。
[4] 郭绍虞:《新村运动底我见》,《批评》第4期"新村号",1920年12月8日。
[5] 周作人、黄绍谷:《新村的讨论》,《批评》第5期"新村号",1920年12月26日。
[6] 赵泓:《论五四知识分子对新村主义的不同理解角度》,《贵州师范大学学报》1992年第3期。

学上的某种学说，所以并不属于某派社会主义，只是从良心的自觉上发出的主张，他的影响在精神上道德上为最重大"①。作为一种人道主义新思想，新村主义其实属于空想社会主义，但在当时具有改造社会的意义。后来的事实表明，新村运动在中国最坚决的支持者是第一批马克思主义者，中共早期领导人，从年长一辈的李大钊到年轻一代的毛泽东、恽代英等，无不参与其中，可见新村对于社会改造的重要影响。这种影响不仅仅体现在其社会理想上，更体现在新村试验失败而发生的思想转变。

工读（学）主义者试图通过和平的示范和教育的感化，达到改造社会的目的。因此，工读主义被视为人类历史上一个新时代的开端。"工读主义是人类生活史进化的一个新阶段，是二十世纪新思潮孕育的一个良结果，是将来新社会建设的一个大基础。"② 如前所述，王光祈在《工读互助团》中宣称："工读互助团是新社会的胎儿，是实现我们理想的第一步。"工读互助团运动是"平和的经济革命"。蔡元培曾经评价工读互助团"最有希望"，"要是本着这个宗旨推行起来，不但中国青年求学问题有法解决，就是全中国最重大问题，全世界最重大问题，也不难解决，这真是有大希望"③。更多的人主张，"与其急于倒强权，倒私有财产制，不如急于化除知识阶级。现在社会上有三个阶级：工而不学的劳动阶级；学而不工的知识阶级；不工也不学的寄生阶级"。"这三种阶级一日不化除，社会上永久没有平等安宁的日子。就是人类永久没有享受人类生活的日子。我们要化除这三种阶级，就是要工学合一。"④ 因此，工读主义带有新生活、新社会的意义，成为一种社会改造的理论。

但是，张东荪认为，工读主义的发生，根本原因是"有许多青年的家庭无力量使他们求学"，而不是尊重劳动的新人生观或者泛劳动主义思想。他把工读问题单纯看成解决青年失学的办法，主张"省立学校与省立工厂合一化"或者普遍的"学校的工场化"，学校不收费，工厂有生徒。这样有几个好处：能开发实业，增强国力；学校与工厂合而为一，不受经济上的限制；便于集合资本等。甚至宣传这是"俄国新教育之精神"⑤。

工读（学）主义在国内的试验，影响较大的是北京、上海等地的工读

---

① 周作人：《新村的精神》，上海《民国日报》副刊《觉悟》1919年11月23日。
② 筑山醉翁：《评工读主义》，《解放与改造》第2卷第3期，1920年2月1日。
③ 原载《少年中国》第1卷第7期，1920年1月15日。
④ 范煜璜：《工学主义》，《曙光》第1卷第1号，1919年11月。
⑤ 东荪：《工学问题管见》，《时事新报》副刊《学灯》1920年2月7日；方豪：《一个社会问题》，《时事新报》副刊《学灯》"双十节增刊"，1920年10月6日。

互助团，其次是各地的工读（学）社、互助社等。这些试验先后迅速归于失败，进而促使试验者和参与者思想转变，开始新的社会改造的探索。施存统从北京工读互助团试验中得到的教训是：全社会的经济组织不从根本改革，其余的改革都是无效的。试验新生活不能离开现实的社会，当然免不掉现实社会的支配。既然免不掉现实社会的支配，当然要发生许多试验新生活的障碍。如果要免除这些试验新生活的障碍，唯有把这些障碍根本打翻。要推翻这些障碍，唯有合全人类同起革命之一法。① 这也说明，工读（学）主义试验对于中国社会改造的意义是不容忽视的。

　　工读（学）主义在海外的最有影响的实践活动，则是海外勤工俭学运动。其中有重要影响的是无政府主义者吴稚晖、李石曾等发起组织的留法勤工俭学。不少留法学生受到无政府主义的影响，但是经过在法国研究马克思主义和社会主义革命，转变为马克思主义者。蔡和森成为留法学生中的先驱者，极力主张"社会革命"。曾经参与组织工学世界社的罗学瓒提出："我以为要把方针改变，要彻底的觉悟，从经济制度根本上改造着手，就要变财产私有制为均有制。"② 一度信仰无政府主义的陈公培也说："什么新村式的生活，什么工读互助团，什么勤工俭学，我敢说统是隔靴搔痒，统是纵容资本主义而在彼下面鬼混！现在我们除了倾全力，不顾利害，下大牺牲谋社会革命，不为功。"③ 从这个意义上说，留法勤工俭学的确是一种社会运动，也是一场社会改造运动。台湾学者甚至说，留法勤工俭学运动是"由无政府主义者播种，而共产党收获"④。赴俄勤工俭学运动则从1919年开始，至1920年、1921年进入盛期。因为1917年俄国十月革命为人类文明史放一种异样的光彩，1919年，莫斯科东方劳动大学顺应许多富于改革热情的青年的需要而成立，于是，各地青年冒险前往"赤俄的新都，去求新鲜适宜的生活"。他们"大半是相信共产主义而受有一种使命者。他们回国以后，即从事于宣传革命的社会主义，或做劳动运动，或为文字鼓吹。听说现在全国各地都有他们的机关，凡有志于社会改造的有识的青年，倒不可不注意他们的行动呢"。赴德勤工俭学从1921年开始，"他们除研究学术外，更努力于中德文化沟通的运动。他们对于最近

---

① 存统：《"工读互助团"底实验和教训》，《星期评论》第48号"劳动纪念号"，1920年5月1日。
② 罗学瓒：《法兰西工人》，《少年世界》第1卷第11期，1920年11月1日。
③ 《无名从法国寄来的信》，上海《民国日报》副刊《觉悟》1921年1月26日。
④ 陈三井：《新民学会之成立及其在法活动》，台北《"中央"研究院近代史所集刊》第13辑，1984年6月。

的将来的中国学术界必有代现在的美国派而兴的趋势"①。海外勤工俭学从留学运动演变为社会运动,对中国社会改造运动的发展产生了重要影响。

合作主义在中国也付诸了试验,主要形式是成立消费合作社,组织书报消费合作社等。组织合作社的目的,一是提倡"劳工",由一些向觉悟路上走的同志研究学理,彼此相信,齐心协力,发达生产,共同生活。同时实行"工读互助",使各个人都能自立。二是解决大众经济问题,救济社会上一般消费者。"我们倘若要解决现在和将来的经济问题,免除资本专制、商业营私,防备生活无限的增高,这种合作社实在是惟一无二的良剂;并且是别人行而有效的成法,刻下更是组织尝试的机会到了。还望大家同心努力,达到工读互助和改造社会的目的。"② 因此,合作社运动是用和平手段,从根本上建设新社会。其中成立最早、影响最大的合作主义团体,是复旦大学师生组织的平民周刊社(后改称"平民学社"),他们意识到"改造社会,不是空空洞洞的群众运动可以做到的,要从'实力'着手,才是建设的硬工夫"。于是,编辑出版了以宣传合作主义为宗旨的《平民》周刊。《平民》改造社会的总纲有教育和经济两条,以"经济问题"为主义,以欧美风行的"合作主义"为改造经济的方法,一面宣传,一面实行,先后成立"合作银行""合作同志社""合作译书社",从而使"社会改造要算有点儿基础了"。《平民》的宗旨和历史表明,其性质是"社会"的,其主义是"平民经济"的,其方法是"合作"的。③ 由此可见合作主义对于当时青年学生的重要影响。

从思想来源看,合作制度是欧洲社会主义经济运动的主要方法之一。中国的合作主义者主要是从感情上而不是从社会发展规律的角度来理解合作主义,是基于对中国社会经济问题的思考而宣传合作主义,将合作社视为改造中国经济、变革社会的重要工具。④ 他们注重合作主义在移风易俗、改造社会、免除剥削和压迫等方面的作用,把它看成是改造社会的最有效的方法。共产主义者也宣称,合作社是无产阶级革命的手段之一,"合作社是阶级争斗中一种工具,不是一种免除阶级争斗的工具"⑤。亦可见合作

---

① 杨贤江:《工读互助与勤工俭学》,《学生杂志》第10卷第1号,1923年1月5日。
② 《大同合作社宣言》,《平民》第28期,1920年11月27日。转引自张允侯等编《五四时期的社团》(四),生活·读书·新知三联书店1979年版,第96—97页。
③ 毛飞:《续刊感言》,《平民》第11期,1920年7月31日。转引自张允侯等编《五四时期的社团》(四),生活·读书·新知三联书店1979年版,第17、18页。
④ 赵泉民、井世洁:《西方合作经济理念在中国的早期本土化》,《文史哲》2005年第6期。
⑤ 独秀:《告合作社同志们》,《向导》第56期,1924年2月27日。

主义对中国社会改造的影响。

各种社会改造理论的试验,从不同方面探索了中国改造的方法和路径,丰富了社会改造思想和运动的内容,在思想文化方面产生了一定的影响。这些改造试验的失败,使许多组织者和参与者逐渐划清了科学社会主义与空想社会主义的界限,认识到无政府主义的不可行,开始社会改造的新的探索。施存统在工读互助团试验中认识到根本改造的重要性,最终作出了从资本主义的经济组织入手来根本改造社会的决定。支持工读互助团试验的邵力子,从工读互助团二次失败中得到根本觉悟:"现在的家庭与社会,同在现代经济组织支配之下,非将经济组织根本改造,则逃出家庭,钻进社会,痛苦还是一样。"[①] 因此,青年学生应当投身工场,去和劳动界来共同解决劳动问题,达到用真实学问去改造社会的志趣。[②] 有分析指出,中国的知识分子多数出身于小资产阶级,具有主观、片面、虚浮和急于求成的性格,当他们产生革命的要求时,最合他们口味的不是严整的科学社会主义体系,而是空洞浮夸的乌托邦和惊世骇俗的无政府主义。[③] 台湾学者周昌龙推测:"如果新村式的温和社会主义能够满足知识分子和理想派青年对自由、平等的渴求,以阶级斗争为手段的布尔雪(什)维克共产主义可能就不会在知识界成席卷之势?"[④] 这也说明,在当时各种改造中国的思想武器经实践证明无效之后,马克思主义被人们广泛接受。所以马克思主义在中国的传播确实有它的历史必然性,而新村实践的破产,就是构成这一历史逻辑链条中众多环节中的一环。[⑤]

二 促进社会思想观念的变革

五四时代是中国社会和思想大变革的时期,社会改造者以民主和科学为武器,对传统社会中的错误观念和陈规陋习进行批评和改良,宣传进步的思想,对社会变革具有积极的意义。

社会改造是由社会和人两方面因素构成的。在社会方面,就是改造旧

---

① 邵力子:《对于工读互助团二次失败的感想》,上海《民国日报》1921年2月30日。笔者认为此日期疑有误。
② 朱锐、力子:《改造社会与求学的方针》,上海《民国日报》副刊《觉悟》1920年9月7日。
③ 中共中央马克思、恩格斯、列宁、斯大林著作编译局研究室编:《五四时期期刊介绍》第一集,生活·读书·新知三联书店1979年版,第188—189页。
④ 周昌龙:《新思潮与传统:五四思想史论集》,时报出版社1995年版,第238页。
⑤ 李怡:《近代中国无政府主义思潮与中国传统文化》,华中师范大学出版社2001年版,第188页。

的思想观念。新文化运动对于旧思想、旧社会的批判以及未来社会的描述，带来了深刻的思想变革、价值观念和行为准则的改革，无一不是对当时社会的改造。题为《改造社会》的文章指出："改造社会的意义，就是破坏旧社会，建设新社会"，绝不是在不改变旧社会躯壳的原则下，进行点滴枝节的改良。① 天津真学会出版的《新生命》提出"破坏"和"建设"两种主张。破坏方面指一切不良的旧的风俗、习惯、制度、礼节，以至人物、行为、言论；建设方面指贡献一种新针划、新理论，求组成一个以自由、平等、博爱、互助为基础的新社会。② 在人的方面，就是改造各种恶习和错误观念。陈独秀提出："欲图根本之救亡，所需乎国民性质行为之改善。"③ 改造国民思想是救国根本，也是社会改造的基础。在社会改造论者看来，"改造之最重要目的物，即国民之精神及意志，与根本的本能及人类之心灵能力。盖此种改造，为他之一切改造之基础。……然则究如何而可望此种改造之实现乎？要不外变化人类生活目的理想之观念而已"④。曹任远在《社会问题之面面观》中指出："把新观念实现，替换旧有的习惯制度，这就是社会改造。""改造社会，一方面是改良'人与人的关系'，一方面就是改良'人'。"其中，人与人的关系的观念，包括家庭生活的观念、政治生活和法律生活的观念、道德生活和宗教生活的观念三种。⑤ 可见，社会改造涵括个人和社会两个层面，改造的目的就是以新的观念、习惯、制度来更新和替换旧的，顺应或促进社会的发展。

社会旧风俗、旧习惯，无疑是社会改造的主要内容之一。社会习俗是人们在长期的共同生活中积累和培养起来的一种行为模式，在社会生活中制约或规范人们的思想和行为。旧的社会习俗不适合社会生活发展的需要，甚至有害于社会生产和生活，因此需要以一些新的生活习惯取而代之。新民学会规定"改良人心风俗"的宗旨和"不虚伪，不懒惰，不浪费，不赌博，不狎妓"的信条，表明他们是致力于个人改造和社会改造的。衡阳端风团宣称："本团既名端风，顾名思义，当然为一种不满意现在风俗而欲更以合理风俗之团体明矣。故本团所负之职任，非因袭而为创造，非起过去死风俗以回生，而为促进将来合理风俗以实现。因此，所以

---

① 刘策勋：《改造社会》，《觉社新刊》第3号，1920年5月15日。
② 中共中央马克思、恩格斯、列宁、斯大林著作编译局研究室编：《五四时期期刊介绍》第二集，生活·读书·新知三联书店1979年版，第325页。
③ 陈独秀：《我之爱国主义》，《新青年》第2卷第2号，1916年10月1日。
④ 三无：《英美学者社会改造论评述》，《时事新报》1920年8月1—2日。
⑤ 曹任远：《社会问题之面面观》，《新群》第1卷第2号，1919年12月。

本团今后之实施及本团年刊今后之言论,对于现在一切无人性的风俗、圈套的风(俗),——堕落性的风俗——务必尽力铲除,使之无复存在之余地。同时创造一种合理的风俗,以供新陈代谢。""故本团改革手段,取渐进主义,按步就班以前行。"① 北京的进德会、健学会、互助社等修养团体,也是如此。正如《改造社会上的两件事》所指出,改造社会的第一步方案,一是迷信的风俗要打破。"所以要改造社会,先要把这种恶风俗、恶习惯,快快打破,人人做正当的事业,谋正当的生活,那就是享受真正幸福,养成高尚完全人格的先河。"二是遗产的制度要废除。"废除遗产制度,大家没有依赖父母的心理,自然都能自立,都能自谋衣食。""总之,我们千万先要打破这恶习惯,千万先要废除这旧制度,然后一步一步的去,改革现在万恶的旧社会,创造那活泼泼的新社会出来。"② 1920年陈独秀在武汉演说《中国存亡与社会改革的关系》,指出:"当今新旧时代,一般青年实为改造的主体,均有劳动的义务,是又非奋励精神不能得改造的结果,但改造社会尚有一大障碍,即依赖之希望与遗产之恶俗。依赖与遗产均能消杀劳动性能,其影响必及于全部,犹之植物虽植于沃壤者,若其根本略有残缺,则其枝干营养机能必不能助其发育,此种性根务宜锄去,无贫富贵贱之别,良心与观念一致,而后始可言改造也云云。"③ 把旧习俗的改革视为社会改造的基础,可见社会改造者对于旧思想习俗改造的重视。

道德是人们共同生活及其行为的准则与规范,是调整人与人之间以及个人与社会之间的关系原则。五四时期,旧道德主要指以三纲五常为中心的儒家伦理学说。新文化运动主将陈独秀把旧道德归结于忠、孝、贞节三方面,"中国的礼教、纲常、风俗、政治、法律都是由此演绎出来的,中国人的虚伪、利己、缺乏公共心、平等观都是由此助长成功的,中国人分裂的生活、偏枯的现象、一方无理压制一方盲目服从的社会也都是由此教训出来的,中国历史上、现社会上种种悲惨不安的状态也都是由此造成的"④。因此,要改良社会习俗,取代旧的孝道、节烈、男尊女卑和封建迷信等风俗。吴虞反对以礼为准则的等级观念,揭露儒教以礼杀人的本质。

---

① 《端风团宣言》,《端风》第1期,1918年12月12日。中共衡阳市委党史办等编:《湘南学联资料汇编》,衡阳日报印刷厂1990年版,第7页。
② 庞仕:《改造社会上的两件事》,《新虞西》第1卷第1期,1920年。
③ 《陈独秀来鄂后之学界》,《国民新报》1920年2月7日。转引自《五四运动在武汉资料选辑》,武汉大学历史系1979年版,第365页。
④ 陈独秀:《调和论与旧道德》,《新青年》第7卷第1号,1919年12月1日。

在《说孝》一文中指出，封建伦理"孝"道的真谛，是"不要犯上作乱，把中国弄成一个'制造顺民的大工厂'"①。作者猛烈抨击旧礼教和儒家学说，提出以"和"取代孝慈，建立没有尊卑观念却有互助责任的新型的平等的亲子关系。②

家族制度被认为是专制主义的根据，不适于民主共和的时代需要，因此也是当时重点批判和改造的对象。五四新文化运动主将吴虞指出："吾国终颠顿于宗法社会之中而不能前进，推原其故，实家族制度为之梗也。而儒家以孝弟（悌）二字为二千年来专制政治、家族制度联结之根干，贯澈始终而不可动摇。使宗法社会牵制军国社会，不克完全发达，其流毒诚不减于洪水猛兽矣。"③家族制度是和封建专制是紧密联系的，均以孝为中心，吴虞"详考孔子之学说，既认孝为百行之本，故其立教，莫不以孝为起点"。居处不庄、事君不忠、莅官不敬、朋友无信、战阵无勇，皆非孝也。"凡人未仕在家，则以事亲为孝；出仕在朝，则以事君为孝。能事亲、事君，乃可谓之为能立身，然后可以扬名于世。"④他认为，中国要得到真正的共和，就必须除去君主专制与家族制度，而儒家伦理学说、社会组织上的家族制度，和政治上的君主专制制度联系在一起，必须加以批判。正如李大钊所指出，社会上种种解放的运动是打破大家族制度的运动，是打破父权（家长）专制的运动，是打破夫权（家长）专制的运动，也就是推翻孔子的孝父主义、顺夫主义、贱女主义的运动。⑤

家庭是社会的基本组织，旧家庭是社会罪恶现象的集中体现，于是产生了家庭改革的问题。宋介归纳社会腐败的表现，在于家庭未养成子女劳动的习惯，致使社会上平添许多乞丐、流氓、盗贼和娼妓；在于家庭养成了个人经济上的依赖性，家庭的管理不善，家庭的教育不善，家庭中宗教色彩浓厚，家庭对娱乐、美化太不讲究，等等。⑥傅斯年攻击中国家庭摧残个性，是破坏"个性"的最大势力，所以是"万恶之原"⑦。左舜生批评中国家庭对于子女教育的根本错误，体现在："养儿靠老，积谷防饥"

---

① 吴虞：《说孝》，《星期日》"社会问题号"第 1 张，1920 年 1 月 4 日。
② 参见严昌洪《中国近代社会风俗史》，浙江人民出版社 1992 年版，第 292—295 页。
③ 吴虞：《家族制度为专制主义之根据论》，《新青年》第 2 卷第 6 号，1917 年 2 月 1 日。
④ 吴虞：《家族制度为专制主义之根据论》，《新青年》第 2 卷第 6 号，1917 年 2 月 1 日。
⑤ 李大钊：《由经济上解释中国近代思想变动的原因》，《新青年》第 7 卷第 2 号，1920 年 1 月 1 日。
⑥ 宋介：《家庭与社会》，《曙光》第 1 卷第 3 号，1920 年 1 月。
⑦ 孟真：《万恶之源》，《新潮》第 1 卷第 1 号，1919 年 1 月 1 日。

父母心理的错误,抹杀子女人格的错误,歧视女子、重男轻女的错误。①总之,旧家庭制度存在种种罪恶,是万恶之源,非打破不可。当时人已指出,中国人大多数都是为家庭牺牲的,他们毕生的目的不外谋家庭的衣食,成为一些"好汉",所以他们的生活是一种无意识的奴隶的、不道德的生活。所以,中国人的思想不刷新,不但是家庭制度永无改革的希望,就是一切社会制度的改造也无从进行。②于是,把改造家庭与改造思想联系起来,改造思想成为家庭改造、制度改造乃至社会改造的基础。

各种改造家庭的办法归纳如下:一是提倡生活独立。生活独立是新家庭的根本问题,也是造成新思想、新道德、新伦理、新生命、新社会、新国民的根本问题。③王光祈提出改革旧家庭的方法为组织女子周刊和女子互助社,前者是一种家庭革命的实际运动,由有觉悟的女子出来组织一种报纸,一方面引起社会同情,另一方面使女子内部互相通声息。后者是解决脱离旧家庭的青年男女的生存问题,既可以维持生活,又可以免掉社会上的欺诈。两种方法都是"向旧社会开展总攻击"④。这实际上就是北京工读互助团的雏形。二是改造大家庭为小家庭。中国的大家庭制度或十数人为一家,或数十人为一家;兄弟同居,婆媳共爨;一人生产,全家消费;生产之不足,或贪赃枉法,或大力盘剥,直接有损于人,间接则使其子弟流为无职业之游民。且群居无事,无恶不作,或博弈以赌胜,或淫靡以伤生,而青年之精神耗尽矣,家财荡尽矣,或流而为盗贼,或沉沦以身死,进而影响于国之贫、弱、乱。这种大家庭制必须改造,将大家庭改为小家庭的好处有四:(1)男女自由结婚,可无早婚之害,少离婚之事,不致有内怨外旷之现象。(2)小家庭人少,不致常生口角。(3)小家庭人少,亦甚易于卫生。(4)对于财产,可勿拘泥于遗子之旧式继承法。⑤三是"改造人种"。中国人口不是病在数多,是病在质坏,"若将优生学之原理适用起来,使中国人之质变优,将见中国之昌大,转赖人口之众多"⑥。用遗传学解释,"现在社会上受那恶性的遗传深而又深,所以改造人种是改造社会的先决问题"⑦。

---

① 左学训:《中国家庭对于子女教育的根本错误》,《少年中国》第1卷第1期,1919年7月15日。
② 慎庐:《改造家庭与改造思想》,《湘江评论》第4号,1919年8月4日。
③ 张厚载:《生活独立》,《新潮》第1卷第4号,1919年4月1日。
④ 王光祈:《改革旧家庭的方法》,《晨报》1919年12月2日。
⑤ 宁楚禅:《国制改造与家制改造》,长沙《大公报》1923年2月22—24日。
⑥ 宋介:《两性与社会》,《曙光》第1卷第5号,1920年3月。
⑦ 晴霓:《如是我闻五则》,《曙光》第1卷第1号,1919年11月1日。

此外，有人提出，要参照西方社会主义者的办法解决中国家庭问题。当时，西方的经济势力正迫使中国的社会经济组织慢慢改变，新思想的提倡使青年人都觉得家庭是黑暗专制到极点，因而亟待脱离或反抗。脱离和反抗都不是正当无危险的办法。要免去这种危险，更欲除去家庭专制的黑暗，只有改变家庭制度这一办法。中国家庭制度的特点，可以归纳如下：（1）父母对于子女的关系远非西洋家庭可比；（2）父慈子孝、兄爱弟悌的对等伦理观念是中国家庭生活的擎天柱；（3）因为社会工业幼稚，妇女自谋生活能力之薄弱，家庭反觉得是人人所必需的。所以家庭改制的重点在妇女的解放、儿女的良善教养、私产继承法的废除三方面。"社会主义者对于家庭的话，远之如恩格尔的家庭的起源论，近之如伯伯尔的社会主义下的妇人论，在理想方面、在事实方面是很不错的。所以我是主张照社会主义者提出的解决法去解决中国的家庭问题。"① 作者认为，只有社会的根本改造，才能根本解决家庭问题。其实，家庭只是社会问题的一个方面，不是根本的问题。这种改造家庭的探索，揭露和批评了传统家庭存在的许多弊端，并归诸不合理的社会制度，从而坚定了家庭改革与社会改造的方向。

更重要的是，社会改造从口号、舆论变为社会实践，发展为一种社会改造运动。当时许多人高唱特唱新文化运动，却不注意实行，时人毫不客气地批评说："专是纸上谈兵，不问实际，于新文化运动，不但没有丝毫益处，并且很足以为阻碍。"②《新社会》提出，社会改造运动不应该专注意举办几个杂志的文字宣传，和只拘于知识阶级一隅，而应该"去学那俄罗斯的青年男女的'去与农民为伍'的精神，去教育他们、指导他们，把他们的思想更改，迷梦惊醒，同时并把他们的生活改造"③。甚至提出，学生的根本运动就是"社会服务"，就是"下层的大多数的新文化运动"，"灌输新思想给一般社会"，"就是使一般的社会有知识，明事理，有觉悟，有奋斗的精神，能够起来与你们协力合作"。因此号召同学们到田间和工厂里去，"我们的希望在将来，在农工的身上"④。这表明，五四以后，进步知识分子开始面向劳动群众，走向民间，与工农为伍。

社会改造运动推动了社会思想观念的改进和发展。吴康在《从思想改造到社会改造》中总结说："近两年来，我们中国谈改造的事业，可算是

---

① 爱萍：《改革家庭制度的意见》，长沙《大公报》1923年5月24日—6月2日。
② 黄道：《阻碍新文化运动的是谁?》，《新江西》第1卷第2号，1922年3月1日。
③ 郑振铎：《再论我们今后的社会改造运动》，《新社会》第9号，1920年2月21日。
④ 郑振铎：《学生的根本上的运动》，《新社会》第12号，1920年2月1日。

热闹极了。平日所谓新文化运动潮流中的期刊杂志,大日报,小日报,甚至丛书专著,论其数目,何止数千?其间性质派别,虽有多少不同,如有偏于文学的,思想的,有偏于科学的,有偏于各种社会问题,社会主义的……然而他们的目的,总朝着这一个共同的方向走——求破坏旧的,建设新的;换句话说,就是改造现在固有的社会。"[1] 社会习俗的变迁是随着社会性质的转变和社会发展而变化的,也需要社会的组织者加以因势利导,破除那些落后的陈规陋习,创立新风美俗,而这正是五四时期社会改造的重要目标。

第二节 社会改造思潮对社会运动的影响

社会改造从最初"改造社会""建立新社会"的口号,发展为一种纷繁复杂的社会思潮,并且导引出一场规模宏大的社会改造运动,最后汇入轰轰烈烈的国民革命潮流,对于中国社会变革产生了重要影响。

一 推动社会问题的研究和解决

中国现社会黑暗腐败,社会问题丛生,社会改造问题也应运而生。胡适在《新思潮的意义》谈到为什么要研究问题:"因为我们的社会现在正当根本动摇的时候,有许多风俗制度,向来不发生问题的,现在因为不能适应时势的需要,不能使人满意,都渐渐的变成困难的问题,不能不澈底研究,不能不考问旧日的解决法是否错误;如果错了,错在什么地方;错误寻出了,可有什么更好的解决方法;有什么方法可以适应现时的要求。"[2] 问题既已发生,就要研究如何解决法。胡适在该文中,列举了从人力车夫的生计问题到大总统的权限问题,从卖淫问题到卖官卖国问题,从解散安福部问题到加入国际联盟问题,从女子解放问题到男子解放问题等,都是需要赶紧解决的社会问题。毛泽东在长沙成立"问题研究会",目的就是要弄清楚社会和人生面临的"所必需"或者"未得适当之解决"而影响社会进步的各种"事"和"理"。他在《问题研究会章程》中提出,当时中国需要研究 71 项大大小小共 144 个问题,涉及政治、经济、

---

[1] 吴康:《从思想改造到社会改造》,《新潮》第 3 卷第 1 号,1921 年 10 月 1 日。
[2] 胡适:《新思潮的意义》,《新青年》第 7 卷第 1 号,1919 年 12 月 1 日。

文化、教育、外交、社会、国防等方面。① 可见当时社会问题多多，已引起有识之士的关注。

各种社会问题的研究和讨论，成为解决问题的起点。五四时期，社会改造主要从政治改造、思想改造、教育改造、经济改造等入手，解决中国社会的种种问题，同时也促进了社会各该领域的改造和发展，助益中国社会的变革，推动社会改造运动。正如瞿秋白所提出，因为要进行改革，从文化运动直到社会运动，中间一定要经过的就是一种群众运动。要想使社会改革运动成功，必须把群众运动和社会运动结合起来，彻底推翻旧制度，打破旧习惯，并且要创立新的信仰新的人生观，用新的信仰和新的人生观去创造新的生活。② 可见，文化运动是社会改造的手段，也是社会改造的内容，在一定意义上也是社会改造的目的。社会改造的目标，就是用新思想取代旧思想，用新文化取代旧文化。在这一点上，社会改造运动与新文化运动实现了有机的统一。

二 推动教育改造运动

教育是"立国根本"，也是社会进化的根本法则。"教育者，使个人陶镕于社会自觉力之方法也。本此社会之自觉，以支配个人之动作，则社会改造之唯一法门也。"③ 教育之所以成为社会改造的重要方法和手段之一，是因为教育与社会的关系密切。《教育与社会》一文分析指出："社会文化之保存及继续，非恃教育不为功；社会制度之发达及改进，以日臻于善，非恃教育不为功。故教育的经营，实为社会经营之一部。吾人所望于教育者，将借教育之力，以完成教化之事业，而促社会之进步也。……今人社会之进步，有意识之进步也。社会进步之有意识者，莫过于教育。"④ 进而言之，教育是提高人的思想道德意识的手段，是创造新社会的基础。

在社会改造者看来，教育是不可迎合旧社会的，而应当趋向新社会。几千年来中国教育的错误，在无政府主义者看来，就是"有用的分子都没有受过教育，受过教育的都是无用的人"。要挽救这种弊病，只有使有用的人都来受教育，同时受过教育的都要来学做有用的人。前者是"工而学"，后者是"学而工"，均非彻底的办法，彻底的办法"是要使教育就是学做工——学做有用的人"。凡是受过教育的，都是有用的，这是工学

---

① 中共中央文献研究室等编：《毛泽东早期文稿》，湖南人民出版社2008年版，第362—367页。
② 瞿秋白：《社会运动的牺牲者》，《新社会》第8号，1920年1月11日。
③ 郑宗海译：《杜威氏之教育主义》，《新教育》第1卷第2期，1919年3月。
④ 朱进：《教育与社会》，《新教育》第1卷第3期"杜威号"，1919年4月。

合一的办法。"work and study 的学校是根据于这个理想组织的,我们应当着实提倡。"①社会改造论者强调从平民改造入手,用平民教育的手段来觉醒民众,发挥工农群众改造社会的力量。

工学主义其实也是一种教育改造的方法,通过以工兼学、勤工俭学、工学结合、工学并进,以求消除体脑差别,推动和影响青年学生去参加社会劳动。提倡职业教育的黄炎培指出:"劳工神圣,是吾人良心的主张。吾人对于可怜的工人,须尽力设法给他相当(的)知识和待遇,须根本救助他,使他彻底觉悟。"②王光祈在《学生与劳动》中提出对新潮流的见解:"与其灌输各种主义,不如提倡劳动教育,因主义是容易灌输的,教育不是一时办得到的。与其提倡劳动革命,不如鼓吹一般人工作,因革命是容易激动的,工作是需相当时间才能养成习惯的;与其鼓吹一般人工作,不如自己首先实行工作,因徒讬空谈是无实效的,身体力行是感人最深的;与其在劳动界以外高声大呼,不如加入劳动界中实行改革。""我的前程是终身工作,终身读书,草草劳人,无可告慰。"③在"劳工神圣"思想的影响下,研究工学主义,开展工读新生活试验,蔚然成风。当时在国内影响最大的当是北京工读互助团。作为主要发起人和筹备者的王光祈指出:"我们天天在文字上鼓吹改革社会,从未有改革社会的实际运动。这种互助组织,便是我们实际运动的起点。"按照他的设想,这种组织的范围越小越好,组织的团体愈多愈有希望。必要时,实行"小团体大联合"的计划。团员随便到什么地方,皆有工可做,有书可读。这样,就可以建立一个以工读互助团为社会基础的,实行"共产主义"理想的自工自读的新社会。④受北京工读互助团的影响,上海、武汉、长沙等地成立工读互助团组织,许多地方也酝酿或成立了类似组织。此外,一些纯粹的工读主义者,把工读单纯看作是解决青年失学问题的好方法,对于当时教育改进也有积极的意义。

勤工俭学运动也是一种新式教育运动,主要是从通过做工来维持学业,发展到以俭学与勤工相结合,探索个人改造与社会改造相结合的路径。1919年至1920年形成高潮的留法勤工俭学运动,既是留学教育运动,也是社会运动,已如前述。关于留法勤工俭学运动对于中国社会改造的影

---

① 愚:《教育的错误》,《平民教育》第9号,1919年12月6日。
② 黄炎培:《"五四"纪念日敬告青年》,《申报》1920年5月4日。
③ 若愚:《学生与劳动》,《晨报》1919年2月28日。
④ 参见李永春《〈少年中国〉与五四时期社会思潮》,湖南人民出版社2005年版,第177—178页。

响，留法学生王若飞说道："从我们自己来说，我们应当寻找较好的行动方法。过些时候，当我们树立了信念和找到了一种行动方法的时候，我们就容易实现中国的改造了。"这种学习西欧来改造中国的想法，在当时视为大胆。国内报刊发表评论说："他们的思想中充满了革命的、共产主义的或布尔什维主义的原则，要把这些原则应用到中国，并且改变他们自己国家的面貌。""他们将回到中国来发动阶级斗争，并且向人民传播布尔什维主义关于分配财产的学说。"因此，"从这样的观点到在本国采取社会行动，相距只有一步之远了"[①]。

国家主义教育思潮兴起于20世纪20年代初，主张以教育为国家的工具，教育是国家的任务。其主旨在于以国家为中心，反对社会革命，通过加强国家观念的教育来实现国家的统一与独立。1923年，曾琦、李璜等在法国成立"国家主义青年团"，余家菊和李璜合著《国家主义的教育》，标志着国家主义教育思想的重振。由此引发了一种颇具声势的国家主义教育运动。[②]

在社会改造思潮的影响下，平民教育运动得到进一步发展。邓中夏等人发起组织"平民教育讲演团"，举办长辛店劳动补习学校等，开展平民教育。许多资产阶级和小资产阶级知识分子受杜威民主主义教育思想的影响，把平民教育视为救国和改良社会的主要手段，于是有北京高师师生于1919年组织平民教育社；朱其慧、陶行知、晏阳初于1923年组织成立了中华平民教育促进总会，推动和试验平民教育。与此相类，职业教育也逐步开展起来。职业教育受清末民初的实利主义和实用主义教育思想的影响，是民初以来资本主义经济发展的产物。1917年，黄炎培发起组织中华职业教育社，是中国近代第一个研究倡导试验和推选职业教育的专门机构，从理论上探讨，同时在实践中推进职业教育。受杜威的"教育即生活、学校即社会"等教育思想的影响，中国教育和实业界出现了改革传统教育、通过职业教育改良社会的要求，给当时的教育改革带来积极的影响。

总之，这些教育改革思想和运动，批判中国的封建旧教育或传统教育，主张实施包含科学、崇尚自然、注重启发、发展个性的新教育，使教育观念、教育内容与教学方法都发生一定的变化，对于新教育的发展起了

[①] 转引自马连儒、袁钟秀《王若飞传》，贵州人民出版社1984年版，第30页。
[②] 参见李永春《〈少年中国〉与五四时期社会思潮研究》，湖南人民出版社2005年版，第437—449页。

重要的推动作用。

三 促进群众运动的发展

群众运动指有广大群众参加的政治运动或社会运动,是群众合法宣泄不满情绪和表达意见的一种方式。因此,群众运动是促进社会进化的伟大势力,是社会改造的总方法之一。[1]

自俄国革命发生后,群众运动成了世界革命的新潮流[2],对中国社会改造也产生了重要影响。如《群众运动的母——五四运动》一文所说,自五四以来,"大西洋的新潮流,一天一天的由太平洋流到中国来,在东洋文化史上,开了一个新纪元,什么平民主义,社会主义……学说,都印入吾人的脑子里;吾人于此亦恍然大悟,晓得阶级制度,是不可存留的,资本观念,是不可久恃的,将从前鄙陋的思想,去了大半,这不是中国社会进化的一大好现象吗"[3]。所以群众运动成为社会改造的一种重要手段。傅斯年从自己的亲身经历中感受到:五四运动过后,中国的社会趋向改变了。有觉悟的添了许多,就是那些不管自己觉悟的,也被这几声霹雷吓得清醒。"近两年里,为着昏乱政治的反响,种下了一个根本大改造的萌芽。现在仿佛像前清末年,革命运动、立宪运动的时代一个样,酝酿些时,中国或又有一种的平民运动。"[4] 这种平民运动就是群众运动,是"根本大改造"的方式。杨亦曾指出:"群众运动是中国社会改造的动机。中国的人民对于现在的社会和政府有种种的不满意,然后生出群众运动的反动来。这些运动是中国人民自动的觉悟。"[5] 可见,群众运动也成为社会改造的重要方法,是思想文化运动转向社会运动的桥梁。[6]

群众运动如何改造社会?杨亦曾著文指出:"从世界进化的历史可知,生存竞争与合群互助是宇宙中动物两种最大的势力,所以由此看来,世界上的社会,自古至今,不外一部群众运动的历史。群众运动是一种最强悍的生存竞争;群众运动打破少数强权的势力,造出多数互助的势力;打破不平等的势力,造出平等的势力。""近年来中国青年始有一种觉悟,知道

---

[1] 杨亦曾:《群众运动与中国之社会改造》,《新群》第 1 卷第 3 期,1920 年 1 月。
[2] 参见李大钊《布尔什维主义的胜利》,《新青年》第 5 卷第 5 号,1918 年 11 月 15 日。
[3] 隐渔:《群众运动的母——五四运动》,《杭州学生联合会报》第 31 号《"五四"号增刊》,1920 年 5 月 2 日。转引自《五四时期期刊介绍》第二集,生活·读书·新知三联书店 1979 年版,第 447—448 页。
[4] 傅斯年:《〈新潮〉之回顾与前瞻》,《新潮》第 2 卷第 1 号,1919 年 10 月 30 日。
[5] 杨亦曾:《群众运动与中国之社会改造》,《新群》第 1 卷第 3 期,1920 年 1 月。
[6] 参见瞿秋白《社会运动的牺牲者》,《新社会》第 8 期,1920 年 1 月 11 日。

要挽救国家，非群众运动不可。中国要想将来改造社会，非劳动阶级全体有觉悟，全体一直加入群众运动不可。所以我希望现在劳动阶级快快的发生猛醒的觉悟，联合一致起来，驱除社会的狐群狗党，打破黑暗的势力，造出一个新社会来。所以我们第一要事，在提倡平民教育，增高他们的知识，使他们有自觉的能力，有组织的能力，以从事于群众运动。""总之，我们惟一的目的在求总解决，决不可作零细的解决。我们现在最好一步一步的准备，从事于将来群众大联合的运动，对于社会政治问题，作根本上的解决。"①把中国社会改造归诸劳动界有组织的群众运动，还是不无道理的。正如《民国日报》主编叶楚伧所指出："因为个人的运动，是不能代表一般社会的。群众的行动，是表示人民思想趋向的、能力分量的、知识程度的。这三种表示，不但是国家组织的原则，并且是人类存在的命根。"②前文已述，毛泽东和新民学会主张"民众的大联合"，来改造中国和世界。少年中国学会坚守不利用旧势力的信条，提出充分利用和开展群众运动。会员恽代英提出："要改造旧社会，我们应得利用一种力量，但是贵族或资本家的力量是不能利用的，因为他们的力量决不肯被人家利用去做有损于他们或有利于平民的事业，而且他们的利益与平民的利益断乎不能两立，所以他们的力量必须被另一种力量克服压倒。同样，武人的力量也是不能轻易利用的。""我们只有利用群众的力量来抵抗而压服贵族资本家乃至武人的力量。我们必须利用群众集合的力量，为此我们要加倍的努力，赶快的打破全经济制度啊！从此以后把不倚赖旧势力以建设事业的觉悟推广到各种职业上去。从此以后，我们无论就何种职业，总要利用机会为全部改造的运动——那便是说要为 Revolution 的运动，不要为 Reform 的运动。"③他认为，群众运动是彻底改造社会的运动，而不是改良运动。

五四运动是中国近代史上第一次真正的群众运动，被誉为中国的"群众运动的母"④，对中国社会改造起了重要的推动作用。1919 年 12 月，《新青年》公开宣言："我们主张的是民众运动的社会改造。"⑤ 这表明以人民群众为社会改造的力量，以群众运动为改造社会的手段。在五四运动

---

① 杨亦曾：《群众运动与中国之社会改造》，《新群》第 1 卷第 3 期，1920 年 1 月。
② 楚伧：《这回的自觉运动》，上海《民国日报》1919 年 6 月 14—16 日、18 日、19 日。
③ 恽代英：《为少年中国学会同人进一解》，《少年中国》第 3 卷第 11 期，1922 年 6 月 1 日。
④ 隐渔：《群众运动的母——五四运动》，《杭州学生联合会报》第 31 号《"五四"号增刊》，1920 年 5 月 2 日。转引自《五四时期期刊介绍》第二集，生活·读书·新知三联书店 1979 年版，第 447 页。
⑤ 《本志宣言》，《新青年》第 7 卷第 1 号，1919 年 12 月 1 日。

影响下,学生运动、农民运动、工人运动、妇女运动等群众运动迅速发展起来,成为社会改造的重要推动力。

首先以学生运动为例。从前的学生"纯守一种独善其身的主义",五四运动以后学生与社会产生了交往,"于是同志之联络,平民之讲演,社会各方面之诱掖指导,均为最切要的事。化孤独的生活为共同的生活,实是五四以后学生界的一个新觉悟"①。学生运动是五四时期群众运动的重要表现,可以看作中国群众运动的"开始者"。从五四运动就可以看出,近代的学生运动无不是革命觉醒的表现,是政治革命的表现。青年运动领袖杨贤江在《十年来的中国与学生》总结说,民国八年和九年,那时新潮勃发,青年勇气万倍,敢于做积极的事业,所以,"解放""改造"和"奋斗""牺牲"几个名词很自然地成为一种口头禅。"实际上像那请愿、游行、演讲种种运动,的确出于一种真诚与热心。言论方面所表显的,也具有鼓励的实力。所以学生的得人信仰、学生运动的能够成功,决不是侥幸的,实由真的力量所创造的。"② 充分肯定了学生运动在五四前后的社会影响。

1920年,沈仲九具体分析了一年来的学生运动,指出,过去学生运动的宗旨,有爱国运动、文化运动和教育运动三种。其目的有三。外交方面,以对日问题为主。内政方面,关于全国的,如惩办卖国贼;关于各省的,如驱逐张敬尧、杨以德等。教育方面,如撤销校长、教员等。学生运动的手段,有罢课、游行、演讲、分送传单、通电、开国民大会、请愿、抵制日货、劝告工商界罢市和罢工。学生运动最普遍的标语,除"爱国运动""文化运动"以外,最有力的就是"奋斗""牺牲"四个字。在学生自身,激发自觉心,养成团结力,能以奋斗牺牲的精神,破坏旧思想、旧习惯、旧制度,想努力造成新生活;在政府方面,虽然以高压对待人民,但其威信已经逐渐丧失,他们很觉民气的可畏;在社会方面,于民族以外,晓得还有国家。以上种种,与社会的进化很有关系。文章提出学生运动以后进行的方针:"要以人道主义为宗旨,要以改造全部社会为目的;要以宣传和破坏为人工方法,要联合被掠夺阶级,驱逐掠夺阶级;要以猛烈的奋斗;要有不绝的牺牲;要以失败造成功;勿要拘于对日问题、外交问题、爱国运动;勿要只注重于推倒现在的卖国政府而不顾到政治组织的根本改造。"③

---

① 蔡子民:《对于学生的希望》,长沙《大公报》1920年10月31日。
② 《十年来的中国与学生》,《学生杂志》第10卷第1号,1923年1月5日。
③ 仲九:《学生运动的过去和将来》,《星期评论》第46号,1920年4月18日。

胡适和蒋梦麟在五四运动周年纪念日联名发表《我们对于学生的希望》，总结了五四运动的成效：一是加强了学生主动负责的精神，二是激发了学生对国家命运的关注，三是丰富了学生团体生活的经验，四是培养了学生作文演说的能力、组织的能力、办事的能力，五是提高了学生追求知识的欲望。同时鼓励学生担起社会改造的责任，指出学生运动也助长了依赖群众的懦夫心理，可能养成盲目从众的行为模式。最后强调，五四运动"是青年一种活动力的表现，是一种好现象"，"干涉纠正的责任，遂落在一般未成年的男女学生的肩膀上"。文章提醒教育当局不要梦想压制学生运动，而是引导学生向着有益的路上去。①

五四运动发生后，学生干预政治愈演愈烈，遭到政府当局严禁。1919年5月8日大总统令指出："学校之设，所以培养人材，为国家异日之用，在校各生，方是青年，质性未定，自当专心学业，岂宜干涉政治，扰及公安。"② 政府严厉镇压学生反日运动："惟是爱国之道，应以择术为先，既以拯救祖国为前提，应有恪守范围之表示；若夫徒尚意气，激生事端，招友邦之责言，贻国家以巨患，是其志愿本欲爱国，而其行动造成祸国之媒，当非莘莘学子所忍出此。"③ 此外，政府也采取笼络青年的措施。政府当局承认："年来国内用其民苦失业，共产之说，易耸听闻，况滋流质不定之青年，适当狂热沸腾之时会，百不当意，遂走极端，恶常好奇，若饮狂药，动摇社会，戕贼人才，兹事所关，实非小故。目前救济方法，严行制止，谁曰不宜；然防口防川，壅则必溃，根本解决，首在设法疏通。"以此笼络青年，抑制学运。④ 政府当局的这种态度表明，政府认为学生及学生运动必须在政府引导下改造社会或推动社会改造，以学生运动的方式改造社会是有一定限度的。

关于学生运动与社会改造的关系，社会舆论的态度与政府方面迥然不同。《星期评论》发表的《学潮与革命》指出，一个时代的革命，是以革命的要求做前驱。革命的要求则以思想的革命为表现。所以，无论在哪一国哪一个时代，"一个大革命出现之先，一定有一个新旧思想战的时

---

① 蒋梦麟、胡适：《我们对于学生的希望》，《晨报》1920年5月4日。
② 中国第二历史档案馆编：《中华民国史档案资料汇编》第三辑（民众运动），江苏古籍出版社1991年版，第339页。
③ 中国第二历史档案馆编：《中华民国史档案资料汇编》第三辑（民众运动），江苏古籍出版社1991年版，第343页。
④ 中国第二历史档案馆编：《中华民国史档案资料汇编》第三辑（民众运动），江苏古籍出版社1991年版，第344页。

代。……革命的要求从何处发生的？是从社会生活的缺陷发生的，社会的生活有缺陷，就有革命的要求发生。反革命的势力越大，革命的潮流澎湃急切，对于新思想的摧残压制越凶，反动的抵抗力越大。所以，凡是一切摧残压制的手段只是能刺激人的革命性，养成人的革命力，并不会把新思想的进行阻止得半点。不用说，在这当中一定要生出许多的牺牲者来，但是这些牺牲者都可成为养成将来革命的肥料，一丝一毫也不会有损失的"。"全国的青年呵！你们不要以为京津学生的努力和牺牲，只是京津教职员学生的关系。你们要认清楚这是全国社会改造的先声，这是全国青年参加社会改造运动的先驱。你们且看那阴险残毒的旧势力的蹂躏，渐渐的从京津发舒到全国，加到全国青年学生的头上来了。""青年呵！恶劣的政府、专横的武人、腐败的官吏、迂朽的学究所形成的反革命的势力，那是阻止我们青年向上生机和社会革新机运的恶魔，同时就是防（妨）害全世界民众联合和一致的障壁！驱逐恶魔，撤废障壁，这就是我们中国青年唯一任务！"① 文章肯定学生运动是"全国社会改造的先声"，学生是"社会改造运动的先驱"，也提出了社会改造对学生运动的要求，指明学生运动改造社会的发展方向。

事实上，五四以后学生运动在政党组织的领导下开展起来，对于社会改造产生了更大的影响。青年运动领袖恽代英公开提出："为社会计，我们应当尊重学生的社会活动，应当引导学生的社会活动向最有利于改造社会的一方面走。""我们可以说，学生的活动是改造社会的先锋队，他们联合的活动是改造社会的生力军。"② 五四以后，学生认识到工人阶级的伟大力量，学生运动与工农运动相结合，造就了轰轰烈烈的群众运动，成为民主革命的重要力量。

其次以妇女解放为例。妇女运动是妇女为在政治、经济、文化等方面与男子的权利平等而进行的群众性的活动。妇女解放的程度是衡量人类解放和社会进步的尺度，妇女解放也是新社会的重要表现。正如向警予在《女子解放与改造的商榷》中所指出，妇女解放成了新思潮中的一个重要问题，也是社会改造中的一个根本问题，所以国内外凡带有新的精神和色彩的出版物，无不注意研究这个问题。③ 时人谋求各种妇女解放的方法。一是主张实行"儿童公育"，甚至把"儿童公育"视为根本解决妇女劳动

---

① 季陶：《学潮与革命》，《星期评论》第39号，1920年2月29日。
② 恽代英：《学生的社会活动》，《学生杂志》第10卷第2期，1923年2月5日。
③ 向警予：《女子解放与改造的商榷》，《少年中国》第2卷第2期，1920年8月15日。

问题的关键。"如果说制定一种法律，规定最高的劳动时间、最低的劳金和待遇的情形，妇女加入工业种类的限制，夜工的禁止等等，作为暂时救济的方法；那么，打破家庭制度，实行儿童公育，则是根本解放妇女的方法"①。有人提出推翻资本主义制度是妇女彻底解放的治本方法。但要推翻资本主义制度，必须使妇女先摆脱子女的牵累，才能致力于争取自身解放的活动。而要摆脱子女的牵累，唯一的办法还是实行儿童公育。② 这显然把儿童公育和推翻资本主义制度的关系本末倒置了。二是实行经济独立，这是妇女解放的先决条件之一。有谓："妇女如果经济方面能够自谋生活独立，即使做各样事业，都可以达到的。但想达到经济独立底地步，非谋职业上底生活不可，所以对于职业底发展是一件很要紧的问题。"妇女要谋适当的组织，来维持她们的生活。这个组织当以实行工读互助团办法为最适宜，一面做工来训练自己独立生活的能力；一面自由读书，多得些知识和学问。③ 她提倡把工读互助团作为妇女试验团体生活进而实现经济独立的重要手段。三是进行社会革命。有人比较了劳动妇女与劳工所受的剥削和压迫程度，指出，劳工所受的痛苦，无非是资本家的虐待，因而成了劳动问题。妇女所受的痛苦，就是男子的虐待，因而成了妇女问题。男子劳动者不过受一层的痛苦，妇女劳动者却要受两层的痛苦。因此要解除劳动者特别是妇女劳动者的痛苦，只有进行社会革命。"要彻底的解决，非推翻资本制度不可。"④ 四是必须先改造社会，才能解放妇女。总的说来，妇女解放先要谋经济独立，而经济独立的先决条件是在全国各地普遍建立女子工读互助团，把女子工读互助团作为改造社会、造福人类的最好的工具。

归纳各种解决办法和途径，不外乎点滴改良和根本改造两种道路，这也正是无产阶级妇女运动和资产阶级妇女运动的根本分歧点。⑤

妇女解放也是五四时期民主运动的一个重要内容，涉及男女平等、反对包办婚姻、要求大学开女禁、社交公开、恋爱自由等社会问题，这些都是社会改造的对象。沈雁冰认为："妇女解放的声浪振（震）得无人不知，

---

① 友琴：《儿童公育与妇女劳动》，《妇女评论》第1卷第2期，1920年5月16日。
② 绍虞：《妇人劳动与婴儿的关系》，《妇女评论》第1卷第2期，1920年5月16日。
③ 莲枝：《妇女解放的先决问题——要谋"经济独立"》，《妇女评论》第2卷第1期，1920年9月1日。
④ 枕薪：《妇女劳动问题漫谈》，《双周评论》第2期，1921年5月29日。转引自《五四时期期刊介绍》第二集，生活·读书·新知三联书店1979年版，第425—426页。
⑤ 中共中央马克思、恩格斯、列宁、斯大林著作编译局研究室编：《五四时期期刊介绍》第二集，生活·读书·新知三联书店1979年版，第214页。

新生的杂志也一时出了五六种；在文化运动中实在热闹已极了！照这样看去，中国妇女不消几年，便可以赶上人家的道子，一同向着光明走！这岂不是最可喜的事么？"①

有评论说，现在的妇女问题绝不是一个单独可以解决的问题。妇女问题首先要从经济组织上去解决，只有解决经济组织的问题才可解决妇女问题。其次是"完全要和现有的伦理、现有的道德及我们从前所受过的偶像教育发生冲突，如果不能破坏旧伦理、旧道德及排除我们脑子里前时所受过的偶像教育，终是不能解决我们底问题"②。由此表明了他们彻底解决妇女问题的坚决态度。《怎样去解决妇女问题》提出，要站在无产阶级的地位，找出一个根本的解决方法，就是废止中国现有的私有制度。③ 共产主义者陈独秀强调，社会主义是解决妇女问题的唯一的方针。④ 李汉俊则认为，一切劳动者和女子要解脱被奴役、被支配的地位，只有打破现在一部分人能够掠夺生产劳动者剩余价值的制度。与其说女子问题应当以经济问题为最重要，不如说女子问题以解决劳动问题为先决问题更为妥当。女子问题与劳动问题实际上是一个问题，是同时解决的问题。劳动问题解决了，一切男女问题才有解决的希望。⑤ 这可以说找到了解决妇女问题的关键。

总之，马克思主义者提出根本改造社会制度，才能彻底解放妇女，实现男女平等。这是科学的结论，也是社会改造的重要任务。

从学生运动、妇女解放运动可以看出，群众运动在社会改造中产生了重要影响。如何深入开展群众运动，引起社会改造者的注意和研究。罗家伦分析指出，真正的群众运动是有目的、有组织、有领袖，而且持续不断地进行的一种群众行动。但是，五四运动的失败就已表明，群众运动不过是各种运动之一，而不是唯一。而且，做群众运动必定要知道群众心理，在中国做群众运动，尤不能不知道群众的心理。具体说来，一要注意群众是有惰性的，二是群众运动的题目要简单，最好题目本身就有自己的解释，既简单又不费解释，又容易推行。三是发动群众运动，必定要一种极

---

① 沈雁冰：《我们该怎样预备了去谈妇女解放问题》，《妇女杂志》第 6 卷第 3 号，1920 年 3 月 1 日。
② 毓本：《我底妇女问题观》，《妇女声》第 10 期，1922 年 6 月 20 日。
③ 王会悟：《怎样去解决妇女问题》，上海《民国日报》副刊《妇女评论》第 4 期，1921 年 8 月 24 日。
④ 陈独秀：《妇女问题与社会主义》，《广东群报》1921 年 1 月 31 日。
⑤ 汉俊：《妇女问题底关键》，上海《民国日报》副刊《觉悟》1921 年 7 月 26 日。

大的刺激。这三种要素决定了群众运动的成败。群众运动的好处,就是在大家分开来想不出办法来的时候,合拢来的思想就可以凑成一种办法;分开来不敢做的事情,合拢来的勇气就可以鼓励去做。所以,真正的群众运动是要能合起来做的,并且要能合起来想的。① 罗家伦实际上提出了如何进一步开展群众运动推动社会改造的要求。

综上所述,从学生运动、妇女解放运动到前述地方自治、政党改造、教育改造等,都可见到社会改造思潮对社会运动的深刻影响,社会运动也进一步推动了社会改造思潮和运动的发展。

第三节 社会改造思潮对现实政治的影响

五四时期的社会改造思想以揭露和批判黑暗腐朽的旧社会,建立一个理想的新社会为目标。因此与现社会、现政治有着密切联系,主要表现为对现政府、现社会的激进态度,即社会改造舆论对于政府的改革要求和攻击乃至试图推翻政府以及政府对于社会改造的强烈反应。如何认识政府在社会领域中的地位以及政府在社会改造中的角色,这既是政府当局面对的现实问题,也是社会改造运动中不可回避的问题。当时的北京政府对社会改造思想言论采取了严禁态度,从中折射出社会改造思潮的深刻而且复杂的影响。

一 社会改造舆论对政府的态度

在社会改造的大讨论中,激进改造论者要求推翻腐败政府,彻底改造社会;和平改造论者则大致经历了从干涉政治到要求政府改革社会到推动政府进行改造乃至推翻反动政府的态度变化,从中可见,社会改造思潮的发展越来越趋于激进。

1. 推动和监督政府改造社会

在社会改造过程中,社会问题的解决大都需要借助政治的力量,甚至依赖政府来解决。自由主义者胡适分析了政府在社会改造中的角色问题。他说,一方面,政府应该为社会的正常规范提供基本的前提,比如统一与安定的政治环境;另一方面,政府在社会领域不能过多介入甚至干涉。他

---

① 罗家伦:《一年来我们学生运动底成功失败和将来应取的方针》,《新潮》第 2 卷第 4 期,1920 年 5 月 1 日。

认为，政府应当主动改革社会问题，以顺应民众的要求，保障民众的政治权利；同时接受群众的监督，有效地改造社会。因此，"政府的机关，若用的得当，乃是督促社会进步、打破社会惰性的唯一利器"。胡适设计了一个评判政府好坏的标准：政府是社会用来谋最大多数的最大福利的工具，故凡能尽此职务的是好政府，不能尽此职务的是坏政府，妨碍或摧残社会的公共福利的是恶政府。进而提出革命的原理："政府不良，监督他，修正他；他不受监督，不受修正时，换掉他。一部份的不良，去了这部分；全部不良，拆开了，打倒他，重新改造一个；一切暗杀，反抗，革命，都根据于此。"① 胡适分析了政府与社会改造的关系，同时也提出了社会改造的要求，也说明了革命的政治根源。胡适等人后来提出"好政府主义"主张，就是针对腐败的恶政府，认为目前的军阀政府是坏政府，因此主张改革政治，同恶势力作战，建立了一个"好人内阁"。但是不到三个月，好政府主义和平改良的方法宣告失败。共产主义者批评这种政治主张"不外趁机、改良、无根本不可变的主张，而随机会迁化，不察病原，早晨头疼，早晨医头。晚上脚痒，晚来又来治脚"②。《向导》批评好政府主义说："在一种自己做不得政治主动的情形之下，想以'好人努力'的方法将政治整理向宰制势力利益的反面，这不是呆小子的梦想，便是骗子手的谎话。"③ 文章批评了改良政治的办法，提出了推翻腐败政府，以彻底的政治改造来改造中国的激进主张。

政府当局是在现有制度下解决社会问题的重要凭借，因此，社会改造论者面临是否干涉政治的问题。《南开日刊》发表的《干涉政治》一文，批评了各种团体力避干涉政治之嫌的错误："干涉政治的法子也有几个，有厉害的，有和缓的。厉害的，就是大家起来推翻不顺民意的政府，另组织合民意的政府。和缓的就是逼着政府去顺从民意。你不要怕政府有兵，有武力。政府任他如何强，总是少数，人民任何弱，总是多数。不要怕，只要有干涉政治的决心，不怕政府不顺从民意"。④ 干涉政治，监督和推动政府去实行社会改造，是他们最初的明确的目标。因此有人提出社会改制的问题，就是利用"国家的权力"修改法律："若法律因势利导把障碍新

---

① 曹伯言整理：《胡适日记全集》第3册，台北联经出版事业有限责任公司2004年版，第260—262页。
② R：《胡适等之政治主张与我们》，《少年》第3期，1922年10月。
③ 君宇：《王博士台上生活应给"好人努力"的教训》，《向导》第5期，1922年10月11日。
④ 于鹤年：《干涉政治》，《南开日刊》第36号，1919年7月13日。

制度进行的条文一为修改,则新制度自然可推行无碍的。"社会制度的改革要借助国家的权力,具体说来就是借助法律。此论受到一些人的严厉批评,认为其根本错误是"他不明白这种卑鄙恶劣的社会,都是'私有财产'和专讲'权'和'力'的'国家'所造成的。……法律明明是'阻碍改革'的东西,叫他怎样修改?譬如阻碍改革的'纲常人道',叫他怎样修改?要改革社会,除非把'纲常大权','法律'的生命送掉"①。作者提出了社会改造应首先改革政治的问题,认为要从制度上保障社会改造的有序进行。

在五四运动初期,政府当局镇压学生的爱国运动,学生们还是本着爱国之心,对政府抱有诸多幻想,甚至向政府建言献策。有谓:"政府不能禁外货之来,又不能启人民之爱国心,莫若借学生之助之为得也。若畏日人干涉,而不敢之抗,则一面用柔和手段,晓谕人民,不准排斥日货,一面劝学生积极进行,不数月,则全国人民尽知排斥日货矣。在国际上既不失感情,经济上又受莫大利益。此等外交手腕,吾政府岂无一人能之乎?"② 由此可以看出,当时社会改造运动对政府尚存期望,甚至严重依赖。更有甚者站在执政者的角度,说执政者与学生"均是人也,均是中华人也。吾辈知爱中华,执政者独丧绝天良而不知爱乎?是吾所不敢信,而吾敢信执政者之言必信也。吾不望执政者之惟允吾辈以爱国,而更望执政者之亦能爱国而时以诛国贼雪国耻为己任,而光我洋洋数千年之大中华也"③。

从学生爱国运动与政府的微妙关系可以看出,社会舆论还是希望能够监督政府从事社会改造事业。正如谭平山所说:"今日青年种种的运动,完全出于爱国热诚,可以代表国民的公意,政府正当要利用他做外交的后盾。而且今日青年的运动,并非一种盲目的冲动,实在是受世界之潮流所刺戟所波荡而成。愈演愈进,万无中止的道理。政府诸公苟能因势而利导之,使他循正当的轨道上走去,国家所有生存安宁的希望,全靠在这一点。那政府诸公,见不及此,反逆其道而行之将必见横流冲激,破堰摧堤,演成社会洪水不可挽救的趋势。"④ 他认为,政府要顺应时代潮流改造社会,否则将引起社会革命,祸及政府自身。

最具代表性的是《南开日刊》,集中发表了国民如何对待政府的许多

---

① 陈达材:《社会改制问题》,《新潮》第2卷第1号,1919年10月30日。
② 易世炎:《对于政府对待学生之批评》,《南开日刊》第4号,1919年5月29日。
③ 梦痕:《对于卖国贼免职之批评》,《南开日刊》第11号,1919年6月12日。
④ 平山:《谁是制造社会革命的工人?》,《政衡》第1卷第2号,1920年4月1日。

言论。有谓:"国民是国家主人,政治是国家一切应办的事……国民不特干涉政治没有嫌疑,而并且是极其正当。政府要是干涉,政府就是侵犯国民自由,违背约法。"① 甚至提出:"我国民既有见政府之不足恃而反为累矣,则宜乘此最良之时机,鼓其勇迈无前之气,壮其不挠之志,以组织一实行监督政府之民意机关,以收回我主人资格之权利。举一切腐朽黠诈、卖国害民之新旧官僚扫而空之,另起炉灶,以建树将来民国不拔之基"。② 又谓:"政府的话一点也不能信,只好我们团结起来,用十分力量去监督政府,有一点不满意的地方,立刻就攻击,教他不能用他的手段,这是我所希望的。"③ 有人甚至说:"我盼望无论大小团体都能纯粹代表平民结合成一个真正民意的机关,奋力与罪恶宣战。政府假若有不顺民意的事,……我们当时就可以电告中外,誓不承认这种政府。"④ 上述言论表明,从呼吁人民干涉政治、监督政府,到反对政府,民众对政府改造社会的要求越来越强烈。

  五四运动以后,先进知识分子对中国社会的黑暗和不合理的状况看得更加清楚,对于军阀政府更是仇恨,所以逐步抛弃了在现存制度下推动政府改造社会的幻想,发出了改造政府的呼唤。政府改造也是社会改造的题中应有之义,主要是将恶政府改造为好政府,进而开展政治改造。题为《社会现象之研究与社会改造》的文章,主张社会改造要从研究社会现象入手,反对太依赖政府,因为"国家对于社会改革,立于反抗地位的居多……若常常依赖政府,便没有改革之一日"⑤。作者指出政府与社会改革的对立地位,而且把推翻恶政府与改造旧社会联系起来。《改造政府与社会》的"杂评"明确提出:"不倒恶政府,不能得良政府;不得良政府,则政治永无改良之望,我民永无康乐之时。不破旧社会,不能得新社会;不能得新社会,则污秽龌龊之事物终不离去我耳目,而璀璨庄严之现象乌能环绕我左右。夫倒恶政府,不能望诸恶政府自倒,倒之之责在我民,非异人任焉。破旧社会,不能祈诸旧社会自破,破之责任在我民,亦非异人任矣。我民既负此两大重任,亟当为缜密的计划,定条理的步骤,持坚忍的毅力,抱彻底的主张,以谋所以倒政府,使恶者改为良;破社会,使旧

---

① 于鹤年:《干涉政治》,《南开日刊》第36号,1919年7月13日。
② 梁越蕴:《今后国民的责任》,《南开日刊》第37号,1919年7月14日。
③ 于鹤年:《警告国民》,《南开日刊》第46号,1919年7月25日。
④ 石予:《小人当道我们应当怎么样?》,《南开日刊》第50号,1919年7月30日。
⑤ 宋介:《社会现象之研究与社会改造》,《曙光》第2卷第1号,1920年。

者化为新。"① 此文表明作者在社会改造问题上与恶政府的对立态度，期望建立好政府来改良政治。

资产阶级知识分子提出了省自治和联省自治运动、制宪救国、废督裁兵等政治主张，都是试图通过改造政府从而改良政治，谋求中国的出路。《字林报》发表评论说："北京若一日无开明代表的政府，则枝枝节节的改革，如裁厘等等者，必一日无效。"又说："欲北京有开明代表的政府，必须列强……"在邵力子看来，前者"真是有彻底观察的话"，后者则是否定中国国民有改造政府能力的昏话。在此基础上，邵力子提出了"改造政府"的问题："改造政府，抵制日货，对内对外，都要达到'总解决'目的才好。"他希望多数国民赶快觉悟和下决心②，以国民的力量来改造政府，进而彻底改造中国。

见证了欧美民主政治的留学生，也提出了改造中国政府的要求。以大江会为例，这是留美学生在芝加哥组织的国家主义团体，在对内宗旨中提出："政治革命之第一条件，即在驱除一班老腐愚顽为民害之政治人物，拥戴有智识有才能之政治领袖，根据二十世纪之政治原则，组织适合二十世纪之青年政府。强有力之政府既产生，而后利用政府之力量以求教育之整顿，工商之发展，国防之建设，社会之改善，终而及于帝国侵略主义之撞击。"他们认为："社会改造一端，政府亦应负完全责任。社会改造治本之法，我辈认为应从人口问题着手。鼓励积极的优生，以求优秀分子之增益；提倡消极的节育，以免愚劣分子之充斥，实为目下政府当务之急。其次残废痼疾之养护，低能疯痫之隔离，妾婢娼妓之废除，乞丐游民之处置，烟毒赌博之禁绝，凡属与公共卫生有关之事，亦政府责任攸关也。以上问题不解决，则中国即不能有健全之人民，即不能有健全之社会，即不能有健全之国家。"③ 他们提出政治革命的前提条件是组织强有力的政府，以政府的力量来推动社会改造。从他们对于政府改造社会的要求，可以看出国家主义者的社会改造路径。

可以说，社会舆论期望于政府顺应民情，解决社会问题，甚至主动担负社会改造的责任。《晨报》发表的文章指出："要从根本上着手，就是'不能谁都服从'和'努力铲除障碍'；所以对于现在中华民国的种种政府，都要一一仔细考量；倘若他们里有能使我们满意的，便要援助他；倘

---

① 无用：《改造政府与社会》，《申报》1922年2月2日。
② 力子：《改造政府》，上海《民国日报》1920年3月13日。
③ 侯菊坤整理：《大江会》，载中国社会科学院近代史研究所《近代史资料》第80号，中国社会科学出版社1992年版，第144—168页。

若他们里有不能使我们满意的,便要铲除他;就是全都能使我们满意,我也要没法使他们彼此相安,假若全都不能使我们满意,就要从速努力,另建设一个新政府!"① 作者明确表达了对政府与社会改造的关系的态度。《教育与职业》发表的一篇文章提出:"今世界最怕之事为过激党,但亦有补救之法。原过激党之起,由于一般人缺乏有兴味之恒业。如吾国书生以伊唔咕哔为快乐,决不能起而为过激党。又如木匠,果使终日劳作,引为至乐,亦不能起而为过激党。故人人有业,人人对其所业觉有趣味,过激党自无自而生。职业教育即教人有恒业、对于其业有趣味者也。故断为救济过激党之唯一药石。"② 作者劝告政府要顺应潮流,通过发展职业教育等措施,防止过激党的出现。然而具有讽刺意味的是,政府把这种言论也当作过激之词,予以查禁。社会舆论在失望之余,提出了改造政府甚至另组新政府的要求。

　　题为《非暴动论》的文章将中国衰弱的原因归诸人民只听政府"暴动"而不肯去干反抗政府"暴动"的举动。指出:"现在中国的军阀和卖国贼,不是挟武力来压迫我们吗?学生出去讲演反对直接交涉,固然是拘得拘打得打;二十余团体出来开国民大会反对直接交涉,又是拘得拘打得打。共和国家之下,世界上恐怕没有这样横暴的政府;简直是视卖国为当然,视国民如仇敌。我们人民倘若不是极懦怯无耻的人,为甚么不与他宣战呢?还是情愿束手待毙呢?细看中国人所以不自动的原故,都是看错了暴动这两个字,都是由于受专制毒太深;以为人民反抗政府,不问是非,都是暴动。不知道共和国民对于国家大事,无论是非,都要有所表示;这个表示就是动,这个动不必问其暴与不暴,只要问其动机是善抑是恶。倘若这个动机是善的,是当然的;即使政府看作逾越常轨,亦不得谓之暴。所以中国人不怕他有'暴动',只怕他不动。须知道,生于现在阴气沉沉和穷窟龌龊的中国,想来打破种种的黑暗障碍,非有惊人的举动还能够奏效么?"文章明确指出,"推翻政府"是人民用来改造政治的一种不得已的行为。③ 这显然是鼓吹人民暴动,以暴动为对付政府的手段,建立一个良好的社会。由此可见,社会改造论者对于政府的态度日趋激进。

　　2. 要求推翻反动政府,建立平民政府

　　在五四前后反对军阀的言论中,矛头直接指向军阀政府。《南开日刊》

---

① M. T.:《不统一的责任》,《晨报》1922 年 4 月 30 日。
② 《年会报告:蒋梦麟博士演说》,《教育与职业》第 2 卷第 13 期。转引自《五四时期期刊介绍》第三集,生活·读书·新知三联书店 1979 年版,第 307 页。
③ 仙槎:《非暴动论》,《北京大学学生周刊》第 10 号,1920 年 3 月 7 日。

指出:"最大的民贼是马良与主人——段。我的同胞——你要牺牲——不害怕——起来反抗！我们从何处下手？能从那里下手，就从那里下手。推翻卖国政府亦可，推翻祸国军阀——段祺瑞是罪魁——亦可。就是先弄死马良亦无所不可。我们的目的是消灭他们的势力。我们为什么如此作？因为国家是全体国民的，政府军阀不合民意，就可以不要，这叫国民自决。"① 天津《星火》发表《现在中国学生界应负的责任》一文指出："一国的政府不好，任你国民去如何的力争外交，外交总是不易胜利的；一个政府不好，任你国民去如何的反对军阀、控告官吏，军阀官吏总是不会赶掉的。政府解决了，什么问题都没有；政府不解决，任你去做什么零零碎碎的运动，都是属于无效。"所以，"今后的运动，应该要有一致的目标，便是对恶政府革命"②。文章表达了青年学生推倒恶政府进而改造社会的激进态度。

针对政府当局视合作主义为"过激主义"而非法查禁，合作主义者提出了在中国要不要推翻现在的腐败的政府，建设一个平民的、良善的政府的问题。他们认为，中国国民党的宗旨和党纲与和合作主义相合的，国民党是中国独一无二、最完全、最合于平民心理的政党，所以合作主义者"为要希望有一个平民的良善的政府来扶助我们发展合作运动，当然不能不与中国国民党合作了"。并且提出："我们和中国国民党合作，先来把现在中国政治舞台上一般帝国主义者、资本家和军阀，一古脑儿推翻了！三民主义能够实现，我们理想中的合作共和国也就可以实现了！"③ 合作主义者反对政府当局，加入政党组织，固然有应付官方压迫之意，主要还是想依靠新的政府来推行合作主义，旨在实现"理想中的合作共和国"。他们着眼于国民革命运动，把军阀政府列为反帝反军阀斗争的对象。

一些激进的学生也明确提出了推倒军阀政府的要求。《学生运动的使命》一文明确指出："是的，是现在实际情形给我们的历史使命，我们只有走革命的这条路了；我们自由和政权的获得，只有见取打倒军阀和国际帝国主义压迫的一条了。但这个工作是需要通国一致努力的，这固然不是我们学生单独势力所能胜任，也不是其他各界单独做去所能成功的。所以

---

① 于鹤年：《起来！》，《南开日刊》第58号，1919年8月9日。
② 道海：《现在中国学生界应负的责任》，《星火》第6册，1923年6月。转引自《五四时期期刊介绍》第三集，生活·读书·新知三联书店1979年版，第100页。
③ 张廷灏：《合作主义者为什么应该加入政党》，《平民周报》第4期，1924年4月5日。转引自张允侯等编《五四时期的社团》（四），生活·读书·新知三联书店1979年版，第89页。

我们要使革命迅速的成功，惟有是联合一切革命的社会势力在一起，惟有是立刻来援应中国共产党和中国社会主义青年团的召告，成立一条革命的平民联合战线。这个联合将要成功（为）我们打倒双重压迫最锐利的武器。"① 文章提出，要以革命联合战线来打倒军阀和帝国主义。

1923年2月，北京大学出现了反对国会的传单，写道："国会万恶，军阀万恶。国会倚重军阀为靠山，军阀利用国会作鹰犬。国会与军阀都是我们国民的仇敌。我们大家联合起来，推翻国会，打倒军阀。"亦有谓："国会议员的罪状：买卖议长；买卖总理；买卖总长；现在又'买卖总统'。好一个大买卖！可是他们多做一回买卖，我们国民便增加一层痛苦。国民！国民！我们还不起来推翻他吗？"② 这些言论表明，青年学生站在民主主义立场，主张全国人民从"自觉"为国家的主人翁进到"自决"国家的事，监督政府，必要时甚至用革命手段推翻政府，重换一个新政府。他们从五四运动中认识到，人民的唯一武器是群众运动。③ "大家组织一个团体，一齐与民贼宣战，政府不按人民意思去作，可以将这个政府去了。无论大小民贼，全将他们的财产势力全部去掉：然后我们可以得安生。"④ 甚至提出向群众宣传要反对政府："南方的人民已经不信任南方的政府，北方的人民不信任北方的政府。……我劝南方的人民打倒南方特殊的势力，北方的人民推倒北方特殊的势力，全国人民做一个大结合，办我们国民应办的事，那班'狗党'、'废物'自然而然消灭了。"⑤《北京大学学生周刊》也指出："若果真是政府不依我们时，就可以把他推倒，再建过一个真正民主的政府了。"⑥

当时关于推翻政府的种种理由，归纳如下："政府是少数特权阶级所拥成的，对于我们不但没有丝毫的利益，并且有束缚我们的自由，扰乱世界的和平的大弊害大罪恶哩。""这大弊害没有些须利益的万恶政府，你们愿意他存在吗？他苟一天存在，我们便做一天死囚了。诸君呀！要是想脱了死囚的龌龊生活！想进到人的乐境，最根本的，惟有推翻政府咧！"⑦ 而推翻军阀政府的手段，只有革命。有谓："法律范围，不合于现在人生，

① 昌：《学生运动的使命》，《北京学生联合会日刊》第18期，1923年3月2日。
② 中国第二历史档案馆编：《中华民国史档案资料汇编》第三辑，江苏古籍出版社1991年版，第579—580页。
③ 于鹤年：《小组织与大组织》，《南开日刊》第21号，1919年6月28日。
④ 于鹤年：《平民的武器》，《南开日刊》第57号，1919年8月8日。
⑤ 章志：《"自觉"与"自决"》，《南开日刊》第52号，1919年8月2日。
⑥ 《"积极"和"消极"的抵抗》，《北京大学学生周刊》第8号，1920年2月20日。
⑦ 马醒：《我们为什么要推翻政府》，《新海丰》第1卷第1号，1921年9月1日。

就得变。所取的手段,不能和平解决,只有激烈的一个法子,就是革命"。① 可见,社会改造舆论对当时的社会不满,所以对政府不满;因为对政府不满,所以要求改革政府,甚至推翻政府,推翻现社会制度。这是一种非常激进的态度,由此可以看出社会改造思潮对现实政治的深刻影响。

二 政府当局对于社会改造舆论的态度

有人归纳出北京政府清除无政府主义思潮的办法,一是查禁无政府主义的书刊,二是严密防范无政府主义者的活动。② 其实,无政府主义只是社会改造思潮的一个流派,政府对于社会改造言行的态度,并非如此简单。

1. 严厉查禁过激主义

无政府主义在社会改造思潮中具有广泛的影响。据曹靖华回忆,当时他们在理论上很幼稚,连共产主义和无政府主义的本质的区别都还分不清楚。诸如"一枚爆炸弹,胜似十万书"、"人生第一快事是雪夜闭门读禁书"之类的话,都曾吸引过他们。那时他们如同大梦初醒,还没来得及辨清方向呢。他们首先感到的是压迫他们的黑暗现实。他们首先反对的是和他们有切肤之痛的黑暗现实,一切新学说,新言论,大凡有助于他们反对黑暗现实的,他们一概接受。当时封建势力把他们称作"过激派""破坏党",把他们看作"洪水猛兽"。③ 作为社会主义的一种流派,无政府主义宣传要破坏和推翻现社会的过激言论,被北京政府当作过激主义或过激派进行查禁。

当时社会主义也都被反动政府当作过激主义对待。1920年恽代英著文指出:"社会主义的一个名词,向来在中国是干犯法律骇人听闻的。其实好多人还没有明白社会主义是个什么东西,中间包含几多派别,大家以讹传讹,便硬指一切暗杀革命是社会主义,一切社会主义是暗杀革命,因此一听见'社会主义'四个字,便联想到许多破坏事业的危险与恐怖起来。""其实所谓社会主义这名词,本体便向来没有什么很精确的界说,高到安那其布尔塞(什)维克,低到安福系王揖唐所称道,都有些可以合于通行所谓社会主义的意义。"④ 正因为此,政府当局以社会主义为破坏、恐怖,予以查禁。其实,过激主义是欧战后世界的共同问题,是各国政府都感到可怕的问题。张东荪指出:"有一问题焉,为世界各国当面之问题,而非

---

① 于鹤年:《法律范围是什么怎样改良》,《南开日刊》第54号,1919年8月5日。
② 徐善广、柳建平:《中国无政府主义史》,湖北人民出版社1989年版,第188—194页。
③ 张允侯等编:《五四时期的社团》(三),生活·读书·新知三联书店1979年版,第109页。
④ 恽代英:《论社会主义》,《少年中国》第2卷第5号,1920年11月15日。

国际同盟，非海上自由，非民族自决，乃对过激主义之态度也。过激主义产于俄，传于德，今则浸浸而播至英、法、日矣。是过激主义亦如西班牙伤风症流于全球也。对于过激主义之侵入，拒之乎，抑迎之乎？此不特英、日之问题，乃各国所共同之问题也。据吾所见，压抑之法必属无效，盖抑之犹激之也，是火上加油，益其燃耳。"他大胆地预言，"过激主义不来中国则已，来则必无法救药矣。"① 由此可以看出，过激主义是非常可怕的，不仅政府当局感到可怕，社会上也普遍感到恐惧。有人描述过激主义传入中国的危害时说，中国地广人众，民贫而惰，工窳而偷。又且并无大资本家及大工厂可以革命，诚使过激思想输入，则此后情形可以两语而判其死活，并决吾国将来之命运。（1）提倡多数无业无能之游民，以抢掳为生活，而公然自命为共产主义。（2）破坏勤俭耐劳、服从法律之良习，而使之为杀人吮血之事，以争平等之权利。② 诚如胡适所说，当时人人嘴里挂着"过激主义"，大家都痛恨痛骂"过激主义"，内务部下令严防"过激主义"，曹锟也行文严禁"过激主义"，卢永祥也出示查禁"过激主义"。③

北京政府对过激主义的严厉查禁，主要涉及以下几个方面：

一是查禁无政府主义宣传。无政府主义及其影响下出现的工读主义、合作主义、新村主义等，都被反动政府当局当作过激主义思想加以查禁。合作主义确实在宣传社会改造思想。如启明化学工业社以"本互助与劳动的精神，奋斗于实业界"为宗旨，以"改造社会，使社会经济得以发展，社会事业得以兴办"为目的，希望"对内对外双方长进，社会亦得进于安定之域"④。湖南大同合作社"本工读互助的精神，谋社会消费的利益，参照英国洛基台尔式消费合作社的办法，使生产和用品有直接的一种新组织，抵制资本家的专横强夺，避去商人居间垄断欺诈种种的弊害"。它完全是一种生产合作社。⑤ 1921年，湖南省省长赵恒惕以"实行共产主义，传播危险思想"之罪名，予以封闭。⑥ 在外人看来，该合作社"就被那些

---

① 张东荪：《世界公同之一问题》，《时事新报》1919年1月15日。
② 中国第二历史档案馆编：《中华民国史档案资料汇编》第三辑，江苏古籍出版社1991年版，第568—569页。
③ 胡适：《多研究些问题，少谈些"主义"》，《每周评论》第31号，1919年7月20日。
④ 《启明化学工业社概略》，《互助》第1期，1920年10月。
⑤ 张允侯等编：《五四时期的社团》（四），生活·读书·新知三联书店1979年版，第97页。
⑥ 愉：《我替合作主义左右叫屈》，《平民》第77期。转引自张允侯等编《五四时期的社团》（四），生活·读书·新知三联书店1979年版，第94—95页。

没有常识的政阀疑他们提倡过激主义封闭了"①。上海合作主义组织出版的《平民》周刊提出，社会改造以教育和经济为"总纲"，其性质是"社会"的，主义是"平民经济"的，方法是"合作"的。北京政府把合作主义当作无政府主义、共产主义一样予以查禁。②

　　工读主义宣传也是被查禁的。工学（读）主义提倡打破脑力劳动和体力劳动的界限，脑力劳动应当与体力劳动相结合，实现工学合一的理想。北京高等师范学校出版的《工学》在《发刊词》提出："我们的'工学主义'原来是要矫正现在社会上求学不作工、作工不求学、能言不能行、能行不能言的半边人。发行这《工学》杂志，正是为着实行我们在人类共同生活里面应有的责任；实行'工学主义'；实行真正的求学。"③ 在1922年5月复刊时发表的《发刊词》说："从五一运动的历史看来，最可纪念的是劳工对于阶级的觉悟。他们一方面觉察他们所受的痛苦，都是资本主义的罪恶，要恢复他们的人权，须取直接行动的手段，打破资本家的专横，一方面觉察他们所以被支持于所谓'劳心者'，是由于没受过充分教育，故要求八小时的教育权警醒智识阶级的迷梦。……我们一方面将国际工人的运动，介绍给我国工人，以促他们的觉悟；一方面宣布资本主义的罪状，使我国的野心家知所警戒，不敢为所欲为。"《工学》大声疾呼应当去唤醒工人，让他们团结起来。对资本家要"以其人之道，还治共人之身"，用革命手段去根本解决劳动问题。④ 后期《工学》主张以革命改造工会，具有社会主义革命的倾向，因此遭到政府当局查禁。1920年3月，北京政府警察厅查封北京高等法文专修馆四川同乡会（后改名"工读社"）创办的《工读》半月刊，理由是该报内容"系以改革社会、反抗政府为宗旨，与现时风潮甚有关系。"在赵世炎看来，"《工读》是很和平的东西，不过灵通点'工读'的消息，那里值得查禁？小题大做，我怕他们真要大干起来。"⑤ 果然，北京政府内务部以《工读》持论诸多谬妄，影响时局，妨害治安为由查禁，而且警察逮捕编辑赵世炎、经理周梦熊。⑥

---

① 张允侯等编：《五四时期的社团》（四），生活·读书·新知三联书店1979年版，第56页。
② 张允侯等编：《五四时期的社团》（四），生活·读书·新知三联书店1979年版，第18、23页。
③ 《发刊词》，《工学》第1卷第1期，1919年11月20日。
④ 郭笙编著：《"五四"时期的工读运动和工读思潮》，教育科学出版社1986年版，第45—48页。
⑤ 赵世炎：《致东荪、白华》，《时事新报》副刊《学灯》1920年4月8日。
⑥ 《"工读"杂志社被禁》，《晨报》1920年4月3日。

宣传无政府主义的书刊和印刷品，也是重点查禁对象。无政府主义者反对强权，提出要推翻现政府，北京政府在1920年12月指出："查社会无政府主义，原系欧洲一种不良学说，各国政府以其有碍国家政治进行，均严加防范，以遏乱萌，俄之纷扰，足为殷鉴。"① 宣传无政府主义的书报，也遭到政府严禁。1916年2月9日，京师警察厅通令各省查禁《人道》一书，其理由是，该书"大旨剿袭西洋均富党之极端社会，谈借人道之名，鼓吹无政府主义，而学不足以见极，语不足以指实，其于宗教、政治盖无所不用其诋诽，而尤以第五章、六章论法律、妇人为最悖谬"。因为该书印刷于日本，按照《出版法》第十一、第十二、第十三条，禁止其出售及没收其印本。② 五四运动以后，无政府主义作为新思潮得到进一步宣传，政府当局的查禁也更趋严厉。1919年5月5日，北京政府交通部查禁"以鼓吹社会革命及无政府、共产、同盟罢工等事为宗旨"的《进化》《民声丛刻》《工人宝鉴》《太平》等印刷品。内务部密电各省长官转饬警察机关，以违反出版法为由，查禁这些杂志。③ 其中，《民声丛刻》是在陈炯明支持下鼓吹过激主义的书刊，被指为"专载过激主义论说，引起一般青年之华人、韩人均信"④。国务院致函内务部、交通部分饬所属查禁。另外，《民声丛刻》"译著学说鼓吹无政府主义，其内容□□为纲常革命经济平等，而归宿于实行共产，为人道自由之进化。其尤堪注意者，则为鼓吹劳动界自由团体之结合，实为破坏扰乱之导线也。"1919年6月，国务院下令严密查禁"以研究无政府主义为范围"的《实社自由录》，9月又密电各省查禁《民声丛刻》《近世科学与无政府主义》《工人宝鉴》《养（愚）人伊万治国史》《告下士》《衣食与国家》《新生命》七种印刷品，理由是它们"大都传播无政府主义，意图煽惑，较之前次发现之《兵士须知》尤为悖谬"⑤。湖南省政府在1920年查禁《进化》《民声丛刻》《工人宝鉴》《太平》等印刷品，理由是它们以鼓吹社会革命、无政府、共产、

---

① 中国第二历史档案馆编：《中国无政府主义和中国社会党》，江苏人民出版社1981年版，第75页。
② 中国第二历史档案馆编：《中国无政府主义和中国社会党》，江苏人民出版社1981年版，第16—18页。
③ 中国第二历史档案馆编：《中国无政府主义和中国社会党》，江苏人民出版社1981年版，第19页。
④ 中国第二历史档案馆编：《中华民国史档案资料汇编》第三辑，江苏古籍出版社1991年版，第533页。
⑤ 中国第二历史档案馆编：《中国无政府主义和中国社会党》，江苏人民出版社1981年版，第31、33页。

同盟罢工等游说为宗旨，对于社会前途有害。政府宣称："查出版法关于防害治安败坏风俗之取缔规定甚严，自应依法办理。"①

此外，1920年12月24日，京畿卫戍总司令召集京师军警官长会议，责成各地军警严密查禁，遇有散布无政府印刷书件之党人，立即拘拿法办，以遏乱萌。"拟请国务院分咨内务、陆军、海军、交通、农商、教育各部，并分电各省督军省长一体设法严禁。"12月29日，国务院发出关于严禁无政府主义书刊传播的公函，强调凡关于无政府共产主义书册、印刷品等件，"应即禁止印造，禁止寄送，禁止阅看，倘敢故违，一律从严惩办"②。交通部在1921年12月以"含有煽乱性质之印刷物""提倡无政府主义"为由，查禁人道学社的《救世音》。③ 军阀政府不仅实行邮局检查邮电办法，又由内政部通令各省区，严禁宣传过激主义的书报。五四运动以后，北京和各地方政府以提倡改造社会、思想过激、妨害治安的罪名，先后查封《五七日刊》《每周评论》《湘江评论》《浙江新潮》《全国学生联合会报》《天津学生联合会报》《新社会》《人道》《工读》《新湖南》《醒世周刊》等进步刊物（"附录"表三）。

二是严禁布尔什维主义宣传。北京政府认为，俄国过激党注目于中国，以印刷物流布中国，意图煽惑，应加意侦防，严密查禁。④ 1920年2月，国务院分致各省督军和省长函，开列俄国传入中国的过激主义印刷物83种，要求严厉查禁俄国社会革命党在中国的传播物。⑤ 1921年北京政府关于查禁过激主义的布告说："查近来京城地面，散布此项过激传单，种类甚多，或由邮局寄递，或由党人散布，主张社会革命，昌言无忌，以摇惑军心为入手办法，以鼓动劳工为不二法门，若不从严禁止，必为人群大害。"国务院咨明外交部转商驻京各国公使，一律查禁外国邮局所寄之过激文字，并由陆军、内务两部分行各省军民长官，一体查禁。⑥

---

① 《政府查禁许多书籍》，长沙《大公报》1920年5月12日。
② 中国第二历史档案馆编：《中国无政府主义和中国社会党》，江苏人民出版社1981年版，第76页。
③ 中国第二历史档案馆编：《中国无政府主义和中国社会党》，江苏人民出版社1981年版，第156页。
④ 中国第二历史档案馆编：《中华民国史档案资料汇编》第三辑，江苏古籍出版社1991年版，第523页。
⑤ 中国第二历史档案馆编：《中华民国史档案资料汇编》第三辑，江苏古籍出版社1991年版，第527—532页。
⑥ 中国社会科学院近代史研究所等编：《五四爱国运动档案资料》，中国社会科学出版社1980年版，第624—625页。

在查禁过激主义印刷物的同时，内务部要求各省督军和省长，对来华过激党人查明，并查禁严防，开列德籍6人和俄籍5人的名单。① 应邀来中国讲学的罗素，对共产主义时露赞成之意。他在长沙讲演《布尔扎维克与世界政治》，受到欢迎。"因为湘人几年来底痛苦，完全是恶政府所赐与，受资本阶级的毒，亦属不少。现在他们虽高唱'孟禄主义'、'湖南革命政府'、'湖南共和国'、'联邦自制'，这种腔调，还是'不得已而言其次'底办法。布尔塞维克主义，含有无政府主义、共产主义底质料，经过大劫底人，一入脑筋，自然滋味适口，盘旋不去。但是湘当局深恐湘人传染过激主义……颇有遏止意思。""罗素是过激派"随即传遍长沙，罗素不得不仓促出湘。② 北京政府拟将在中国宣传过激主义的罗素驱逐出境③，可见政府当局对于过激主义的严防程度。

三是严厉查禁宣传共产主义的印刷品。浙江督办公署发布关于查禁共产党宣传活动密训令："查共产主义扰乱国家安宁秩序，为世界多数国家所不容。"④ 1920年7月，内务部训令，工党首领陈家鼎组织《白话日报》，"其目的专在煽动工人，实行社会革命"。查此种书报均在租界出版，其散布内地各省，系假外国邮箱接递。除密商英、法各捕房严行取缔外，应请中央通饬各省一体查禁。⑤ 1922年2月17日，京畿卫戍总司令部致函京师警察厅，从速、从严取缔和严禁北京大学刊发的《先驱》半月刊，理由是其"内容纯系煽惑劳工，鼓吹社会共产主义，若不从速严行取缔，任其传播，惟恐蔓延日深，妨碍国家，扰乱地方"⑥。同年10月，京师警察厅查禁中共北京地方执行委员会发往《盛京时报》的《双十节中国共产党敬告国人》《双十节日国共产党敬告劳动者》《对于双十节的一个提议宣告他为中国"反帝国主义日"》，原因就是"所言纯系宣传过激主义，蛊惑劳动（工），希图破坏大局"。内务部因此饬令警察厅严密侦查，严密取缔中共北京组织地点。⑦ 1924

---

① 中国第二历史档案馆编：《中华民国史档案资料汇编》第三辑，江苏古籍出版社1991年版，第531页。
② 凤蔚：《长沙特约通信》，上海《民国日报》1920年11月3日。
③ 《北庭竟欲驱逐罗素——外交部之大笑话》，上海《民国日报》1921年3月28日。
④ 中国第二历史档案馆编：《中华民国史档案资料汇编》第三辑，江苏古籍出版社1991年版，第599页。
⑤ 中国第二历史档案馆编：《中国无政府主义和中国社会党》，江苏人民出版社1981年版，第73页。
⑥ 中国第二历史档案馆编：《中华民国史档案资料汇编》第三辑，江苏古籍出版社1991年版，第539页。
⑦ 中国第二历史档案馆编：《中华民国史档案资料汇编》第三辑，江苏古籍出版社1991年版，第541、549页。

年5月,京畿卫戍总司令部以"纯系宣传共产主义,煽惑人心,扰害秩序,若不从严查禁,殊不足以维社会治安"为由,查禁《陈独秀讲演录》等书籍。内务部以《工人周刊》"内容系鼓吹工人革命,颇含过激主义,与治安大局均有妨碍",予以查禁。①

四是严禁宣传工人罢工、军人兵变的书刊和传单。《劳动周刊》被人们誉为"教育训练劳工们一个最好的机关报",因此被军阀政府查禁。1922年6月1日,该刊主编李启汉被上海公共租界巡捕房逮捕,罪名是"在《劳动周刊》上发表可能引起骚乱及破坏治安的文章"。6月9日,该刊被上海公共租界工部局勒令停刊。② 1920年10月,陆军部查禁《劳动界》《伙友》等宣传劳动问题的书刊,并云:"俄过激党陈独秀等,在沪每星期出浅易小说煽惑工商各界劳动之人,并鼓动军学界,扩张过激主义。查核所称,与地方治安有关,应设法严禁,如认为违犯刑法,即行缉拿惩办,以遏乱源。"③

1923年"二七"惨案发生以后,北京政府以"实含过激主义,关系地方治安颇大"为由,查禁《工人周刊》④。《工人周刊》在《本号发刊的话》中说:"本刊是北方劳动界的言论机关……这几期来,因为印刷的监视,邮局的检查,及本社所受万恶政府军阀种种摧残和压迫,竟使我们不能如期出版,想读者满君早已明白这些原因了。"⑤

各种鼓动军人变乱的言论,也在政府严禁之列。1919年6月,内务部严查真理社刊行的《兵士须知》,理由是:提倡共产及无政府主义,并详述法国式革命与俄国式革命之区分,"措词悖谬,煽惑军心"⑥。1920年3月16日,直隶省长公署查禁《北京女高师半月刊》,认为其于时局甚有妨害,未便任其传播。又要求天津警察厅查禁《北京大学学生周刊》,以其内容"与现时风潮大有关系"。国务院认为,《北京大学学生周刊》第七

---

① 中国第二历史档案馆编:《中华民国史档案资料汇编》第三辑,江苏古籍出版社1991年版,第553、550页。
② 中共中央马克思、恩格斯、列宁、斯大林著作编译局研究室编:《五四时期期刊介绍》第二集,生活·读书·新知三联书店1979年版,第98页。
③ 中国社会科学院近代史研究所等编:《五四爱国运动档案资料》,中国社会科学出版社1980年版,第641—642页。
④ 中共中央马克思、恩格斯、列宁、斯大林著作编译局研究室编:《五四时期期刊介绍》第二集,生活·读书·新知三联书店1979年版,第105页。
⑤ 文虎:《本号发刊的话》,《工人周刊》第64号,1923年5月23日。
⑥ 中国第二历史档案馆编:《中国无政府主义和中国社会党》,江苏人民出版社1981年版,第30页。

第十章 五四时期社会改造思潮的影响

号内有《告军人》一篇,"意在煽惑军人弃其服从天职。此种谬妄之词,骇人听闻,似不可不防微杜渐;且军人知识简单,尤恐易为所动"。因此要求内务部迅予查禁,以杜流弊。① 同年 5 月 23 日,北京《益世报》"登载山东军人痛外交失败之通电一则",政府当局以"煽惑军队,鼓荡风潮"等罪名进行查封,还将总编辑潘蕴巢逮捕下狱。1921 年 4 月,邮局检查发现"兵变歌"。政府当局以其文"语多背谬激动之词,想系奸人借此煽惑,其计甚毒"②,对于军队颇为不利,予以查禁。

2. 查禁有关社会改造的书报

许多宣传社会改造思想的书报,遭到北京政府及地方当局查禁。《新江西》出版后受到当地警察厅的干涉,江西教育厅认定"是书以改造社会为宗旨,持论殊未正当",亟行查禁,以靖人心,而消隐患。③ 1919 年 11 月 25 日,浙江督军卢永祥、省长齐耀珊密电北京政府大总统、国务院、内务部和教育部,称《浙江新潮》"大致主张改造社会,家庭革命,以劳动为神圣,以忠孝为罪恶,其贻害秩序,败坏风俗,明目张胆,毫无忌惮。"同时提出:"惟查谬论流传,本非始于浙江省,以全国推仰之北京大学,尚有新潮杂志专肆鼓簧。此外如新社会、解放与改造、少年中国等书,以及上海时事新报,无不以改造新社会、推翻旧道德为标志,掇拾外人过激言论,迎合少年浮动心理,将使一旦信从,终身迷罔。好事者又借其鬼蜮行为,觇彼鸡虫得失,于是风发泉涌,惟恐后时,蚁骤蜂屯,如失本性。"请求一并查禁。④

1919 年 12 月 1 日,国务院致电各省督军和省长,指责《浙江新潮》"宗旨背谬,足为人心世道之忧,浙江即有发端,各省尚无流行,应即随时严密查禁"。12 月 7 日,浙江省议员 65 人联名致电北京大总统、国务院和教育部,攻击浙江省教育会长兼第一师范校长经亨颐"提倡非孝废孔,公姓共产主义,于校内发行浙江新潮、校友会十日刊等报,贻害青年,灭伦伤化,虽经警厅禁令停刊,省长饬教育厅查办,仍然秘密发行,希图煽

---

① 中国社会科学院近代史研究所等编:《五四爱国运动档案资料》,中国社会科学出版社 1980 年版,第 638—639 页。
② 中国社会科学院近代史研究所等编:《五四爱国运动档案资料》,中国社会科学出版社 1980 年版,第 642—643 页。
③ 张允侯等编:《五四时期的社团》(三),生活·读书·新知三联书店 1979 年版,第 257 页。
④ 中国第二历史档案馆编:《中华民国史档案资料汇编》第三辑,江苏古籍出版社 1991 年版,第 525—526 页。

惑，应请迅赐严令办法，与民共弃，以杜邪说，而正人心"①。

同样，《北京女高师半月刊》《觉悟》《新社会》等因为宣传社会改造思想，也遭到查封。1920年3月，直隶省长公署以《北京女高师半月刊》于时局甚有妨害，未便任其传播，予以查禁。又以《北京大学学生周刊》的内容与现时风潮大有关系，要求天津警察厅查禁。② 同年5月，直隶省长公署下令查禁北京师范学校发行的《觉社新刊》，"查其内容系主张改革社会，反对政府"。③ 北京政府也认为《新刊》主张改革社会、妇女解放、铲除阶级等，其《磨面的工人》一诗尤近煽惑劳工，故拟查禁。④ 1921年2月，淞沪护军使电国务院，查禁三无学社鼓吹平民革命有关文件，认为《告少年》一书系鼓吹社会革命，应严行查禁，以杜煽惑。又认为《新安徽杂志》系传播共产谬说，主张社会革命。"此种学说流行，为害社会甚于洪水猛兽"。并函知邮局，扣禁此种杂志，同时密嘱法捕房，对该社严行取缔，由法捕房勒令该社即日停办。⑤ 天津觉悟社主办的《觉悟》主张社会改造，《觉悟》第一期"全是攻击社会现状的文章"⑥。所以《觉悟》出版一期就遭到查禁。北京的《新社会》也被查封，警探在搜禁社会主义的书报时，把凡有"社会"二字的书刊都搜去，"社会"二字成为过激派的暗号，成为社会主义的同义词。从查禁这些报刊的理由，就可以看出政府当局对社会改造言论的严禁态度。瞿秋白颇有感慨地说："我们中当时固然没有真正的'社会党'，然而中国政府，旧派的垂死的死神，见着'外国的货色'——'社会'两个字，就吓得头晕眼花，一概认为'过激派'，'布尔什维克'，'洪水猛兽'，——于是我们的《新社会》，就被警察厅封闭了。这也是一种奇异现象，社会思想的变态：一方面走得极前，一方面落得极后。"⑦

3. 查禁各种反对政府的言论

公开要求政府进行社会改造的言论及其评论，也是查禁的对象。1919

---

① 中国第二历史档案馆编：《中华民国史档案资料汇编》第三辑，江苏古籍出版社1991年版，第526页。
② 中国社会科学院近代史研究所等编：《五四爱国运动档案资料》，中国社会科学出版社1980年版，第638—639页。
③ 中国第二历史档案馆编：《中华民国史档案资料汇编》第三辑，江苏古籍出版社1991年版，第535页。
④ 张允侯等编：《五四时期的社团》（三），生活·读书·新知三联书店1979年版，第113页。
⑤ 中国第二历史档案馆编：《中国无政府主义和中国社会党》，江苏人民出版社1981年版，第83页。
⑥ 原载《新人》第1卷第4期"文化运动批评号"（上），1920年8月18日。
⑦ 《瞿秋白文集（文学编）》第1卷，人民文学出版社1985年版，第27页。

年 7 月 28 日，京师警察厅等以《平民周报》《救国周刊》《五七报》"指摘政府，妨害邦交，论调极为偏激"为由，加以查禁。① 同年 8 月 30 日，内务部要求直隶省长公署查禁《天津学生联合会报》，理由是该报载有让各省速派各界公民代表来京请愿及去做群众运动的事如罢市、罢工、不纳税、不当兵；又载有学生联合会致各处电文，望全国一致，互作声援等语，"实于公共安宁秩序显有妨害"，要求全市警察依法查办。② 1920 年 5 月，邮局检得三教同原研究救国会印刷传单、常德救国厉进会印刷传单、庆祝劳动纪念筹备处印刷传单、《三学社赠刊》《北京高师教育丛刊》《旅俄六周见闻记》《新银行团问题》《清华周刊》《新的小说》《新中学会会报》《女界钟报》《溧阳第一女校周刊》各一种。直隶省长公署以其内容"均系主张改革社会，反对政府"，"咨天津警察厅一律查禁"③。京师警察厅以《旅俄六周见闻记》记载俄国列宁政府种种设施及社会状况、人民心理，"迹近传播过激主义，于地方治安不无影响"，通令各该区队一体从严查禁，以资防范。④

《北京大学学生周刊》所载《军阀亡国论》，列数军阀破坏共和，蹂躏国会，压迫政府，操纵行政，把持外交，摧残教育，侵犯司法，搅乱财政，阻碍统一，抑制民治，助长政争，增长内讧十二大罪状，并指出："到今日，那军人的势力已经巩固到铁桶一样，能够左右我中华民国的命运了。我们的国家，变成军人专有的国家；我国的政治，变成军人独擅的政治了。"因此，"想实行政治革命和社会革命，必先要革了现在军阀的命，方有着手的地方"。"如果人民真有彻底的觉悟，那么人民就会有彻底的革命；人民真有自动的能力，那么人民就会有自动的革命。这等彻底的革命和自动的革命，不独不会产生革命，而且会扑灭不正当的革命。"⑤ 该刊发表鼓吹社会革命、反对军阀政府的言论，立即遭到北京政府查禁。在当时，北京政府及地方当局以有碍时局、妨碍治安或违反出版法为名，查禁各种宣传社会改造的言论，主要是查禁宣传过激主义的书刊和印刷品。

---

① 中国社会科学院近代史研究所等编：《五四爱国运动档案资料》，中国社会科学出版社 1980 年版，第 627 页。
② 中国社会科学院近代史研究所等编：《五四爱国运动档案资料》，中国社会科学出版社 1980 年版，第 630 页。
③ 中国社会科学院近代史研究所等编：《五四爱国运动档案资料》，中国社会科学出版社 1980 年版，第 641 页。
④ 中国社会科学院近代史研究所等编：《五四爱国运动档案资料》，中国社会科学出版社 1980 年版，第 638—639 页。
⑤ 鸣谦：《军阀亡国论》，《北京大学学生周刊》第 6 号，1920 年 2 月 8 日。

4. 设法防范社会改造思想与运动

在查禁有关社会改造宣传的社团、刊物、书报的同时，北京政府对社会改造思想与运动也采取了严厉的防范措施。归结起来，主要有以下几个方面。

一是制定防范新思潮传播条例。1920年前后，北京政府内务部警政司曾经召集警察特别会议，共同审议关于新思潮影响的防范方法，拟定《防范新思潮传播办法》条陈稿。制定防范办法的动机为："值此欧战告终，物力缺乏，世界潮流，日趋险恶，俄之过激党徒，几遍全球者，虽因穷迫所致，要亦由于政治未尽改良所激而成。我国毗连俄疆，关系尤切。矧数年以来，内讧未息，变乱相寻，国家之元气大伤，人民之生计日蹙，危机四伏，至为可忧，若不先事预防，诚恐一旦受其播及，则危害于国家社会，何堪设想。"条陈稿具体提出治本及治标两种办法。

治本方法八条：（1）刷新政治。"我国劳动界势力虽未发达，而一般无业游民，随处皆有，此种过激思想最易侵入。拟请刷新政治，对于民生问题，亟须特别注重，并速筹经济调剂办法，以免口实，而遏乱源。"（2）登用才俊。"自来人才之消长，关乎国家之兴衰。改革以还，各省学校林立，而各项专门毕业学生，亦不乏明达之士，拟请广筹用途，俾各安其身，各展所长，不致为外界所激动，而妄生希冀。"（3）改良教育。"教育一端，关系极重，苟人类无相当之知识，即不能谋相当之生活，流离困苦，误入迷途者，不知凡几。拟请嗣后注重实业教育，由各省广设实业学校或手工传习所，授以相当知识及职业，使之自谋生计；此外尤应注重感化教育，提倡通俗讲演，若辈纵有不良思想，日久可渐归消灭。"（4）崇尚俭德。"奢侈之风，至今日已达极点。一饮食便悦肥甘，一衣服竟尚绮丽，似此纵情挥霍，不独于经济方面大受影响，且于贫民方面亦易起不平之感，拟请由京内士夫倡设俭德会，力矫骄奢风俗，俾资观感。"（5）提倡储蓄。"就现在社会经济方面观察，各省金融，势将枯竭，加之生齿日繁，而一般生产能力又极薄弱，倘不急图补救，终必陷于危境，贻害国家。拟请由各省官吏，切实提倡储蓄，筹设平民储蓄银行，以裕财源。"（6）奖励实业。"实业之发达与否，与民生原有至大关系。拟请于各省区推广工厂，收容失业工人之外，并在省会或商埠地方，添设囿利局一所，以官利贷与小贩营业者，使之自谋生活，不取重息，限期缴还，如此则民困渐苏，而祸乱庶可消弭于无形矣。"（7）垦荒开边。"现在各省官荒，尚未开垦者，当不在少数，而边远之区，人烟稀少，垦务尤为重要。拟请责成各省行政长官，饬属切实查明填报，并令将境内无业游民暨回华工，以及遣散军人，分别给资前往开垦，或给资移往关外，藉以实边。"（8）安置华工。"今欧战已终，此种工人，将陆续回国，即应妥筹安置之法，以免流离失所，致滋事端。拟请饬令各省地方官，速办贫民习艺所，或于各矿厂内，收容此等工人留作矿工，务使谋生有路，自可相安无事。"

治标方法八条：（1）整顿乡团。"查各县保卫团条例，早经颁布通行各省，责成各该县知事遵照举办在案。特恐日久废弛，拟即再行通饬各县切实整顿，以安闾阎。"（2）厉行清查户口。"缉盗防奸，原以清查户口为第一要着，拟即再行通饬各县遵照前颁县治户口编为规则，厉行清查，填表呈报。"（3）注意在校学生行动。"各省在校学生，俱系青年，最易受人勾煽，藉端责难。拟请由教育当局，剀切诰诫，校外行动，亦应特别注意。"（4）注意回国华工。"注意之点有三：回国时应由各海关严行检查；回国后应由各原籍地方官妥为安置；回国后的一切行动须随时留意。"（5）注意工场及工党。"各省工党尚未萌芽，似不足虑，惟查各工场之内，良莠不齐，恐滋事故，应由该管警员与该场管理者，随时接洽，切实注意。"（6）注意偏激报纸。"各种报纸均应检阅，如发现有偏激论调，应由该管警员依法停止或封闭之。"（7）注意集会演讲。"凡关集会事件，现行法令规定至为严密，如遇言词过激，认为有扰害治安者，应由该管警员依法取缔。"（8）注意印刷物品。"凡印刷物品认为有扰乱安宁秩序或妨害善良风俗之虞者，应由该管警员加意检查，依法没收，以免传播。"

以上防范新思潮办法，"就国内现状而观，似应标本兼施，藉收平治之效"①。无论治标治本各办法，都说明了应采取各种防范新思想传播办法的理由，同时提出具体的解决途径。

此外，北京政府还发布了《查禁俄过激派印刷物函》，旨在防范共产主义在中国传播。1922年，北京政府内务总长请取缔共产主义，起草条例十三条。②

二是实行邮电检查制度。为强化对新闻出版事业的管理，防止过激主义思想传播，京师警察厅于1917年5月宣布实行邮电检查，重点是新闻电讯。翌年设立"新闻检查局"。1919年5月，京师警察厅宣布自即日起，每天派员到国民公报馆和晨报馆检查新闻稿件，未经检查，一律不准登载。1920年2月，北京政府通令全国实行邮电检查，内云："现在过激

---

① 中国第二历史档案馆编：《中华民国史档案资料汇编》第三辑，江苏古籍出版社1991年版，第499—502页。
② 《国内专电》，《申报》1922年11月13日。

潮流深虞滋扰，妨碍地方秩序，影响于国家安宁……为维持地方，防遏乱源起见，对于往来邮电自应分别施以检查。"同年 7 月 11 日，京师警察厅向新闻界下达《布告》，警告新闻界要"格外审慎，以持平之论调记载真确之事实"，不得"妨碍时局，摇动人心"①。1921 年 1 月，京师警察厅为防止过激主义印刷品传播起见，组织检查事务所，遴派专员办理其事。②因此，在北洋军阀统治下，"书报往来，常被检查扣留；印刷出版等物，时常禁止递送；集会结社，无时不受干涉；学校受制于军阀，灭绝个性，纯讲服从"③。

三是设立著作及出版物研究委员会。北京政府沿用袁世凯所颁布的《出版法》，对各种著作和出版物进行严厉审查。1921 年 1 月，北京政府内务部向国务院提出设立著作及出版物研究委员会，有谓："查近来新思潮之传播，几有日盛一日之势，而印刷物实为其媒介。本部为维持治安，预防隐患起见，拟就部中组织一研究委员会，对于著作物及出版物，认为有研究之必要者，随时搜集研究，以期洞见症结，因事补救，不致蹈凭空过当之弊。"《著作及出版物研究委员会章程》共十条，其中第三条为"警政司对于著作物及出版物，认为有研究之必要者，得随时搜集交会研究。本会委员长及委员亦得随时搜集之"。第四条"研究之结果，应由委员开具意见书，经委员长之连署报告于部长；委员长不同意时，得商改或加具意见"④。试图通过对各种出版物的研究和审查，从根本上预防新思潮的传播。

四是提出一些解决社会问题的方策，杜绝新思想的传播。许多社会问题的出现和发展，导致作为解决相关问题的新思想的泛滥。1919 年 9 月 5 日，新疆督军杨增新在关于防范无政府主义思潮传播电中承认："无政府主义之传播，足见人心思乱，未有已时。……饥不得食，寒不得衣，虽慈母不能保其子。是故国家之危，莫危于民不聊生。民国成立，竭人民之脂膏，以为养兵之费，兵愈多，而民愈穷。至于民无以为生活，则怨气弥漫，乱机四伏，土崩瓦解，在在堪虞矣。今日之势，对于传播无政府主义之印刷品，及其他意图破坏治安之行为，固当并行取缔，力为制止，以治

---

① 《全国实行检查邮电》，《晨报》1920 年 2 月 12 日。
② 中国第二历史档案馆编：《中华民国史档案资料汇编》第三辑，江苏古籍出版社 1991 年版，第 504 页。
③ 昌：《太原的青年团体》，《先驱》第 12 期，1922 年 10 月 15 日。
④ 中国社会科学院近代史研究所等编：《五四爱国运动档案资料》，中国社会科学出版社 1980 年版，第 647—649 页。

作乱之标;尤当节省军费,加意民生,以治思乱之本。苟能全国一心,痛裁军队,振兴实业,使人民轻其负担,减其痛苦,有家给人足之乐,无啼饥号创之忧,必不肯附和暴烈分子以相与叛归于乱。有乱者起且相率驱之、迫之、出死力扑灭之,又何煽惑之足虑哉。若徒扩张军备,借债养兵,以搜括为政策,以兵多为可恃,是谓不揣其本,而齐其末,诚恐民心离散,乱亡无日,其可畏者不特传播无政府主义已也。"① 所谓节省军费、加意民生,未必是治思乱之本。但他毕竟提出要以解决民生问题,作为防止无政府主义蔓延的办法。

杨增新还呈请查禁平民革命主义应筹根本救济办法,1920年5月经北京政府国务院转批。他认为武人专制是中国内乱的主要原因,平民革命乘势而起。"至是而把持军权、政权之少数伟人,乃无立足之地,而中国亦将变为第二之俄罗斯,四崩五裂,虽数拾百年而无以善其后,中国前途岂不危哉!今日补救之法仍望有势力之二三伟人,激发天良,解除害民之兵,厉行利民之政,或可挽救于万一;否则平民革命之说,必将实行,非可以一纸空文所能塞其源而绝其流也。"② 文中提请政府或军阀"解除害民之兵,厉行利民之政",从源头来防止平民革命。

1919年11月25日,浙江省督军卢永祥、省长齐耀珊密电北京政府大总统、国务院、内务部和教育部,说道:"浙省完善之区,未罹兵革之祸,黠者思乱,愚者盲从,当此邪说横行,不啻众泣就下,防范之法,尤应加严。"③ 1925年7月,浙江督办公署发出查禁共产党宣传活动密令,它参照欧美各国,对于共产主义一面密防过激,一面励行社会政策以剂贫富之平的办法,提出治本与治标两法:(1)"各该官厅应随时督饬所属,切实导富商兴办慈善事业,如贫民工厂等事,务使当地贫民得所安插。又资本家之对于工人,业主之对于农户平时次(应)加意宽待,勿稍欺压,免致激成反动。"(2)"各学校校长应将共产主义之危害及中外国情不同之点,切实为学生讲演,俾其智识充满,勿易淆惑;同时要求各官厅认真查禁共产主义之宣传,尤其是密查演说辞及出版品,以杜绝祸害。"④ 这种查禁与

---

① 中国第二历史档案馆编:《中国无政府主义和中国社会党》,江苏人民出版社1981年版,第34页。
② 中国第二历史档案馆编:《中国无政府主义和中国社会党》,江苏人民出版社1981年版,第92—93页。
③ 中国第二历史档案馆编:《中华民国史档案资料汇编》第三辑,江苏古籍出版社1991年版,第526页。
④ 中国第二历史档案馆编:《中华民国史档案资料汇编》第三辑,江苏古籍出版社1991年版,第599页。

预防并举的办法,从治本治标两途来防止共产主义宣传及其危害。其中所谓"励行社会政策以剂贫富之平的办法",就是想从根本上来防遏共产主义宣传。无论是北京政府还是地方当局,都采取了查禁和防范社会改造思想的措施,试图从根本上加以遏制。这也说明当时社会改造思想泛滥,对社会产生了重大影响。

与此同时,北京政府采取了防止社会改造运动的措施,具体如下。

一是酝酿制定取缔过激党人专条。1922年,京畿卫戍总司令请饬速订取缔惩治过激党人专条。说道:"北京社会主义青年团等组织学生开会纪念俄国革命,散发传单书册,即以学校肄业之所为宣讲过激机关,且敢公然主张俄国式革命暨无产阶级革命,勉励同党努力奋斗,崇拜苏俄,实行改造,似此情形若再沓泄放任不加干涉,深恐党人将由演说手段为实行时期。"① 他明确要求禁止青年学生宣传过激主义。1922年12月,北京政府教育部回复:"查所请饬订取缔过激党人各条,自系为防遏乱萌,用意至密。但过激主义只能为无形之消弭,如原呈中所称根本解决端赖自身政治之清明,洵属探原之论,倘特订专条著为法令,反足激起暗潮,无裨实际。应由部会商根本办法无形取缔。查过激党派之肇兴,原根于社会阶级不平之心理,最上消弭之法,自以澄清国家政治,调剂人民生计为先,其次则关于国民集会、结社、出版、言论既有官厅依法查察,当可先事预防一切,因无再行商订取缔非法之必要。否则,防遏过当,更启反动。恐于国计民生益多妨碍。因此没有制定惩治过激党人专条之必要。"② 从教育部的回复可以看出,公开取缔惩治过激党人并非良策,或因此引起社会更大风潮。因此,在官厅依法查办,先事预防一切的同时,应当澄清国家政治,调剂人民生计,从根本上消弭过激党的兴起。

二是查封宣传社会改造的报刊和社团组织。社会改造运动表现为进步书报对社会改造思想的宣传,也表现为一些社团组织的社会改造宣传和试验活动。政府当局对此均严厉查禁,已如前述。此外,军阀政府还勾结法帝国主义,于1920年3月24日封闭了位于上海法租界的全国学生联合总会,同时查封全国各界联合会总会。据《学生大会特刊》报道:"自本会本届大会开幕以来,因对政治问题,具有根本澄清之决心,于是乃大召北京军阀之妒忌;国际帝国主义,亦被全体学生界视为中国乱源之一,因对

---

① 中国第二历史档案馆编:《中华民国史档案资料汇编》第三辑,江苏古籍出版社1991年版,第572页。
② 中国第二历史档案馆编:《中华民国史档案资料汇编》第三辑,江苏古籍出版社1991年版,第576—577页。

之亦表示反对,更因此召国际帝国主义的妒忌,视为眼中之钉。而被封之悲剧,遂演于本月24日下午二时。闻封闭之近因,实由何丰林(按何为上海护军使)得北京政府密电,照会法领事署而出此,在法领事更因负责有人,遂毫不顾忌的来拔这眼中钉了。"① 学生大会通电全国,揭露此次法国领事接受中国官厅照会封闭本会之罪恶:"各国帝国主义者,复假手军阀以扰乱和平,压迫民众以遂其侵略之野心。军阀为扩张势力,亦不惜勾结帝国主义者,以固其位置。"同时,学生大会表示更大的决心,说:"本会为全国学生之总机关,侮辱我总会即是侮辱我全国学生之人格,亦即所以侮辱我民族之人格,此为吾人之奇耻大辱,而未可一日忘者。本会自五四以来,即秉内除国贼,外抗强权之宗旨,以与帝国主义与军阀宣战。虽间遭挫折,而此志未尝稍懈。此后当益加努力,为自由而战,为民族独立而战,虽赴汤蹈火,亦所不顾。愿国人一致努力,争我自由,对于帝国主义者与本国军阀,表示剧烈之反对。"② 由此可见,军阀政府查封进步社团,引起了强烈的社会反响。

1919年7月7日国务院发布关于侦查天津各界联合会会址及重要人员密电,指天津各界联合会7月3日通电各省、各会及各报馆,破坏国会,干涉政团,煽惑人心,激起内乱。"查国会为国家立法机关,政团为约法所许,该会即有所见,亦宜于法律范围之内发表意思,今竟通电意图破坏,并干涉他人结社之自由,举动既陷过激,法律实所不容。应严加取缔,以遏乱萌,而维治安。"③ 遂于8月28日取缔了各界联合会。1919年7月12日,内务部通令各省区镇压各界救国团体。④ 1920年2月,督办边防事务处查禁中华全国农工联合会,发出训令:"探闻美国过激派来沪,联络中国工党首领及全国工界协进会主任陈家鼐、于亚龙并孙文等,在法租界组织的农工联合会,其宗旨以社会共产主义为目的。一俟组织完全后,即扩充为全国农工联合会,以厚其势力。督办段祺瑞令:查过激主义实为召乱之谋,亟应严密查禁,以消隐患。"⑤ 北京政府查封进步社团的目的在压制和消除过激主义的宣传,遏制社会改造运动。

---

① 《本会被法巡捕房封闭》,《全国学生大会特刊》第7期,1923年3月26日。
② 《本会对于横遭非法封闭之通电》,《全国学生大会特刊》第8期,1923年3月28日。
③ 中国社会科学院近代史研究所等编:《五四爱国运动档案资料》,中国社会科学出版社1980年版,第574页。
④ 中国社会科学院近代史研究所等编:《五四爱国运动档案资料》,中国社会科学出版社1980年版,第576页。
⑤ 中国社会科学院近代史研究所等编:《五四爱国运动档案资料》,中国社会科学出版社1980年版,第616页。

社会舆论是社会控制的一种重要工具,在社会改造运动中既表现为对社会改造的宣传,也表现出对政府改造社会的监督。五四时期已经形成了全国性的社会改造舆论,对政府的批判及其社会改造的宣传和试验,已经严重影响到现存社会秩序。政府当局出于社会控制的需要,通过政府组织或社会力量维持社会秩序;同时对社会改造言论严厉查禁。这从一个侧面反映出社会改造思潮与运动的深远影响。

三 社会对于政府查禁过激言论的强烈反应

北京政府对社会改造思想严厉查禁,依据《治安警察条例》《出版法》等法律条文,利用法庭、戒严等手段进行镇压,引起社会各方面的严重不满,或以言论出版自由为据抗争,或抨击政府的倒行逆施,为此提出要干涉政府,甚至以革命推翻政府的激进主张,使社会改造思想和运动更趋激进。

一是批评政府对社会改造言论的态度,公开反对政府查禁过激主义。政府严厉查禁社会改造言论,引起思想界、舆论界的强烈不满。戴季陶著文,批评政府对付布尔什维克的方法。他说,从布尔什维主义发生的政治社会环境来看,"'布尔色维克'最怕的是平等幸福,最不怕的是专制……他是由社会上政治上种种不平等不自然的恶制度恶习惯激动出来的。"因此,对付方法"就是要除去政治上社会上种种不合理是(的)压力,不合理的组织"。只要能真正实现民主,保障人民自由、安全地生活,过激的布尔什维主义就不会有产生的土壤。① 这是告诫北京政府,如果中国的政治、经济状况得不到改变,要阻止布尔什维主义无论如何是做不到的。

在上海出版的《天问》发表《异哉北京政府之防过激主义》一文,痛斥北京政府借口防止过激主义而查禁进步书刊的行为。指出:"凡所以防过激主义之侵入中国也,心疾畏鬼,见鬼之来。北廷殆自知多行不义,民愤已深,将恐俄皇尽命之惨行当及于自身,而故为求全之虑欤。然北廷而果欲弭乱也,又岂检查邮电禁绝新书所能为功乎!一事变之起也,必有因果关系焉,或一因而生众果,或一果而有数因,或唯一之因,而生唯一之果,欲求此果之不生,则凡生此果之因,必去之务尽,否则虽制止于暂时,终有实现之一日。今试问过激派果以何原因而发生了?则岂不曰政府之专横,社会阶级之压迫,有以致之乎。夫俄既以是发生过激派矣,则以因果律推之,凡类此之国家,其不能幸免,可断言也。而况今之中国,法

---

① 季陶:《对付"布尔色维克"的方法》,《星期评论》第3号,1919年6月22日。

纪陵夷，廉耻道丧，武人官僚政客交相为厉，举外交内政，以供若辈争权攘利之私，而人民呻吟于暴力之下，惨已甚于亡国，较诸俄民疾苦，盖什百倍焉。夫人莫不有自卫之本能，郁痛极则横决以求宣，此固心理所同然，而事势所必至，何待外界思潮，为之侵淫鼓荡哉。"总之，北京政府"欲以封锁政策，夺人民通讯自由及研究学术之权利，厉王监谤，始皇焚书，效果可征，矧在今日，将恐鱼烂之祸，不自外生，有为当局所不胜防者矣！衮衮诸公，其犹以暴力强权为可恃乎"①！这是对北京政府防止过激主义的批评，也希望政府当局进行一些改革，以安定民心。谭植棠在《防止过激派》一文中指出，政治要以人道正义为前提，以安宁幸福为目的，以自由平等为归宿。而实行全民政治，务使人人都有直接为治的权能，凡种种专制独断的政治，都应该早日除去。②

明达之士指出，政府采用查禁书报的方法来禁止宣传布尔什维主义是笨拙，强烈反对北京政府查禁宣传社会改造的书报和印刷品。

二是攻击政府限制言论出版自由。北京政府沿用袁世凯政府颁布的《出版法》《戒严法》《治安警察条例》，查禁社会改造言论，各地方当局和军阀更是滥加援引。社会舆论批驳政府以《出版法》《治安警察条例》限制民众的言论和出版自由。北京《五七杂志》《救国周刊》均被封禁；另外，《益世报》登载鲁军人通电一则也被依律封禁。1919年5月，众议院议员王文璞提出质问："谨按《临时约法》，大总统得依法律宣告戒严。现在大总统并无宣告戒严明令，何以施行《戒严法》？又立宪国通例，即已宣告戒严，若国会认为无戒严之必要，必须为解严之宣告。是其慎重宣告戒严，即所以慎重人民之自由也。今该司令竟于未曾宣告戒严之时，而滥用《戒严法》，谓非破坏约法侵害人民自由，谁其信之！"③

北京政府颁行的《出版法》，不仅是军阀政府迫害进步报刊的法律依据，也是摧残人民言论出版自由的工具。1920年5月，大理院以"妨碍治安"罪判决北京《国民公报》，政府予以查禁。李大钊对"妨碍治安"四字提出疑问："按'出版法'第十一条第二项有'妨碍治安'之规定，而现行一切法规及法院判决例，对于此四字向未有解释之明文。""以吾侪之理解而言，除解释为扰乱社会之安宁秩序外，似无他法更加以深刻之解释，今国民公报所登载，究竟曾否扰乱社会之安宁秩序，并于社会秩序有

---

① 《异哉北京政府之防过激主义》，《天问》第4、5号合刊，1920年2月29日。
② 谭植棠：《防止过激派》，《政衡》第2号，1920年4月1日。
③ 戈公振：《中国报学史》，生活·读书·新知三联书店1955年版，第320页。

无丝毫之影响,事实俱在,实令人索解无从。"①《每周评论》发表的《查禁"妨害治安"的集会出版之经过》也指出,《益世报》因为"煽惑军队,鼓荡风潮"被查禁;《晨报》和《国民公报》因为"奖励学生运动",又同《顺天时报》拌嘴,被警员检查发稿;《进化》《民声丛刊》《工人宝鉴》等印刷品一律查禁,是因为"妨害治安,败坏风俗","专以鼓吹社会革命、无政府、同盟罢工、共产等邪说为宗旨"。"现在秘密出版的杂志很多,如《进化》杂志是鼓吹无政府主义的,顶反对的就是那些武力强权,主张各人自治,不受政府的强制。《工人宝鉴》是鼓吹劳动主义的,想叫工人自立,推翻资本阶级的压制,所以很称赞同盟罢工,很发挥劳动自觉主义。《太平》也是想主张自由的自然世界,打破强权的压迫世界,与《民声》周刊差不多都是讲社会主义和无政府主义好处的。在政府眼光看来,怎能够不叫他做'妨害治安,败坏风俗'的'邪说'呢?所以前几天内务部的一道通令,一齐把他们禁止了。"②政府当局以"遏乱源""正风俗"为名,严厉查禁进步报刊,也说明社会改造思潮日益高涨,也日趋激进。

社会各界纷纷控告北京政府以及各地军阀政府摧残进步言论的行为。国民党人朱执信指责北京政府禁止已载诸中华民国约法的言论出版自由,是一种"塞耳政策"。"至于中国内地,本有法律上之言论出版自由,而杀主笔、封报馆之事,层见叠出,又有租界所不及。而最近则有更时髦之'过激'二字,可以随意指命。凡所疾恶,皆可以此名目摧抑之。"③这种"塞耳政策"是非常危险的。共产党人李汉俊指出,官僚对付言论机关的三个手段是支票、封条和收条。先拿出支票来,看报馆要不要,倘若是要了他的支票,他的目的就达到了,不用说了。万一不要他的支票,他在能力所能及的地方,就用封条去结果那个报馆的生命。在能力所不及的地方,就拿出一张收条来,对那个报馆征收他一种"言论自由的代价"。除了这三个手段而外,就只有枪毙主笔、监禁主笔了。"支票,人家是不要的!封条,人家是不怕的!收条,人家虽然不喜欢,却是也咬着牙齿干受的!你还再要用什么手段呢?"④这都是对政府控制言论的激烈反应。

对于政府当局查禁社会改造思想的行为,舆论界根据法律所赋予的思想言论出版自由等民主权利予以反击。1920年8月1日,胡适、蒋梦麟、

---

① 明明:《〈国民公报〉案判决感言》,《晨报》1920年5月16日。
② 《查禁"妨害治安"的集会出版之经过》,《每周评论》第24号,1919年6月1日。
③ 朱执信:《危险之塞耳政策》,《朱执信集》,中华书局1979年版,第461页。
④ 先进:《官僚对付言论机关的办法》,《星期评论》第18号,1919年10月5日。

李大钊、高一涵等七位知识分子联名发表《争自由的宣言》，呼吁立即废止1914年颁布的《出版法》《报纸条例》和1919年公布的《管理印刷业条例》。说道："我们本不愿意谈实际的政治，但是实际的政治却没有一时一刻不来妨害我们。……我们相信人类自由的历史没有一国不是人民费去一滴一滴的血汗换得来的，没有肯为自由而战的人民，绝不会有真正的自由出现。这几年来军阀政党胆敢这样横行，便是国民缺乏自由思想、自由评判的真精神的表现。"他们郑重提出几种"基本的最小限度的自由"，如言论出版自由、集会结社自由和书信秘密自由，希望全国同胞起来力争这几种关乎"人民和社会生存的命脉"的自由。①

杨端六在1921年7月27日讲演《中国改造的方法》中提到，中国这两千年来的积弊是由思想束缚来的，所以现在唯一的方法，"是从种种方面解除这种束缚，使我们得以尽量发挥自己的本能。因此言论自由、出版自由、集会结社自由是我们最要紧的生活。这个自由是我们的生命，是解决我们一切问题的关键"②。社会改造的宣传，也以争取言论和出版自由为一个重要内容。《新江西》出版后，受到警察厅的干涉，要求其停刊。袁玉冰在《新江西》发表《为自由而战》的文章，力争言论和出版自由，并且表示"不自由毋宁死"的"为自由而战"的决心。③对于军阀政府限禁社会改造言论，他表示了强烈的抗议。

北京政府以危险思想之名禁止言论自由。"'危险思想'四个字，忽然大流行起来。政府天天在那儿办防堵的事情，弄得满城风雨，大有不可终日的样子。"④李大钊著文，分析了危险思想与言论自由的关系，指出，思想本身没有丝毫危险的性质，只有愚昧与虚伪是顶危险的东西，只有禁止思想是顶危险的行为。"近来有许多人听见几个未曾听过、未能了解的名辞，便大惊小怪起来，说是危险思想。……说某种主义、学说是异端邪说的人，第一要知道他自己所排斥的主义、学说是什么东西，然后把这种主义、学说的真像尽量传播，使人人都能认识他是异端邪说，大家自然不去信他，不至受他的害。若是自己未曾认清，只是强行禁止，就犯了泯没真实的罪恶。禁止人研究一种学说的，犯了使人愚暗的罪恶。禁止人信仰一种学说的，犯了教人虚伪的罪恶。"⑤他批评了北京政府禁止所谓危险思想

---

① 《争自由的宣言》，《晨报》1920年8月1日。
② 杨端六：《中国改造的方法》，《东方杂志》第18卷第14号，1921年7月25日。
③ 张允侯等编：《五四时期的社团》（三），生活·读书·新知三联书店1979年版，第256页。
④ 渊泉：《什么叫做危险思想?》，《晨报》1919年6月29日。
⑤ 常：《危险思想与言论自由》，《每周评论》第24号，1919年6月1日。

的种种罪恶。

张申府更加严厉地批评说:"'危险思想!''过激思想!'简直都是无知识的盲话,无脑筋的妄语!什么是思想?思想有不危险的么?过激两字更不通!什么是激?怎么样便成过?必如何才足不?思想也有不激的么?凡思想都是捣乱的,革命的。凡思想都是破坏的,可怕的。不论什么特权特典,什么固定的制度,什么舒服的习惯,思想对于他们都是一无情恩。凡思想都是无政府无法律的。他对什么权势典重既从没有关过心,老人们屡试很有效的智术也岂能在他的意。"① 因此有人警告说:"自俄德革命以来,社会思潮为之一变。""现代世界日趋民主……此种潮流行将波及东亚,大势所至,无可幸免。吾人不独顺受之,当进而欢迎之。"② 作者提醒政府要顺应社会潮流。张东荪也提醒政府当局,对于过激主义,"当采纳其主义中之含有至理者,先行改良社会组织,使人民于经济上得相安,于心理上得其平,然后对于过激之谬说,提起正确之舆论以宰制之,则其势必渐杀也。要之,一方面于经济制度、社会组织先行改良,此乃釜底抽薪,他方面于思想研究,致其精神明辨,则人民有反复之思维,能自辨是非,则感情之论不足以动之也。易言之,即过激主义之稳健化。盖完全拒绝之,为势所不能,完全承诺之,其果亦不良,则舍此调和外无他策矣"③。他是警醒政府当局要谨慎对待过激主义等思想言论,顺应社会改造的潮流。在思想舆论界争取言论出版自由的同时,一些社团组织付诸实际行动。1919 年 11 月 24 日直隶省长通令各官厅查禁《平民》,理由是《平民》的内容"不惟对于政府任意污蔑,且语言悖谬不讲伦常……实属妨害治安"④。《平民》遭禁以后,社员为争取继续出版而和反动当局进行斗争。他们选举代表到省长公署谒见省长,陈述说,出版自由载在约法,平民杂志本为唤起一般国民的爱国心,杨以德竟敢请查禁,岂不是剥夺出版自由么?省长答复,如能在言论上自加检点,决不能受人拘束云云。于是,社员重张新旗,第三期要出一个"妇女号",决不为黑暗势力压服,并力求进步,对于社会各种问题当尽力筹划研究,以待指导平民的初衷。⑤

《山东劳动周刊》刊载了中国劳动组合书记部山东支部发表的《为上

---

① 赤:《"危险思想"》,《新青年》第 6 卷第 5 号,1919 年 5 月。
② 渊泉:《警告守旧党》,《晨报》1919 年 3 月 30 日。
③ 张东荪:《世界公同之一问题》,《时事新报》1919 年 1 月 15 日。
④ 《天津特约通信》,《晨报》1919 年 12 月 2 日。
⑤ 中共中央马克思、恩格斯、列宁、斯大林著作编译局研究室编:《五四时期期刊介绍》第二集,生活·读书·新知三联书店 1979 年版,第 350 页。

海劳动周刊被封及李启汉君下狱事敬告全国劳动朋友书》和中国劳动组合书记部北方分部《为李启汉同志被捕事发表的告北方工人书》两个文件。指出,上海租界总巡捕房和反动法庭判处李启汉的做法,"无非是想重责李君,使旁人再不敢为我们说公道活"。封禁《劳动周刊》的意思,"无非是因为他是工人的刊物,他是工人说话的机关,他是宣布资本家罪状的布告,这才硬加以'登载过激言论','鼓吹劳动革命'诡词把这个眼中钉铲除了"。北方分部向全国劳动者发出号召:"大家快起来作正当底抵抗!应当要恢复我们的言论机关,释放我们的办事人,得到租界的自由居住权,总巡捕房向我们工人阶级谢罪!"① 这里代表了工人阶级的觉醒,表达了他们改造社会的决心。

更重要的是,北京民权运动大同盟成立后,开展力争民权运动,很快发展为一场群众性的政治运动。1922年直奉战争结束后,独掌中央政权的直系军阀政府提出"恢复法统",恢复《临时约法》和1917年被解散的国会,准备召开国会制定宪法。北京各界人士乘国会重行制宪之机,要求在宪法上规定人民的权利和自由。1922年8月24日,北京民权运动大同盟成立。所拟《宣言大纲》提出目前进行的工作。第一是要求政府立刻废止袁世凯所颁的压迫全国人民的治安警察法。第二是要求国会在宪法上确定人民各种权利——如集会、结社、言论、出版等有绝对自由权,采用普遍选举,制定劳动保护法;决定妇女在政治经济上一切平等的权利,并监督大宪完成后之政府忠实执行。②《民权运动大同盟宣言》指出:"我们'民权运动大同盟',就是以伸张民权,铲除民权的障碍(即军阀和国际资本帝国主义)为职志",所揭示的四大目标就是:(1)集会结社言论出版有绝对自由权;(2)普遍选举;(3)劳动立法;(4)男女平权。宣言最后提出:"宪法是人民的权利保证书,我们该乘此国会重行制宪的时候,来作一番争夺民权的运动。"③ 总之,发起民权运动大同盟,就是要力争民权,扫除民权障碍,贯彻民主政治。

北京民权运动大同盟成立以后,首先与中国劳动组合书记部联合发起劳动立法运动,拟定劳动立法大纲十九条;又联合北京学联向国会请愿,并由李石曾出面,招待宪法起草委员会委员,陈述大同盟主张。其次,发起取消治安警察法运动,由高一涵撰文,列举治安警察法对人民集会结社

---

① 中共中央马克思、恩格斯、列宁、斯大林著作编译局研究室编:《五四时期期刊介绍》第二集,生活·读书·新知三联书店1979年版,第115—116页。
② 《民权运动大同盟昨日成立》,《晨报》1922年8月25日。
③ 《民权运动大同盟宣言》,《先驱》第12号,1922年10月15日。

言论出版及示威游行等的无理限制是违反"约法",不是民国应该有的恶法,要求废止。同时商同学联,举办示威游行,向黎元洪递上请愿书,要求废止此法。此外,对于北京学联驱彭运动以及京汉路"二七"大罢工惨案均积极支援。① 1923年1月,民权运动大同盟召开同人大会,讨论和修改了同盟纲领,就政治、经济、社会、教育、国际诸方面提出十三项主张:(1)实现真正的民主;(2)保持民族独立,打倒国际帝国主义的压迫;(3)人民应有集会、结社、出版、居住、罢工之绝对自由;(4)采用普选制;(5)改用征兵制;(6)规定土地法和地价税法;(7)整顿国有产业;(8)征收累进税;(9)废止厘金及其他苛税;(10)规定劳动法,废止包工制;(11)在政治上、经济上妇女享有同男子一样平等的权利;(12)实行义务教育;(13)联合世界被压迫民族以反抗国际帝国主义。② 这说明,随着民权运动的发展,民权运动大同盟的主张更加明确,在思想上、组织上渐趋成熟。证诸《晨报》1923年2月7日的报道,"民权运动大同盟自去岁夏间成立以后,内则日益充实,外则日见扩充,入会者肩摩踵接,分会亦纷纷成立。统计半年以来,京中会员增加三百余人,各省分会成立者已十七处,现该同盟以新分子骤增,且环境亦有变迁,旧日纲领及组织大纲此时不能不有所变更"③。在此基础上,北京民权运动大同盟提出了成立中央机关、改组为政党组织的要求。民权运动从群众运动向政治运动转变,也是社会改造转向政治改造的体现。

大致说来,随着社会改造思潮与运动的发展,北京政府及地方当局采取了严厉查禁措施,使社会改造的方法和目标不得不进行调整。题名《黑暗—光明》的文章指出:"真正的十足的黑暗社会,里面已含育了'光明'的根芽,越黑暗越足促触光明早放气焰。恐怖的社会,即是革命动机的出洞老虎。……什么监狱哪!戒严令哪!逮捕哪!枪决哪!检查邮件哪!这全是社会运动的讲义,社会革命的通知书。"作者举俄国为例,如果不是沙皇的专制和革命党人的多年流血牺牲,就不会有十月革命;举中国为例,如果民国二年没有封闭晦鸣学会,恐怕无政府主义在中国就要绝迹了。"时代思潮,是当代社会生活的反映的产物。别的都可压服防杜,唯有一时代民众思想的趋势,是不可以威权武力扑灭或使他转湾(弯)的。"

---

① 中国社会科学院近代史研究室编:《五四运动回忆录(续)》,中国社会科学出版社1979年版,第197页。
② 参见《广东民权运动大同盟宣言及议案》,《北京学生联合会日刊》第49期,1923年4月9日。
③ 《民权运动大同盟之发展》,《晨报》1923年2月7日。

"此时中国的社会,黑暗先生才初来光顾,还未曾大发脾气;所以中国社会的光明尚未闪灼。诸君!黑暗与恐怖,是一母所生的兄弟,恐怖与革命就要结成恋爱的夫妇了!"①许多青年学生通过改造斗争的历练,更坚定了改造社会的决心。广东的阮啸仙在《改造日记》中说:"所以我们从这个当儿,得了许多经验,知道许多内容,觉得这个社会,是尘障的东西,光怪陆离,令人莫名其妙。也许打破我们从前的一种崇拜大人先生的观念,知道他们通通是假的,而我们改造的心,也从此坚决了,也预备来牺牲了。"②作者赞成社会革命,同时表明,为此抱定牺牲和奋斗的精神。这也是社会改造思想日益激进的表现。

总之,政府对于社会改造舆论的查禁,导致社会改造舆论和运动更趋激越。而社会改造舆论趋向激进,政府方面的查禁态度也就更为严厉,反过来又刺激了社会改造思潮和运动。五四时期是中国由传统社会向现代社会演变的转型时期,整个社会充满矛盾、混乱、冲突和战争,人民怨声载道,社会改造的声浪喧嚣一时。这是历史大转折和社会变迁过程中不可避免的,甚至是必然的结果。当时的北京政府,是中国残存的传统政治与日益成长的现代政治文明矛盾冲突的畸形政治产物。由于北京政府没有建立稳定的政权,政治不断动荡,掌权者缺乏改造社会的理念和建设国家的纲领、方向和目标,无法取得各阶层人民的支持,最后被国民革命运动推下政治舞台,也是自取灭亡。③

四 社会改造融入国民革命运动

革命是社会改造的主要手段之一。国民革命是一场反帝反封建的革命运动,是五四后期社会改造运动的最重要表现之一,而且将社会改造思潮融入到国民革命思想与运动中。

1. 社会改造思想融入国民革命

"国民革命"一词最早出自1906年孙中山等人起草的《军政府宣言》。文中说道:"故前代为英雄革命,今日为国民革命。所谓国民革命者,一国之人皆有自由、平等、博爱之精神,即皆负革命之责任,军政府特为其枢机而已。自今以往,国民之责任即军政府之责任,军政府之功即国民之

---

① 木子:《黑暗—光明》,《芜湖学生会旬刊》第1期,1921年4月30日。转引自《五四时期期刊介绍》第二集,生活·读书·新知三联书店1979年版,第478页。
② 《阮啸仙文集》编辑组编:《阮啸仙文集》,广东人民出版社1984年版,第9页。
③ 张宪文:《再论民国史研究的几个重大问题》,《江海学刊》2008年第5期。

功，军政府与国民同心戮力，以尽责任。"① 1922 年，陈独秀在《造国论》中认为，中国现阶段"决不是哪一个阶级的群众在短期内能够壮大到单独创造国家的程度"，只有无产阶级和资产阶级"联合的国民革命（National Revolution）的时期是已经成熟了"。于是他改用孙中山此前提出的"国民革命"来代替"民主革命"口号，作为号召中国革命的旗帜。陈独秀解释说："这一个口号，不但近年来经国民党采用，成了全国普遍的口号，并且实际上适合于殖民地半殖民地各阶级联合革命的需要"。他还指出，国民革命的方法是组织真正的国民军。"这个国民军，是应该由全国被压迫的各阶级爱国者而不为私利私图的有力分子集合起来，号召全国各阶级觉悟的大群众组织而成。在这创造国家的大事业中，自然少不得许多有力的领袖，但英雄时代、贤人政治时代都快过去了，这种新势力若不建立在大群众的需要与同情的力量上面，不是难以持久，便是造成新的军阀。"② 他认为，国民革命是全国各革命阶级联合进行的革命。

《全国学生对于现时政治的态度》在分析中国政治形势和革命任务时指出，中国政治问题及其乱源，根本不外乎北洋军阀之存在和外国帝国主义之压迫与播弄二因。"自欧力东渐，老大中国，斗然入于国际侵略之局，腐败无能之专制政治，丧权割地，日促国命，致使茫茫神州，成为列强瓜分殖民之地。于是由亡国灭种之祸，遂启内政改革之端"。因此，解决中国问题的根本方法，"唯有国民革命之一途"。要国民革命成功，就必须联合被两重压迫的民众势力，打倒北洋派祸魁吴佩孚与曹锟及其他一切压迫人民的军阀，同时联合一切被压迫的民族及反帝国主义的友邦于外国帝国主义的侵略和阴谋"加以抵死的反抗"③。该文论证了国民革命是解决中国问题的根本方法，是改造中国的根本途径。

随后，中国共产党人论证了中国国民革命的发展历史，并且赋予国民党领导国民革命的重大责任。陈独秀在《中国国民革命与社会各阶级》中指出："中国国民革命运动，可以说自甲午战败起，过去历史已将近三十年，此三十年中，第一期是戊戌前后的变法自强运动，第二期是辛亥革命运动，第三期是'五四'以来学生及工人运动"④。李大钊则把国民革命的历史延伸到太平天国，指出"中国国民革命运动的主潮，自从太平天国

---

① 中国社科院近代史所等编：《孙中山全集》第 1 卷，中华书局 2011 年版，第 296 页。
② 独秀：《造国论》，《向导》第 2 期，1922 年 9 月 20 日。
③ 《全国学生对于现时政治的态度》，《湖南学生联合会周刊》第 32 期，1923 年 4 月 29 日。
④ 陈独秀：《中国国民革命与社会各阶级》，《前锋》第 2 号，1923 年 12 月 1 日。

动乱以还，总是浩浩荡荡的向前涌进，没有一刹那间的停止"①。孙中山的"国民革命"主张，经过陈独秀重新解释并赋予反帝反封建的新的内涵后，逐渐成了国民党和共产党对于民主革命的共识。经过共产党人科学论证和系统阐述的国民革命思想，成为广大民众普遍接受并付诸实践的新型民主革命思想，很快形成声势浩大的国民革命运动。

　　在许多人看来，国民革命与社会革命是相通的，都是社会改造的方式。张申府说："今日乃是革命的时代，而且是社会革命时代。因为在现代的中国，非社会先革命，必无别的革命可能。""今日的革命是要建设一个新社会的。"②就国民革命与社会革命的关系，"我既已承认只有一个最适于今日中国的革命，而且承认就由这一个革命就可以达到所有真正的革命者所要达的目的，当然是不承认此外还有什么别的社会革命的。换话来说，我认为社会革命实已包括于国民革命之中，二者并不相外，二者更不可以相非。今日中国的革命，叫作国民革命可，叫作社会革命也无不可。只看所重是那一方面"。"中国今日的革命，既有好几方面，就民族独立建设自主国家说，是国民革命，就推翻封建制度打倒帝国主义而以超资本主义的方法建设国家资本开发工业解决土地问题说，就是社会革命。这道理，其实是显然的。最后目的既在实现民生主义（即社会主义）经济平等，非社会革命而何。既不能忽略了超资本主义的生产方法，既要推翻应来的宗法社会封建势力，非社会革命而何。就是政治上真正的民主，而非像西洋近代的假民主，也是非社会革命不办的。社会革命本是对政治革命而言。照现在似乎不应该称引（其实不必这样地小器。至少不以人废言的古训是应该遵守的）马克思的说法，政治革命就是夺取政权（推翻旧政权建设新政权），社会革命就是改造社会（建设新社会制度）。今日的中国革命，当然必不止于夺取政权。更深切言之，现代的革命，本没有会不兼是社会革命的。不兼是社会革命的变动，只是政变，只是箍忒达（Coup detat），算不了什么革命。"③从社会革命到国民革命的认识变化，表明国民革命开始成为中国革命者共同的意识和行动，中国社会改造开始进入政治革命的轨道。

　　1924年1月发表的《中国国民党第一次全国代表大会宣言》，宣布"吾国民党则夙以国民革命、实行三民主义为中国唯一生路"。以三民主义改造中国，成为当时中国最重要的政治改造路径之一。《东方杂志》发表

---

① 猎夫：《马克思的中国民族革命观》，《政治生活》第76号，1926年5月。
② 张申府：《张申府文集》第一卷，河北人民出版社2005年版，第137页。
③ 张申府：《张申府文集》第一卷，河北人民出版社2005年版，第111页。

的《对于政党前途的希望》评论说:"自二次革命失败到最近的时期为止,国民对于政治抱绝对的消极态度,但到了最近,国民终于从昏睡中醒来,而且有了干涉政治的决心了。这种动机,一半是受了俄、土、埃及、爱尔兰国民革命成功的影响,一半却也因为对于国内实力派完全绝望,觉得国民自身的事情还得国民自己来解决才行。因有这两种原因,近来一般民众已重复鼓动了对于政治的热望,许多青年多瘁其心力以从事政治运动,这是显而易见的事情,而且现在国民对于政治运动所取的手段,也比以前进步得多了。从过去十年的经验中,他们已学得了许多乖,他们知道实力派是不能依附的,以个人利益为本位的职业政治家也都是不能信任的,要求政治的改造,只有一部分的民众联合起来,造成有纪律有训练的政党,夺取政权后,那才有希望。凡是政府,要不是以一部分民众为其监督为其后盾,都易被少数私人所操纵,而不能顾及大多数人的利益。但民众本身是一群乌合之众,要从事政治战斗,则必须团结起来,组成纪律严明,步调一致的政党才行。最近国民的政治运动大概是照着这一个新方向进行的。上月国民党的改组,共产党和国民党的携手,以及最近在野各政党的活动,都足以证明国民已走上政治运动的新轨道。这种倾向不用说是我民族前途唯一的希望了。"① 这说明,国民对于政治的态度发生了明显变化,认为"是我民族前途的一大转机"。国共合作则使中国社会改造真正"走上政治运动的新轨道"。

2. 国民革命运动的兴起和发展

《中国共产党第一次对于时局的主张》(1922年6月15日)提出:"解决纠纷的唯一道路只有打倒军阀建设民主政治",民主政治的精髓就是国民积极主动地参与政治,需要民主政党来领导。而"真的民主派",一是其党纲和政策必须不违背民主主义的原则,二是其行动必须始终拥护民主主义与军阀奋斗。国民党是中国现存的各政党中比较革命的真的民主派,但是,他们党内往往有不一致的行动,对外有亲近一派帝国主义的倾向,对内两次与北洋军阀携手;国民党要想保存它在民主革命上的地位,有必要改变这种动摇不定的政策。由此中国共产党提出,对国民党实行改造,使之担负起领导国民革命的责任。"我们必须为中国造一个最有力量的革命党,除了这没有法子救中国。"②

在共产国际的指导下,中国共产党认识到要开展国民革命,为社会主

---

① 化鲁:《对于政党前途的希望》,《东方杂志》第21卷第4号,1924年2月25日。
② 代英:《造党》,《中国青年》第21期,1924年3月8日。

义革命作准备。"鉴于国际及中国之经济政治的状况,鉴于中国社会各阶级(工人农民工商业家)之苦痛及要求,都急需一个国民革命;同时拥护工人农民的自身利益,是我们不能一刻疏忽的;对于工人农民之宣传与组织,是我们特殊的责任;引导工人农民参加国民革命,更是我们的中心工作;我们的使命,是以国民革命来解放被压迫的中国民族,更进而加入世界革命,解放全世界的被压迫民族和被压迫的阶级。"① 中共三大明确提出开展"国民革命"的任务。中共三届一中全会规定,国民革命运动是中国共产党当前的全部工作,号召全党努力促进国民党改组的进程。这是"为国民运动、为扩大国民党的影响寻找一个共同的基础"②。因此中国共产党提出,国民革命是"一个有组织有计划的大革命",实现这种革命的条件:第一,必须有切实可行的改造政治经济的主张;第二,必须使上述主张能为多数农工平民所赞助、拥护;第三,必须有相信上述主张的人,结合为大革命党,以为革命行动的中心。③ 正如毛泽东所说:"中国现在的政治问题,不是别的问题,是简单一个国民革命问题;用国民的力打倒军阀并打倒和军阀狼狈为奸的外国帝国主义,这是中国国民历史的使命。"④ 共产国际也认为,孙中山和他领导的国民党人"虽然都具有小资产阶级的动摇性和理论与实践相背离的种种毛病,但在目前和很长时期内他们还是能够领导中国国民革命运动的唯一代表,对此不应有任何怀疑。"⑤ 这也就确立了国民党对国民革命的领导权。

在共产国际和中国共产党的帮助下,孙中山着手改组国民党。国际代表鲍罗廷被孙中山任命为中国国民党组织教练员,协助开展国民党改组工作。鲍罗廷根据《共产国际执行委员会主席团关于中国民族解放运动和国民党问题的决议》的基本精神,开展的主要工作,"第一是参酌俄共的经验来帮助中山先生改组中国国民党。第二是使国共发生组织上关系,即促成国民党容共。第三是鼓励中国国民党从事'反帝'的斗争"⑥。无论是

---

① 《中国共产党第三次全国代表大会宣言》,中央档案馆编《中共中央文件选集》第 1 册,中共中央党校出版社 1989 年版,第 166 页。
② 中共中央党史研究室第一研究部编:《联共(布)、共产国际与中国国民革命运动(1920—1925)》,北京图书馆出版社 1997 年版,第 442 页。
③ 代英:《矫正对于"打倒军阀"的误解》,《中国青年》第 22 期,1924 年 3 月 16 日。
④ 泽东:《北京政变与商人》,《向导》第 31、32 期合刊,1923 年 7 月 11 日。
⑤ 中共中央党史研究室第一研究部编:《联共(布)、共产国际与中国国民革命运动(1920—1925)》,北京图书馆出版社 1997 年版,第 371 页。
⑥ 崔书琴:《孙中山与共产主义》,香港亚洲出版社 1954 年版,第 27 页。转引自黄修荣《国共关系七十年》上卷,广东教育出版社 1998 年版,第 208 页。

国民党"容共"还是"以俄共的经验"改组国民党,都从组织上确立了国民党领导国民革命的绝对地位。

1924年1月召开的中国国民党第一次全国代表大会,明确指出,国民党有改组国民党和改造国家两件事:第一件是改组国民党,把国民党重新组成一个有力量、有具体的政党;第二件是用政党的力量去改造国家。[①]大会通过了改组国民党使之革命化的具体办法,强调"国民党之组织原则,当为民主主义的集中制度"。《中国国民党第一次全国代表大会宣言》首先总结了过去革命斗争的经验,分析了中国的历史和现状,指出进行国民革命,实行三民主义"为中国唯一生路"。其次阐述"国民党之主义",即孙中山在共产国际帮助下重新解释的三民主义。民族主义主张,"一则中国民族自求解放;二则中国境内各民族一律平等",同时提出了反对帝国主义和军阀的革命任务,号召各民族共同努力,争取革命成功,废除民族压迫,组织自由平等统一的国家。民权主义主张把政权放在人民掌握之中,实行民主政治。民生主义主张"平均地权"和"节制资本",反对"土地权之为少数人所操纵",反对私有资本"操纵国计民生"。最后,通过"国民党之政纲",规定了国民党对外和对内的基本政策。对外政策是废除帝国主义与清政府及军阀政府所订立的一切不平等条约,取消其在华特权;对军阀政府损害人民利益所借外债不负偿还之责。对内政策规定,实施三民主义的各项政治经济制度,如规定"废除以资产为标准之阶级选举",保障人民集会、结社等各项自由权利,改良农工劳动者的生活,等等。因此,《中国国民党第一次全国代表大会宣言》被称为"国民革命行动纲领"[②]。

这次大会标志着国共合作正式形成,改组后的国民党成为工人、农民、城市小资产阶级和民族资产阶级四个阶级的革命联盟,新三民主义成为国共合作开展国民革命的指导思想。进一步比较可知,国民党第一次全国代表大会提出的政纲,与中共的民主革命纲领在主要原则方面是基本一致的,因而《宣言》为国共合作奠定了政治基础。而《中国国民党党章》为第一次国共合作提供了组织上的保证。[③]孙中山1924年1月21日在

[①] 荣孟源编:《中国国民党历次代表大会及中央全会资料》,光明日报出版社1985年版,第5页。

[②] 中共中央党史研究室第一研究部编:《联共(布)、共产国际与中国国民革命运动(1920—1925)》,北京图书馆出版社1997年版,第446页。

[③] "从五四运动到人民共和国成立"课题组:《胡绳论"从五四运动到人民共和国成立"》,社会科学文献出版社2001年版,第330、336页。

"关于民生主义之演说"中解释民生主义与共产主义的关系：所谓社会主义、共产主义与集产主义均包括在民生主义之中。"共产主义与民生主义毫无冲突，不过范围有大小耳。"① 新三民主义与中共的最低纲领在基本原则上一致，反帝反封建的革命目标也是相同的。但两者存在许多不同：第一，中共的民主革命纲领有彻底实现人民权利、八小时工作制和彻底的土地革命纲领，三民主义则无。第二，中共领导的革命除了民主革命阶段外，还有一个社会主义阶段；除了最低纲领，还有一个最高纲领；三民主义则只有民主革命阶段和民主革命纲领，没有社会主义阶段和纲领。第三，中共的宇宙观是辩证唯物主义和历史唯物主义，三民主义则是所谓民生史观，实质上是二元论或唯心论。② 而且，国共两党确属不同性质的政党，各自信奉的民生主义与共产主义也确属不同的主义。但是两党在民主革命的理论上、政策上有许多共同点，在反帝反封建的问题上是完全可以合作进行的。③ 改组后的国民党以打倒帝国主义和封建军阀为基本目标，全面开展的国民革命运动是以新三民主义为指导思想的。1924年萨孟武出版的《三民主义政治学》在标题中即提出："将来社会的建设——三民主义"，"如何由现实社会推移为将来社会——国民革命"，"谁负担改造的责任——中国国民党"。④ 中国共产党人也认定，国民革命是我们处在国际帝国主义与封建军阀双重压迫之下的一切人民之唯一出路。毛泽东在1925年答少年中国学会改组委员会问的填表中说："本人信仰共产主义，主张无产阶级的社会革命。惟目前的内外压迫，非一阶级之力所能推翻，主张用无产阶级小资产阶级及中产阶级左翼合作的国民革命，实行中国国民党之三民主义，以打倒帝国主义，打倒军阀，打倒买办地主阶级（即与帝国主义军阀有密切关系之中国大资产阶级及中产阶级右翼），实现无产阶级、小资产阶级及中产阶级左翼的联合统治，即革命民众的统治。"⑤

在新三民主义指导下，国民革命运动轰轰烈烈地开展起来，从开展工农运动、废除不平等条约，到国民会议运动，开展北伐战争，深刻影响了中国社会改造的进程。可以说，国民党和共产党均把改造中国、建设现代

---

① 中国社科院近代史所等编：《孙中山全集》第9卷，中华书局2011年版，第112页。
② 参见黄修荣《国共关系七十年》上卷，广东教育出版社1998年版，第260页。
③ "从五四运动到人民共和国成立"课题组：《胡绳论"从五四运动到人民共和国成立"》，社会科学文献出版社2001年版，第318页。
④ 萨孟武：《三民主义政治学》，新生命书局1924年版，第77—124、125—184、188—202页。
⑤ 张允侯等编：《五四时期的社团》（一），生活·读书·新知三联书店1979年版，第508—509页。

国家作为自己的奋斗目标。鉴于其改造中国的基本纲领——反帝反封建的一致性，故两党于1924年第一次携手合作，开展国民革命运动，对中国革命做出了贡献。①

3. 国民革命对中国社会改造的影响

国民革命不仅广泛传播了民主、自由、平等、人权的观念，而且推动了工人运动、农民运动、学生运动、妇女运动等社会运动的发展，进而推动中国社会变革。正如陈达在《中国劳工问题》中所指出："我国社会运动的原动力，可以说是国民革命运动。"② 事实表明，国民革命运动基本上推翻了北洋军阀的反动统治，沉重地打击了帝国主义侵略势力，对中国社会改造变迁产生了深远的影响。

不过，随着国民革命的深入开展，发生了争夺革命领导权的问题。受共产国际委派回国的彭述之，在中国共产党最早公开提出"谁是中国国民革命的领导者"的问题。③ 因为革命必定要在一个比较确定的更进步的阶级意识指导下才能进行，才能有确定的方向，才能达到最后的目的。国民革命虽然是混合各阶级的力量而进行的，然而必须有个主要的进步的阶级做中坚做领导者，才能使各阶级的意识比较集中，才能引导革命的势力到目的地，彻底消灭帝国主义与军阀。彭述之认定，国民革命只有工人阶级配做领导者，也只有它能做领导者。根据在于：（1）中国工人阶级此时唯一的敌人并不是中国的资产阶级，而是外国帝国主义与本国封建军阀。（2）在世界革命的意义上，在中国革命历史进化的阶段上，中国工人阶级打倒外国帝国主义与本国封建军阀，是中国无产阶级革命之第一个步骤，是中国工人阶级走向无产阶级革命必经之路。（3）中国的各种社会阶级在国民革命的意义上是能够受工人阶级之领导的。"所以中国工人阶级在目前只集中各阶级的革命势力于国民革命之一个焦点上，以期消灭当前之大敌——帝国主义与军阀。可是同时中国工人阶级的使命绝不限于国民革命，绝不限于消灭帝国主义与军阀，它自有它更伟大的使命，最终的目的——无产阶级革命。"④ 1925年1月召开的中共四大，正式提出无产阶级在中国革命中的领导权问题。

---

① 张宪文：《再论民国史研究的几个重大问题》，《江海学刊》2008年第5期。
② 陈达：《中国劳工问题》，商务印书馆1928年版，第597页。
③ 参见李永春、岳梅《彭述之的无产阶级"天然领导权"思想再探》，《党史研究与教学》2013年第3期。
④ 彭述之：《谁是中国国民革命之领导者》，《新青年》（季刊）第4号"国民革命号"，1924年12月20日。

第十章 五四时期社会改造思潮的影响 635

无产阶级对于国民革命的领导权,是通过无产阶级的政党组织——中国共产党来实现的,共产党是以工人运动的发展为基础的,也就是以领导和掌握工人运动(阶级)作为与资产阶级(国民党)争夺国民革命领导权的资本;而且国民革命对内是阶级革命,对外是民族革命。"无产阶级的目的是由民族革命进到无产阶级革命,所以无产阶级的政党领导无产阶级参加民族革命不是为资产阶级利益而参加,附属于资产阶级,而是为本阶级的利益而去参加民族革命,所以无产阶级在民族革命中不仅是独立的,并且为民族革命的领导阶级。"① 蔡和森的文章明确地表述了无产阶级与民族革命的关系,已经包含了争取无产阶级领导权的思想。

中共中央机关报《向导》还公开宣传,"从旧的历史看来,领导中流阶级向国民运动走的有中华国民党;从新近的历史看来,领导工农阶级向国民运动联合战线上走的有中国共产党。"② "只有工农阶级是忠于反帝国主义和民族革命的台柱子。从今以往,我们工农阶级惟有增强反帝国主义的争斗,才可领导中国民族达到真正的解放;亦惟有成功独立的阶级的组织,才更能增强反帝国主义的势力,而完成我们工农阶级历史的使命"③。这实际上将国民党与共产党并列为国民革命运动的领导者,发出了无产阶级在联合战线中的争取领导地位的呼声。也就是说,工人阶级领导人民推翻帝国主义和封建势力的统治,进而实现无产阶级革命的历史责任。

国共两党争夺革命领导权,实际上都是希望按照各自的政治路线来改造中国,均试图以自己的政治理念、政治纲领、政治策略改造对方,不可避免地导致了联合战线的分裂,最终导致1927年分道扬镳。④

国民革命虽然失败,但它沉重打击了北洋军阀的反动统治和帝国主义侵略势力,对中国社会发展产生了重大影响。从这个意义上说,国民革命也是一场社会改造运动,也是五四时期社会改造思潮和运动的归属。

---

① 《蔡和森的十二篇文章》,人民出版社1980年版,第54页。
② 《蔡和森文集》,人民出版社1980年版,第224页。
③ 《蔡和森文集》,人民出版社1980年版,第746页。
④ 张宪文:《再论民国史研究的几个重大问题》,《江海学刊》2008年第5期。

结 语

　　1840年，鸦片战争拉开了中国近代历史的序幕，也开启了数千年来未有之大变局，从此中国面临着日益严重的社会危机和民族危机。追求国家独立和社会发展始终是中国人民追求的目标，社会改造成为中国近代发展的主题。

　　20世纪30年代，曾有研究者总结了当时中国社会思想解放的动机，说："海通以来，东西文化日益接触，国际交通，外力干涉，皆与中国社会思想变化有关。若康梁之立宪，孙黄之革命，皆其适例。民国成立，人民有言论与结社之自由，思想解放益如春苗之怒放；要皆以抵抗帝国侵略主义（帝国主义）为依归。帝国主义者，用种种政策（移民、探险、通商、资本）侵略中国，驯至租借地、租界、势力范围，杂然并起。我热心爱国志士，始不得不疾首蹙额奔走骇汗，从事救亡运动，迄今莫不以'打倒帝国主义'为口号！""是知中国社会改造思想，皆列强侵略中国之反响。"[1] 国际因素对中国思想界的影响，也决定了中国近代社会变革的特征。一方面帝国主义的来临，国际资本主义者依照自己的模型改造中国，思想界的发展，全以西方资本主义文化的精神为中心。换句话说，学术思想是以迎拒西方资本主义制度和它的文化精神为核心。另一方面是中国民族资本主义的发展，封建残余的日益崩坏。此外，中国已不是世外桃源，而是国际经济制度的一个构成部分。"因为如是，中国学术思想的推移，总逃不出世界思想巨流的激荡。所以一切适合于中国的思潮，都先后的被绍介到中国来，而许多国际思想界的争辩，都在中国重演一遍了。"[2] 加上新文化运动的主力是由"西洋"留学生发难的，因此现代中国学术思想的推移，也不过是跟着世界学术思想的蜕变而转移。[3] 近代中国的社会改造

---

[1] 孟世杰主编：《中国近百年史》（下），天津百城书局1932年版，第275页。
[2] 伍启元：《中国新文化运动概观》，现代书局1934年版，第25—26页。
[3] 陈端志：《五四运动之史的评价》，上海书店据生活书店1936年影印版，第328—329页。

思想也是如此。如果说中国内部的社会危机是社会改造的根本原因，那么，日益严重的民族危机则是社会改造的外来刺激因素。正是内外因素的交织，孕育了中国先进分子改造社会的强烈要求，到五四前后，形成一种社会改造思潮。

第一次世界大战和国际社会主义运动的兴起，把资本主义制度下的社会问题暴露无遗，如何改造资本主义和创建新的社会制度，成为战后各国社会改造的中心。因此，社会改造运动成为一股世界潮流。《时事新报》的一篇译文指出："今次大战虽在于欧洲，而其影响所及，殆遍于全世界。故处此战后之世界中，各国就于共同事业必有建设的计划，是即社会改造之根据也。社会改造为今后世界各国最要之事业，苟因其国家之地位比较的稍为安全，不知奋勉于人类社会之改造，则其国民将无自存于世。盖当大破坏之后，各国人民以方新之气而谋社会根本的改革，其征候已极显著也。"① 世界改造潮流直接影响到中国社会改造思潮和运动。其中，俄国十月革命开辟了世界无产阶级革命的新时代，苏俄社会改造为中国提供了成功的范例和榜样。不少先进分子开始从民主主义趋向社会主义，主张用俄式革命的方法来改造中国。而且在世界改造思潮的影响下，中国的社会改造论者提出了"改造中国和世界"的口号和目标，在改造中国的同时改造世界，将中国改造融入世界改造潮流之中。在共产国际和苏俄的帮助下，中国共产党成立，揭开了中国社会主义革命的序幕。随后中国共产党与国民党实行合作，开展反帝反封建的国民革命，对中国社会发展产生了深远影响，中国改造也成为世界改造运动的重要组成部分。

社会改造需要有科学的理论来指导，社会理论也需要经过改造实践的检验和选择。五四时期社会改造论者从西方移植了诸多社会改造思想，也发掘和整理中国历史上的各种社会改造的主张，形成繁芜庞杂的社会改造理论。大致说来，从西方传入的各种理论几乎都成为中国社会改造的依据，也成为社会改造运动的指南，尤其是无政府主义、民主主义、马克思主义等，先后成为社会改造的主流思想。其中，资产阶级民主主义是近代以来中国社会改造的一面旗帜，也是五四时期社会改造的主要目标；社会主义由庞杂模糊而逐渐具体到科学社会主义，并成为部分激进知识分子的改造目标。社会改造的目标和方法的认识更加清晰，这是社会改造思潮发展的最重要的理论收获，也为社会改造运动提供了正确的理论指导。

在各种社会改造理论的指导下，先进知识分子提出了改造社会的种种

---

① 〔日〕姊崎正治：《人本主义与劳动问题》，微译，《时事新报》1919年6月17日。

方案，诸如教育救国、职业救国、实业救国、科学救国以及乡村建设运动等，甚至进行了政治改革、文化运动、教育改革、经济改革等尝试，这些改革方案未必恰当，也未必适合当时的国情民意。无论是主张教育救国、科学救国、实业救国还是社会改良、社会革命，这些社会改造者的理想都是建立一个真正的资产阶级共和国。也不乏要仿效苏俄建立社会主义国家的意思，但对当时的中国而言，要求建立一个真正的资产阶级共和国是对半殖民地半封建社会的一种否定，是一种历史的进步。以孙中山为首的资产阶级民主派提出自己的改造和建设中国的主张、计划、纲领，并以三民主义领导开展国民革命，极大地推动了社会发展进程。他们始终把建立一个资产阶级民主共和国作为自己的奋斗目标。马克思主义者运用唯物史观和阶级斗争学说观察中国问题，提出，必须以革命的手段，打破旧的资本主义制度，建立新的社会主义制度。他们主张根本解决，确立了以社会主义乃至共产主义为社会改造的目标，并逐渐变成知识分子和广大工农群众的革命行动。中国共产党成立后，提出了比较系统的社会改造主张，从工人运动到农民革命运动，深刻影响了中国社会变革，也为新民主主义革命胜利打下一定的基础。

社会改造需要切实可行的方法来实现改造的目标。五四时期提出的改造方法林林总总，概括来说，主要有社会革命与社会改良、思想革命、文化运动、经济改造、教育改造等。从发展趋势看，社会改造的主流和发展方向，是从思想革命进到社会革命、政治革命。但政治革命与思想革命并非完全对立，而是处于一种融合与冲突的复杂状态中。即便是唯物史观为中国先进知识界提供了从社会经济来改造社会的新途径，但思想革命仍是大部分改造者的努力方向。社会改造的主要形式，一是间接改造，即办刊物、讲演等思想宣传；二是直接改造，即从事社会事业与社会运动，包括社会改良与社会革命。如果说五四以前的改造是通过改造个人而改造社会；那么，五四以后主要是直接的社会改造。组织政党、夺取政权是根本改造的又一途径，直接影响到中国社会改造的进程。中国共产党的成立、国民党改组和国共合作的实现，奠定了以国民革命改造中国的政治基础。

社会改造既要有改造事业和运动的指导者，也要有基本的依托力量，从而涉及如何组织和发动各种力量参与社会改造的问题。中国改造的基本力量经历了从知识精英、贤人政治到青年学生，到劳工阶级的选择之嬗变，而且知识分子与劳苦大众相结合，使社会改造从理论变成实践。可以说，经过无数人艰辛的探索，人们终于认识到，以劳工阶级为基础势力的、联合各界民众为主体的实际运动，是中国改造的依靠力量。社会改造论者认识到，劳动大众是推行社会改造的社会力量，从而使社会改造从愿望变成了实践，从知识界中的进步舆论变成千百万人的直接行动。①

在五四时期社会改造思潮中，在社会改造的方式、范围、着手处等问题上，表现出都市改造与农村改造、地方改造与全国改造、中国改造与世界改造、分散改造与联合改造等关系的分歧乃至争论。因为不同时期、不同历史背景或政治立场提出社会改造的问题不同，在不同场合下社会改造的重心不同，从而构成了社会改造思潮庞杂而丰富的面相。尤其是诸如零碎解决与总解决、社会改革与政治改革、个人改造与社会改造等的分歧或争论。著名的问题与主义之争，既是实验主义和马克思主义的争论，也涉及社会改造手段和方法之争。这些争论是社会改造思潮内容丰富的表现，也是社会改造思潮复杂化的体征，更是社会改造运动不断地发展的表征。

联合改造是五四时期社会改造的发展趋向。宗旨相同的社团为了共同的活动而联合起来进行社会改造，成为五四运动以后的发展趋势。同类性质的政党组织出现联合，不同性质的社团开始出现联合改造的行动。无政府主义与共产主义有过联合开展工人运动、文化运动的经历；国民党和共产党实行党内合作，共同领导和推动国民革命运动，这都深刻影响了中国政治改造的进程。

在五四时期社会改造思潮的发展进程中，无政府主义、民主主义和社会主义尤其是马克思主义，先后成为主流思想。它们既是社会改造思潮的理论来源，又先后充当社会改造运动的指导思想，在一定程度上、一定时期内左右或影响社会改造运动的发展进程，因此与社会改造思潮呈现出复杂的关系。

马克思主义是无产阶级改造社会的科学理论，特别是中国共产党成立以后，早期共产主义者运用初步掌握的历史唯物主义理论，对中国的社会问题进行了深入的观察，对于社会改造问题的认识，深入到社会问题的本质。因此马克思主义为改造中国社会提供了科学的依据和最有效的手段，代表了社会改造的正确发展方向，成为中国最先进的社会改造理论。马克思主义传入中国并且运用于社会改造运动时，与当时诸多主要思潮发生复杂的联系，既表现为相互吸取、相互影响，又表现为相互激荡、相互争鸣。马克思主义在中国正是同这些主要思潮的交互激荡和影响，逐渐地丰富和完善了自己的思想内容，满足先进人士解决中国问题的需求，成为改

---

① "从五四运动到人民共和国成立"课题组：《胡绳论"从五四运动到人民共和国成立"》，社会科学文献出版社2001年版，第102页。

造中国社会的指导思想和方法。马克思主义从最初传入中国的一种社会思潮到发展成为主流思想之一，不仅表现在马克思主义者在中国政治改造运动中的胜利，更表现在中国的马克思主义思想的创造性、合理性和生命力，显示了其指导社会改造的伟大力量。

社会改造运动是不同政党、社团、群体、阶层以及精英与群众共同参与讨论和行动的社会运动。五四时期是中国革命发展的高潮时期，也是清末以来单一党派（同盟会）主导革命向多个政党组织共同革命的转折时代。中国国民党、中国共产党、中国青年党成为主要的政党势力，分别高举"国民革命""阶级革命"和"全民革命"的革命旗帜，以对外反帝国主义和对内反对封建军阀为主要的革命目标。理论上，三民主义与无政府主义、马克思主义的社会改造思想汇合，共同孕育了五四时期纷繁复杂社会改造思潮。三者又是国民党、共产党和青年党的思想旗帜，在社会改造尤其是政治改造方面各具特色，它们的离合影响着中国社会改造运动的进程。尤其是三民主义与马克思主义，分别代表着中国民族资产阶级和无产阶级关于解决中国问题的思想体系，实际指导着国民党和共产党各自领导的政治力量。国共合作的历史事实表明，三民主义与马克思主义是20世纪中国最具有影响力的社会思潮。政党或政治运动的离合，见证了三民主义与共产主义在中国的不同寻常的关系和深刻的相互影响。国共合作开展的国民革命运动是中国近代历史上最为深入而且最具影响的社会改造运动，对中国近代社会变革产生了深远影响。国民革命运动的失败也表明，中国社会改造需要先进的革命政党来领导，将马克思主义与中国社会实际相结合，形成适合中国自己的社会改造理论，同时科学规划和开展社会改造活动。中国共产党领导新民主主义革命胜利，以革命的手段完成了对旧中国、旧社会的改造，建立新中国、新社会，完成了近代中国社会改造的伟大目标。

社会改造包括社会进化与社会革命两种基本形式。如果说社会进化是人们由盲目地改造社会走向自觉地改造社会的过程，是为社会革命打基础，那么，社会革命就是社会的重大变革，是实现社会发展的飞跃，其最终目的是通过革命政党的领导，夺取国家政权，根本变革经济制度。中国近代社会改造的历史进程就是最好的例证。

五四时期是中国近代社会的重要转型时期之一，此期社会改造思潮是社会发展和演变的集中表现，给我们当下许多重要启示和借鉴：

社会是不断向前发展的，社会革命或改造是一个永恒的主题，也是推动社会进步的重要动力。

社会意识是人们对社会生活过程和条件在观念上的反映，对个人或群体乃至社会发挥强大的调控作用，对社会现实起着维护或批判的作用。因此，社会意识具有明显的创新功能，既超越社会现实的局限而创造出新的观念，又以新的观念指导社会现实，创造新的社会状态，进而指导人们的社会活动。

社会思潮是社会发展过程中各种社会问题的表现，是社会现实的反映，被称为社会气候的"晴雨表"。社会思潮作为一种意识形态，反映着社会发展的现状。其中，正确的、进步的、积极向上的社会思潮起到推动社会发展的作用，错误的、落后的、反动的社会思潮则会阻碍社会发展，后者需要进行进一步的思想改造。

历史事实表明，在社会转型的大变局中，将会出现前所未有的各种新问题与新困境。面对困境与挑战，思想敏锐的知识分子总会以不同的方式提出自己的理论解释、思想判断以及解决问题的方法和途径。这样就形成了不同的思想主张乃至社会思潮，对国家、社会和人民生活产生了不同程度的影响。

改革开放以来中国发生了翻天覆地的变化，无论是经济结构、社会结构还是政治体制都发生了深刻的变化，社会意识和观念也发生了前所未有的变化，表现在精神领域中，就是各种社会思潮的兴起和博弈。作为意识形态，社会思潮有多元化的思想资源。从西方各种各样的现代性理论，到传统文化的自觉复苏，从五四运动时期民主自由的启蒙意识到革命时期的平等均富思想，都为人们思考社会问题提供了理论指导。由于社会现实的复杂性和多样性，再加上指导思想、分析工具和传播渠道的多元化，不同的社会群体基于自身的利益诉求和价值理想，对社会转型中出现的问题有着不同的甚至截然相反的理解，据此提出各自的解决方案，这样就形成了各种社会思潮空前活跃，呈现出纷繁缭乱、复杂多变的特点。

在这些社会思潮中，除了作为主流意识形态的中国特色社会主义思想之外，还包括主张私有化、市场化、自由化的新自由主义思潮，主张改良资本主义的民主社会主义思潮，以"普世价值"名义鼓吹西方政治、经济制度的"西化"思潮等。与之相伴而来的，还有历史文化领域的历史虚无主义和文化保守主义思潮，人生观、价值观领域的"人性自私"和形形色色的个人主义思潮，哲学领域的抽象人性论和异化思潮，以及面对中国迅速和平崛起的有关国际思潮和国内的民族主义思潮等。不同的社会思潮并存，是社会多元化在政治、思想、文化领域中的自然反映，也是中国社会发展和进步的标志之一。

如何引领社会思潮的发展，是当下一个非常重要的现实问题。仁者见仁，智者见智。归结起来，一是包容和尊重思想差异，力求各种社会思潮的共性，充分发挥其对社会发展的积极作用。这是中国共产党在总结历史经验教训基础上确立的基本原则，也是中国共产党对社会发展规律的科学认识和把握到达一个新境界的表现。二是不断增强对中国特色社会主义的道路自信、理论自信、制度自信，提升对主流意识形态的自信。三是积极应对和引导各种社会思潮，凝聚社会思潮的共识。也就是提升对多元思想观点的引导力、对非主流意识形态的竞争力、对各种噪音杂音的掌控力，以及开展有理、有利、有节的舆论斗争的有效力。

具体说来，面对学术领域、政治领域和民间多元化的社会思潮，必须坚持用马克思主义引领各种社会思潮，注意加强社会主义意识形态，切实有效地维护国家的意识形态安全。社会主义核心价值体系在各种社会思潮中是中流砥柱，因此，要用社会主义核心价值体系引领时代潮流，凝聚社会各界对形成主流思想舆论的共识、对坚持正确价值取向的共识、对服务国家大局的共识、对整合社会思潮的共识，引领社会思潮朝着正确、健康的方向发展。

附　　录

表一　五四时期主张社会改造的社团组织

社团名称/所属	成立时间	宗　旨	信　条	主要发起组织者
实社（北京）	1917年5月	进德修学		
互助社（武昌）	1917年10月8日	群策群力，自助助人	戒约：不谈人过失，不失信，不恶待人，不做无益事，不浪费，不轻狂，不染恶嗜好，不骄矜	恽代英等
新民学会（长沙）	1918年4月17日	革新学术，砥砺品行，改良人心风俗（1920年7月修改为"改造中国与世界"）	会规：不虚伪，不懒惰，不浪费，不赌博，不狎妓。信条：不标榜，不张扬，不求急效，不依赖旧势力	毛泽东、萧子升、蔡和森等
辅仁社（武汉）	1918年5月15日	促进三育	社务：实行社会服务，先由学校做起	济川、兴焕、仁静、绍书四人
少年中国学会（总会北京）	1919年7月1日正式成立	振作少年精神，研究真实学术，发展社会事业，转移末世风气	信条：奋斗；实践；坚忍；俭朴	王光祈等
国民杂志社（北京）	1918年10月20日	增进国民人格，灌输国民常识（后改为新知识），研究学术，提倡国货		学界青年

续表

社团名称/所属	成立时间	宗　旨	信　条	主要发起组织者
新潮社（北京）	1918年11月19日			傅斯年、罗家伦、徐彦之等
诚社	1918年	改造乡土		
进化社	1919年1月			由民声社、实社、平社、群社合并组成
工学会（北京）	1919年2月	励行工学主义		北京高等师范学校在校学生和毕业生
北京大学平民教育讲演团	1919年3月	增进平民智识，唤起平民之自觉心		邓中夏等
社会改造社（天津）	1919年2月	变革黑暗的旧中国，建设一个民主自由的、有科学文化的新中国		张闻天等
健学会（长沙）	1919年6月	吸收新文化		
永嘉新学会（浙江）	1919年7月25日	培养德性，交换知识，促进思想之改革		
少年学会（北京）	1919年9月1日	发展个性知能，研究真实学术，以进取精神养成健全少年		以北京高等师范学校附属中学为主
觉悟社（天津）	1919年9月16日	本着"反省""实行""持久""奋斗""活泼""愉快""牺牲""创造""批评""互助"的精神，求适于"人"的生活		周恩来等

续表

社团名称/所属	成立时间	宗旨	信条	主要发起组织者
平民教育社（北京）	1919年10月	提倡"德谟克拉西"教育的学说；研究"德谟克拉西"教育实施的方法；批评旧式的教育、思想和社会——改造环境		北京高等师范学校教职员和学生
健学会（武昌）	1919年10月12日	改造自身，改造环境	信条：实践、奋斗、互助、坚忍、俭朴	
浙江新潮社（浙江）	1919年10月	主张社会改造、家庭革命，以劳动为神圣，以忠孝为罪恶		浙江的学生
曙光杂志社（北京）	1919年11月	本科学的研究，以促进社会改革之动机	提倡科学救国和教育救国，强调美育是改造社会的根本手段	北京中国大学、法文专修馆和俄文专修馆等校学生
新城端风团（衡阳）	1919年12月	阐扬善风，廓清陋俗，辅进三育，强固情谊		
北京工读互助团（北京）	1919年12月	本互助的精神，实行半工半读	理想是人人做工，人人读书，各尽所能，各取所需	王光祈发起
青年学会（河南）	1919年年末	发展个性的本能，研究真实的学问，养成青年的真精神	信条：奋斗！诚实！宏毅！勤俭！	河南省立第二中学学生
鄱阳湖社（1920年12月更名改造社）（江西）	1919年下半年	改造社会		江西南昌第二中学的进步青年
觉社（北京）	1920年年初	本互助的精神，研究学术，做实现真理社会的运动		北京师范学校的一些学生

续表

社团名称/所属	成立时间	宗　旨	信　条	主要发起组织者
平民周刊社（平民学社）	1920年年初	研究合作主义，提倡平民教育，发展平民经济	宣传合作主义，认为"合作主义确有改造现今中国社会的能力，加增我国劳动者的幸福"	上海复旦大学的学生
奋斗社（北京）	1920年1月			易君左、郭梦良、朱谦之等
旭旦学会	1920年1月	提高女子地位		
上海工读互助团（上海）	1920年2月	实行半工半读、互相协助		上海一些进步青年
马克思学说研究会（北京）	1920年3月发起	研究关于马克思派的著述		高崇焕等
新人社（上海）	1920年4月	以改造社会为任务		
人社（武昌）	1920年5月18日	本互助的精神，切实做人和研究适用的学术	戒约：不嫖赌，不欺瞒，不傲慢，不轻浮，不做无益的消费，不低视妇女及劳动者	
沪滨工读互助团（上海）	1920年6月	实行工读互助、改造社会		
改造同盟（武昌）	1920年10月3日		不嫖，不赌，不吸烟，不纳妾，不入有害社会的团体，不营有害社会的生活，不存悲观失望的态度，不违反本规约	日新社、健学社、互助社、辅仁社、启明工社、利群书社等社员
启明化学工业社		（一）本互助与劳动的精神，奋斗于实业界。（二）改造社会，使社会经济得以发展，社会事业得以兴办		

续表

社团名称/所属	成立时间	宗　旨	信　条	主要发起组织者
湖南大同合作社	1920年12月	本工读互助的精神，谋社会消费的利益，参照英国洛基台尔式消费合作社的办法，使生产和用品有直接的一种新组织，抵制资本家的专横强夺，避去商人居间垄断欺诈种种的弊害		
上海合作同志社（复旦大学）	1920年12月12日	研究合作主义，提倡合作事业，造就合作人才		
湖南合作期成社（长沙）	1920年12月	研究和宣传合作主义，创办各种合作社		
长沙合作期成社（长沙）	1920年12月	研究合作主义，提倡合作事业		
批评社（北京）	1920年			北京大学的一些学生
心社（衡阳）	1921年3月	牺牲个人乐利，企图群众幸福；结合真纯同志，谋社会实际改造。预备为世界总解决时一部分地帮忙；做建设新社会时一个健全坚实的基础		
武昌工学互助团（武昌）		本互助的精神，实行半工半学		陈时、梁绍文等
南京师范学校工读互助团（南京）		本互助的精神，实行半工半学		
天津工读印刷社（天津）		本改造社会的旨趣，励行工读主义，以养成国人经济独立的精神		天津工业专门学校谌志笃等发起
中大工读互助团（北京）		提倡劳动精神，实行半工半读主义		北京中国大学教职员发起

续表

社团名称/所属	成立时间	宗 旨	信 条	主要发起组织者
广东女子工读互助团（广东）		本互助之精神，实行半工半学，能使自谋生活及受普通教育		
共进社（北京）	1922年10月10日	提倡文化，改造社会		在北京城里的陕西籍学生
上海合作联合会（上海）	1922年12月31日	谋相互的扶助，为普遍的宣传，养成合作人才，调查合作事业		由上海合作储蓄银行、平民学社、上海职工俱乐部、上海职工合作社等联合
武昌时中合作书报社（系武昌时中书社）	1923年1月1日	以互助精神，供给社员消费；提倡合作主义，使得物质上及精神上的利益		
平民协社（上海）		以互助的精神，谋物质上的便利，进而求精神上的快乐		
湖北仙桃镇消费合作社	1923年	本自助互助之精神，经售柴米油盐及日用必需物，使社员得廉价之消费品		
无锡合作研究社	1923年	研究合作原理，得早日实行		有志研究合作者
工余社（巴黎）	1921年			李卓、朱洗、陈宅桴等
互助社（北京）	1923年年初			晓星、克劳、血钟等
学汇社（北京）	1922年			景定成
民钟社（广东）	1922年7月	宣传安那其主义，计划中国大革命		黎建民、华修勺等
南京民锋社	1923年	宣扬安那其主义		卢剑波等

续表

社团名称/所属	成立时间	宗　旨	信　条	主要发起组织者
鸡鸣社（湖北汉口）	1923年4月	改良社会，提倡人道	任务：用种种方法宣传新文化；铲除人道上一切障碍；建设公共生产及保幼、教育、养老、卫生诸事业	寒光、哀鸣等
微明学社（江苏）	1923年	研究、宣传、实现无政府共产主义	事业有铲除一切违人道的障碍，组织新村等	
安社（汉口）	1923年9月25日	谋人类之安乐，求生活之完善	社员须宣誓："入社人某某，愿牺牲一切，尽力改造世界"	
素社（广州）	1923年	研究和宣传安那其主义，并实行改造社会	调查劳动状况，帮助劳工组织；教育宣传；帮助妇女运动；文字宣传；演讲	
星社（长沙）	1923年12月2日	以破坏为主义，以破坏为手段	破坏即吾目的，破坏即吾手段	
火焰社（新会）	1923年	目的：联合被压迫者，共同努力向压迫者奋斗，以实现自由、平等、博爱、互助的真、善、美社会	预备：先培养自己一好身手，有做模范、能言行的健全人格	
中国孤星社（上海大学）	1924年1月	研究学术，讨论问题，彻底了解人生，根本改造社会		安剑平、糜文浩等
海外品学观摩会（广州）	1924年	改造社会		杨善集、洪剑雄等海南籍青年

说明：

1. 选择标准：以社团组织的宗旨或简章、信条、戒约有社会改造（革）、改造等条目为准。如果在筹备和正式成立时其宗旨发生变化，则分别列出。
2. 时限：1915年6月—1925年5月。
3. 主要资料来源：(1)《五四时期期刊介绍》第1—3集，生活·读书·新知三联书店1979年版；(2)《五四时期的社团》第一——四册，生活·读书·新知三联书店1979年版。

表二 五四时期宣传社会改造的报纸杂志

报刊名称/所属	创办时间/停刊时间	宗旨	代表性文章	备注
新青年（第1期《青年杂志》）	1915.9—1926（1923年改组为季刊，成为中共中央的机关刊物）	我们主张的是民众运动和社会改造；当为改造社会的真理而与各种社会思想的流派辩论。改组为季刊后以宣传马克思主义为目的	陈独秀《敬告青年》	第1卷1号
			陈独秀《驳康有为致总统总理书》	第2卷2号
			《宪法与孔教》	第2卷3号
			陈独秀《文学革命论》	第2卷6号
			李大钊《我的马克思主义观》（上）（下）	第6卷第5、6号
民铎（留日学生学术研究会）	1916.6—1929	促进民智，培养民德，发扬民力	铭心《革命与政党》	第1号
			薰南《社会主义之研究》	第6号
			《阶级斗争与现在环境之打破》	第7号
旅欧杂志（旅欧青年学生、工人）	1916.8—1918.3	交换旅欧同人之知识，传布西方文化于国内	《旅欧杂志出版缘起及简章》	第1期
			石曾《傅来尔传》	第7期
太平洋（太平洋杂志社，1924年12月改为《现代评论》）	1917.3—1925.6	宣传新旧的调和论来使资产阶级各派互相妥协，共同维持资产阶级专政	李剑农《调和之本义》	第1卷1号
			康德昌《联省自治与现在之中国》	第3卷7号
			沧海《革命后之俄罗斯政变》	第1卷8号
学艺（中华学艺社）	1917.4—不详	研究真理，昌明学艺，交换智识，促进文化	陈启修《国宪论衡》	第1卷1号
			陈承泽《法律上三四问题的商榷》	第2卷7号
			陈昭彦《马克思主义经济学》	第3卷7号
自由录（实社）	1917.7—不详	进德修学	黄凌霜《实社"自由录"弁言》	第1集
			华林《世界革命》	

续表

报刊名称/所属	创办时间/停刊时间	宗旨	代表性文章	备注
教育与职业（中华职业教育社）	1917.11—1925.11	方今吾国最重要最困难问题，无过于生计，根本解决，惟有沟通教育与职业，同人认此为救国家救社会唯一方法	黄炎培《我之最近感想》	第 14 期
			陶行知《生利主义之职业教育》	第 3 期
北京大学日刊（北京大学）	1917.11—1937.7	介绍新思想、实时报道、进步社团活动的材料		
劳动（所属社团不详）	1918.3—1918.7	尊重劳动，提倡劳动主义，并努力培植劳动者之道德，灌输劳动者以世界知识普遍学术	劳人《欧战与劳动者》	第 1 号
			劳人《劳动教育》	第 2 号
			一纯《俄国过激派施行之政略》	
法政学报（北京法政学校法政学社）	1918.3—1926.4	增进学识，共相切磋，改良法政	佐藤丑次郎著，卢复译《选举权扩张问题》	第 1 卷 9 期
			郑琛瑞《中国纷乱之原因及其救治方法》	第 3 卷 7 期
学灯（上海《时事新报》）	1918.3—1925.11	促进教育，灌输文化，屏门户之见，为社会学子立说之地	梁启超《自由意志》	1918.12
			陈威伯《反共产党与反革命》	1925.11
广东省会学生联合会月报（广东省会学生联合会）	1918.10.5—不详，仅见第 1 期	救国	林宝权《吾人爱国之责任》	第 1 期

续表

报刊名称/所属	创办时间/停刊时间	宗旨	代表性文章	备注
端风（新城端风团）	1918.12—不详	对于一切无人性的风俗，务必尽力铲除，使之无复存在之余地。同时创造一种合理的风俗，以供新陈代谢	冼震《互助说》	第1号
			恽代英《共同生活的社会服务》	第2号
每周评论（北京）	1918.12—1919.8	主张公理，反对强权	《每周评论发刊词》	第1号
			《和平会议的代表》	第2号
			陈独秀《欧战后东洋民族之觉悟及要求》	第17、19号
			《特别附录对于新思潮的舆论》	第22号
			《特别附录对于北京学生运动的舆论》	
新民学会会员通信集（新民学会）	1918—1921	改造中国与世界	《新民学会会员通信集》共三集	
工人宝鉴（民声杂志社）	创停刊日期不详	向工人灌输无政府主义思想	《无政府主义纲目》	
			张继《总同盟罢工》	
进化（进化社）	1919.1—不详	宣传无政府主义	黄凌霜《进化杂志宣言》	第1号
			黄凌霜《师复主义》	第3号
国民（国民杂志社）	1919.1—1921.5	一、增进国民人格。二、灌输国民常。三、研究学术。四、提倡国货	《人格与我》	第1卷4号
			常乃德《建设论》	第1卷3号
			许德珩《国民思想与世界潮流》	第1卷2号
			杨亦曾《社会为什么要改造》	第2卷1号
			周长宪《社会根本改造运动》	第2卷第3号
			易家钺《社会改造的意义》	

续表

报刊名称/所属	创办时间/停刊时间	宗旨	代表性文章	备注
新潮（新潮社）	1919.1—1922.3	宣传民主与科学，抨击传统伦理道德，提倡新文学	谭鸣谦《法理与伦理之本质区分论》	第1卷1号
			罗家伦《今日之世界新潮》	
			罗家伦《一年来我们学生运动底成功失败和将来应取的方针》	第2卷4号
			吴康《从思想改造到社会改造》	
教育潮（浙江省教育会）	1919.2—1921.1	介绍世界上新的教育思潮，批评中国教育的弊端，讨论新教育的建设	汪馥泉《什么是现代的时代精神》	第3期
			蒋百里《新思潮来源与背景》	第7期
新教育（新教育改进社）	1919.2—1925.10	宣传资产阶级教育思想和教育制度，改革中国的教育，通过教育的改革来改良中国社会	朱进《教育与社会》	第1卷3期
			《新教育杂志社组织纲要》	第4卷2期
晨报副刊（进步党）	1919.2—1928	传播马克思主义思想、介绍俄国革命	李大钊《战后之世界潮流》	1919.2.7—9
			李大钊《新旧思潮之激战》	1919.3.4—5
			郑阳和《社会生计与社会文化，社会改造与个人改造》	1920.1.28
			陈启修《中国改造的研究》	1921.9
新中国（新中国杂志社）	1919.5—1920	思想改造是社会改造的前提	李馨《新中国发刊词》	第1卷1号
			张煊《对于一年来群众运动之感想》	第2卷7号
浙江青年团月刊（浙江青年团筹备会）	1919.5—不详	输导青年的德、智、体三育的发展，使其成为健全的国民	大白《青年团和德谟克拉西》	第3号

续表

报刊名称/所属	创办时间/停刊时间	宗旨	代表性文章	备注
南开日刊（南开学校）	1919.5—8	鼓吹同胞之爱国心，唤起同胞之敌忾，大声疾呼，以追随于爱国诸青年之后	梦痕《对于卖国贼免职之批评》	第11号
			毅《破坏与建设》	第19号
星期评论（国民党）	1919.6—1920.6	研究和介绍社会主义，特别是世界和中国的劳动运动	戴季陶《对付"布尔色维克"的方法》	第3号
			戴季陶《国民自给与国民自决》	第1号
			戴季陶《关于劳动问题的杂感》	第48号
杭州学生联合会报（杭州）	1919.6—不详	唤起国民的爱国心	隐渔《纪念辞》	第31期
新湖南（新湖南社）	1919.6—不详	一、提倡新道德，使国人知所取从。二、改造家庭制度。三、提倡男女平权，生活独立。四、提倡劳工。五、提倡平民教育。六、灌输卫生常识，以谋取增进人类之幸福，减少人类之痛苦	苏闰坡《新湖南发刊旨趣书》	《五四时期刊介绍》第3册，第476页
天津学生联合会报（天津）	1919.7—不详，仅见第54号	以革新的同革心的精神为主旨，本民主主义发表一切主张	撼岳《告直鲁两省同胞》	第54号

续表

报刊名称/所属	创办时间/停刊时间	宗旨	代表性文章	备注
民风（所属社团不详）	1919.7—不详	宣扬无政府主义的学说和观点，揭露旧社会、旧礼教	梁冰弦《战争与资本主义》	第16号
			钱智修《工团主义》	第14号
南洋（南洋周刊社）	1919.7—不详	1920年以革命的宣传为主要内容	观海《今后青年之责任》	第1期
			陈体荣《本刊略史及新年之希望》	第11期
救国旬报（广西梧州学生联合救国团）	1919.7—不详，仅见第1、2期	联络学界抵制劣货，援助外交，实行学生分内救国之事	黄肖彭、岳生《中国今日之救亡良药》	第2期
湘江评论（湖南学生联合会）	1919.7—1919.8	宣传最新思想	毛泽东《民众的大联合》	第4号
			慎厂《改造家庭与改造思想》	
			毛泽东《西方大事述评——各国的罢工风潮》	第1号
少年中国（少年中国学会）	1919.7—1924.5	本科学的精神，为社会的活动，以创造少年中国	王光祈《少年中国学会之精神及其进行计划》	第1卷6期
			《少年中国学会规约的修正案》	第3卷2期
			李璜《民主主义的革命与社会主义的革命》	第4卷2期
			《关于国家主义的讨论种种》	第4卷10期
星期日（少年中国学会成都分会）	1919.7—1920.4	在落后的四川传播新思潮，开展新文化运动	吴虞《说孝》	社会问题号第1张
			陈独秀《男系制与遗产制》	社会问题号第1张
			《随感录》	第34号
湖南（不详）	1919.7—1920.2	提倡民治主义，发扬自治精神	《各属灾况》	第1卷第1号
			愿学《湖南之改造》	第1卷4号

续表

报刊名称/所属	创办时间/停刊时间	宗旨	代表性文章	备注
建设（中华革命党）	1919.8—1920.8	以鼓吹建设之思潮，展明建设之原理，冀广传吾党建设主义	孙文《发展实业计划》	第1卷1—6期
			朱执信《国家主义之发生及其变态》	第1卷2期
			廖仲恺《全民政治论》	第1卷1—6期
			戴季陶《从经济上观察中国的乱源》	第1卷2期
新生活（与北京大学关系密切）	1919.8—不详	进行反帝爱国宣传、反对军阀官僚，要求民主权利，反对封建礼教，破除迷信，宣传科学思想	一涵《青岛伤心史》	第1、2、5期
			李大钊《赤色青色》	第6期
			岩若《谈天》	第1、2期
			李大钊《自然与人生》	第38期
黑潮（太平洋学社）	1919.8—1920.1	牺牲私人的精神和经济，做全国平民对日公开的研究言论机关	《黑潮月刊编辑大纲》	第1号
			夏社《抵制日货之宪章》	第2号
			吕云彪《今后我国人对日应有的计划》	第3号
解放与改造（北平新学会，第3卷起更名"改造"）	1919.9—1922.9	自命宣传社会主义	张东荪《我们为什么要讲社会主义》	第1卷7号
			张东荪《中国的知识阶级的解放与改造》	第1卷3号
			梁启超《改造发刊词》	第3卷1号
平民教育（平民教育社）	1919.10—1924.7	研究宣传及实施平民教育	宏图《平民教育谈》	第4号
			光舞《平民主义和普及教育》	第12号
			常乃德《未来教育改造趋势之观察》	第38号
			菊农女士《道德教育工主义和群化教育法》	第72号
浙江省立第一师范学校校友会十日刊（浙江）	1919.10.10—1920.3	交换知识，联络感情	《浙江省立第一师范学校校友会十日刊发刊词》	《五四时期期刊介绍》第2册，第594页

续表

报刊名称/所属	创办时间/停刊时间	宗旨	代表性文章	备注
浙江新潮（浙江）	1919.11—不详	谋人类——指全体人类——生活的幸福和进化	《浙江新潮发刊词》	第1号
新群（上海中国公学）	1919.11—1920	革新国民思想	王敬芳《新群发刊词》 K. S.《怎样去研究社会改造问题》 Ellwood著，曹任远译《社会学上之社会主义观察》	第1号
新生命（天津真学会）	1919.11—不详	除旧布新	黄剑生《新生命发刊词》	《五四时期期刊介绍》第3册，第456页
华工杂志（旅法勤工俭学会）	1919.11—1920.11	提倡"勤""俭""学"	《华工杂志说明》 民谊《工读》 子民《勿畏强而侮弱》	第1期 第5期
旅欧周刊（旅欧周刊社）	1919.11—1920.11	致力于传达"消息"，传达"学术思想"	太玄《旅欧周刊发刊词》 惟亮《社会该改造观》 王光祈《工读互助团与勤工俭学会》	第1号 第23—24号 第30号
宁波工厂周刊（宁波工厂）	1919.11—不详	养成优美高尚的技师，增进改造工人的运命	始旦《振兴工业的两方面》 顾旭侯《开学日的演说词》	第11期 第2期
独见（浙江省立第一师范学校凌荣宝个人创办）	1919.11—不详	研究人人应遵守的道德问题，研究人人应研究的教育问题。宣传封建道德，反对新文化运动，攻击民主的学生自治制度	凌荣宝《独见发刊词》 凌荣宝《辟"非孝"》 凌荣宝《学生自治制之商榷》	第1号 第3号

续表

报刊名称/所属	创办时间/停刊时间	宗旨	代表性文章	备注
曙光（北京青年学生）	1919.11—1921.6	本科学的研究，以促进社会改革之动机	宋介《科学与社会》	第1卷1号
			范煜璠《教育的邪恶》	第1卷3号
			宋介《贫民救济问题》	第1卷6号
			宋介《自治运动》	第2卷1号
工学（北京高等师范学校工学会）	1919.11—1922	（一）实行我们在人类共同生活里面应有的责任；（二）实行"工学主义"；（三）实行真正的求学	佷工《世界革命的救治与"工学主义"》	第1卷5号
			薰宇《工学主义普遍的实现和教育》	第1卷2号
平民（天津女界爱国同志会和天津学生联合会合办）	1919.11—不详	介绍世界的平民思想，启发平民的知识，促进平民的幸福，改良平民的习惯	《平民的权利与义务》	
			《文字为吾人立身的知识根本》	
新社会（北京社会实进会）	1919.11—1920.4	尽力于社会改造事业	郑振铎《我们今后的社会改造运动》	第3号
			郑振铎《再论我们今后的社会改造》	第9号
			瞿秋白《社会运动的牺牲者》	第8号
光明（浙江江山县旅京学生）	创停刊日期不详	专门讨论农村改造问题	涵真《劳心和劳力》	第2册
			朱开初《乡村教育的改造》	第4册
少年社会（南京高等师范学校）	1919.12—1920.5	使现在少年变成社会的少年（协助的少年），现在的社会变成少年的社会（进步的社会）	金海欢、张念祖译《德谟克拉西的发达和他对于教育的关系》	第1卷第1—4期
			骆锡瓛《我的解决社会问题的方法》	第1卷6期
			曹刍《新文化运动之种种问题同他推行的方法》	第1卷5期

附录　表二

续表

报刊名称/所属	创办时间/停刊时间	宗旨	代表性文章	备注
上海学生联合会通俗丛刊（上海学联）	1919.12—不详	灌输一种做国民所应晓得的智识，使人民明明白白晓得爱国救国，从而振兴中华	韩榕成《我国人的坏脾气》	第1期
			黄维荣《星期日的传单》	第2期
工读（北京高等法文专修馆和四川同乡会）	1919.12—不详	中国应实行社会主义，通过工读主义过渡到社会主义去	社员《工读的究竟目的安在》	第5期
民心（民心周报社）	1919.12—不详	提倡及研究发展实业的方法，研究国际形势和中国的外交政策，启发国民的责任心，养成一种中坚社会富于自动的健实精神	《民心发刊宣言》	第1卷1期
			君桑《我国之对俄政策》	
			《评我国与欧美各国劳动问题》	第1卷8期
闽星（主办者陈炯明）	1919.12—不详	主要是宣传无政府主义、新村运动等资产阶级主张	秋霖《国家的处分》	第1卷7号
			黎明《什么叫做新思想》	第1卷3号
少年（少年学会）	1919年末—不详	研究中国社会的情况和民族的文学等供社会参考，并通过研究，求社会的批评，以增益我们的学识	吴真《努力求个新路》	第15期
			Ellwood著，世朴译《社会的性质》	
觉悟——上海民国日报副刊（上海共产主义小组）	1920.1—1926.1	宣传马克思主义；国共合作后，宣传孙中山的三民主义；1920年底，基本肯定中国应当走社会主义道路	费觉天《从罗素先生底临别赠言中所见的政治支配经济策》	1921.9.25
			力子《青年投身工厂的两重使命》	1920.5.24
			存统《为什么要从事根本改造》	1920.5.27

续表

报刊名称/所属	创办时间/停刊时间	宗旨	代表性文章	备注
工商之友——上海《时事新报》副刊	1920.1—1921.3	做工商界的朋友和顾问	张东荪《中国劳动界的将来》	1920.5
			彬彬《工厂里工人联合组织的主张》	1920.4
奋斗（北京奋斗社）	1920.1—不详	宣传无政府主义	A. D.《我们反对"布尔扎维克"》	第2号
			A. F.《为什么反对"布尔雪维克"》	第8、9号合刊
少年世界（少年中国学会）	1920.1—1920.12	本科学的精神，为社会的活动，以创造少年中国	闵叔敬《南通》	第1期
			杨钟健《陕西》	第2期
			民生《广丰的社会调查》	第9期
			罗学瓒《法兰西工人》	第11期
北京大学学生周刊（北京大学学生会）	1920.1—1920.5	本互助之精神，谋学术之发展与社会之改造	《我们的旨趣》	第1号
			鸣谦《军阀亡国论》	第6号
			仙槎《我们的新宗教》	第5号
			朱谦之《无政府革命的意义》	第17号
浙江第一中学学生自治会半月刊（浙江）	1920.1—11	揭露对腐朽的黑暗统治的不满，提倡学生自治与平民教育	翁延栋《发刊词》	第1期
			朱义权《今后学生对于文化运动的方针》	第5期
新妇女（新妇女杂志社）	1920.1—1921.5	要改进现社会，使妇女有彻底的觉悟，将来能够共同担负新社会上一切重大的责任	妙然《新妇女与旧家庭》	第1卷2号
			凌均逸《女子解放的第二步》	第2卷1号
			济巷《女子参政问题》	第4卷1号
觉悟（觉悟社）	1920.1—1920.6	要本"革心""革新"的精神，求大家的"自觉""自决"	集体《觉悟的宣言》	
			集体《学生的根本觉悟》	
			集体《工读主义》	

续表

报刊名称/所属	创办时间/停刊时间	宗旨	代表性文章	备注
钱江评论（杭州）	1920.1—1920.6	宣传"人道主义"	《钱江评论发刊旨趣》	第1号
			《浙江学生联合会答俄国劳农政府书》	第9号
秦钟（旅京陕西学生联合会）	1920.1—1920.6	唤起陕人自觉心，介绍新知识于陕西，宣布陕西社会状况于外界	《秦钟发刊辞》	第1期
			曹配言《实行平民教育的方法》	第2期
			望月《新思潮在陕西的评语》	第4期
青年（河南青年学会）	1920.1—1920年夏	发展个性的本能，研究真实的学问，养成青年的真精神	靖华《女学生监狱》	第4期
			靖华《强盗杀人》	第3期
进修团团刊（杭州）	1920—不详，仅见第3号	偏重妇女问题	顽石《我之社交公开观》	第3号
新空气（武昌觉社）	1920.2—不详		匿客《废督问题发端》	第1卷2号
			艾华《说德谟克拉西》	
天问（湖南学生驱张代表团）	1920.2—不详	揭发张敬尧祸湘的罪恶，呼吁全国各界援助驱张运动	舌存《欧战战犯与张敬尧》	第4、5号合刊
			问天《湘人对于勒种鸦片之自觉》	
平民导报（上海第二师范新学社）	1920.2—不详，仅见第4期	倾向于空想和改良主义	《儿童公育问题》	第4期
			《国家主义和世界主义》	
政衡（政衡杂志社）	1920.3—不详	政治——主根本的革新；社会——主根本的改造；各种问题——主根本的解决	陈公博《我们为什么还谈政治?》	第2号
			陈公博《我们怎样去组织市政府》	
			谭鸣谦《我之改造农村的主张》	
上海周刊（上海知学会）	1920.3—不详	宣传通过"工读互助"来改造社会，鼓吹劳资调和	星《要整理社会非提倡"工读互助"不可》	第2期

续表

报刊名称/所属	创办时间/停刊时间	宗旨	代表性文章	备注
五七（无锡"五七团"）	1920.3—1921	伸张"公理"，去打破世界的强权。拥护"正义"，去推翻国家的暴力。发扬"人道"，去铲除社会的财阀	唐光《为国民同胞进一言》	第1期
			唐光《怎样去觉悟劳工?》	第5期
浙人（不详）	1920.3—不详	改造现在所处的环境，求得自由、平等、博爱、互助的生活	《浙人旬刊宣言》	《五四时期期刊介绍》第2册，第593页
			孟齐《浙人创刊话》	创刊号
新韩青年（中韩国民互助社、中韩互助社、中韩协会）	1920.3	促进中朝人民的友谊，反对日本帝国主义	《新韩青年创刊词》	创刊号
			李光洙《中国之中兴必自挫日而始》	《五四时期期刊介绍》第3册，第181页
新人（新人社）	1920.4—不详	宣传改造社会的理想，对社会问题和社会运动进行分析和批评	南星《新人的环境创造》	第1号
			成平《文化运动的意义与今后大规模的文化运动》	第5号
觉社新刊（觉社）	1920.4—6	本互助精神，研究学术，做实现真理社会的运动	刘策勋《改造社会》	第3号
			滕涵《实行"工学主义"与师范生》	第1号
醒农（醒农社）	1920.5—不详	促人民之觉悟，谋农业之改进	光《世界和平与农业》	第1期
			云《农民解放》	
新陇（新陇杂志社）	1920.5	输入适用之知识于本省，传播本省状况于外界	张明道《对于甘肃教育改进的希望》	第2期
			陈顾远《思想和环境的关系》	第1期
自治（福建省立第二师范学校自治会）	1920.6—11	拿来发挥各人关于自治的意见	赖汝梅《自治半月刊》	第1期
			钟其华《地方自治谈》	第4期

续表

报刊名称/所属	创办时间/停刊时间	宗旨	代表性文章	备注
平民（周刊）（复旦大学）	1920.5—1924.7	宣传改造社会的方法，初期宣传合作主义；从第191号起倾向革命	毛飞《"合作主义"适合中国么？》	第9号
			《平民改组的宣言》	第195号
			邓中夏《劳动常识》	第206—212号
工界（中华工会）	1920.5—不详	联络工人感情，发展工人生计，增进工人技能，提倡教育	邹卓力《劳动问题的商榷》	第3期
			黄仲寰《劳资协调说》	第11期
			《工界宣言书》	第1期
妇女评论（苏州）	1920.5—不详	研究求得妇女解放的途径	友琴《儿童公育与妇女劳动》	第1卷2期
			顾孝纯《记一个模范女子》	第2卷1期
			莲枝《妇女解放的先决问题——要谋"经济独立"》	第2卷1期
解放画报	1920.5—1921.10	捡极平凡极切要的人生问题，讨论批评，做解放的功夫，引着多数平民，向光明路上走，以实现人的生活，尽人的责任，来革新旧社会，振兴我们的国家	徐半梅《妇女解放的先决问题》	第2期
			华祝南《女子职业与道德》	
			梁鼎礼《女子求学问题》	第9期
			《广东女子的参政运动》	第11期
人道（北京社会实进会）	1920.8	要敦促一般人的觉悟	郑振铎《人道主义》	
			陈其田《零碎社会事业与新文化运动》	
劳动界（上海共产主义小组）	1920.8—1921.1	启发工人阶级的阶级觉悟，促进工人阶级的团结，进一步推动工人运动向前发展	立达《劳动者与社会主义》	第16册
			季陶《劳动者应该如何努力？》	第10册
			《上海机器工会理事记》	第12册
新湖北（旅沪湖北自治协会）	1920.9—不详	宣传湖北自治	《新湖北出版宣言》	
			白逾桓《论废督驱王的办法》	第1号

续表

报刊名称/所属	创办时间/停刊时间	宗旨	代表性文章	备注
劳动者（广东共产主义小组）	1920.10—1921.1	向工人灌输马克思主义的革命教育，从而将工人进一步组织起来	我亦工人《劳动者呵》	第1号
			初《罢工的意义》	第6号
伙友（工商友谊会）	1920.10—1921.1	宣传改良主义思想，散布劳资调和的理论	谷剑尘《工商伙友同病相怜》	第3册
			王剑豪《商人解放的研究》	第4册
批评（北京大学）	1920.10—1921.1	虽"求真"的抱负很大，但都脱离不了资产阶级的思想意识	六几《发刊词》	第1号
			周长宪《批评的精神和新文化运动》	第1号
			郭绍虞《新村运动底我见》	第4号
震坛（朝鲜在沪爱国者）	1920.10—不详	鼓吹朝鲜独立、探讨朝鲜独立方法	睨观《民族自决与韩国独立》	第10期
			《衣食问题解决之研究》	
共产党（中国共产党上海发起组）	1920.11—1921.7	传播马克思主义，为中国共产党建立做准备	A. T.《俄国共产党的历史》	第1号
			江春《社会革命底商榷》	第2号
			《告中国的农民》	第3号
			无懈《我们为什么要主张共产主义》	第4号
			C. T.《我们要怎样干社会革命》	第5号
劳动音（北京共产主义小组）	1920.11—12	提高工人的觉悟，促进工人的团结，推动工人运动的发展	心美《我们为什么出版这个（劳动音）呢？》	第1期
			《南京机织工人大暴动》	第1期
浙江第一师范十日刊（浙江）	1920.11—1921.3	替学校说话，为：一、实在的现在；二、可到的将来	刘延陵《浙江第一师范十日刊发刊辞》	《五四时期期刊介绍》第2册，第596页

续表

报刊名称/所属	创办时间/停刊时间	宗旨	代表性文章	备注
越声（绍兴旅杭学生同乡会）	1920.11—不详，仅见第10号	联络乡谊，交换知识	佩弦《越声发刊辞》	《五四时期期刊介绍》第2册，第602页
评论之评论（北京大学评论之评论社）	1920.12—1921.12	通过评论，来做到名副其实的文化运动，创造文化，创造真的、美的、善的社会	程振基《社会主义与资本主义》	第1卷3号
			陈启修《社会主义中发生的考察和实行条件底讨论与他在现代中国的感应性及可能性》	第1卷4号
新安徽（旅沪皖人）	1920.12—不详，仅见第1期	宣传安徽自治	张秋白《安徽省宪法刍议》	第1期
			张秋白《我们应怎样从根本上改造安徽》	
曲江工潮（浙江印刷公司工作互助会）	1920.12—不详，仅见第3号	革新旧工业，研究新艺术，图谋工界福利，增进工人知识	倪忧天《工人解放底先决问题》	第3号
新学生（1920）（广东高等师范学校新学生社）	1920	要求"人"的生活	陈国运《敬告新文化运动者》	第3号
			裴邦焘《"新学生"做的事》	第5号
			陈国运《敬告新文化运动者》	第3号
新学报（浙江永嘉新学会）	1920	培养德性、交换知识、促进新思想之革新	姜琦《新学报发刊辞》	《五四时期期刊介绍》第2册，第600页
劳动与妇女（广东共产主义小组）	1921.2—1921.4		沈玄庐《阶级觉悟》	第5期
			沈玄庐《工会法和劳动前途》	第6期
			学松《女子职业问题》	第8期
新浙江（旅沪浙人）	1921.2—不详	改造旧浙江，建设新浙江	张静庐《新浙江发刊词》	《五四时期期刊介绍》第3册，第534页
			吴载盛《我为什么要主张省自治》	第1期

续表

报刊名称/所属	创办时间/停刊时间	宗旨	代表性文章	备注
新四川（旅沪四川自治期成会）	1921.3—不详	反对外省军阀统治，宣传自治运动，主张实行平民政治	周震勋《川人治川的主张》	第1期
芜湖学生会旬刊（芜湖）	1921.4—不详		《芜湖学生会旬刊宣言》	第1期
			黄祖荫《青年与新潮》	第2期
			木子《黑暗—光明》	第1期
劳工（湖南劳工会）	仅见1921年2月和5月两期	改造物质生活，增进劳工知识	《本会对于省自治意见复省治根本法筹备处书》	1921年5月
劳工周刊（湖南劳工会）	仅见创刊号和第3期	改造物质生活，增进劳工知识	《劳工周刊发刊词》	创刊号
			庞人铨《劳动者的努力》	
双周评论（无锡）	1921.5—不详	以改造社会为目标——向着全人类生活的普遍和安乐前进	枕新《妇女劳动问题漫谈》	第2期
芜湖（芜湖学社）	1921.5—6	改造社会的方法是：首先改造青年的思想，要改造他们的思想，先要养成他们思辨的能力、研究的兴趣和慎重的态度	本社同人《芜湖半月刊宣言》	第1号
			陈德征《五月九日底感念》	
新江西（改造社）	1921.5.1—1923.1	改造社会，使黑暗的旧江西变成一个光明的新江西	《新江西的宣言》	第1号
			袁玉冰《我的希望——新江西》	
			袁玉冰《敬告青年》	第3号
			袁玉冰《江西的出版界》	
新山东（山东大学联合总会）	1921.7—不详	建设新山东，建设中国，建设自由平等的新世界	《新山东杂志宣言》	第1期
			腾耀宗《新山东和旧山东》	
			王象午《山东建设问题》	

续表

报刊名称/所属	创办时间/停刊时间	宗旨	代表性文章	备注
工人周刊（中国劳动组合书记部）	1921.7—1925.12	指导工人运动	江囚《无产阶级的战术》	第30号
			江囚《谁是工人之友?》	第29号
劳动周刊（中国劳动组合书记部）	1921.8—1922.6	为劳动者说话，并鼓吹劳动组合主义，扩大解放全人类的声浪，促进解放全人类的事业实现	震瀛《今天是什么日子?》	第13号
			劳动界消息《徐州——陇海铁路全体大罢工》	第15号
妇女评论（上海民国日报副刊）（妇女评论社）	1921.8—1923.8	主张解放历来施于女性的种种束缚，让女性自由反展出伊们的能力来，凡思想、制度，能成为锁镣的，我们都要不容情的攻击	泽民《中国青年女子的烦闷》	1922年新年增刊
			李大钊《现当代的女权运动》	第25期
			王会悟《怎样去解决妇女问题》	第4期
学林（学林杂志社）	1921.9—1925.6	精神科学之探讨，世界思潮之批评，社会改造之研究，东西名著之介绍。图以学术为人生指导，社会南针	许藻镕《现行私有财产制度的基础观念和他将来的趋势》	第1卷1期
			罗从权《将来之中华民国》	第1卷4、5期
新海丰（广东海丰县学生联合会）	1921.9—不详，仅见第1、2号	宣传新文化、新思想，创造新生活	彭湃《告同胞》	第1号
			马醒《勤则不匮的我见》	
			郑志云《实验主义的优胜和科学方法的重要》	第2号
共进（共进社）	1921.10—1926.9	提倡桑梓文化，改造陕西社会。1922年10月共进社成立后修改为：提倡文化，改造社会	田汉《关于解决陕局的话》	第3期
			幼石《共进社与中国前途》	第90、91号合刊
			育英《五四运动的真精神》	第61号

续表

报刊名称/所属	创办时间/停刊时间	宗旨	代表性文章	备注
社会主义研究（上海《时事新报》）	1921.9—1922.6	宣传基尔特社会主义	柯尔著，寿凡译《基尔特社会主义与共产主义》	第1号
新共和（山西大学新共和会）	1921.12—1922.12	研究学术，宣传文化	谢焕文《贫乏问题的原因及其解决方法》	第1卷2号
			谢焕文《共产主义研究与批评》	第1卷1号
光明（朝鲜在广州爱国者）	1921.12—不详	联络中韩两国感情，促进民治	楚沈《中韩的光明运动》	第1号
			隐贞《光明发刊词》	
妇女声（上海中华女界联合会）	1921.12—1922.6	宣传被压迫阶级的解放，促醒女子加入劳动运动	伯英、会悟《通信》	第5期
			一知《俄国妇女解放与中国妇女运动应取之方针》	第10期
工余（工余社）	1922.1—1925.10	贩卖无政府主义理论，散播马克思主义谤论	列悲《国家与革命》	第13号
			劳因《我真要问那些共产党人，究竟投机与改良抑或革命？》	第16号
先驱（中国社会主义青年团）	1922.1—1923.8	努力唤醒国民的自觉，打破因袭、奴性、偷惰和依赖的习惯，而代之以反抗的创造精神	仁任《革命与社会主义》	第1号
			《中国社会主义青年团对时局的宣言》	第24号
			存统《中国青年运动究竟应怎样？》	第22号
			《苏维埃所遇的困难》	第13号
今日（今日杂志社）	1922.2—1923.8	研究马克思主义学说	熊得山《社会主义与人口论》	第1卷3号
			吕一鸣《中国政治之纠纷其乱源和解决的方法》	第3卷2号
青年周刊（中国社会主义青年团广东省委）	1922.2—1922.4	宣传马克思主义，彻底改造旧社会制度	夂幺弓《马克思主义浅说》	第4—6号
			瘦真《解释治樵君对于共产党的主张的怀疑》	第6号
			《新江西》	第3号转载《青年周刊宣言》

续表

报刊名称/所属	创办时间/停刊时间	宗旨	代表性文章	备注
互助（无政府主义者）	1922.3	宣传无政府主义	安《劳动运动》	第1期
			血钟《一封答复同志的信》	第2期
安庆评议报劳动节特刊（安庆评议报）	1922.5.1	主要阐述劳动问题	尾麟《劳动界今后应有之觉悟》	
太原社会主义青年团五一特刊（太原社会主义青年团）	1922.5	唤醒劳工，改造社会	雨水《"五一"纪念史略》	
			赤光《"五一"的教训》	
			刘仁《"五一"节与未来的世界》	
安徽第六师范周刊劳动号（安徽）	1922.5.8	主要阐述劳动问题	志道《劳动运动的意义和他的前途》	第21号
			叔勋《怎样救济现在的劳动家的痛苦》	
民钟（民钟杂志社）	1922.7—1927.7	本着自然的趋势，向着真理的路上，为全体人类谋幸福	健民《国家还有存在的价值吗?》	第3期
			黑人《赤色的帝国主义》	第10期
山东劳动周刊（中国劳动组合书记部山东支部）	1922.7—不详	促一般劳动者的觉悟，好向光明的路上去寻人的生活	本刊同人《山东劳动周刊宣言》	第1号
			《中国劳动组合书记部山东支部宣言》	
少年（中国共产主义青年团旅欧支部，后更名"赤光"）	1922.8—1925.6	宣传共产主义，论证中国走共产主义道路的必要性和必然性，捍卫无产阶级专政的理论	周恩来《共产主义与中国》	第2号
			汪化《现在中国少年应有的觉悟》	第3号
			D. Mockba《反对帝国主义联合战线怎样在中国应用?》	第7号
			行侯《"工人与政治"》	第10号
学汇（国风日报）	1922.10—1923.6	反对马克思主义、反对革命，甚至反对爱国主义	玄天《学汇底使命》	第1期
			高得曼著，华清译《"布尔扎维克"之暴政》	第163期

续表

报刊名称/所属	创办时间/停刊时间	宗旨	代表性文章	备注
唐山潮声（唐山通讯社）	1922.11—不详	指导工人以罢工斗争为中心	《罢工纪略》	第1号
			皆平《唐山学生与工人》	第5号
责任（任社）	1922.11—1923.3	认为的社会理想是"各尽所能，各取所需"，反对不劳而获，反对以私有制为基础的现代社会制度，提倡社会革命	《责任发刊词》	第1期
			KS《现在的社会》	第15期
			公宪《社会的教育》	第5期
劳动周报（武汉工人阶级）	1922年年底—不详	组织和教育工人	隆《省帮与阶级》	第3期
			《轰轰烈烈之汉冶萍总工会成立》	第3期
北大经济学会半月刊（北京大学经济系）	1922.12—1925.5	集思广益，博采兼取，欲以谋经济之繁昌，求学术之发展	徐兆荪《资本万恶乎？资本万能乎？》	第2号
			李大钊《社会主义下的经济组织》	第3号
珠江评论（不详）	创停刊日期不详，仅见1922年第3、4期	主张社会主义，反对帝国主义和军阀，但在对待军阀陈炯明的问题上有些丧失革命立场	绮园《敬告工会诸君》	第4期
			C.P.C.《我们如何干工会运动？》	第4期
			C.P.C.《妇女解放的正路》	第3期
纪念黄爱、庞人铨的刊物	1922—1926	不只为了纪念黄爱、庞人铨，还向工人群众和革命知识分子进行宣传鼓动，提高其觉悟，推动反帝反封建的斗争	《黄爱庞人铨被害纪念特刊》	《劳工周刊》第14期
			《血钟》	
			《黄庞四周年纪念特刊》	
			《复活》	第5期
			《血祭》	
			《!!》	
			《黄庞流血周年纪念特刊》（长沙）	

续表

报刊名称/所属	创办时间/停刊时间	宗旨	代表性文章	备注
新民意副刊（天津民意报）	1923.1—10	抨击帝国主义和反动军阀的黑暗统治，传播马克思主义思想，反映青年和妇女的迫切追求，进行新文化活动	道海《现在中国学生界应负的责任》	《星火》第6册
			《明日宣言》	《明日》第1号
			周恩来《西欧的"赤"况》	《觉邮》第2期
北大学生新闻（北京大学学生干事会）	1923.1—2	把我们这次运动的真像，和军阀官僚的黑幕与压迫的行为，尽行暴露出来，惟海内外同胞共鉴之	邓仲澥《我对于此次运动的全部意见》	第9期
北京学生联合会日刊（北京学生联合会）	1923.2—不详	本五四精神，共负"澄清政治"的巨艰	《被压迫者的号召》	第8期
全国学生大会特刊（全国学生大会）	1923.3.14—1923.3.30	内除国贼，外抗强权	夏曦《中国学生联合会进行方针草案》	第5期
新时代（湖南自修大学）	1923.4—1923.7	努力研究致用的学术，实行社会改造的准备	毛泽东《外力、军阀与革命》	第1号
			李达《马克思学说与中国》	第2号
			刘春仁《中国民主革命之将来》	第3号
湘南学生联合会周刊（湘南学生联合会）	1923.4—不详	以驱张为主要内容，反帝反封建反军阀的运动	《湘南学生联合会对于会务进行的方针和计划》	第1期
劳动周报（广东工会联合会）	1923.4—不详，仅见第6期		《广东工联会之声》	
			陈独秀《劳动阶级之政治运动》	第6期

续表

报刊名称/所属	创办时间/停刊时间	宗旨	代表性文章	备注
救国（湖南外交后援会）	1923.4—不详	为中华民国统一并成为独立自主的共和国家进行宣传	《"二十一条"之内容及其说明》	第1期
			《五七纪念》	第2期
新学生(1923)（广州新学生社）	1923.7—1925.5	进行反帝反封建的革命宣传，动员青年参加革命，并宣传马克思主义革命理论	《本社参加反帝运动宣传大纲》	第1期
			曙晖《北京政变学生应处的态度和主张》	第4期
			恽代英《何谓国民革命？》	第16期
妇女周报——上海民国日报副刊（中国妇女问题研究会、妇女评论社）	1923.8—1926	主张解放了历来施于女性的种种束缚，让女性自由反展出伊们的能力来，凡思想、制度，能成为锁镣的，我们都要不容情的攻击	向警予《上海女权运动会今后应注意的三件事》	第12期
			向警予《国民会议与妇女》	第64期
			德法郎克讲，张企留记《中国妇女对于政治与教育知识的重要》	第39期
奋斗（健社）	1923.10—不详，仅见第1期	讨论社会主义，宣传的是资产阶级的改良主义、机会主义	孙倬章《中国的难题怎样解决》	第1期
			大鸣《中国人心的解剖及革命应取的方针》	
新江西半月刊（上海、南京）	1923.10—不详	倡导以武力的民主革命方式去改造黑暗的旧社会，驳斥教育救国、科学救国、实业救国等主张	天真《改造中国的一条大路——革命》	第6号
非基督教特刊——上海民国日报《觉悟》副刊的特刊（上海）	1924.8—1925.3	秉爱国之热忱，具科学的精神，以积极的手段，反对基督教及其所办的一切事业	《非基督教大同盟宣言》	第1期
			瘦石《不平等条约中关于基督教的条文》	第2期
			《革命青年底主要工作》	第9期

续表

报刊名称/所属	创办时间/停刊时间	宗旨	代表性文章	备注
浙江学生联合会周刊（绍兴学生联合会）	创停刊日期不详，仅见第4期		李崎《日人在华专横的缘故》	第4期
湘潮（衡阳）	创停刊日期不详	鼓吹排张，倡导新文化	飞《湖南问题的解决》	第3号
			熊梦飞《张去后的湖南问题》	特刊号
湖南通俗报（湖南通俗教育馆）	创停刊日期不详		《文化书社第一次营业报告》	第3025号
			《省议会决议恢复县议会》	第3029号
晨钟（杭州法证学校）	创停刊日期不详			
湖南学生联合会周刊（湖南学联）	创停刊日期不详	反对帝国主义、改造社会	滌中《介绍两种新刊给同学们》	第25号
			滌中《全国学生对于现时政治的态度》	第32号
北京女高师半月刊（北京女高师学生自治会）	创停刊日期不详	积极宣传"教育救国论"，主张通过教育的改革，达到政治改良的目的	《今后学校的管理训练》	《五四时期期刊介绍》第3册，第83页
			素秋《北京女高师半月刊发刊词》	《期刊介绍》第3册，第450页

说明：

1. 选择标准，以报纸杂志的宗旨或简章有社会改造（革）等条目，或刊发有关社会改造的文章为准。创刊后停刊再复刊时宗旨发生变化，亦分别列出。

2. 时限：1915年6月—1925年5月。

3. 主要资料来源：（1）《五四时期期刊介绍》第1—3集，生活·读书·新知三联书店1979年版；（2）《五四时期的社团》第一——四册，生活·读书·新知三联书店1979年版。

表三 五四时期北京政府查禁的书报传单目录

查禁书刊	查禁部门	查禁原因	查禁时间
《救国须知》	内务部	"语多煽惑"	1915年6月3日
《大势去矣》	内务部	"语多煽惑"	1915年6月3日
《势不两立》	内务部	"语多煽惑"	1915年6月3日
《上海爱国晚报》	内务部	"登载中外交涉事件"	1915年6月8日
《上海五七报》	内务部	"登载中外交涉事件"	1915年6月8日
《上海公论报》	内务部	"登载中外交涉事件"	1915年6月8日
《救亡急进会宣言》	内务部	"登载中外交涉事件"	1915年6月8日
《救亡根本谈》	内务部	"登载中外交涉事件"	1915年6月8日
《纪念碑小说》	内务部	"登载中外交涉事件"	1915年6月8日
《中国白话报》	内务部	"登载中外交涉事件"	1915年6月8日
《降魔剑》	交通部	"主张革命"	1915年7月20日
《最近之中日问题》	交通部	"妄捏邪说"	1915年7月20日
《危言报》，四川	宪兵司令部	"妄捏邪说"	1915年7月
《海外中华国民必读》	交通部	"主张革命"	1915年8月6日
《上海甲寅杂志》	内务部	"妨碍治安"	1915年9月22日
《上海正谊杂志》	内务部	"妨碍治安"	1915年9月22日
《共和立宪同志会布告》	内务部	"反对帝制"	1915年11月1日
《上海时事新报》	内务部	"任意造谣，意图扰乱，实属妨碍治安"	1915年10月21日
《上海中华新报》	内务部	"对于国体问题任意造谣，肆口诬诋"	1915年11月2日
《古伯荃维持民国意见书》	内务部	"语言煽惑"	1915年12月31日
《海外维持国体联合会启》	内务部	"语言煽惑"	1915年12月31日
《彭克荷撰王莽罪状并行讨莽檄》（日本寄来）	内务部	"反对帝制"	1916年1月10日
《留日各校学生联合筹备会警告国内外同胞书》	内务部	"反对帝制"	1916年1月10日
上海《民信日报》	交通部	"语言煽惑"	1915年12月31日

续表

查禁书刊	查禁部门	查禁原因	查禁时间
《上海爱国报》	内务部	"妨碍治安"	1915年12月
《黄钟日报》，北京	内务部	"措词失当"	1915年12月
《亚细亚日报》，北京	内务部	"措词失当"	1915年12月
《云南国是报》	内务部	"措词悖谬"	1916年2月2日
《湘鄂各界同人泣告全国父老兄弟书》	交通部	"反对国体"	1916年2月7日
《澳门华民维持国体联合会宣言书会章公启》	交通部	"反对国体"	1916年2月7日
《人道》，卢信	京师警察厅	"妨害治安"	1916年2月9日
《蔡锷历史》（日本寄来）	京师警察厅	"措词悖谬"	1916年2月11日
《现象日报》，香港	京师警察厅	"有碍治安"	1916年2月12日
《法国邮局由云南寄来印刷电报纸六件》	京师警察厅	"反对帝制"	1916年2月15日
《湘鄂各界同人泣告全国父老兄弟书》	内务部	"反对国体"	1916年2月16日
《澳门华民维持国体联合会宣言书会章公启》	内务部	"反对国体"	1916年2月12日
《中华革新报周刊》，日本长崎，吉田勇	交通部	"鼓吹中国革命"	1916年2月21日
《江西留学生哀告江西父老书》	内务部	"煽惑"	1916年2月21日
《上海周刊中华革新报》	内务部	"鼓吹革命"	1916年2月29日
《大连湾泰东日报》	内务部	"妨碍治安"	1916年3月10日
《日本寄滇女子唐家伟敬告全国女同胞印刷物》	内务部	"悖谬"	1916年3月15日
《共和滇报》，云南省城	交通部	"意图煽惑"	1916年4月8日
《铎报》，贵州省城	交通部	"意图煽惑"	1916年4月8日
《天津公民日报》	内务部	"反对帝制"	1916年3月
《华报》，上海	统率办事处	"词旨悖谬"	1916年3月28日
《孙洪伊刷寄代表进步党敬告各友邦书及誓除国贼之布告》	邮政总局	"破坏国家"	1916年3月31日

续表

查禁书刊	查禁部门	查禁原因	查禁时间
《上海民信日报》	内务部	罔顾舆论，任意造谣，希图煽惑，"乱党机关报纸"	1916年3月4日
《上海无政府共产主义同志社宣言书》	交通部		1916年5月1日
《东北护国军散寄之檄函》	交通部	"捏造谣言"	1916年5月31日
《上海无政府共产主义同志社致无政府党万国大会书》	交通部		1916年5月1日
《无政府浅说》	交通部		1916年5月1日
《平民之钟》	交通部		1916年5月1日
《孙文檄文》	交通部		1916年5月1日
《无政府主义印刷品》	交通部		1916年5月1日
《共和新报》，上海	邮政总局	"乱徒"	1916年6月7日
《眉语杂志》	内务部	"损害社会风纪"	1916年9月23日
《我为我》	交通部	"意存煽惑"	1917年3月13日
《世界语函授讲义》	交通部	"意存煽惑"	1917年3月13日
《京报（英文）》（陈友仁），北京	京师警察厅	"攻击政府，牵涉邦交"	1917年11月22日
《星报》	交通部	"夸张德、土战绩，煽动缠回与之联合"	1918年1月5日
《进化杂志》，上海	交通部	"鼓吹无政府主义"	1919年5月5日
《民声丛刻》，上海	交通部	"鼓吹无政府主义"	1919年5月5日
《工人宝鉴》，上海	交通部	"鼓吹无政府主义"	1919年5月5日
《太平》，上海	交通部	"鼓吹无政府主义"	1919年5月5日
《进步》，上海	内务部		1919年5月下旬
《清华杂志》，上海	内务部		1919年5月下旬
《民生》，上海	内务部		1919年5月下旬
《新中国》，上海	内务部		1919年5月下旬
《兵士须知》	内务部	"煽惑军心"	1919年6月23日
《蒙文报》，奉天	内务部	"鼓吹蒙人革命"	1919年6月26日
《实社自由录》	国务院	"内容属无政府主义"	1919年6月27日

续表

查禁书刊	查禁部门	查禁原因	查禁时间
《五七报》，高等师范学校	京师警察厅	内容"指摘政府，妨碍邦交，论调极为偏激"	1919年7月28日
《平民周刊》，法文专修馆	京师警察厅	内容"指摘政府，妨碍邦交，论调极为偏激"	1919年7月28日
《救国周刊》，旅京山东学会	京师警察厅	内容"指摘政府，妨碍邦交，论调极为偏激"	1919年7月28日
《湘江评论》，湖南长沙	湘督	抨击政府	1919年8月上旬
《新生命》	内务部	"传播无政府主义"	1919年8月30日
《天津学生联合会报》，天津	内务部	"于公共安全、秩序显有妨碍"	1919年8月30日
《近世科学与无政府主义》	内务部	"传播无政府主义"	1919年8月30日
《愚人伊万治国史》	内务部	"传播无政府主义"	1919年8月30日
《告下士》	内务部	"传播无政府主义"	1919年8月30日
《衣食与国家》	内务部	"传播无政府主义"	1919年8月30日
《每周评论》，北京	北京政府	反对军阀，介绍新思想	1919年8月30日
《天津学生联合会报》	直隶省长公署	核其文字语意，实于公共秩序显有妨碍	1919年9月13日
《京报》，邵飘萍，北京	京师警察厅	"奉内务部令"	1919年8月
《新湖南》，长沙	湘督	反对军阀，介绍新思想	1919年10月
《国民报》，广州		"造谣惑众"	1919年11月13日
《平民半月刊》，天津女界爱国同志会、天津学生联合会		"妨碍治安"	1919年11月24日
《学术周刊》，福建学生联合会	闽督		1919年11月28日
《新生命半月刊》，天津真学会			1919年11月

续表

查禁书刊	查禁部门	查禁原因	查禁时间
《浙江新潮》，杭州，浙江第一师范	国务院	"宗旨悖谬"，贻害青年，灭伦伤化	1919年12月2日
《校友会十日刊》，杭州，浙江第一师范	国务院	"宗旨悖谬"，贻害青年，灭伦伤化	1919年12月2日
《中国预言》	内务部	"蛊惑社会"	1919年12月8日
《未来观》	内务部	"蛊惑社会"	1919年12月8日
《法律与强权》	国务院	"过激主义印刷物"	1920年2月2日
《北京大学学生周刊》	内务部	《告军人》意在煽惑军人	1920年4月
《工读报》，北京，北京高等法文专修馆四川同乡会	京师警察厅	"与现时风潮甚有关系"	1920年4月7日
《北京女高师半月刊》，北京	直隶省长公署	"与时局甚有妨碍"	1920年4月12日
《民声丛报》，福建漳州	内务部	"鼓吹过激主义"	1920年4月22日
《北京平民半月刊》，北京	京师警察厅	"依照出版法"	1920年4月
《三教同原研究救国会传单》	直隶省长公署	"主张改革社会、反对政府"	1920年5月8日
《新社会旬刊》，北京社会实进会	京师警察厅	"违反出版法"	1920年5月10日
《常德救国厉进会传单》	直隶省长公署	"主张改革社会、反对政府"	1920年5月8日
《庆祝劳动纪念筹备处印刷传单》	直隶省长公署	"主张改革社会、反对政府"	1920年5月8日
《三学社赠刊》	直隶省长公署	"主张改革社会、反对政府"	1920年5月8日
《北京高师教育丛刊》	直隶省长公署	"主张改革社会、反对政府"	1920年5月8日
《一九一九旅俄六周见闻记》	直隶省长公署	"主张改革社会、反对政府"	1920年5月8日
《新银行团问题》	直隶省长公署	"主张改革社会、反对政府"	1920年5月8日

续表

查禁书刊	查禁部门	查禁原因	查禁时间
《清华周刊》	直隶省长公署	"主张改革社会、反对政府"	1920年5月8日
《新的小说》	直隶省长公署	"主张改革社会、反对政府"	1920年5月8日
《新中学会会报》	直隶省长公署	"主张改革社会、反对政府"	1920年5月8日
《女界钟》	直隶省长公署	"主张改革社会、反对政府"	1920年5月8日
《溧阳第一女校周刊》	直隶省长公署	"主张改革社会、反对政府"	1920年5月8日
《救命呀救命呀》	交通部	"鼓吹过激主义"	1920年5月19日
《令子令孙断断有饭吃》	交通部	"鼓吹过激主义"	1920年5月19日
《觉社新刊》，北京高等师范学校	京师警察厅	"主张改革社会，反对政府"	1920年6月3日
《工学》，北京高等师范学校	吉林省长公署	"言词悖谬"	1920年6月4日
《一九一九旅俄六再见闻记》，英人兰姆生作，兼乍译	京师警察厅	"迹近传播过激主义"	1920年6月7日
《告军人》，上海三无学社	督理边防军训练处军务课	"奸人诬蔑构煽"	1920年6月19日
《白话日报》，陈家鼐，上海	京师警察厅	"煽动工人"	1920年7月13日
《光明杂志》	京师警察厅	"鼓吹无政府主义"	1920年7月13日
《进化丛书》	京师警察厅	"鼓吹无政府主义"	1920年7月13日
《苏报》，江苏苏州	苏常镇守使		1920年7月27日
《北京大学学生周刊》，北京	内务部	"与现时风潮大有关系"	1920年8月25日
《劝兵工厂罢工广告》，无政府党	陆军部	"词极谬妄"	1920年9月前
《伙友》，上海	上海镇守使	"鼓吹无政府主义及社会主义"	1920年10月30日

续表

查禁书刊	查禁部门	查禁原因	查禁时间
《劳动界》，上海	上海镇守使	"鼓吹无政府主义及社会主义"	1920年10月30日
《平民报》，上海	上海镇守使	"鼓吹无政府主义及社会主义"	1920年10月30日
《资本论》，上海	上海镇守使	"鼓吹无政府主义及社会主义"	1920年10月30日
《伙友》《劳动界》《平民报》《资本论》，上海	上海镇守使	"鼓吹无政府主义及社会主义"	1920年10月30日
《越铎日报》，浙江绍兴	绍属戒严司令部		1920年11月6日
《民言报》，湖南长沙	湖南省会警察厅	刊登《谭延闿可疑跑了》社论	1920年11月23日
《共产原理》	国务院	"无政府共产主义书册"	1920年12月29日
《士兵须知》，上海三无学社	上海镇守使	"鼓动兵士反抗长官""鼓吹社会革命"	1921年2月18日
《告少年》，上海三无学社	上海镇守使	"鼓动兵士反抗长官""鼓吹社会革命"	1921年2月18日
《新安徽》，上海法租界	上海镇守使	"传播共产谬说"	1921年2月18日
《一个兵的说话》，上海三无学社	京师宪兵司令部	"鼓动兵士反抗长官"	1921年4月3日
《兵变歌》	第九师师长	"语多悖谬激动之词"	1921年4月21日
《过激党真相》	安徽省长公署	"煽惑劳动，主张过激"	1921年5月10日
《社会改造原理》	安徽省长公署	"煽惑劳动，主张过激"	1921年5月10日
《社会主义史》	安徽省长公署	"煽惑劳动，主张过激"	1921年5月10日
《到自由之路》	安徽省长公署	"煽惑劳动，主张过激"	1921年5月10日

续表

查禁书刊	查禁部门	查禁原因	查禁时间
《劳动总同盟之研究》	安徽省长公署	"煽惑劳动，主张过激"	1921年5月10日
《好世界》	内务部	"提倡共产主义"	1921年10月28日
《上海国民外交联合大会印刷品》	交通部	"主持乖张"	1921年12月9日
《救世音》，人道学社	内务部	"提倡无政府主义"	1922年1月14日
《劳工周刊》，湖南劳工会			1922年1月17日
《先驱半月刊》，北京大学内刊发	京畿卫戍总司令部	"鼓吹社会主义"	1922年2月17日
《社会运动半月刊》，北京安社	京师警察厅	无政府主义宣传品	1922年3月30日
《安社宣言》，北京安社	京师警察厅	无政府主义宣传品	1922年3月30日
《大江报》，江西南昌	赣督	"煽动劳工，宣传共产主义"	1922年5月2日
《大陆报》，北京	吴佩孚电北京警察厅		1922年5月8日
《正言报》，北京	吴佩孚电北京警察厅		1922年5月8日
《兵丁与贫民》	参陆办公处		1922年5月26日
《劳动周刊》，上海，中国劳动组合书记部	上海公共租界工部局	"煽动邮务工人罢工"	1922年6月9日
《斗报》，天津	交通部	"鼓吹社会主义"	1922年7月11日
《政府秘密大观》，上海	国务院、上海警察厅		1922年7月—8月13日
《平民宝鉴》，上海	国务院、上海警察厅		1922年7月—8月13日
《官场揭隐》，上海	国务院、上海警察厅		1922年7月—8月13日
《新知识》，上海	国务院、上海警察厅		1922年7月—8月13日

续表

查禁书刊	查禁部门	查禁原因	查禁时间
《治世要诀》，上海	国务院、上海警察厅		1922年7月—8月13日
《下上衣农食》，上海	国务院、上海警察厅		1922年7月—8月13日
《国民正义》，上海	国务院、上海警察厅		1922年7月—8月13日
《川报》，四川成都	成都卫戍司令部	"造谣通敌、摇惑军心""随声附和，颠倒是非"	1922年8月19日
《国民公报》，四川成都	成都卫戍司令部	"造谣通敌、摇惑军心""随声附和，颠倒是非"	1922年8月19日
《中国共产党宣言》，上海	江苏督军	"意存煽乱"	1922年9月11日
《国民裁兵运动大会传单》，北京	京畿卫戍总司令部	"迹近鼓惑"	1922年10月6日
《中国共产党双十节告知国人书》，中共北京地委	京师警察厅	"宣传过激主义"	1922年10月9日
《新俄罗斯报（New Russia）》，普利爱，上海	交通部	"系过激党机关"	1922年11月24日
《告北京市民》，北京学生联合会	京师警察厅	"非法印刷品"	1923年2月13日
《向导》	交通部	"词语狂谬"	1923年5月18日
《京汉流血记》	交通部	"词语狂谬"	1923年5月18日
《工人周刊》	直隶全省警务处	"鼓吹工潮"	1923年5月30日
《京津汉文泰晤士报》，天津	交通部	"任意煽惑"	1923年8月24日
《互助月刊》	京畿卫戍总司令部	"鼓吹社会主义"	1923年10月4日
《新申报》，上海	交通部	"妨碍治安"	1924年2月14日
《神州日报》，上海	交通部	"妨碍治安"	1924年2月14日
《中华新报》，上海	交通部	"妨碍治安"	1924年2月14日

续表

查禁书刊	查禁部门	查禁原因	查禁时间
《京汉路二七惨剧一周纪念特刊号》	交通部	"扰乱公安"	1924年3月1日
《南京评论》，东南大学交通处，南京	江苏督军省长公署	"过激论调"	1924年5月8日
《青年工人》	交通部	"宣传过激"	1924年5月30日
《陈独秀讲演录》	国务院	"宣传过激"	1924年6月13日
《劳动旬刊》	国务院	"宣传过激"	1924年6月13日
《劳动周刊》	国务院	"宣传过激"	1924年6月13日
《上海工会通告》	国务院	"宣传过激"	1924年6月13日
《中国青年》，上海	交通部	"过激邮件"	1924年7月2日
《上海党人通告》，上海	交通部	"过激邮件"	1924年7月2日
《新天津报》，天津	交通部	"捏造谣言"	1925年5月12日
《益世报》，天津	交通部	"捏造谣言"	1925年5月12日
《河北日报》，天津	交通部	"捏造谣言"	1925年5月12日
《大中华商报》，天津	交通部	"捏造谣言"	1925年5月12日

说明：

1. 时限：1915年6月—1925年5月。

2. 主要资料来源：(1) 张克明辑录：《北洋政府查禁书籍、报刊、传单目录》，《天津社会科学》1982年第5、6期；(2)《五四爱国运动档案资料》，中国社会科学出版社1980年版，第627—644页；(3)《中华民国史档案资料汇编》第三辑（文化），江苏古籍出版社1991年版，第506—554页；(4)《中国无政府主义和中国社会党》，中国档案出版社1981年版，第1—156页。

主要参考文献

一 文献资料

1. 朱镜宙:《民国政治改造论》,广州编译公司1918年初版,文海出版社1977年影印版。
2. 少年中国学会编:《少年中国学会会务报告》,出版地点不详,1919年。
3. 少年中国学会编:《少年中国学会周年纪念册》,出版地点不详,1920年。
4. 〔英〕罗素:《社会改造原理》,余家菊译,华丰印书局1920年版。
5. 〔美〕爱尔乌德:《社会学及现代社会问题》,赵作雄译,商务印书馆1920年版。
6. 〔英〕柯尔:《基尔特社会主义与劳动》,郭梦良、郭刚中译,商务印书馆1922年版。
7. 陈独秀主编:《社会主义讨论集》,新青年社1922年版。
8. 黄远庸:《远生遗著》,商务印书馆1920年版。
9. 杜威:《杜威五大讲演》,晨报社1920年版。
10. 东方杂志社编:《近代文学与社会改造》,商务印书馆1923年初版,1924年再版。
11. 东方杂志社编:《中国改造问题》,商务印书馆1923年版。
12. 申报馆编:《最近五十年》,上海申报馆1923年版。
13. 余家菊、李璜:《国家主义的教育》,中华书局1923年版。
14. 陈宝泉、陶行知、胡适编:《孟禄的中国教育讨论》,中华书局1923年版。
15. 王光祈:《少年中国运动》,中华书局1924年版。
16. 李石岑:《李石岑论文集》,商务印书馆1924年版。
17. 《大公报十周年纪念特刊》,彰文印刷局1925年版。
18. 杨杏佛:《杨杏佛文存》,平凡书局1929年版。

19. 杨明斋：《中国社会改造原理》，东方书店1929年版。
20. 中国基督教学生运动社会改造问题研究委员会主编：《中国问题的各派思潮》，中国基督教学生运动临时全国总会，1934年。
21. 左舜生等撰：《王光祈先生纪念册》，文海出版社1936年版。
22. 郁达夫：《郁达夫全集》，北新书局1933年版。
23. 少年中国学会编：《国家主义论文集》第一集，中华书局1925年版。
24. 少年中国学会编：《国家主义论文集》第二集，中华书局1926年版。
25. 中国青年党、中国国家主义青年团编印：《国家主义浅说》，1929年。
26. 刘师复：《师复文存》，广州革新书局1928年版。
27. 王光祈：《王光祈旅德存稿》，中华书局1936年版。
28. 李剑萍编著：《胡汉民先生名著集》，军事新闻出版部1936年版。
29. 邱尼山编：《现代青年书信》，光明书局1939年版。
30. 王亚南：《中国社会经济改造思想研究》，中华书局1950年版。
31. 中央档案馆编：《中共中央文件选集》第1—2册，中共中央党校出版社1982年版。
32. 《社会主义思想在中国的传播》编写组编：《社会主义思想在中国的传播》，中共中央党校内部发行，1985年。
33. 张枬、王忍之编：《辛亥革命前十年间时论选集》第1—3卷，生活·读书·新知三联书店1978年版。
34. 中国社会科学院现代史研究室等编：《"一大"前后》，人民出版社1980年版。
35. 中国人民大学中共党史系中国近现代政治思想史教研室编：《戴季陶主义资料选编》，校内用书，1982年。
36. 中共中央党史研究室第一研究部编：《共产国际、联共（布）与中国革命档案资料丛书》第1—6卷，北京图书馆出版社、中央文献出版社1997—2002年版。
37. 中国社会科学院近代史研究所、中国第二历史档案馆史料编辑部编：《五四爱国运动档案资料》，中国社会科学出版社1980年版。
38. 中共中央马克思、恩格斯、列宁、斯大林著作编译局研究室编：《五四时期期刊介绍》第一集至第三集，生活·读书·新知三联书店1979年版。
39. 张允侯等编：《五四时期的社团》第1—4册，生活·读书·新知三联书店1979年版。
40. 上海社会科学院历史研究所编：《五四运动在上海史料选辑》，上海人民出版社 1960 年版。
41. 长沙市革命纪念地办公室等编：《安源路矿工人运动史料》，湖南人民出版社 1980 年版。
42. 中央档案馆编：《中共党史报告选编》，中共中央党校出版社 1982 年版。
43. 中国革命博物馆等编：《新民学会资料》，人民出版社 1980 年版。
44. 荣孟源编：《中国国民党历次代表大会及中央全会资料》，光明日报出版社 1985 年版。
45. 济南档案馆编：《济南革命历史档案资料选编》第 1—4 辑，济南出版社 1991 年版。
46. 葛懋春、蒋俊、李兴芝编：《无政府主义思想资料选》，北京大学出版社 1984 年版。
47. 《无政府主义在中国》，湖南人民出版社 1984 年版。
48. 中国第二历史档案馆编：《中国无政府主义和中国社会党》，江苏人民出版社 1981 年版。
49. 中共二大史料编纂委员会编：《中国共产党第二次全国代表大会》，中共党史出版社 2006 年版。
50. 广东革命历史博物馆编：《中共"三大"资料》，广东人民出版社 1985 年版。
51. 武汉大学历史系编：《五四运动在武汉资料选辑》，武汉大学历史系，1979 年。
52. 广东省档案馆编：《广东区党、团研究史料（1921—1926）》，广东人民出版社 1995 年版。
53. 清华大学中共党史教研组编：《赴法勤工俭学运动史料》，北京出版社 1980 年版。
54. 张允侯等编：《留法勤工俭学运动》，上海人民出版社 1980 年版。
55. 中共江西省委党史资料征集委员会编：《江西党史资料》第 30 辑《袁玉冰专集》，中央文献出版社 1994 年版。
56. 袁刚、孙家祥、任丙强编：《中国到自由之路——罗素在华讲演集》，北京大学出版社 2004 年版。
57. 袁刚、孙家祥、任丙强编：《民治主义与现代社会——杜威在华讲演集》，北京大学出版社 2004 年版。
58. 罗家伦主编：《革命文献》第 1—9 辑，中国国民党中央委员会党史史料编纂委员会，1955 年。

59. 高军主编：《中国现代政治思想史资料选辑》，四川人民出版社 1983 年版。
60. 湖南省博物馆校编：《蒸阳请愿录》，湖南人民出版社 1979 年版。
61. 中共衡阳市委党史办等编：《湘南学联资料汇编》，衡阳日报印刷厂 1990 年版。
62. 中国第二历史档案馆编：《中国青年党》，中国档案出版社 1988 年版。
63. 李义彬编：《中国青年党》，中国社会科学出版社 1982 年版。
64. 中共中央党校中共党史教研室编：《中国国民党史文献选编》，中共中央党校中共党史教研室，1985 年。
65. 中国第二历史档案馆编：《中华民国史档案资料汇编》第 1—5 辑，江苏古籍出版社 1991 年版。
66. 长沙市博物馆、中共湘区委员会旧址陈列馆编：《中国共产党湘区执行委员会史料汇编》，湖南出版社 1993 年版。
67. 陈锡祺主编：《孙中山年谱长编》，中华书局 1991 年版。
68. 中国社科院近代史所等编：《孙中山全集》，中华书局 2011 年版。
69. 唐文权、桑兵编：《戴季陶集（1909—1920）》，华中师范大学出版社 1990 年版。
70. 陈天锡编：《戴季陶先生文存》，台湾中国国民党"中央"委员会 1959 年版。
71. 高平叔编：《蔡元培全集》，中华书局 1984 年版。
72. 胡汉民著：《胡汉民先生文集》，台湾中国国民党"中央"委员会党史委员会 1978 年版。
73. 王栻主编：《严复集》，中华书局 1986 年版。
74. 汤志钧编：《康有为政论集》，中华书局 1981 年版。
75. 丁文江、赵丰田编：《梁启超年谱长编》，上海人民出版社 1983 年版。
76. 梁启超：《饮冰室合集》，中华书局 1989 年版。
77. 《梁漱溟全集》，山东人民出版社 1989 年版。
78. 《鲁迅全集》，人民文学出版社 1981 年版。
79. 章含之、白吉庵主编：《章士钊全集》，文汇出版社 2000 年版。
80. 广东省哲学社会科学研究所历史研究室编：《朱执信集》，中华书局 1979 年版。
81. 袁景华：《章士钊先生年谱》，吉林人民出版社 2005 年版。
82. 汤志钧编：《章太炎年谱长编》，中华书局 1979 年版。
83. 唐德刚译注：《胡适的自传》，华东师范大学出版社 1981 年版。

84. 中国社会科学院近代史研究所中华民国史研究室编：《胡适来往书信选》，中华书局1979年版。
85. 耿云志编：《胡适遗稿及秘藏书信》，黄山书社1995年版。
86. 《李大钊全集》，河北教育出版社1999年版。
87. 《瞿秋白文集》（文学编），人民文学出版社1989年版。
88. 《瞿秋白文集》（政治理论卷），人民出版社1989年版。
89. 中共中央文献研究室编：《毛泽东年谱（1893—1949）》，人民出版社、中央文献出版社1993年版。
90. 中共中央文献研究室编：《毛泽东文集》，人民出版社1999年版。
91. 中共中央文献研究室等编：《毛泽东早期文稿》，湖南出版社1990年版。
92. 中共中央文献研究室编：《周恩来年谱（1898—1949）》（修订本），中央文献出版社1998年版。
93. 《周恩来早期文稿》，中央文献出版社1998年版。
94. 《张申府文集》，河北人民出版社2005年版。
95. 《蔡和森文集》，人民出版社1980年版。
96. 《蔡和森的十二篇文章》，人民出版社1980年版。
97. 中共四川省委党史工作委员会《吴玉章传》编写组编：《吴玉章文集》，重庆出版社1987年版。
98. 《董必武选集》编辑组：《董必武选集》，人民出版社1985年版。
99. 《胡愈之文集》，生活·读书·新知三联书店1996年版。
100. 陈福康编著：《郑振铎年谱》，书目文献出版社1988年版。
101. 向警予：《向警予文集》，湖南人民出版社1985年版。
102. 《恽代英文集》，人民出版社1984年版。
103. 《恽代英日记》，中共中央党校出版社1981年版。
104. 中央党史研究室张闻天选集传记组编：《张闻天年谱》，中共党史出版社2010年版。
105. 葛思恩、俞湘文编：《俞颂华文集》，商务印书馆1991年版。
106. 《谢觉哉日记》，人民出版社1984年版。
107. 中央教育科学研究所等编：《杨贤江教育文集》，教育科学出版社1982年版。
108. 《何孟雄文集》，人民出版社1986年版。
109. 《郑超麟回忆录》，东方出版社2004年版。
110. 贺培真：《留法勤工俭学日记》，湖南人民出版社1985年版。

111. 《陶行知全集》，四川教育出版社 2005 年版。
112. 《胡适全集》，安徽教育出版社 2003 年版。
113. 曹伯言整理：《胡适日记全集》，台北联经出版事业有限责任公司 2004 年版。
114. 欧阳哲生编：《胡适文集》，北京大学出版社 1998 年版。
115. 欧阳哲生编：《傅斯年全集》，湖南教育出版社 2003 年版。
116. 《邓中夏文集》，人民出版社 1983 年版。
117. 中央党史研究室《萧楚女文存》编辑组、广东革命历史博物馆编：《萧楚女文存》，中共党史出版社 1998 年版。
118. 韩立文、毕兴编：《王光祈先生年谱》，人民音乐出版社 1987 年版。
119. 《王光祈音乐论著选集》，人民音乐出版社 1993 年版。
120. 陈正茂编著：《左舜生年谱》，长达印刷有限公司 1998 年版。
121. 陈正茂等编：《曾琦先生文集》，台湾"中央"研究院近代史研究所 1993 年版。
122. 《曾慕韩先生遗著》，台北文海出版社 1979 年影印版。
123. 王兴国编注：《杨昌济集》，湖南教育出版社 2008 年版。
124. 《周佛海回忆录》，龙文出版社股份有限公司 1993 年版。
125. 《余家菊景陶先生回忆录》，台北慧炬出版社 1994 年版。
126. 《俞秀松纪念文集》，当代中国出版社 1999 年版。
127. 《彭述之选集》，香港十月出版社 1983 年、2010 年版。
128. 陈启天：《寄园回忆录》，台湾商务印书馆 1965 年版。
129. 《闻一多书信选集》，人民文学出版社 1986 年版。
130. 《杨钟健回忆录》，中国地质出版社 1983 年版。
131. 《王光祈文集》（音乐卷），巴蜀书社 1992 年版。
132. 王兴国编：《杨昌济集》，湖南教育出版社 2008 年版。
133. 傅学文编：《邵力子文集》，中华书局 1985 年版。
134. 中国青年党中央执行委员会编：《左舜生先生纪念册》，台湾传记文学出版社 1970 年版。
135. 胥端甫：《王光祈传记资料》，台北天一出版社 1985 年版。
136. 中国社科院近代史研究所编：《五四爱国运动》，中国社会科学出版社 1979 年版。
137. 潘国华编：《马克思主义在中国从影响的传入到传播》，清华大学出版社 1983 年版。
138. 王栻编：《严复集》，中华书局 1985 年版。

139. 中共四大史料编纂委员会编：《中国共产党第四次全国代表大会》，中共党史出版社 2004 年版。
140. 中共中央党史研究室、中央档案馆编：《中国共产党第一次全国代表大会档案文献选编》，中共党史出版社 2014 年版。
141. 中共中央党史研究室、中央档案馆编：《中国共产党第二次全国代表大会档案文献选编》，中共党史出版社 2014 年版。
142. 中共中央党史研究室、中央档案馆编：《中国共产党第三次全国代表大会档案文献选编》，中共党史出版社 2014 年版。
143. 中共中央党史研究室、中央档案馆编：《中国共产党第四次全国代表大会档案文献选编》，中共党史出版社 2014 年版。
144. 中共中央党史研究室、中央档案馆编：《中国共产党第五次全国代表大会档案文献选编》，中共党史出版社 2015 年版。
145. 中共中央党史研究室、中央档案馆编：《中国共产党第六次全国代表大会档案文献选编》，中共党史出版社 2015 年版。

二　报纸杂志

1. 《少年世界》第 1—12 期
2. 《东方杂志》第 1—44 卷
3. 《法政学报》第 1—5 卷
4. 《前锋》第 1—3 期
5. 《中国青年》第 1—150 期
6. 《政治生活》第 1—78 期
7. 《布尔塞（什）维克》第 1—5 卷
8. 长沙《大公报》1915—1927 年
9. 《新中国》第 1—2 卷
10. 《解放与改造》第 1—4 卷
11. 《共进》第 1—105 期
12. 《新社会》第 1—18 号
13. 《先驱》第 1—25 期
14. 《新时代》第 1—4 号
15. 《建设》第 1—2 卷
16. 《每周评论》第 1—37 号
17. 上海《民国日报》副刊《觉悟》1919—1926 年
18. 上海《时报》1914—1925 年

19. 上海《申报》1915—1925 年
20. 《向导》周报第 1—201 期
21. 《甲寅》第 1—10 期
22. 《改造》第 1—6 期
23. 《国民》第 1—2 卷
24. 《少年中国》第 1—4 卷
25. 《共产党》第 1—6 号
26. 《曙光》第 1—2 卷
27. 《湘潮》第 1—13 号
28. 《广东群报》1920—1922 年
29. 《现代评论》第 1—9 卷
30. 《新民丛报》第 1—96 期
31. 《星期评论》第 1—53 号
32. 《新潮》第 1—3 卷
33. 《晨报》1919 年 2 月—1924 年
34. 《国风报》第 1—53 期
35. 《民报》第 1—26 期
36. 《新青年》第 1—9 卷
37. 《晨报副镌》第 1—2314 号
38. 上海《民国日报》1916—1925 年
39. 《北京大学学生周刊》第 1—17 号
40. 《少年社会》第 1—13 期
41. 《时事新报》1915—1925 年
42. 《工人周刊》第 1—133 号
43. 《孤军》第 2 卷第 5、6 期合刊"政党号"
44. 《时事新报》副刊《学灯》1918—1925 年
45. 《国闻周报》第 1 卷
46. 《端风》第 1—2 号
47. 《政衡》第 1—2 号
48. 《湘江评论》第 1—4 号
49. 《上大五卅特刊》1925 年 7 月
50. 《民铎》第 1—10 卷
51. 《努力周报》第 1—16 号
52. 《时事新报》副刊《社会主义研究》第 1—25 号

53. 《新青年》（季刊）第1—4期
54. 《中国青年》1923—1925年
55. 《秦钟》第1—6期
56. 《共产主义研究会通信集》第3号，1923年
57. 《南开日刊》第1—60号
58. 《新湖南》第1期
59. 《劳工周刊》第1—28期
60. 《劳动周刊》第13—18号
61. 《北京大学日刊》1921—1925年
62. 《劳动者》第1—8号
63. 《中华教育界》第1—10卷
64. 《湖南》第1—4号
65. 《醒狮》第1—48号
66. 《独立评论》第1—244期
67. 《新月》第2卷第6、7号合刊
68. 《天义》第1—20卷
69. 《新世纪》第1—58号
70. 《今日》第1—3卷
71. 《共进》第1—105期
72. 《天问》第1—5号

三 重要论著

1. 高一涵编：《欧洲政治思想小史》，中华书局1920年版。
2. 邵振青编：《各国社会思想》，商务印书馆1920年版。
3. 汪兆铭编：《巴黎和议后之世界与中国》，亚东图书馆1920年版。
4. 〔英〕克卡朴：《社会主义史》，李季译，新青年社1920年版。
5. 高一涵编：《欧洲政治思想小史》，中华书局1920年版。
6. 冯自由：《社会主义与中国》，社会主义研究所1920年版。
7. 邵飘萍：《新俄国之研究》，日本东瀛编译社1920年版。
8. 〔美〕塞利格曼：《经济史观》，陈石孚译，商务印书馆1920年版。
9. 邵振青编著：《综合研究各国社会思潮》，商务印书馆1920年版。
10. 〔日〕生田长江、本间久雄：《社会问题概观》，周佛海译，中华书局1920年版。
11. 〔日〕生田长江、本间久雄：《社会改造之八大思想家》，毛棠、林

本、李宗武译，商务印书馆1921年版。
12. 〔日〕植原悦三郎：《欧美各国改造问题》，陈适译，公民书局1921年版。
13. 〔日〕高畠素之：《社会问题详解》，盟西译，共学社社会丛书，1921年4月。
14. 〔日〕高畠素之：《社会主义与进化论》，夏丏尊、李维桢译，商务印书馆1922年版。
15. 〔日〕小林丑三郎：《最新经济思潮史》，邝摩汉、徐冠译，北京舆论报社1922年版。
16. 王品今：《国际联盟及其趋势》，商务印书馆1922年版。
17. 〔美〕列德莱：《社会主义之思潮与运动》，李季译，商务印书馆1923年版。
18. 余家菊：《国家主义教育学》，中华书局1925年版。
19. 胡汉民：《唯物史观与伦理之研究》，民智书局1925年版。
20. 李璜编：《国家主义浅说》，中国国家主义青年团1927年版。
21. 余家菊：《国家主义概论》，新国家杂志社1927年版。
22. 范锜：《中国国民革命之使命》，民智书局1928年版。
23. 肖治北：《大同主义下之世界改造问题》，出版地点不详，1928年。
24. 陈启天、常燕生：《国家主义运动史》，中国书局1929年版。
25. 何炳松：《国家主义与世界潮流》，中国社会科学院近代史研究所藏书。
26. 孟世杰主编：《中国近百年史》，天津百城书局1932年版。
27. 诸青来：《社会改造问题》，启智书局1932年版。
28. 伍启元：《中国新文化运动概观》，现代书局1935年版。
29. 王世颖：《农村经济及合作》，黎明书局1935年版。
30. Reinhold Niebuhr 著，杨缤译述：《个人道德与社会改造》，青年协会书局1935年版。
31. 陈端志：《五四运动之史的评价》，生活书店1936年版。
32. 王光祈：《中国音乐史》，上海书店据中华书局1941年影印本。
33. 祝世康：《民生主义与世界改造》，正谊书店1943年版。
34. 〔美〕华勃斯：《合作运动与世界改造》，许超、钱江译，中央合作金库合作研究丛书，中央合作金库1948年版。
35. 徐大同主编：《20世纪西方政治思潮》，天津人民出版社1991年版。
36. 郭学旺：《毛泽东与中国社会的变迁》，中国言实出版社1997年版。

37. 陶行知：《中国教育改造》，东方出版社 1996 年版。
38. 马连儒：《陈独秀思想论稿》，人民出版社 2010 年版。
39. 张汝伦：《现代中国思想史研究》，上海人民出版社 2001 年版。
40. 胡德海：《雷沛鸿与中国现代教育》，甘肃教育出版社 2001 年版。
41. 张灏：《幽暗意识与民主传统》，新星出版社 2006 年版。
42. 高力克：《五四的思想世界》，学林出版社 2003 年版。
43. "从五四运动到人民共和国成立"课题组编：《胡绳论"从五四运动到人民共和国的成立"》，社会科学文献出版社 2001 年版。
44. 吴承明：《中国资本主义与国内市场》，中国社会科学出版社 1985 年版。
45. 张海鹏主编：《中国近代通史》，凤凰出版传媒集团、江苏人民出版社 2007 年版。
46. 郭湛波：《近五十年中国思想史》，山东人民出版社 2002 年版。
47. 许纪霖：《二十世纪中国思想史论》，东方出版中心 2000 年版。
48. 〔法〕白吉尔：《中国资产阶级的黄金时代（1911—1937）》，张富强、许世芬译，上海人民出版社 1994 年版。
49. 冯友兰：《中国现代哲学史》，广东人民出版社 1999 年版。
50. 余英时：《士与中国文化》，上海人民出版社 2004 年版。
51. 邹小站：《章士钊社会政治思想研究（1903—1927 年）》，湖南教育出版社 2001 年版。
52. 许纪霖：《公共空间中的知识分子》，凤凰出版传媒集团 2007 年版。
53. 丁守和、殷叙彝编：《从五四启蒙运动到马克思主义的传播》，生活·读书·新知三联书店 1979 年版。
54. 冯崇义：《罗素与中国——西方学者在中国的一次经历》，生活·读书·新知三联书店 1994 年版。
55. 罗检秋：《近代诸子学与文化思潮》，中国社会科学出版社 1998 年版。
56. 栾调甫编：《墨子研究论文集》，人民出版社 1957 年版。
57. 舒衡哲编：《张申府访谈录》，北京图书馆出版社 2001 年版。
58. 李长莉：《近代中国社会变迁录》，浙江人民出版社 1998 年版。
59. 陈万雄：《五四新文化的源流》，生活·读书·新知三联书店 1997 年版。
60. 李剑农：《戊戌以后三十年中国政治史》，中华书局 1980 年版。
61. 姜义华编：《社会主义学说在中国的初期传播》，复旦大学出版社 1984 年版。

62. 李泽厚：《中国近代思想史论》，人民出版社1979年版。
63. 李振霞等编：《中国现代哲学人物评传》，中共中央党校出版社1991年版。
64. 夏衍：《懒寻旧梦录》（增补本），生活·读书·新知三联书店2000年版。
65. 〔美〕周策纵：《五四运动：现代中国的思想革命》，周子平等译，江苏人民出版社1996年版。
66. 张钦士编：《国内近十年来之宗教思潮》，燕京华文学校1927年版。
67. 〔美〕德里克：《革命与历史：中国马克思主义历史学的起源，1919—1937》，翁贺凯译，江苏人民出版社2005年版。
68. 郑大华、邹小站主编：《中国近代史上的社会主义》，社会科学文献出版社2011年版。
69. 罗章龙：《非宗教论》，巴蜀书社1989年版。
70. 《罗章龙回忆录》，溪流出版社2005年版。
71. 王德胜：《宗白华评传》，商务印书馆2001年版。
72. 田子渝：《武汉五四运动史》，湖北人民出版社1999年版。
73. 杨东莼：《中国学术史讲话》，江苏教育出版社2005年版。
74. 吴雁南等主编：《中国近代社会思潮》，湖南教育出版社1998年版。
75. 〔日〕石川祯浩：《中国共产党成立史》，袁广泉译，中国社会科学出版社2006年版。
76. 邹振环：《影响中国近代社会的一百种译作》，中国对外翻译出版公司1996年版。
77. 〔美〕费正清：《伟大的中国革命》，刘尊棋译，世界知识出版社2000年版。
78. 沙建孙主编：《中国共产党通史》（第1—5卷），湖南教育出版社1996年版。
79. 朱学勤：《思想史上的失踪者》，花城出版社1999年版。
80. 〔英〕罗素：《中国之问题》，中华书局1924年版。
81. 余家菊：《教育原理》，中华书局1925年版。
82. 高军、王桧林、杨树标主编：《中国现代政治思潮评要》，华夏出版社1990年版。
83. 刘永明：《国民党与五四运动》，中国社会科学出版社1992年版。
84. 王健民：《中国共产党史稿》第1—2卷，中文图书供应社1974年版。
85. 施昌旺：《王稼祥》，安徽人民出版社2003年版。

86. 刘黎红：《五四文化保守主义思潮研究》，中国社会科学出版社 2006 年版。
87. 史静寰、王立新：《基督教教育与中国知识分子》，福建教育出版社 1998 年版。
88. 陶菊隐：《记者生活 30 年》，中华书局 2005 年版。
89. 刘维瑶：《古今中外宝庆人》，岳麓书社 2005 年版。
90. 马连儒：《风云际会：中国共产党创始录》，中国社会出版社 2001 年版。
91. 徐善广、柳建平：《中国无政府主义史》，湖北人民出版社 1989 年版。
92. 罗章龙：《椿园载记》，生活·读书·新知三联书店 1989 年版。
93. 周阳山主编：《五四与中国》，时报文化出版企业股份有限公司 1982 年版。
94. 黎洁华、虞苇：《戴季陶传》，广东人民出版社 2003 年版。
95. 李新、陈铁健：《伟大的开端》，中国社会科学出版社 1983 年版。
96. 李世涛主编：《知识分子立场——激进与保守之间的动荡》，时代文艺出版社 2000 年版。
97. 〔美〕迈斯纳：《李大钊与中国马克思主义的起源》，中共北京市委党史研究室编译组编译，中共党史资料出版社 1989 年版。
98. 彭明：《五四运动史》，人民出版社 1984 年版。
99. 〔美〕阿里夫·德里克：《中国革命中的无政府主义》，孙宜学译，广西师范大学出版社 2006 年版。
100. 王兰垣等主编：《中国社会主义思想史》，天津人民出版社 1991 年版。
101. 苗建寅等编：《中国国民党史》，西南交通大学出版社 1990 年版。
102. 中共萧山市委党史研究室编：《沈玄庐其人》，成都科技大学出版社 1994 年版。
103. 王炳照、阎国华主编：《中国教育思想通史》，湖南教育出版社 1994 年版。
104. 涂绍钧：《林伯渠》，中国文联出版公司 1991 年版。
105. 中共党史人物研究会编：《中共党史人物传》（第 1—85 卷），陕西人民出版社 1981 年版。
106. 黎文、毕兴、朱舟编：《王光祈先生研究论文集》，成都出版社 1985 年版。
107. 郭笙编著：《"五四"时期的工读运动和工读思潮》，教育科学出版社

1986 年版。

108. 王继平：《中国社会主义思想发展史纲》，广西人民出版社 1991 年版。
109. 陈汉楚编著：《社会主义在中国的传播和实践》，中国青年出版社 1984 年版。
110. 李怡：《近代中国无政府主义思潮与中国传统文化》，华中师范大学出版社 2001 年版。
111. 周昌龙：《新思潮与传统——五四思想史论集》，百花洲文艺出版社 2004 年版。
112. 陶季邑：《论早期国民党人的社会主义思想》，湖南师范大学出版社 1993 年版。

四　学位论文

1. 曾传国：《平民主义——五四时期中国知识分子社会改造的新思路》，复旦大学 2008 年硕士学位论文。
2. 田玉才：《制度改造与人的改造——张申府社会改造论研究》，吉林大学 2009 年博士学位论文。
3. 吴星云：《乡村建设思潮与民国社会改造》，南开大学 2004 年博士学位论文。
4. 梁晓云：《论共进社的社会改造思想》，湘潭大学 2008 年硕士学位论文。
5. 田小波：《五四时期研究系社会改造思想述论：以梁启超、张君劢、张东荪为重点》，湖南大学 2009 年硕士学位论文。
6. 彭立红：《中华基督教青年会与近代中国社会改造（1920—1928）》，暨南大学 2000 年硕士学位论文。
7. 杜翠叶：《〈新潮〉月刊的社会改造思想研究》，复旦大学 2010 年博士学位论文。
8. 肖妮：《〈星期评论〉与五四时期社会改造思潮》，复旦大学 2010 年硕士学位论文。
9. 龙雪飞：《五四前后毛泽东社会改造思想的转变》，湖南师范大学 2006 年硕士学位论文。
10. 古仲兵：《青年毛泽东的社会改造思想》，中共中央党校 2011 年硕士学位论文。
11. 黄民文：《王光祈的社会改造思想研究》，湘潭大学 2007 年硕士学位论文。

12. 杜翠叶：《试论恽代英的社会改造思想》，复旦大学 2007 年硕士学位论文。
13. 吴擎华：《陶行知与民国社会改造》，山东大学 2008 年博士学位论文。
14. 涂雪峰：《陶行知社会改造思想初探》，湖南师范大学 2002 年硕士学位论文。
15. 沈丹：《陶行知社会改造思想研究：兼论当代中国社会公共精神》，复旦大学 2010 年硕士学位论文。
16. 徐娟：《早期柳亚子与民众社会改造》，苏州科技学院 2010 年硕士学位论文。
17. 胡剑：《罗素与五四时期社会改造思潮》，湘潭大学 2012 年硕士学位论文。
18. 冯夏根：《丁文江对近代中国社会改造问题的探索》，湖南师范大学 2001 年硕士学位论文。
19. 王勇：《王光祈留德生涯与西文著述研究——一位新文化斗士走上音乐学之路的"足迹"考析》，上海音乐学院 2006 年博士学位论文。
20. 〔韩〕孙承希：《醒狮派的国家主义思想之演变》，复旦大学 2002 年博士学位论文。
21. 陈沙金：《关于俞庆棠民众社会改造的思想和实践研究》，苏州科技大学 2013 年硕士学位论文。
22. 曾田：《改良与革命：社会改造的手段之争：1920 年代初的社会主义论战研究》，厦门大学 2014 年硕士学位论文。

五　重要论文

1. 陈启修：《中国改造和他的经济的背景》，《社会科学季刊》1923 年第 2 期。
2. 刘长林：《五四后期社会改造思潮研究状况述评》，《现代上海研究论丛》第 3 辑，上海书店出版社 2006 年版。
3. 田玉才：《论近代中国社会改造思想的变迁》，《云南行政学院学报》2010 年第 6 期。
4. 王先俊：《论"五四"后的社会改造思潮》，《安徽师范大学学报》2009 年第 3 期。
5. 王先俊：《论五四后马克思主义者的社会改造理论》，《北方论丛》2009 年第 2 期。

6. 田彤：《宗教：社会改造的理论基础和内容：宗教在近代中国意识形态层面上的一次升华》，《江汉论坛》2002 年第 2 期。
7. 曹小娟：《昙花一现："五四"时期知识分子的社会改造运动——以〈新社会〉旬刊为中心》，《社会科学家》2009 年第 8 期。
8. 孟毅辉、彭继红：《青年毛泽东社会改造思想论要》，《湖湘论坛》2003 年第 6 期。
9. 赖亦明、曾芳莲：《青年毛泽东"改造中国与世界"思想的历史演进》，《湖北社会科学》2006 年第 12 期。
10. 东方溯：《毛泽东早期社会改造思想的逻辑发展》，《齐鲁学刊》1995 年第 4 期。
11. 时广东：《毛泽东与梁漱溟在中国社会改造道路问题上的根本分歧》，《重庆师院学报》1994 年第 3 期。
12. 王先俊：《五四时期李大钊的社会改造思想》，《学习与探索》2009 年第 3 期。
13. 史习基：《论李大钊对中国社会改造问题的探索》，《中共福建省委党校学报》1999 年第 10 期。
14. 冯夏根、李瑞：《五四时期罗家伦对社会改造问题的探索》，《西南师范大学学报》2004 年第 4 期。
15. 刘集林：《"造社会"与社会改造：以五四前后傅斯年的思想为中心》，《广东社会科学》2010 年第 6 期。
16. 郑师渠：《五四前后外国名哲来华与中国思想界的变动》，《近代史研究》2012 年第 2 期。
17. 左双文：《胡汉民的中国社会改造思想》，《开放时代》1987 年第 9 期。
18. 朱志敏：《五四时期知识阶层的人数与分布》，《党史研究与教学》2010 年第 3 期。
19. 张灏：《中国近代思想史的转型时代》，《二十一世纪》总第 52 期，香港中文大学中国文化研究所，1999 年。
20. 欧阳哲生：《新发现的一组关于〈新青年〉的同人来往书信》，《北京大学学报》2009 年第 4 期。
21. 刘桂生：《晚清"墨学复兴"与社会主义学说传入中国》，《教学与研究》1986 年第 4 期。
22. 侯云灏：《"社会改造"思潮的兴起与 20 世纪的中国历史学》，《史学理论研究》2002 年第 2 期。
23. 段云章：《浅议朱执信致陈炯明诗及其和句——兼论反袁时期朱执信的

思想》,《近代史研究》2011年第6期。
24. 王先俊:《"五四"先进知识分子由"文化革命"到"社会改造"的转变》,《中共党史研究》2009年第6期。
25. 朱志敏:《论五四时代民主观念的特点》,《近代史研究》1991年第6期。
26. 罗志田:《西方的分裂:国际风云与五四前后中国思想的演变》,《中国社会科学》1999年第3期。
27. 王奇生:《从"容共"到"容国"——1924—1927年国共党际关系再考察》,《近代史研究》2001年第4期。
28. 吴康:《中国四十年革新之回顾》,中山大学文科研究所《语言文学专刊》第1卷第3—4期。
29. 赵泉民、井世洁:《西方合作经济理念在中国的早期本土化》,《文史哲》2005年第6期。
30. 陈三井:《新民学会之成立及其在法活动》,台北《"中央"研究院近代史研究所集刊》第13辑,1986年。
31. 尚季芳:《民国时期的陕西旅京学生与陕西社会——以〈秦钟〉、〈共进〉杂志为例》,《社会科学战线》2006年第2期。
32. 罗志田:《整体改造与点滴改革:"问题与主义"之争再认识之二》,《历史研究》2005年第5期。
33. 〔日〕小野信尔:《五四运动前后的王光祈》,《花园大学研究纪要》1990年第22号。

后　　记

　　书稿终于要出版了，从课题申报、结题到出版，前后经历了整整十个年头。

　　回顾本书的撰述过程，首先要感谢我的两位老师的指导和帮助。1990年我从湘潭大学历史系毕业后，回到原籍所在地的基层供销社工作，承蒙大学时的班主任王继平教授不弃，1996年把我招为他的第一个硕士研究生，跟随他学习中国近代思想史。1999年我毕业留校以后，他又推荐我报考湖南师范大学郭汉民教授的博士研究生，学习中国近代社会思潮，并且完成了《〈少年中国〉与五四时期社会思潮》的学位论文。正是在两位老师的教育和指导下，我开始进入中国近代思想史的研究领域，并于2007年申报国家社科基金项目"蔡和森思想研究"。

　　《五四时期社会改造思潮研究》最先于2007年申报湖南省教育厅重点项目，这是在郭汉民老师精心指导下我申报成功的第一个关于社会思潮研究的课题，历时五年，完成了约60万字的结题书稿。2013年，我有幸申报国家社科基金后期资助项目成功，到2016年12月顺利结题。因此，本课题的研究历时十年之久，虽不敢以"十年磨一剑"自许，但确实伴随我走过从副教授到教授到博士生导师的风雨历程，而且七八十万字的篇幅，也凝结了两位指导老师的诸多心血。在此，衷心感谢我的两位指导导师，没有他们多年的教育和帮助，就没有今天的我，也没有今天的这部书稿。特别是郭汉民教授，不仅为我选择了这个题目，而且贡献了许多思想和材料，在书稿出版之际还欣然题"序"，对我继续鼓励和点播。师恩永志不忘。

　　其次感谢我的两位研究生——黄民文和梁晓云，他们参与了本课题的部分工作，而且在校期间，分别完成了《王光祈的社会改造思想研究》和《论共进社的社会改造思想》两篇硕士学位论文，经过我的进一步修改，列入本书第八章。此外，暴宏博以及我的研究生雒丽、孙欢等人，在资料打印和引文校对方面做了很多工作。湘潭大学图书馆的蔡可平老师在报刊资料查阅方面，也给我提供了许多的帮助。对于他们的辛勤劳动，在此表示感谢。

此外，在课题申报和书稿写作过程中，马克思主义学院和毛泽东思想研究中心的李佑新教授、唐正芒教授、黄显中教授以及哲学系的王向清教授、历史系的宋银桂教授、雷炳炎教授，期刊社的章育良教授，都给予我很多指导和帮助。在书稿出版过程中，中国社会科学出版社的刘志兵编辑、郑彤编辑精心编辑，为本书增色不少。在此一并深表感谢。

诚如郭汉民老师所说，五四时期社会改造思潮是一个非常重要而且非常复杂的问题。本书虽然是这方面的专题研究，但由于本人才疏学浅，书中对本课题中的许多问题还未能进行深入探讨，在已涉及的这些内容中，也有不少疏漏和错误，期待各位方家提出批评，以使本课题的研究进一步完善。

本书在写作过程中，参考和汲取了学术界的不少研究成果，并尽量注明引文出处，但难免挂一漏万，不妥之处恳请学界同人和读者批评指正。

作者
2017 年 6 月 18 日